HUNGARIAN PRACTICAL DICTIONARY

Hippocrene Practical Dictionaries

Afrikaans
Albanian
Arabic
Bulgarian
Czech
Danish
French
Gaelic
German
Hausa
Hindi
Hungarian
Indonesian
Italian
Korean
Latvian
Norwegian
Polish
Scots
Serbo-Croatian
Spanish (Latin American)
Swahili
Ukrainian
Welsh
Yiddish
Yoruba

Hungarian Practical Dictionary

Éva Szabó

Hungarian-English
English-Hungarian

Hippocrene Books, Inc.
New York

Fourth printing, 2012.

For information, address:
HIPPOCRENE BOOKS, INC.
171 Madison Ave.
New York, NY 10016
www.hippocrenebooks.com

ISBN-10: 0-7818-1068-X
ISBN-13: 978-0-7818-1068-5

Printed in the United States of America.

Table of Contents

Preface	vii
How to Use This Dictionary	1
List of Abbreviations	5
Introduction to the Hungarian Language	9
Pronunciation Guide	11
Cases	15
Verbs	17
Hungarian-English Dictionary	21
English-Hungarian Dictionary	329
Appendix:	677
Irregular English Verbs	677
Irregular Hungarian Verbs	682
Numbers	686
Measurements	690
States of the United States of America and their abbreviations	692
Works Consulted	694

PREFACE

This dictionary contains 31,000 entries with thousands of phrases, expressions and illustrative examples. It is the first dictionary of this size based entirely on present-day American English and Hungarian usage. In selecting the vocabulary, I concentrated on contemporary language as spoken in the United States and Hungary today. The dictionary gives a wide range of practical colloquial everyday, business, medical and technical vocabulary to meet the needs of those traveling or working in these countries.

The dictionary is primarily aimed at an American audience. Therefore, it contains a short introduction to Hungarian pronunciation and grammar, but it does not contain the same for English, with the exception of a listing of irregular English verbs in the appendix. Clarifications and comments are, for the most part, also given in English, except for such entries where a Hungarian user would benefit from clarifications in Hungarian. Hungarian users should at least have an elementary command of English in order to use this dictionary. I am confident, however, that a Hungarian student of English will find this dictionary useful and practical.

How to Use This Dictionary

The layout of the dictionary is very straightforward. Each entry is listed in strict alphabetical order (for the Hungarian alphabet, see *Pronunciation Guide*). As is customary in all Hungarian dictionaries, long and short vowels are not separated under different headings, but listed together and taken as equals in the alphabet. For example, all words beginning with the letters **ö** or **ő** are listed under the same heading, and the word **őriz** precedes **örökös**.

Entries that are spelled the same way but mean different things, i.e. homonyms, are listed separately and numbered.

e.g. **tear**[1] *n* könny, könnycsepp
tear[2] *n* szakadás, repedés, hasadás; *vt* (**tore, torn**) tép, széttép

or, **áll**[1] *vi* stand, be still
áll[2] *n* chin

The structure of a dictionary entry

The headword is always in bold, and it is immediately followed by an indication of the part of speech in italics. This is followed by the meaning or meanings of the word separated by commas (,) and/or semicolons (;). Most words have more than one meaning in both English and Hungarian. Similar meanings of the individual entries are separated by commas, and different meanings or usages are separated by semicolons.

e.g. **add** *vt* hozzáad, összead; hozzátesz

Many entries contain italicized *usage labels* that define the word or expression to help make the selection of a proper translation easier (for a complete listing of these usage labels, see *List of Abbreviations*).

e.g. **egyenes** *a* straight; direct; upright; *fig* straightforward, honest; *n* *math* (straight) line

Often context words or comments are given in parentheses to further assist the user.

e.g. **ache** *n* fájdalom, fájás; *vi* fáj, sajog (dull), szúr (sharp), hasogat (splitting), nyilallik (throbbing)

The listing of the various meanings of the headword is followed by examples in bold face. In these examples the tilde (~) always stands for the headword in its entirety. In the Hungarian-English dictionary the tilde is often followed only by endings that should be attached directly to the stem (the headword).

e.g. **adversary** *n* ellenfél; **worthy ~** méltó ellenfél
értelmi *a* intellectual, mental; **~ fogyatékos** mentally handicapped
érzék *n* sense; talent; **van ~e a zenéhez** he has a musical talent

While selecting examples and phrases to be included in the dictionary I used both the pronouns **he** and **she** equally, especially because Hungarian does not use genders. The majority of examples in Hungarian are given in the informal forms. One reason for this choice is that present-day Hungarian usage tends to be more and more informal. The other reason is that Hungarian uses the 3rd person forms of verbs in formal usage, which is how verbs are listed in the dictionary as well. In some cases, I used examples in the formal versions or gave examples for both usages.

Hungarian expresses grammatical relations with the help of endings, or suffixes. These endings are indicated in the entries by enclosing them in brackets ([…]) and using the abbreviation **vmi** (something) or **vki** (somebody) with the proper ending attached.

e.g. **értesül** *vi* [vmiről] be informed about

In this example [vmi**ről**] stands in for any noun with the suffix **–ről** attached to it. A short sentence using the above example could be like this:

e.g. Értesül a helyzet**ről**. *He is informed about the situation.*

Verbs can be transitive (can have a direct object) or intransitive (cannot have a direct object) in both Hungarian and English. Transitive Hungarian verbs require the use of the accusative case [vmit, vkit]. For the sake of brevity in the English-Hungarian dictionary, the accusative case [vmit, vkit] is, with transitive verbs, marked only if it is different from the English usage.

e.g. **admire** *vt* csodál, bámul; nagyra becsül
affiliate *vi* kapcsolatban van [vkivel], csatlakozik [vmihez]; *vt* egyesít, tagként felvesz

All of the Hungarian equivalents of the word **admire** require the use of the accusative case [vmit, vkit], and are not indicated separately. The word **affiliate** requires different cases in certain meanings ([vkivel] or [vmihez]) and uses the accusative case in others; therefore, the required suffix is indicated in each case.

One last piece of advice to the user: Please be patient. Learn how to use the dictionary to get the full benefit from this treasure house of contemporary American English and Hungarian.

Éva Szabó

List of Abbreviations

a	adjective	melléknév
adv	adverb	határozószó
approx	approximately	körülbelül
art	art	művészet
auto	automotive	autó
aux	auxiliary (verb)	segédige
biol	biology	biológia
bot	botany	botanika
bus	business	üzleti nyelv
chem	chemistry	kémia
cine	cinema	filmművészet
coll	colloquial	bizalmas
comp	computer	számítástechnika
conj	conjunction	kötőszó
econ	economy	gazdaság
e.g.	for example	például
el	electricity	elektromosság
etc.	et cetera	és a többi
fig	figurative	átvitt értelem
form	formal	hivatalos
GB	in Great Britain	Nagy-Britanniában használatos
geogr	geography	földrajz
gram	grammar	nyelvtan
H	in Hungary	Magyarországon használatos
inform	informal	közvetlen, nem hivatalos
int	interjection	indulatszó
law	law	jog
math	mathematics	matematika
med	medicine	orvosi nyelv
mil	military	katonai nyelv
mus	music	zene

n	noun	főnév
num	numeral	számnév
past	past tense	múlt idő
pejor	pejorative	pejoratív
photo	photography	fényképezés
pl	plural	többes szám
pol	politics	politika
postp	postposition	névutó
pp	past perfect	past perfect, harmadik igealak
pref	prefix	előképző; igekötő
prep	preposition	elöljárószó
pron	pronoun	névmás
rel	religion	vallás
school	school	iskola
sg	something	valami
sing	singular	egyes szám
slang	slang	szleng
sp	sports	sport
suff	suffix	toldalék
swhere	somewhere	valahol
sy	somebody	valaki
theat	theater	színház
US	in the United States	az USA-ban használatos
vi	intransitive verb	tárgyatlan ige
vhol	somewhere	valahol
vhova	to somewhere	valahova
vki	somebody	valaki
vmerre	in some direction	valamerre
vmi	something	valami
vmilyen	some kind	valamilyen
vt	transitive verb	tárgyas ige
vulg	vulgar	vulgáris
~	stands for the headword	a címszó teljes egészét képviseli
→	see also, see under	lásd, lásd még
=	same as	ugyanaz, mint
|	separates endings from the root	elválasztja a szótőt a végződéstől

,	separates similar meanings	hasonló jelentésű szavakat választ el egymástól
;	separates different meanings	különböző jelentésű szavakat választ el egymástól
[ ]	signifies case inflections, grammatical comments	vonzatokat jelöl
( )	explanation of meaning; or optional words or syllables	jelentés magyarázat; vagy elhagyható szavak vagy szótagok
/	either - or	vagy - vagy

Introduction to the Hungarian Language

Hungarian is the official language of the Republic of Hungary, where about 10 million people live. A considerable number of Hungarian speakers live in neighboring countries, as well as in western Europe and overseas in North America, South America, and Australia. The total number of native speakers of Hungarian in the world is approximately 14–15 million.

Hungarian is a member of the Finno-Ugric language family, which is part of the Uralic-Altaic language family. Hungarian is not related to any of the Germanic (e.g. English, German, Dutch, Swedish, etc.), Romance (French, Spanish, Italian, etc.) or Slavic (Russian, Polish, Slovak, Czech, Bulgarian, etc.) languages.

Different dialects of present-day Hungarian do exist, but the differences in vocabulary and phonetics are not so great as to interfere with understanding.

Foreigners tend to think of Hungarian as an exotic language. English speakers will find some striking differences between the language and their own. Let's look at some of the most important differences below.

- All Hungarian words, without exception, are stressed on the first syllable.

  e.g. **a**merikai — *A**me**rican*
  demokrácia — *de**moc**racy*
  információ — *infor**ma**tion*, etc.

- Hungarian uses long and short vowels as well as long and short consonants, and vowel harmony (see ***Pronunciation Guide***).

  e.g. b**o**r b**ó**r ka**sz**a a**ssz**ony
  f**e**l f**é**l ha**z**a há**zz**al, etc.

- Hungarian is an agglutinative language, which means that grammatical relations are expressed by endings attached to the stem of a word. Look at the following examples (see also ***Cases*** and ***Verbs***):

ház	*house*	lát	*see*
ház-**ban**	***in*** *the house*	lát-**ok**	*I see*
háza-**ak**	*houses*	lát-**tam**	*I saw*
ház-**ak-ban**	***in*** *the houses*	lát-**tunk**	*we saw*
ház-**am**	***my*** *house*	lát-**nék**	*I would see*
ház-**am-ban**	***in my*** *house,* etc.	lát-**hat-ok**	*I can see*, etc.

- Hungarian verb endings refer not only to the person and number of the subject, but also to the object, namely whether it is a definite object or an indefinite one.

e.g.	Lát**om** *a* gyereket.	*I can see* ***the*** *child.* (definite object)
	Lát**ok** *egy* gyereket.	*I can see* ***a*** *child.* (indefinite object)

- As in many other languages,verbs can also express a formal or informal relationship between the speakers. Hungarian uses the third person singular or plural forms to address people in formal situations. People in Hungary today, particularly young people, are more and more informal, but the formal discourse is often still used. The examples in this dictionary are mostly given in the informal form, occasionally in the formal, or both.

e.g.	Hogy **van**?	*How are you? (formal)*
	Hogy **vagy**?	*How are you? (informal)*

- Hungarian uses only three tenses: present, past, and future. (see ***Verbs***)

present	ad**ok**	*I give*
past	ad**tam**	*I gave*
future	ad**ni fogok**	*I will give*

- There are no genders in Hungarian. Both *he* and *she* are expressed with one single pronoun **ő** that can indicate either. You will find both *he* and *she* equally used among the examples in this dictionary.

- In Hungarian, numbers are used with the singular forms of nouns rather than the plural. Words expressing quantities, such as *many*, *a few*, or *some*, are also followed by the singular forms of nouns.

e.g.	**öt** banán	*five bananas*
	sok ház	*many houses*

Due to the accumulation of endings, Hungarian words often appear quite long; numerous endings can be sequentially attached to the stem. Such construction does have its advantages: word forms and expressions in Hungarian are able to express subtle shades of meaning, and, as the basic meaning of the word is well-defined, they are exact.

There are many other differences between Hungarian and English. For a more in-depth look at Hungarian grammar you should consult one of the several Hungarian grammar books available on the market. On the following pages I will give a brief explanation of key aspects of Hungarian with examples to help one get familiar with this wonderful, though often challenging, language.

Pronunciation Guide

Hungarian words are spelled phonetically, i.e. the way they are pronounced. Once you learn how to pronounce a letter, it will always sound that way, no matter where it falls within a word. All Hungarian words, without exception, are stressed on the first syllable.

Vowels

All vowels are pronounced clearly wherever they are in a word. There are 14 vowels in the language, 7 short and 7 long. Long vowels are pronounced approximately twice as long as short vowels.

A, a	short; like the sound in *hot*, but a little more open	**hat, kar, baba, apa**
Á, á	long; like the sound in *car*, but a little more open	**kár, ház, Ádám, fák**

E, e	short; like the sound in *bed*	**ez, bent, teve, Ede**
É, é	long; like the sound in *pay*	**én, kér, tévé, Éva**
I, i	short; like the sound in *sit*	**mit, kint, vizi, Ildi**
Í, í	long; like the sound in *feet*	**hív, tíz, kín, ír**
O, o	short; like the sound in *don't*, with lips more rounded	**gong, hol, fog, boldog**
Ó, ó	long; like the sound in *pole*, with lips more rounded	**ló, tó, póló, kóró**
Ö, ö	short; like the sound in *first*, but shorter and with lips more rounded	**öt, föld, köröz, Ödön**
Ő, ő	long; like the sound in *nurse*, with lips more rounded	**fő, nő, őt, bőgő**
U, u	short; like the sound in *put*	**fut, kun, mutat, puli**
Ú, ú	long; like the sound in *food*, with lips more rounded	**húz, úr, búg, fúr**
Ü, ü	short; this sound does not exist in English, it is like the French *tu*. Try pronouncing the sound *i* while rounding your lips	**ül, üt, küld, fürdik**
Ű, ű	long; this sound does not exist in English, it is like the French *rue*. Try pronouncing a long *í* sound while rounding your lips	**fűt, tű, űr, hűvös**

Consonants

The following consonants are the same as in English.

B, b	baba, Buda, bibe, bomba
D, d	duda, dada, Dani, Duna
F, f	fa, fal, Fifi, furi
K, k	kap, keki, kik, kuka
L, l	lila, Lali, Lola, leli
M, m	mama, Mimi, múmia, múzeum

N, n	nem, nini, antik, néni
P, p	pap, pipa, pék, kép
T, t	te, totó, tetem, titok (*the Hungarian 't' is not aspirated like the English one*)
V, v	vél, véve, váza, Viktor
Z, z	zab, zöld, zúza, Zoltán

The following letters are pronounced differently in Hungarian than in English.

C, c	like **ts** in *cats*	**cica, cukor, cím, léc**
G, g	like **g** in *get*	**gumi, gőg, görög, ég**
H, h	like **h** in *hot* at the end of a word, it is mute	**hol, ház, huhog, óhaj** **méh, düh, cseh**
J, j	like **y** in *yes*	**jó, jajong, János, haj**
R, r	always rolled like in the Spanish *arroz*	**rét, Erika, krém, kér**
S, s	like **sh** in *shoes*	**sas, séta, hasas, sós**

The following letters are *digraphs*, i.e. a combination of two (or three) letters that represent one sound, like the English **th** sound in *think*. They are considered one consonant, not a combination of two.

Cs, cs	like **ch** in *church*	**csak, fecske, Csilla, becs**
Dz, dz	like **ds** in *roads*	**edz, edző**
Dzs, dzs	like **j** in *jungle*	**dzsungel, lándzsa, dzsem**
Gy, gy	this sound does not exist in English, it is a soft **d**, like in the French *adieu*	**egy, megye, Gyula, gyerek**
Ly, ly	like **y** in *yes*	**lyuk, gólya, bagoly, bélyeg**
Ny, ny	like **ny** in *canyon*	**kanyon, konyak, nyár, fény**
Sz, sz	like **s** in *sit*	**szép, szuszog, húsz, szász**
Ty, ty	this sound does not exist in English, it is a soft **t**, like in the French *Étienne*	**tyúk, lötyög, kutya, fátyol**
Zs, zs	like **s** in *pleasure*	**zsák, Zsóka, rúzs, rózsa**

Hungarian consonants, just like vowels, can be long as well. Long consonants are spelled by doubling the letter, or, in the case of digraphs, doubling the first letter. They are pronounced approximately twice as long as regular consonants, as in the English word *u**nn**atural.*

Look at the following examples:

a**bb**a	a**kk**or	la**ss**an
he**cc**el	Li**ll**a	a**ssz**ony
a**dd**ig	bo**lly**al	ko**tt**a
pu**ff**an	lo**mm**al	ha**tty**ú
é**gg**el	e**nn**ek	hé**vv**el
me**ggy**es	a**nny**i	ho**zz**a
a**hh**oz	é**pp**en	ro**zzs**al
u**jj**as	bo**rr**al	

The Hungarian alphabet:

A,	**Á,**	**B,**	**C,**	**Cs,**	**D,**	**Dz,**	**Dzs,**	**E,**	**É,**
F,	**G,**	**Gy,**	**H,**	**I,**	**Í,**	**J,**	**K,**	**L,**	**Ly,**
M,	**N,**	**Ny,**	**O,**	**Ó,**	**Ö,**	**Ő,**	**P,**	**R,**	**S,**
Sz,	**T,**	**Ty,**	**U,**	**Ú,**	**Ü,**	**Ű,**	**V,**	**Z,**	**Zs.**

Vowel Harmony

Hungarian, like other languages in its family, exhibits *vowel harmony*. Vowels in Hungarian are divided into **front vowels (i,í, e,é, ö,ő, ü, ű)** or **back vowels (a,á, o,ó, u,ú).** (Front or back is a description used by some linguists to explain where in the mouth the vowels are pronounced.) Most Hungarian words only have either front vowels or back vowels. There are also mixed vowel words—some are borrowed words, others compound words.

front vowels: **i,í, e,é, ö,ő, ü,ű**	szeret (*love*), külföldiek (*foreigners*) etc.
back vowels: **a,á, o,ó, u,ú**	asztal (*table*), autó (*car*) etc.

Front vowel stems take front vowel endings and back vowel stems take back vowel endings. With very few exceptions, Hungarian endings will have both a front vowel and back vowel versions. Their meaning is exactly the same.

You will find them listed together in this dictionary under one heading (e.g.: **-ban/-ben**).

e.g.	szeret (front vowels)	szeret**ek**	szeret**ének**	*love*
e.g.	asztal (back vowels)	asztal**ok**	asztal**okon**	*table*

Mixed vowel words will generally take the back vowel version of endings.

e.g. amerikai (mixed vowels) amerikai**aknak** *American*

Compound words take the ending with the vowel that matches the last part of the word.

e.g. útlevél (mixed vowels) útlevél**ben** *passport*

Cases

Hungarian expresses grammatical functions through endings, which are attached to the end of a word. With nouns, these endings are called cases. Case endings are attached to the base form found in the dictionary. Hungarian has many cases, most of which correspond to a prepositional phrase in English. Here is a list of the most common ones and their primary meanings:

Nominative—this form, the one found in the dictionary, expresses the subject. There is no special ending.

Tamás könyvet olvas.	(***Tom*** *is reading a book*)
A könyv az asztalon van.	(***The book*** *is on the table.*)

Accusative—expresses the direct object and ends with a **-t**.

Tamás *könyvet* olvas.	(*Tom is reading* ***a book***)

Possessive—expresses ownership and is formed with the help of a series of endings.

Ez az én *könyv**em***.	(This is **my book**.)
A *feleség**em*** a követségen dolgozik.	(***My wife*** *works at the embassy*)
Hány éves a *fia**tok***?	(*How old is* ***your son****?*)
A *barát**aink*** nem jöttek el.	(***Our friends*** *did not come.*), etc.

Dative—expresses the indirect object and ends with -**nak** or -**nek**.

*A könyv**nek*** a "Magyarország" címet adta.	(*He gave the title "Hungary"* ***to the book.***)
Virágot vett a *barátnőjé**nek**.*	(*He bought flowers **for his girlfriend.***)

Case endings expressing location:

-ban/-ben	*in, inside*
Egy *irodá**ban*** dolgozom.	(*I work **in an office.***)
-ból/-ből	*from, out of*
Az *irodá**ból*** telefonált.	(*He called **from the office.***)
-ba/-be	*in, to, into*
Az *irodá**ba*** küldtek.	(*They sent me **to the office.***)
-n/-on/-en/-ön	*on*
A könyv az *asztal**on*** van.	(*The book is **on the table.***)
-ról/-ről	*from, off of*
A toll leesett az *asztal**ról**.*	(*The pen fell **off the table.***)
-ra/-re	*on, to, onto*
Letettem a kulcsot az *asztal**ra**.*	(*I put the key **on the table.***)
-nál/-nél	*at*
A *bank**nál*** találkozunk.	(*We're meeting **at the bank.***)
-tól/-től	*from, away from*
Nem messze lakik a *bank**tól**.*	(*He doesn't live far **from the bank.***)
-hoz/-hez/-höz	*to, up to*
Tegnap *fodrász**hoz*** mentem.	(*I went **to the hairdresser's** yesterday.*)

Other case endings

-val /-vel	*with*
*Kati**val*** mentem moziba.	(*I went to the movies **with Kati.***)
-ig	*til, until*
*Öt**ig*** várok, azután elmegyek.	(*I'll wait **til five**, then I'll go.*)
-vá/-vé	*become, turn into something*
Ezt a szobát *irodá**vá*** alakítjuk át.	(*We're turning this room **into an office.***)
-ért	*for, expresses purpose*
A *könyvek**ért*** jöttem.	(*I came **for the books.***)

-ként	*as*
Sokáig *tanár**ként*** dolgozott.	(*He worked **as a teacher** for a long time.*)

Verbs

In Hungarian, verb conjugation is of great importance in the organization of the language. Verbs are modified by various suffixes that indicate who does what when, i.e. they express person, number, tense, and mood (e.g. conditional), and also refer to the nature of the object of the verb.

Egy kávét kér**ek**.	***I want** a coffee, please.*
Hol dolgoz**ol**?	*Where do **you work**?*
Tegnap érkez**tek**.	***They arrived** yesterday.*
Az újságot olvas**om**.	***I'm reading** the newspaper.*

The personal endings are attached to the verb stem, which is identical to the 3rd person singular indefinite form of the present tense. In this dictionary, as in most others, verbs are listed in this form. The only exceptions are verbs ending in **-ik** in the 3rd person singular form. The stem of these verbs is found by dropping the **-ik** ending, which is indicated in the dictionary. The stem of **dolgozik**, for example, is **dolgoz**|.

e.g. **dolgoz|ik** *vi* work

The two types of verb conjugations depend on the nature of the object of the sentence. In sentences where there is an indefinite direct object or there is no direct object, the verb is used with an indefinite ending. In sentences where there is a definite direct object, the verb is used with a definite ending. Look at the following examples.

Ma este megnéz**ünk** egy filmet.
We're going to watch a movie tonight.
(indefinite conjugation, indefinite direct object: ***a** movie*)

Ma este moziba megy**ünk**.
We're going to the movies tonight.
(indefinite conjugation, no direct object)

Ma este megnéz**zük** a kedvenc filmemet.
We're going to watch my favorite movie tonight.
(definite conjugation, definite direct object: ***my** favorite movie*)

Hungarian uses only three tenses: present, past, and future. The endings are as follows:

PRESENT		**PAST**		**FUTURE**	
indefinite	*definite*	*indefinite*	*definite*	*indefinite*	*definite*
-k	**-m**	**-tam/-tem**	**-tam/-tem**	**-ni fogok**	**-ni fogom**
-sz/-l	**-d**	**-tál/-tél**	**-tad/-ted**	**-ni fogsz**	**-ni fogod**
(none)	**-ja/-i**	**-t/-tt**	**-ta/-te**	**-ni fog**	**-ni fogja**
-unk/-ünk	**-juk/-jük**	**-tunk/-tünk**	**-tuk/-tük**	**-ni fogunk**	**-ni fogjuk**
-tok/-tek/-tök	**-játok/-itek**	**-tatok/-tetek**	**-tátok/-tétek**	**-ni fogtok**	**-ni fogjátok**
-nak/-nek	**-ják/-ik**	**-tak/-tek**	**-ták/-ték**	**-ni fognak**	**-ni fogják**

In the following you will find examples of both the indefinite and the definite conjugations in the three tenses, plus the conditional and the subjunctive/imperative forms for a "back vowel" verb and a "front vowel" verb. For a listing of irregular Hungarian verbs, please see the appendix.

INFINITIVE: **ad|ni** *to give*

PRESENT		**PAST**		**FUTURE**	
indefinite	*definite*	*indefinite*	*definite*	*indefinite*	*definite*
adok	adom	adtam	adtam	adni fogok	adni fogom
adsz	adod	adtál	adtad	adni fogsz	adni fogod
ad	adja	adott	adta	adni fog	adni fogja
adunk	adjuk	adtunk	adtuk	adni fogunk	adni fogjuk
adtok	adjátok	adtatok	adtátok	adni fogtok	adni fogjátok
adnak	adják	adtak	adták	adni fognak	adni fogják

PRESENT CONDITIONAL		**PAST CONDITIONAL**		**SUBJUNCTIVE**	
indefinite	*definite*	*indefinite*	*definite*	*definite*	*indefinite*
adnék	adnám	adtam volna	adtam volna	adjak	adjam
adnál	adnád	adtál volna	adtad volna	adjál/adj	adjad/add
adna	adná	adott volna	adta volna	adjon	adja
adnánk	adnánk	adtunk volna	adtuk volna	adjunk	adjuk
adnátok	adnátok	adtatok volna	adtátok volna	adjatok	adjátok
adnának	adnák	adtak volna	adták volna	adjanak	adják

INFINITIVE: **kér|ni** *to ask for*

PRESENT		**PAST**		**FUTURE**	
indefinite	*definite*	*indefinite*	*definite*	*indefinite*	*definite*
kérek	kérem	kértem	kértem	kérni fogok	kérni fogom
kérsz	kéred	kértél	kérted	kérni fogsz	kérni fogod
kér	kéri	kért	kérte	kérni fog	kérni fogja
kérünk	kérjük	kértünk	kértük	kérni fogunk	kérni fogjuk
kértek	kéritek	kértetek	kértétek	kérni fogtok	kérni fogjátok
kérnek	kérik	kértek	kérték	kérni fognak	kérni fogják

PRESENT CONDITIONAL		**PAST CONDITIONAL**		**SUBJUNCTIVE**	
indefinite	*definite*	*indefinite*	*definite*	*definite*	*indefinite*
kérnék	kérném	kértem volna	kértem volna	kérjek	kérjem
kérnél	kérnéd	kértél volna	kérted volna	kérjél/kérj	kérjed/kérd
kérne	kérné	kért volna	kérte volna	kérjen	kérje
kérnénk	kérnénk	kértünk volna	kértük volna	kérjünk	kérjük
kérnétek	kérnétek	kértetek volna	kértétek volna	kérjetek	kérjétek
kérnének	kérnék	kértek volna	kérték volna	kérjenek	kérjék

Magyar – Angol Szótár
Hungarian – English Dictionary

A, Á

a *article* the

abba *pron* into that

abbahagy *vt* [vmit] stop doing [sg], cease; give up

abban *pron* in that; ~ **az esetben** in that case

abból *pron* from that

ABC *n coll* grocery store

ábécé *n* alphabet, ABC; ~ **rendben** alphabetically

ablak *n* window

ablakkeret *n* window frame

ablakklíma *n* window air-conditioning unit

ablakpárkány *n* window sill, window ledge

ablaktörlő *n* windshield wiper

ablaküveg *n* window pane

abortusz *n* abortion

ábra *n* picture, illustration; figure

ábrázol *vt* [vmit] represent (a picture), show; portray (a person); describe (in writing)

ábrázolás *n* representation, portrayal (in a picture); description (in writing)

abszolút *a* absolute, ultimate

absztrakt *a* abstract

acél *a, n* steel

ács *n* carpenter

ad *vt* [vmit] give, present; grant, donate; broadcast (radio, TV); have [sg] on the program (theater); **magyar órákat** ~ give Hungarian lessons; **sokat** ~ [vmire] consider [sg] very important; **A~om az igazgatót.** I'll connect you to the manager. (telephone)

adag *n* dose (drug, medication); portion (food)

adagol *vt* [vmit] dose (drug, medication); portion, measure out (food)

adás *n* giving; broadcast, transmission (radio, TV)

adat *n* data; fact; **~ot feldolgoz** process data; **személyi ~ok** personal information, personal data

adatbank *n* databank

adatbázis *n* database

adatbevitel *n* data entry

adatfeldolgozás *n* data processing

adatlap *n* data sheet; form

addig *adv* until then; as long as (time); as far as (place); ~ **is** in the meantime

adminisztratív *a* administrative

adminisztrátor *n* office worker, administrator

adó *n* tax; **leírható az ~ból** be tax deductible; **~t fizet** pay taxes

adóalap *n* taxable income
adócsalás *n* tax evasion
adód|ik *vi* happen, come up, present itself; derive from
adófizetés *n* payment of taxes
adófizető *n* taxpayer
adókedvezmény *n* tax deduction
adóköteles *a* taxable
adomány *n* donation, gift
adományoz *vt* [vmit] donate; award
adományozó *n* giver, donor (money)
adómentes *a* tax-free, tax-exempt
adós *a* in debt; ~ [vkinek] [vmivel] owe [sy] [sg]; *n* debtor; **Az ~a vagyok.** I'm in his debt.
adósság *n* debt
adottság *n* ability, gift; conditions
adóz|ik *vi* [vmi után] pay taxes on [sg]
ÁFA, áfa *n* sales tax, value-added tax, VAT
afgán *a* Afghan
Afganisztán *n* Afghanistan
áfonya *n* cranberry; ~ **szósz** cranberry sauce; **fekete** ~ blueberry
Afrika *n* Africa
afrikai *a* African
afroamerikai *a* African-American
ág *n* branch; twig
agancs *n* antlers
agár *n* greyhound
ágazat *n* sector, branch (industry)
ágaz|ik *vi* branch, branch out
agg *a* very old, ancient, aged (person)
aggály *n* concern, worry, anxiety; misgiving
aggályoskod|ik *vi* be concerned, worry about, be anxious about
aggastyán *n* elder, very old man
aggaszt *vt* [vkit] worry, make [sy] anxious, make [sy] uneasy, trouble; **~ja valami** something worries him
aggasztó *a* alarming
aggat *vt* [vmit] hang (up)
agglegény *n* bachelor
aggodalmas *a* anxious, worried
aggodalmaskod|ik *vi* be concerned, worry about, be anxious about
aggodalom *n* worry, anxiety
aggód|ik *vi* [vkiért, vmi miatt] be anxious about, worry about; **Ne ~j!** Don't worry!
agónia *n* agony
agonizál *vi* be dying; [vmin] agonize over [sg]
agrár *a* agricultural
agráripar *n* agricultural industry
agrárpolitika *n* agricultural policy
agrártudomány *n* agricultural science, **~i egyetem** university of agriculture
agresszív *a* aggressive, provocative
agresszivitás *n* aggression, violence
agronómus *n* agronomist, agriculturist
agy *n* brain, brains; butt (of a shotgun)
ágy *n* bed; (flower) bed; **lefekszik az ~ba** go to bed; **felkel az ~ból** get up, get out of bed; **~ban fekvő** bedridden; **~at (meg)vet** make the bed;
agyag *a, n* clay; terracotta
agyagáru *n* pottery
agyagedény *n* clay pot
agyalágyult *a coll* idiotic, dumb
agyar *n* tusk; fang
ágyás *n* (flower) bed
ágyaz *vt* [vmit] make the bed
ágyék *n* loin, groin
ágybetét *n* mattress; box springs (under mattress)
agyhártyagyulladás *n med* meningitis
ágynemű *n* bedding, bed linen, sheets
agyoncsap *vt* [vkit, vmit] strike dead
agyondolgozza magát *vt* work oneself to death

agyonhajszol *vt* [vkit] work [sy] to death, work [sy] too hard
agyonlő *vt* [vkit, vmit] shoot down, shoot dead
agyonnyom vt *n* [vkit, vmit] crush to death, squash
agyonsújt *vt* [vkit, vmit] strike dead; electrocute (e.g. lightning)
agyontapos *vt* [vkit, vmit] trample down
agyonüt *vt* [vkit, vmit] strike dead
agyonver *vt* [vkit, vmit] beat [sy] to death
agyrázkódás *n med* concussion
agysebész *n* brain surgeon
agysebészet *n* brain surgery
ágyterítő *n* bedspread
ágyú *n* cannon
ágyúgolyó *n* cannonball
agyvelő *n* brain
agyvérzés *n med* stroke; **~t kap** have a stroke
ahány *pron* as many
ahányszor *pron* as often as
ahelyett *conj* instead of; **alszik, ~ hogy tanulna** he's sleeping instead of studying
áhít *vt* [vmit] long for, yearn for, crave
áhítat *n* devotion, rapture; prayer
ahogy(an) *pron* as; **~ tetszik** as you like it; **~ mondom** exactly, precisely
ahol *pron* where; **~ csak** wherever
ahonnan *pron* from where
ahova *pron* (to) where
ajak *n* lip(s)
ajakrúzs *n* lipstick
ajándék *n* gift, present; **~ba ad** give as a present
ajándékcsomag *n* gift package
ajándékkosár *n* gift basket
ajándékoz *vt* [vmit] give [sg] as a gift
ajándéktárgy *n* gift item
ajánl *vt* [vmit] recommend; offer; suggest, propose; advise
ajánlás *n* recommendation; nomination; dedication (of a book)
ajánlat *n* offer; proposition, proposal; **~ot tesz** make an offer
ajánlatos *a* recommended, advisable
ajánlólevél *n* letter of recommendation
ajánlott *a* recommended, suggested; **~ott levél** registered letter
ajtó *n* door; **belép az ~n** enter through the door; **kopogtat az ~n** knock on the door; **bevágja az ~t** slam the door
ajtócsengő *n* doorbell
ajtókilincs *n* door handle
ájul *vi* faint, lose consciousness
ájulás *n* fainting, loss of consciousness
ájult *a* unconscious
akácfa *n* acacia/locust tree
akácos *n* acacia grove
akad *vi* [vmiben] get stuck in, get caught in; occur, turn up; [vkibe, vmibe] stumble on [sg], come across [sg]; **kezébe ~** fall into one's hand, find [sg] by accident; **nyomára ~** [vminek] find [sg]
akadály *n* obstacle, impediment, hindrance; difficulty; barricade; **~ba ütközik** meet with difficulties; **Semmi ~a!** No problem! (it can be done)
akadályfutás *n sp* hurdle race
akadályoz *vt* [vkit vmiben] hinder, impede, obstruct, prevent [sy] from doing [sg]
akadálytalan *a* unimpeded, unhindered
akadémia *n* academy; **Tudományos A~** Academy of Sciences; **Zene~** music academy
akadoz|ik *vi* work irregularly, stall; not go smoothly, keep getting stuck (e.g. zipper)

akar *vt* [vmit] want, wish, intend; **jót ~** [vkinek] mean good for [sy], have good intentions toward [sy]; **mit ~ ezzel mondani?** what do you mean by that?

akár *conj* may, may as well, might as well; **~ el is mehet** he may as well go; **olyan ~ az apja** he's just like his father; **~ ..., ~...** whether ... or ...; **~tetszik, ~nem** whether you like it or not; **~ hiszi, ~ nem** believe it or not; **~ így, ~ úgy** one way or another

akarat *n* will, wish; **szabad ~** free will; **~tal** on purpose, deliberately

akaraterő *n* willpower

akaratlanul *adv* unintentionally

akaratos *a* strong-willed, willful, stubborn

akárcsak *conj* just like

akárhányszor *pron* whenever; as often as

akárhogy(an) *pron* however, no matter how, anyhow

akárhol *pron* anywhere

akárhonnan *pron* from anywhere, from wherever

akárhova *pron* to anywhere, to wherever

akárki *pron* anybody, anyone; whoever

akármeddig *pron* however far (distance); however long (time), indefinitely

akármekkora *pron* whatever size, however big/small

akármelyik *pron* any; whichever; **~ jó** any one is fine

akármennyi *pron* however much/many; no matter how much/many

akármerre *pron* in whatever direction

akármerről *pron* from whatever direction, from wherever

akármi *pron* whatever; anything; **~ történjék is** come what may; **~ közbejöhet** anything can come up

akármikor *pron* any time; whenever; every time

akármilyen *pron* any kind; whatever; however; **~ furcsa is** however strange it is

akaszt *vt* [vkit, vmit] hang (up); suspend

akasztás *n* hanging (execution); suspension

akasztó *n* hanger, coat hanger

akasztófa *n* gallows

akcentus *n* accent

akció *n* action, activity; *mil* operation; *coll* discount sales; **kabát ~** coat sale

aki *pron* who; **Ő az, ~ről beszéltem.** He's the one I was talking about

akkor *pron* then, at that time, at that moment; **~ is** even so, even then

akkora *pron* so large, as large, of such a size

akkord *n* chord, harmony (music)

akkori *a* of that time, then; **az ~ szomszédom** my then neighbor

akkoriban *adv* in those days, at that time, back then

akkorra *adv* by then, by that time

akkortájt *adv* about that time, around then

akkumulátor *n auto* battery; **~t (fel)tölt** charge the battery

akna *n* shaft (mine); manhole; *mil* mine (explosive)

aknamező *n mil* minefield

aknáz *vt* [vmit] *mil* lay mines, mine

aközben *adv* in the meantime, meanwhile

akrobata *n* acrobat

aksi *n coll auto* battery

akt *n art* nude

akta *n* file, folder; document, paper

aktatáska *n* briefcase, attaché case
aktív *a* active
aktivitás *n* activity
aktivizál *vt* [vkit, vmit] activate
aktuális *a* current, topical, timely
aktualitás *n* up-to-dateness; current news
akusztika *n* acoustics
akvarell *n* watercolor
akvárium *n* aquarium
ál *a* fake, false, imitation, pseudo-; **~tudomány** pseudo-science
alá *adv* (to) under, underneath, below; down; *postp* (to) under
aláaknáz *vt* [vmit, vkit] undermine
alább *adv* further down, below; **lásd ~** see below
alábbhagy *vi* lessen, diminish
alábbi *a* mentioned below, following
alábecsül *vt* [vkit, vmit] underestimate, underrate
alacsony *a* short, low (height); **~ termetű** of small/short stature; **~ ár** low price
alacsonyrendű *a* inferior, lower
alagsor *n* basement
alagút *n* tunnel
aláhúz *vt* [vmit] underline, underscore; stress, emphasize
aláír *vt* [vmit] sign (paper)
aláírás *n* signature, *coll* "John Hancock"; signing
alak *n* form, shape; frame (person), figure, stature, build; character (in a novel); *coll* person, guy; *gram* form; **Furcsa egy ~!** What a strange guy!
alakít *vt* [vmit] form, shape, create; alter (clothes); act, play (a character)
alakítás *n* formation, forming, shaping; alteration (clothes); interpretation (of a role)
alaktalan *a* shapeless, formless
alakul *vi* take shape, form, assume a form; become [sg]; be founded
alakulás *n* formation
alakzat *n* formation, form, figure
alámerül *vi* submerge, dive; sink
alamizsna *n* charity, alms
alamuszi *a* shifty
alantas *a* lowly, vulgar; inferior
alany *n* subject
alap *a* base-, basic; *n* base, basis, ground; foundation (house); fund; **~jában véve** basically, on the whole; [vminek] **az ~ján** based on [sg], on the basis of [sg]
alapanyag *n* raw material, base
alapdíj *n* minimum charge, minimum fee
alapelem *n* basic element, basic component
alapelv *n* basic principle
alapfeltétel *n* primary condition
alapfok *n gram* positive (degree)
alapfokú *a* basic, primary, elementary; beginner's
alapismeretek *n pl* fundamentals, elementary knowledge
alapít *vt* [vmit] found, establish; base on; **családot ~** start a family
alapító *a* founding; **~ tag** founding member; *n* founder, establisher
alapítvány *n* foundation, fund
alapkő *n* foundation stone
alapos *a* thorough, deep
alaposan *adv* thoroughly, exhaustively
alapoz *vt* [vmit] lay the foundation of (a house); found, base on; prime (paint)
alaprajz *n* layout, floor plan
alapszabály *n* fundamental rule, regulation
alaptalan *a* unfounded, baseless; false
alapterület *n* area (square footage)
alaptőke *n* capital, base capital, invested capital
alapvető *a* fundamental, essential

alapzat *n* foundation, groundwork; pedestal; base
álarc *n* mask; disguise
alárendel *vt* [vkit vkinek] subordinate, place under
alárendelt *a, n* subordinate; dependent
Alaszka *n* Alaska
alátámaszt *vt* prop up, support; back up
alátét *n* pad, support; **pohár** ~ coaster; **csavar** ~ washer (hardware)
alatt *postp* under, below, underneath, beneath; during, in, within; **az asztal** ~ under the table; **egy hét** ~ in one week
alatta *adv* under it, underneath
alattomos *a* sneaky, sly, treacherous
alattomosság *n* treachery, slyness
alattvaló *n* subject (of a king)
alávet *vt* [vkit, vmit vminek] submit to, subject to
aláz *vt* [vkit] humiliate, humble
alázat *n* humility, humbleness
alázatos *a* subservient; humble, meek
albán *a* Albanian
Albánia *n* Albania
albérlet *n* sublease
albérlő *n* boarder
album *n* album
álcáz *vt* [vkit, vmit] disguise, mask; camouflage
alcím *n* subtitle
alcsoport *n* subdivision, subgroup
áld *vt* [vkit, vmit] bless
áldás *n* blessing; grace (at the table)
áldásos *a* blessed, blissful; beneficial
áldatlan *a* unfortunate, unblessed
áldott *a* blessed; ~ **állapotban van** be pregnant
áldoz *vt* [vkit, vmit vkinek, vminek] sacrifice, offer; [vkire, vmire] devote to, make a sacrifice for
áldozat *n* sacrifice; **~ot hoz** make a sacrifice; offering; victim, prey
áldozati *a* sacrificial
alelnök *n* vice president
alezredes *n* lieutenant colonel
alföld *n* low land, flat land; **az A~** *H* the Great Hungarian Plain (in eastern Hungary); **a Kis~** *H* the Small Plain (in western Hungary)
alga *n* alga
algebra *n* algebra
Algéria *n* Algiers
alhas *n* abdomen
álhír *n* rumor
alibi *n* alibi
alig *adv* hardly, barely; ~ **lát** he can barely see; **A ~ várom!** I can hardly wait!
aligha *adv* hardly, not likely
alighanem *adv* probably, very likely, in all probability
alighogy *adv* as soon as, no sooner than, hardly
alj *n* bottom, lower part; sediment; scum
aljas *a* mean, vile
alkalmas *a* suitable, right for; appropriate, proper
alkalmatlan *a* unsuited for, unfit; ill-qualified; inconvenient, inopportune; ~ **időpont** bad time
alkalmatlankod|ik *vi* [vkinek] disturb, bother, pester, be a nuisance
alkalmaz *vt* [vkit, vmit] apply, use for; employ
alkalmazás *n* application, use; employment
alkalmazható *a* applicable, useful, practical; employable
alkalmazkod|ik *vi* [vmihez] conform to, comply with
alkalmazó *n* user; employer
alkalmazott *a* applied, adapted; *n* employee
alkalmi *a* occasional, casual, incidental; ~ **munka** casual work; ~ **ruha** a dress for a special occasion

alkalom *n* occasion; opportunity, chance; [vmi] **alkalmából** on the occasion of; **minden ~mal** every time
alkalomszerű *a* casual; well-timed
alkar *n* lower arm
alkat *n* physique, build (of a person), constitution
alkatrész *n* part (machine), piece, component
alkohol *n* alcohol
alkoholista *n* alcoholic
alkoholizmus *n* alcoholism
alkoholmentes *a* non-alcoholic
alkoholos *a* alcoholic
alkony *n* sunset, dusk
alkonyod|ik *vi* the sun is setting
alkonzul *n* vice consul
alkot *vt* [vmit] create, make, construct, form
alkotás *n* creating, creation, formation; work, product; **mű~** work of art
alkotmány *n* constitution (document); structure, construction
alkotmánybíróság *n* constitutional court; *US* Supreme Court
alkotmányellenes *a* unconstitutional
alkotmányjog *n* constitutional law
alkotmányos *a* constitutional
alkotmányosság *n* constitutionalism
alkotó *a* creative, constructive; *n* creator, maker
alkotóelem *n* component, internal part
alkotóerő *n* creative force
alkotórész *n* component, part, ingredient
alku *n* bargain, deal; negotiation, bargaining; **~t köt** make a deal
alkusz|ik *vi* [vkivel vmire] bargain, barter, negotiate
áll[1] *vi* stand, be still; take a stand, go stand [swhere]; [vmiből] consist of, be composed of; **mellé ~** stand by [sy]; **jól ~ vkinek** suit [sy], (clothes) look good on [sy]; **Rajtad ~.** It's up to you. **bosszút ~** take revenge; **Á~j!** Stop!/ Freeze! **Hogy ~ a dolog?** How are things? **Hogy ~sz?** What's your status?/How are you getting ahead? **Jogában ~.** It's his right. **Távol ~ tőlem, hogy …** It's far from me to … **Esőre ~.** It looks like rain. **Ki nem ~hatom.** I can't stand him.
áll[2] *n* chin
állag *n* substance; texture
állam *n* state
állambiztonság *n* national security
államcsíny *n* coup (d'état)
államelnök *n* president (of a state)
államérdek *n* national interest
államférfi *n* statesman
államforma *n* form of government
államfő *n* head of state
állami *a* state, public, national, governmental; **~ iskola** public school
államigazgatás *n* (state) administration
államkincstár *n* state treasury
államosít *vt* [vmit] nationalize
állampapír *n* government bond
állampolgár *n* citizen
állampolgárság *n* citizenship
államrend *n* political system
államtitkár *n* secretary of state
államügyész *n* district attorney
államügyészség *n* district attorney's office
államvizsga *n* state examination
állandó *a* permanent, lasting, constant; stable, steady; unchanging; **~ lakos** permanent resident

állandóan *adv* constantly; permanently; steadily
állandóság *n* permanence, constancy
állapot *n* state, condition; status, standing; **családi ~** family status; **Jó ~ban van.** It's in good condition.
állapotos *a* pregnant
állás *n* standing, stopping; state, condition, situation; position, job, appointment; **~t foglal** take a stand; **Jó ~a van.** He's got a good job.
állásfoglalás *n* standpoint, position; statement
álláspont *n* standpoint, point of view
állástalan *a, n* unemployed
állat *n* animal
állatfaj *n* species
állati *a* animal; brutal, animalistic; *adv coll* very
állatias *a* brutal, beastly
állatkereskedés *n* pet store
állatkert *n* zoo
állatorvos *n* veterinarian, veterinary surgeon, *coll* vet
állattan *n* zoology
állattemető *n* pet cemetery
állattenyésztés *n* animal husbandry
állattenyésztő *n* breeder
állatvilág *n* fauna, animal kingdom
allergia *n* allergy
allergiás *a* [vmire] allergic to [sg]
állít *vt* put, place, set up; state, claim, maintain, allege
állítás *n* putting up, setting up; statement, claim
állítmány *n gram* predicate
állítólag *adv* allegedly, supposedly
állomány *n* stock, store, park (cars)
állomás *n* station, stand (taxi)
állomáshely *n* station, post
állott *a* stale, flat
állvány *n* stand, platform; easel; scaffolding
alma *n* apple
almaecet *n* apple cider vinegar
almafa *n* apple tree
almalé *n* apple juice; **rostos ~** apple cider
almás *a* (made) with apples, apple-
álmatlan *a* sleepless
álmatlanság *n* sleeplessness, insomnia
álmélkod|ik *vi* [vmin] marvel at, be amazed at, be surprised at
álmod|ik *vt* [vmit, vkiről, vmiről] dream about; imagine; **Ne is ~j róla!** *coll* It's out of the question!
álmodozó *a* dreamy, dreaming; *n* dreamer, daydreamer
álmos *a* sleepy, drowsy
álmoskönyv *n* dream dictionary
alól *postp* from under, from beneath, from below
álom *n* dream; sleep, slumber; **rém~** nightmare; **~ba merül** fall asleep; **Szép álmokat!** Sweet dreams!
álomszép *a* beautiful, wonderful
alosztály *n* subdivision, subclass
alperes *n* defendant
alpesi *a* alpine
Alpok, az *n* the Alps
álruha *n* disguise (clothes)
alsó *a* lower, bottom; **~ polc** lower shelf; *n* underwear
alsóbbrendű *a* inferior
alsónadrág *n* underpants, underwear, boxers
alsónemű *n* underwear
alsószoknya *n* slip, petticoat
alsz|ik *vi* sleep, be asleep; **mélyen ~** be fast asleep; **~ mint a bunda** *coll* sleep like a log
alt *a, n* alto, contralto
által *postp* by, by way of, by means of; **a miniszter ~ aláírt dokumentum** the document signed by the minister

általában *adv* generally, in general, usually, as a rule; **~ véve** as a whole
általános *a* general, universal; usual, everyday, common; **~ iskola** primary school; **~ érvényű** universal, applicable to all
általánosít *vi* generalize
általánosság *n* generality; universality
altat *vt* [vkit] make [sy] fall asleep, put [sy] to sleep, lull to sleep; place [sy] under general anesthesia
áltat *vt* [vkit vmivel] mislead, delude, deceive
altatás *n* general anesthesia
altató *n* sleeping pill
altatódal *n* lullaby
altatóorvos *n* anesthesiologist
alternatív *a* alternative; **~ gyógymód** alternative (medical) treatment
alternatíva *n* alternative
alufólia *n* aluminum foil, tin foil
alul *adv* beneath, (down) below, at the bottom
aluljáró *n* underpass
alulmarad *vi* succumb, lose, be beaten
alumínium *n* aluminum
alvad *vi med* congeal, clot (blood); curdle (milk)
alvajáró *n* sleepwalker
alvás *n* sleep, slumber
alváz *n auto* frame, chassis
alvilág *n* underworld
alvó *a* sleeping
ám *conj* yet, though; *int* well, then, really; **Az ~!** By the way!/That reminds me! **Igen ~!** That's all great, but …
amatőr *a, n* amateur
amaz *pron* that (one), the other one
ámbár *conj* though, although
ambíció *n* ambition, drive
ambíciózus *a* ambitious
ambulancia *n med* outpatient department
ambuláns *a med* ambulatory, outpatient
ameddig *pron* as far as (place), to; as long as, till; while
amekkora *pron* as big as
amellett *adv* beside, next to; besides, yet, in addition
amely *pron* which, that; **a ház, ~et megvettek** the house that they bought
amelyik *pron* which, that; **az, ~ tetszik** the one that you like; **~et kéred** whichever one you want
amennyi *pron* as much as
amennyiben *pron* in as much/many as; *conj* if, provided
amennyire *pron* as much as, as far as; **~ lehet** as much as possible; **~ tudom** as far as I know
Amerika *n* America
amerikai *a, n* American; **~ futball** football; **az A~ Egyesült Államok** the United States of America; **~ mogyoró** peanut(s)
amerre *pron* which way, in which direction; **~ csak megy** whichever way he goes
amerről *pron* from where, from which direction; **~ csak** from wherever
ami *pron* that, which; **~ engem illet** as far as I'm concerned
amiatt *adv* because of that; for that reason
amiért *pron* for which, on account of which
amíg *pron* as long as (at the same time), while; **~ nem** until, till
amikor *pron* when
amilyen *pron* such as, as; **~ gyorsan csak lehet** as fast as possible

amint *pron* as soon as, when; as (manner); ~ **lehet** as soon as possible; ~ **itt látható** as can be seen here
amióta *pron* since, ever since
ámít *vt* [vkit] deceive, delude
ámítás *n* deceit, deception, delusion
amnesztia *n* amnesty, general pardon
amoda *adv* (to) over there, that way
amolyan *pron* that kind, the other kind
amonnan *adv* from over there
amott *adv* over there; **imitt-** ~ here and there
amper *n* ampere
ampulla *n* vile
amputáció *n med* amputation
amputál *vt* [vmit] amputate, cut off (a limb)
Amszterdam *n* Amsterdam
amúgy *adv* (in) that way, otherwise
ámul *vi* be surprised, marvel, be amazed
ámulat *n* amazement; **legnagyobb ~ára** to her great amazement
amulett *n* amulet, charm
analfabéta *a, n* illiterate
analfabétizmus *n* illiteracy
analitikai *a* analytic(al)
analitikus *a* analytical; *n* analyst
analizál *vt* [vmit] analyze
analízis *n* analysis
analóg *a* analogue, analogous
analógia *n* analogy
ananász *n* pineapple
anarchia *n* anarchy
anarchista *n* anarchist
anatómia *n med* anatomy
andalog *vi* stroll, go around dreamily
Andok, az *n* the Andes
anélkül *conj* without; **elmegy ~, hogy szólna** he leaves without saying a word
Anglia *n* England; Great Britain
anglikán *a* Anglican
angol *a* English; *n* Englishman/ Englishwoman; the English language; **~óra** English class; ~ **származású** of English descent; **~tanár** English teacher
angolna *n* eel
angolos *a* English, English-like
angolszász *a* Anglo-Saxon
angolul *adv* in English; ~ **beszél** speak English; **jól beszél** ~ his English is good
angyal *n* angel, cherub
angyalarcú *a* angel-faced
angyalhaj *n* tinsel
angyali *a* angelic, angel-like
ánizs *n* anise
annak *pron* of that; for that, to that; ~ **a háznak az ablaka** the window of that house; ~ **ellenére (hogy)** in spite of; ~ **idején** in those days, at that time; ~ **adja, (aki)** she gives it to him/her (who); ~ **köszönhető** thanks to that, due to that
annál *pron* at that, with that (place); ~ **a fánál** at that tree; **minél előbb,** ~ **jobb** the sooner the better; ~ **inkább** all the more
annálfogva *adv* consequently, for that reason
anomália *n* anomaly
anorák *n* windbreaker
Antarktisz *n* the Antarctic
antenna *n* antenna, aerial; **parabola ~** satellite dish
antialkoholista *a* anti-alcoholic, abstinent; *n* anti-alcoholic, abstainer
antibiotikum *n med* antibiotics
antidemokratikus *a* anti-democratic
antifasiszta *a* antifascist
antik *a, n* antique
antikvárium *n* secondhand bookstore
antikvitás *n* antiquity
Antillák, az *n* the West Indies

antilop *n* antelope
antiszemita *a* anti-Semitic; *n* anti-Semite
antiszemitizmus *n* anti-Semitism
antológia *n* anthology
antropológia *n* anthropology
antropológus *n* anthropologist
anya *n* mother; **Anyák napja** Mother's Day
anyacsavar *n* nut (screw)
anyag *n* matter, material, substance; material (textile), cloth; subject, subject matter; *coll* drug, narcotics
anyagi *a* material; financial, economic; **~ak** financial resources; ~ **kár** material damage; ~ **helyzet** financial situation, finances
anyagias *a* materialistic, money-grubbing
anyagilag *adv* financially, materially
anyahajó *n* aircraft carrier
anyai *a* maternal; motherly; ~ **szeretet** maternal love
anyajegy *n* birthmark
anyakönyv *n* register of births, marriages and deaths
anyakönyvi kivonat *n* birth/marriage/death certificate; **születési** ~ birth certificate
anyakönyvvezető *n* registrar
anyanyelv *n* native tongue/language, mother tongue
anyanyelvű *a* native speaker of …; **angol** ~ native speaker of English
anyaország *n* mother country, native country, motherland
anyaság *n* motherhood, maternity
anyatej *n* mother's milk
annyi *pron* that much/many; so much/many, as much/many; **kétszer** ~ twice as much/many
annyira *pron* so, so much, to such an extent
anyós *n* mother-in-law
anyu(ka) *n* mom, mommy
apa *n* father
apáca *n* nun
apad *vi* ebb; subside; decrease
apai *n* paternal, fatherly
apály *n* ebb
apaság *n* fatherhood, paternity
apát *n* abbot
apátság *n* abbey
ápol *vt* [vkit] nurse, take care of, tend to; cultivate (a garden), keep up (relations), cherish (feelings); groom (a horse)
ápolás *n* nursing, care, attendance; grooming
ápolatlan *a* neglected, ill-groomed; uncared-for
ápoló(nő) *n* nurse (hospital)
ápolt *a* neat, well-groomed; *n* (in-)patient
áporodott *a* stale, stuffy, musty
após *n* father-in-law
apostol *n* apostle
apparátus *n* apparatus, outfit; **állam** ~ government
apránként *adv* little by little, bit by bit
április *n* April; ~ **bolondja** April Fool
áprilisi *a* April
aprít *vt* [vmit] cut up, break into small pieces; chop (wood)
apró *a* small, little, tiny; *n* small change (money), coins
apróhirdetés *n* classified ad; **~ek** classifieds (section of a paper)
aprólékos *a* meticulous; minute
aprópénz *n* small change (money), coins
apropó *adv* by the way, that reminds me!
apróság *n* small thing; little one (child); **~ok** odds and ends

aprósütemény *n* cookie (sweet), cracker (savory)
apu(ka) *n* dad, daddy
ár *n* price, cost; tide, current; flood; awl; **olcsó ~on** at a low price; **nagy ~ fizet** pay a big price; **ár-apály** ebb and flow; **az ~ ellen** against the current
arab *a, n* Arab, Arabic; Arabian
arabul *adv* in Arabic
árad *vi* flow, stream; rise (river), flood
áradás *n* flood; rise, growth (of a river)
árajánlat *n* price quote
áram *n* current, power (electric)
áramforrás *n* source of (electric) power
áramkör *n* circuit (electric)
áramlás *n* stream, flow
áramlat *n* stream, current (water); trend, tendency; **Golf ~** the Gulf Stream
áraml|ik *vi* flow, stream
áramszünet *n* power outage, power cut, black out
arany *a* gold, golden; *n* gold; **~ gyűrű** gold(en) ring; **~ pénz** gold coin; **~at ér** is worth gold
arány *n* proportion, ratio, rate, scale; dimension; **százalékos ~** percentile; **egyenes ~** direct ratio; **fordított ~** inverse ratio
aranybánya *n* gold mine
aranyér *n med* hemorrhoids; gold vein
aranyérem *n sp* gold medal
aranyeső *n bot* forsythia
aranyhal *n* goldfish
aránylag *adv* relatively, comparatively, in proportion
aranylakodalom *n* golden anniversary
arányl|ik *vi* [vmihez] be in proportion to
aranyos *a* cute, charming, sweet
arányos *a* proportionate; well-proportioned
aranyozott *a* gilded, gold-plated, gilt; **~ ékszer** gold-plated jewelry
aranysárga *a* golden yellow
aranyszőke *a* golden blonde
aránytalan *a* disproportionate, ill-proportioned; out of proportion
árapály *a* ebb and flow, tide
áraszt *vt* [vmit] emit, send, diffuse, radiate, flood; shed (light); give off (heat)
arat *vt* [vmit] harvest, reap; gather (in); **sikert ~** be successful, meet with success; **tetszést ~** gain approval, be liked
aratás *n* harvest
árboc *n* mast
arc *n* face; cheek; **jó ~ot vág hozzá** put on a good face
arcápoló *n* facial treatment, facial cream
arcátlan *n* impertinent, insolent, shameless
arcbőr *n* facial skin, complexion
arccsont *n* cheek bone
árcédula *n* price tag
archeológia *n* archeology
archívum *n* archives
arckép *n* portrait
arckifejezés *n* facial expression, look (on [sy's] face)
arckrém *n* facial cream
arcplasztika *n* facial plastic surgery; facelift
arcszín *n* complexion, facial color
arculat *n* face; aspect
arcüreg *n* sinus(es), **~ gyulladás** sinus infection
arcvonal *n* front line, battlefront
arcvonás *n* facial feature
árcsökkentés *n* price reduction, price cut, discount
áremelés *n* raising of prices, price hike
aréna *n* arena

árengedmény *n* discount, price cut, (price) reduction, rebate
árfolyam *n* exchange rate
argentin *a* Argentine
Argentína *n* Argentina
ária *n* aria (in an opera)
árindex *n* price index
arisztokrácia *n* aristocracy, nobility
arisztokrata *a* aristocratic; *n* aristocrat
árjegyzék *n* price list
arkangyal *n* archangel
árkedvezmény *n* discount, (price) reduction, price cut
árleszállítás *n* price reduction, price cut
árny *n* shadow, shade; ghost
árnyalat *n* shade (of color), tint; tone (of voice)
árnyék *n* shadow, shade (of a tree)
árnyékol *vt* [vkit, vmit] shade, overshadow; shield (radio)
árnyékos *a* shady, shadowy, shaded
árnyoldal *n* dark side, shady side of [sg]; disadvantage
árok *n* ditch, trench
aroma *n* aroma, flavor
aromaterápia *n* aroma therapy
árpa *n* barley; sty (on the eye)
arra *pron* that way, in that direction; (on)to that; **~ a székre** (on)to that chair
arrafelé *adv* in that direction, that way
árrendszer *n* price system
arról *pron* from that; about that
árszint *n* price level
árt *vi* [vkinek] be harmful to/for, hurt, harm, injure; **A dohányzás ~ az egészségnek.** Smoking is harmful to your health.
ártalmas *a* harmful, hurtful, bad for; unhealthy
ártalmatlan *a* harmless
ártalom *n* harm, hurt
ártatlan *a* innocent, guiltless; unspoiled, virginal
ártatlanság *n* innocence
artista *n* acrobat
áru *n* product, merchandise, goods, article
árucikk *n* merchandise, product, article
áruforgalom *n* trade, traffic in goods; turnover (of a business)
áruház *n* department store
árukészlet *n* stock (of goods)
árul *vt* [vmit] sell, put up for sale, offer for sale
árulás *n* selling, sale; betrayal, treason
árulkod|ik *vi* [vkire] squeal, tell on [sy]
áruló *a* traitorous; telling (signs); *n* traitor
áruminta *n* product sample
áruraktár *n* warehouse, stock
árus *n* seller, salesperson, retailer; vendor
árusít *vt* [vmit] sell, retail, put up for sale
árusítóhely *n* stand, stall
áruszállítás *n* shipping (of goods), transport, shipment
árva *a* orphaned; lonely; single (only one); *n* orphan
árvácska *n bot* pansy
árvaház *n* orphanage
árverés *n* auction; **~re kerül** be put under the hammer
árverez *vt* [vmit] sell, put up for auction
árvíz *n* flood
árvízkár *n* flood damage
árvízkárosult *n* flood victim
arzén *n chem* arsenic
ás *vt* [vmit, vhol] dig
ásatás *n* excavation (archeology)
ásít *vi* yawn; gape
ásó *n* spade

asszisztál *vi* [vkinek vmiben] assist, help

asszisztens *n* assistant

asszony *n* woman (married); **A~om!** Madam!

ásvány *n* mineral

ásványvíz *n* mineral water

ász *n* ace

aszal *vt* [vmit] dry (fruit), dehydrate

aszalt *a* dried, dehydrated (fruit); **~ szilva** prune(s)

aszály *n* drought

aszfalt *n* asphalt

aszott *a* dried up, dried out, parched, arid; withered (plant)

aszpik *n* aspic, jelly

asztal *n* table; **író~** desk; **~hoz ül** sit down at the table

asztalfő *n* head of the table

asztalitenisz *n* table tennis, ping-pong

asztalos *n* carpenter (furniture)

asztalterítő *n* tablecloth

asztma *n med* asthma

asztrológia *n* astrology

asztrológus *n* astrologer

asztronómia *n* astronomy

aszú *n* **~ bor** special sweet dessert wine from the Tokaj region

át *adv* [vmin] across, through, over, via, by way of; throughout (time), during; **az utcán ~** across the street; **Washingtonon ~** via Washington; **egy héten ~** during a week, for a week

átad *vt* [vmit vkinek] hand over, give over, pass, present; **~ja a kulcsot** hand over the key; **~ja a helyét** give up one's seat

átadás *n* handing over, passing, transfer; (building) dedication

átalakít *vt* [vmit vmivé] transform [sg], convert, turn into, change; rebuild, reconstruct; alter, make over

átalakítás *n* transformation, conversion, change; reconstruction; alteration, makeover

átalakul *vi* be transformed, turn into, change; be altered

átalakulás *n* transformation, change, metamorphosis

átáll *vi* go over (to the other side), stand over [somewhere]; change sides

átállít *vt* [vmit] put [sg] in another place; switch over; change settings

átáz|ik *vi* drench, get drenched, get wet through, get soaked

átbúj|ik *vi* [vmin] slip through, crawl through

átcsap *vi* [vmin] sweep through (suddenly)

átcsoportosít *vt* [vkit, vmit] regroup, reorganize, rearrange

átcsúsz|ik *vi* [vmin] slip through/across, slide through/across

átdob *vt* [vmit vmin] throw over/across/through

átdolgoz *vt* [vmit] do over, rewrite, revise, rework; **~ott kiadás** revised edition

átdolgozás *n* revision, rewriting; adaptation (theater, movie)

ateista *a, n* atheist

ateizmus *n* atheism

átejt *vt* [vkit] let [sy] down, cheat [sy]

átél *vt* [vmit] live through, go through [sg]; experience

átellenes *a* opposite (side)

átenged *vt* [vkit, vmit] let through/across, let pass; give up, surrender [sg]

átépít *vt* [vmit] rebuild, reconstruct

átépítés *n* rebuilding, reconstruction

átér *vi* [vhova] reach over/across, get over/across; [vmit] span, encircle

átereszt *vt* [vmit] let through

áteresztő *a* permeable

átérez *vt* [vmit] be aware of [sg], feel the significance of [sg]

átes|ik *vi* [vmin] fall over, fall through; get over [sg]; ~ **egy betegségen** get over an illness

átfagy *vi* freeze, freeze through, freeze to the bone

átfáz|ik *vi* get cold, get chilled, freeze

átfésül *vt* [vmit] comb through; rake

átfog *vt* [vmit] grasp, seize, hold; encompass, span

átfogó *a* overall, comprehensive; *n math* hypotenuse

átforrósod|ik *vi* get very hot, heat up (all the way through)

átfut *vi* [vmin] run across/over; [vmit] scan, look through

átgázol *vi* [vmin] wade through/across; trample down

átgondol *vt* [vmit] think through, think over, consider; examine (carefully)

átgondolt *a* considered; thought-out, laid-out (plan); **jól** ~ well-considered

áthat *vt* [vmit] permeate, penetrate

átható *a* penetrating, pervading, piercing; ~ **hideg** piercing cold

áthatol *vi* [vmin] get through; penetrate; break through, strike through

áthelyez *vt* [vkit, vmit] put in another place, move; transfer (a person)

Athén *n* Athens

áthidal *vt* [vmit] bridge (over), span; smooth away, overcome

áthoz *vt* [vmit] bring over, bring along, fetch; carry forward

áthúz *vt* [vmit vmin] pull through/over; drag across; re-upholster (furniture); cross out (writing); **~za az ágyat** change the sheets

átír *vt* [vmit] re-write; transcribe; transfer (in writing)

átirányít *vt* [vkit, vmit vhova] redirect (to)

átismétel *vt* [vmit] repeat, review, go through (again)

átitat *vt* [vmit vmivel] soak through, saturate with, impregnate with

átizzad *vt* [vmit] sweat through; sweat profusely

átjár *vi* [vhova] go over (frequently); pass; permeate, penetrate; **~ja a házat a fenyőillat** the scent of pine permeates the house

átjáró *a* penetrating; *n* crosswalk, crossing; pass, a way through

átjön *vi* come over, come across; get through; come to visit

átjut *vi* [vhova] get through/across/ over to; [vmin] get over

átkapcsol *vt* [vmit] switch over, shift; connect (telephone); shift gears

átkarol *vt* [vkit] embrace, hug, put an arm around [sy]

átkel *vi* [vmin] cross [sg], get across

átkelőhely *n* crossing, crosswalk

átképez *vt* [vkit vmivé] retrain

átképzés *n* training, retraining

átkoz *vt* [vkit] curse, put a curse on [sy]

átkozód|ik *vi* curse, swear

átkozott *a* cursed, damned

átköt *vt* [vmit] tie around, tie up; retie; rebind

átkutat *vt* [vmit] search through, examine thoroughly, scrutinize

átlag *n* average; **~hőmérséklet** average temperature

átlagember *n* average person, average joe, man in the street

átlagos *a* average, ordinary, common

átlagteljesítmény *n* average output, average performance

atlanti *a* Atlantic

Atlanti-óceán, az *n* the Atlantic Ocean

átlapoz *vt* [vmit] leaf through, look through (a book); turn a page
atlasz *n* atlas
átlát *vi* [vhova] see across/over; [vmin] see through; realize
átlátsz|ik *vi* show through; be transparent; **ez a blúz ~** this blouse is see-through
átlátszó *a* transparent, see-through
átlép *vt* [vmit, vmin] step over/across, cross; go over to; exceed; **~i a megengedett sebességet** exceed the speed limit
atléta *n sp* athlete, sportsman/woman;
atlétatrikó *n* undershirt
atlétika *n sp* athletics
atletizál *vi sp* practice/do athletics
átlós *a* diagonal, transversal
átmegy *vi* [vmin] cross, go through/over/across, pass through, walk through; pass (an exam); [vmibe] turn into; **~ a vizsgán** pass the exam
átmeleged|ik *vi* heat up, warm up, get warm throughout
átmenet *n* transition
átmeneti *a* transitional; temporary; interim; transitory
átmérő *n* diameter
atmoszféra *n* atmosphere
átnedvesed|ik *vi* get damp, get moist; get wet (all the way through)
átnéz *vi* [vmin] look through/across; [vmit] look through, go over; check, review, look over
átnyújt *vt* [vmit vkinek] hand [sg] to [sy], hand over, deliver; present
átok *n* curse
átolvas *vt* [vmit] read through, read over, look over
atom *a* nuclear, atom-, atomic; *n* atom
atombomba *n* nuclear bomb, A-bomb
atomenergia *n* nuclear energy, nuclear power
atomerőmű *n* nuclear power station
atomfegyver *n* nuclear weapon
atomfizika *n* nuclear physics
atomháború *n* nuclear war
atomhulladék *n* nuclear waste
atommag *n* nucleus
atomsorompó egyezmény *n* nuclear non-proliferation treaty
atomtengeralattjáró *n* nuclear submarine, nuclear sub
átölel *vt* [vkit, vmit] embrace, hug, hold in one's arms
átöltöz|ik *vi* change (clothes)
átpártol *vi* [vhova] change sides, go over to the enemy
átrepül *vi* [vmi fölött] fly over/across; [vhova] fly over to; [vmit] fly over [sg]
átrohan *vi* [vhova] run over/across to; [vmin] dash through, run through/ over/across
átruház *vt* [vmit vkire] transfer [sg] to [sy], assign to
átsikl|ik *vi* [vmi fölött] pass over [sg], disregard; not notice; glide through
átszalad *vi* [vhova] run over/across to; [vmin] run through/over/across
átszáll *vi* [vmi fölött] fly over/across; [vhova] transfer to (vehicle), change trains/buses
átszállás *n* transfer (planes, trains)
átszámít *vt* [vmit] calculate; recalculate; convert (numbers)
átszámol *vt* [vmit] count, recount; verify (numbers)
átszervez *vt* [vmit] reorganize, reform
átszervezés *n* reorganization
átszúr *vt* [vmit] pierce, stab
átszűr *vt* [vmit] strain, filter
átszűrőd|ik *vi* filter through, seep through, come through

áttanulmányoz *vt* [vmit] study thoroughly, examine
attasé *n* attaché
áttekint *vt* [vmit] look through, examine, survey
áttekintés *n* survey, view, overview; summary
áttekinthető *a* clear, well-organized, easy to look over
áttér *vi* [vmire] pass over to (another subject), change subjects; switch over to, turn to; *rel* convert to (another faith)
átterjed *vi* [vhova] spread to
áttesz *vt* [vmit vhova] put [sg] somewhere else, transfer to
áttétel *n* transfer, removal; transmission; *med* metastasis
áttetsző *a* semi-transparent
áttör *vi* [vmin] break through, force through
áttörés *n* breakthrough; breaking through
átugr|ik *vt* [vmit, vmin] jump over/across, leap over/across; *fig* skip, leave out
átúsz|ik *vt* [vmit] swim across
átutal *vt* [vmit] transfer (money)
átutalás *n* transfer (money)
átutazás *n* traveling through, transit
átutaz|ik *vi* [vhol] travel through, pass through; cross over
átutazó *a* transit, transient, passing; *n* passenger in transit; **~ vízum** transit visa
átültet *vt* [vmit] replant, transplant; *med* transplant; reseat, seat [sy] elsewhere
átütemez *vt* [vmit] reschedule
átvág *vt* [vmit] cut, cut through; *coll* [vmin] take a shortcut; [vkit] deceive, cheat, pull the wool over one's eyes
átvált *vt* [vmit vmire] change, exchange (money); switch over
átváltozás *n* transformation, metamorphosis
átváltoz|ik *vi* change into, transform, be transformed
átváltoztat *vt* [vkit, vmit vmivé] change [sg] into [sg], transform, alter
átvesz *vt* [vmit] take over, receive, accept; borrow; study, go through [sg]
átvészel *vt* [vmit] go through [sg], live through, pull through; get over (an illness)
átvétel *n* taking over, receiving, receipt
átvezet *vt* [vkit, vmit] lead through, lead on to
átvilágít *vt* [vmit] send light through [sg]; *med* X-ray; *fig* [vkit] submit to a security clearance, make one's financial conditions public; *H* make one's political past publicly known
átvilágítás *n* transillumination; *med* X-ray; *fig* security clearance (process)
átvisz *vt* [vkit, vmit] take over, carry over/across
átvitt *a* figurative (meaning); **~ értelemben** figuratively
átvizsgál *vt* [vkit, vmit] search, examine, scrutinize; check
atya *n* father; priest
audiovizuális *a* audiovisual
augusztus *n* August
augusztusi *a* August
aukció *n* auction
ausztrál *a* Australian
Ausztrália *n* Australia
Ausztria *n* Austria
autó *n* car, automobile, vehicle; **beszáll az ~ba** get into the car; **~val megy** drive, go by car
autóbaleset *n* car accident

autóbusz *n* bus; **a hatos ~** bus number 6
autóbuszjárat *n* bus line
autóbuszmegálló *n* bus stop
autóbusz-pályaudvar *n* bus station
autogram *n* autograph, signature
autógumi *n* tire
autójavító *n* service station, garage
automata *a* automatic; *n* vending machine (for food), slot machine; **~ fegyver** automatic weapon; **pénzfelvevő ~** ATM, automatic teller machine
automatikus *a* automatic
autómentő *n* towing service; tow truck
autómosó *n* car wash
autonómia *n* autonomy
autópálya *n* highway, interstate (highway); **fizető ~** toll road
autópályadíj *n* toll
autópálya-pihenő *n* rest stop (by a highway)
autóparkoló *n* parking lot; parking garage
autós *n* motorist, driver
autósiskola *n* driving school
autóstop *n* hitchhiking; **~pal megy** hitchhike
autószerelő *n* car mechanic
autószervíz *n* service station, garage
autótérkép *n* road map
autóút *n* road, main road, divided highway
autóverseny *n* car race
autóversenyző *n* racecar driver, car racer
autóvezető *n* driver
autóz|ik *vi* drive, go by car; drive around, go for a ride
avagy *conj* or rather
avas *a* rancid, rank
avat *vt* [vkit, vmit vmivé] initiate into; dedicate (a memorial); inaugurate; pre-shrink (material)
az[1] *pron* that; **~ a ház** that house; **~ aki** he who …; **Ez ~!** That's it! **Ki ~?** Who's that?
az[2] the (definite article)
azalatt *pron* meanwhile, during that time, in the meantime
azáltal *adv* thereby, by that means, (in) that way
azaz *conj* that is, i.e., namely
azelőtt *adv* before that, earlier, previously, formerly
azért *conj* therefore, thereupon; for that reason, on account of; all the same, anyway; *pron* for that; **~ hogy** in order to; **De ~ köszönöm.** Thanks, anyway.
áz|ik *vi* soak; get wet, soak through
aznap *adv* that day, the same day
azon *pron* on that; **~ az asztalon** on that table
azonban *conj* however, nevertheless, yet, but
azonkívül *adv* in addition, besides, moreover
azonnal *adv* immediately, right away, at once, instantly; **most ~** right away, right now
azonos *a* identical, the same
azonosít *vt* [vkit, vmit] identify
azonosítás *n* identifying, identification
azonosíthatatlan *a* unidentifiable
azonosítható *a* identifiable
azonosság *n* identity; sameness
azóta *adv* since then, since that time, ever since; **~ nem láttam** I haven't seen him since (then)
aztán *adv coll* then, after that, afterwards; **Hát ~?** *coll* So what?
áztat *vt* [vmit] soak, bathe
azután *adv* then, after that, afterwards
Ázsia *n* Asia
ázsiai *a, n* Asian, Oriental

B

-ba/-be *suff* to (place) **iskolába megy** go to school; in, into **bemegy a házba** go in the house; (time) **egy órába telt** it took an hour; as **ajándékba kap** [vmit] get sg as a gift

bab *n* bean(s); **zöld~** *n* green bean(s)

báb *n* puppet; **~színház** *n* puppet show, puppet theater

baba *n* doll; baby

bába *n* midwife; **sok ~ között elvész a gyerek** too many cooks spoil the broth

babakocsi *n* stroller, baby carriage

babér *n* laurel; **csak ül a ~jain** rest on one's laurels

babona *n* superstition

babonás *a* superstitious

bábu *n* puppet; **kirakati ~** manequin

bácsi *n* uncle; **Józsi ~** *coll* Uncle Joe; (polite way of children addressing adult men)

bádog *a* tin; *n* tin; sheet metal; **~ tető** tin roof

bagoly *n* owl

baj *n* trouble, grief, misfortune; **~ban van** be in trouble; **Semmi ~!** That's OK!/No problem! **Mi a ~?** What's the matter? **Nem ~!** It does not matter!/It's OK!

báj *n* charm

bajlód|ik *vi* [vmivel] bother with; **Ne ~j vele!** Don't bother with it!; have trouble with

bajnok *n* champion (sports)

bajnoki *a* champion; **~ cím** championship title

bajnokság *n* championship; **világ ~** world championship, World Cup

bajos *a* troublesome, problematic, difficult

bájos *a* charming, lovely

bajusz *n* mustache; whiskers

bakancs *n* boots (military or work)

baki *n coll* slip (of the tongue), mistake

baktérium *n* bacterium

bal *a* left; **~kezes** left-handed; **~oldal** the left (side); *pol* left-wing; **~oldali** left side; *pol* left-wing; **~ra** to the left; **~ra kanyarodni tilos** no left turn

bál *n* ball, dance; **szalagavató ~** *school* senior prom

Balaton *n* Lake Balaton; **a ~on/a ~nál** at Lake Balaton

baleset *n* accident; **~et szenved** be in an accident; **halálos ~** fatal accident

baleset-biztosítás *n* accident insurance

balett *n* ballet

balhé *n slang* trouble, fuss, big argument

baljós *a* ominous; **~ jel** omen

Balkán *n* the Balkans

balkáni *a* Balkan

balkon *n* balcony

ballada *n* ballad

ballag *vi* stroll, walk slowly

ballagás *n school H* graduation ceremony

ballon *n* balloon; **hőlég~** hot-air balloon

ballonkabát *n* raincoat, trenchcoat

bálna *n* whale

balszerencse *n* bad luck, misfortune

balta *n* axe, hatchet

balti *a* Baltic

Balti-tenger *n* the Baltic Sea

balzsam *n* balm, balsam; **haj~** hair conditioner

bámul *vt* [vkit, vmit] [vkire, vmire] stare at, gaze at; wonder at; admire

bámulatos *a* amazing, surprising

-ban/-ben *suff* in, inside (place); in (time); at; **Amerikában él** live in America; **munkában van** be at work; **májusban** in May; **időben** in time; **délben** at noon; **ebben az évben** (in) this year; **bajban van** be in trouble
bán *vt* [vmit] regret, be sorry about; repent; **Nem ~om!** *coll* I don't care!/ I don't mind!/All right! **Mit ~om én?** *coll* What do I care? **B~om is én!** *coll* I couldn't care less!
banán *n* banana
bánásmód *n* treatment
bánat *n* sorrow, grief; regret
bánatos *a* sad, sorrowful, mournful
banda *n* band; gang
bandita *n* bandit; gangster
Banglades *n* Bangladesh
bán|ik *vi* [vkivel, vmivel] treat, handle, deal with; **rosszul ~ik** [vkivel] abuse [sy]
bank *n* bank
bankár *n* banker, financier
bankbetét *n* bank account; bank deposit
bankett *n* banquet
bankhitel *n* bank loan; bank credit
bankjegy *n* banknote, bill
bankkártya *n* bank card, check card, debit card
bankpénztáros *n* (bank) teller, cashier
bankrabló *n* bank robber
bankszámla *n* bank account
banktisztviselő *n* teller, bank clerk
bánt *vt* [vkit, vmit] hurt [sy], harm; trouble; annoy, irritate; hurt [sy's] feelings; touch; **Ne ~sd!** Leave it alone!/Don't touch it!
bántalmaz *vt* [vkit] assault, injure; insult
bántó *a* hurtful; insulting, offensive; **~ megjegyzés** offensive remark
bánya *n* mine; quarry (stone)
bányaipar *n* mining industry
bányász *n* miner
bányászat *n* mining
bányász|ik *vt* [vmit] mine
baptista *a, n* Baptist
bár[1] *conj* though, although; I wish, if only; **B~ lenne pénzem!** If only I had money!
bár[2] *n* bar, nightclub
barack *n* peach; apricot; **őszi~** peach; **sárga~** apricot
baracklekvár *n* apricot jam
barackpálinka *n* apricot brandy
barangol *vi* wander, roam, range
bárány *n* lamb; **szelíd mint a ~** gentle as a lamb
bárányfelhő *n* fleecy/fluffy cloud
bárányhimlő *n* chickenpox
barát *n* friend, pal, *coll* buddy; monk, friar
baráti *a* friendly, brotherly; **~ kör** circle of friends
barátkoz|ik *vi* [vkivel] make friends with
barátnő *n* girlfriend; mistress
barátság *n* friendship; **~ot köt vkivel** make friends with
barátságos *a* friendly
barátságtalan *a* unfriendly; inclement (weather)
barázda *n* furrow; wrinkle (on face)
bárcsak *conj* if only, I wish; **B~ itt lennél!** I wish you were here!
bárd *n* hatchet; bard; **csata~** battleaxe
bárdolatlan *a* rough, crude, uncouth; uneducated
bárgyú *a* dumb, stupid
bárhogyan *pron* (= **akárhogyan**) anyhow, anyway
bárhol *pron* (= **akárhol**) anywhere
bárhonnan *pron* (= **akárhonnan**) from anywhere

bárhova *pron* (= **akárhova**) to anywhere
barikád *n* barricade
bariton *a, n* baritone
barka *n* pussywillow
bárka *n* bark; **Noé ~ja** Noah's Ark
bárki *pron* (= **akárki**) anyone
barlang *n* cave, cavern
bármeddig *pron* (= **akármeddig**) for any length of time, no matter how long
bármekkora *pron* (= **akármekkora**) any size, no matter how big
bármelyik *pron* (= **akármelyik**) whichever, no matter which one
bármennyi *pron* (= **akármennyi**) no matter how much/many
bármerre *pron* (= **akármerre**) whichever way, no matter where, (to) anywhere
bármerről *pron* (= **akármerről**) from wherever, no matter where from
bármi *pron* (= **akármi**) whatever; anything
bármikor *pron* (= **akármikor**) at any time, whenever
bármilyen *pron* (= **akármilyen**) any kind, whatever kind
barna *a* brown; tan (skin); brunette (hair); **~ szemű** brown-eyed
barnít *vt* [vkit, vmit] tan; make [sg] brown
barnító *a* **~ krém** self-tanner, self-tanning lotion
barnul *vi* turn brown; get tanned, tan;
báró *n* baron; **~nő** baroness
barokk *a, n* Baroque
barométer *n* barometer
baromfi *n* poultry, fowl; **~t tart** raise chickens
baromfiudvar *n* chickenyard
bársony *a, n* velvet; **~szék** *H* velvet chair, a ministerial position
bársonyos *a* velvety, soft; **~ hang** soft, deep voice
bárszék *n* bar stool
basszista *n* bass (singer)
basszus *a* bass (voice)
bástya *n* bastion; castle (chess)
batik *a* batik
batiszt *a, n* batiste
bátor *a* brave, courageous, fearless
bátorít *vt* [vkit] encourage, urge
bátorság *n* courage, bravery, valor; **~ot önt vkibe** encourage, give [sy] a pep talk
bátorságsport *n sp* extreme sports
bátortalan *a* shy, timid
bátran *adv* courageously, bravely, boldly; calmly, safely, without fear
báty *n* older brother
batyu *n* bundle, pack
bazalt *a, n* basalt
bazár *n* bazaar
bazilika *n* basilica, cathedral
bázis *n* base
be *adv* into, in
-be *suff* → **-ba**
bead *vt* [vmit] hand in, give in; **~ja a lemondását** hand in one's resignation; **~ja a derekát** give in, cave in
beadvány *n* petition
beágyaz *vi* make the bed
beakad *vi* [vmibe] get caught in [sg]; get stuck in [sg]
beáll *vi* [vhova] enter, stand in; **~ a sorba** get in line; **Be nem áll a szája.** *coll* He just won't shut up.
beállít *vt* [vmit vhova] put into, place into; [vmit] set (clock), tune in (radio); present [sg] as; give the impression of; *coll* drop in (to visit)
beállítás *n* setting
beállítottság *n* disposition, inclination, attitude

beavat *vt* [vkit vmibe] initiate into; [vmit] pre-shrink (fabric)
beavatkozás *n* interference, intervention, meddling
beavatkoz|ik *vi* [vmibe] interfere with, intervene, meddle in
beáz|ik *vi* leak (roof)
beáztat *vt* [vmit] soak (clothes)
bebeszél *vt* [vmit vkinek] talk [sy] into believing [sg]
bebizonyít *vi* [vmit vkinek] prove, demonstrate
bebiztosít *vt* [vkit, vmit] insure
bebocsát *vt* [vkit] let [sy] in, admit
bebörtönöz *vt* [vkit] imprison, put in jail
bebugyolál *vt* [vkit, vmit] bundle up, wrap up, tuck in
bebúj|ik *vi* [vhova] crawl in, slip in
becenév *n* nickname
becéz *vt* [vkit] call by a nickname/ pet name
Bécs *n* Vienna
becsap *vt* [vmit] slam (door), bang; [vkit] cheat, swindle, deceive; [vhova] hit (lightning)
becsatol *vt* [vmit] buckle, clasp; enclose, attach (documents)
becsavar *vt* [vmit] screw in; [vkit vmibe] roll up (in), wrap up (in)
becses *a* precious, valuable
bécsi *a* Viennese; ~ **szelet** Wiener schnitzel
becsíp *vt* [vmit] pinch, catch in; *coll* get tipsy
becslés *n* estimate, appraisal, estimation
becsmérel *vt* [vkit, vmit] disparage, disgrace, humiliate
becsomagol *vt* [vmit] pack (up); wrap up; ~ **az útra** pack up for the trip
becstelen *a* dishonest, dishonorable
becstelenség *n* dishonesty, infamy
becsuk *vt* [vmit] shut, close
becsúsz|ik *vi* slide in, slip in; sneak in
becsül *vt* [vmit vmire] estimate, value; [vkit, vmit] esteem, value; appreciate; **nagyra** ~ hold in high esteem
becsület *vi* honor, reputation; credit, honor
becsületbeli *a* regarding one's honor; ~ **ügy** a matter of honor
becsületes *a* honest, honorable
becsületszó *n* word of honor
becsvágy *n* ambition
bediliz|ik *vi coll* go crazy, go nuts, lose it
bedob *vt* [vmit] throw in, toss in, drop in
bedől *vi* fall in, collapse; *coll* [vminek, vkinek] fall for [sg], believe [sy], be fooled
bedug *vt* [vmit] stick in, shove in; plug in
beenged *vt* [vkit vhova] let in, admit
beépít *vt* [vmit] build in, build into; wall in
beépített *a* built-in; ~ **szekrény** built-in cabinet, closet
beér *vi* [vhova] arrive at, get in; [vkit, vmit] reach, catch up with; [vmivel] be satisfied with, be content with; **Kevéssel ~em.** I don't need much./ I'm satisfied with a little.
beér|ik *vi* ripen, mature
beérkezés *n* arrival
beérkez|ik *vi* arrive, get in
beesteled|ik *vi* turn into night, night is falling, get dark
befagy *vi* freeze over
befagyaszt *vt* [vmit] freeze [sg]
befed *vt* [vmit] cover
befejez *vt* [vmit] finish, end, conclude, terminate
befejezés *n* ending, finish, conclusion

befejezetlen *a* unfinished, incomplete; **~ ügy** unfinished business
befejezett *a* finished, complete
befejeződ|ik *vi* end, be finished, be completed
befektet *vt* [vmit vmibe] put into bed, lay in; *econ* invest (money)
befektetés *n econ* investment
befektető *n econ* investor
befelé *adv* inward, in
befizet *vt* [vmit vhova, vkinek] pay in, deposit (money)
befog *vt* [vmit] cover, hold, shut (mouth, eyes); harness (horse); *coll* put in use; dye
befogad *vt* [vkit, vmit] take in, receive; house; accommodate
befolyás *n* [vmire] influence on; **a ~a alatt van** be under his influence
befolyásol *vt* [vkit, vmit] influence [sy], have an effect on
befolyásos *a* influential, powerful
befolyik *vi* flow in(to), pour in(to); come in (money)
befordul *vi* turn in, turn into; **~ a sarkon** turn the corner
beforr *vi* heal (wound)
befőtt *n* preserves (fruit), canned fruit
befőz *vt* [vmit] can, preserve (food)
befut *vi* arrive, pull in (train); run in; [vmit] run (a course); grow over (plant), overgrow; *coll* have a successful career
befűt *vi* heat; make a fire; *coll* [vkinek] give [sy] hell, give [sy] a hard time
befűz *vt* [vmit] thread (a needle); lace (shoes)
begombol *vt* [vmit] button up
begurul *vi coll* get mad, get angry
begyógyul *vi* heal up, close up (wound)
begyújt *vt* [vmit] make/light a fire; start (an engine)
begyullad *vi* start up (engine); *coll* get scared
begyűjt *vt* [vmit] gather in, harvest; collect (money)
behajt *vt* [vmit] drive in; half-close (door), close (a book), fold; collect debt; **B~ani tilos!** Do not enter!/One way street.
beható *a* thorough, exhaustive, intensive
behatóan *adv* intensively, exhaustively
behatol *vi* [vhova] get in, force one's way in, break in, penetrate
behív *vt* [vkit] call in, invite in; *mil* draft
behívó *n mil* draft, draft papers
behoz *vt* [vmit] bring in, carry in; introduce; import; catch up with; make up for; **~za a lemaradást** make up for the delay
behozatal *n* import
behuny *vt* [vmit] close (eyes); **~ja a szemét** close one's eyes
behúz *vt* [vmit] pull in, drag in; shut the door quietly; upholster (furniture); **~za a farkát** hold his tail between his legs
behűt *vt* [vmit] chill [sg], cool, refrigerate
beidéz *vt* [vkit] *law* summon, subpoena
beigazolód|ik *vi* prove to be true, be proved
beígér *vt* [vmit] promise
beiktatás *n* inauguration; **elnöki ~** presidential inauguration
beilleszked|ik *vi* [vhova] fit in
beilleszt *vt* [vmit] fit [sg] in, insert
beindít *vt* [vmit] start (engine); launch (a project)
beír *vt* [vmit vhova] write in, write into
beirat *vt school* [vkit vhova] enroll, have [sy] enrolled, register

beiratkozás *n* registration
beiratkoz|ik *vi* [vhova] get enrolled in, get registered in
beismer *vt* [vmit] admit, acknowledge, confess
beismerés *n* confession, admission
bejár *vi* go in (frequently); [vmit] go/walk all over (an area); **~ja a várost** go all over town
bejárat *n* entrance, entry; gate, doorway; *vt* [vmit] break in (car)
bejárón *n* cleaning woman, housekeeper (not live-in)
bejegyez *vt* [vkit, vmit] note, make a note of; register, record
bejegyzés *n* note, record
bejelent *vt* [vmit] report to; announce, make known
bejelentés *n* report; announcement
bejelentkez|ik *vi* [vhova] register with
bejelentőlap *n* registration form
bejön *vi* come in, enter; [vkinek] *coll* be lucky; **Bejöttek neki ezek a számok.** *coll* He had luck with these numbers. (He won.)
bejut *vi* [vhova] get in (with difficulty), manage to get in
béka *n* frog; **varangyos ~** toad
békaember *n* diver
bekanyarod|ik *vi* turn (vehicle)
bekap *vt* [vmit] gulp down, eat hurriedly; swallow whole; **B~ok valamit.** *coll* I'll have a bite.
bekapcsol *vt* [vmit] turn on, switch on; fasten, buckle
béke *n* peace, tranquility, quiet; **békét köt** make peace; **B~ poraira!** Rest in peace! **Hagyj békén!** *coll* Leave me alone!/Leave me be!
békefolyamat *n* peace process
békegalamb *n* peace dove
békekötés *n* peace agreement, conclusion/making of peace
békéltet *vt* [vkit] reconcile [sy]
békéltető *a* reconciling, conciliatory; *n* mediator, peacemaker
beken *vt* [vmit] smear with, spread over; smudge, soil; grease, lubricate
békepipa *n* peace pipe
békepolitika *n* peace policy
beképzelt *a* stuck up, self-important, egotistical
bekeretez *vt* [vmit] frame
bekerít *vt* [vmit] fence in, enclose; [vkit] surround, encircle
békés *a* peaceful, quiet, tranquil
békesség *n* peace, peacefulness, tranquility
békeszerződés *n* peace treaty, peace agreement
béketanács *n* peace council
béketárgyalás *n* peace talks, peace negotiations
bekezdés *n* paragraph; *law* section
bekopog *vi* [vmin] knock; **~ az ajtón** knock on the door
bekopogtat *vi* [vmin] knock (on the door)
beköltöz|ik *vi* [vhova] move in (a house)
beköszön *vi* [vkinek, vhova] greet from the outside; **Csak ~t.** He just dropped in to say hi.
beköszönt *vi* arrive, set in; **~ött a tél** winter arrived
beköt *vt* [vmit] tie, tie up, bind; dress (a wound); bind (a book); **~ a szemét** blindfold; **B~ik a fejét.** *coll* She's getting married. (women only)
bekötöz *vt* [vmit] dress (a wound), bandage
bekövetkez|ik *vi* result, follow, happen
bekukucskál *vi* [vhova] peep in, peer in
bel- *pref* internal, interior; domestic

bél *n med* intestine(s), bowels; refill (pen); lead (pencil)

belát *vi* [vhova] see in(to); have an insight into; [vmit] look over, survey; realize, understand, accept; admit (fault); **~ja a hibáját** admits his mistake

belátó *a* considerate

belbiztonsági minisztérium *n US* Department of Homeland Security

bele *adv* into, inwards

beleakad *vi* [vmibe] get caught in

beleárt *vt* **~ja magát** [vmibe] meddle with/in

beleavatkozik *vi* [vmibe] interfere with, intervene, meddle with/in

belebeszél *vi* [vmibe] meddle in; **~ más dolgába** stick one's nose into someone else's business

belebolondul *vi* [vkibe] fall head over heels in love; [vmibe] go crazy because of

belebonyolód|ik *vi* [vmibe] get involved in, get tangled in, get caught up in

belebúj|ik *vi* [vmibe] crawl into; get into (clothes)

beleegyez|ik *vi* [vmibe] agree to [sg], consent to

beleél *vi* [vmibe] **~i magát** empathize, put oneself into someone else's shoes; take a future event for granted

beleért *vt* [vmit] read [sg] into [sg]

beleérez *vi* empathize

beleérzés *n* empathy

belees|ik *vi* [vmibe] fall into, tumble into; *coll* [vkibe] fall in love with

belefárad *vi* [vmibe] get tired of [sg], have enough of, be fed up with

belefog *vi* [vmibe] start, begin, set out; **~ a munkába** get to work, start working

belefullad *vi* [vmibe] drown in, be drowned in; **~t a vízbe** she drowned

belehajt *vi* [vmibe] drive into, crash into

belehal *vi* [vmibe] die of [sg]; **Majd ~tam az ijedtségbe.** *coll* I was scared to death.

beleill|ik *vi* [vmibe] fit into, fit in

beleír *vt* [vmit vmibe] write into, record

beleizzad *vi* [vmibe] sweat (because of [sg]); **~ a munkába** sweat over a job

belejön *vi* [vmibe] get the hang of [sg], get into; warm to

belekapaszkod|ik *vi* [vmibe] hold on to, hang on to; cling to

belekarol *vi* [vkibe] take [sy's] arm

belekényszerít *vt* [vkit, vmit vmibe] force into

belekerül *vi* [vmibe] cost (money); take (time); get into (place); get involved in

belekevered|ik *vi* [vmibe] get mixed up in, get involved in

belekezd *vi* [vmibe] start, begin

belekóstol *vi* [vmibe] taste [sg], have a little taste of; try one's hand at [sg]

bélel *vt* [vmit] line (a coat)

belélegez *vt* [vmit] breathe in, inhale

belelép *vi* [vmibe] step into

belemegy *vi* [vmibe] fit into, get into; *fig coll* agree to, consent to

belemerül *vi* [vmibe] sink into; *fig* be wrapped up in, be absorbed in doing [sg]

belenéz *vi* [vmibe] look into, take a look into

belenyom *vt* [vkit, vmit vmibe] push into, press into, force into, squeeze into

belenyugsz|ik *vi* [vmibe] resign to, accept

belenyúl *vi* [vmibe] reach into; *fig* intervene

beleöml|ik *vi* [vmibe] flow into, pour into
beleőrül *vi* [vmibe] go crazy (because of [sg]), go insane
belép *vi* [vhova] enter, walk in, step in; join (a club)
belépő *n* entrance; a person entering; entry ticket
belépődíj *n* entrance fee; cover charge
belépőjegy *n* ticket
beleragad *vi* [vmibe] get stuck in, stick into
belerak *vt* [vmit vmibe] put into, place into
belerúg *vi* [vkibe, vmibe] kick [sy]
bélés *n* lining (of a coat)
beleszeret *vi* [vkibe] fall in love with
beleszok|ik *vi* [vmibe] get used to; get accustomed to
beleszól *vi* [vmibe] interrupt; *fig* interfere
beleszorul *vi* [vmibe] get stuck in (a tight space), get caught in
beletalál *vi* [vmibe] hit [sg] in the middle, hit the mark
beletanul *vi* [vmibe] learn, master
beletel|ik *vi* [vmibe] last, take (time); **~ egy órába** it takes an hour
beletesz *vt* [vmit vmibe] put into, place into; insert
beletör|ik *vi* [vmibe] break in(to), break off (in); **B~ a foga.** *coll* He is giving up (although he tried).
beleun *vi* [vmibe] get bored with, get tired of
beleüt *vt* [vmit vmibe] hit, knock, bump (one's head); **~i az orrát** *coll* stick one's nose into [sg]
belevág *vi* [vmibe] cut into; strike (lightning); interrupt; start, begin, undertake
belezavar *vt* [vkit vmibe] confuse [sy]
belezavarod|ik *vi* [vmibe] get confused by, get all mixed up
belföld *n* inland (not abroad); **~ön** at home, within the country, domestically
belföldi *a* domestic, native, home, internal
belga *a, n* Belgian
Belgium *n* Belgium
Belgrád *n* Belgrade
belgyógyász *n med* internist, internal specialist
belgyógyászat *n med* internal medicine
beljebb *adv* further in, farther in; **Fáradjon ~!** Please come in!
belkereskedelem *n* domestic trade, internal trade
belosztály *n med* internal medicine (ward)
belök *vt* [vkit, vmit] push in, toss in, shove in; push open (door)
belorusz *a, n* Belorussian, White Russian
belpolitika *n* internal politics, domestic policy
belőle *adv* from it, out of it; **Tanár lesz ~.** He'll become a teacher.
belső *a* internal, inside, inner; intimate, confidential; *n* interior, inside, core, heart of [sg]; **~ biztonság** internal security; **~ vérzés** internal bleeding; **~ információ** insider information
Belső-Ázsia *n* Central Asia
belsőépítész *n* interior designer
belsőleg *adv* internally, inwardly; *med* for internal application/use
belügy *n* internal affairs, domestic affairs
belügyminiszter *n H* Minister of the Interior, *US* Secretary of the Interior

belügyminisztérium *n H* Interior Ministry, *US* Department of the Interior
belül *adv* inside, within; *postp* [vmin] within, inside; within (time); **a hivatalon ~** inside of the office; **két héten ~** within two weeks
belváros *n* downtown, inner city
belvíz *n* inland waters
bélyeg *n* stamp, postage; mark, seal; **~et gyűjt** collect stamps
bélyegez *vt* [vmit] stamp [sg], put a stamp on; mark, brand (animal)
bélyegző *n* rubber stamp
bemász|ik *vi* [vhova] crawl into, climb into
bemegy *vi* [vhova] go in, enter, walk in; penetrate; fit in
bemelegít *vi* warm up
bemelegítés *n* warm-up
bemenet *n* entrance, entry; **Tilos a ~.** No entry./Do not enter!
bemér *vt* [vmit] measure, find the range of
bemetsz *vt* [vmit] incise, notch; engrave, etch, carve
bemocskol *vt* [vmit] stain, soil, make [sg] filthy
bemond *vt* [vmit] announce
bemondás *n* announcement; wisecrack
bemondó *n* announcer; master of ceremonies, MC
bemutat *vt* [vkit vkinek] introduce to, present to; [vmit] present, show; demonstrate
bemutatás *n* introduction (of a person); presentation, showing, demonstration
bemutatkoz|ik *vi* [vkinek] be introduced, introduce oneself to
bemutató *n* presentation, showing, opening (of an exhibit); premiere, opening night
-ben *suff* → **-ban**
béna *a* paralyzed, crippled; lame
benevez *vi* [vmire] enter (a competition)
benéz *vi* [vhova] look in, peep in; drop in (to visit)
benn *adv* inside, within
benne *adv* in it, inside it, within it; **van ~ valami** there is something to it; **B~ vagyok!** *coll* I'm all for it!
bennfentes *a, n* insider, initiated, well-informed (person)
bennszülött *a* native, indigenous; *n* native
benő *vi* grow in, grow over; overgrow, overrun
bensőséges *a* intimate, close
bent *adv* inside, within
benyit *vi* [vhova] enter, come in; open the door onto
benyom *vt* [vmit] push in, press in, squeeze in; force in
benyomás *n* impression, effect; **jó ~t tesz** [vkire] make a good impression on [sy]
benyújt *vt* [vmit] hand in, present
benzin *n* gas, gasoline
benzinkút *n* gas station
beolajoz *vt* [vmit] oil [sg], lubricate, grease
beolt *vt* [vkit, vmit] inoculate, vaccinate; graft (a tree); *fig* infuse, instill (ideas)
beolvad *vi* melt in, dissolve in(to); blend, fade into; get absorbed
beoml|ik *vi* cave in, collapse, crumble
beoszt *vt* [vkit, vmit] divide up/into, arrange; economize; assign (to a position)
beosztás *n* arrangement; assignment, position
beosztott *n* subordinate
beperel *vt* [vkit] sue, prosecute

bepillant *vi* [vmibe] glance into, take a look into; have an insight into
bepiszkít *vt* [vmit] soil, stain, make [sg] dirty
bepiszkolód|ik *vi* get dirty, be soiled
bepótol *vt* [vmit] make up for; **~ja az elveszett időt** make up for lost time
beprogramoz *vt* [vmit] program
bér *n* wages, salary, pay; rent; **~be ad** rent out, lease; **~be vesz** rent, lease (from)
beragad *vi* stick (in), get stuck in
beragaszt *vt* [vmit] glue in, glue [sg] shut, paste over
berak *vt* [vmit] put in, place in, lay in; load up (goods); pleat (skirt)
berakod|ik *vi* load up
bereked *vi* become hoarse
bérel *vt* [vmit] rent [sg], lease; charter (a flight/bus)
béremelés *n* pay raise
berendez *vt* [vmit vmivel] furnish; arrange (furniture)
berendezés *n* furniture; equipment
berendezked|ik *vi* furnish one's house; settle down, get settled (in a house)
bérgyilkos *n* assassin, hit man
bérház *n* apartment building
bérlakás *n* apartment
bérlet *n* pass (bus); season ticket (theater, sports)
bérletjegy *n* season ticket
Berlin *n* Berlin
bérlő *n* tenant, lessee, renter
bérmentes *a* free of charge, free
Bermuda *n* Bermuda
bermuda *n* Bermuda shorts
bérmunka *n* paid work, work for hire
beront *vi* [vhova] burst into (a room), rush into
berreg *vi* buzz, hum, purr (engine)
bérrendszer *n* salary system, wage system, pay system
berúg *vt* [vmit] kick in; get drunk; **~ egy gólt** score a goal
beruház *vt* [vmit vmibe] *econ* invest
beruházás *n* *econ* investment
besétál *vi* walk in(to)
besoroz *vt* [vkit] *mil* enlist
besóz *vt* [vmit] salt [sg]
besötéted|ik *vi* get dark, grow dark
besúgó *n* informer, spy, mole
besurran *vi* [vhova] sneak in(to), slip in
beszabályoz *vt* [vmit] regulate, adjust
beszakad *vi* break in; tear
beszalad *vi* [vhova] run in
beszáll *vi* [vmibe] get into (a vehicle), board
beszállás *n* boarding, getting on
beszállókártya *n* boarding pass
beszámít *vt* [vmit] include; take into account
beszámíthatatlan *a* insane; not accountable
beszámol *vi* [vmiről] give account, tell about, relate; cover (news)
beszámoló *n* report, briefing
beszed *vt* [vmit] collect (money); take (medicine)
beszéd *n* speech, speaking; speech, address; **se szó, se ~** *coll* all of a sudden, without much ado; **~et mond/tart** deliver a speech
beszédes *a* talkative, chatty
beszédhiba *n* speech impediment
beszédtéma *n* topic of conversation
beszeg *vt* [vmit] hem, border, seam
beszél *vi* [vkivel vmiről] speak, talk about; [vkihez] speak to; **azt ~ik, hogy …** they say …; the rumor is …; **Ne ~j!** You don't say!; **Te könnyen ~sz!** Easy for you to say!

beszélget *vi* [vkivel vmiről] chat, talk about, have a conversation
beszélgetés *n* conversation, chat, talk
beszélő *a* speaking, talking; *n* speaker, talker; **nem vagyunk ~ viszonyban** we're not talking to each other, we're not on speaking terms
beszennyez *vt* [vmit] soil, stain, dirty; *fig* defile
beszerel *vt* [vmit] install, mount, fit in, build in
beszerez *vi* get, obtain, procure
beszervez *vt* [vkit] organize, make [sy] join an organization
beszerzés *n* obtaining, getting; procurement
beszív *vt* [vmit] breathe in [sg], inhale; suck in, absorb; *coll* get drunk
beszivárog *vi* [vhova] filter in, ooze in; penetrate into
beszól *vi* [vhova] call in from the outside; drop by, visit briefly; **~ az ablakon** call in through the window
beszorul *vi* get stuck, get jammed, get caught in
beszúr *vi* stick into; insert (into a text)
beszüntet *vt* [vmit] cease, stop, put a stop to; **munkát ~** go on strike
beszűrőd|ik *vi* [vhova] trickle in, filter in
betakar *vt* [vkit, vmit] cover (up), wrap up; tuck into bed; shield
betakarít *vt* [vmit] harvest, gather (crops)
betakarítás *n* harvest, gathering in
betanít *vt* [vkit] train, teach, drill
betanított *a* trained; **~ munkás** trained worker
betanul *vt* [vmit] learn (by heart), memorize
betáplál *vt* [vmit vmibe] *comp* enter (data) into a computer
betart *vt* [vmit] keep; observe (a rule), comply with; **~ja az ígéretét** he keeps his promise
beteg *a* sick, ill, diseased, unwell; sickly, invalid; *n* invalid, sick (person); patient
betegállomány *n* sick leave; **~ban van** be on sick leave
betegbiztosítás *n* health insurance
beteges *a* sickly, ailing; unhealthy, morbid, pathological
betegfelvétel *n* patient admission
betegség *n* sickness, illness, disease, malady, ailment
betegszállító *n* ambulance
betel|ik *vi* be filled up, have enough of; **B~t a pohár.** *coll* That's enough./I can't take anymore.
beteljesed|ik *vi* be fulfilled, come true, be accomplished; **~ett az álmuk** their dream came true
betemet *vt* [vkit, vmit] bury, cover completely, fill up (a hole)
beterjeszt *vt* [vmit] introduce (a bill); **~ egy javaslatot** introduce/make a proposal
beterjesztés *n* introduction (of a bill)
betesz *vt* [vmit vhova] put in, place in, set in; deposit; close, shut (door) **~i a lábát** set foot in
betét *n* deposit (in a bank); inset, insert; **intim ~** sanitary pad, panty liner
betétkönyv *n* savings passbook
betétlap *n* insert
betéve *adv* **~ tud** know by heart
betilt *vt* [vmit] ban, prohibit, forbid
betol *vt* [vmit] push in, shove in; squeeze in, press in
betolakod|ik *vi* intrude, obtrude
beton *a, n* concrete
betonkeverő *n* concrete mixer (machine)

betonoz *vt* [vmit] lay concrete, pour concrete, treat with concrete
betölt *vt* [vmit vmivel] fill up, fill in; pour in (liquid); perform (a job), fulfill (duty); ~ **egy állást** fill a position; **~i az ötvenet** turn 50
betöltetlen *a* unfilled; vacant (position)
betöm *vt* [vmit] stop (up), seal, fill; fill a tooth; gag
betör *vt* [vmit] break in, smash in; [vhova] break in (to a house); ~ **egy lovat** break in a horse
betörés *n* break-in, burglary
betörő *n* burglar
betud *vt* [vmit vkinek] attribute to
betű *n* letter (of the alphabet), script, character; **vastag** ~ bold letter; **dőlt** ~ italics; **~ről ~re** letter by letter, point by point
betűfajta *n* character type, font
betűr *vt* [vmit vmibe] tuck in (a shirt)
betűrend *n* alphabet; **~ben** alphabetically
betűrendes *a* alphabetical
betűz *vt* [vmit] spell; pin up; shine in (sun)
beugrat *vt* [vkit] pull [sy's] leg
beugratás *n* joke, practical joke
beugr|ik *vi* [vhova] jump in(to); drop by, visit briefly; step in (for [sy])
beutaz|ik *vi* travel into; go into (town); travel all over (a country); **B~ta az USA-t.** He traveled all over the USA.
beutazó *a* entry, entrance (travel); ~ **vízum** entry visa
beül *vi* [vhova] go into a place and sit down, take a seat in; sit into; get in (a vehicle); ~ **a kocsiba** get in the car; ~ **egy kávéházba** sit down in a café
bevág *vt* [vmit] cut in, make a cut, incise; slam (a door), bang; hit, knock (one's head) into; learn by heart; **~ta a szavakat** he memorized the words
bevágód|ik *vi* slam, be slammed (door); *coll* [vkinél] impress [sy] favorably
bevakol *vt* [vmit] put stucco on (walls)
bevál|ik *vi* work well, prove good; catch on; come true, be fulfilled; **nem vált be** it didn't work
bevall *vt* [vmit] confess, admit; declare, put [sg] on one's tax return
bevált *vt* [vmit vmire] change (money), exchange; keep (promise); fulfill (hopes); ~ **dollárt forintra** exchange dollars for forints; **~ja az ígéretét** keep one's promise
bevándorlás *n* immigration
bevándorlási törvény *n* immigration law
bevándorló *a, n* immigrant; ~ **vízum** immigrant visa
bevándorol *vi* [vhova] immigrate to
bevarr *vt* [vmit] sew in, stitch up
bevásárlás *n* shopping; grocery shopping
bevásárlókocsi *n* shopping cart
bevásárlókosár *n* shopping basket
bevásárlóközpont *n* shopping center, mall
bevásárol *vi* do the shopping, go shopping
bever *vt* [vmit] hammer in (a nail), drive in; hit, knock (one's head)
bevés *vt* [vmit] engrave, carve in; imprint, impress (on one's mind)
bevesz *vt* [vkit, vmit] take in; take (medicine); occupy, take (a city); **~ik a csapatba** they take him into the team; **~i a gyógyszert** take medication; **~i a szoknyát** take the skirt in
bevet *vt* [vmit] sow; *mil* deploy; **~i az ágyat** make the bed
bevétel *n* revenue, income; taking, capture (of a city)

bevetés *n mil* deployment
bevett *a* usual, accepted; **~ szokás** accepted custom
bevezet *vt* [vkit] lead in, show in, usher in; initiate into; [vmit] install (electricity, water); introduce; **~ egy új terméket** introduce a new product; **~ik a villanyt** they install electricity
bevezetés *n* leading in, showing in; introducing, introduction (in a book)
bevezető *a* introductory, opening; *n* introduction, preface; **~ szavak** opening remarks
bevisz *vt* [vkit, vmit] take in, carry in; take into custody; import; **bevitte a rendőrség** the police took him into custody, he was arrested
bevon *vt* [vmit] withdraw; revoke (permit); pull in, draw into; [vmit vmivel] coat with, plate, cover with
bevonat *n* coating, plating
bevonul *vi* march in, enter; **~ katonának** join the army
bezár *vt* [vmit] close, shut; lock, lock up
bezárul *vi* close, come to an end, finish
bezsebel *vt* [vmit] pocket, net; **sok pénzt zsebel be** *coll* he pockets a lot of money
bezsúfol *vt* [vkit, vmit vhova] crowd in, squeeze in, cram in
bibe *n* stigma (of a flower)
bíbelőd|ik *vi* [vmivel] struggle with, fuss with
biblia, a *n* the Bible, the Scripture
bibliai *a* biblical
bibliográfia *n* bibliography
bíbor *a* scarlet, purple; **~vörös** scarlet, crimson
bíboros *n rel* cardinal
biceg *vi* limp, wobble
bicikli *n* bicycle, bike
biciklista *n* cyclist, bicyclist
bicikliz|ik *vi* ride a bicycle/bike
bicska *n* pocketknife, folding knife; **kinyílik a ~ a zsebében** *coll* get angry
bigámia *n* bigamy
bika *n* bull; *H* **~vér** bull's blood (famous Hungarian wine)
bikaviadal *n* bullfight
bikini *n* bikini
bili *n coll* potty, chamber pot
biliárd *n* pool, billiards
biliárdoz|ik *vi* shoot pool, play billiards
bilincs *n* handcuffs; shackles
billeg *vi* hobble, wobble; rock
billen *vi* tip over, tilt
billentyű *n* key (on a piano); valve (of the heart)
billentyűzet *n* keyboard
bimbó *n* bud; **mell~** nipple
bimbóz|ik *vi* bud
bio- *pref* bio-; organic
biofegyver *n* biological weapon
biokémia *n* biochemistry
biológia *n* biology
biológus *n* biologist; **tenger~** marine biologist
bioritmus *n* biorhythm
bioszféra *n* biosphere
biozöldség *n* organic vegetable
bír *vt* [vmit] bear, endure, stand; possess, own; be able to; **vallomásra ~** get [sy] to confess; **Nem ~om elviselni.** I can't stand it. **Nem ~om felemelni.** I cannot lift it.
bírál *vt* [vkit, vmit] criticize, judge; review (a book)
bírálat *n* criticism; judgment
bíráló *a* critical; *n* critic, reviewer
bíráskod|ik *vi* act as a judge, judge; *sp* referee

birka *n* sheep; **~pörkölt** lamb stew
birkahús *n* lamb
birkanyáj *n* flock of sheep
birkózás *n* wrestling
birkóz|ik *vi* [vkivel] wrestle; *fig* [vmivel] wrestle with [sg], struggle with
birkózó *n* wrestler
bíró *n* judge, justice; *sp* referee
birodalmi *a* imperial, of the empire
birodalom *n* empire; realm
bíróság *n* court of justice; **~ elé állít** bring to trial
bírósági *a* judicial, judiciary
bírság *n* fine, penalty
bírságol *vt* [vkit] fine, impose a fine on
birsalma *n* quince
birtok *n* possession, holding; estate; territory; **~ba vesz** take into possession
birtokol *vt* [vmit] possess, have, own
birtokos *a* **~ eset** *gram* possessive/genitive case; *n* owner, landowner, proprietor, possessor
bisztró *n* bistro
bivaly *n* buffalo (African, Asian); **vízi~** water buffalo
bíz *vt* [vmit vkire] trust [sy] with [sg], entrust; **B~d csak rám!** Just leave that to me!
bizakod|ik *vi* [vmiben] have confidence in, have faith in
bizakodó *a* hopeful, optimistic
bizalmas *a* confidential, private, secret; *n* confidant; **szigorúan ~** strictly confidential, top secret
bizalmatlan *a* distrustful, mistrustful
bizalmatlanság *n* mistrust
bizalmatlansági *a* **~ szavazat** vote of no confidence
bizalom *n* trust, confidence, faith
bizarr *a* bizarre, strange
bíz|ik *vi* [vkiben, vmiben] trust in, have confidence in; **vakon ~ benne** have blind faith in him
bizomány *n* consignment; **~i bolt** consignment shop
bizony *adv* certainly, surely, really; **Isten ~!** I swear!/So help me God!
bizonyára *adv* no doubt, surely, without a doubt; must (probability); **~ otthon van** he must be at home
bizonyít *vt* [vmit] prove, certify; verify
bizonyíték *n* proof, evidence
bizonyított *a* proven
bizonyítvány *n* certificate; *school* report card; **születési ~** birth certificate
bizonyos *a* certain, sure; undoubted; **egy ~** certain, some; **egy ~ férfi** a certain man; **egy ~ összeg** a certain amount
bizonyosan *adv* certainly, for sure
bizonyosság *n* certainty
bizonytalan *a* uncertain, unsure; vague, doubtful; unstable; unreliable
bizonytalankod|ik *vi* act uncertain
bizonyul *vi* [vminek] prove to be [sg], turn out to be
bizottság *n* committee, board, delegation
biztat *vt* [vkit vmire] encourage; [vkit vmivel] reassure, comfort
biztató *a* encouraging, reassuring, promising
biztonság *n* safety, security; **a ~ kedvéért** just to be on the safe side; **~ban van** be safe; be in a safe place
biztonsági *a* security, safety; **~ öv** seat belt; **~ ellenőrzés** security check; **~ őr** security guard; **B~ Tanács** Security Council (UN)
biztonságos *a* safe, secure
biztos *a* safe, secure; sure; sure of, certain of; **~ hely** safe place; **B~ vagyok benne.** I'm sure./I'm certain.

biztosít *vt* [vkit vmiről] ensure, assure, promise; [vmit] insure; secure, protect, cover; **~ja az autót** insure the car; **B~hatlak róla.** I can assure you of that.
biztosítás *n* insurance; **háztartási ~** home insurance; **egészségügyi ~** health insurance; **társadalom~** social security
biztosítási díj *n* insurance premium
biztosíték *n* assurance; security deposit; guarantee; fuse; **kiégett a ~** the fuse has blown
biztosító *a* safety; *n* insurer; **~ (társaság)** insurance company
biztosított *a* insured; guaranteed, secured
biztosítótű *n* safety pin
bizsereg *vi* tingle, itch, prickle
bizsu *n* bijou, fashion jewelry
blokád *n* blockade
blokk *n* receipt (in a store)
blokkol *n* clock in/out; ring up (a purchase)
blöff *n* bluff
blöfföl *vi* bluff, be bluffing
blúz *n* blouse
bob *n* bobsled
bóbiskol *vi* doze, nod off
boci *n coll* little calf, moo-cow
bocs *n* bear cub; *coll* **B~!** Sorry! (→ **bocsánat**)
bocsánat *n* forgiveness, pardon; **~ot kér** [vmiért] apologize for; **B~!** Excuse me!/I'm sorry!
bocsát *vt* [vkit, vmit] let go, admit to; **szabadon ~** set free; **áruba ~** put up for sale
bódé *n* shack; booth, stand, kiosk
bódít *vt* [vkit vmivel] daze, drug; dazzle
bódító *a* overpowering (aroma)
bodor *a* curly, curling
bodros *a* curly (hair)
bodza *n* elder (flower)
bogáncs *n* thistle
bogár *n* bug, beetle; **szem~** pupil (of the eye)
bogrács *n* cauldron, kettle
bográcsgulyás *n* kettle goulash (cooked on an open fire)
bográcsoz|ik *vi H* cook out, cook in a cauldron outside
bogyó *n* berry
bohóc *n* clown
bohóckod|ik *vi* clown around, act silly
bohózat *n theat* farce, burlesque
bója *n* buoy
bojkott *n* boycott
bojkottál *vt* [vkit, vmit] boycott
bojler *n* boiler, water heater
bojt *n* tassel, pompon
bojtos *a* tasseled
bók *n* compliment
boka *n* ankle
bokafix *n* ankle-length socks
bokalánc *n* anklet, ankle chain
bókol *vi* [vkinek] pay a compliment to; curtsy
bokor *n* bush, shrub
bokros *a* bushy, shrubby
boksz *n sp* boxing; box (in a restaurant)
bokszol *vi sp* box
bokszoló *n sp* boxer
-ból, -ből *suff* from, out of; of; on, off of; for, out of (reason); **iszik a pohárból** drink from/out of the glass; **meggyógyul a betegségből** recover from illness; **egy az ezerből** one in a thousand; **eszik a süteményből** have/eat some of the pastry; **féltékenységből** out of jealousy; **kíváncsiságból** out of curiosity; **tévedésből** by mistake; **viccből** as a joke; **látásból ismer**

know by sight; **Amerikából jön.** He comes from America. **Két részből áll.** It consists of two parts. **Bőrből van.** It's made of leather. **Az örökségéből él.** He lives off of his inheritance. **Nyugdíjból él.** She lives on a pension. **Kifogyott a pénzből.** He ran out of money.

boldog *a* happy, glad, delighted

boldogít *vt* [vkit vmivel] make happy

boldogság *n* happiness, joy, gladness, bliss

boldogtalan *a* unhappy, miserable

boldogtalanság *n* unhappiness, misery

boldogul *vi* get on, get along (in life), prosper, succeed, flourish; [vmivel] make a success of, manage to do; [vkivel] get along with [sy]

boldogult *a* the late, deceased

bólé *n* punch

bolgár *a, n* Bulgarian

bolha *n* flea; **bolhából elefántot csinál** make a mountain out of a molehill; make a big deal out of nothing

bolhapiac *n* flea market

bólint *vi* nod

bolond *a* foolish, silly, stupid; *n* lunatic; idiot; fool, jester; **~ot csinál** [vkiből] make a fool out of [sy]; **B~ lennék!** *coll* I'd be a fool!/No way!

bolondgomba *n* toadstool; poisonous mushroom

bolondokháza *n* lunatic asylum

bolondoz|ik *vi* act foolish, fool around, clown around

bolondság *n* foolishness, silliness, stupidity; nonsense

bolt *n* store, shop

boltív *n* arch, archway

boltos *n* merchant, storekeeper

bolygó *a* wandering, roaming; *n* planet

bolyhos *a* fluffy, fuzzy

bolyong *vi* wander, roam

bomba *n* bomb

bombariadó *n* bomb alarm

bombasiker *n* great hit, smash hit, great success

bombatámadás *n* bombing attack, bombing raid

bombáz *vt* [vkit, vmit] bomb [sg]

bombázás *n* bombardment

bombázó *n* bomber; *coll* sexy woman, hot chick

bomlás *n* decay, rotting, decomposition; disorganization, falling to pieces

boml|ik *vi* come undone; go to pieces, disintegrate; decay; dissolve; [vkiért] *coll* be crazy about

bomló *a* decaying, disintegrating

bonbon *n* bonbon, chocolates, candy

boncol *vt* [vkit, vmit] dissect; do an autopsy; analyze (an issue)

boncolás *n med* dissection; autopsy

bonctan *n med* anatomy

bont *vt* [vmit] undo, take apart, dissolve, disassemble, split, open

bonyodalom *n* complication, intrigue

bonyolít *vt* [vmit] complicate (matters)

bonyolult *a* complicated, intricate

bor *n* wine; **vörös ~** red wine; **fehér ~** white wine; **asztali ~** table wine

borász *n* viticulturist, wine producer

borbély *n* barber

borbélyüzlet *n* barber shop

borda *n* rib(s); **sertés~** pork chop

bordélyház *n* brothel, whorehouse

bordó *a* burgundy (color), dark red, wine red

borecet *n* wine vinegar

borít *vt* [vmit vmivel] cover, spread over; [vmit vhova] dump into, throw into; **ködbe ~** envelop in fog; **lángba ~** set on fire; **Hó ~ja az utat.** The road is covered with snow.

borítás *n* cover, coating, casing
boríték *n* envelope
borítékol *vt* [vmit] put in an envelope
borító *n* cover (of a book)
borjú *n* calf
borjúhús *n* veal
borjúszelet *n* veal cutlet
borkóstoló *n* wine taster; wine-tasting; wine bar
borlap *n* wine list
Borneó *n* Borneo
borogatás *n* (hot/cold) compress
boróka *n* juniper
borókabogyó *n* juniper berry
borongós *a* gloomy, melancholic; cloudy, gloomy (weather)
boroshordó *n* wine cask, wine barrel
borospince *n* wine cellar
borospohár *n* wine glass
borostás *a* unshaven, stubbly (face), having a five o'clock shadow
borostyán *n* ivy
borostyán(kő) *n* amber
borotva *n* razor; **Vág az esze mint a ~.** *coll* He has a sharp mind./He's sharp.
borotvakrém *n* shaving cream
borotvál *vt* [vkit, vmit] shave
borotválkoz|ik *vi* shave (oneself)
borotvapenge *n* razor blade
borozgat *vi* drink wine
borozó *n* wine bar
borravaló *n* tip (money), gratuity
bors *n* (black) pepper; **~ot tör az orra alá** *coll* annoy [sy]
borsó *n* pea(s); **sárga~** split peas; **zöld~** green peas; **falra hányt ~** *coll* fall on deaf ears
borsos *a* peppery, pepper; **~ ár** high price
borsszem *n* peppercorn
borsszóró *n* pepper shaker
bortermelés *n* wine production, wine growing
bortermelő *n* wine producer, wine grower
bortermés *n* vintage
borul *vi* cloud over, get cloudy, get overcast; [vhova] turn over, fall into; **lángba ~** burst into flames; **vérbe ~** become bloodshot (eyes); **virágba ~** bloom, blossom
borúlátó *a* pessimistic
borús *a* gloomy (weather), overcast; gloomy (person, face)
borz *n* badger
borzad *vi* [vmitől] shudder, *coll* get the creeps
borzalmas *a* terrible, horrible, awful, horrific, dreadful, horrifying
borzalom *n* horror, terror, dread
borzasztó *a* horrible, terrible, awful
borzol *vt* [vmit] dishevel, tease; mess up (hair)
borzong *vi* shiver, tremble, shake
bosnyák *a* Bosnian
bosszankod|ik *vi* [vmin] be annoyed at, be angry at
bosszant *vt* [vkit vmivel] annoy, irritate; **Ne ~s!** Stop badgering me!/ Stop annoying me!
bosszantó *a* annoying, irritating
bosszú *n* revenge, vengeance; **~t áll** take revenge
bosszús *a* annoyed, irritated, angry
bosszúság *n* annoyance, irritation, anger
Bosznia *n* Bosnia
boszorkány *n* witch
boszorkányos *a* witch-like, magical
boszorkányság *n* witchcraft, sorcery, black magic
boszorkányüldözés *n* witch-hunt
bot *n* stick, cane, staff; baton; **peca~** *coll* fishing rod
botanika *n* botany
botanikus *a* botanical; *n* botanist; **~ kert** botanical garden

botfülű *a coll* tone-deaf
botkormány *n* jostick, control stick
botl|ik *vi* [vmibe] stumble, slip
botorkál *vi* stagger, totter; feel one's way (in the dark)
botrány *n* scandal
botrányos *a* scandalous, shocking
bóvli *n* junk, trash (cheap and bad merchandise)
bozontos *a* bushy (hair), hairy; **~ szemöldök** bushy eyebrows
bozót *n* thicket, bushes, bush
bő *a* loose (clothes), too big; full, rich, plentiful, abundant
bőbeszédű *a* chatty, talkative
bőg *vi* cry, howl; bellow, roar
bőgő *a* crying, howling; *n mus* bass, contrabasso, double bass
bögöly *n* horsefly
bögre *n* mug
böjt *n* fast, fasting; **Nagy~** *rel* Lent
böjtöl *vi* fast
bök *vt* [vkit, vmit] poke
bőkezű *a* generous, bountiful
bőkezűség *n* generosity, generousness
-ből *suff* → **-ból**
bölcs *a* wise, sage; *n* wise man, sage
bölcsesség *n* wisdom
bölcsész *n* liberal arts student (college)
bölcsészet *n* liberal arts, humanities (college)
bölcsészkar *n* college of humanities
bölcsi *n coll* day-care center (for infants)
bölcső *n* cradle
bölcsődal *n* lullaby
bölcsöde *n* day-care center (for infants)
bölény *n* buffalo (North America)
böngész|ik *vi* [vhol] browse; look around
böngészőprogram *n comp* browser
bőr *a* leather; *n* skin, epidermis, hide; leather; skin, film (on milk); rind (cheese); **Van ~ a képén!** He has the nerve to …!; **majd kiugrik a ~éből** *coll* ready to jump out of his skin; **~ig ázik** wet through, drenched to the skin; **Rossz ~ben van.** He is in bad shape. **Nem szeretnék a ~ében lenni.** I wouldn't want to be in his shoes.
bőrbetegség *n* skin disesase, dermatitis
bőrfesték *n* pigment
bőrgyár *n* tannery, leather factory
bőrgyógyász *n med* dermatologist
bőrgyógyászat *n med* dermatology
bőrkabát *n* leather coat, leather jacket
bőrkeményedés *n* callus, callosity
bőrkiütés *n* rash
bőrönd *n* suitcase, trunk
börtön *n* prison, jail, penitentiary; **~be zár** put in jail, imprison
börtönbüntetés *n* imprisonment
börtöncella *n* prison cell, jail cell
börtönőr *n* prison guard
börtöntöltelék *n* jailbird
börtönviselt *a* **~ ember** ex-convict
bőség *n* abundance, plenty; wealth, affluence
bőséges *n* abundant, plentiful, ample
bőven *adv* plentifully, abundantly, amply; **~ van idő** there's plenty of time
bővít *vt* [vmit] enlarge, widen; supplement, add to
bővül *vi* widen, be enlarged, grow, increase
brácsa *n* viola
bravúros *a* brilliant, virtuoso; daring
brazil *a, n* Brazilian
Brazília *n* Brazil
brekeg *vi* croak
bridzs *n* bridge (card game)
bridzsez|ik *vi* play bridge
brilliáns *a* brilliant; *n* (cut) diamond
briós *n* brioche
brit *a* British; *n* Briton

Britannia *n* Britain; **Nagy-Britannia** Great Britain
bronz *a* bronze
bronzérem *n* bronze medal
bross *n* brooch, pin
brummog *vi* growl (bear)
brutális *a* brutal, savage
brutalitás *n* brutality, savagery
bruttó *a* gross; before taxes (income)
Brüsszel *n* Brussels
bú *n* sorrow, grief; **~bánat** sorrow, grief
buborék *n* bubble
búcsú *n* farewell, good-bye; *rel* patron saint festival; pilgrimage; fair
búcsúz|ik *vi* [vkitől] say good-bye to
búcsúztat *vt* [vkit] bid farewell to (the party that's leaving)
búcsúztatás *n* farewell party; seeing off; funeral service
buddhista *a* Buddhist
buddhizmus *n* Buddhism
budi *n coll* outhouse, latrine
búg *vi* hum, drone; wail; coo (dove)
bugyi *n coll* panties
buja *a* sensual, voluptuous; lush (plants), exuberant
búj|ik *vi* [vhova] hide; [vmibe] slip into; **kabátba ~** slip into a coat
bújócska *n* hide-and-seek
bújócskáz|ik *vi* play hide-and-seek
bújtat *vt* [vkit, vmit] hide [sg], conceal; [vmit vmibe] slip [sg] into [sg]
bujtogatás *n* incitement, stirring up
bukás *n* fall, tumble; defeat, collapse; failure, failing, ruin
bukfenc *n* somersault, tumble
bukfencez|ik *vi* do a somersault
buk|ik *vi* fall, tumble; dive (into water); fail (at an exam, in business)
bukkan *vi* come across, tumble on
bukósisak *n* helmet (motorcycle)
buktat *vt* [vkit] trip [sy]; fail [sy] (at an exam); overthrow (a government)
buktató *n* obstacle
Bulgária *n* Bulgaria
buli *n coll* party; **házi~** house party
bulvár *n* boulevard
bulvárlap *n* tabloid newspaper
bumeráng *n* boomerang
bunda *n* fur, coat, hair (of an animal); fur coat
bundáskenyér *n* French toast
bungaló *n* bungalow, cottage
bunkó *a coll* thickheaded, dumb, uneducated; *n* club, cudgel
búra *n* lamp, light fixture, lamp shade
burgonya *n* potato; **héjában sült ~** baked potato; **hasáb~** French fries
burgonyapüré *n* mashed potatoes
burgonyasaláta *n* potato salad
burgonyaszirom *n* potato chips; potato flakes
burkol *vt* [vmit] cover, wrap up; pave (road); lay down (floor tiles)
burkolat *n* cover, wrapper; pavement
burkolt *a* covered, wrapped; paved; hidden, disguised
Burma *n* Myanmar, Burma
burmai *a, n* Burmese
burok *n* cover, wrapper; **~ban született** born with a silver spoon in her mouth
bús *a* sad, gloomy, melancholy
búskomor *a* sad, sorrowful, depressed, melancholy
búslakod|ik *vi* [vmi miatt] be sad, grieve
búsul *vi* [vmi miatt] be sad, grieve; **Ne ~j!** Cheer up!/Don't worry!
busz *n* bus
buszjárat *n* bus line
buszjegy *n* bus ticket
buszmegálló *n* bus stop
buta *a* dumb, stupid, silly
butaság *n* stupidity, foolishness; **B~!** Nonsense!

butik *n* boutique
bútor *n* furniture
bútorhuzat *n* upholstery; slipcover
bútorozatlan *a* unfurnished
bútorozott *a* furnished
búvár *n* diver
búvóhely *n* hiding place
búza *n* wheat; **teljes őrlésű** ~ whole wheat
búzacsíra *n* wheat germ
búzadara *n* semolina; cream of wheat
búzaliszt *n* wheat flour
búzaszem *n* grain of wheat
búzavirág *n* cornflower
buzdít *vt* [vkit vmire] encourage, urge
buzdítás *n* encouragement, urging
buzgó *a* eager, zealous, ardent; *rel* devout
buzi *a, n pejor coll* queer, gay, homosexual
bűbájos *a* charming; magical
büdös *a* smelly, stinking, stinky; ~ **van** [sg] smells bad
büdöske *n* marigold
büfé *n* snack bar; buffet
büfékocsi *n* dining car (on a train)
bükk *a* beech; *n* beech tree
bűn *n* sin; crime, offence, felony
bűnbánat *n* repentance, remorse, penitence
bűncselekmény *n* crime, act of crime
bűnhődés *n* punishment
bűnös *a* guilty; wicked, evil, sinful; *n* criminal, offender; sinner; **háborús** ~ war criminal
bűnözés *n* crime, committing a crime
bűnöző *n* criminal
bűnrészes *n* accomplice, accessory to a crime
bűntény *n* crime
büntet *vt* [vkit vmiért] punish, penalize, chastise
büntetés *n* punishment, penalty; fine
büntető *a* penal, punitive; ~ **törvénykönyv** penal code; **~rúgás** *sp* penalty kick
büntetőjog *n* criminal law
bűntett *n* crime, act of crime, criminal act, felony
bűntudat *n* guilt, guilty conscience
bűnügy *n* crime, criminal case
bűnügyi *a* criminal, related to crime
bürokrácia *n* bureaucracy, *coll* red tape
bürokrata *n* bureaucrat
bürokratikus *a* bureaucratic
büszke *a* [vkire, vmire] proud (of); arrogant
büszkélked|ik *vi* [vmivel] flaunt, boast, brag about
büszkeség *n* pride
bűvész *n* magician
bűvöl *vt* [vkit] bewitch, cast a spell
bűvölet *n* spell, charm
bűvös *a* magical
bűz *n* stink, stench
bűzl|ik *vi* stink, smell bad
bűzös *a* stinking, smelly, stinky
B-vitamin *n* vitamin B

C

cáfol *vt* [vmit] refute, deny
cammog *vi* trudge (along)
cápa *n* shark
cár *n* tsar
CASCO biztositás *n, H* liability auto insurance, CASCO insurance
CD *n* compact disc, CD
CD lejátszó *n* CD player
cédrus *a, n* cedar
cédula *n* piece of paper, scrap (of paper), note
cég *n* firm, company
cégautó *n* company car
cégjelzés *n* (company) letterhead
cégvezető *n* manager
cékla *n* beet

cél *n* target, object (of); aim, goal, purpose, intention; **~ba talál** hit the target; **~ba lövés** target practice; **~ba vesz** aim at
célállomás *n* (final) destination, designation
célkitűzés *n* object; setting a goal
cella *n* cell (prison)
cellulit *n* cellulite
cellulóz *n* cellulose
cellux *n* Scotch tape
celofán *n* cellophane
céloz *vt* [vmit] aim at (with a gun); *vi* [vkire, vmire] hint at, target; **Mire célzol?** What do you mean?
célpont *n* target, mark; goal
célratörő *a* determined, driven, goal-oriented
Celsius *n* **~ fok** Celsius degree
célszerű *a* practical, suitable, advisable
célszerűtlen *a* impractical, unadvisable
céltábla *n* target
céltalan *a* aimless, purposeless
célzás *n* aiming; hint
cement *a, n* cement; **~ keverő** cement mixer
cementez *vt* [vmit] cement, pour cement over
cent *n* cent
centenárium *n* centennial, one hundredth anniversary; **mille~** mille-centennial, eleven hundredth anniversary
centi = centiméter *n coll*
centiméter *n* centimeter
centrifuga *n* spin-dryer; centrifuge
centrum *n* center
cenzor *n* censor
cenzúra *n* censorship
cenzúráz *vt* [vmit] censor
ceremónia *n* ceremony; formality
cérna *n* thread
ceruza *n* pencil
ceruzaelem *n* AA battery
ceruzahegyező *n* pencil sharpener
cet(hal) *n* whale
cézár *n* Caesar, emperor; **~ saláta** Caesar salad
Chile *n* Chile
chilei *a* Chilean
cián *n* cyanide
cibál *vt* [vmit] tug (at), pull
cica *n coll* kitten, kitty, cat
cifra *a* adorned, ornamented; gaudy, showy
cigány *a, n* gypsy, Roma; **~ nyelv** gypsy language, Romany
cigánykerék *n* cartwheel; **~et hány** turn cartwheels
cigányság *n* the gypsy people
cigányzene *n* gypsy music
cigaretta *n* cigarette
cigarettacsikk *n* cigarette butt
cigarettaszünet *n* cigarette break, smoking break
cigarettáz|ik *vi* smoke, smoke a cigarette
cigi *n coll* cigarette, smoke
cikáz|ik *vi* zigzag
cikcakkos *a* zigzagged, zigzag
ciki *a coll* uncomfortable, sticky (situation)
cikk *n* article (news); article, goods; section, part; *law* article, clause, paragraph (= **cikkely**); **egy ~ narancs** a section of an orange; **újság~** newspaper article; **háztartási ~ek** houseware
cikkely *n law* article, paragraph, section, clause
cikkez|ik *vi* [vmiről] write articles (about)
ciklámen *a* fucia (color); *n* cyclamen (flower)
ciklikus *a* cyclical, recurring
ciklon *n* hurricane, cyclone

ciklus *n* cycle; series
ciklusos *a* cyclical, recurring
cilinder *n* top hat; cylinder (engine)
cím *n* address; title, rank; title (of a book), heading; *law* **jog~** title
cimbalom *n mus* cimbalom
cimbora *n* pal, buddy
címer *n* coat of arms, crest, shield; **családi ~** family crest; **a magyar ~** the Coat of Arms of Hungary
címez *vt* [vmit vkinek] address (to), direct to
címke *n* label, sticker
címlap *n* title page, cover (book), front page (newspaper)
címlet *n* denomination (money)
cimpa *n* **fül~** earlobe; **orr~** nostril
címszó *n* entry, heading (in a dictionary), keyword
címzés *n* addressing, address (on a letter)
címzett *n* addressee
cin *a, n* tin, pewter
cincog *vi* squeak (mice); *coll* play the violin badly; **Nincs itthon a macska, ~nak az egerek.** When the cat's away, the mice will play.
cinege *n* chickadee, titmouse
cingár *a* skinny, scrawny, very thin
cinikus *a* cynical; *n* cynic
cinizmus *n* cynicism
cink *a, n* zinc
cinkos *a, n* accomplice
cintányér *n mus* cymbal(s)
cionista *a, n* Zionist
cionizmus *n* Zionism
cipel *vt* [vmit] carry (something heavy), drag, tote
cipész *n* shoemaker
cipó *n* loaf
cipő *n* shoe(s); **~t húz** put on shoes
cipőbolt *n* shoe store
cipőfűző *n* shoelace
cipőjavító *n* shoe-repair store
cipőkanál *n* shoehorn
cipőtalp *n* sole (of shoes)
cipőtisztító *n* shoeshine, shoe polish
Ciprus *n* Cyprus
ciprusi *a* Cyprian; *n* Cypriot
cipzár *n* zipper
ciripel *vi* chirp
cirka *adv* about, approximately, roughly
cirkáló *n* cruiser
cirkusz *n* circus
cirmos *a* tabby (cat); mixed-color, streaked; *n* tabby
cirógat *vt* [vkit, vmit] caress, stroke, pet (an animal)
ciszta *n med* cyst
citadella *n* citadel, fort
citera *n mus* zither
citrom *n* lemon
citromhéj *n* lemon peel
citromlé *n* lemon juice
citromos *a* lemony, (made) with lemon; **~ tea** tea with lemon
civakod|ik *vi* [vkivel] argue, quarrel, bicker
civil *a, n* civil, civilian, lay (person)
civilizáció *n* civilization
civilizált *a* civilized
cm = centiméter *n*
cm^2 = négyzetcentiméter *n math* square centimeter
cm^3 = köbcentiméter *n math* cubic centimeter
comb *n* thigh
copf *n* ponytail, pigtail(s), braids
cölöp *n* post, stake, pole
cövek *n* peg, spike, pin
cucc *n coll* stuff
cukkol *vt coll* [vkit] tease [sy]
cukor *n* sugar; candy; **por~** powdered sugar, confectioner's sugar; **kristály~** granulated sugar; **barna~** brown sugar

cukorbaj *n* diabetes
cukorbeteg *a, n* diabetic
cukorbetegség *n med* diabetes
cukorka *n* candy
cukormáz *n* icing (sugar), fondant, frosting
cukortartó *n* sugar bowl
cukrász *n* pastry chef, confectioner
cukrászda *n* confectionery, bakery, café, pastry shop
cukrászsütemény *n* pastry
cukros *a* sugary; sweetened
cukroz *vt* [vmit] sweeten, put sugar in/on
cumi *n* pacifier
cumisüveg *n* (baby's) bottle
C-vitamin *n* vitamin C

Cs

csábít *vt* [vkit] attract, allure, seduce
csábító *a* attractive, alluring, tempting, seductive; *n* tempter/temptress, seducer **~ ajánlat** tempting offer
csacsi *a coll* silly, foolish; *n* donkey; *coll* silly person
csacsog *vi* chatter, babble
csaj *n coll* chick (woman), girl
csak *adv* only, just, merely; *int* just; *conj* if only, I wish; -ever; **~ neked** only for you; **éppen ~** (just) barely; **Figyelj ~!** *coll* Listen!; **C~ mennénk már!** If only we could go already!; **~ azért is!** for all that (opposing); **Miért? – ~ !** *coll* Why? – (Just) because!; **amikor ~ akarsz** whenever you want; **akit ~ látsz** whomever you see, anyone you see
csákány *n* pickaxe
csakhamar *adv* shortly, soon
csakhogy *conj* however, but, only that; *adv* finally, at last; **C~ itt vagy!** You're finally here!
csakis *adv* only, simply, merely; surely, certainly
csaknem *adv* almost, nearly
csakugyan *adv* really, indeed; is that right? really? is that so?
csal *vi* [vmiben] cheat (at); *vt* [vkit] deceive, swindle
család *n* family; dynasty; **~ot alapít** start a family
családfa *n* family tree
családfenntartó *n* breadwinner; head of household
családfő *n* head of the family
családi *a* family, family-owned, domestic; **~ ház** single family home; **~ név** last name, family name
családias *a* homely, familiar, cozy; **~ hangulat** intimate, family-like atmosphere
családnév *n* last name, family name
családos *a* having a family; **~ ember** family man
családtag *n* family member
családtervezés *n* family planning
családtörténet *n* family history; genealogy
Csalagút *n* Channel Tunnel, Chunnel
csalamádé *n* mixed pickled vegetables
csalán *n* nettle
csalás *n* cheating, deceit, deception, fraud
csalétek *n* bait; decoy
csalfa *a* unfaithful; deceitful
csalhatatlan *a* infallible
csalódás *n* disappointment; disillusionment
csalód|ik *vi* [vkiben, vmiben] be disappointed in
csalódott *a* disappointed, disillusioned
csalogány *n* nightingale
csalogat *vt* [vkit] entice, lure, allure, tempt
csalóka *a* deceptive, illusory

csámcsog *vi* eat noisily
csámpás *a* club-footed; *fig* clumsy
csap[1] *n* tap, faucet
csap[2] *vt* [vkit, vmit] strike, hit, smack, slap; **pofon ~** slap in the face; **a fába ~ott a villám** lightning struck the tree; **botrányt ~** make a scene
csáp *n* feeler, antenna (of an insect)
csapadék *n* precipitation
csapágy *n* bearing; **golyós ~** ball bearing
csapat *n sp* team; *mil* troop, band, company
csapatmunka *n* teamwork
csapatsport *n sp* team sports
csapatverseny *n sp* team competition
csapda *n* trap
csapóajtó *n* trapdoor, swinging door
csapol *vt* [vmit] tap, draw; **~t sör** beer on tap
csapong *vi* wander, ramble
csapos *n* bartender
csapszeg *n* pin, bolt
csapzott *a* matted (hair)
csárda *n* roadside inn, country tavern
csarnok *n* hall, great room; market hall
császár *n* emperor
császármetszés *n med* Cesarean, C-section
császárnő *n* empress
csat *n* clasp, buckle; **haj~** bobby pin
csata *n* battle, fight; *fig* struggle
csatamező *n* battlefield
csatangol *vi* wander, ramble, rove, roam
csatár *n sp* forward
csatatér *n* battlefield; a total mess; **Ez a szoba egy kész ~!** *coll* This room is a total mess!
csatáz|ik *vi* [vmiért] fight for, battle; engage in battle
csatlakoz|ik *vi* [vkihez, vmihez] join
csatlakozó *a* joining; *n* electric outlet
csatol *vt* [vmit vmihez] buckle, fasten to; attach, enclose
csatolás *n* attaching, enclosing; attachment
csatorna *n* channel, canal; **szennyvíz~** sewer, gutter
csatornarendszer *n* sewage system; system of canals
csattan *vi* crack, clap, make a cracking/clapping sound
csattog *vi* clap, crack; flap (wings)
csavar *n* screw; propeller (plane); *vt* [vmit] screw, twist, turn; wind around, wrap around
csavaranya *n* nut (screw)
csavarhúzó *n* screwdriver
csavarkulcs *n* wrench
csavarod|ik *vi* twist, turn, wind (itself)
csavarog *vi* wander, stroll
csavaros *a* screwed; twist-off (lid); **~ eszű** smart, cunning
csecsebecse *n* trinket
csecsemő *n* infant, baby
csecsemőkor *n* infancy, babyhood
cseh *a, n* Czech; **C~ Köztársaság** Czech Republic
Csehország *n* Czech Republic
csehül *adv* in Czech; **C~ áll.** It's in bad shape.
csekély *a* small, petty
csekélység *n* small thing, bagatelle
csekk *n* check; **kiállít egy ~et** make out a check
csekkfüzet *n* checkbook
csekkönyv *n* checkbook
csekkszámla *n* checking account
csel *n* trick, device
cseléd *n* servant, maid, help
cselekedet *n* act, action, deed
cselekmény *n* plot (of a novel), action
cseleksz|ik *vi* act, do [sg]
cseles *a* tricky
cselgáncs *n sp* judo
cselló *n mus* cello
cselloz|ik *vi* play the cello

cselszövés *n* plotting, scheming
csembaló *n mus* harpsichord
csemege *a* not spicy (paprika); *n* delicacy; dessert, sweets
csemegebolt *n* grocery store
csemete *n* offspring; *coll* child; **fa~** sapling, seedling
csempe *n* tile (wall)
csempész *n* smuggler; *vt* [vmit] smuggle
csempészáru *n* smuggled goods
csempészet *n* smuggling, trafficking; **kábítószer ~** drug trafficking
csempéz *vt* [vmit] tile, cover with tiles
csend *n* silence, stillness; **néma ~** dead silence; **~ben van** keep quiet
csendes *a* quiet, still, peaceful, tranquil, silent, calm, undisturbed
csendesed|ik *vi* quiet down, calm down
csendesít *vt* [vkit, vmit] calm [sy], silence, soothe
Csendes-óceán, a *n* the Pacific Ocean
csendháborítás *n* disturbing the peace
csendül *vi* ring, sound
cseng *vi* ring (bell), jingle
csenget *vi* ring (a bell); **be~** ring the doorbell
csengő *a* ringing; *n* bell; **~ hang** clear voice
csepeg *vi* drip, dribble
csepegtet *vt* [vmit vmibe] drop, put in drops
csepp *a* tiny, very small, minute, miniscule; *n* drop; **az utolsó ~ a pohárban** the last straw (that breaks the camel's back); **szem~** eye drops
cseppent *vt* [vmit vmibe] drop (one drop)
cseppentő *n* dropper
cseppfolyós *a* liquid, fluid
cseppkő *n* dripstone, stalagmite (standing), stalactite (hanging)
cseppkőbarlang *n* dripstone cavern
cseppnyi *a* tiny; *adv* a drop of, a little of
cserbenhagy *vt* [vkit, vmit] abandon, leave
cserbenhagyás *n* abandonment, leaving behind; **~os gázolás** hit-and-run accident
csere *n* exchange, trade, trading
cserél *vt* [vmit vmire] exchange, change, swap
cserép *n* roof tile; flowerpot
cserépedény *n* clay pot
cserepes *a* tiled (roof); **~ virág** potted plant; **~ bőr** chapped skin
cserépkályha *n* (glazed) tile stove
csereprogram *n* exchange program
cseréptető*n* tiled roof
cseresznye *n* cherry
cseresznyefa *n* cherry tree
cseresznyepálinka *n H* cherry brandy
cseresznyepaprika *n* hot cherry pepper
cseresznyés *a* cherry, (made) with cherries; **~ rétes** cherry strudel; **~ kert** cherry orchard
cserfes *a* chatty, talkative, gossipy
cserje *n* shrub
cserkész *n* boy/girl scout
cserkészcsapat *n* scout troop
cserzett *a* tanned (leather); **~ bőr** weatherbeaten skin
csésze *n* cup; **egy ~ kávé** a cup of coffee
csészealj *n* saucer; **repülő ~** flying saucer, UFO
csettint *vt* [vmit] snap one's fingers/tongue
cseveg *vi* [vkivel vmiről] chat, talk; *comp* chat
csibe *n* little chicken, chick
csicsereg *vi* chirp (bird), tweet
csicsergés *n* chirping, tweeting
csiga *n* snail; pulley; curl (hair); **éti~** edible snail, escargot; **meztelen ~** slug

csigalépcső *n* spiral staircase
csigavonal *n* spiral
csigolya *n med* vertebra
csík *n* stripe, streak, band; linguini, vermicelli (pasta)
csikk *n* cigarette butt
csiklandós *a* ticklish
csiklandoz *vt* [vkit] tickle; *fig* titillate
csikó *n* colt (horse)
csikorgó *a* squeaking, creaking
csikorog *vi* squeak, creak
csikós *n* cowboy (looking after horses)
csíkos *a* striped, streaked
csilingel *vi* ring, jingle
csillag *n* star; asterix; **hulló ~** shooting star
csillagász *n* astronomer
csillagászat *n* astronomy
csillagászati *a* astronomical; *fig* huge, astronomical; **~ összeg** astronomical amount
csillaghullás *n* meteor shower
csillagkép *n* constellation
csillagos *a* starry; marked with an asterix; *school* **~ ötös** A+
csillagszóró *n* sparkler
csillagvizsgáló *n* observatory
csillagzat *n* constellation; **szerencsés ~ alatt született** born under a lucky star
csillan *vi* sparkle, gleam; flash
csillapít *vt* [vkit, vmit] soothe, quiet down, calm; relieve (pain)
csillapító *a* calming, soothing; **fájdalom~** *med* painkiller
csillapod|ik *vi* calm down, become quiet; lessen (pain), diminish; drop down (wind)
csillár *n* chandelier
csillog *vi* shine, glitter, sparkle
csillogó *a* shiny, glittering, sparkly, glistening
csimpánz *n* chimpanzee
csinál *vt* [vmit] do, make; **Mit ~sz?** What are you doing?; **Mit ~jak?** What should I do?; **sok adósságot ~** go into a lot of debt; **ebédet ~** make lunch; **rendet ~** straighten up (a room); **fából ~ták** it's made out of wood
csináltat *vt* [vmit vkivel] have [sg] made [by sy]; **~ egy ruhát** have a dress made
csinos *a* pretty, good-looking; neat, trim
csintalan *a* mischievous, naughty
csíny *n* trick, mischief
csíp *vt* [vkit, vmit] pinch; bite (insect), sting (bee); sting (soap in the eye)
csipeget *vt* [vmit] pick (at birdseed); nibble (food)
csípés *n* pinching; biting, stinging; bite, sting; **méh ~** bee sting; **szúnyog ~** mosquito bite
csipesz *n* tweezers
csipke *a, n* lace
csipkebogyó *n* rose hip
csipkelődés *n* teasing
csipkelőd|ik *vi* [vkivel] tease; taunt
csipog *vi* chirp, tweet
csipogó *a* chirping, tweeting; *n* beeper
csípő *n* hip(s)
csípős *a* spicy, hot
csíra *n* germ, sprout; **csírájában elfojt** nip it in the bud; **bab~** bean sprouts
csíramentes *a* sterile
csíráz|ik *vi* germinate, sprout
csiripel *vi* chirp, tweet
csiríz *n* flour paste (glue)
csirke *n* chicken
csirkecomb *n* chicken leg; chicken thigh (upper half of a leg), drumstick (lower half of a leg)
csirkefogó *n* rascal
csirkehús *n* chicken (meat)
csiszol *vt* [vmit] polish, burnish, rub; grind

csiszolatlan *a* rough, unpolished; *fig* crude, unrefined, unpolished; **~ gyémánt** diamond in the rough

csiszolópapír *n* sandpaper

csiszolt *a* polished, smooth; cut (diamond); *fig* polished, refined

csitít *vt* [vkit, vmit] hush, silence [sy]; soothe (a crying baby)

csitt *int* **C~!** Hush!/Shhh!/Quiet!

csizma *n* boot(s) (long); **lovagló ~** riding boots

csobban *vi* splash

csobog *vi* gurgle, splash, bubble (a creek)

csoda *n* miracle, wonder, marvel; **~val határos** miraculous, almost a miracle; **C~ hogy egyáltalán itt van.** It's a wonder he's here at all. **Csodák csodája!** Lo and behold!

csodabogár *n* weirdo

csodagyerek *n* child prodigy

csodál *vt* [vkit, vmit] admire, look up to (a person); wonder at, be surprised at

csodálat *n* admiration; marvel, wonder; surprise, amazement

csodálatos *a* wonderful, amazing, marvelous; miraculous

csodálkozás *n* wonder, amazement, astonishment

csodálkoz|ik *vi* [vkin, vmin] be surprised at, wonder at, be astonished at, marvel; **ne ~z, ha …** don't be surprised if …

csodáló *n* admirer; **titkos ~** a secret admirer

csodás *a* marvelous, wonderful, amazing; miraculous

csodaszép *a* very beautiful, exquisite

csodatevő *a* miraculous; *n* miracle worker

csók *n* kiss; **hab~** meringue (individual pieces)

csókálló *a* **~ rúzs** long-lasting lipstick

csoki *n coll* chocolate

csókol *vt* [vkit] kiss, give [sy] a kiss

csokoládé *a, n* chocolate

csokoládégyár *n* chocolate factory

csokoládémáz *n* chocolate frosting

csokoládés *a* (made with) chocolate, covered with chocolate

csókolóz|ik *vi* [vkivel] be kissing, kiss one another (lovers)

csokor *n* bunch, bouquet; bow (ribbon)

csokornyakkendő *n* bow-tie

csomag *n* package, pack, packet; luggage, baggage; **egy ~ cigaretta** a packet of cigarettes; **egy ~ kártya** a pack of cards; **~ot felad** mail a package; check one's luggage in (airport)

csomagküldő *a* **~ szolgálat** *n* mail-order company

csomagmegőrző *n* left-luggage; locker (at a station)

csomagol *vt* [vmit] pack, wrap, package; pack (luggage)

csomagolás *n* packing, packaging, wrapping; wrapper, cover, packaging material

csomagolópapír *n* wrapping paper, brown paper

csomagolt *a* wrapped, packed, packaged; **előre ~ áru** pre-packaged goods

csomagtartó *n* luggage rack (on a train), overhead bin/compartment (on a plane), trunk (in a car)

csomó *n* knot; **egy ~** *coll* a bunch (of); **~t köt** tie a knot; **egy ~ pénz** a bunch of money, a lot of money

csomópont *n* (major) intersection, junction

csomós *a* knotty, bumpy

csomóz *vt* [vmit] tie a knot, knot

csónak *n* (small) boat; **motor~** motorboat; **evezős ~** rowboat

csónakáz|ik *vi* go for a boat ride

csonk *n* stump, stub
csonka *a* maimed, mutilated; broken (off); *fig* incomplete
csonkít *vt* [vmit] maim, mutilate; amputate
csonkítás *n* mutilation, amputation
csonkol *vt* [vmit] *med* amputate
csonkolt *a* amputated
csont *n* bone; **~ és bőr** skin and bones; **elefánt~** ivory
csonthéjas *a* **~ gyümölcs** stone fruit
csontkovács *n* chiropractor
csontos *a* bony
csontozat *n* bone structure; skeleton
csonttörés *n* fracture, breaking of a bone
csontváz *n* skeleton
csontvelő *n* bone marrow; **~ átültetés** bone marrow transplant
csoport *n* group; troop; team, shift (work)
csoportmunka *n* group work, teamwork
csoportos *a* collective, group-
csoportosít *vt* [vkit, vmit] group, make a group
csoportosítás *n* grouping, classification
csoportosul *vi* gather, assemble, form a group
csoportosulás *n* (spontaneous) gathering, assembling
csoportvezető *n* group leader, team leader, section head
csór *vt* [vmit] *coll* steal
csorba *a* chipped; defective; *n* chip (on a cup), crack; **~ esett a büszkeségén** his pride has suffered
csorbít *vt* [vmit] chip; *fig* damage, impair
csorbul *vi* get chipped; suffer, be damaged
csorda *n* herd (of cattle)
csóró *a coll* poor
csorog *vi* flow, run (water); **~ a nyála** he's drooling
csoszog *vi* shuffle (one's feet), shuffle along
csótány *n* cockroach
csóvál *vt* [vmit] shake (one's head); wag (a dog its tail)
cső *n* (*pl* **csövek**) tube, pipe, hose (rubber); barrel (of a gun); **kukorica~** (corn)cob
csőd *n bus* bankruptcy; failure; **~be megy** go bankrupt; **~öt mond** declare bankruptcy; *fig* fail
csődeljárás *n* bankruptcy procedures
csődül *vi* gather, crowd, flock (to a place)
csődület *n* gathering, crowd
csökken *vi* decrease, lessen, diminish, subside
csökkenés *n* decrease, subsidence, loss (weight); **súly~** weight loss
csökkent *vt* [vmit] decrease, reduce, lessen, diminish, cut (down)
csökkentés *n* reduction, decrease, cut; **ár~** price reduction, price cut
csökönyös *a* stubborn, obstinate
csőr *n* beak, bill (of a bird); spout (of a teapot)
csőrepedés *n* water-main break
csörget *vt* [vmit] rattle, jingle, clang
csörgő *a* rattling, jingling; *n* (baby's) rattle
csörgőkígyó *n* rattlesnake
csörög *vi* jangle, clink, clang, chink (money)
csörömpöl *vi* rattle, make a (great) rattling noise; cling, jingle
csövek *n pl* → **cső**
csöves *a* tubular; piped; *coll H* hippie, rocker (late 1970s)
csővezeték *n* pipe(s), piping, tubing; pipeline

csúcs *a, n* peak, top, summit; *n* crown (of a tree); *fig* climax; record; **hegy~** mountain top, peak; **olimpiai ~** Olympic record
csúcsforgalom *n* rush hour
csúcsos *a* pointed, pointy, peaked
csúcspont *n* summit; *fig* culmination
csúcstalálkozó *n* summit (meeting)
csúcstechnológia *n* high technology, hi-tech
csúcsteljesítmény *n* peak performance, maximum output
csúf *a* ugly, hideous
csúfol *vt* [vkit] mock, tease (in a hurtful way), ridicule, make fun of
csúfnév *n* nickname (negative)
csúfolód|ik *vi* [vkivel] ridicule, make fun of, tease
csúfos *a* shameful, disgraceful
csuk *vt* [vmit] close, shut
csuka *n* pike; *coll* sneakers
csukl|ik *vi* have the hiccups
csukló *n* wrist; joint, link
csuklós *a* jointed, linked; **~ busz** articulated bus, bendable bus (a bus consisting of two parts, joined by an articulated joint)
csuklya *n* hood (on clothes)
csúnya *a* ugly, hideous, bad
csupa *adv* all, mere; **~ fül** he's all ears
csupán *adv* merely, only
csupasz *a* bare, naked, nude; hairless, bald
csurog = csorog *vi*
csúszda *n* slide (on a playground)
csuszamlás *n* **föld~** landslide
csúsz|ik *vi* slide, slip, glide
csúszómászó *n* crawler, creeping insect
csúszós *a* slippery
csúsztat *vt* [vmit] slip [sg], slide; *fig* work for comp-time
csutka *n* core (of an apple), cob (of corn)
csúzli *n* slingshot
csücsök *n* corner (of the mouth, eyes; of a pillow)
csücsül *vi coll* sit, perch (on) (kids' usage)
csügged *vi* despair, lose heart
csüggedt *a* discouraged, depressed
csülök *n* pig foot
csüng *vi* hang, be suspended; [vkin, vmin] cling to, be attached to
csűr *n* barn
csütörtök *n* Thursday; **~ön** on Thursday; **~öt mond** fail, break down
csütörtöki *a* Thursday, from/of Thursday; **a ~ újság** the Thursday paper
csütörtökönként *adv* every Thursday, on Thursdays

D

dac *n* defiance, spite
dacol *vi* [vkivel] defy; **~ a viharral** weather the storm
dacos *a* defiant, headstrong, willful; sulky
dada *n* nanny
dadog *vi* stutter, stammer
dagad *vi* swell, bulge; rise, surge (water); **~ a büszkeségtől** swell with pride
dagadt *a* swollen, bloated, puffy (eyes); *coll* fat
dagály *n* tide
daganat *n* swelling, bump, lump (on the head); *med* tumor; **jóindulatú ~** benign tumor; **rosszindulatú ~** malignant tumor
dagaszt *vt* [vmit] knead (dough), mould/mold (clay)
dajka *n* nanny
dajkál *vt* [vkit] nurse, rock (a baby)
dal *n* song

dallam *n* tune, melody
dallamos *a* melodious
dalol *vt* [vmit] sing
dalszerző *n* songwriter
dalszöveg *n* lyrics, words (of a song)
dáma *n* lady, dame; checkers (game)
dámáz|ik *vi* [vkivel] play checkers
dán *a* Danish; *n* Dane, the Danish language; **~ dog** Great Dane
Dánia *n* Denmark
dánul *adv* in Danish
darab *n* piece, bit; part, fragment; *theat* play, drama, piece; **egy ~ sütemény** a piece of pastry
darabáru *n* individually packaged/sold goods
darabol *vt* [vmit] cut up, carve (meat)
darabonként *adv* piece by piece
darabos *a* lumpy, coarse, chunky
darál *vt* [vmit] grind, mill
daráló *n* grinder; **kávé~** coffee grinder
darált *a* ground
darázs *n* wasp
darázscsípés *n* wasp's sting
darázsfészek *n* wasps' nest
dárda *n* lance, spear
daru *n* crane (bird, machine)
datolya *n* date (fruit)
dátum *n* date (calendar); **a mai ~** today's date
dauer *n* perm
dauerol *vt* [vmit] do a perm
daueroltat *vt* [vmit] have a perm
db. = darab *n*
de *conj* but, however, yet, still; *int* but; **D~ igen!** Yes, indeed!/But yes!
d.e. = délelőtt *adv, n*
debreceni *a* **~ kolbász** *H* short thick sausage from Debrecen
debütál *vi* debut, come out
december *n* December, **~ ötödikén** on the fifth of December
decemberi *a* December, of/from the month of December; **a ~ szám** the December issue (of a magazine)
deci = deciliter *n coll*
decibel *n* decibel
deciliter *n* deciliter
decimális *a* decimal
deciméter *n* decimeter
déd(nagy)anya *n* great-grandmother
déd(nagy)apa *n* great-grandfather
dédelget *vt* [vkit, vmit] pamper; caress, pet
dedikál *vt* [vmit] dedicate, sign (a book)
dédnagypapa *n* great-grandfather
dédnagymama *n* great-grandmother
déd(nagy)szülő *n* great-grandparent
dédunoka *n* great-grandchild
defekt *n auto* flat tire; **~et kap** have a flat tire, blow a tire
deficit *n* deficit
definíció *n* definition
definiál *vt* [vmit] define, give a definition
deformált *a* deformed, distorted
degenerált *a* degenerate
degradál *vt* [vkit, vmit] degrade
dehogy! *int* **D~!** Not at all!/Oh, no!/By no means!
dehogynem! *int* **D~!** But of course!/ But yes!
deka = dekagramm *n coll*
dekadens *a* decadent
dekagramm *n* decagram
dékán *n school* dean
dekódol *vt* [vmit] decode
dekoltázs *n* cleavage
dekoráció *n* decoration
dekorál *vt* [vmit] decorate
dél *n* south, the South; noon, midday; **~en** in the south; **~re** to the south, southwards, southbound; **~ben** at noon

Dél-Afrika *n* South Africa
dél-afrikai *a* South African
Dél-Amerika *n* South America, Latin America
dél-amerikai *a* South American, Latin American
delegáció *n* delegation
delegál *vt* [vkit] delegate [sy]
délelőtt *adv* in the morning, before noon; *n* (late) morning; ~ **11-kor** at 11 in the morning; **ma** ~ this morning
Dél-Európa *n* southern Europe
dél-európai *a* southern European
delfin *n* dolphin
déli *a* southern, southerly; noontime, midday; **D~ pályaudvar** *n H* the Southern station (in Budapest); *H* ~ **harangszó** noontime sounding of the bells
délibáb *n* mirage
déligyümölcs *n* tropical fruit
Déli-sark, a *n* the Antarctic, the South Pole
délkelet *n* southeast
délkeleti *a* southeastern
délnyugat *n* southwest
délnyugati *a* southwestern
délután *adv* in the afternoon; *n* afternoon; **késő** ~ late afternoon; **tegnap** ~ yesterday afternoon
délutáni *a* afternoon; *theat* ~ **előadás** matinée
demográfia *n* demography
demográfiai *a* demographical; ~ **hullám** population surge, *coll* baby boom
demokrácia *n* democracy
demokrata *a* democratic; *n* democrat; ~ **párt** Democratic party
demokratikus *a* democratic; ~ **rendszer** democratic system
démon *n* demon
demonstráció *n* demonstration; proof, demonstration
demonstrál *vi* [vmi ellen] demonstrate, protest; *vt* [vmit] show, prove, demonstrate
denevér *n* bat (animal)
depresszió *n* depression
depressziós *a* depressed, gloomy, sad
dér *n* frost, white frost
derék *a* honest, straight, good; *n* waist, lower back; middle; trunk (of a tree); ~ **ember** he's a good man; **fáj a derekam** I have lower-back pain; **a hónap derekán** towards the middle of the month; **D~ dolog!** Well done!/Good for you!
derékszíj *n* belt (leather)
derékszög *n math* right angle
derékszögű *a* right-angled; ~ **háromszög** *math* right triangle
deres *a* frosty; gray (hair)
dermed *vi* freeze, stiffen, solidify; go numb, go stiff
dermedt *a* stiff, frozen, petrified
dermeszt *vt* [vmit] stiffen, make [sg] stiff
dermesztő *a* freezing; ~ **hideg** freezing cold
derül *vi* clear up (weather); cheer up, brighten up (mood)
derűlátás *n* optimism
derűlátó *a* optimistic; *n* optimist
derült *a* clear (sky), serene; cheerful; ~ **égből a villámcsapás** *coll* out of the blue, out of the clear blue sky
derűs *a* bright, clear (weather); happy, cheerful, in high spirits
desszert *a, n* dessert
deszka *n* plank, board
desztillált *a* distilled; ~ **víz** distilled water
detektív *n* detective, inspector, investigator

detektívregény *n* mystery novel
devalváció *n* devaluation
devalvál *vt* devaluate (money)
deviza *n* (foreign) currency
devizaárfolyam *n* exchange rate
dezertál *vi* desert; defect
dezodor *n* deodorant; **golyós ~** roll-on deodorant
dia *n* slide (picture)
diadal *n* victory, triumph; **~t arat** triumph, be victorious
diadalmas *a* victorious, triumphant
diadalmaskod|ik *vi* [vmi felett] triumph (over), be triumphant, win
diadém *n* tiara
diagnosztizál *vt* [vmit] diagnose
diagnózis *n med* diagnosis
diagram *n* diagram, chart
diák *n* student, schoolgirl, schoolboy, schoolchild(ren) (elementary), undergraduate (college) **~csere program** student exchange program
diákigazolvány *n* student ID
diákkedvezmény *n* student discount
diákkölcsön *n* student loan
diákotthon *n* dormitory, dorm
diákság *n* students (collectively), student body
diákszálló *n* dorm, dormitory; youth hostel
dialektus *n* dialect
dialógus *n* dialogue, conversation
diavetítő *n* slide projector
dicseksz|ik *vi* [vmivel] brag, boast
dicsekvés *n* bragging, boasting
dicsér *vt* [vkit, vmit] praise, speak highly of
dicső *a* glorious, illustrious
dicsőít *vt* [vkit] glorify, praise
dicsőség *n* glory
didereg *vi* shiver, shake (from cold)
diéta *n* diet, dietary regimen
diétás *a* diet, light; dietetic
diétáz|ik *vi* diet, be on a diet
digitális *a* digital
díj *n* fee, charge; pay; prize; **első ~** first prize
díjaz *vt* [vmit] reward, award a prize; *coll* appreciate
díjköteles *a* not free, costing money
díjmentes *a* free of charge, free
díjnyertes *a* prizewinning; *n* prizewinner
díjszabás *n* tariff, schedule of fees/charges, price list
díjtalan *a* free of charge
diktál *vt* [vmit vkinek] dictate; set a pace
diktátor *n* dictator
dilettáns *a* amateur(ish); *n* dilettante, amateur
dilis *a coll* nutty, nuts, crazy, cuckoo
dimenzió *n* dimension
dinamika *n* dynamics
dinamikus *a* dynamic
dinamit *n* dynamite
dinasztia *n* dynasty
dinnye *n* melon; **görög~** watermelon; **sárga~** cantaloupe
dió *n* walnut
dióbél *n* walnut meat
dióhéj *n* nutshell (walnut); **~ban** in a nutshell
diós *a* made from/with walnuts
diótörő *n* nutcracker
diploma *n* certificate, diploma, degree
diplomácia *n* diplomacy
diplomáciai *a* diplomatic; **~ megoldás** diplomatic solution; **~ testület** diplomatic core; **~ kapcsolatok** diplomatic relations
diplomamunka *n* thesis
diplomás *a* graduate, with a degree
diplomata *n* diplomat, foreign service officer
diplomatatáska *n* briefcase

diplomatikus *a* diplomatic (not aggressive; evasive)
direkt *a* direct, concrete, straight; *adv* directly, straight, on purpose; **Ezt ~ csinálta.** He did it on purpose.
dirigál *vi* [vkinek] direct, order around; conduct (an orchestra)
disszertáció *n* dissertation
disszidál *vi* defect, desert
dísz *n* ornament, decoration
díszdoktor *n* honorary doctor
díszebéd *n* banquet (lunch)
díszegyenruha *n* dress uniform
díszes *a* ornamental, decorated, decorative
diszharmónia *n mus* dissonance; *fig* difference, difference of opinions
díszít *vt* [vmit] decorate, adorn, embellish
díszítés *n* decoration, adornment, embellishment, ornament
diszkó *n* disco, discothèque
diszkont *n* discount, discounted; **~ üzlet** discount store, warehouse store
diszkréció *n* privacy, secrecy, confidence
diszkrét *a* discreet, tactful; quiet, unobtrusive
diszkvalifikál *vt* [vkit] disqualify
díszlet *n theat* scenery, props, backdrop
disznó *n* pig, hog, swine; *fig* pig, dirty-minded man; **~t vág** kill a pig; **~ vicc** dirty joke
disznóhús *n* pork
disznóól *n* pigsty, pigpen
disznóság *n* a shame, something bad; dirty talk, doing something bad; **Ez ~!** That's not fair!
disznózsír *n* lard, pork fat
díszőrség *n* honor guard, color guard (for flags)
díszpárna *n* cushion, decorative pillow
díszszemle *n* parade (military)
dísztárcsa *n* hubcap
dísztárgy *n* ornament, knickknack, trinket
díszterem *n* ceremonial hall
díszvacsora *n* gala dinner, banquet (dinner)
dívány *n* couch, sofa, chaise lounge; daybed
divat *n* fashion, style; custom; **~ba jön** come into fashion; **~ban van** be fashionable, be in; **A kalap most ~ban van.** Hats are in now.
divatbemutató *n* fashion show
divatjamúlt *a* outdated, out-of-fashion, old, old-fashioned
divatos *a* fashionable, in, stylish
divattervező *n* (fashion) designer
dív|ik *vi* be in fashion
dízelmotor *n* diesel engine
dkg = dekagramm *n*
dob *vt* [vmit] throw, toss, hurl
dobás *n* throw, pitch
dobban *vi* beat once (heart), throb once
dobbant *vi* stomp (one's foot); **meg~ja a szívét** makes her heart throb
dobhártya *n med* eardrum
dobog *vi* beat (heart), throb, pulse
dobogó *n* platform, stage
dobókocka *n* dice
dobol *vi* [vmin] drum (with fingers); play the drum(s)
dobos *n* drummer
dobostorta *n H* layered chocolate cake with a hard caramel top
doboz *n* box, carton, case (wooden), can (drinks); **egy ~ sör** a can of beer
dobozos *a* boxed, packed; canned (drinks); **~ sör** canned beer
dobverő *n* drumstick
dogma *n* dogma

dohány *n* tobacco; *coll* dough (money)
dohánybolt *n* tobacco shop, tobacconist's
dohányfüstös *a* smoke-filled (room)
dohányos *n* smoker
dohányzás *n* smoking; **Tilos a ~!** No smoking!
dohányz|ik *vi* smoke, be a smoker; **Már nem ~om.** I don't smoke anymore.
dohányzó *a* smoking (section); **nem~** non-smoking
dohos *a* musty, stale, stuffy (air)
dokk *n* dock, dockyard
doktor *n* doctor, physician; **jogi ~** doctor of law
doktorál *vi* get a doctorate/PhD.
doktornő *n* female doctor, physician
dokumentáció *n* documentation, record
dokumentációs *a* documentary, documentation
dokumentál *vt* [vmit] document [sg], record
dokumentum *n* document, paper
dokumentumfilm *n* documentary (film)
dolgos *a* diligent, industrious
dolgozat *n school* paper, test, quiz
dolgoz|ik *vi* work, labor, toll, be employed; [vmin] work on [sg]; [vkinek] work for [sy]
dolgozó *a* working; *n* worker, laborer; **~ méh** worker bee, drone; **fizikai ~** blue-collar worker; **szellemi ~** white-collar worker
dolgozószoba *n* study (room), library (in a house)
dollár *n* dollar
dolog *n* thing, object, stuff; matter, business; task, work; **sok dolga van** he's got a lot to do; he's busy; **az az én dolgom** that's my business; **nem az én dolgom** it's not my job; **ízlés dolga** it's a matter of taste; **jó dolga van** he's having a good time; he's treated well; **Nagy dolog!** *coll* Big deal!
dóm *n* cathedral
domb *n* hill
domboldal *n* hillside
dombormű *n art* relief
dombornyomás *n* embossing
domború *a* convex, curved, round
domborzat *n geogr* relief
dombos *a* hilly
dominál *vi* dominate, prevail over
Dominikai Köztársaság, a *n* the Dominican Republic
dominó *n* domino
dominóz|ik *vi* [vkivel] play dominoes
dong *vi* buzz, hum (insect)
dongó *n* bumblebee
donor *n* donor
doppingol *vi sp* dope; stimulate
doppingszer *n sp* dope
dorombol *vi* purr (cat)
dosszié *n* file, folder
dózis *n med* dose
döcög *vi* jolt, wobble; go slow (vehicle)
döf *vt* [vkit, vmibe] stab
dög *n* carcass; **lusta ~** *coll* couch potato, lazy person
dögl|ik *vi* die, (animal), perish; *coll* lazy around, do nothing
döglött *a* dead (animal)
dől *vi* [vminek] lean (against); fall (over), topple; **~ az eső** it's pouring rain; **D~ belőle a vodka.** He's reeking of vodka.
dőlt *a* leaning, slanting; **~ betű** italics
dömper *n* dump truck
dönget *vt* [vmit] bang [sg]

dönt *vt* [vmit] knock down/over, turn over, overturn; *vi* [vmiről, vmiben] decide, make a decision, come to a decision; **rekordot ~** break a record; **úgy ~ött hogy …** he decided to …;
döntés *n* decision, resolution; ruling, judgment, verdict; **~t hoz** make a decision
döntetlen *a* undecided; *sp* tie
döntő *a* decisive, definitive, deciding; *n sp* final(s); **~ pillanat** pivotal moment, critical moment; **bejut a ~be** qualify for the finals
döntőbíró *n* referee, arbiter, arbitrator
dörgés *n* thunder; **ismeri a ~t** *coll* know which end is up
dörmög *vi* growl (bear), grunt; mutter, grumble (person)
dörög *vi* thunder (in a storm), rumble
dörömböl *vi* [vmin] hammer on [sg], beat on
dörzsöl *vt* [vmit] rub
drága *a* expensive, costly, high-priced; precious; *fig* dear, sweet; **Drágám!** My dear!
drágakő *n* precious stone, gem
dráma *n* drama
drámaíró *n* playwright
drapéria *n* drapery, hanging(s)
drapp *a* beige
drasztikus *a* drastic
drazsé *n* sugar-coated candy, candy; coated tablet
drog *n* drug, narcotics
drogfüggő *a, n* drug addict
drogmérgezés *n* drug overdose
drogos *n* drug user, drug addict
drogüzér *n* drug dealer
drót *n* wire; **szöges~** barbed wire
drótkefe *n* wire brush
drótkerítés *n* chicken wire, wire fence
drukkol *vi* [vkinek] root for, keep one's fingers crossed
d.u. = délután *adv, n*
Dublin *n* Dublin
duda *n mus* bagpipe(s); horn (in a car)
dudál *vi* play the bagpipes; honk one's horn
dúdol *vt* [vmit] hum (a tune)
dug *vt* [vmit] put in, thrust (into); hide, conceal
dugaszol *vt* [vmit] stop (a leak), cork (a bottle)
dugattyú *n* piston
dugó *n* cork, stopper; plug (electric); *coll* traffic jam
dugóhúzó *n* corkscrew
dúl *vt* [vmit] devastate, ravage; rage (war)
dulakod|ik *vi* [vkivel] fight, wrestle (not sports)
duma *n coll* hot air, empty talk
dumál *vt coll* [vmit] chat, talk
Duna *n* Danube
Dunakanyar *n H* Danube-bend (north of Budapest)
Dunántúl *n H* Transdanubia, western Hungary
dundi *a* chubby, plump
dupla *a* double; **egy ~** *n* a cup of espresso coffee
dúr *a mus* major; **c-dúr** C major
durcás *a* sulky
durran *vi* explode with a loud noise
durrdefekt *n* flat tire, blown tire
durva *a* coarse, rough; *fig* rough, rude, vulgar
durván *adv coll* roughly, approximately, about, around
dús *a* thick (hair, grass)
dúsgazdag *a* very rich
dutyi *n coll* jail
duzzad *vi* swell, bulk, bulge
duzzadó *a* bulging, swelling
duzzadt *a* swollen, puffy
duzzog *vi* sulk, pout

düh *n* anger, fury, rage; **~be jön** lose one's temper, get angry
dühít *vt* [vkit] anger [sy], enrage, infuriate
dühítő *a* infuriating
dühöng *vi* be furious, be enraged, *coll* foam at the mouth, fume
dühös *a* furious, enraged, angry, mad
dülledt *a* bulging (eyes), protruding
dűne *n* dune
dünnyög *vt* [vmit] mumble
D-vitamin *n* vitamin D

Dzs

dzseki *n* jacket, sports jacket (never suit); **farmer ~** denim jacket; **bőr~** leather jacket
dzsem *n* jam (fruit), preserve
dzsessz *n* jazz
dzsesszzenekar *n* jazz band
dzsip *n* jeep
dzsörzé *a, n* jersey (material)
dzsúdó *n sp* judo
dzsúdóz|ik *vi* practice judo
dzsungel *n* jungle
dzsúsz *n* juice (drink); **narancs~** orange juice

E, É

e (ez) *pron* this
-e *adv* whether, if; **nem tudom, itt van-e** I don't know if he is here
eb *n* dog, canine; **egyik kutya, másik ~** *coll* one is as bad as the other
ebbe *pron* into this; **~ a táskába tettem** I put it in this bag
ebben *pron* in/inside this; **~ a pillanatban** at/in this moment; **~ az esetben** in this case
ebből *pron* from/out of this; **~ nem lesz semmi** nothing will come out of this, this will not work
ebéd *n* lunch, luncheon; **mi van ~re?** what's for lunch?
ebédel *vi* have lunch; *vt* [vmit] eat [sg] for lunch
ebédidő *n* lunch time, lunch hour
ebédlő *n* dining room; cafeteria
ebédlőasztal *n* dining-room table
ebédszünet *n* lunch break, lunchtime
ében *a, n* ebony
éber *a* alert, vigilant, attentive; awake
éberség *n* vigilance, alertness
ebihal *n* tadpole
ébred *vi* wake up, awake
ébreszt *vt* [vkit] wake [sy] up
ébresztőóra *n* alarm clock
ecet *n* vinegar; **alma~** apple-cider vinegar
ecetes *a* vinegary, (made) with vinegar; **~ uborka** pickle(s)
ecset *n* brush
eddig *adv* up to this point, up to here (place); up till now, so far, up to this point (time)
edény *n* dish, pot, bowl
édes *a* sweet; delightful; *coll* cute; **E~em!** My dear!/Sweetie!/ Sweetie-pie!
édesanya *n* mother, biological mother
édesapa *n* father, biological father
édesség *n* sweetness; dessert; sweets, candy
édességbolt *n* candy store
édesvíz *n* fresh water (not seawater)
edz *vi sp* [vmire] train (for), be in training; have a workout
edzés *n sp* training; workout
edzett *a* fit, tough, in shape
edző *n sp* coach, trainer
edzőcipő *n* sneakers
efelől *adv* from this direction; about this
efféle *a* this kind, such
ég[1] *n* sky; the heavens; **Az ~ szerelmére!** For Heaven's sake!

ég[2] *vi* burn, be on fire, be in flames; be on (lamp, stove)
égbolt *n* sky
egér *n* mouse (also computer)
egérfogó *n* mousetrap
egész *a* whole, entire, all, complete; **~ nap** all day; *n* the whole; **három ~ öt tized** three point five (3.5)
egészen *adv* totally, completely, entirely
egészség *n* health, well-being; **E~ére!** Cheers! (to your health); Bless you! (when sneezing); I hope you enjoyed the meal!
egészséges *a* healthy; wholesome (food)
egészségi *a* sanitary, related to health
egészségtelen *a* unhealthy, harmful for one's health
egészségügyi *a* hygenic, sanitary; related to health, health care; **~ ellátás** health-care coverage, health care
éget *vt* [vmit] burn; scorch, brand; **~i a villanyt** have the light on
égetett *a* burned; **~ szeszes ital(ok)** spirits (alcohol)
égető *a* burning; **~ kérdés** burning question
éghajlat *n* climate
éghető *a* flammable
égi *a* celestial, heavenly
égitest *n* celestial body
égő *a* burning, flaming, being in flames; *n* light bulb
egres *n* gooseberry
égtáj *n* direction on the compass; **a négy ~** the four directions
egy *num* one, a/an; **~kor** at one o'clock; at one time; **még ~** one more; **~ kicsi** a little, a bit, a little bit, some; **egy-egy** each, one of each; a few; **~ barátom** a friend of mine; **E~ kicsit tud magyarul.** He speaks a little bit of Hungarian.
egyágyas *a* **~ szoba** single room
egyáltalán *adv* at all; **~ nem** not at all
egybeír *vt* [vmit] write together (as one word)
egyben *adv* together, in one, in one piece; at the same time
egybevág *vi* [vmivel] coincide; be the same
egybevágó *a* concordant, agreeing; *math* congruant
egyből *adv* at once, immediately, right away
egyéb *a* other, else; **minden ~** everything else; **egyebek között** among others, among other things
egyébként *adv* otherwise; by the way; ordinarily
egyed *n* individual
egyedi *a* unique, individual
egyedül *adv* alone, by oneself, all by one's lonesome; by oneself (without help), single-handedly
egyedülálló *a* unique; *a, n* single (person), unmarried
egyedüllét *n* loneliness, solitude, being alone
egyelőre *adv* for now, for the time being
egyén *n* individual, person
egyenes *a* straight; direct; upright; *fig* straightforward, honest; *n math* (straight) line
egyenesen *adv* straight; directly; *fig* honestly; **menjen ~** go straight; **~ az irodába jött** he came straight to the office; **~ nekem** directly to me
egyenetlen *a* uneven, rough
egyéni *a* individual, personal
egyéniség *n* individuality; unique person, character
egyenjogú *a* with/of equal rights
egyenjogúság *n* equal rights
egyenként *adv* one-by-one
egyenleg *n* balance (in a checkbook)
egyenlet *n math* equation

egyenletes *a* even, smooth, evenly distributed, uniform
Egyenlítő, az *n* the Equator
egyenlő *a* equal; **kettő meg kettő ~ néggyel** two and two makes/ equals four
egyenlőtlenség *a* inequality; unevenness
egyenruha *n* uniform; **iskolai ~** school uniform
egyensúly *n* balance; **elveszti az ~át** lose one's balance
egyensúlyoz *vi* [vmin] balance; **a korláton ~** balance on the high beam
egyértelmű *a* clear, unambiguous, obvious
egyértelműen *adv* clearly, obviously
egyes *a* single, individual; certain, some; number one; *school* F; **~ek** some people; **~t kap** get an F; **az ~ villamos** streetcar number one
egyesével *adv* one-by-one
egyesít *vt* [vkit, vmit] unite [sy], join; *econ* merge
egyesül *vi* [vkivel, vmivel] unite, join
egyesület *n* society, club, association, league
egyesült *a* united, joint, joined; **az Amerikai E~ Államok** the United States of America
Egyesült Államok, az *n* the United States, the U.S.
Egyesült Arab Emirátus *n* United Arab Emirates, U.A.E.
Egyesült Királyság, az *n* the United Kingdom, the U.K.
Egyesült Nemzetek Szövetsége, az *n* the United Nations (Organization), the UN
egyetem *n* university, college; **~re jár** go to college, attend university
egyetemes *a* universal
egyetemi *a* university, college; **~ tanulmányok** college education, university studies
egyetért *vi* [vkivel vmiben] agree, concur
egyetértés *n* agreement (in principal), concord; **kölcsönös ~** mutual understanding
egyetlen *a* single, only, sole; **~ gyerek** only child
egyez|ik *vi* [vmivel] correspond with, agree, be the same
egyezmény *n* agreement (written), pact
egyező *a* identical, the same
egyezség *n* agreement (verbal)
egyeztet *vi* [vmit vkivel] synchronize; discuss
egyfelé *adv* in the same direction
egyfelől *adv* from the same direction; *fig* **~ …, másfelől …** on the one hand …, on the other hand …
egyfolytában *adv* continuously, continually, uninterrupted; *coll* all the time; **E~ csak arról beszél.** That's all he keeps talking about.
egyforma *a* the same, the same shape/form
egyformán *adv* equally, the same way, alike
egyhamar *adv* soon
egyhangú *a* unanimous; monotonous, boring
egyhangúság *n* monotony, boredom
egyház *n rel* the church (the institution, the congregation)
egyházi *a* church, church-related, religious
egyidejű *a* [vmivel] simultaneous
egyidejűleg *adv* simultaneously, at the same time
egyidős *a* of the same age; **velem ~** she's my age
egyik *pron* one (of two); **Az ~ tetszik, a másik nem.** I like one, not the other.
Egyiptom *n* Egypt

egyiptomi *a, n* Egyptian
egyirányú *a* one-way; ~ **utca** one-way street
egykettő! *int coll* **E~!** Come on!/Hurry up!/Chop-chop!
egykettőre *adv coll* fast, at once
egykor *adv* once, once upon a time, at one time; at one o'clock
egykori *a* former, ex-
egykönnyen *adv* easily; **nem ~** not so easily
egylet *n* club, association (small)
egymaga *pron* alone, by himself/herself, in itself
egymás *pron* each other, one another; ~ **közt** between/among ourselves/yourselves/themselves; ~ **mellett** side by side; **~sal** with each other; ~ **után** one after another
egymásután *n* succession; **gyors ~ban** in quick succession
egynéhány *pron a* few, some; **jó ~** *coll* quite a lot
egypár *num* a couple (of), some, a few
egyre *adv* on and on, continually; ~ **több** more and more
egyre-másra *adv* again and again, continuously
egyrészt *adv* for one, in one respect; **~ ..., másrészt ...** on the one hand ..., on the other hand ...
egysávos *a* single-lane (road)
egység *n* unit; *fig* unity
egységes *a* unified, uniform
egyszer *adv* once, one time (in the past), one day, someday (in the future); ~ **használatos** disposable
egyszeregy *n* multiplication table
egyszeri *a* one-time, single, happening only once
egyszerre *adv* at the same time, at once; suddenly, at once
egyszerű *a* simple, plain; down-to-earth (person)
egyszerűen *adv* simply; just; **E~ nem tanul.** She's just not studying.
egyszerűség *n* simplicity
egyszerűsít *vt* [vmit] simplify, make [sg] simple; *math* simplify
egyszínű *a* single-colored
egyszobás *a* ~ **lakás** studio apartment
egyszóval *adv* in one word, in short, to make a long story short; ~ **elment** to make a long story short, she just left
egytálétel *n* casserole
egyujjas *a* ~ **kesztyű** mitten(s)
egyúttal *adv* at the same time
együgyű *a* stupid, simple
együtt *adv* [vkivel, vmivel] together; ~ **érez** [vkivel] sympathize with, have sympathy for
együttérző *a* sympathetic, sympathizing
együttes *a* joint, common; *n* ensemble, group, band; ~ **erőfeszítés** a joint effort
együttlét *n* being together, togetherness
együttműködés *n* cooperation, working together
együttműköd|ik *vi* [vkivel] cooperate, collaborate, work together, join efforts
egyveleg *n* mix, mixture, medley
egzisztencia *n* living; **jó egzisztenciájú** making a good living
ehelyett *pron* instead (of this)
éhes *a* hungry, famished
ehetetlen *a* inedible
ehető *a* edible
éhez|ik *vi* starve, hunger (for)
ehhez *pron* to this, for this
éhínség *n* famine
éhség *n* hunger
éjfél *n* midnight; **~kor** at midnight
éjféli *a* midnight; ~ **mise** midnight mass
éjjel *adv* at night; *n* night; **tegnap ~** last night

éjjel-nappal *adv* day and night, all the time, round the clock
éjjel-nappali *a* round-the-clock, 24-hour; ~ **bolt** 24-hour store
éjjeli *a* night, night time, nocturnal; ~ **műszak** night shift; *n* chamber pot
éjjeliedény *n* chamber pot
éjjeliszekrény *n* nightstand, bedside table
ejnye *int* **E~!** Now there! (expressing dislike)
éjszaka *n* night, nighttime; at night; **Jó éjszakát!** Good night!
éjszakai *a* night-, nighttime; ~ **mulató** nightclub
éjszakás *a* working on the night shift, working at night
éjszakáz|ik *vi* stay up late; work/study at night
ejt *vt* [vmit] drop; *coll* [vkit] dump [sy]
ejtőernyő *n* parachute
ejtőernyős *n* parachuter
ék *n* wedge
eke *n* plow; **hó~** snow plow
ékel *vt* [vmit vmi közé] drive a wedge between, wedge in
ékesít *vt* [vmit] decorate, adorn, embelish
ékezet *n* diacritical mark, accent mark
ekkor *pron* at this time, at that time, now
ekkora *pron* this size, this big/small
ekkoriban *adv* at about this time, at around this time
ekörül *adv* around this; at about this time, around this time
eközben *adv* in the meantime, meanwhile
ékszer *n* jewelry, jewel
ékszerész *n* jeweler, jewelry store
ékszerjavító *n* jewelry repair (shop)
ékszíj *n* serpentine belt
eksztázis *n* ecstasy
el *adv* away; off
él[1] *n* edge; crease (pants)
él[2] *vi* live, be alive; reside; [vmiből] live on, earn one's living by; **É~jen!** long live … !/Hurray!
elad *vt* [vmit vkinek] sell
eladás *n* sale, selling
eladó *a* (up) for sale; *n* salesperson, seller, sales clerk
eladósod|ik *vi* get into debt
elágazás *n* fork (in the road), intersection
elágaz|ik *vi* branch (off), fork (road)
elajándékoz *vt* [vmit] give [sg] as a gift, give away
elájul *vi* faint, lose consciousness
elakad *vi* [vhol] get stuck, break down (vehicle); stop speaking suddenly
eláll *vi* stick out; stop, cease; keep (well) (food); *fig* [vmitől] give up sg; **~t az eső** it stopped raining; **~ a szava** be speechless
elalsz|ik *vi* fall asleep
elaltat *vt* [vkit] put to sleep; *med* anesthetize
elámul *vi* [vmin] be surprised at, be amazed at
elapróz *vt* [vmit] cut up, divide into small pieces
eláraszt *vt* [vkit, vmit] flood, overflow; [vkit vmivel] shower [sy] with [sg]
elárul *vt* [vkit, vmit] betray; reveal (a secret), disclose
elárverez *vt* [vmit] put up for auction, sell at an auction
elás *vt* [vmit] bury (by digging)
elátkoz *vt* [vkit, vmit] curse, damn
elavul *vi* go out of date, become obsolete
elavult *a* obsolete, out-of-date
eláz|ik *vi* get wet, get soaked, soak through
eláztat *vt* [vkit, vmit] soak [sg] through

elbájol *vt* [vkit] charm
elballag *vi* stroll away, walk away, saunter off
elbánás *n* treatment
elbán|ik *vi* [vkivel, vmivel] deal with, treat [sy] harshly
elbátortalanod|ik *vi* lose one's confidence, lose one's courage
elbeszélés *n* short story, story; narration, telling; narrative
elbeszélget *vi* [vkivel vmiről] talk, chat with, have a long conversation
elbeszélgetés *n* interview (job)
elbír *vt* [vmit] be able to carry; bear, stand, endure; **E~od a táskát?** Can you carry the bag?
elbizakodott *a* conceited
elbízza magát *vi* get overconfident
elbóbiskol *vi* doze off, nod off
elbocsájt = **elbocsát** *vt*
elbocsát *vt* [vkit] let go, lay off, fire, dismiss
elboldogul *vi* get along, manage
elborít *vt* [vkit, vmit] cover; flood
elbotl|ik *vi* [vmiben] trip over
elbúcsúz|ik *vi* [vkitől] say good-bye, say farewell
elbúcsúztat *vt* [vkit] say good-bye, say farewell (the person who is staying)
elbúj|ik *vi* [vhol, vmi elől] hide
elbűvöl *vt* [vkit] charm, enchant
elbűvölő *a* charming, enchanting
élcelőd|ik *vi* [vkivel] tease, joke with
elcipel *vt* [vmit] carry off (something heavy); drag away
elcsábít *vt* [vkit] seduce; entice
elcsal *vt* [vkit] allure, entice (away)
elcsavar *vt* [vmit] twist off, turn off (faucet); **~ja a fejét** *coll* seduce [sy]
elcsen *vt* [vmit] *coll* steal (something little)
elcsendesed|ik *vi* quiet down, go quiet, calm down
elcserél *vt* [vmit vmire] exchange, swap
elcsíp *vt* [vkit] *coll* catch
elcsúfít *vt* [vkit, vmit] make [sg] ugly, ruin (looks); disfigure, deform
elcsúsz|ik *vi* [vmin] slip (and fall) on
eldob *vt* [vmit] throw away, discard
eldobható *a* disposable
eldől *vi* fall over, fall down; *fig* be decided
eldönt *vt* [vmit] push over; *fig* decide on, settle on, make up one's mind
eldug *vt* [vmit] hide
eldugaszol *vt* [vmit] plug up; cork (bottle)
eldugott *a* hidden, concealed; **~ helyen** in the middle of nowhere
eldugul *vi* get plugged up (pipes, nose)
eldugulás *n* stoppage, blockage
elé *postp* (to) in front of
elébe *adv* in front of (it), before
eledel *n* food; feed (animals)
elefánt *n* elephant
elefántcsont *a, n* ivory
Elefántcsontpart *n* Ivory Coast
elég[1] *a* enough, sufficient; *adv* quite, rather, fairly; **elege van** [vmiből] be fed up with, be tired of [sg]
elég[2] *vi* burn up
elegáns *a* elegant, fashionable, stylish
elégedetlen *a* dissatisfied, discontented
elégedett *a* content, satisfied
eléget *vt* [vmit] burn [sg], incinerate, scorch
eléggé *adv* quite, sufficiently
elégséges *a* sufficient, satisfactory; *school* D (grade)
elégtelen *a* insufficient, unsatisfactory, not enough; failing, *school* F (grade)
elégtétel *n* satisfaction, amends
elegyed|ik *vi* be mixed, mix, mingle
eleinte *adv* initially, in the beginning

eleje *n* [vminek] the front of; the beginning of; **a nyár elején** in early summer
elejt *vt* [vmit] drop, let [sg] fall; kill (animal)
elektromérnök *n* electrical engineer
elektromos *a* electric, electrical
elektromosság *n* electricity
elektronika *n* electronics
elektronikus *a* electronic
elektrotechnika *n* electrical engineering, electronic technology
élelem *n* food
élelmes *a* smart, practical, resourceful
élelmiszer *n* food, groceries
élelmiszerbolt *n* grocery store
élelmiszeripar *n* food industry
élelmiszerosztály *n* food department (in a department store)
elem *n chem* element; battery
elemes *a* battery-operated; **~ bútor** sectional furniture
elemez *vt* [vmit] analyze
elemi *a* elementary, elemental; basic, fundamental
elemlámpa *n* flashlight
elemzés *n* analysis
elenged *vt* [vkit, vmit] let go of, drop; let go free, set free; cancel (debt); **~i magát** relax
élénk *a* lively; agile, brisk; vivid, vibrant (color)
elér *vt* [vmit] reach (up to); catch (a bus); manage to contact (a person); *fig* attain (goal)
elered *vi* start to flow; **~t az eső** it started raining
elérhetetlen *a* out of reach; *fig* unattainable, inaccessible
elérhető *a* accessible, attainable
elernyed *vi* go limp, relax
elért *vt* [vmit] misunderstand
elérzékenyül *vi fig* be touched
éles *a* sharp; keen (mind, eye)
elesett *a* feeble, of poor health, weak; fallen (in war)
eles|ik *vi* fall down; be killed (in war); [vmitől] lose [sg]
élesít *vt* [vmit] sharpen
éléskamra *n* pantry
éleszt *vt* [vkit] revive, bring (back) to life
élesztő *n* yeast
élet *n* life, living, existence; **~be lép** become effective (law); **~ét veszti** be killed, lose one's life
életbelépés *n* becoming effective, effective date
életbevágó *a* vital; **~ ügy** a matter of life and death
életbiztosítás *n* life insurance
életfogytig *adv* for life
életfogytiglani *a* **~ börtönbüntetés** life imprisonment
életforma *n* lifestyle
élethű *a* lifelike, true to life
életkedv *n* joy of living
életképes *a* viable, capable of living
életkor *n* age
életlen *a* blunt (blade); blurred (photo)
életmód *n* life style, way of life; **egészséges ~** healthy lifestyle
életmű *n* life's work, lifetime achievement
életösztön *n* survival instinct
életrajz *n* biography; **ön~** autobiography
életszemlélet *n* view of life, philosophy of life
életszínvonal *n* standard of living
élettan *n* physiology
élettapasztalat *n* life experience
élettárs *n* living companion; common-law husband/wife, domestic partner
élettartam *n* life span, lifetime
élettelen *n* lifeless, dead; *fig* inanimate

életveszélyes *a* life-threatening, perilous, critical; ~ **sérülés** life-threatening injury
eleve *adv* from the beginning
eleven *a* live, living; lively, vivid
elévül *vi* go out of date; *law* lapse
elévült *a* obsolete, outdated
elfagy *vi* freeze (body part, plants)
elfárad *vi* get tried, tire, get fatigued; **E~tam.** I am tired.
elfáraszt *vt* [vkit, vmit] tire [sy], make [sy] tired
elfásult *a* indifferent, bored
elfecsérel *vt* [vmit] waste, squander
elfehéred|ik *vi* turn white, go pale
elfeketed|ik *vi* turn black
elfelejt *vt* [vkit, vmit] forget
elfér *vi* have enough room; **Nem fér el a TV.** There isn't enough room for the TV.
elfog *vt* [vkit, vmit] catch
elfogad *vt* [vmit] accept; approve
elfogadhatatlan *a* unacceptable, intolerable
elfogadható *a* acceptable, adequate, satisfactory
elfogadott *a* accepted
elfoglal *vt* [vmit] occupy, take, take over; **El vagyok foglalva.** I'm busy.
elfogódott *a* moved, touched (emotionally)
elfogulatlan *a* unbiased, impartial
elfogulatlanság *n* impartiality
elfogult *a* biased, partial, prejudiced
elfogultság *n* partiality, bias
elfogy *vi* run out, come to an end; ~ **a türelme** lose one's patience; **E~ott a tej.** We're out of milk.
elfogyaszt *vt* [vmit] consume, eat
elfojt *vt* [vmit] extinguish; suppress; hold back (feelings)
elfoly|ik *vi* flow away, drain
elfordít *vt* [vmit] turn, turn away
elfordul *vi* turn away; [vkitől, vmitől] abandon, turn one's back on
elfullad *vi* choke
elfut *vi* run away
elgáncsol *vt* [vkit] trip [sy] up
elgázol *vt* [vkit, vmit] run over (with a vehicle)
elgémbered|ik *vi* grow stiff (body)
elgennyesed|ik *vi* become full of pus
elgondolás *n* notion, idea, concept
elgondolkod|ik *vi* [vmin] think about, be thinking deeply
elgörbül *vi* bend, get crooked
elgurít *vt* [vmit] roll away
elgurul *vi* roll away
elgyötört *a* haggard, worn out
elhagy *vt* [vkit, vmit] leave, abandon; lose; **~ja magát** let oneself go
elhagyatott *a* abandoned, desolate; lonely
elhagyott *a* abandoned, deserted
elhajl|ik *vi* bend, curve; lean away; [vmitől] diverge
elhajt *vt* [vmit] drive away/off [sg]; *vi* drive away/off (in a car)
elhal *vi* die out, die down; *med* necrose
elhalad *vi* pass by
elhalaszt *vt* [vmit] postpone, delay, put off
elhalasztás *n* postponement, delay
elhalkul *vi* grow fainter, die down (noise)
elhallgat *vi* stop talking, stop (noise); *vt* [vmit] hold back, not say [sg], withhold (information)
elhallgattat *vt* [vkit, vmit] silence, shut [sy] up
elhalmoz *vt* [vkit vmivel] shower with (gifts, attention); overburden (with work)
elhalványít *vt* [vmit] dim, make [sg] fade

elhalványod|ik *vi* grow dim, fade (away)
elhamarkod|ik *vt* [vmit] rush, be hasty, do [sg] before thinking
elhamarkodott *a* rash (decision), hasty, hurried
elhamvaszt *vt* [vkit] cremate
elhangz|ik *vi* sound (off), be heard; be said, be uttered
elhanyagol *vt* [vkit, vmit] neglect
elhanyagolt *a* neglected
elhanyagoltság *n* neglect
elharapódz|ik *vi* spread, be spread
elhárít *vt* [vmit] avert; repel, fight off; clear away (obstacles)
elhárítás *n* **kém~** counterintelligence
elhasznál *vt* [vmit] use up, wear out
elhasznált *a* used up, worn out; stale (air)
elhatároz *vt* [vmit] decide, resolve
elhatározás *n* decision, determination, resolve
elhelyez *vt* [vkit, vmit] place; deposit (money); **kórházban ~** hospitalize
elhelyezked|ik *vi* get settled, get comfortable; find a job
elhibáz *vt* [vmit] make a mistake; miss (a shot)
elhibázott *a* mistaken, unsuccessful; missed (target)
elhidegül *vi* [vkitől] become estranged, become alienated from
elhidegült *a* estranged
elhisz *vt* [vmit] believe
elhivatottság *n* calling, a sense of purpose
elhízás *n* obesity
elhíz|ik *vi* grow fat, put on weight
elhódít *vt* [vkit vkitől] win over (from), steal someone's girlfriend/boyfriend
elhomályosít *vt* [vkit, vmit] obscure, dim
elhomályosul *vi* grow dim, blur; tarnish (mirror)
elhoz *vt* [vmit] bring, bring along, carry, fetch
elhuny *vi* die, pass away
elhunyt *a* dead, deceased; *n* the deceased
elhurcol *vt* [vkit, vmit] carry away, drag away
elhúz *vt* [vmit] pull away, drag away; drag out (time); *coll* fail [sy] at an exam
elhúzód|ik *vi* drag out, drag on; shy away from, pull away from
elhűl *vi* grow cold, cool down; [vmin] *fig* be amazed at
elhűt *vt* [vmit] cool, chill
eligazít *vt* [vkit, vmit] arrange; direct; *mil* brief
eligazítás *n* orientation; *mil* briefing
eligazodás *n* orientation, finding one's way
elindít *vt* [vkit, vmit] start, set off; turn on (machine)
elindul *vi* depart, start, take off, set out, drive off (car)
elintéz *vt* [vmit] take care of [sg], arrange, settle
elintéznivaló *n* errand
elismer *vt* [vmit] admit, acknowledge; recognize
elismerés *n* admission, acknowledgement; recognition, appreciation
elismert *a* well-known, recognized, acknowledged
elisz|ik *vt* [vmit] drink (away); **elissza a pénzét** *coll* spend all one's money on drinks
elítél *vt* [vkit, vmit] condemn; sentence to
elítélt *n* convict; condemned

eljár *vi* go [somewhere] regularly; pass (time); take measures, take steps, proceed; **E~t fölötte az idő.** Time has not been kind to her/him.
eljárás *n* procedure; proceedings (court); course of action; method, process
eljátsz|ik *vt* [vmit] play (musical piece); **~sza a pénzét** gamble one's money away
eljegyez *vt* [vkit] engage (to be married); **E~ték egymást.** They got engaged.
eljegyzés *n* engagement (to be married)
éljen *int* **É~!** Hurray!/Long live ...!
éljenzés *n* ovation
eljön *vi* come (away from), come for
eljut *vi* [vhova] get to, come to
elkábít *vt* [vkit] daze, stun, sedate; *med* anesthetize
elkábul *vi* [vmitől] be dazed, be stunned
elkalauzol *vt* [vkit] guide (to)
elkallód|ik *vi* get lost; go to waste (talent)
elkanyarod|ik *vi* turn away, bend (road)
elkap *vt* [vkit, vmit] catch, contract (an illness)
elkápráztat *vt* [vkit vmivel] dazzle
elkártyáz *vt* [vmit] gamble away (playing cards)
elkedvetlened|ik *vi* lose interest, lose heart
elkel *vi* be sold; **E~ne már egy kis eső.** *coll* We could do with some rain.
elkényeztet *vt* [vkit] spoil (a child)
elkényeztetett *a* spoiled (child)
elképed *vi* [vmin] be stunned, be amazed
elképesztő *a* amazing, stunning
elképzel *vt* [vmit] imagine, picture, envision; **Képzeld el!** Picture this!/ Just imagine!
elképzelés *n* idea, notion, thought
elképzelhetetlen *a* unimaginable, unfathomable
elképzelhető *a* imaginable; realistic
elkér *vt* [vmit vkitől] ask for [sg] from [sy]; borrow
elkerget *vt* [vkit, vmit] chase away, drive away
elkerül *vt* [vkit, vmit] bypass, go around; avoid; evade, escape; *vi* [vhova] end up somewhere, get to a place
elkerülhetetlen *a* unavoidable; inevitable
elkerülhető *a* avoidable
elkeseredés *n* despair
elkeseredett *a* desperate, bitter
elkeseredetten *adv* desperately
elkesered|ik *vi* despair, become desperate, grow bitter
elkeserítő *a* disappointing; exasperating
elkés|ik *vi* be late for; **~ett a munkából** she was late for work
elkészít *vt* [vmit] prepare, do, make, finish
elkészül *vi* be completed, be finished; [vmire] be prepared for
elkever *vt* [vmit vmivel] mix, blend, fold in, stir in
elkevered|ik *vi* mix, blend in; *coll* get lost
elkezd *vt* [vmit] start, begin
elkezdőd|ik *vi* start, begin, be started; **Már ~ött a film.** The movie has already started
elkísér *vt* [vkit] go with, accompany; see [sy] home
elkoboz *vt* [vmit] confiscate, seize
elkomolyod|ik *vi* turn serious
elkop|ik *vi* wear off (paint), wear out (clothes)
elkorhad *vi* rot (tree), decay (wood)
elkótyavetyél *vt coll* [vmit] sell below price
elkölt *vt* [vmit] spend (money)

elköltöz|ik *vi* move (house), move away
elköszön *vi* [vkitől] say good-bye to
elkötelez *vt* [vkit] commit, obligate
elkötelezett *a* committed, obligated; **Az ~je vagyok.** I'm in her debt.
elkötelezettség *n* commitment, obligation
elkövet *vt* [vmit] commit, do, make; **~ egy hibát** make a mistake; **öngyilkosságot követ el** commit suicide; **bűncselekményt követ el** commit a crime
elkövető *n law* perpetrator
elküld *vt* [vkit, vmit] send away, send off; dispatch; mail (letter)
elkülönít *vt* [vkit, vmit vkitől, vmitől] separate, isolate; segregate
elkülönül *vi* be separated, be isolated, stand alone
ellankad *vi* droop, languish
ellanyhul *vi* weaken, slack
ellát[1] *vt* [vkit vmivel] provide, supply, furnish with, equip with; look after (the sick), treat
ellát[2] *vi* [vmeddig] see as far as
ellátás *n* supply, provision; treatment (hospital); **teljes ~** full board
ellátogat *vi* [vhova] visit (a place)
ellen *postp* against; **egymás ~** against each other; **Mit ajánl fejfájás ~?** What do you recommend for a headache?
ellenáll *vi* [vkinek, vminek] resist; oppose; **~ a kísértésnek** resist the temptation
ellenállás *n* resistance; opposition
ellenállhatatlan *a* irresistible
ellenálló *a* resistant, rebellious; *med* immune; *n* member of the resistance movement
ellenben *conj* on the other hand, however
ellene *adv* against it, in opposition
ellenében *adv* against; in return for
ellenérték *n* equivalent value
-ellenes *a* anti-, against [sg]; **amerika~** anti-American
ellenez *vt* [vmit] oppose, be opposed to, be against
ellenfél *n* opponent, adversary
ellenhatás *n* reaction
elleni *a* anti-, against [sg]; **fejfájás ~ gyógyszer** headache medication
ellenintézkedés *n* countermeasure(s), preventive measure(s)
ellenkezés *n* opposition, resistance, saying no
ellenkez|ik *vi* resist, oppose; [vkivel] argue; **Ne ~z!** Stop arguing!
ellenkező *a* opposing, opposite, contrary; resisting
ellenkezőleg *adv* on the contrary
ellenőr *n* controller, inspector; **adó~** auditor (tax)
ellenőriz *vt* [vkit, vmit] check, verify; control; examine; audit
ellenőrzés *n* inspection, checking, control
ellenőrző *n* control, inspecting; *school* **~ könyv** report card
ellenség *n* enemy
ellenséges *a* hostile, enemy; **~ erők** enemy forces
ellenségeskedés *n* hostility, enmity
ellenszenves *a* offensive (person), antipathetic, repulsive
ellenszer *n med* antidote, remedy
ellenszolgáltatás *n* compensation
ellentét *n* opposite, contrast; conflict, antagonism; hostility
ellentétes *a* opposing, opposite, contrary
ellentmond *vi* [vkinek, vminek] contradict, oppose
ellentmondás *n* contradiction, opposition
ellentmondásos *a* contradictory, conflicting, ambiguous

ellenvélemény *n* contrary opinion, opposing opinion
ellenvetés *n* objection, opposition
ellenzék *n pol* opposition
ellenzéki *a pol* opposition; **~ pártok** opposition parties
ellenzés *n* opposing, opposition
ellenző *a* opposing; *n* opponent; **nap~** visor (on a cap)
ellep *vt* [vkit, vmit] cover, flood
ellipszis *n* ellipse
ellop *vt* [vmit] steal; **E~ták a pénztárcámat.** My wallet has been stolen.
elmarad *vi* be cancelled, not happen
elmaradhatatlan *a* inevitable
elmaradott *a* backward, underdeveloped (country)
elmaradottság *n* underdevelopment
elmarasztal *vt* [vkit] condemn, find guilty
elmaszatol *vt* [vmit] smear, smudge
elme *n* mind, intellect
elmebajos *a* insane, psychotic; *n* lunatic, insane person
elmegy *vi* go away, leave, walk away; [vhova] leave for, go to, walk to; *coll* pass, OK; **Milyen a film? – E~.** How's the movie? – It's OK.
elmegyógyintézet *n* lunatic asylum, mental hospital
elmélet *n* theory, premise
elméleti *a* theoretical
elméletileg *adv* theoretically
elmélked|ik *vi* [vmiről] ponder, muse, meditate
elmélyed *vi* [vmiben] be immersed in, be absorbed in
elmélyít *vt* [vmit] deepen [sg]; strengthen (relationship)
elmélyül *vi* deepen, get deeper; [vmiben] be absorbed in, be immersed in; **E~ a könyvben.** She's immersed in the book.
elmenekül *vi* escape, flee, break away
elment *vt* [vmit] *comp* save (a file)
élmény *n* experience, adventure
elmeorvos *n med* psychiatrist
elmérgesed|ik *vi* get infected (wound); worsen, go bad; **~ik a viszony** relations deteriorate
elmérgesít *vt* [vmit] aggravate (a situation), exacerbate
elmerül *vi* sink, go under; *fig* [vmiben] get immersed in
elmés *a* smart, witty
elmesél *vt* [vmit] tell a story, tell in detail; tell a tale; **Meséld el mi történt!** Tell me what happened!
elmeszesedés *n med* calcification
elmeszesed|ik *vi med* calcify
elmezavar *n med* psychosis, insanity, mental disorder
élmezőny *n sp* leading group; front lines, front-runners
elmond *vt* [vmit] tell; recite
elmondhatatlan *a* unspeakable
elmos *vt* [vmit] wash dishes; sweep away (flood)
elmosód|ik *vi* become blurred
elmosódott *a* blurred, faded; obscure; blurry
elmozdít *vt* [vkit, vmit] move [sg] from its place; remove
elmozdul *vi* move
elmulaszt *vt* [vmit] miss, let slip; neglect to do
elmúl|ik *vi* pass (time), elapse, go by; be over; stop (pain); **~t a nyár** summer is over
elmúlt *a* past
elnagyol *vt* [vmit] do superficially, do roughly
elnapol *vt* [vmit] postpone, put off; adjourn
elnémít *vt* [vkit, vmit] silence
elnéptelened|ik *vi* grow deserted, become depopulated
elnevet *vi* **~i magát** burst out laughing

elnevez *vt* [vkit, vmit] name, call; give [sy] a name
elnéz *vi* [vhonnan] look away; *vt fig* [vmit vkinek] overlook (intentionally), look the other way, forgive; miss
elnézés *n* mistake, error; leniency, forgiving; **~t kér** [vkitől] apologize; **E~t!** Excuse me!
elnéző *a* forgiving, lenient; indulgent
elnök *n* president; chairman, chairwoman, chairperson
elnökhelyettes *n* vice president, acting president; deputy chairman
elnöki *a* presidential
elnökjelölt *n* presidential nominee
elnöknő *n* woman president; chairwoman
elnökség *n* presidency; chairmanship
elnökválasztás *n* presidential election(s)
elnyel *vt* [vmit] swallow (up), gulp down; absorb
elnyom *vt* [vkit, vmit] oppress; repress; suppress; put out (cigarette)
elnyomás *n* oppression, repression
elnyomó *a* oppressive; *n* oppressor, tyrant
elnyomott *a* oppressed; repressed; suppressed
elnyújt *vt* [vmit] stretch out, pull out; *fig* drag out, expand
elnyúl|ik *vi* stretch; [vmeddig] extend (to), reach to
elnyű *vt* [vmit] wear out (clothes)
elnyűhetetlen *a* indestructible, long-lasting (clothes)
elnyűtt *a* worn, worn-out (clothes)
elolt *vt* [vmit] extinguish (fire), put out; turn off (light, gas)
elolvad *vi* melt, thaw
elolvaszt *vt* [vmit] melt
eloszl|ik *vi* disperse, break up, be distributed
eloszt *vt* [vmit] divide, distribute; *math* divide
elosztás *n* distribution, division
elosztó *n el* extension cord, surge protector; adapter
elosztófej *n* distributor
élő *a* living; live; **~ adás** live broadcast; **~ben** *adv* live
előad *vt* [vmit] perform, act; recite (a poem), play (music); lecture, give a lecture
előadás *n* performance; lecture; presentation; **délutáni ~** matinée
előadó *a* performing; *n* performer; lecturer, speaker
előadóterem *n* lecture hall, auditorium
előáll *vi* step forward; [vmivel] come up with (an idea)
előállít *vt* [vmit] make, produce; manufacture; [vkit] arrest (police)
előbb *adv* sooner, earlier; first; **minél ~** the sooner the better, as soon as possible, ASAP
előbbi *a* preceding, previous
előcsarnok *n* lobby, foyer
előd *n* predecessor; ancestor, forefather
elődöntő *n sp* semi-finals
előélet *n* past, former life; **büntetett ~** criminal record
előérzet *n* hunch, gut feeling, premonition
előeste *n* eve
előétel *n* appetizer, hors d'œuvre
előfeltétel *n* condition, precondition
előfizet *vi* [vmire] subscribe to (a publication)
előfizetés *n* subscription
előfizetési *a* **~ díj** *n* subscription fee
előfizető *n* subscriber
előfordul *vi* happen, occur, take place

előhív *vt* [vmit] *photo* develop (film)
előhoz *vt* [vmit] bring up, mention
előhúz *vt* [vmit] pull out, take out, produce
előidéz *vt* [vmit] cause, make, create
előír *vt* [vmit] prescribe; order
előirányoz *vt* [vmit] schedule; budget (money), target
előírás *n* regulation, specification
előírásos *a* according to specifications, specified
előírt *a* prescribed, specified
előítélet *n* prejudice, bias
előjel *n* sign, omen; *math* sign
előkelő *a* distinguished, illustrious; high-ranking (person)
előkerít *vt* [vkit, vmit] look up, find, get hold of
előkerül *vi* turn up, be discovered ([sg] that was believed lost)
előkészít *vt* [vmit] prepare [sg]
előkészítés *n* preparation
előkészítő *a* preparatory
előkészül *vi* prepare, get ready, make preparations
előkészület *n* preparations, arrangements
elől *adv* in front, up front, ahead; **elől-hátul** front and back
előleg *n* deposit, down payment; advance payment
élőlény *n* living being, creature, life form
előléptet *vt* [vkit] promote [sy]
előléptetés *n* promotion
elöljáróság *n* municipality
elölnézet *n* front view
elölről *adv* from the front; from the beginning; **~ kezd** start from the beginning; start all over
előmenetel *n* progress, advance; advancement of career
elönt *vt* [vmit] flood, overflow; **~i a düh** he's enraged
előny *n* advantage, benefit; lead; **~ben részesít** prefer, give preferential treatment
előnyös *a* advantageous, beneficial
előnytelen *a* disadvantageous, detrimental, unfavorable
előránt *vt* [vmit] pull out (very fast)
előre *adv* ahead, forward, onwards; in advance, ahead of time, beforehand; **előre-hátra** back and forth; **~ megfontolt** premeditated, deliberate
előregyártás *n* prefabrication
előregyártott *a* ready-made, prefabricated
előrehalad *vi* progress, proceed, move ahead
előreigazít *vt* [vmit] set (the clock) forward
előrejelzés *n* forecast
előrelátás *n* foresight; caution
előrelátható *a* foreseeable, predictable
előreláthatólag *adv* predictably, in all probability
előrelátó *a* far-seeing, cautious
előretör *vi* forge ahead
előreugró *a* protruding
élősdi *n* parasite
elősegít *vt* [vmit] help, further, promote, advance
élősköd|ik *vi* live on [sy] (like a parasite)
élősködő *a* parasitic; *n* parasite
előszeretet *n* preference
előszezon *n* early season, before the main season
előszó *n* preface, foreword
előszoba *n* hall, anteroom, mudroom
először *adv* for the first time, first, at first; **~ is, ...** first of all
elősörre *adv* at the first try
előtér *n* foreground; hall, entrance hall
előteremt *vt* [vmit] produce, find; raise (money)

előterjeszt *vt* [vmit] submit (a proposal), propose (idea, plan); report
előtt *postp* before, prior to; in front of; **a ház ~** in front of the house
előtte *adv* before; in front of it/him/her; **~m** in front of me
előtti *a* before, pre-; in front of; **a háború ~ korszak** the pre-war period; **a ház ~ kert** the garden in front of the house
előtűn|ik *vi* appear
előváros *n* suburb
elővesz *vt* [vmit] pull out, take out, produce
elővétel *n* advance reservation (for purchase)
elővigyázatlan *a* careless, rash
elővigyázatos *a* careful, cautious
előz *vt* [vkit, vmit] pass (a car); **E~ni tilos!** No passing!
előzékeny *a* polite, attentive
előzékenység *n* attentiveness, courtesy
előzetes *a* preliminary; previous; *n* preview (movie); **~ jelentés** preliminary report
előzetesen *adv* previously
előzmény *n* antecedents, preliminaries
előző *a* previous, former
előzőleg *adv* previously, beforehand
elpárolog *vi* evaporate; be vaporized
elpártol *vi* [vkitől] turn away from
elpirul *vi* blush, turn red
elpocsékol *vt* [vmit] waste; squander
elpuhult *a* soft (person), weak
elpusztít *vt* [vkit, vmit] destroy, demolish; annihilate; devastate; kill, exterminate
elpusztul *vi* perish, die, be killed; be destroyed, be demolished
elrabol *vt* [vkit, vmit] rob; kidnap, abduct (a person); hijack (a plane)
elragad *vt* [vkit, vmit] snatch, grab; overtake (emotion)
elragadó *a* charming, delightful
elragadtat *vt* [vkit] delight; **El vagyok ragadtatva.** I'm delighted.
elragadtatás *n* rapture, ecstasy
elragadtatott *a* delighted, ecstatic
elrak *vt* [vmit] put away, clear away (from the way)
elrejt *vt* [vmit] hide [sg]
elrejtőz|ik *vi* hide
elrendel *vt* [vmit] order, prescribe
elrendez *vt* [vmit] arrange, organize; settle
elreped *vi* crack, split
elrepül *vi* fly away
elretten *vi* [vmitől] be scared away, back off from
elrettent *vt* [vkit vmitől] scare away, deter
elrettentő *a* deterrent
elriaszt *vt* [vkit] scare off, frighten off; *fig* discourage, deter
elringat *vt* [vkit] rock (a baby), rock to sleep
elrobog *vi* drive off fast, rush off
elroml|ik *vi* go bad, deteriorate; spoil (food); break down (machine)
elront *vt* [vmit] break (a machine); damage, ruin; spoil (a surprise)
elrothad *vi* decompose, rot
elsajátít *vt* [vmit] acquire (knowledge)
elsápad *vi* turn pale
elseje *num* the first of (the month); **április ~** April 1st, April Fool's Day
elsiet *vi* hurry off, rush past; *vt* [vmit] rush [sg]; **Ne siesd el!** Take your time!/Don't rush it!
elsikkad *vi* get lost
elsikkaszt *vt* [vmit] embezzle
elsikl|ik *vi* [vmi fölött] miss, not notice
elsimít *vt* [vmit] smooth out, flatten; *fig* smooth over
elsimul *vi* smooth out, get smooth; *fig* be smoothed over

elsorvad *vi* waste away; *med* atrophy
elsóz *vt* [vmit] put too much salt into
első *num* first; ~ **emelet** second floor; ~ **látásra** at first sight; ~ **osztályú** *a* first-class
elsőbbség *n* priority; right of way (in traffic); ~**et ad** yield
elsőbbségadás *n* yielding (traffic); **E~ kötelező!** Yield!
elsődleges *a* primary, principal, main
elsőéves *n* freshman (college)
elsőfokú *a* first-degree; ~ **égés** first-degree burn
elsöprő *a* overwhelming (success)
elsőrendű *a* first-grade, first-class; ~ **út** main road
elsős *a, n school* first-grader
elsősegély *n* first aid; emergency department
elsősorban *adv* first of all, in the first place, above all
elsőszülött *a, n* firstborn
elsötéted|ik *vi* turn dark, darken
elsötétít *vt* [vmit] make [sg] dark, darken
elsötétül *vi* grow dark, darken
elsüllyed *vi* sink, go down
elsüt *vt* [vmit] fire (a gun)
elszabadul *vi* break free, break loose, get away
elszakad *vi* tear, be torn, break; [vmitől] break away from; secede
elszakít *vt* [vmit] tear, rip; break, snap; [vmit vmitől] detach from; separate with force (people)
elszalaszt *vt* [vkit vmiért] send [sy] for; [vmit] miss (opportunity)
elszáll *vi* fly away
elszállásol *vt* [vkit] put [sy] up, accommodate
elszállít *vt* [vkit, vmit] transport, ship, carry away
elszámol *vi* [vmivel] account for
elszámolás *n* settling of accounts
elszánt *a* determined, resolute
elszaporod|ik *vi* multiply, grow (in numbers)
elszárad *vi* dry up, dry out
elszédít *vt* [vkit] make dizzy; *fig* dazzle; seduce
elszédül *vi* become dizzy, lose balance
elszegényed|ik *vi* become poor
elszégyell *vt* [vmit] be ashamed of; ~**i magát** be ashamed (of oneself)
elszigetel *vt* [vkit, vmit] isolate, cut off
elszigetelőd|ik *vi* be isolated, become isolated
elszigetelt *a* isolated, secluded; lonely
elszigeteltség *n* isolation
elszíneződ|ik *vi* discolor
elszív *vt* [vmit] suck away; ~ **egy cigarettát** smoke a cigarette
elszok|ik *vi* [vmitől] get unused to [sg], lose the habit of
elszór *vt* [vmit] scatter, sprinkle, spread
elszórakoz|ik *vi* [vmivel] be entertained, amuse oneself, keep oneself ocupied
elszórakoztat *vt* [vkit vmivel] entertain, amuse
elszórt *a* scattered, spread out
elszorul *vi* tighten (up); ~**t a szíve** his heart sank
elszök|ik *vi* flee, escape, run away, break out (of prison)
elszundít *vi* doze off, fall asleep
elszúr *vt* [vmit] *coll* mess up
eltakar *vt* [vmit] cover (up); hide
eltakarít *vt* [vmit] clear away, clean up, remove
eltalál *vt* [vmit] hit (target); *fig* guess right; *vi* [vhova] find the way to
eltapos *vt* [vkit, vmit] trample down, crush (by stepping on); stampede
eltart *vt* [vkit] keep, support; last, go on (time); ~ **egy ideig** it will last/take a while

eltartott *a* kept, supported; *n* dependent
eltávolít *vt* [vkit, vmit] remove, clear away
eltávolítás *n* removal
eltávolod|ik *vi* move away
eltekint *vi* [vmitől] disregard, ignore
eltel|ik *vi* pass (time); [vmivel] fill, be filled
eltér *vi* [vmitől] deviate from; differ (opinion), diverge; digress (from the subject)
elterel *vt* [vmit] divert, distract; detour, reroute (traffic)
elterelés *n* diversion; detour
eltérés *n* difference, deviation
eltérít *vt* [vkit, vmit] divert, distract; hijack (plane)
eltérítés *n* hijacking (of a plane)
elterjed *vi* spread
elterjedt *a* widespread, general, popular
elterjeszt *vt* [vmit] spread, propagate; **~ egy pletykát** spread a rumor
eltérő *a* different; abnormal, irregular; deviant
eltesz *vt* [vmit] put away, put in its place; **~ láb alól** *coll* kill [sy]
éltet *vt* [vkit] keep [sy] alive; cheer
eltéved *vi* get lost, lose one's way
eltéveszt *vt* [vmit] miss, mix up (two things), confuse
eltitkol *vt* [vmit] keep [sg] a secret, hide [sg]
eltol *vt* [vmit] push away, push aside, shift; *fig* put off, postpone; *coll* mess up
eltolható *a* movable; **~ ajtó** sliding door
eltolód|ik *vi* shift, be moved, be shifted; *fig* be postponed
eltorlaszol *vt* [vmit] block; barricade (a street)
eltorzít *vt* [vmit] deform, disfigure; *fig* distort
eltökélt *a* determined, resolute
eltölt *vt* [vmit] fill, fill up; *fig* spend (time), pass time
eltöpreng *vi* [vmin] muse over, ponder
eltör *vt* [vmit] break [sg], fracture, shatter, smash; **E~te a lábát.** She broke her leg.
eltör|ik *vi* break, be fractured, be shattered, be smashed; **E~t a lába.** Her leg was broken.
eltöröl *vt* [vmit] dry (dishes); *law* repeal, abolish; cancel (a flight)
eltűn|ik *vi* disappear, vanish
eltűnőd|ik *vi* [vmin] ponder, muse over, reflect upon
eltűnt *a, n* missing
eltüntet *vt* [vmit] make [sg] disappear; conceal, hide
eltűr *vt* [vmit] endure, tolerate
elutasít *vt* [vmit] reject, refuse, decline; deny (accusations); turn down
elutaz|ik *vi* travel away, go away, leave
elülső *a* front, frontal
elültet *vt* [vmit] plant (a tree)
elüt *vt* [vmit] run over (with a car); *vi* [vmitől] differ, be different; **~i az időt** [vmivel] *coll* kill time doing [sg]
elv *n* principle, theory; **~ben** in principle, in theory
elvadul *vi* go wild; grow wild (plants)
elvág *vt* [vmit] cut; **E~tam az ujjamat.** I cut my finger.
elvágód|ik *vi* fall over, fall flat on one's face
elvakít *vt* [vkit] blind [sg], dazzle; *fig* delude
elválaszt *vt* [vkit, vmit vkitől, vmitől] separate [sg] from [sg], divide, part (hair); *law* grant a divorce
elválaszthatatlan *a* inseparable, indivisible

elvál|ik *vt* [vkitől, vmitől] separate from, part with; *law* get a divorce, divorce
elvállal *vt* [vmit] take on, undertake; accept (a job)
elvált *a* divorced
elvámol *vt* [vmit] clear [sg] through customs
elvámolnivaló *n* something to declare (at customs)
elvár *vt* [vkitől vmit] expect [sy] to do [sg]; **E~om, hogy dolgozzon.** I expect him to work.
elvárás *n* expectation
élve *adv* alive; **~ vagy halva** dead or alive
elvégez *vt* [vmit] carry out, do, perform; finish, complete; **E~tem az egyetemet.** I graduated from college.
elver *vt* [vkit] beat up; *coll* [vmit] spend (money), squander, waste
elvesz *vt* [vmit] take, take away, seize; [vkit] marry a woman; **elvette feleségül** he married her
elvész *vi* be lost, get lost; be wasted; **Elveszett a pénztárcám.** I lost my wallet.
elveszít *vt* [vmit] lose; **~i a türelmét** lose one's patience
elveszt = elveszít *vt*
elvet *vt* [vmit] sow; *fig* reject (idea), refuse
elvetél *vi* miscarry, abort
élvez *vt* [vmit] enjoy, take pleasure in; benefit from, enjoy (rights)
élvezet *n* enjoyment, pleasure
elvileg *adv* in principle, theoretically
elvirágz|ik *vi* stop blooming, wither; *fig* fade
elvisel *vt* [vmit] endure, bear, tolerate
elviselhetetlen *a* unbearable, intolerable
elviselhető *a* tolerable, bearable
elvisz *vt* [vmit] take, carry away, transport; take along; [vkit vhova] take [sy] [somewhere]; drive [sy] [somewhere]; give [sy] a ride
elvonókúra *n* detoxification treatment (alcohol), *coll* rehab
elvontat *vt* [vmit] tow away
elzálogosít *vt* [vmit] pawn
elzár *vt* [vmit] lock up, lock away; turn off (faucet, TV); **E~ták az utat.** The road is closed.
elzárkóz|ik *vi* withdraw, hold back, be reserved
elzsibbad *vi* get numb, go to sleep (a limb)
emancipáció *n* emancipation
embargó *n* ban, embargo
ember *n* human being, man; you, one (general subject); **~ek** people; **az ~ sohasem tudja** one never knows, you never know
embercsempészet *n* people-smuggling
emberevő *a* cannibalistic; *n* cannibal
emberfölötti *a* superhuman
emberi *a* human; humane; **~ jogok** human rights
emberiség *n* humanity, humankind, mankind
emberismeret *n* knowledge of humankind, knowledge of human nature
emberismerő *a* **jó ~** a good judge of character
emberölés *n* *law* homicide, murder; **szándékos ~** *law* manslaughter; **előre megfontolt ~** *law* premeditated murder
emberöltő *n* generation
emberrablás *n* kidnapping
emberrabló *n* kidnapper
emberséges *a* humane; honest, fair
embertelen *a* inhuman

embertelenség *n* inhumanity
embléma *n* emblem, symbol; logo
embólia *n med* embolism
emel *vt* [vkit, vmit] raise, lift, elevate; erect (a statue)
emelet *n* story (of a building), floor, level; **az ~en** upstairs
emeletes *a* –storied; **három ~ ház** a three-level house; **~ ház** high-rise, multi-story building
emelked|ik *vi* rise, be raised, be elevated; increase, go up
emelkedő *a* rising, ascending; *n* incline, hill
emellett *adv* besides, in addition, moreover
emelő *a* lifting, elevating; *n* lever, jack (car)
emelvény *n* platform, stage
émelyeg *vi* be nauseous, feel sick (to one's stomach)
émelygés *n* nausea
emészt *vt* [vmit] digest
emésztés *n* digestion
emészthetetlen *a* indigestible
emészthető *a* digestible
emésztőrendszer *n med* digestive system, digestive tract
emiatt *adv* because of this, for this reason
emigrál *vi* emigrate
emil *n comp coll* e-mail
emlék *n* memory; souvenir, memento; relic; **~be ad** [vkinek] give as a souvenir
emlékezet *n* memory, remembrance; **~ből tud** [vmit] know by heart
emlékezetes *a* memorable
emlékezetkiesés *n* amnesia, blackout
emlékez|ik *vi* [vkire, vmire] remember, recall, recollect; **ha jól emlékszem** if I remember correctly
emlékezőtehetség *n* memory, the ability to remember
emlékeztet *vt* [vkit vmire] remind of
emlékeztető *n* reminder
emlékirat *n* memoirs
emlékmű *n* memorial, monument
emléktábla *n* memorial plaque
említ *vt* [vmit] mention, touch on (briefly)
említett *a* mentioned; **a fent-említett** the aforementioned
emlő *n* breast; udder (animals)
emlős *a, n biol* mammal
-en *suff* → **-on**
én *pron* I, me; my; *n* ego; **az ~ házam** my house; **É~ vagyok az.** It is I; *coll* It's me.
-én *suff* on the …th (dates); **december negyedikén** on the fourth of December
enciklopédia *n* encyclopedia
ének *n* song; singing
énekel *vt* [vmit] sing
énekes *n* singer; **~madár** songbird
énekkar *n* choir
energia *n* energy, power; *fig* drive (to do [sg])
energiaforrás *n* energy source, power source
energiahordozó *n* energy source
energiatakarékos *a* energy-saving
energikus *a* energetic
enged *vt* [vmit vkinek] let, allow, permit; [vkinek] yield, give in; **~je meg, hogy** allow me to…; let me …
engedelmes *a* obedient
engedelmesked|ik *vi* [vkinek, vminek] obey; **nem ~** disobey; **~ a parancsnak** obey orders
engedély *n* permit, license; permission, authorization
engedélyez *vt* [vmit vkinek] permit, authorize; license, give a license to do [sg]
engedetlen *a* disobedient
engedetlenség *n* disobedience; **polgári ~** civil disobedience

engedmény *n* discount, reduction (in price); concession (in a debate)
engedményes *a* discounted, discount, on sale
engem *pron* me; ~ **kérdez** she's asking me
ennek *pron* of this; to/for this; ~ **az embernek a háza** the house of this man; **E~ a barátomnak írok.** I'm writing to this friend of mine.
ennél *pron* at this, by this; than this; ~ **a fánál** by this tree; ~ **kisebb** smaller than this
enni *vt* → **esz|ik**
ennivaló *n* food, something to eat; **nincs itthon** ~ there's nothing to eat at home
ENSZ = **Egyesült Nemzetek Szövetsége** *n* United Nations Organization
enyém *pron* mine; **Ez az autó az ~.** This car is mine.
enyhe *a* mild, light, slight (headache)
enyhít *vt* [vmit] ease, soothe, alleviate; *law* reduce (punishment)
enyhítő *a* mitigating; ~ **körülmény** *law* mitigating circumstances
enyhül *vi* turn mild; ease, subside, let up
ennyi *pron* this much/many, so much/many
ép *a* whole, unharmed; sound, healthy
epe *n med* gall bladder; bile
epegörcs *n med* gall bladder attack
epekő *n med* gallstone
épen *adv* whole, unharmed, unbroken, in good condition; ~ **egészségesen** safe and sound (person)
eper *n* strawberry; **földi~** strawberry
epikus *a* epic
epilepszia *n med* epilepsy
epilepsziás *a, n med* epileptic
épít *vt* [vmit] build, construct; *vi* [vkire, vmire] *fig* build on, rely on, count on
építés *n* construction, building (of something)
építési *a* building, construction; ~ **vállalkozó** building contractor
építész *n* architect
építészet *n* architecture
építészmérnök *n* architect
építkezés *n* construction site
építmény *n* building, structure
építő *n* builder
építőipar *n* building industry
építőmérnök *n* civil engineer
epizód *n* episode; incident
éppen *adv* exactly, just; ~ **olyan** it's just like that; ~ **most** right now
épség *n* wholeness, **~ben** safely, unharmed
épül *vi* be built, be constructed; [vmire] be based on, be founded on
épület *n* building
épületes *a* edifying, educational
épületszárny *n* (building) wing
épülettömb *n* block (of buildings)
ér[1] *n* blood vessel, vein; brook (water)
ér[2] *vi* [vhova] get at, arrive to, reach; [vmihez] touch; *vt* [vmit] be worth [sg]; [vkit] happen to [sy]; [vkit vmin] catch [sy] doing [sg]; **haza~** get home; **sokat** ~ it's worth a lot; **szerencse ~te** she was lucky; **tetten ~ték** he was caught in the act; **Ne ~j hozzám!** Don't touch me!
érc *n* ore
érces *a* sonorous (voice)
erdei *a* wood-, forest-, woodsy
érdek *n* interest
érdekel *vt* [vkit] interest [sy], be interested, be concerned; **Nem ~.** I don't care.
érdekelt *a* interested (parties), concerned; *n* **az ~ek** those involved, those concerned

érdekeltség *n* interest, concern; **amerikai ~ek** American interests (companies)
érdekes *a* interesting, engaging
érdekesség *n* interest, curiosity, interesting thing; **a dolog ~e, hogy …** the interesting thing about the matter is …
érdeklődés *n* interest, attention; inquiry
érdeklődési *a* interest; **~ kör** area of interest
érdeklőd|ik *vi* [vki, vmi iránt] be interested in; [vmiről] inquire, ask about
érdeklődő *a* interested, curious; *n* interested person, [sy] inquiring
érdektelen *a* uninteresting
Erdély *n* Transylvania
erdélyi *a* Transylvanian
érdem *n* merit; **Az ő ~e.** It's thanks to her/him.
érdemel *vt* [vmit] deserve; **Szót sem ~.** Don't mention it.
érdemes *a* worthy; worth doing [sg]; **É~ elolvasni.** It's worth reading.
érdes *a* rough, rugged; harsh, raspy (voice)
erdész *n* forest ranger
erdészet *n* forestry
erdő *n* forest, woods
erdőmérnök *n* forestry engineer
erdős *a* wooded
erdőtűz *n* forest fire
ered *vi* come from, derive from, date from
eredet *n* origin; source (of a river)
eredeti *a* original, genuine; *n* original
eredetileg *adv* originally, to begin with
eredetű *a* of … origin; **görög ~** of Greek origin
eredmény *n* result, outcome; achievement
eredményes *a* successful
eredményez *vt* [vmit] result in, yield, have an outcome
eredménytelen *a* unsuccessful, ineffective, futile
ereklye *n* relic
érelmeszesedés *n med* arteriosclerosis
erélyes *a* forceful, stern
érem *n* coin; medal, medallion
erény *n* virtue
eresz *n* gutter (roof); **~csatorna** gutter (roof)
ereszked|ik *vi* descend; slope
ereszt *vt* [vmit] leak; run (dye); let [sy] pass; **~ a csap** the faucet is leaking
éretlen *a* raw, unripe; *fig* immature
eretnek *a* heretical; *n* heretic
érett *a* ripe; *fig* mature
érettségi *a H* **~ vizsga** final high school exam; **~ bizonyítvány** high school diploma
érez *vt* [vmit] feel; **Hogy érzi magát?** How are you (feeling)?; **É~d jól magad!** Have a good time! **Jól érzi magát.** Have a good time.
érezhető *a* palpable, perceptible
éreztet *vt* [vkivel vmit] make [sy] feel [sg]
ér|ik *vi* ripen; mature (wine)
érint *vt* [vkit, vmit] touch; *fig* concern, affect
érintkezés *n* touch, contact, connection; **~be lép** [vkivel] get in touch with [sy]
érintkez|ik *vi* [vkivel, vmivel] touch, be touching, be in touch with, be in contact with, communicate with
érintő *a* touching, concerning, affecting
érintőképernyő *n comp* touch screen
erjed *vi* ferment
erjedés *n* fermentation

erkély *n* balcony
érkezés *n* arrival, arriving
érkez|ik *vi* [vhova] arrive at/in, come, get to
érkező *a* arriving, coming
erkölcs *n* morals, morality
erkölcsös *a* moral, ethical
erkölcstelen *a* immoral, unethical
erkölcstelenség *n* immorality
érme *n* coin; token
ernyő *n* umbrella; **nap~** parasol; **lámpa~** lampshade
erotika *n* eroticism
erotikus *a* erotic
erő *n* strength, power, force; intensity
erőd *n* fort, fortress
erőfeszítés *n* effort, exertion
erőforrás *n* resources, source of power
erőleves *n* consommé, clear broth
erőlköd|ik *vi* make an effort, exert oneself
erőltet *vt* [vkit, vmit] force, urge, insist on; **meg~i magát** strain oneself
erőmű *n* power station, power plant
erős *a* strong, powerful; robust; firm, resolute; spicy, hot (food); **~ szél** high wind; **Légy ~!** Brace yourself!
erősáram *n* power current
erősít *vt* [vkit, vmit] strengthen; tone (up); fortify; [vmit vhova] fasten to; *el* amplify; *vi* work out, lift weights
erősítés *n* strengthening; *mil* backup; fastening (to); *el* amplification
erősítő *n* amplifier
erőszak *n* violence, force; assault; **(nemi) ~** rape; **~kal** by force
erőszakol *vt* [vmit vkire] insist on, force (on), pressure
erőszakos *a* aggressive, violent, forceful
erőszakoskod|ik *vi* use violence; [vkivel] harass; rape
erőteljes *a* powerful, strong
erőtlen *a* weak, powerless
erőviszonyok *n pl* power relations
erre *pron* on(to) this; regarding this; in this direction, this way; **E~ tessék!** This way, please!
errefelé *adv* this way, in this direction; around here
érrendszer *n med* vascular system
erről *pron* from this, off of this; about this; from this direction, from here
érsek *n rel* archbishop
érszűkület *n med* aortic stenisis, constriction of the arteries
ért *vt* [vkit, vmit] understand, comprehend, follow; *vi* [vmihez] be skilled at [sg] be an expert in [sg]; **É~em!** I see!; **Nem ~ek az autókhoz.** I don't know much about cars.
-ért *suff* for (purpose; exchange); **elmegy a gyerekekért** go to pick up the kids; **az én kedvemért** for my sake; **Ötszáz forintért vettem.** I bought it for five hundred forints.
érte *pron* for him/her/it; for his/her/its sake; **Mennyit fizetett ~?** How much did you pay for it?; **É~ tettem.** I did it for her (sake).
érték *n* value, worth; valuables, assets; **név~** face value
értékel *vt* [vmit] value, appraise, estimate; appreciate, esteem
értékes *a* valuable, precious, of value
értékesít *vt* [vmit] sell
értekezlet *n* meeting (work), conference
értékmegőrző *n* safe deposit
értékpapír *n* securities
értékrend *n* value system
értéktárgy *n* valuables, valuable item
értéktelen *a* worthless; of no value
értelem *n* intelligence, intellect; sense, meaning

értelemszerű *a* appropriate; logical
értelmes *a* intelligent, smart; intelligible, clear, sensible
értelmetlen *a* unintelligible, unclear, meaningless; senseless, foolish; ~ **beszéd** gibberish
értelmetlenség *n* unintelligibility; senselessness
értelmez *vt* [vmit] interpret, explain
értelmező *a* ~ **szótár** monolingual dictionary
értelmi *a* intellectual, mental; ~ **fogyatékos** mentally handicapped
értelmiségi *a, n* intellectual, white-collar
értesít *vt* [vkit vmiről] inform about, notify
értesítés *n* notification, message; notice
értesül *vi* [vmiről] be informed about, be notified about
értesülés *n* information, news
értetőd|ik *vi* **magától** ~ goes without saying; of course
érthető *a* understandable, comprehensible; intelligible, clear
érv *n* reason, argument
érvel *vi* argue, reason
érvény *n* validity, force
érvényes *a* valid; effective; **egy évig** ~ valid for one year
érvényesít *vt* [vmit] validate; enforce, assert (rights)
érvényesítés *n* validation; enforcement, assertion
érvényesség *n* validity
érvényesül *vi* succeed (person), move ahead (in one's career)
érvénytelen *a* invalid, void, canceled (ticket)
érvénytelenít *vt* [vmit] invalidate, void, cancel
érvénytelenség *n* invalidity
érzék *n* sense; talent; **Van ~e a zenéhez.** He has a musical talent
érzékcsalódás *n* delusion, hallucination
érzékel *vt* [vmit] sense; perceive
érzékelés *n* perception, sensation
érzékeny *a* [vmire] sensitive (to)
érzékenység *n* sensitivity
érzéketlen *a* insensitive; numb
érzéki *a* sensual, erotic
érzékszerv *n* (organ of) sense
érzelem *n* emotion, feeling, sentiment
érzelgős *a* sentimental
érzelmes *a* emotional, sentimental
érzelmi *a* emotional, sentimental
érzés *n* feeling, emotion
érzéstelenít *vt* [vkit, vmit] *med* anesthetize; numb
érzéstelenítés *n med* anesthesia
érzéstelenítő *a* anesthetic
érző *a* feeling, sensitive
és *conj* and; ~ **a többi (= satöbbi, stb.)** and so on, et cetera
esedékes *a* due
esély *n* chance, opportunity
esélyegyenlőség *n* equal opportunity
esélyes *a* having a good chance; *n sp* favorite
esélytelen *a* having no chance; *n* loser
esemény *n* event, incident
esernyő *n* umbrella
eset *n* case, instance; event, affair, business; story; *gram* case; **abban az ~ben** in that case; **semmi ~re sem** by no means, certainly not
esetleg *adv* perhaps, by chance, maybe
esetlen *a* clumsy, awkward (person)
eshetőség *n* possibility; contingency
es|ik *vi* fall, tumble, drop; **rosszul** ~ [vkinek] hurts [sy's] feelings; **E~ (az eső).** It's raining.
eskü *n* oath; **~t tesz** take an oath, swear
esküdt *a* sworn; *n law* juror; ~ **ellenség** mortal enemy

esküdtszék *n law* jury
esküsz|ik *vi* swear (an oath), take an oath; get married; **E~öm!** I swear!
esküvő *n* wedding
eső *a* falling, tumbling, dropping; *n* rain; **szakad az ~** it's pouring (rain)
esőköpeny *n* raincoat
esős *a* rainy; **~ évszak** rainy season
ésszerű *a* rational, reasonable
ésszerűtlen *a* irrational, unreasonable
este *adv* in the evening, at night; *n* evening; **Jó estét!** Good evening!; **tegnap ~** last night
estefelé *adv* towards evening, at dusk
esteled|ik *vi* it is getting dark; night is falling
estély *n* ball, party
estélyi *a* **~ ruha** *n* ball gown, evening gown
esténként *adv* at nights, in the evenings
estére *adv* by nightfall, by evening
esti *a* evening, nighttime; **~ mese** bedtime story
ész *n* mind, brain, reason; **eszébe jut** it occurs to her, she remembers; **Nem jut eszembe.** I can't remember it./I just can't think of it. **Elment az esze.** He lost his mind.
észak *a, n* north
Észak-Amerika *n* North America
észak-atlanti *a* North Atlantic; **Észak-Atlanti Szerződés Szervezete** North Atlantic Treaty Organization (NATO)
Észak-Írország *n* Northern Ireland
északi *a* northern, north, northerly (winds); nordic
Északi-Jeges-tenger, az *n* the North Sea
Északi-sark, az *n* the North Pole
északkelet *a, n* northeast
északnyugat *a, n* northwest
észbontó *a coll* mind-boggling, unthinkable, incredible
eszerint *adv* according to this; in this way
eszes *a* smart, witty, clever, intelligent
esz|ik *vt* [vmit] eat, have (food); consume; **~i a bánat** her grief consumes her
eszkimó *a, n* Eskimo, Inuit
eszköz *n* tool, instrument, device; *fig* means
észlel *vt* [vmit] sense, perceive; notice, observe
eszme *n* idea, thought
eszméletlen *a* unconscious
eszményi *a* ideal, perfect
eszpresszó *n* café, bistro
eszpresszókávé *n* espresso (coffee)
észrevehetetlen *a* unnoticeable, imperceptible
észrevehető *a* noticeable, perceptible
észrevesz *vt* [vkit, vmit] notice, note, observe, perceive; catch sight of
észrevétel *n* observation; comment, remark
észrevétlenül *adv* unnoticed, unobserved; by stealth
észt *a, n* Estonian
esztelen *a* foolish, unreasonable
esztendő *n* year; **ó~** the old year (on New Year's Eve)
esztétikus *a* aesthetic, aesthetically pleasing
Észtország *n* Estonia
észtül *adv* in Estonian
étcsokoládé *n* dark chocolate
étel *n* food (cooked); dish, meal
ételbár *n* snack bar
ételízesítő *n* seasoning
ételkülönlegesség *n* food specialty, specialty dish
etet *vt* [vkit, vmit] feed, give [sg] to eat, give food to

etető *n* feeder; **madár~** bird feeder
etika *n* ethics
etikett *n* etiquette
etikus *a* ethical
etilalkohol *n chem* ethyl alcohol
etióp *a, n* Ethiopian
Etiópia *n* Ethiopia
étkészlet *n* dinner set, dinnerware, china
étkezde *n* cafeteria; *mil* **katonai ~** mess hall
étkezés *n* meal (e.g. lunch)
étkez|ik *vi* eat, have food
étkező *n* breakfast room, breakfast nook, dinette, dining room (not formal)
étkezőkocsi *n* dining car (train)
étlap *n* menu
étlen-szomjan *adv* without food or drink
etnikum *n* ethnic group, ethnicity
étolaj *n* (cooking) oil
étrend *n* diet
étterem *n* restaurant, eatery, diner; **önkiszolgáló ~** cafeteria
ettől *pron* from this; **~ a perctől** from this minute; **~ fogva** from now on
étvágy *n* appetite; **Jó ~at!** Enjoy your meal!/Bon appetit!
étvágygerjesztő *a* appetizing, inviting (food)
étvágytalanság *n* loss of appetite, lack of appetite
Európa *n* Europe; **Európa-szerte** all over Europe
európai *a* European; **E~ Unió** European Union
év *n* year; **~ek óta** for years; **~ről ~re** year by year; **mához egy ~re** a year from today
évad *n* season (theater)
evakuál *vt* [vkit] evacuate
evangélikus *a* Lutheran
evangélista *n* evangelist
evangélium *n* gospel
évelő *a* perennial (plant)
évenként *adv* annually, yearly, every year
évente *adv* yearly, every year
evés *n* eating; **~ közben jön meg az étvágy** the more you have the more you want
éves *a* … years old; **hány ~?** how old is she/he?; **tíz ~** he's ten (years old); **ötven ~ férfi** a fifty year-old man
evez *vi* row, paddle
evező *n* oar, paddle; oarsman, rower
evezőscsónak *n* rowboat
évezred *n* millennium, a thousand years
évfolyam *n school* year, grade; volume (magazine)
évforduló *n* anniversary; **házassági ~** wedding anniversary
évi *a* annual, yearly; **~ mérleg** *econ* yearly balance sheet; **folyó ~** this year's
evidens *a* obvious, (self-) evident
évjárat *n* year; **Milyen ~ú az autó?** What year is the car? **Ez egy jó ~ volt.** This was a good (vintage) year.
évkönyv *n* yearbook; almanac; chronicle
evőeszköz *n* (eating) utensils, silverware
evőkanál *n* spoon, tablespoon
évszak *n* season (e.g. winter)
évszám *n* year, date (of year)
évszázad *n* century
évtized *n* decade
évzáró *n school* graduation day, end-of-year ceremony
exkluzív *a* exclusive, select, special
expedíció *n* expedition
exponenciális *a* exponential
export *n* export(s)
exportál *vt* [vmit] export

expressz *a, n* express (train); *a* urgent, overnight delivery (mail)
expresszáru *n* express merchandise
expresszionizmus *n art* expressionism
expresszvonat *n* express (train)
extázis *n* ecstasy
extra *a* extra, additional, further
ez *pron* this; **~ek** these; **E~ az!** That's it!
ezalatt *adv* meanwhile, in the meantime
ezáltal *adv* hereby, by so doing
ezelőtt *adv* formerly, before this; **egy héttel ~** a week ago
ezen *pron* on this, at this; **~ az asztalon** on this table
ezenkívül *adv* besides, in addition (to this), moreover
ezennel *adv* hereby, herewith
ezentúl *adv* from now on, henceforth
ezer *num* one thousand; **E~ örömmel!** With pleasure! **E~ éve nem láttalak.** *coll* I haven't seen you in ages.
ezermester *n* jack-of-all-trades
ezért *adv* therefore, for this reason; this is why, this is the reason; *pron* for this
eziránt *adv* with regard to this
ezóta *adv* since then, ever since
ezred *n* millenium; *mil* regiment; *num* one thousandth
ezredes *n mil* colonel
ezredforduló *n* turn of the millennium
ezres *a* one thousand; *n* a thousand (forint) bill
ezután *adv* from now on, from here on, after this
ezúton *adv* thus, hereby
ezúttal *adv* this time, for this once
ezüst *a, n* silver
ezüstérem *n sp* silver medal
ezüstlakodalom *n* silver anniversary (25 years)
ezüstös *a* silvery
ezzel *adv* herewith, hereby; *pron* with this

F

fa *a* wood, wooden; *n* tree, wood, lumber; **maga alatt vágja a fát** *coll* shoot oneself in the foot; **Nem látja a fától az erdőt.** He doesn't see the forest for the trees.
faág *n* branch (of a tree), bough
faburkolat *n* wood paneling
fácán *n* pheasant
facsavar *n* wood screw; wooden screw
facsemete *n* sapling
fafaragás *n* woodcarving
fafejű *a* dumb, thickheaded
faforgács *n* wood shaving
fafúvós *a mus* woodwind (instrument)
faggat *vt* [vkit] interrogate, question; badger with questions
faggyú *n* tallow
fagott *n mus* bassoon
fagy *n* frost, freezing, chill; *vi* freeze; **Tegnap ~ott.** It was freezing (cold) yesterday.
fagyálló *a* frost-resistant; *n auto* anti-freeze
fagyáspont *n* freezing point
fagyaszt *vt* [vmit] freeze [sg], deep-freeze
fagyasztó *n* freezer; **~láda** freezer (box); **~szekrény** freezer (upright)
fagyasztott *a* frozen
fagyi *n coll* ice cream, frozen yogurt
fagykár *n* frost damage
fagylalt *n* ice cream, frozen yogurt, sorbet
fagylaltozó *n* ice cream shop, ice cream parlor
fagyos *a* chilly, cold, icy, frosty; wintry (weather)
fagyott *a* frozen
fagypont *n* freezing point
fagytalanító *n* defroster
faház *n* log cabin, lodge
fahéj *n* cinnamon

faipar *n* lumber industry
faiskola *n* nursery (trees)
faj *n* kind, sort; race; *biol* species
fáj *vi* hurt, ache, be painful, be sore; **F~ a fejem.** I have a headache. **F~ a torkom.** I have a sore throat.
fájdalmas *a* painful, aching, sore, achy; *fig* sad, painful
fájdalom *n* pain, ache, soreness; *fig* grief, sorrow, pain, suffering
fájdalomcsillapító *n* painkiller
fájdalommentes *a* painless, pain-free
faji *a* racial; **~ megkülönböztetés** racial discrimination
fájlal *vt* [vmit] complain of pain; *fig* regret, be sorry for/about
fajta *n* kind, type, sort; brand, make
fajtiszta *a* thoroughbred, pedigreed
fajüldözés *n* racism
fajüldöző *a, n* racist
fakad *vi* rise, spring (from), flow, pour; *fig* arise, derive, stem (from); bloom, blossom; **sírva ~** burst into tears
fakanál *n* wooden spoon
fáklya *n* torch
fakó *a* faded, colorless, pale
fakul *vi* fade, discolor, lose color
fal[1] *n* wall; **négy ~ között** indoors; **~ra mászik** [vmitől] *coll* climb the walls; **a ~nak beszél** *coll* talk to deaf ears
fal[2] *vt* [vmit] devour, *coll* chow (down)
falánk *a* ravenous, gluttonous, greedy
falat *n* bite (of food), mouthful
falatoz|ik *vt* [vmit] eat, have a snack
falatozó *n* snack bar
falaz *vt* [vmit] wall (in), pull up a wall; [vkinek] *coll* cover for [sy]
falevél *n* leaf
falfestmény *n* mural, fresco
fali *a* wall-
falióra *n* wall clock
faliújság *n* bulletin board
falka *n* pack (of wolves/dogs)
falu *n* village, small town
falusi *a* village-, town-; rural, country-; *n* villager, country folk
fanatikus *a* fanatic
fánk *n* doughnut; **csurgatott ~** funnel cake
fantasztikus *a* fantastic; **tudományos ~** science fiction, sci-fi; **~ film** sci-fi movie
fantázia *n* imagination; fantasy
fanyar *a* tart, sour; *fig* wry
far *n* bottom, backside; hindquarters (animal)
fárad *vi* tire, get tired; *fig* take the trouble
fáradhatatlan *a* tireless, untiring
fáradoz|ik *vi* [vmin] take pains, make an effort, take the trouble
fáradság *n* effort, exertion, trouble; **Nem éri meg a ~ot.** It's not worth the trouble.
fáradságos *a* tiresome, tiring
fáradt *a* tired
fáradtság *n* fatigue, tiredness, weariness, exhaustion
farag *vt* [vmit] carve, cut, trim (wood, stone); sculpt; sharpen (pencil)
faragás *n* carving
faragott *a* carved
fáraó *n* pharaoh
fáraszt *vt* [vkit, vmit] tire [sy], wear out, exhaust
fárasztó *a* tiring, exhausting, tiresome
farkas *n* wolf
farkaskutya *n* Alsatian (dog), German shepherd (dog)
farm *n* farm
farmer *a* denim (material); *n* farmer
farmer(nadrág) *n* jeans
farok *n* tail
farostlemez *n* plywood
farsang *n* carnival season

farzseb *n* back pocket
fás *a* wooded, woody; stringy (vegetable); ~ **kamra** woodshed
fasírozott *n* hamburger; **egybensült ~** meatloaf
fasiszta *a, n* fascist
fasizmus *n* fascism
fasor *n* row of trees; boulevard
faszén *n* charcoal
fatönk *n* tree stump
fatörzs *n* tree trunk
fattyú *n* bastard
fátyol *n* veil
favágó *n* lumberjack
favorit *a sp* favorite, favored
favorizál *vt* [vkit, vmit] favor [sy]
faxol *vt* [vmit] fax, send via fax
fazék *n* pot (dish)
fazekas *n* potter
fáz|ik *vi* feel cold, be cold, feel chilly
fázis *n* phase, stage, period
fazon *n* cut (clothes)
február *n* February; **~ban** in February
februári *a* (of/from) February; ~ **időjárás** February weather
fecseg *vi* chat, chatter, blabber
fecske *n* swallow
fecskendez *vt* [vmit] squirt, spray; *med* inject
fecskendő *n med* syringe
fed *vt* [vmit] cover; roof (in)
fedél *n* roof; **F~ van a feje fölött.** She has a roof over her head.
fedélzet *n* deck (ship), board; **Üdvözöljük a ~en!** Welcome aboard!
fedett *a* covered, roofed
fedez *vt* [vmit] cover; **~i a költségeket** cover the expenses
fedő *n* lid, cover
fedőnév *n* codename
fegyelem *n* discipline, restraint
fegyelmi *a* disciplinary; *n* disciplinary action; ~ **eljárás** disciplinary action
fegyenc *n* convict, inmate
fegyház *n* penitentiary, jail
fegyver *n* weapon, arms; **~t fog** take up arms; **tűz~** firearms
fegyveres *a* armed; *n* armed man; ~ **erők** armed forces, the military; ~ **rablás** armed robbery
fegyverkezés *n mil* armament
fegyverletétel *n mil* surrender, capitulation
fegyverraktár *n* armory
fegyverszünet *n mil* truce, armistice
fegyverviselés *n* carrying of weapons
fegyverzet *n mil* weaponry, armament
fehér *a* white; Caucasian (person); *n* white;
fehérít *vt* [vmit] whiten; bleach
fehérje *n chem* protein; **tojás ~** egg white
fehérnemű *n* underwear
fehérvérűség *n* leukemia
fej[1] *n* head; *fig* leader, chief, head; ~ **vagy írás** heads or tails; **a maga ~e után megy** do one's own thing; **a ~e tetején áll** be upside down; **~ébe vesz** get into one's head; **segítség ~ében** in return for help; **elveszíti a ~ét** lose one's head; **töri a ~ét** think really hard, try to figure [sg] out; **Fel a ~jel!** *coll* Cheer up! **Azt sem tudja, hol áll a ~e.** *coll* He doesn't know what to do./He's overwhelmed. **Nem megy ki a ~emből.** I can't get it out of my head.
fej[2] *vt* [vmit] milk (a cow); *coll* pump for (money)
fejadag *n* ration
fejbőr *n* scalp
fejdísz *n* headdress, tiara
fejenként *adv* individually, each, per head; ~ **egy** one each
fejetlen *a* headless
fejetlenség *n* confusion, disorder

fejezet *n* chapter
fejfájás *n* headache
fejhallgató *n* headphone(s)
fejkendő *n* head scarf
fejlemény *n* development, result
fejleszt *vt* [vmit] develop [sg], cultivate, train; generate (power)
fejlesztés *n* development, developing (of); generation (of power)
fejletlen *a* undeveloped, underdeveloped
fejlett *a* developed, advanced
fejlettség *n* development (state); maturity
fejlődés *n* developing, development, growth
fejlőd|ik *vi* develop, evolve, grow; *fig* progress, make progress, advance
fejlődő *a* developing; ~ **ország** developing country
fejsze *n* axe
fejteget *vt* [vmit] explain, analyze, discuss
fejtegetés *n* discussion, analysis
fejtörő *n* riddle, puzzle
fejvesztett *a* crazy, panicky, panic-stricken
fék *n auto* break
fekély *n med* ulcer
fekete *a* black; dark; black, African-American; *fig* illegal, black-; *n coll* black coffee; **fekete-fehér** black and white
feketegazdaság *n* black economy, illegal economy
feketekávé *n* black coffee
feketelista *n* blacklist
feketén *adv* illegally
feketepiac *n* black market
feketerigó *n* blackbird
Fekete-tenger, a *n* the Black Sea
feketéz|ik *vi coll* drink coffee; work illegally, work in the black market
fékez *vi auto* brake, slow down
féklámpa *n* brake light(s)
feksz|ik *vi* lie down, recline; be situated, lie (town); be invested in, lie (money)
féktávolság *n auto* braking distance
féktelen *a* wild, unbridled, unrestrained
fektet *vt* [vkit] make [sy] lie down, put in bed; [vmit] put, place, lay down [sg]; *fig* invest (money)
fekvő *a* lying, reclining; bedridden
fekvőbeteg *n* bedridden patient
fekvőhely *n* resting place, bed, couch
fekvőrendőr *n* speed bump
fekvőtámasz *n* push-up
fel *adv* up; ~ **és alá** up and down; **F~ a fejjel!** *coll* Cheer up! **F~ a kezekkel!** Hands up!
fél[1] *a* half (of); *n* half; party; ~ **év** six months; ~ **óra** half an hour; ~ **hat** five-thirty (time); ~ **kézzel** with one hand; **fele-fele** fifty-fifty; **F~ lábbal a sírban van.** *coll* He has one foot in the grave. **A fele sem tréfa.** *coll* It's serious business. **A felét se hidd el.** Don't believe half of what she says. **A tárgyaló felek megegyeztek.** The negotiating parties agreed.
fél[2] *vi* [vkitől, vmitől] be afraid of, fear, dread, be frightened; ~ **tőle mint a tűztől** *coll* avoid [sg] like the plague; **Ne ~j!** Don't be afraid! **Attól ~ek, hogy …** I'm afraid, …
felad *vt* [vmit] hand up, pass up [sg]; give up, surrender [sg]; mail [sg]
feladat *n* task, assignment, exercise (in a textbook); job, work; mission, duty; **házi** ~ homework
feladó *n* sender
felajánl *vt* [vmit] offer, make an offer; pledge (money)
felakaszt *vt* [vmit] hang up, suspend; [vkit] hang, execute by hanging

feláldoz *vt* [vkit, vmit] sacrifice, devote
feláll *vi* stand up, rise; [vmire] get up on [sg], stand up on [sg]
felállít *vt* [vkit, vmit] stand up, make [sy] stand, put up, raise; arrange (a team for a game); *fig* establish (an institution); devise (a theory); set (a record)
félálom *n* light sleep, doze; **~ban** half-asleep
félárú *a* half-price
felavat *vt* [vmit] inaugurate (a building)
felavatás *n* inauguration (of a building)
felbecsül *vt* [vmit] appraise, estimate, value; size up
felbecsülhetetlen *a* priceless; *fig* invaluable
félbehagy *vt* [vmit] interrupt, discontinue doing [sg], stop, break off
félbemarad *vi* be interrupted, remain unfinished, stop, be broken off
felbérel *vt* [vkit] hire [sy] (to do something illegal)
félbeszakít *vt* [vkit] interrupt
felbiztat *vt* [vkit vmire] encourage, talk into doing [sg]
felboml|ik *vi* disintegrate, fall apart, come apart; *chem* decompose; *fig* go to pieces, break up; **~ az eljegyzés** the engagement is broken off
felboncol *vt* [vkit, vmit] *med* dissect
felbont *vt* [vmit] open, undo (a knot), untie; take apart; *fig* break off, cancel, dissolve; **szerződést ~** *bus* cancel a contract
felborít *vt* [vmit] turn over, push over, overturn, upset, turn upside down
felborul *vi* fall over, be turned over, be pushed over
felbosszant *vt* [vkit] irritate, make [sy] angry
felbőszít *vt* [vkit] anger, enrage, infuriate
felbőszül *vi* be enraged, become furious
felbukkan *vi* show up, turn up, appear
félcipő *n* shoe(s), pump(s) (women's)
felcserél *vt* [vmit vmivel] mix up, mistake for; switch, transpose
felcsillan *vi* flash, gleam; **F~ a remény.** There's a gleam of hope
feldagad *vi* swell, puff up
feldarabol *vt* [vmit] cut up, cut into pieces, chop (up); dismember; *fig* divide up (land)
felderít *vt* [vmit] clear up, shed light on; *mil* scout, do reconnaissance; *fig* cheer up, brighten up
felderítés *n mil* reconnaissance, scouting
felderítő *a* exploratory; *mil* reconnaissance, scout; *n* scout
feldíszít *vt* [vmit] decorate, adorn
feldob *vt* [vmit] throw in the air, throw up; *coll* cheer [sy] up
feldolgoz *vt* [vmit] process, prepare; *fig* adapt (a book for the stage)
feldolgozás *n* processing; *fig* adaptation (of a book)
feldolgozott *a* processed; **erősen ~** highly processed (food)
feldől *vi* fall over
feldönt *vt* [vmit] push over, knock over/down
feldúl *vt* [vmit] destroy, devastate, ruin; [vkit] *fig* make [sy] upset
feldúlt *a* devastated; upset, agitated
feldühít *vt* [vkit] anger, enrage, infuriate
felé *postp* in the direction of, towards; towards, about (time); **a templom ~** in the direction of the church; **~m** towards me; **öt óra ~** around five o'clock
felébred *vi* wake up, awake
felébreszt *vt* [vkit] wake [sy] up, awaken

feledékeny *a* forgetful, absentminded
feledékenység *n* forgetfulness, absentmindedness
feledés *n* oblivion; **~be megy** become forgotten
felejt *vt* [vkit, vmit] forget; leave (by mistake); **nyitva ~** leave open (unintentionally); **Otthon ~ettem a kulcsomat.** I left/forgot my keys at home.
felejthetetlen *a* unforgettable
felekezet *n rel* denomination
felel *vi* [vkinek, vmire] answer, reply, respond; [vmiért] be responsible for, vouch for; *school* give an oral presentation/report
felél *vt* [vmit] consume, use up, exhaust; spend all (money)
feléled *vi* revive, come to, awaken
félelem *n* fear, terror, dread
felélénkít *vt* [vkit, vmit] stir up, animate
felelet *n* answer, reply, response
feletválasztós *a* **~ teszt** *n* multiple-choice test
félelmetes *a* scary, frightening, dreadful
felelős *a* [vkiért, vmiért] responsible for, liable, accountable; *n* responsible person, person in charge; **~ szerkesztő** managing editor, chief editor
felelősség *n* responsibility, liability, accountability; **~re von** [vkit] hold [sy] responsible; **~et vállal** [vmiért] take/accept responsibility for
felelősségbiztosítás *n* liability insurance
felelősségérzet *n* sense of responsibility
felelőtlen *a* irresponsible
felelőtlenség *n* irresponsibility
felemás *a* dissimilar, heterogeneous
felemel *vt* [vkit, vmit] lift (up), raise, pick up; mark up, raise (prices); raise, increase (pay)
félemelet *n* mezzanine
felemelked|ik *vi* rise, get up; ascend, take off (plane)
felemelő *a* uplifting
felenged *vt* [vkit] let [sy] go up; thaw out, grow milder (weather); *fig* ease (tension)
félénk *a* shy, timid
felépít *vt* [vmit] build, erect, construct, pull up (building)
felépül *vi* be built, be erected, be finished (building); *fig* recover (from illness)
felér *vi* [vhova] reach up to, reach as far as; [vmivel] be worth, equal; *fig* **~ ésszel** grasp, comprehend
felerősít *vt* [vmit vhova] fasten, attach to; [vmit] amplify (sound), turn up the volume
feleség *n* wife; **~ül vesz** marry, wed (a woman)
felesel *vi* [vkivel] talk back, argue
felesleg *n* surplus, excess, overflow
felesleges *a* superfluous, redundant; unnecessary, needless; **~ mondani, hogy …** needless to say
felett *postp* → **fölött**
felette *adv* → **fölötte**
felettes *a, n* superior, supervisor
félév *n* six months, half a year; *school* term, semester
felez *vt* [vmit] half, cut in half, divide into halves
felfedez *vt* [vkit, vmit] discover; detect; reveal, find out; trace, find, spot
felfedezés *n* discovery, finding; revelation
felfedező *a* discovery; *n* discoverer

felfelé *adv* upward, up; upstream (river), uphill
felfog *vt* [vmit] hold off, ward off (a hit); *fig* grasp, understand, comprehend
felfogad *vt* [vkit] hire, employ, engage
félfogadás *n* customer service hours, business hours, office hours
felfogás *n* opinion, view, viewpoint
felfoghatatlan *a* incomprehensible, inconceivable
felfogóképesség *n* comprehension
felfordít *vt* [vmit] turn over, turn upside down; upset
felfordul *vi* turn over, roll over; die (animal); **~ a gyomra** his stomach gets upset; he feels nauseous
felfordulás *n* mess, chaos, confusion, disorder
felforr *vi* boil, come to a boil
felforral *vt* [vmit] boil, bring to a boil
felföld *n* highlands
felfrissít *vt* [vmit] refresh, freshen up; *fig* rejuvenate, recharge
felfrissül *vi* freshen up, be refreshed; be rejuvenated
felfúj *vt* [vmit] inflate, blow up; *fig* exaggerate, blow out of proportion
felfújt *a* inflated, puffed up; *n* soufflé
felfut *vi* run up; climb, creep (plant)
felfúvód|ik *vi* swell, blow up, bloat, be bloated
felfüggeszt *vt* [vmit] hang up, suspend; stop, defer (payment); [vkit] suspend; **~ az állásából** suspend [sy] from their job
felfűz *vt* [vmit] string (beads)
félgömb *n* hemisphere
felgöngyölít *vt* [vmit] roll up, fold up; *fig* solve (a case)
felgördül *vi* rise, roll up; **~ a függöny** *theat* the curtain rises
felgyógyul *vi* [vmiből] recover, heal, be cured, get over (an illness)
felgyorsít *vt* [vmit] speed up, accelerate [sg]
felgyorsul *vi* speed up, accelerate
felgyújt *vt* [vmit] set on fire; light (up), turn on (lamp); *fig* stir up, fire (up)
felgyullad *vi* catch fire, ignite, burst into flames; come on (light)
felgyüleml|ik *vi* accumulate, collect
felháborít *vt* [vkit] revolt, shock, scandalize, outrage
felháborító *a* shocking, outrageous
felháborod|ik *vi* [vmin] be outraged at, be shocked at
felhagy *vi* [vmivel] stop doing sg, give up [sg]
felhalmoz *vt* [vmit] pile up, heap, gather; accumulate, store, accrue
felhalmozódás *n* accumulation, buildup, accrual
felhangol *vt* [vmit] *mus* tune, attune
felhangz|ik *vi* sound, resound, be heard
felhasznál *vt* [vmit] use up, utilize, make use of; consume, expend; spend on, invest in (money); **~ja az alkalmat** use the opportunity
felhatalmaz *vt* [vkit vmire] authorize
felhatalmazás *n* authorization; *law* power of attorney
felhív *vt* [vkit] call (up) (on the phone), give [sy] a call; call on, request, invite; **~ta a figyelmet arra, hogy ...** he called attention to ...; **Holnap ~lak.** I'll call you tomorrow.
felhívás *n* calling; request; notice, warning
félhold *n* crescent moon
félhomály *n* dusk, twilight
felhoz *vt* [vmit] bring up, fetch (up); mention, refer to, bring up; **Mit tud ~ni a mentségére?** What can you say in your defense?

felhő *n* cloud; **a ~kben jár** *coll* has his head in the clouds
felhőkarcoló *n* skyscraper
felhős *a* cloudy, overcast
felhőtlen *a* cloudless, clear (sky)
felhőszakadás *n* downpour, torrential rain
felhúz *vt* [vmit] pull up, drag up, hoist up; put on (shoes, socks); wind up (clock); raise (flag); [vkit] *coll* make [sy] angry; **F~ta magát.** He got all worked up./He worked himself into a frenzy.
felidegesít *vt* [vkit] irritate, exasperate; make [sy] nervous
felidéz *vt* [vmit] recall, relive; cause, bring about
félidő *n sp* half-time; **második ~** second half (of a game)
félig *adv* halfway, half
félig-meddig *adv* more or less, somewhat, partly, kind of; **~ ismeri** he knows her more or less
felingerel *vt* [vkit] irritate, rouse, stir up
felír *vt* [vmit] write down, make a note of; prescribe (medication); [vkit] take [sy's] name and address down (police)
felirat *n* sign (written); subtitle(s) (movie)
feliratos *a* having an inscription on; subtitled; **~ film** a movie with subtitles
felismer *vt* [vkit, vmit] recognize
felismerés *n* recognition, realization
felismerhetetlen *a* unrecognizable
felizgat *vt* [vkit] excite, arouse, agitate
feljáró *n* a way up; **kocsi ~** driveway
feljebb *adv* further up, higher; **lásd ~** see above
feljebbvaló *a* superior
feljegyez *vt* [vmit] note down, make a note of; register, enter on the record
feljegyzés *n* note, comment, entry; recording (in writing)
feljelent *vt* [vkit] report (to the police)
feljogosít *vt* [vkit vmire] entitle to, authorize
feljön *vi* come up, get up; rise (sun); peel off
felkapaszkod|ik *vi* [vhova] climb up; *fig* climb up (the ladder)
felkapott *a coll* popular, fashionable
felkar *n* upper arm
felkarol *vt* [vkit] take up, embrace (a cause); [vkit] help, mentor [sy]
felkavar *vt* [vkit, vmit] stir up, trouble, whirl; agitate, upset
felkel *vi* rise; get up, get out of bed; *fig* revolt (people)
felkelés *n* getting up; rise; uprising, riot, revolt
felkelt *vt* [vkit] wake up; awake, stir (feelings); **F~i a gyanúját.** It raises his suspicion. **F~i az érdeklődését.** It starts to interest him./He becomes interested.
felkér *vt* [vkit vmire] ask to do [sg], request; **~** [vkit] **(táncolni)** ask [sy] to dance
felkeres *vt* [vkit] look [sy] up, visit
felkérés *n* request, invitation (to do [sg])
félkész *a* semi-finished, semi-processed
felkészít *vt* [vkit vmire] prepare [sy] for [sg]
felkészül *vi* [vmire] prepare for, get ready for
felkészületlen *a* unprepared
felkiált *vi* call out, shout out, let out a cry
felkiáltójel *n* exclamation point
felkínál *vt* [vmit] offer (up)
félkör *n* semicircle
felköszönt *vt* [vkit] congratulate [sy], toast [sy]

felkutat *vt* [vkit, vmit] search for (and find); track down, find
fellázad *vi* [vmi ellen] rebel, rise up against
fellebbez *vi law* appeal
fellebbezés *n law* appeal
fellebbviteli bíróság *n law* court of appeal
fellendül *vi* prosper, boom, flourish
fellép *vi* [vmire] step up (on); [vhol] *theat* play a role; [vki, vmi ellen] act against, take measures against
fellobban *vi* flame up; flare up
felmász|ik *vi* [vmire] climb up; **~ a fára** climb up the tree
felmegy *vi* go up, walk up, climb up (stairs); rise (prices)
felmelegedés *n* warming (up); **globális ~** global warming
felmeleged|ik *vi* grow warm, get warm; warm up
felmelegít *vt* [vmit] warm up (food), heat (up)
felment *vt* [vkit] excuse, exempt, absolve; relieve (from office); *law* acquit
felmér *vt* [vmit] survey, measure; evaluate, judge
felmérés *n* survey, surveying, measuring, measurement
felmérhetetlen *a* immeasurable, enormous
felmerül *vi* come up, emerge, arise; **~t a kérdés** the question came up
felmond *vt* [vmit] give notice; quit (work); **~ja a szolgálatot** break down (machine)
felmos *vt* [vmit] mop up (the floor)
felmutat *vt* [vmit] show, produce (result)
felnevel *vt* [vkit, vmit] bring up (a child), raise, nurture
felnevet *vi* laugh out loud
felnő *vi* grow up, become an adult
felnőtt *a, n* adult, grown-up
felnőttoktatás *n* adult education, adult ed
felnyit *vt* [vmit] open (up), unlock
felold *vt* [vmit] dissolve; [vkit vmi alól] *fig* exempt, absolve, excuse from; lift (a ban)
féloldalt *adv* on one side, sideways
feloldoz *vt* [vkit] *rel* absolve
felolvad *vi* melt, thaw, dissolve; relax (person)
felolvas *vt* [vmit] read aloud, give a paper
felolvaszt *vt* [vmit] melt, thaw (out)
feloszlat *vt* [vmit] dissolve (a committee); disperse (a crowd)
feloszl|ik *vi* divide into, be divided; be dispersed; decay (corpse)
feloszt *vt* [vmit vmire] divide, distribute
felől *postp* from (the direction of); about, concerning; **Mit tudsz ~e?** What do you know about him?
felöltöz|ik *vi* get dressed, put one's clothes on
felöltözköd|ik *vi* get dressed, put one's clothes on
felöltöztet *vt* [vkit] dress [sy], clothe [sy]
félős *a* shy, timid; *n coll* scaredy-cat
félpanzió *n* half board (in a hotel), bed and breakfast
felpattan *vi* jump up, get up, bounce up
felperes *n law* plaintiff
felpofoz *vt* [vkit] slap [sy] in the face (repeatedly)
felpróbál *vt* [vmit] try on (clothes)
felrak *vt* [vmit] put up, place up; load up (onto a vehicle)
felráz *vt* [vkit, vmit] shake up; stir up
félre *adv* aside, on one side
félreáll *vi* stand aside, step aside, get out of the way; withdraw

félreállít *vt* [vkit, vmit] set aside
félrebeszél *vi* be delirious, talk nonsense
félreért *vt* [vkit, vmit] misunderstand
félreértés *n* misunderstanding, miscommunication
félreérthetetlen *a* plain, unmistakable
félreérthető *a* misunderstandable, easily misunderstood
félreeső *a* remote, out-of-the-way
félreismer *vt* [vkit] misjudge, mistake [sy] for
félrelép *vi* make a mistake, blunder; *coll* commit adultery
félremagyaráz *vt* [vmit] misinterpret, misconstrue
félrenyel *vt* [vmit] go down the wrong pipe
felrepül *vi* fly up; take off (plane)
félretesz *vt* [vmit] set aside, lay away (merchandise); save (money)
félretol *vt* [vmit] push aside, set aside
félrevezet *vt* [vkit] mislead
félrevonul *vi* retire, withdraw
felriad *vi* wake up with a start, be startled
felrobban *vi* explode, blow up, detonate
felrúg *vt* [vmit] kick over; **~ minden szabályt** disregard all rules
felruház *vt* [vkit vmivel] clothe [sy]; *fig* endow
felség *n* majesty; **F~ !** Your Majesty!
felséges *a* splendid, exquisite, divine; delicious; majestic
felsegít *vt* [vkit] help [sy] up
felsóhajt *vi* sigh, give out a sigh
felsorol *vt* [vmit] list, enumerate
felső *a* upper, higher, superior; *n coll* top (clothes); **~ ajak** upper lip; **~ tagozat** *school* middle school
felsőbbrendű *a* superior, of superior quality
felsőfok *n* highest grade/degree; *gram* superlative
felsőház *n* upper house; *US* the Senate
felsőoktatás *n* higher education
felsőtest *n* upper body, trunk, bust
felszabadít *vt* [vkit, vmit] liberate, set free; emancipate
felszabadul *vi* get free, be liberated; be released
felszáll *vi* fly up, take to the air, take off (plane); [vmire] mount (a horse), get on (a bus), board (a train, a ship)
felszállás *n* takeoff; boarding (plane, ship, train)
felszállópálya *n* runway
felszámol *vt* [vmit] liquidate, sell off; charge (to an account)
felszed *vt* [vmit] pick up, gather (up); catch (a disease); **F~ett egy pár kilót.** *coll* She's put on a few pounds.
felszeletel *vt* [vmit] slice (up), cut in slices, carve (meat)
felszerel *vt* [vmit vmivel] equip with, fit out with, supply with; mount, fix (up)
felszerelés *n* equipment
félsziget *n* peninsula
felszín *n* surface, face
felszínes *a* superficial
felszólal *vi* speak, make a speech, speak up; [vmi ellen] protest against, raise objections
felszólaló *n* speaker
felszolgál *vt* [vmit vkinek] serve (up); wait on [sy]
felszólít *vt* [vkit] call upon, request to
felszólítás *n* call, notice (for payment)
félt *vt* [vkit, vmit] fear for, be anxious for; be protective of; **~i a bőrét** fear for one's life
feltalál *vt* [vmit] invent; **~ja magát** know/figure out what to do
feltaláló *n* inventor

feltámad *vi* rise (wind); be resurrected, rise from the dead
feltámadás *n* resurrection
feltámaszt *vt* [vkit, vmit] resurrect, revive, restore (to life)
feltartóztat *vt* [vkit, vmit] hold up, delay, impede; hinder
feltehető *a* possible, plausible
feltehetően *adv* possibly, presumably
félteke *n* hemisphere
féltékeny *a* [vkire] jealous of
féltékenyked|ik *vi* act jealous, be jealous
féltékenység *n* jealousy
feltép *vt* [vmit] tear up, rip open
feltérképez *vt* [vmit] map out, chart
feltesz *vt* [vmit] put, lay on, place up on; put on (a hat); stake on (bet); ask, pose, propose (a question); suppose, assume, presume; **~ egy kérdést** ask a question; **tegyük fel** let's suppose
feltétel *n* condition, term, proviso; **~ nélkül** unconditionally; **azzal a ~lel, hogy** on the condition that
feltételes *a* conditional, conditioned
feltételez *vt* [vmit] suppose, presuppose, presume
feltételezhető *a* presumable, probable
feltétlen *a* absolute, unconditional
feltétlenül *adv* absolutely, by all means; unconditionally
feltéve *adv* **~ hogy** presuming, provided that
feltölt *vt* [vmit] fill up
feltűn|ik *vi* appear, emerge; stick out, be striking; **~t nekem, hogy** it struck me that …
feltűnő *a* conspicuous, uncommon, striking
feltűz *vt* [vmit vhova] pin up, fasten on, stick on; **~i a haját** put up one's hair
felugr|ik *vi* jump up, spring to one's feet, leap up
felújít *vt* [vmit] renew; renovate (building); revive (play)
felújítás *n* renewal, renovation (of a building), revival (of a play)
félúton *adv* halfway (there)
felüdít *vt* [vkit] refresh
felügyel *vi* [vkire, vmire] watch (over), take care of
felügyelő *n* inspector; supervisor, overseer
felül[1] *adv* above, over, on top; [vmin] over (an amount); **ezen ~** in addition, besides
felül[2] *vi* sit up; get on (a horse), mount; [vminek] *coll* fall for a trick
felület *n* surface
felületes *a* superficial, trivial
felüljáró *n* overpass
felülkereked|ik *vi* [vkin, vmin] prevail over, get the upper hand over; overcome, surmount
felülmúl *vt* [vkit, vmit] surpass, outdo
felülmúlhatatlan *a* unsurpassable
felülnézet *n* plan view
felültet *vt* [vkit] seat [sy] on; *coll* play a trick on [sy]
felülvizsgál *vt* [vmit] revise, re-examine, review, go over
felülvizsgálat *n* revision, re-examination, reconsideration
felvág *vt* [vmit] cut up, chop, slice up; cut open; *med* incise, make an incision; [vmivel] *coll* show off, boast
felvágott *a* cut-up, chopped, sliced; *n* cold cut(s)
felváltva *adv* alternating, taking turns
felvásárol *vt* [vmit] buy up, hoard
felvázol *vt* [vmit] sketch out, outline
felvesz *vt* [vmit] pick up; put on (clothes); record (music, video); [vkit] hire, employ; **~i a telefont** pick up the phone; **kölcsönt ~** take a loan; **~i a versenyt** compete, be competitive

felvételi *a* ~ **vizsga** *n school* entrance exam
felvételiz|ik *vi* take an entrance exam
félvezető *a, n el* semi-conductor
felvilágosít *vt* [vkit] inform, instruct; enlighten
felvilágosítás *n* information; enlightenment
felvilágosodás *n* Enlightenment (the Age of)
felvilágosult *a* informed, enlightened
felvillan *vi* flash
felvirágz|ik *vi* flourish, prosper, thrive
felvonás *n theat* act
felvonó *n* elevator; ~ **híd** drawbridge
felvonul *vi* march
felvonulás *n* march, procession; [vmi ellen] protest
felzaklat *vt* [vkit] upset, unsettle
fém *a* metal, metallic; *n* metal
fémes *a* metallic
feminista *a, n* feminist
fémötvözet *n* metal alloy
fémpénz *n* coin
fen *vt* [vmit] sharpen; **~i rá a fogát** *coll* long for, lust for, want really badly
fenék *n* bottom; seat (pants); behind, bottom; *coll* butt
fenn *adv* up, above; ~ **van** he's up (not asleep)
fennakad *vi* get caught; come to a halt
fennakadás *n* getting stuck; traffic jam
fennhangon *adv* aloud, loudly
fennhatóság *n* authority
fennmarad *vi* survive, remain; stay up (at night); stay afloat
fennsík *n* plateau
fenntart *vt* [vmit] maintain, keep, preserve; support (a family); reserve (a seat)
fenntartás *n* maintenance, upkeep; support, keeping; *fig* reservation, reserve; clause; ~ **nélkül** without reservation
fent *adv* up, above; **a** ~ **említett** the aforementioned
fény *n* light; *fig* splendor, pomp; **~t vet** [vmire] shed light on [sg]
fenyeget *vt* [vkit] threaten
fenyegetés *n* threat
fényes *a* shining, bright, shiny, polished; *fig* splendid, glorious (victory); ~ **nappal** in broad daylight
fényesít *vt* [vmit] polish, shine
fényév *n phys* light year
fényez *vt* [vmit] polish, varnish
fenyít *vt* [vkit] discipline, punish
fenyítés *n* punishment
fénykép *n* photograph, photo, picture, snapshot; **~et készít** take a picture
fényképész *n* photographer
fényképészet *n* photography
fényképez *vt* [vkit, vmit] take a photo (of), take a picture, take a snapshot, shoot a picture
fényképezőgép *n* camera; **digitális** ~ digital camera
fényl|ik *vi* shine, glisten, glitter
fénymásolat *n* photocopy, Xerox™ copy
fénymásoló *n* ~ **gép** copier, photocopier, copy machine, Xerox™ (machine)
fenyő *n* pine (-tree), fir (-tree)
fénypont *n* highlight, climax; **az est ~ja** the highlight of the evening
fénysorompó *n* lights at railway crossing
fényszóró *n auto* headlight(s); floodlight(s); *theat* spotlight
fénytelen *a* dull, dim
fenyves *n* pine forest

fényvisszaverő *a phys* reflective
fér *vi* fit in(to), go into, find room in, have enough space to fit; *fig* have access to; **Öt ember ~ a kocsiba.** Five people fit in the car. **Nem ~ a zsebembe.** It won't fit into my pocket. **Nem ~ a fejembe.** I don't get it./I can't understand.
ferde *a* crooked, slanting, inclined
féreg *n* worm
féregvírus *n comp* worm, virus
férfi *a* male, men's; *n* man, male; **~ mosdó** men's restroom
férfias *a* masculine, manly, *coll* macho
férfifodrász *n* men's hairdresser, barber
férfiruha *n* menswear, men's clothing
férfiszabó *n* tailor
férges *a* wormy; rotten, rotting; **~ alma** rotten apple
férj *n* husband, spouse; **~hez megy** get married (a woman); **F~nél van.** She is married.
férjes *a* married (woman)
férjezett *a* married (woman's marital status)
férőhely *n* space, room; vacancy (hotel); accommodation
fertőtlenít *vt* [vmit] disinfect, sterilize
fertőtlenítő *a* **~ szer** disinfectant
fertőz *vi med* be contagious, be infectious; *vt* [vkit, vmit] infect [sy]
fertőzés *n* infection, contamination
fertőző *a med* infectious, contagious
fest *vt* [vmit] paint, color (walls); dye (fabric, hair); make up (face), put make up on
festék *n* paint, dye; make-up; **víz~** watercolors; **arc~** make-up
festmény *n* painting, picture
festő *n* painter; housepainter
fésű *n* comb
fésül *vt* [vmit] comb [sg], do [sy's] hair
fésülköd|ik *vi* comb one's (own) hair, do one's (own) hair
fészek *n* nest; **fészket rak** build a nest
feszélyez *vt* [vkit] make [sy] feel uncomfortable, embarrass, bother
feszes *a* tight (clothes)
feszít *vt* [vmit] tighten, stretch; flex, tense (muscles); *vi coll* show off
fesztelen *a* relaxed, uninhibited, comfortable
fesztivál *n* festival, celebration
feszül *vi* be tight, be stretched over; fit tightly (clothes)
feszület *n rel* crucifix
feszült *a* tense; **~ hangulat** tense atmosphere
feszültség *n* tension; *el* voltage; **magas ~** high voltage
fiatal *a* young; *n* youth, young person; **Ezek a mai ~ok!** These kids today!
fiatalkorú *a, n* minor, juvenile, not of legal age
fiatalság *n* youth; youthfulness; young people
ficam *n med* sprain, dislocation; **boka~** a sprained ankle
fickó *n coll* guy, fellow, character
figura *n* figure; character (in a play); (chess-)piece
figyel *vt* [vmit, vkit] watch, observe, keep an eye on; *vi* [vkire, vmire] listen to, pay attention to; **F~j csak!** Listen!
figyelem *n* attention, notice; thoughtfulness, consideration; **elkerüli a figyelmét** escape one's attention; **felhívja a figyelmet** [vmire] call attention to [sg]; **~be vesz** take into consideration; **~re méltó** remarkable, worthy of attention
figyelmes *a* attentive, thoughtful, considerate

figyelmetlen *a* careless, thoughtless, inconsiderate
figyelmeztet *vt* [vkit vmire] warn; call someone's attention to; remind of; give [sy] a warning
figyelmeztetés *n* warning
filc *n* felt
filctoll *n* marker (pen)
film *n* film; movie, picture, motion picture
filmez *vt* [vmit] film, shoot a movie/a film
filmrendező *n* movie director
filmsztár *n* movie star
filmvászon *n* movie screen, the big screen
filmvetítés *n* showing of a movie; projection
filmvígjáték *n* comedy (movie)
filozofál *vi* ponder, contemplate, muse, be thinking
filozófia *n* philosophy, thought
filozófus *n* philosopher, thinker
filter *n* filter
finálé *n* finale
finanszíroz *vt* [vmit] finance, sponsor, subsidize
finn *a, n* Finnish
Finnország *n* Finland
finnül *adv* in Finnish
finnugor *a* Finno-Ugric
finnyás *a* picky, fussy
finom *a* tasty, delicious, *coll* yummy; fine, refined (taste)
finoman *adv* gently, gingerly
finomít *vt* [vmit] refine, improve, polish; make better
finomság *n* delicacy
fintorog *vi* make faces
fiók *n* drawer; **bank~** branch office of a bank
fióka *n* young (of a bird)
firkál *vt* [vmit] doodle, scribble
fitnesscenter *n sp* fitness center, gym
fitogtat *vt* [vmit] show off
fitymál *vt* [vmit] belittle
fiú *n* boy; **fia** son (of); **a ~ja** her boyfriend
fiús *n* boyish
fivér *n* brother
fix *a* fixed
fixál *vt* [vmit] fix (photograph); finalize, solidify (plans); **F~juk a részleteket.** We finalize the details.
fizet *vt* [vmit vkinek] pay to; settle (debt); [vmit vmiért] pay for; **hitelkártyával ~** pay by credit card; **készpénzzel ~** pay cash; **F~ek!** The check, please! (in a restaurant)
fizetés *n* payment; pay, salary, wages; **~t kap** get paid; **~ nélküli szabadság** leave without pay, unpaid leave
fizetésemelés *n* raise, pay raise
fizetésképtelenség *n* insolvency, bankruptcy
fizetetlen *a* unpaid, unsettled (bills)
fizetett *a* paid; **~ szabadság** paid leave
fizető-autópálya *n* toll road
fizetőképes *a* solvent
fizetőparkoló *n* metered parking
fizika *n* physics
fizikai *a* physical; **~ dolgozó** laborer, blue-collar worker, manual worker
fizikum *n* physique, build, constitution
fizikus *n* physicist
fiziológia *n* physiology
flamand *a, n* Flemish
flanel *a, n* flannel
flipper *n coll* slot machine, one-armed bandit
flörtöl *vi* [vkivel] flirt
foci *n sp coll* soccer
focista *n sp coll* soccer player
fociz|ik *n sp coll* play soccer
fodor *n* ruffle, frill; ripple (on water)

fodrász *n* hairdresser; **női ~** ladies' hairdresser; **férfi ~** men's hairdresser
fodrászat *n* hair salon
fodros *a* ruffled; rippled (water)
fodrozód|ik *vi* ripple
fog[1] *n* tooth; prong (of a fork); **~at mos** brush one's teeth; **~at ~ért** tooth for a tooth; **lyukas ~** tooth with a cavity, decaying tooth; **Fáj a ~am.** I have a toothache. **Jön a ~a.** She's teething.
fog[2] *vt* [vmit] hold, take, grasp; catch (a fish); pick up, receive (on TV, radio); stain, dye; **halat ~** catch a fish; **fegyvert ~** take up arms; **Nem ~ a tollam.** My pen won't write.
fog[3] *vi, vt aux* will (future), is going to; **Esni ~.** It's going to rain. **Nem ~ok aludni.** I won't sleep.
fogad *vt* [vkit] receive [sy], welcome, see (clients); [vmit] accept, receive, take; [vmibe, vmire] bet on; **szót ~** [vkinek] obey (child); **Egy dollárba ~ok, hogy ...** I'll bet you a dollar that ...
fogadalom *n* oath, pledge; **fogadalmat tesz** take an oath, make a pledge
fogadás *n* reception (party), welcome; bet, betting; **~t ad** give a reception; **~t köt** make a bet
fogadó *n* inn, lodge
fogadólevél *n* sponsoring letter (immigration), invitation letter
fogadóóra *n* office hours, business hours
fogadott *a* foster (child)
fogalmaz *vt* [vmit] draft, compose (in writing)
fogalmazás *n school* essay, paper
fogalom *n* concept, notion, idea; **Fogalmam sincs.** *coll* I have no idea./I haven't got a clue.
fogamzás *n med* conception
fogamzásgátló *a* contraceptive, birth control; *n* contraceptive, birth control pill, *coll* the pill; **~t szed** be on birth control pills
fogan *vi* conceive
fogantyú *n* handle
fogas *a* toothy; *fig* thorny, difficult (question), catch; *n* hanger, coat rack; pike-perch (fish)
fogás *n* grip, grasp, hold, clutch; feel, touch (of fabric); catching (of fish); trick, stunt; technique; course (food), dish; **jó ~t csinál** *coll* make a good deal; *bus* make a good deal; **három ~os vacsora** a three-course dinner
fogász *n* dentist, dental practitioner
fogászat *n* dentistry; dental office, dental surgery
fogászati *a* dental
fogazat *n* (set of) teeth; perforation (on a stamp)
fogékony *a* susceptible, responsive
fogfájás *n* toothache
fogház *n* jail
fogíny *n* gums
fogkefe *n* toothbrush; **elektromos ~** electric toothbrush
fogkő *n* tartar
fogkrém *n* toothpaste
foglal *vt* [vmit] occupy, take possession of, seize; reserve (a seat); frame, put in writing; mount (jewelry); **magába ~** contain; **asztalt ~** reserve a table; **írásba ~** put in writing; **F~jon helyet!** Please take a seat!
foglalat *n* setting, mounting (jewelry), mounting; *el* socket
foglalkozás *n* occupation, profession, trade; employment, post; activity
foglalkozásnélküli *a, n* unemployed

foglalkoz|ik *vi* [vmivel] deal with, be busy with; be occupied with, work on, be engaged in [doing sg]
foglalkoztat *vt* [vkit] employ, give work to
foglalt *a* occupied, taken (seat); reserved (table)
fogó *n* pliers, tongs; *med* forceps; **Te vagy a ~!** *coll* You're it! (playing tag)
fogócskáz|ik *vi* play tag
fogódzkod|ik *vi* [vmibe] hold on to
fogoly *n* captive, prisoner, convict; **hadi~** *mil* prisoner of war, POW
fogorvos *n* dentist
fogpiszkáló *n* toothpick
fogság *n* captivity; imprisonment, confinement
fogsor *n* set of teeth; **mű ~** denture
fogtömés *n* filling (in a tooth)
fogy *vi* lessen, grow less, decrease, diminish, run out; be consumed (food); lose weight; wane (moon); **Két kilót ~tam.** I lost four pounds.
fogyaszt *vt* [vmit] consume, use up; make one lose weight
fogyasztás *n* consumption; ingestion (food)
fogyasztási *a* consumer **~ cikkek** consumer goods
fogyasztó *a* weight-loss, diet, thinning, slimming; *n* consumer; **~ tabletta** diet pill(s)
fogyasztói *a* consumer; **~ társadalom** consumer society
fogyatékos *a* deficient, insufficient, unsatisfactory; handicapped, disabled, impaired
fogyókúra *n* weight-loss diet
fogyókúráz|ik *vi* be on a diet
fojt *vt* [vkit, vmit] choke, stifle; suffocate (smoke); drown (water)
fok *n* degree; scale; step, stair; back (of a knife); eye (of a needle); **~ról ~ra** gradually, slowly
fóka *n* seal (animal)
fokhagyma *n* garlic
fokoz *vt* [vmit] increase, boost; heighten, raise (emotions); graduate, grade; *gram* compare (adjectives)
fokozat *n* grade, degree; class, rank; scale; **rend~** *mil* rank
fokozatos *a* gradual, progressive
fokozatosan *adv* gradually, step by step
fókusz *n* focus
fólia *n* foil
folt *n* spot, stain, blotch; blemish, mark, blotch (on skin); patch (sewn on)
foltos *a* stained, spotted, blemished, blemished, tainted
foltoz *vt* [vmit] patch (up), mend
foltvarrottas *n* quilt, patchwork
folyadék *n* liquid, fluid(s), liquor
folyamán *adv* in the course of
folyamat *n* process, procedure; **~ban van** be in progress
folyamatos *a* continuous, ceaseless, continual
folyamatosság *n* continuity, continuousness
folyamod|ik *vi* [vmiért] apply for, request; [vmihez] resort to
folyékony *a* fluid, liquid, flowing; fluent (speech)
foly|ik *vi* flow, run, stream; go on, be in progress; follow, ensue; **F~ az orra.** *coll* He has a runny nose. **F~ a vita.** The debate is in progress.
folyó *a* flowing; current, ongoing; running (water); *n* river, stream
folyóirat *n* periodical, journal, magazine, monthly, weekly
folyópart *n* (river) bank; riverfront
folyosó *n* hallway, corridor; aisle (between seats)
folyószámla *n* checking account
folyótorkolat *n* mouth of a river
folytán *adv* [vminek] as a result of, due to

folytat *vt* [vmit] continue, carry on, go on, keep on doing [sg]; follow, lead (a lifestyle); pursue (a profession); conduct, carry out; **megbeszélést ~** carry out talks; **viszonyt ~** [vkivel] have an affair

folytatás *n* continuation; sequel; **~a következik** to be continued

folytatásos *a* serial; **~ regény** series (books)

folyton *adv* always, continuously, all the time

folytonosság *n* continuity

fon *vt* [vmit] spin (yarn); braid (hair); weave (basket)

fonal *n* yarn, thread, twine

fonnyadt *a* wilted, withered; faded

font *n* pound

fontolgat *vt* [vmit] ponder, muse over, think over

fontos *a* important, significant; **a leg~abb az, hogy** the main thing is that …

fordít *vt* [vmit] turn (over); [vmit vmire] translate; **hátat ~** [vkinek] turn one's back on [sy]; **gondot ~** [vmire] pay attention to, take care of; **Sok időt ~ rá.** She devotes a lot of time to it.

fordítás *n* turning; translation, translating

fordító *n* translator

fordított *a* reversed, inverse; translated

fordítva *adv* reversed, the other way round, upside down, inside out

fordul *vi* turn, revolve; take a turn; [vkihez, vmihez] *fig* turn to, depend on; **rosszabbra ~ a helyzet** the situation takes a turn for the worse; **hidegre ~t az idő** the weather turned cold; **~ a kocka** the tables are turned; **ellene ~t** she turned against him

fordulat *n* turning, revolving, revolution, rotation; change, turn of events

forduló *a* turning; *n* bend, curve; round (at a competition)

fordulópont *n* turning point

forgalmas *a* busy (traffic)

forgalmaz *vt* [vmit] put into circulation (merchandise), market

forgalom *n* traffic, circulation, business; **jó forgalma van** he's doing good business; **~ban van** circulate, be in circulation, be on the market

forgat *vt* [vmit] turn, rotate; shoot (a movie); wield (a sword); [vmit] **~ a fejében** he's up to [sg]

forgatókönyv *n* script (movie), scenario

forgolód|ik *vi* move about, bustle around; toss and turn (in bed)

forgószél *n* whirlwind, tornado, hurricane

forgótőke *n* working capital

forint *n* forint (Hungarian currency)

forma *n* form, shape; mould/mold, model; **formát ölt** take shape; **Jó formában van.** *coll* She's in good shape.

formál *vt* [vmit] shape [sg], form, mould/mold

formaság *n* formality, ceremony; **mellőzi a ~okat** dispense with formalities

forog *vi* turn, twirl, swirl; circulate; **veszélyben ~** be in danger; **kockán ~** be at risk, be at stake

forr *vi* boil, be boiling, simmer; ferment (wine)

forradalom *n* revolution, uprising, revolt

forradás *n* scar; seam (on metal)

forral *vt* [vmit] bring to a boil, boil [sg], simmer
forrás *n* boiling (point); fermentation; spring (water); *fig* source, origin
forrásvíz *n* spring water
forró *a* hot, boiling, scalding; *fig* fervent, ardent; passionate
forrófejű *a* hotheaded
forróvérű *a* hot-blooded, fiery, temperamental
fortély *n* trick
fortélyos *a* tricky, smart
fórum *n* forum
foszl|ik *vi* be torn, fray
fosztogat *vt* [vkit, vmit] loot, pillage, plunder
fotel *n* armchair, easychair, recliner
fotó *n* photo, photograph
fotóriporter *n* press photographer
fő[1] *a* main, principal, important; chief, head; *n* head; person; **a ~ probléma** the main problem; **egy asztal öt ~re** a table for five (people); **~be lő** [vkit] shoot [sy] in the head (execution); **emelt ~vel** with head held high
fő[2] *vi* cook, boil, simmer; brew
főbejárat *n* main entrance
főbérlő *n* tenant, lessee
főcím *n* main title; headline
födém *n* ceiling
főétkezés *n* main meal
főfelügyelő *n* inspector general, chief inspector
főhadiszállás *n mil* headquarters
főhadnagy *n mil* lieutenant
főidény *n* main season, high season
főiskola *n* college
főkapitányság *n* police headquarters
főkapu *n* main gate
főként *adv* mostly, mainly, above all
föl[1] *adv* → **fel**
föl[2] *n* skim (of milk)
föld *n* ground; earth, soil, dirt; the Earth, the world; land, estate, property; **~re szegezi a szemét** cast one's eyes down; **a F~ országai** the countries of the world; **~höz vág** smash [sg] into the ground; **~ig lerombol** demolish, pull down
földalatti *a* underground; *n, H* metro, underground
földbirtok *n* land, estate
földelés *n el* grounding
földgáz *n* natural gas
földgömb *n* (the) globe
földi *a* ground; earthly, worldly; *n* fellow countryman, compatriot
földieper *n* strawberry
földigiliszta *n* earthworm
földimogyoró *n* peanut
Földközi-tenger, a *n* the Mediterranean (Sea)
földmunka *n* earthwork, digging, excavation
földöntúli *a* extra-terrestrial; heavenly, celestial
földrajz *n* geography
földrajzi *a* geographical
földrengés *n* earthquake, quake
földrész *n* continent
földszint *n* first floor, ground floor
földút *n* dirt road
fölé *postp* (to) over, above
főleg *adv* mainly, mostly
fölény *n* advantage, lead; superiority; **nagy ~nyel nyer** win hands down; **~ben van** have the upper hand
fölényes *a* arrogant, stuck-up, condescending
fölös *a* extra, redundant, surplus
fölösleg *n* surplus, something extra
fölösleges *a* redundant, extra; unnecessary
fölött *postp* above, over; **a feje ~** overhead; **mindenek ~** above all, most importantly

fölötte *adv* above, over; **F~m lakik.** She lives (in the apartment) above (me).
fölöttébb *adv* very, extremely, excessively
főnév *n gram* noun
főnök *n* boss, supervisor, head; chief, chieftain
főnyeremény *n* jackpot, first prize
főorvos *n med* chief resident (hospital), chief medical officer
főosztályvezető *n* head of a department
főparancsnok *n mil* commander-in-chief
főparancsnokság *n mil* general headquarters; high command
főpincér *n* headwaiter
főpolgármester *n H* lord mayor
főpróba *n theat* dress rehearsal
főszerep *n theat* lead (role)
főszereplő *n theat* lead actor/actress
főszerkesztő *n* editor-in-chief
főtér *n* main square, commons
főtitkár *n* secretary general
főtt *a* boiled, cooked
főutca *n* main street
főútvonal *n* main road
főügyész *n* chief prosecutor
főváros *n* capital (city)
fővárosi *a* capital-, of/from the capital
főz *vt* [vmit] cook, boil, simmer, make (food); brew (beer), distill (brandy); **F~ök egy kávét.** I'll make some coffee.
főzelék *n H* (creamed) vegetable dish; **~féle** vegetable
főzés *n* cooking, food preparation; boiling, simmering; brewing, distillation
főző *a* cooking; **~ tanfolyam** cooking course
frakció *n pol* faction; *H* political group in Parliament
frakk *n* tailcoat, *coll* tails
francia *a* French; *n* Frenchman, Frenchwoman; the French language
franciaágy *n* double bed
Franciaország *n* France
franciasaláta *n* mixed vegetable salad in mayonnaise
frappáns *a* fitting, smart, snappy, witty; **~ megoldás** smart solution
frász *n coll* fright; slap in the face; **A ~t hozta rám.** *coll* He scared the living daylights out of me.
frázis *n* cliché, banality, commonplace
fregoli *n H* clothes line (rack) that can be pulled up to the ceiling
frekvencia *n phys* frequency
freskó *n* fresco, mural
friss *a* fresh, refreshing, cool (air); recent (news); **a leg~ebb kiadás** the latest edition
frissít *vt* [vkit, vmit] refresh, freshen (up); update (information); *comp* reload (page)
frissítő *a* refreshing; *n* refreshment
frizura *n* hairdo, haircut
front *n* front, frontline; **hideg~** cold front (weather)
frontális *a* frontal; **~ ütközés** head-on collision
frontátvonulás *n* changing of weather fronts
fröcsköl *vt* [vmit] splash
Ft = forint *n*
fúj *vt* [vmit] blow; sound, play (a wind instrument); **~ a szél** it's windy; **Csak ~ja a magáét.** *coll* She just keeps on repeating herself.
fújtat *vi* pant, puff and blow; *coll* be angry
fukar *a* cheap, stingy; **Ne legyél már olyan ~!** *coll* Don't be such a Scrooge!
fuldokl|ik *vi* choke, be choking, grasp for air; be drowning

fullad *vi* drown, choke, suffocate; **vízbe ~t** he drowned
fullánk *n* sting (part of a bee)
funkció *n* function; job, duty
funkcionál *vi* function, work; [vmiként] act as
fúr *vt* [vmit] drill, bore into; [vkit] *coll* stab in the back (at work), try to get [sy] into trouble/fired
fura *a coll* strange, weird
furcsa *a* strange, odd, peculiar, curious, weird, funny, funny-looking
fúró *n* drill, bit; **fogorvosi ~** dental drill
fúrógép *n* drill
fúrótorony *n* drill rig; oil rig, oil pump
furulya *n mus* recorder
furulyáz|ik *vi mus* play the recorder
fut *vi* run, sprint, race, dash; flee, escape, run away; [vmire] *coll* have enough of (time/money) for; **Erre nem ~ja.** *coll* I can't afford that.
futár *n* messenger, courier; bishop (chess)
futball *n sp* soccer; **Amerikai ~** football
futballbíró *n sp* referee (soccer)
futballcsapat *n sp* soccer team
futballista *n sp* soccer player
futballoz|ik *vi sp* play soccer
futballszurkoló *n* soccer fan
futó *a* running, racing; hasty, momentary, superficial; *n* runner, racer; bishop (chess); **~ zápor** short shower (rain)
futószalag *n* conveyor belt; production line (in a factory)
fuvar *n* cargo, load; transport, shipping; *coll* ride (in a taxi)
fuvardíj *n* charge, fee (for a taxi ride)
fuvaroz *vt* [vmit] ship, carry, transport
fuvarozó *n* shipper, carrier
fuvola *n mus* flute
fuvoláz|ik *vi mus* play the flute
fúvós *a* **~ hangszer** wind instrument
fű *n* (*pl* **füvek**) grass, herb (medicinal); **~be harap** *coll* bite the dust; **~t-fát ígér** *coll* promise everything; **F~re lépni tilos!** Keep off the grass!
füge *n* fig
függ *vi* hang, dangle, be suspended, be hanging; [vkitől, vmitől] depend on; **Attól ~.** It depends. **Az időjárástól ~.** It depends on the weather.
függelék *n* appendix, supplement
független *a* [vkitől, vmitől] independent (of); **Ez az ügy ~ attól, hogy. . .** This case has nothing to do with. . .
függetlenség *n* independence; sovereignty, autonomy
függetlenül *adv* independently; **attól ~** in spite of that, no matter
függő *a* hanging, dangling, suspended; [vkitől, vmitől] dependent on, contingent on; *n* earring, pendant; *gram* subordinate, indirect
függőágy *n* hammock
függőhíd *n* suspension bridge
függőleges *a* vertical; *n* vertical (line)
függöny *n* curtain, blinds, shade; window-treatment; **behúzza a ~t** draw the curtain(s); **Felgördül a ~.** *theat* The curtain goes up.
függőség *n* dependency, dependence, subordination
függővasút *n* suspension railway, suspension train
függvény *n math* function
fül *n* ear; handle (of a mug); **fül-orr-gégész** *med* ear, nose and throat specialist, ENT specialist; **~e botját se mozdítja** *coll* take no action, do nothing; **~ig pirul** turn all red, blush; **rágja a ~ét** [vkinek] *coll*

keep bugging [sy], nag [sy]; **elereszt** [vmit] **a ~e mellett** pretend not to hear; **F~embe jutott.** I heard it through the grapevine. **Csupa ~ vagyok!** I'm all ears!
fülbevaló *n* earring
fülel *vi* listen, be all ears, listen attentively
fülemüle *n* nightingale
fülészet *n med* otology; ear, nose and throat specialist's office
fülhallgató *n* earphones
fülke *n* booth (telephone), stall (restroom), cabin (boat), nook, niche (in a wall), compartment (on a train)
fülledt *a* stuffy (air); **~ meleg** muggy heat, very hot and humid
füllent *vt* [vmit] fib, tell a white lie
Fülöp-szigetek, a *n* the Philippines
fűnyíró *n* lawnmower
fürd|ik *vi* bathe, take a bath; go for a swim/dip
fürdő *a* bath-, bathing; *n* bath, bathroom, (public) baths, (public) pool
fürdőhely *n* resort, spa
fürdőkád *n* bathtub, tub
fürdőköpeny *n* bathrobe
fürdőmedence *n* pool, swimming pool
fürdőnadrág *n* (swimming) trunks
fürdőruha *n* bathing suit, swimsuit
fürdőszoba *n* bathroom
fűrész *n* saw
fűrészel *vt* [vmit] saw, cut up with a saw; **ketté ~** saw in half
fürge *a* agile, quick, nimble
fürj *n* quail
fürt *n* bunch (of grapes); lock (of hair), tress, curl
füst *n* smoke; **egy ~ alatt** at the same time, with the same effort; **~be megy** go up in smoke
füstköd *n* smog
füstöl *vi* smoke; [vmit] smoke (meat), cure (by smoking), dry (by smoking)
füstölt *a* smoked, cured (meat); **~ sonka** smoked ham
fűszer *n* spice, herb, seasoning (mix)
fűszeres *a* spicy, aromatic (food), seasoned, hot; *fig* racy, spicy (story)
fűszerez *vt* [vmit] season, flavor, spice (up)
fűt *vt* [vmit] heat (house); fire up (oven)
fűtés *n* heating, heating system
fűtőanyag *n* fuel
fűtőtest *n* radiator, heating unit, heater, register
fütyül *vt* [vmit] whistle; hiss, boo; sing (bird); **~ rá** he couldn't care less
füvek *n pl* → **fű**
füves *a* grassy
fűz *vt* [vmit vmibe] thread (a needle), lace (shoes); bind (a book); attach, add; remark, comment; **hozzá~te, hogy ...** he added ...; he commented ...
füzet *n* notebook; pamphlet, brochure, booklet
fűzfa *n* willow tree; **szomorú ~** weeping willow
fűzött *a* bound (book)

G

g = gramm *n*
gabona *n* grain, cereals, corn
gabonatermés *n* grain crop
gála *a* gala; *n* gala event
gálaest *n* gala, gala event
galagonya *n* hawthorn
galaktika *n* galaxy
galamb *n* pigeon, dove; **vad~** dove; **béke~** peace dove
galandféreg *n* tapeworm

gáláns *a* polite, well-mannered, elegant
gálaruha *n* evening gown
galeri *n coll* (street) gang
galéria *n* gallery
gallér *n* collar
gally *n* twig, sprig
galopp *n* gallop
galuska *n* noodles, small dumplings
gálya *n* galley
Gána *n* Ghana
gang *n* outside corridor
Gangesz *n* Ganges
garancia *n* guarantee, warranty
garancialevél *n* warranty document(s)
garanciális *n* guaranteed, under warranty
garantál *vt* [vmit] guarantee, warrant, vouch for
garat *n med* pharynx
garázs *n* garage
garbó *n* turtleneck (sweater)
gárda *n* guard
garnitúra *n* set (of furniture)
garzonlakás *n* studio (apartment)
gát *n* dam, dike, levee; *fig* obstacle, hindrance; **~at vet** [vminek] put a stop to, hinder
gátlás *n* inhibition; hindrance
gátlásos *a* shy, inhibited, full of inhibitions
gátlástalan *a* uninhibited
gátol *vt* [vmit] hinder, impede, prevent; [vkit vmiben] prevent [sy] from doing [sg]
gaz *a* wicked, villainous; *n* weed
gáz *n* gas; **~t ad** step on the gas, speed up
gázálarc *n* gas mask
gázcsap *n* gas tap
gazda *n* farmer, smallholder; master; **gazdát cserél** change hands
gazdag *a* rich, wealthy, affluent; rich, luxuriant (plant life); *fig* ample, plentiful, abundant
gazdagság *n* wealth, riches; richness, abundance
gazdálkod|ik *vi* farm, have a farm; [vmivel] manage, budget (money, time)
gazdaság *n econ* economy; farm(stead), estate, homestead
gazdasági *a econ* economic; ~ **rendszer** economic system; ~ **válság** economic crisis, recession
gazdaságos *a* economical, thrifty
gazdaságpolitika *n econ* economic policy
gazdaságtalan *a* uneconomic, unprofitable
gazdasszony *n* hostess; farmer's wife
gazdátlan *a* unclaimed (property); stray (animal)
gazember *n* crook, jerk, rouge, scoundrel
gázfűtés *n* gas heating
gázol *vt* [vkit, vmit] run over (with a vehicle); *vi* wade (in water)
gázolaj *n* diesel oil
gázóra *n* gas meter
gázpedál *n* gas pedal
gaztett *n* villainy, foul play
gáztűzhely *n* gas stove
gázvezeték *n* gas pipe; (gas) pipeline
gázsi *n theat* honorarium, wages
gége *n med* larynx
gejzír *n* geyser
gél *n* gel
gém *n* heron
gemkapocs *n* paper clip
gén *n* gene
generáció *n* generation
generál *vt* [vmit] generate, make
generátor *n* generator, dynamo
genetika *n* genetics
Genf *n* Geneva
gengszter *n* gangster
génsebészet *n* genetic engineering

genny *n* pus
gennyes *a* purulent, inflamed
geológia *n* geology
geológus *n* geologist
geometria *n* geometry
gép *n* machine, apparatus, mechanism, instrument
gépalkatrész *n* machine part
gépel *vt* [vmit] type (on a typewriter/computer)
gépesít *vt* [vmit] motorize, mechanize
gépesített *a* mechanical, motorized
gépész *n* mechanic, machinist
gépészet *n* mechanical engineering
gépészmérnök *n* mechanical engineer
gépezet *n* machinery, mechanism
gépi *a* mechanic, mechanical, power-; **~ szeletelés** shredding (paper)
gépies *a* mechanical, automatic
gépiesen *adv* mechanically, automatically
gépipar *n* machine industry
gépíró(nő) *n* typist (woman)
gépjármű *n* motor vehicle
gépjármű-biztosítás *n* motor vehicle insurance
gépkocsi *n* car, automobile
gépkocsivezető *n* driver (car), chauffeur
gépolaj *n* lubricating oil (engine), motor oil
géppuska *n* machine gun, automatic weapon, tommy gun
gereblye *n* rake
gerely *n* spear, lance; *sp* javelin
gerenda *n* beam, rafter; *sp* high beam
gerezd *n* slice (of melon), clove (of garlic), section (of orange)
gerinc *n* spine, spinal column, backbone; ridge, crest (of a hill)
gerinces *a biol* vertebrate; *fig* steadfast, resolute, firm, of strong character
gerinctelen *a biol* invertebrate; *fig* weak, irresolute, *coll* wimp
gerjeszt *vt* [vmit] generate, induce; kindle, rouse; **haragra ~** [vkit] anger [sy]
gerle *n* turtledove
gesztenye *n* chestnut; **vad~** horse chestnut; **szelíd~** (sweet) chestnut
gesztenyés *a* (made) with chestnuts
gesztikulál *vi* gesture, gesticulate
gesztus *n* gesture, movement
gettó *n* ghetto
géz *n* gauze
Gibraltári-szoros, a *n* the Strait of Gibraltar
giccs *n* kitsch, something tacky
giccses *a* kitschy, tacky, tasteless
gida *n* kid (goat)
giliszta *n* earthworm
gimnasztika *n sp* gymnastics
gimnazista *n school* high school student
gimnázium *n* high school
gipsz *a, n* plaster, cast
gipszel *vt* [vmit] plaster; put in a cast (broken limb)
gipszkarton (fal) *n* drywall
gitár *n mus* guitar
gitároz|ik *vt* [vmit] *mus* play the guitar
gitt *n* putty
gleccser *n* glacier
globális *a* global, total, inclusive; **~ felmelegedés** global warming
glória *n* halo; glory
Góbi sivatag, a *n* the Gobi desert
gól *n sp* goal; **~t lő** score, score a goal
golf *n sp* golf
Golf-áram, a *n* the Gulf Stream
golfoz|ik *vi sp* play golf, golf
golfpálya *n* golf course
golfütő *n sp* golf club, golf putter, golf iron
gólya *n* stork
golyó *n* ball, sphere, globe, marble; bullet (gun); **üveg~** marble

golyóstoll *n* ballpoint pen
gomb *n* button; knob; **Nyomja meg a ~ot!** Press the button!
gomba *n* mushroom; fungus
gomblyuk *n* buttonhole
gombnyomásos *a* push-button
gombóc *n* dumpling; ball; **hús~** meatball
gombol *vt* [vmit] button (up)
gombolyag *n* ball (of string), coil, reel
gombostű *n* pin
gond *n* trouble, problem, worry, anxiety; care, attention; **~ja van** [vmivel] has a problem with, has trouble with; **~ját viseli** [vkinek] take care of [sy], attend to; **Sok ~ja van.** She has a lot of worries. **G~ot fordít rá.** He pays attention to it./He takes care of it.
gondatlan *a* careless, negligent, thoughtless
gondnok *n* caretaker, steward; guardian; trustee
gondol *vt* [vmit, vmire] think, consider, believe, reckon, guess, opine, reflect, ponder; **úgy ~om** I believe, I think; **Mire ~sz?** What are you thinking about?/What do you mean? **Ne is ~j rá!** Forget it!/Don't worry about it!
gondolat *n* thought, idea, notion, reflection; **~ban** mentally, in one's mind; **Az a ~om támadt.** I had the idea./It occurred to me. **G~ban ott vagyok.** I'm there in spirit. **G~aiba merült.** He's lost in thought.
gondolatjel *n* hyphen, dash
gondolkodás *n* thinking, thought; way of thinking, frame of mind; consideration, reflection; **~ nélkül** without a second thought
gondolkodásmód *n* way of thinking, frame of mind
gondolkod|ik *vi* [vmin] think about, be thinking, reflect on, turn over in one's mind, ponder, consider, weigh; **Azon ~om, hogy ...** I'm thinking about whether ...
gondos *a* careful, conscientious, thorough
gondosan *adv* carefully, cautiously, thoroughly
gondoskod|ik *vi* [vkiről, vmiről] take care of, provide for, see to; **Majd én ~om róla.** I'll see to it.
gondoz *vt* [vkit, vmit] take care of, attend to, tend to; nurse, tend (the sick)
gondozó *n* caretaker, keeper, attendant
gondozott *a* tended to, neat, cared for (garden); *n* patient
gondtalan *a* carefree, lighthearted
gondtalanul *adv* carefree, lightheartedly
gondterhelt *a* troubled, worried, concerned
gondviselés *n rel* providence; care
gonosz *a* evil, mean, vicious, malicious, vile; *n* evil
gonoszság *n* evil, viciousness
gordonka *n mus* cello
gorilla *n* gorilla
goromba *n* rough (person), rude
gorombáskod|ik *vi* be rude, be offensive, be aggressive
gótika *n* Gothic art/age
gótikus *a* Gothic
gödör *n* pit, hole, pothole (on a road)
gőg *n* arrogance, pride (in a negative sense), haughtiness
gőgös *a* arrogant, haughty, disdainful
gömb *n* ball, orb, sphere; globe
gömbölyű *a* round, rounded, spherical
göndör *a* curly, kinky (very curly)
göngyöl *vt* [vmit] roll up, wrap up
görbe *a* curved, bent, twisted, crooked; *n math* curve, graph

görbít *vt* [vmit] bend [sg] warp, make [sg] crooked
görbül *vi* bend, curve
görcs *n* knot; spasm, cramp, convulsion;
görcsoldó *n med* antispasmodic
görcsöl *vi* spasm, have a cramp, be cramping
görcsös *a* knotty, knotted; spasmic, spasmodic, convulsive (pain); stiff, tense
gördeszka *n* skateboard
gördül *vi* roll, move on wheels
gördülékeny *a* smooth, flowing
görény *n* skunk
görkorcsolya *n* roller skates, rollerblades
görkorcsolyáz|ik *vi* roller-skate
görnyedt *a* bent, stooping
görög *a, n* Greek
görögdinnye *n* watermelon
görögkeleti *a* Greek Orthodox
Görögország *n* Greece
görögül *adv* in Greek
göröngyös *a* bumpy (road), rough, uneven
gőz *n* steam, vapor; **teljes ~zel** full steam, at full speed, with full effort; **Halvány ~öm sincs.** *coll* I haven't got the foggiest idea.
gőzhajó *n* steamboat, steamer
gőzmozdony *n* steam engine, locomotive
gőzöl *vi* steam, smoke; [vmit] steam [sg]
gőzölög *vi* steam, smoke
gőzölős *a* **~ vasaló** steam iron
grafika *n* graphics, graphic art
grafikon *n* graph, diagram
grafikus *n* graphic artist, graphic designer
grafológia *n* graphology
gramm *n* gram
gránát *n mil* grenade
gránit *a, n* granite
gratuláció *n* congratulation
gratulál *vi* [vkinek vmiért] congratulate on, compliment on; **G~ok!** Congratulations!
gravitáció *n phys* gravity
grépfrút *n* grapefruit
grill(sütő) *n* grill, barbecue
grillez *vt* [vmit] grill, roast, barbecue
grimasz *n* grimace, funny face
grimaszol *vi* make (funny) faces
gróf *n* count, earl
grófnő *n* countess
groteszk *a* grotesque
Grönland *n* Greenland
grúz *a* Georgian
Grúzia *n* Georgia (the country)
guggol *vi* squat, crouch
gúla *n math* pyramid
gulya *n* herd (of cattle)
gulyás *n* herdsman, cowboy; goulash soup
gulyásleves *n* goulash soup
gumi *a* rubber, elastic; *n* tire(s); condom
gumiabroncs *n auto* tire
gumicsizma *n* rubber boots, rain boots, galoshes
gumicsónak *n* rubber boat, rubber dinghy
gumimatrac *n* air mattress
gumó *n* bulb; root
gúny *n* sarcasm, mockery, ridicule; **~t űz** [vkiből] make fun of, mock [sy]
gúnynév *n* nickname (offensive)
gúnyol *vt* [vkit] mock, make fun of, ridicule
gúnyos *a* mocking, sarcastic
gúnyrajz *n* caricature, cartoon
gurít *vt* [vmit] roll [sg]
gurul *vi* roll; **~ a nevetéstől** *coll* roll on the floor laughing
gusztus *n* taste, appetite (for)

gusztusos *a* appetizing, inviting, tempting
gusztustalan *a* unappetizing, disgusting, repulsive

Gy

gyakori *a* frequent, recurrent, repeated
gyakorlás *n* practice, practicing, exercise, exercising
gyakorlat *n* practice (not theory), technique, practical experience, routine; exercise, drill, training; **~ban** in practice; **Nagy ~a van.** He has a lot of experience. **Gy~ teszi a mestert.** Practice makes perfect.
gyakorlati *a* practical, empirical
gyakorlatilag *adv* practically, in practice, virtually
gyakorlatlan *a* inexperienced
gyakorlott *a* experienced
gyakornok *n* intern, trainee, assistant
gyakorol *vt* [vmit] practice, exercise; **befolyást** ~ exert influence on; **~ja a jogait** exercise one's rights
gyakran *adv* often, frequently, repeatedly
gyalog *adv* on foot; *n* pawn (chess)
gyalogátkelőhely *n* pedestrian crossing
gyalogol *vi* walk, go on foot
gyalogos *n* pedestrian; *mil* infantryman
gyalogtúra *n* hike, walking tour
gyalogút *n* path, footpath
gyalu *n* plane; slicer, cutter, shredder (for vegetables)
gyám *n* guardian
gyámolít *vt* [vkit] support, help, protect
gyámoltalan *a* helpless, lost; awkward, clumsy
gyámság *n* guardianship
gyanakod|ik *vi* [vkire, vmire] be suspicious of, suspect, mistrust
gyanakvó *a* suspicious
gyanít *vt* [vmit] suspect, presume, guess, expect
gyanta *n* resin
gyanú *n* suspicion, mistrust; **Az a ~m ...** I suspect ...
gyanús *a* suspicious, suspect
gyanúsít *vt* [vkit vmivel] suspect [sy] of [sg]; insinuate
gyanúsított *a* suspected; *n* suspect
gyanútlan *a* innocent, unsuspecting, naive
gyapjú *a* wool, woollen; *n* wool, fleece
gyapot *n* cotton (plant)
gyár *n* factory, (manufacturing) plant, works, mill
gyarapít *vt* [vmit] increase, grow, augment, enlarge
gyarapod|ik *vi* increase, grow, become larger/richer
gyári *a* industrial, machine-made, manufactured, factory-
gyarmat *n* colony
gyárt *vt* [vmit] manufacture, produce, make
gyártás *n* production, manufacturing, producing
gyártásvezető *n* production manager (movies)
gyártmány *n* product
gyász *n* mourning, sorrow; **~ban van** be in mourning
gyászol *vt* [vkit] mourn (for), grieve
gyáva *a* cowardly; *n* coward
gyávaság *n* cowardice, cowardliness
gyémánt *n* diamond
gyenge *a* weak; lenient; feeble, frail, delicate, tender, fragile; mild; *n* weakness, weak point; **~ elméjű** feebleminded, mentally disabled; **~ az egészsége** her health is poor; **~ minőségű** of poor quality; **a gyengébb nem** the gentler sex

gyengéd *a* tender, gentle, affectionate, delicate
gyengédség *n* tenderness, gentleness, affection
gyengeség *n* weakness, faintness; frailty
gyengül *vi* weaken, become weak, start to fail, lose strength
gyengülő *a* weakening, waning, fading, decreasing
gyep *n* lawn, grass, green
gyeplő *n* rein(s)
gyere *vi* **G~!** Come here! (singular familiar form)
gyerek *n* child, kid
gyerekes *a* childish, infantile
gyerekjáték *n* child's play; toy, game
gyermek = **gyerek** *n*
gyermekbetegség *n* childhood illness
gyermekgyógyász *n med* pediatrician
gyermekjáték = **gyerekjáték** *n*
gyermekklinika *n* children's clinic
gyermekkocsi *n* stroller, baby carriage
gyermekkor *n* childhood, infancy
gyermekkórház *n* children's hospital
gyermekláncfű *n* dandelion
gyermekorvos *n med* pediatrician
gyermekrablás *n* kidnapping
gyermekruha *n* children's clothes/dress
gyermekszoba *n* nursery, children's room
gyermekszülés *n* childbirth
gyermektelen *a* childless, without children
gyermekvédelem *n* child protection, child welfare
gyertya *n* candle; *auto* spark plug
gyertyaláng *n* candlelight, flame of a candle
gyertyatartó *n* candleholder, candlestick, votive
gyerünk *vi* **G~!** Let's go!
gyík *n* lizard
gyilkol *vt* [vkit] murder, kill, slay
gyilkos *a* murderous, deadly, killing; *n* murderer, killer, assassin
gyilkosság *n* murder, homicide, assassination
gyógyászat *n med* therapy, therapeutics, medical science
gyógyfürdő *n* medicinal bath(s), spa
gyógyintézet *n* hospital, sanatorium, medical institution
gyógyít *vt* [vkit vmit] heal, cure
gyógykezelés *n med* (medical) treatment, cure
gyógymód *n med* cure, therapy, treatment
gyógynövény *n* herb, medicinal plant
gyógyszer *n med* medicine, medication, drug; remedy
gyógyszerész *n med* pharmacist
gyógyszergyár *n* pharmaceutical factory
gyógyszertár *n* pharmacy, drugstore
gyógytea *n* herbal tea
gyógytorna *n med* physical therapy
gyógyul *vi* recover, get better, get well; be healing, heal
gyógyvíz *n* mineral water, medicinal water
gyom *n* weed
gyomirtó(szer) *n* weedkiller
gyomlál *vt* [vmit] weed, weed out
gyomor *n* stomach
gyomorfekély *n med* gastric ulcer, stomach ulcer
gyomorhurut *n med* gastric catarrh
gyomorrontás *n* indigestion, upset stomach
gyomorsav *n* gastric acid
gyón *vt* [vmit] *rel* confess (to a priest)
gyónás *n rel* confession
gyors *a* fast, quick, swift, rapid, speedy, prompt, brisk; *n* → **gyorsvonat**

gyorsan *adv* quickly, fast, rapidly
gyorsfagyasztott *a* frozen (food)
gyorsforgalmi *a* ~ **út** *n* highway
gyorsít *vt* [vmit] accelerate, speed up, step on the gas; quicken; hasten
gyorskorcsolya *n sp* in-line skating
gyorsul *vi* speed up, quicken, pick up speed
gyorsúszás *n sp* freestyle swimming
gyorsvonat *n* fast train, express train, express
gyökér *n* root
gyökeres *a* rooted; *fig* radical, fundamental; ~ **változás** fundamental change
gyökerez|ik *vi* take root, root; be rooted in; *fig* be founded on, be based on
gyömbér *n* ginger
gyöngy *n* pearl, bead
gyöngyház *n* mother-of-pearl
gyöngysor *n* pearl necklace
gyöngyvirág *n* lily of the valley
gyönyörköd|ik *vi* [vmiben] delight in (the sight of), take pleasure in, enjoy
gyönyörű *a* beautiful, magnificent, wonderful, splendid
gyötör *vt* [vkit, vmit] torture, torment; trouble, worry, agonize; harass
gyötrelem *n* torture, torment, pain, suffering; anguish, agony, distress
győz *vi* win, be victorious, triumph; *vt* [vmit] be able to do [sg], be strong enough to do [sg]; manage to; keep pace with; be able to afford; **Nem ~i a munkát.** He can't do all the work./ It's too much for him to do. **Nem ~öm pénzzel.** *coll* I can't afford it.
győzelem *n* victory, triumph
győztes *a* victorious, triumphant; *sp* winning; *n* winner
gyufa *n* match(es)
gyújt *vt* [vmit] light (up), set on fire, ignite; turn on (the light); *vi* [vmire] **cigarettára** ~ light up a cigarette
gyújtás *n* lighting; ignition (engine)
gyújtogat *vi* set on fire, set fire to, ignite
gyújtogatás *n* arson
gyúlékony *a* flammable, combustible
gyullad *vi* catch fire, ignite, go up in flames; *med* be inflamed
gyulladás *n med* inflammation
gyúr *vt* [vmit] knead, massage
gyurma *n* play dough, silly putty
gyűjt *vt* [vmit] collect, gather, assemble
gyűjtemény *n* collection
gyűjtés *n* collection, gathering, assembling
gyűjtő *n* collector, gatherer
gyülekezés *n* assembly, gathering, meeting; **~i szabadság** freedom of assembly
gyülekezet *n* assembly, gathering, crowd; *rel* congregation
gyűlés *n* meeting, gathering, assembly; caucus, rally (of a party); session
gyűl|ik *vi* gather, assemble, congregate, rally; *med* fester, form an abscess; be accumulating (money)
gyűlöl *vt* [vkit] hate, despise
gyűlölet *n* hatred, hate
gyümölcs *n* fruit
gyümölcsfa *n* fruit tree
gyümölcshéj *n* peel, rind, skin
gyümölcsös *a* fruit-, fruity, (made) with fruit; *n* orchard
gyümölcsöző *a* fruitful, productive; *fig* lucrative, profitable
gyűr *vt* [vmit] wrinkle [sg], crease, rumple; [vmibe] stuff into, cram into
gyűrhetetlen *a* wrinkle-proof
gyűrőd|ik *vi* wrinkle
gyűrött *a* wrinkled, rumpled
gyűrű *n* ring; hoop, circle

gyűrűsujj *n* ring finger
gyűszű *n* thimble

H

ha *conj* if, provided, presuming; ~ **lenne pénzem** if I had money ...; ~ **tetszik,** ~ **nem** whether you like it or not; ~ **nem tévedek** if I'm not mistaken
hab *n* foam, froth, lather (soap), surf (ocean), head (beer); whipped cream
habár *conj* although
habfürdő *n* bubble bath, foaming bath; bath gel (the substance)
háborgat *vt* [vkit, vmit] disturb, bother, pester
háborog *vi* [vmin] be rough/stormy (sea); *fig* be discontented, be irritated; grumble, protest
háború *n* war, warfare; **~t visel** [vki ellen] wage war against [sy]
habos *a* foamy, frothy; (filled) with whipped cream; ~ **kávé** coffee with whipped cream; ~ **torta** cake with whipped cream
haboz|ik *vi* hesitate, vacillate
habverő *n* egg whisk
habz|ik *vi* foam, froth, lather (soap); **H~ik a szája** *coll* He's foaming at the mouth. (He's very angry.)
hacsak *conj* if only, if at all, if by any means; ~ **nem** unless, except
had *n mil* army, troops, forces; war; **~at üzen** [vkinek] declare war on [sy]; **~at visel** wage war
hadar *vi* speak very rapidly
hadászat *n mil* the art of war, warfare, strategy
hadászati *a mil* strategic, war-
hadd *vi aux* let; **H~ nézzem!** Let me see! **H~ aludjon!** Let him sleep!
haderő *n mil* military force, armed forces, forces
hadgyakorlat *n mil* military exercise
hadi *a mil* military, war-; **~titok** military secret; **~tudósító** war correspondent
hadiállapot *n mil* state of war
hadiflotta *n mil* navy, naval force
hadifogoly *n mil* prisoner of war, POW
hadifogolytábor *n mil* prison camp, POW camp
hadifogság *n mil* captivity
hadihajó *n mil* warship, man-of-war
haditengerészet *n mil* the Navy
hadművelet *n mil* military operation
hadnagy *n mil* lieutenant
hadonász|ik *vi* gesticulate, use exaggerated hand movements
hadosztály *n mil* division
hadsereg *n mil* army, armed forces, the military
hadügyminiszter *n US* Secretary of Defense, Defense Secretary; *H* Minister of Defense, Defense Minister
hadügyminisztérium *n US* Department of Defense, Defense Department, the Pentagon; *H* Ministry of Defense, Defense Ministry
hadvezér *n* general, commander of the army
Hága *n* the Hague
hágó *n* mountain pass
hagy *vt* [vkit, vmit] leave, let; allow, permit; [vmit vkire] leave to; **H~j békén!** *coll* Leave me alone! **H~juk ezt!** Let's leave this alone!/Enough of this!; **Rá ~ta a házát.** She left her house to him.
hagyaték *n* inheritance, legacy
hagyma *n* onion; bulb (of a plant); **fok~** garlic; **lila~** red onion; **vörös~** yellow onion; **zöld~** green onion
hagyomány *n* tradition, custom

hagyományos *a* traditional, time-honored
Haiti *n* Haiti
haj *n* hair (on the head); **~ba kap** *coll* quarrel, start an argument; **~at mos** wash one's hair; **~at vágat** have/get a haircut; **Égnek áll a ~a.** *coll* Her hair stands on end.
háj *n* fat (on a person/animal); lard
hajadon *a, n* unmarried (woman)
hájas *a* fat, obese
hajcsat *n* bobby pin, hair clip, barrette
hajcsavaró *n* curler (hair)
hajdan *adv* in the old days, once upon a time
hajfestés *n* hair coloring, hair dyeing
hajfürt *n* lock of hair, ringlet, curl
hajít *vt* [vmit] throw, hurl, toss, fling
hajlakk *n* hairspray
hajlam *n* inclination; calling, call
hajlamos *a* [vmire] inclined to, susceptible to
hajlandó *a* [vmire] willing to, inclined to; **nem ~** unwilling, reluctant to do [sg]; **H~ dolgozni.** He's willing to work.
hajlékony *a* flexible, bendable, pliable; supple; compliant, yielding
hajléktalan *a, n* homeless
hajl|ik *vi* bend, arch, curve; bow; [vmire] *fig* incline to, tend to
hajlít *vt* [vmit] bend [sg], curve
hajnal *n* dawn, daybreak, break of day; **~ban** at dawn
hajnalod|ik *vi* dawn
hajó *n* boat, ship, vessel; **felszáll a ~ra** board a ship, embark; **a ~n** on board (the ship), aboard
hajóállomás *n* landing place
hajófedélzet *n* deck
hajógyár *n* shipyard
hajóhad *n* fleet
hajóhíd *n* pontoon; gangway
hajol *vi* bend over, stoop, lean
hajóroncs *n* wreck, wreckage
hajóskapitány *n* captain, commander (of a ship)
hajótörés *n* shipwreck
hajóút *n* voyage
hajózás *n* sailing, navigation, shipping
hajsza *n* chase, pursuit, hunt
hajszál *n* (a strand of) hair; **~ híján** *coll* within a hair, within an inch of; **Egy ~on múlt.** *coll* It was a near miss./It was a close call.
hajszárító *n* hair dryer, dryer (in a salon)
hajszol *vt* [vkit, vmit] hunt after, pursue, chase; *fig* drive [sy] hard; **agyon~ja magát** work himself to death
hajt *vt* [vkit, vmit] drive, work; press, push, impel; bend, turn down (on), fold; *vi* sprout, bud, shoot (plant); **hasznot ~** yield a profit; **fejet ~** bow one's head; **térdet ~** bend one's knee, kneel down
hajtás *n* fold, pleat, plait; sprout, bud, shoot; **Egy ~ra kiitta.** He drank it in one gulp.
hajthatatlan *a* inflexible, unbending; *fig* unyielding, firm
hajtóerő *n* propulsion
hajtű *n* hairpin
hajvágás *n* haircut
hajviselet *n* hairdo
hal[1] *n* fish
hal[2] *vi* die → **meghal**
hál *vi* sleep; **csak ~ni jár belé a lélek** *coll* she's very weak, barely alive
hála *n* gratitude, thanks, thankfulness, gratefulness; **hálát ad** give thanks; **H~ Istennek!** Thank God!/Thank heavens!
hálaadás *n* *US* Thanksgiving (American holiday)

halad *vi* proceed, progress, advance, go (on); *fig* go forward, make progress, improve; **A munka jól ~.** Work is coming along well.
haladás *n* going, advancing, progression; *fig* progress, advance, improvement
haladék *n* extension
haladéktalanul *adv* without delay, immediately, at once, right away
haladó *a* progressive, advanced; traveling, going, proceeding
halál *n* death, decease; **~án van** be dying; **~ra rémül** be scared to death; **~ra ítél** sentence to death; **~ra dolgozza magát** *coll* work oneself to death
halálbüntetés *n law* capital punishment, death penalty
halálos *a* deadly, fatal, lethal, mortal; **~ betegség** fatal disease; **~ ellenség** mortal enemy; **~ csend** dead silence
halandó *a, n* mortal; **közönséges ~** common mortal
halánték *n* temple (body part)
hálás *a* grateful, thankful
halász *n* fisherman
halász|ik *vi* fish
halászlé *n* Hungarian fish soup
halaszt *vt* [vmit] postpone, defer, delay, put off
halaszthatatlan *a* urgent, pressing
hálátlan *a* ungrateful, unthankful; thankless (job)
haldokl|ik *vi* be dying, be on one's deathbed
halhatatlan *a* immortal, undying
halk *a* low (voice), soft, barely audible, quiet; **~szavú** soft-spoken
halkan *adv* softly, quietly, in a low voice
halkít *vt* [vmit] lower one's voice, lower/turn down the volume, soften
halkul *vi* soften, become quieter
hall[1] *n* entry hall, entrance, lobby
hall[2] *vt* [vkit, vmit] hear, perceive, notice; hear of, learn of, be told; **nagyot ~** be hard of hearing; **H~juk!** Let's hear it! **H~ani sem akarok róla!** I'll have none of it!/ I won't hear of it! **Úgy ~om …** I'm told …/I've heard …
hallás *n* hearing (sense); **~ után játszik** play by ear; **Jó ~a van.** She's got a good ear (for music).
hallássérült *a* hearing-impaired, deaf
hallatlan *a* unheard of, astonishing
hallatsz|ik *vi* be heard, sound
hallgat *vt* [vkit, vmit] listen to, hear; attend (lecture); *vi* be silent, keep quiet, remain silent; [vkire] listen to, follow (advice); **~ mint a sír** silent as the grave; **Hallgass!** Be quiet!/ Silence! **Hallgass rám!** Listen to me!/Take my advice! **Ide hallgass!** *coll* Listen!/Look! **H~ni arany.** Silence is golden.
hallgatag *a* silent, taciturn
hallgató *a* listening; silent; *n* listener; university student
halló *a* hearing; **H~!** Hello! (on the phone)
hallókészülék *n* hearing aid
halmaz *n* stack, pile, mass, heap
halmoz *vt* [vmit] accumulate, heap up, pile up, amass; hoard; stockpile
háló[1] *n* net, mesh, web; fishing net; **világ~** *comp* the World Wide Web, the Web; **a ~jába kerül** get caught in [sy's] net/web
háló[2] *n* bedroom
halogat *vt* [vmit] keep postponing, keep putting off, procrastinate
hálóing *n* nightgown
hálókocsi *n* sleeping car (train)
hálóköntös *n* robe, dressing gown

halom *n* hill, mound; heap, pile, stack
hálószoba *n* bedroom
hálóterem *n* dormitory (room)
halott *a, n* dead, deceased; *n* corpse; **H~ak Napja** *H* All Saints' Day, the Day of the Dead
hálózat *n* network, net
hálózati *a* network-; **~ számítógép** network computer
hálózsák *n* sleeping bag
halvány *a* pale, faint, washed out (color); **H~ fogalmam sincs.** *coll* I haven't got the foggiest idea.
halványul *vi* grow pale, grow faint, grow dim
hamar *adv* soon, fast, quickly
hamarosan *adv* before long, soon, shortly, in a little while
hamis *a* fake, faux, false; counterfeit (money), forged (signature); imitation (jewelry); *fig* false, insincere, untrue, deceptive; **~ eskü** *law* perjury; **~ tanú** false witness
hamisít *vt* [vmit] falsify, forge, counterfeit (money)
hamisítás *n* falsification, forgery, counterfeiting; imitation
hamisító *n* forger, counterfeiter
hamisítvány *n* counterfeit, forgery, imitation
háml|ik *vi* peel (skin), scale
hámoz *vt* [vmit] peel (fruit), skin
hamu *n* ashes, cinder; **~vá ég** burn to ashes
hamutartó *n* ashtray
hancúroz|ik *vi* frolic, fool around
hanem *conj* but, but rather; **Nem kicsi ~ nagy.** It's not small, but (rather) big.
hang *n* sound, voice, cry, call (of an animal), tone, ring (bell); *fig* tone (of voice); **~ot ad a véleményének** voice one's opinion; **Egy ~ot se halljak!** *coll* I don't want to hear (another) sound!
hangár *n* hangar
hangerő *n* volume (of sound), loudness
hangerősítő *n* amplifier
hangfelvétel *n* audio recording
hanghordozás *n* tone, intonation
hangjegy *n mus* note
hanglejtés *n* intonation
hangnem *n* tone (of voice); *mus* key, mode
hangol *vt* [vmit] *mus* tune; [vkit vmire] *fig* put [sy] in some mood
hangos *a* loud, blaring
hangosbemondó *n* loudspeaker
hangoztat *vt* [vmit] assert, claim, insist on, assert, emphasize
hangposta *n* voice mail (telephone)
hangsebesség *n* speed of sound, sonic speed
hangsúly *n* stress, emphasis, accent; *fig* emphasis, focus
hangsúlyoz *vt* [vmit] emphasize, stress, put emphasis on
hangszalag *n* vocal cords
hangszer *n mus* musical instrument; **fúvós ~** wind instrument; **vonós ~** string instrument
hangszigetelt *a* soundproof
hangszín *n* tone (of voice), pitch
hangszóró *n* loudspeaker
hangulat *n* mood, frame of mind, atmosphere; morale; **jó ~ban van** be in a good mood
hangulatos *a* cozy (restaurant), with a pleasant atmosphere
hangverseny *n* concert, recital; *mus* concerto
hangversenyterem *n* concert hall
hangvétel *n* tone (of an article/discussion)
hangzavar *n* cacophony, discord; noise, loudness
hangz|ik *vi* sound, ring

hangya *n* ant
hangyaboly *n* anthill
hány?[1] *pron* How many? **H~ óra (van)?** What time is it? **H~ éves?** How old is he?
hány[2] *vt* [vmit] vomit, be sick, throw up, *coll* puke; throw, toss, fling; **szemére ~** [vmit] blame [sy] for [sg]; **Szikrát ~ a szeme.** He's very angry. (You can see it in his eyes.)
hányad *n* portion, part, share
hányadik? *pron* which (number)?; **H~ oldal?** Which page? **H~a van?** What's the date today?
hányados *n* quotient
hanyag *a* careless, negligent; sloppy (work)
Hányas? *pron* What number?/What size? **H~ buszra vár?** What number bus are you waiting for? **H~ cipőt visel?** What size shoes do you wear?
hanyatl|ik *vi* decline, decay; degenerate, be corrupted; fail (strength), deteriorate
hanyatt *adv* on one's back; **~ fekszik** lie on one's back; **~homlok** in a big hurry
hányinger *n* nausea, feeling sick
Hányszor? *pron* How many times?/ How often?
hapci *n coll* sneeze; **H~** Sneezy (one of the Seven Dwarfs)
hapsi *n coll* guy, fellow, dude
harag *n* anger, irritation, grudge, wrath, rage; **~ra lobban** lose one's temper
haragos *a* angry, irritated; *n* enemy, antagonist
haragsz|ik *vi* be in a bad temper, be cross; [vkire] be angry at, be furious at, be enraged at; **Ne haragudj.** Please don't be mad./I'm sorry./ I apologize.
harang *n* bell (church)
harangoz *vi* ring the bells (church); **H~nak.** Church bells are ringing.
harangvirág *n* bluebell
harap *vt* [vkit, vmit] bite, take a bite (out of); **Vigyázz, a kutya ~!** Beware of the dog!
harapófogó *n* pliers
harapós *a* biting; **~ kutya** vicious dog; **H~ hangulatban van** She's in a bad mood
harc *n* fight, fighting, battle, combat; *fig* struggle
harcias *a* aggressive, eager to fight
harckocsi *n mil* tank, armored vehicle
harcol *vi* [vkiért, vmiért] fight for; [vki ellen, vkivel] fight against, battle; *fig* struggle
harcos *a* fighting, combative, martial; aggressive; *n* warrior, soldier, fighter
harcsa *n* catfish
harctér *n* battlefield
hardver *n comp* hardware
hárfa *n* harp
harisnya *n* stockings, pantyhose, hose
harisnyanadrág *n* pantyhose
harkály *n* woodpecker
harmadfokú *a* (of the) third-degree; **~ égés** third-degree burn
harmadik *a* third; **szeptember ~a** the third of September; **~ba jár** *school* be in the third grade
harmat *n* dew
harminc *num* thirty
harmincadik *a* thirtieth
harmónia *n* harmony
harmonika *n* accordion; **száj~** harmonica
három *num* three
háromdimenziós *a* three-dimensional, *coll* 3-D
háromnegyed *num* three-quarters; **~ nyolc** a quarter of eight (time)

háromszög *n* triangle
háromszögű *a* triangular
hárs(fa) *n* linden tree
harsány *a* loud, ringing, shrill; loud (color), *coll* tacky
harsona *n* trumpet, bugle
hártya *n* membrane, film
has *n* abdomen; *coll* belly, tummy; **megy a ~a** have diarrhea; **~ra esik** fall flat on one's face; **Fáj a ~am.** I have a stomachache.
hasáb *n* log; column; *geom* prism
hasábburgonya *n* French fries
hasad *vi* split, crack, burst, tear, rip
hasadék *n* crack; mountain gorge
hasal *vi* lie on one's stomach
hasfájás *n* stomachache
hashajtó *n* laxative
hasít *vt* [vmit] split, slit, slash, tear, rip
hasmenés *n* diarrhea
hasnyálmirigy *n med* pancreas
hasonlat *n* simile
hasonlít *vi* [vkire, vmihez] resemble, be like, look like, be similar to; *vt* [vkit vkihez] compare, liken to
hasonló *a* similar, alike, comparable, resembling; **hozzám** ~ like me
hasonmás *n* likeness, image; double (person)
használ *vt* [vmit] use, make use of, utilize, employ, apply; *vi* be of use, be beneficial, be useful; **~t neki a pihenés** rest was good for him
használat *n* use, usage, application, handling, wear (and tear)
használhatatlan *a* useless, of no use, unusable
használható *a* useful, usable
használt *a* used; ~ **ruha** secondhand clothing
használtcikk *n* secondhand article(s)
hasznos *a* useful, good (for), of use, beneficial
hasznosít *vt* [vmit] make use of, utilize, make the most of
haszon *n econ* profit, gain; advantage, benefit; **hasznot hajt** generate profit; **hasznát veszi** [vminek] make good use of [sg]
haszontalan *a* useless, vain, unsuccessful; worthless, good-for-nothing (person)
hasztalan *adv* in vain, unsuccessfully
hat[1] *num* six
hat[2] *vi* [vkire, vmire] affect, impress, make an impression, influence; take effect, act, work (medication); give the impression of; **Nem ~ rá semmi.** Nothing affects him.
hát[1] *conj* well, then, so; ~ **akkor** well then; ~ **persze** of course; **Láttam ~!** Of course I saw it! (emphasizes positive answer)
hát[2] *n* back, spine (of a book); **~ba szúr** stab in the back; **a ~a mögött** behind her back; **Borsódzik tőle a ~am.** *coll* It gives me the creeps.
hatalmas *a* huge, enormous, monumental, immense, giant, gigantic; *fig* mighty, powerful
hatalom *n* power, might; authority, rule; **hatalmon van** be in power; **a szokás hatalma** force of habit
hatalomátvétel *n* transfer of power, taking over of power
hatály *n* force, power, effect, validity, authority; **~ba lép** go into effect
hatálytalanít *vt* repeal, void, cancel, invalidate
határ *n* boundary, border, frontier; limit(s); *fig* limit, bounds, dividing line; **~t szab** set limits
határátkelőhely *n* border crossing
határérték *n math* limit value
határidő *n* deadline
határidőnapló *n* daily/weekly planner

határos *a* [vmivel] bordering, adjacent (to)
határoz *vi* [vmiről] decide, make a decision, come to a decision, resolve
határozat *n* resolution, decision
határozatlan *a* irresolute, undecided
határozott *a* determined, firm, assertive; precise, accurate, definite
határőr *n* border guard
határtalan *a* unlimited, boundless, limitless, infinite, immense
hatás *n* effect, influence, result; **~sal van** [vmire] have an effect on
hatásfok *n* efficiency
hatáskör *n* authority, power(s); *law* jurisdiction
hatásos *a* effective, impressive
hatástalan *a* ineffective, ineffectual
hatékony *a* efficient
hatékonyság *n* efficiency
hátgerinc *n* spine, backbone, spinal column
hátha *conj* maybe, but if, perhaps
háti *a* back-
hátizsák *n* backpack
hátlap *n* back, back cover, reverse (side)
hatóanyag *n* effective agent, effective substance
hatóerő *n* active force
hatol *vi* [vmibe] penetrate, force one's way into; probe into
hatóság *n* authority (public); **a ~ok** authorities
hatótávolság *n* range, reach
hátra *adv* back, backwards
hátrább *adv* further back
hátradől *vi* lean back, sit back
hátrafelé *adv* backwards, in reverse
hátrafordul *vi* turn back, turn around, look around/back
hátrahagy *vt* [vmit vkinek] leave behind
hátraigazít *vt* [vmit] turn the clock back
hátrál *vi* back away, withdraw
hátralék *n* backlog, remainder (debt), residue
hátráltat *vt* [vkit, vmit] delay, hinder, impede
hátramarad *vi* stay behind, fall behind, be left behind
hátrány *n* disadvantage, drawback, inconvenience; detriment
hátrányos *a* disadvantageous, detrimental; disadvantaged; **~ helyzetű** at a disadvantage
hátsó *a* back-, rear, hind, posterior; **~ ülés** backseat; **~ gondolat** ulterior motive
háttámla *n* back (of a chair), backrest
háttér *n* background
hátul *adv* in the back, behind, at the rear
hátúszás *n sp* backstroke
hatvan *num* sixty
hatvanadik *a* sixtieth
hatvány *n math* power (of number); **harmadik ~ra emel** *math* raise to the third power
hattyú *n* swan
havas *a* snowy, snow-covered; **~ eső** sleet; **a ~ok** snow-covered high mountains
havazás *n* snowfall
havaz|ik *vi* snow, be snowing
haver *n coll* pal, buddy
havi *a* monthly, a month's; **~ részlet** monthly installment
havibérlet *n* monthly pass
havonta *adv* monthly, every month, per month
Hawaii szigetek *n* Hawaii
ház *n* house, building, residence, home, mansion; shell (snail); **~ról ~ra** from door to door; **H~on kívül van** He's not in./He's out. **Jó ~ból való.** She's from a good family.

haza *adv* homeward, home; *n* homeland, motherland, birthplace; **Nem jön ~.** He's not coming home.
hazaáruló *n* traitor
hazaenged *vt* [vkit] let [sy] go home, release
hazaérkez|ik *vi* arrive home, get home, return home
hazafelé *adv* homeward, on the way home
hazafi *n* patriot
hazafias *a* patriotic
hazafiság *n* patriotism, love of one's country
hazahoz *vt* [vkit, vmit] bring home
hazai *a* native, home-, domestic, from home
hazáig *adv* as far as home, all the way home, to one's home/house
hazajön *vi* come home, return home
hazakísér *vt* [vkit] walk [sy] home
hazamegy *vi* go home, walk home
házas *a* married; **H~ok.** They are married.
házasod|ik *vi* get married, wed, marry
házaspár *n* married couple
házasság *n* marriage, wedlock, matrimony, match; married life; **~ot köt** get married, marry
házassági *a* marital, marriage-, matrimonial; **~ évforduló** wedding anniversary
házasságközvetítő *n* matchmaker
házasságtörés *n* adultery
házastárs *n* spouse
hazaszeretet *n* love of one's country, patriotism
házavató *n* housewarming (party)
hazavisz *vt* [vkit, vmit] take home, carry home
házbér *n* rent
házi *a* house-, domestic, household; indoor; **~ feladat** homework; **~ bor** homemade wine
háziállat *n* domestic animal, pet
házias *a* domestic
háziasszony *n* hostess; landlady; housewife
házibuli *n coll* house party
házigazda *n* host
házimunka *n* housework, (household) chores
háziorvos *n* family doctor
házirend *n* rules of the house
házkutatás *n* house search; **~i parancs** search warrant
házszám *n* house number, street number
háztartás *n* household; housekeeping
háztartási *a* household-; **~ alkalmazott** hired help; **~ bolt** household goods store; **~ gép** home appliance, household gadget
háztető *n* roof
háztömb *n* block (building)
hazud|ik *vt* [vmit] lie, tell a lie
hazug *a* lying, untruthful; *n* liar
hazugság *n* lie, untruth; **ártatlan ~** white lie
házvezetőnő *n* housekeeper (woman)
hé *int* **H~!** Hey!, *coll* Yo!; Whoa!
hébe-hóba *adv* every now and then, once in a while
héber *a, n* Hebrew
heccel *vt* [vkit] tease
heg *n* scar
hegedű *n mus* violin, fiddle
hegedül *vi mus* play the violin, play the fiddle
hegedűs *n mus* violinist, fiddler
hegeszt *vt* [vmit] weld
hegy *n* hill, mountain, mount; point (of a pencil/knife); top (of a tree); tip (of the tongue/nose/ finger); **a ~ oldalán** on the hillside; **egymás ~én hátán** *coll* all in a heap
hegycsúcs *n* hilltop, mountain top, summit, crest

hegyes *a* mountainous, hilly; pointy, sharp, pointed
hegyez *vt* [vmit] sharpen; **~i a fülét** prick one's ears
hegylánc *n* mountain range
hegymászás *n* mountain climbing, mountaineering
hegyoldal *n* hillside, mountain side
hegység *n* mountains, mountain range
hegyszoros *n* mountain pass
hegytető *n* hill top, mountain top
hegyvidék *n* mountain range
hej *int* **H~!** Hey!
héj *n* peel, skin, rind, zest (lemon); shell (nuts); crust (bread); **szem~** eyelid(s)
héja *n* hawk
helikopter *n* helicopter
Helsinki *n* Helsinki
hely *n* place, space, room; seat; site, spot, scene; locality, neighborhood, district; job, post, position; **~et foglal** take a seat; **~ben** in place; locally; **H~ben vagyunk!** *coll* Now we're talking!/That's it! **A ~edben én …** If I were you, I'd …; **a ~ébe lép** take [sy's] place, replace
helybeli *a* local
helyenként *adv* here and there, in some places
helyénvaló *a* proper, appropriate, suitable
helyes *a* correct, right, proper, accurate; handsome, good-looking, cute; **H~!** That's right!
helyesbít *vt* [vmit] correct, set straight, rectify
helyesbítés *n* correction
helyesel *vi* agree, approve (of)
helyesírás *n* spelling
helyett *post* instead of; **~em** for me, instead of me, on my behalf
helyettes *a* substitute, deputy, acting; *n* substitute, deputy
helyettesít *vt* [vkit, vmit] replace, substitute
helyez *vt* [vkit, vmit] place, put, set, lay, post; [vkit] appoint, assign to, transfer to
helyezked|ik *vi* position oneself, assume a position; take up place, occupy a position
helyfoglalás *n* seat/place reservation
helyhatóság *n* local government, municipality
helyhatósági *a* municipal; **~ választások** municipal elections, local elections
helyi *a* local; **~ újság** local newspaper
helyiérdekű *a* **~ vasút** *n* local train → **HÉV**
helyiség *n* room
helyjegy *n* seat reservation
helyreállít *vt* [vmit] repair, renovate, restore; right, set right
helyrehoz *vt* [vmit] redress, recover, remedy, correct
helyreigazít *vt* [vmit] correct, set right
helység *n* place, locality; small town
helyszín *n* site, scene, locale; **a ~en** on the spot, at the scene (of)
helyszíni *a* on-the-spot; **~ bírság** on-the-spot fine; **~ közvetítés** live broadcast
helytáll *vi* hold one's own; be valid, be accurate; live up to expectations
helytelen *n* incorrect, wrong, inaccurate; improper, inappropriate (behavior)
helytelenít *vt* [vmit] disapprove (of), condemn
helytelenül *n* incorrectly, inaccurately, wrongly
helyzet *n* situation, position, posture; *fig* situation, standing, state, circumstances; **társadalmi ~** social standing; **az a ~…** the thing is …,

the fact of the matter is …; **Mi a ~?** What's going on?/What's the situation?

henceg *vi* [vmivel] brag, boast

henger *n* cylinder, roll

hentes *n* butcher

hentesüzlet *n* butcher shop

hepehupás *a* bumpy (road), uneven, rough

herceg *n* prince, duke

hercegnő *n* princess, duchess

here *n* testicle; drone (bee); *fig* parasite

hering *n* herring

hernyó *n* caterpillar

hervad *vi* fade, wither, droop

hét *num* seven; *n* week; **~kor** at seven (o'clock); **mához egy ~re** a week from today

hetedik *a* seventh

hetente *adv* every week, weekly

hetes *a* number seven; … weeks old, lasting … weeks; **két ~ nyaralás** two-week vacation; **három ~ baba** three-week-old baby

hétfő *n* Monday; **~n** on Monday; **~ este** on Monday night

heti *a* weekly, a week's, per week; **~ két nap** two days a week

hetilap *n* weekly newspaper

hétköznap *adv, n* weekday

hétköznapi *n* weekday; *fig* common, average, everyday

hétvége *n* weekend

hetven *num* seventy

hetvenes *a* number seventy; **a ~ évek** the seventies (the decade)

hév *n* fervor, zeal, ardor; **a vita hevében** in the heat of the argument

HÉV = helyiérdekű vasút *n H* local commuter train around Budapest

heveder *n* strap, belt

hever *vi* lie around, be lying

heverő *n* settee, daybed

heves *a* violent, passionate, heated, hot; intense, sharp, acute (pain); fierce (fight)

hevít *vt* [vmit] heat up; *fig* incite, fire, stimulate

-hez *suff* → **-hoz**

hézag *n* gap; *fig* shortcoming, deficiency

hiába *adv* in vain, for nothing

hiábavaló *a* useless, futile

hiány *n* lack, want, absence; deficit; **~t szenved** [vmiben] be short of [sg]; **költségvetési ~** *econ* budget deficit

hiányol *vt* [vmit] miss [sg]

hiányos *a* lacking, imperfect, incomplete, insufficient

hiánytalan *a* complete, entire, full

hiányz|ik *vi* be absent, be missing; [vmi vkinek] miss [sg]; **Már csak ez ~ott!** That does it!/That tops it all! **H~ nekem a barátom.** I miss my friend.

hiba *n* mistake, error, fault, slip, blunder; defect, flaw; **az én hibám** it's my fault; **testi ~** deformity (body); **helyesírási ~** spelling error, typo (in print)

hibahatár *n* margin of error

hibás *a* defective, faulty; guilty; *gram* incorrect (spelling); **Ő a ~.** She's to blame. **Nem te vagy a ~.** It's not your fault.

hibátlan *a* perfect, correct, flawless, accurate

hibáz|ik *vi* [vmiben] make a mistake, err

hibáztat *vt* [vkit vmiért] blame (for)

híd *n* bridge

hideg *a* cold, chilly; *n* cold, chill; **H~ van.** It's cold. **Rázza a ~.** He's shivering./He's got chills.

hidegháború Cold War

hidegtál *n* cold platter, sandwich platter
hidegvér *n* cold blood, coolness; **elveszíti a ~ét** lose one's cool
hídfő *n* bridgehead
hidrogén *n chem* hydrogen
hidrogénbomba *n* hydrogen bomb, H-bomb
hiéna *n* hyena
hifitorony *n* hi-fi tower, hi-fi system, sound system, stereo system
híg *a* thin (liquid), watery, diluted
higany *n chem* mercury, quicksilver
higgadt *a* calm, cool, sober
higiénia *n* hygiene
higiénikus *a* hygienic, sanitary
higít *vt* [vmit] dilute, thin
higító *n* thinner (paint)
hihetetlen *a* unbelievable, incredible, inconceivable
hihető *a* believable, credible, authentic
híja *n* [vminek] lack of; **jobb szó híján** for lack of a better word
hím *a, n* male
Himalája, a *n* the Himalayas
hímez *vt* [vmit] embroider, stitch
himlő *n med* smallpox; **bárány~** chicken pox
hímnemű *a* male; *gram* masculine
himnusz *n* (national) anthem
hímzés *n* embroidery, needlework
hímzett *a* embroidered
hínár *n* seaweed; reed grass
hinni *vt* → **hisz**
hinta *n* swing
hintaszék *n* rocking chair, rocker
hintáz|ik *vi* swing, rock
hipnotizál *vt* [vkit] hypnotize
hír *n* news, information, intelligence, rumor, word, message; reputation, fame; **a ~ szerint** according to reports, the word is; **az a ~ járja** rumor has it; **~be hoz** [vkit] spread rumors about [sy], discredit; **~ből ismer** know [sy] by reputation; **jó ~ű** *a* reputable, respectable
híradástechnika *n* telecommunication technology
híradó *n* newscast, news program (on TV)
hirdet *vt* [vmit] advertise, put an ad in (the paper); preach, proclaim, profess; make public, announce; **eredményt ~** announce the winner; **ítéletet ~** announce the verdict
hirdetés *n* advertising, advertisement, ad
hirdetőtábla *n* billboard, bulletin board
híres *a* [vmiről] famous, renowned, well-known; distinguished, illustrious (person)
híresztelés *n* rumor, talk
hírhedt *a* infamous, notorious
hírközlés *n* telecommunication
hírközlő *a* **~ szervek** the media
hírlap *n* newspaper, paper, daily
hírnév *n* fame, reputation
hírnök *n* messenger, herald
hírszerzés *n* intelligence; news gathering
hírszerző *a* intelligence-; *n* informant; **~ szolgálat** intelligence agency
hirtelen *adv* suddenly, all of a sudden, unexpectedly, abruptly
hírügynökség *n* news agency, news service
hisz *vt* [vmit] believe, think, consider, expect; *vi* [vkinek] believe [sy], believe what [sy] says; [vkiben, vmiben] believe in, have faith in, trust; **azt ~em** I think, I guess; **akár ~ed, akár nem** believe it or not; **Hidd el!** Believe me!/Trust me! **Nem hittem a szememnek.** I couldn't believe my eyes.
hiszékeny *a* gullible, naïve, credulous

hiszékenység *n* credulity, credulousness, naiveté, naivety
hiszen *conj* but, surely
hisztérikus *a* hysterical
hiszti *n coll* hissie fit
hisztiz|ik *vi coll* throw a hissy fit
hit *n* belief, faith, trust, confidence; *rel* religion, faith, religious belief; conviction; **abban a ~ben hogy** in the belief that; [valamilyen] **~re tér** convert to [some] faith
hiteget *vt* [vkit] make empty promises
hitel *n* credit; loan; credibility, trustworthiness, trust, confidence; **~re vásárol** buy on credit; **~t vesz fel** take a loan; **~t ad** [vminek] believe, give credibility to
hiteles *a* authentic, genuine, valid; authenticated, certified, verified; **~ másolat** certified copy
hitelesít *vt* [vmit] certify, authenticate; check, test
hitelez *vt* [vmit vkinek] give credit, give a loan
hitelkártya *n* credit card, charge card
hitetlen *a* skeptical, incredulous; *rel* faithless, unbelieving; *n* nonbeliever
hitoktatás *n* religious instruction
hittan *n* religious instruction; theology
hittérítő *n* missionary
hittudomány *n* theology
hitvány *a* worthless, unworthy, vile
hitves *n* spouse, husband (male), wife (female)
hiú *a* vain, conceited; idle, empty
hiúság *n* vanity
hív *vt* [vkit, vmit] call, summon; invite, ask; call (on the telephone); call, name; **Egy férfi ~ott.** A man called you. **Hogy ~nak?** What's your name? **Tominak ~nak.** My name is Tomi.
hivatal *n* office, bureau; position, post, job; **~ba lép** take up office; **~ból** officially
hivatalnok *n* official, civil servant, clerk
hivatalos *a* official, administrative, professional; **H~ úton van.** He's on an official trip.
hivatás *n* profession, calling, occupation
hivatásos *n* professional
hivatkoz|ik *vi* [vkire, vmire] refer to
hívatlan *a* uninvited, uncalled-for
hívő *n rel* believer
hízeleg *vi* [vkinek] flatter
híz|ik *vi* put on weight, gain weight, get fat, get overweight
hizlal *vt* [vkit, vmit] fatten up, make [sy] fat
hó[1] *n* snow; **Esik a ~.** It's snowing.
hó[2] → **hónap**
hobbi *n* hobby
hóbort *n* whim, fad, craze
hóbortos *a* eccentric, crazy, weird
hócipő *n* snow boots
hód *n* beaver
hódít *vt* [vmit] conquer; [vkit] *fig* win [sy's] heart
hódító *a* conquering; charming, captivating; *n* conqueror
hódol *vi* [vkinek, vminek] pay homage to, pay one's respect to; have a passion for, follow (fashion)
hódoló *n* admirer, follower
hódoltság *n* foreign occupation
hófúvás *n* blizzard, snow-storm; snow-drift
hógolyó *n* snow-ball
Hogy?[1] *adv* How? In what way? By what means? **H~ van?** How are you? **H~ hívják?** What's her name? **H~ mondják magyarul?** How do you say it in Hungarian?
hogy[2] *conj* that; in order that, in order to, so that; whether, if; **Tudom, ~ szereti.** I know that he likes it.

Azért jöttem, ~ találkozzunk. I came (in order) to meet you. **Nem tudom, ~itt van-e.** I don't know if she's here.
Hogyan? *adv* How? In what way? By what means?
hogyha *conj* if, supposing, when
Hogyhogy? *adv* What do you mean?/ How come?
hogyisne *int* **H~!** Certainly not!/ *coll* Not on your life!/Hell, no!
hogyne *adv* of course, naturally
hoki *n sp* hockey
hokiz|ik *vi* play hockey
Hol? *adv* Where?/Where at?/ Whereabouts?; *pron* → **ahol**; *conj* **H~ igen, h~ nem.** Sometimes yes, sometimes no.
hold *n* moon; **mű~** satellite
holdfény *n* moonlight
holdfogyatkozás *n* lunar eclipse, eclipse of the moon
holdkomp *n* lunar module
holdtölte *n* full moon
holdvilág *n* moonlight
holland *a* Dutch
Hollandia *n* the Netherlands, Holland
hollandul *adv* in Dutch
holló *n* raven
holmi *n* stuff, things, one's belongings
holnap *adv* tomorrow; *n* tomorrow, the next day; **~ este** tomorrow night
holnapután *adv* the day after tomorrow
holott *conj* although, whereas
holt *a* dead, deceased; **~ szezon** low season
holtpont *n* deadlock
Holt-tenger *n* the Dead Sea
holttest *n* corpse, (dead) body
holtverseny *n sp* tie, draw
hólyag *n* bladder; blister; *coll* idiot
homály *n* dusk, twilight; dimness; *fig* obscurity, mystery
homályos *n* dim, obscure; unclear; dim
homár *n* lobster
homlok *n* forehead, brow
homloküreg *n* sinus cavity; **~ gyulladás** sinus infection, sinusitis
homlokzat *n* façade, front (of a building)
homogén *a* homogeneous
homok *a* sand
homokóra *n* hourglass
homokos *a* sandy, with sand on/in it; *coll pejor* gay, homosexual
homorú *a* concave, hollow
homoszexuális *a* homosexual
hon *n* homeland
hónalj *n* armpit; **a ~a alatt** under one's arm
hónap *n* month; **minden ~ban** every month
hónaponként *adv* monthly, every month
hónapos *a* … months old; **két ~ baba** a two-month-old baby
honatya *n H* member of Parliament (male)
honfitárs *n* compatriot, fellow countryman
honfoglalás *n H* the Conquest (of present-day Hungary)
Hong Kong *n* Hong Kong
honlap *n comp* homepage
Honnan? *adv* From where?/Where from?/Whence?; *pron* → **ahonnan**; **H~ tudod?** How do you know? **H~ tudjam?** How should I know?
honorál *vt* appreciate; pay a honorarium
honorárium *n* fee, royalty, honorarium
honpolgár *n* citizen
hontalan *n* homeless, exiled
honvágy *n* homesickness; **~a van** be homesick
honvédelem *n* national defense

honvédelmi *a* (national) defense; **H~ Minisztérium** *H* Ministry of Defense; *US* Department of Defense
honvédség *n mil H* army, armed forces
hópehely *n* snowflake
hoppá *int* **H~!** Oops!
hord *vt* [vmit] carry, take; wear, have [sg] on; **a tenyerén ~** [vkit] pamper [sy]
hordágy *n* stretcher
hordár *n* porter
hordó *n* barrel, cask
hordozható *a* portable
horgász *n* fisherman (hobby)
horgászbot *n* fishing pole, fishing rod
horgász|ik *vi* go fishing, fish (hobby)
horgol *vt* [vmit] crochet
horgony *n* anchor; **~t vet** anchor; *fig* settle down
horgonyoz *vi* anchor, be moored
horizont *n* horizon, skyline
horkol *vi* snore
hormon *n* hormone
hormonkezelés *n* hormone therapy
horog *n* hook
horoszkóp *n* horoscope
horpad *vi* get dented, cave in
horvát *a* Croatian; *n* Croat
Horvátország *n* Croatia
horvátul *adv* in Croatian
horzsol *vt* [vmit] scrape (skin)
hossz *n* length; **Se vége, se ~a.** There is no end to it.
hosszában *adv* lengthwise; alongside [sg]; **széltében ~** far and wide
hosszabbít *vt* [vmit] lengthen, make [sg] longer; extend, prolong
hosszan *adv* long, for a long time; **~tartó** long-lasting
hosszas *a* lengthy, long-winded
hosszú *a* long; tall and thin (person)
hosszúság *n* length; *geog* longitude
hosszútávfutás *n sp* long-distance running
hotel *n* hotel
Hova? *adv* Where?/Where to?/Which way?/In what direction?; *pron* → **ahova**; **H~ valósi?** Where are you from? **H~ lett a kulcsom?** Where did my keys go? (I lost my keys.)
hóvihar *n* blizzard, snowstorm
hóvirág *n* snowdrop
hoz *vt* [vkit, vmit] bring, carry, fetch; bring in, yield (income); bear, produce (fruit); **magával ~** bring along; **világra ~** give birth; **Isten ~ta!** Welcome!; **áldozatot ~** make a sacrifice; **döntést ~** make a decision; **nyilvánosságra ~** make [sg] public, publicize
-hoz, -hez, -höz *suff* to, up to; **kézhez kap** receive; **mához egy hétre** a week from today; **Orvoshoz megy.** He's going to the doctor. **Kedves mindenkihez.** She's nice to everybody.
hozam *n* yield, output
hozomány *n* dowry
hozzá *adv* to, towards; **illik ~** it goes well with it; **~m** to me, towards me
hozzáad *vt* [vmit vmihez] add; mix; supplement; marry off
hozzáállás *n* attitude, approach
hozzáér *vi* [vkihez, vmihez] touch, come in contact with
hozzáerősít *vt* [vmit vmihez] fasten to, affix to, attach to
hozzáértő *a* competent, expert, skilled in [sg]; *n* expert
hozzáfér *vi* [vmihez] reach, have access, access
hozzáfog *vi* [vmihez] get started on, begin, start
hozzáfűz *vt fig* [vmit vmihez] add, comment
hozzáillő *a* matching, suitable, appropriate

hozzájárul *vi* [vmihez] contribute to, make a contribution; agree to, consent
hozzájárulás *n* contribution, donation; consent, assent
hozzájut *vi* [vmihez] get, obtain, come by; find time; **Nehéz ~ni.** It's hard to come by.
hozzálát *vi* [vmihez] start, begin, get started
hozzámegy *vi* [vkihez] (a woman) marry (a man), get married (to a man)
hozzányúl *vi* [vmihez] touch, handle; **Ne nyúlj hozzá!** Don't touch it!
hozzáragad *vi* [vmihez] stick to, cling to
hozzászámít *vt* [vmit vmihez] include in, add to
hozzászok|ik *vi* [vmihez] get used to, get accustomed to
hozzászól *vi* [vmihez] comment on, make remarks on, add to, put in a word; **Mit szólsz hozzá?** What do you think about it?
hozzászólás *n* comment, remark, observation (verbal)
hozzátapad *vi* [vmihez] stick to, cling to
hozzátartoz|ik *vi* [vmihez] belong to, be a part of
hozzátartozó *n* relative, relation; **legközelebbi ~** next of kin
hozzátesz *vt* [vmit vmihez] add, mix; affix
hozzávaló *a* belonging to, pertaining to; required; *n* ingredient, accessory
hozzávetőleg *adv* approximately, roughly, about
hő *n* heat, warmth
hőálló *a* heat-resistant, heat-proof
hőemelkedés *n* slight fever; **~e van** have a slight temperature
hőfok *n* degree of heat
hőguta *n* heatstroke
hőhullám *n* heat wave
hőlégballon *n* hot air balloon
hölgy *n* lady; **H~em!** Madam! **H~eim és uraim!** Ladies and gentlemen!
hőmérő *n* thermometer
hőmérséklet *n* temperature
hörcsög *n* hamster
hörghurut *n med* bronchitis
hős *a* heroic, valiant, gallant; *n* hero, heroine (female)
hőség *n* heat
hősies *a* heroic, brave, gallant
hősnő *n* heroine
hősugárzó *n* space heater
hőszigetelés *n* heat insulation
-höz *suff* → **-hoz**
húg *n* younger sister
húgy *n* urine
húgycső *n med* urethra
húgyhólyag *n med* bladder
hull *vi* fall, drop, be falling; flow (tears); **~ a hó** it's snowing
hulla *n* corpse, dead body, carcass
hulladék *n* waste, trash, refuse
hullaház *n* morgue
hullám *n* wave
hullámhossz *n* wavelength
hullámlovaglás *n* (wind) surfing
hullámlovas *n* surfer
hullámos *a* wavy, undulating
hullámsáv *n* wave band
hullámvasút *n* roller coaster
hullámz|ik *vi* ripple, undulate, swell, surge
hull|ik *vi* → **hull**
humán *a* humane; liberal arts-; **H~ érdeklődésű.** He's interested in the liberal arts.
humánus *a* humane, humanitarian, benevolent
humor *n* humor
humorérzék *n* sense of humor
huncut *a* mischievous, rascal

húr *n* string, wire (piano); **egy ~on pendülnek** *coll* they think/act alike
hurcol *vt* [vmit] carry, haul, drag
hurka *n* **májas ~** liver sausage; **véres ~** blood sausage
hurok *n* noose, loop, snare; **~ra kerít** catch, snare
húros *a mus* string; **~ hangszer** string instrument
hús *n* flesh (live); meat, game, venison; flesh, pulp (fruit); **jó ~ban van** *coll* be a little plump
húsdaráló *n* meat grinder
húsleves *n* meat soup, meat broth
húsvét *n* Easter
húsvéti *a* Easter-; **~ tojás** Easter egg
húsz *num* twenty
huszadik *a* twentieth; **~ század** twentieth century
huszár *n* hussar, cavalryman
húz *vt* [vmit] pull, drag, draw, haul; *vi* [vkihez] take sides, prefer [sy]; **cipőt ~** put on shoes; **hasznot ~** [vmiből] make a profit from; **~za az időt** play for time; **a rövidebbet ~za** *coll* get the short end of the stick; **ujjat ~** [vkivel] *coll* pick a fight with
huzal *n* wire, cable
huzamos *a* long, lengthy, long-lasting
huzat *n* draft, a current of air; case (pillow), cover (comforter)
huzatos *a* drafty, breezy
húzód|ik *vi* pull, stretch (material); take a long time, drag on; extend (area), spread (as far as); withdraw, hide
húzódoz|ik *vi* act shy, shrink from, be reluctant to, be unwilling
hű *a* loyal, faithful, true, devoted
hűha *int* **H~!** Wow!
hűhó *n* fuss, noise, ado; **sok ~ semmiért** much ado about nothing
hűl *vi* chill, cool, grow cold
hüllő *a* reptilian; *n* reptile
hülye *a* stupid, dumb, idiotic; *n* stupid, idiot
hülyeség *n* stupidity, idiocy; stupid thing, nonsense
hülyésked|ik *vi* act stupid, fool around
hűséges *a* loyal, faithful, true, devoted
hűsít *vt* [vmit] refresh, chill
hűsítő *a* refreshing, cooling; *n* refreshment
hűt *vt* [vmit] cool, chill, refrigerate
hűtlen *a* unfaithful, disloyal; **~ kezelés** *law* misappropriation
hűtő *n coll* fridge
hűtőfolyadék *n auto* coolant
hűtőláda *n* cooler (box)
hűtőszekrény *n* refrigerator
hűtőtáska *n* cooler (bag)
hűtővíz *n auto* coolant
hüvely *n med* vagina
hüvelyk *n* inch
hüvelykujj *n* thumb
hűvös *a* cool, fresh, chilly; *fig* stiff, cold (behavior)

I, Í

ibolya *n* violet; **fokföldi ~** African violet; **Alulról szagolja az ibolyát.** *coll* He's pushing up daisies.
ibolyántúli *a* ultraviolet
ide *adv* here, to here, to this place, hither; **Gyere ~!** Come here! **Ez nem tartozik ~.** This has nothing to do with it.
ideál *n* ideal, idol
ideális *a* ideal
ideg *n* nerve; **Az ~eimre megy.** *coll* She's driving me crazy./She's getting on my nerves.
idegcsillapító *n* sedative, tranquilizer

idegen *a* unknown, strange, unfamiliar; foreign, alien; *n* stranger, outsider; foreigner, alien
idegenforgalmi *a* **~ hivatal** tourist office
idegenforgalom *n* tourism
idegenvezető *n* tour guide
ideges *a* nervous, anxious, restless, worried
idegesked|ik *vi* [vmi miatt] be nervous, be anxious, be worried
ideggyógyász *n med* neurologist
ideggyógyintézet *n* neurological clinic
idegőrlő *a* nervewracking
idegösszeomlás *n* nervous breakdown
idegzet *n* nervous system, nerves
idehoz *vt* [vkit, vmit] fetch, bring over here
idei *a* this year's, of this year
ideiglenes *a* temporary, interim, provisional, transitory; momentary; makeshift
ideiglenesen *adv* temporarily, for the time being
idejétmúlt *a* outdated, obsolete, out of date
idejön *vi* come here
idejut *vi* get here
idén *adv* this year
ide-oda *adv* here and there, back and forth, to and fro
ideológia *n* ideology
idétlen *a* goofy, stupid, silly; clumsy, awkward
idevaló *a* belonging to this place
idevalósi *a* local, from around here; **Nem vagyok ~.** I'm not from around here.
idéz *vt* [vkit, vmit] quote, cite; *law* summon, cite
idézet *n* quote, quotation
idézőjel *n gram* quotation marks
idióta *a* idiotic, stupid, dumb; *n* idiot
idom *n* figure, shape, form; **telt ~ok** full figure (woman)
idomít *vt* [vmit] train (animal); shape, mould/mold
idő *n* time, period, term, duration; date, hour; weather; **~ előtt** prematurely; **kis ~ múlva** after a while, in a while; **egy ~ óta** for a while, for some time; **ez ~ szerint** right now, at present; **itt az ideje (hogy)** it's time to; **már egy ideje** for some time now, for quite a while; **~ről ~re** from time to time, sometimes; **húzza az ~t** play for time; **~vel** in due time, as time goes by; **Csak ~ kérdése.** It's only a matter of time. **Nincs erre ~m.** I don't have time for this. **Milyen az ~?** What's the weather like? **Szép ~ van.** It's nice./The weather's nice. **Mennyi az ~?** What time is it? **Mennyi ideig?** (For) how long?
időhiány *n* lack of time
időjárás *n* weather
időjárásjelentés *n* (weather) forecast
időközben *adv* in the meantime, meanwhile
időnként *adv* occasionally, from time to time, every now and then, ever so often, once in a while, off and on
időpont *n* time, point in time, date; appointment; **megbeszél egy ~ot** make an appointment
idős *a* elderly, older, old; **mikor ennyi ~ voltam** when I was your age; **Mennyi ~?** How old is he?
időszak *n* period, term, time
időszaki *a* periodical, temporary
időszámítás *n* chronology, calendar, time; **nyári ~** daylight saving time; **~unk előtt** before Christ, B.C.; **~ szerint** A.D.

időszerű *a* timely, current
időtartam *n* time period, length of time
időtöltés *n* pastime, hobby
időváltozás *n* change in the weather
időz|ik *vi* [vhol] stay, spend time [swhere], remain, linger; *fig* dwell on (a subject)
időzít *vt* [vmit] time [sg]; **Jól ~ette a kérdést.** He timed the question well.
idült *a* chronic; **~ betegség** chronic illness
ifjabb *a* younger; Junior, Jr.
ifjú *a* young, youthful; *n* young man, youth, youngster
ifjúság *n* youth
ifjúsági *a* junior, for/of youth; **~ verseny** *sp* junior event
-ig *suff* to, up to, as far as; till, until; for; **a mai napig** (up) to this day; **eddig** up till now; **reggeltől estig** from morning till night, all day; **egy ideig** for a while; **sokáig** for a long time; **Az ajtóig jött.** He came up to the door. **Hazáig futott.** He ran all the way home. **Ötig tanult.** She studied till five. **Két hétig lesz itt.** She will be here for two weeks.
igaz *a* true, truthful, genuine, real, authentic; honest, just, loyal; *n* truth; **..., igaz?** ..., right?; **~ barát** a true friend; **~at ad** [vkinek] agree with, admit that [sy] is right; **~at mond** tell the truth; **az ~at megvallva** to tell the truth; **Egy szó sem ~.** There is not a grain of truth in it. **I~nak bizonyult.** It proved to be true./ It turned out to be true. **Nincs ~d.** You're wrong. **I~a van.** She's right.
igazgat *vt* [vmit] manage (a company), direct; control, handle; arrange, adjust (clothes)
igazgató *n* director, manager, *school* principal
igazgatóhelyettes *n* assistant manager, vice-principal
igazgatónő *n* director (woman); *school* principal (woman)
igazgatóság *n* director's office, manager's office; management, board of directors
igazi *a* real, genuine, authentic, true
igazít *vt* [vmit] adjust, arrange; repair, fix, correct; set (the clock); **útba ~** give directions, show the way to
igazod|ik *vi* [vkihez, vmihez] adjust oneself to, follow, go by;
igazol *vt* [vkit, vmit] justify, verify; identify oneself, prove one's identity
igazolás *n* justification, verification; certificate, proof of something
igazolvány *n* identification card, ID
igazság *a* truth; justice; fairness; **~ szerint** to tell the truth; **Nem ~!** That's not fair! **Az az ~, hogy...** The fact of the matter is ...
igazságos *a* fair, just, righteous
igazságszolgáltatás *n* jurisdiction, administration of justice
igazságtalan *a* unfair, unjust
igazságügy *n* justice; **~miniszter** *US* Attorney General; *H* Minister of Justice; **~minisztérium** *US* Department of Justice; *H* Ministry of Justice
ige *n gram* verb; *rel* the Word; **igét hirdet** preach
igehirdetés *n* sermon, preaching
igen[1] *int* yes; **Azt hiszem ~.** I think so.
igen[2] *adv* very, greatly; **~ nagy** very big; **nem ~** not much, not exactly, not really
igenis *int* **I~!** Yes (sir)!/Certainly!
igény *n* demand, claim (to), want, **~be vesz** [vmit] use, make use of; take up (time); **~t tart** [vmire] raise a claim

igényel *vt* [vmit] require, demand, claim
igényes *a* demanding (care); of a high level
igénytelen *a* modest, unassuming; simple, plain; insignificant
ígér *vt* [vmit vkinek] promise; bid, offer (business)
ígéret *n* promise, pledge, word; **megtartja az ~ét** keep one's word; **megszegi az ~ét** break one's promise
így *adv* this way, thus, so; **~is úgy is** either way; **~ vagy úgy** one way or another; **Ha ~ áll a dolog.** If that's the case.
igyeksz|ik *vi* work hard, do one's best; try, strive, make an effort to; hurry, head for a place; **Igyekezzünk!** Let's hurry up!
ihlet *n* inspiration; *vt* [vkit] inspire
íj *n* bow
íjászat *n sp* archery
ijedt *a* scared, frightened, alarmed
ijedtség *n* fright, fear, terror
ijesztő *a* scary, frightening, alarming
iker *n* twin; **ikrek** twins; **hármas ikrek** triplets
ikerház *n* duplex (house)
iktat *vt* register, enter (in records), file
illat *n* scent, fragrance, aroma, smell
illatos *a* fragrant, sweet-smelling, aromatic
illatszer *n* perfume; **~ek** cosmetics
illatszerbolt *n* drugstore, cosmetics store
illedelmes *a* polite, well-behaved, well-mannered
illegális *a* illegal, unlawful
illem *n* proper behavior, decency, good manners
illemhely *n* restroom, powder room
illeszt *vt* [vmit vmihez] fit (to), join; insert
illet *vt* [vkit, vmit] concern, refer, relate; **ami engem ~** as far as I'm concerned; **ami a többit ~i** (as) for the rest
illetékes *a* competent, qualified; responsible, in charge
illetlen *a* unbecoming, improper, indecent
illető *n* person, a certain individual
illetőleg *adv* concerning, regarding; respectively, or rather
illetve *adv* respectively, or rather, and also
ill|ik *vi* be proper; suit, look good (on/with), match; fit; **Nem ~ik.** It's not proper. **Jól ~enek egymáshoz.** They're a good match.
illó *a chem* volatile
illő *a* proper, fitting, becoming, appropriate
illusztráció *n* illustration
illúzió *n* illusion
ilyen *a* such, such a, like this; *adv* so, such a; **~ szép ház** such a beautiful house; **I~ az élet.** Such is life. **I~ még nem volt.** This is unprecedented.
ilyenkor *adv* at such (a) time, times like this, at this time; **holnap ~** this time tomorrow
ilyesmi *pron* such a thing, something like this; **Valami ~t akarok venni.** I want to buy something like this.
ima *n* prayer
imád *vt* [vkit, vmit] adore, worship, love; **I~om a csokoládét.** I love chocolate.
imádkoz|ik *vi* [vmiért] pray for, say a prayer
imádság *n* prayer
íme *int* **Í~!** Behold!/Lo!; here is/are …
immúnis *a* immune, resistant
immunrendszer *n med* immune system
import *n* import

importál *vt* [vmit] import, bring in
impotencia *n* impotence
impotens *a* impotent
impozáns *a* impressive
improvizál *vt* [vmit] improvise
impulzus *n* impulse, stimulus
ín *n* tendon, sinew
inas *a* sinewy, stringy (meat); *n* valet, footman; apprentice
index *n* school record (university); *auto* index; signal, blinker(s)
indexel *vi* signal (in traffic)
India *n* India
indiai *a* Indian, from India
Indiai-óceán, az *n* the Indian Ocean
indián *a, n* American Indian, Native American
indiszkrét *a* tactless, indiscreet
indít *vt* [vmit] start, set off, get under way, set in motion
indíték *n* reason, motive
indítvány *n* motion (at a meeting), proposal, suggestion
indítványoz *vt* [vmit] propose, suggest, move
indok *n* reason, motive, cause
indokol *vt* explain, give one's reasons
indokolatlan *a* unjustified, unreasonable
indokolt *a* justified, reasonable, excused
indonéz *a, n* Indonesian
Indonézia *n* Indonesia
indul *vi* leave, start, set off; depart, take off; [vhol] enter a race/competition
indulat *n* temper, (intense) emotion, impulse; anger
indulatos *a* hot-tempered, passionate; angry
indulatszó *n gram* interjection
induló *a* starting, departing; *n mus* march
infarktus *n med* heart attack
infláció *n* inflation
influenza *n med* influenza, flu; **Influenzás vagyok.** I have the flu.
információ *n* information, intelligence; **bizalmas ~** insider information
informatika *n* information science, information technology
infosztráda *n* information highway
infrastruktúra *n* infrastructure
infravörös *a* infrared
ing *n* shirt
inga *n* pendulum
ingadoz|ik *vi* wobble, shake, be unstable; fluctuate (price); *fig* hesitate, waver
ingatlan *n* real estate property
ingatlanügynök *n* real estate agent
ingatlanügynökség *n* real estate agency
ingázás *n* commuting
ingáz|ik *vi* commute
ingázó *n* commuter
inger *n* stimulus
ingerlékeny *a* irritable, short-tempered
ingerült *a* irritated
ingóság(ok) *n* movable property, personal property
ingyen *adv* free of charge, free, gratis, for nothing
ingyenes *a* free (of charge)
injekció *n med* injection, shot
injekciós tű *n med* hypodermic needle, syringe
inkább *adv* rather, more; **annál ~** all the more (reason to); **sokkal ~** much rather; **I~ várok.** I'd rather wait.
innen *adv* from here, hence, from this place
inni *vt* → **isz|ik**
integet *vi* [vkinek] wave to, make sign, signal (with one's hand)
intelligencia *n* intelligence, intellect, brainpower
intelligens *a* intelligent, smart

intenzív *a* intense, intensive
interjú *n* interview
internet *n* the Internet, the Net, the Web, the World Wide Web
internetez|ik *vi* get on the Internet, surf the Internet, surf the Net
internet-hozzáférés *n* Internet access
intéz *vt* [vmit] manage, conduct, take care of, arrange for
intézet *n* institute
intézkedés *n* measures, step(s), arrangement(s); **további ~ig** until further notice
intézked|ik *vi* [vmiben] take measures, make arrangements for, take steps, arrange for
intézmény *n* institution, establishment
intim *a* intimate, personal
íny *n* gum (teeth); **Nincs ~ére.** He doesn't like it.
ínyenc *a, n* gourmet; **~ falat** delicacy
ipar *n* industry, trade, craft
iparág *n* industry, branch of industry
iparcikk *n* manufactured goods, product
ipari *a* industrial, industry-, trade-; **~ célokra** for industrial purposes; **~ termelés** industrial production
iparművész *n* industrial designer, industrial artist
iparosít *vt* [vmit] industrialize
iparosítás *n* industrialization
ír[1] *a* Irish; *n* Irishman, Irish woman
ír[2] *vt* [vmit] write, put in writing, type; **Hogy kell ~ni?** How do you spell it?
Irak *n* Iraq
iraki *a, n* Iraqi
Irán *n* Iran
iráni *a, n* Iranian
iránt *postp* toward(s), to, for, in the direction of; **érdeklődik** [vmi] **~** inquire about [sg]
irány *n* direction, course, bearing; *fig* tendency, trend, current
irányelv *n* directive
irányít *vt* [vkit, vmit] direct, guide; govern, run, rule; steer
irányítószám *n* zip code
irányjelző *n auto* signal
iránytű *n* compass
irányzat *n* trend, tendency
írás *n* writing, handwriting, typing; **fej vagy ~** heads or tails; **~ban** in writing; **~ba foglal** put in writing
írásbeli *a* written, in writing
írásjel *n* punctuation mark; accent mark, diacritical mark
írástudatlan *a, n* illiterate
írásvetítő *n* overhead projector
irat *n* document, paper; **~ok** file(s)
irattár *n* archives; filing cabinet, files
irigy *a* jealous, envious
irigyel *vt* [vkit vmiért] envy, be jealous of, be envious of
irigység *n* envy, jealousy
író[1] *n* buttermilk
író[2] *n* writer, author
íróasztal *n* desk
iroda *n* office, bureau
irodaház *n* office building
irodai *a* office-
irodalmi *a* literary, of literature
irodalom *n* literature
irodaszerek *n* office supplies
írógép *n* typewriter
irónia *n* irony
ironikus *a* ironic
Írország *n* Ireland, Eire; **Észak-Í~** Northern Ireland
írószerbolt *n* office supply store, stationery store
írott *a* written
irt *vt* [vmit] eradicate, exterminate, root out

irtás *n* extermination, eradication; clearing (in the woods)

irtóz|ik *vi* [vmitől] shudder at, be disgusted by

irtózatos *a* awful, horrible, horrific, dreadful

írül *adv* in Irish

is *int* also, too; **még akkor** ~ even if; **még ő** ~ **tudja** even she knows; **itt** ~ **ott** ~ both here and there; **én** ~ me too; **először** ~ first of all; **a pénzről nem** ~ **beszélve** not to mention the money

iskola *n* school; **általános** ~ primary school; **iskolába jár** go to school

iskolai *a* school-; scholastic, educational, academic; ~ **év** academic year

iskolás *a* school-, of school; *n* student (in primary school)

iskolatárs *n* schoolmate, classmate

iskolázatlan *a* uneducated, untrained, unschooled

iskolázott *a* educated, trained, qualified, schooled

ismer *vt* [vkit, vmit] know, be familiar with, be acquainted with, have a knowledge of, be aware of; **személyesen** ~ know personally; **látásból** ~ know by sight; **~i mint a tenyerét** *coll* know inside out

ismeret *n* knowledge

ismeretlen *a* unknown, not known, unfamiliar; unidentified; ~ **tettes** unknown perpetrator

ismeretség *n* acquaintance, contact; **felületes** ~ casual acquaintance

ismerked|ik *vi* [vkivel, vmivel] get acquainted with, get familiar with; familiarize oneself with

ismerős *a* familiar, known; *n* acquaintance

ismert *a* known, familiar

ismertetőjel *n* distinguishing mark, distinguishing characteristics

ismét *adv* again, once more

ismétel *vt* [vkit, vmit] repeat, reiterate, say over and over again; review

ismétlés *n* repetition, reiteration; review; rerun (of a TV show); **I~ a tudás anyja.** Practice makes perfect.

ismétlőd|ik *vi* repeat itself, be repeated, recur

istálló *n* stable

isten *n* God, god ~ **háta mögött** in the middle of nowhere; **I~ bizony!** I swear!/ Honest! **I~ hozta!** Welcome! **I~ ments!** God forbid!/ Heaven forbid! **Az ~ért!** For God's sake!/For Heaven's sake! **Hála ~nek!** Thank God!/Thank Heavens!

istenhívő *a* godly, god-loving, God-fearing; pious; *n* believer

isteni *a* godly, divine; *fig* superb, divine, splendid

istenít *vt* idolize, worship, admire

istennő *n* goddess

istentelen *a* ungodly, atheistic, sacrilegious

istentisztelet *n rel* worship, (religious) service

iszap *n* mud, silt

isz|ik *vt* [vmit] drink; **~ik** [vki] **egészségére** toast [sy]; **~ik mint a kefekötő** *coll* drink like a fish; **~ik egyet** have a drink

iszlám *n* Islam

iszonyatos *a* horrible, horrifying, awful, terrifying

Isztanbul *n* Istanbul

ital *n* drink, beverage; *coll* booze; **szeszes** ~ alcohol; **égetett szeszes** ~ hard liquor

italbolt *n* liquor store

italos *a* tipsy; *n* alcoholic

itat *vt* [vkit] make [sy] drink, give [sy] a drink; [vmit vmivel] saturate with
ítél *vt* [vkit, vmit] judge, pass judgment; *law* pass sentence; [vmire] sentence to; [vminek] consider, deem, think; [vmit vkinek] award (a prize) to; form an opinion, draw a conclusion, conclude; **halálra ~** sentence to death; **szükségesnek ~** deem necessary
ítélet *n law* sentence, judgment, verdict
ítéletidő *n* stormy weather, severe weather
itt *adv* here, right here, on this spot
ittas *a* drunk, intoxicated; **~ vezetés** driving under the influence, DUI
itthon *adv* (here) at home
ív *n* arch, arc; curve; sheet (of paper)
ível *vi* arch, curve, bend
íves *a* arched, curved
ivólé *n* juice (to drink)
ivóvíz *n* drinking water
íz[1] *n* taste, flavor; jam, preserves, jelly; **Jó ~e van.** It tastes good. **Alma ~e van.** It tastes like apples.
íz[2] *n* joint, particle, segment
izé *n coll* thingamajig, whatchamacallit; *int* er…, like … (when looking for a word)
ízes *a* delicious, flavorful, tasty; (made) with jam; **~ palacsinta** crêpes with jam
ízesít *vt* [vmit] flavor [sg], season, spice
ízetlen *a* tasteless; dull, flat; **~ vicc** tasteless joke
izgalmas *a* exciting, thrilling, sensational
izgalom *n* excitement (positive), agitation, anxiety (negative), fluster; **Izgalmat okozott.** It made a stir.
izgat *vt* [vkit, vmit] excite, upset, trouble, make uneasy, make anxious, disturb; excite, stimulate, turn on; stir up, provoke, instigate
izgató *a* exciting, enticing, tantalizing
izgatott *a* excited, flustered
izgul *vi* be anxious, be nervous, worry, fret
Izland *n* Iceland
izlandi *a* Icelandic; *n* Icelander
ízlel *vt* [vmit] taste [sg], try, sample
ízlelés *n* taste (sense)
ízlés *n fig* taste; **~ szerint** to taste; **I~ kérdése.** It's a matter of taste.
ízléses *a* tasteful, neat
ízléstelen *a* tasteless, tacky
ízletes *a* delicious, tasty
ízl|ik *vi* taste good; like (the taste of); **Nagyon ~ a leves.** I like the soup very much./The soup tastes great. **Nem ~ neki.** He doesn't like it (the food). **Hogy ~?** How do you like it?
izmos *n* athletic, muscular, well-built
izom *n* muscle
Izrael *n* Israel
izraeli *a* Israeli
izraelita *a*, *n* Israelite
íztelen *n* tasteless, flavorless
ízület *n* joint (body part)
izzad *vi* sweat, perspire
izzadság *n* sweat, perspiration
izzadt *a* sweaty, perspiring
izzasztó *a* sweltering
izz|ik *vi* glow, be white-hot
izzó *a* ardent, fervent, passionate; *n* (light)bulb

J

jácint *n* hyacinth
jaguár *n* jaguar
jaj *int* **J~!** Ouch!/Oh! (at pain) Oh! (surprise) **J~ de szép!** (Oh) How beautiful! **J~ nekem!** Oh, dear!/Oh, my! **J~ ne!** Oh, no!
jajgat *vi* wail, moan; complain
Jamaika *n* Jamaica

jamaikai *a, n* Jamaican
január *n* January; **~ban** in January; **~ elsején** on the first of January, on January first
januári *a* January, of/from January; **~ időjárás** January weather
Japán *n* Japan
japán *a, n* Japanese
jár *vi* go, walk, move; run (vehicle); attend, go regularly; [vmiben] wear [sg], be (always) dressed in [sg]; [vki után] follow, be after [sy]; work, function (machinery); come off (get in a state); [vmivel] entail, bring about, involve [sg] lead to; [vkivel] go steady with [sy], date [sy]; subscribe to (paper); [vminek] **a végére ~** look into [sg], find out about [sg]; [vkinek] **a kedvében ~** try to please [sy], humor [sy]; **Busszal ~ok munkába.** I go to work by bus./I take the bus to work. **Nem ~ arra busz.** There is no bus service there./Buses don't go there. **Mindig feketében ~.** She always wears black. **Még sohasem ~tam ott.** I've never been there. **Egyetemre ~.** He goes to college. **Nem ~ az óra.** The clock has stopped. **Min ~ az eszed?** What are you thinking about? **Csak a szája ~.** *coll* He's only talking. (He's not doing anything.) **Későre ~.** It's getting late. **Éjfélre ~ (az idő).** It's close to midnight. **Jól ~t.** She was lucky./She came off well. **Pórul ~t.** *coll* She had bad luck. **Ez sok bajjal ~.** This leads to a lot of trouble. **Súlyos következményekkel ~.** It involves serious consequences. **Két újság ~ nekem/hozzám.** I subscribe to two newspapers. **A végét ~ja.** Its/his/her days are numbered.
járat *n* line, service (bus), flight; *vt* [vkit vhova] send; [vmit] subscribe to; **Jó iskolába ~ja a gyerekeit.** She sends her children to a good school. **Több magazint ~ok.** I subscribe to several magazines.
járda *n* sidewalk, pavement
járdaszegély *n* curb
járkál *vi* walk, stroll, roam; **fel alá ~** walk up and down, pace (up and down)
jármű *n* vehicle
járóbeteg *n* outpatient
járóka *n* playpen
járókelő *n* pedestrian, passerby
jártas *a* [vmiben] well-versed in, expert in
járul *vi* [vkihez] appear, present oneself (before); [vmihez] approach; add to
járvány *n med* epidemic
játék *n* toy; *sp* game, play; *theat* play; acting, playing; fun, joke; **~ból** for fun
játékautomata *n* slot machine, *coll* one-armed bandit
játékfilm *n* feature film
játékos *a* playful; *n* player, (team) member
játékszabály *n* rules of the game
játékszer *n* toy; *fig* puppet, pawn
játékvezető *n sp* referee
játsz|ik *vt* [vmit] play; perform, act, play; play a musical instrument; gamble, play; **jól ~ik** be a good actor/performer, play well
játszma *n sp* game, match, set (tennis)
játszótér *n* playground
javak *n, pl* assets, possessions
javaslat *n* proposal, suggestion, proposition, motion (at a meeting); **~ot tesz** make a proposal
javasol *vt* [vmit] suggest, propose (not marriage), make a suggestion, make a proposal

javít *vt* [vmit] improve, mend, repair, fix, restore; *fig* amend, better, improve, correct (a mistake); break (a record)
javítás *n* repair, fixing (up), mending; *fig* improvement, correction
javíthatatlan *a* beyond repair, irreparable; *fig* incorrigible
javító *a* repairing, correction, correcting; ~ **intézet** correctional facility (for youngsters)
javítóműhely *n* repair shop, service station, *auto* garage
javul *vi* get better, improve, progress
javulás *n* improvement, progress
jázmin *n* jasmine
jég *n* ice; **A ~ hátán is megél.** He always gets out on top./He always manages.
jégcsap *n* icicle
jeges *a* icy, iced, (made) with ice; *fig* chilly, frigid; ~ **tea** iced tea; ~ **víz** ice water
jegesmedve *n* polar bear
jégeső *n* hail
jeggyűrű *n* engagement ring, wedding ring
jéghideg *a* icy cold, cold as ice, freezing; *fig* icy, chilly, frosty
jéghoki *n sp* ice hockey
jégkocka *n* ice cube
jégkrém *n* ice cream (not in a cone), ice cream bar
jégpálya *n* ice rink, skating rink
jegy *n* ticket; food stamp; mark, sign, brand, trademark; *school* grade
jegybank *n* bank of issue, central bank; *US* Federal Reserve
jegyes *n* fiancé (male), fiancée (female)
jegyespár *n* engaged couple
jegyez *vt* [vmit] note, write down
jegypénztár *n* ticket office, *theat* box office
jegyszedő *n theat* usher, usherette
jegyzék *n* list; catalogue (books); register (voters); demarche; **fizetési ~** payroll
jegyzetel *vt* [vmit] take notes
jegyzetfüzet *n* notebook
jegyzőkönyv *n* minutes (at a meeting), report; police record
jel *n* sign, signal; mark; *med* symptom, trace; omen; **a ~ek szerint** it looks like …
jelen *a* present, current; *n* the present (time); *adv* ~ **van** be present; **nincs** ~ be absent
jelenet *n* scene; **~et csinál** make a scene
jelenleg *adv* at present, currently, now, for the moment
jelenség *n* phenomenon; occurrence, incident
jelent *vt* [vmit] mean [sg], signify, indicate, denote; [vkinek] report, notify, let [sy] know; **Mit ~?** What does it mean? **Nem ~ semmit.** It doesn't mean anything./It's not important.
jelentékeny *a* considerable, significant, important
jelentéktelen *a* insignificant, unimportant, of no consequence
jelentés *n* meaning, sense, significance; report, account, communiqué; reporting
jelentkezés *n* registration (for [sg]), application; manifestation (of an illness)
jelentkez|ik *vi* [vhol] apply [swhere], report to, present oneself; volunteer; manifest itself (problem), arise
jelentkező *n* candidate, applicant
jelentős *a* considerable, significant, important
jelentőség *n* significance, importance; **nincs ~e** it is of no significance

jeles *a* excellent, very good, outstanding; *n school* A, A+
jelez *vt* [vmit] signal, mark; indicate, point out
jelige *n* slogan, motto
jelkép *n* symbol
jelleg *n* character (external), characteristics
jellegzetes *a* typical, characteristic
jellem *n* character (internal), personality
jellemtelen *a* dishonest, without character, lacking integrity
jellemez *vt* [vkit, vmit] characterize, describe, portray; be characteristic of
jellemző *a* typical, characteristic
jelmez *n* costume
jelmezbál *n* costume party
jelöl *vt* [vkit, vmit] mark, denote, designate; nominate; indicate
jelölés *n* candidacy, nomination
jelöletlen *a* unmarked; **~ sír** unmarked grave
jelölt *a* marked; *n* nominee, candidate
jelszó *n* password, code word
jelvény *n* pin, button, badge
jelző *a* signaling; *n* signal (equipment); *gram* attribute, premodifier
jelzőlámpa *n* traffic light
jelzőtábla *n* traffic sign
Jeruzsálem *n* Jerusalem
jó *a* good, fine, suitable, proper; *n* good welfare, benefit, good thing; *school* B; *adv* quite, pretty, very; **~ színben van** look good, look fine; **~ban van** [vkivel] be on good terms with; **~ra fordul** take a turn for the better, improve; **~ nagy** very big, pretty big; **J~ dolga van.** She's treated well./She's well off. **Mire ~?** What is it good for? **Minden ~t!** All the best! **J~t akartam.** I meant well.
jobb *a* better; right (side); *n* right hand; **~ra** to the right; **annál ~** all the better, even better; **leg~** the best
jobban *adv* better; more, harder; **egyre ~** better and better, more and more; **~ van** be better, feel better
jobboldal *n* right side, right; *pol* right wing
jobboldali *a* right; *pol* right-wing; *n* rightist
jód *n* iodine
jog *n* right, title, claim to; law (system); **~a van** [vmire, vmihez] have a right to; **minden ~ fenntartva** all rights reserved; **~ában áll** she's entitled to; **emberi ~ok** human rights; **~ot tanul** study law
jóga *n* yoga
jogász *n* lawyer
jogdíj *n* royalties
joghurt *n* yogurt
jogi *a* law-, legal
jogkör *n* authority, jurisdiction
jogos *a* lawful, legitimate, legal, just
jogosan *adv* rightfully, lawfully, legally, justly
jogosít *vt* [vkit vmire] entitle to, empower, authorize
jogosítvány *n* license; driver's license
jogosulatlan *a* unauthorized, unjustified
jogosult *a* entitled to, authorized
jogszabály *n* provision of law, statute
jogszerű *a* legal, lawful
jogszerűen *adv* legally, lawfully
jogtalan *a* illegal, unlawful, illegitimate
jogtanácsos *n* (legal) counsel, legal advisor
jóhiszemű *a* well-meaning, well-intended; unsuspecting, honest; **~en cselekszik** do [sg] in good faith
jóindulat *n* goodwill, benevolence

jóindulatú *a* kind, well-intentioned, benevolent; *med* benign
jóízű *a* delicious, tasty
jókedvű *a* cheerful, happy, in high spirits
jóképű *a* good looking, handsome (man)
jókívánság *n* good wish(es)
jókor *adv* in time, at the right time; early; **~ jött** came at the right time
jól *adv* well, correctly, properly; **J~ áll neki.** It suits her./It looks good on her. **J~ érzi magát.** Have a good time. **J~ vagy?** Are you OK?/Are you feeling well? **J~ van!** All right!/ OK!/Fine!
jóles|ik *vi* [vkinek] be pleased with, be happy with; [sg] feels good; **J~ a pihenés.** It feels good to relax. **Azt csinálsz ami ~.** You do whatever you like.
jólét *n* abundance, wealth, prosperity; well-being, comfort
jóllak|ik *vi* [vmivel] eat enough food, have enough (food)
jómód *n* wealth, prosperity, abundance
jómódú *a* wealthy, well-to-do, prosperous
jópofa *a* funny, cute
Jordánia *n* Jordan
jordániai *a* Jordanian
jós(nő) *n* fortune teller, oracle
jóságos *a* good, kind
jóslat *n* prediction, prophecy, prognosis
jósol *vt* [vmit vkinek] predict, foretell
jószág *n* cattle, domestic animals
jószívű *a* kind-hearted, kind, generous, charitable
jótáll *vi* [vmiért] guarantee, take responsibility for
jótállás *n* guarantee
jótékonyság *n* charity, philanthropy, charitable giving
jóváhagy *vt* [vmit] approve, endorse; sanction, consent to, agree to; ratify (treaty)
jóval *adv* much, a lot, well; **~ nagyobb** a lot bigger, much bigger; **~ előbb** long before
jóvátesz *vt* [vmit] correct, make up for, remedy, set right, compensate for
józan *a* sober; rational, sound; **~ ész** common sense
jön *vi* come, be coming, arrive; **jöjjön aminek ~nie kell** come what may; **jól ~** come in handy; **kapóra ~** come at the right moment; **világra ~** be born
jövedelem *n* income, earnings, revenue
jövedelemadó *n* income tax; **~ bevallás** income tax return
jövedelemforrás *n* source of income
jövedelmez *vt* [vmit] yield an income, yield a profit
jövevény *n* newcomer
jövő *a* future, coming, to come; *n* the future; **a ~ héten** next week; **Nagy ~je van.** It/he has a great future.
jövőre *adv* next year
jubileum *n* anniversary, jubilee
juh *n* sheep, ewe (mother)
juharfa *n* maple tree, maple wood
juhász *n* sheepherder, shepherd
július *n* July; **~ban** in July; **~ negyedike** July fourth, the fourth of July
júliusi *a* July, of/in July
június *n* June; **~ban** in June; **~ másodika** June second, the second of June
júniusi *a* June, of/from June
jut *vi* [vhova] get to, come to, arrive (at); [vmihez] obtain, come by; **tudomására ~** come to one's knowledge; **Mire ~ottál?** How far have you gotten?; **szóhoz sem ~** *coll* can't get a word in edgewise; can't speak (being surprised)
jutalmaz *vt* [vkit] reward
jutalom *n* reward, prize, award; bonus

juttat *vt* [vmit vkinek] get [sg] to, bring to; **börtönbe ~** [vkit] put [sy] in prison; **eszébe ~** remind
juttatás *n* benefit (at work)

K

kabala *n* lucky charm, good luck charm, talisman, amulet; *sp* mascot
kabaré *n* cabaret, show; nightclub, comedy club
kabát *n* coat, jacket
kábel *n* cable
kábelszolgáltató *n* cable company
kábeltelevízió *n* cable TV, cable television
kábeltévé *n* cable TV
kabin *n* cabin
kabinet *n* government, cabinet
kábítószer *n* narcotic(s), drug(s); **~ kereskedelem** drug trafficking; **~használat** drug abuse, drug use
kábítószerélvező *n* drug addict, drug user
kábult *a* dazed, drugged; stunned
kacag *vi* [vmin] laugh heartily, have a good laugh
kacat *n* junk, useless stuff
kacérkod|ik *vi* [vkivel] flirt with; **~ a gondolattal** flirt with the idea
kacsa *n* duck; *fig coll* hoax, false story
kacsasült *n* roast duck
kacsint *vi* [vkire] wink at
kád *n* tub, bathtub
kagyló *n* shell; shellfish; receiver (telephone); **mosdó~** sink
Kairó *n* Cairo
kaja *n coll* grub, food
kajak *n* kayak
kajszibarack *n* apricot
kakaó *n* cocoa(powder); hot chocolate
kakas *n* rooster, cock
kaktusz *n* cactus
kalács *n* sweetbread
kaland *n* adventure; affair (love)
kalandfilm *n* action-adventure movie
kalandos *a* adventurous, exciting, eventful
kalandoz|ik *vi* have adventures, roam about
kalap *n* hat, headgear; cap (mushroom); **egy ~ alá vesz** *coll* treat the same, treat as one
kalapács *n* hammer, sledgehammer
kalapácsvetés *n sp* hammer-throwing
kalapál *vt* [vmit] hammer
kalász *n* ear (of wheat)
kalauz *n* guide; guidebook; conductor (on a train)
kalauzol *vt* [vkit] guide, show around
kalcium *n chem* calcium
Kalifornia *n* California
kalitka *n* birdcage
kálium *n chem* potassium
kalkulál *vt* [vmit] calculate, compute
kalória *n* calorie
kalóz *n* pirate
kalózpéldány *n* pirated copy
kályha *n* stove, heater
kamara *a* chamber-; *n* chamber; **kereskedelmi ~** Chamber of Commerce
kamaraszínház *n theat* studio theater
kamarazene *n mus* chamber music
kamasz *a, n* adolescent
kamaszkor *n* adolescence, puberty
kamat *n* interest (money); **~ostul visszaad** repay with interest; **~ot fizet** pay interest
kamatláb *n* interest rate
kamatoz|ik *vi* yield interest, accrue interest
kamera *n* camera (movie); **video~** camcorder, video camera
Kamerun *n* the Cameroon
kamilla *n* chamomile

kamion *n* truck, trailer
kampány *n* campaign, drive (to collect money or goods)
kamra *n* pantry; chamber
kan *n* male animal
Kanada *n* Canada
kanadai *n* Canadian
kanál *n* spoon, ladle
kanalas *a* **~ orvosság** liquid medicine
kanapé *n* sofa, couch, settee
kanári *n* canary
Kanári-szigetek, a *n* the Canary Islands
kanca *n* mare
kancellár *n* chancellor
kancsal *a* cross-eyed, cockeyed
kancsó *n* pitcher, jug, carafe; **vizes~** water pitcher
kandalló *n* fireplace
kánikula *n* heat wave, hot spell
kanna *n* pitcher; **teás~** teapot, teakettle
kanyar *n* bend (in the road), curve, turn; **éles ~** sharp turn
kanyaró *n* measles; **~s** he has the measles
kanyarod|ik *vi* turn, take a turn
kap *vt* [vmit] receive, get; catch, contract (an illness); catch, touch suddenly, get hold of, seize; **ajándékot ~** receive a gift; **a fejéhez ~** clutch one's head; **~ az alkalmon** seize the opportunity; **erőre ~** regain strength, recover; **Nem ~tam kolbászt.** I couldn't get sausages (there were none). **Ezért még ~sz!** *coll* You're going to get it!
kapa *n* hoe
kapál *vt* [vmit] hoe
kapar *vt* [vmit] scratch, scrape; irritate, tickle (throat); scrawl (write); **K~ a torkom.** *coll* I have a tickle in my throat.
kapaszkod|ik *vi* [vmibe] cling to, hold on to, hang on to, clutch
kapaszkodósáv *n* ramp, merging lane (uphill)
kapcsol *vt* [vmit] connect, join, link; switch, turn on (equipment); connect, put through (on the phone); *auto* put into gear; **gyorsan ~** *coll* she's quick, she's smart
kapcsolat *n* connection, contact; relation, relationship; link, connection; **~ban van** [vmivel] be connected to; [vmivel] **~ban** in connection with; **szoros ~** close relationship; **~ba lép** [vkivel] get in touch with, contact [sy]
kapcsolód|ik *vi* [vmihez] connect with; be related to, be linked with
kapható *a* available (to buy); **Mindenre ~.** He's up to anything./He'll do anything./You can get him to do anything.
kapitalizmus *n* capitalism
kapitány *n* captain; skipper (boat)
kapitányság *n* headquarters (police)
kapkod *vi* rush, do [sg] in a hurry; try to grab/catch, keep grabbing [sg]
kapocs *n* hook, fastener, clip, snap; *fig* tie, bond, link
kápolna *n* chapel
kapor *n* dill
kapós *a* popular, in demand; sell like hot cakes
káposzta *n* cabbage; **vörös~** red cabbage; **savanyú ~** sauerkraut; **töltött ~** stuffed cabbage
káposztasaláta *n* coleslaw
kápráz|ik *vi* **~ a szeme** be dazzled, see stars
kapszula *n* capsule
kapu *n* gate; *sp* goal
kapucni *n* hood (clothing)
kapus *n* gatekeeper; *sp* goalie, goalkeeper
kaputelefon *n* phone at the gate/door

kapzsi *a* greedy
kar[1] *n* arm; **al~** lower arm; **~jába zár** [vkit] embrace; **~on fog** take by the arm, take [sy's] arm
kar[2] *n* college, school; choir, chorus; **tanári ~** the faculty; **orvosi ~** medical school
kár *n* damage, loss, harm, injury; **~ba vész** be wasted, be lost; [vkinek] **a kárán** at [sy's] expense; **~t tesz** [vmiben] damage; **K~!** Too bad!/ Pity!/That's a shame!
karácsony *n* Christmas, *coll* Xmas; **~kor** at Christmas (time)
karácsonyfa *n* Christmas tree
karácsonyi *a* Christmas; **~ ajándék** Christmas present
karaj *n* (pork) chop
karakter *n* character (inner)
karalábé *n* kohlrabi
karambol *n* car accident, car crash, collision
karbantartás *n* maintenance, care, upkeep
karcol *vt* [vmit] scratch, scrape; etch, engrave
karcsú *a* slim, slender
kard *n* sword, saber
kardigán *n* cardigan, sweater
karfiol *n* cauliflower
Karib-tenger, a *n* the Caribbean Sea
karibi *a* Caribbean
karika *n* circle, ring; hoop
karikás *a* with circles; **K~ a szeme.** She has dark circles under her eyes
karikatúra *n* cartoon, caricature, sketch
karima *n* rim, edge, brim (hat)
karkötő *n* bracelet, bangle(s)
karmester *n* conductor (of an orchestra), band leader
karmol *vt* [vkit] scratch, claw
karnevál *n* carnival
káromkod|ik *vi* swear, curse
karóra *n* wristwatch
káros *a* [vmire] harmful, bad for, damaging; **A dohányzás ~ az egészségre.** Smoking is harmful to your health
karosszék *n* armchair
karosszéria *n auto* body, bodywork
káröröm *n* gloating, malicious joy (at another's unhappiness)
Kárpát-medence, a *n* the Carpathian Basin
Kárpátok, a *n* the Carpathians, the Carpathian Mountains
karperec *n* bangle(s)
kárpit *n* upholstery, curtain, hangings
kárpitoz *vt* [vmit] upholster (furniture)
kárpótol *vt* [vkit vmiért] compensate for, make up for
karrier *n* successful career, professional success
kártékony *a* harmful, damaging, detrimental
kártérítés *n* compensation (monetary), damages; **~t fizet** pay damages
karton *a, n* cardstock (paper), cardboard; *n* carton
kártya *n* card(s), playing card(s); **kártyát kever** shuffle the cards; **kártyát oszt** deal the cards
kártyáz|ik *vi* play cards; gamble
kassza *n* checkout, register; ticket office, *theat* box-office
kastély *n* palace, manor, mansion
kasza *n* scythe
kaszál *vt* [vmit] cut down, mow (grass); reap
kaszinó *n* casino
kaszinótojás *n* deviled eggs
Kaszpi-tenger, a *n* the Caspian Sea
katalógus *n* catalogue; *school* roll call, sign-in sheet (in college)
katapultál *vi* catapult, hurl, fling

katasztrófa *n* disaster, catastrophe, tragedy
katedrális *n* cathedral
katicabogár *n* ladybug
katolikus *a, n rel* Catholic
katona *n* soldier, military man, serviceman; warrior; private (not an officer)
katonai *a* military
katonaság *n* the military, the army
kátrány *n* tar
kattog *vi* click, rattle
Kaukázus, a *n* the Caucasus
kavar *vt* [vmit] stir, mix, blend
kavarog *vi* whirl, swirl
kávé *n* coffee; **~t főz** make coffee; **fekete ~** black coffee; **tejes ~** coffee with milk, café latte; **hosszú ~** American-style coffee (not espresso)
kávédaráló *n* coffee grinder
kávéfőző *n* coffeemaker
kávéház *n* cafe, coffee shop
kávéscsésze *n* coffee cup, coffee mug
kávéskanál *n* teaspoon
kávéz|ik *vi* have coffee
kávézó *n* coffee shop
kaviár *n* caviar
kavics *n* pebble, gravel, (small) stone
kazah *a, n* Kazakh
Kazahsztán *n* Kazakhstan
kazán *n* furnace, boiler
kazetta *n* cassette, (audio)tape; case; panel (on the ceiling)
kazettás *a* **~ magnó** tape recorder/player
kb (kábé) → **körülbelül** *adv*
kebel *n* bosom, breast; *fig* heart; **keblére ölel** [vkit] embrace [sy]
kecses *a* graceful, delicate, charming
kecske *n* goat
kecskeszakáll *n* goatee
kedd *n* Tuesday; **~en** on Tuesday; **jövő ~en** next Tuesday; **minden ~en** every Tuesday
keddi *a* Tuesday, of/on Tuesday; **a ~ újság** the Tuesday paper
kedélyes *a* jovial, merry, cheerful
kedv *n* mood, temper, humor; disposition, frame of mind; [vkinek] **a ~ében jár** try to please [sy]; **a ~edért** for your sake; **~ét leli** [vmiben] take pleasure in [sg]; **~ét szegi** be discouraged by; **Jó ~e van.** She's in a good mood. **Nincs ~em hozzá.** I don't feel like it. **Van ~ed sétálni?** Do you feel like a walk? **Elment a ~e tőle.** He lost interest.
kedvel *vt* [vkit, vmit] like, love, care for
kedvelt *a* popular, liked
kedvenc *a* favorite
kedves *a* nice, pleasant, kind, sweet (person); dear; *n* sweetheart, boyfriend, girlfriend
kedvetlen *a* depressed, low-spirited; reluctant
kedvez *vi* [vkinek, vminek] favor, give [sy] an advantage, be partial to
kedvezmény *n* advantage; discount, rebate, reduced price
kedvező *a* favorable, advantageous
kedvezőtlen *a* unfavorable, disadvantageous
kedvtelés *n* pastime, hobby
kefe *n* brush; scrub; **fog~** toothbrush; **haj~** hair brush
kefél *vt* [vmit] brush; scrub, polish (floor)
kegyelem *n* mercy, clemency, pardon; *rel* grace; **kegyelmet kap** be pardoned
kegyes *a* kind, amiable, merciful; *rel* pious, devout
kegyetlen *a* cruel, harsh, mean, brutal, merciless
kehely *n* chalice, cup
kék *a* blue, azure; *n* (the color) blue; **~ szemű** blue-eyed

kékül *vi* turn blue
keksz *n* cracker (savory), cookie (sweet)
kel *vi* rise, get up; shoot, sprout, germinate; rise (dough); date (a letter); **ki korán ~ aranyat lel** early bird gets the worm; **a január 3.-án ~ levél** the letter dated January 3rd; **útra ~** set off on one's journey, leave; **El~t a ház.** The house is sold. **Lába ~t.** It's gone./It's lost.
kelendő *a* popular, marketable, in demand
kelengye *n* dowry
kelepce *n* trap, ambush; **kelepcébe csal** ambush
kelet *n* east, the East, the Orient; **~en** in the east
Kelet-Afrika *n* East Africa
Kelet-Ázsia *n* East Asia
Kelet-Európa *n* Eastern Europe
keleti *a* eastern, east, of the east; oriental, Oriental; **a K~ (pályaudvar)** *H* the Eastern Railway Station (in Budapest)
keletkez|ik *vi* arise, emerge, be created, come into being, occur, take shape
kelkáposzta *n* Savoy cabbage
kell *vi* [vkinek] be needed, be necessary; must do, have to do [sg], [sg] needs to be done; **~ene** should, ought to; **~ett volna** should have, ought to have; **nem ~ett volna** you shouldn't have; **Nekem nem ~.** I don't need it./I don't want it. **Úgy ~ neki!** *coll* It serves him right! **Mennem ~.** I have to go./ I must go.
kellék *n* (pre)requisite; *theat* props
kellemes *a* pleasant, nice, pleasing, enjoyable; **K~ ünnepeket!** Happy Holidays!
kellemetlen *a* unpleasant, disagreeable; uncomfortable, inconvenient, awkward, tiresome; offensive; **~ helyzet** uncomfortable/awkward situation
kellemetlenség *n* inconvenience, nuisance, trouble, bother
kelletlen *a* reluctant, unwilling
kellő *a* necessary, needed; proper, right, adequate
kellőképpen *adv* properly, as required
kelt *vt* [vkit] wake up, awake [sy]; produce (an effect), raise (suspicion, hope)
kelta *a* Celtic; *n* Celt
keltezés *n* date, dating (of a letter)
kém *n* spy, informer, *coll* spook
kémcső *n* test tube
kémelhárítás *n* counterintelligence, counterespionage
kemence *n* oven, furnace; kiln (for pottery)
kemény *a* hard, solid, stiff; *fig* stern, severe, hard, harsh, unyielding; **~ dió** tough nut to crack; **~ tojás** hard-boiled egg
kémény *n* chimney; smokestack
keményítő *n* starch
kémia *n* chemistry
kémiai *a* chemical
kémkedés *n* spying, espionage, intelligence work
kémked|ik *vi* spy, do espionage, do intelligence work
kemping *n* campsite, campground
kempingbicikli *n* folding bicycle, collapsible bicycle
kempingez|ik *vi* go camping
kempingező *n* camper (person)
kempingfelszerelés *n* camping equipment
ken *vt* [vmit] smear, spread; grease, lubricate (machine); [vmit vkire] *fig* lay the blame on [sy] else

kén *n chem* sulphur
kender *n* hemp; marijuana plant
kendő *n* scarf, headscarf, shawl
kenguru *n* kangaroo
kengyel *n* stirrup
kenőanyag *n* lubricant
kenőcs *n* ointment; lubricant
kenőolaj *n* lubricant, grease (for machines)
kenu *n* canoe
Kenya *n* Kenya
kenyai *a, n* Kenyan
kényelem *n* comfort, convenience, ease; **~be helyezi magát** make oneself comfortable
kényelmes *a* comfortable, convenient, cozy, snug
kényelmetlen *a* uncomfortable, inconvenient; embarrassing, awkward (situation)
kényelmetlenség *n* discomfort; inconvenience
kenyér *n* bread; livelihood, a living; **egy** ~ a loaf of bread; **pirítós** ~ toast; **megette a kenyere javát** *coll* be past one's prime
kenyérhéj *n* bread crust
kenyérkereső *n* breadwinner
kenyérkosár *n* breadbasket
kenyérpirító *n* toaster
kényes *a* delicate, tender, fragile; [vmire] sensitive (to), touchy (person); difficult, awkward, embarrassing, thorny; ~ **ügy** delicate issue
kényesked|ik *vi* be sensitive, be touchy; act spoiled
kényeskedő *a* picky, spoiled
kényeztet *vt* [vkit] pamper, spoil
kényeztetés *n* pampering, spoiling
kényszer *n* pressure, force
kényszeredett *a* forced; ~ **mosoly** forced smile
kényszerít *vt* [vkit vmire] force [sy] to do, press, pressure
kénytelen *a* [vmire] forced (to do), obliged; **K~ vagyok megtenni.** I have to do it.
kénytelen-kelletlen *adv* unwillingly, reluctantly
kép *n* picture; photograph, photo, snapshot; painting; image, likeness; frame (film); face; **savanyú ~et vág** *coll* make a long face; **Van ~e hozzá ...** She has the nerve to ...
képcsarnok *n* picture gallery
képernyő *n* screen (TV)
képes[1] *a* [vmire] able (to), capable of; **nem** ~ incapable, unable to; **mindenre** ~ he's capable of anything; **nem vagyok rá** ~ it's beyond me
képes[2] *a* with pictures; **~könyv** picture book
képesít *vt* [vkit vmire] qualify, train
képesítés *n* qualification, training
képesített *a* qualified, trained
képeslap *n* (picture) postcard
képesség *n* ability, capability, skill; aptitude, power, capacity; talent, gift
képest *adv* [vmihez] compared with, in comparison with; **hozzá** ~ compared to her; **korához ~ okos** he's smart for his age
képez *vt* [vkit vmire] train [sy] for; teach, educate; compose, form, constitute
képkeret *n* picture frame
képlet *n* formula
képmás *n* picture, image, likeness, portrait
képmutató *a* hypocritical; *n* hypocrite
képmutatás *n* hypocrisy
képregény *n* comics, comic book
képtár *n* picture gallery

képtelen *a* [vmire] unable (to), incapable of; *fig* impossible, absurd, ridiculous

képtelenség *n* inability; nonsense, absurdity

képvisel *vt* [vkit, vmit] represent, act on behalf of

képviselő *n* representative; *H* member of Parliament, *US* member of Congress, congressman, congresswoman; **~ választás** congressional election

képviselőház *n* *US* House of Representatives, Congress, the House; **a ~ elnöke** the Speaker of the House

képzel *vt* [vmit] imagine, conceive, picture; **sokat ~ magáról** have a high opinion of herself; **K~d el!** Picture this!

képzelet *n* imagination

képzés *n* training, teaching, instruction; formation, forming

képzetlen *a* untrained; uneducated

képzett *a* trained, skilled, qualified; educated

képzettség *n* education, qualification

képzőművészet *n* fine arts

kér *vt* [vmit] request; [vkitől] ask [sy] for; [vkit vmire] ask [sy] to do [sg], request; [vmiből] want, ask for; charge, want, ask for (a price); **tanácsot ~** ask for advice; **Csendet ~ek!** Silence, please! **K~hetek egy szívességet?** May I ask you a favor? **K~ek még.** I want some more (food, drink). **Sokat ~nek érte.** They're asking too much for it **K~em.** *int* Please./You are welcome. (response to 'thank you')

kérdés *n* question, inquiry; issue, matter, problem; **~t tesz fel** ask a question; **Nehéz ~.** It's a difficult issue. **Órák ~e.** It's a matter of hours.

kérdéses *a* questionable, doubtful, undecided, uncertain; in question; **a ~ időpont** the time in question; **Nem ~.** There's no question about it.

kérdez *vt* [vmit vkitől] ask, ask a question; inquire

kérdőív *n* questionnaire

kérdőjel *n* question mark

kéreget *vt* [vmit] panhandle, beg, be begging

kerek *a* round, circular; round(ed); **~ szám** round number

kerék *n* wheel; **első ~** front wheel; **hátsó ~** rear wheel; **hiányzik egy ~e** *coll* have a screw loose

kerekes *a* wheeled, on wheels

kerékpár *n* bicycle, *coll* bike

kerékpáros *n* cyclist

kerékpároz|ik *vi* ride a bicycle, ride a bike, cycle, bike

kerékpárút *n* bicycle track/path

kérelem *n* request; application, petition; **saját kérelmére** at one's own request

kérelmez *vt* [vmit] request, petition for, apply for

keres *vt* [vkit, vmit] look for, search, seek, want; make (money), earn; **Mit ~el?** What are you looking for? **Mit ~el itt?** *coll* What are you doing here? **Valaki ~ett telefonon.** Somebody called you/wanted you on the phone. **Jól ~.** She makes a lot of money./She makes a good living.

kérés *n* request; **Lenne egy ~em.** I'd like to ask you a favor.

keresés *n* search, pursuit

kereset *n* income, salary, wages, pay, earnings; *law* action, suit, petition

kereskedelem *n* trade, commerce

kereskedelmi *a* commercial, trade-; **~ bank** commercial bank;

~ **kamara** chamber of commerce; ~ **szerződés** trade agreement

kereskedlik *vi* [vmivel] trade [sg], deal in, do business in

kereskedő *n* merchant, trader, dealer

kereslet *n econ* demand; ~ **és kínálat** supply and demand

kereszt *n* cross; crucifix; ~**re feszít** crucify; ~**et vet** make the sign of the cross

keresztanya *n* godmother

keresztapa *n* godfather

keresztbe *adv* crosswise, across, crisscross; ~**teszi a lábát** cross one's legs

keresztel *vt* [vkit] baptize, christen

keresztelő *n* baptism, christening

keresztény *a, n* Christian

kereszténydemokrata *a, n* Christian democrat

kereszténység *n* Christianity

keresztez *vt* [vmit] cross; intersect; interbreed; interfere with; ~**i vkinek az útját** cross [sy's] path

kereszteződés *n* intersection

keresztnév *n* first name, Christian name, given name

keresztrejtvény *n* crossword puzzle

keresztszülők *n* godparents

keresztutca *n* cross street, side street

keresztül *postp* [vmin] through, across; via; for (time), through; **Bostonon** ~ via Boston; **egy éven** ~ for a year

keresztülmegy *vi* go through, pass through; *fig* undergo, go through, experience

keresztülvisz *vt* [vmit] carry out, carry through, go through with; ~**i az akaratát** have one's way

keret *n* frame, setting; framework; allowance, available funds, budget, allotted funds; range, limits; [vmi] ~**ében** (with)in the framework of [sg]; **Nincs rá ~.** There's no money for it./It's not budgeted for.

kéret *vt* [vkit] send for, ask [sy] to come

keretez *vt* [vmit] frame [sg], mount

kerget *vt* [vkit, vmit] chase (after), pursue

keringő *a* circling, revolving; circulating; *n* waltz

kerít *vt* [vmit] get, obtain, get hold of; seize, catch; **kézre** ~ catch, arrest

kerítés *n* fence, railing

kérő *n* suitor

kert *n* garden; orchard; **botanikus** ~botanical garden

kertes *a* with a garden; ~ **ház** single family home

kertész *n* gardener

kertészet *n* gardening, horticulture; garden, nursery

kertmozi *n* open-air movie theater

kertváros *n* suburb

kerül *vi* [vhova] get swhere, arrive at, get into; [vmibe] cost, come to; take, require (time); *vt* [vkit, vmit] avoid, keep away from; go around; **bajba** ~get into trouble; ~ **amibe** ~ cost what it may; **csak egy szavadba** ~ just say the word; **Hogy ~t ez ide?** How did this get here? **Rá ~ a sor.** It's his turn. **A kezembe ~t.** I found it (by accident). **Mennyibe ~?** How much does it cost? **Sokba ~.** It costs a lot. **Tíz dollárba ~.** It costs ten dollars.

kerület *n* outline, circumference, periphery; *math* perimeter; district, borough; region, section, area; **választó** ~ voting district, *US* congressional district

kerülő *n* detour, a way around [sg]; **Nagy ~.** It's a long way around.

kerülőút *n* detour
kérvény *n* petition, application, request; **~t bead** file a petition
kérvényez *vt* [vmit] petition for, apply for
kés *n* knife; *med* scalpel; **a ~ alá kerül** *coll* go under the knife (have surgery)
késedelem *n* delay
keselyű *n* vulture
keserű *a* bitter; **gyomor~** bitter liquor with herbal extracts
keserves *a* troublesome, hard, laborious; *fig* painful, bitter
kés|ik *vi* [vhonnan] be late for, arrive late; be delayed, be overdue; be slow (clock); **K~ett a munkából.** He was late for work. **Egy órát ~ett.** She was an hour late. **Ami ~ nem múlik.** Sooner or later, good things come to those who wait.
keskeny *a* narrow, tight
késő *a* late, delayed; *adv* late, too late; **~ este** late at night; **K~ van.** It's late. **Már ~.** It's too late.
későn *adv* late
kész *a* [vmire] ready for/to, prepared for/to; ready, finished, (be) over, be through with; **K~ vagyok.** I'm ready. **Mindenre ~.** He's ready/prepared for anything. **És ~!** And that's that!
készakarva *adv* intentionally, deliberately, on purpose
készít *vt* [vmit] prepare, make; produce, make, manufacture; **ebédet ~** make lunch
készítmény *n* product; *chem* preparation
készlet *n* inventory, stock, supply, reserve; **ét~** set (of dishes)
készpénz *n* cash; **~ben fizet** pay cash
készruha *n* ready-to-wear clothes
készség *n* [vmire] readiness, inclination; ability, talent, skill; willingness; **~gel** willingly, gladly
készséges *a* ready, willing
kesztyű *n* gloves; **egyujjas ~** mittens; **ötujjas ~** gloves
kesztyűtartó *n* glove compartment
készül *vi* be made, be in the making; [vmiből] be made of; [vmire] get ready for, prepare for, make preparations for, be about to do [sg]; **~ a vizsgára** prepare for the exam; **K~ az ebéd.** Lunch is getting ready. **Miből ~t?** What is it made of? **Lefeküdni ~.** She's getting ready to go to bed.
készülék *n* equipment, appliance, gadget
készületlen *a* unprepared, unequipped
készültség *n* preparedness, readiness; alertness; alert
két *a* two; **~ ember** two people; **~ legyet üt egy csapásra** kill two birds with one stone
kétágyas *a* **~ szoba** double room
kétbalkezes *a* all-thumbs, clumsy
kételked|ik *vi* [vmiben] doubt, question, be skeptical about, have doubts about
kétéltű *a* amphibious; *n* amphibian
kétely *n* doubt
kétemeletes *a* three-story, three-level (house)
kétértelmű *a* ambiguous, with double meaning
kétes *a* doubtful, dubious, uncertain, disputed; unreliable, untrustworthy, suspicious
kétféle *a* two kinds
kétjegyű *a* two-digit
kétnyelvű *a* bilingual
kétoldalú *a* bilateral; mutual, reciprocal
ketrec *n* cage, coop (chickens)
kétrészes *a* two-part, two-piece (suit)
kétség *n* doubt, incredulity, disbelief; **~be von** question, doubt; **minden ~et kizáróan** without a doubt, undoubtedly; **K~ nem fér hozzá.** There is no doubt about it.

kétségbeesett *a* desperate
kétségbees|ik *vi* despair, be desperate, lose heart
kétséges *a* doubtful, uncertain
kétségkívül *adv* undoubtedly, without a doubt; certainly, surely
kétségtelen *a* unquestionable, indisputable, doubtless; certain, sure
kétségtelenül *adv* undoubtedly, without a doubt; certainly
kétszemélyes *a* two-person, for two; two-seater (car); ~ **ágy** double bed; ~ **asztal** a table for two
kétszintes *a* two-level, two-story (building)
kétszínű *a* two-colored; *fig* hypocritical, two-faced, dishonest
ketten *adv* two people, two of us/you/them; ~ **jöttek** two of them came; **csak ti** ~ only the two of you; **K~ vagyunk.** There are two of us.
kettesben *adv* in pairs, in twos; the two of us/you/them together, in private; **K~ vagyunk.** We're alone./ It's just the two of us.
kettesével *adv* in twos, by twos, in groups of two
kettő *num* two; a couple of; **mind a** ~ both
kettős *a* double, twofold, dual; *n mus* duet
kettőspont *n* colon
kétüléses *a* two-seater, with two seats
kever *vt* [vmit] stir, mix, combine, blend, whisk (together); shuffle (cards)
keverék *n* mixture, blend, combination
kevered|ik *vi* [vmibe] mix, blend, combine; *fig* get mixed up in, get involved in
kevés *a* little, few; some, slight; not enough, insufficient, little, few, scarce; **~sé** somewhat, a little; **Ez ~.** That's not much./ That's not enough.
kevésbé *adv* less; ~ **drága** less expensive; **még** ~ even less; **egyre** ~ less and less
kevesebb *a* less, fewer; **sokkal** ~ a lot less, much less; ~ **mint** less than
kéz *n* hand; **a keze ügyében van** be right at hand; **a kezébe veszi az ügyet** takes matters into his own hands; **~en fog** [vkit] take [sy] by the hand; **~nél van** be at hand; **~re kerül** be caught, be arrested; **kezet fog** [vkivel] shake hands with; **megkéri a kezét** [vkinek] propose (marriage) to; **Első ~ből tudom.** I know it firsthand.
kézbesít *vt* [vmit] deliver (mail)
kezd *vt* [vmit] begin, start; take up; **Már megint ~i.** He's at it again.
kezdeményez *vt* [vmit] initiate, take the initiative,
kezdeményezés *n* initiative; **magához ragadja a ~t** take the initiative
kezdés *n* start, starting, beginning
kezdet *n* beginning, start, outset, onset (illness); source, origin; **~ben** in the beginning, at first; **a ~ ~én** at the very beginning; **~től fogva** from the beginning
kezdetleges *a* primitive, rudimentary
kezdő *a* initial, beginning, starting; inexperienced; *n* beginner, novice
kezdőd|ik *vi* begin, start, open
kezel *vt* [vmit] handle, treat, work, manipulate, manage; deal with; *med* treat, attend to
kezelés *n* handling, managing; *med* treatment
kezelő *n* handler, operator

kézenfekvő *a* obvious, self-evident, clear
kezes *a* tame, meek; *n* co-signer (on a loan) ~ **mint a bárány** *coll* gentle as a lamb
kezesség *n* guarantee, security; **~et vállal** guarantee, be responsible for; co-sign (for a loan)
kézfogás *n* handshake
kézi *a* manual, hand-
kézifék *a* emergency brake, handbrake
kézikönyv *n* textbook, manual, reference (book)
kézilabda *n sp* handball
kézimunka *n* handicraft, craft; needlework, embroidery
kézipoggyász *n* carry-on luggage (planes), hand luggage
kézírás *n* handwriting
kézirat *n* manuscript
kézitáska *n* bag, handbag, purse; duffle bag, (small) suitcase
kézjegy *n* signature, initials
kézműves *n* craftsman, artisan
kézügyesség *n* skill (with one's hands), being handy, skillfulness
kft. = korlátolt felelősségű társaság *n bus* limited liability company, ltd.
Ki[1] *adv* out, outward; **Hova ment? – Ki.** Where did he go? – Out.
ki? [2] *pron* who?; who (reference); **K~ az?** Who is it? **K~t láttál?** Who(m) did you see? **K~ért?** For whom? **K~hez?** To whom? **K~nek adod?** Who are you giving it to? **K~nek a háza ez?** Whose house is this? **K~nél voltál?** Who did you see?/ Whose house did you go to? **K~ben bízik?** Whom does he trust? **K~re vársz?** Who are you waiting for? **K~ről beszél?** Who is she talking about? **K~től kaptad?** Who did you get it from? **K~vel megyünk?** Who are we going with?
kiabál *vt* [vmit] shout, yell, cry, scream; **Ne ~j!** Stop yelling!
kiábrándító *a* disappointing, disillusioning
kiábrándul *vi* [vkiből, vmiből] be disillusioned with, be disappointed with
kiad *vt* [vmit] give out, issue, distribute; hand over, surrender; extradite (a criminal); publish, issue; rent (out), lease; spend (money)
kiadás *n* handing out, surrender; extradition; issue, issuing; publication, edition; expense
kiadó *a* for rent, vacant; *n* publisher, publishing house
kiadvány *n* publication
kialakul *vi* form, take shape, develop, evolve
kiáll *vi* stand out, step out; stick out, protrude, bulge; [vkivel] accept a challenge, face; [vkiért, vmiért] fight for, take a stand for; *vt* [vmit] stand, endure, tolerate, undergo; **Ki nem állhatom.** *coll* I can't stand him.
kiállít *vt* [vmit] put out; fill out (a form), make out (a check); exhibit, display, show
kiállítás *n* exhibit, exhibition, show
kiált *vt* [vmit] shout, yell, exclaim, call out
kiáltvány *n* proclamation, manifesto
kibékül *vi* [vkivel] reconcile, make peace with, make up
kibélel *vt* [vmit] line [sg], pad
kibérel *vt* [vmit] rent, lease
kibír *vt* [vmit] stand, endure, bear
kibírhatatlan *a* unbearable
kibocsát *vt* [vmit] emit, give off, radiate; issue, publish
kibocsátás *n* emission; issue

kibont *vt* [vmit] open, undo, untangle, unfold; unwrap, unpack
kiborít *vt* [vmit] knock over, turn over, tip over
kibúj|ik *vi* [vmiből] climb out, crawl out, come out, emerge from; [vmi alól] *fig* avoid, wriggle out of; **K~ik a szög a zsákból.** *coll* The cat is out of the bag.
kibúvó *n* excuse, evasion
kicsavar *vt* [vmit] unscrew; wring (out), squeeze out
kicserél *vt* [vmit vmivel] exchange, change for, interchange, replace, substitute
kicsi *a* small, little, diminutive; petty; *n* little one, child, baby; **egy ~t** a little, a bit; **~m** my baby (term of endearment)
kicsinyes *a* petty, small-minded, narrow-minded
Kicsoda? *pron* Who(ever)?
kicsomagol *vt* [vmit] unwrap, unpack
kicsúfol *vt* [vkit] make fun of, tease
kicsúsz|ik *vi* slip out; **~ik a száján** blurt [sg] out, slip
kiderít *vt* [vmit] find out, bring to light, figure out, unravel, uncover
kiderül *vi* clear up, clear (sky); turn out, be discovered, be found out, come to light
kidob *vt* [vmit] throw out, toss out; throw away, discard
kidolgoz *vt* [vmit] work [sg] out, elaborate, treat, write up
Kié? *pron* whose?; **~ ez az autó?** Whose car is this?
kiég *vi* burn out, go out, die away; be consumed by fire (building); blow out (fuse)
kiegészít *vt* [vmit] complete, complement, supplement
kiegyenlít *vt* [vmit] even out, level off, equalize; settle (bill), pay off (debt)
kiegyensúlyozott *a* (well-)balanced
kiegyezés *n* compromise, conciliation, accord
kiejtés *n* pronunciation, articulation
kielégít *vt* [vkit, vmit] satisfy, content, fulfill
kielégítő *a* satisfying, satisfactory, sufficient
kiemel *vt* [vmit] lift out, raise; *fig* stress, emphasize, highlight, underline
kiemelked|ik *vi* rise (from), emerge; stand out; excel
kiemelkedő *a* outstanding, excellent, distinguished, prominent; striking
kiemelt *a* stressed, highlighted
kienged *vt* [vkit, vmit] let out; emit; deflate
kiérdemel *vt* [vmit] deserve
kiértékel *vt* [vmit] evaluate
kies|ik *vi* fall out, drop out; be out of one's way
kifacsar *vt* [vmit] squeeze out, wring out
kifakul *vi* fade, lose color
kifárad *vi* get tired, tire, get exhausted
kifecseg *vt* [vmit] blab out, blunder out
kifejez *vt* [vmit] express, voice
kifejezés *n* expression, phrase, term, idiom
kifejezetten *adv* definitely, expressly, explicitly
kifejleszt *vt* [vmit] develop [sg], cultivate
kifejlőd|ik *vi* develop, be developed, grow, evolve
kifejt *vt* [vmit] undo (sewing); shell (peas); *fig* elaborate on, explain
kifelé *adv* outward, out; on the way out
kifér *vi* get out through, pass through

kifest *vt* [vmit] paint (a room); make up; color (a coloring book); **~i magát** put make-up on

kificamít *vt* [vmit] sprain, dislocate (a joint)

kifinomult *a* refined, fine, delicate, polished

kifizet *vt* [vmit] pay for, settle (a bill), pay off (debt)

kifli *n* crescent roll; **francia ~** croissant

kifogás *n* excuse, pretext; objection, complaint

kifogásol *vt* [vmit] object to, protest (against), raise objections

kifogástalan *a* perfect, excellent, correct

kifogy *vi* be consumed, be exhausted; [vmiből] run out of; **~ott a pénzből** ran out of money

kifordít *vt* [vmit] turn inside out, reverse, turn out

kifőz *vt* [vmit] boil; sterilize (by boiling); *fig* come up with a plan, plot

kifúj *vt* [vmit] blow (out); **~ja magát** catch one's breath

kifúr *vt* [vmit] drill (a hole), bore through

kifut *vi* run out; sail (ship); boil over (milk); **~ az időből** run out of time

kifutópálya *n* runway

kigombol *vt* [vmit] unbutton, undo (buttons)

kigondol *vt* [vmit] think up, come up with (an idea), conceive (a plan), invent

kigúnyol *vt* [vkit] make fun of, ridicule

kígyó *n* snake

kigyógyít *vt* [vkit vmiből] cure (of), heal completely, restore to health

kigyógyul *vi* [vmiből] be cured, be healed, heal

kígyóz|ik *vi* wind, weave

kigyullad *vi* light up; catch fire, burst into flames

kihagy *vt* [vmit] leave out, omit; miss (an opportunity); *vi* miss (a beat); **K~ az emlékezete.** He has memory lapses.

kihajol *vi* lean out

kihal *vi* die out, become extinct

kihallgat *vt* [vkit] interrogate, question; eavesdrop, listen in on

kihallgatás *n* interrogation, questioning

kihasznál *vt* [vmit] utilize, use; use up, exhaust; [vkit] exploit, take advantage of, abuse [sy]; **~ja az alkalmat** take advantage of the opportunity

kihever *vt* [vmit] recover from, overcome

kihirdet *vt* [vmit] announce, publish, proclaim

kihív *vt* [vkit] call out; challenge, provoke; **~ja a sorsot** tempt fate

kihívás *n* challenge

kihoz *vt* [vmit] bring out, fetch; produce, show (result)

kihúz *vt* [vmit] pull out, drag out; extract (a tooth); cross out, strike through; draw (lottery numbers); **~za magát** straighten oneself up

kihűl *vi* cool, chill, get cold

kiismer *vt* [vkit] get to know [sy] well; see through [sy]; **~i magát** learn the ropes, find one's way around

kiismerhetetlen *a* inscrutable

kijár *vi* go out; come out, keep falling out; *school* finish

kijárat *n* exit, way out

kijavít *vt* [vmit] correct, fix; revise

kijelent *vt* [vmit] state, announce, declare

kijelentés *n* statement, announcement, declaration

kijelöl *vt* [vmit] indicate, point out, mark, assign; set (a time); [vkit] appoint, name, designate
kijelző *n* indicator
kijön *vi* come out; result, have a result; [vmiből] manage on (some money), survive on (money); [vkivel] get along well with [sy]
kijut *vi* get out, emerge, find a way out; get to, reach; ~ **Amerikába** make it to America
kikap *vt* pick out; get, receive; *vi* [vmiért] be told off, be scolded; *sp* be defeated
kikapcsol *vt* [vmit] undo, unfasten; disconnect, turn [sg] off, switch off, stop (machine)
kikapcsolódás *n* relaxation, getting away from it all
kikapcsolód|ik *vi* come undone; relax, do something for fun
kiképez *vt* [vmit] train, teach, instruct
kikeres *vt* [vmit] look up, find, search for; select, single out
kikerül *vt* [vmit] avoid, go around, walk around; *vi* [vmiből] get out of, come out of, emerge
kikerülhetetlen *a* unavoidable, inevitable
kikészít *vt* [vmit] put out, set out, arrange; prepare, process; *coll* [vkit] exhaust [sy], beat [sy] up, finish [sy] off; make up (face)
kikísér *vt* [vkit] see [sy] out, see [sy] off, show [sy] out
kikölt *vt* [vmit] hatch (eggs), incubate
kiköt *vt* [vmit] tie, fasten, bind (to); set conditions (for an agreement); dock, land (ship)
kikötés *n* condition, reservation; docking, landing (ship)
kikötő *n* port, harbor, the docks
kiközösít *vt* [vkit] *rel* excommunicate; expel, exclude from
kiküld *vt* [vkit, vmit] send out, dispatch; delegate
kiküldetés *n* mission, official trip
kilakoltatás *n* eviction
kilátás *n* view (from a place), sight, panorama; *fig* prospect, chance, outlook; **~ba helyez** promise; **Nincs rá semmi ~.** There is no chance of it./ It's very unlikely.
kilátástalan *a* hopeless
kilátó(torony) *n* look-out point (tower)
kilenc *num* nine
kilencedik *a* ninth; **november ~én** on the ninth of November
kilencven *num* ninety
kilencvenes *a* number ninety, (with the) number ninety (on it); **a ~ évek** the Nineties
kilép *vi* step out, leave; walk quickly, hurry; *fig* resign (from a club)
kilincs *n* door handle, doorknob
kiló *n* kilogram
kilóg *vi* hang out, be hanging out, stick out, show (by sticking out)
kilogramm *n* kilogram
kilométer *n* kilometer
kilométeróra *n* speedometer
kilő *vt* [vmit] shoot out, fire (out of); launch (missile, rocket)
kilyukad *vi* wear through, be punctured, become worn out
kimagasló *a* outstanding, excellent
kimegy *vi* go out (of), leave, get out; ~ [vki elé] **a repülőtérre** meet [sy] at the airport; **Kiment a fejemből.** I forgot about it.
kímél *vt* [vkit, vmit] take care of, spare, be gentle with; **nem ~i a fáradságot** spare no trouble
kímélet *n* consideration, regard; **~tel van** [vki iránt] be considerate to

kíméletlen *a* ruthless, merciless, inconsiderate
kiment *vt* [vkit] save (from), rescue
kimér *vt* [vmit] measure, weigh, take the dimensions (of); *fig* inflict, impose (punishment)
kimutat *vt* [vmit] show; demonstrate, prove, reveal
kimutatás *n* statement (financial), report
kimerít *vt* [vkit, vmit] exhaust, wear out
kimerül *vi* run out, be exhausted, get tired; be used up, be exhausted; die (battery)
kimerült *a* exhausted, tired, fatigued, worn-out
kimerültség *n* exhaustion, fatigue
kimond *vt* [vmit] utter, say [sg], voice; articulate; state, declare; express
kimos *vt* [vmit] wash (clothes), do the laundry; wash out, rinse (out)
kín *n* pain, torment, torture
Kína *n* China
kínai *n* Chinese
kínál *vt* [vmit] offer; **hellyel ~** [vkit] offer [sy] a seat
kínálat *n* selection (in a store); *econ* supply; **kereslet és ~** supply and demand
kincs *n* treasure, riches
kinevet *vt* [vkit] laugh at, ridicule, make fun of
kinevez *vt* [vkit] appoint, name, nominate, promote
kinéz *vi* look out (to), look out of; choose, pick out (by sight), select; **~ az ablakon** look out the window; **Jól néz ki.** She looks good.
kínlód|ik *vi* suffer, be tormented, be tortured, struggle
kinn *adv* outside, out, outdoors; abroad
kínos *a* uncomfortable, embarrassing, awkward, unpleasant
kínoz *vt* [vkit] torture, torment; pester, bother
kint = kinn *adv*
kinyíl|ik *vi* open (up), be opened; bloom, blossom
kinyit *vt* [vmit] open [sg]; unfold, unwrap, undo, unlock; turn on (faucet)
kinyomtat *vt* [vmit] print (out); publish
kiolvas *vt* [vmit] read to the end, finish reading
kiöblít *vt* [vmit] rinse out
kiöml|ik *vi* pour out, flow out, gush
kiönt *vt* [vmit] pour [sg] spill, empty (of liquid); overflow (river), flood
kipakol *vt* [vmit] unpack; *coll* [vmit vkinek] unload all complaints on/about [sg] to [sy]
kipihen *vt* [vmit] **~i magát** get enough rest, get rested
kipipál *vt* [vmit] check, check off, put a check mark next to
kipirul *vi* flush, blush, turn red (face)
kiporol *vt* [vmit] dust, beat (the dust out of); **~ja a nadrágját** *coll* spank, beat [sy] lightly
kiporszívóz *vt* [vmit] vacuum
kipótol *vt* [vmit] supplement, complete, amend; supply, compensate (for)
kiprésel *vt* [vmit vmiből] press, squeeze (out); [vkiből] *fig* extort
kipróbál *vt* [vmit] try out, try to do [sg], test
kipucol *vt* [vmit] clean, clean out, polish (shoes)
kipufogó(cső) *n auto* exhaust pipe
kipukkad *vi* burst out, pop open, split, be punctured, blow out
kirabol *vt* [vkit] rob [sy]
kiradíroz *vt* [vmit] erase
kirakat *n* shop window
király *n* king

királyi *a* royal, regal
királyné *n* queen (consort)
királynő *n* queen (by her own right)
királyság *n* kingdom, monarchy
kirándul *vi* hike, go on a hike, go on an excursion, take a trip, *school* go on a field trip
kirándulás *n* excursion, trip, outing, field-trip
kirepül *vi* fly out, fly away, take flight
kirobban *vi* explode, erupt, burst, break out
kiröhög *vt* [vkit] laugh in [sy's] face, laugh at
kirúg *vt* [vkit] kick out; fire (from a job)
kis *a* little, small; **egy ~ kávé** some/a little coffee; **egy ~ ideig** for a little while
kisasszony *n* miss, young lady, little lady
kisbaba *n* baby, infant
kisbetű *n* small letter, small print, lower case (character)
kisebb *a* smaller; less, minor; **~ problémák** minor problems
kisebbség *n* minority
kisegít *vt* [vkit] help out, assist
kísér *vt* [vkit, vmit] accompany, go with, escort, chaperone; follow; **figyelemmel ~** keep an eye on, follow; **zongorán ~** accompany on the piano
kíséret *n* escort, accompaniment, attendance
kísérlet *n* attempt, endeavor; experiment, test
kisérletez|ik *vi* [vmivel] experiment with, test
kísérő *a* accompanying; attached (document); *n* companion, follower; chaperone; *mus* accompanist
kísértés *n* temptation; **ellenáll a ~nek** resist the temptation
kísértet *n* ghost, spirit (that haunts)
kisfilm *n* short film
kisgyerek *n* infant, toddler, small child
kisikl|ik *vi* be derailed, jump the track
kiskanál *n* small spoon, teaspoon
kiskapu *n* small gate; **megtalálja a ~t** *coll* find (legal) loopholes
kiskereskedelem *n* retail
kiskorú *a* minor (person), underage; *n* minor, underage person
kismama *n* pregnant woman, expecting mother
kismutató *n* small hand (of the clock)
kisorsol *vt* [vmit] draw (raffle)
kisportolt *a* athletic, muscular
kissé *adv* somewhat, a little, slightly
kistányér *n* small plate, dessert plate, salad plate
kisujj *n* little finger; **A ~át sem mozdítja.** *coll* She doesn't lift a finger.
kisül *vi* get baked, get roasted; *fig coll* turn out
kisvállalkozás *n* small business
kisvállalkozó *n* small business owner, entrepreneur
kiszab *vt* [vmit] cut out (material); set, fix (a date); impose (punishment)
kiszabadít *vt* [vkit] free, liberate, set free, release; rescue, deliver
kiszabadul *vi* [vhonnan] get out, escape, be freed, be released
kiszáll *vi* get out of (a car), get off (a bus/train), disembark (a ship); withdraw, pull out; visit the scene (of a crime, police)
kiszámít *vt* [vmit] calculate, figure out
kiszárad *vi* dry up, dry out, get dry, get parched; die (a tree)
kiszed *vt* [vmit] pick out, take out, sort out

kiszemel *vt* [vkit, vmit] pick for [sg] (by sight), select, choose
kiszolgál *vt* [vkit] serve, wait on, attend to; wait (on customers)
kiszolgálás *n* service (in a store/ restaurant)
kiszótároz *vt* [vmit] look up words in a dictionary, make a word list
kiszúr *vt* [vmit] pierce, prick, puncture; **~ja a szemét** put one's eye out
kitagad *vt* [vkit vmiből] disown, disinherit
kitágít *vt* [vmit] stretch, dilate, extend, expand, loose
kitakarít *vt* [vmit] clean (out), clean (a room)
kitalál *vt* [vmit] guess, figure out; invent, devise, concoct; make up ([sg] that's not real)
kitapétáz *vt* [vmit] wallpaper (a room), put up wallpaper
kitár *vt* [vmit] open wide, throw open
kitart *vi* be persistent, not give up, persevere; [vmi mellett] stand by, be loyal, stick to
kitartás *n* perseverance, persistence, persisting
kitér *vi* get out of the way, avoid; [vmire] mention, digress, touch on
kiterjed *vi* expand, grow; extend, spread (over), range; [vmire] include, comprise; **mindenre ~ a figyelme** nothing escapes him
kiterjedt *a* extensive, wide, vast, widespread
kitervel *vt* [vmit] plan, devise
kitesz *vt* [vmit] put out, place out(side); display, post, show (in window); [vkit] dismiss, discharge; evict; [vkit vminek] expose to, subject to, run the risk of; **~i a lelkét** put one's heart and soul into it; **~i a szűrét** [vkinek] *coll* kick [sy] out, show [sy] the door; **~ magáért** do one's best
kitilt *vt* [vkit, vmit] ban, banish from, expel
kitisztít *vt* [vmit] clean
kitoloncol *vt* [vkit] expel, deport
kitölt *vt* [vmit] fill out, fill in; pour out (liquid); fill, pass (time)
kitör *vt* [vmit] break, fracture; *vi* break out (war, illness), erupt, burst; burst into; **K~t belőle a nevetés.** She burst out laughing.
kitöröl *vt* [vmit] wipe out, wipe off; erase
kitűnő *a* excellent, outstanding, extraordinary, superior
kitüntetés *n* decoration, medal, distinction, honor
kitűz *vt* [vmit] pin up; fly (flag); mark out; set, settle, fix (time)
kitűző *n* brooch, pin
kiutal *vt* [vmit] allocate, assign to, grant (money)
kiutaz|ik *vi* go to, go abroad, travel abroad
kiürít *vt* [vmit] empty (out), deplete, clear out; vacate, evacuate
kiütés *n* knock out, K.O.; rash (skin)
kivág *vt* [vmit] cut out, cut down (tree), clear out (forest); fling [sg] open; throw out, fling out; **~ja magát** give a witty answer; get out of a sticky situation
kivágás *n* cut-out; neckline, cleavage, décolletage
kiválaszt *vt* [vkit, vmit] choose, select, pick (out), single out; secrete
kiváló *a* excellent, outstanding
kivált *vt* [vmit] redeem; buy (tickets); produce (an effect), trigger
kiváltság *n* privilege
kíván *vt* [vmit] wish, want, yearn for, long for, desire; expect, demand,

require, call for; **Jó napot ~ok!** (I wish you) Good afternoon/morning.
kíváncsi *a* [vmire] curious, inquisitive; be interested in, wonder about; **K~ vagyok, hogy mi az.** I wonder what it is.
kivándorlás *n* emigration
kivándorló *a* emigrating; *n* emigrant
kivándorol *vi* emigrate
kívánság *n* wish, desire, request
kivéd *vt* [vmit] fend off, ward off
kivégez *vt* [vkit] execute [sy], put to death
kivégzés *n* execution
kivesz *vt* [vmit] take out, remove, get out; discern, distinguish, make out (by sight); take, rent, lease (apartment)
kivet *vt* [vmit] throw out, cast out; [vkit] cast [sy] out; **adót ~** impose/ levy taxes on
kivétel *n* exception; **~ nélkül** without exception; [vminek] **a ~ével** with the exception of
kivételes *a* exceptional, extraordinary
kivételesen *adv* exceptionally; for this once, just for now
kivetít *vt* [vmit] project
kivéve *adv* except, with the exception (of), save, apart from
kivisz *vt* [vmit] take out, carry out; export; arrange, achieve, manage to do
kivitel *n* taking out, carrying out; export(s); realization (of), execution
kivív *vt* [vmit] achieve, reach, attain, obtain; win, accomplish
kivizsgál *vt* [vmit] examine, investigate, look into
kivizsgálás *n* examination, inquiry; *med* checkup
kivon *vt* [vmit vmiből] subtract, deduct, take out; extract
kivonat *n* extract; summary, abridgement; essence, extract
kívül *adv* [vmin] outside (of), without, out of; besides, apart from, in addition to; **házon ~ van** he's out (not here); **~ belül** inside and out; **rajtam ~** apart from me, besides me; **magán ~** *coll* beside oneself; **házasságon ~** out of wedlock
kívülálló *n* outsider, stranger
kívülről *adv* from the outside; (know [sg]) by heart; **K~ megtanulta a verset.** He memorized the poem./ He learned the poem by heart.
kizár *vt* [vkit, vmit] lock out; exclude, expel; **Ki van zárva.** It's out of the question.
kizárólag *adv* exclusively, only, solely
kizárólagos *a* exclusive, sole
klarinét *n mus* clarinet
klarinétoz|ik *vi mus* play the clarinet
klassz *a coll* cool, great, good
klasszikus *a* classic (style), classical (music); *n* classic
klikk *n* clique
klikkel *vi* [vmire] *comp* click on [sg]
klíma *n* climate; air-conditioning unit; **Van ~ a hotelban.** There is air conditioning in the hotel.
klímaberendezés *n* air conditioning (unit)
klímakontroll *n* climate control
klimax *n* menopause
klinika *n* clinic, hospital
klónoz *vt* [vkit, vmit] clone [sg]
klór *n* chlorine
klóros *a* chlorinated
klórozott *a* chlorinated
klub *n* club
koalíció *n* coalition; **~t alkot** form a coalition
kóbor *a* stray, wandering
kóborol *vi* wander, roam, stray

koccan *vi* knock against, clink
koccanás *n* fender bender, minor car accident
koccint *vi* [vmivel] clink (glasses); ~ [vkinek] **az egészségére** drink to [sy's] health
kocka *n* cube; dice; square, check; **Fordult a ~.** The tables are turned.
kockacukor *n* sugar cube
kockás *a* checkered
kockázat *n* risk, hazard, chance; **~ot vállal** take a risk
kockáztat *vt* [vmit] risk [sg], jeopardize
kocog *vi* jog; trot (horse)
kócos *a* messy (hair), disheveled
kocsi *n* car, vehicle; **baba~** stroller, baby carriage; **~val** by car
kocsimosó *n* car wash
kocsis *n* coachman, driver (of a cart)
kocsma *n* bar, saloon
kocsonya *n* jelly; *H* pork jelly
kód *n* code
kódol *vt* [vmit] encode
koffein *n* caffeine
koffeinmentes *a* decaffeinated, decaf, caffeine-free
kokárda *n H* rosette made of the Hungarian national colors
koktél *n* cocktail, mixed drink
kókusz(dió) *n* coconut
kókuszreszelék *n* shredded coconut
kóla *n* Cola
kolbász *n* sausage, kielbasa
koldus *n* beggar, panhandler
koleszterin *n* cholesterol
koleszterinmentes *a* cholesterol-free, no cholesterol
kolléga *n* colleague, co-worker
kollégium *n school* dormitory, dorm
kollokvium *n* colloquium; oral examination (university)
kolostor *n* monastery, convent, cloister, nunnery
koma *n* buddy; *coll* relative (male)
kóma *n med* coma
kombi *n auto* station wagon
kombinál *vt* [vmit] combine; complicate
kombiné *n* camisole, slip
komédia *n* comedy, farce
komfort *n* comfort, convenience
komisz *n* mean, bad, malevolent, nasty
kommentár *n* comment, commentary
kommersz *a* commercial (product); low quality, cheap
kommunikáció *n* communication
kommunista *a, n* communist
komoly *a* serious, grave, severe, stern, earnest; ~ **betegség** serious illness
komolyan *a* seriously, severely, gravely
komolyzene *n* classical music
komor *a* gloomy, grave, morose
komp *n* ferry
kompjúter *n* computer, PC
komplett *a* complete, entire, whole
komponál *vt* [vmit] compose (music)
kompót *n* compote, stewed fruit, canned fruit
kompromisszum *n* compromise; **~ot köt** [vkivel] make a compromise, compromise
koncentrál *vi* concentrate, focus on
koncert *n* concert, recital (small); *mus* concerto
kondíció *n* condition, (physical) shape; **Jó ~ban van.** She's in good shape.
konditerem *n* gym, fitness center, fitness club
konferencia *n* conference; meeting, assembly
konferanszié *n* MC, master of ceremonies
konfliktus *n* conflict, dispute, quarrel
kong *vi* ring hollow, resound
kongresszus *n* Congress; congress, meeting; convention; caucus (party)

konkrét *a* concrete, direct
konkurencia *n* competition (commercial), rivalry
konnektor *n* (electrical) outlet, plug
konok *a* stubborn, headstrong
konstrukció *n* construction, structure, design
kontaktlencse *n* contact lenses, contact(s)
konténer *n* container
kontinens *n* continent
kontrol *n* control; check-up
konty *n* bun (hair), beehive (big 1960s hairstyle)
konvertibilis *n* convertible (currency)
konzekvencia *n* consequence, outcome, result
konzerv *a* canned, preserved; *n* canned food; **zöldség~** canned vegetables
konzervatív *a* conservative, old-fashioned; *n* conservative
konzervatórium *n* musical academy
konzervdoboz *n* can
konzervnyitó *n* can opener
konzul *n* consul
konzulátus *n* consulate
konyak *n* cognac; **~os meggy** cherry cordial, chocolate covered cherries in liquor
konyha *n* kitchen; cuisine, cooking; **a magyar ~** Hungarian cuisine
konyhakert *n* kitchen garden, vegetable garden
konyhakész *a* oven-ready
kopár *a* barren, bare, leafless (tree)
kopasz *a* bald
kop|ik *vi* wear off, wear away
koplal *vi* fast; starve
kopog *vi* [vmin] knock on
kopoltyú *n* gill
koponya *n* skull; *fig* head
koporsó *n* coffin, casket
kopott *a* worn-out, seedy, shabby, faded
kor[1] *n* age; **tíz éves ~ában** at the age of ten; **közép~** the Middle Ages
-kor[2] *suff* at (time); on (time); **hatkor** at six (o'clock); **éjfélkor** at midnight; **karácsonykor** at Christmas; **elutazásakor** on (his) leaving, at the time of his departure; **Hánykor?** When?/At what time?
kór *n* illness, disease, sickness
korabeli *a* contemporary; period-; **~ ruhák** period costumes
korai *a* early, premature, untimely
korall *n* coral; **~ zátony** coral reef
korán *adv* early; **~ reggel** early in the morning; **K~ kelek.** I get up early.
korántsem *n* not at all, by no means, far from it
koraszülött *n* premature baby, premie
korbács *n* whip, lash
korcsolya *n* skate(s)
korcsolyapálya *n* skating rink
korcsolyáz|ik *vi* skate
kordbársony *a, n* corduroy
Korea *n* Korea
koreai *a, n* Korean
koreográfia *n* choreography
korhatár *n* age limit
kórház *n* hospital, clinic
korlát *n* barrier, bar; banister, railing; *sp* parallel bars; *fig* limit, limitation, bounds; **~ot szab** [vminek] limit, restrict, impose restrictions on
korlátlan *a* unlimited, boundless, unrestricted
korlátoz *vt* [vkit, vmit] limit, restrict, restrain, confine
kormány *n* *auto* steering wheel; helm (ship); *pol* government, cabinet, regime
kormányfő *n* head of government, prime minister

kormánykerék *n* steering wheel
kormányoz *vt* [vmit] steer, drive, direct, guide; *fig* govern, rule
kormánypárt *n* ruling party, government party
kormányzat *n* administration, government, system of government
kormányzó *n* governor, regent
kormos *a* sooty, covered with soot
korom *n* soot
korona *n* crown, diadem; (dental) crown
koronázás *n* coronation, crowning
korong *n* disk, disc; (hockey) puck
kóros *a* pathological, diseased
korosztály *n* age group, generation
korpa *n* bran; dandruff
korrekt *a* correct, fair, accurate, right
korrigál *vt* [vmit] correct, fix; proofread
korrupció *n* corruption, bribery
korsó *n* jug, pitcher, pot (clay), mug (beer)
korszak *n* age, period, era, time
korszerű *a* modern, up-to-date
korszerűsít *vt* [vmit] modernize, update
korszerűtlen *a* out-of-date, anachronistic
kortárs *n* contemporary
kórterem *n* hospital ward, hospital room
korty *n* gulp, sip, draught
kórus *n* chorus, choir
korzó *n* promenade, walk, boardwalk
kos *n* ram
kosár *n* basket; **kosarat ad** [vkinek] *coll* refuse sy's proposal (of marriage)
kosárlabda *n sp* basketball
kosárlabdáz|ik *vi sp* play basketball
kóstol *vt* [vmit] taste [sg], sample, try
kóstoló *n* sample (food), tasting; **bor~** wine tasting
koszorú *n* wreath
koszos *a* dirty, filthy
koszt *n coll* food
kosztüm *n* women's suit, outfit; costume
kotta *n* sheet music, score
kovács *n* smith, blacksmith
kozmetika *n* beauty salon, beauty shop; cosmetics
kozmetikus *n* beautician
kozmikus *n* cosmic
kő *n* (*pl* **kövek**) stone, rock (small), pebble (very small); **minden követ megmozgat** leave no stone unturned; **~vé dermed** freeze, be petrified; **Nagy ~ esett le a szívemről.** A great load was lifted off my chest.
köb *a* cubic
kőbánya *n* quarry
köbcenti(méter) *n* cubic centimeter, cm^3
köbméter *n* cubic meter, m^3
köcsög *n* jug, milk-jug
köd *n* fog, mist, haze; **~ van** it's foggy
ködös *a* foggy, misty, hazy; *fig* vague, confusing
ködszitálás *n* drizzle
kőfaragás *n* stone masonry, stonecarving
köhög *vi* cough, have a cough; **nagyon ~** have a bad cough
kökény *n* blackthorn
kölcsön *adv* on loan; *n* loan; **~t vesz fel** take a loan; **visszafizeti a ~t** repay a loan
kölcsönad *vt* [vmit vkinek] lend, loan
kölcsönkér *vt* [vmit vkitől] borrow, ask (to borrow)
kölcsönöz *vt* [vmit vkinek] lend, loan
kölcsönvesz *vt* [vmit vkitől] borrow
kölcsönző *n* lender; rental store/place; **autó ~** car rental (company); **videó~** video (rental) store
köldök *n* navel
kölni *n* cologne, eau de cologne

költ *vt* [vmit] spend (money); compose, write (a poem)
költemény *n* poem
költészet *n* poetry
költő *n* poet, writer, author
költőpénz *n* spending money, allowance, pocket money
költöz|ik *vi* move (house), relocate
költöztet *vt* [vkit] move [sy], relocate [sy]
költség *n* expense, expenditure, cost; **megélhetési ~ek** living costs, cost of living; **saját ~én** at one's own expense
költséges *a* expensive, costly
költséghatékony *a* cost-effective
költségvetés *n* budget
kölyök *n* kid; puppy (dog), kitten (cat)
köménymag *n* caraway seed
kőműves *n* mason, bricklayer
köntös *n* robe
könny *n* tear (in the eyes); **~ek között** in tears
könnycsepp *n* tear drop
könnyed *a* light, free, flowing; effortless
könnyedén *adv* freely, lightly; easily, effortlessly
könnyelmű *a* careless, light-headed, rash
könnyez|ik *vi* cry, weep
könnyít *vi* [vmin] ease, lighten, lessen
könnyű *a* light; easy; **~ bor** light wine; **K~ dolga van.** He has an easy job. **Neked ~!** You have it easy! **K~ azt mondani!** Easy for you to say!/ Easier said than done!
könnyűbúvár *n* diver
könnyűipar *n* light industry
könnyűzene *n* pop music, easy listening
könyök *n* elbow; **A ~ömön jön ki.** *coll* I'm fed up with it.
könyörög *vi* [vkinek] beg, implore, beseech
könyörtelen *a* ruthless, merciless
könyv *n* book, volume
könyvel *vt* keep books, keep accounts; [vmit] enter into accounts/books
könyvelő *n* accountant, bookkeeper; **okleveles ~** CPA
könyvesbolt *n* bookstore
könyvespolc *n* bookshelf, bookcase (larger)
könyvjelző *n* bookmark
könyvkiadó *n* publisher, publishing house
könyvtár *n* library
könyvtáros *n* librarian
kőolaj *n* crude oil
kőolajvezeték *n* pipeline (oil)
köp *vt* [vmit] spit
köpeny *n* cloak, robe, gown, cape
köpés *n* spit, spitting
kör *n* circle, ring; circle, club, society; *sp* lap (on a course); *fig* range, domain; **~be ad** pass around; **~ben forog** rotate, spin; **megy egy ~t** drive/go around the block
körbe *adv* round, around
köré *postp* (to) around
köret *n* side dish, side
körforgalom *n* circle (traffic), roundabout
körforgás *n* circulation, rotation
körhinta *n* merry-go-round, carousel
körív *n* arc, curve
környék *n* area, neighborhood, vicinity
környezet *n* environment, surroundings
környezetkímélő *a* environmentally friendly
környezetszennyezés *n* environmental pollution
környezetvédelem *n* environmental protection
környezetvédő *n* environmentalist, environmental activist
környező *a* surrounding, nearby

köröm *n* nail (on finger)
körömlakk *n* nail polish
körös-körül *adv* all around
köröz *vi* circle, go around; *vt* [vkit] issue a warrant for [sy]
körte *n* pear; light bulb
körutazás *n* trip, journey, tour
körül *postp* around, about; **a ház ~** around the house; **hat óra ~** around six o'clock
körülbelül *adv* about, approximately, around, roughly
körülmény *n* circumstance, conditions; **nehéz ~ek között** under difficult circumstances
körülnéz *vi* [vhol] look around; have a look around, browse (in a store)
körültekintés *n* caution
körülvesz *vt* [vmit] surround, encircle, enclose; stand around
körülzár *vt* [vmit] surround, blockade (a city)
körvonal *n* circumference, outline, contour; *fig* outline, sketch, draft
körvonalaz *vt* [vmit] outline, sketch, make a (rough) draft
körzet *n* district, zone, area; **választó ~** borough, voting district, *US* congressional district
körzeti *a* district-; **~ orvos** general practitioner (working in a district), family doctor
körző *n* compass
kösz *int coll* **K~!** Thanks!
köszi *int coll* **K~!** Thanks!
köszön *vi* [vkinek] greet [sy], say hi to, say good morning/afternoon to; *vt* [vmit vkinek] thank [sy] for [sg]; **K~öm** Thank you! **K~jük.** We thank you. **K~öm szépen.** Thank you very much.
köszönés *n* greeting
köszönet *n* thanks, appreciation, acknowledgement; **~et mond** [vkinek] thank [sy], express one's appreciation
köszönöm *int* **K~!** Thank you!
köszöntő *n* congratulations, toast
köszörű *n* grinding stone, grinder, grinding machine
köszörül *vt* [vmit] sharpen, grind; **~i a torkát** clear one's throat
köt *vt* [vmit] tie, bind, fasten, attach to; knit; bind (a book); **békét ~** make peace; **szerződést ~** *law* enter into a contract; **házasságot ~** [vkivel] marry [sy]
köteg *n* bunch, bundle
kötél *n* rope, cord; **Ha minden ~ szakad.** *coll* If push comes to shove./If worse comes to worst.
köteles *a* obliged, obligated
kötelesség *n* duty, obligation; **megteszi a ~ét** do one's duty, fulfill one's obligation
kötelez *vt* [vkit vmire] oblige [sy], bind, compel
kötelezettség *n* obligation, duty; **~et vállal** assume an obligation
kötelező *n* obligatory, mandatory
kötéltáncos *n* (tight)rope walker
kötény *n* apron
kötet *n* volume (book)
kötetlen *a* free, informal
kötőjel *n* hyphen, dash
kötőszó *n gram* conjunction
kötött *a* tied, bound, fastened; knitted, knit; *fig* set, fixed, definitive
kötöttség *n* restriction, constraint
kötöz *vt* [vmit] tie (up), fasten, bind (up); dress, bandage (wound)
kötözés *n* tying, fastening, binding; dressing, bandage
kötszer *n* bandage

kötvény *n bus* bond, security; **biztosítási ~** insurance policy
kövek *n pl* → **kő**
kövér *a* fat, overweight
követ[1] *n* envoy; ambassador
követ[2] *vt* [vkit, vmit] follow, go after, come after; succeed; **~i** [vkinek] **a tanácsát** follow [sy's] advice
követel *vt* [vmit] demand, require; necessitate; expect
követelés *n* demand, claim; *econ* account receivable
követelmény *n* requirement, demand; **megfelel a ~eknek** fulfill the requirements
követési *a* **~ távolság** safe distance (between cars)
következetes *a* consistent
következ|ik *vi* follow, come next, be next; [vmiből] result from, follow; **Ki ~ik?** Who's next?
következmény *n* consequence, result, outcome
következő *a* next, following; *n* the next one, the following one; **a ~kben** in the following; **Kérem a ~t!** Next, please!
következtében *adv* [vminek] as a result of, due to
következtetés *n* conclusion, deduction, inference; **levonja a ~t** draw the conclusion
követség *n* embassy; mission
köz *n* interval, pause; gap, distance; lane, alley; community, public; **~e van** [vmihez] have to do with [sg]; **Semmi ~öd hozzá.** *coll* It's none of your business. **Ennek semmi közze ahhoz.** This has nothing to do with that.
közalkalmazott *n* civil servant, government worker
közbejön *vi* come up, happen, occur; intervene, interfere
közbelép *vi* intervene, interfere; step in
közben *adv* in the meantime, meanwhile; *postp* during, while; **ebéd ~** during lunch
közbeszól *vi* interrupt (verbally), cut in
közbiztonság *n* public safety
közé *postp* (to) in between, among; [vkinek] **a szeme ~ néz** look [sy] in the eye; **K~nk állt.** He stepped between us./He joined us.
közeg *n* medium, agent; official, authority
közel *adv* close, near, not far; near, around (time); almost, nearly; *n* vicinity, neighborhood; **~ egy hét** nearly a week; **~ sem** far from; **a ~ben** in the vicinity, in the neighborhood, near
közeled|ik *vi* approach, near, come closer
közéleti *a* public; **~ személyiség** public figure
közelgő *a* approaching, nearing, coming
közeli *a* near, close, neighboring; coming (time); **a ~ napokban** in the near future
közelít *vt* [vmit] approach, near, come near to
közeljövő *n* near future
Közel-Kelet *n* Near East
közelmúlt *n* recent past; **a ~ban** recently, not long ago
közép *n* middle, center; mean; [vminek] **a kellős közepén** right in the middle of [sg], *coll* smack in the middle of [sg]
Közép-Ázsia *n* Central Asia
középen *adv* in the middle, in the center
közepes *a* medium; *fig* mediocre; average, mean; *n school* satisfactory grade, C

Közép-Európa *n* Central Europe
középfokú *a* intermediate, high school level
középiskola *n* high school
Közép-Kelet *n* the Middle East, the Mideast
középkor *n* the Middle Ages
középkori *a* medieval, of/from the Middle Ages
középkorú *a* middle-aged
középosztály *n* middle class
középpont *n* center, focus, middle
középső *a* middle, central; **~ gyerek** middle child
középület *n* public building
közérdek *n* public interest, general interest
közért *n H* grocery store (in Budapest)
közérzet *n* feeling, general feeling of health; **Rossz a ~em.** I'm not feeling well.
kőzet *n* rock, stone
közgazdaságtan *n* economics
közgazdász *n* economist
közgyűlés *n* general assembly
közhely *n* cliché, commonplace
közigazgatás *n* (public) administration
közismert *a* well-known, accepted; **~ tény** common knowledge
közjegyző *n* notary public
közkedvelt *a* popular, liked
közlekedés *n* traffic, transportation; getting around
közlekedési *a* traffic-, transportation-; **~ baleset** traffic accident; **~ eszköz** means of transportation, vehicle; **~ lámpa** traffic light, stop light
közlekedésügy *n* transportation; **~i minisztérium** Ministry of Transportation
közleked|ik *vi* get around, be on the road; run, be in service (bus, train)
közlékeny *a* talkative, communicative
közlemény *n* announcement, communiqué, statement
közmondás *n* proverb
köznyelv *n* spoken/colloquial language
közoktatás *n* public education
közöl *vt* [vmit vkivel] inform [sy] of [sg], tell, announce, disclose; publish; **bizalmasan ~** tell in confidence, confide in
közömbös *a* indifferent, uninterested, passive; neutral
közönség *n* audience, viewers, listeners; the public
közönséges *a* common, general, usual, everyday, ordinary; *pejor* vulgar, gross
közönyös *a* indifferent, uninterested, passive
közös *a* common, public; shared, mutual
közösség *n* community, fellowship
között *postp* between, among; **többek ~** among others; **~ünk** between us
központ *n* center, middle; headquarters
közrefog *vt* [vkit, vmit] encircle, surround
közrejátsz|ik *vi* [vmiben] play a role, contribute to, take part in
közreműköd|ik *vi* [vkivel, vmiben] participate in, take part in, be a part of [sg], cooperate
község *n* village, settlement
közszolgálati *a* public service-; **~ televízió** public television, *US* PBS
köztársaság *n* republic
köztársasági *a* republican, of the republic; **~ elnök** president of the republic
köztelevízió *n* public television
közterület *n* public domain, public grounds

köztisztviselő *n* public servant, civil servant
köztudomású *a* well-known, widely known, generally known
köztulajdon *n* public property; public ownership
közút *n* highway, main road
közügy *n* public matter, public affair
közül *postp* from among, of, out of; **egy a kettő ~** one of the two; **tíz ~ három** three out of ten
közvélemény *n* public opinion; **~ kutatás** public opinion poll/survey
közvetett *a* indirect, roundabout
közvetít *vi* [vmiben] mediate; *vt* [vmit] broadcast, transmit
közvetítés *n* mediation; broadcasting, broadcast, transmission, coverage; **helyi ~** local coverage
közvetlen *n* direct, immediate; informal
közvetlenül *adv* directly; immediately; informally
közvetve *adv* indirectly
krákog *vi* clear one's throat
kreatív *a* creative, imaginative
krém *n* cream, mousse, frosting (on cake); crème, cream (for skin)
krémszínű *a* cream (colored)
kreol *a, n* Creole
KRESZ *n H* traffic rules, highway code
KRESZ-tábla *n* traffic sign
Kréta *n* Crete
kréta *n* chalk; **zsír~** crayon, pastel
krimi *n* thriller (movie), mystery (novel)
kripta *n* tomb, crypt
kristály *a* crystal, crystalline; *n* crystal
kristálycukor *n* granulated sugar
kristályvíz *n* mineral water (carbonated)
Krisztus *n* Christ
kritika *n* criticism, review (of a book), critique
kritikus *a* critical; vital, very important; *n* critic, reviewer
kritizál *vt* [vmit] criticize, critique
krízis *n* crisis
krokodil *n* crocodile
króm *n* chrome, chromium
kromoszóma *n* chromosome
krónika *n* chronicle
krónikus *a med* chronic, persistent
krumpli *n coll* potato; **sült ~** French fries
krumplipüré *n coll* mashed potatoes
kucsma *n* fur hat
kudarc *n* failure, setback, defeat; **~ot vall** fail, be defeated
kuglóf *n* bundt (cake), coffee cake
kuka *n* trash can, garbage can
kukac *n* worm, maggot
kukorékol *vi* crow (rooster)
kukorica *n* corn; **pattogatott ~** popcorn
kukoricadara *n* (corn) grits
kukoricakeményítő *n* corn starch
kukoricakenyér *n* cornbread
kukoricaliszt *n* corn meal, corn flour
kukoricapehely *n* cornflakes
kukta *n* kitchen boy, kitchen hand; pressure cooker
kukucskál *vi* peek, peep
kulacs *n* flask, canteen
kulcs *n* key; clue, key; *mus* key, clef; **beadja a ~ot** *coll* kick the bucket
kulcscsont *n* collarbone
kulcslyuk *n* keyhole
kulcsszó *n* key word
kulcstartó *n* key chain, key holder
kullancs *n* tick
kullog *vi* lag behind; walk sadly
kultúra *n* culture; civilization
kulturált *a* refined, educated, cultured; civilized
kultusz *n* worship, cult
kultuszminiszter *n H* Minister of Culture
kuncog *vi* [vmin] chuckle, chortle

kuncsaft *n coll* customer
kunyhó *n* hut, shack, cabin
kúp *n* cone; *med* suppository
kupa *n* cup, goblet, (beer) stein; **világ ~** World Cup
kupac *n* heap, mound, pile
kupak *n* cap (on bottle), lid
kupé *n* compartment (on a train)
kuplung *n auto* clutch
kupola *n* dome, cupola
kúra *n* treatment, cure, therapy
kúrál *vt* [vkit, vmit] treat, cure
kuratórium *n* board of trustees
kúria *n* mansion
kuruzsló *n* charlatan
kurva *n* whore, streetwalker, prostitute
kurzus *n* course
kút *n* well, pump; **szökő~** fountain; **~ba esik** fail, come to nothing
kutat *vi* [vmi után] search for, look for; investigate; research; explore
kutatás *n* search, searching; research
kutató *n* researcher; explorer
kutatóintézet *n* research institute
kutya *n* dog, canine; *adv coll* very; **Egyik ~ másik eb.** *coll* It's all the same. **A ~ se törődik vele.** *coll* Nobody cares about him. **Kutyából nem lesz szalonna.** *coll* A leopard can't change its spots. **A kutyának sem kell.** *coll* Nobody wants it. **K~ baja sincs.** *coll* There's nothing wrong with her./She's healthy. **K~ kötelességed.** *coll* You have to do it./It's your job. **K~ hideg van.** *coll* It's very cold.
kutyakölyök *n* puppy
kutyus *n coll* doggie, puppy
Kuwait *n* Kuwait
küld *vt* [vmit] send, forward (a letter), mail
küldemény *n* package, mail, something sent
küldetés *n* mission; destiny, calling
küldönc *n* messenger, delivery boy/man
küldött *n* delegate, envoy
küldöttség *n* delegation
külföld *n* foreign land, foreign country
külföldi *a* foreign, outside, alien
külföldön *adv* abroad, *US* overseas
külkereskedelem *n* foreign trade
küllő *n* spoke (wheel)
külön *a* separate, different, distinct; private; extra, supplementary; special, particular; *adv* separately, separated, apart; individually, on one's own; especially, particularly; **~ utakon jár** go one's separate ways; **~ díj** extra charge; **K~ élnek.** They are separated.
különálló *a* separate, independent; stand-alone
különb *a* better, finer, superior
különben *adv* otherwise, else; **~ is** besides, after all
különböz|ik *vi* [vmitől] differ, be different from
különböző *a* different, distinct, diverse, various
különbség *n* difference, distinction, disparity; **~et tesz** [vmi] **között** distinguish between, differentiate from; make a distinction
különféle *a* different, various, diverse, miscellaneous
különjárat *n* charter (bus, flight)
különleges *a* special, extra, specific
különlegesség *n* specialty, peculiarity
különös *a* strange, odd, curious, unusual, weird
különösen *adv* especially, specially, in particular, particularly; strangely, oddly
külpolitika *n* foreign policy; foreign affairs

külső *a* external, outer, outside, exterior; *n* exterior, outside; outward appearance, looks
külsőleg *adv* externally, on the surface; *med* for external use
külügy *n* foreign affairs
külügyminiszter *n H* Minister of Foreign Affairs, Foreign Minister; *US* Secretary of State
külügyminisztérium *n H* Ministry of Foreign Affairs; *US* State Department
külváros *n* suburb, outskirts (of town)
kürt *n mus* horn; bugle
küszköd|ik *vi* [vmivel] struggle, strive
küszöb *n* threshold, doorstep
küzd *vi* [vkivel, vmivel] fight with, struggle with; **betegséggel ~** struggle with an illness
küzdelem *n* struggle, fight, battle, combat
kvarc *n* quartz
kvarcóra *n* quartz watch, digital watch/clock
kvartett *n mus* quartet

L

l = liter *n*
láb *n* leg; foot; base, foot (of a hill); foot (measurement) **eltesz** [vkit] **~ alól** *coll* kill [sy]; **~a kel** [vminek] disappear, get lost, be stolen, *coll* walk; **alig áll a ~án** be exhausted, barely able to stand; **gyenge ~akon áll** be shaky, not stable; **nagy ~on él** live in grand style, spend a lot; **leesik a ~áról** fall ill, take to bed; **levesz** [vkit] **a ~áról** sweep [sy] off [sy's] feet, charm [sy]; **szedi a ~át** hurry; **beteszi a ~át** [vhova] set foot in; **keresztbe teszi a ~át** cross one's legs
lábas *a* having legs, ...-legged; *n* pot, saucepan
lábbeli *n* footwear, shoes
labda *n* ball
labdajáték *n* ballgame
labdarúgás *n sp* soccer
labdarúgó *n sp* soccer player; **~ csapat** soccer team
labdáz|ik *vi* play ball
lábfej *n* foot
labilis *a* unstable, unsteady
labirintus *n* maze, labyrinth
lábjegyzet *n* footnote
lábnyom *n* footprint
laboratórium *n* lab, laboratory
lábszár *n* leg, shin, shank
lábtörlő *n* doormat
lábujj *n* toe
lábujjhegy *n* tiptoe; **~en** on tiptoe
láda *n* chest, box, crate, case
lágy *a* soft; tender; weak, yielding; gentle, sweet, mellow (voice); **~tojás** soft-boiled egg
lágyszívű *a* soft-hearted
laikus *a* lay, nonprofessional; *n* layman
lajhár *n* sloth; *fig coll* lazy head
lakás *n* apartment, home, residence; living, residing, staying (short time); **örök~** condominium, *coll* condo; **bútorozott ~** furnished apartment; **háromszobás ~** three-room apartment; **~t bérel** rent an apartment
lakásszentelő *n* housewarming (party)
lakat *n* lock, padlock; **~ot tesz a szájára** *coll* keep one's lips sealed
lakatlan *a* uninhabited; unoccupied, vacant (house); deserted
lakatos *n* locksmith
lakbér *n* rent (money)
lakberendezés *n* furnishings, furniture; home decorating; **~i áruház** furniture store, home-decorating store

lakberendező *n* interior decorator
lakcím *n* home address
lak|ik *vi* [vhol] reside [swhere], live, stay (for a short time); **Nálunk ~.** She lives with us./She's staying with us.
lakk *n* lacquer, varnish, polish; **köröm~** nail polish
lakkoz *vt* [vmit] lacquer, varnish
lakó *a* residing, living, inhabiting; *n* resident, inhabitant, tenant
lakodalom *n* wedding, wedding dinner, wedding reception
lakóház *n* apartment building, condominium building
lakókocsi *n* caravan, recreational vehicle, RV
lakos *n* resident, inhabitant
lakosság *n* population, people, residents, inhabitants
lakossági figyelőszolgálat *n* neighborhood watch
lakosztály *n* suite, apartment(s)
lakótelep *n* housing complex, apartment complex, the projects (run-down, poor)
laktanya *n* barracks, fort
laktató *n* filling (food)
láma *n* llama
La Manche-csatorna, a *n* the English Channel
lámpa *n* lamp; light; **asztali ~** table lamp; **álló ~** floor lamp; **elülső ~** *auto* headlight(s); **hátsó ~** *auto* rear light(s)
lámpaernyő *n* lampshade
lámpaláz *n* stage fright
lampion *n* lantern
lánc *n* chain; range, series; **nyak~** necklace
láncreakció *n* chain reaction
láncszem *n* link (of chain); **a hiányzó ~** the missing link
lándzsa *n* spear, lance, pike
láng *n* flame; *fig* heat, fire; **~ba borul** burst into flames, go up in flames; **~ra lobban** catch fire, flare up
lángész *n* genius
lángol *vi* burn, be on fire, blaze, be ablaze
lángos *n H* fried dough
lángszóró *n* flamethrower
langyos *n* lukewarm, tepid (water); mild (weather)
lankad *vi* droop, weaken, grow faint; wither, wilt
lant *n mus* lute, lyre (old Greek); **leteszi a ~ot** quit, call it a day, stop working
lány *n* girl, maiden; daughter; **a ~unk** our daughter
lanyha *a* mild, lukewarm, tepid; sagging, slow
lanyhul *vi* get mild; relax
lányos *a* girlish, girly; **~ ház** house/family with an unmarried girl
lap *n* surface; plate, sheet (of glass, metal); leaf, sheet of paper; page; flat surface, flat side of [sg]; newspaper, paper; postcard; (playing) card; **üdvözlő~** greeting card; **Az más ~ra tartozik.** *coll* That's a different thing.
lapát *n* shovel; oar, paddle
lapátol *vt* [vmit] shovel, scoop
lapocka *n* shoulder-blade
lapos *a* flat, even, plain; *fig* flat, dull; **~ sarkú cipő** flats (shoes); **~akat pislant** *coll* be very sleepy, his eyelids are heavy
lapostányér *n* dinner plate
lapoz *vi* turn pages
lárma *n* noise, clamor, brawl, racket; **lármát csap** make a lot of noise
lármáz|ik *vi* make noise
lárva *n* larva

lassan *adv* slowly, in a leisurely way; **~ de biztosan** slowly but surely; **L~ a testtel!** *coll* Not so fast!/Hold on!/Take it easy!
lassít *vi* slow down, decelerate; *vt* [vmit] slow [sg] down, delay
lassú *a* slow, leisurely; L**~ víz partot mos.** Still waters run deep.
lassul *vi* slow, slow down, get slower, decelerate
lát *vt* [vkit, vmit] see, behold; [vminek] see, perceive, think, find, consider; [vmihez] see about [sg], start, set to do [sg]; **rosszul ~** have bad eyesight; **jónak ~** [vmit] see [sg] fit; **ahogy én ~om** in my opinion; **ahogy jónak ~od** as you see fit; **vendégül ~** [vkit] welcome/ have [sy] as a guest; **munkához ~** start working; **hasznát ~ja** [vminek] find [sg] useful, benefit from [sg]; **napvilágot ~** come to light; be published (book); **világot ~** see the world, travel around **L~nod kellett volna!** You should've seen it! **Lássuk csak!** Let's see! **Te ezt hogy ~od?** What is your take on this?/What do you think of this?
látás *n* sight, vision, eyesight; seeing, view; **első ~ra** at first sight; **~tól vakulásig** *coll* from morning till night
látcső *n* telescope, binoculars
láthatatlan *a* invisible
látható *a* visible; discernible, within sight; can be seen; **szabad szemmel is ~** visible to the naked eye
latin *a* Latin
Latin-Amerika *n* Latin America
látkép *n* view, panorama
látnivaló *n* sight, something to see
látogat *vt* [vkit] visit, go to see, pay a visit, call on; frequent; attend (lecture)
látogatás *n* visit, call (short)
látogató *a* visiting; *n* visitor
látóhatár *n* horizon
látomás *n* vision, revelation; apparition
látszat *n* appearance; **a ~ kedvéért** for show, for the sake of appearances
látszerész *n* optician
látsz|ik *vi* be visible, show; [vminek] seem, look, appear; **úgy ~ik (hogy)** it seems (that); **L~, hogy beteg.** She's obviously sick./She looks sick. **Alig ~.** You can barely see it./ It barely shows. **Jónak ~.** It looks good.
látszólagos *a* apparent, seeming; illusory, illusive
látvány *n* sight, view, spectacle
látványos *a* spectacular
látványosság *n* spectacle, sight
latyak *n* slush
lavina *n* avalanche
lavór *a* washbasin, tub
láz *n* fever, temperature; **~ba hoz** [vkit] make [sy] enthusiastic; **L~a van.** She has a temperature./She has a fever.
laza *a* loose, slack
lazac *n* salmon
lázad *vi* [vmi ellen] rebel (against), revolt, riot
lázadás *n* rebellion, riot, revolt, uprising; *mil* mutiny
lázas *a* feverish, having a fever; **~ munka** feverish/busy work; **L~ vagyok** I have a temperature.
lázcsillapító *n* fever supressant
lazít *vi* relax; *vt* [vmit] loosen, slacken
lázít *vt* [vkit vmire] instigate rebellion
lázmérő *n* thermometer
lazul *vi* loosen up, get loose; (begin to) relax
le *adv* down, downwards
le-föl *adv* up and down, back and forth; **~ járkál** pace up and down
lé *n* (*pl* **levek**) liquid, fluid; juice, broth; **megissza** [vminek] **a levét**

coll have to pay for [sg], be punished for [sg]; **minden ~ben kanál** *coll* have a finger in every pie
lead *vt* [vmit] hand down; hand in; deposit; fire (a shot); broadcast; **~ két kilót** lose 2 kilos
leáll *vi* stop, halt, come to a standstill; stall (machine); **L~t velem beszélgetni.** She stopped to talk to me.
leállósáv *n* shoulder (on the highway)
leány *n* girl
leánykérés *n* proposal (of marriage)
leányvállalat *n* subsidiary company
lebecsül *vt* [vmit] underestimate, underrate, undervalue; belittle, depreciate
lebeg *vi* float; hover; be suspended over; drift (on water)
lebeszél *vt* [vkit vmiről] talk [sy] out of [sg], dissuade from
lebeteged|ik *vi* fall ill, come down with [sg]
leblokkol *vt* [vmit] check out (at the register); *vi* halt, stop thinking (out of fear)
lebombáz *vt* [vmit] bomb (down to the ground)
lebont *vt* [vmit] tear down (a building), demolish
lebuk|ik *vi* tumble down, fall down; dive, plunge; *coll* be found out, get caught
lebzsel *vi* hang out, do nothing
léc *n* slat; *sp* bar; **magasra teszi a ~et** set the bar high
lecke *n school* lesson, assignment, task, homework
lecsap *vi* [vmire] pounce down on, swoop down on; strike (lightning); strike, charge on; slap down, slam down, bang
lecsavar *vt* [vmit] twist off, unscrew; unroll, uncoil
lecsendesed|ik *vi* quiet down, calm down; subside, die down (storm)
lecsó *n H* stewed tomatoes, peppers and onions
lecsúsz|ik *vi* slide down, slip down; *fig* fail, lose status (in society)
ledob *vt* [vmit] throw down, drop, release (a bomb)
ledől *vi* fall over, tumble down, collapse (building); *coll* take a nap
leég *vi* burn down be burned down; burn out; get a sunburn; [vki előtt] lose face, fail; *coll* be broke, have no money
leegyszerűsít *vt* [vmit] simplify, reduce
leejt *vt* [vmit] drop, let [sg] fall
leendő *a* would-be, future; **a ~ férjem** my future husband
leépít *vt* [vmit] reduce, cut down, cut the number of
leépítés *n* reduction, cut, cutting down
leereszt *vt* [vmit] let [sg] down, lower, drop; go flat (tire)
leértékel *vt* [vmit] depreciate, devalue; underrate; cut the price of [sg]
leértékelés *n* devaluation; price-cut, sale; **téli ~** winter sale
lees|ik *vi* fall down, fall off, drop down, drop off
lefegyverez *vt* [vkit] disarm; *fig* charm, win over
lefegyverzés *n* disarmament
lefékez *vi* break, decelerate, slow down
lefeksz|ik *vi* lie down, go to bed; **Korán lefeküdtem.** I went to bed early.
lefelé *adv* down, downwards; **fejjel ~** upside down
lefényképez *vt* [vkit, vmit] take a picture of [sy], take a photo, take a snapshot

lefest *vt* [vkit, vmit] paint; paint a picture of; *fig* depict, describe
lefoglal *vt* [vmit] reserve, book; [vkit] occupy, engage
lefogy *vi* lose weight
lefoly|ik *vi* flow down, trickle down
lefolyó *n* drain, sink
lefordít *vt* [vmit] turn down, turn upside down; [vmit vmire] translate into
lefúj *vt* [vmit] blow off, blow out; *fig* cancel (an event)
legalább *adv* at least
legalsó *a* lowest, bottom; **a ~ polc** the bottom shelf
legalul *adv* down below, at the bottom
légáramlat *n* breeze, air current
légcsavar *n* propeller
légcső *n* windpipe, *med* trachea
legel *vi* [vmit] graze
legelő *n* pasture, grazing ground
legelöl *adv* up front, at the front, at the very front; at the head of the line
legelőször *adv* at first, first of all, for the first time, for the very first time
legelső *a* the very first, foremost
legenda *n* legend
legény *n* lad, young man
legénység *n* crew
legfeljebb *adv* at most, maximum, not more than, at best, at worst; **L~ nem megyünk el.** At worst, we won't go. (That's all.)
legfelső *a* highest, top; supreme (authority) **a ~ polc** the top shelf
legfelsőbb *a* supreme; **~ bíróság** the Supreme Court
legfőbb *a* chief, main, principal, the most important, highest; **~ ügyész** Chief Prosecutor
légfrissítő *n* air freshener
léggömb *n* balloon
léghajó *n* balloon
leghátul *adv* in the back, at the very back, at the rear, last; **~ megy** bring up the rear
légi *a* air-, of/in the air; **~ csapás** air strike; **~ híd** airlift
légierő *n mil* air force
leginkább *adv* mostly, the most, most of all, for the most part, especially; **L~ olvasni szeretek.** I like reading most of all.
légiposta *n* air mail
légitámadás *n* air strike, air attack
légitámaszpont *n mil* air base
légitársaság *n* airline
légiutas-kísérő *n* flight attendant, stewardess, steward
legjobb *a* best; **a ~ esetben** at the (very) best; **~ tudomásom szerint** to the best of my knowledge
legjobbkor *adv* at the best time, at the right time
légkondicionálás *n* air-conditioning
légkondicionáló *n* air conditioner (unit)
légkör *n* atmosphere
legközelebb *a* nearest, next; *adv* next time
légmentes *a* airtight, hermetic
legnemű *a* gaseous
légnyomás *n* air pressure
légpárásító *n* humidifier
légpárnás hajó *n* hovercraft
legrosszabb *a* worst; **A ~ esetben.** If worse comes to worst./In the worst case scenario.
légszennyezés *n* air pollution
legtöbb *a* most; **a ~en** most people, the majority (of people)
legtöbbször *adv* most often, mostly, in most cases, usually
leguggol *vi* squat down
legutóbbi *a* recent, latest, last, newest; **a ~ hetekben** in recent weeks

legutoljára *adv* last, for the last time
legutolsó *a* last, the very last, last of all
légvédelem *n mil* air defense
legvégső *a* last, ultimate, final; **a ~ esetben** as a last resort
legvégül *adv* at last, finally, in the end
légzés *n* breathing, respiration
légzőszervek *n* respiratory system, respiratory organs
légzsák *n* air sock, wind sock; *auto* airbag
légy[1] *n* (house) fly; **a ~nek sem árt** he couldn't hurt a fly; **két ~et üt egy csapásra** *coll* kill two birds with one stone
légy[2] *vi* → **van**; **~ szíves** be so kind as to, please (informal)
legyen szíves *int* please, be so kind as to (formal); **Adja ide ~!** Give it to me, please!/Would you please give it to me!
legyező *n* fan (paper)
legyőz *vt* [vkit, vmit] win over, defeat; conquer; overcome, master, subdue
lehagy *vt* [vkit, vmit] leave off (of a list); outrun, outstrip, pass
lehalkít *vt* [vmit] turn down (volume), tone down, soften (voice)
lehallgat *vt* [vkit, vmit] listen to, tap, wiretap
lehel *vi* breath, blow (softly)
lehelet *n* breath; **az utolsó ~éig** till his last breath
lehet *vi* be possible, may be, can be; may, can; **amint ~** as soon as possible; **Hol ~?** Where can it/he/she be? **Nem ~.** It's impossible. It can't be./You cannot./You may not. **L~ hogy késni fog.** She may be late. **L~ hogy elmegyek.** I may go. **Az hogy ~?** How is that possible?/ How come? **Mit ~ tudni?** Who knows?/You never know.
lehetetlen *a* impossible; absurd; **~ helyzet** awkward situation; **~né tesz** make [sg] impossible; ruin [sy's] reputation
lehető *a* possible; **a ~ legrosszabb** the worst possible; **~vé tesz** [vmit] make [sg] possible
lehetőleg *adv* possibly, if possible, as much as possible
lehetőség *n* possibility; opportunity, chance, break; **jó ~** [vmire] good opportunity for [sg]; **a ~ szerint** as far as possible
lehetséges *a* possible, probable, likely
lehiggad *vi* calm down, cool down, compose oneself, pull oneself together
lehull *vi* fall, fall down, drop
lehuny *vt* [vmit] close (eyes)
lehúz *vt* [vmit] pull down, pull off, lower; *coll* criticize; **~za a cipőjét** take off one's shoes
lehűt *vt* [vmit] chill, cool (down)
leír *vt* [vmit] write down, put down, take down; describe
leírás *n* writing down; description
lejár *vi* go down (frequently); come off, be removable, be detachable; expire (passport); **L~t az idő.** Time is up.
lejárat *n* way down; expiration; **~ napja** day of expiration; *vt* [vmit] **~ja magát** discredit oneself
lejárati *a* expiration-; **~ dátum** expiration date
lejátszód|ik *vi* take place, happen
lejjebb *adv* lower, further down, deeper
lejön *vi* come down, descend; come off, fall off, peel off (paint)
lejtő *n* slope, incline
lék *n* leak (ship); ice hole

lekés|ik *vi* [vmiről] be late for [sg]; *vt* [vmit] miss [sg]; **L~tem a vonatot.** I missed the train.
lekicsinyel *vt* [vmit] belittle, make light of
lekop|ik *vi* wear off; **L~ott a festék róla.** The paint has worn off of it.
leköszön *vi* resign, retire
leköt *vt* [vmit] tie down, fasten, bind down; secure, pledge; *fig* [vkit] occupy, engage, captivate; *chem* absorb, neutralize
lekötelez *vt* [vkit] oblige; **Le vagyok kötelezve.** I'm much obliged.
leküld *vt* [vkit, vmit] send down
leküzd *vt* [vmit] overcome, get over, fight down, master
lekvár *n* preserves, jam, (fruit) butter
lelassít *vi* slow down, decelerate; *vt* [vmit] slow [sg] down
lelátó *n sp* stand (in a stadium)
lélegzet *n* breath; **~et vesz** take a breath; **visszatartja a ~ét** hold one's breath
lélegz|ik *vi* breathe, take a breath
lélek *n* soul, spirit; ghost; **lelket önt** [vkibe] raise [sy's] spirits, give [sy] a pep talk; **szívvel ~kel** with heart and soul, body and soul; **Egy árva ~ sem jött.** *coll* Not a soul came/ Nobody came. **Nem visz rá a ~.** I don't have the heart to. **Csak hálni jár belé a. ~** *coll* He's close to death. **Se testem se lelkem nem kívánja.** I'm completely against it./ I don't want it at all. **Az ő lelkén szárad.** He is to blame./ It's his fault. **A lelkére kötöttem.** *coll* I told him it was very important./I made sure he knew it was important.
lélekjelenlét *n* composure (under pressure)
lélektan *n* psychology
leleményes *a* inventive, ingenious, smart
leleplez *vt* [vmit] reveal, uncover, expose; unveil
lelet *n* finding, find; *med* lab/test results
lelkes *a* enthusiastic, zealous, ardent
lelkesedés *n* enthusiasm, fervor, ardor, zeal
lelkész *n rel* priest (Catholic), pastor, minister (Protestant), vicar (Anglican)
lelki *a* spiritual, mental, psychic
lelkiállapot *n* mental state, mood, frame of mind
lelkiismeret *n* conscience; **Tiszta a ~em.** I have a clear conscience.
lelkiismeretes *a* conscientious, thorough
lelkiismeretfurdalás *n* bad conscience, guilty conscience, remorse
lelkipásztor *n rel* pastor
lelő *vt* [vkit, vmit] shoot, shoot down, shoot [sy] dead
leltár *n* inventory; **~t készít** take inventory
lemásol *vt* [vmit] copy, make a copy of; imitate; plagiarize
lemegy *vi* go down, descend, go downstairs; subside, drop, go down, come down; set (the sun)
lemér *vt* [vmit] measure, weigh
lemerül *vi* sink, plunge, dive; submerge
lemez *n* plate, sheet (of metal); record, disk, floppy disk
lemezlovas *n* DJ, disc jockey
lemond *vi* [vmiről] give up [sg], renounce; resign, relinquish, abdicate (throne); *vt* [vmit] refuse (an invitation), reject, cancel, call off
lemondás *n* giving up; resignation, abdication; sacrifice, self-denial; canceling, calling off

lemos *vt* [vmit] wash, wash off, wash away, wash down
lemosható *a* washable
len *n* flax
lencse *n* lentil; lens
lendít *vi* [vmin] swing, fling; give [sy] a push
lendül *vi* swing, gain momentum
lendület *n* momentum, impulse; energy, vigor
lenéz *vi* look down; *vt* [vkit] look down on, despise, disdain
leng *vi* wave, fly, float (in the air); swing
lenget *vt* [vmit] wave, float (in the air), fly; swing
lenmag *n* flax seed
lenvászon *a, n* linen
lengyel *a* Polish; *n* Pole, Polish (language)
Lengyelország *n* Poland
lengyelül *adv* in Polish
lenn *adv* down, below, beneath, underneath
lenni *vi* → **van, lesz** to be
lényeg *n* essence, substance, point; **az a ~, hogy** the point is that …; **~ében** essentially, fundamentally; **a ~re tér** get to the point; **A ~en nem változtat.** It makes no difference.
lényeges *a* important, essential, crucial, fundamental
lényegtelen *a* unimportant, unessential, of no importance
lenyel *vt* [vmit] swallow, gulp down; *fig* stomach, pocket (an insult)
lenyom *vt* [vmit] push, press, push down, force down; submerge, hold down
lenyomat *n* print, impression; *vt* [vmit] have [sg] printed
leolvas *vt* [vmit] read (a meter)
leolvaszt *vt* [vmit] thaw, melt, defrost
leopárd *n* leopard
leönt *vt* [vmit] pour off; stain (with liquid), spill; [vkit, vmit] pour [sg] on, spill; **L~ötte a terítőt vörösborral.** He spilled red wine on the tablecloth.
lép[1] *vi* step, take a step; play, make a move; **házasságra ~** [vkivel] get married
lép[2] *n* spleen
lép[3] *n* honeycomb
leparkol *vi* park (the car)
lépcső *n* stair, step, stairs, staircase
lépcsőház *n* stairs, staircase
lépcsőzetes *a* terraced; gradual
lepecsétel *vt* [vmit] stamp, seal
lepedő *n* sheet
lépés *n* step; move; steps, measures; **~ben** slowly; **~eket tesz** take steps/ measures; **~ről ~re** step by step; **~t tart** [vmivel] keep up with; **Úgy jött ki a ~.** *coll* Things worked out that way.
lepihen *vi* rest, go to bed, retire, lie down
lepke *n* butterfly
leplez *vt* [vmit] hide, conceal, disguise, cover up, mask
leporol *vt* [vmit] dust off
leprésel *vt* [vmit] press (flowers)
lépten-nyomon *adv* at every step, at every moment
leragaszt *vt* [vmit] stick, glue down; seal (a letter)
lerajzol *vt* [vmit] draw, sketch
lerakódás *n* sediment, deposit
leráz *vt* [vmit] shake off; get rid of, brush off; **Nem hagyja magát ~ni.** She won't take no for an answer.
lerogy *vi* collapse, fall down; sink into a chair
lerombol *vt* [vmit] tear down (a building), demolish, destroy, ruin
les *n* ambush; *vt* [vmit] watch, spy on; **~ben áll** lie in ambush; **~i az alkalmat** look for the opportunity

leselked|ik *vi* [vmire] watch for, be on the lookout for; spy on

lesújt *vi* [vmire] strike down, knock down

lesújtó *a* appalling, staggering, shocking

lesüllyed *vi* sink; *fig* degenerate

lesz *vi* will be; become, get, grow; **Ez jó ~.** This will do. **Ott ~ek.** I'll be there. **Orvos ~ belőle.** He'll become a doctor. **Semmi sem lett belőle.** Nothing came of it.

leszakad *vi* be torn off; tear off, break off

leszakít *vt* [vmit] tear off, tear down, pick (a flower)

leszáll *vi* land (plane); perch (on a branch); descend, go down; get off (a vehicle); dismount (a horse); descend, fall (fog); set, sink (the sun)

leszállópálya *n* runway (for landing)

leszerelés *n* dismantling; *mil* discharge, demobilization, disarmament

leszid *vt* [vkit] tell [sy] off, scold

leszok|ik *vi* [vmiről] give up (a habit), break a habit; **L~ott a dohányzásról.** She gave up smoking.

leszögez *vt* [vmit] note, state, emphasize, make a point

leszúr *vt* [vkit] stab (to death); stick (down)

leszűr *vt* [vmit] filter, strain

lét *n* existence, life, being

letagad *vt* [vmit] deny (a fact)

letakar *vt* [vmit] cover, put cover on

letapogat *vt* [vmit] scan

letartóztat *vt* [vkit] arrest, take into custody, detain

letelepedés *n* settling (swhere)

letelepedik|ik *vi* [vhol] settle down, take up residence

letel|ik *vi* pass (time), elapse; come to an end, expire

letép *vt* [vmit] tear off, rip off; pluck, pick (flower); detach (a slip)

letér *vi* deviate, turn aside; **~ a helyes útról** go wrong, stray

letérdel *vi* kneel (down)

létesít *vt* [vmit] establish, create, set up

létesítmény *n* establishment

létesül *vi* be established, be created, come into being

letesz *vt* [vmit] put down, place (down), set down; hang up (the phone); **~ esküt** take an oath, swear; **~i a fegyvert** lay down arms; **~ egy vizsgát** pass an exam

letét *n* deposit; **~be helyez** [vmit] [vkinél] entrust [sy] with [sg]

létez|ik *vi* exist, be; **Az nem ~ik!** *coll* That can't be!/That's impossible!

létfontosságú *a* vital, critical, of vital importance

létkérdés *n* a matter of life and death

letör *vt* [vmit] break [sg] off; put down, crush (a rebellion); *fig* break, crush, cast down; **Le vagyok törve.** *coll* I'm very sad./I'm depressed./ I'm crushed.

letör|ik *vi* break off, come off; break down, be exhausted, be down

létra *n* ladder, stepladder

létrehoz *vt* [vmit] create, establish, found, produce

létrejön *vi* be created, come into being

létszám *n* headcount, strength (number of people)

lett[1] *a, n* Latvian

lett[2] *vi past* → **lesz** became

Lettország *n* Latvia

lettül *adv* in Latvian

leül *vi* sit down, take a seat; **~i a büntetését** serve one's sentence; **Üljön le!** Sit down!

leüt *vt* [vkit, vmit] knock down, strike down, knock [sy] off his feet; strike, hit

levág *vt* [vmit] cut off, cut down, chop off, snip off; clip, trim, crop (hair); slice (bread); slaughter, butcher, kill (an animal); **~ja az utat** cut through, take a shortcut

levágat *vt* [vmit] have [sg] cut; **L~tam a hajamat.** I had my hair cut.

levegő *n* air; **Rossz itt a ~.** It's stuffy here. **Tiszta a ~.** *coll* The coast is clear. **A ~ben lóg.** It's in the air.

levegős *a* airy

levek *n pl* → **lé**

levél *n* leaf (tree); letter

levelez *vi* [vkivel] correspond, write/exchange letters

levelező *a* correspondence-; *n* correspondent

levelezőlap *a* postcard

levélreklám *n* direct mailing

levélszekrény *n* mailbox

levéltár *n* archives

levendula *n* lavender

levert *a* depressed, sad, down

leves *a* juicy; *n* soup, broth

leveses *a* juicy; soupy

levesestányér *n* (soup) bowl

levesz *vt* [vmit] take off, take down, remove; **~i a kabátját** take off one's coat

levetkőz|ik *vi* undress, take off one's clothes

levetkőztet *vt* [vkit] undress [sy], take [sy's] clothes off

levisz *vt* [vmit] take down, carry down; blow off (wind); **A szél levitte a kalapját.** The wind blew his hat off.

levizsgáz|ik *vi* [vmiből] pass an exam (in)

levon *vt* [vmit] subtract, deduct; withhold (from pay); **~ja a tanulságot** draw a lesson

lexikon *n* encyclopedia

lezár *vt* [vmit] close, close down, close off; lock up; end, finish, conclude

lézer *a, n* laser

lézernyomtató *n* laser printer

lezuhan *vi* plummet, fall, drop; crash down; crash (plane)

lezuhanyoz|ik *vi* take a shower, shower

liba *n* goose; **buta ~** silly goose, stupid woman

libabőrös *a* **~ lesz** *coll* get goosebumps; **~ lesz** [vmitől] *coll* give [sy] the creeps

libamáj *n* goose liver, foie gras

Libanon *n* Lebanon

libanoni *a, n* Lebanese

libeg *vi* float, dangle

liberális *a* liberal

liberalizmus *n* liberalism

lift *n* elevator; **A ~ nem működik.** The elevator is out of order.

liget *n* grove

liheg *vi* pant, be out of breath, gasp for breath

likőr *n* liqueur

lila *a* purple, lavender, violet, lilac, grape, eggplant (color)

liliom *n* lily

limlom *n* junk, useless stuff

limonádé *n* lemonade

lista *n* list, register

liszt *n* flour

liter *n* liter

litván *a, n* Lithuanian

Litvánia *n* Lithuania

litvánul *adv* in Lithuanian

ló *n* (*pl* **lovak**) horse; knight (chess); **lovon ül** be on horseback; **~vá tesz** [vkit] *coll* make a fool out of [sy]

lóbál *vt* [vmit] swing, dangle, sway

lobog *vi* flame, blaze; wave, flap, float (flag)

lobogó *a* flaming, blazing; waving, floating, flapping, (in the wind); *n* flag, banner
locsol *vt* [vmit] water (plants), sprinkle
locsoló *n* watering can; sprinkler
lódít *vi* [vmin] give a push, jerk; fib, tell a white lie
lóerő *n* horsepower
lófarok *n* ponytail
lóg *vi* hang, be hanging, be suspending, dangle; *coll* skip school
logika *n* logic
logikus *a* logical
lóhere *n* clover
lojális *a* loyal, faithful, honest
lom *n* junk, old stuff
lomb *n* foliage, leaves
lombik *n* test tube, retort
lomha *a* sluggish, slow, lazy, inactive
lomtalanítás *n* removal of junk; yard sale
londiner *n* bellhop
lop *vt* [vmit] steal, take, lift
lopás *n* stealing, theft, shoplifting (in a store)
lószerszám *n* harness
lottó *n* lottery
lovag *n* knight
lovagias *a* gallant, chivalrous
lovaglás *n* horseback riding, riding
lovagol *vi* ride a horse
lovak *n pl* → **ló**
lovas *a* on horseback; with/pulled by a horse; equestrian; mounted, cavalry; *n* rider, horseman, equestrian; **~ kocsi** horse-drawn carriage; **~ rendőr** mounted police(man)
lovasiskola *n* riding school
lovasság *n* cavalry
lovász *n* stableman, stableboy
lóverseny *n* horserace, the races
lóversenypálya *n* racetrack, the tracks
lő *vt* [vmit] shoot, fire (a gun), shell (a canon); **~ni kezd** open fire; **gólt ~** score a goal
lőfegyver *n* firearm, gun
lök *vt* [vmit] push, shove, knock
lökhajtásos *a* jet (propelled); **~ repülőgép** jet (plane)
lökhárító *n* bumper, fender
lőszer *n* ammunition
lötyög *vi* hang loose, get loose; have play (machine); shake (liquid)
lucerna *n* alfalfa
lucskos *a* soggy, wet, sweaty, dirty
lúd *n* goose
lúg *n* lye; *chem* alkali
lusta *a* lazy, idle, sluggish, sleepy
lustálkod|ik *vi* laze around
Luxemburg *n* Luxembourg
luxus *a* luxurious, lush; *n* luxury
lüktet *vi* beat, throb, pulsate, pulse

Ly

lyuk *n* hole, opening, gap, mouth; cavity (tooth); **~at beszél a hasába** *coll* talk [sy'] head off
lyukacsos *a* porous, full of holes
lyukas *a* with a hole, having a hole
lyukaszt *vt* [vmit] hole, punch, punch a hole, make a hole
lyukasztó *n* puncher, hole punch

M

m = méter *n*
m^2 = négyzetméter *n* square meter
m^3 = köbméter *n* cubic meter
ma *adv* today; **~ reggel** this morning; **~ este** tonight; **mához egy hétre** a week from today; **máról holnapra** overnight, suddenly
macerál *vt* [vkit] bother, pester, nag, irritate
mackó *n* bear; teddy bear, teddy (toy)

macska *n* cat; feline; **kerülgeti mint ~ a forró kását** *coll* beat around the bush
Madagaszkár *n* Madagascar
madár *n* bird; **ahol a ~ se jár** *coll* in the middle of nowhere
madárijesztő *n* scarecrow
madártávlat *n* bird's eye view
madártej *n H* vanilla flavored milk with meringue (dessert)
Madrid *n* Madrid
madzag *n* string, twine
maffia *n* Mafia, the Mob
mafla *a* dumb, stupid, thickheaded
mag *n* seed, grain, stone (fruit), kernel; nucleus (of an atom); core
maga *pron sing form* you; self; **~m** myself; **~d** yourself; ~ himself/herself/itself; **magunk** ourselves; **~tok** yourselves; **maguk** themselves; *adv* alone, by oneself; without help, unaided; **magunk közt** among ourselves, between you and me; **megáll a ~ lábán** be self-reliant, stand on one's own feet; **magában** by herself, alone; in itself; **magában beszél** talk to oneself; **kikel magából** get very angry, be beside oneself; **magához tér** come to, regain consciousness; **uralkodik magán** get a hold of oneself, control one's temper; **magánál tart** keep to oneself; **magánál van** be conscious; **nincs magánál** be unconscious; **megkapja a magáét** *coll* get what one deserves (negative); **megmondja a magáét** *coll* speak one's mind, tell [sy] off; **megteszi a magáét** do one's job, do one's best; **magától** by itself, without any help; **magával ragad** [vkit] capture [sy's] attention; **magával visz** take along; **~ alatt vágja a fát** *coll* shoot oneself in the foot; **Magától értetődik.** It goes without saying.
magabiztos *a* sure of oneself
magán *a* private
magánélet *n* private life, personal life
magánhangzó *n* vowel
magánóra *n* tutoring, private lesson
magánprakszis *n* private practice (doctor, lawyer)
magánszám *n mus* solo
magánterület *n* private property, private land
magántulajdon *n* private property
magánügy *n* private matter, personal matter
magánvállalkozás *n* small business, private enterprise
magánvélemény *n* personal opinion, private opinion
magány *n* loneliness, solitude
magányos *a* lonely, lonesome, lone, solitary; isolated; secluded
magas *a* tall, high; distinguished, high (position); **~ rangú** high-ranking; **~ fokú** of a high degree; superior; **~ban** high up (in the air); **~ra tör** aim high, have high ambitions; **Ez nekem ~.** *coll* That's all Greek to me./I don't understand it.
magasan *adv* high, up high
magaslat *n* height, elevation, altitude
magasság *n* height, tallness
magasugrás *n sp* high jump
magasugró *n sp* high jumper
magasztal *vt* [vkit] praise, glorify
magatartás *n* behavior, conduct, attitude; **helytelen** ~ misconduct
magaviselet *n* behavior, conduct, demeanor

magáz *vt* [vkit] *H* address [sy] formally, use the "maga" form with [sy]
magazin *n* magazine, periodical, journal
mágikus *a* magical, magic
máglya *n* bonfire
mágnes *n* magnet
mágneses *a* magnetic; **~ tér** magnetic field; **~ vihar** magnetic storm
mágneskártya *n* magnetic card, card with a magnetic stripe
mágneslemez *n comp* disk, floppy disk
magnetofon *n* tape player, tape recorder, tape deck
magnó *n coll* tape player, tape recorder
magnókazetta *n* audiotape, cassette tape
magnós rádió *n* radio-cassette player/recorder
magol *vt* [vmit] *school* study, memorize, cram for an exam
magtár *n* barn, silo
magzat *n med* fetus
magyar *a, n* Hungarian, Magyar; **~ származású** of Hungarian descent
magyaráz *vt* [vmit] explain, interpret, comment
magyarázat *n* explanation, interpretation, commentary; reason, cause; **Nem szorul ~ra.** It speaks for itself.
magyarázkod|ik *vi* explain oneself, give excuses, excuse oneself, apologize
Magyarország *n* Hungary; **~on** in Hungary
magyaros *a* Hungarian style, Hungarian-like; **~ étel** Hungarian-style dish
magyarság *n* the Hungarians (collectively), the Magyars; being Hungarian; Hungarian (language); **jó ~** correct Hungarian, good Hungarian
magyarul *adv* in Hungarian; simply speaking, in other words; **~ beszélő film** dubbed movie
mai *a* today's, of today; **a ~ újság** today's paper; **a ~ napig** up to this day, so far; **a ~ világban** in today's world, these days; **Nem ~ csirke.** *coll* She's no spring chicken.
máj *n* liver
májas *a* (made with) liver; **~ hurka** liver sausage
majd *adv* some time (in the future), some day; then, later, shortly; *coll* almost; **~ egyszer** some day, once; **M~ megnézem.** I'll look at it. **M~ ha fagy!** *coll* Never!/When hell freezes over! **M~ ha piros hó esik.** *coll* When hell freezes over. **M~ elájultam.** I almost fainted.
majdnem *adv* almost, nearly; be about to; **M~ öt óra.** It's almost five o'clock. **Már ~ elment.** He almost left./He was about to leave.
májgyulladás *n med* hepatitis
májkrém *n* liver paté
majom *n* monkey, ape
majonéz *n* mayonnaise
majoránna *n* marjoram
májpástétom *n* liver paté, foie gras
majszol *vt* [vmit] nibble, munch
május *n* May; **~ban** in May; **~ hetedikén** on May seventh, on the seventh of May; **~ elseje** May Day, the first of May;
májusfa *n* maypole
májusi *a* May, of/in May
mák *n* poppy seed
makacs *a* stubborn, headstrong, persistent, mule-headed, hardheaded
makett *n* model, mock-up
makk *n* acorn; **egészséges mint a ~ / ~ egészséges** *coll* fit as a fiddle

malac *a* dirty (joke), obscene; *n* pig, piglet
malacság *n* obscenity, dirty jokes, gross stuff
maláj *a, n* Malay
Malájföld *n* Malaysia
malária *n* malaria
málha *n* load; baggage
málna *n* raspberry; ~ **szörp** raspberry syrup
málnás *a* (made with) raspberry; *n* raspberry field
malom *n* mill; **Egy ~ban őrölünk.** *coll* We're on the same page./We're talking about the same thing.
Málta *n* Malta
máltai *a* Maltese
malter *n* mortar
mama *n* mommy, mom
mamlasz *a* simple, dumb, slow
mammut *n* mammoth
mámoros *a* intoxicated, drunk; ecstatic, drunk (with), intoxicated (with)
manapság *adv* nowadays, these days, today
mancs *n* paw
mandarin *n* tangerine, mandarin orange
mandátum *n* mandate, seat (in Parliament)
mandula *n* almond; *med* tonsils; **~gyulladás** tonsillitis
mangán *n chem* manganese
mánia *n* mania
manikür *n* manicure
manikűrös *n* manicurist
mankó *n* crutch(es)
manó *n* goblin, gnome
manöken *n* (fashion) model (person)
manőverez *vi* maneuver; scheme
manzárd *n* attic
mappa *n* folder; portfolio
mar *vt* [vmit] bite; corrode, burn; **Aki kapja az ~ja.** *coll* Everybody for himself./It's up for grabs.
már *adv* already, yet, before, previously; ever, anymore; ~ **nem** no longer, not anymore, no more; ~ **megint** again; **M~ találkoztunk.** We've met before.
marad *vi* stay, remain; stop, stay; be left over, remain; **életben** ~ survive, stay alive; **magára** ~ be left alone; **Ebben ~unk.** We'll leave it at that./We've agreed. **Köztünk ~jon!** This is between you and me! **Ott ~t.** She stayed there./She stayed behind. **Nem ~t semmi.** Nothing is left./It's all gone. **Egy vasam sem ~t.** *coll* I have no more money, not a penny left.
maradandó *a* permanent, lasting
maradék *n* remainder, the rest, remnants; leftovers
maradéktalanul *adv* entirely, fully, completely
maradi *a* old-fashioned, backward
maradvány *n* residue, remnant, remainder, remains
maratoni *a* marathon, very long; ~ **futás** *sp* marathon (run)
marcipán *a, n* marzipan
március *n* March; **~ban** in March; ~ **nyolcadikán** on the eighth of March; ~ **idusán** on the Ides of March
márciusi *a* March, of/in March; **egy** ~ **napon** on a March day
marék *n* handful, fistful
margaréta *n* daisy
margarin *n* margarine
marha *n* cattle, livestock; *coll* stupid (person), thickhead; *adv coll* very; ~ **nagy** very large

marhahús *n* beef
marhaság *n* nonsense, something stupid
marihuána *n* marijuana
máris *adv* at once, right away, immediately
márka *n* make, brand, trademark; mark (currency)
márkás *a* brand-name
marketing *n* marketing
markol *vt* [vmit] grab, grasp, seize, clutch
már-már *adv* almost, nearly
maró *a* corrosive; *fig* biting, burning, cutting (words); ~ **gúny** biting sarcasm
Marokkó *n* Morocco
marokkói *a, n* Moroccan
márt *vt* [vmit vmibe] dip (into), immerse, douse
mártás *n* sauce, gravy
mártír *n* martyr
márvány *a, n* marble
más *a* other, different; *n* copy, alter ego; *pron* someone else, something else; **semmi** ~ nothing else, **senki** ~ nobody else; **Az ~!** That's different! **M~tól hallottam.** I heard it from someone else. **Nincs ~ hátra mint ...** There's nothing left to do but ...
másállapot *n* pregnancy; **~ban van** she's pregnant
másfajta *a* different kind, other, another kind
másfél *num* one and a half; ~ **óra** an hour and a half
másféle *a* different, other, another kind
máshol *adv* somewhere else, elsewhere
másik *a* other, another; **egyik a ~ után** one after the other; one by one; **egyik is, ~ is** both
másként *adv* differently, otherwise, in another way, in a different way
máskor *adv* at another time, at a different time
másmilyen *a* different, other
másnap *adv* the next day, the following day
másnapos *a* hungover, having a hangover
masni *n* bow, ribbon
másodállás *n* second job, moonlighting
másodéves *n* sophomore, second-year student (college)
másodfokú *a* (of the) second-degree
második *a* second, number two; ~ **emelet** third floor; **minden ~ héten** every other week; **~ba jár** *school* go to second grade
másodikos *n school* second-grader
másodlagos *a* secondary, subsidiary
másodosztály *n* second class; **~ú** *a* second-class, second-grade
másodperc *n* second (time)
másodszor *adv* for the second time
másol *vt* [vmit] copy, make a copy, Xerox [sg]
másolat *n* copy, duplicate, replica; Xerox copy
másoló *n* copier, Xerox
másológép *n* copy machine, copier, Xerox machine
mássalhangzó *n* consonant
massza *n* mass
masszázs *n* massage
masszíroz *vt* [vkit, vmit] massage, rub, knead
masszív *a* massive, solid
masszőr *n* massage therapist, masseuse
másvalaki *pron* someone else, somebody else
másvilág *n* the other world, the beyond
maszatos *a* dirty, smeared, soiled, smudged

maszek *a* private sector, private; *n* small private business
mász|ik *vi* crawl (vertically), climb (horizontally), creep
maszk *n* mask
mászóka *n* jungle gym
matat *vi* [vhol] rummage, putter, tinker
matek *n coll* math
matematika *n* mathematics
matiné *n* matinée, early show
matrac *n* mattress
matróz *n* sailor, seaman
matt *n* mat, dull, flat (not shiny)
MÁV = Magyar Államvasutak *n H* Hungarian National Railways
maximális *a* maximum, top, utmost
maximálisan *adv* in the highest degree, at the maximum
maximalista *n* perfectionist
maximum *a* at most, maximum, at max; *n* maximum, max
máz *n* glaze, gloss, enamel; frosting (on a cake)
mázli *n coll* good luck, a stroke of luck; **~ja volt** *coll* she got lucky
mázol *vt* [vmit] paint, glaze
mázsa *n* 100 kilograms; scales (for large things)
mazsola *n* raisin; *coll* inexperienced driver
meccs *n sp* game, match
mécs *n* lamp, wick
mécses *n* tealight, votive candle
mecset *n* mosque
medál *n* medallion; pendant, locket
Meddig? *pron* For how long?/Until when?/How far?/Up to what point?
meddő *a* barren, infertile, sterile; *fig* ineffective, vain (effort)
medence *n* basin, pool; *med* pelvis
meder *n* riverbed, channel
média *n* media
mediterrán *a* Mediterranean
medve *n* bear (animal); **előre iszik a ~ bőrére** *coll* count one's chickens before they are hatched
meg *conj* and; **ő ~ én** she and I; **Egy ~ egy az kettő.** One and one make two.
még *adv* still, yet; more; **~ egyszer** once more, one more time; **~ mindig** still; **~ nem** not yet; **~ … is** even; **~ akkor is** even if, even then; **~ ma** before the end of the day; **Van ~!** There's more! **Kérek ~?** May I have some more?/I'd like some more. **M~ ki?** Who else?
megad *vt* [vmit] give, grant; repay, pay back; supply (information), tell, give; **~ja magát** surrender, give oneself up; **Mindent ~ neki.** She lets him have everything.
megágyaz *vi* make the bed
megakad *vi* [vmiben] get caught in; stop
megakadályoz *vt* [vmit] hinder, prevent, keep from (happening); hamper, impede
megalakít *vt* [vmit] form, organize
megalapít *vt* [vmit] found, establish, launch (a company)
megaláz *vt* [vkit] humiliate, humble
megalázó *a* humiliating, degrading, shameful
megáld *vt* [vkit] bless; endow (with)
megalkuvás *n* compromise
megalkuvó *a* compromising
megáll *vi* stop, come to a stop, halt, come to a halt; **~ a lábán** stand on one's own feet, be independent; **~ja a sarat** *coll* hold one's ground, hold up, cope with; **M~ az eszem!** *coll* I can't believe it! **Nem állja meg, hogy …** She can't help (doing [sg]).

megállapít *vt* [vmit] state, note; verify; diagnose; determine, settle, decide
megállapodás *n* agreement; **tartja magát a ~hoz** hold to the agreement; **~ra jut** [vkivel] come to an agreement; **~t köt** [vkivel] make an agreement with
megállapod|ik *vi* [vkivel vmiben] come to an agreement
megállít *vt* [vmit] stop [sg] pull up (vehicle); interrupt
megállíthatatlan *a* unstoppable
megálló *n* stop (bus)
megalsz|ik *vi* curdle (milk)
megalvad *vi* clot (blood)
megárt *vi* [vkinek] do [sy] harm, be harmful for, be bad for
megáz|ik *vi* get wet (in the rain), get soaked, get rained on
megbán *vt* [vmit] regret, be sorry for, repent; **Nem bánod meg.** You won't be sorry.
megbánás *n* regret, repentance
megbánt *vt* [vkit] offend, hurt [sy's] feelings, insult
megbántód|ik *vi* be hurt, be offended
megbarátkoz|ik *vi* [vkivel] make friends with; [vmivel] get used to
megbecsül *vt* [vkit, vmit] appreciate, honor, value, respect
megbecsülés *n* appreciation, respect
megbecsült *a* respected, appreciated
megbénít *vt* [vkit, vmit] paralyze, disable, incapacitate, cripple
megbeszél *vt* [vmit vkivel] discuss, talk over, converse; come to an agreement, agree on, set, settle; **~ egy időpontot** make an appointment
megbeszélés *n* meeting, discussion, talk, conference, agreement
megbetegedés *n* falling ill; illness
megbetegsz|ik *vi* [vmiben] get sick, fall sick, be taken ill, come down with [sg]
megbirkóz|ik *vi* [vmivel] overcome, wrestle with (successfully), cope with
megbírságol *vt* [vkit] fine [sy]
megbíz *vt* [vkit vmivel] charge with, entrust with; delegate, commission
megbízás *n* commission, charge, assignment; authority; mandate
megbízhatatlan *a* unreliable, untrustworthy, not to be trusted
megbízható *a* reliable, trustworthy
megbíz|ik *vi* [vkiben] trust in, put trust in, rely on, believe
megbízó *n* employer, principal
megbocsát *vi* [vkinek] forgive, excuse, pardon; **Bocsásson meg!** Excuse me!/Forgive me!/I'm sorry!
megbocsátás *n* forgiveness
megbocsáthatatlan *a* unforgivable, inexcusable
megbocsátó *a* forgiving, merciful
megboldogult *a* deceased, the late
megbolondul *vi* go crazy, lose one's mind
megbont *vt* [vmit] disturb, disrupt, break up, upset (balance)
megbosszul *vt* [vmit] avenge, revenge, take revenge
megbotl|ik *vi* [vmiben] trip, stumble, slip up; **A lónak négy lába van, mégis ~.** *coll* Everybody can make mistakes.
megbuk|ik *vi* fail, fall through; *coll* flunk (exam)
megbüntet *vt* [vkit] punish; fine (money); penalize
megcáfol *vt* [vmit] contradict; repel (accusation), prove [sy] wrong
megcéloz *vt* [vmit] aim at, point (a gun) at

megcímez *vt* [vmit] address (an envelope)
megcsal *vt* [vkit] cheat on [sy]
megcsinál *vt* [vmit] do, finish, make, prepare
megcsináltat *vt* [vmit vkivel] have [sg] done by [sy]
megcsíp *vt* [vkit] pinch, nip; bite (insect), sting (bee)
megcsodál *vt* admire
megcsókol *vt* [vkit] kiss [sy], give [sy] a kiss
megcsúsz|ik *vi* slip, skid
megdagad *vi* swell
megdarál *vt* [vmit] grind
megdermed *vi* freeze
megdicsér *vt* [vkit] praise
megdöbben *vi* be astonished, be shocked
megdöbbent *a* astonished, horrified, shocked
megdönt *vt* [vmit] overthrow (government); beat, break (record)
megebédel *vi* have lunch, finish lunch
megegyez|ik *vi* [vkivel vmiben] agree on, come to an egreement; agree with, correspond to, be the same; be consistent with; **Akkor ~tünk!** Then we're agreed!
megéhez|ik *vi* get hungry, feel hungry
megél *vi* [vmiből] live on [sg]; make a living; **A jég hátán is ~.** *coll* He can survive anywhere.
megelégedett *a* content, satisfied
megelégel *vt* [vmit] have enough of, get tired of
megelégsz|ik *vi* [vmivel] be satisfied with, be content with
megelőz *vt* [vmit] prevent, ward off, avert; precede, come before; pass (on the road); **M~te korát.** He was ahead of his time.
megelőzés *n* prevention
megelőzhető *a* avoidable
megelőző *a* previous, preceding, former
megemlít *vt* [vmit] mention, make mention of
megenged *vt* [vmit vkinek] permit, allow, let, give permission; **Nem engedhetem meg magamnak.** I can't afford it. **Engedje meg!** Allow me!
megér *vt* [vmit] live to see; be worth [sg]; **Ezt is ~tem!** *coll* I can't believe I lived to see this! **M~i az árát.** It's worth the price. **Nem éri meg a fáradságot.** It's not worth the effort.
megérdemel *vt* [vmit] deserve, earn
megérez *vt* [vmit] feel [sg], sense
megér|ik *vi* ripen, mature; be ripe for, be ready for
megérint *vt* [vmit] touch
megérkez|ik *vi* [vhova] arrive at, come to, get to
megerőltet *vt* [vmit] strain, overwork
megerősít *vt* [vmit] strengthen, reinforce; confirm, affirm, verify
megerőszakol *vt* [vkit] rape
megért *vt* [vmit] understand, comprehend; **Jól ~ik egymást.** They get along well.
megértő *a* understanding, sympathetic, tolerant
megérzés *n* intuition
meges|ik *vi* happen, occur, take place; **Könnyen ~.** It happens easily.
megesküsz|ik *vi* [vmire] swear on; [vkivel] get married
megesz|ik *vt* [vmit] eat all of [sg], eat up
megetet *vt* [vkit] feed [sy], give [sy] [sg] to eat
megfagy *vi* freeze; freeze to death (person); **M~ok!** *coll* I'm freezing!

megfájdul *vi* become painful, begin to hurt, start aching; **M~t a feje** She developed a headache.
megfejt *vt* [vmit] solve (puzzle), unravel, figure out
megfejtés *n* solution (to a puzzle), answer
megfeledkez|ik *vi* [vmiről] forget about [sg]
megfelel *vi* [vmire] answer to, respond; [vminek] be suitable for, be good for, be fit for; **A célnak ~.** It serves the purpose./It's good for this purpose.
megfelelő *a* suitable, fit, good (for)
megfelez *vt* [vmit] halve, cut is half, divide into two, cut in two
megfen *vt* sharpen
megfenyeget *vt* [vkit vmivel] threaten
megfésülköd|ik *vi* comb one's hair, comb oneself
megfigyel *vi* [vmire] pay attention to; *vt* [vmit] observe, watch
megfizet *vt* [vmit] pay for; [vkit] pay [sy] off; pay back (debt)
megfog *vt* [vmit] catch, grab, seize, hold, grasp, grip; stain; **Fogják meg!** Stop him!/Catch him!
megfogad *vt* [vmit] **~ja** [vkinek] **a tanácsát** take [sy's] advice
megfoghatatlan *a* inconceivable, unbelievable
megfojt *vt* [vkit] choke, strangle; drown (in water)
megfontol *vt* [vmit] think over, ponder, weigh
megfontolás *n* consideration; reason, reasoning
megfontolt *a* deliberate, careful, carefully thought out; **előre ~** deliberate, premeditated
megfordít *vt* [vmit] turn over, revolve, turn around; reverse
megfordul *vi* turn around, turn over, turn back; [vhol] turn up, be [swhere]; **Sokszor ~t itt.** He's been here many times.
megfőz *vt* [vmit] cook, make, finish cooking [sg], prepare (food)
megfullad *vi* choke, suffocate, drown (in water)
megfürdet *vt* [vkit] bathe [sy], give [sy] a bath
megfürd|ik *vi* bathe, take a bath
meggátol *vt* [vkit vmiben] stop from doing [sg], hinder, prevent from
meggazdagod|ik *vi* get rich, strike it rich, make a fortune
meggondol *vt* [vmit] think over, ponder, consider, reflect on; **~ja magát** change one's mind; **Gondold meg!** Think it over!
meggondolatlan *a* rash, hasty, ill-advised, impulsive
meggy *n* sour cherry, morello cherry
meggyes *a* (made with) cherries, cherry-; **~ rétes** cherry strudel
meggyengül *vi* weaken, grow weak, lose strength
meggyilkol *vt* [vkit] murder, kill, assassinate
meggyógyít *vt* [vkit] heal, cure
meggyógyul *vi* recover, heal, be healed, be cured
meggyón *vt* [vmit] *rel* confess
meggyőz *vt* [vkit vmiről] convince, persuade
meggyőzés *n* persuasion
meggyőző *a* convincing, persuasive
meggyőződés *n* conviction, belief
meggyőződ|ik *vi* [vmiről] become convinced of, be persuaded of, convince oneself of; check, double-check, make sure

meggyújt *vt* [vmit] light (up), set on fire; turn on (the light)
meggyullad *vi* catch fire, ignite, go up in flames
meghajol *vi* bow, take a bow
meghal *vi* die, decease, pass away
meghall *vt* [vmit] hear; overhear, catch (hearing)
meghallgat *vt* [vkit, vmit] listen to, hear out
meghallgatás *n* (public) hearing
meghámoz *vt* [vmit] peel, pare, skin
megharagsz|ik *vi* [vkire] get angry with, get mad at
megharap *vt* [vkit] bite (dog)
meghat *vt* [vkit] *fig* move [sy]
meghatalmaz *vt* [vkit] authorize
meghatalmazás *n* authorization, mandate; power of attorney
meghatalmazott *a* authorized; *n law* representative
megható *a* touching, moving
meghatód|ik *vi* [vmin] be moved, be touched
megházasod|ik *vi* get married
meghiúsít *vt* [vmit] stop (from happening), prevent
meghiúsul *vi* fail, fall through
meghív *vt* [vkit] invite, ask, issue an invitation
meghívás *n* invitation
meghívó *n* invitation (letter, card)
meghíz|ik *vi* put on weight, get fat, grow fat
meghódít *vt* [vmit] conquer; [vkit] captivate, charm
meghosszabbít *vt* [vmit] extend, lengthen, prolong
meghökken *vi* [vmin] be surprised at, be taken aback
meghökkentő *a* surprising, shocking
meghúz *vt* [vmit] pull on [sg], give [sg] a pull; **~za a ravaszt** pull the trigger; **~za magát** withdraw, huddle somewhere
megigazít *vt* [vmit] straighten, set straight; adjust, arrange, rearrange
megígér *vt* [vmit] promise, make a promise, pledge
megihlet *vt* [vkit] inspire, enthuse
megijed *vi* [vmitől] get scared of, get frightened of; **Jobb félni mint ~ni.** *coll* Better safe than sorry.
megijeszt *vt* [vkit] scare, frighten, startle, alarm
megilletőd|ik *vi* be touched, be moved
megindokol *vt* [vmit] explain, justify, give an explanation for
megindul *vi* set off, leave, start, begin to move (vehicle)
megint *adv* again, once more, anew; **Már ~!** Again?!?/Not again!
mégis *adv* yet, nevertheless, still; **és ~** and yet
megismer *vt* [vkit, vmit] recognize; get to know, get familiar with, become acquainted with
megismerked|ik *vi* [vkivel] get acquianted with, make sy's acquaintance
megismétel *vt* [vmit] repeat, reiterate, do over and over again
megismétlőd|ik *vi* be repeated, repeat itself
megisz|ik *vt* [vmit] drink all of [sg], drink up, gulp down
megítélés *n* judgment, opinion
megjár *vt* [vmit] go [swhere] and back; cover a distance; *vi coll* have the short end of the stick, make a bad deal, be cheated; **Jól ~ta ezzel az autóval.** *coll* He got a really bad deal with this car.

megjátsz|ik *vt* [vmit] pretend, act, play; ~ **egy lapot** play a card; **~sza magát** *coll* act stuck-up
megjavít *vt* [vmit] fix, repair, put [sg] right; break (a record)
megjegyez *vt* [vmit] mark, note, record; comment, note, remark, make a comment; remember, commit to memory
megjegyzés *n* comment, remark, observation
megjelenés *n* appearance, presence; look
megjelen|ik *vi* [vhol] appear, show up, turn up; be published, appear
megjelöl *vt* [vmit] mark, indicate, denote
megjósol *vt* [vmit] predict, foretell, forecast (weather)
megjön *vi* arrive, get to, come to (a place)
megjutalmaz *vt* [vkit] reward
megkap *vt* [vmit] receive, get, gain, obtain; contract, catch (an illness)
megkapaszkod|ik *vi* [vmibe] hold on to, cling to
megkarmol *vt* [vkit] scratch (cat), claw
megkegyelmez *vi* [vkinek] pardon, have mercy on, show mercy
megken *vt* [vmit] smear, grease, butter; lubricate (machine); *fig coll* bribe
megkér *vt* [vkit vmire] ask [sy] to do [sg], request to do [sg]; [vkit] propose (marriage) to; **~i a kezét** propose marriage, ask for [sy's] hand in marriage
megkérdez *vt* [vmit] ask a question, inquire
megkeres *vt* [vmit] search for, look for and find, find; petition, apply, appeal; earn, make (money)
megkeresztel *vt* [vkit] baptize, christen
megkerül *vi* turn up, be found; *vt* [vmit] go around, walk around, evade (law), elude
megkezd *vt* [vmit] start [sg], begin
megkezdőd|ik *vi* start, begin, get started, open
megkínál *vt* [vkit vmivel] offer [sg] to; **M~hatom egy kávéval?** May I offer you some coffee?/Would you like some coffee?
megkísérel *vt* [vmit] try, attempt, make an attempt
megkísért *vt* [vkit] tempt
megkíván *vt* [vmit] desire, want, wish for [sg], get a desire for; demand, require
megkóstol *vt* [vmit] taste, have a taste, try
megkönnyít *vt* [vmit] ease, make [sg] easier
megkönyörül *vi* [vkin] have mercy on, take pity on, have compassion for
megköt *vt* [vmit] tie, fasten; ~ **egy szerződést** enter into a contract; **Meg van kötve a keze.** His hands are tied.
megkövetel *vt* [vmit] demand, require, insist on
megközelít *vt* [vmit] approach, get closer to; *fig* be comparable, approximate
megközelítés *n* approach
megközelítőleg *adv* approximately, roughly
megkülönböztet *vt* [vkit] differentiate, distinguish, discriminate
megkülönböztetés *n* discrimination; **faji ~** racial discrimination
meglát *vt* [vkit, vmit] catch sight of, notice, set eyes on; **Majd ~juk.** We'll see.

meglátogat *vt* [vkit] visit [sy], pay [sy] a visit, go to see, call on

meglehet *adv* maybe, possible, perhaps

meglehetősen *adv* quite, pretty, rather; **~ kicsi** pretty small

meglep *vt* [vkit vmivel] surprise, amaze; **Ez ~ett.** I was surprised./ This surprised me. **Nem lepne meg.** It wouldn't surprise me.

meglepetés *n* surprise, amazement; surprising [sy]; **nagy ~emre** to my great surprise; **~t szerez** [vkinek] surprise [sy]

meglepő *a* surprising, amazing, shocking

meglepőd|ik *vi* [vmin] be surprised at, be amazed at; **Nagyon ~ött.** She was very surprised.

meglocsol *vt* [vmit] water, sprinkle (plants)

meglő *vt* [vkit] shoot [sy] (but not kill), wound [sy] (by shooting)

megmagyaráz *vt* [vmit vkinek] explain, elaborate

megmarad *vi* remain, stay; survive, last, endure; be left, remain; **M~t egy kicsi.** A little was left over. **Emléke ~.** His memory remains./ His memory will live on.

megmelegít *vt* [vmit] warm (up), heat up

megmenekül *vi* [vhonnan] flee, escape; be saved, be rescued; [vmitől] *fig* escape, avoid, be spared

megment *vt* [vkit, vmit] save, rescue

megmér *vt* [vmit] measure (length); weigh (weight); take one's temperature

megmérgez *vt* [vkit, vmit] poison

megmond *vt* [vmit vkinek] tell, say; **Én ~tam.** I told you. **Mondd meg neki, hogy …** Tell him that …

megmos *vt* [vmit] wash, clean

megmotoz *vt* [vkit] search, do a body search

megmozdít *vt* [vmit] move [sg], shift

megmozdul *vi* move, make a motion, stir, shift

megmozdulás *n* movement, action; demonstration

megmutat *vt* [vmit] show, display, present, exhibit; point at, point [sg] out; demonstrate, prove

megműt *vt* [vkit] operate on, do surgery on

megművel *vt* [vmit] cultivate (land), farm

megnehezít *vt* [vmit] make [sg] difficult; make [sg] heavier

megnevez *vt* [vkit] name, specify; fix, set (a time); designate

megnevezés *n* name; specification

megnéz *vt* [vmit] watch, look at, view, inspect; **~i a filmet** watch (the whole) movie; **~i magát a tükörben** look at oneself in the mirror

megnő *vi* grow up

megnősül *vi* get married (male)

megnyer *vt* [vmit] win; get, win [sg]; [vkit] charm, captivate, win (over)

megnyerő *a* charming, pleasant; **~ mosoly** charming smile

megnyíl|ik *vi* open

megnyit *vt* [vmit] open (up), throw open

megnyitó *n* opening ceremony (of an exhibit)

megnyugsz|ik *vi* calm down, relax

megnyugtat *vt* [vkit] soothe, calm [sy] down, lull

megnyugtató *a* calming, soothing

megold *vt* [vmit] solve, figure out (puzzle), work out (problem), settle (question)

megoldás *n* solution, solving; **legvégső ~** the last resort
megoldód|ik *vi* be resolved, be solved, work out
megoperál *vt* [vkit] operate on, do surgery on
megoszlás *n* division, distribution
megoszt *vt* [vmit] divide; [vmit vkivel] share with
megosztott *a* divided, split
megóv *vt* [vkit, vmit] protect, defend, safeguard from
megöl *vt* [vkit] kill, murder, put to death; kill, slay, slaughter (animal); **M~te magát.** She killed herself./ She committed suicide.
megölel *vt* [vkit] hug, embrace, put one's arms around [sy]
megöntöz *vt* [vmit] water (plants)
megöregsz|ik *vi* grow old
megőriz *vt* [vmit] keep, save, hold on to; keep safe, protect, safeguard
megőrjít *vt* [vkit] drive [sy] crazy
megörül *vi* [vminek] be happy about, be delighted at; **M~tem a jó hírnek.** I was happy about the good news.
megőrül *vi* go crazy, go insane, lose one's mind, *coll* lose one's marbles
megpályáz *vt* [vmit] apply for, put in an application for, compete for
megpihen *vi* rest, relax, take a rest
megpillant *vt* [vmit] notice, glimpse, catch sight of, catch a glimpse of
megpróbál *vt* [vmit] try to do [sg], attempt; give [sg] a try
megpuhít *vt* [vmit] soften, tenderize; [vkit] soften up [sy], *coll* butter up
megragad *vt* [vmit] grab, catch; *vi* stick to, adhere
megráz *vt* [vmit] shake, jolt; shock (electric); *fig* [vkit] shake up; **Nagyon ~tak az események.** The events really shook me up.
megrázó *a* upsetting, disturbing, distressing, disconcerting
megrémít *vt* [vkit] scare, frighten, terrify, alarm
megrendel *vt* [vmit] order, place an order (for)
megrendelő *a* ordering; *n* customer; **~lap** order form
megreped *vi* crack, split
megrokkan *vi* become disabled
megroml|ik *vi* grow worse, deteriorate; go bad, spoil; be failing (memory)
megrögzött *a* habitual, confirmed, ingrained; **~ agglegény** confirmed bachelor
megröntgenez *vt* [vkit] X-ray, do an X-ray (on)
megrövidít *vt* [vmit] shorten, cut short; [vkit] defraud, cheat [sy]
megsaccol *vt coll* [vmit] estimate, guess, give a ballpark figure
megsajnál *vt* [vkit] feel sorry for, feel for, pity, have sympathy for
megsavanyod|ik *vi* turn sour; spoil (milk)
megsebesít *vt* [vkit] injure, wound, harm, hurt
megsebesül *vi* be injured, be wounded, be harmed, be hurt
mégsem *adv, conj* not … after all, still not; **M~ jött el.** He still didn't come.
megsemmisít *vt* [vmit] destroy, obliterate, eliminate, eradicate, annihilate; *fig* annul, void, cancel
megsemmisül *vi* be destroyed, disintegrate, be obliterated, be eliminated
megsért *vt* [vmit] hurt, damage, injure; [vkit] *fig* offend, hurt [sy's] feelings, insult

megsérül *vi* be damaged, be injured, be hurt
megsokall *vt* [vmit] get fed up with, get sick of
megsokszoroz *vt* [vmit] multiply [sg], proliferate
megsokszorozód|ik *vi* multiply, be multiplied
megsüketít *vt* [vkit] deafen
megsüketül *vi* go deaf, turn deaf, lose one's hearing
megszab *vt* [vmit] determine, lay down (rules), prescribe
megszagol *vt* [vmit] smell, sniff at, take a sniff at
megszakít *vt* [vmit] interrupt, disrupt, break, cut off
megszáll *vi* [vhol] stay (for the night, when traveling); *mil* occupy
megszállott *a* occupied (territory); obsessed, possessed; insane, crazy
megszámol *vt* [vmit] count
megszán *vt* [vkit] pity, feel pity for, have sympathy for
megszárít *vt* [vmit] dry, dry out
megszavaz *vt* [vmit] approve by voting
megszeg *vt* [vmit] break (one's word; the law); **~i a törvényt** break the law
megszentel *vt* [vmit] sanctify, bless, consecrate
megszeret *vt* [vkit] grow to love, take a liking to, become attached to; fall in love with
megszerez *vt* [vmit] get, obtain, get hold of, acquire
megszervez *vt* [vmit] organize, arrange, set up
megszilárdít *vt* [vmit] strengthen, stabilize
megszok|ik *vt* [vmit] get used to, get accustomed to, get into the habit (of); **Már ~tam.** I'm used to it already. **Vagy ~sz vagy megszöksz.** *coll* Take it or leave it./Sink or swim./You'd better get used to it.
megszokott *a* usual, customary, habitual; **~ dolog** routine, the usual
megszólal *vi* say [sg], utter a word, start speaking; give off sound, ring (telephone)
megszólít *vt* [vkit] address [sy], speak to
megszök|ik *vi* run away, escape, flee, run off; elope (to get married)
megszöktet *vt* [vkit] rescue, help [sy] run away, help escape
megszúr *vt* [vmit] puncture, stab (with a knife), prick (with a pin), sting
megszül *vt* [vkit] give birth (to)
megszület|ik *vi* be born, come into the world; originate, rise (idea)
megszűn|ik *vi* cease to be, stop, come to an end
megszüntet *vt* [vmit] stop, put a stop to, cease, put an end to, discontinue; close down (business), liquidate; alleviate (pain)
megtakarít *vt* [vmit] save, set aside, put aside (money, time)
megtalál *vt* [vmit] find; come across, discover; **~ja a módját** find a way
megtámad *vt* [vkit, vmit] attack, assault; invade; *med* affect
megtanít *vt* [vkit vmire] teach [sy] [sg], train, instruct, drill
megtanul *vt* [vmit] learn [sg], acquire (knowledge), memorize
megtapos *vt* [vmit] trample, tread on
megtart *vt* [vmit] keep, maintain, uphold, retain; hold, deliver (a lecture); keep, fulfill (promise); **~ja az ígéretét** keep one's promise

megtekint *vt* [vmit] look at, inspect, view, observe
megterhel *vt* [vmit] burden, weight, load; charge with
megterít *vt* [vmit] set (the table)
megtérít *vt* [vmit] pay back, repay, refund; compensate for; [vkit] *rel* convert [sy]
megtermékenyít *vt* [vmit] fertilize
megtesz *vt* [vmit] do, make, perform, achieve, accomplish; cover, travel, go (a distance); **~i a magáét** do one's best, do one's share; **Minden tőle telhetőt ~.** He's doing everything he can./He's doing all that's possible. **Egy óra alatt megtette az utat.** She covered the distance in an hour.
megtéveszt *vt* [vkit] deceive, mislead, delude
megtilt *vt* [vmit vkinek] forbid, prohibit
megtiszteltetés *n* honor, privilege, distinction; **M~ önnel megismerkedni.** It's an honor to meet you.
megtöbbszöröz *vt* [vmit] multiply, proliferate
megtölt *vt* [vmit vmivel] fill (with); load (a gun); stuff (food)
megtöm *vt* [vmit vmivel] stuff with
megtörtén|ik *vi* happen, occur, take place
megtörülköz|ik *vi* dry oneself (with a towel)
megtud *vt* [vmit] find out, learn, become aware of; **Mindent ~ott.** She discovered everything.
megtűr *vt* [vmit] tolerate, endure, suffer, bear
megújít *vt* [vmit] renew; reform, reinvent
megújul *vi* renew, be renewed
megun *vt* [vmit] get bored with, be bored by, get tired of
megürül *vi* become empty, become vacant
megüt *vt* [vkit, vmit] hit, strike, knock; **~i a fejét** hit one's head; **~i a bokáját** *fig coll* burn one's finger; **~i a fülét** [sg] catches his ear, he hears about [sg]
megüzen *vt* [vmit] send a message, say [sg] in a message
megvacsoráz|ik *vi* have dinner, eat dinner
megvadít *vt* [vkit, vmit] make [sy] wild; drive [sy] crazy
megvádol *vt* [vkit vmivel] accuse of; charge with
megvadul *vi* go wild, grow fierce
megvakít *vt* [vkit] blind, put [sy's] eye out
megvakul *vi* go blind, lose one's sight
megválaszt *vt* [vkit] elect
megvál|ik *vi* [vmitől] part with, give up
megvalósít *vt* [vmit] realize, accomplish, carry out, put into practice
megvalósul *vi* be realized, materialize; come true; **M~t az álma.** His dream came true.
megvált *vt* [vmit] redeem, buy off; buy (a ticket); *rel* save, redeem
megváltó *n rel* savior
megváltoz|ik *vi* change, be transformed
megváltoztat *vt* [vmit] change [sg], alter, transform
megvan *vi* exist, be; be ready, finished, be done; **M~ nekem ez a könyv.** I have this book. **M~ egy óra alatt.** It's done in an hour. **Megvagyok nélküle.** I'll do without it. **Hogy van? – Megvagyok.** How are you? – I'm OK. **M~!** Here it is!/ I found it!

megvár *vt* [vkit] wait for, wait until [sy] arrives; **~lak** I'll wait for you

megvásárol *vt* [vmit] buy, purchase

megvéd *vt* [vkit, vmit] defend; protect, secure

megvendégel *vt* [vkit] entertain [sy] (as a guest), have [sy] as a guest; treat (to a drink/food)

megver *vt* [vkit] beat (up); defeat

megvesz *vt* [vmit] buy, purchase

megveszteget *vt* [vkit] bribe, buy off

megvet *vt* [vkit] despise, disdain, loathe, look down on

megvilágít *vt* [vmit] light up, illuminate; *fig* illumine, clarify

megvisel *vt* [vkit] try, wear out, wear down, take a toll

megviselt *a* worn-out

megvitat *vt* [vmit vkivel] discuss, debate, talk over

megvizsgál *vt* [vmit] examine, test, investigate, look into; **alaposan ~** examine closely

megy *vi* go, move, walk, pass; travel, move, run (vehicle); **férjhez ~** marry (woman); **Mennem kell.** I have to go. **Menj innen!** Go away!/ Get lost! **Arra nem ~ út.** No roads go there. **A szemembe ment valami.** I got something in my eye. **Nem ~ a fejébe.** He can't get it into his head. **Mi ~ a moziban?** What's on at the movies? **Jól ~ neki az iskola.** She's doing well at school. **Ha minden jól ~.** If everything goes well. **Ez nem ~.** This is not working./It's no good.

megye *n* county

megyeszékhely *n* county seat

méh *n* bee; *med* uterus, womb

méhész *n* beekeeper

méhkas *n* beehive

mekeg *vi* baa (goat)

Mekka *n* Mecca

Mekkora? *pron* How big?/What size?

meleg *a* warm, hot; *fig* warm, cordial (welcome); gay; **~ fogadtatás** warm welcome; **azon ~ében** right away, without delay; **M~em van.** I'm hot. **M~ van itt.** It's hot in here.

meleged|ik *vi* get warmer, get hot

melegház *n* greenhouse

melegít *vt* [vmit] warm [sg] warm up, heat

melegítő *a* warming; *n* sweatsuit, sweats; heater

melegség *n* warmth, warmness

mell *n* breast, chest, bosom; bust; **veri a ~ét** *coll* brag; **~re szív** [vmit] *coll* take [sg] too seriously; **csirke ~** chicken breast, white meat

mellé *postp* next to, beside; **~ ül** sit down next to her

mellék *a* secondary, auxiliary, complementary, additional, subordinate; *n* extension (telephone); **~ út** secondary road

mellékel *vt* [vmit] attach, enclose

mellékes *a* secondary, subordinate; insignificant, of minor importance

mellékhatás *n* side effect

mellékhelyiség *n* restroom, bathroom, powder room

mellékjövedelem *n* supplemental income

melléklet *n* supplement, appendix; enclosure, attachment

melléknév *n gram* adjective

melléktermék *n* by-product

mellékutca *n* side street

mellékvese *n med* adrenal gland(s)

mellény *n* vest

mellett *postp* next to, beside, by; in addition to; **egymás ~** side by side; **ilyen feltételek ~** under such conditions; **a munkája ~** in addition to his work

mellette *adv* next to him/her/it, beside him/her/it, by his/her/its side; **Minden ~ szól.** Everything is in her favor.

mellkas *n* chest

mellől *pron* from next to; away from; **felkel az asztal ~** leave the table

mellőz *vt* [vmit] disregard, put aside; [vkit] ignore, neglect

mellszobor *n* bust (sculpture)

melltartó *n* bra, brassiere

mellúszás *n sp* breaststroke (swimming)

mellvéd *n* banister, railing, handrail

melódia *n* melody, tune

méltányol *vt* [vmit] appreciate

méltányos *a* fair, equitable, reasonable

méltat *vt* [vkit, vmit] appreciate, express appreciation for, praise; eulogize [sy]; **Válaszra sem ~.** He won't even answer me.

méltatlankod|ik *vi* be indignant, express indignation

méltó *a* [vmire] worthy (of), deserving; **~ büntetés** fitting punishment; **~ ellenfél** a worthy opponent; **szeretetre ~** lovable; **Ez nem ~ hozzád.** This is beneath you.

mely *pron* which, that

mély *a* deep, low; profound; thorough; *n* the deep, abyss; **~ álom** sound/deep sleep; **~re süllyed** sink low, stoop low; [vminek] **a ~ére hatol** get to the bottom of [sg]

mélyedés *n* dent, depression, cavity

mélyhűtő *n* freezer, deep-freezer

mélyhűtött *n* frozen (food)

Melyik? *pron* Which (one)? **~et kéred?** Which one do you want?

mélypont *n* low point; the worst; **Túl vagyunk a ~on.** The worst is over.

mélység *n* depth; the deep, abyss; profoundness, profundity

memória *n* memory

mén *n* stallion

menedék *n* refuge, shelter; resort, recourse; **~et ad** [vkinek] take [sy] in, harbor [sy]; **utolsó ~ként** as a last resort

menedzsel *vt* manage, run (a business); organize, arrange

menedzser *n* manager

menekül *vi* run away, escape, flee

menekült *n* refugee

meneszt *vt* [vkit] send away, send on one's way; dismiss, fire

menet *adv* on the way; *n* march, parade; course (of events); *sp* round; **munkába ~** on the way to work; **~ közben** on the way

menetdíj *n* fare (bus)

menetidő *n* running time, length of trip

menetirány *n* direction, course

menetrend *n* schedule (train, bus); **~ szerint** on schedule, on time

mennél *adv* **~ … annál …** the … the …; **M~ előbb, annál jobb.** The sooner, the better.

menni *vi* → **megy**

menny *n* heaven

mennyei *a* heavenly, divine, celestial

mennyezet *n* ceiling

Mennyi? *pron* How much?/How many? **~ az idő?** What time is it? **~be kerül?** How much does it cost?/ How much is it?

mennyiség *n* quantity, mass

mennyország *n* heaven

ment *vt* [vkit, vmit] save, rescue; **~i ami ~hető** save what one can; **Isten ~s!** God forbid!
menta *n* mint, peppermint, spearmint
mentalitás *n* mentality, attitude, disposition
mentes *a* [vmitől] free (of), devoid (of); **előítéletektől** ~ free of prejudice, unbiased
mentés *n* rescue
mentesül *vi* be relieved from, be freed from
menthetetlen *a* irretrievable, hopeless
mentol *n* menthol
mentő *a* rescuing, life-saving; *n* rescuer; ambulance; **hívja a ~ket** call the ambulance; ~ **csapat** rescue team, rescue party
mentőautó *n* ambulance (vehicle)
mentőcsónak *n* lifeboat
mentőláda *n* first-aid kit
mentőöv *n* ring buoy
mentség *n* excuse, justification; **Erre nincs ~.** There is no excuse for this.
menü *n* á la carte; lunch special; **Egy ~t kérek.** I'd like the lunch/dinner special.
meny *n* daughter-in-law
menyasszony *n* bride; fiancée
menyét *n* weasel
menza *n* school cafeteria
mer *vt* [vmit] scoop, ladle; dare (to do), venture; **~em állítani** I dare say; **Nem ~i megmondani.** He's too afraid to tell.
mér *vt* [vmit] measure, weigh, gauge
mérce *n* measure, scale
meredek *a* steep; *n* steep slope
méreg *n* poison, toxin; anger, rage, fury, frenzy, wrath; **lassú** ~ slow poison; **Arra mérget vehetsz.** *coll* You can bet your life on that. **Eszi a ~.** *coll* She's consumed by anger.
merénylet *n* assassination, murder
merész *a* daring, brave, bold
merészel *vt* [vmit] dare, have the audacity to; **Hogy ~sz …?** How dare you …?
méret *n* size, dimension, measurement; proportion
merev *a* stiff, rigid; fixed, set, stony (look); *fig* inflexible
mereved|ik *vi* stiffen, go stiff
mérföld *n* mile; **tengeri** ~ nautical mile
mérges *a* poisonous, toxic, venomous; [vkire, vmire] angry, furious
mérgez *vt* [vkit, vmit] poison; *fig* taint
mérgező *a* poisonous, toxic
merít *vt* [vmit] scoop, draw from; [vmibe] dip, immerse; *fig* derive from, take, borrow from
mérkőzés *n* match, game, competition, contest
mérleg *n* scales; *econ* balance sheet; **fizetési** ~ balance of payments
mérlegel *vt* [vmit] balance, weigh; consider, ponder
mérnök *n* engineer
merőkanál *n* ladle, dipper, scoop
merőleges *a* perpendicular; **~en** *adv* at right angle; *n* perpendicular
Merre? *pron* Which way?/In which direction?/Where?
mérsékel *vt* [vmit] lessen, moderate; reduce; tone down (voice), subdue
mérsékelt *a* moderate; temperate; ~ **égöv** temperate climate
mérséklőd|ik *vi* lessen, be reduced
mert *conj* because, for, since
mértan *n* geometry
mérték *n* measure, measurement, scale, degree, quantity; **bizonyos ~ben** to a certain extent; **teljes ~ben** fully, completely
mértékegység *n* unit of measurement

mértéktartó *a* moderate
mértéktelen *a* excessive, extravagant
merül *vi* dive, submerge, plunge; **feledésbe** ~ get forgotten; **gondolataiba** ~ be wrapped up in thought
mérvadó *a* authoritative, standard
mese *n* tale, story, fairy tale; story, fiction, fabrication; **esti** ~ bedtime story
mesekönyv *n* storybook
mesél *vt* [vmit vkinek] tell a story, narrate; tell [sg] (in detail), relate; **azt ~ik** they say ...; **M~j!** Tell me all about it!
mesemondó *n* storyteller
mesés *a* fabulous, legendary
messze *a* far, distant, remote; *adv* far (away), in the distance; **~bb** farther, further (away); **Nincs ~.** It's not far./ It's nearby.
messzeség *n* distance; **a ~ben** in the distance
messzire *adv* far, a long way, to a great distance; **Nem jut ~.** She won't get far.
mester *n* master, craftsman; **Gyakorlat teszi a ~t.** Practice makes perfect.
mesterkélt *a* forced, artificial; affected (person)
mesterség *n* craft, profession, trade
mesterséges *a* artificial, man-made; fake
mész *n* lime (stone), chalk
mészáros *n* butcher
meszesedés *n* calcification
meszesed|ik *vi* calcify
mészkő *n* limestone
metélt *a* cut, minced; *n* vermicelli, linguini; *H* **diós** ~ pasta with ground walnuts and sugar
meteorológia *n* meteorology
meteorológus *n* meteorologist
méter *n* meter
méteráru *n* fabric (by the yard)
metró *n* metro, subway
metszet *n* segment, cut; *art* engraving, print
Mexikó *n* Mexico
mexikói *a, n* Mexican
mez *n sp* jersey
méz *n* honey
mezei *a* field-, meadow; ~ **virág** wild flower; ~ **nyúl** hare
mézes *a* (made with) honey, honeyed
mézeshetek *n* honeymoon
mézeskalács *n* honey cake
mézesmázos *a fig* honeyed, sickening(ly sweet)
mezítláb *adv* barefoot
mező *n* field, meadow; **mágneses** ~ magnetic field
mezőgazdaság *n* agriculture
mezőgazdasági *a* agricultural, rural; ~ **munkás** farm hand, agricultural worker; ~ **termék** agricultural product
mezőny *n* field (in a competition)
meztelen *a* naked, nude, bare; **a** ~ **igazság** the naked truth
mi[1] *pron* we
Mi?[2] *pron* What? ~ **az?** What is it?/ What's that? ~ **baj?** What's wrong? **~ből van?** What is it made of? **~ről van szó?** What's it about?/What is it? **~től félsz?** What are you afraid of?
mialatt *adv* while, meanwhile
miatt *postp* because of, on account of; **Kati ~ nem jön.** He's not coming because of Kati.
Micsoda? *pron* What?/What on earth?
mielőtt *adv* before; ~ **elmegy** before she leaves
miénk *pron* ours

Miért? *pron* Why?/What for? **~ ne?** Why not?
Miféle? *pron* What kind?/What?
míg *adv* while, as long as; till, until
mihelyst = mihelyt *adv*
mihelyt *adv* as soon as, the moment that; **~ megláttam** as soon as I saw (him/her/it)
Mikor? *pron* When? At what time?
miközben *adv* while
mikrofon *n* microphone, *coll* mike
mikró *n coll* microwave (oven)
mikrohullámú sütő *n* microwave oven, microwave
mikroszkóp *n* microscope
milliárd *num* billion
milligramm *n* milligram
milliméter *n* millimeter
millió *num* million
milliomos *n* millionaire
Milyen? *pron* What kind?/What?/ What is ... like?; how; **~ volt?** How was it?/What was it like? **~ szép!** How beautiful! **~ az idő?** What's the weather like?
minap *adv* the other day, lately
mind *pron* all, every, each; **~ a kettő** both; **~ a hatan** all six (of them); **M~ kisebb lesz.** It's becoming smaller and smaller.
mindannyian *adv* all of us/you/them; **M~ ott voltunk.** We all were there.
mindegy *adv* all the same, just the same, no matter; **Nekem ~.** I don't care. **M~ milyen drága.** It doesn't matter how expensive.
mindegyik *pron* each, each and every, every single one
minden *a* all, every; *pron* everything, all, anything; **~ este** every night; **~ második nap** every other day; **~ek fölött** above all; **~re képes** capable of anything; **M~ jó ha a vége jó.** All's well that ends well. **M~ lehetséges.** Anything is possible.
mindenáron *adv* at all cost, at any price
mindenekelőtt *adv* above all, first of all
mindenesetre *adv* in any case, by all means, at any rate
mindenféle *a* all kinds, varied
mindenhogyan *adv* anyhow, in any case; in all ways; **~ próbálkozott** he tried everything
mindenhol *adv* everywhere
mindenképpen *adv* by all means, for sure, whatever happens
mindenki *pron* everybody, everyone, all (people), anyone
mindennap *adv* every day, daily
mindennapi *a* daily; everyday, ordinary, common
mindenség *n* universe, world
mindentudó *a* omniscient, all-knowing
mindenütt *adv* everywhere, all over
mindig *adv* always, at all times; **még ~** still
mindjárt *adv* right away, immediately, at once, instantly; **M~ jövök!** I'll be there in a minute!
mindkettő *a* both
mindnyájan *pron* all of us/you/them
mindörökre *adv* forever, forever and ever
mindössze *adv* altogether; only, merely
mindvégig *adv* to the last, all throughout, all the way to the end
Minek? *pron* What for?/To what end?/ Why? **M~ nézel engem?** *coll* What do you take me for? **M~ ez neked?** What do you want this for?; **m~ következtében** as a result of which

minimális *a* minimal, minimum, smallest, least of
minimum *n* minimum, smallest (amount), least (amount)
miniszter *n pol* minister; *US* secretary
miniszterelnök *n pol* prime minister
minisztérium *n pol* ministry; *US* department
minőség *n* quality; **jó ~** good quality
minősít *vt* [vmit vminek] qualify as, rank, rate
minősítés *n* qualification, classification
mint *conj* as, like; than; **olyan nagy ~ az** as big as that; **nagyobb ~ az** bigger than that
minta *n* sample, model; mock-up; pattern; mould/mold; **mintául szolgál** serve as a model
mintakép *n* model, role model, ideal
mintás *a* patterned
mintegy *adv* almost, as much as, approximately
mintha *conj* as if, as though; **úgy tesz ~** act like, pretend
mínusz *a* minus, negative; *n* deficit, shortage
Mióta? *pron* Since when?/How long?
mire *adv* by the time; **~ megérkeznek** by the time they get here; *pron* **M~ ?** For what?/What for? On what?/ Onto what? **M~ jó ez?** What is it good for? **M~ üljünk?** What should we sit on?
mirelit *a* frozen (food); *n* frozen food
mirigy *n med* gland
mise *n rel* mass
Missziszippi *n* Mississippi
misztikus *a* mystic, mystical, mysterious
mítosz *n* myth, legend
miután *adv* after, when; *conj* since, because; **~ elment** after he left
mivel *conj* because, since, for; *pron* **M~ ?** With what?/By what?
mixer *n* blender, mixer; bartender
mobiltelefon *n* cell phone, mobile phone
mocsár *n* swamp, marsh
mocskol *vt* [vmit] soil, stain, dirty; *fig* abuse (verbally), berate
mocskos *a* filthy, dirty
mód *n* way, method, manner, fashion; procedure; resources (financial), means; **ha van rá ~** if it's possible, if there is a way; **a szokott ~on** the usual way; **a maga ~ján** in his own way; **csak ~jával** slowly, moderately
modell *n* model
modem *n* modem
modern *a* modern, up-to-date, recent
modernizál *vt* [vmit] modernize, reform, update
modor *n* manners, behavior; **jó ~** good manners
modortalan *a* rude, ill-mannered
módosít *vt* [vmit] modify, alter, change
módszer *n* method, way
mogorva *a* morose, cross, sullen, grumpy, gruff
mogyoró *n* hazelnut, peanut; **amerikai ~** peanut
mogyorós *a* (made with) hazelnut, peanut
moha *n* moss
mohamedán *a* Muslim, Islamic; *n* Muslim
mohó *a* greedy; eager
móka *n* fun, joke
mókás *a* funny, cute
mokkacukor *n* sugar cube
mokkáskanál *n* coffee spoon
mókus *n* squirrel

molekula *n* molecule
molett *a* plump (woman), round
molnár *n* miller
móló *n* pier, wharf, quay
moly *n* moth
mond *vt* [vmit] say, tell; **nemet ~** say no; **~anom sem kell** needless to say; **beszédet ~** deliver a speech; **búcsút ~** say good-bye; **Ne ~d!** You don't say! **N~juk …** Let's say …/ Let's suppose … **Nekem ~od?** You're telling me?
monda *n* legend, myth
mondanivaló *n* something to say; **Nincs ~ja.** She has nothing to say.
mondat *n* sentence
mongol *a, n* Mongolian
Mongólia *n* Mongolia
monitor *n* monitor
monogram *n* initials, monogram
monológ *n* monologue, soliloquy
monoton *a* monotonous, boring
Mont Everest *n* Mount Everest
morál *n* morale; morals, morality
morcos *a* grumpy, irritable, cranky, crabby
morfium *n* morphine
mormon *n* Mormon
morog *vi* growl, grumble
morzsa *n* crumb; morsel, bit
mos *vt* [vmit] wash, launder; **M~om kezeimet.** I wash my hands.
mosakod|ik *vi* wash oneself, freshen up, clean up
mosatlan *a* unwashed; *n* dirty dishes
mosdó *n* restroom; sink (in a bathroom)
mosdókagyló *n* bathroom sink
mosható *a* washable
moslék *n* slops
mosoda *n* laundromat, laundry room, cleaner's
mosogat *vt* [vmit] do the dishes, wash the dishes
mosogató *n* kitchen sink
mosogatógép *n* dishwasher (machine)
mosógép *n* washing machine
mosoly *n* smile
mosolygós *a* smiling, happy
mosolyog *vi* [vmin] smile at [sg]; [vkire] smile at [sy] give [sy] a smile
mosószer *n* detergent, laundry detergent, laundry soap
most *adv* now, presently, at present; **éppen ~** right now, just now; **~ is** still, even now; **~ az egyszer** just for once, for this once; **~ vagy soha** now or never
mostanában *adv* these days, nowadays; recently, lately
mostoha *a* step- (parent, sibling); harsh, hostile, cruel; *n* stepmother
moszat *n* seaweed
Moszkva *n* Moscow
motel *n* motel
motor *n* engine, motor; motorcycle, *coll* motorbike, bike
motorcsónak *n* motorboat
motorház *n auto* hood
motorkerékpár *n* motorcycle, *coll* motorbike, bike
motoros *a* motorized, with an engine, engine-powered; *n* biker, motorbiker
motoz *vt* [vkit] search, go through [sy's] pockets; do a body search
motyog *vt* [vmit] mumble, mutter
mozaik *n* mosaic
mozdít *vt* [vmit] move [sg], remove
mozdony *n* engine (train)
mozdulat *n* movement, gesture, motion
mozdulatlan *a* motionless, still, immobile
mozdulatlanul *adv* motionless, still
mozgalmas *a* animated, lively, full of movement

mozgalom *n* movement, campaign, drive
mozgás *n* movement, motion; **~ba hoz** set in motion
mozgássérült *a, n* physically disabled
mozgólépcső *n* escalator
mozi *n* movies; *coll* movie
mozog *vi* move, be in motion, stir; **~j!** *coll* **M~ ?** Get a move on!/Hurry up!
mögé *postp* (to) behind; **a fa ~ bújik** hide behind the tree
mögött *postp* behind; **egymás ~** one behind the other; **a háta ~** behind [sy's] back
mögül *postp* from behind
mulaszt *vt* [vmit] miss (opportunity); neglect; be absent from
mulat *vi* have fun, party; [vmin] be amused at
mulatság *n* party, dance; entertainment, amusement
mulatságos *a* funny, amusing
mulattat *vt* [vkit] entertain, amuse
múl|ik *vi* pass (time), elapse; stop, subside (pain); [vkin] depend on, be up to [sy]; **Rajtad ~ik.** It's up to you. **Rajtam nem ~ik.** It won't be my fault.
múlt *a* past, last; *n* past; **~ héten** last week; **a ~ alkalommal** last time
múltkor *adv* last time; the other day
múlva *postp* in (future); after (past); **két hét ~** in two weeks' time; after two weeks
munka *n* work, labor; task, job, occupation; **munkát végez** do work, carry out work; **munkába megy** go to work; **munkához lát** get to work, start working
munkaadó *n* employer
munkabér *n* wages, salary, earnings
munkadíj *n* price (of labor); pay, wages
munkaerő *n* work force, labor force
munkafüzet *n* workbook
munkahely *n* workplace, place of work
munkaidő *n* work hours; **~ után** after hours, after work; **részleges ~** part time (work hours)
munkakör *n* job, duty, field of work
munkáltató *n* employer
munkanap *n* workday
munkanélküli *a, n* unemployed
munkanélküli-segély *n* unemployment benefit
munkanélküliség *n* unemployment, being unemployed, being out of work
munkás *a* laborious, hard-working; *n* worker, laborer, blue-collar worker
munkaszünet *n* break, rest (in work); holiday
munkaszüneti *a* **~ nap** day off, holiday
munkatárs *n* colleague, co-worker
munkavállaló *n* employee
munkaviszony *n* labor relations; employment; **~ban van** [vhol] be employed [swhere]
muskátli *n* geranium
muskotály *n* muscat (grape, wine)
muslica *n* fruit fly, midge
mustár *n* mustard
muszáj *vi* must, have to, be forced to; **M~ dolgozni.** I have to work (it's not my choice).
mutat *vt* [vmit] show, point at, point out; present, exhibit, display; express, manifest; indicate, prove; **most mutasd meg!** Charades [game]; **Mutasd csak!** *coll* Let me see!/ Show me! **Az óra ~ja az időt.** The clock tells the time. **Nem ~ja az érzéseit.** He hides his emotions. **Jól ~.** It looks good.
mutató *n* hand (of a clock); index (in a book); sample; **Csak ~ba hoztam.** I just brought it to show.
mutatóujj *n* index finger
mutatvány *n* show, act, stunt

mutogat *vt* [vmit] keep showing; gesticulate, make signs
múzeum *n* museum
múzsa *n* muse
muzsika *n* music; melody
muzsikál *vi* play music
muzsikus *n* musician
muzulmán *a* Muslim, Islamic; *n* Muslim
mű *a* (*pl* **művek**) artificial, man-made; fake, faux, imitation; *n* work; work of art, writing, composition, opus; **~vek** works
műalkotás *n* artwork, work of art
műanyag *a* synthetic, plastic; *n* plastic
műbőr *n* imitation leather
műcsarnok *n* picture gallery, art gallery
műemlék *n* historical/protected building
műfaj *n* genre, art form
műfogsor *n* denture(s)
műfordítás *n* translation of a literary work, literary translation
műgyűjtő *n* art collector
műhely *n* workshop
műhold *n* satellite
műjégpálya *n* skating rink
műkincs *n* art treasure
műkorcsolyázás *n* figure skating
működ|ik *vi* work, operate, run (machine), function; **A lift nem ~.** The elevator is out of order.
működőképes *a* in working condition; workable (plan)
műláb *n* artificial leg
műsor *n* program; **~on van** be on the program, be playing
műsorvezető *n* show host (TV, radio, etc.), MC
műszak *n* shift (work); **éjszakai ~** night shift
műszaki *a* technical
műszál *n* synthetic fiber
műszálas *a* polyester, acrylic (material)
műszempilla *n* false eyelashes
műszer *n* instrument, tool; apparatus, equipment
műszerész *n* technician, mechanic
műszerfal *n auto* dashboard
műtárgy *n* work of art, artwork; artifact
műterem *n* studio (of an artist)
műtét *n* surgery, operation
műtő *n* operating room, OR
műtős *n* surgeon's assistant, nurse (in operating room)
műtrágya *n* chemical fertilizer
műugrás *n sp* diving
műúszás *n sp* synchronized swimming
műút *n* highway
művek *n pl* → **mű**
művel *vt* [vmit] do, act; cultivate, farm; [vkit] educate, refine
művelet *n* operation, action; *econ* transaction
művelődés *n* education
művelt *a* educated, sophisticated, cultured; cultivated (land)
műveltség *n* education, culture
művész *n* artist
művészet *n* art, fine art
művészeti *a* art, artistic, of art
művészettörténet *n* art history
művirág *n* artificial flower, fake flower

N

-n, -on, -en, -ön *suff* on, at, in; at, on, in (time); **a földön** on the ground, on Earth; **kopogtat az ajtón** knock at/on the door; **a végén** at the end; **Budapesten** in Budapest; **Magyarországon** in Hungary; **kinéz az ablakon** look out the window; **egyetemen tanul** study at the university, be in college; **ezen a héten** this week; **nyáron** in summer

na *int* **N~ !** Go on!; **N~?** Well?; **N~ és?** *coll* So what?
nacionalizmus *n* nationalism
nád *n* reed, cane; **cukor~** sugar cane
nádas *n* reeds
nadrág *n* pants, trousers
nadrágszíj *n* belt
nadrágszoknya *n* skort
nadrágtartó *n* suspenders
nagy *a* big, large, huge; *fig* great, grand; **~ múltú** historic; **a ~ok** the grown-ups; **~ra tart** [vkit] hold [sy] in high esteem; **~ra tör** be very ambitious; **~ot mond** *coll* tell a lie, fib; **~ot nevet** have a good laugh; **~ot sóhajt** sigh deeply; **N~ nekem a kabát.** The coat is too big for me. **N~ bajban van.** She's in big trouble. **N~ dolog!** *coll* Big deal!
nagyanya *n* grandmother
nagyapa *n* grandfather
nagybácsi *n* uncle
nagybetű *n* capital letter
nagybőgő *n mus* contrabasso
Nagy-Britannia *n* Great Britain
nagyfeszültség *n* high voltage
nagyfokú *n* intense, a great amount of, of a high degree
nagygyűlés *n* general assembly, convention
nagyhangú *a* loud, noisy
nagyi *n coll* grandma
nagyít *vt* [vmit] enlarge, magnify; *fig* exaggerate
nagyító *n* magnifying glass
nagyjából *adv* roughly, by and large, on the whole
nagyképű *a* conceited, self-important, arrogant, smug
nagykereskedelem *n* wholesale trade
nagykereskedő *n* wholesaler
nagykorú *a* adult, of age
nagykövet *n* ambassador, chief of mission
nagykövetség *n* embassy
nagylelkű *a* generous
nagymama *n* grandmother
nagymutató *n* big hand (of the clock)
nagynéni *n* aunt
nagyobb *a* bigger, larger; greater; major, pretty big; **egy ~ összeg** a pretty big amount
nagyon *adv* very, highly, greatly, quite; very much; **nem ~** not very, not much; **N~ szeretem.** I like it very much. **N~ örülök.** I'm very pleased (to meet you)./Nice to meet you.
nagyothalló *a* hard of hearing
nagyothalló-készülék *n* hearing aid
nagypapa *n* grandfather, granddad
nagypéntek *n* Good Friday
nagyravágyó *n* ambitious
nagyrészt *adv* mostly, for the most part
nagyság *n* size, extent, scale, dimension; magnitude; bigness; greatness
nagystílű *a* large-scale, bold, grandiose
nagyszabású *a* large-scale (event), monumental
nagyszájú *a* loudmouthed, chatty
nagyszerű *a* great, wonderful, splendid, magnificent, superb
nagyszülő *n* grandparent
nagytakarítás *n* big (house) cleaning; **tavaszi ~** spring cleaning
nagyváros *n* big city, metropolis
nagyvonalú *a* generous, bold
nagyzol *vi* show off; exaggerate
nahát *int* **N~!** Wow!
naiv *a* naive
-nak, -nek *suff* to, for; of, ...'s; **a háznak az ajtaja** the door of the house; **a barátomnak az autója** my friend's car; **okosnak tart** [vkit]

consider [sy] smart; **jónak látszik** looks good; **Ajándékot adok Tomnak.** I give a gift to Tom./I give Tom a gift. **Jót tesz neked.** It's good for you. **Tetszik Katinak.** Kati likes it.

-nál, -nél *suff* at, by; with, on (one's person); **az ajtónál** at the door; **az ablaknál** by the window; **A rokonainál van.** She's with her relatives. **Az orvosnál van.** He's at the doctor's office./He's seeing the doctor. **Nálam lesz a vacsora.** The dinner is at my place. **Nincs nálam pénz.** I don't have any money on/with me. **Ez nagyobb a másiknál.** This is bigger than the other. **Magasabb vagyok nálad.** I'm taller than you.

nála *adv* with him/her, at his/her house; on him/her; **N~ van a kulcsom.** She has my key. **N~ lesz a parti.** The party is at his house.

nana *int coll* **N~ !** Not so fast!/Hold it!/Take it easy!

nap *n* sun; day; **süt a ~** it's sunny, the sun is shining; **a ~on fekszik** lie in the sun; **~ mint ~** day by day, day after day; **egész ~** all day; **minden ~** every day; **a ~okban** the other day, recently; **~ról ~ra** day in day out, every day; **egyik ~ról a másikra** overnight, from one day to the next; **Rossz ~ja van.** She's having a bad day./*coll* She's having a bad hair day. **Jó ~ot!** Good morning/afternoon!

napelem *n* solar panel

napellenző *n* awning; visor

napenergia *n* solar energy

napernyő *n* parasol; beach umbrella

napfény *n* sunshine, sun, sunlight

napi *a* daily, day-

napidíj *n* per diem

napilap *n* daily (paper)

napirend *n* schedule; agenda, order of the day; daily routine

napkelte *n* sunrise

napközben *adv* during the day, in the daytime

napközi *n* after-school daycare (in elementary school)

naplemente *n* sunset, sun-down

napló *n* diary, journal; **~t vezet** keep a diary, journal

napolaj *n* suntan oil

naponta *adv* daily, every day

napóra *n* sun-dial

napos *a* sunny, sunlit; ...-day, ... day's worth, ... day old; *n coll* person on duty; **három ~ konferencia** a three-day conference

napoz|ik *vi* sunbathe

nappal *adv* in the daytime, during the day

nappali *a* daytime-; *n* living room

napraforgó *n* sunflower; **~ mag** sunflower seed

naprakész *a* current, up-to-date

napszemüveg *n* sunglasses, *coll* shades

napszúrás *n* sunstroke

naptár *n* calendar

naptej *n* suntan lotion

napvédő krém *n* sunscreen (lotion)

narancs *n* orange

narancsbőr *n* cellulite

narancshéj *n* orange peel, orange zest, orange rind

narancslé *n* orange juice, O.J.

narancssárga *n* orange (color)

nárcisz *n* daffodil

narkós *n* drug user

nászajándék *n* wedding gift

nászéjszaka *n* wedding night

násznép *n* wedding guests

nászút *n* honeymoon
nátha *n* head cold (disease), common cold
náthás *a* having a cold; **N~ vagyok.** I have a cold. **N~ lett.** She caught a cold.
nátrium *n* sodium
ne *n* no,; not; **N~ !** Don't! **N~ menj el!** Don't go away! **Miért ~?** Why not?
-né *suff* Mrs., wife of; **Kovácsné** Mrs. Kovács
nedv *n* juice; fluid, moisture; *med* lymph
nedves *a* wet, moist, damp; humid
nefelejcs *n* forget-me-not
negatív *a* negative; minus; *n* negative (film)
néger *a* negro, black; *US* African-American
négy *num* four; **~kor** at four
negyed *a* quarter; *n* quarter; district, section (of town); **~ hat** quarter past five, 5:15
negyedév *n* quarter (of a year), three months
negyedéves *a* quarterly; *n* fourth-year student; senior (college)
negyedóra *n* quarter of an hour, fifteen minutes
négykézláb *adv* on all fours
négylábú *a* four-legged
négyszemközt *adv* in private, privately, between the two of us
négyszög *n* square, quadrate
négyszögletes *a* square, rectangular
négyütemű *a* **~ motor** four-stroke engine
negyven *num* forty
negyvenes *a* (with the) number forty; in one's forties; **a ~ években** in the '40s
négyzet *n* square
négyzetcentiméter *n* square centimeter
négyzetgyök *n math* square root
négyzetkilométer *n* square kilometer
négyzetláb *n* square foot
négyzetmérföld *n* square mile
négyzetméter *n* square meter
néha *adv* sometimes, every now and then, once in a while
néhai *a* late, deceased
néhány *a* some, a few, a number of, several; **jó ~** quite a few, many
nehéz *a* heavy; rich, heavy (food); difficult, hard, laborious; **~ helyzetbe hoz** put [sy] in a difficult situation; **N~ dolga van.** He has a hard job. **A nehezén már túl vagyunk.** We're over the hard part./ The worst is over. **Nehezemre esik a beszéd.** I have a hard time speaking.
nehézkes *a* clumsy, cumbersome, awkward
nehezményez *vt* [vmit] take offense, object to, disapprove
nehézség *n* heaviness; difficulty, hardship; trouble, problem; **N~ekbe ütközik.** It runs into difficulties.
nehézségi erő *n* gravity
nehézsúlyú *a* heavyweight
neheztel *vi* [vkire vmiért] have/bear a grudge, be angry at
nehogy *conj* so that … not; for fear that; **N~ megnézd!** Don't you look at it!
néhol *adv* here and there, in some places
nejlon *n* nylon, plastic, polyester; **~ szatyor** plastic bag; **~ harisnya** pantyhose
nejlonzacskó *n* plastic bag
-nek *suff* → **-nak**
neki *pron* to him/her, for him/her; **N~ adtam a könyvet.** I gave the book to her. **N~ két kutyája van.** He has two dogs.

nekidől *vi* [vminek] lean against
nekies|ik *vi* [vminek] fall against, bump against; attack, turn on
nekilát *vi* [vminek] set to, start, undertake
nekimegy *vi* [vkinek, vminek] bump into, walk into; [vkinek] attack [sy]
nekitámaszkod|ik *vi* [vminek] lean against, press against
nekiütköz|ik *vi* [vminek] bump into, crash into
nekivág *vi* [vminek] set out, start
-nél *suff* → **-nál**
nélkül *postp* without; **szó ~** without a word
nélküle *adv* without him/her
nélkülöz *vi* be without, be devoid of; *vt* [vmit] lack, miss, need
nélkülözhetetlen *a* essential, indispensable, necessary, crucial, vital
nem[1] *adv* no, not; *n* no; **már ~** not anymore, no longer; **még ~** not yet; **~et mond** say no; **N~ megyek.** I'm not going. **N~ szeretjük.** We don't like it. **Kéred? – N~.** Do you want it? – No, I don't.
nem[2] *n* kind, sort; gender, sex; **páratlan a maga ~ében** unique in its own kind
néma *a* mute, silent, speechless; *n* mute person
némafilm *n* silent movie
nemcsak *conj* not only
nemdohányzó *a* non-smoking
némely *a* some; **~ek** some people
némelyik *a* some (of the …); **N~ toll nem fog.** Some of the pens don't write.
nemes *a* noble (born); *fig* noble minded, generous; *n* nobleman, noblewoman
német *a, n* German
Németország *n* Germany
németül *adv* in German
nemez *a, n* felt
nemhiába *adv* not in vain, not for nothing
nemi *a* gender-, sexual; **~ betegség** sexually transmitted disease, STD; **~ élet** sex life
némi *a* some, a little
nemigen *adv* not very much
nemkívánatos *a* undesirable, unwanted
nemleges *a* negative (answer)
nemrég *adv* recently, not long ago, the other day
nemsokára *adv* soon, shortly, before long, in a little while
nemzedék *n* generation, age group
nemzet *n* nation
nemzeti *a* national; **~ ünnep** national holiday
nemzetiség *n* nationality
nemzetiségi *a* nationality-; **~ kérdés** nationality problem, minority problem; **~ kisebbség** ethnic minority
nemzetközi *a* international; **~ jog** international law
nemzetközösség *n* commonwealth
néni *n* auntie; old lady; **Kovács ~** (old) Mrs. Kovács
nép *n* people (collectively), masses; **a magyar ~**the Hungarian people
Nepál *n* Nepal
nepáli *a, n* Nepalese
népdal *n* folk song
népes *a* populous, densely populated
népesség *n* population
népi *a* folk-, popular, people's
népjólét *n* public welfare
népjóléti *a* public welfare-, welfare-; **N~ Minisztérium** *H* Ministry of Welfare

népmese *n* folktale, folk story
népművészet *n* folk art
néprajz *n* ethnography
néprajzi *a* ethnographical
népsűrűség *n* population density
népszámlálás *n* census
népszavazás *n* referendum
népszerű *a* popular, well-liked, well-known
népszerűség *n* popularity
népszerűsít *vt* [vmit] popularize, make [sg] popular
népszerűtlen *a* unpopular
népszokás *n* folk tradition, folk custom, national custom
néptánc *n* folk dance
néptelen *n* sparsely populated, unpopulated, depopulated; deserted
népvándorlás *n* (people's) migration; exodus
népviselet *n* national costume, folk costume
népzene *n* folk music
nerc *a, n* mink
nercbunda mink coat
nesz *n* slight noise
nesztelen *a* quiet, silent, noiseless
nettó *a* net; **~ jövedelem** net income, income after taxes
neurotikus *a* neurotic, disturbed
neurózis *n* neurosis
név *n* name; designation; reputation, name; **~ szerint** by name; **az ő nevében** in her name; **a törvény nevében** in the name of the law; **jó ~en vesz** be pleased by; **rossz ~en vesz** be offended by, be unhappy at; **~re szóló** personal, not transferable
nevel *vt* [vkit] bring up, rear, nurture (a child); foster; educate, train; raise, keep, breed (animals); cultivate, grow (plants)
nevelés *n* upbringing, rearing, nurturing (a child); education, instruction; breeding, raising, keeping (animals); cultivation, growing (plants)
neveletlen *a* ill-mannered, badly brought-up, rude
nevelő *a* educational, instructive; *n* educator, private tutor
névelő *n gram* article; **határozott ~** definite article
nevelőintézet *n* reformatory
nevelőnő *n* governess
nevelőszülő *n* foster parent
neves *a* famous, well-known, renowned
nevet *vi* [vmin] laugh at; **Mit ~sz?** What are you laughing at? **Ez nem ~ni való.** This is no laughing matter.
nevetés *n* laughter, laugh
nevetséges *a* ridiculous, ludicrous, silly, funny
nevez *vt* [vkit vminek] call, name; *vi sp* enter (a competition)
nevezetes *a* [vmiről] famous, notable, renowned, noteworthy
nevező *n math* denominator
névjegy *n* business card
névleges *a* nominal
névmás *n gram* pronoun
névnap *n* name day
névsor *n* list of names, roll, register
névtelen *a* anonymous, unnamed, unidentified, nameless
névutó *n gram* postposition
New York *n* New York City, *coll* the Big Apple
néz *vt* [vkit, vmit] look at, view, watch; consider; contemplate, stare, gaze; [vhova] look onto, face (a building); **nagyot ~** be surprised; **N~d csak!** Look here!/Look at this! **Minek ~el engem?** *coll* What do

you take me for? **Mit ~el?** What are you looking at? **Hülyének ~ (engem).** *coll* He thinks I'm stupid. **A szoba keletre ~.** The room looks to the east.

nézeget *vt* [vmit] keep looking at

nézet *n* view; opinion, judgment; **felül~** bird's-eye view, top view, plan

nézeteltérés *n* difference of opinions, disagreement

néző *n* viewer, spectator

nézőközönség *n* audience, viewers

nézőpont *n* point of view, viewpoint, perspective, position

nézőtér *n* audience (place), auditorium

nikotin *n* nicotine

nincs *vi* there is not, it/he/she is not; have not; **N~ hely.** There's no room. **N~ otthon.** He's not at home. **N~ mit tenni.** There is nothing to do. **N~ több.** There isn't any more./There's no more (left). **N~ pénzem.** I have no money. **N~enek gyerekei.** She has no children.

nincsen *vi* → **nincs**

Nigéria *n* Nigeria

nigériai *a, n* Nigerian

Nílus *n* the Nile

nívó *n* standard, level

nívós *a* high-quality, first-rate

Nobel-díj *n* Nobel prize

Noé *n* Noah; **~ bárkája** Noah's Ark

noha *conj* however, but, though

nomád *a* nomadic, nomad; *n* nomad, wanderer, drifter

norma *n* norm; standard

normális *a* normal, ordinary; sane; **Te nem vagy ~.** You're crazy./You're insane./You're out of your mind.

norvég *a, n* Norwegian

Norvégia *n* Norway

nos *int* well, well then

noszogat *vt* [vkit] urge, egg on, prompt

nosztalgia *n* nostalgia, longing

nóta *n* popular song, melody

notesz *n* notebook

novella *n* short story

november *n* November; **~ben** in November; **~ másodikán** on the second of November

novemberi *a* November, of/in November; **~ kiadás** November issue (of a magazine)

nő[1] *n* woman; wife

nő[2] *vi* grow; increase, rise; [vmihez] be/get attached to; **nagyra ~** grow up big/tall; **N~nek a kamatok.** Interest rates are rising. **A szívemhez ~tt.** I'm very attached to it.

nőcsábász *n* womanizer, lady-killer

nőgyógyász *n med* gynecologist, obstetrician, OB-GYN

női *a* women's, ladies', female, feminine; **~ hang** female voice; **~ fodrász** women's hairdresser; **~ szabó** tailor who makes women's clothes

nőies *a* womanly, feminine, womanlike, ladylike

nőnemű *a gram* feminine

nős *a* married (man)

nőstény *n* female (animal)

nősül *vi* get married, marry (man)

nőtlen *a* unmarried, single (man), bachelor

növeked|ik *vi* grow, increase, expand

növekedő *a* growing, increasing, expanding

növel *vt* [vmit] grow, increase [sg], enlarge, boost

növendék *n* student

növény *n* plant, vegetable
növényevő *n* herbivore, plant-eating animal
növényi *a* plant-, plant-based, vegetable-
növénytan *n* botany
növénytermesztés *n* cultivation of plants, growing of plants
növényvédelem *n* plant protection
növényvédőszer *n* insecticide
növényvilág *n* flora
növényzet *n* vegetation, plants
nővér *n* older sister; nurse; nun
növeszt *vt* [vmit] make [sg] grow, grow [sg]; **N~em a hajamat.** I'm growing my hair out.
nudista *a, n* nudist
nukleáris *a* nuclear; **~ energia** nuclear energy; **~ fegyver** nuclear weapon
nulla *num* zero, nil

Ny

nyafog *vi* whine, whimper
nyáj *n* flock, herd
nyak *n* neck; **~ába borul** fling one's arms around [sy's] neck; **~ába sóz** *coll* impose [sg] on [sy]; **~on csíp** [vkit] *coll* catch [sy]; [vkinek] **a ~án lóg** *coll* cling to [sy], be a burden to [sy]; **~ára jár** *coll* bother, pester, keep bothering; **leráz a ~áról** [vkit] *coll* get rid of, shake [sy] off; **Ny~ig ül a munkában.** *coll* He's up to his eyeballs in work. **Ny~amat teszem rá.** *coll* I'd bet my life on it.
nyakas *a* stubborn, willful
nyakkendő *n* tie, necktie
nyaklánc *n* necklace
nyaksál *n* scarf
nyal *vt* [vmit] lick, lap; [vkinek] *coll* suck up to, brownnose [sy], lick [sy's] boots
nyál *n* saliva, spittle, drool; **Összefut a ~am.** It makes my mouth water.
nyáladz|ik *vi* drool, slobber, salivate
nyálas *a* slobbery, drooling
nyálkás *a* slimy; mucousy
nyalóka *n* lollipop
nyamvadt *a* rotten, lousy
nyár *n* summer; **~on** in the summer; **a múlt ~on** last summer; **jövő ~on** next summer
nyaral *vi* spend the summer vacation
nyaralóhely *n* resort
nyárfa *n* poplar tree
nyári *a* summer, of summer; **~ egyetem** summer university; **~ időszámítás** daylight saving time
nyárs *n* spit, skewer
nyavalyog *vi* whine, complain, moan
nyávog *vi* meow
nyel *vt* [vmit] swallow
nyél *n* handle; **~be üt** close a deal
nyelv *n* tongue; language; **lóg a ~e** *coll* be exhausted; **anya~** mother tongue, native tongue; **A ~em hegyén van.** It's on the tip of my tongue.
nyelvbotlás *n* slip of the tongue, mistake
nyelvérzék *n* gift for languages, sense for language
nyelvész *n* linguist
nyelvészet *n* linguistics
nyelvezet *n* language, style
nyelvhasználat *n* usage (of language), language use
nyelviskola *n* language school
nyelvjárás *n* dialect
nyelvkönyv *n* language textbook
nyelvoktatás *n* teaching of languages
nyelvóra *n* language lesson
nyelvtan *n* grammar
nyelvtanár *n* language teacher, language instructor

nyelvtanfolyam *n* language course
nyelvtani *a* grammatical
nyelvtanilag *adv* grammatically
nyelvtankönyv *n* grammar book
nyelvterület *n* language territory, language region
nyelvtörő *n* tongue twister
nyelvtörténet *n* history of language
nyelvvizsga *n* language proficiency exam
nyer *vt* [vmit] win [sg], gain; profit, make profit; get, obtain
nyereg *n* saddle; bridge (of nose)
nyeremény *n* winnings, prize
nyereség *n econ* profit, gain, earnings; **tiszta ~** net profit
nyereséges *a* profitable, lucrative
nyers *a* raw, crude; plain, unrefined; uncooked; *fig* rough, rude; **~ erőszak** brute force; **~ fordítás** rough translation
nyersanyag *n* raw material
nyersolaj *n* crude oil
nyertes *a* winning; *n* winner
nyes *vt* [vmit] prune, trim, shear, cut (off)
nyikorog *vi* squeak, creak
nyíl *n* arrow
nyilas *a* armed with arrows; *n* archer; Sagittarius; *pol* member of the Arrow-cross party, Hungarian Nazi
nyílás *n* opening, gape, breach, slot, vent, hatch
nyilatkozat *n* statement, declaration
nyilatkoz|ik *vt* [vmit] make a statement, declare, express one's views
nyíl|ik *vi* open (up); bloom, blossom; **Az ablak az utcára ~ik.** The window opens to the street. **Alkalom ~t rá.** The opportunity presented itself.
nyílt *a* open, plain, unconcealed; *fig* direct, straight, frank, candid; **~ kártyákkal játszik** show one's cards; **~ pálya** open track; **~ színen** in public, publicly; **~ tenger** open sea, high sea
nyíltan *adv* openly, plainly, frankly, directly
nyíltszívű *a* openhearted
nyilván *adv* obviously, apparently, evidently
nyilvános *a* public, open
nyilvánosság *n* the public; **a ~ előtt** in public
nyilvántartás *n* register, records, registry
nyilvánvaló *a* obvious, clear, plain, evident
nyír *vt* [vmit] cut, shear, trim, clip; mow; **füvet ~** mow the lawn
nyírfa *n* birch tree
nyirkos *a* damp, humid, moist
nyirok *n med* lymph
nyirokcsomó *n med* lymph node
nyit *vt* [vmit] open [sg]
nyitány *n mus* overture
nyitás *n* opening
nyitott *a* open
nyitva *adv* open; **N~ van az ablak.** The window is open.
nyitvatartás *n* opening hours, business hours, office hours
nyitvatartási idő *n* opening hours, business hours
nyolc *num* eight; **~kor** at eight (o'clock)
nyolcas *a* (with the) number eight; **a ~ busz** bus number eight
nyolcszög *n* octagon
nyolcvan *num* eighty
nyolcvanas *a* (with the) number eighty; **~ évek** the Eighties

nyom[1] *n* track, trace, mark; footprint; impression, sign; **~ába lép** [vkinek] follow in [sy's] footsteps; **~on követ** follow in [sy's] track, keep track of; **N~a sincs.** There's no trace of it.
nyom[2] *vt* [vmit] press; weigh; print; **~ja az ágyat** be confined to bed; **~ja a lelkét** have [sg] on one's mind
nyomás *n* pressure, pressing; printing; **~t gyakorol** [vkire] put pressure on; *coll* **N~!** Hurry up!/Let's go!
nyomásmérő *n* pressure-gauge
nyomasztó *a* depressing; heavy, oppressive
nyomat *n* print (picture)
nyomban *adv* immediately, right away, at once
nyomda *n* printing house, press
nyomdász *n* printer (person), typographer
nyomelem *n* trace element
nyomor *n* poverty, misery
nyomorék *a* crippled, handicapped, disabled, deformed; *n* cripple
nyomornegyed *n* slum
nyomorult *a* miserable, wretched; paltry, lousy
nyomoz *vi* [vmi után] investigate, search for; track
nyomozás *n* investigation, search, inquiry
nyomozó *n* inspector, detective
nyomtalan *a* traceless; **~ul eltűnt** disappeared without a trace
nyomtat *vt* [vmit] print, imprint
nyomtató *n comp* printer
nyomtatott *a* printed, in print
nyomtatvány *n* brochure, printed material; form
nyög *vi* moan, groan
nyögdécsel *vi* moan, keep moaning, whimper
nyugágy *n* deck-chair
nyugállomány *n* retirement
nyugalom *n* calm, quiet, tranquility, serenity; rest, stillness, standstill
nyugat *n* west, West; **~on** in the west
Nyugat-Afrika *n* West Africa
Nyugat-Európa *n* Western Europe
nyugati *a* western, of/in the west; westerly (wind); **a N~ pályaudvar** *H* the Nyugati Railway Station (in Budapest)
Nyugat-Indiai szigetek *n* the West Indies
nyugdíj *n* pension; retirement benefit; **~ba vonul** retire (from work)
nyugdíjas *a* retired; *n* retiree, pensioner
nyugdíjaz *vt* [vkit] send [sy] into retirement
nyughatatlan *a* restless, fidgety, agitated
nyugi *int coll* **N~!** Take it easy!; Chill out!
nyugodt *a* calm, tranquil, restful, quiet, peaceful, still; **legyen ~** rest assured
nyugsz|ik *vi* be at a standstill; [vmin] be based on; be buried (in a cemetery)
nyugta *n* receipt
nyugtalan *a* restless; troubled; anxious, worried, uneasy
nyugtalankod|ik *vi* be restless, be anxious, be worried
nyugtat *vt* [vkit] calm [sy] down, reassure, comfort
nyugtató *a* calming, soothing; *n* sedative
nyújt *vt* [vmit] stretch, extend, expand; lengthen, elongate; hand over, pass; provide, give, offer; **elsősegélyt ~** provide first aid

nyújtózkod|ik *vi* stretch (oneself)
nyúl[1] *n* rabbit; hare
nyúl[2] *vi* [vmihez] touch, lay hands on, reach for; **a zsebébe ~** reach into one's pocket; **Ne ~j hozzá!** Don't touch it!
nyúl|ik *vi* stretch out, extend, expand, give; *fig* drag out, drag on
nyurga *a* tall and thin, lanky
nyuszi *n* bunny rabbit, bunny
nyúz *vt* [vmit] skin (an animal); wear out; [vkit] pester [sy]
nyűg *n* burden, load; nuisance, bother
nyűgös *a* cranky, whiny, grumpy
nyüszít *vi* wail, whimper, whine (dog)

O, Ó

oázis *n* oasis
objektív *a* objective, impartial, detached, unbiased; *n* objective, lens (camera)
oboa *n mus* oboe
oboáz|ik *vi mus* play the oboe
óbor *n* old wine, vintage wine
obszervatórium *n* observatory
óceán *n* ocean, sea
óceánjáró *n* ocean liner, cruise ship
ócska *a* raggedy, old, worthless, junky
ócskapiac *n* flea market
ócskaság *n* old thing, worthless thing, junk
ocsmány *a* disgusting, hideous, ugly, revolting, repulsive, nasty
ocsúd|ik *vi* wake up, come to
oda *adv* to there; **O~ se neki!** *coll* Never mind!/Don't worry about it!
óda *n* ode
odaad *vi* [vmit] hand over, pass, give
odaadó *a* giving, dedicated, devoted
odaát *adv* over there, on the other side, opposite
odább *adv* further away, farther
odabenn *adv* in there, inside
odaég *vi* burn, get burned (food)
odaér *vi* arrive, reach, get there
odafelé *adv* on the way there
odafenn *adv* up above, up there; upstairs
odahaza *adv* at home
odáig *adv* up to that point, up until then; so far, that far
odajár *vi* frequent (a place), visit a place (regularly)
odajön *vi* [vkihez] come over, come up to, approach
odakinn *adv* outside, out there, outdoors
odaküld *vt* [vkit, vmit] send there, forward
odalenn *adv* down below, down there; downstairs
odalép *vi* [vkihez] step up to, walk up to
odamegy *vi* go up to, go over to, approach
odanéz *vi* look over, look at; **O~z!** Look at that!
odanyújt *vt* [vmit] hand over, offer
odarohan *vi* [vkihez] run up to, run over to
odasimul *vi* [vmihez] press close to, nestle close to, cuddle up to
odaszól *vi* speak to, call (over) to
odatalál *vi* [vhova] find one's way to
odautaz|ik *vi* travel to, go to
odaül *vi* [vmihez] sit down to, sit down at
odavan *vi* [vmiért] be crazy about, be crazy for; be lost, be gone; **Minden pénzem ~.** I lost all my money.
odavet *n* throw down, fling over, drop; say [sg] in a careless manner
oda-vissza *adv* back and forth, there and back
odavisz *vt* [vmit] take over (there), lead to

ódon *a* old, ancient, antique
odú *n* hollow, cavity (in a tree)
óhajt *vt* [vmit] wish for, desire, yearn for, long for
óhatatlan *a* unavoidable, inevitable
ok *n* [vmire] reason, cause, motive; ~ **nélkül** without a reason; **Ez nem ~ arra, hogy ...** This is no excuse for ... **Ő az ~a.** It's his fault./He is the reason.
okfejtés *n* reasoning, argument
okker *a* ocher
oklevél *n* certificate, diploma; document, charter
okmány *n* document, paper, certificate
okol *vt* [vkit vmiért] blame for
ókor *n* ancient times, antiquity
okos *a* smart, clever, bright, wise, intelligent
okoskod|ik *vi* argue, be stubborn
okoz *vt* [vmit] cause, bring about, be the cause of; **fájdalmat** ~ [vkinek] give [sy] pain
oktalan *a* unwise, senseless, foolish; baseless, unfounded
oktánszám *n* octane rating
oktat *vt* [vkit] educate, teach, instruct, train
oktatás *n* education, training, teaching, instruction
oktató *a* educational, instructive; *n* instructor, trainer, teacher
oktáv *n* octave
október *n* October; **~ben** in October; ~ **másodikán** on the second of October
októberi *a* in/of October
okul *vi* [vmiből] learn from, learn a lesson from (experience)
okvetlenül *adv* by all means, for sure, surely, certainly
ól *n* sty (pig), kennel (dog), henhouse
olaj *n* oil; **~ra lép** disappear, get lost; ~ **a tűzre** *coll* fuel to the fire
olajbogyó *n* olive
olajfa *n* olive tree
olajfesték *n* oil paint, oils
olajfestmény *n* oil painting
olajfinomító *n* oil refinery
olajkályha *n* oil stove
olajkép *n* oil painting
olajos *a* oily, greasy; ~ **hal** canned sardines in oil
olajoz *vt* [vmit] oil [sg], grease, lubricate (machine)
olajvezeték *n* pipeline (oil)
olajzöld *n* olive green
olasz *a, n* Italian
Olaszország *n* Italy
olaszul *adv* in Italian
olcsó *a* cheap, inexpensive
olcsón *adv* inexpensively, at a low price
old *vt* [vmit] undo, untie; *chem* dissolve
oldal *n* side; page; *fig* aspect, quality, side; **az utca másik ~án** on the other side of the street; **~ba bök** *coll* poke [sy] in the ribs; **~ról** from the side, sideways; **az érem másik ~a** the other side of the coin; **Fúrja az ~át a kíváncsiság.** *coll* She's itching to know (a secret).
oldalas[1] *a* ... pages long, ...-page-long; **három ~ levél** a three-page-long letter
oldalas[2] *n* short ribs
oldalnézet *n* side view, profile
oldalt *adv* on the side, from the side, laterally, sideways
oldat *n chem* solution
oldószer *n* solvent
oldott *a* dissolved; *fig* relaxed (atmosphere), loose
olimpia *n* Olympics, the Olympic Games

olimpiai *a* Olympic; ~ **játékok** the Olympic Games; ~ **bajnok** Olympic champion
olló *n* scissors, shears (long); claw (crab, lobster)
ólmos *a* lead, leaden; ~ **eső** sleet
ólom *n* lead (substance)
ólomkristály *n* lead crystal, lead glass
ólommentes *a* lead-free, unleaded; ~ **benzin** unleaded gasoline
olt *vt* [vmit] extinguish, put out, douse (fire); quench (thirst); graft (tree); *med* inoculate, vaccinate
oltár *n* altar
olthatatlan *a* inextinguishable, unquenchable
olvad *vi* thaw, melt
olvadáspont *n* melting point
olvas *vt* [vmit] read; ~ **a sorok között** read between the lines
olvashatatlan *a* illegible; unreadable (bad book)
olvasható *a* legible; readable
olvasmány *n* text, narrative, story, reading
olvasó *a* reading; *n* reader; reading room (in a library)
olvasójegy *n* library card
olvasókönyv *n* reader, reading book
olvasólámpa *n* reading lamp
olvasóterem reading room (in a library)
olvaszt *vt* [vmit] melt, thaw [sg]
olyan *a* such; *adv* so, very; *n* such (people, thing); **egy ~ ember** such a person; **olyat mondott, ami …** he said something/such a thing that …; **O~ jó volt!** It was so good!/It was very good! **Nem kell ~ sok.** We don't need so many.
olyankor *adv* at such a time, at times like that
olyasmi *a* something like (that); **Valami ~t mondott.** She said something like (that).
olykor *adv* sometimes, occasionally
olykor-olykor *adv* every now and then, once in a while
omlett *n* omelette
oml|ik *n* fall apart, crumble, fall in on itself, collapse
ón *a, n* pewter
-on *suff* → **-n**
onkológia *n med* oncology
onnan *adv* from there, from that place, from that direction; **O~ jött.** She came from there.
opál *a, n* opal
opera *n* opera
operáció *n med* surgery, operation
operációs rendszer *n comp* operating system
operál *vt* [vkit] do surgery, operate on, do an operation on
operatőr *n cine* cameraman
operett *n* operetta, musical comedy
ópium *n* opium
optimista *a* optimistic; *n* optimist
optimizmus *n* optimism
óra *n* clock, watch; time, o'clock; hour; *school* class, period; meter (gas, water); **kar~** wristwatch; **fali~** wall clock; **ébresztő~** alarm clock; **matematika ~** math class; **víz~** water meter; **Késik az órám.** My watch is slow. **Siet az ~.** The clock is fast. **Hány ~ van?** What time is it? **Hat ~ van** It's six o'clock. **Hány ~kor?** At what time?/When? **Egy órát vártam.** I waited an hour.
órabér *n* hourly wage, hourly pay, pay by the hour
óramutató *n* hand (of the clock)

óránként *adv* every hour, hourly; **~ egyszer** once every hour; **60 km ~** 60 kilometers per hour

órarend *n school* class schedule

órás *a* ...hour, ...hour-long, lasting ... hours; *n* watchmaker, clockmaker; **egy ~ út** an hour-long trip

óratorony *n* clock tower

ordít *vt* [vmit] scream, yell, holler, howl; cry (hard)

orgona *n mus* organ; lilac (flower)

orgyilkosság *n* assassination

óriás *n* giant

óriási *a* giant, gigantic, huge, immense, enormous, vast

óriáskerék *n* Ferris wheel

óriáskígyó *n* python

orkán *n* tornado, hurricane

ormány *n* trunk (of an elephant)

ormótlan *a* clumsy, awkward (due to large size)

orom *n* peak, summit (mountain), top, ridge

orosz *a, n* Russian

oroszlán *n* lion, lioness (female)

Oroszország *n* Russia

oroszul *adv* in Russian; **~ beszél** speak Russian

orr *n* nose; snout, muzzle (animal); toe (shoe); **az ~a előtt** under his nose; **az ~a után megy** *coll* follow one's nose; **az ~ánál fogva vezet** [vkit] lead [sy] by the nose; **Folyik az ~om.** *coll* I have a runny nose.; **fújja az ~át** blow one's nose; **fennhordja az ~át** *coll* be stuck-up; **lógatja az ~át** *coll* have a long face, be sad

orrcimpa *n* wing (of the nose)

orrcsepp *n* nose drops

orrhang *n* nasal voice; **~on beszél** talk through one's nose

orrlyuk *n* nostril

orrszarvú *n* rhinoceros

orrüreg *n* nasal cavity

orsó *n* spool, reel

ország *n* country, land, state

országgyűlés *n H* national assembly, the Parliament

országgyűlési *a* parliamentary; **~ képviselő** parliamentary representative; **~ választások** parliamentary elections

országhatár *n* national border(s)

Országház *n H* the Parliament (the building)

országos *a* national, nationwide; **~ bajnok** national champion

országszerte *adv* nationwide, all over the country

országút *n* main road, highway

ortodox *a rel* orthodox; *fig* old-fashioned

orvos *n* doctor, physician, medical doctor, MD; **~hoz megy** go to see a doctor

orvosi *a* doctor's; medical; **~ kezelés** medical treatment; **~ rendelő** doctor's office; **~ vizsgálat** medical examination; **~ ügyelet** emergency medical care, doctor on duty

orvosol *vt* [vmit] treat, cure; *fig* remedy (a problem), help

orvosság *n* medication, medicine, drug; *fig* remedy, cure

orvostudomány *n* medicine, medical science

orvvadász *n* poacher

oson *vi* sneak, slip by, creep

ostoba *a* dumb, stupid, foolish, idiotic

ostor *n* whip, lash

ostrom *n* siege

ostya *n* wafer; waffle

oszl|ik *vi* disperse, scatter, break up; be divided, divide into; decompose

oszlop *n* column, pillar, post; support

Ószövetség *n* the Old Testament
oszt *vt* [vmit] divide; distribute, dipense; deal (cards); share; **részekre ~** divide (into parts); **Nem ~, nem szoroz.** *coll* It's all the same./It doesn't make a difference.
osztalék *n econ* dividend
osztály *n* class (society; school); department (company); ward (hospital); *fig* section, class, category; **közép~** middle class; *school* **első ~** first grade; **első ~on utazik** travel first-class
osztálykirándulás *n* class field trip
osztályos *a school* belonging to a class/grade; **harmadik ~** in/from the third grade
osztályoz *vt* [vmit] classify, sort, rate; *school* grade, give grades
osztályozás *n* classification, rating, sorting; *school* grading
osztálytalálkozó *n* class reunion
osztálytárs *n* classmate
osztályzat *n school* grade
osztogat *vt* [vmit] distribute, dispense
osztrák *a, n* Austrian
osztriga *n* oyster
óta *postp* since, for; **kedd ~** since Tuesday; **Napok ~ nem láttam.** I haven't seen him for days.
otromba *a* clumsy, rude, vulgar
ott *adv* there
otthagy *vt* [vmit] abandon, leave behind, desert; **~ja a fogát** *coll* bite the dust, kick the bucket
otthon *adv* at home; *n* home, house; **~ érzi magát** feel at home; **Nincs ~.** She's not at home. **Mindenütt jó, de legjobb ~.** There's no place like home. **Szép ~uk van.** They have a beautiful home.
otthonos *a* cozy, comfortable, homey; [vmiben] be familiar with
óv *vt* [vmit] guard, protect, safeguard
óvadék *n law* bail
ovális *a, n* oval
óváros *n* old town, old section of town
óvatos *a* careful, cautious
óvatosan *adv* carefully, cautiously; gently, delicately, gingerly
óvoda *n* preschool, day-care (center)
óvóhely *n* shelter, air-raid shelter
óvónő *n* preschool teacher, kindergarten teacher
óvszer *n* condom
oxigén *n* oxygen
oxigéndús *a* oxygenated, oxygen-rich
ózon *n* ozone
ózonlyuk *n* hole in the ozone layer
ózonpajzs *n* ozone layer, ozone shield

Ö, Ő

ő *pron* he, she; his, her; their; **az ~ háza** his/her house; **az ~ autójuk** their car; **Ő~ nem jött.** He/she didn't come.
öblít *vt* [vmit] rinse, flush
öblös *a* hollow; rounded, bulging; **~ hang** bass, deep voice
öböl *n* gulf, bay, inlet
öcs *n* younger brother
őfelsége *n* His/Her Majesty
ők *pron* they
öklömnyi *a* as big as one's fist
ökológia *n* ecology
ököl *n* fist; **~be szorítja a kezét** make a fist, clench one's fist
ökölvívás *n sp* boxing
ökölvívó *n sp* boxer
ökör *n* ox
ökörszem *n* wren
ökumenikus *a* ecumenical

öl[1] *n* lap; **~be tett kézzel** with one's hands in one's lap, idly, impassively; [vkinek] **az ölébe ül** sit in [sy's] lap; **~re megy** [vkivel] get in a fight with [sy]
öl[2] *vt* [vkit] kill, murder, put to death; slaughter, butcher (animal); **Ö~i a kíváncsiság.** He's dying of curiosity.
öldöklés *n* massacre, slaughter
ölel *vt* [vkit] hug, embrace, give [sy] a hug, put one's arms around [sy]
ölelkez|ik *vi* hug each other, embrace
ölt *vt* [vmit] stitch; put on [sg]; **nyelvet ~** [vkire] stick one's tongue out (at); **gyászt ~** go into mourning
öltés *n* stitch
öltöny *n* suit (men's)
öltöz|ik *vi* get dressed, dress oneself; **jól ~ik** be well-dressed; **Ö~z melegen!** Dress warm!
öltöző *n* locker room; dressing room
öltöztet *vt* [vkit] dress, clothe [sy]
öml|ik *vi* pour, flow, gush, stream; **Ö~ik az eső.** It's pouring (rain).
ön *pron* self-; you (formal way to address [sy]); your; **Ez az ~ök háza.** This is your house.
önálló *a* independent, self-reliant, self-sufficient
önállóság *n* independence, self-reliance
önállótlan *a* dependent, reliant, helpless
önarckép *n* self portrait
önbecsülés *n* self-respect, self-esteem
önbizalom *n* self-confidence
öndicséret *n* self-praise
önelégült *a* complacent, smug, self-satisfied
önéletrajz *n* autobiography
önellátó *n* self-reliant, independent, self-sufficient
önérzet *n* self-esteem, self-respect, pride
önfegyelem *n* discipline, self-control
önfejű *a* stubborn, headstrong, willful
önfeláldozó *a* self-sacrificing
önfeledt *a* oblivious, unaware
önfenntartás *n* self-support
öngyilkos *a* suicidal; **~lesz** commit suicide, kill oneself
öngyilkosság *n* suicide; **~ot követ el** commit suicide, kill oneself
öngyújtó *n* cigarette lighter
önhitt *a* conceited, arrogant
önhittség *n* arrogance, conceit, self-importance
önigazgatás *n* self-government
önként *adv* voluntarily, willingly, of one's own accord
önkéntelen *a* involuntary, unintentional, spontaneous
önkéntes *a* voluntary, willing; *n* volunteer
önkiszolgáló *a* self-service; **~ étterem** self-service restaurant, cafeteria
önkormányzat *n* local government, self-government; **~i választások** local elections
önkritika *n* self-criticism
önmaga *pron* himself, herself; he himself, she herself (emphasis)
önmegtartóztatás *n* self-restraint, abstinence
önműködő *a* automatic, automated
önt *vt* [vmit] pour [sg]; cast (metal), mould/mold (sg softer); **tiszta vizet ~ a pohárba** have things out in the open, tell the truth
öntapadó *a* self-stick, self-adhesive
öntelt *a* arrogant, self-important
öntet *n* dressing (salad), sauce
öntörvényű *a* autonomous
öntöz *vt* [vmit] water (plants), irrigate
öntözőcsatorna *n* irrigation canal
öntözőkanna *n* watering can

öntudat *n* consciousness; self-respect; **~nál van** be conscious
öntudatlan *a* unconscious, unintentional
öntudatos *a* conscious, self-respecting
önvédelem *n* self-defense
önzés *n* selfishness, egotism, egocentricity
önzetlen *a* selfless, unselfish, altruistic
önző *a* selfish, egotistical, self-centered, egocentric
őr *n* guard, keeper; warden; guardian, protector; **~t áll** keep watch, stand on guard
ördög *n* devil; **Ki az ~ az?** Who the heck is it?
öreg *a* old, elderly, aged; *n* old man; **~ hiba** a big mistake
öregsz|ik *vi* grow old, get older, age, be getting on
őrhely *n* watch, post
őriz *vt* [vmit] watch, guard; keep, store; **Isten ~z!** God forbid!
őrköd|ik *vi* [vmin] watch, keep watch, guard
őrmester *n* sergeant
örök *a* eternal, perpetual, ceaseless; permanent, everlasting; **~be fogad** adopt
örökbefogadás *n* adoption
örökké *adv* all the time, always, constantly; forever, eternally; **Semmi sem tart ~.** Nothing lasts forever.
örökkévalóság *n* eternity
öröklakás *n* condominium
örökletes *a* hereditary, inheritable
örököl *vt* [vmit] inherit [sg], be heir to
örökös[1] *a* eternal, perpetual, unending; ceaseless, continuous, constant; **~ tag** lifetime member
örökös[2] *n* heir, heiress, successor, inheritor
örökre *adv* for ever, for good, eternally, for all eternity
örökség *n* inheritance, estate, heritage; *fig* legacy
örökzöld *a, n* evergreen
őröl *vt* [vmit] grind, mill
öröm *n* joy, happiness, pleasure, delight; **~mel** with pleasure, gladly, readily; **~öt szerez** [vkinek] please [sy], make [sy] happy; **~ét leli** [vmiben] take pleasure in [sg]
örömhír *n* good news
örömteli *a* joyful, merry
őrség *n* guard, watch
őrségváltás *n* changing of the guard
őrtorony *n* watchtower, lookout
örül *vi* [vminek] be happy about, be glad, be delighted at, be pleased with; **Ö~ök hogy megismerhetem.** I'm pleased to meet you.
őrület *n* insanity, madness; **Tiszta ~!** Sheer madness!
őrült *a* crazy, insane, lunatic, deranged; foolish, stupid, senseless (act); *n* crazy person, maniac, lunatic; *adv coll* extremely, very; **~ szerencse** great luck; **~ gyorsan** very fast
őrültség *n* insanity, madness; **Ő~!** That's crazy!/That's stupid!
örvend *vi* be delighted, be happy, rejoice; enjoy, have; **jó egészségnek ~** enjoy/be in good health; **Ö~ek!** Nice to meet you! (response to introductions)
örvendetes *a* joyous, joyful, happy
örvény *n* whirlpool; turmoil, whirl; **lég~** (air) turbulence
örvényl|ik *vi* whirl

ős *a* ancient, ancestral, primitive; *n* ancestor, forefather, forebear
ősember *n* prehistoric man, primitive man, caveman
őserdő *n* jungle, virgin forest
őshonos *a* native (plant, animal)
ősi *a* ancient, ancestral
őskor *n hist* prehistoric times, primitive age
őslakó *a* aboriginal, native, indigenous; *n* native, aborigine
őslakosság *n* native population
ősrégi *a* ancient, very old
ösvény *n* path, footpath, trail
összbenyomás *n* general impression
összbevétel *n* total revenue
összead *vt* [vmit] add, sum (up), total; contribute (money), collect; [vkit] marry (perform the ceremony)
összeáll *vi* assemble, get together, team up with; thicken, coagulate, congeal
összeállít *vt* [vmit] assemble, put together, set up; compile, put together, draw up (a list), arrange, organize
összeállítás *n* assembling, assembly, setting up; compilation, arrangement, assortment
összebarátkoz|ik *vi* [vkivel] make friends with
összecsap *vt* clap (hands), click (heels); throw [sg] together (work), do a poor job in a hurry; *vi* [vkivel] clash (with the enemy)
összecsomagol *vt* [vmit] pack up, pack
összedől *vi* collapse, crumble (building)
összees|ik *vi* collapse, drop, fall down; deflate, go flat (soufflé)
összeesküvés *n* conspiracy, plot
összefér *vi* [vkivel] get on (well) with; be compatible, be consistent with
összefirkál *vt* [vmit] scribble on, scribble over
összefog *vt* [vmit] hold together, gather up (clothes); [vkivel] unite, join forces
összefoglal *vt* [vmit] sum up, summarize, recapitulate, recap
összefon *vt* [vmit] intertwine; fold, cross (one's arms)
összeforr *vi* heal, close up (wound), set (bone); become inseparable
összeforraszt *vt* [vmit vmivel] weld, solder [sg]
összefut *vi* [vkivel] run into [sy]; converge (lines); curdle (milk when boiling)
összefügg *vi* [vmivel] be connected with, be related to, relate to
összefüggés *n* relation, connection; coherence, context
összeg *n* sum, amount, total; **egy ~ben** in one lump sum
összegez *vt* [vmit] sum up, add up; summarize
összegyűjt *vt* [vmit] gather (together), collect; assemble, rally (people)
összegyűl|ik *vi* get together, be collected, come together, assemble, rally; pile up (money), accumulate
összegyűr *vt* [vmit] crumple, wrinkle, crinkle, crease
összegyűrőd|ik *vi* be crumpled, get crinkled, crease
összehajt *vt* [vmit] fold, roll up, double up
összehasonlít *vt* [vmit vmivel] compare, contrast with, make a comparison
összehasonlíthatatlan *a* incomparable, beyond comparison

összeházasod|ik *vi* [vkivel] get married (to), marry

összehív *vt* [vkit] call together, assemble, summon

összehoz *vt* [vkit, vmit] bring together, put [sy] in touch with

összeill|ik *vi* [vmivel] match, fit, be suitable for, harmonize

összeír *vt* [vmit] make a list, compile, write down (information); write together (words)

összeismerked|ik *vi* [vkivel] get acquainted with, get to know

összejátsz|ik *vi* [vkivel] act in concert with, act as one; [vki ellen] conspire against

összejön *vi* [vkivel] gather, get together, come together, meet, assemble

összejövetel *n* gathering, meeting

összekapcsol *vt* [vmit vmivel] connect to, link to, join; hook together, clip together; *fig* combine, connect, associate

összeken *vt* [vmit] smear, soil, make dirty

összekerül *vi* [vkivel] get together, end up together, be brought together

összekever *vt* [vmit vmivel] mix, blend; *fig* mix up, confuse (with)

összekevered|ik *vi* [vmivel] get mixed up, be mingled, be blended

összeköltöz|ik *vi* [vkivel] move in together

összeköt *vt* [vmit] tie together, tie up, fasten; connect, link

összeköttetés *n* connection, contact, relation; **~be lép** [vkivel] get in touch with; **közvetlen ~** direct connection, through connection; **Jó ~ei vannak.** He's well-connected.

összemegy *vi* shrink, contract; turn sour, spoil, curdle (milk)

összenéz *vi* [vkivel] exchange looks, look at each other, catch each other's eye

összenyom *vt* [vmit] press together; crush, squash, mash

összeoml|ik *vi* collapse, fall down (building)

összepakol *vt* [vmit] pack up

összepiszkol *vt* [vmit] soil, make [sg] dirty

összeragad *vi* stick together, get stuck

összeragaszt *vt* [vmit vmivel] stick [sg] together, glue together

összerak *vt* [vmit] put together, fit together; assemble, set up

összeráz *vt* [vmit] shake up, shake about

összerezzen *vi* be startled; quiver

összerogy *vi* collapse, drop down

összeroppan *vi* break down, drop; *fig* collapse, break down (nerves)

összes *a* all, every; the whole, total; **az ~ pénzem** all my money; **az ~ jövedelmem** my total income

összesen *adv* altogether, all in all, on the whole; sum total

összesít *vt* [vmit] total, add up, sum (up)

összespórol *vt* [vmit] save up (money)

összesűrít *vt* condense, thicken; concentrate

összeszed *vt* [vmit] gather together, collect, pick up (things); **~i magát** collect oneself, pull oneself together

összeszerel *vt* [vmit] assemble (machine), put together, set up

összeszerelő *a* assembly-; **~ üzem** assembly plant

összeszid *vt* [vkit] scold, give [sy] a piece of one's mind

összeszorít *vt* [vmit] squeeze, press; **~ az ajkát** press one's lips together; **~ja a fogát** clench one's teeth

összetart *vi* hold together, keep together; *fig* stick together, stand by
összetartás *n* unity, loyalty, cohesion
összetartozás *n* connection, affinity
összetép *vt* [vmit] tear up, tear to pieces
összetesz *vt* [vmit] put together, join; place side by side
összetétel *n* composition, combination
összetett *a* combined, compound, complex, composite; *fig* complicated; **~ szó** *gram* compound word
összetéveszt *vt* [vmit vmivel] take for, mistake for, confuse two things, mix up; [vkit vkivel] mistake [sy] for [sy]
összetör *vt* [vmit] break, break to pieces, smash, shatter, crush
összetör|ik *vi* be broken, break up, be smashed, be crushed
összetűzés *n* argument, altercation, disagreement, dispute, confrontation
összeül *vi* [vkivel] get together, sit down together
összeütköz|ik *vi* [vmivel] crash into, collide with, run into
összevarr *vt* [vmit] sew together, stitch together, stitch up
összever *vt* [vkit] beat [sy] up
összevesz|ik *vi* [vkivel] have an argument with, get into a fight with
összevissza *adv* in a mess, jumbled, upside down; at random; altogether, on the whole; **Ö~ beszél.** He's talking nonsense./He's rambling.
összezavar *vt* [vmit] mess up, stir up, upset; [vkit] confuse, upset
összezsugorod|ik *vi* shrink, shrivel up
összhang *n* harmony, accord, unison; *fig* agreement, harmony; **~ban van** [vkivel] be in agreement with, get along with
összhatás *n* general effect, general impression
összjövedelem *n* gross income, total income, income before taxes
összkép *n* general picture, the big picture
összköltség *n* total expense, total cost
összpontosít *vi* [vmire] concentrate on, focus on
össztermék *n econ* gross product, total product; **hazai ~** gross domestic product, GDP; **nemzeti ~** gross national product, GNP
ősz[1] *a* gray, white (hair)
ősz[2] *n* fall, autumn; **ősszel** in the fall
őszi *a* fall-, autumnal, autumn-
őszibarack *n* peach
őszinte *a* honest, sincere, frank, candid, open, straightforward; **~ részvétem** my heartfelt condolences
őszintén *adv* honestly, sincerely, frankly; **~ szólva** frankly, to be quite frank, to tell you the truth
ösztön *n* instinct
ösztöndíj *n* scholarship
ösztönös *a* instinctive, innate, intuitive, impulsive
ösztönöz *vt* [vkit] encourage, urge, stimulate; inspire, motivate
ösztönzés *n* urging, stimulation
ösztönző *a* urging, incentive, stimulating, encouraging
őszül *vi* turn gray (hair)
őszülő *a* graying, grayish, salt-and-pepper (hair)
öszvér *n* mule
öt *num* five
őt *pron* him/her; **ismerem ~** I know him/her
öten *adv* five of us/you/them, five people; **~ vannak** there are five of them
ötlet *n* idea, spark, realization, inspiration, notion

ötletes *a* smart, witty, inventive, ingenious, inspired, resourceful
ötös *a* number five; fivefold; *n* the number five; *school* A; **az ~ busz** bus number five; **Ö~t kapott.** She got an A.
ötszáz *num* five hundred
ötszázas *n* a 500-forint bill
ötszög *n* pentagon
öttusa *n sp* pentathlon
ötven *num* fifty
ötvenes *a* number fifty; a 50-forint coin; **az ~ évek** the 1950s, the Fifties
ötvenhat *num* fifty-six; *H* the 1956 uprising
ötvös *n* goldsmith, silversmith
öv *n* belt; *geog* zone, belt
övé *pron* his, hers; **Ez az autó az ~.** This car is hers./This is her car.
övéi *pron* his/her people, his/her family
övéik *pron* theirs, their people, their family
övék *pron* theirs; **Ez a ház az ~.** This house is theirs.
övez *vt* [vmit] encircle, surround, belt
övezet *n* zone, area, belt
őz *n* deer (male), doe (female); venison (meat)
őzgida *n* fawn
őzike *n* fawn
özön *n* stream, flood, flow; plenty of [sg]
özönl|ik *vi* flow, stream, rush; flock (to) (people)
özönvíz *n* flood, deluge
özv. = **özvegy** *a* widowed; *n* widow (female), widower (male); **~ Kovácsné** the widow Mrs. Kovács

P

pác *n* pickle, marinade; stain (wood); **~ban van** *coll* be in trouble
pacák *n coll* guy, dude, fellow
pacal *n* tripe
páciens *n* patient
packáz|ik *vi* [vkivel] trifle with
pácol *vt* [vmit] pickle, marinate; stain (wood)
pacsirta *n* skylark
pad *n* bench
padlás *n* attic, loft
padlástér *n* loft, attic
padlizsán *n* eggplant
padló *n* floor
páfrány *n* fern
páholy *n theat* box
pajkos *a* playful, mischievous
pajtás *n* pal, buddy, chum
pajzs *n* shield
pajzsmirigy *n* thyroid gland
Pakisztán *n* Pakistan
pakisztáni *a, n* Pakistani
pakli *n* pack (of cards)
pakol *vi* pack, straighten [sg] up
paktum *n* pact, agreement
pala *n* slate
palack *n* bottle, flask
palackoz *vt* [vmit] bottle
palackozott *a* bottled
palacsinta *n* crêpes, pancake
palánta *n* seedling, nursling
palást *n* cloak
palástol *vt* hide, conceal, veil
palaszürke *a* slate gray
palatábla *n* slate (board)
palatető *n* slate roof
pálca *n* stick, rod; baton (conductor's)
pálcika *n* stick (small)
palesztin *a, n* Palestinian
Palesztina *n* Palestine

pali *n coll* guy, dude; sucker; **~ra vesz** *coll* take [sy] for a sucker
pálinka *n H* brandy
pálma *n* palm tree
pálmaház *n* palm house, conservatory
palota *n* palace, mansion
pálya *n* course, path; orbit (of a planet); *sp* course, field; track, line, railroad; *fig* career, calling, profession; **orvosi ~ra lép** go into medicine; **~t választ** choose a career
pályafutás *n* career
pályaudvar *n* train station, railway station
pályázat *n* competition, tender; application
pályáz|ik *vi* [vmire] apply for, compete for, bid on, run for
pamut *a* cotton; yarn
pamutszövet *n* cotton fabric, cotton material
Panama *n* Panama
Panama-csatorna *n* Panama Canal
panasz *n* complaint; complaining; *law* accusation, charge; **~t tesz** file a complaint
panaszkod|ik *vi* [vkire, vmire] complain of, make a complaint about
páncél *n* armor; shell (animal)
páncélkocsi *n* armored vehicle, armored car
páncélszekrény *n* safe; vault (large)
pancsol *vi* splash around, play in water
pandamedve *n* panda
panelház *n H* apartment building made of prefabricated elements
pánik *n* panic, scare; **~ot kelt** create panic; **~ba esik** panic
pankráció *n* wrestling, all-in-wrestling
panoptikum *n* wax museum
panoráma *n* panorama, view
pánt *n* band, strap, hoop
pantalló *n* pants, slacks
panzió *n* bed-and-breakfast, guest house; **teljes ~** full board
pap *n* cleric, priest (Catholic), minister, pastor, reverend (Protestant), rabbi (Jewish)
papa *n* daddy, dad
pápa *n* pope
papagáj *n* parrot
papír *a* (made of) paper; *n* paper; papers, documents; **~on** on paper, in theory
papírbolt *n* stationery store
papírforma *n* **~ szerint** *adv* on paper, in theory, following the rules
papírkosár *n* wastepaper basket
papírpelenka *n* disposable diaper
papírpénz *n* paper money, bill, note
papírszalvéta *n* paper napkin
papírzacskó *n* brown bag, paper bag
papírzsebkendő *n* tissue, Kleenex™
paplan *n* comforter
paprika *n* (green/red) pepper; paprika (spice); **töltött ~** stuffed peppers
paprikás *a* (made with) paprika; *n* stew; **~ csirke** chicken paprika
Pápua Új Guinea *n* Papua New Guinea
papucs *n* slippers; *coll* whipped (husband)
pár *n* pair; couple; companion, mate; the other (of two); a pair of; a couple of, a few, some; **egy ~ kesztyű** a pair of gloves; **Hol van a cipőm ~ja?** Where is my other shoe? **P~ hete láttam.** I saw her a couple of weeks ago.
pára *n* steam, vapor; fumes; haze, mist
parabolaantenna *n* satellite dish
parádé *n* parade

paradicsom *n* tomato; paradise; **sűrített ~** tomato paste
paradicsomleves *n* tomato soup
paradicsommártás *n* tomato sauce
paradicsomos *a* (made with) tomato
parafa *n* cork (material); **~ dugó** cork (in a bottle)
paragrafus *n law* article, section, paragraph
paraj *n* spinach
paralel *n* parallel
paraméter *n* parameter
parancs *n* order, command; direction, instruction; **~ot ad** give an order; **~ot teljesít** carry out an order, execute an order
parancsnok *n* commander, commanding officer
parancsnokság *n* command; headquarters, command post; **átveszi a ~ot** take over command
parancsol *vt* [vmit] order, command, direct; **Mit ~?** What can I do for you?/What will you have/be drinking? **P~ egy kis bort?** Would you like some wine? **P~jon!** Here you are!/After you! (at the door)
parányi *a* tiny, minute, very small
párás *a* hazy, misty; humid, sticky, muggy (hot weather)
párásod|ik *vi* get fogged up (window), get misty
paraszt *a* peasant, rustic; *n* peasant, farmer, countryman; pawn (chess)
parasztház *n* peasant house, country house
páratartalom *n* humidity
páratlan *a* odd, uneven (number); *fig* unparalleled, unsurpassed, incomparable, unmatched
parázs *a* lively, violent, heated; *n* embers; **~ vita** heated argument
párbaj *n* duel
párbajtőr *n sp* rapier, epee
párbeszéd *n* dialogue
pardon *int* **P~!** Excuse me!/Sorry!
párduc *n* panther; **fekete ~** black panther
parfé *n* parfait
parfüm *n* perfume, scent
parfüméria *n* perfumery
párhuzamos *a* parallel; collateral
Párizs *n* Paris
párizsi *a* Parisian; *n* Parisian (person); Bologna (cold cut)
park *n* park, garden; fleet, pool (cars)
párkány *n* ledge, edge, rim, sill
parkett *n* parquet floor, hardwood floor
parkol *vi* park (a car)
parkoló *a* parking; *n* parking lot
parkolóautomata *n* parking meter
parkolóóra *n* parking meter
parlament *n* Parliament
parlamentáris *a* parliamentary
parlamenti *a* parliamentary, of the parliament, in the parliament
párna *n* pillow; cushion, pad, padding; **~csata** pillow fight
párnahuzat *n* pillocase, pillowsham
párnás *a* cushioned, soft
paródia *n* parody, mockery, spoof, skit
paróka *n* wig
párol *vt* [vmit] steam, braise (meat); *chem* distill
párolog *vi* evaporate, steam
páros *a* even (number); coupled, paired, twin; *n sp* double; **P~t játszanak.** They're playing doubles.
párosával *adv* in pairs, in twos
párosít *vt* [vkit, vmit] pair up, couple up; join, combine
párszor *adv* a few times, once or twice
part *n* coast, coastline, seashore, shore; beach (sandy); bank (river), river-side; **~ra száll** land, disembark

párt *n* party; **demokrata ~** Democratic Party
pártatlan *a* impartial, unbiased, objective
partedli *n* bib
pártfogó *n* protector, patron; benefactor, supporter
pártfogol *vt* [vkit] support; protect
parti[1] *a* coastal, coast-, shore-, riverside
parti[2] *n* party, get-together
partner *n* partner, companion
partőr *n* coast guard
párttag *n* party member
párttagság *n* party membership
partvidék *n* coastal region
partvis *n* broom
párz|ik *vi* mate with, couple, copulate
pasa *n* pasha
pasas *n coll* guy, fellow
passzió *n* hobby, fad
passzív *a* passive, inactive
passzol *vi* [vmihez] fit, match; pass (one's turn in a game); *vt* [vmit] pass (a ball)
pástétom *n* paté
paszíroz *vt* [vmit] press through a sieve
pasztell *a* pastel
pásztor *n* shepherd, herdsman
pasztőrözött *a* pasteurized
pata *n* hoof
patak *n* brook, stream, creek
patakz|ik *vi* flow, stream, gush; **P~ott a könnye.** She was crying very hard./Tears streamed down her face.
patent *n* snap fastener
patika *n* pharmacy, drugstore
patikus *n* pharmacist
patkány *n* rat
patkó *n* horseshoe
patronál *vt* [vkit] support, act as a patron to, patronize
patt *n* stalemate
pattanás *n* pimple, blackhead, *coll* zit
pattog *vi* pop, crackle; bounce
pattogatott *a* popped; **~ kukorica** popcorn
pattogtat *vt* [vmit] dribble (a ball), bounce
páva *n* peacock
pávián *n* baboon
pavilon *n* pavilion
pazar *a* lavish, luxurious, opulent, sumptuous, splendid
pazarol *vt* [vmit] waste, squander
pázsit *n* lawn, grass, green
pecabot *n coll* fishing pole
pecáz|ik *vi* fish (for fun)
pech *n coll* bad luck; **P~!** *coll* Tough luck!/Too bad!
peches *n* unlucky
pecsenye *n* roast
pecsét *n* seal, signet; stamp; stain, spot
pecsétel *vt* [vmit] stamp [sg], seal
pecsétgyűrű *n* signet ring
pedagógia *n* pedagogy
pedagógus *n* educator, pedagogue, teacher
pedál *n* pedal
pedáns *a* particular, meticulous, precise (person), thorough, fussy
pedig *conj* however, but, yet, still, though, although, nevertheless, on the other hand; even though; and; **Szeretem, ~ nem szép.** I love it, although it's not pretty. **Én tanulok, te ~ TV-t nézel.** I'm studying and you are watching TV.
pedigré *n* pedigree
pedikűr *n* pedicure
pehely *n* flake; down, fluff (feather); **hó~** snowflake; **zab~** oatmeal; **kukorica~** corn flakes
pék *n* baker

Peking *n* Beijing
pékség *n* bakery
péksütemény *n* pastry, baked goods
példa *n* [vmire] example, instance, precedent; *math* problem; **jó példával jár elöl** set a good example; **példát mutat** show/set an example; **Nincs rá ~.** There is no precedent.
példamutató *a* exemplary
példány *n* copy, issue (book, paper); *biol* specimen
példás *a* exemplary, model; excellent
példátlan *a* unprecedented, unparalleled, extraordinary
például *adv* for example, for instance
pelenka *n* diaper
pelenkáz *vt* [vkit] change (a baby)
pelerin *n* cape, cloak; poncho
pelikán *n* pelican
pelyhes *a* fluffy
penész *n* mould/mold,mildew
penge *n* blade
penget *vt* [vmit] strum, pluck (strings)
penicillin *n* penicillin
péntek *n* Friday; **~en** on Friday; **múlt ~en** last Friday
pénteki *a* (of) Friday; **a ~ újság** the Friday paper
pénz *n* money; coin, currency; cash; **~hez jut** come into money; **~t keres** earn money, make money; **P~ beszél, kutya ugat.** *coll* Money talks, bullshit walks. **Nincs nálam ~.** I don't have any money on me.
pénzalap *n* monetary fund, funds
pénzátutalás *n* money transfer
pénzautomata *n* ATM (machine), automatic teller machine
pénzbírság *n* monetary fine, penalty
pénzbüntetés *n* fine (money), penalty
pénzel *vt* [vkit, vmit] finance, fund, supply with funds
pénzes *a* well-off, rich, wealthy
pénzfelvevő *a* **~ automata** ATM, ATM machine, automatic teller machine
pénzhamisító *n* counterfeiter
pénzjutalom *n* cash reward, bonus
pénznem *n* currency
pénzösszeg *n* sum, amount
pénztár *n* cash register (the machine); cashier's, check-out (in a store); *theat* box office
pénztárca *n* wallet, change purse
pénztáros *n* cashier
pénztelen *a* penniless, broke
pénzutalvány *n* money order
pénzügy *n* finance
pénzügyi *a* financial, finance-
pénzügyminiszter *n H* Finance Minister, Minister of Finance; *US* Treasury Secretary, Secretary of the Treasury
pénzügyminisztérium *n H* Finance Ministry, Ministry of Finance; *US* Treasury Department, Department of the Treasury
pénzügyőrség *n* customs police
pénzváltó *n* moneychanger
pénzverde *n* mint (money)
pép *n* pulp, mush, mash
pepita *n* checkered
per *n law* lawsuit, suit, action, legal proceedings; trial; **büntető ~** criminal suit; **polgári ~** civil suit; **~t indít** bring an action against, take legal action
perc *n* minute; moment, instant; **egy ~ alatt** in an instant, in no time; **ebben a ~ben** this very minute, right this minute; **Öt ~et késett.** He was five minutes late.
percenként *adv* every minute; per minute

perdöntő *a* decisive, deciding
perec *n* pretzel
pereg *vi* spin, whirl; roll (drums)
perel *vt* [vkit] sue [sy], litigate
perem *n* edge, ledge; rim, brim
peremváros *n* suburb
peres *a* disputed, litigious; ~ **ügy** *law* lawsuit
perfekt *a* fluent (in a language)
periódus *n* period, era
permanens *n* permanent, lasting
permetez *vt* [vmit] sprinkle, spray
peron *n* platform
persely *n* piggy bank; collection box (in church)
perspektíva *n* perspective; outlook, prospect
persze *adv* of course, naturally, certainly
Peru *n* Peru
perui *a, n* Peruvian
perverz *a* perverse; *n* pervert
perzsa *a, n* Persian, Iranian
Perzsa-öböl, a *n* the Persian Gulf
perzsaszőnyeg *n* Persian rug
perzsel *vt* [vmit] burn, scorch, singe
Perzsia *n* Persia, Iran
pesszimista *a* pessimistic; *n* pessimist
pesszimizmus *n* pessimism, negativity
pesti *a* in/of Pest, in/of Budapest
pestis *n* plague; pestilence
petárda *n* fire cracker
pete *n* egg (human, animal)
petefészek *n* ovary
petíció *n* petition
petrezselyem *n* parsley
petróleum *n* kerosene
petty *n* dot, spot; polka dot (on clothes)
pettyes *a* spotted, dotted; speckled (dirty)
pévécé *n* vinyl, PVC
pezseg *vi* fizz, bubble, sparkle (liquid); bustle, swarm (with people)
pezsgő *n* champagne
Pf. = postafiók *n* P.O. box
pia *n slang* booze, liquor
piac *n* market; **~ra dob** put on the market
piacgazdaság *n econ* market economy
piaci *a* market-
piackutatás *n* market research
pianínó *n mus* upright (piano)
pici *a* little, tiny, small, teeny, teeny-weeny
pihen *vi* rest, relax, take a rest
pihenés *n* relaxation, rest, resting
pihenő *a* resting, relaxing; *n* break, rest, time off; **~t tart** take a rest, take a break
pihenőhely *n* rest stop (by the highway)
pihenőnap *n* day off, day of rest
pihentet *vt* [vmit, vkit] rest, relax [sg]; **P~i a szemeit.** She's resting her eyes.
pikáns *a* spicy, flavorful, zesty; *fig* racy, spicy, naughty (story)
pikkel *vi* [vkire] pick on [sy]
pikkely *n* scale (fish)
piknik *n* picnic
pillanat *n* moment, instant, second, flash, wink; **abban a ~ban** at that moment; **Egy ~!** Just a moment! **Minden ~ban jöhet.** He can be here any minute.
pillanatnyi *a* momentary, temporary
pillanatnyilag *adv* temporarily, for the moment, for now
pillanatragasztó *n* crazy glue, instant glue
pillangó *n* butterfly
pillant *vi* [vmire] glance at, throw a glance at/towards
pillér *n* pillar
pilóta *n* pilot
pilótafülke *n* cockpit

pimasz *a* insolent, impertinent, disrespectful
pince *n* cellar, basement
pincér *n* waiter
pincérnő *n* waitress
pincsi(kutya) *n* Pekinese (dog), Pomeranian
pingpong *n sp* ping-pong, table tennis
pingpongoz|ik *vi sp* play table tennis
pingvin *n* penguin
pióca *n* leech; *fig* bloodsucker
pipa *n* pipe (smoking); checkmark; **pipára gyújt** light a pipe
pipacs *n* poppy
pipál *vt* [vmit] check, put a checkmark next to
pipáz|ik *vi* smoke a pipe
piperecikk *n* cosmetics, toiletry
pír *n* blush, flush, glow (on face)
piramis *n* pyramid
pirítós *n* toast (bread)
pirkadat *n* dawn, daybreak
piros *a* red; ~ **tojás** Easter egg
pirosító *n* blush (make-up)
pirospozsgás *a* flushed, red (face), a face with a healthy glow
pirul *vi* blush, flush, turn red; brown (meat)
pirula *n* pill, tablet
pisi *n* pee
pisil *vi* pee, piss
pisis *a* wet (with pee)
piskóta *n* sponge cake
pislog *vi* blink
pisszeg *vi* hiss
pisze *a* snub (nose), snub-nosed
piszkál *vt* [vmit] pick, poke, stir; *fig* bother, annoy, tease; **~ja az orrát** pick one's nose
piszkálód|ik *vi* [vkivel] bother, nag [sy]
piszkavas *n* poker (tool)
piszkos *a* dirty, filthy, soiled
piszok *n* dirt, filth, grime
pisztoly *n* handgun, gun, pistol
pisztráng *n* trout
pite *n* pie, cake; **almás** ~ apple pie, apple cake
pityereg *vi* whimper, cry, whine
pitypang *n* dandelion
pizsama *n* pajamas
pizsi *n coll* pajamas, PJ
pl. = például *adv*
plafon *n* ceiling; **a ~on van** hit the ceiling, be very angry
plakát *n* poster
plasztikai *a* plastic, cosmetic; ~ **műtét** plastic/cosmetic surgery
platina *a, n* platinum
plébánia *n rel* parish; parsonage, vicarage, rectory
plébános *n rel* parish priest, parson, vicar, rector
pléd *n* blanket
pléh *a, n* tin
plenáris *a* plenary; ~ **ülés** plenary session
plénum *n* plenary meeting, plenary session
pletyka *n* gossip, rumour
pletykafészek *n* gossip (person)
pletykál *vi* [vmiről] gossip about, spread rumors
plusz *a* plus; *n* excess, surplus
pocak *n* belly, potbelly; **sör~** beer belly
pocakos *a* potbellied, with a big belly
pocsék *a* worthless, bad, awful
pocsékol *vt* [vmit] waste, squander
pocsolya *n* puddle
pódium *n* podium, stage, platform, stand
poén *n* punch-line
pofa *n* cheek, face; guy, fellow; **van pofája** [vmihez] have the nerve to; **Fogd be a pofádat!** *vulg* Shut up!

pofaszakáll *n* whiskers, sideburns
pofátlan *a* impudent, impertinent
pofon *n* slap (in the face); **~ vág** [vkit] slap [sy] in the face
pofoz *vt* [vkit] slap, hit in the face (repeatedly)
pogácsa *n* scone, biscuit
pogány *a, n* pagan, heathen
poggyász *n* luggage, baggage; **kézi ~** hand luggage, carry-on (plane)
poggyászfelvétel *n* baggage check-in
poggyászkiadás *n* baggage claim (airport)
poggyászmegőrző *n* left-luggage, luggage locker
pohár *n* (drinking) glass; **vizes ~** tumbler; **boros ~** wine glass, goblet; **pálinkás ~** shotglass; **pezsgős ~** champagne flute; **emeli poharát** [vkire] toast [sy]
pohárköszöntő *n* toast (drinking); **~t mond** give a toast
pók *n* spider
pókháló *n* spiderweb, cobweb
pokol *n* hell; **Menj a ~ba!** Go to hell!
pokolgép *n* bomb
pokróc *n* blanket
polc *n* shelf, rack
polgár *n* citizen, national
polgárháború *n* civil war
polgári *n* civil, civilian; middle class; **~ per** civil lawsuit
polgárjog *n* civil rights
polgármester *n* mayor
polgárság *n* citizens (of a country)
Polinézia *n* Polynesia
polinéziai *a, n* Polynesian
polip *n* octopus, calamari; *med* polyp
politika *n* politics; policy
politikai *a* political, policy-; **~ pályára megy** go into politics
politikus *a* politic, prudent; *n* politician
pollen *n* pollen
póló *n* T-shirt; *sp* polo
poloska *n* bedbug
pólus *n* pole
pólya *n* bandage, dressing; swathing
pólyás *n* newborn, infant
pompa *n* pomp, splendor, ceremony
pompás *a* splendid, luxurious; excellent, first-rate
pongyola *n* robe, housedress
póni *n* pony
pont *adv coll* exactly, precisely, just; *n* point, dot; *gram* period, dot; point, heading, paragraph; *sp* score, point; **kiindulási ~** starting point; **~ot tesz** [vmire] put an end to [sg]; **ezen a ~** at this point (time); **egy bizonyos ~ig** to a certain extent; **a megállapodás egyik ~ja** one of the clauses of the agreement; **~ról ~ra** point by point; **~ öt órakor** at exactly five o'clock
pontatlan *a* imprecise, inaccurate, incorrect; late
pontos *a* punctual, prompt, on time, timely; precise, accurate, correct, exact; **Mindig ~.** She's always on time.
pontosan *adv* exactly, precisely; on time, in time; **~ ötkor** at exactly five; **~ érkeztek** they arrived on time; **~ ugyanaz** the exact same thing
pontosít *vt* [vmit] exact, make more exact
pontosvessző *n gram* semicolon
pontoz *vt* [vmit] dot, punctuate; grade, score
pontszám *n sp* score
ponty *n* carp
ponyva *n* canvas; **~regény** pulp fiction
popzene *n* pop music

por *n* dust; powder; **~ig ég** burn to the ground; **nagy ~t ver fel** create a sensation
póráz *n* leash, lead; **~on tart** keep on a leash
porcelán *n* china, porcelain
porció *n* portion, share; helping (food), serving
porcukor *n* powdered sugar, confectioner's sugar
póréhagyma *n* leek
pormentes *n* dust-free, dustproof
pornográfia *n* pornography
porol *vt* dust, beat (the dust out of)
poroltó *n* fire extinguisher
porond *n* arena, ring, stage
poros *a* dusty
porszívó *n* vacuum cleaner, vacuum
porta *n* reception (in a building)
portás *n* receptionist, doorman; gatekeeper
portré *n* portrait
portugál *a, n* Portuguese
Portugália *n* Portugal
portugálul *adv* in Portuguese
porzó *n* stamen
poshadt *n* rotten, stale
posta *n* post office, postal service; mail; **postán küld** [vmit] mail [sg]; **mai** ~ today's mail
postabélyeg *n* postage stamp
postacím *n* mailing address
postafiók *n* post office box, P.O. Box
postahivatal *n* post office
postaláda *n* mailbox
postás *n* mailman, postal employee
postáz *vt* [vmit] mail [sg]
poszt *n* post, position; watch, guard post
poszter *n* poster
posztgraduális *a* postgraduate
posztó *n* cloth, material
pótágy *n* spare bed, cot, folding bed
pótalkatrész *n* spare part
pótdíj *n* additional charge, supplementary fee
potenciális *a* potential, possible
pótjegy *n* extra ticket, excess ticket/fare
pótkerék *n* spare tire
pótkocsi *n* trailer
pótlás *n* substitution, replacement; compensation
pótmama *n* baby-sitter, nanny
pótol *vt* [vmit] substitute, replace; complete, add to; make up; refund, compensate; **~ja az elvesztett időt** make up for lost time
pótolhatatlan *n* irreplaceable; irreparable, irrecoverable
potom *a coll* insignificant, minimal; **~ áron** *coll* for peanuts, dirt cheap, at a very low price
pottyan *vi* drop, flop, fall
potya *a coll* free; easy, effortless; **~ jegy** free ticket; **~utas** stowaway, someone getting a free ride
póz *n* pose, posture; attitude; **~ba vágja magát** strike a pose
pozíció *n* position; job
pozitív *a* positive
pózna *n* pole, post
pödör *vt* [vmit] twist, twirl
pöfög *vi* puff, huff
pökhendi *a* arrogant, insolent
pörkölt *a* roasted, roast, burnt; **~ kávé** roast coffee; *n* stew
pösze *a* lisping, having a lisp
pöttöm *a* tiny, teeny, minute
pötty *n* dot, spot; polka dot (clothes)
pöttyös *a* dotted, spotted; polka dot
Prága *n* Prague
praktikus *a* practical

precedens *n* precedent; ~ **nélkül** unprecedented
precíz *a* precise, exact, accurate
prédikál *vt* [vmit] preach, deliver a sermon
prédikátor *n* preacher
prém *n* fur
premier *n* premiere, opening night, first night
prémium *n* bonus, reward
présel *vt* [vmit] press; squeeze
presszó *n* coffee shop, bar
presztízs *n* prestige, reputation
prézli *n* breadcrumbs
príma *a* first-rate, first-class, top quality
primadonna *n* diva, prima donna, leading lady
prímás *n* first violinist
primitív *a* primitive
primőr *n* first fruits/vegetables of spring
priusz *n* criminal record
privát *a* private, personal; confidential
privatizáció *n H* privatization, selling of state property
privatizál *vt* [vmit] privatize
privilégium *n* privilege
próba *n* test, attempt, experiment, trial; sample; fitting (clothes); *theat* rehearsal; **próbára tesz** put to the test; ~ **szerencse** trial and error; nothing ventured, nothing gained
próbafülke *n* fitting room
próbaidő *n* probation, trial period, test period
próbál *vt* [vmit] try, attempt; test; try on (clothes); *theat* rehearse, practice; **szerencsét** ~ try one's luck
próbatétel *n* trial, challenge
probléma *n* problem, question, issue
produkál *vt* [vmit] produce
produkció *n* production; show
professzor *n* professor
próféta *n rel* prophet
profi *a, n* professional
profil *n* profile; outline; side view
profit *n econ* profit, gain, benefit
profitál *vi* [vmiből] profit from, gain, benefit; make a profit
prognózis *n* prognosis, forecast, prediction, projection
program *n* program, schedule
programoz *vt* [vmit] *comp* program, write a program
propaganda *n* propaganda, publicity
prospektus *n* brochure
prostituált *a, n* prostitute
protekció *n* nepotism, favoritism; patronage
protestáns *a, n rel* Protestant
protézis *n* prosthetics; denture
provokál *vt* [vkit, vmit] provoke, challenge
próza *n* prose
prűd *a* prudish, uptight, prim
pszichiáter *n* psychiatrist, *coll* shrink
pszichiátria *n* psychiatry
pszichológia *n* psychology
pszichológus *n* psychologist, counselor
publikál *n* publish, make public
publikum *n* the public; audience (people)
puccs *n* coup (d'état)
pucér *a* naked
pucol *vt* [vmit] clean, polish (shoes), peel (vegetables); *vi coll* run away, escape
púder *n* powder, talc
puding *n* pudding
puffan *vi* thump, plop, fall
pufók *a* plump, chubby
puha *a* soft, tender (meat)
puhít *vt* [vmit] soften, tenderize
pukkad *vi* pop, burst, explode
puli *n H* Hungarian breed of farm dog

pulóver *n* sweater
pult *n* counter, countertop
pulyka *n* turkey
pulzus *n* pulse; **megméri a ~át** feel [sy's] pulse
pumpa *n* pump
pumpál *vt* [vmit] pump
púp *n* hump, hunch
púpos *a* humpbacked, hunchbacked; *n* humpback, hunchback; **~ bálna** humpback whale
puska *n* rifle, gun, shotgun; *school coll* cheat sheet
puskáz|ik *vi school* cheat at an exam
puskapor *n* gunpowder
puszi *n* kiss, peck on the cheek
puszil *vt* [vkit] kiss (on the cheek), give [sy] a kiss
puszta *a* bare, bleak; deserted, uninhabited; mere, bare; *n* plains, prairie, the "puszta"; **~ kézzel** with bare hands
pusztít *vt* [vmit] destroy, demolish, devastate, ruin
pusztul *vi* be destroyed, be ruined, perish; die (animal)
pünkösd *n rel* Pentecost, Whitsun
püré *n* mash
püspök *n* bishop
püspökkenyér *n* fruitcake

R

-ra/-re *suff* on, onto, to; by, for, to (time); at; **a képre néz** look at the picture; **időről időre** from time to time; **pirosra fest** paint red; **a tárgyra tér** get to the point, get to the subject; **első látásra** at first sight; **szóról szóra** word for word; **egy csapásra** at one blow; **ennyire** this much, so much; **nagy örömömre** to my great pleasure; **Az asztalra teszi.** She puts it on the table. **Egyetemre jár.** He attends university. **Hatra ott leszek.** I'll be there by six. **Két hétre mentek.** They went for two weeks. **Esőre áll.** It looks like rain. **Mire célzol?** What are you hinting at? **Hatással van a gazdaságra.** It has an effect on the economy.
rá *pron* onto him/her/it, on him/her/it, of him/her/it; for him/her/it; **Emlékszem ~.** I remember him/her/it. **Nincs időm ~.** I have no time for it. **Csak bízd ~m!** Leave it to me!
ráadás *n* extra, [sg] in addition; encore
ráadásul *adv* in addition, moreover
rab *n* prisoner, captive, convict
rabbi *n* rabbi
rábeszél *vt* [vkit vmire] talk [sy] into, persuade
rábíz *vt* [vmit vkire] entrust [sg] to [sy]
rablás *n* robbery, burglary
rabló *n* robber
rablógyilkosság *n* murder and robbery
rabol *vt* [vmit] rob, pillage, plunder; kidnap (a person)
rabság *n* captivity, imprisonment
rabszolga *n* slave
rábukkan *vi* [vmire] find, come across, stumble upon
racionális *a* rational
rács *n* bars; grill, grid
radar *n* radar, sonar (under water)
radiátor *n* radiator
radikális *a* radical
rádió *n* radio
radioaktív *a* radioactive
rádióállomás *n* radio station
rádióbemondó *n* radio announcer
rádióközvetítés *n* radio broadcast

rádióműsor *n* radio program
rádióz|ik *vi* listen to the radio
radír *n* eraser
radíroz *vt* [vmit] erase (on paper)
rádöbben *vi* [vmire] realize suddenly
ráér *vi* [vmire] have time for, find time for; **Ma nem érek rá.** I don't have time for it today.
ráerőszakol *vt* [vmit vkire] force [sg] on [sy]
ráes|ik *vi* [vmire] fall on(to)
ráfizet *vi* [vmire] lose money on; be a loser
ráfog *vt* [vmit vkire] blame [sy] for [sg]; point at, aim at; **~ja a fegyvert** point the gun at
ráförmed *vi* [vkire] yell at, snap at
rag *n gram* suffix, flexional ending
rág *vt* [vmit] chew, nibble; **~ja a fülét** *coll* nag [sy]
ragad *vi* [vmihez] stick to, adhere to; be sticky; *vt* [vmit] grab, seize; **galléron ~** grab by the collar
ragadozó *a* predatory, predacious; *n* predator
rágalmaz *vt* [vkit] slander, defame
rágalom *n* slander, defamation
ragályos *a* contagious, infectious, catching
ragaszkod|ik *vi* [vmihez] be loyal to; insist on, stick to; **~ik a véleményéhez** stick to one's guns
ragaszt *vt* [vmit] stick, adhere, glue [sg]
ragasztó *n* glue, adhesive
ragasztószalag *n* Scotch™ tape
rágcsáló *n* rodent
rágógumi *n* chewing gum, gum
rágós *a* tough, chewy
ragtapasz *n* Band-Aid™, band aid
ragu *n* ragout
ragyog *vi* shine, gleam, glitter, glisten
ragyogó *a* bright, shiny, gleaming, sparkling, glistening; great; **~ ötlet** great idea
rágyújt *vi* [vmire] light up (a cigarette)
ráhagy *vt* [vmit vkire] leave to; agree to, indulge
ráijeszt *vi* [vkire] scare [sy]
raj *n* swarm, flock; *mil* squadron, troop
rajcsúroz *vi* play around loudly, make a lot of noise (while playing)
Rajna *n* Rhine
rajong *vi* [vkiért, vmiért] adore, be enthusiastic about, admire, have a passion for; be a fan
rájön *vi* [vmire] realize, discover, find out, learn
rajt *n sp* start
rajta *adv* on him/her/it; **~m kívül** besides me; **R~ áll.** It's up to him/her.
rajtakap *vt* [vkit vmin] catch [sy] doing [sg]
rajtol *vi sp* start, set off
rajz *n* drawing; **alap~** floor plan; **terv~** design
rajzfilm *n* animated cartoon, cartoon
rajzol *vi* [vmit] draw, sketch, trace
rajzszög *n* thumbtack, pushpin
rak *vt* [vmit] put, place, set, lay; **fészket ~** build a nest
rák *n* crab, crawfish, lobster, shrimp; *med* cancer
rákap *vi* [vmire] take to, get in the habit of
rakás *n* heap, pile, stack; **egy ~ pénz** a pile of money, a lot of money
rákbeteg *n med* cancer patient
ráken *vt* [vmit] smear, spread; [vkire] *fig* shift the blame to
rakéta *n* rocket; missile
rakétatámaszpont *n* missile base
rákkeltő *a* carcinogenic, cancer causing

rákkutatás *n* cancer research
rakodás *n* loading, unloading
rakodómunkás *n* dock worker
rakomány *n* load; shipment, cargo
rákos *a* cancerous, having cancer; ~ **daganat** cancerous tumor
rakott *a* layered (food); pleated (skirt)
rakpart *n* quay
raktár *n* warehouse, store room, depot, stock; **~on tart** have in stock
raktároz *vt* [vmit] store, stock, warehouse
Ráktérítő *n* Tropic of Cancer
rálát *vi* [vmire] have a view of, look over, see over
rálép *vi* [vmire] step on, tread on
ráma *n* frame
rámenős *a* pushy, aggressive
rámosolyog *vi* [vkire] smile at
rámutat *vi* [vmire] point at; show, refer to
ránc *n* wrinkle, fold
ráncos *a* wrinkled, wrinkly; crumpled, creased
randevú *n* date, rendezvous
randi *n coll* date
randiz|ik *vi* [vkivel] *coll* date [sy], go out with
ránéz *vi* [vkire, vmire] look at, glance at
rang *n* rank; status, (social) standing
rángatóz|ik *vi* jerk, twitch, wriggle
rangidős *a* senior (in rank), ranking
rangjelzés *n mil* stripes (on uniform)
rangsor *n* order of rank, hierarchy
ránt *vt* [vmit] jerk [sg], yank, pull (once)
rántott *a* breaded and fried; ~ **csirke** fried chicken
rántotta *n* scrambled eggs
ráparancsol *vi* [vkire] order, command [sy] to do [sg]
rapszódia *n* rhapsody
rárakód|ik *vi* [vmire] settle on
ráruház *vt* [vmit vkire] transfer, assign (rights, property)
rászán *vt* [vmit vmire] allot to, devote to; **Nem sok időt szánt rá.** She didn't put much time into it.
rászed *vt* [vkit] fool [sy], trick, deceive, mislead, con
rászok|ik *vi* [vmire] get into the habit of, get used to; become an addict
rászól *vi* [vkire] call to, speak to; scold, rebuke, reprove
rászorul *vi* [vkire, vmire] be in need of, need, be dependent on
rászorult *a* needy, in need
rátalál *vi* [vmire, vkire] find, come across, discover; track down, trace
rátermett *a* suited for, good for, suitable, qualified for
rátesz *vt* [vmit vmire] put on, place on, lay on; **~i a kezét** [vmire] lay one's hands on [sg]
ráül *vi* [vmire] sit down on(to)
ráüt *vi* [vmire] hit, slap, strike; stamp, put a stamp on
ravasz[1] *a* shrewd, cunning, sly
ravasz[2] *n* trigger; **meghúzza a ~t** pull the trigger
ravatal *n* wake
ravatalozó *n* funeral home
rávesz *vt* [vkit vmire] convince, talk [sy] into, persuade
rávezet *vt* [vkit vmire] guide, lead to; give [sy] a hint
ráz *vt* [vkit, vmit] shake; jolt, toss about; ~ **a hideg** [vkit] have the chills, be shivering; **kezet ~** [vkivel] shake hands with; **~za a fejét** shake one's head
rázendít *vi* [vmire] break into, strike up (a tune), start singing
rázós *a* bumpy, rough (road)

razzia *n* police raid
-re *suff* → **-ra**
reagál *vi* [vmire] react to, respond to
reakció *n* reaction, response; countereffect
reális *a* realistic, real
realitás *n* reality, actuality
realizmus *n* realism
reáljövedelem *n* real income
rebarbara *n* rhubarb
recepció *n* reception (in a hotel)
recept *n* recipe; *med* prescription
recseg *vi* crackle, rattle; squeak, creak, rasp
redőny *n* blinds, shades
reflex *n* reflex
reform *n* reform
reformáció *n rel* reformation
reformál *vt* [vmit] reform, improve
református *a rel* Reformed, Presbyterian, Calvinist
refrén *n* chorus (in a song)
rég *adv* long ago, a long time ago; **Már ~ nem láttam.** I haven't seen him in a long time.
rege *n* legend, tale
régebbi *a* older, earlier, former
régen *adv* a long time ago, in the old days
regény *n* novel
regényhős *n* hero/heroine
regényíró *n* novelist, writer
regényirodalom *n* fiction
régész *n* archeologist
régészet *n* archeology
reggel *adv* in the morning; *n* morning; **korán ~** early in the morning; **Jó ~t!** Good morning!
reggelenként *adv* every morning, in the mornings
reggeli *a* morning-, of the morning; *n* breakfast; **~ kávé** morning coffee
reggeliz|ik *vt* [vmit] have [sg] for breakfast
régi *a* old, ancient; long-standing; former, ex-; **~ szomszédunk** our old (former) neighbor; **egy ~ barátom** an old friend of mine; **~ szép idők** good old days
régies *a* antiquated, archaic
régimódi *a* old-fashioned
régiség *n* antique, antiquity
régiségkereskedés *n* antique store
régiségkereskedő *n* antique dealer
régóta *adv* for a long time; **R~ ismerem.** I've known him for a long time.
rehabilitáció *n* rehabilitation, *coll* rehab (from addiction)
rehabilitál *vt* [vkit] rehabilitate
reinkarnáció *n* reincarnation
rejl|ik *vi* be hidden, be concealed
rejt *vt* [vmit] hide, conceal
rejtekhely *n* hiding place
rejtély *n* puzzle, riddle; mystery
rejtett *a* hidden, concealed, secret
rejtjel *n* code
rejtőz|ik *vi* hide, be hiding, take cover
rejtvény *n* puzzle; **kereszt~** crossword puzzle
rekamié *n* couch, chaise lounge
rekedt *a* hoarse, husky (voice)
reklám *n* advertisement, advertising, ad, commercial (TV), infomercial (TV)
reklamáció *n* complaint, claim
reklamál *vi* [vmiért] complain about, make a complaint
reklámoz *vt* [vmit] advertise, promote, plug
rekord *n* record; **világ ~** world record
rektor *n* president of a university
rekviem *n* requiem, funeral song

relatív *a* relative
relikvia *n* relic
rém *n* phantom, monster
remeg *vi* tremble, shake, shiver, quiver, shudder
remek *a* splendid, excellent, great, superb; *n* masterpiece
remekmű *n* masterpiece, work of art
remél *vt* [vmit] hope for, have hope; anticipate, expect
remény *n* hope; expectation, anticipation; **annak a ~ében** in the hopes of …; **nagy ~eket táplál** have great expectations
reménytelen *a* hopeless
rémes *a* awful, horrible
remete *n* hermit, recluse
rémhír *n* rumor
rémít *vt* [vkit] scare, frighten, terrify
rémlik *vi* seem, appear; **Úgy ~, hogy …** I seem to remember that …
rémuralom *n* reign of terror
rémület *n* fear, terror, horror
rémült *a* scared, terrified, horrified; **halálra ~** scared to death
rend *n* order; neatness; rank, order; order, class; **~be hoz** straighten up/out; repair; **~be jön** return to normal; recover (from illness); **~et tesz** straighten up (a room); **R~ben (van)** (It's) fine!/(It's) all right. (agreement)
rendel *vt* [vmit] order [sg] (in a restaurant, from catalogue)
rendelet *n* order, decree, statute
rendelkezés *n* disposal, order, command; **~ére áll** be at one's disposal; **Állok ~ére.** I'm at your service.
rendelkez|ik *vi* give orders; be in command of, dispose of; [vmivel] possess, have
rendellenes *a* abnormal, irregular
rendeltetés *n* purpose, object, intention
rendeltetési *a* **~ hely** destination
rendelő *n* doctor's office
rendes *a* normal, standard; regular, regulated; usual, customary; neat (person); nice, decent (person)
rendetlen *a* messy, untidy, cluttered
rendetlenked|ik *vi* act naughty, be mischievous
rendetlenség *n* mess, disorder, disarray
rendez *vt* [vmit] organize, arrange; *theat* direct
rendezetlen *a* disordered, irregular
rendezett *a* organized, well-ordered
rendező *n* director
rendezvény *n* (organized) event
rendfenntartás *n* law enforcement
rendfenntartó *a* law-enforcement-; **~ erők** law-enforcement (forces)
rendfokozat *n mil* rank; grade
rendhagyó *n* irregular
rendkívül *adv* extremely, exceptionally
rendkívüli *a* special, extraordinary, extreme
rendőr *n* policeman, policewoman
rendőrautó *n* police car, squad car
rendőrfelügyelő *n* police inspector
rendőrkapitányság *n* police headquarters
rendőrnő *n* policewoman
rendőrség *n* police; police station; **Beviszik a ~re.** They're taking him to the police.
rendreutasít *vt* [vkit] call to order
rendszabály *n* regulation
rendszám *n* license plate number
rendszámtábla *n* license plate
rendszer *n* system, order, scheme
rendszeres *a* systematic, methodical; regular, habitual

rendszergazda *n comp* system administrator
rendszerint *adv* usually, generally
rendszertelen *a* irregular
rendszerváltás *n H* change of political systems
rendületlen *a* unwavering, steady, steadfast, firm, resolute
rendzavarás *n* disturbance, riot
reneszánsz *a, n* renaissance
reng *vi* shake, tremble, quiver; quake (earth)
rengeteg *num* lots of, a great number of, a great many; *n* vast forest; **~ ember** lots of people
rénszarvas *n* reindeer
renyhe *a* inactive, inert; sluggish
répa *n* carrot; **fehér ~** parsnip; **cukor~** sugar beet
reped *vi* crack, split; chap
repesz *n* splinter
repkény *n* ivy
reprezentál *vi* represent
reprodukció *n* reproduction
republikánus *n* Republican; **~ párt** Republican Party
repül *vi* fly; **a levegőbe ~** blow up, explode
repülő *a* flying; *n* plane, airplane
repülőgép *n* airplane, plane, aircraft; **~ eltérítés** hijacking; **vitorlázó ~** glider
repülőgép-anyahajó *n mil* aircraft carrier
repülőjárat *n* flight
repülőjegy *n* plane ticket
repülőszerencsétlenség *n* plane crash
repülőtér *n* airport
rés *n* crack, fissure, split, gap
rest *a* lazy, sluggish
restaurál *vt* [vmit] restore (buildings, art)
restell *vt* [vmit] be ashamed of, be sorry about
rész *n* part, piece, section; share, part; **három ~re bont** split into three parts; **megkapja a ~ét** she gets her share; **~emről** as for me, on my part; **~t vesz** participate, take part
részben *adv* partially, in part, partly, to a certain extent
részecske *n* particle
részeg *a* drunk, intoxicated, under the influence, tipsy
reszel *vt* [vmit] grate; file (nails)
részes *a* participant of, sharing in
részesedés *n* share, dividend
reszket *n* shake, tremble, shiver
reszkíroz *vt* [vmit] risk; *vi* take a chance
részleg *n* section, department, division
részleges *a* partial
részlet *n* detail, particulars; fragment, portion; excerpt, selection (of a text); installment, partial payment; **~re vesz** [vmit] buy [sg] in installments
részletes *a* detailed
részletez *vt* [vmit] go into details, explain in details
részletfizetés *n* installment, partial payment, paying in installments
részrehajlás *n* bias, partiality, prejudice, favoritism
résztvevő *n* participant
részvény *n econ* share, stock
részvénytársaság = Rt. *n bus* corporation
részvét *n* sympathy, compassion; condolences; **Őszinte ~em!** My sincere condolences!
részvétel *n* participation, joining in
rét *n* meadow, field

réteg *n* layer
retek *n* radish
rétes *n* strudel
retesz *n* bolt, fastener
retikül *n* purse, handbag
retina *n* retina
retteg *vi* [vmitől] be terrified of, dread, fear
rettenetes *a* awful, dreadful, terrible, terrifying, horrible
rettenthetetlen *a* fearless
rettentő *a* terrible, horrible
retúr *a* round-trip; **~ jegy** round-trip ticket
reuma *n* rheumatism
rév *n* harbor, port; *fig* shelter, haven
révész *n* ferryman
revolver *n* revolver, gun, handgun
réz *a, n* copper, brass; **vörös~** copper; **sárga~** brass
rezervátum *n* reservation, refuge
rezesbanda *n* brass band
rezgés *n* vibration, oscillation
rézmetszet *n* copperplate, copper engraving
rezsi *n* (cost of) utilities
rezsim *n* regime, political system, government
rezsó *n* hot plate
rézsútos *a* diagonal, oblique
riadó *n* alarm; *mil* alert
riadt *a* frightened, alarmed
riaszt *vt* [vkit] frighten, startle, alarm
riasztó *a* frightening, scary; *n* alarm (system); **szúnyog ~** mosquito repellant, insect repellant
ribizli *n* red currant
ricsaj *n* noise, racket
rideg *a* frigid, cold, unfriendly
rigó *n* thrush; **fekete ~** blackbird; **sárga ~** golden oriole
rikácsol *vi* scream, shriek, screech
rikító *a* glaring, loud (color)
rím *n* rhyme
rímel *vi* rhyme
ringat *vt* [vkit, vmit] rock, swing, sway
ringli *n* anchovy rings
ringlispíl *n* merry-go-round
riport *n* report, interview, story
riporter *n* reporter, journalist
ripsz-ropsz *adv* in a hurry, very quickly, in a haste
ritka *a* rare, infrequent; unusual; thin (hair)
ritkán *adv* rarely, seldom, not often
ritmikus *a* rhythmic
ritmus *n* rhythm, beat
riválís *n* rival
rizi-bizi *n* rice and peas
rizikó *n* risk
rizs *n* rice; **barna ~** brown rice
rizses *a* (made with) rice
rizsfelfújt *n* baked rice pudding, rice soufflé
rizsliszt *n* rice flour
robaj *n* roar, loud noise
robban *vi* explode, be blown up, blow up
robbanás *n* explosion
robbanószer *n* explosive
robbant *vt* [vmit] blow [sg] up; **bankot ~t** break the bank (playing)
robog *vi* rush, dash
robot *n* robot, cyborg
robotgép *n* food processor
robotpilóta *n* automatic pilot
rock *n* rock (music)
roham *n* attack, rush, charge; attack, fit, bout (illness)
rohamkocsi *n* ambulance (car)
rohammunka *n* rush job
rohamos *a* rapid, fast, speedy
rohamoz *vt* [vmit] attack, charge
rohan *n* run, dash, race, hurry; **R~ az idő.** Time flies.
rojt *n* fringe
róka *n* fox

rokka *n* spinning wheel
rokkant *a, n* disabled, invalid, handicapped
rokkantsági nyugdíj *n* disability pension
rokon *a* related to, kindred; *n* relative, relation, kin; ~ **lelkű** kindred spirit; **távoli** ~ distant relative; **Nem a ~om.** He's no relation to me.
rokonság *n* relatives, relations, kinsfolk; relationship, kinship
rokonszenv *n* sympathy, congeniality
-ról, -ről *suff* from, off (of); *fig* about, of; **házról házra** door to door; **napról napra** from day to day; **Leesett az asztalról.** It fell off the table. **Budapestről jött.** She came from Budapest. **Miről beszél?** What is he talking about? **A film egy nőről szól.** The movie is about a woman. **Az apámról álmodtam.** I dreamed of my father.
róla *pron* about him/her/it; **Nem tehetek ~.** I can't help it./It's not my fault. **Szó sem lehet ~.** Don't even think about it./It's out of the question.
roller *n* scooter
roló *n* shade, blind
rom *n* ruin (building), remains
Róma *n* Rome
roma *a, n* Roma, gypsy
római *a* Roman
román *a, n* Romanian
Románia *n* Romania
romantika *n art* romanticism; romance
romantikus *a* romantic
románul *adv* in Romanian
rombol *vt* [vmit] destroy, demolish, devastate
romlandó *a* perishable
romlás *n* deterioration, decomposition; depreciation, devaluation (money); corruption (ethical)
roml|ik *vi* worsen; go bad, spoil; deteriorate; depreciate (money); fail (health)
romlott *a* spoiled, bad, damaged, rotten; *fig* corrupt; **velejéig** ~ rotten to the core
romos *a* (partly) ruined (building)
roncs *n* wreck, wreckage
ronda *a* ugly, hideous, disgusting, repugnant
rongál *vt* [vmit] damage, harm
rongy *n* cloth, rag, mop
rongyos *a* ragged, tattered, raggedy
ront *vt* [vmit] spoil [sg], break, damage; *vi* [vmin] make [sg] worse, set back; **Csak ~ a helyzeten.** It's only making the situation worse.
rontás *n* curse, spell
ropi *n* pretzel stick
ropog *vi* crunch, crack
ropogós *n* crispy, crunchy
rósejbni *n* French fries, potato chips
roskatag *a* shaky, tumbledown (building)
rost *n* fiber
rostál *vt* [vmit] sift; select, screen
rossz *a* bad; evil, wicked, vicious; wrong, incorrect; poor, inadequate; out of order, broken (down); *n* evil; wrong, wrongdoing; ~ **bőrben van** look ill, be in bad shape; ~ **minőség** poor quality; ~ **válasz** wrong answer; ~ **néven vesz** [vmit] take offense, resent; ~ **útra tér** go astray; **~at tesz** do wrong, do harm; **szükséges** ~ necessary evil; **jóban ~ban** for better, for worse; **~at sejt** have a bad feeling about; **R~ híre van.** He has a bad reputation. **Nem ~!** Not (too) bad! **R~ a kocsim.** My car has broken down.
rosszabbod|ik *vi* worsen, get worse, change for the worse

rosszall *vt* [vmit] disapprove, find fault with
rosszallás *n* disapproval, dissatisfaction
rosszindulatú *a* mean, malicious, malevolent; *med* malignant
rosszízű *a* bad-tasting
rosszkedvű *a* in a bad mood, moody
rosszmájú *a* sarcastic, ironic
rosszul *adv* badly, poorly; wrongly; out of order; **~ sikerül** fail, turn out badly; **~ lát** have poor eyesight; **R~ áll a szénája.** *fig coll* He's in a bad shape./Things aren't going well for him. **R~ érzi magát** She feels ill. **R~ vagyok** I feel sick. **R~ esett nekem.** It hurt my feelings.
rosszullét *n* feeling ill, sickness
rothad *vi* rot, decay
rovar *n* insect
rovarirtó *n* insecticide
rovat *n* column (in a paper)
rozmár *n* walrus, manatee
rozmaring *n* rosemary
rozoga *a* shaky, tottering, rickety, wobbly; broken down, ramshackle
rozs *n* rye
rózsa *n* rose
rózsakert *n* rose garden
rózsás *a* full of roses, decorated with roses; rosy; **Nem valami ~ a helyzet.** *coll* The situation is not very bright/rosy.
rózsaszín *a* pink, rose
rózsaszínű = **rózsaszín** *a*
rozsda *n* rust, corrosion
rozsdabarna *a* rusty (color), rusty brown
rozsdamentes *a* rustproof, stainless; **~ acél** stainless steel
rozsdás *a* rusty, corroded, oxidized, tarnished
rozsdavörös *a* rusty red, russet
rozskenyér *n* rye bread
röfög *vi* grunt
rög *n* lump, clod; nugget; **vér ~** blood clot
rögbi *n sp* rugby
rögeszme *n* obsession, fixation, fixed idea
rögös *a* bumpy, lumpy
rögtön *adv* immediately, at once, right away, instantly
rögtönöz *vt* [vmit] improvise
rögzít *vt* [vmit] fix, fasten, secure
röhej *n* sneer, laugh, snort; **Kész ~.** It's ridiculous.
röhög *vi* [vmin] laugh at (rudely), snort at
-ről *suff* → **-ról**
rönk *n* log, stump (of a tree)
röntgen *n* X-ray
röntgenez *vt* [vmit] X-ray
röpcédula *n* leaflet
röpke *a* brief, fleeting; **egy ~ pillanat** a fleeting moment
röplabda *n sp* volleyball
röplabdáz|ik *vi sp* play volleyball
röpül = **repül** *vi*
rövid *a* short, brief; concise; **~ haj** short hair; **~ ujjú ruha** short-sleeved dress; **~ táv** short distance; **~ és velős** *coll* short and to the point
rövidesen *adv* soon, shortly
rövidhullám *n* short wave
rövidít *n* shorten, cut short, reduce; abbreviate, abridge, condense
röviditál *n* hard liquor
rövidítés *n* abbreviation
rövidlátó *a* nearsighted, shortsighted
rövidnadrág *n* shorts, briefs
rövidzárlat *n* short circuit
rubin *n* ruby
rúd *n* rod, bar, pole, shaft

rúdugrás *n sp* pole jumping, pole vaulting
rúg *vt* [vmit] kick; *sp* score a goal; come to, amount to (a sum)
rugalmas *a* flexible, elastic, pliable, supple
ruganyos *a* springy, elastic
rugó *n* spring (in a machine)
ruha *n* clothes; garment, costume, attire; dress, gown, frock; **estélyi ~** evening gown, ball gown
ruhaakasztó *n* hanger
ruhakefe *n* clothes brush
ruhanemű *n* clothes, clothing, wear
ruhásszekrény *n* wardrobe, closet
ruhatár *n* wardrobe (all of one's clothes); coat-check
ruhatisztító *n* cleaner, dry cleaner
ruhaujj *n* sleeve
ruházat *n* clothing, clothes
rum *n* rum
rumli *n coll* mess; stir, commotion
rumos *a* (made with) rum, rum-
rút *a* ugly, hideous
rutin *n* routine; knowledge, experience; **Nagy ~ja van ebben** He's very experienced in this.
rutinmunka *n* routine job
rúzs *n* lipstick
rügy *n* bud
rügyez|ik *vi* bud, shoot

S

s = **és** *conj*
sablon *n* model, mould/mold, pattern; stencil; *fig* commonplace
saccol *vt* [vmit] estimate, guess
sáfrány *n* saffron
saját *a* own, private; **~ költségen** at one's own expense; **S~ szememmel láttam.** I saw it with my own eyes.
sajátkezű *a* in one's own hand; **~ aláírás** original signature
sajátos *a* specific, special, particular
sajátság *n* feature, characteristic, special quality, peculiarity
sajnál *vt* [vkit, vmit] feel sorry for/about, pity, regret; [vkitől vmit] begrudge [sy] [sg]; **S~om őt.** I'm sorry for him.
sajnálat *n* pity, regret; **~ra méltó** pitiful, unfortunate, regrettable
sajnálatos *a* regrettable, sad, unfortunate
sajnos *adv* unfortunately, alas
sajog *vi* ache, hurt, be painful
sajt *n* cheese; **krém~** cream cheese; **disznó~** headcheese
sajtó *n* press (media)
sajtóértekezlet *n* press conference
sajtóhiba *n* misprint
sajtóiroda *n* press office
sajtóközlemény *n* press release
sajtol *vt* [vmit] press, squeeze
sajtószabadság *n* freedom of the press
sajtószemle *n* press review
sajtótájékoztató *n* press conference
sakál *n* jackal
sakk *n* chess
sakkfigura *n* chess piece
sakkoz|ik *vi* play chess
sakktábla *n* chessboard
sál *n* scarf, shawl
salak *n* slag; refuse, trash
saláta *n* lettuce; salad
salátaöntet *n* salad dressing
sámli *n* stool, footstool
sampon *n* shampoo
sánc *n* mound, earthwork, rampart
sánta *a* limping, lame
sántít *vi* limp, walk with a limp
sanzon *n* song
sápadt *a* pale

sapka *n* cap, hat
sár *n* mud, dirt
sárga *n* yellow; **leissza magát a ~ földig** *coll* get dead drunk; **~ az irígységtől** green with envy; **tojás sárgája** egg yolk
sárgabarack *n* apricot
sárgaborsó *n* split peas
sárgadinnye *n* cantaloupe, honeydew melon
Sárga-folyó *n* the Yellow river
sárgarépa *n* carrot
sárgaréz *n* brass
sárgarigó *n* golden oriole
sárgul *vi* turn yellow; **S~nak a levelek.** The leaves are turning color.
sárhányó *n* fender, mudguard
sarj *n* shoot, sprout; offspring
sarkalatos *a* cardinal, fundamental
sarkall *vt* [vkit vmire] encourage, impel, urge, [sy] to do [sg]
sárkány *n* dragon; **papír~** kite
sárkányrepülés *n* hang-gliding
sarkcsillag *n* the North Star
sarki *a* polar, arctic (north), Antarctic (south); (being on the) corner; **a ~ üzlet** the corner store
sarkvidéki *a* polar, arctic (north), Antarctic (south)
sarló *n* sickle
sarok *n* corner; heel (body); nook; hinge (door); **a sarkára áll** put one's foot down; **sarkon fordul** turn around sharply; **a ~ban** in the corner; **a sarkon** at/on the corner
sáros *a* muddy, dirty, soiled
saru *n* sandal
sas *n* eagle
sás *n* reed grass
sáska *n* locust, mantis
sasorr *n* hooked nose, hawk nose
sátor *n* tent; stall, booth (market); **sátrat ver** put up a tent
satöbbi *int* = **és a többi** and so on, and so forth, et cetera
satu *n* clamp, vise, mandrel, chuck
sav *n* acid
sáv *n* stripe; strip (land), zone; band; lane (road)
savanyú *a* sour, tart, acidic; pickled; *fig* sour, bitter, wry; **~ uborka** pickles (cucumber); **~ káposzta** sauerkraut
savanyúság *n* sourness, tartness, acidity; pickles
savas *a* acidic; **~ eső** acid rain
savasság *n* acidity
savó *n* whey; blood serum
sávos *a* striped, streaky; … lane; **két~ út** two-lane road
sci-fi *n* sci-fi, science fiction
se *n* either, neither; **Szóba ~ áll velem.** She won't even talk to me.
seb *n* wound; **~et ejt** [vkin] inflict a wound on, injure
sebes[1] *a* quick, fast, speedy, rapid
sebes[2] *a* wounded, sore
sebesen *adv* swiftly, fast, quickly
sebesség *n* speed, velocity; rate, pace; *auto* gear; **teljes ~gel** at full speed; **~et vált** shift gears
sebességkorlátozás *n* speed limit
sebességmérő *n* speedometer
sebességváltó *n auto* gear stick; transmission
sebesül *vi* get wounded, get injured
sebesült *a, n* wounded, injured
sebész *n med* surgeon
sebészet *n med* surgery
sebezhetetlen *a* invulnerable
sebezhető *a* vulnerable; touchy
sebhely *n* scar

sebtapasz *n* bandage, tape (for bandage), band aid
sebtében *adv* hastily, in a hurry
sebváltó *n coll auto* gear stick; transmission
segéd *n* assistant, aid, helper
segédeszköz *n* aid, resource, help, tool
segédkez|ik *vi* [vmiben] assist, help, be of help
segédmunkás *n* hand, unskilled worker
segély *n* aid, support, help, assistance (financial)
segélyhívó telefon *n* emergency telephone
segélyszolgálat *n* emergency roadside assistance
segít *vi* [vkinek vmiben] help with, assist, aid, support, give [sy] a hand; **S~hetek?** May I help you? **S~ene?** Would you help me?
segítőkész *a* helpful, ready to help
segítség *n* help, aid, assistance, support; **S~!** Help!; **~re szorul** be in need of help; **~et nyújt** [vkinek] help, give assistance to
sehogy(an) *adv* by no means, in no way
sehol *adv* nowhere, not anywhere
sehonnan *adv* from nowhere, not from anywhere
sehova *adv* (to) nowhere, not anywhere
sejt[1] *n biol* cell
sejt[2] *vt* [vmit] have a hunch, have a feeling, suspect, guess; **Rosszat ~ek.** I have a bad feeling (about this). **Nem ~ semmit.** He has no idea.
sejtelmes *a* mysterious
sekély *a* shallow, flat
sekrestye *n* sacristry
selejt *n* rejects, refuse, trash
selejtes *a* inferior, substandard, poor quality
sellő *n* mermaid
selyem *a, n* silk
selyempapír *n* tissue paper
selymes *a* silky, soft
sem *int* either, neither, not … either, nor; not (emphasis); **én ~** me neither, nor I; **egy ~** not one, not a single one; **~ ez, ~ az** neither this, nor that; **senki ~** nobody (at all); **úgy ~** not anyhow, anyway; **Úgy ~ érti.** She doesn't understand it, anyway.
séma *n* stencil, mould/mold, pattern
semelyik *a* none, none of them; neither one
semennyi *pron* none, nothing at all, not a bit
semleges *a* neutral, impartial
semlegesség *n* neutrality, objectivity
semmi *a* no; *pron* nothing, anything, none; **~ különös** nothing special; **~ más** nothing else; **szinte ~** next to nothing; **~be vesz** ignore, disregard; **~re sem jó** good for nothing; **S~ baj!** Never mind!/That's OK! **S~ haszna.** It's useless./It's of no use. **Az ~.** That's nothing.
semmiképpen *adv* by no means, under no circumstances
semmikor *adv* never, at no time
semmilyen *a* not …, any …, of any kind
semmiség *n* trifle, a mere nothing
semmitmondó *a* meaningless
semmittevés *n* idleness, inactivity; leisure
senki *pron* nobody, anybody, no one, anyone; **S~ sincs ott.** There is nobody there./There isn't anybody there. **S~m sincs.** I have nobody./ I'm on my own.
serdülő *a* adolescent, pubescent

sereg *n* army; crowd, a lot of people; flock (of birds)
sérelem *n* grievance, wrong, injury
serkentőszer *n* stimulant
serleg *n* cup, goblet
serpenyő *n* pan, saucepan, skillet
sért *vt* [vmit] injure, damage, harm, hurt; *fig* offend, affront, insult; trespass, violate, infringe
sertés *n* swine, pig, hog
sértés *n* offense, insult; assault; **testi ~** *law* (bodily) assault, bodily harm
sertéshús *n* pork
sertésszelet *n* pork chop
sertészsír *n* lard
sértetlen *a* unharmed, unhurt; intact, whole
sértett *a* offended, insulted; harmed, hurt, injured; *n* offended, insulted person; *law* plaintiff
sérthetetlen *a* invulnerable
sértő *a* offensive, insulting
sértődött *a* offended, insulted
sérülés *n* injury, wound; damage, defect; **belső ~** internal injury
sérült *a* injured, hurt, harmed; damaged
sérv *n med* hernia
séta *n* walk, stroll
sétál *vi* walk, take a walk, stroll
sétálómagnó *n* Walkman™
sétálóutca *n* walk, esplanade, pedestrian zone
sétány *n* boulevard
sí *n* ski
síbot *n* ski pole
sícipő *n* ski boots
síel *vi* ski, go skiing
siet *vi* hurry, rush, hasten, be in a hurry; be fast (clock); **Siess!** Hurry up! **S~ az órám.** My watch is fast.
sífelszerelés *n* ski equipment
sífelvonó *n* ski lift
sífutás *n* cross-country skiing
sík *a* flat, even, level
sikamlós *a* slippery; *fig* indecent, improper
sikátor *n* alley, lane
siker *n* success, result, achievement; hit (movie); **óriási ~** a great success, a great hit; **nagy ~e van** have great success; be a hit; **~t arat** be successful, achieve success
sikeres *a* successful
sikertelen *a* unsuccessful
sikerül *vi* [vkinek] succeed, turn out right; succeed in, manage to do [sg]; **nem ~** fail; **Nagyon jól ~t.** It turned out very well./It was a great success. **Nem ~t eljönni.** I couldn't come.
siket *a* deaf, hearing-impaired
sikít *vt* [vmit] scream, shriek
sikkaszt *vt* [vmit] embezzle
sikkes *n* chic, fashionable, stylish
sikl|ik *vi* glide, slide
sikló *a* gliding, sliding; *n* funicular, cable car; grass snake
siklórepülés *n* gliding
sikolt *vt* [vmit] scream, yelp, shriek
síkos *a* slippery
síkság *n* plain, flat(land)
silány *a* inferior, of poor quality
siló *n* silo
sima *a* smooth, even; simple, straight, easy
simít *vt* [vmit] smooth out, even, level
simogat *vt* [vmit] stroke, pet, caress
sín *n* rail; *med* splint
sincs *vi* is not … either; **Sehol ~ a kulcsom.** I can't find my keys anywhere. **Senki ~ otthon.** No one is at home.
sintér *n* dogcatcher
sínylőd|ik *vi* suffer, vegetate, pine away, waste away

síp *n* whistle
sípcsont *n* shinbone
sípol *vt, vi* whistle
sír[1] *n* tomb, grave; **hallgat, mint a ~** be as silent as the grave; **fél lábbal a ~ban van** *coll* have one foot in the grave; **S~ba viszel.** *coll* You're putting me in my grave.
sír[2] *vi* cry, weep, sob, be in tears; **~va fakad** burst into tears
siralmas *a* pitiful, sad, miserable; sorry, poor
sirály *n* seagull
siránkoz|ik *vi* complain, whine, moan
síremlék *n* tombstone
sírkő *n* tombstone, headstone
sisak *n* helmet
sistereg *vi* sizzle, hiss
sivár *a* bleak, dingy, dismal; barren, desolate
sivatag *n* desert, wasteland
skála *n* scale
skarlát *n* scarlet fever
skandalum *n* scandal
skandináv *a, n* Scandinavian
Skandinávia *n* Scandinavia
Skócia *n* Scotland
skorpió *n* scorpion
skót *a* Scottish, Scots, Scotch; *n* Scot, Scotsman/Scotswoman; **~ duda** bagpipe; **~ szoknya** kilt
skótkockás *a* tartan
sláger *n* hit song
slampos *a* careless, poorly dressed, disheveled, untidy, messy (dress)
slejm *n* phlegm
slicc *n* fly (on pants), zipper
slusszkulcs *n* ignition key, car key
smaragd *n* emerald
smirgli *n* sandpaper
smink *n* make-up
snidling *n* chives
só *n* salt
sóder *n* gravel
sodor *vt* [vmit] twist, twirl, twine; drift, carry along (water), whirl along (wind); roll out (dough)
sodrófa *n* rolling pin
sofőr *n* driver, chauffeur
sógor *n* brother-in-law
sógornő *n* sister-in-law
soha *adv* never, not … ever; **~ az életben** never in my life; **szinte ~** hardly ever, almost never
sóhajt *vi* sigh, give out a sigh, breathe a sigh
sok *a* much, many, a lot, a lot of, lots of, plenty of, loads of; *n* much; **~ ember** many people, a lot of people, lots of people; **~ pénz** much money, a lot of money, lots of money; **~ban különbözik** a lot different, it's different in many respects; **~kal nagyobb** much bigger; **Ez egy kicsit ~.** That's a bit too much. **Jóból is megárt a ~.** It's too much of a good thing. **S~ba kerül.** It costs a lot./It's expensive. **S~at tanul.** He studies a lot.
soká *adv* for a long time, for long; **nem ~** soon, before long
sokall *vt* [vmit] find [sg] too much, find [sg] too expensive; get tired of [sg]
sokan *adv* many people, a lot of people, many of us/you/them, a lot of us/you/them; **S~ voltak.** There were many people there. **S~ leszünk.** There will be a lot of us.
sokatmondó *a* meaningful, significant
sokféle *a* many kinds, diverse, all kinds
sokk *n* shock
sokoldalú *a* versatile, resourceful, multitalented
sokrétű *a* varied, diverse, various

sokszor *adv* many times, a lot of times, lots of times; often, frequently
sokszorosít *vt* [vmit] duplicate, multiply; copy, photocopy
sokszoroz *vt* [vmit] multiply
sólyom *n* hawk, falcon
sompolyog *vi* creep, sneak, steal
sonka *n* ham; ~ **tojással** ham and eggs; **húsvéti** ~ Easter ham
sor *n* line, row; series (of events); fate; **olvas a ~ok között** read between the lines; **~ban áll** stand in line; line up; **a második ~ban** in the second row; ~ **kerül** [vmire] it comes to [sg], [sg] happens; **~ban** in turn, one after another; **~on kívül** out of turn, ahead of the line; **Rád kerül a ~.** It's your turn. **Jó ~a van.** She's got a good life.
sorakoz|ik *vi* line up, form a line, align
sorház *n* townhouse; row of townhouses
sorkatona *n* enlisted soldier
sorjában *adv* in turn, one after another
sorol *vt* [vmit] list, enumerate; rank, class, place (among)
sorompó *n* barrier, gate, bar
soros *a* next; **Te vagy a ~.** It's your turn.
soroz *vt* [vkit] enlist, recruit; rank
sorozat *n* series, sequence; set; **TV** ~ TV series
sorrend *n* order (of succession), sequence
sors *n* fate, destiny; **jó** ~ good fortune; **bal~** misfortune; **~ára hagy** [vkit] leave [sy] to his/her fate; **~ot húz** draw straws/lots
sorscsapás *n* stroke of fate
sorsdöntő *a* pivotal, decisive, crucial, life-changing, critical
sorsjáték *n* gambling, lottery, raffle
sorsol *vt* [vmit] draw (lots), raffle
sorszám *n* serial number
sorvad *vi* atrophy, shrivel, wither; waste away, decay, decline
sós *a* salty, salted; savory; ~ **keksz** cracker; ~ **mogyoró** salted peanuts
sósav *n chem* hydrochloric acid
sóska *n* (garden) sorrel
sótlan *n* unsalted; not salty enough, tasteless
sótartó *n* saltshaker
sovány *a* thin, skinny, slim, slender; lean; low-fat, fat free; ~ **tej** low fat/fat free milk; ~ **hús** lean meat
sóvárog *vi* [vmit után] yearn for, crave for, long for
sóz *vt* [vmit] salt, put salt in
söpör *vt* [vmit] sweep
söprű *n* broom
sör *n* beer, ale, lager; **barna** ~ dark beer; **világos** ~ light beer; **alkoholmentes** ~ non-alcoholic beer
sörény *n* mane
sörét *n* shot
söröző *n* brewery, bar, pub
sőt *adv* moreover, even more, and even, indeed, in fact; ~ **mi több** and what's more
sötét *a* dark, gloomy, murky, obscure; *n* darkness, dark; ~ **barna** dark brown; ~ **szándék** bad/evil intentions; ~ **ügy** shady business; **Fél a ~től.** He's afraid of the dark. **S~ van.** It's dark.
sötéted|ik *vi* darken, turn dark; get dark, night is falling
sötétít *vt* [vmit] darken, dim, make [sg] dark, turn [sg] dark
sötétkék *a* dark blue, navy (blue)
sötétség *n* darkness, dark, gloom
sövény *n* hedge
spagetti *n* spaghetti
spanyol *a* Spanish, Hispanic; *n* Spanish (language), Spaniard (person)

spanyolajkú *a* Hispanic, Spanish-speaking
spanyolfal *n* folding screen
Spanyolország *n* Spain
spanyolul *adv* in Spanish; ~ **beszél** speak Spanish
spárga *n* twine, string; asparagus
speciális *a* special, particular
specialitás *n* specialty; area of expertise
spekulál *vi* speculate
spenót *n* spinach
spicli *n coll* informer
spontán *a* spontaneous, impulsive; *adv* spontaneously, suddenly, on impulse
spórol *vt* [vmit, vmire] save (for); *vi* economize
sport *n* sports
sportág *n* kind of sport
sportcipő *n* sneakers
sportcsarnok *n* gym (large), sports hall, stadium
sportegyesület *n* sports club
sportkocsi *n* sports car, coupe
sportol *vt* [vmit] play sports; pursue some sport
sportoló *n* athlete
sportos *a* sporty, sporting; athletic (person)
sportpálya *n* sports ground/field
sportszerű *a* fair, sportsmanlike
sportverseny *n* sporting event, competition, race, match, contest
spriccel *vt* [vmit] squirt, spray
srác *n* kid (boy), young guy
srég *adv* askew, awry
stáb *n* crew (on a movie set)
stabil *a* stable, steady; *fig* reliable, secure
stabilizáció *n* stabilization
stadion *n sp* stadium, arena
stagnál *vi* stagnate
start *n sp* start line
statiszta *n* extra (in a movie)
statisztika *n* statistics
státus *n* status
stb. = **satöbbi** *int*
stég *n* landing
steril *a* sterile; infertile
stílbútor *n* period furniture
stílus *n* style; manner
stimmel *vi* [vmivel] be correct, agree with
stop *n* stop
stoppol *vi* hitchhike; *vt* darn, mend (socks)
stoptábla *n* stop sign
strand *n* beach; outdoor pool, community pool
strandtáska *n* beach bag, tote
strapál *vt* [vmit] wear down, wear out
stratégia *n* strategy
Strasbourg *n* Strasbourg
strázsál *vi* stand on guard
stréber *n school, coll* brown-noser, teacher's pet
strici *n* pimp
strucc *n* ostrich
stúdió *n* studio
súg *vt* [vmit] whisper; prompt (school, theater)
sugár *n* ray, beam; jet (water); *math* radius; radiation
sugárhajtású repülőgép *n* jet plane
sugároz *vt* [vmit] radiate, beam; broadcast
sugárút *n* avenue
sugárvédelem *n* radiation protection
sugárveszély *n* radiation danger
sugárzás *n* radiation; radiance, glow
sugárz|ik *vi* radiate, shine, beam
súgó *n theat* prompter

suhan *vi* glide, slide, fly
suhanc *n* youngster, adolescent boy
sújt *vt* [vmit] strike, hit; afflict; punish
súly *n* weight, load; emphasis, stress; importance, significance; **~t emel** lift weights; **nagy ~t helyez** [vmire] attach great importance to
súlyemelés *n sp* weightlifting
súlyemelő *n sp* weightlifter
súlyfelesleg *n* excess weight
súlyos *a* heavy, weighty; serious, severe, grave; **~ betegség** serious illness; **~ hiba** grave mistake
súlypont *n* center of gravity; main point, most important point
súlytalan *a* weightless
súlytalanság *n* weightlessness
súlyzó *n* dumbbell, free weight, hand weight
summa *n* sum, amount, total
sunyi *a* sly, shifty, devious, underhanded
súrlódás *n* friction; *fig* disagreement
súrol *vt* [vmit] scrub, clean; rub, brush
súrolókefe *n* scrub brush
surran *vi* sneak, steal, scurry
suta *a* awkward, clumsy
suttog *vt* [vmit] whisper
süket *a* deaf, hearing impaired; *n* deaf person; **egyik fülére ~** deaf in one ear; **~ duma** *coll* empty talk, baloney
süketnéma *a, n* deaf-mute
sül *vi* fry (in fat), be fried, bake (in the oven), roast (on a grill), be broiled (in a broiler)
sült *a* fried (in fat), baked (pastry, fruit), roasted (meat, vegetables), broiled; *n* roast, fry; **~ krumpli** French fries; **~ csirke** roast chicken; **~ alma** baked apple
sülve-főve *adv coll* **S~ együtt vannak.** *coll* They're inseparable./They're together all the time.
süllyed *vi* sink, dip; fall
sün *n* hedgehog, porcupine; **tengeri ~** sea urchin
sündisznó *n* hedgehog, porcupine
süpped *vi* [vmibe] sink (into something solid)
sürget *vt* [vkit] hurry along, urge, press, rush
sürgős *a* urgent, pressing, rush; **~ munka** rush job; **~ eset** emergency case, urgent case; **Nem ~.** There's no rush./It's not urgent.
sürgősség *n* urgency
sűrít *vt* [vmit] thicken; condense, concentrate, compress
sűrített *a* thickened; condensed, concentrated, compressed; **~ paradicsom** tomato paste; **~ tej** condensed milk
sűrítmény *n* concentrate
sűrű *a* thick, dense, compact; **~ haj** thick hair
sűrűség *n* thickness, density
süt *vt* [vmit] fry (in fat), bake (in oven), roast, grill (on grill), broil (in a broiler); shine (sun); **S~ a nap.** The sun is shining./It's sunny.
sütemény *n* pastry, cake
sütő *n* oven
sütőpor *n* baking powder
sütőtök *n* pumpkin
sütővas *n* curling iron
sváb *a, n* Swabian, German living in Hungary
svábbogár *n* cockroach
Svájc *n* Switzerland
svájci *a, n* Swiss
svájcisapka *n* beret
svéd *a, n* Swedish
svédasztal *n* smorgasbord, open buffet
Svédország *n* Sweden
svédül *adv* in Swedish

Sz

szab *vt* [vmit] cut, tailor; determine (price); impose, inflict (penalty)

szabad *a* free, open, clear; unoccupied, vacant; permissible, allowed, permitted; *n* outdoors, outside; *vt* [vmit] may, allowed to do [sg]; **~ ég alatt** in the open, outside; **~esés** free fall; **~idő** free time, spare time; **~ kezet kap** have a free hand (in doing something); **~ szemmel** with the naked eye; **a ~ban** outside, outdoors; **Sz~ ez a hely?** Is this seat available? **Sz~?** May I?/May I have this dance? (at a party) **Nem ~ bemenni.** You cannot go in./You musn't go in. **Nem lett volna ~ odamenni.** You shouldn't have gone there.

szabadalom *n* patent, license

szabadelvű *a* liberal, broad-minded

szabadidő *n* spare time, free time

szabadidőruha *n* sweat suit, sweats

szabadít *vt* [vkit] liberate, free

szabadjegy *n* free ticket

szabadkoz|ik *vi* offer excuses

szabadkőműves *a* Masonic *n* freemason

szabadlábon *adv* at large, free

szabadnap *n* day off, holiday

szabadon *adv* freely; openly, frankly; unimpeded, without restriction

szabados *a* indecent, loose

szabadság *n* freedom, liberty; holiday, vacation, leave, time off; **~on van** be on leave, be on vacation

szabadságharc *n* freedom fight, war of independence

szabadságjogok *n* human rights

szabadtéri *a* open-air, outdoor

szabadul *vi* [vhonnan] be freed, be released, get free, break free; get rid of

szabadúszó *a* freelance; *n* freelancer

szabály *n* rule, regulation, order

szabályos *a* regular, symmetrical; standard, normal; **~ időközönként** at regular intervals

szabályoz *vt* [vmit] regulate, control, order; adjust, set

szabálysértés *n law* offense, misdemeanor

szabályszerű *a* regular, following/according to regulation

szabálytalan *a* irregular, abnormal

szabályzat *n* regulation, rules

szabásminta *n* pattern (for clothes)

szabatos *a* correct, exact, accurate

szabó *n* tailor

szabotál *vt* [vmit] sabotage

szabotázs *n* sabotage

szabvány *n* standard

szabványos *n* standard, normal

szadista *a* sadist

szadizmus *n* sadism

szag *n* smell, odor (unpleasant), scent (pleasant); **Jó ~a van.** It smells good/nice. **Rossz ~a van.** It smells bad./It stinks./It smells.

szagelszívó *n* kitchen fan

szaggatott *a* dashed, dotted (line); broken, interrupted (sound)

szaglás *n* sense of smell

szagol *vt* [vmit] smell [sg], sniff; **Alulról ~ja az ibolyát.** *coll* He's pushing up daisies.

szagos *a* smelling, scented, fragrant, smelly

szagtalan *a* odorless

szagtalanít *vt* [vmit] deodorize

szagtalanító *n* deodorizer

száguld *vi* dash, speed, rush, race

Szahara *n* the Sahara

száj *a* oral; *n* mouth; opening; **~jába rág** [vmit] spoon-feed [sg] to [sy]; **~át tátja** drop one's jaw; **Nagy a ~a.** She has a big mouth.

szajha *n* whore
szájhagyomány *n* oral tradition
szájharmonika *n* harmonica
szájhős *n* boaster, braggart, show-off
szájkosár *n* muzzle
szájpadlás *n* palate, roof of the mouth
szájsebész *n* oral/dental surgeon
szájsebészet *n* oral/dental surgery
szájtátva *adv* with one's mouth open, agape
szájvíz *n* mouthwash
szak *n* specialty area; *school* major, minor (college)
szakács *n* cook, chef
szakácskönyv *n* cookbook
szakad *vi* tear, be torn; **Sz~ az eső.** It's pouring rain. **Vége~.** It comes to an end.
szakadár *a, n* heretic
szakadatlan *a* unceasing, ceaseless, endless, uninterrupted
szakadék *n* precipice, abyss, chasm
szakadt *a* torn; ragged, poor-looking (person)
szakáll *n* beard
szakállas *a* bearded, with a beard
szakasz *n* section, part, portion; phase, stage; passage, paragraph; *law* section, article, paragraph; *mil* platoon
szakasztott *adv* exactly; **~ olyan** exactly the same
szakdolgozat *n* thesis
szakértelem *n* expertise, craftsmanship
szakértő *a* expert, competent; *n* expert, specialist
szakirodalom *n* technical literature
szakiskola *n* technical school, vocational school
szakít *vt* [vmit] tear, rip, break; pick (fruit), pluck (flower); *vi* [vkivel] break up with; **időt ~** [vmire] find time for
szakképesítés *n* (technical) qualification
szakképzés *n* technical training
szakkifejezés *n* technical term, terminology
szakkönyv *n* technical book
szakkör *n school* study group, club
szakközépiskola *n* technical high school
szakma *n* trade, profession, craft
szakmai *a* trade, professional
szakmunkás *n* skilled worker
szakmunkásképző intézet *n* vocational school
szakorvos *n* specialist (doctor)
szakos *a school* majoring in …; **orosz ~** majoring in Russian
szakszervezet *n* trade union
szakszó *n* technical term
szaktanácsadás *n* technical consulting, professional consulting
szaktekintély *n* professional authority, expert
szaktudás *n* professional knowledge/skill
szaküzlet *n* specialty store
szakvizsga *n* professional exam
szál *n* thread, fiber; stem, piece; a single one (of); **egy ~ rózsa** a rose; **egy ~ ingben** with nothing but a shirt on
szalad *vi* run
szalag *n* ribbon, band
szalagcím *n* headline
szalámi *n* salami
szálka *n* splinter; fishbone
szálkás *a* bony (fish), raw (board)
száll *vi* fly, drift, float; **fel~** get on (train, bus), mount (a horse); **le~** get off (train, bus); **be~** board (ship, plane); **meg~** stay at (a hotel); **Fejébe ~t az ital.** The drink has gone to her head.

szállás *n* accommodation; quarters
szállásadó *n* landlord, landlady; host
szállásfoglalás *n* hotel reservation
szállít *vt* [vmit] transport, ship, carry; deliver (to house)
szállítás *n* transport, transportation, shipping; delivery
szállítmány *n* shipment, cargo, transport
szállító *a* transporting, shipping; *n* transporter, shipping company; supplier
szállítószalag *n* conveyor belt
szálló *n* hotel, motel, inn
szálloda *n* hotel
szállodaportás *n* hotel doorman, receptionist
szállóige *n* common saying
szállóvendég *n* hotel guest, staying guest
szalma *n* straw, thatch
szalmakalap *n* straw hat
szalmakazal *n* straw stack
szalon *n* salon; parlor, sitting room
szaloncukor *n H* Christmas candy
szalonképes *a* decent, well-bred, presentable
szalonna *n* bacon, side of pork, salt pork
szaltó *n* somersault (in the air)
szalvéta *n* napkin
szám *n* number, figure, numeral; song, number, act; *sp* event; copy, issue (of a paper); **római ~** Roman numeral; **kerek ~** round figure; **~ szerint** by number, numerically; **szép ~ban** in large numbers; **~on kér** demand an account of, hold [sy] accountable; **Szeretem ezt a ~ot.** I love this song.
szamár *n* donkey, ass
számára *adv* for him/her
szamárfül *n* dog-ear (in a book)
szamárköhögés *n* whooping cough
számít *vt* [vmit] calculate, count; *vi* [vmire] count on, depend on, rely on; **nem ~va** not counting, let alone; **Nem ~ottam rá.** I didn't expect it. **Nem ~!** It doesn't matter!
számítás *n* calculation, counting; estimate; **~ba vesz** take into account
számítástechnika *n* computer science, computer technology
számító *a* calculating; selfish
számítógép *n* computer, personal computer, PC; **asztali ~** desktop computer
számítógépes *a* computer-, computer related; **~ program** computer program
számítóközpont *n* data processing center
számjegy *n* figure, digit, numeral
számkivetett *a* exiled, in exile
számla *n* account; bill, check (restaurant); invoice, receipt; **számlát nyit** open an account; **kifizeti a számlát** pay the bill
számlatulajdonos *n* account holder
számláz *vt* [vmit] invoice
számnév *n gram* numeral
szamóca *n* wild strawberry
számol *vt* [vmit] count, keep count of; [vmivel] take [sg] into account
számolás *n* counting, arithmetic, calculation
számológép *n* calculator
számos *a* numerous, many; **~ alkalommal** on numerous occasions
számozás *n* numbering, pagination (in a book)
számrendszer *n* numerical system
számtalan *a* countless, innumerable, immeasurable

számtan *n* algebra, arithmetic, mathematics
számtani *a* arithmetic
száműz *vt* [vkit] banish, exile
száműzetés *n* exile, banishment
számvetés *n* calculation
számvitel *n* accounting
szán[1] *n* sleigh, sled
szán[2] *vt* [vkit] pity, have pity on, be sorry for; intend for, mean for; allot, assign (money) to; **Ezt neked ~tam.** I intended this for you./This is for you.
szánalmas *a* pitiful
szánalom *n* pity, compassion, mercy
szanaszét *adv* scattered, everywhere, far and wide
szanatórium *n* sanatorium
szandál *n* sandal
szándék *n* intent, intention, purpose; plan, design; **~ában áll** she intends to, it's her intention to
szándéknyilatkozat *n* affidavit
szándékos *a* intentional, deliberate, planned
szándékoz|ik *vi* intend to, plan to, mean to
szánkó *n* sled
szánkóz|ik *vi* go sledding, sled
szánt *vt* [vmit] plow
szántás *n* plowing; plowed land
szántóföld *n* plow-land
szántóvető *n* farmer
szapora *a* prolific, fruitful; fertile (animal); quick, rapid, hurried
szaporít *vt* [vmit] increase, multiply; propagate
szaporodás *n* reproduction, propagation, multiplication
szappan *n* soap; **egy darab ~** a bar of soap; **folyékony ~** liquid soap
szappanhab *n* lather
szar *n* shit
szár *n* stem, stalk; leg (of pants)
szárad *vi* dry, turn dry; wither
száraz *a* dry, arid; **~ kenyér** stale bread; **~ bor** dry wine
szárazföld *n* mainland
szárazság *n* dryness, aridity; drought
szardella *n* anchovy
szardínia *n* sardine
szar|ik *vi vulg* shit, defecate
szárít *vt* [vmit] dry [sg], drain, dehydrate
szarka *n* magpie; **sokat akar a ~ de nem bírja a farka** bite off more than you can chew
szarkaláb *n* crow's feet
származás *n* origin, descent, birth; **magyar ~ú** of Hungarian descent
származ|ik *vi* come from, originate, issue, descend; derive, spring from; be the result of
szárny *n* wing; **~akat ad vkinek** give [sy] wings to fly; **a ~a alá vesz** [vkit] take [sy] under one's wings; **~át szegi** [vkinek] clip [sy's] wings
szárnyas *a* winged; *n* poultry, fowl
szárnyashajó *n* hydrofoil
szarv *n* horn (animal)
szarvas *a* horned; *n* deer, whitetail, stag (male), buck (male)
szarvasbőr *n* deerskin, chamois
szarvashús *n* venison
szarvasmarha *n* cattle
szász *a, n* Saxon
szatén *a* satin
szatíra *n* satire
szatyor *n* handbag, shopping bag
Szaud-Arábia *n* Saudi Arabia
szaud-arábiai *a, n* Saudi Arabian, Saudi
szavahihető *a* trustworthy, reliable
szavak *n pl* → **szó**
szaval *vt* [vmit] recite a poem

szavatol *vt* [vmit] guarantee, vouch (for)
szavatosság *n* warranty
szavaz *vi* [vkire, vmire] vote for, cast a vote
szavazás *n* vote, voting, poll
szavazat *n* vote
szavazó *n* voter
szavazócédula *n* ballot
szavazófülke *n* polling booth
szaxofon *n mus* saxophone
száz *num* hundred, one hundred; **~ szónak is egy a vége** to make a long story short; **emberek ~ai** hundreds of people
század *n* century; *num* hundredth (fraction); *mil* company, squadron
századforduló *n* turn of the century
százados *n mil* captain
százalék *n* percentage, percent; **Száz ~ hogy eljön.** *coll* It's certain he'll come./I'm positive that he'll come.
százas *a* (with the) number one hundred; *n* 100 forint coin, 100 dollar bill; **Van egy ~od?** *coll* Do you have a hundred (forints/dollars)?
százféle *a* a hundred kinds, many kinds, all kinds
százlábú *n* centipede
százszorszép *n* daisy
szecesszió *n* art nouveau, secession
szed *vt* [vmit] gather, collect; pick (fruit, flowers); help oneself (to food); take (medication); **Gyógyszert ~ek.** I'm on medication.
szeder *n* blackberry
szederjes *a* purple-blue (body)
szédítő *a* dazzling, stunning
szedőkanál *n* ladle
szédül *vi* feel dizzy, be dizzy, feel lightheaded
szédületes *a* amazing, dizzying, astonishing
széf *n* safe, vault
szeg *n* nail, peg, pin; *vt* [vmit] hem, border; *fig* break (a promise)
szegély *n* edge, border, hem, rim; **járda~** curb
szegény *a* poor, needy; [vmiben] deficient in; **~ mint a templom egere** poor as a church mouse; **kalciumban ~** calcium deficient
szegényes *a* poor, meager, miserable
szegénynegyed *n* slums, ghetto
szegénység *n* poverty, lack
szegez *vt* [vmit] nail (to); fix (a look); point at, aim at (gun)
szegfű *n* carnation
szegfűbors *n* allspice
szegfűszeg *n* clove
szégyell *vt* [vmit] be ashamed of, be embarrassed; **Sz~d magad!** Shame on you!
szégyen *n* shame, disgrace, dishonor, embarrassment; **Ő a család ~e.** He's the black sheep of the family.
szégyenfolt *n* blemish, shame
szégyenkez|ik *vi* be ashamed, be embarrassed
szégyenletes *a* shameful, embarrassing, disgraceful
szégyenlős *a* shy, bashful
szégyenszemre *adv* to one's shame, to one's embarrassment
széjjel *adv* apart, asunder
szék *n* chair, seat, stool
szekér *n* cart, wagon (horse-drawn), buggy
székesegyház *n* cathedral
székház *n* headquarters, center
székhely *n* center, seat (town), headquarters

széklet *n* stool, bowel movement; feces
szekrény *n* cupboard, cabinet, wardrobe, closet; locker
szekta *n* sect
szel *vt* [vmit] cut, slice, carve (meat)
szél[1] *n* wind, breeze; gas, flatulence, wind; **~nek ereszt** [vkit] let go, send away; **csapja a ~et** [vkinek] flirt with, woo; **Mi ~ hozott erre?** What brings you here?
szél[2] *n* edge, rim, border, fringe; verge, brink
szélárnyék *n* place sheltered from the wind
szélcsend *n* calm, stillness, no wind
szelektál *vt* [vmit] select, choose, sort
szelep *n* valve
szélerősség *n* strength/speed of the wind
szeles *a* windy, breezy; *fig* careless, rash
széles *a* wide, broad; **~ jókedv** high spirits; **~körű** widespread
szélesség *n* width, breadth, thickness, span; *geogr* latitude
szélesvásznú *n* widescreen, cinemascope
szelet *n* slice, piece, cut; chop, cutlet (meat); **egy ~ kenyér** a slice of bread
szeletel *vt* [vmit] slice, cut, carve (meat); **~t kenyér** sliced bread
szélhámos *n* con artist, con-man, swindler, fraud
szelíd *a* calm, kind, gentle, soft, tender; tame, domesticated (animal)
szelídgesztenye *n* chestnut
szelídít *vt* [vmit] tame, domesticate
szélkakas *n* weathervane
szellem *n* spirit, mentality, attitude; ghost, spirit; mind, intellect
szellemes *a* witty, funny
szellemi *a* spiritual, mental, intellectual; **~ képesség** mental ability; **~ foglalkozású** white-collar worker
szellemkép *n* ghost
szellent *vi coll* break wind
széllovaglás *n* windsurfing
széllovas *n* windsurfer
szellő *n* breeze
szellős *a* breezy, airy
szellőzés *n* ventilation, airing
szellőztet *vt* [vmit] ventilate, air (a room), let fresh air in
szélmalom *n* windmill
szélső *a* outside; extreme; **~ baloldal** extreme left (political)
szélsőséges *a* extreme; *n* extremist
széltében-hosszában *adv* far and wide, everywhere, all over
szélvédő *n* windshield
szelvény *n* ticket, coupon, stub
szélvész *n* windstorm, hurricane, tornado, whirlwind
szélvihar *n* windstorm
szem *n* eye; grain; link (of a chain); **~ előtt tart** keep in mind; **a ~em fénye** the apple of my eye; **a ~e láttára** before one's own eyes; **mindenki ~ láttára** in front of everybody; **kopog a ~e** *coll* be very hungry; **az én ~emben** the way I see it, in my opinion; **~ére hány** [vkinek vmit] blame [sy] for; **~et ~ért** eye for an eye; **~et szúr** [vkinek] catch one's eye; **~től ~ben** face to face; **rossz ~mel néz** [vmit] disapprove; **puszta ~mel** with the naked eye; **egy ~ rizs** a grain of rice; **~től ~be** face to face; **Több ~ többet lát.** Two heads are better than one. **Kit látnak ~eim!** *coll* Look who's here!/What a surprise!

szembefordul *vi* [vkivel] turn to face; *fig* turn against, oppose
szembejön *vi* come towards, come from the opposite direction
szembejövő forgalom *n* oncoming traffic
szemben *adv* [vmivel] facing, opposite to; *fig* against, in opposition; **ezzel ~** on the other hand, on the contrary; **az árral ~** upstream
szembenáll *vi* [vkivel] face, stand opposite
szembenállás *n* opposition
szembenéz *vi* [vkivel, vmivel] face, look straight in the face
szembeszáll *vi* [vmivel] oppose, stand up against
szembogár *n* pupil (eye)
szemceruza *n* eyeliner pencil
szemcse *n* grain, granule, speck
szemcsepp *n* eye drop
szemelvény *n* selection, selected passage, excerpt
személy *n* person, individual; character; **~ szerint** personally, in person
személyazonosság *n* (personal) identity
személyazonossági igazolvány *n* identity card, ID
személyes *a* personal, individual, private; **~ ügy** personal matter, private matter
személyesen *adv* personally, in person; **~ ismerem** I know her personally
személyeskedés *n* being personal, picking on somebody
személyi *a* personal, regarding a person, private, individual; *n coll* ID, personal ID card; **~ adatok** personal information/data
személyiség *n* personality
személyleírás *n* personal description
személytelen *a* impersonal
személyvonat *n* passenger train, local train (stops at every station)
személyzet *n* personnel, staff, employees; crew (ship)
szemérem *n* modesty, reserve; chastity
szeméremsértő *a* obscene
szemérmes *a* shy, bashful
szemérmetlen *a* shameless, unabashed, indecent; insolent, bold
szemész *n med* ophthalmologist
szemészet *n med* ophthalmology
szemét *n* trash, garbage, junk, litter, waste, refuse
szemétdomb *n* garbage dump
szemetes *a* full of trash; *n* trash can, garbage can; garbage man
szemeteskocsi *n* garbage truck
szemeteszsák *n* garbage bag, trash bag
szemétkosár *n* trash can, wastepaper basket
szemétláda *n* trash can; *coll* dirtbag (person)
szemfényvesztés *n* trick, magic trick, illusion
szemfesték *n* eye shadow
szemfog *n* eyetooth
szemgolyó *n* eyeball
szemhéj *n* eyelid
szemhéjpúder *n* eye shadow
szeminárium *n* seminar, workshop
szemkenőcs *n* eye ointment
szemkihúzó *n* eyeliner
szemközt *adv* opposite, facing, in front of
szemle *n* inspection, survey, review
szemlél *vt* [vmit] observe, survey, inspect
szemlélet *n* view, aspect, opinion
szemléletes *a* clear, descriptive, lifelike

szemlencse *n* lens (of the eye)
szemölcs *n* wart
szemöldök *n* eyebrow, brow
szemöldökceruza *n* eyebrow pencil
szempilla *n* eyelash
szempillafesték *n* mascara
szempillantás *n* glance, look; instant, moment; **egy ~ alatt** in a flash, in the blink of an eye
szempillaspirál *n* mascara
szempont *n* point of view, viewpoint, standpoint; **ebből a ~ból** in this respect
szemrehányás *n* reproach, scolding
szemtanú *n* eyewitness
szemtelen *a* impudent, impertinent, insolent, disrespectful, arrogant
szemüreg *n* eye socket
szemüveg *n* glasses, eyeglasses
szén *n* coal; *chem* carbon; charcoal (for drawing)
széna *n* hay
szénakazal *n* haystack
szénanátha *n* hay fever, allergies
szenátor *n* senator
szenátus *n* senate
szénbánya *n* coal mine
szendereg *vi* nap, doze
széndioxid *n chem* carbon dioxide
szendvics *n* sandwich
Szenegál *n* Senegal
szenegáli *a, n* Senegalese
szénfekete *a* jet black, pitch-black
szénhidrát *n chem* carbohydrate, *coll* carb
szénmonoxid *n chem* carbon monoxide
szennyes *a* dirty, filthy, foul; *n* dirty laundry
szennyez *vt* [vmit] soil, dirty, get dirty; pollute
szennyező *a* polluting; **~ anyag** pollutant
szennyeződés *n* stain, soiling; impurity; pollution
szennyvíz *n* waste water
szennyvízcsatorna *n* sewer
szénrajz *n* charcoal drawing
szénsav *n chem* carbon dioxide
szénsavas *a* carbonated, sparkling
szénsavmentes *a* still, not carbonated
szent *a* sacred, holy; *n* saint; **~té avat** canonize; **Sz~ Isten!** Good Lord!/ Oh, my God!
szentel *vt* [vmit] consecrate, dedicate; [vkit] ordain; devote, dedicate; **Egy napot ~t rá.** She devoted a day to it.
szenteltvíz *n* holy water
szentély *n* sanctuary, shrine
szentesít *vt* sanctify, sanction; approve, confirm
szenteste *n* Christmas Eve
Szentháromság *n rel* the Holy Trinity
szentimentális *a* sentimental, emotional
szentírás *n* holy scripture, the Bible, the Scriptures
szentjánosbogár *n* firefly, lightning bug
szentmise *n* (holy) mass
szentség *n* sanctity, holiness; *rel* sacrament
szentségel *vi* curse, swear *coll* cuss
szentségtörés *n* sacrilege
szentül *adv* solemnly; **~ hisz** [vmit] firmly believe
szenved *vi* suffer, endure; [vmitől] suffer from; *vt* [vmit] suffer, undergo, bear, endure; **vereséget ~** suffer defeat, be defeated
szenvedély *n* passion; addiction; hobby
szenvedélyes *a* passionate, ardent; adoring, loving; burning, heated (argument)

szenvedés *n* suffering, torment
szenzáció *n* sensation, stir
szenzációs *a* sensational
szép *a* beautiful, pretty, nice, fine; **~ pénz** a nice sum of money; **egy ~ napon** one fine day; **Sz~ álmokat!** Sweet dreams!
szépen *adv* beautifully, nicely; **Köszönöm ~.** Thank you very much. **Sz~ kérte.** He asked nicely/politely.
szépfiú *n* pretty boy
szépirodalom *n* fiction, literature
szépít *vt* [vkit, vmit] embellish, beautify, adorn
szépítőszer *n* make-up
szeplő *n* freckle
szeplős *a* freckled
szépművészet *n* fine art
széppróza *n* fiction, prose
szépség *n* beauty, prettiness
szépséghiba *n* flaw, blemish
szépségkirálynő *n* beauty queen
szépségverseny *n* beauty pageant
szeptember *n* September; **~ben** in September
szeptemberi *a* September, in/of September
szépül *vi* turn beautiful, look better, improve
szer *n* remedy, drug, medicine; *sp* apparatus
-szer *suff* → **-szor**
szerb *a* Serbian; *n* Serb
szerbhorvát *a* Serbo-Croatian
Szerbia *n* Serbia
szerbül *adv* in Serbian
szerda *n* Wednesday; **szerdán** on Wednesday; **szerdán reggel** Wednesday morning
szerdai *a* Wednesday, of/on Wednesday; **a ~ újság** the Wednesday paper
szerdánként *adv* on Wednesdays, every Wednesday
szerel *vt* [vmit] assemble, set up (machine); fix (car, machine)
szerelem *n* love (between lovers); **szerelmet vall** [vkinek] declare one's love to; **Az Isten szerelmére!** For the love of God!/For Heaven's sake!
szerelés *n* fixing; assembling, setting up (a machine)
szerelmes *a* [vkibe] in love with, enamored with
szerelmesked|ik *vi* [vkivel] make love to
szerelmespár *n* couple, lovebirds
szerelő *n* mechanic, technician
szerelvény *n* train, car (train); equipment
szerencse *n* luck, (good) fortune; ; **szerencsére** luckily, fortunately; **szerencsét próbál** try one's luck; **Szerencséje van.** She's lucky./ She's fortunate. **Sok szerencsét!** Good luck!
szerencsejáték *n* gambling, game of chance
szerencsekerék *n* wheel of fortune
szerencsés *a* lucky, fortunate; **Sz~ utat!** Bon voyage!/Have a good trip!
szerencsétlen *a* unlucky, unfortunate, ill-fated; disastrous, fatal, sad (event)
szerencsétlenség *n* misfortune, bad luck; calamity; accident
szerény *a* modest, humble, meek, unpretentious, unassuming; **~ véleményem szerint** in my humble opinion

szerénység *n* modesty, humility, humbleness, meekness
szerep *n* role, part, character; **~et játszik** [vmiben] play a role in, have a role in
szerepel *vi* [vmiben] play a role, play a part; appear, act as; **Ő nem ~ a listán.** She doesn't appear on the list.
szerepjáték *n* role play
szereplő *n* a person taking part in; actor, performer; character
szereposztás *n theat* cast, casting
szeret *vt* [vkit, vmit] love, like, care about, care for; be in love with; **Sz~em a csokoládét.** I like chocolate. **Nagyon ~i őt.** He loves her very much. **Sz~ik egymást.** They are in love. **Sz~ek olvasni.** I like reading. **Jobban ~ sétálni.** She prefers walking (in general). **Sz~nék elmenni.** I'd like to go.
szeretet *n* love, affection, liking, fondness; **~re méltó** likable, lovable; **Mindig ~tel látunk.** You're always welcome.
szeretetotthon *n* nursing home
szeretkez|ik *vi* [vkivel] make love to, have sex with
szerető *a* loving, affectionate; *n* lover, mistress (woman)
szerez *vt* [vmit] get, obtain, acquire, procure; **örömet ~** [vkinek] make [sy] happy, please; **pénzt ~** get money, raise money; **tudomást ~** [vmiről] find out about, learn about
széria *n* series, batch
szerint *postp* according to; **ezek ~** according to this, so; **igazság ~** to tell the truth; **~em** I think, in my opinion; **tetszés ~** at will, as you please
szerkentyű *n* gadget
szerkeszt *vt* [vmit] edit, compile; draft, draw up; construct
szerkesztő *n* editor
szerkesztői *a* editorial
szerkesztőség *n* editorial office; editorial staff
szerkezet *n* structure, construction; mechanism, machinery, apparatus, device
szerszám *n* tool, instrument, utensil
szerszámkészlet *n* tool set, tool kit
szertartás *n* ceremony; rite, ritual
szerte *adv* all over, everywhere; **világ~** all over the world
szerteágazó *a* far reaching, branching out
szerteszéjjel *adv* in all direction
szérum *n* serum
-szerű *suff* like, resembling; **asztal~** table-like, resembling a table
szerv *n* organ; instrument, organ (of government)
szerves *n* organic; **~ része** an integral part of
szervetlen *a* inorganic
szervez *vt* [vmit] organize, arrange, set up, manage
szervezet *n* organism, physique, system (the body); organization
szervezetlen *a* unorganized, disorganized
szervezett *a* organized
szervező *a* organizing; *n* organizer
szervezőbizottság *n* organizing committee
szervi *a* organic, related to an organ
szervíz *n* service station, garage; servicing, service, car repair shop
szervízállomás *n* service station
szervusz *int* **Sz~!** Hi!/Hello!/Bye!/ See you later! **Sz~tok!** Hi, everybody!

szerzemény *n* acquisition, purchase; *mus* composition, work
szerzetes *n* monk, friar
szerző *n* author, writer (book), composer (music)
szerződés *n* contract, agreement, settlement; treaty, pact; **~t köt** [vkivel] enter into a contract with; **~t felbont** terminate a contract
szerződésszegés *n* breach of contract
szerződtet *vt* [vkit] hire, contract [sy]
szerzői *a* author's; **~ jog** copyright
szesz *n* spirit, alcohol
szeszélyes *a* capricious, whimsical, moody; **~ időjárás** changeable weather
szeszes *a* alcoholic; **~ italok** spirits, alcoholic beverages
szeszfőzde *n* distillery
szesztartalom *n* alcohol content
szesztilalom *n* prohibition (alcohol)
szétboml|ik *vi* dissolve, decompose, break up
szétes|ik *vi* fall apart, collapse, disintegrate, fall to pieces
szétforgácsol *vt* [vmit] cut up into little pieces, dissipate
széthord *vt* [vmit] carry away, carry everywhere
széthúz *vt* [vmit] pull apart; *fig* disagree, discord
széthúzás *n* discord, disagreement, divergence
szétkapcsol *vt* disconnect, detach, cut off
szétmegy *vi* fall apart, go to pieces; separate, come apart
szétnéz *vi* look around, look both ways
szétnyíl|ik *vi* open up, fling open
szétnyom *vt* [vmit] crush, squash
szétoszt *vt* [vmit] divide; distribute, hand out
szétrág *vt* [vmit] chew to pieces, gnaw, eat away
szétreped *vi* crack open, split, burst
szétrobban *vi* blow up, explode, burst
szétszaggat *vt* [vmit] tear apart, tear to pieces, tear into shreds
szétszed *vt* [vmit] take apart, pick apart, disassemble, dismantle
szétszedhető *a* collapsible, detachable, removable
szétszerel *vt* [vmit] take [sg] apart, disassemble, dismantle
szétszór *vt* [vmit] scatter, spread all over, disperse
szétszóród|ik *vi* be scattered, be dispersed
széttapos *vt* [vmit] trample down, squash (by stepping on [sg])
széttár *vt* [vmit] open wide (one's arms)
széttép *vt* [vmit] tear up, tear to shreds
széttör *vt* [vmit] break into pieces, shatter
szétválaszt *vt* [vmit] separate, divide, part; *fig* distinguish
szétver *vt* [vmit] break into pieces; destroy; defeat, overthrow
szex *n* sex
szexis *a* sexy, attractive
szexuális *a* sexual
szezon *n* season (sports, theater)
szezonális *a* seasonal
szezonvégi kiárusítás *n* end-of-season sale
szia *int coll* **Sz~!** Hi!/Hello!/Bye!/ See you later!/See you! **Sz~sztok!** Hi, everybody!/Bye, everybody!
sziámi *a* Siamese; **~ ikrek** conjoined twins, Siamese twins
Szibéria *n* Siberia
szid *vt* [vkit] scold, reprimand, dress [sy] down
sziget *n* island, isle; **fél~** peninsula

szigetel *vt* [vmit] insulate; *fig* isolate
szigetelés *n* insulation, lining
szigetelt *a* insulated
szigetvilág *n* archipelago
szignál *vt* [vmit] sign
szigony *n* harpoon
szigorít *vt* [vmit] make harder, make stricter
szigorító *a* restrictive; **~ intézkedések** restrictive measures
szigorú *a* strict, stern, austere, hard (on); **~ ítélet** severe sentence
szigorúság *n* severity, strictness, austerity
szíj *n* strap, belt, leash
szike *n med* scalpel
szikla *n* rock, cliff
sziklafal *n* cliff, rock wall
sziklakert *n* rock garden
sziklamászás *n sp* rock climbing
sziklás *a* rocky, stony
Sziklás Hegység *n* Rocky Mountains, the Rockies
szikra *n* spark; gleam, glimmer, bit, scrap; **Nincs benne egy ~ jóindulat.** There's not a trace of decency in him.
szikráz|ik *vi* sparkle, throw sparks, glitter, flash; **Sz~ik a szeme a dühtől.** He's furious./His eyes are throwing sparks with fury.
szilaj *a* fiery, unruly, reckless
szilánk *n* splinter, chip
szilárd *a* solid, firm, massive; stable, fixed; **~ meggyőződés** firm belief
szilárdul *vi* harden, solidify, set
szilícium *n chem* silicon
szilikon *n chem* silicon
sziluett *n* silhouette, outline
szilva *n* plum, prune; **aszalt ~** prune (dried)
szilvapálinka *n* plum brandy
szilveszter *n* New Year's Eve
szilveszterez|ik *vi* spend New Year's Eve, party on New Year's Eve
szimat *n* sense of smell
szimatol *vt* [vmit] smell, sniff, scent, follow a scent
szimbolikus *a* symbolic
szimbolizál *vt* [vmit] symbolize
szimbolizmus *n* symbolism
szimbólum *n* symbol
szimfónia *n mus* symphony
szimfonikus *a mus* symphonic; **~ zenekar** symphonic orchestra
szimmetria *n* symmetry, evenness
szimmetrikus *a* symmetrical, even, proportioned
szimpátia *n* mutual liking
szimpatikus *a* likable, nice
szimpatizál *vi* [vkivel] like
szimpla *a* simple, single; ordinary, common, plain
szimulál *vt* [vmit] simulate; pretend (to be sick)
szimuláció *n* simulation
szimultán *a* simultaneous; *n* simultaneous game (of chess)
szín *n* color, tint, hue, shade; dye; appearance, show; *theat* scene; **jó ~ben van** look well; **semmi ~ alatt** under no circumstances, no way; **~t vall** show one's true colors; **a ~e-java** cream of the crop; **Sz~ét sem láttam.** I haven't seen him at all.
színarany *n* pure gold
színárnyalat *n* shade, hue, tint
színdarab *n theat* play
színes *a* color, colored, colorful
színesbőrű *n* person of color
színész(nő) *n* actor/actress
színez *vt* [vmit] color, paint, tint; dye
Szingapúr *n* Singapore
szingli *n coll* single young woman/man

színház *n* theater
színhely *n* scene, spot
színhús *n* boneless meat
színjáték *n theat* play, drama
színjátszó *a* theatrical, acting, performing; *n* performer, actor
szinkron *a* synchronous, simultaneous; **~tolmács** simultaneous interpreter
szinkronizál *vt cine* [vmit] dub
szinkronizált *a* dubbed
színlap *n theat* program
színlel *vt* [vmit] pretend, simulate
színmű *n theat* play, drama
színművész *n* actor
szinoníma *n* synonym
színpad *n theat* stage
színszűrő *n photo* color filter
szint *n* level
színtartó *n* colorfast
szinte *adv* almost, nearly; hardly; **~ új** almost new; **~ alig** hardly at all; **~ soha** hardly ever
színtelen *a* colorless, pale; dull
szintén *conj* also, too, as well, likewise
szintetikus *a* synthetic, artificial, man-made
szintetizátor *n mus* synthesizer
színtévesztő *a, n* color-blind (mixes up colors)
színvak *n* color-blind (sees no colors)
színvonal *n* standard, level, quality
színvonalas *a* high quality, high level
szipog *vi* whine, whimper; sniffle, snuffle
sziporkáz|ik *vi* sparkle
szipóz|ik *vi coll* sniff glue
sziréna *n* siren, alarm
szirénáz|ik *vi* sound the siren, howl
Szíria *n* Syria
szíriai *a, n* Syrian
szirom *n* petal
szirt *n* rock, cliff
szirup *n* syrup
sziszeg *vt* [vmit] hiss
szisztéma *n* system
szisztematikus *a* systematic
szít *vt* [vmit] stir, kindle (fire); fan, excite, rouse
szita *n* sieve, sifter
szitakötő *n* dragonfly
szitkozód|ik *vi* swear, curse
szív *n* heart; *fig* heart, middle, center; **~ből** from the bottom of one's heart, wholeheartedly; **~em szerint** to my heart's content; **~hez szóló** touching; **~ére vesz** [vmit] take [sg] to heart; **kiönti a ~ét** pour one's heart out; **~vel lélekkel** wholeheartedly, heart and soul; **a város ~ében** in the heart of the city; **Helyén van a ~e.** His heart is in the right place. **Megszakad a ~e.** Her heart is breaking. **Sz~éhez nőtt.** It's very dear to him.
szivacs *n* sponge; *school* eraser
szivacsos *a* spongy, porous
szivar *n* cigar
szivargyújtó *n* cigar lighter
szivárgás *n* leakage, leaking, leak
szivárog *vi* leak, ooze (out)
szivárvány *n* rainbow
szivárványhártya *n* iris (eye)
szivarzseb *n* breast pocket (on a jacket)
szivattyú *n* pump
szívbaj *n* heart trouble, heart disease; *coll* **A ~ jött rám.** I got very scared/startled.
szívbillentyű *n med* heart valve
szívderítő *a* heartwarming, cheerful

szívélyes *a* cordial, pleasant, genial, amiable, obliging
szíverősítő *n coll* brandy, a little pick-me-up
szíves *a* kind, pleasant, amiable, friendly; **legyen ~** be so kind as to, please, would you mind; **ha lenne ~** if you please, if you could; **Köszönöm a ~ vendéglátást.** Thank you for your kind hospitality.
szívesen *adv* pleasantly, kindly, cordially; with pleasure, gladly, willingly; **Köszönöm. - Sz~.** Thank you. – You're welcome. **Sz~ megteszem.** I'd be happy to do it. **Sz~ látja a vendéget.** She welcomes her guest./She's happy to have a guest.
szívesség *n* favor, kindness, service; **~et kér** [vkitől] ask [sy] for a favor; **~et tesz** [vkinek] do [sy] a favor
szívfájdalom *n* heartache; grief, anguish
szívinfarktus *n med* heart attack
szívkoszorúér *n med* coronary artery
szívműködés *n* heart function
szívműtét *n* heart operation, heart surgery
szívós *a* tough, leathery; durable, tenacious; stubborn, enduring
szívószál *n* straw (for drinking)
szívroham *n med* heart attack
szívtelen *a* heartless, cruel, cold-blooded
szívvel-lélekkel *adv* wholeheartedly, with all one's heart, enthusiastically
szívverés *n* heartbeat
szláv *a* Slavic, Slavonic; *n* Slav (person), Slavic (language)
szlovák *a, n* Slovak, Slovakian
Szlovákia *n* Slovakia
szlovén *a, n* Slovenian
Szlovénia *n* Slovenia
szmog *n* smog
szmoking *n* tuxedo
sznob *a* snobbish, snobby, stuck-up, high and mighty; *n* snob
sznobizmus *n* snobbery, pretentiousness
szó *a* (*pl* **szavak**) word; language, speech; **~ ami ~** to tell the truth; **egy ~ mint száz** *coll* in short, to make a long story short; **se ~ se beszéd** without a word, without warning; **~ba áll** [vkivel] speak to [sy]; **~ba hoz** [vmit] mention, bring up; **~ba kerül** come up (a topic); **~ról ~ra** word for word; **~t fogad** [vkinek] obey (child a parent); **~vá tesz** mention, remark on, comment; **más ~val** in other words; **Miről van ~?** What is this about?/What's going on? **Sz~ sincs róla.** *coll* Absolutely not./It's out of the question. **Erről van ~.** That's it!/That's what it's about! **Sz~hoz sem jutok.** I'm speechless./I can't get a word in edgewise. **Sz~ra sem érdemes.** It's nothing./It's not worth mentioning. **Sz~ba se áll velem.** She won't even speak to me.
szoba *n* room
szobaasszony *n* chambermaid
szobabútor *n* furniture (of a room)
szobafestő *n* (house) painter
szobafoglalás *n* room reservation
szobafogság *n* house arrest
szobalány *n* maid, housemaid
szobanövény *n* indoor plant, houseplant
szobatiszta *a* housebroken (animal); potty-trained (child)
szóbeli *a* verbal, oral; **~ megállapodás** verbal agreement; **~ vizsga** oral exam

szóbeszéd *n* rumor, gossip
szobor *n* sculpture, statue, monument
szobrász *n* sculptor
szobrászat *n* sculpture, sculpting
szobroz *vi coll* stand and wait
szociáldemokrata *a* social democratic; *n* social democrat
szociális *a* social, welfare; ~ **segély** welfare aid (money)
szocialista *a, n* socialist
szocializmus *n* socialism
szociológia *n* sociology
szociológus *n* sociologist
szócső *n* megaphone; mouthpiece
szóda *n* sodium carbonate
szódavíz *n* sparkling water, seltzer water, soda water
szófogadatlan *a* disobedient
szófogadó *a* obedient
szófukar *a* uncommunicative, tight-lipped, reserved
szoftver *n comp* software
szója *n* soy; **~bab** soybean; ~ **liszt** soy flour
szójáték *n* word game; pun
szójegyzék *n* word list, glossary
szokás *n* habit, custom, practice, convention; **rossz** ~ bad habit; **a** ~ **hatalma** force of habit; ~ **szerint** as usual, usually; **Nem ~.** It's not customary./It's not done. **Az a ~a, hogy …** He's in the habit of …
szokásjog *n* common law, unwritten law
szokásos *a* usual, customary, habitual
szokatlan *a* unusual, uncommon
szok|ik *vi* [vmihez] get used to, get accustomed to; **~ott + inf.** do usually (only used in past tense); **Mindig itt ~tam ebédelni.** I always have lunch here. **Nagyobb ~ott lenni.** It's usually bigger. **Ott ~tunk vásárolni.** We usually shop there.
szókimondó *a* outspoken, honest, candid, forthright
szókincs *n* vocabulary
szoknya *n* skirt
szoknyavadász *n* womanizer
szokott *a* usual, customary; *vi past* → **szok|ik**
szokványos *a* customary, usual
szól *vi* speak, say, talk; ring, sound, give out sound; [vkinek/vkihez] speak to; [vkiről, vmiről] be about, deal with; *vt* [vmit] say [sg]; **őszintén ~va** quite frankly, to be honest; **Nem ~ hozzám.** She's not speaking to me. **Minden ellene ~.** Everything speaks against him. **Miről ~ a film?** What is the movie about? **Sz~ a rádió.** The radio is on. **A szomszédban zene ~.** Music is playing next door. **A jegy két személyre ~.** The ticket is for two people. **Egy szót sem ~.** He's not saying a word. **Sz~j már valamit!** Say something!
szolárium *n* tanning bed; tanning salon
szólás *n* saying, idiom
szolga *n* servant, attendant
szolgál *vi* [vhol] serve, be in service; [vmivel] provide, supply with; *vt* [vkit, vmit] serve [sy, sg]; **a hadseregben** ~ serve in the military; **jó példával** ~ provide a good example
szolgálat *n* service, duty, office; **~ba lép** enter into service; **~ban van** be on duty; **~ot teljesít** be on duty, serve; **felmondja a ~ot** break down (machine)
szolgálati *a* official, service, of service; ~ **lakás** official residence; ~ **szabályzat** service regulation; ~ **út** official trip, business trip

szolgálatkész *a* helpful, willing, willing to help, obliging
szolgalelkű *a* servile, submissive, fawning
szolgáltat *vt* [vmit] supply, provide, furnish, give; **igazságot ~** serve justice
szolgáltatás *n* service; supply, provision
szolgáltató *a* service; *n* service; *comp* server (company); **internet ~** Internet service company
szolgáltatóipar *n* service industry
szolíd *a* modest, unpretentious
szolidaritás *n* solidarity, camaraderie
szólista *n* soloist, solo artist
szólít *vt* [vkit] call, address [sy]; [vkit vminek] call [sy] [sg]; **Bácsinak ~ja.** She calls him uncle.
szóló *a* solo, unaccompanied; *n mus* solo
szombat *n* Saturday; **~on** on Saturday; **~(on) este** Saturday night; **~onként** on Saturdays
szombati *a* Saturday, of/on Saturday; **a ~ parti** the party on Saturday; **a ~ újság** the Saturday paper
szomj *n* thirst; **~an hal** die of thirst
szomjas *a* thirsty, dehydrated, *coll* parched
szomjaz|ik *vi* [vmire] thirst, be thirsty for; crave, long for
szomorkod|ik *vi* [vmin] be sad
szomorú *a* sad, sorrowful, gloomy, depressed, melancholy, mournful, miserable
szomorúfűz *n* weeping willow
szomorúság *n* sadness, sorrow, unhappiness, depression, melancholy
szomszéd *a* next door, neighboring, adjoining; *n* neighbor; **A ~ban van.** She's next door.
szomszédos *a* neighboring, adjoining
szomszédság *n* neighborhood, vicinity
szonáta *n mus* sonata
szonda *n* probe; **alkohol ~** breathalyzer
szondáztat *vt* [vmit] use a breathalyzer on [sy]
szonett *n* sonnet
szónok *n* speaker, orator
szónoklat *n* speech
szónokol *vi* deliver a speech; preach, lecture; **Mindig csak ~.** He's always lecturing me.
szop|ik *vi* suck; nurse (infant)
szopogat *vt* [vmit] suck on, keep sucking; **Cukrot ~.** He's sucking on candy.
szoprán *a, n* soprano
szoptat *vt* [vkit] nurse (a baby)
-szor, -szer, -ször *suff* … times; **egyszer** once; **kétszer** twice; **ötször** five times; **sokszor** many times; often; **Ezerszer megmondtam.** I've told you a thousand times.
szór *vt* [vmit] sprinkle, scatter, spread; **Sz~ja a pénzt.** He's throwing his money away./He's squandering his money.
szórakozás *n* entertainment, being entertained; fun, a good time; **Jó ~ volt.** It was fun.
szórakoz|ik *vi* have a good time, have fun, enjoy oneself
szórakozóhely *n* bar, club
szórakozott *a* absentminded, forgetful, distracted, *coll* scatterbrained
szórakoztat *vt* [vkit] entertain, amuse
szórakoztatás *n* entertainment
szórakoztató *a* entertaining, amusing, fun; **~ ipar** entertainment industry
szórend *n gram* word order
szorgalmas *a* diligent, hard-working, industrious

szorgalmaz *vt* [vmit] urge, press, insist
szorgalom *n* diligence, hard work, assiduousness
szorgoskod|ik *vi* be active, be busy
szorít *vt* [vmit] squeeze, press, compress; clutch, grip; pinch, be too tight (shoes); **kezet ~** [vkivel] shake hands with
szóródj|ik *vi* sprinkle, scatter, spread
szorong *vi* crowd; be afraid, be anxious, worry
szoros *a* tight, close; narrow; *n* (mountain) pass; **~ barátság** close friendship
szoroz *vt* [vmit] *math* multiply
szorul *vi* be forced into, be crowded into, get wedged in, get stuck in; [vmire] need, be in need of, be dependent on; **Magyarázatra ~.** This calls for an explanation.
szorulás *n* constipation
szorult *a* **~ helyzet** tight situation, a fix
szórványos *a* scattered, sporadic
szorzás *n math* multiplication
szorzat *n math* product (of multiplication)
szorzó *n math* multiplier, factor
szorzótábla *n math* multiplication table
szósz *n* sauce, gravy
szószátyár *a* chatty, wordy, talkative, long-winded
szószegő *a* dishonest, faithless
szószék *n* pulpit
szótag *n* syllable
szótagol *vt* [vmit] break into syllables
szótár *n* dictionary, vocabulary, glossary
szótároz *vt* [vmit] look up words in a dictionary
szótlan *a* quiet, silent, wordless
szótöbbség *n* majority
szóval *adv* well, in a word, in short, so
szóváltás *n* dispute, altercation, argument; **~ba keveredett** [vkivel] he had words with
szóvivő *n* spokesperson, spokesman
szovjet *a, n* Soviet
Szovjetúnió *n* Soviet Union
szózat *n* proclamation, manifesto
sző *vt* [vmit] weave, spin
szöcske *n* grasshopper
szög *n* nail, pin, peg; angle; **a fején találja a ~et** *coll* hit the nail on the head; **~et üt a fejébe** *coll* get one thinking, catch one's attention; **Kibújik a ~ a zsákból.** *coll* The cat's out of the bag.
szöglet *n* corner, angle
szögletes *a* angular, angled
szökdécsel *vi* skip, hop, bounce
szőke *a* blonde, fair; *n* blonde
szökevény *n* fugitive, runaway
szök|ik *vi* flee, run away, escape
szökőár *n* tidal wave; tsunami
szökőév *n* leap year
szökőkút *n* fountain
szöktet *vt* [vkit] rescue, help escape; elope with
szőlő *n* grape; vineyard; **egy fürt ~** a bunch of grapes
szőlőcukor *n* glucose, grape sugar
szőlőfürt *n* a bunch of grapes
szőlőskert *n* vineyard
szőnyeg *n* carpet, rug, area rug
szőnyegpadló *n* wall-to-wall carpet
-ször *suff* → **-szor**
szőr *n* hair (on body), bristle
szörf *n* surfboard
szörföz|ik *vi* surf, windsurf
szörföző *n* surfer, windsurfer
szőrme *n* fur
szőrmebunda fur coat
szörny *n* monster

szörnyen *n* awfully, terribly, horribly; **Sz~ fáj a fejem.** I have a terrible headache.
szörnyethal *vi* die on the spot
szörnyű *a* awful, terrible, horrible
szőrös *a* hairy
szőrösszívű *a* hard-hearted, heartless, cruel
szörp *n* syrup, soft drink
szőrszál *n* a (single) hair
szőrszálhasogató *a* hair-splitting
szőrtelenítés *n* depilation, hair removal
szőrzet *n* body hair; fur, coat (animal)
szösz *n* lint, fluff, piece of thread
szöveg *n* text, words; lyrics (song); script (movie)
szövegel *vi coll* talk a lot, yak
szöveghű *a* ~ **fordítás** close translation
szövegkiemelő *n* highlighter (pen)
szövegkönyv *n cine* script; *mus* libretto
szövegkörnyezet *n* context
szövegszerkesztés *n* word processing, editing
szövegszerkesztő *n* word processor
szövés *n* weaving
szövet *n* fabric, textile, cloth
szövetkezet *n* cooperative
szövetkez|ik *vi* [vkivel] enter into an alliance with, ally with, team up with
szövetség *n* alliance; league, association; federation
szövetséges *a* allied, confederate
szövetségi *a* federal; ~ **kormány** *US* federal government
szövettan *n med* histology
szövődmény *n med* complication
szövőszék *n* loom
szövött *a* woven, spun
sztár *n cine* star
sztereó *a* stereo
sztereotípia *n* stereotype
sztráda *n* highway, *US* interstate (highway)
sztrájk *n* strike, walk-out
sztrájkol *vi* be on strike, strike
szú *n* woodworm, death-watch beetle
szubjektív *a* subjective, biased
Szuezi-csatorna *n* Suez Canal
szuggerál *vt* [vmit] suggest, influence mentally
szuggesztív *a* suggestive
szuka *n* bitch (dog)
szultán *n* sultan
szundít *vi* doze, nap, nod off
szúnyog *n* mosquito
szúnyogcsípés *n* mosquito bite
szúnyogháló *n* mosquito net, screen
szunnyad *vi* sleep, slumber
szuper *a* super, great, wonderful
szupermarket *n* supermarket
szuperszonikus *a* supersonic
szúr *vt* [vmit] stab, prick; sting, bit (insect); shoot (pain)
szurkol *vi* [vkinek] root for, cheer; keep one's fingers crossed
szurkoló *n sp* fan
szurok *n* tar
szurony *n* bayonet
szúrópróba *n* random try, random sampling
szúrós *a* prickly, stinging; piercing, penetrating
szuszog *vi* pant, puff, snort
szuterén *n* basement
szuvas *a* decayed, rotten (teeth)
szuverenitás *n* sovereignty, independence, autonomy
szűcs *n* furrier
szűk *a* tight, tight-fitting; narrow, confined, close; **~re szabott** limited, restricted
szűkít *vt* tighten, restrict
szűklátókörű *a* narrow-minded

szűkmarkú *a* tightwad, cheap, stingy
szükség *n* need, necessity, want; **~ esetén** if need be, if necessary; **~ szerint** as needed; **~e van** [vmire] need [sg], have the need for; **Nincs rá ~.** There's no need for it.
szükségállapot *n* state of emergency
szükséges *a* necessary, needed, required
szükséghelyzet *n* emergency situation
szükséglet *n* need, want, demand
szükségszerű *a* necessary, inevitable
szükségtelen *a* unnecessary, needless, superfluous
szűkszavú *n* tight-lipped, reserved, quiet
szűkület *n* constriction, bottleneck
szül *vt* [vmit] give birth to, deliver (a baby), have a baby
szülés *n* birth, childbirth, labor, delivery
szülész *n med* obstetrician
szülésznő *n* midwife
születés *n* birth
születési *a* birth, of birth, pertaining to birth; **~ anyakönyvi kivonat** birth certificate; **~ hiba** birth defect
születésnap *n* birthday
születésszabályozás *n* birth control, family planning
szület|ik *vi* be born, come into the world
szülő *a* giving birth, in labor; *n* parent
szülői *a* parental; **~ beleegyezés** parental consent
szülőváros *n* hometown, birthplace
szünet *n* break, interval, pause; *school* recess (between classes); holiday, vacation; *theat* intermission; **~et tart** take a break
szünetel *vi* pause, be interrupted
szüneteltet *vt* [vmit] pause, interrupt, stop, suspend
szünetjel *n mus* pause
szünnap *n* day off, holiday
szüntelen *a* ceaseless, constant, continuous
szűr *n H* long felt coat; *vt* [vmit] strain, filter; filtrate, purify; *fig* screen
szűrés *n* straining, filtering; *fig* screening
szüret *n* vintage, grape harvest; gathering fruit
szürke *a* grey, gray
szürkeállomány *n* gray matter, brains
szürkeség *n* grayness; *fig* obscurity
szürkület *n* dusk
szűrő *n* strainer, filter
szűrővizsgálat *n med* screening examination
szürreális *a* surreal, bizarre
szürrealizmus *n* surrealism
szűz *a, n* virgin; pure, intact
szüzesség *n* virginity
szűzies *a* virginal, pure
szűzpecsenye *n* fillet of pork
szvetter *n* sweater
szvit *n mus* suite

T

-t *suff* denoting a direct object; **könyvet olvas** read a book; **ebédet főz** make lunch; **levelet ír** write a letter; **filmet néz** watch a movie; **sokat tanul** study a lot; **egy kicsit pihen** rest a little; **nyolc órát dolgozik** work eight hours; **jót nevet** have a good laugh; **Mit csinálsz?** What are you doing?
tábla *n* board; *school* blackboard, whiteboard; bar (of chocolate); plaque
táblaüveg *n* sheet glass, plate glass
táblázat *n* table (in a document)
tabletta *n* tablet, pill

tábor *n* camp, encampment; **~t üt** set up camp
tábornok *n mil* general
táboroz *vi* go camping, camp
tábortűz *n* campfire
tabu *n* taboo
tag *n* member, part; limb; **tiszteletbeli ~** honorary member; **Minden ~om fáj.** I'm aching all over.
tág *a* wide, ample; *fig* vague, ambiguous; **~ fogalom** vague concept; **~ra nyílt szemekkel** eyes open wide, wide-eyed
tagad *vt* [vmit] deny, contest
tagadhatatlan *a* undeniable
tagadó *a* negative, negating; denying, refusing; **~ válasz** negative answer
tágas *a* spacious, roomy, big, open, large
tagbaszakadt *a* sturdy, robust, strong-built, heavy-set (person)
tagdíj *n* membership fee, membership dues
tágít *vt* [vmit] loosen, widen, enlarge, stretch
tagol *vt* [vmit] dissect, divide, proportion
tagolatlan *a* inarticulate (speech)
tagozat *n* section, branch; *school* specialty
tagság *n* membership; members (collective)
tágul *vi* widen, loosen, stretch; dilate (eyes, vein)
Taiföld *n* Thailand
taiföldi *n* Thai
táj *n* landscape; region, countryside, land
tájékozód|ik *vi* be informed, find [sg] out, inquire; orient oneself, find one's way
tájékozott *a* well-informed, familiar with
tájékoztat *vt* [vkit] inform, give information to
tájékoztató *a* informing, informative; *n* guide, brochure; **sajtó~** press conference
tájfutás *n sp* orienteering
tájfutó *n sp* orienteerer
tájkép *n* landscape (picture), scenery
tájnyelv *n* dialect
tájoló *n* compass
tájszólás *n* dialect; **~sal beszél** speak with an accent, speak a dialect
takács *n* weaver
takar *vt* [vmit] cover; [vmit vmibe] wrap up in, envelop; hide
takarékbetét *n* savings account
takarékos *a* economical, frugal, thrifty, *coll* penny-pinching
takarékoskod|ik *vi* economize, save, put aside (money)
takarékpénztár *n* savings bank
takarít *vt* [vmit] clean (house), straighten up
takarító(nő) *n* cleaning person/woman
takaró *n* cover, blanket; **ágy~** bedspread
takaróz|ik *vi* [vmivel] cover oneself, wrap oneself in; *fig* hide, shield oneself with
taknyos *a* snotty, snot-nosed
taktika *n* tactics
taktikai *a* tactical
taktus *n mus* time measure, beat
tál *n* dish, bowl, tureen (soup), platter
talaj *n* soil, dirt, earth, top soil
talajminta *n* soil sample
talajszint *n* ground level
talajtorna *n sp* floor exercises (gymnastics)

talajvíz *n* ground water
talál *vt* [vmit] find, discover, come across; [vminek] find, consider, think, deem; *vi* hit (target); **fontosnak ~** [vmit] find important; **célba ~** hit the target; **Nem ~om a kulcsomat.** I can't find my key.
tálal *vt* [vmit] serve up (food); present, introduce
találat *n* hit; **Teli~!** Bull's-eye!; jackpot
találékony *a* inventive, ingenious
találékonyság *n* inventiveness, resourcefulness, ingenuity
találka *n* rendezvous, date
találkoz|ik *vi* [vkivel] meet, run into, *coll* bump into
találkozó *n* meeting, appointment; **érettségi ~** class reunion
találmány *n* invention, innovation
találó *a* proper, right, appropriate; **~ megjegyzés** appropriate remark
tálalóasztal *n* serving table, sideboard
találomra *adv* at random, randomly, haphazardly
találós *a* **~ kérdés** riddle, puzzle
talán *adv* maybe, perhaps, possibly; may; **~ eljön** she may come
talány *n* puzzle, riddle, enigma, mystery
tálca *n* tray
talicska *n* barrow, wheelbarrow
talizmán *n* talisman, charm, amulet
talp *n* sole (human, shoe); paw, foot (animal); foot, support, bottom
talpal *vi* walk, trudge; *vt* [vmit] sole (a shoe)
talpas *a* having a foot; **~ pohár** stemmed glass, stemware
talpbetét *n* insole
talpraesett *a* smart, sharp, quick-witted
tályog *n med* abscess, boil
támad *vt* [vkit, vmit] attack, assault, charge; *vi* arise, come up; **Egy ötlete ~t.** She had an idea.
támadás *n* attack, assault, charge; *fig* attack, abuse; **T~ érte.** He was attacked.
támadó *a* attacking; aggressive, offensive; *n* attacker, aggressor, assailant
támasz *n* support, brace; help, support, supporter
támaszkod|ik *vi* [vkire, vmire] lean on, prop up against; rest on, be supported by; *fig* depend on, rely on
támaszpont *n mil* base; **légi ~** air base
támaszt *vt* [vmit] prop up, lean against; cause, create; **követelést ~** [vmire] lay claim to, claim
támla *n* back (of chair); **fej~** headrest
támogat *vt* [vkit, vmit] support, aid, help, assist, back (up); **Feltétel nélkül ~om.** I support him without reservation.
támogatás *n* support, help, assistance, aid
tampon *n* tampon; cotton swab
támpont *n* basis, essential fact
tan *n* doctrine, dogma; science, study, theory
tanács *n* advice, counsel; council, board, committee; **~ot kér** [vkitől] ask [sy's] advice, seek counsel; **igazgató ~** board of directors
tanácsadás *n* advice, counseling; **házassági ~** marriage counseling
tanácsadó *a* advisory, consulting; *n* advisor, adviser, counselor, consultant
tanácskozás *n* discussion, conference, meeting, talks
tanácskoz|ik *vi* [vkivel vmiről] consult with, discuss with, confer
tanácsol *vt* [vmit vkinek] advise, give advice, recommend

tanácsos *a* advisable, prudent, recommended; *n* councilor
tanácstalan *a* helpless
tananyag *n school* subject matter (of a curriculum), curriculum
tanár *n* teacher, instructor, professor, tutor
tanári *a* teacher's, instructor's, professor's; *n* (teacher's) staff room; **~kar** teaching staff, instructional staff
tanárképző *a* teacher-training; **~ főiskola** teacher-training college
tanárnő *n* female teacher, female instructor, woman professor
tanársegéd *n school* teacher's assistant, TA
tánc *n* dance
táncdal *n* dance song
táncház *n H* dance house, folk dancing party
tánciskola *n* dancing school
tánckar *n* chorus line
tánclépés *n* dance step, dance move
táncol *vi* dance
táncos *n* dancer; **~nő** female dancer, ballerina
tánctanár *n* dance instructor
táncterem *n* ballroom, dance hall
tánczene *n* dance music
tánczenekar *n* dance orchestra, big band
tandíj *n* tuition, tuition fee
tanév *n* school year, academic year; term, semester (college)
tanfolyam *n* course, class
tanít *vt* [vkit, vmit] teach, instruct, tutor, coach
tanítás *n* teaching, instruction, tutoring; *school* classes, school; **Ma nincs ~.** There's no school today.
tanítási *a* teaching, educational, didactic; **~i szünet** school break
tanító *a* teaching, instructing; *n* teacher (primary school)
tanítóképző *n* (elementary school) teacher-training college
tanítónő *n* female teacher (primary school)
taníttat *vt* [vkit] send to school, give [sy] an education
tanítvány *n school* student; disciple, follower
tank *n mil* tank; *auto* tank; **Üres a ~.** The tank is empty. (I need gas.)
tankhajó *n* tanker
tankol *n* get fuel, get gas, pump gas; **tele ~ja a kocsit** fill up the car
tankönyv *n* textbook, schoolbook
tanmenet *n* syllabus
tanonc *n* apprentice
tanrend *n school* schedule of classes
tanszék *n school* department, section (college); **angol ~** English department
tanszékvezető *n school* department chair, department head
tantárgy *n school* subject
tanterem *n* classroom, class, auditorium (large)
tanterv *n school* syllabus, curriculum, program
tántorog *vi* stagger, totter
tanú *n* witness; **szem~** eyewitness
tanújel *n* proof, evidence
tanul *vt* [vmit] study, learn; [vkitől, vmiből] learn from; **T~t a hibájából.** She learned from her mistake.
tanulás *n* learning, studying
tanulatlan *a* uneducated, untrained, ignorant
tanulmány *n* study, research; study, studying; **~t készít** prepare a study; **~okat folytat** pursue studies; **~ait befejezi** graduate, finish one's studies

tanulmányi *a* study, school-; ~ **kirándulás** school field trip
tanulmányoz *vt* [vmit] study, observe, make a study of
tanuló *a* studying, learning; *n* student, school kid
tanulság *n* lesson, moral (of a story)
tanulságos *a* educational, instructive, edifying
tanúság *n* evidence, testimony
tanúsít *vt* [vmit] prove; attest, testify, bear witness to
tanúsítvány *n* certificate
tanúvallomás *n* testimony, witness's statement
Tanzánia *n* Tanzania
tanzániai *a, n* Tanzanian
tanya *n* ranch, farm, farmstead; nest, den (animal)
tányér *n* plate; disc, plate; **lapos** ~ dinner plate; **mély** ~ bowl, soup plate
táp *n* food, feed (animal)
tapad *vi* [vmihez] stick to, adhere to, cling to; be sticky, be tacky
tapadós *a* sticky, adhesive, tacky
tápanyag *n* nutrient
tapasz *n* adhesive, plaster
tapaszt *vt* stick to, glue to
tapasztal *vt* [vmit] experience, learn; find
tapasztalat *n* experience, skill, practice
tapasztalatlan *a* inexperienced, fresh, raw
tapasztalt *a* experienced, seasoned, skilled
tápérték *n* nutritional value
tapéta *n* wallpaper
tapétáz *vt* [vmit] wallpaper, hang wallpaper
tapint *vt* [vmit] touch, feel, finger
tapintat *n* tact, discretion
tapintatlan *a* tactless, indiscreet
tapintatos *a* tactful, discreet, delicate
táplál *vt* [vkit, vmit] feed, nourish, nurture; cherish, foster (feelings)
táplálék *n* food, nourishment, sustenance
táplálkozás *n* nutrition, nourishment, eating; **hiányos** ~ malnutrition
táplálkoz|ik *vi* [vmivel] eat, feed (on)
tápláló *a* nourishing, nutritious
tapogat *vt* [vmit] feel, touch, handle; scan
tapogatóz|ik *vi* feel one's way, grope about
tapos *vt* [vmit] trample, tread (on)
táppénz *n* sick pay; **~en van** be on sick leave
taps *n* applause, clapping
tapsol *vi* clap, applaud
tápszer *n* food, nutrient; formula (for babies)
tár *n* depot, storehouse, warehouse, storage; magazine (gun)
tár *vt* [vmit] open wide, open up
tárca *n* wallet; portfolio, ministry; ~ **nélküli miniszter** *pol* minister without a portfolio
tárcsa *n* disk, disc; dial (telephone)
tárcsáz *vt* [vmit] dial (a number)
tárgy *n* object, thing, article; matter, subject, subject matter, theme, topic; *school* subject; *gram* object; **nevetség ~a** laughingstock; **a ~ra tér** get to the point
tárgyal *vi* [vkivel vmiről] negotiate, discuss, confer; *law* hear, try
tárgyalás *n* negotiation, talks; debate, discussion; *law* trial, hearing; **~okat folytat** carry out negotiations
tárgyaló *a* negotiating, talking; ~ **fél** negotiating party

tárgyalóasztal *n* conference table, round table
tárgyalóterem *n* conference room; *law* courtroom
tárgyeset *n* *gram* accusative case
tárgyilagos *a* objective, unbiased, impartial
tárgymutató *n* subject index
tárgytalan *a* null and void; **Tekintse ~nak.** Please disregard.
tarifa *n* tariff, toll
tarisznya *n* bag, shoulder bag, satchel
tarka *a* multicolored, colorful
tarkó *n* nape of the neck, back of the head
tárlat *n* exhibit, exhibition, show
tarló *n* stubble field
tarokk *n* tarot; **~ kártya** tarot card(s)
tárol *vt* [vmit] store, keep, stock
tárolás *n* storing, storage
társ *n* companion, mate; associate, partner; **és ~ai** *bus* et al., and co.
társadalmi *a* social, of society; **~ helyzet** social standing; **~ munka** voluntary work
társadalom *n* society, community
társadalombiztosítás *n* social insurance; *US* Social Security
társadalomtudomány *n* social science
társalgás *n* conversation, discussion, talk
társalog *vi* [vkivel vmiről] converse, talk, chat
társas *a* social; joint, common, collective; **~ összejövetel** social gathering
társaság *n* company, gathering; society; company, partnership; [vkinek] **a ~ában** in the company of; **Sokat jár ~ba.** He goes out a lot./He's socially active.
társasjáték *n* board game
társasutazás *n* group tour
társul *vi* [vmihez] join, attach to, associate with
tart *vt* [vmit] hold, keep; retain, keep; handle, hold, carry; control, restrain; keep, have, breed (animal); think, consider, regard (as), take (for); last, be durable; last, take (time); *vi* [vmitől] fear, be afraid of; **a kezében ~** hold in one's hand; **melegen ~** keep warm; **jól ~ja magát** hold up well; **~ja magát** [vmihez] keep to, stick to, insist on; **lépést ~** keep up with, keep pace with; **előadást ~** hold/give a lecture; **értekezletet ~** hold a meeting; **sokat ~ róla** think highly of [sy]; **igényt ~** [vmire] claim [sg], lay claim to; **Jó ötletnek ~om.** I consider it a good idea. **Balra ~s!** Keep left! **Sokáig ~.** It lasts a long time. **Meddig ~?** How long does it last?/How long does it take? **Attól ~ok, hogy ...** I'm afraid that ...
tartalék *n* reserve, reserves
tartalékol *vt* [vmit] reserve, keep, hold in reserve
tartalmas *a* substantial
tartalmaz *vt* [vmit] contain, hold, include
tartalom *n* content
tartalomjegyzék *n* table of contents, contents
tartály *n* tank, reservoir
tartályhajó *n* tanker
tartálykocsi *n* tanker truck, tanker
tartam *n* duration, term, length, period
tartármártás *n* tartar sauce
tartás *n* holding, keeping; raising, breeding (animals); posture (body); (moral) integrity; **Nincs ~a.** She has no backbone.

tartásdíj *n* alimony
tarthatatlan *a* intolerable, unsustainable
tartó *a* holding, keeping; lasting, enduring; case, holder
tartomány *n* province; territory
tartós *a* lasting, long-lasting, durable, permanent; *med* chronic
tartósít *vt* [vmit] preserve, conserve
tartósítószer *n* preservative
tartósított *a* preserved, canned (food)
tartozás *n* debt, liability
tartozék *n* accessories
tartoz|ik *vi* [vmivel] owe, be indebted (to); [vmihez] belong to; [vkire] concern, be [sy's] business; **Mennyivel ~om?** How much do I owe you? **T~om neki.** I owe him money. **A készlethez ~.** It belongs to the set. **Ez más lapra ~ik.** *coll* That's a different matter. **Ez nem ~ik rád.** It's none of your concern.
tartózkodás *n* residence, reserve, abstaining (from)
tartózkodási *a* **~ engedély** residence permit; **állandó ~ hely** permanent residence
tartózkod|ik *vi* [vhol] stay, live, reside; [vmitől] abstain from, refrain from
tárva-nyitva *adv* wide open
táska *n* bag, briefcase; **kézi~** handbag; **váll~** shoulder bag; **sport~** duffle bag
taszít *vt* [vmit] push, shove, nudge; *vi* repulse
tatár *a, n* Tartar, Tatar
tataroz *vt* [vmit] repair, renovate, restore (building)
táv *n* distance, space, run; **rövid ~ú** short-term; **hosszú ~on** in the long run
tavak *n pl* → **tó**
tavaly *adv* last year
tavalyelőtt *adv* the year before last
tavalyi *a* last year's; **a ~ utazás** last year's trip
tavasz *n* spring; **tavasszal** in spring, in the spring
tavaszi *a* spring-, springtime-; **~ eső** spring rain
távbeszélő *n* telephone
távcső *n* binoculars, telescope; opera glasses
távfutás *n sp* long-distance running
távfutó *n* long-distance runner
távhívás *n* long-distance call
távirányító *n* remote control, remote
távirat *n* telegram, wire
táviratoz *vi* [vkinek] send a telegram
távkapcsolat *n* long-distance relationship
távközlés *n* telecommunication
távlat *n* perspective; prospect, outlook
távmunka *n* telecommuting, work out of the home
távol *adv* far, far away, far off; **~ marad** stay away; **~ tart** keep away; **T~ áll az igazságtól.** Nothing could be further from the truth.
távolabb *a* further, farther
távoli *a* far, distant, remote; **~ rokon** distant relative
Távol-Kelet *n* the Far East
távollátó *a* far-sighted
távollét *n* absence
távolod|ik *vi* [vmitől] move away from; distance oneself from, become alienated
távolság *n* distance, gap, expanse; way, stretch; interval; **~ot tart** keep one's distance
távolságtartó *a* distant, reserved, aloof, standoffish
távolugrás *n sp* long jump
távozás *n* departure, leaving

távoz|ik *vi* [vhonnan] leave from, depart
távvezérlés *n* remote control
távvezeték *n el* power line, transmission line; (oil, gas) pipeline
taxi *n* cab, taxicab, taxi; **~t fog** hail a cab; **~ba ül** take a cab
taxiállomás *n* taxi stand
taxis *n coll* cab driver, taxi driver
taxisofőr *n* cab driver, taxi driver
tb = társadalombiztosítás *n*
tbc = tuberkulózis *n med* tuberculosis
te *pron sing* you (familiar); thou (old or religious usage); your; **~ magad** you yourself; **a ~ házad** your house
tea *n* tea; **zöld ~** green tea; **gyógy~** herbal tea
teadélután *n* afternoon tea, tea party
teáskanna *n* teapot, kettle
teasütemény *n* cookie
teaszűrő *n* tea strainer
teavaj *n* sweet butter, fresh butter
teáz|ik *vi* drink tea, have tea
technika *n* technology; technique
technikum *n* technical school, vocational school
technikus *n* technician
technológia *n* technology
teendő *n* task, work, business; **Az első ~…** The first thing to do is …
téged *pron* you; **Ismer ~.** He knows you.
tegez *vt* [vkit] use the familiar forms to address [sy]
tégla *n* brick
téglalap *n* rectangle; **~ alakú** rectangular
téglavörös *a* brick red
tegnap *adv* yesterday; **~ este** last night; **~ délután** yesterday afternoon
tegnapelőtt *adv* the day before yesterday
tegnapi *a* yesterday's, of yesterday; **a ~ újság** yesterday's paper
tehát *conj* so, thus, then, consequently
tehén *n* cow
tehenészet *n* dairy farm
teher *n* burden, load, weight; freight; **terhet ró** [vkire] impose a burden on; **büntetés terhe mellett** *law* under penalty of law; **~be esik** become pregnant; **terhére van** [vkinek] be a bother to [sy]
teherautó *n* truck
teherbírás *n* carrying capacity
teherfuvarozás *n* shipping of goods
teherhajó *n* cargo vessel
teherpróba *n* load test
teherszállítmány *n* freight
tehervonat *n* freight train
tehetetlen *a* helpless, powerless
tehetetlenség *n* helplessness, powerlessness
tehetős *a* well-to-do
tehetség *n* talent, gift, ability; talented person; **~e van hozzá** have the gift of, have a talent for
tehetséges *a* talented, gifted
tehetségtelen *a* untalented
tej *n* milk
tejberizs *n* rice pudding
tejbolt *n* dairy store
tejcsokoládé *n* milk chocolate
tejes *a* milky, milk-
tejeskávé *n* coffee with milk, café latte, latte, café au laît
tejfog *n* baby tooth, milk tooth
tejföl *n* sour cream
tejipar *n* dairy industry
tejpor *n* powdered milk
tejsav *n* lactic acid
tejszín *n* cream, whipping cream
tejszínhab *n* whipped cream
tejtermék *n* dairy product

Tejút *n* the Milky Way
teke *n* bowling, tenpins
teker *vt* [vmit] wind, roll, twist, reel
tekercs *n* reel, roll, coil, spool; **sonka ~** ham roll
tekint *vi* [vmire] look at, glance at; [vminek] *fig* consider, regard as
tekintély *n* authority, prestige, respect; person of importance, authority; **Nagy a ~e.** She's greatly respected.
tekintélyes *a* respected, important, of authority
tekintet *n* look, glance, sight; regard, respect, consideration; **~ nélkül arra, hogy** regardless of; **~be vesz** take into consideration; **minden ~ben** in every respect
tekintve *adv* considering, in view of
teknősbéka *n* tortoise, (sea) turtle
tél *n* winter; **~en** in winter
Télapó *n* Santa Claus
tele *a* full, filled; **~ torokból kiabál** yell at the top of one's lungs
telefax *n* fax
telefon *n* telephone, phone; **mobil~** cell phone; **felveszi a ~t** answer the phone, pick up the phone; **leteszi a ~t** hang up, hang up the phone
telefonál *vi* [vkinek] telephone, call [sy], give [sy] a call
telefonfülke *n* phone booth, pay phone
telefonhívás *n* telephone call
telefonkagyló *n* receiver, handset
telefonkártya *n* calling card
telefonkezelő *n* operator
telefonkönyv *n* phone book, Yellow Pages (business), White Pages (residential)
telefonszám *n* telephone number, phone number
telehold *n* full moon
telek *n* lot, piece of land
telep *n* settlement, colony; habitation; industrial site
telepít *vt* [vmit] place, settle, plant; *comp* install
telepes *n* settler, colonist, pioneer
település *n* settlement, village, town
teleszkóp *n* telescope
teletölt *vt* [vmit vmivel] fill up, fill to the brim
teletöm *vt* [vmit vmivel] stuff, fill up
televízió *n* television, TV; **nézi a ~t** watch TV; **Mi megy a ~ban?** What's on TV?
televíziós *a* televised
telex *n* telex
telhetetlen *a* insatiable; greedy
telhető *a* possible; **minden tőle ~t megtesz** do one's best
téli *a* winter-, wintry; **~ sport** winter sports
telihold *n* full moon
tel|ik *vi* fill up, get full; pass, elapse (time); [vmire] afford; **ami tőlem ~ik** to the best of my ability; **Lassan ~t az idő.** Time was passing slowly. **Sok időbe ~ik.** It takes a long time. **Nem ~ik neki autóra.** He can't afford a car.
télikabát *n* winter coat
telitalálat *n* direct hit; jackpot, bingo
teljes *a* complete, whole, entire, total, full; *fig* total, pure, sheer, perfect; **nem ~** incomplete; **~ ellátás** full board; **~ erejéből** with all her might; **~ mértékben** completely, fully; **egy ~ hét** a whole week; **~ szívemből** with all my heart
teljesít *vt* [vmit] complete, carry out, perform, accomplish, do; fulfill; **~i a feladatát** accomplish one's task
teljesítmény *n* accomplishment, achievement; output (machine), horsepower (car)

teljesítőképesség *n* ability, productivity, efficiency
telt *a* full; plump, chubby (person); ~ **ház** full house, *theat* sold-out (show)
téma *n* topic, theme, subject matter
témakör *n* topic, subject, theme
temet *vt* [vmit] bury
temetés *n* burial, funeral
temetkezési *a* funeral-; ~ **vállalat** funeral home, undertaker
temető *n* cemetery, burial ground, graveyard, churchyard
temperamentum *n* temperament, nature, disposition
templom *n* church
tempó *n* rhythm, stroke, pace, beat; speed; *mus* tempo
tendencia *n* tendency, inclination, trend
tengely *n* axle; axis
tenger *n* sea, ocean; **a nyílt** ~ the high seas; **~en** at sea; **a ~en túl** *adv* overseas; **~en túli** *a* overseas, transatlantic
tengeralattjáró *n* submarine
tengerész *n* sailor, *mil* **~gyalogos** marine
tengerészet *n* (commercial) navy; *mil* **hadi~** the navy
tengeri *a* maritime, naval, sea-, ocean-; ~ **kikötő** port, harbor; ~ **állat** sea animal; ~ **mérföld** nautical mile
tengeribeteg *a* seasick
tengerimalac *n* guinea pig
tengerjáró *n* ocean liner, cruise ship
tengerpart *n* coast, beach, seaside, seashore
tengerszint *n* sea level
tenisz *n sp* tennis
teniszez|ik *vi sp* play tennis
teniszlabda *n* tennis ball
teniszpálya *n* tennis court
teniszütő *n* tennis racket
tenni *vt* → **tesz**
tenorista *n* tenor
tény *n* fact, reality, actuality; **A ~ek magukért beszélnek.** The facts speak for themselves.
tenyér *n* palm (of the hand); **a tenyerén hord** [vkit] *coll* pamper [sy], spoil [sy]; **Ismeri mint a tenyerét.** *coll* She knows it like the back of her hand.
tenyészt *vt* [vmit] breed, raise
tényező *n* factor
tényleg *adv* really, indeed
tényleges *a* actual, real, true; ~ **érték** real value
teológia *n* theology
teológiai *a* theological
teória *n* theory
tép *vt* [vmit] tear, rip, shred; pick, pluck (flower)
tépelőd|ik *vi* [vmin] worry, fret
tépőzár *n* Velcro™
tepsi *n* baking pan, roasting pan (for meats), baking sheet, cookie sheet (for pastries)
tér *n* space, room; square (in a town); *fig* field, line, sphere; **minden ~en** in every respect; **mágneses ~** magnetic field
terápia *n* therapy, cure
terasz *n* terrace, deck
térd *n* knee; **~ig ér** rise to the knees; **~ig érő** *a* knee-high; **~en állva** one one's knees
térdel *vi* kneel
térdkalács *n* kneecap
térdvédő *n* knee pad
térdzokni *n* knee-high socks
terebélyes *a* spreading, branchy (tree); large, fat, corpulent (person)
tereget *vt* [vmit] spread out; hang out to dry

terel *vt* [vmit] direct, drive, turn; **másra ~i a beszélgetést** change the subject (of conversation)
terelőút *n* detour
terelővonal *n* broken white line (traffic)
terem[1] *n* large room, hall, lobby; ward (hospital)
terem[2] *vt* [vmit] produce, yield, grow, bear (fruit); *vi* produce, yield, grow; [vhol] appear suddenly; **A türelem rózsát ~.** Good things come to those who wait. **Itt sok gyümölcs ~.** A lot of fruit grows here.
teremgarázs *n* parking garage
teremt *vt* [vmit] create, make, produce
teremtés *n* creation, formation; creature, person; **szerencsétlen ~** poor soul
terep *n* land, area, ground; terrain
terepfutás *n sp* cross-country running
terepjáró *n* jeep, sport utility vehicle, SUV
terepszínű *a* camouflage-
térfogat *n* volume, bulk, mass; capacity
térhatású *a* three-dimensional, 3-D
terhel *vt* [vmit] burden, load; [vkit vmivel] be a burden on, fall on (duty); inconvenience, trouble, disturb; **a felelősség őt ~i** the responsibility rests on her
terhelő *a* burdening; *law* incriminating; **~ bizonyíték** incriminating evidence; **~ tanú** witness for the prosecution
terhelt *a* laden, loaded; burdened
terhes *a* loaded, laden; burdensome, inconvenient; pregnant
terhesgondozás *n* prenatal care
terhesgondozó *n* prenatal care center
terhesség *n* pregnancy
terhességmegszakítás *n* abortion
tériszony *n* fear of heights, vertigo
terít *vt* [vmit] lay out, spread out; hang out (clothes to dry); set the table
térít *vt* [vmit] divert, turn, lead; [vkit vmire] *rel* evangelize, convert to another faith; pay back, compensate
térítésmentes *a* free of charge
terítő *n* tablecloth; **ágy~** bedspread
terjed *vi* spread, expand, increase; spread, travel (sound); stretch, extend (area)
terjedelem *n* extent, size, volume, range, length
terjedelmes *a* extensive; big, large; comprehensive, long, lengthy
terjeszt *vt* [vmit] spread; disseminate, circulate, distribute; [vmit vki elé] submit, present
terjesztő *n* distributor; spreader, propagator
térkép *n* map
térképész *n* cartographer
térképészet *n* cartography
termálfürdő *n* hot spring(s); thermal bath (for medical treatment)
termék *n* product
termékeny *a* fertile, productive, prolific, fruitful
terméketlen *a* infertile, sterile, barren, unfruitful
termel *vt* [vmit] produce, manufacture; grow, raise, produce
termelékeny *a* productive, efficient
termelékenység *n* productivity, efficiency
termelés *n* production, manufacturing; growing, producing; yield, output
termelő *a* producing, growing, productive; *n* farmer, grower; maker; **zöldség~** vegetable grower, vegetable farmer
termelőeszköz *n* means of production

termelőszövetkezet *n* (agricultural) co-op, co-operative
termény *n* produce (agricultural), crop, fruit, grain
termés *n* crop, yield, harvest
termesz *n* termite
természet *n* nature; nature, character, disposition, temperament; **~ben fizet** pay in kind; **Jó ~e van.** He's good-natured.
természetellenes *a* unnatural, abnormal, perverted
természetes *a* natural, normal; innate; **~ halál** natural death; **~nek vesz** [vmit] take [sg] for granted
természetesen *adv* naturally, of course, certainly
természetfölötti *a* supernatural, mystical
természeti *a* natural, of nature; **~ csapás** natural disaster; **~ jelenség** natural phenomenon
természettudomány *n* natural science
természetvédelem *n* environmental protection, (nature) conservation
természetvédelmi *a* environmental protection-; **~ terület** nature reserve
termeszt *vt* [vmit] raise, grow, produce
termet *n* figure, build, stature
terminál *n* terminal (airport)
terminológia *n* terminology
termosz *n* thermos
termőföld *n* soil, topsoil; agricultural land
terpentin *n* turpentine
terrárium *n* terrarium
terrorcselekmény *n* terrorist act, act of terrorism
terrorista *n* terrorist
terrorizál *vt* [vkit] terrorize, intimidate
terrorizmus *n* terrorism
térség *n* region, area
terület *n* territory, land, area, region; area, surface, size; *fig* field, domain, scope
terv *n* plan, design, scheme, intent; draft, design; outline (sketchy); **~ szerint** according to plan; **~eket sző** devise plans, make plans
tervez *vt* [vmit] plan, design, make plans, draft
tervezet *n* plan, draft; *law* **törvény~** bill
tervrajz *n* design, draft, plan, drawing
tervszerű *a* planned, following the plan, systematic
tessék *int* **T~!** Please!/Go ahead! (at the door)/Come in! (answer to knocking) **T~?** Pardon me?/Excuse me?/Come again? (I didn't understand.) **Erre ~!** This way, please! **T~ leülni** Please sit down! **T~ mondani ...?** Could/would you please tell me ...? **T~ parancsolni?** What can/may I do for you?/How can/may I help you?
test *n* body; **~hez álló** close-fitting, tight (clothing); **~et ölt** take shape, be realized
testalkat *n* body type; build, figure, shape
testápoló *n* body lotion
testedzés *n* exercise (physical)
testi *a* bodily, physical; **~ erő** physical strength; **~ munka** manual/physical labor
testmagasság *n* height (of a person)
testnevelés *n school* physical education, P.E., phys ed, gym class
testnevelő *n school* gym teacher, physical education teacher,
testőr *n* bodyguard
testrész *n* body part
testtartás *n* (bodily) posture, pose

testület *n* body (organization); **diplomáciai ~** diplomatic corps; **tan~** teaching staff
testvér *n* sibling, brother (male), sister (female)
testvériség *n* brotherhood, sisterhood, fraternity
tesz *vt* [vmit] do, make, act, commit; put, place, lay, set; **jót ~** [vkinek] do [sy] good; **kárt ~** [vmiben] do harm, damage; **az asztalra ~** put on the table; **boldoggá ~** [vkit] make [sy] happy; **panaszt ~** make a complaint; **úgy ~, mintha** he acts like …, he pretends; **Mit tegyek?** What should I do? **Nincs mit tenni.** There's nothing to do. **Nem ~ semmit!** No problem!/It doesn't matter! **Nem tehetek róla.** I can't help it.
teszt *n* test, trial, exam
tészta *n* dough, batter (raw); pasta, noodles (cooked); pastry, cake (sweet)
tesztel *vt* [vmit] test, try
tesz-vesz *vi* busy oneself, putter around
tét *n* stake (in a game)
tétel *n* thesis, precept; *mus* movement, theme; item, heading
tetem *n* dead body, corpse, cadaver; carcass (animal)
tetemes *a* considerable, large
tétlen *a* idle, inactive
tétlenség *n* inactivity, idleness, inaction
tétova *a* hesitant, tentative, uncertain
tetovál *vt* [vmit] tattoo
tetoválás *n* tattoo
tétováz|ik *vi* hesitate, vacillate, waver
tető *n* top; roof; peak, crest, summit; lid, cover; **~ alá hoz** [vmit] bring [sg] to conclusion; **~től talpig** from top to bottom; **a tetejében** in addition, on top of that
tetőfok *n* height, top, prime
tetőpont *n* top, culmination, height, summit
tetőz|ik *vi* culminate, reach the highest point
tetszés *n* approval, liking, preference, pleasure, delight; **~ szerint** as you like it, at will; **~t nyilvánít** express one's approval/liking; **~t arat** meet with success
tetszetős *a* attractive, appealing, pleasant
tetsz|ik *vi* [vkinek] please, like; **Nagyon ~ a film.** I like the movie very much. **Hogy ~?** How do you like it? **T~el neki.** He likes you./ *coll* He has a crush on you. **Mit ~ik kérni?** What would you like?
tett *n* deed, act, action; **~en ér** catch in the act; **~re kész** ready to act
tettes *n law* perpetrator
tettet *vt* [vmit] pretend, fake, simulate
tetű *n* louse
teve *n* camel
tévé *n coll* TV, television
téved *vi* make a mistake, err, slip; miscalculate; get [swhere] by mistake; **ha nem ~ek** if I'm not mistaken
tévedés *n* mistake, error, fault; miscalculation
tévedhetetlen *a* infallible, perfect
tevékeny *a* active, busy
tevékenység *n* activity, work
tévékészülék *n* television set, TV set, TV
téves *a* mistaken, erroneous, faulty, wrong, incorrect
tévéz|ik *vi* watch TV
tévhit *n* misconception; delusion
textil *n* textile, fabric, material, cloth
tézis *n* thesis, argument

ti *pron* you (plural, informal); your; **a ~ házatok** your house
t.i. = **tudniillik** *int* i.e., that is
Tibet *n* Tibet
tibeti *a, n* Tibetan
tied *pron* yours (one thing possessed)
tieid *pron* yours (several things possessed)
tieitek *pron* yours (several things possessed)
tietek *pron* yours (one thing possessed)
tífusz *n med* typhoid
tigris *n* tiger
tilalom *n* prohibition, ban (on)
tilos *a* prohibited, forbidden, banned; **T~ a dohányzás.** No smoking. **A fűre lépni. T~.** Keep off the grass. **T~ az átjárás.** No trespassing.
tilt *vt* [vmit] forbid, prohibit
tiltakoz|ik *vi* [vmi ellen] protest against, object to; file a complaint
tincs *n* lock (of hair), curl
tinédzser *a* teenage; *n* teenager
tini *a, n* teen (person)
tinta *n* ink
tipeg *vi* waddle, toddle, shuffle
tipikus *a* typical, characteristic; usual, normal, ordinary
tipor *vt* [vmit] trample, tread on, crush (with foot)
tipp *n* tip, hint, idea
tippel *vi* guess, give a tip
típus *n* type, kind; class, category
tiszt *n* officer; office, function; **katona~** military officer
tiszta *a* clean, neat, immaculate; pure; clear, plain; innocent, pure; all; **~ víz** clear water; **~ vizet önt a pohárba** speak plainly, clear things up; **tisztába tesz** [vkit] change (a baby); **tisztában van** [vmivel] be aware of [sg]; **T~ sár a cipőm.** *coll* My shoes are all muddy. **T~ sor.** That's all clear./It's obvious.
tisztálkod|ik *vi* wash, clean oneself (up)
tisztán *adv* cleanly, clearly; purely, plainly, straight
tisztás *n* clearing (in a forest), opening
tisztaság *n* cleanliness; purity, innocence
tisztáz *vt* [vmit] clear up, clarify, make clear; [vkit] clear, vindicate [sy]
tisztel *vt* [vkit] respect, honor, esteem
tiszteleg *vi* [vkinek] salute
tisztelendő *n* reverend
tisztelet *n* respect, esteem, regard; honor, respect; **~ben áll** be respected, have a high reputation; **~re méltó** honorable, respectable; [vkinek] **a ~ére** in honor of [sy]
tiszteletdíj *n* honorarium, fee
tiszteletes *n* reverend
tiszteletlen *a* disrespectful
tisztelettudó *a* respectful
tisztelt *a* respected, honorable, honored, esteemed; **T~ Kovács úr …** Dear Mr. Kovács … (in a letter)
tisztesség *n* honor, respect; honesty
tisztességes *a* honorable, honest
tisztességtelen *a* dishonest, dishonorable; unfair
tisztít *vt* [vmit] clean, cleanse, polish (shoes); shell (peas), peel
tisztító *a* cleaning, purifying; *n* dry cleaner's
tisztítószer *n* detergent, cleaning agent, soap
tisztviselő *n* clerk, official
titkár *n* secretary (male)
titkárnő *n* secretary (female)
titkárság *n* secretariat, front office
titkol *vt* [vmit] hide, conceal, keep [sg] secret
titkos *a* secret, secretive, hidden, concealed; **~ kamera** hidden camera; **~ imádó** secret admirer

titok *n* secret; **~ban** in secret, secretively; **titkot tart** keep a secret
titokzatos *a* mysterious, secret, secretive
tíz *num* ten
tized *num* tenth; **két egész egy** ~ two point one, 2.1; *n* tithe
tizedes *a* decimal; *n mil* corporal
tizedesvessző *n* decimal point
tizedik *a* tenth (in a row); **a ~ emeleten laknak** they live on the tenth floor
tizenegy *num* eleven
tizenéves *a* teenage; *n* teenager
tizenhárom *num* thirteen
tizenhat *num* sixteen
tizenhét *num* seventeen
tizenkettő *num* twelve
tizenkilenc *num* nineteen
tizennégy *num* fourteen
tizennyolc *num* eighteen
tizenöt *num* fifteen
tízes *a* number ten; *n* a ten forint coin; a ten dollar bill; **a ~ busz** the number ten bus
tízórai *n* morning snack
tízparancsolat *n* the Ten Commandments
tízszeres *a* tenfold
tó *n* (*pl* **tavak**) lake, pond
toalett *n* outfit; restroom, bathroom, toilet
toboroz *vt* [vkit] recruit, enlist
toboz *n* pine cone
tócsa *n* puddle
tojás *n* egg; **Hasonlítanak mint egyik ~ a másikra.** *coll* They are exactly alike./They're like peas in a pod.
tojásfehérje *n* egg white
tojáshéj *n* eggshell
tojáslikőr *n* eggnog
tojásos *a* (made) with eggs, egg-
tojásrántotta *n* scrambled eggs
tojássárgája *n* egg yolk
toj|ik *vt* [vmit] lay (eggs)
tok *n* case, box, sheath; husk (plant); **hegedű~** violin case
Tokió *n* Tokyo
tol *vt* [vmit] push, shove
-tól, -től *suff* from, away from; from, since (time); of, with; **a várostól messze** far from the city; **hattól hétig** from six to seven (o'clock); **reggeltől estig** from morning till night; **mától fogva** from this day on; **elájul az éhségtől** faint with hunger; **reszket a hidegtől** shiver with cold; **Tőle kaptam.** I got it from him. **Tamástól hallottam.** I heard it from Tamás. **Fél a kutyától.** She is afraid of the dog.
tolakod|ik *vi* push, elbow; *fig* intrude, be obtrusive
tolat *vi* back up (car)
told *vt* [vmit] add to, lengthen
toldalék *n* addition, appendage, annex; *gram* ending
toll *n* feather, plume, quill; pen; **filc~** marker; **golyós~** ballpoint pen
tollas *a* feathery, feathered; *coll* badminton
tollaslabda *n sp* badminton
tollaslabdáz|ik *vi sp* play badminton
tollbamondás *n* dictation
tollseprő *n* feather duster
tolltartó *n school* pencil case, pencil box
tolmács *n* interpreter
tolmácsol *vt* [vmit] interpret
tolmácsolás *n* interpreting, interpretation
tolóajtó *n* sliding door
tolókocsi *n* wheelchair
tolong *vi* crowd around, crowd in

tolószék *n* wheelchair
tolózár *n* bolt lock, latch
tolvaj *n* thief
tombol *vi* storm, rage; *fig* rave, be furious
tombola *n* raffle
tompa *a* blunt, pointless; ~ **fájdalom** dull pain
tompít *vt* [vmit] take the edge off, make blunt; dull, soften, subdue
tonhal *n* tuna fish, tuna
tonna *n* ton, metric ton
toporzékol *vi* throw a fit, be stamping one's feet
toprongyos *a* ragged, tattered
torkolat *n* mouth (of river); muzzle (of a gun)
torkoll|ik *vi* [vmibe] run into, flow into (river); lead to, end in
torkos *a* gluttonous, greedy (for food)
torlasz *n* obstruction, barrier, barricade; **hó~** snowdrift, snowbank
torlaszol *vt* [vmit] obstruct; close down (street)
torlódás *n* jam, congestion, backup (traffic)
torma *n* horseradish
torna *n* gymnastics, exercise
tornacipő *n* sneakers
tornadressz *n* gym suit (girls'), leotard
tornaóra *n school* gym class, physical education, phys ed
tornaruha *n* gym suit, gym clothes, leotard (girls)
torok *n* throat; mouth (cave); muzzle (gun); **torka szakadtából kiabál** yell at the top of one's lungs; **köszörüli a torkát** clear one's throat; **Fáj a torkom.** I have a sore throat. **Torkig van vele.** She's fed up with it.
torokgyulladás *n* sore throat, inflammation of the throat
torony *n* tower; **templom~** bell tower, steeple
toronyház *n* high-rise
toronyugrás *n sp* high-diving
torpedó *n* torpedo
torta *n* cake, torte; **csokoládé ~** chocolate cake
tortúra *n* torture; torment, agony
torz *a* deformed, misshapen; *fig* distorted
torzít *vt* [vmit] deform, disfigure; distort
tószt *n* toast (drinking)
totális *a* total, complete, entire
totó *n* soccer pool, the pools
totóz|ik *vi* bet on sports (soccer)
totyog *vi* toddle, shuffle
tova *adv* away, off
tovább *adv* further, farther, along, ahead, on; longer, more, on (time); continued, forth, on; **és így ~** and so on, and so forth; **Ment ~.** He kept on going. **Nem bírom ~.** I can't stand it anymore. **T~!** Go on!/ Continue!
továbbá *adv* furthermore, in addition, moreover, besides
továbbad *vt* [vmit] pass (on), transmit, transfer
továbbfejleszt *vt* [vmit] improve, develop further
további *a* further, additional, subsequent; **minden ~ nélkül** without more ado, without difficulty
továbbképzés *n* continuing training/education
továbbmegy *vi* go on, move on, pass by; **Az élet megy tovább.** Life goes on.
továbbtanul *n* go into higher education; go to college; study further, further one's education

tő *n* (*pl* **tövek**) stem, root, stock, foot
több *a* more; several, some, a few; **~ mint száz** more than a hundred; **nincs ~** there is no more; **~ alkalommal** on several occasions; **~ek között** among other things; **Ez ~ a soknál.** That's too much./That's more than enough. **T~ szem ~et lát.** Two heads are better than one.
többé *adv* (no) more, (no) longer
többé-kevésbé *adv* more or less
többen *adv* more people, several people, more/several of us/you/them; **T~ leszünk.** There will be more of us.
többes *a* multiple, *gram* plural; **~ szám** plural
többfelé *adv* in several directions, in several places
többféle *a* various kinds, different kinds
többi *a* remaining, other; *n* the rest, the remainder; **a ~ek** the others (people)
többlet *n* surplus, excess
többnyire *adv* mostly, generally, usually
többoldalú *a* many-sided, varied; multilateral
többség *n* majority, bulk
többször *adv* several times, on several occasions
többszörös *a* several, repeated; *n math* multiple
tök *n* squash; **sütő~** pumpkin; *coll* completely, very; **T~ jó** Great!/ Awesome!/Cool! **Nekem ~ mindegy.** *coll* I don't care./It doesn't matter to me.
tőke *n* capital
tökéletes *a* perfect, ideal, complete
tökéletesen *adv* perfectly, completely
tökéletesít *vt* [vmit] perfect, bring to perfection
tökéletlen *a* imperfect; idiotic (person)
tőkés *n* capitalist, stockholder
-től *suff* → **-tól**
tölcsér *n* funnel, horn; cone (ice cream)
tőle *adv* from him/her/it, of him/her/it; **T~ kaptam.** I got it from him/her.
tölgyfa *a* oak; *n* oak tree
tölt *vt* [vmit] pour; fill, stuff; load (gun); pass, spend (time); **T~ a poharakba.** He pours into the glasses. **Pihenéssel ~i a napot.** He spends the day resting.
töltelék *n* stuffing, filling (food)
töltény *n* shell, cartridge (gun)
töltőtoll *n* fountain pen
töltött *a* stuffed, filled; loaded (gun); **~ paprika** stuffed peppers
töm *vt* [vmit] stuff, fill; fill (a tooth)
tömb *n* block
tömeg *n* crowd, mass (people); bulk, mass
tömeges *a* mass, in large numbers, large-scale
tömeggyártás *n* mass production
tömegközlekedés *n* public transportation
tömegközlekedési eszköz *n* means of public transportation
tömegpusztító *a* mass destruction; **~ fegyver** weapon of mass destruction
tömegtájékoztatás *n* the media, mass media, mass communication
töméntelen *a* countless, innumerable
tömény *a* concentrated, potent
töménység *n* concentration, density
tömés *n* filling (tooth); padding (clothes); force-feeding (geese)
tömlő *n* hose
tömör *a* solid, massive, compact
tömzsi *a* stocky, stout, thick-set

tönk *n* stump (tree)
tönkremegy *vi* deteriorate, be ruined; go bankrupt
tönkretesz *vt* [vmit] ruin, spoil, destroy, wreck
töpreng *vi* [vmin] ponder, muse, meditate (over)
tör *vt* [vmit] break, smash, crush, crack; **~i a fejét** [vmin] be thinking really hard, try to figure [sg] out
tőr *n* dagger; *sp* rapier, foil; **~be csal** [vkit] set a trap for
töredék *n* fragment, portion, fraction
törékeny *a* fragile, brittle, breakable; delicate, frail
töreksz|ik *vi* [vmire] endeavor, strive for, make an effort; *fig* aspire to, strive for
törekvés *n* endeavor, effort, ambition
törés *n* breaking, break, fracture
tör|ik *vi* break, be broken, shatter
törleszt *vt* [vmit] pay back, pay off, make payments
törlesztés *n* payment in installments; installment
törlesztőrészlet *n* installment payment
törmelék *n* rubble, debris
török *a* Turkish; *n* Turk
Törökország *n* Turkey
törökül *adv* in Turkish
töröl *vt* [vmit] wipe, wipe off, dry (dishes); erase; abolish; cancel; **T~ték a járatot.** The flight was cancelled.
törölget *vt* [vmit] dry (dishes), dust (furniture)
törölköző = törülköző *n*
törött *a* broken
törpe *a, n* dwarf
tört *n* broken, smashed; *math* fraction
történelem *n* history
történelmi *a* historic, historical
történész *n* historian
történet *n* story, tale
történettudomány *n* historical science
történ|ik *vi* happen, occur, come to pass; **mintha mi sem ~t volna** as if nothing had happened; **Mi ~t vele?** What happened to her?
törül *vt* [vmit] wipe, wipe off, dry (dishes)
törülköz|ik *vi* dry oneself
törülköző *n* towel
törvény *n* law, statute, act; **a ~ előtt** in the eyes of the law; **a ~ értelmében** according to the law, as provided by law; **~t alkot** legislate
törvényalkotás *n* legislature
törvénycikk *n law* act, section (of law)
törvényellenes *a* illegal, unlawful, against the law
törvényes *a* legal, lawful, legitimate
törvényhozás *n* legislation, legislature
törvényjavaslat *n law* bill
törvénysértés *n* infringement of law, breach of law, violation of law
törvényszék *n* court of law, court of justice
törvénytelen *a* unlawful, illegal, illegitimate
törzs *n* trunk (body, tree); tribe
törzsi *a* tribal
törzsvendég *n* regular (customer)
tövek *n pl* → **tő**
tövis *n* thorn
tőzsde *n* stock exchange
tradíció *n* tradition, custom
trafik *n* tobacco store, cigar store, tobacconist's
trágár *a* obscene, indecent
tragédia *n theat* tragedy; tragedy, disaster, misfortune
tragikus *a* tragic, disastrous
trágya *n* manure, dung
traktor *n* tractor

transzformátor *n el* transformer, converter
tranzakció *n* transaction
tranzisztor *n* transistor
tranzit *n* transit
trapéz *n* trapeze; *math* trapezoid
tréfa *n* joke, gag
tréfál *vi* [vkivel] joke, kid; **Nem ~.** He means business.
tréfás *a* funny, amusing
trehány *a* messy, sloppy, lazy
trikó *n* A-shirt, T-shirt, tee shirt
tripla *a* triple
trófea *n* trophy
trolibusz *n* trolley bus
trombita *n mus* trumpet, *mil* bugle
trombitál *vi mus* play the trumpet
trón *n* throne; **~ra lép** ascend the throne
trónörökös *n* heir to the throne, crown prince
trópusi *n* tropical
trópusok *n* the tropics
tröszt *n* trust
trükk *n* trick
trükkös *a* tricky, complicated
TTK = természettudományi kar *n school* school of natural sciences (college)
tubus *n* tube (of toothpaste)
tucat *n* dozen; **egy ~ tojás** a dozen eggs
tud *vt* [vmit] know, be aware of; *aux* can, be able to; **amennyire én ~om** as far as I know; **Mindent ~.** She knows everything. **Honnan ~od?** How do you know? **Ki ~ja?** Who knows? **T~od mit?** *coll* You know what?/Guess what! **Nem ~om.** I don't know. **Mit ~om én?** *coll* What do I know?/How should I know? **Jól ~ úszni.** He can swim well./He's a good swimmer. **Nem ~ táncolni.** He can't dance.
tudakozó *n* information (office)
tudakozód|ik *vi* [vmi után] inquire about, ask about, make inquiries
tudás *n* knowledge; skill
tudat[1] *n* consciousness, mind; **~ában van** [vminek] be aware of
tudat[2] *vt* [vmit vkivel] inform, let [sy] know
tudatalatti *a, n* subconscious
tudatlan *a* ignorant, uninformed, unaware
tudatos *a* conscious
tudniillik *adv* namely, that is
tudnivaló *n* information; instruction
tudomány *n* science; knowledge
tudományág *n* branch of science
tudományegyetem *n H* college of arts and sciences
tudományos *a* scientific, scholarly; **~ kutatás** scientific research
tudomás *n* knowledge; **~omra jutott** it came to my knowledge; **~om szerint** as far as I know, to my knowledge; **~ul vesz** [vmit] accept, take notice of
tudós *n* scientist, scholar
tudósít *vi* [vmiről] inform, tell about, report
tudósítás *n* report, news
tudósító *n* reporter, correspondent
tudta *n* knowledge; **~ nélkül** without her knowledge; **tudtommal** to my knowledge, as far as I know
túl *adv* [vmin] beyond, over, across; over, past (time); too (much), excessively; **T~ van a veszélyen.** She's out of danger. **T~ nagy.** It's too big.
tulajdon *n* property, belongings; **személyi ~** personal property; **A ~ában van.** It belongs to her./She's the owner.

tulajdonít *vt* [vmit vkinek] attribute to, assign to
tulajdonképpen *adv* actually, in reality, in fact, as a matter of fact
tulajdonos *n* owner, proprietor, holder
tulajdonság *n* quality, characteristic, feature
túlbecsül *vt* [vmit] overestimate
túlbuzgó *a* overzealous
túlél *vt* [vmit] survive, outlive, outlast
túlélő *n* survivor
túlerő *n* superiority (in numbers), superior/overwhelming force
túlérzékeny *a* oversensitive
túles|ik *vi* [vmin] fall beyond; get over (an illness)
túlfeszített *a* overstrained, overstretched
túlhalad *vi* [vmin] pass, go beyond; transcend, exceed
tulipán *n* tulip
túljár *vi* pass, go beyond; **~ az eszén** outsmart, outwit [sy]
túljut *vi* [vmin] get over, get beyond
túlkapás *n* transgression
túllép *vi* [vmin] overstep; exceed, transcend
túlnépesedés *n* overpopulation
túlnyomó *a* predominant, predominating, overwhelming; **~ többség** overwhelming majority
túlnyomórészt *adv* predominantly, in the majority of cases
túlóra *n* overtime
túlóráz|ik *vi* work overtime
túloz *vt* [vmit] exaggerate, overstate
túlságosan *adv* too (much), excessively
túlsó *a* opposite, on the other side
túlsúly *n* overweight; *fig* predominance
túlszárnyal *vt* [vmit] excel, surpass, outdo
túlteljesít *vt* [vmit] exceed, outdo, surpass
túlterhel *vt* [vmit] overload, overburden, overtax
túltesz *vi* [vmin] outdo, surpass
túlvilág *n* the next world, the other world
túlzás *n* exaggeration, overstatement; extravagance; **~ba esik** go to extremes, go too far; **Ez ~!** That's too much!/That's going too far!
Tunézia *n* Tunisia
tunéziai *a, n* Tunisian
Tunisz *n* Tunis
túr *vt* [vmit] dig, turn up (dirt)
túra *n* hike, excursion, trip, tour
túráz|ik *vi* hike, go on a hike
turista *n* tourist; hiker
turistaszállás *n* hostel, motel, lodge
turistaút *n* path; tour
turisztika *n* tourism
turizmus *n* tourism
turmix *n* (milk) shake, smoothie
turmixgép *n* blender
turnus *n* turn; shift, tour (work)
túró *n* cottage cheese
tus *n* ink; shower (bath); butt (rifle); hit (fencing)
tuskó *n* log, (tree) stump
tusol *vi* shower, take a shower
túsz *n* hostage; **~ul ejt** [vkit] take [sy] hostage
tutaj *n* raft, float
tuti *a coll* certain, definite, sure
tű *n* needle, pin; **~kön ül** be impatient; **injekciós ~** hypodermic needle
tücsök *n* cricket
tüdő *n* lung(s)
tüdőgyulladás *n med* pneumonia
tükör *n* mirror; **a víz tükre** the surface of the water
tükörkép *n* reflection, mirror image, likeness

tükörtojás *n* fried egg sunny-side up
tükröz *vt* [vmit] reflect, mirror
tülekedés *n* shouldering, elbowing, crowding
tündér *n* fairy, elf
tündéri *a coll* cute, sweet
tündérmese *n* fairy tale
tünet *n med* symptom, sign
tünetegyüttes *n med* group of symptoms
tűn|ik *vi* appear; seem; disappear, vanish; **Hova ~t a kulcsom?** Where did my key go? **Nehéznek ~ik.** It seems difficult.
tűnőd|ik *vi* [vmin] ponder, muse over, reflect on
tüntet *vi* [vmi ellen] protest against, demonstrate
tüntetés *n* demonstration, protest
tűr *vt* [vmit] endure, stand, bear, suffer; **Ezt nem ~öm!** I will have none of this!
türelem *n* patience; tolerance **A ~ rózsát terem.** Good things come to those who wait. **Elfogy a türelme.** he loses his patience.
türelmes *a* patient, tolerant
türelmetlen *a* impatient, intolerant
tűrhetetlen *a* unbearable; intolerable
tűrhető *a* tolerable, bearable, passable
türkiz *n* turquoise
türkizkék *a* turquoise blue, turquoise green
türtőztet *vt* [vmit] restrain, keep back, hold back; **~i magát** control oneself
tüske *n* thorn, prickle
tüsszent *vi* sneeze
tüsszentés *n* sneeze
tűz[1] *n* fire, blaze; heat, ardor, vigor; **~ön-vízen át** through thick and thin; **olaj a ~re** fuel to the fire; **tüzet nyit** [vkire] open fire at; **tüzet fog** catch fire; **tüzet rak** build a fire; **játszik a ~zel** play with fire, play with danger; **~be jön** get excited, get heated; **T~ van!** Fire!
tűz[2] *vt* [vmit] pin, fasten with a pin, stitch; shine, blaze (sun)
tűzálló *a* fireproof, fire-resistant; ovenproof
tüzel *vi* fire, blaze; fire, shoot; burn; be in heat (animal)
tüzelőanyag *n* fuel
tüzes *a* red-hot; fiery, hot, passionate, ardent
tüzetes *a* thorough, precise, detailed
tűzhányó *n* volcano
tűzhely *n* hearth; range, stove, oven
tűzifa *n* firewood
tűzijáték *n* fireworks
tűzoltó *n* fireman
tűzoltóautó *n* fire engine
tűzoltó készülék *n* fire extinguisher
tűzoltóság *n* fire department, firehouse
tűzszünet *n mil* ceasefire
tűzvész *n* fire, blaze
tűzveszélyes *a* flammable, combustible
TV, tv *n* TV, television

Ty

tyúk *n* hen
tyúkeszű *a coll* stupid, dumb
tyúkól *n* chicken coop
tyúkszem *n* corn (on foot)

U, Ú

uborka *n* cucumber, gherkin; **savanyú ~** pickles, pickled cucumber; *coll* **~szezon** summer season (when nothing happens)
uborkasaláta *n* cucumber salad

udvar *n* yard, court, courtyard; halo, corona (around the moon)
udvarias *a* polite, courteous, civil
udvariasság *n* courtesy, politeness, civility, being polite
udvariatlan *a* impolite, ill-mannered, rude
udvarló *n* boyfriend, suitor
udvarol *vi* [vkinek] court [sy]
ugat *vi* bark, woof, yelp
ugrál *vi* jump around, bound
ugrás *n* jump, jumping, leap, skip, bound; **Csak egy ~ra van.** It's very near./It's within a stone's throw.
ugrásszerű *a* sudden, swift
ugrat *vt* [vkit] pull [sy's] leg, tease
ugratás *n* teasing, kidding; jumping (a horse)
ugr|ik *vi* jump, leap, skip, hop, spring
ugrókötél *n* jump-rope
úgy *adv* so, like that, that way; so much, so far, to such an extent; **~ látszik** it appears, it looks like; **vagy így vagy ~** one way or another; **így is ~ is** either way, anyhow; **~ tudom** as far as I know; **~ tesz mintha** she pretends (to); **Ú~ van!** That's right!/That's it! **Ú~ kell neki!** *coll* It serves him right!
ugyan *conj* though, although; *int* ever (in questions); **Nem láttam ~, de azt hiszem …** Though I didn't see it, I think … **U~ hol lehet?** Wherever could he be? **U~ miért?** Whatever for?/Why on earth? **U~ már!** Come on!/Go on!/Come now!
ugyan- *pref* the same
ugyanakkor *adv* at the same time
ugyanannyi *a* the same amount, just as many/much
ugyanaz *a,* the same, identical; *n* the same thing (as that)
ugyanez *a,* the same, identical; *n* the same thing (as this)
ugyanide *adv* to the same place, right here
ugyanígy *adv* in the same way (as this), likewise
ugyanilyen *a* the same kind, just like this
ugyanis *adv* namely, that is
ugyanitt *adv* at the same place, right here
ugyanoda *adv* to the same place, right there
ugyanolyan *a* the same kind, just like that
ugyanott *adv* at the same place, right there
ugyanúgy *adv* the same way (as that), likewise
ugye *int* **U~?** Right?/Isn't it? **Finom, ~?** It's tasty, isn't it? **Eljössz, ~?** You'll come, won't you? **U~ jó volt?** It was good, wasn't it?
úgyhogy *conj* so (that)
úgyis *adv, conj* anyway, in any case
úgynevezett *a* so-called
úgysem *adv, conj* by no means, not … anyway; **Ú~ fog eljönni.** She won't come anyway.
U.I. = utóirat *n* P.S., postscript
új *a* new, recent, latest, fresh, modern, unused; **~ életet kezd** start a new life
újabban *adv* recently, lately
újból *adv* anew, again, once more
újdonság *n* novelty
újév *n* new year; **Boldog ~et!** Happy New Year!
újhold *n* new moon
újít *vt* [vmit] innovate, reform; renew

újítás *n* innovation, invention
ujj *n* finger, digit, toe (foot); sleeve (clothes); **láb~** toe; **az ~a köré csavar** [vkit] wrap [sy] around one's little finger; **~at húz** [vkivel] pick a fight with; **kis~** little finger, pinky; **gyűrűs~** ring finger; **középső ~** middle finger; **mutató ~** index finger; **hüvelyk~** thumb; **Az ~át sem mozdítja.** She doesn't even lift a finger.
újjáépít *vt* [vmit] rebuild, reconstruct, restore
újjászervez *vt* [vmit] reorganize, reform
újjászület|ik *vi* be reborn, revive, be born again
ujjatlan *n* sleeveless
ujjlenyomat *n* fingerprint
ujjnyi *a* inch-long, inch-thick, inch-wide
újkeletű *a* recent
újkor *n* modern times
újkori *a* modern, recent (history)
újonc *n mil* recruit; beginner, novice
újra *adv* again, once more, one more time; *pref* re-, over, again; **~ meg ~** again and again; **~ átél** relive, live over again; **~olvas** re-read
újrahasznosít *vt* [vmit] recycle (waste)
újrahasznosítás *n* recycling
újraír *vt* rewrite, rework, revise
újrakezd *vt* [vmit] restart, resume
újrakezdés *n* restarting, new beginning
újraválaszt *vt* [vkit] re-elect
újság *n* news, piece of news; newspaper, paper, daily, journal; **~ot járat** subscribe to a paper; **Mi ~?** What's new? *coll* What's up?
újságárus *n* news vendor
újságcikk *n* (news) article
újsághirdetés *n* newspaper advertising, ad, classified ad; **~t ad fel** put an ad in the paper
újságíró *n* journalist
újságkihordó *n* newspaper delivery man/boy/person, paper boy
újságos *n* newspaper salesperson; news vendor; newsstand
újságosbódé *n* newsstand
Újszövetség *n rel* the New Testament
újszülött *a* newborn; *n* newborn, infant
Új-Zéland *n* New Zealand
új-zélandi *a, n* New Zealander
Ukrajna *n* the Ukraine
ukrán *a, n* Ukrainian
ukránul *adv* in Ukrainian
-ul, -ül *suff* as, for, by; -ly; in (a language); **például** for example, as an example; **rosszul** badly, unwell; **véletlenül** by accident, by chance; **magyarul** in Hungarian
ultimátum *n* ultimatum
ultrahang *n* ultrasound
ultraibolya *a* ultraviolet
ultrarövidhullám *n* ultra high frequency (radio) (UHF)
un *n* be bored with, be bored by, be tired of
ún. = úgynevezett *a*
unalmas *a* boring, dreary, dull
unalom *n* boredom, monotony; **Megöl az ~.** I'm bored to death.
unatkoz|ik *vi* be bored
undok *a* mean, nasty
undor *n* disgust, repulsion
undorító *n* disgusting, revolting, foul
undorod|ik *vi* [vmitől] be disgusted by; **U~om tőle.** It turns my stomach.
unió *n* union, alliance
unitárius *a* Unitarian
univerzális *a* universal

unoka *n* grandchild, granddaughter, grandson
unokabáty *n* older male cousin
unokahúg *n* younger female cousin; niece
unokanővér *n* older female cousin
unokaöcs *n* younger male cousin; nephew
unokatestvér *n* cousin; **másod~** second cousin
unszol *vt* [vkit] urge, press, push for
untat *vt* [vkit] bore [sy], make [sy] bored
úr *n* sir, mister, Mr.; gentleman, lord; master, owner; **Kovács ~** Mr. Kovács; **Ő az ~ a háznál.** She wears the pants at home.
uralkod|ik *vi* [vmin] rule (over), reign; control, master; prevail, predominate
uralkodó *a* reigning; predominant, dominant, prominent; *n* ruler, monarch
uralkodóház *n* dynasty, ruling family
uralom *n* reign, rule, domination; regime, power; **~ra jut** come into power
urán *n chem* uranium
URH = ultrarövidhullám *n*
URH-kocsi *n* police car, squad car
úri *a* gentlemanly, gentlemanlike
úriember *n* gentleman
úrinő *n* lady
Úristen! *int* Good Lord!/Oh, my God!/ Oh, my Lord!
urna *n* urn; ballot box
urológia *n med* urology
urológus *n med* urologist
úrvacsora *n rel* Lord's Supper; **úrvacsorát vesz** receive communion
uszály *n* barge, towboat, float; train (dress)
úszás *n* swimming
úsz|ik *vi* swim; float, drift; sail (boat); **~ik egyet** take a dip, go for a swim
uszít *vt* [vkit] instigate, incite, egg on
úszó *a* swimming, floating; *n* swimmer; bob (fishing)
uszoda *n* swimming pool, pool
úszódressz *n* swimsuit
úszómedence *n* swimming pool
úszómester *n* lifeguard
úszónadrág *n* trunk
út *n* way, road, street, avenue, path; journey, voyage, flight, trip; *fig* way, means, method; **kerülő~** detour; **~ba igazít** give directions (to get somewhere); **~nak indul** start, leave, get on the way, take off; **~on van** be on the road, be on the way; **egy barátom ~ján** through a friend, by way of a friend; **rossz ~ra tér** go astray; **~ját állja** [vminek] stand in the way of; **Ú~ba esik.** It's on the way. **Ú~ban van.** It's in the way. **Jó utat!** Have a good trip!/Bon voyage!
utal *vi* [vmire] refer to, hint at, point to; send to, relegate to
utál *vt* [vmit] hate, detest, abhor
utalás *n* reference, mention; allusion, insinuation
utálat *n* hatred, detestation, abhorrence
utálatos *a* hateful, disgusting, abominable
után *postp* after, following; behind, after; according to, by; **egyik a másik ~** one after the other; **megy az orra ~** *coll* follow one's nose; **ezek ~** after this
utána *adv* after him/her/it, after that; then, afterwards; **~ megy** go after him/her; **Mondd ~m.** Repeat after me.

utánajár *vi* [vminek] go after [sg], look into, find out about
utánanéz *vi* [vminek] look after (literally); try to find, look up, examine
utánfutó *n* trailer
utánnyomás *n* reprint
utánoz *vt* [vkit] copy, imitate, mimic
utánozhatatlan *a* unique, unmatched
utánpótlás *n* supply; *mil* reserves, reinforcement
utánvétel *n* cash on delivery, C.O.D.
utánzat *n* copy, imitation; counterfeit, forgery
utas *n* traveler, passenger
utasít *vt* [vkit] order, instruct, direct, command
utasítás *n* order, command; instruction, directions; **használati ~** instructions for use, user manual
utaskísérő *n* **légi~** flight attendant
utasszállító *a* passenger-; **~ repülőgép** airliner
utazás *n* journey, trip, travel, voyage, ride
utazási *a* traveling, travel-; **~ iroda** travel agency
utaz|ik *vi* travel, take a trip, take a journey, go on a trip
utca *n* street
utcai *a* street-, on the street; **~ árus** street vendor; **~ verekedés** street fight
utcalány *n* streetwalker, prostitute
utcasarok *n* street corner
utcaseprő *n H* street sweeper
útelágazás *n* intersection; fork (in the road)
úticél *n* destination
útiköltség *n* traveling expenses, traveling cost
útikönyv *n* guidebook, travel guide
útirány *n* direction, route
útiterv *n* itinerary, route
útjelző *a* **~ tábla** traffic sign
útkereszteződés *n* intersection, crossroads
útközben *adv* on the way, along the way
útlevél *n* passport
útmutatás *n* direction, instruction, guidance
utóbb *adv* later on, at a later date, afterwards; **előbb vagy ~** sooner or later
utóbbi *a* latter; **az ~ időben** lately, recently
utód *n* successor; descendant, offspring
utóhatás *n* aftereffect
utóirat *n* postscript
utóíz *n* aftertaste
utókor *n* posterity
utólag *adv* subsequently, afterwards
utolér *vt* [vkit] catch up with
utolérhetetlen *a* unique, unmatched, unparalleled
utoljára *adv* for the last time
utolsó *a* last, latest; final, ultimate; mean, low, vile; **~ előtti** last but one, next to last; **az ~ pillanatban** at the last minute; **leg~** the very last; **Az ~ filléremet is ráköltöttem.** I spent every last penny on it.
utónév *n* first name, given name, Christian name
utószezon *n* late season, off-season (after high season)
utószó *n* postscript, epilogue
útpadka *n* shoulder (by the road)
útszakasz *n* road section
útszéli *a* roadside; *fig* common, vulgar
útszűkület *n* bottleneck (on the road)
úttest *n* roadway, pavement
úttörő *n* pioneer, trailblazer

útvesztő *n* maze, labyrinth
útvonal *n* route, track, direction
uzsonna *n* snack
uzsonnáz|ik *vi* have a snack

Ü, Ű

üde *a* fresh, youthful
üdít *vt* [vkit] refresh, freshen
üdítő *a* refreshing; *n* refreshment, soft drink
üdítőital *n* soft drink, nonalcoholic drink
üdül *vi* vacation, take a vacation
üdülőhely *n* resort; spa
üdvhadsereg *n* Salvation Army
üdvösség *n* salvation, bliss
üdvözlet *n* greeting, welcome; **karácsonyi ~** Christmas card, Christmas greetings
üdvözöl *vt* [vkit] greet, welcome (on arrival); send one's greetings to; **Üdvözlöm a kedves feleségét.** I send my regards to your wife.
üget *vi* trot (horse)
ügy *n* case, matter, business, affair, concern; transaction, deal; **nehéz ~** tough case, a hard nut to crack; **a keze ~ében van** be at hand; **~et sem vet** [vkire] pay no attention to; **üzleti ~ben** on business
ügyel *vi* [vmire] watch, take care of, look out for; mind, note
ügyelet *n mil* duty; call; **~ben van** be on call; **orvosi ~** emergency room
ügyeletes *a* on duty, duty-; *n* person on duty; *mil* **~ tiszt** duty officer
ügyes *a* skilled, clever, skillful, capable
ügyesség *n* cleverness, skill, skillfulness
ügyész *n law* district attorney, prosecutor
ügyészség *n law* district attorney's office, prosecutor's office
ügyetlen *a* clumsy, awkward, inept
ügyfél *n* client, customer
ügyfélkártya *n* bank card
ügyintéző *n* administrator, clerk
ügynök *n* agent; broker
ügynökség *n* agency
ügyvéd *n law* attorney, lawyer, legal counsel
ügyvédi *a law* attorney's, lawyer's; legal; **~ iroda** law firm; **~ kar** the Bar
ügyvezető *a* managing; **~ igazgató** managing director
ükanya *n* great-great-grandmother
ükapa *n* great-great-grandfather
ükunoka *n* great-great-grandchild
ül *vi* sit, be seated; perch (on a branch); **asztalhoz ~** sit down at the table; **börtönben ~** be in jail; **tűkön ~** be impatient; **autóba ~** get in a car; **lóra ~** mount a horse
-ül *suff* → **-ul**
üldöz *vt* [vmit] chase, pursue; [vkit] harass, pester
üledék *n* sediment, deposit, settling
ülés *n* sitting; seat; session, meeting; **hátsó ~** backseat; **~t tart** hold a session
ülésszak *n* session, term
ülőhely *n* seat, place for sitting
ültet *vt* [vkit] seat, sit [sy] down; [vmit] plant
ültetés *n* seating (at the table); planting
ültetvény *n* plantation
ünnep *n* holiday, celebration; **Kellemes ~eket!** Happy holidays!/ Season's greetings!
ünnepel *vt* [vmit] celebrate, observe a holiday

ünnepély *n* celebration
ünnepélyes *a* solemn; ceremonial, ceremonious
ünnepi *a* holiday-, festive; **~ ebéd** holiday lunch; **~ vacsora** banquet
ünnepnap *n* holiday
ünnepség *n* ceremony, celebration
űr *n* space, void; vacuum
űrállomás *n* space station
üreg *n* hollow, cavity, hole, pit
üreges *a* hollow, cavernous (hill)
üres *a* empty; vacant, unoccupied (room); **~ beszéd** idle talk; **~ kávé** plain coffee (no sugar); **~be teszi a kocsit** put the car in neutral; **Ü~ a gyomrom.** My stomach is empty./ I'm hungry.
üresjárat *n* neutral (gear)
üresség *n* emptiness
ürge *n* gopher, prairie dog
űrhajó *n* space ship
űrhajós *n* astronaut
ürít *vt* [vmit] empty, vacate; evacuate; drain; unload; **Ü~em poharam az ifjú párra!** I drink to the young couple!/To the bride and groom!
űrkutatás *n* space research, space exploration
űrlap *n* form (document)
űrmérték *n* capacity, cubic capacity
űrrepülés *n* space flight
űrrepülőgép *n* space shuttle
űrtartalom *n* cubic capacity, volume
ürü *n* sheep; mutton (meat)
ürügy *n* excuse, pretext
ürülék *n* feces, fecal matter
üst *n* cauldron, kettle
üstökös *n* comet
üt *vt* [vmit] hit, strike, knock, beat; *vi* [vkire] take after, resemble; **addig üsd a vasat amíg meleg** strike while the iron is hot; **szöget ~ a fejébe** *coll* catch one's attention, make [sy] wonder; **Ü~ött az órája.** His time has come. **Az apjára ~ött.** *coll* He takes after his father./He's just like his father. **Mi ~ött beléd?** *coll* What's wrong with you?/ What's gotten into you?
ütem *n mus* beat, time; bar, measure
ütemes *a* rhythmic, regular
ütés *n* hit, blow, knock; stroke (clock)
ütközet *n* battle, combat, fight
ütköz|ik *vi* [vmibe] collide, clash, bump against; coincide; **akadályba ~ik** encounter difficulties
ütköző *n* bumper
ütő *n* beater; *sp* racket (tennis), bat (baseball), paddle (ping-pong), stick (hockey), club (golf)
ütőér *n* artery
ütőhangszer *n mus* percussion instrument
ütött-kopott *a* battered, beat-up, shabby
üveg *a* glass; *n* glass (material); bottle, flask; **ablak~** windowpane; **egy ~ bor** a bottle of wine
üveges *a* glassy, made of glass; *n* glazier; **~ tekintet** vacant look
üveggyapot *n* fiberglass
üvegház *n* greenhouse, glass house
üvölt *vt* [vmit] howl, roar, bellow
űz *vt* [vmit] chase, hunt, pursue; practice, pursue (a profession); pursue (a sport); **sportot ~ belőle** makes it into a sport
üzem *n* plant, factory, works, mill; operation, running, functioning; **~be helyez** [vmit] put into operation; **teljes ~mel dolgozik** work at full capacity
üzemanyag *n* fuel
üzemel *vi* operate, function

üzemeltet *vt* [vmit] operate, run [sg]
üzemképes *a* ready for work; **Ü~ állapotban van.** It's in good working condition.
üzemképtelen *a* out of order
üzemzavar *n* breakdown (machine)
üzen *vt* [vmit] send a message, leave a message
üzenet *n* message
üzenetrögzítő *n* answering machine
üzlet *n* business, deal; store, business, shop; **~et köt** do business, make a deal
üzletasszony *n* businesswoman
üzletember *n* businessman
üzletfél *n* client
üzlethelyiség *n* store
üzleti *a* business; **~ negyed** business district, financial district; **~ összeköttetés** business connection
üzletkötés *n* transaction, deal
üzletkötő *n* sales agent
üzlettárs *n* business partner
üzletvezető *n* business manager, store manager

V

-vá, -vé *suff* into, to; resultative meaning; **boldoggá tesz** [vkit] make [sy] happy; **ketté vág** cut into two; **A szobát konyhává alakítják át.** They transform the room into a kitchen.
vacak *a* worthless, junk, useless, trashy
vacakol *vi* [vmivel] mess with, tinker, fiddle
vacillál *vi* hesitate, vacillate
vacog *vi* shiver with cold, tremble
vacsora *n* dinner, supper; dinner party
vacsoráz|ik *vt* [vmit] have dinner, eat [sg] for dinner
vad *a* wild, untamed, undomesticated; savage, uncivilized; ferocious, fierce, violent; *n* game (animal); savage (people)
vád *n* accusation, charge; **~at emel** [vki ellen] charge [sy] with, press charges against
vádalku *n law* plea bargain
vadállat *n* wild animal, beast; *fig* brute, savage
vadalma *n* crabapple
vádaskod|ik *vi* make accusations (repeatedly)
vadaspark *n* reserve, game refuge
vadász *n* hunter
vadászat *n* hunt, chase
vadászati *a* hunting, game; **~ jogosítvány** hunting license; **~ idény** open season
vadászgép *n mil* fighter plane
vadász|ik *vi* hunt, shoot; [vmire] *fig* hunt for, search for
vadászkutya *n* hunting dog
vadászkürt *n* hunting horn
vadászterület *n* hunting ground
vádbeszéd *n* statement of the prosecution
vaddisznó *n* boar
vadgalamb *n* dove, turtledove
vadgesztenye *n* horse chestnut
vadhajtás *n* wildling
vadhús *n* game (meat)
vadidegen *a* completely strange, completely unfamiliar; *n* complete stranger
vádirat *n law* bill of indictment
vadít *vt* [vkit] make [sy] wild; infuriate, drive [sy] crazy
vadkacsa *n* wild duck
vadkörte *n* wild pear
vádli *n* calf
vadliba *n* wild goose

vádlott *n law* defendant, the accused
vadmacska *n* wild cat, lynx
vadnyugat *n* the Wild West
vadnyúl *n* hare
vádol *vt* [vkit vmivel] accuse of, blame, charge with
vadon *adv* in natural state, in the state of nature; *n* wilderness, the wild; ~ **nő** grow in the wild
vadonatúj *a* brand-new
vadorzó *n* poacher
vadőr *n* ranger, forest ranger
vadpecsenye *n* venison, game
vadrózsa *n* wild rose, eglantine
vadszőlő *n* wild vine, woodbine
vadvirág *n* wildflower
vág *vt* [vmit] cut, slice, chop; slaughter (animal); throw, fling; **a földhöz ~** slam on the ground, knock down; **jó képet ~** [vmihez] put on a good face, pretend to like [sg]; **szavába ~** [vkinek] interrupt [sy], cut [sy] off
vagány *a* tough, rowdy; *n* roughneck
vágány *n* (railway) track; platform (at a station); **A vonat a hatodik ~ról indul.** The train leaves from platform (number) six.
vágás *n* cutting; cut, slash, gash; slaughter (animal); *cine* editing; **disznó~** pig killing
vagdal *vt* [vmit] cut, chop, mince
vagdalt *a* chopped, minced
vágó *a* cutting; *n cine* editor
vágóállat *n* beef cattle
vágódeszka *n* cutting board
vágóhíd *n* slaughterhouse
vagon *n* car (train); (railway) wagon
vagy *conj* or; ~ **…,** ~ **…** either …, or …; ~ **így,** ~ **úgy** one way or another
vágy *n* desire, wish, longing, yearning; lust
vágyakozás *n* longing, yearning, desire
vágyakoz|ik *vi* [vmire] long for, yearn for, crave
vágyálom *n* wish, desire, dream
vágy|ik *vi* [vmire] desire, wish; long for, yearn, crave
vagyis *conj* that is, namely, I mean, in other words
vágyód|ik *vi* [vmi után] yearn, long for, crave
vagyon *n* wealth, fortune; property, assets, possession(s)
vagyonos *a* wealthy, well-off, well-to-do
vagyontalan *a* without property
vagyontárgy *n* property, asset
vaj *n* butter
vajas *a* buttery, buttered, (made) with butter; **~kenyér** bread and butter; ~ **kifli** buttered croissant
vájat *n* groove, channel
vajaz *vt* [vmit] butter [sg]
vajmi *adv* ~ **kevés** very little
vajon *adv* (in a question) if, whether
vajszívű *a* soft-hearted
vajúd|ik *vi* be in labor
vak *a* blind; *n* blind person; **fél szemére** ~ blind in one eye; **A ~ is látja.** *coll* It's obvious./Anyone can see it.
vakablak *n* false window; **világos, mint a** ~ *coll* clear as mud
vakáció *n* vacation, holiday
vakációz|ik *vi* go on vacation, vacation
vakar *vt* [vmit] scratch (an itch)
vakbél *n med* appendix
vakbélgyulladás *n med* appendicitis
vakít *vt* [vkit] blind, put [sy's] eye out; dazzle, blind
vakító *a* blinding; dazzling
vaklárma *n* false alarm

vakmerő *n* reckless, daring, bold
vakolat *n* stucco
vakond *n* mole (animal)
vakondtúrás *n* molehill
vakrepülés *n* flying blind, blind flight
vakság *n* blindness
vaksi *a coll* having poor eyesight, blind
vaksötét *n* pitch-dark, pitch-black
vakszerencse *n* pure luck, pure chance
vaktában *adv* blindly, at random
vaktöltény *n* blank (cartridge)
vaku *n photo* flash
vakvágány *n* dead-end (railroad track)
-val, -vel *suff* with; by, by means of; in; of; **busszal megy** take a bus, go by bus; **kézzel** by hand, with hand; **ceruzával** in pencil; **tele van** [vmivel] be full of [sg]; **ezer örömmel** with pleasure; **tudtommal** to my knowledge, as far as I know; **ezrével** by the thousands; **sokkal nagyobb** much bigger; **három héttel ezelőtt** three weeks ago; **tavasszal** in the spring; **éjjel** at night; **A barátommal megyek.** I'm going with my friend. **Mi van vele?** What's with him?/What's going on with him? **Egy méterrel hosszabb.** It's a meter longer. **Két évvel idősebb.** She's two years older.
váladék *n* discharge, secretion
valaha *adv* ever; once, formerly
valahány *pron* all, every, any
valahányszor *adv* every time, whenever
valahára *adv* at last, finally
valahogy = **valahogyan** *adv*
valahogyan *adv* somehow, in any way, in some way; **Majd csak lesz ~.** It will be OK./It will turn out all right.
valahol *adv* somewhere, anywhere
valahonnan *adv* from somewhere, from anywhere
valahova *adv* to somewhere, to anywhere
valaki *pron* somebody, someone, one; **~ más** somebody else, someone else; anybody, anyone
valamely|ik *pron* one (of them), either (of them)
valamennyi *pron* some; all, every, all of them
valamennyire *adv* to some extent, somewhat
valamerre *adv* somewhere, in some direction
valami *pron* something; anything; any, some; very; **Van ~ kívánságod?** Would you like anything?/Is there anything you want? **Nem ~ érdekes.** It's not very interesting.
valamikor *adv* some time, some day; once (in the past)
valamilyen *pron* some kind of, some, any kind of
valamint *conj* and, as well as
valamivel *adv* somewhat, a little; **~ nagyobb** somewhat bigger
válás *n* separation, parting; *law* divorce
válasz *n* answer, reply, response; **~ul** in reply, in answer
válaszfal *n* partition
válaszol *vi* [vmire] answer (to), reply to, respond to
választ *vt* [vmit] choose, select, make a choice, pick; elect; **Tessék ~ani!** Take your choice!/Take your pick!
választás *n* choice, choosing, selecting; election, voting; **titkos ~** secret ballot; **Nincs más ~ása.** She has no other choice.
választék *n* choice, selection, assortment, variety; part (in hair)

választékos *a* tasteful; sophisticated, refined; eloquent (speech)
választó *a* choosing, electing; *n* voter, constituent, elector
választójog *n* suffrage, right to vote
választókerület *n* congressional district, constituency
választott *a* chosen, selected; elected; *n* choice; (the) chosen
választóvonal *n* dividing line, line of demarcation
válaszút *n* crossroads
válfaj *n* variety, kind, sort
vál|ik *vi* [vkitől, vmitől] separate from, part with; divorce; [vmivé] become, turn (into), be converted; **A vér nem ~ vízzé.** Blood is thicker than water. **V~nak.** They're getting a divorce.
vall *vt* [vmit] confess, admit, acknowledge; **bűnösnek ~ja magát** *law* plead guilty; **kudarcot** ~ fail; **Ez rá ~.** This is typical of him./It's just like him.
vállakoz|ik *vi* [vmire] undertake [sg]
váll *n* shoulder; **~at von** shrug (one's shoulders)
vállal *vt* [vmit] take on, assume (responsibility); shoulder, tackle; **munkát** ~ take a job; **magára ~** [vmit] take [sg] on, take responsibility for [sg]
vállalat *n* company, enterprise, business, firm
vállalatvezető *n* (company) manager
vállalkozás *n* enterprise, venture; **kis~** small business
vállalkozó *a* enterprising; *n* contractor, entrepreneur, businessman
vallás *n* religion, faith
vállas *a* broad-shouldered, hefty
vallási *a* religious, of religion, of faith; **~ türelem** religious tolerance
vallásos *a* religious, pious, devout
vallásszabadság *n* freedom of religion
vallástan *n rel* catechism
vallat *vt* [vkit] interrogate, question
vallatás *n* interrogation, questioning
vállfa *n* (clothes) hanger
vallomás *n* confession, statement; **~t tesz** make a confession
vállpánt *n* shoulder strap
válltömés *n* shoulder pad
vállvetve *adv* shoulder-to-shoulder
való *a* true, real; [vmire] fitted (for), suited (for); [vhova] originating from, coming from; proper, fitting, suitable; [vmiből] made of; *n* reality, truth; something to do; **~ra válik** come true; **~ra vált** [vmit] make [sg] come true, realize; **olvasni~** something to read; **enni~** something to eat, food; **V~ igaz.** It's quite true. **Mire ~?** What is it good for? **Hova ~ vagy?** Where do you come from?/ Where are you from? **Ez nem ~.** This is not proper (behavior). **Ez nem gyereknek ~.** This is not good/appropriate for children. **Ez nem nevetni~.** This is not something to laugh about.
valóban *adv* indeed, really, actually; **V~?** Really?/Is that right?
valódi *a* genuine, real, true
válófélben *adv* in the middle of divorce, going through divorce
válogat *vi* [vmiben] be picky, be particular, be fussy; [vmit] choose, select, pick out; sort
válogatós *a* picky, particular, fussy
válogatott *a* choice, selected, picked; *n sp* national team
valójában *adv* actually, in reality
valóság *n* reality, truth; fact; **a rideg ~** the naked truth

valószínű *a* likely, probable
valószínűleg *adv* probably, very likely, in all likelihood
valószínűtlen *a* unlikely, improbable, doubtful
valótlan *a* untrue, false
válság *n* crisis
válságos *a* critical, dangerous
vált *vt* [vmit] change; exchange; buy, reserve (a ticket); **pénzt ~** exchange money; **jegyet ~** buy a ticket
váltakoz|ik *vi* alternate, vary
váltakozó *a* alternating, alternate, intermittent
váltás *n* changing, change; **egy ~ ruha** a change of clothes
váltó *n* point switch (railway)
váltóáram *n el* alternating current
váltófutás *n sp* relay race
váltogat *vt* [vmit] alternate, keep alternating
változás *n* change, changing
változat *n* version, variation, variety
változatlan *a* unchanged, constant, unaltered
változatos *a* varied, diverse, diversified, mixed
változatosság *n* variety, diversity; **a ~ kedvéért** for a change
változékony *a* changeable, changing
változ|ik *vi* change, alter; **semmi sem ~ott** nothing has changed
változtat *vt* [vmit] change [sg], alter, make a change; [vmit vmivé] transform, convert, turn
váltságdíj *n* ransom
valuta *n* currency
valutaárfolyam *n* exchange rate
vályú *n* trough, feeding trough
vám *n* customs; duty (tax)
vámhivatal *n* customs (office)
vámkezeltet *vt* [vmit] clear through customs
vámköteles *a* dutiable, subject to duty
vámnyilatkozat *n* customs form, customs declaration
vámőr *n* customs officer
vámpír *n* vampire
vámtarifa *n* customs tariff
van *vi* is/are/am, be, exist; there is/are; have; **Hideg van.** It is cold. **Hogy ~?** How are you? **Amerikai vagyok.** I am American. **Hol vagy?** Where are you? **Mi ~?** What is it?/ What's going on? **Rosszul ~.** She's sick./She's nauseous. **Benne vagyok!** *coll* I'm game! **V~ egy fiam.** I have a son. **V~ pénzük.** They have money.
vandalizmus *n* vandalism
vándor *a* migratory; wandering; *n* wanderer, traveler
vándorlás *n* migration; wandering, travels
vándormadár *n* migratory bird
vándorol *vi* travel, wander; roam, rove; migrate
vanília *n* vanilla
vaníliás *a* (flavored) with vanilla
var *n* scab, crust (on wound)
vár[1] *n* castle, fortress, stronghold; citadel
vár[2] *vi* wait, be waiting; [vkire] wait for, await; be in store for; *vt* [vmit] look forward to, expect; **gyereket ~** be expecting, be pregnant; **Alig ~om, hogy.** I can hardly wait. **V~ csak!** Wait a minute!/Hold on! **Ne ~j rám!** Don't wait for me!
várakozás *n* waiting, wait; expectation; **~on alul marad** fall short of expectations; **~on felül** beyond expectations
várakoz|ik *vi* [vmire] be waiting, wait for; *auto* **V~ni tilos!** No parking!

várakoztat *vt* [vkit] keep [sy] waiting
varangy *n* toad
varangyos béka *n* toad
váratlan *a* unexpected, unforseen, surprising
váratlanul *adv* unexpectedly, suddenly, surprisingly
varázs *n* magic; spell, charm
varázserő *n* magic power
varázslat *n* magic, witchcraft
varázslatos *a* magical
varázsló *n* wizard, sorcerer, sorceress (female)
varázsol *vt* [vmit] use magic, work charms
várfal *n* castle wall
varga *n* shoemaker, cobbler
vargánya *n* chanterelle (mushroom)
várható *a* probable, to be expected
variál *vt* [vmit] vary
varieté *n* variety show
varjú *n* crow
várkastély *n* castle, palace, chateau
várócsarnok *n* waiting lounge (at a station)
várólista *n* waiting list
város *n* town, city, metropolis; municipality
városháza *n* town hall, city hall
városi *a* urban, town-, city-; *n* city dweller
városias *a* urban
városiasodás *n* urbanization
városközpont *n* town center, downtown
városlakó *n* city dweller
városnézés *n* sightseeing
városrész *n* district, neighborhood (in a city), quarter
városszerte *adv* all over the city
váróterem *n* waiting room
varr *vt* [vmit] sew, stitch; do needlework
varrás *n* sewing, needlework; seam
varrat *n* seam, stitching; *med* suture
varrat *vt* [vmit] have [sg] sewn, have clothes made
varrógép *n* sewing machine
várrom *n* castle ruin
varrónő *n* seamstress, dressmaker
Varsó *n* Warsaw
vártorony *n* keep; turret
vas *a*, *n* iron; **V~akarata van.** He has an iron will. **Nincs egy ~am sem.** *coll* I don't have a dime.
vasal *vt* [vmit] cover with iron; iron, press (clothes)
vasaló *n* iron (for clothes)
vasalódeszka *n* ironing board
vásár *n* market, fair; deal; **jó ~t csinál** get a good deal
vásárcsarnok *n* covered farmers' market (hall)
vásárlás *n* shopping, buying; purchase
vásárló *n* shopper, buyer
vasárnap *adv* on Sunday; *n* Sunday; **minden** ~ every Sunday, on Sundays
vasárnapi *a* Sunday, of/on Sunday; ~ **ebéd** Sunday lunch; ~ **újság** Sunday paper
vásárol *vi* shop, go shopping, do the shopping; *vt* [vmit] buy, purchase
vasáru *n* hardware
vasbeton *n* reinforced concrete
vasérc *n* iron ore
vaskereskedés *n* hardware store
vaskohászat *n* iron-smelting
vaskos *a* massive, bulky; stocky, robust, thick-set (person)
vasmacska *n* anchor
vasmarok *n* steel grip
vasrács *n* iron bars, grill, railings
vastag *a* thick
vastagbél *n med* large intestine, colon

vastagság *n* thickness, width, breadth
vastaps *n* rhythmic applause, standing ovation
vasút *n* railroad, railway
vasútállomás *n* railway station
vasutas *n* railroad employee
vasúti *a* railway-, railroad-; ~ **forgalom** railroad traffic; ~ **jegy** train ticket
vasútvonal *n* railroad line
vasvilla *n* pitchfork
vászon *a* linen; *n* linen (cloth); canvas (painting); screen (movies)
vászoncipő *n* canvas shoes
vászonruha *n* linen dress
vatelin *n* wadding, cotton padding
Vatikán város *n* Vatican City
vatta *n* cotton
váz *n* skeleton, shell; outline, framework
váza *n* vase
vázlat *n* sketch, outline, draft
vázlatos *a* sketchy, rough; brief
vázlattömb *n* sketchbook
vázol *vt* [vmit] sketch, outline, draft
-vé *suff* → **-vá**
vécé *n* toilet, toilet bowl; bathroom, restroom, powder room
vécépapír *n* toilet paper
véd *vt* [vmit] defend, protect, guard, shield
vedel *vt* [vmit] drink (heavily)
védelem *n* defense, protection, guard, shelter; **védelmet nyújt** provide shelter, give protection
védelmi *a* defense-, defensive, protective
védenc *n* protege, charge; *law* client
védjegy *n* trademark, brand
védnök *n* patron, benefactor, sponsor
védnökség *n* patronage, sponsorship
védőgát *n* dike, dam
védőoltás *n med* vaccination, inoculation, immunization
védőszent *n* patron saint
védőügyvéd *n law* defense attorney
védővám *n* protective tariff
védtelen *a* unprotected, defenseless, vulnerable
vég *n* end, conclusion; tip, end, point; close, termination, ending; **az év ~e** the end of the year; **a hét ~e** the weekend; **az elejétől a ~éig** from beginning to end; **~et ér** come to an end; **V~e van.** It's over./It's finished. **Nem lesz jó ~e.** It will come to no good. **Se ~e se hossza.** There's no end to it.
végállomás *n* last stop (bus); terminal
végbél *n med* rectum
végcél *n* final destination; ultimate goal
végeláthatatlan *a* endless, immense, vast
végelgyengülés *n* **~ben meghal** die of old age
végelszámolás *n* final settlement
végeredmény *n* final result, ultimate outcome; **~ben** after all, when all is said and done
vegetáriánus *a, n* vegetarian
végett *postp* with the purpose of, in order to, for
végez *vt* [vmit] do, carry out, perform, accomplish; finish, complete; *vi* graduate (from school); **feladatot ~** carry out a task; **Tavaly végzett az egyetemen.** She graduated from the university last year.
végeztével *adv* having done [sg]; **munkája ~** having finished his work
végig *adv* to the end, throughout

végigcsinál *vt* [vmit] carry through, see [sg] through
végiggondol *vt* [vmit] think [sg] through
végighallgat *vt* [vmit] listen to, hear [sg] through
végigjár *vt* [vmit] walk through, walk over; wander through; survey, inspect, do the rounds
végigmegy *vi* [vmin] go over [sg]; [vhol] walk down
végigmér *vt* [vkit] look over, give [sy] the once-over, look [sy] up and down
végignéz *vt* [vmit] watch (to the end); examine
végigsétál *vi* [vhol] walk along
végigszalad *vi* [vhol] run along
végigül *vt* [vmit] sit through
végkiárusítás *n* clearance, final sale
végkielégítés *n* severance pay
végkifejlet *n* final outcome
végkimerülés *n* complete exhaustion
végleg *adv* finally, once and for all
végleges *a* final, definitive; permanent
véglet *n* extreme
végösszeg *n* grand total, final amount
végpont *n* extremity, end, ending point
végre *adv* finally, at last
végrehajt *vt* [vmit] carry out, execute, enforce
végrehajtás *n* execution, implementation, carrying out
végrendelet *n* will, testament
végre-valahára *adv* at long last
végső *a* final, last; farthest; ultimate, extreme; ~ **szó** last word; **V~ esetben** If worse comes to worst, *coll* if push comes to shove
végsőkig *adv* to the very end, to the last, to the utmost
végszükség *n* emergency, extreme necessity; ~ **esetén** in case of an emergency
végtag *n* limb
végtelen *a* infinite, endless, timeless; *adv* infinitely, endlessly, extremely; *n* infinity, the infinite; ~ **sok** innumerable, very many
végtére *adv* ultimately, after all
végtermék *n* final product
végül *adv* at last, finally, last, ultimately; ~ **de nem utolsósorban** last but not least
végzet *n* fate, destiny
végzetes *a* fatal, disastrous; deadly, mortal, fatal
végzettség *n* qualification, education
végződés *n* ending, end, termination; *gram* ending
végződ|ik *vi* finish, be over, come to an end, cease; **Szerencsésen ~ött.** It turned out well.
vegyes *a* various, miscellaneous, mixed, sundry, diverse
vegyesbolt *n* sundries store, grocery store
vegyész *n* chemist
vegyészet *n* chemistry
vegyészmérnök *n* chemical engineer
vegyi *a* chemical; ~ **folyamat** chemical process; ~ **fegyver** chemical weapon
vegyipar *n* chemical industry
vegyít *vt* [vmit] mix, combine
vegyjel *n chem* chemical symbol
vegyszer *n* chemical
vegytiszta *a* chemically pure
vegytisztít *vt* [vmit] dry clean
vegytisztító *n* dry cleaner's
vegyül *vi* mix, mingle; *chem* combine
vekker *n coll* alarm clock
vékony *a* thin, slender, slim, skinny (person)
vékonybél *n med* small intestine
vékonyod|ik *vi* grow thinner, thin

-vel *suff* → **-val**
vél *vt* [vmit] think, believe, consider, guess, reckon; **úgy ~em, hogy** I believe
vele *adv* with him/her/it; **Mi van ~?** What's wrong with him/her? **Gyere ~m!** Come with me!
véleked|ik *vi* have an opinion, express an opinion, opine
vélemény *n* opinion, view, belief; **~em szerint** in my opinion; **más ~en van** have a different opinion, be of a different opinion; **osztja** [vkinek] **a ~ét** share [sy's] opinion
veleszületett *a* innate, inherent, inborn
véletlen *a* chance, accidental, casual, coincidental; *n* chance, luck, coincidence, accident; **~ szerencse** a stroke of luck; **úgy hozta a ~** as luck would have it
véletlenül *adv* by chance, by accident, by luck, accidentally, happen to; **V~ találkoztunk.** We ran into each other. **Nem tudod ~ …** Do you happen to know … **V~ leejtettem.** I accidentally dropped it.
velő *n* marrow; brain(s); *fig* essence, substance
velúr *a, n* velour, plush
vén *a* aged, very old
véna *n* vein
vénasszony *n* old woman; **~ok nyara** Indian summer
vendég *n* guest, visitor; customer, patron
vendéglátás *n* hospitality, entertaining (of a guest)
vendéglátó *a* hospitable; hospitality-; *n* host, hostess
vendéglátóipar *n* hospitality industry
vendéglő *n* restaurant, diner
vendégmunkás *n* guest worker
vendégség *n* party, company, visit, getting together; **~be megy** [vkihez] go visit [sy]
vendégszeretet *n* hospitality
vendégszoba *n* guest room
Venezuela *n* Venezuela
venezuelai *a, n* Venezuelan
vénlány *n* old maid, spinster
venni *vt* → **vesz**
vénség *n* old age; old person
ventilátor *n* fan (machine)
vény *n* prescription
ver *vt* [vmit] beat, strike, hit; bang; beat, defeat; **sátrat ~** pitch a tent; **gyökeret ~** take root; **pénzt ~** mint coins; **adósságba ~i magát** get oneself in debt
vér *n* blood; **~ben forgó** bloodshot; **~ig sért** offend very much; **~t vesz** *med* draw blood; **A ~ nem válik vízzé.** Blood is thicker than water.
véradó *n* blood donor
véraláfutás *n* bruise
veranda *n* veranda, porch
vérátömlesztés *n med* blood transfusion
vérbaj *n med* syphilis
vércsoport *n med* blood type
vércukor *n med* blood sugar
vérdíj *n* blood money
veréb *n* sparrow
véreb *n* bloodhound
verekedés *n* fight, fistfight, brawl
vereksz|ik *vi* [vkivel] fight with, exchange blows with
verem *n* pit, hole; cave, den (animal)
verés *n* beating, thrashing; spanking
véres *a* bloody, covered with blood; **~ hurka** blood pudding/sausage; **~ szemek** bloodshot eyes
vereség *n* defeat
vérfolt *n* bloodstain

vérhas *n med* dysentery
veríték *n* sweat, perspiration
verítékes *a* sweaty, sweating; *fig* laborious, hard (work)
verítékez|ik *vi* sweat
vérkeringés *n* (blood) circulation
vérmérgezés *n* blood poisoning, *med* sepsis
vérmérséklet *n* temperament, temper
vermut *n* vermouth
vérnyomás *n med* blood pressure; **~t mér** take [sy's] blood pressure
verőér *n med* artery
verőfényes *a* sunny, sunlit, bright
vérrokon *n* blood relation, blood relative
vers *n* poem, verse
vérsejt *n med* blood cell
verseng *vi* [vkivel] compete, contend, rival
versengés *n* competition, contest, competing, rivalry
verseny *n* competition, contest; *sp* race, competition, match, tournament; **~re kel** enter into competition; **felveszi a ~t** [vkivel] be a match for somebody; **~t fut** race, run a race
versenyautó *n* race car
versenybíró *n* referee, umpire
versenyez *vi* [vkivel] compete, contend; *sp* participate in a match/race/tournament, race
versenyfutó *n* runner, racer
versenyképes *a* competitive; marketable
versenyló *n* race horse
versenymű *n mus* concerto
versenypálya *n sp* field; racecourse
versenyszám *n sp* event
versenytárgyalás *n bus* (competitive) bidding
versenyző *n* competitor, contestant
verseskötet *n* book of poetry
versszak *n* verse, stanza
vérszomjas *a* bloodthirsty, cruel
vért *n* armor, shield
vértanú *n* martyr
vertikális *a* vertical
vérvizsgálat *n med* blood test
vérzés *n* bleeding, *med* hemorrhage; **havi** ~ period, menstruation
vérzéscsillapító *a med* blood-clotting; *n* blood-clotting agent
vérz|ik *vi* bleed, shed blood
verzió *n* version
vés *vt* [vmit] carve (wood), engrave, chisel, cut, chase (metal)
vese *n* kidney
vesekő *n* kidney stone
vesepecsenye *n* sirloin, tenderloin
vésnök *n* engraver
véső *n* chisel
vessző *n* twig, rod, wand, switch; wicker; *gram* comma; accent mark; **pontos~** semi-colon
vesz *vt* [vmit] take; buy, get, purchase; receive, pick up (radio); take, accept; **kezébe** ~ [vmit] take into one's hand; **házat** ~ buy a house; **komolyan** ~ [vmit] take [sg] seriously; **semmibe** ~ ignore; **rossz néven** ~ [vmit] take offense; **búcsút** ~ [vkitől] say goodbye, take leave; **a fejébe** ~ [vmit] take [sg] into one's head; **tudomásul** ~ take note of, acknowledge; **Honnan ~ed ezt?** *coll* Where did you get such an idea?
vész *n* danger, disaster; peril, plague, disease
vészcsengő *n* alarm (bell)
veszeked|ik *vi* [vkivel] argue with, fight with (verbally), quarrel

veszély *n* danger, peril; **Túl van a ~en.** She's out of danger.
veszélyes *a* dangerous, perilous
veszélyeztet *vt* [vmit] endanger, jeopardize, put in danger
veszélyeztetett *a* endangered; **~ faj** endangered species
veszélytelen *a* safe, harmless
vészes *a* dangerous
veszett *a* rabid; mad, crazy
veszettség *n* rabies
vészfék *n* emergency break
vesz|ik *vi* be lost, get lost; perish
veszít *vt* [vmit] lose; *vi* lose, be a loser; **~ a kaszinóban** lose at the casino
vészjel *n* distress signal, distress call, emergency signal
vészkijárat *n* emergency exit, fire escape
vesződ|ik *vi* [vmivel] bother with, struggle with; **Nem érdemes vele ~ni.** It's not worth the trouble.
veszt *vt* [vmit] lose; **Nincs ~eni valóm.** I have nothing to lose.
veszte *n* [sy's] ruin, destruction, loss; **~mre** unfortunately for me; **Vesztébe rohan.** He is heading for disaster.
veszteg *adv* still, quiet
vesztegel *vi* stop, stand, linger; be held up
veszteget *vt* [vmit] waste, squander; [vkit] bribe, buy [sy]
vesztes *a* losing, beating, defeated; *n* loser
vesztés *n* losing, loss; **V~re áll.** It looks like he's going to lose.
veszteség *n* loss; damage; deficit
veszteséges *a econ* unprofitable, unsuccessful
vet *vt* [vmit] throw, cast, fling, toss; sow (seeds); **árnyékot ~** cast a shadow; **ágyat ~** make the bed; **keresztet ~** cross oneself, make the sign of the cross; **pillantást ~** [vkire] cast a glance at; **szemére ~** [vmit] reproach [sy], blame
vét *vi* do wrong; make a mistake, err
vétek *n* fault, sin, wrong
vetél *vt* [vmit] *med* miscarry
vétel *n* purchase, buy, bargain, deal; reception (radio, TV)
vetélés *n med* miscarriage; **művi ~** abortion
vetélked|ik *vi* compete, rival
vetélkedő *n* contest; quiz show, game show (on TV)
vetélytárs *n* rival, competitor
veteményeskert *n* vegetable garden
veterán *a, n* veteran
vetés *n* sowing; green crops
vetít *vt* [vmit] project, show on a screen
vetítés *n* projection; showing (of a movie)
vetítőgép *n* projector
vetítővászon *n* screen (for projection)
vétkes *a* guilty, culpable; sinful; *n* sinner, transgressor
vétkez|ik *vi* err, offend; sin, trespass
vetkőz|ik *vi* get undressed, strip
vétlen *a law* innocent
vétójog *n* right of veto
vetőmag *n* seeds, seed grain
vétség *n* delinquency, offence, small crime
vetület *n* projection
vevő *a* buying, purchasing; receiving (radio); *n* buyer, shopper, customer; receiver (radio)
vevőkészülék *n* receiver
vevőszolgálat *n* customer service
vezeklés *n* penitence, penance
vezényel *vt* [vmit] command, give an order; *mus* conduct, lead (orchestra)

vezényszó *n* command
vezér *n* leader, chief; queen (chess)
vezércikk *n* front-page article, leading article
vezérel *vt* [vkit] guide, direct, lead; [vmit] steer, control
vezérfonal *n* guiding principle
vezérigazgató *n* managing director, chief executive officer, CEO
vezérkar *n mil* joint chiefs-of-staff
vezérőrnagy *n mil* brigadier general
vezet *vt* [vmit] lead, guide, conduct; drive, steer, pilot; direct, control, head, run; *sp* referee; *vi* lead, lead to, take the lead, be in the lead; **orránál fogva ~** [vkit] lead [sy] by the nose; **jól ~** drive well, be a good driver; **egy ponttal ~** lead by one point
vezeték *n* wire, line, cable; pipe, tube, pipeline (water, gas)
vezetéknév *n* last name, family name
vezetés *n* driving, conducting; leadership, management; *mil* command
vezető *a* leading, directing, managing, head-; *n* leader, head; driver; guide; manager; **~ szerep** leadership role; **a városba ~ út** the road leading to town
vezetői *a* leadership-, managerial
vezetőség *n* management, leadership
vézna *a* skinny, scrawny, thin
viadukt *n* viaduct
viaskod|ik *vi* struggle with, wrestle with
viasz *a, n* wax
vicc *n* joke, anecdote, practical joke; **~ből** as a joke, for fun; **Ez nem ~.** That's no joke. (It's serious.)
viccel *vi* [vkivel] tell a joke, play a joke (on), kid; **Csak ~tem!** *coll* Just kidding!
vicces *a* funny, amusing
vicsorít *vi* growl; bare one's teeth
vidám *a* cheerful, merry, joyful, joyous
vidék *n* area, region, country, countryside; landscape; **ezen a ~en** in this region; **~en** in the countryside
videó *n* video, VHS
videofelvétel *n* video recording
videokamera *n* camcorder, video camera
videokazetta *n* videotape, VHS tape
videomagnó *n* VCR, video player, video recorder
videoszalag *n* videotape
videotéka *n* video store, video rental
videóz|ik *vi* play a video, watch a video
vidra *n* otter
Vietnám *n* Vietnam
vietnámi *a, n* Vietnamese
víg *a* cheerful, merry, joyous
vigasz *n* comfort, solace, consolation
vigasztal *vt* [vkit] comfort, console, solace
vigasztalhatatlan *a* inconsolable, devastated
vígjáték *n theat* comedy
vigyáz *vi* [vmire] watch (over), take care of, look after, guard; *vi* watch out, be on guard; **V~z magadra.** Take care of yourself.
vigyázat *n* caution, care, precaution; **V~!** Beware!
vigyázatlan *a* careless, casual
vigyázz *int* **V~!** Watch out!/Look out!
vigyorog *vi* grin, smirk
vihar *n* storm, thunderstorm, gale, tornado, hurricane
viharjelzés *n* storm warning
viharos *a* stormy; tempestuous
vihog *vi* giggle, snigger

vijjog *vi* screech, shriek, squeal, scream
víkend *n* weekend
víkendez|ik *vi* spend the weekend somewhere
víkendház *n* cabin, vacation home
világ *n* world; earth, globe; universe; **mióta ~ a ~** since time immemorial; **a ~on** in the world; **a ~ vége** the end of the world; **a mai ~ban** nowadays, these days; **az egész ~on** in the whole wide world; **~ra hoz** bring into the world, give birth to; **~ra jön** come into the world, be born; **a ~ért sem** not for all the world; **~gá megy** run away (child); **a szeme ~a** eyesight, vision
világatlasz *n* world atlas
világbajnok *n sp* world champion
világbajnokság *n sp* world championship
világbéke *n* world peace
világcsúcs *n sp* world record
világégés *n* cataclysm, worldwide catastrophe, end of the world
világegyetem *n* universe
világéletemben *adv* all my life
világháború *n* world war
világhatalom *n* world power, superpower
világhírű *a* world-famous
világítás *n* lighting, illumination
világítótorony *n* lighthouse
világjáró *n* globe-trotter
világjelenség *n* worldwide phenomenon
világmárka *n* well-known brand, world-famous make
világméretű *a* worldwide
világnézet *n* worldview, ideology
világnézeti *a* ideological
világos *a* light, bright, clear; plain, simple, obvious, evident; **~ nappal** in broad daylight; **~ mint a nap** *coll* crystal clear; **~ mint a vakablak** *coll* clear as mud
világosod|ik *vi* lighten (up), grow lighter, grow brighter; day is breaking
világosság *n* light, brightness, daylight; clarity, clearness
világpiac *n* world market
világraszóló *a* sensational
világrekord *n* world record
világrengető *a* world shattering, sensational
világrész *n* continent
világszerte *adv* all over the world
világszínvonal *n* world standard
világszínvonalú *a* state-of-the-art
világtáj *n* direction, point of the compass
világtalan *a* blind, sightless
világűr *n* space
világválság *n* world crisis
világváros *n* metropolis
villa *n* fork; pitchfork; villa, cottage
villám *n* lightning, thunderbolt
villámgyors *a* lightning-fast
villámhárító *n* lightning rod
villáml|ik *vi* it is lightning
villamos *a* electric, electrical; *n* tram, streetcar; **~ áram** electric power; **~szék** electric chair
villamosít *vt* [vmit] electrify
villamosjárat *n* tram line
villamoskocsi *n* tram, streetcar
villamosmérnök *n* electrical engineer
villamosság *n* electricity
villamosvezeték *n* electric wiring
villámtréfa *n* short skit, joke
villan *vi* flash, blink
villanófény *n photo* flash

villany *n* electricity; (electric) light; **Gyújtsd fel a ~t!** Turn on the light!
villanyáram *n* electric current, electricity
villanybojler *n* electric boiler, electric water heater
villanyborotva *n* electric razor
villanydrót *n* electric wire
villanykályha *n* electric heater
villanykapcsoló *n* electric switch
villanykörte *n* light bulb, bulb
villanymelegítő *n* electric heater, space heater; heating pad
villanyóra *n* electric meter
villanyoszlop *n* electric pole
villanyrendőr *n* traffic light
villanyszámla *n* electric bill
villanyszerelő *n* electrician
villanytűzhely *n* electric stove
villanyvezeték *n* electric wiring, electric main
villásreggeli *n* brunch
villog *vi* flash, gleam, glitter
vinni *vt* → **visz**
vinnyog *vi* whine, whimper
viola *n mus* viola
violaszínű *a* violet (color), purple
vipera *n* viper, adder
virág *n* flower; **egy csokor ~** a bunch of flowers
virágárus *n* florist
virágbolt *n* flower shop, florist's
virágcserép *n* flowerpot
virágcsokor *n* bouquet, a bouquet of flowers, a bunch of flowers
virágfüzér *n* garland
virágkor *n* prime, golden age
virágláda *n* window box, planter
virágmag *n* flower seed
virágméz *n* flower honey
virágos *a* flowery, covered with flowers; **~kert** flower garden
virágpor *n* pollen
virágszál *n* a single flower
virágszirom *n* (flower) petal
virágz|ik *vi* bloom, flower, blossom; *fig* flourish, prosper
virrad *vi* dawn, the day is breaking
virradat *n* dawn, daybreak
virraszt *vi* stay awake, stay up, keep watch
virsli *n* hot dog, wiener
virtuális *a* virtual
virul *vi* bloom, flower; *fig* flourish, prosper
vírus *n* virus (also *comp*)
vírusölő program *n comp* antivirus software
visel *vt* [vmit] bear, endure; wear, have on; **gondját ~i** [vkinek] take care of; **jól ~i magát** behave nicely
viselet *n* wear, clothes, attire
viselkedés *n* behavior, conduct
viselked|ik *vi* behave oneself, conduct oneself; **rosszul ~ik** misbehave
viselt *a* worn-out, worn, shabby
visít *vi* scream, shriek
viskó *n* hut, shack
vissza *adv* back, backwards, behind; *pref* back, re-
visszaad *vt* [vmit] give back, hand back, return; repay, refund; **ezerből ~** give change for a thousand, break a thousand
visszaáll *vi* be restored, be reestablished
visszabeszél *vi* [vkinek] talk back
visszabúj|ik *vi* crawl back, slip back in
visszacsinál *vt* [vmit] undo; call off, reverse
visszadob *vt* [vmit] throw back, toss back, fling back; reject
visszaél *vi* [vmivel] misuse, abuse
visszaélés *n* abuse, misuse

visszaemlékezés *n* remembrance, memory, memorial
visszaemlékez|ik *vi* [vmire] remember, recall, think back, look back on
visszaenged *vt* [vkit] allow back, let [sy] back, readmit
visszaér *vi* get back, come back, go back, return
visszaérkez|ik *vi* return, arrive again, get back, come back
visszaesés *n* falling back; decline; *med* relapse
visszaes|ik *vi* fall back; decline, recede; *med* relapse
visszaeső *a med* relapsing; ~ **bűnöző** habitual offender, repeat offender
visszafejlődés *n* regression
visszafejlőd|ik *vi* regress, go back
visszafelé *adv* backwards, back, in the opposite direction; on the way back
visszafizet *vt* [vmit] repay, pay back, refund
visszafizetés *n* payback, refund
visszafog *vt* [vmit] hold back, keep back, hold in
visszafogad *vt* [vkit] take [sy] back, readmit
visszafogott *a* reserved, quiet, low-key
visszafojt *vt* [vmit] hold back, restrain
visszafordít *vt* [vmit] turn back, turn around, reverse
visszafordíthatatlan *a* irreversible, permanent
visszafordul *vi* turn back, turn around
visszagondol *vi* [vmire] think back, remember, recollect
visszahatás *n* reaction
visszahív *vt* [vmit] call back, recall; [vkit] call back (on the phone)
visszahódít *vt* [vmit] take back, re-conquer, win back; [vkit] win [sy] back
visszahoz *vt* [vmit] bring back; retrieve
visszahúz *vt* [vmit] pull back, pull away, retract
visszahúzód|ik *vi* pull back, withdraw, hold back
visszaigazol *vt* [vmit] confirm (reservation)
visszája *n* the back of [sg], wrong side, reverse
visszajár *vi* [vhova] go back, keep going back, keep coming back; be due back (change)
visszajáró *a* ~ **pénz** change (money)
visszajátszás *n* replay, playback
visszajátsz|ik *vt* [vmit] play back, replay
visszajön *vi* come back, return
visszajut *vi* get back, come back
visszakap *vt* [vmit] receive back, get back, recover, regain
visszakér *vt* [vmit] ask for [sg] back
visszakeres *vt* [vmit] check again, look up again, double-check
visszakézből *adv* backhandedly
visszakísér *vt* [vkit] see [sy] back, escort back
visszakoz|ik *vi* back out of [sg]
visszaköszön *vi* [vkinek] say hello back, return a greeting
visszakövetel *vt* [vmit] reclaim, demand back
visszaküld *vt* [vmit] send back, return
visszalép *vi* step back, stand back; withdraw from
visszamegy *vi* go back, return; subside, diminish
visszamenőleg *adv* retroactively
visszaminősít *vt* [vmit] downgrade, demote
visszamond *vt* [vmit] repeat (something confidential); cancel (an invitation)

visszanéz *vi* [vmire] look back (at)
visszanyer *vt* [vmit] win back, regain, recover, get back
visszapillant *vi* [vmire] look back, glance back
visszapillantó *a* **~ tükör** *auto* rear-view mirror
visszarak *vt* [vmit] put back, place back
visszariad *vi* [vmitől] shy away from, shrink back from
visszás *a* backward, troublesome, awkward, absurd
visszaszámlálás *n* countdown
visszaszerez *vt* [vmit] get back, win back, recover, retrieve
visszatáncol *vi* go back on, back out of, withdraw from
visszatart *vt* [vmit] hold back, keep back, retain; suppress, restrain; **~ja a lélegzetét** hold one's breath
visszataszító *a* repulsive, repugnant, disgusting
visszatér *vi* return, come back, go back; revert to
visszatérés *n* return, comeback
visszatérít *vt* [vmit] pay back, refund, repay; [vkit] bring [sy] back to
visszatérítés *n* refund, repayment
visszatesz *vt* [vmit] put back, replace, return
visszatetsző *a* unpleasant, distasteful, disagreeable
visszatükröz *vt* [vmit] reflect, mirror
visszaút *n* way back
visszautasít *vt* [vmit] reject, refuse, turn down, decline (an offer)
visszautasítás *n* refusal, rejection
visszautaz|ik *vi* travel back, go back, return
visszaül *vi* sit back down
visszaüt *vi* hit back, strike back; return (a ball)
visszavág *vi* hit back; answer, retort, snap (in answer)
visszavágó *n sp* rematch
visszavált *vt* [vmit] redeem, sell back (ticket)
visszaver *vt* [vmit] repel, beat back; throw back, reflect
visszavesz *vt* [vmit] take back; buy back
visszavet *vt* [vmit] throw back, cast back; set back, hinder
visszavezet *vt* [vkit, vmit] lead back, take back; drive back
visszavon *vt* [vmit] take back, recall, cancel, withdraw
visszavonhatatlan *a* irrevocable, irreversible, final, permanent
visszavonul *vi* withdraw, retreat; retire
visszér *n med* varicose vein
visszfény *n* reflection, reflected light
visszhang *n* echo; *fig* reaction
visszhangz|ik *vi* echo, resound
visz *vt* [vmit] carry, take, transport; bring; manage; lead; **magával ~** [vkit] take along; **haza~** take home; **Ez az út a városba ~.** This road leads to town. **Nem ~i semmire.** He will never amount to anything. **Ő még sokra ~i.** She'll be successful in life.
viszály *n* strife, conflict, discord
viszket *vi* itch, be itching
viszonoz *vt* [vmit] return (a favor), reciprocate
viszont *conj* however, on the other hand, still, nevertheless; *int* the same to you; **Jó étvágyat! – V~ kívánom!** Bon appetit! – You, too!
viszontagság *n* hardship, adversity, struggle

viszonthallásra *int* **V~!** Good-bye!; *coll* Talk to you later! (on the phone)
viszontlátásra *int* **V~!** Good-bye!; *coll* See you later!
viszonzás *n* reciprocation, return (of a favor)
viszony *n* relation, connection, relationship; affair, liaison; state, condition, situation; rate, proportion; **jó ~ban van** [vkivel] be on good terms with; **~a van** [vkivel] have an affair with; **a ~okhoz képest** considering the circumstances
viszonyít *vt* [vmit vmihez] compare
viszonylag *adv* relatively, comparatively
viszonylagos *a* relative, comparative
viszonylat *n* relation, respect
viszonyul *vi* [vmihez] relate to, have a relation to, feel a certain way about
vita *n* debate, discussion, dispute, argument; **a ~ hevében** in the heat of the argument
vitamin *n* vitamin
vitaminhiány *n* vitamin deficiency
vitás *a* debated, disputed, uncertain; **~ kérdés** a matter of dispute, a disputed point
vitathatatlan *a* indisputable
vitatkoz|ik *vi* [vkivel] argue with; have a dispute
vitatott *a* disputed, debated
viteldíj *n* fare
vitorla *n* sail
vitorlás *a* sail-, sailing; *n* sailboat
vitorlázat *n* sails
vitorláz|ik *vi* sail
vitorlázórepülés *n* gliding
vitorlázórepülő *n* glider
vitrin *n* china cabinet, glass case
vív *vi sp* fence; fight, struggle
vívás *n sp* fencing
vívmány *n* achievement, accomplishment
vívó *n sp* fencer, swordsman
vívód|ik *vi* struggle, fight (in oneself)
víz *n* water; **~ alatti** underwater; **édes~** fresh water (not salt water); **tiszta ~** soaking wet, drenched through; **~be fúl** drown; **~re bocsát** launch (a boat), set afloat; **nem sok ~et zavar** *coll* makes no real difference; **Lassú ~ partot mos.** Still waters run deep.
vízállásjelentés *n* water-level report
vízcsap *n* faucet, water tap
vízcsepp *n* drop of water
vizel *vi* urinate, *coll* pee
vizelet *n* urine
vízellátás *n* water supply
vízerőmű *n* hydroelectric power station
vizes *a* wet, watery, watered; damp, moist
vízesés *n* waterfall
vizeskancsó *n* water pitcher
vizespohár *n* water glass, tumbler
vizez *vt* [vmit] add water to, dilute with water
vízfesték *n* watercolor, aquarelle
vízfestmény *n* watercolor painting, aquarelle
vízhatlan *a* waterproof, watertight
vízhólyag *n* blister
vízhozam *n* water output
vízi *a* water-, of the water, hydro-, aquatic; **~sport** aquatic sports; **~ jármű** watercraft
vízilabda *n sp* water polo
vízilabdáz|ik *vi sp* play water polo
víziló *n* hippopotamus, hippo
vízimalom *n* watermill

vízinövény *n* water plant
víznyomás *n* water pressure
vízió *n* vision, apparition
vízisí *n sp* water ski
vizit *n* visit; *med* rounds (in a hospital)
vízmelegítő *n* water heater
vízművek *n* waterworks
vízözön *n* flood, deluge
vizsga *n* examination, exam, test; **írásbeli ~** written test; **szóbeli ~** oral exam; **megbukik a vizsgán** fail an exam
vizsgál *vt* [vmit] examine, scrutinize, study, check
vizsgálat *n* examination; investigation, inquiry; **orvosi ~** medical exam; **~ot folytat** hold an investigation
vizsgálati *a* investigative, examining; **~ fogság** detention pending trial
vizsgáz|ik *vi* [vmiből] take a test in, take an exam
vizsgázó *n* examinee
vizsgáztat *vt* [vkit] test [sy], examine
vízszennyezés *n* water pollution
vízszint *n* water level
vízszintes *a* horizontal, level
vízszolgáltatás *n* water supply, waterworks
víztároló *n* water reservoir, cistern
víztározó *n* reservoir, reservoir lake
víztorony *n* water tower
víztükör *n* surface of the water
vizuális *a* visual
vízum *n* visa
vízvezeték *n* water pipe
vízvezeték-szerelő *n* plumber
vizsla *n H* vizsla (Hungarian dog breed)
volán *n auto* steering wheel
volna *vi* would be
volt[1] *n el* volt, voltage
volt[2] *vi past* → **van**; was, were
voltaképpen *adv* as a matter of fact, actually
von *vt* [vmit] draw, pull; **vállat ~** shrug one's shoulders; **felelősségre ~** hold [sy] accountable; **kétségbe ~** doubt, question
vonagl|ik *vi* wriggle, writhe, twitch, jerk
vonakod|ik *vi* [vmitől] be unwilling to do [sg]; be reluctant
vonal *n* line, stroke; **egy ~ban** in line with; **~at húz** draw a line; **foglalt a ~** the line is busy (phone)
vonalaz *vt* [vmit] draw lines on
vonalkód *n* bar code
vonalzó *n* ruler
vonás *n* line, stroke; *fig* feature, trait, characteristic; **családi ~** family trait
vonat *n* train; **~tal megy** take a train; **felszáll a ~ra** get on the train; **leszáll a ~ról** get off the train
vonatkozás *n* relation, connection; **ebben a ~ban** in this respect
vonatkoz|ik *vi* [vmire] concern, regard, relate to; **ez rád is ~ik** this concerns you, too
vonatoz|ik *vi* travel by train
vonít *n* howl, whine (animal)
vonítás *n* howling
vonó *n mus* bow (violin)
vonós *a mus* string instrument
vonszol *vt* [vmit] drag, pull
vontat *vt* [vmit] tow, haul, tug
vontatókocsi *n* tow truck
vontatott *a* slow, drawn-out
vonul *vi* march, proceed
vonz *vt* [vkit, vmit] attract, draw; interest, appeal (to); **Az ellentétek ~zák egymást.** Opposites attract.
vonzalom *n* attraction, affection
vonzó *a* attractive, alluring, enticing, charming

vonzód|ik *vi* [vkihez, vmihez] be attracted to, be drawn to
vő *n* son-in-law
vödör *n* bucket
vőlegény *n* groom, fiancé
völgy *n* valley, hollow
völgymenet *n* **~ben** downhill
völgyszoros *n* gorge
völgyzáró gát *n* dam
vörheny *n med* scarlet fever
vörös *a* red; ~ **rózsa** red rose; ~ **haj** red hair; ~ **káposzta** red cabbage; ~ **vérsejt** red blood cell
vörösbegy *n* robin
vörösbor *n* red wine
vöröshagyma *n* yellow/brown onion
Vöröskereszt *n* the Red Cross
vörösöd|ik *vi* turn red, blush
vörösréz *n* copper
Vörös-tenger *n* the Red Sea
vulgáris *a* vulgar, crude, rude
vulkán *n* volcano

W

walkman *n* Walkman™
Wales *n* Wales
walesi *a* Welsh; *n* Welshman; ~ **herceg** the Prince of Wales
Washington *n* Washington, D.C.
watt *n* watt
WC *n* toilet, restroom, bathroom
whisky *n* whiskey
winchester *n comp* hard drive
wurlitzer *n* jukebox

X

xilofon *n mus* xylophone
x-lábú *a* knock-kneed (person)
X.Y. *n* So-and-so

Y

yacht *n* yacht
yard *n* yard

Z

zab *n* oat
zabál *vt* [vmit] *coll* chow down, devour, gobble up, stuff one's face
zabla *n* bridle
zabolátlan *a* unbridled, unrestrained
zaboláz *vt* [vmit] bridle, curb, restrain
zabpehely *n* oatmeal, oat flake
zabszem *n* grain of oat
zacc *n* coffee grounds
zacskó *n* bag; **papír~** paper bag, brown bag; **nejlon~** plastic bag
zafír *a, n* sapphire
zagyva *a* confused, mixed up, incoherent (speech)
zagyvaság *n* jumble, nonsense
zaj *n* noise, sound, clamor, racket; **~t csap** make noise
zajl|ik *vi* happen, take place; break up (ice on a river)
zajos *a* noisy, loud, rackety
zajtalan *a* noiseless, silent
zaklat *vt* [vkit] molest, harass, trouble, bother
zaklatás *n* harassment; **szexuális ~** sexual harassment
zaklatott *a* worried, anxious, troubled
zakó *n* jacket (of a men's suit)
zálog *n* pawn, pledge, security; **~ba tesz** [vmit] pawn [sg]
zálogház *n* pawnshop
zamat *n* aroma, flavor, bouquet (wine)
zamatos *a* flavorful, aromatic
Zambia *n* Zambia
zambiai *a, n* Zambian
zápor *n* shower (rain), downpour

zár *n* lock, latch, bolt; clasp; *fig* blockade; *vt* [vmit] close, shut, lock; **kulcsra ~ja az ajtót** lock the door; **~va** closed (a store); **Mikor ~ a bolt?** When does the store close?
záradék *n law* clause
zarándok *n* pilgrim
zárás *n* closing, closure
zárda *n* convent, cloister
zárka *n* prison cell
zárkózott *a* reserved (person), standoffish, aloof
zárlat *n* **rövid~** short circuit
zárlatos *a el* short-circuited
záró *a* closing, locking, shutting; final, closing
záród|ik *vi* close, shut, conclude
zárójel *n* parenthesis, bracket
zárol *vt* [vmit] stop, block, freeze (account)
záróra *n* closing time
záróvizsga *n school* final examination
záróvonal *n* double yellow line (traffic)
zárt *a* closed, shut, locked; **~ ajtók mögött** behind closed doors; **~ ülés** private session
zártkörű *a* private, closed, exclusive
zárva *adv* closed, locked, shut; **Z~ vagyunk!** We're closed!
zászló *n* flag, banner, standard; **~t felvon** hoist up the flag; **amerikai ~** Stars and Stripes
zászlóalj *n mil* battalion
zászlórúd *n* flagpole
zászlós *n mil* ensign
zátony *n* shelf, sandbank, reef; **korall~** coral reef
zavar *n* confusion, disorder, chaos; embarrassment; trouble, difficulty; breakdown; *vt* disturb, bother, trouble, inconvenience; upset, worry; **~ba hoz** [vkit] embarrass [sy]; **~ba jön** be embarrassed; **~t kelt** cause confusion; **látási ~ok** eye problems; **nem sok vizet ~** *coll* be harmless, make no real difference; **Nem ~lak?** Am I disturbing you?
zavaró *a* disturbing, troubling; embarrassing, troublesome
zavaros *a* confused, mixed up, chaotic; *n* troubled water, muddy water
zavart *a* troubled, confused, perplexed
zavartalan *a* undisturbed, untroubled
zebra *n* zebra; crosswalk, pedestrian crossing
zeller *n* celery
zendülés *n* riot, rebellion
zene *n* music
zeneakadémia *n* conservatory (of music)
zenedoboz *n* music box
zenei *a* musical, of music; **van ~ érzéke** have a sense for music
zenekar *n* orchestra, band
zenekari *a* orchestral, band-
zenél *vi* play music, make music
zeneóra *n* music lesson
zenerajongó *n* music fan
zenés *a* musical, with music; **~ vígjáték** musical comedy
zenész *n* musician
zeneszám *n* musical piece
zeneszerző *n* composer
zenetanár *n* music teacher
zeng *vi* ring, resound, reverberate
zenit *n* zenith
zerge *n* mountain goat, chamois
zéró *num* zero, nil, naught
zilált *a* disordered, wild, disheveled, disorderly, confused
Zimbabwe *n* Zimbabwe
zivatar *n* thunderstorm, rainstorm
zivataros *a* (rain)stormy
zizeg *vi* rustle, swish

zokni *n* socks
zokog *vi* cry, sob
zománc *n* enamel, glaze
zománcozott *a* enameled
zóna *n* zone
zongora *n mus* piano; **zongorán kísér** accompany on the piano
zongoraművész *n* pianist
zongoraóra *n* piano lesson
zongoraszék *n* piano stool
zongoratanár *n* piano teacher
zongoraverseny *n mus* piano concerto
zongoráz|ik *vi mus* play the piano
zongorista *n mus* pianist, piano player
zoológia *n* zoology
zord *a* grim, severe, stern (look); severe, inclement (weather); inhospitable, dismal
zöld *a* green; *n* green; nature, open air; **~ lámpa** green light (traffic); **Z~ek** Greens, the Green party
zöldbab *n* green beans, string beans
zöldborsó *n* green peas, sugar peas
zöldes *a* greenish
zöldhagyma *n* green onion
zöldövezet *n* green belt, suburb
zöldpaprika *n* green pepper
zöldség *n* vegetable, greens; *fig* nonsense, foolishness; **~eket beszél** *coll* talk nonsense
zöldséges *a* (made) with vegetables; *n* fruit and vegetable store, vegetable stand
zöldségféle *n* vegetables, greens
zöldségleves *n* vegetable soup
zöldül *vi* turn green, become green
zöm *n* bulk, mass, biggest part, most of; **~mel** mostly
zömök *a* thickset, squat, stocky
zörej *n* noise, rattle, thud
zörgés *n* clatter, rattle, rumble
zörög *vi* rattle, clatter, make a rattling noise
zubbony *n mil* jacket, tunic
zúdít *vt* [vmit] pour, shower, dump
zug *n* corner, nook
zúg *vi* rumble, buzz, hum, whir; ring, roar, boom, murmur; **Z~ a fejem.** My head is spinning.
zúgolód|ik *vi* complain, grumble about
zugpálinka *n* moonshine (drink)
zuhan *vi* fall, plunge, plummet, tumble down
zuhany *n* shower (water)
zuhanyoz|ik *vi* take a shower, shower
zuhanyozó *n* shower-stall, shower
zuhatag *n* waterfall, falls, flow
zuhog *vi* shower, gush, pour; **Z~ az eső.** It's pouring rain.
zúz *vt* [vmit] crush, pulverize, pound, shatter, smash
zúza *n* gizzard
zúzmara *n* frost, rime, hoar
zuzmó *n* lichen
zúzódás *n* bruise
zülleszt *vt* [vkit] demoralize, corrupt
züll|ik *vi* go down, be corrupted
züllött *n* decayed, corrupt, disreputable
zümmög *n* hum, buzz
zűr *n* confusion, mess, trouble, pickle
zűrös *a* confused, chaotic
zűrzavar *n* chaos, disorder, confusion
zűrzavaros *a* chaotic, confused

Zs

zsába *n med* neuralgia; lumbago
zsák *n* sack, bag
zsákbanfutás *n* sack race
zsákmány *n* prey, catch; loot
zsákol *vt* [vmit] put in a sack, sack
zsákutca *n* dead end (street)
zsalu *n* shutters, Venetian blinds

zsalugáter *n* shutters, Venetian blinds
zsaluzás *n* framework, constructing a framework (for a house)
zsámoly *n* foot stool
zsanér *n* hinge
zsáner *n* genre, style
zsargon *n* jargon, lingo
zsarnok *n* tyrant, dictator
zsarnoki *a* tyrannical, dictatorial
zsarnokság *n* tyranny, dictatorship
zsarol *vt* [vkit vmivel] blackmail, extort
zsaru *n coll* cop
zseb *n* pocket; **~re rak** put in one's pocket; **~re dugott kézzel** with one's hands in one's pocket
zsebkendő *n* handkerchief; **papír~** tissue paper, *coll* Kleenex™
zsebkés *n* pocketknife
zsebkönyv *n* pocketbook
zseblámpa *n* flashlight
zsebóra *n* pocket watch
zsebpénz *n* pocket money, allowance
zsebrádió *n* transistor radio
zsebszámológép *n* (pocket) calculator
zsebszótár *n* pocket-size dictionary
zsebtolvaj *n* pickpocket
zselatin *n* gelatin
zselé *n* gel, jelly
zsemle *n* roll, hard roll, dinner roll
zsemlegombóc *n* bread dumpling
zsemlemorzsa *n* breadcrumbs
zsenge *a* young, delicate, tender
zseni *n* genius
zseniális *a* ingenious, brilliant
zsenialitás *n* genius, brilliance
zseton *n* token (play money)
zsibbad *vi* become numb, go to sleep (a limb)
zsibbadt *a* numb, stiff, asleep
zsidó *a* Jewish; *n* Jew
zsilett *n coll* razor blade
zsilettpenge *n* razor blade
zsilip *n* floodgate, water gate
zsinagóga *n* synagogue
zsineg *n* string, twine
zsinór *n* cord, twine, string
zsír *n* fat, grease, lard; dripping; **~ban sült** fried
zsiráf *n* giraffe
zsírkréta *n* crayon, (artist's) pastel
zsírmentes *a* fat-free
zsíros *n* fat, greasy, fatty, oily (hair, skin), rich (food); *fig* lucrative, fat; **~ kenyér** bread and drippings
zsíroz *vt* [vmit] grease, oil, lubricate (machine); baste (a roast)
zsírsav *n* fatty acid
zsírszegény *a* low-fat, light
zsírtartalom *n* fat content
zsivaj *n* noise
zsivány *n* brigand, villain
zsoké *n* jockey
zsoldos *n mil* mercenary
zsoltár *n rel* hymn, psalm
zsong *vi* hum, buzz, murmur
zsonglőr *n* juggler
zsörtölőd|ik *vi* complain, be grumpy, nag
zsúfol *vt* [vmit vhova] cram, crowd, stuff, jam [sg] into
zsugorod|ik *vi* shrink, shrivel, contract
zsupsz! *int* flop!, swoosh!
zsúr *n* tea party (for kids)
zsúrkocsi *n* tea trolley, serving trolley
zsűri *n* judges (of a competition), jury (not in court)
zsűritag *n* judge (of the competition), jury member (not in court)
zsűriz *vt* [vmit] judge, jury (a competition)

English – Hungarian Dictionary
Angol – Magyar Szótár

A

A, a A a (letter); *school* jeles osztályzat, ötös; **from ~ to Z** ától cettig, végig, teljesen; **an ~ student** jeles tanuló
a/an *article* egy; **~ Mr. Smith** egy bizonyos Mr. Smith
AA *n* = **Alcoholics Anonymous** Névtelen Alkoholisták, az alkoholizmusról leszokni próbálók önsegítő csoportja
AAA *n* = **Triple A** amerikai autóklub
abandon *n* fesztelen viselkedés; *vt* elhagy, felad; letesz [vmiről]; **~ the idea** letesz az ötletről
abandoned *a* elhagyatott; elhagyott
abandonment *n* elhagyás, lemondás
abash *vi* megszégyenít, zavarba hoz
abbey *n* apátság; kolostor
abbot *n* apát
abbreviate *vt* rövidít
abbreviation *n* rövidítés
ABC *n* ábécé, betűrend
abdicate *vt* lemond [vmiről], leköszön; felad
abdication *n* lemondás; feladás
abdomen *n* has, hasüreg
abdominal *a* hasi, hasüregi; **~ pain** hastáji fájdalom
abduct *vt* elrabol, erőszakkal megszöktet
abduction *n* (ember)rablás, erőszakos szöktetés
aberration *n* tévelygés; rendellenes fejlődés, aberráció
abhor *vt* utál, gyűlöl; irtózik [vmitől]
abide *vi* marad, tartózkodik; **~ by the rules** betartja a szabályokat
abiding *a* maradandó; **law-abiding citizen** törvénytisztelő polgár
ability *n* képesség, tehetség
ablaze *a* égő; **be ~** lángokban áll
able *a* képes; alkalmas; **be ~ to do sg** tud [vmit] csinálni; ügyes, rátermett; **able-bodied** fizikailag rátermett
ably *adv* ügyesen
abnormal *a* rendellenes, abnormális
abnormality *n* rendellenesség, abnormalitás
aboard *adv* fedélzeten (ship, plane); vonaton (train), buszon (bus); *prep* -on, -en, -ön, -n; **~ the plane** a repülőgépen, a gép fedélzetén; **Welcome ~!** Üdvözöljük a fedélzeten! **All ~!** Beszállás!
abolish *vt* eltöröl, megszüntet
abolition *n* eltörlés, megszüntetés; **A~ Act** az USA alkotmányának az a kiegészítése, amellyel a rabszolgaságot eltörölték
abolitionist *n* a rabszolga-felszabadítás híve
A-bomb *n* atombomba
abominable *a* utálatos; undorító
abomination *n* utálat, undor; utálatos, undorító dolog
aboriginal *a* ősi, eredeti; *n* őslakó, bennszülött
aborigines *n* bennszülöttek, őslakók

abort *vt* megszakít [vmit]; meghiúsul; elvetél

abortion *n* vetélés; művi terhességmegszakítás, abortusz

about *adv* mindenfelé, körös-körül, a közelben (place); kábé, körülbelül, közel, megközelítőleg, körül (approximately); *prep* -ról, -ről, felől, miatt, [vmivel] kapcsolatban; **be up and ~** fenn van, nincs már ágyban; **it's ~ right** nagyjából jó; **it's ~ time** ideje lenne már, itt az ideje; **be ~ to do sg** készül [vmit] tenni, éppen azon van, hogy …; **I'm ~ to leave** indulófélben vagyok **What is it ~?** Miről van szó?/Miről szól? **What ~ it?** És aztán?/Na és?/Hát aztán! **How ~ a beer?** Mit szólsz egy sörhöz?

above *a* fenti, felső; *adv* felett, fölött, fent, fenn, felül; *prep* felett, fölött, fölé; **from ~** fentről; **~ all** mindenekelőtt, legfőképp

abrasion *n* horzsolás, ledörzsölés; kopás, lekopás

abrasive *a* érdes; nyers, durva; *n* súrolóanyag, csiszolóanyag

abreast *adv* egymás mellett, párhuzamosan

abridge *vt* rövidít, lerövidít, megrövidít [vmit]

abroad *adv* külföldön, kinn; külföldre; **go ~** külföldre utazik; **live ~** külföldön él

abrupt *a* hirtelen, váratlan; kapkodó; **~ manners** nyers modor

abscess *n med* tályog, kelés

absence *n* távollét, hiány, hiányzás; **in his ~** távollétében

absent *a* távollévő, hiányzó; *vt* **~ oneself from** távol marad [vmitől]; **be ~** hiányzik, nincs jelen

absolute *a* teljes, feltétlen, végérvényes, abszolút

absorb *vt* felszív, elnyel; **he is ~ed in his work** elmerül a munkájában

absorption *n* felszívás, abszorpció; elmerülés, elmélyedés

abstain *vi* tartózkodik [vmitől]

abstract *a* elvont, absztrakt; *n* tartalmi kivonat, összefoglalás; *vt* tartalmi kivonatot készít

absurd *a* képtelen, abszurd, nevetséges

abundance *n* bőség, sokaság; *fig* jólét, bőség; **in ~** bőven; **live in ~** jólétben él

abundant *a* bőséges, bő, kiadós

abuse *n* visszaélés, túlkapás; rongálás, helytelen használat; durva bánásmód (physical); *vt* visszaél [vmivel]; sérteget; durván bánik [vkivel]

abusive *a* durva, goromba; **use ~ language** gorombáskodik [vkivel]

abut *vt* határos [vmivel]

abutment *n* illesztés; alátámasztás

abuzz *a* zajos, zúgó, zsongó

abysmal *a* feneketlen, mélységes

abyss *n* mélység, szakadék

academia *n* tudományos világ, tudományos körök

academic *a* akadémiai, egyetemi, főiskolai; tudományos, elméleti; *n* egyetemi oktató

academy *n* akadémia

a cappella *adv mus* a capella, kíséret nélküli (ének)

accelerate *vi* gyorsul; *vt* gyorsít

accelerator *n* gyorsító; *auto* gázpedál

accent *n* hangsúly; ékezet; akcentus, kiejtés; *vt* hangsúlyoz

accentuate *vt* hangsúlyoz, kihangsúlyoz, hangsúlyt helyez [vmire]

accept *vt* elfogad; átvesz

acceptable *a* elfogadható

acceptance *n* elfogadás, beleegyezés, helybenhagyás, helyeslés

access *n* hozzáférés, hozzáférhetőség; belépés, bemenet, bejárás; *vt comp* hozzáfér [vmihez], hozzáférése van [vmihez]; **Internet ~** internet hozzáférés; **I can't ~ that document.** Nincs hozzáférésem ahhoz a dokumentumhoz.

accessory *a* mellékes, járulékos, mellék-; *n* kiegészítő, tartozék, hozzávaló; **~ to crime** bűntárs, bűnrészes

access road *n* bekötő út

accident *n* baleset, szerencsétlenség; véletlen; **by ~** véletlenül; **fatal ~** halálos baleset

accidental *a* véletlen, véletlenszerű, önkéntelen, esetleges

accidentally *adv* véletlenül, akaratlanul, önkéntelenül

acclaim *vt* helyesel, üdvözöl; kikiált [vmit vminek]

acclimate *vi* hozzászokik [vmihez], megszokik, beleszokik [vmibe], belejön [vmibe]

accommodate *vt* helyet ad, lehetőséget ad; befogad, elszállásol, szállást ad [vkinek]; **The room can ~ thirty people.** A terem harminc embert tud befogadni.

accommodation *n* szállás, szálláshely, férőhely; elhelyezés; alkalmazkodás

accompany *vt* kísér; vele jár

accomplice *n* bűntárs, cinkos, cinkostárs, bűnrészes

accomplish *vt* elér, megvalósít, teljesít, végrehajt; befejez

accomplishment *n* teljesítés; teljesítmény, eredmény, siker

accord *vt* nyújt [vmit vkinek], megad; *vi* összhangban van [vmivel]

according to *prep* [vmi, vki] szerint, [vminek] megfelelően

account *n* számla, elszámolás; beszámoló, jelentés (report); **checking ~** folyószámla; **savings ~** takarékbetét számla; **~ holder** számlatulajdonos; **open an ~** számlát nyit; **give an ~** beszámol [vmiről]; **by his ~** elmondása szerint; **take into ~** számításba vesz, figyelembe vesz; **on my ~** a kedvemért

accountant *n* könyvelő, könyvvizsgáló

accounting *n* könyvelés, számvitel, könyvvitel

accoutrements *n pl* felszerelés

accreditation *n* akkreditáció, akkreditálás

accumulate *vt* felhalmoz, gyűjt, összegyűjt; *vi* felhalmozódik, összegyűlik

accurate *a* pontos, precíz, szabatos

accusation *n* vád, vádaskodás

accuse *vt* vádol, megvádol [vkit vmivel]

accustom *vt* hozzászoktat [vkit vmihez]; **be ~ed to** hozzá van szokva [vmihez]

AC *n* = **air conditioning**

ace *n* ász, disznó; *fig* sztár, kiválóság

acerbate *vt* elkeserít; súlyosbít

acetone *n chem* aceton

ache *n* fájdalom, fájás; *vi* fáj, sajog (dull), szúr (sharp), hasogat (splitting), nyilallik (throbbing)

achieve *vt* elér, megvalósít, teljesít [vmit]

achievement *n* teljesítmény, tett, eredmény

acid *a* savas, savanyú; *n chem* sav; **~ rain** savas eső; **~ test** savpróba, döntő próba

acidity *n* savasság, savtartalom

acknowledge *vt* elismer, beismer, bevall; nyugtáz
acknowledgement *n* elismerés, beismerés; **~s** köszönetnyilvánítás
acme *n* tetőpont, csúcspont
acne *n* pattanás
acorn *n* makk
acoustic *a* akusztikai, hallási; akusztikus; **~ guitar** akusztikus gitár
acquaint *vt* megismertet, összeismertet [vkit vkivel]
acquainted *a* **be ~ with** ismer, tudomása van [vmiről]; **get ~ with** megismerkedik [vkivel]
acquaintance *n* ismeretség; ismerős
acquiesce *vi* beleegyezik, belenyugszik, beletörődik [vmibe]
acquire *vt* szerez, megszerez, szert tesz [vmire]
acquired *a* szerzett; **A~ Immune Deficiency Syndrome = AIDS**; **it is an ~ taste** meg kell szokni, meg kell szeretni, megszokás kérdése
acquisition *n* szerzés, beszerzés; szerzemény
acquit *vt* felment, mentesít [vmi alól]; eleget tesz [vminek], letud; nyugtáz
acquittal *n law* felmentés, felmentő ítélet
acre *n* hold (földterület), 4840 négyszögyard (≈ 4000 m^2)
acreage *n* földterület (holdban)
acrid *a* fanyar, keserű; csípős
acrimonious *a* csípős, maró; *fig* rosszmájú; elkeseredett
acrobat *n* akrobata, légtornász
acronym *n* betűszó, mozaikszó, rövidítés
across *adv, prep* [vmin] át, keresztül, keresztben, túl; **~ the border** a határon túl; **the building ~ the street** az épület az utca másik oldalán; **~ the board** mindenre/mindenkire egyformán érvényes
act *n* tett, cselekedet, cselekvés, gesztus; aktus; *theat* felvonás; *law* törvény; *vi* cselekszik, ténykedik, működik; *vt theat* játszik, alakít (a role); megjátszik, úgy tesz, mintha; **catch [sy] in the ~** tetten ér [vkit]; **put on an ~** megjátssza magát; **~ on** eljár [vmi] szerint, követ, igazodik [vmihez]; **~ up** rendetlenkedik, nem jól működik, nem jól viselkedik
action *n* tett, cselekedet; cselekvés, működés; cselekmény; *law* kereset, per; akció; **take ~** akcióba lép, cselekszik, tesz [vmit]; **~ movie** akciófilm
active *a* aktív, tevékeny, élénk, mozgékony; **take an ~ role** tevékeny szerepet vállal; *mil* **be on ~ duty** tényleges katonai szolgálatban van
activity *n* tevékenység, aktivitás; elfoglaltság, feladat, program
actor *n* színész
actress *n* színésznő
actual *a* valóságos, tényleges, valós, igazi
acupuncture *n* akupunktúra
acute *a* hegyes, éles; *med* akut, heveny; **~ angle** hegyesszög
A.D. = Anno Domini *adv* időszámításunk szerint, Krisztus után
ad = advertisement *n* hirdetés; **classified ~** apróhirdetés
adage *n* szállóige
adamant *n* hajthatatlan, kemény, rendíthetetlen
adapt *vt* alkalmaz, alkalmassá tesz; átdolgoz, adaptál; *vi* alkalmazkodik [vmihez]
adapter *n* adapter, csatlakozó

add *vt* hozzáad, összead; hozzátesz; **~ to** hozzáad; hozzájön; **~ up** összead, összegez; **~ up to** kijön [vmire], kitesz
adder *n* vipera
addict *n* [vminek] a rabja; **drug ~** a kábítószer rabja; **~ed to** [vmitől] függő
addiction *n* (káros) szenvedély; szenvedélybetegség (illness)
addition *n* összeadás, hozzáadás; pótlás, kiegészítés; **in ~** ezen kívül, ráadásul
additional *a* további, újabb, plusz, járulékos
additive *n* adalékanyag
address *n* cím, címzés; megszólítás, titulus; előadás, beszéd; *vt* címez, megcímez, irányít; beszél, beszédet mond, beszédet intéz [vkihez], megszólít
adept *a* ügyes, hozzáértő
adequate *a* elégséges, megfelelő, kielégítő
adhere *vi* **~ to** ragad, tapad; ragaszkodik [vmihez], tartja magát [vmihez]
adhesive *a* tapadó, ragadós; **~ tape** ragasztószalag, cellux; **self-adhesive** öntapadós
adjacent *a* szomszédos, határos, mellette levő, melletti
adjective *n gram* melléknév
adjoin *vi* határos, egymás mellett van, érintkezik
adjourn *vt* berekeszt, elnapol, elhalaszt
adjunct *n* függelék, járulék, kiegészítés; **~ professor** vendégprofesszor
adjust *vt* beállít, beigazít; *vi* alkalmazkodik [vmihez], beleszokik [vmibe]
administer *vt* intéz, irányít, igazgat; **~ medicine to** gyógyszert bead [vkinek]
administration *n* adminisztráció, ügyintézés; közigazgatás; kormányzat, kormányzás, kabinet
administrative *a* adminisztratív, közigazgatási
admirable *a* csodálatra méltó, csodálatos, nagyszerű
admiral *n mil* admirális, tengernagy
admire *vt* csodál, bámul; nagyra becsül
admirer *n* csodáló, rajongó, hódoló
admission *n* belépés; beengedés, bebocsátás; *school* felvétel; beismerés, elismerés; **~ fee** belépődíj
admit *vt* elismer, beismer, bevall; elfogad; beenged, bebocsát; *school* felvesz
adolescent *a, n* kamasz, serdülő
adopt *vt* elfogad, magáévá tesz; örökbe fogad (a child); alkalmaz
adoption *n* örökbefogadás
adore *vt* imád [vkit, vmit]; rajong [vkiért, vmiért]
adult *a, n* felnőtt, nagykorú; **~ education** felnőttoktatás
advance *a* előzetes; *n* haladás, előrehaladás; *fig* haladás, fejlődés, javulás; előleg (money); *vt* előrehoz; elősegít, előmozdít, fellendít; *vi* előbbre jut, halad; előlép; **in ~** előre, előzetesen; **make ~s** közelíteni próbál; **get an ~ on one's salary** előleget vesz fel a fizetésére
advantage *n* előny, fölény; haszon; **have the ~** előnyben van; **take ~ of [sg]** kihasznál, él a lehetőséggel; **take ~ of [sy]** kihasznál, becsap
adventure *n* kaland
adverb *n gram* határozószó, határozó
adversary *n* ellenfél; **worthy ~** méltó ellenfél
adverse *a* ellenséges, ellentétes; ártalmas, kedvezőtlen; **~ effect** kedvezőtlen hatás

advertise *vt* hirdet, hirdetést ad fel; reklámoz
advertisement *n* hirdetés, reklám
advice *n* tanács; **take [sy's]** ~ megfogadja [vkinek] a tanácsát; **a piece of** ~ egy (jó) tanács
advise *vt* tanácsol, tanácsot ad, javall, ajánl
adviser *n* tanácsadó
advisor *n* → **adviser**
advocate *n* szószóló, aktivista; *vt* pártol, támogat
aegis *n* védelem, védőszárny, égisz
aerial *a* légi; *n* antenna; ~ **attack** légi támadás; ~ **photo** légi felvétel
afar *adv* messze, távol; **from** ~ messziről
affair *n* ügy, eset; viszony; **have an** ~ **with** viszonya van [vkivel]
affect *vt* érint, hat [vmire], hatással van [vmire], befolyásol
affection *n* szeretet, ragaszkodás, vonzalom
affectionate *a* szerető, kedves, gyengéd
affiliate *vi* kapcsolatban van [vkivel], csatlakozik [vmihez]; *vt* egyesít, tagként felvesz
affirm *vt* megerősít, jóváhagy
affirmative *a* pozitív, igenlő; ~ **answer** igenlő válasz; ~ **action** pozitív diszkrimináció
affirmation *n* állítás, igenlés
affix *vt* hozzáerősít, hozzáragaszt, hozzátesz
afflict *vt* kínoz, lesújt
affliction *n* szenvedés, szerencsétlenség, csapás
affluent *a* jómódú, gazdag, bőséges
afford *vt* megengedhet magának, megtehet, módjában van; **I can't** ~ **it.** Nem engedhetem meg magamnak.
afghan[1] *n* horgolt takaró
Afghan[2] *a, n* afgán
Afghani *n* afgán (ember)
Afghanistan *n* Afganisztán
aficionado *n* rajongó
aforementioned *adv* fent említett
afraid *a* **be** ~ fél [vmitől], tart [vmitől]; **I'm** ~ **I can't go.** Attól tartok, nem tudok elmenni. **Don't be** ~**!** Ne félj!
African *a, n* afrikai
African-American *a, n US* afro-amerikai, fekete
after *a* utó-, hátsó-; *adv, prep* azután, után, utána; mögött; **shortly** ~ röviddel azután/utána; ~ **lunch** ebéd után; ~ **all** végül is, elvégre; **A~ you!** Csak ön után!
afternoon *a* délutáni; *adv, n* délután; ~ **tea** délutáni tea
aftertaste *n* utóíz
afterward *adv* később, azután, utóbb
afterword *n* utószó
again *adv* újra, megint, ismét, újból; ~ **and** ~ újra és újra, ismételten; **now and** ~ néha, hébe-hóba, olykor-olykor
against *prep* [vmi] ellen; [vmivel] szemben; ellenére; neki-; **lean** ~ nekidől; ~ **the wall** a falnak (dőlve); ~ **the wind** a széllel szemben
age *n* kor, életkor; korszak, kor; **at the** ~ **of ten** tíz éves korában; ~ **limit** korhatár; **legal** ~ nagykorúság; **come of** ~ nagykorú lesz; **when I was your** ~ **…** én a te korodban …; **in this day and** ~ manapság, korunkban
agency *n* ügynökség, hivatal, iroda; *US* kormányszerv; **travel** ~ utazási iroda
agent *n* ügynök, közvetítő; *chem* közeg, hatóanyag; **travel** ~ utazási ügynök
aggravate *vt* súlyosbít, ront; bosszant, idegesít, ingerel
aggressive *a* agresszív, erőszakos

aghast *a* döbbent, rémült, megdöbbent
agile *a* mozgékony, agilis, eleven
aging *a* korosodó, idősödő, öregedő; *n* öregedés
agitate *vt* mozgat, megmozgat; kavar, felkavar, felráz; *fig* felkavar, felizgat, nyugtalanít
ago *a* [vmi] előtti; ezelőtti; *adv* [vmi] előtt; ezelőtt; **an hour ~** egy órája, egy órával ezelőtt; **long ~** régen
agonize *vi* agonizál, kínlódik, gyötrődik
agony *n* agónia, kín, gyötrelem
agree *vi* egyetért [vkivel vmiben], beleegyezik [vmibe], hozzájárul [vmihez]; megegyezik, megállapodik [vmiben]; egyezik, összhangban van; **as ~d** a megállapodás szerint; **We ~d to meet.** Megbeszéltük/megállapodtunk, hogy találkozunk. **A~d!** Megegyeztünk! **Milk doesn't ~ with me.** Nem bírom a tejet.
agreeable *a* kellemes, szeretetre méltó
agreement *n* megállapodás, megegyezés; egyetértés; egyezmény, egyezség, szerződés
agricultural *a* mezőgazdasági, agrár; **~ college** agrár egyetem
agriculture *n* mezőgazdaság, gazdálkodás, földművelés
ahead *adv* előre, előbbre; elől; tovább; **~ of [sy]** [vki] előtt/elé; **get ~** előrejut, boldogul; **straight ~** egyenesen előre
aid *n* segély, támogatás, segítség; segédeszköz; segéderő, segítőtárs; *vt* segít, támogat, segédkezik, elősegít; **first-aid** elsősegély
aide *n mil* segéd
AIDS = Acquired Immune Deficiency Syndrome *n med* AIDS, szerzett immunhiány szindróma
ailment *n* betegség, gyengélkedés
aim *n* cél, célzás; szándék, célkitűzés; *vi* céloz [vmit, vmire]; célba vesz, ráirányít, ráirányoz; **~ high** nagyra tör; **What are you ~ing at?** Mit akar mondani?/Mire céloz?
aimless *a* céltalan, értelmetlen, fölösleges
air *a* légi; *n* levegő, lég; **go by ~** repül, repülővel megy; *mil* **~ base** légi támaszpont; **~ filter** légszűrő; *mil* **~ force** légierő; **it's in the ~** a levegőben lóg; **be on the ~** adásban van (radio, TV); **hot ~** *coll* üres duma, sóder
air bag *n auto* légzsák
airbus *n* légibusz
air conditioner *n* klímaberendezés, klíma, légkondicionáló, *coll* légkondi
air conditioning *n* klíma, légkondicionálás
aircraft *n* repülőgép, repülő; **~ carrier** repülőgép anyahajó
air force *n mil* légierő; **A~ One** az amerikai elnök repülőgépe
airlift *n* légi szállítás
airline *n* légitársaság
airmail *n* légiposta; **via ~** légipostával
airplane *n* repülőgép, repülő, gép
airport *n* repülőtér
airtight *a* légmentes, légmentesen záródó
airwaves *n pl* rádióhullámok; **on the ~** az éterben
airy *a* levegős, szellős; légies; könnyed; *fig* komolytalan, széllelbélelt
aisle *n* folyosó (széksorok között; boltban)
ajar *a* nyitott, félig nyitott; *adv* nyitva, félig nyitva
akin *a* rokon, rokon jellegű, hasonló
alabaster *a, n* alabástrom

á la carte *a, adv* a la carte; étlapról rendelt
alarm *n* riadó, vészjel; riasztó, riasztóberendezés; riadalom, ijedtség; ébresztőóra; *vt* riaszt, megijeszt, aggaszt; **fire ~** tűzjelző; tűzriadó; **false ~** vaklárma; **sound the ~** vészjelet ad; **be ~ed** aggódik, megrémül [vmi miatt]; **I overslept my ~** Elaludtam./Nem ébredtem fel az óracsörgésre.
alarm clock *n* ébresztőóra, *coll* vekker
alarming *a* riasztó, aggasztó
Albania *n* Albánia
Albanian *a, n* albán; **in ~** albánul
album *n* album
alcohol *n* alkohol, szesz; szeszesital
alcoholic *a* alkoholos, szeszes; *n* alkoholista, iszákos; **~ beverage** szeszesital; **non-alcoholic** alkoholmentes
alcoholism *n* alkoholizmus
ale *n* világos sör
alert *a* éber, óvatos, körültekintő; *n* riadó(készültség); *vt* felriaszt, riaszt, riadókészültséget rendel; **on the ~** készültségben, készenlétben; **Be ~!** Légy óvatos!/Vigyázz!
algebra *n* algebra
Algeria *n* Algéria
Algerian *a* algériai
alias *n* álnév, fedőnév
alibi *n* alibi
alien *a* idegen; külföldi; földönkívüli; *n* külföldi, külföldi állampolgár; **~s** földönkívüliek, ufonauták
alienate *vt* elidegenít, elhidegít
alight *vi* leszáll [vmiről]
align *vt* felsorakoztat, sorba állít; egyenesbe hoz, kiegyenesít; összhangba hoz; *vi* felsorakozik, sorba áll
alignment *n* sorbaállítás, felsorakoztatás; kiegyenesítés; csoportosulás, csoportosítás; **in ~** megegyezően; egy sorban
alike *a* egyforma, hasonló, ugyanolyan; *adv* egyformán, hasonlóan, ugyanúgy
alive *a* élő, életben (lévő); élénk, eleven; **~ and kicking** nagyon is eleven; **be ~** életben van
all *a* egész, összes, mind, minden(féle), valamennyi, mindegyik; *adv* egészen, teljesen; *n* az egész, minden; *pron* mind, minden, mindenki; **~ six days** mind a hat nap; **~ my life** egész életemben; **~ of us** (mi) mindannyian; **that's ~** ez minden, ez van; **not ~ that good** nem is annyira jó; **~ right** rendben, minden rendben; **~ in ~** mindent összevetve, összességében; **not at ~** egyáltalán nem; **~ alone** teljesen egyedül; **it's ~ over** vége van, befejeződött; **~ the same** mindegy, nem számít; **I'm ~ ears.** Csupa fül vagyok.
allegation *n* állítás
allege *vt fig* állít
allegedly *adv* állítólag, feltehetően
allegiance *n* hűség, elkötelezettség; állampolgári hűség, állampolgári kötelezettség; **pledge of ~** állampolgári eskü
allegory *n* allegória
allergic *a* allergiás; **be ~ to** allergiás [vmire]
allergy *n* allergia
alley *n* sikátor, köz; fasor; **bowling ~** tekepálya
alliance *n* szövetség; **enter into an ~** szövetségre lép [vkivel]
allied *a* szövetséges
alligator *n* aligátor

allocate *vt* kiutal, kioszt, juttat; meghatároz, megállapít
allocation *n* juttatás, kiutalás, kiosztás; elhelyezés
allot *vt* kioszt, kiutal, juttat; **~ted time** előírt idő, rendelkezésre álló idő
allotment *n* juttatás, kiutalás, kiosztás
allow *vt* enged, megenged, engedélyez, hagy; **he's not ~ed to** nem szabad neki, nincs neki megengedve; **A~ me!** Engedje meg...!/Szabad...?
alloy *n* ötvözet; *vt* ötvöz
allspice *n* szegfűbors
allure *vt* csábít, csalogat, vonz
allusion *n* hivatkozás, célzás, utalás
ally *n* szövetséges; *vi* szövetkezik [vkivel]
almanac *n* évkönyv, almanach
almond *a* mandula, mandulás; mandula alakú; *n* mandula
almost *adv* majdnem, csaknem, mintegy, szinte; **~ always** majdnem mindig
alone *a, adv* egyedül; *adv* kizárólag; **let ~ ...** nem is szólva arról ...; **Leave me ~!** Hagyj békén!
along *adv, prep* hosszában, mentén; tovább, előre; **~ the road** az út mentén; **move ~** tovább megy
aloud *adv* hangosan, fennhangon
alphabet *n* ábécé, betűrend
alphabetize *vt* ábécérendbe szed/tesz/sorol, betűrendbe szed/tesz/sorol
already *adv* már
also *adv* is, szintén
altar *n* oltár, szentély
alter *vt* megváltoztat [vmit], változtat [vmin], átalakít, módosít; *vi* módosul, változik, átalakul
alteration *n* átalakítás, (meg)változtatás, módosítás
altercation *n* veszekedés, szóváltás, civakodás
alternative *a* alternatív, vagylagos; *n* alternatíva, választás, választási lehetőség
although *conj* bár, habár, ámbár, noha, jóllehet
altitude *n* magasság
altogether *adv* együttesen, összesen, egészen, egészében véve
aluminum *n* alumínium; **~ foil** alufólia
always *adv* mindig, állandóan, folyton, örökké
am *vi* → **be**; vagyok; **I am tired.** Fáradt vagyok.
amalgam *n* amalgám
amass *vt* felhalmoz, összegyűjt, összehord
A.M. = ante meridiem *a* reggel, délelőtt; **7:30 ~** reggel fél nyolc; **11 ~** délelőtt tizenegy
amateur *n* amatőr, műkedvelő
amaze *vt* meglep, ámulatba ejt, meghökkent; **I was ~d.** El voltam képedve.
amazing *a* elképesztő, bámulatos, csodálatos, meglepő
ambassador *n* nagykövet
amber *a* borostyánszínű, sárga; *n* borostyán(kő)
ambience *n* hangulat, légkör
ambiguous *a* kétértelmű; bizonytalan, homályos, félreérthető
ambition *n* nagyravágyás, becsvágy, ambíció, törekvés
ambitious *a* törekvő, ambiciózus, nagyravágyó, becsvágyó
ambivalence *n* kétértelműség, ambivalencia
ambivalent *a* kétértelmű, ambivalens
ambulance *n* mentő, mentőautó; mentőszolgálat, a mentők

ambush *n* les, leselkedés, leshely; *vt* leselkedik, lesből támad; tőrbe csal, csapdába ejt; **It's an ~!** Csapda!/ Tőrbe csaltak!
amenable *a* irányítható, megközelíthető
amend *vt* javít, megjavít; kiegészít, módosít, helyesbít
amendment *n* kiegészítés, módosítás, helyesbítés; **the First A~** *US* az első alkotmány-kiegészítés
amenity *n* kellemesség, kényelem; **amenities** egy helyen nyújtott kényelmi, szórakozási lehetőségek
America *n* Amerika; **the United States of ~** az Amerikai Egyesült Államok
American *a, n* amerikai
American Indian *a n* észak-amerikai indián, indián
American Samoa *n* Amerikai Szamoa
amiable *a* barátságos, kedves, szeretetre méltó
amicable *a* baráti, barátságos, békés
amid *prep* [vmi] között, közt, közepette
ammonia *n* ammónia; szalmiákszesz
ammunition *n* lőszer, töltény, muníció
amnesia *n* amnézia, emlékezetkiesés
amnesty *n* közkegyelem, amnesztia
amok *adv* **run ~** ámokfutást rendez
among *prep* [vmi] között, közt; közül; közé; **~ other things** többek között; **from ~ the crowd** a tömeg közül
amount *n* összeg, mennyiség; *vi* **~ to** kitesz, elér, [vmire] rúg; **it ~s to 100 dollars** 100 dollárt tesz ki, 100 dollárra rúg
amphibian *n* kétéltű
ample *a* bőséges, bő, terjedelmes, tágas, elegendő
amplifier *n* erősítő
amplify *vt* nagyít, bővít; erősít (sound)
amputate *vt* amputál, csonkol
amputation *n* amputáció, amputálás, csonkolás
Amtrak *n* Amerikai Nemzeti Vasutak
amuse *vt* szórakoztat, mulattat; **~ oneself** szórakozik; **be ~d** mulat, derül [vmin]
amusement *n* szórakozás, mulatság, élvezet; szórakozási lehetőség; **~ park** vidámpark
anachronism *n* anakronizmus, korszerűtlenség
anal *a* végbél-
analgesic *n* fájdalomcsillapító
analogous *a* hasonló, rokon, analóg
analogy *n* hasonlóság, analógia
analysis *n* elemzés, vizsgálat, analízis; **spectrum ~** színképelemzés
analyze *vt* elemez, vizsgál, analizál
anarchy *n* zűrzavar, anarchia
anatomy *n* anatómia, bonctan
ancestor *n* ős, előd
anchor *n* horgony, vasmacska; *vi* lehorgonyoz, horgonyt vet; rögzít, biztosít
anchovy *n* ajóka, szardella, ringli
ancient *a* ősi, régi, ókori, ódon, antik; agg; **the ~ Greeks** az ókori görögök
and *conj* és, s, meg, valamint; pedig, viszont; **~ so on** és a többi, satöbbi, és így tovább
anecdote *n* anekdota, adoma, vicc
anemia *n med* vérszegénység
anesthesia *n med* altatás; érzéstelenítés
anesthesiologist *n med* altatóorvos
anew *adv* újra, újból
angel *n* angyal; **~food cake** könnyű piskótaszerű sütemény
angelic *a* angyali
anger *n* düh, harag, méreg, bosszúság; *vt* feldühít, felmérgesít, felbosszant
angle *n* szög, sarok; *fig* szempont, szemszög; **right ~** derékszög; **at a right ~** merőlegesen; **acute ~** hegyesszög

angler *n* horgász
Angola *n* Angola
angora *a, n* angóra
angry *a* dühös, mérges, haragos, indulatos, bosszús; **he's ~ at me** haragszik rám, mérges rám
angst *n* szorongás, rettegés, aggodalom
anguish *n* kín, gyötrődés, gyötrelem, aggodalom
angular *a* szögletes; *fig* darabos, merev, esetlen
animal *a* állati, állat-; *n* állat; **the ~ kingdom** az állatvilág; **~ crackers** *US* háztartási keksz (állatformájú)
animate *a* élő; *vt* életet önt [vmibe], megelevenít; **~d cartoon** rajzfilm, animációs film
animation *n* animáció
anise *n* ánizs
ankle *n* boka; **~ socks** bokafix
annals *n* évkönyvek, krónika
annex *n* épületszárny, toldalék, melléképület; függelék, melléklet; *vt* hozzácsatol, hozzáfűz, mellékel; bekebelez, elfoglal (a country)
anniversary *n* évforduló; **wedding ~** házassági évforduló
annotate *vt* jegyzetekkel ellát; jegyzetel, jegyzeteket készít
announce *vt* bejelent, kihirdet, közöl; bemond
announcement *n* bejelentés, közlemény, hirdetmény
annoy *vt* bosszant, idegesít; **be ~ed** bosszankodik
annoyance *n* bosszúság, kellemetlenség
annual *a* évi, évenkénti, éves; *n* évkönyv (book); egynyári növény (plant)
annul *vt* érvénytelenít, megsemmisít, töröl, visszavon
anomaly *n* rendellenesség, anomália
anonymous *a* névtelen, ismeretlen, anonim
another *a, pron* másik, más, még egy; **one ~** egymás(t); **~ time** máskor
answer *n* válasz, felelet; megoldás (to a problem); *vt, vi* válaszol, felel [vmire, vkinek], megválaszol [vmit]; **~ the phone** felveszi a telefont; **~ the door** ajtót nyit; **~ for** kezeskedik, jótáll [vmiért]
ant *n* hangya
Antarctica *n* Antarktisz, a Déli-sark
antelope *n* antilop
antenna *n* csáp, tapogató (insect); antenna
anthem *n* himnusz
anthill *n* hangyaboly
anthology *n* antológia, irodalmi gyűjtemény
anti- *pref* ellen-, -ellenes, anti-
antibiotic *a med* antibiotikus; *n* antibiotikum
anti-lock *a* **~ brakes** *auto* blokkolásgátló fékrendszer
antibody *n med* ellenanyag, antitest
anticipate *vt* előre lát, megérez, számít [vmire]; elébe vág, megelőz
anticipation *n* megelőzés, elébevágás; várakozás, megérzés, előérzet
antidote *n* ellenszer, ellenméreg
antifreeze *n auto* fagyálló (folyadék)
antioxidant *n* antioxidáns
antiperspirant *n* izzadásgátló, izzadsággátló, dezodor
antique *a* antik, régi, régies, régimódi; *n* régiség, antikvitás; **~ store** régiségkereskedés
anti-Semitic *a* antiszemita, zsidóellenes
anti-Semitism *n* antiszemitizmus, zsidóellenesség
antiseptic *a med* fertőzésgátló, antiszeptikus

antispasmodic *a, n med* görcsoldó
antithesis *n* ellentét, antitézis
antitrust *a* trösztellenes
antler *n* agancs
antonym *n* ellentét, ellentétes értelmű szó, antoníma
anus *n* végbélnyílás
anvil *n* üllő
anxiety *n* szorongás, félelem, rettegés; aggodalom, aggódás
anxious *a* aggódó, nyugtalan; **be ~ to** alig várja, hogy …
any *a, pron* akármi, bármi, valami, semmi; akárki, bárki, valaki, senki; *adv* valamivel, semmivel, kicsit; **at ~ rate** mindenesetre, legalábbis; **~ minute** bármelyik percben; **Do you have ~ news?** Van valami híred? **I don't have ~ money.** Semmi pénzem sincs. **Is it ~ better?** Jobb valamivel?
anybody *pron* valaki, bárki, akárki; senki
anyhow *adv* valahogy(an), akárhogy(an), bárhogy(an); mindenesetre, különben is
anyone = **anybody** *pron*
anyplace *adv* bárhol, akárhol
anything *pron* valami, bármi, akármi; semmi; **Would you like ~?** Kérsz valamit? **I don't know ~.** Nem tudok semmit.
anytime *adv* bármikor, akármikor
anyway *adv* valahogy(an), akárhogy(an), bárhogy(an); mindenesetre
anywhere *adv* valahol, bárhol, akárhol; sehol; valahova, bárhova, akárhova, sehova; valahonnan, bárhonnan, akárhonnan, sehonnan
aorta *n* aorta, főütőér
apart *adv* félre, [vmin] kívül, szét, széjjel, külön; **~ from** eltekintve attól, hogy; **fall ~** szétesik, szétmegy
apartment *n* lakás, bérlakás; **~ building** bérház
apathetic *a* fásult, közönyös, egykedvű, apatikus
apathy *n* fásultság, érzéketlenség, közönyösség, apátia
ape *n* majom, emberszabású majom; *vt* majmol, utánoz
apologize *vi* bocsánatot kér, elnézést kér, mentegetőzik
apology *n* mentegetőzés, bocsánatkérés
apostrophe *n gram* aposztróf
appall *vt* megdöbbent, meghökkent; **be ~ed** meg van döbbenve
apparatus *n* készülék, berendezés; apparátus
apparel *n* ruházat, felszerelés
apparent *a* nyilvánvaló, világos, látható, kétségtelen
apparently *adv* nyilvánvalóan, szemmel láthatóan, kétségtelenül
appeal *n law* fellebbezés, fellebbvitel; vonzerő, varázs; *vi law* fellebbez; folyamodik, fordul [vkihez vmiért]; **~ to** hatást gyakorol [vkire]; **This doesn't ~ to me.** Ez nem tetszik (nekem)./Ez hidegen hagy (engem).
appear *vi* megjelenik, jelentkezik, mutatkozik; feltűnik; látszik, tűnik [vminek]; **it ~s** úgy tűnik, úgy látszik
appearance *n* megjelenés, jelentkezés; látszat, külső megjelenés
appease *vt* lecsillapít, lecsendesít, megbékít; enyhít, kielégít
appendage *n* függelék, toldalék; tartozék
appendicitis *n med* vakbélgyulladás
appendix *n* függelék, melléklet; *med* vakbél, féregnyúlvány

appetite *n* étvágy; vágy, kedv
appetizer *n* előétel, étvágygerjesztő
applaud *vi* tapsol; *vt* megtapsol, dicsér; *fig* üdvözöl
applause *n* taps, tetszésnyilvánítás
apple *n* alma; **the ~ of my eye** a szemem fénye; **~ pie** almás pite; **~ cider** rostos almalé; *coll* **the Big A~** New York City
applesauce *n* almaszósz
appliance *n* készülék, eszköz, szerkezet, berendezés; **household ~** háztartási gép
application *n* alkalmazás, felhasználás, használat, applikáció; kérvény, pályázat, kérelem, igénylés, folyamodvány (for a job); **~ form** űrlap, jelentkezési űrlap
apply *vt* használ, felhasznál, alkalmaz; ráerősít, felhelyez; *vi* **~ for** kérvényez, kér [vmit], jelentkezik [vmire], pályázik [vmire], kérvényt benyújt; **~ to** vonatkozik [vmire], érvényes; **~ for a position** jelentkezik egy állásra; **This doesn't ~ to you.** Ez önre nem vonatkozik.
appoint *vt* kijelöl, kinevez; kitűz, megállapít, megjelöl
appointment *n* kinevezés; állás; megbeszélt időpont, találkozó; **by ~** megbeszélés szerint, megállapodás szerint
appraisal *n* felértékelés, becslés, felbecsülés
appreciate *vt* értékel, méltányol, becsül; nagyra tart, nagyra becsül; tisztán lát, pontosan érzékel; *vi* nő az értéke [vminek] (value); **I would ~ it if …** Hálás lennék, ha …
appreciation *n* megbecsülés, méltánylás, elismerés, méltatás; Helyes megítélés, megértés; értéknövekedés, értéknövekedés
apprehend *vt* megért, felfog, érzékel; fél [vmitől]; letartóztat, elfog [vkit]
apprehension *n* félelem, aggódás; felfogás, értelem; letartóztatás, elfogás
apprentice *n* tanonc, ipari tanuló; gyakornok; újonc; *vt* tanoncnak ad/fogad
approach *n* közeledés; megközelítés; felfogás, szemlélet, beállítás; hozzáállás; *vt* megközelít; *vi* közeledik, közelít
appropriate *a* megfelelő, illő, alkalmas, helyénvaló; *vt* kisajátít, eltulajdonít; kiutal, átutal, előirányoz
approval *n* jóváhagyás, helybenhagyás, helyeslés
approve *vt* helyesel, jóváhagy, elfogad; hozzájárul [vmihez], beleegyezik [vmibe]
approximate *a* hozzávetőleges, megközelítő; *vt* (meg)közelít
apricot *n* sárgabarack, kajszibarack
April *a* áprilisi; *n* április; **in ~** áprilisban; **~ Fools' Day** Bolondok napja
apron *n* kötény
apt *a* gyors felfogású, értelmes; találó, megfelelő, alkalmas
aptitude *n* hajlam, adottság, rátermettség
aquatic *a* vízi; **~ sports** vízi sportok
Arab *a, n* arab; **~ countries** arab országok
Arabic *a, n* arab; **~ numerals** arab számok; **in ~** arabul
arbitrary *a* önkényes, önhatalmú; tetszés szerinti, tetszőleges
arbitration *n* döntőbíráskodás, egyeztető eljárás
arboreal *a* fás, fa-
arboretum *n* arborétum, botanikus kert
arc *n* ív, körív

arcade *n* árkádsor, árkád; **video ~** *US* (videó) játékterem
arcane *a* misztikus, titkos, rejtett
arch *n* ív, boltív, bolthajtás; *vt* boltoz; ívbe hajlít
archaeological *a* régészeti, archeológiai
archaeology *n* régészet, archeológia
archaic *a* archaikus, elavult, régies
archbishop *n rel* érsek
arched *a* íves, ívelt
archer *n* íjász, nyilas
archipelago *n* szigetvilág
architect *n* építész, építészmérnök
architectural *a* építészeti
architecture *n* építészet, építőművészet
archives *n pl* archívum, levéltár
arctic *a* sarkvidéki, északi-sarki; nagyon hideg; **the A~ Circle** az Északi-sarkkör; **the A~** az Északi-sark
Arctic Ocean *n* Északi Jeges-tenger
ardent *a* tüzes; lelkes, buzgó; heves
arduous *a* nehéz, fáradságos, terhes; meredek
are *vi* → **be**; vagy; *pl* vagyunk, vagytok, vannak; **You are tall.** Magas vagy./ *pl* Magasak vagytok. **We are hungry.** Éhesek vagyunk. **They are here.** Itt vannak.
area *n* terület; felület, felszín; térség; terep; *fig* terület; **~ code** körzetszám (telephone)
arena *n* aréna, küzdőtér, sportcsarnok
Argentina *n* Argentína
Argentinian *a, n* argentin
arguable *a* vitatható
argue *vt* vitat, megvitat; bizonyít, érvekkel alátámaszt; *vi* vitatkozik [vkivel vmiről]; okoskodik
argument *n* vita, veszekedés; érv, bizonyíték, indok
arid *a* száraz, kiszáradt
arise *vi* keletkezik, támad, fellép, felmerül; fakad, ered, adódik, származik [vmiből]; felkel
arithmetic *a* számtani; *n* számtan
ark *n* bárka; **Noah's A~** Noé bárkája
arm[1] *n* kar; ág; ágazat; **put an ~ around** megölel [vkit], átkarol; **at ~'s length** kartávolságra; **~ in ~** kart karba öltve
arm[2] *n mil* fegyvernem; *vt* felfegyverez; **~s** fegyver; **bear ~s** fegyvert visel; **in ~s** felfegyverkezve, fegyverben; **take up ~s** fegyvert ragad; **~ed to the teeth** állig felfegyverezve
armchair *n* karosszék, fotel
Armenia *n* Örményország
Armenian *a, n* örmény; **in ~** örményül
armpit *n* hónalj
armrest *n* karfa, kartámla
arms *n* → **arm**[2]
armful *adv* nyalábnyi, ölnyi
armoire *n* szekrény, fegyvertartó szekrény
armor *n* fegyverzet, páncél, páncélzat, vért; *vt* felfegyverez, páncéloz; **~ed vehicle** páncélozott autó
army *n mil* katonaság, hadsereg, haderő; *H* honvédség
aroma *n* zamat, illat, íz, aroma
aromatic *a* zamatos, illatos, aromás, fűszeres illatú
around *adv* körül, mindenfelé, közel, itt-ott; *prep* körül; körülbelül, [vmi] táján, [vmi] felé
arouse *vt* felébreszt, felkelt; *fig* gerjeszt, felkelt, felébreszt
arrange *vt* elrendez, rendez, rendbe tesz, megigazít; elintéz, megszervez; átdolgoz, alkalmaz, átír; *vi* **~ for** intézkedik; gondoskodik [vmiről]; megbeszél [vmit], megállapodik [vmiben]; **~ a meeting** megbeszél egy találkozót; **~ one's clothes** megigazítja a ruháját

arrangement *n* elrendezés, rendbetétel; ~s intézkedés, előkészületek; megegyezés, megállapodás; **make ~s** intézkedik, előkészületeket tesz; **by ~** megegyezés szerint

array *n* sor, rend, elrendezés; *vt* elrendez, sorba állít

arrest *n* letartóztatás, őrizetbe vétel; megakadályozás, feltartóztatás; *vt* letartóztat, őrizetbe vesz; feltartóztat, megakadályoz, gátol, megállít

arrival *n* érkezés, megérkezés; **~s** érkezés, érkezési oldal (at a station)

arrive *vi* megérkezik, érkezik, megjön; odaér, ideér

arrogance *n* arrogancia, gőg, önteltség

arrogant *a* arrogáns, öntelt, szemtelen, gőgös

arrow *n* nyíl

arsenal *n* arzenál, fegyvertár

arsenic *n chem* arzén

arson *n* gyújtogatás

art *a* művészeti, művészi, mű-; *n* művészet; ügyesség, készség; **fine ~** szépművészet, képzőművészet; **work of ~** műalkotás, alkotás; **~ gallery** képcsarnok, műcsarnok; **~ work** műalkotás; **the (liberal) ~s** bölcsészettudomány; **~s student** bölcsészhallgató, bölcsész

art deco *a* szecessziós; *n* szecesszió

artery *n* verőér, ütőér, artéria; főútvonal, nagy forgalmú útvonal (road)

arthritis *n med* ízületi gyulladás

article *n* cikk, dolog, áru, árucikk; (újság)cikk (news); *law* cikkely, szakasz; *gram* névelő; **~s of clothing** ruhadarabok

articulate *a* világos, tiszta, érthető; tagolt, artikulált; *vi* artikulál, tagoltan beszél; *vt* ízenként összeilleszt

artifact *n* műtárgy; lelet, tárgyi lelet

artificial *a* mesterséges, mű-; *fig* mesterkélt

artisan *n* kézműves, iparos, kisiparos

artist *n* művész

artistic *a* művészi, művészeti, művészies; **She is very ~.** Nagy művészi hajlama van.

ASAP = as soon as possible *adv* amint lehet, minél előbb

as *adv, conj* mint, amint, ahogyan, ahogy; amint, míg, mialatt; mivel, minthogy, miután; **~ ... ~ ...** olyan ... mint ...; **~ is** ahogy van; **~ far ~** ...-ig, egészen ...-ig; **~ far ~ I am concerned** ami engem illet; **~ far ~ I know** amennyire én tudom; **~ for me** ami engem illet, részemről; **~ well ~** valamint, és, is; **such ~** úgy mint, mint például; **~ soon ~** mihelyst, amint; **A~ you were!** Visszakozz!/Pihenj!

asbestos *n* azbeszt

ascend *vi* felemelkedik, felszáll, emelkedik

ascertain *vt* kiderít, megtud, megállapít

ash *n* hamu; kőrisfa (tree); **be burnt to ~es** porrá ég

ashamed *a* megszégyenítve, megszégyenülve; **be ~** szégyelli magát

ashtray *n* hamutartó, hamutálca

aside *adv* félre-, el, oldalt, oldalra, mellé; **put ~** félretesz; **~ from** eltekintve [vmitől], [vmin] kívül

ask *vt* kér; kérdez, megkérdez; **~ a question** kérdez [vmit]; **~ [sy] to do [sg]** megkér [vkit vmire]; **~ [sy] a favor** szívességet kér; **~ about** kérdezősködik [vki után]; **~ for** kér [vmit]; **~ out** kihívat; randevúra hív (on a date)

askance *adv* ferdén, ferde szemmel

askew *adv* ferdén

asleep *a, adv* alva, álomban; **fall ~** elalszik; **my arm is ~** elzsibbadt a karom; **He is ~.** Alszik.

as long as *conj* amíg, míg; amennyiben, feltéve, hogy

asocial *a* aszociális, nem társaságkedvelő

asparagus *n* spárga

aspect *n* tekintet; külső, megjelenés; nézőpont, szempont, szemszög, szemlélet, aspektus

asphalt *n* aszfalt

aspic *n* aszpik, kocsonya

aspirate *vt* hehezetesen ejt, kiejti a h-t

aspire *vi* törekszik [vmire], vágyakozik [vmi után]

aspirin *n* aszpirin

assailant *n* támadó

assassin *n* merénylő, orgyilkos

assassinate *vt* orvul meggyilkol

assault *n* támadás; roham; tettlegesség, erőszak; *vt* megtámad, megrohamoz; tettleg bántalmaz, erőszakot követ el; **~ and battery** testi sértés

assemble *vt* összerak, összeszerel, összeállít; összegyűjt; *vi* összegyűlik, gyülekezik

assembly *n* gyülekezés, gyűlés; összeszerelés, összeállítás; **national ~** nemzetgyűlés; **freedom of ~** gyülekezési szabadság; **~ line** szerelőszalag, futószalag

assert *vt* állít, kijelent

assertion *n* állítás, kijelentés; követelés

assess *vt* felbecsül, megállapít (value)

asset *n* vagyon, vagyontárgy; *bus* kintlévőség, követelés, készlet

assiduous *a* szorgalmas, kötelességtudó; kitartó

assign *vt* kijelöl, megállapít, megjelöl; kinevez, kijelöl; kiad, felad (a task)

assignment *n* feladat, megbízás; kiutalás, juttatás; kinevezés, kijelölés; beosztás

assimilate *vt* beolvaszt, asszimilál, elnyel; hasonlít, hasonlóvá tesz; *vi* hasonul, hasonlóvá válik, asszimilálódik, beolvad

assist *vt* segít, támogat, segédkezik, kisegít, hozzájárul; asszisztál

assistance *n* segítség, támogatás, segély; **May I be of ~?** Segíthetek?

assistant *a* segéd-, pót-, helyettes; *n* asszisztens, segéd; kisegítő, helyettes

associate *a* társ, kisegítő, tag-; *n* társ, munkatárs, tag; *vt* társít, összekapcsol, asszociál, összefüggésbe hoz; *vi* **~ with** társul, szövetkezik; barátkozik, érintkezik [vkivel]

association *n* egyesülés, társulás; egyesület, szövetség, egylet, társaság; társítás, asszociáció

assorted *a* vegyes, válogatott

assortment *n* választék, készlet, fajta

assuage *vt* csillapít, enyhít

assume *vt* feltételez, feltesz, gondol; magára vállal, vállal; **~ responsibility** vállalja a felelősséget

assurance *n* biztosíték, garancia, szavatolás, jótállás; bizonyosság, bizalom

assure *vt* biztosít, meggyőz; **rest ~d** nyugodj meg, biztos lehetsz benne

asterisk *n* csillag(jel), *

asteroid *n* aszteroida, kisbolygó

asthma *n* asztma; **she has ~** asztmás

asthmatic *a* asztmás, asztmára hajlamos

astonish *vt* meglep, megdöbbent, bámulatba ejt; **he was ~ed** meg volt döbbenve

astonishment *n* meglepetés, csodálkozás, megdöbbenés
astound *vt* meglep, meghökkent, bámulatba ejt
astray *adv* félre, téves irányban; **go ~** eltéved, tévútra jut
astrology *n* asztrológia, csillagjóslás
astronaut *n* űrhajós, asztronauta
astronomical *a* csillagászati
astronomy *n* csillagászat, asztronómia
asylum *n* menhely, menedék; elmegyógyintézet; *law* menedékjog
asymmetrical *a* aszimmetrikus
asymmetry *n* aszimmetria
at *prep* –on, -en, -ön, -n; -ban, -ben; -nál, -nél (place); -kor (time); -ért; **~ school** iskolában; **~ the station** az állomáson; **~ the tree** a fánál; **~ 5 o'clock** öt órakor; **~ Christmas** karácsonykor; **night** éjjel; **one ~ a time** egyesével; **~ first** először; **~ last** végre; utoljára; **~ all** egyáltalán; **~ least** legalább; **~ most** legfeljebb
ate *vt past* → **eat**
atheism *n* ateizmus
atheist *n* ateista
athlete *n sp* sportoló, sportember, atléta
athletic *a* sportos, kisportolt, izmos; *sp* atlétikai
athletics *n pl sp* atlétika; sport
Atlantic Ocean *n* Atlanti-óceán
atlas *n* atlasz
ATM = automated teller machine *n* pénzfelvevő automata, bankomat
atmosphere *n* légkör, atmoszféra
atom *n* atom
atomic *a* atom-; **~ energy** atomenergia
atone *vi* **~ for** vezekel, lakol [vmiért]
atonement *n* vezeklés, bűnhődés; megbékélés
atrium *n* átrium
atrocity *n* atrocitás, szörnyűség
atrophy *n med* sorvadás, elcsökevényesedés, atrófia; *vi* sorvad, elcsökevényesedik; *vt* sorvaszt, elcsökevényesít
attach *vt* csatol, hozzácsatol, hozzákapcsol, hozzáerősít, ráköt, odaköt, hozzáfűz, rögzít; *vi* kapcsolódik, fűződik, tapad; **~ a document** csatol egy dokumentumot; **He's very ~ed to his dog.** Nagyon ragaszkodik a kutyájához.
attaché case *n* aktatáska, diplomatatáska
attachment *n* hozzákapcsolódás; *comp* csatolás, függelék, melléklet; ragaszkodás, szeretet (love)
attack *n* támadás, roham; *vt* megtámad, megrohamoz, lerohan
attain *vt* elér, megvalósít; szerez, megszerez, elnyer
attempt *n* kísérlet, próba, próbálkozás; merénylet; *vt* megkísérel, megpróbál; **futile ~** hiábavaló próbálkozás; **~ed murder** gyilkossági kísérlet
attend *vt* látogat, megnéz, meghallgat; részt vesz [vmin], jelen van [vhol]; jár [vhova]; **~ to** ápol, gondoz, ellát, kezel; vigyáz [vmire]; **~ school** iskolába jár
attendance *n* ápolás, gondozás, ellátás, kezelés; jelenlét, megjelenés, látogatás, részvétel; látogatottság, érdeklődés; jelenlévők, résztvevők; **There was high ~ at the event.** Sokan látogattak el az eseményre.
attendant *n* kísérő, szolga; kezelő, gondozó; látogató, résztvevő; **flight ~** légi utaskísérő; **parking ~** parkolóőr; **gas station** ~benzinkutas
attention *n* figyelem, vigyázat, gond; figyelmesség, udvariasság; **attract ~** figyelmet kelt, felhívja a figyelmet;

pay ~ to figyel [vmire], figyelmet fordít [vmire]; **May I have your ~ please!** Figyelmet kérek! **A~!** *mil* Vigyázz! (vezényszó)
attentive *a* figyelmes
attest *vt* tanúsít, igazol, bizonyít, hitelesít; eskü alatt állít; *vi* tanúskodik [vmiről]
attic *n* padlás, padlástér, padlásszoba, manzárd
attire *n* ruházat, öltözék; *vt* öltöztet
attitude *n* hozzáállás, attitűd, viszonyulás
attorney *n* ügyvéd; **A~ General** *US* igazságügy miniszter; **District A~** államügyész
attract *vt* vonz; magára von, felkelt (attention)
attraction *n* vonzás, vonzódás, vonzóerő, vonzalom; báj; attrakció
attractive *a* vonzó, bájos
attribute *n* tulajdonság, jellemző; *vt* **~ to** [vkinek, vminek] tulajdonít
attrition *n* kopás, elkopás, koptatás, elhasználódás, ledörzsölődés; lemorzsolódás
attune *vt* hozzáhangol
atypical *a* rendellenes, nem tipikus, a tipikustól eltérő
auburn *a* vöröses barna, gesztenyeszínű
auction *n* árverés, aukció; *vt* árverésre bocsát, elárverez
audible *a* hallható
audience *n* közönség, nézők, nézőközönség, hallgatóság, hallgatók; kihallgatás, meghallgatás
audio *a* audio-, hang-
audit *n* könyvvizsgálat, revízió; *vt* megvizsgál, átvizsgál, ellenőriz; *school* egyetemi előadást/ szemináriumot látogat (de jegyet nem kap)
audition *n* meghallgatás, próbajáték
auditor *n* revizor, könyvvizsgáló, számvevő (government)
auditorium *n* előadóterem, auditórium; nézőtér
auditory *a* halló, hallási, hallás-, hallással kapcsolatos; **~ nerve** hallóideg
augment *vt* megnagyobbít, nagyobbít, növel, gyarapít
August *a* augusztusi; *n* augusztus; **in ~** augusztusban
aunt *n* nagynéni, néni; **~ Mary** Mari néni
au pair *adv* cserealapon; *n* au pair
aura *n* aura
auspicious *a* kedvező, sikeres
austere *a* szigorú, kemény, egyszerű, mértékletes
Australia *n* Ausztrália
Australian *a* ausztrál, ausztráliai; *n* ausztrál
Austria *n* Ausztria
Austrian *a, n* osztrák, ausztriai
authentic *a* hiteles, valódi, autentikus
author *n* szerző, író
authority *n* tekintély, hatalom; hatóság, fennhatóság; szaktekintély, szakértő (person); felhatalmazás, meghatalmazás (permission); **the authorities** a hatóságok
authorization *n* felhatalmazás, meghatalmazás, engedély
authorize *vt* engedélyez; felhatalmaz, meghatalmaz
auto *n* autó, kocsi, gépkocsi, személygépkocsi, személyautó
autobiographical *a* önéletrajzi
autobiography *n* önéletrajz
autocrat *n* zsarnok, autokrata
autograph *n* sajátkezű aláírás, autogram

automatic *a* önműködő, automata, automatikus; gépies, önkéntelen; **~ transmission** automata sebességváltó; **~ weapon** automata fegyver
automation *n* automatizálás, automatika
automobile *n* gépkocsi, személygépkocsi, autó
autonomous *a* önrendelkező, önrendelkezési, autonóm
autonomy *n* autonómia, önrendelkezés, önrendelkezési jog
autopsy *n* boncolás
auxiliary *a* segéd-, mellék-, kiegészítő-, kisegítő-, pót-; *n gram* segédige
availability *n* elérhetőség, hozzáférhetőség
available *a* kapható, rendelkezésre álló, elérhető, beszerezhető; felhasználható, érvényes
avalanche *n* lavina
avenge *vt* megbosszul, bosszút áll [vkin vmiért]
avenue *n* sugárút, fasor, széles út
average *a* átlagos, közepes, átlag-; *n* átlag, középérték; *vt* átlagol; *vi* átlagot elér, átlagosan kitesz; **on ~** átlagban, átlagosan; **above ~** átlagon felüli, átlagon túli; **the snow ~s one inch** a hó átlagosan egy hüvelyk
averse *a* idegenkedő, irtózó; **be ~ to/from** idegenkedik, irtózik [vmitől]
avert *vt* elhárít; elfordít
aviation *n* repülés, légi közlekedés
avid *a* mohó, kapzsi; buzgó; **She is an ~ reader.** Rengeteget olvas.
avocado *n* avokadó
avoid *vt* kerül, elkerül, távol marad; kikerül, kitér [vmi elől]
await *vi* vár, várakozik [vkire, vmire]
awake *a* éber; *vi* felébred; *vt* felébreszt; **be ~** ébren van
award *n* díj, jutalom; *vt* jutalmaz, díjat odaítél, adományoz
aware *a* **be ~ of** tudatában van [vminek], tudomása van [vmiről], tisztában van [vmivel]
away *adv* el; tovább, távol, messzire; állandóan/folyamatosan tesz [vmit]; **far ~** messze, távol; **work ~** állandóan dolgozik
awe *n* bámulat, tisztelet, félelem
awesome *a* félelmetes, bámulatos; *coll* tök jó, marha jó
awful *a* szörnyű, borzasztó, rettenetes
awhile *adv* egy kicsit, egy kis ideig, rövid ideig
awkward *a* esetlen, ügyetlen, félszeg; kellemetlen, kényelmetlen, kínos; alkalmatlan; **~ situation** kellemetlen/kínos helyzet
awl *n* ár (tool)
awning *n* ponyvatető, napellenző
ax *n* fejsze, balta
axe *n* → **ax**; *vt* leszállít, csökkent
axis *n fig* tengely
axle *n* tengely (jármű)
Azerbaijan *n* Azerbajdzsán
azure *a* azúr, azúrkék, égszínkék; *n* kékség, a kék égbolt

B

B, b b B (letter); *school* jó osztályzat, négyes
B.A. *Bachelor of Arts* bölcsészettudományi diploma, magyar főiskolai diploma amerikai megfelelője
babble *n* gügyögés; fecsegés; csobogás (brook); *vi* gagyog, gügyög; fecseg; csobog (brook)

babe *n* csecsemő, kisbaba; *coll* közvetlen kedveskedő megszólítás
baby *a* kicsi, kis, miniatűr; *n* csecsemő, kisbaba
baby carriage *n* babakocsi
baby-faced *a* lányos arcú, ártatlan arcú
babysit *vi* ~ **for** kisgyerekre vigyáz
babysitter *n* bébiszitter, pótmama, *slang* bébisintér
babytalk *n* gőgicsélés
bachelor *n* nőtlen férfi, agglegény; **B~ of Arts** bölcsészettudományi diploma; **B~ of Science** természettudományi diploma; ~ **pad** legénylakás
back *a* hátsó, hátulsó; *adv* hátra, hátrafelé, vissza; ezelőtt, régen; *n* hát (person, animal), [vminek] a hátulja; *vt* támogat; *vi* tolat; hátrál; ~ **door** hátsó ajtó; ~ **yard** hátsó udvar, udvar a ház mögött; ~ **stage** a színfalak mögött; ~ **side** *coll* hátsó, fenék; ~ **seat** hátsó ülés; **~seat driver** utas, aki beleszól a vezetésbe; ~ **and forth** oda – vissza; **come** ~ visszajön; **a few years** ~ néhány évvel ezelőtt; ~ **when I lived there** régen, mikor ott laktam; **behind his** ~ tudta nélkül, a háta mögött; **Get off my ~!** *slang* Szálj le rólam!, Hagyj békén!; **turn one's ~ on sy** hátat fordít [vkinek]; *fig* cserbenhagy [vkit]; **know it like the ~ of one's hand** ismeri, mint a tenyerét; **lower** ~ derék (hátul); ~ **down** visszakozik, meghátrál; ~ **up** támogat
backache *n* hátfájás
backbone *n* gerinc
backbreaking *a* nagyon nehéz (munka)
backfire *vi* visszaüt, visszafelé sül el
background *a, n* háttér
backhand *n sp* fonák
backlash *n* reakció, visszahatás
backpack *n* hátizsák; *vi* hátizsákkal utazik/kirándul
backpacker *n* hátizsákos turista
backstroke *n sp* hátúszás; fonák ütés
backup *n* támogatás; utánpótlás
backward *a* visszafelé irányuló; visszamaradt; nehézkes
backwards *adv* visszafelé, hátrafelé
backyard *n* hátsó udvar
bacon *n* szalonna, bacon szalonna; ~ **and eggs** sült szalonna tojással
bacteria *n pl* → **bacterium**
bacterial *a* bakteriális, baktérium okozta, baktériumos
bacterium *n (pl* **bacteria**) baktérium
bad *a* rossz; hibás; súlyos, komoly; **go ~** megromlik; **not too ~** nem rossz, elég jó; **not half ~** nem rossz, elég jó; ~ **for [sy]** nem tesz jót, árt [vkinek]; ~ **accident** súlyos baleset; **have a ~ cough** nagyon köhög; **a ~ mistake** súlyos/komoly hiba; ~ **language** disznó beszéd, káromkodás; **Too ~!** Kár!
badge *n* jelvény; kokárda; biztonsági belépőkártya (entry)
badly *adv* rosszul; nagyon; **be ~ beaten at football** nagyon kikap futballban; **need [sg] ~** [vmire] nagy szüksége van
badminton *n* tollaslabda; **play ~** tollaslabdázik, *coll* tollasozik
baffle *vt* összezavar [vkit], megzavar
bag *n* táska; szatyor; zacskó; *vt* táskába/szatyorba/zacskóba rak; *vi* lazán csüng; **hand~** kézitáska, retikül; **in the ~** *coll* mérget lehet rá venni, már előre megvan; **the cat is out of the ~** kibújt a szög a zsákból; **old ~** *slang* vén szatyor, öreg nő
bagel *n* kiflihez hasonló kerek, középen lyukas amerikai péksütemény

baggage *n* csomag, poggyász
baggy *a* laza, lógó; buggyos; ~ **pants** lötyögő, túl nagy nadrág
bagpipes *n* (skót) duda
bail *n* óvadék; **post ~** óvadékot kifizet, letesz; **be out on ~** óvadék ellenében szabadlábon van; **~ out** óvadék ellenében szabadlábra helyez; óvadékot kifizet [vki] helyett; *fig* kihúz [vkit] a csávából
bait *n* csali, csalétek; *vi* csalétket tesz (horogra)
bake *vt* süt, megsüt; *vi* sül, megsül, kisül (tészta)
baker *n* pék; **~'s dozen** a pék tucatja (13)
bakery *n* pékség, sütöde; péküzlet, kenyérbolt
baking powder *n* sütőpor
baking soda *n* szódabikarbóna
balance *n* mérleg; egyensúly; *bus* egyenleg, mérleg; maradék, fölösleg; *vt* mér; mérlegel; egyensúlyba hoz, egyensúlyban tart, kiegyenlít; *vi* egyensúlyban van; **hang in the ~** függőben van, még nem dőlt el; **~ of power** hatalmi egyensúly; **lose one's ~** elveszti az egyensúlyát
balcony *n* erkély, balkon
bald *a* kopasz, csupasz, tar; **~ eagle** *US* fehérfejű réti sas
bale *n* bála, csomag
balk *vt* megakadályoz, meghiúsít, meggátol
ball[1] *n* labda; golyó; gömb; **the ~ is in your court** nálad van a labda, most te következel; **keep one's eyes on the ~** résen van, nyitva tartja a szemét
ball[2] *n* bál, estély
ballad *n* ballada
ballerina *n* balerina, (balett) táncosnő
ballet *n* balett
balloon *n* léggömb, luftballon, légballon, ballon; *coll* lufi; **hot-air ~** hőlégballon
ballot *n* szavazócédula
ballpark *n sp* baseball pálya, baseball stadion; **in the ~** elég pontos, körülbelül jó, hozzávetőleges
ballpoint pen *n* golyóstoll
ballroom *n* bálterem; **~ dancing** társastánc
balm *n* balzsam
baloney *n slang* süket duma, halandzsa
bamboo *a, n* bambusz, bambusznád
ban *n* tilalom, tiltás; kitiltás, kiátkozás, kiközösítés; *vt* kitilt, megtilt, eltilt, betilt
banal *a* banális, elcsépelt, ócska
banana *n* banán; **~ split** banán fagylalttal és csokoládészósszal
band *n* sáv, csík; szalag; pánt; sáv, hullámsáv (radio); csapat, banda (gang); *mus* együttes, zenekar; **broadband** szélessávú; **rubber ~** gumiszalag, befőttes gumi
bandage *n* kötés, kötszer, pólya; *vt* bekötöz
Band Aid™ *n* ragtapasz
bandwidth *n* sávszélesség, hullámsáv szélesség
bang *int* bumm!, durr!, puff!; *n* csattanás, durranás; *vt* üt, ver, dönget; bevág, becsap (door)
bangs *n pl* frufru
bangle *n* karperec
banister *n* korlát, karfa
bank[1] *n* bank, pénzintézet; *vt* bankba tesz, betesz; *vi* bankban tartja a pénzét; **~ account** bankszámla; **break the ~** robbantja a bankot; **~ card** bankkártya; **~ teller** banktisztviselő

bank[2] *n* part, folyópart; töltés, földhányás, homokpad; *vt* feltölt, felhalmoz

banker *n* bankár; **investment ~** befektetési bankár

banking *n* banküqylet, bankügy

bankrupt *a* csődbe jutott; *vt* csődbe juttat; **go ~** csődbe megy

bankruptcy *n* csőd

banner *n* zászló, lobogó; transzparens

banquet *n* bankett, díszvacsora, díszebéd

banter *n* kötekedés, viccelődés, ugratás; *vt* ugrat, heccel, cukkol

baptism *n rel* keresztelés, keresztség

baptist *a, n rel* baptista; **John the B~** Keresztelő Szent János

baptize *vt rel* megkeresztel, keresztel

bar *n* bár, kocsma; söntés, pult; mulató; rúd, korlát (rod); darab, tábla (soap); *mus* ütem, taktus; *vt* elzár, lezár; gátol, megakadályoz; **~s** rács; **the B~** *law* ügyvédi kamara; **chocolate ~** egy tábla csokoládé; **a ~ of soap** egy darab szappan; **be behind ~s** rács mögött van, börtönben van

barbarian *n* barbár

barbaric *a* barbár

barbecue *n US* roston sütés a szabadban; roston sült hús; *vt* roston süt [vmit] a szabadban

barbed *a* **~ wire** szögesdrót

barbell *n* (kézi) súlyzó

barber *n* borbély

barbershop *n* borbélyüzlet

bare *a* csupasz, meztelen; kopár; puszta, dísztelen; alig valami, puszta; *vt* kitakar, lecsupaszít; **with one's ~ hands** puszta kézzel

barely *adv* alig, éppen csak, éppen hogy; hiányosan

bargain *n* alku, üzlet; alkalmi vétel, előnyös vétel; leértékelt áru; *vi* **~ for** alkudozik, alkuszik; **drive a hard ~** keményen alkuszik; **get more than one ~ed for** jól megkapja a magáét; **What a ~!** Micsoda jó üzlet!

barge *n* uszály; bárka; *vi coll* **~ in** betolakodik

bark[1] *n* kéreg, fakéreg (tree)

bark[2] *n* ugatás (dog); *vi* ugat; **~ up the wrong tree** rossz helyen kereskedik

barley *n* árpa

barn *n* istálló; csűr, magtár

barometer *n* barométer, légnyomásmérő

baroque *a, n* barokk

barrack *n mil* kaszárnya, laktanya; barakk

barrage *n* duzzasztógát; zárótűz

barrel *n* hordó; henger, dob (machine); cső (gun); **lock, stock, and ~** mindenestül, úgy ahogy van

barren *a* kopár, sivár, kietlen; meddő, terméketlen

barricade *n* barikád, torlasz; *vt* eltorlaszol, elbarikádoz

barrier *n* akadály; korlát, sorompó

barter *n* árucsere, cserekereskedelem; *vt* elcserél; *vi* cserekereskedelmet folytat

base *n* alap, alapzat, alaplap; támpont, támaszpont, kiindulópont, bázis; *mil* támaszpont, bázis; *chem* lúg, bázis; *gram* szótő; *vt* alapoz, alapít; **air ~** légitámaszpont

baseball *n sp* baseball; **play ~** baseballozik

basement *n* alagsor, pince

basic *a* alap-, alapvető

basil *n* bazsalikom

basin *n geogr* medence; tál, mosdótál, lavór

basis *n* alap, alapzat, kiindulási pont
basket *n* kosár
basketball *n sp* kosárlabda; **play ~** kosárlabdázik, *coll* kosarazik; **~ player** kosárlabdázó, *coll* kosaras
bass[1] *a, n mus* basszus; *n mus* nagybőgő; **~ guitar** basszusgitár
bass[2] *n* sügér (fish)
bastard *n* fattyú, törvénytelen gyerek; *slang* pali, hapsi
bat[1] *n sp* ütő; **off the ~** kapásból; **baseball ~** baseball ütő
bat[2] *n* denevér; **blind as a ~** vaksi, az orráig se lát
batch *n* egy adag
bath *n* fürdő; fürdőszoba; **take a ~** megfürdik; **~ salts** fürdősó; **bubble ~** habfürdő
bathe *vt* fürdet, megfürdet, füröszt; *vi* fürdik, megfürdik
bathing suit *n* fürdőruha
bathrobe *n* fürdőköpeny
bathroom *n* fürdőszoba, fürdő; mosdó, vécé; **~ tissue** vécépapír
bathtub *n* fürdőkád
baton *n* bot, pálca; gumibot (police); **pass the ~** átadja a stafétabotot
batter *n* tészta; *sp* ütőjátékos (baseball); *vt* üt, ver; dönget; **pancake ~** palacsintatészta
battery *n mil* tüzérségi üteg; *el* elem, telep; *auto* akkumulátor; verés (beating); **assault and ~** *law* testi sértés, tettlegesség
battle *n* csata, harc, ütközet; *vi* **~ with/ against** harcol, küzd
bay *n* öböl; ablakfülke, bemélyedés; rekesz, rész
bay leaf *n* babér levél
bay-window *n* kiugró ablakfülke
bazaar *n* bazár; jótékony célú vásár
BBQ = barbecue
B.C. = **Before Christ** *adv* időszámításunk előtt, i.e.
be *vi* (**was/were, been**) lenni, van; létezik; jár [vhol], megy [vhova]; **I am** én vagyok; **you are** te vagy, *pl* ti vagytok; **he/she/it is** ő/az van; **we are** mi vagyunk; **they are** ők vannak; **I was** én voltam; **you were** te voltál, *pl* ti voltatok; **he/she/it** ő/az volt; **we were** mi voltunk; **they were** ők voltak (third person form often ommitted); **if I were you** ha a helyedben lennék, én a te helyedben; **~ after [sy]** üldöz [vkit]; **~ back** visszajön, visszatér; **~ behind** [vmi] mögött van; lemarad; **~ for** pártol; *coll* benne van [vmiben]; **~ in** bent van, itthon van; divatos, divatban van; **~ in on** be van avatva [vmibe]; **~ off** elmegy, eltávozik; **~ on** ég (light), be van kapcsolva (machine); *theat, cine* műsoron van; **~ out** kint van; nincs itthon, házon kívül van; **~ over** vége van, elmúlt; **~ up** fent van, nem alszik; **It is a box.** Ez doboz. **She is American.** Ő amerikai. **They are tired.** Ők fáradtak. **How are you?** *form* Hogy van?; *inform* Hogy vagy? **Don't ~ shy!** Ne szégyelld magad! **B~ polite!** Légy udvarias! **I have been there.** Már jártam ott.; *fig* Ez már velem is megtörtént. **John is in the house.** John a házban van. **She must ~ at home.** Biztosan otthon van. (folyamatos igeidőkben) **They are speaking.** (éppen) Beszélnek. **I was eating** (éppen) Ettem. **They have been studying since noon.** Dél óta tanulnak. (elvárt cselekvés) **She is to arrive tonight.** Ma este kell

érkeznie. **We were to meet at five.** Úgy volt, hogy ötkor találkozunk. **What am I to do?** Mit tegyek? (passzív szerkezetben) **The book was published last year.** A könyvet tavaly kiadták./A könyv tavaly ki lett adva. **She is about to go.** Menni készül. **I am behind with my work.** Le vagyok maradva a munkámmal. **What is on tonight?** Mit adnak ma este? **What's up?** Mi van?/Mi a helyzet?/Mi újság? **What's up with her?** Mi baja van? **Time is up.** Lejárt az idő.

beach *n* tengerpart, part; strand

beacon *n* jelzőtűz, jelzőfény

bead *n* gyöngy, gyöngyszem, üveggyöngy; *vt* gyönggyel díszít

beak *n* csőr (bird)

beam *n* gerenda, rúd; fénysugár, (fény)nyaláb, sugár; **off the ~** *coll* el van tájolva

bean *n* bab; **green ~s** zöldbab; **spill the ~s** elkotyog [vmit], elszólja magát

bear[1] *n* medve, mackó; nagy darab, de kedves férfi (person)

bear[2] *vt* (**bore, born**) hord, visel, tart; szül, terem; bír, elvisel, tűr, elszenved (suffer); [vmerre] tart (direction); **~ a child** gyereket szül; **~ fruit** gyümölcsözik, gyümölcsöt terem; **~ with** elnéző, türelemmel van [vki iránt]; **I can't bear to see it.** Nem bírom nézni.

beard *n* szakáll

bearer *n* tulajdonos, viselő (person)

beast *n* vadállat, állat

beat *a* legyőzött, levert; *coll* nagyon fáradt; *n* ütés, dobbanás; *mus* ütem, ritmus; *vt* (**beat, beaten**) ver, üt, megver, megüt; legyőz, megver; *vi* üt, ver, dobog (heart); **~ of the drum** dobpergés; **~ an egg** tojást felver; **~ around the bush** kerülgeti a témát, kerülgeti, mint macska a forró kását; **~ up** jól megver, elver, összever [vkit]; **It ~s me!** Fogalmam sincs! Ez nekem magas! **B~ it!** *slang* Kopj le!

beaten *vt pp* → **beat**

beautician *n* kozmetikus

beautiful *a* szép, gyönyörű, csodaszép, csodálatos

beauty *n* szépség; **~ pageant** szépségverseny; **~ is only skin deep** a szépség nem maradandó, a szépség elmúlik

beauty parlor *n* szépségszalon, kozmetika, kozmetikai szalon

beauty shop = **beauty parlor**

beaver *n* hód

became *vt past* → **become**

because *conj* mert, mivel; *prep* **~ of** [vmi] miatt

become *vi* (**became**, **become**) lesz, válik [vmivé]; *vi* illik [vmihez]; jól áll [vkinek]; **it ~s her** jól áll neki; **She became a doctor.** Orvos lett belőle. **They became tired.** Elfáradtak.

becoming *a* előnyös, illő, jól álló

bed *n* ágy; ágyás, virágágy (flowers); meder (river); **get up on the wrong side of the ~** bal lábbal kel fel; **go to ~** lefekszik; **make the ~** megágyaz, beágyaz

bedazzle *vt* elkápráztat, elámít, elbűvöl

bedbug *n* poloska

bedding *n* ágynemű

bedridden *a* ágyhoz kötött

bedroom *n* hálószoba, háló

bedspread *n* ágytakaró

bee *n* méh; **busy as a ~** hangyaszorgalmú; **spelling ~** helyesírási verseny

beef *n* marhahús; hízómarha; *vt* **~ up** feljavít; *fig* kibővít

beef steak *n* bifsztek, bélszín, marhabélszín
beefy *a* húsos, izmos
been *vi pp* → **be**
beeper *n* csipogó
beer *n* sör; **canned ~** dobozos sör; **~ on tap** csapolt sör; **bottled ~** üveges sör
beet *n* cékla; **sugar ~** cukorrépa
beetle *n* bogár
before *adv* előtt, mielőtt, előbb, azelőtt, ezelőtt, előzőleg, korábban, már; előtt, elé, előre (place); *conj* mielőtt, mire; *prep* [vmi] előtt, [vmi] elé; **~ six** hat előtt; **~ my very eyes** a saját szemem előtt, a szemem láttára; **~ long** nemsokára; **~ you know it** mire észbe kapsz; **I have never met him ~.** Még nem találkoztam vele./Még sohasem láttam. **Have you been there ~?** Voltál már ott?
befriend *vt* összebarátkozik [vkivel]
beg *vi* kér, kérlel; könyörög, koldul
began *vt, vi past* → **begin**
beggar *n* koldus
begin *vt* (**began**, **begun**) kezd, elkezd, megkezd [vmit], hozzáfog [vmihez]; *vi* kezd, kezdődik, elkezdődik, megkezdődik; **The movie has begun.** Elkezdődött a film. **It began raining.** Elkezdett esni (az eső).
beginner *a, n* kezdő
beginning *a* kezdődő; *n* kezdet, eleje [vminek]; **from the very ~** kezdettől fogva; **from ~ to end** elejétől végéig
begun *vt pp* → **begin**
behalf *n* **on ~ of** [vkinek] a nevében, [vkinek] az érdekében
behave *vi* viselkedik; **B~ yourself!** Viselkedj rendesen!
behavior *n* viselkedés, magatartás, magaviselet
beheld *vt past/pp* → **behold**
behind *adv* hátul, hátra; *prep* [vmi] mögött, [vmi] mögé; *n* far, fenék, ülep; **from ~** mögül; **be ~ schedule** le van maradva; **kick [sy's] ~** *coll* fenékbe rúg [vkit]; **I'm ~ you.** Én melletted vagyok.
behold *vt* (**beheld**, **beheld**) megpillant, észrevesz, meglát
beige *n* drapp, bézs
Beijing *n* Peking
being *n* lét, létezés; tartózkodás; lény, élőlény, teremtmény; **for the time ~** egyelőre; **come into ~** létrejön
belch *n* büfögés, böfögés, böffenés; *vi* büfög, böfög
Belgian *a, n* belga
Belgium *n* Belgium
belief *n* hit, hiedelem; bizalom; **to the best of my ~** legjobb tudomásom szerint
believe *vt* hisz, elhisz; gondol, vél; hisz [vkinek]; hisz, bízik; **~ it or not** akár hiszed, akár nem; **~ in** hisz [vmiben]; **~ in God** hisz Istenben; **I ~ …** azt hiszem … **I don't ~ it!** Nem hiszem el!/ Hihetetlen!
believer *n* hívő
belittle *vt* lekicsinyel, ócsárol
bell *n* csengő (small), harang, kolomp (for animals); búra; **ring the ~** csenget; harangoz
belle *n* szépség (ember), szép nő
belligerent *a* hadviselő, ellenséges
bellow *vi, vt* ordít, üvölt, bőg, bömböl
belly *n coll* has; pocak; **beer ~** sörhas
belong *vi* **~ to** tartozik [vkihez, vmihez]; **it ~s to me** az enyém
belongings *n pl* holmi, (személyi) tulajdon
Belorussia *n* Belorusszia, Belarusz, Fehéroroszország
Belorussian *a, n* belorusz, fehérorosz

beloved *a* szeretett, kedvelt, közkedvelt; *n* [vkinek] a szíve választottja; **my ~** kedvesem, szerelmem

below *adv* alul, lent, lenn; alább; *prep* [vmi] alatt, [vmi] alá; **see ~** lásd alább/lent; **five degrees ~ (zero)** mínusz öt fok

belt *n* öv; szíj; övezet, sáv, zóna; **Bible B~** *US* az USA délkeleti államai, ahol a fundamentalista protestáns vallás az uralkodó

beltway *n* körgyűrű, kerülőút; **inside the B~** *US* Washingtonban, utalás az USA szövetségi kormányára

bench *n* pad; *law* bírói szék, bíróság; **work~** munkapad, munkaasztal

bend *n* hajlás, görbület; kanyar, kanyarulat; *vt* (**bent**, **bent/bended**) hajlít, meghajlít, görbít; *vi* hajlik, meghajlik, görbül, elgörbül; kanyarodik; **~ down** lehajol; lehajlik; **~ over** lehajol; **~ over backwards** mindent megtesz, kezét-lábát töri igyekezetében

bended *a* hajlott; görbe; *vt, vi pp* → **bend**; **on ~ knee** térden állva

beneath *adv* lent, lenn; *prep* [vmi] alatt, [vmi] alá; **it's ~ me** méltóságomon alul van

beneficial *a* jótékony hatású, előnyös, hasznos

benefit *n* jótétemény; jótékony célú rendezvény; előny, haszon; *vt* **~ from** hasznát látja [vminek], hasznot húz [vmiből]; **for your ~** a te kedvedért, a te javadra; **give [sy] the ~ of the doubt** [vkiről] a legjobbat feltételezi (amíg az ellenkezője be nem bizonyul)

benign *a* jóindulatú; **~ tumor** *med* jóindulatú daganat

bent *a* hajló, hajlott; *vt, vi past/pp* → **bend**

beret *n* baszksapka

Bermuda *n* Bermudák, Bermuda-szigetek; **~ shorts** bermuda (nadrág)

berry *n* bogyó

berserk *a* dühöngő, megvadult, őrjöngő; **he went ~** őrjöngött, teljesen megvadult

beside *prep* [vmi] mellett, [vmi] mellé; [vmin] kívül; **that's ~ the point** ez nem ide tartozik; **be ~ oneself** magán kívül van

besides *adv* egyébként, azonkívül, különben, amellett; *prep* [vmin] kívül, [vmit] leszámítva; **~ Kati** Katin kívül

best *a* legjobb; *adv* legjobban; *n* a legjobb; **~ man** a vőlegény tanúja; **at ~** legfeljebb, a legjobb esetben; **do one's ~** megtesz minden tőle telhetőt; **save the ~ for last** a legjobbat a végére tartogatja; **it's all for the ~** így van ez jól

bestseller *n* sikerkönyv

bet *n* fogadás; *vt, vi* (**bet**, **bet**) fogad; **you ~!** *coll* az biztos!, arra mérget vehetsz!; **~ on** fogad [vmire]

betray *vt* elárul; cserbenhagy

better *a* jobb; *adv* jobban; inkább; *n* a jobb(ik); *vt* jobbít, javít, lendít [vmin]; **the ~ part** a nagyobbik rész; **~ and ~** egyre jobb(an); **you'd ~ go** inkább menj el, jobb, ha elmész; **so much the ~** annál jobb; **for ~ or worse** jóban-rosszban; **Get ~!** Gyógyulj meg!

between *adv, prep* [vmi] között, [vmi] közé; **just ~ you and me** magunk között szólva, köztünk maradjon; **in ~** közben

beverage *n* ital, innivaló

beware *vt* vigyáz, óvakodik [vmitől]

beyond *adv, prep* túl; [vmi] után (time); [vmin] kívül; **it's ~ me** ez nekem magas, fel nem foghatom

bias *n* rézsútosság; *fig* elfogultság, előítélet, egyoldalúság; hajlam; **on the ~** ferdén, átlósan; **without ~** tárgyilagosan, elfogulatlanul
bib *n* előke, partedli
Bible *n* biblia, szentírás
bibliography *n* bibliográfia
bicycle *n* kerékpár, bicikli; *vi* kerékpározik, biciklizik
bid *n* árajánlat; licit; *vi* (**bade, bidden**) megparancsol, meghagy; (**bid, bid**) kínál, ajánl; ajánlatot tesz [vmire]; licitál
bidden *vt pp* → **bid**
big *a* nagy, terjedelmes, jókora; **~ shot** *slang* nagykutya; **B~ Dipper** Göncölszekér
bike *n coll* bicaj, bringa; motorbicikli, motor
biker *n* kerékpáros, biciklista; motoros; *coll* bicajos
bikini *n* bikini
bile *n* epe; *fig* rosszindulat
bilingual *a* kétnyelvű
bill[1] *n* csőr
bill[2] *n* számla; *fig* költségek; következmények; bizonyítvány, jegyzék; bankjegy (money); *law* törvényjavaslat; *vt* számlát ad [vkinek vmiről]; felszámít, számláz; **~ of fare** étlap; **~ of health** egészségügyi igazolás; **B~ of Rights** alkotmánylevél, *US* az USA alkotmányának első tíz kiegészítése; **~ of sale** adásvételi szerződés; **foot the ~** vállalja a költségeket
billiards *n* biliárd
billionaire *n* milliárdos
bimonthly *a* kéthavonta történő/megjelenő; *adv* kéthavonta
bin *n* tartó, láda
binary *a* kettes számrendszerű, bináris; kettős
bind *vt* (**bound, bound**) köt, összeköt, megkötöz; beköt (a book); bekötöz (a wound); *fig* kötelez
binder *n* irattartó, mappa, iratrendező, iratgyűjtő, dosszié; kötőanyag (glue); **ring ~** gyűrűskönyv
binoculars *n* távcső, látcső
biography *n* életrajz
biological *a* biológiai; **~ clock** biológiai óra; **~ warfare** baktériumháború, biológiai hadviselés
biology *n* biológia
biopsy *n med* szövetminta; szövettani vizsgálat
biosphere *n* bioszféra
birch *n* nyírfa; nyírfavessző, virgács
bird *n* madár; **~'s-eye view** madártávlat; **~ of prey** ragadozó madár; **song~** énekesmadár; **~s of a feather flock together** madarat tolláról, embert barátjáról (lehet megismerni); **a ~ in hand is worth two in the bush** jobb ma egy veréb, mint holnap egy túzok; **the early ~ gets the worm** ki korán kel, aranyat lel; **flip the ~** *coll* betart [vkinek]
birdseed *n* madáreleség
birth *n* születés; származás; szülés; **~ certificate** születési bizonyítvány, születési anyakönyvi kivonat; **~ control** születésszabályozás, fogamzásgátlás; **~ control pill** fogamzásgátló (tabletta); **date of ~** születési dátum
birthday *n* születésnap, *coll* szülinap
birthmark *n* anyajegy
biscuit *n* keksz; pogácsa
bisexual *a, n* biszexuális
bistro *n* bisztró, falatozó, büfé

bit[1] *n* darab, falat; **~ by ~** apránként, lassanként; **a ~** egy kicsit; **every ~** minden ízében, teljesen

bit[2] *vt past* → **bite**

bitch *n* szuka (dog), nőstény (other animal); *vulg* szajha, kurva (person); *vi* **~ about** *coll* nyafog, elégedetlenkedik, panaszkodik, zúgolódik; **son of a ~** *vulg* gazember, szarházi

bite *n* harapás, marás (with teeth); csípés (insect); falat (food); *vt* (**bit, bitten**) harap, megharap, beleharap; csíp, megcsíp (insect); mar, megmar (snake); **~ off more than one can chew** sokat akar a szarka, de nem bírja a farka; **Let's have a ~!** Együnk egy kicsit!/Együnk egy falatot!

bitten *a* megharapott; *vt pp* → **bite**

bitter *a* keserű, kesernyés; *fig* keserves, elkeseredett, keserű; metsző, zord (weather); **to the ~ end** a végsőkig

bittersweet *a* keserédes

bizarre *a* bizarr, furcsa, különös

black *a* fekete; sötét, komor (dark); *fig* gonosz; *n* fekete (color, clothes); fekete (person), fekete bőrű, néger; **~ and white** fekete-fehér; **~-and-blue** kék-zöld; **~ eye** véraláfutásos szem, monokli; **~ market** fekete piac; **~ list** fekete lista; **~ magic** fekete mágia; **go ~** elsötétül; **be in ~** feketében jár, gyászol; **~ out** elájul

blackberry *n* szeder

blackbird *n* feketerigó

blackboard *n school* tábla

blackmail *n* zsarolás; *vt* zsarol, megzsarol [vkit vmivel]

Black Sea *n* Fekete-tenger

bladder *n* hólyag, húgyhólyag

blade *n* penge; lap (sword); lapát, szárny (propeller); **~ of grass** fűszál

blame *n* szemrehányás, vád; felelősség; *vt* hibáztat, okol [vkit vmiért]; **Who is to ~?** Ki a hibás?

bland *a* jellegtelen, semmitmondó, unalmas

blank *a* üres, sima, tiszta, kitöltetlen (paper); *n* hiány, űr; nem nyerő szám; **shoot ~s** vaktölténnyel lő; **~ look** üres tekintet; **My mind went ~.** Semmi sem jutott eszembe./Megállt az eszem.

blanket *a* általános, mindenre kiterjedő; *n* takaró, pokróc; *vt* letakar, betakar; **~ agreement** általános megállapodás

blast *n* lökés, széllökés; robbanás; *vt* robbant; letarol; *slang* nagyon hangosan zenét hallgat; **We had a ~.** *coll* Nagyon jól éreztük magunkat.

blaze *n* láng, lobogó tűz; ragyogás, fény; *vi* lángol, lobog

blazer *n* blézer, kosztümkabát

bleach *n* fehérítő, hypo; *vt* fehérít, kifehérít; szőkít (hair)

bleak *a* sivár, lakatlan; puszta, kopár

bled *vt past/pp* → **bleed**

bleed *vi* (**bled**, **bled**) vérzik; **~ to death** elvérzik

blemish *n* hiba, folt; szépséghiba; *fig* szégyenfolt; *vt* beszennyez

blend *n* keverék; *vt* elvegyít, összekever; *vi* vegyül, keveredik, összekeveredik

blender *n* turmixgép

bless *vt* áld, megáld; megszentel; **God ~ you!** Isten áldjon meg!/Isten áldja meg!; Egészségére! (when sneezing)

blessing *n* áldás

blew *vt, vi past* → **blow**

blind *a* vak, világtalan; *n* **~s** redőny, roló; *vt* megvakít, elvakít; **~ date** randevú egy ismeretlennel; **~ spot** vakfolt; **turn a ~ eye to** elnéz, úgy tesz, mintha nem venne észre

blindness *n* vakság
blink *n* pislogás, pislantás; villanás; *vi* pislog; pislant (once); **in the ~ of an eye** egy szempillantás alatt
bliss *n* boldogság, üdvösség
blister *n* hólyag, vízhólyag (on skin); *vi* felhólyagzik; *vt* hólyagossá tesz
bloat *vi* puffad, felpuffad, felfújódik, dagad, feldagad
block *n* rönk, tuskó, tőke; tömb, jegyzettömb (to write on); háztömb (buildings); dugulás, akadály (stop); *vt* eltorlaszol, elzár, megakaszt, gátol; zárol; **go on the ~** elárverezik, dobra kerül; **~ letter** nyomtatott betű
blockade *n* blokád, ostromzár; *vt* blokád alá vesz; körülvesz, elzár
blonde *a, n* szőke
blood *n* vér; rokonság, származás; **draw ~** vért vesz; **~ alcohol level** véralkoholszint; **in cold ~** hidegvérrel; **~ pressure** vérnyomás; **~ is thicker than water** a vér nem válik vízzé
blood bank *n* vérbank, véradó központ
bloodhound *n* véreb
blood test *n med* vérvizsgálat
blood-type *n med* vércsoport
bloody *a* véres; kegyetlen, erőszakos; **B~ Mary** fűszeres, paradicsomos koktél vodkával
bloom *n* virágzás; szépség; *vi* virágzik, virul; **in full ~** teljes virágjában
blooper *n* baki, nyelvbotlás, hiba
blossom *n* virág, bimbó; *vi* virágzik, virul, kivirul
blot *n* paca, folt; *vt* lepacáz; elmaszatol; itat (writing)
blouse *n* blúz
blow *n* ütés, csapás; **at one ~** egy csapásra, egy ütéssel
blow *vt* (**blew, blown**) fúj, megfúj, elfúj; *el* kiéget, kivág; *vi* fúj (wind); **~ one's nose** kifújja az orrát; **~ a fuse** kiégeti a biztosítékot; **~ out** elfúj (candle); **~ up** felfúj; felrobbant; *photo* felnagyít; **You blew it!** *slang* Ezt jól elszúrtad! **He blew the money on something stupid.** Valami hülyeségre elszórta a pénzt. **She blew me off.** Lerázott (engem).
blown *a* fújt, felfújt; *vt pp* → **blow**; **~ glass** öblösüveg
blue *a* kék; *fig* szomorú, melankolikus; *n* kék (color); kék ég; **the ~s** rossz hangulat, szomorúság, lehangoltság; *mus* blues; **once in a ~ moon** hébe-hóba, nagyon ritkán; **out of the ~** derült égből (a villámcsapás), váratlanul
blueberry *n* fekete áfonya
blue-collar *a* **~ worker** fizikai munkás, kétkezi munkás
bluegrass *n mus* a country zene egy fajtája, amerikai népzene
blueprint *n* tervrajz, alaprajz (of a house)
bluff *n* blöff, ámítás; *vi* blöfföl
blunder *n* baklövés, melléfogás, hiba; *vi* melléfog, bakot lő
blunt *a* tompa, életlen; nyers (manners); félre nem érthető
bluntly *adv* **to put it ~** őszintén szólva
blur *n* ködösség, homály, elmosódottság; *vt* elmaszatol, elken; elhomályosít
blurb *n* fülszöveg, rövid kivonat
blush *n* pirulás; pirosító (make-up); *vi* pirul, elpirul, elvörösödik
board *n* deszka(lap); tábla; kartonpapír; ellátás, élelmezés; fedélzet (ship, air plane); bizottság, testület (committee); *vt* bedeszkáz; beszáll, felszáll [vmire] (boat, plane); **~ game** társasjáték; **on ~** a fedélzeten; **full ~** teljes ellátás, teljes panzió; **~ of directors** igazgatótanács

boarding school *n* bentlakásos iskola
boardwalk *n* korzó, sétány; tengerparton fából készült sétány
boast *vi* dicsekszik, henceg, kérkedik
boat *n* hajó (large), csónak (small); *vi* hajózik; **gravy ~** mártásos csésze; **we're in the same ~** egy cipőben járunk; **row~** evezős csónak; **life~** mentőcsónak; **sail~** vitorlás hajó; **steam~** gőzhajó; **motor~** motorcsónak; **don't rock the ~** ne verd fel a nyugalmat, ne okozz zavart
boating *n sp* hajózás; csónakázás
bob *n* súly; úszó (on a fishing line); bubifrizura (hair); *sp* bob, szán; *vi* fel-le mozog, fel-le bukik; felbukkan, felmerül
bobble *vi* hibázik, hibát követ el
bobby pin *n* hajcsat, hullámcsat
body *n* test; hulla, holttest (dead); testület (organization); tömeg, fő rész (main part); *auto* karosszéria; **~ language** testbeszéd, gesztusok; **~ of water** víztömeg; **public ~** köztestület; **corporate ~** jogi személy; **Over my dead ~!** Csak a testemen át!
bodyguard *n* testőr
boggle *vi* visszariad [vmitől], meghátrál [vmitől]
bogus *a* hamis, ál, színlelt
boil *n* forrás(pont); *med* kelés, furunkulus; *vt* forral, felforral; vízben főz; *vi* forr; vízben fő; **bring to a ~** felforral; **~ over** túlforr, kifut (milk)
boiler *n* forraló, főző; kazán; bojler, vízmelegítő; **~ room** kazánház
bold *a* merész, bátor; arcátlan; feltűnő; **~ faced** arcátlan
boldface vastag betű, félkövér betű
Bolivia *n* Bolívia
bologna *n* párizsi, parizer
bolster *vt* támogat, alátámaszt
bolt *n* tolózár, retesz; csapszeg; villámcsapás, villám; *vt* elzár, elreteszel; elrohan, elinal
bomb *n* bomba; *vt* bombáz, lebombáz
bombard *vt mil* bombáz; *fig* támad, ostromol
bonbon *n* bonbon
bond *n* kötelék; kötelezettség; *law* óvadék; *econ* kötvény; *vt* köt, beköt; *vi* köt, megköt
bone *n* csont; szálka (fish); *vt* kicsontoz, filéz; **~ marrow** csontvelő; **I have a ~ to pick with you.** Számolnivalóm van veled.
bonus *n* jutalom, prémium; nyereségrészesedés
bony *a* csontos; sovány, szikár
book *n* könyv; *vt* elkönyvel; lefoglal, előjegyez, megrendel (reserve); **~ review** könyvismertetés; **by the ~** előírás szerint; **the Good B~** a szentírás; **check~** csekkfüzet; **a ~ of stamps** egy csomag bélyeg
bookcase *n* könyvespolc
bookkeeper *n* könyvelő
booklet *n* füzet; brosúra
bookmark *n* könyvjelző
bookshelf *n* könyvespolc
bookstore *n* könyvesbolt
boom *n* zúgás, dörej, dörgés; *econ* fellendülés, konjunktúra; *vi* zúg, dörög, morajlik; fellendül, virágzik
boot *n* csizma, magas szárú cipő; **riding ~s** lovaglócsizma
booth *n* bódé, elárusítóhely (at a market); fülke; **phone ~** telefonfülke
booze *n slang* pia
border *n* szegély, [vminek] a széle; határ; *vt* szegélyez; határol; *vi* határos [vmivel]; **~ crossing** határátkelőhely
bore *vt* untat; **I'm ~d to death.** Halálosan unom magamat.

boredom *n* unalom
born *a* -született, -származású; *vt pp* → **bear**; **American-~** Amerikában született, amerikai származású; **foreign-~** külföldi származású; **I was ~ in California.** Kaliforniában születtem.
borrow *vt* kölcsönvesz, kölcsönkér
Bosnia-Herzegovina *n* Bosznia Hercegovina
Bosnian *a, n* bosnyák; boszniai
boss *n coll* főnök; *vt* irányítgat, utasítgat, parancsolgat; **Stop ~ing me around!** Ne parancsolgass nekem!
both *a, pron* mindkettő, mindkét, mind a kettő; *adv* mindketten; *conj* mind ..., mind ...
bother *n* bosszúság, baj; alkalmatlankodás, nyűg; *vt* piszkál, zavar, nyaggat; *vi* alkalmatlankodik
bottle *n* üveg, palack; *vt* palackoz, üvegbe tölt; **a ~ of wine** egy üveg bor; **~ up** elfojt, magába fojt
bottleneck *n* útszűkület, torlódás
bottom *a* legalsó, legutolsó; *n* alj, fenék; alap, alapzat; fenék (body part); **from the ~ of my heart** a szívem mélyéből, teljes szívemből; **get to the ~ of** utánajár [vminek], a mélyére hatol
bottomless *a* feneketlen
bough *n* faág
bought *vt past, pp* → **buy**
bounce *n* szökdelés, ugrálás; visszapattanás, visszaugrás; *vt* pattogtat (a ball); *vi* pattog; ugrál, ugrándozik; **the check ~d** visszadobták a csekket, nem fogadták el a csekket, a csekknek nem volt fedezete
bound *a* kötött, megkötött, összekötött, bekötött; köteles, elkötelezett; *n* határ, korlát; *vt pp* → **bind**; **he is ~ to come** el kell jönnie, muszáj, hogy eljöjjön; **out of ~s** nem ismer határt
boundary *n* határ, korlát
bouquet *n* csokor, virágcsokor; zamat, buké (wine)
boutique *n* butik
bow *n* íj; *mus* vonó (violin); masni, csokor, (ribbon); meghajlás, bólintás (of the head); *vt* meghajlít; meghajt (the head); *vi* meghajol; *fig* megalázkodik; **~ tie** csokornyakkendő; **take a ~** meghajol (actor)
bowl *n* tál, tálka; edény; *sp* stadion
bowling *n sp* teke, tekézés; **~ alley** tekepálya
box *n* doboz, láda; can (beer, soda); *theat* páholy; *vt* dobozol, dobozba csomagol
boxing *n sp* ökölvívás, box
box office *n theat* jegyiroda, jegypénztár; **~ hit** nagy színházi/mozi siker
boxy *a* szögletes
boy *n* fiú
boycott *n* bojkott; *vt* bojkottál
boyfriend *n* fiú, barát; **her ~** a fiúja, a barátja
bra *n* melltartó
brace *n* merevítő; támasz; *vt* megerősít, merevít; **~s** fogszabályozó; **B~ yourself!** Fogódzkodj meg!
bracelet *n* karkötő, karperec
bracket *n* tartó, polc; zárójel; kategória
braid *n* fonás, fonat; zsinór; *vt* fon, copfba fon, összefon
brain *n* agy, agyvelő; ész; **pick [sy's] ~** kihasználja [vkinek] a tudását; **Use your ~s!** Gondolkozz!/Használd az eszedet!
braindead *a* agyhalott
brainstorming *n* ötletgyűjtés

brainwashing *n* agymosás, ideológiai átnevelés
brake *n auto* fék; *vt, vi* fékez
bran *n* korpa
branch *n* ág; ágazat, iparág, üzletág; *vi* elágazik; ~ **office** kirendeltség, fiókiroda; ~ **out** szétágazik, kiterjed
brass *n* réz, sárgaréz; ~ **band** fúvószenekar, rezesbanda
brassiere *n* → **bra**
brassy *a* rezes
brat *n* kölyök; *coll* rosszcsont
brave *a* bátor, merész
bravery *n* bátorság, merészség
bravado *n* hősködés
bravo *int* bravó!
brawny *a* erős, izmos
Brazil *n* Brazília
Brazilian *a, n* brazil, brazíliai
breach *n* megszegés, megsértés; áttörés, hasadás; ~ **of contract** szerződésszegés
bread *n* kenyér; ~ **basket** kenyérkosár
breadcrumb *n* kenyérmorzsa; **~s** prézli
breadth *n* szélesség
break *n* törés, hasadás; megszakítás; szünet (time); alkalom, sansz (opportunity); *vt* (**broke**, **broken**) tör, eltör, elszakít; *fig* megszeg, megsért; megszakít, félbeszakít; *vi* törik, eltörik; kitörik, letörik, megtörik; megszakad, meghasad; **coffee** ~ kávészünet; **lunch** ~ ebédszünet; **without a** ~ szünet nélkül, szüntelenül; **spring** ~ tavaszi szünet; ~ **in two** kettétör; ~ **open** feltör; ~ **the news to** közli a hírt [vkivel]; ~ **a record** rekordot dönt; ~ **the ice** megtöri a jeget, megtöri a csendet; ~ **loose** elszabadul; ~ **down** *vt* letör; lerombol; *vi* elromlik, leáll (engine); összeomlik; ~ **in** betör, feltör (a house); ~ **off** letör; *fig* megszakít, félbeszakít, abbahagy; ~ **out** kitör (war, epidemic, fire); elszökik (from prison); pattanásai lesznek, kipattog (face); ~ **through** áttör, áthatol; ~ **up** *vt* darabokra tör, széttör, összetör; felbont, feltép; *vi* szakít [vkivel] (with a person); felbomlik, szétoszlik, feloszlik; **All hell broke loose.** Elszabadult a pokol.
breakage *n* törés; törött holmi
breakdown *n* üzemzavar, műszaki hiba, meghibásodás; leállás, elakadás; lebontás, felbontás; **nervous** ~ idegösszeomlás
breaker *n* hullámtörés; nagy hullám, bukó hullám
breakfast *n* reggeli; **have** ~ reggelizik, megreggelizik
break-in *n* betörés, rablás
breakthrough *n* áttörés
breakup *n* felbomlás; szakítás (relationship)
breast *n* mell, kebel; emlő (animals)
breast-feed *vt* szoptat
breast stroke *n sp* mellúszás
breath *n* lélegzet, lehelet; fuvallat; ~ **test** alkoholpróba, szondázás; **be out of** ~ kifullad; **under one's** ~ halkan, suttogva; **catch one's** ~ kifújja magát; **She took my** ~ **away.** Elállt tőle a lélegzetem. **Don't waste your** ~**!** Kár a szóért!
breathe *vi* lélegzik, levegőt vesz, lélegzetet vesz; lehel; *vt* lehel, kilehel
bred *vt past/pp* → **breed**; **thorough~** telivér
breed *n* fajta, nem; *vt* (**bred, bred**) tenyészt; nemz; *fig* okoz, szül
breeze *n* szellő, szél
brevity *n* rövidség

brew *n* főzés; főzet; kotyvalék; *vt* főz; *fig* kifőz, kitervel, [vmit] forral; *vi* fő, forr; készülődik
bribe *n* kenőpénz, megvesztegetés; *vt* megveszteget, lepénzel, lefizet, megken
bribery *n* vesztegetés, megvesztegetés
brick *n* tégla
bridal *a* menyasszonyi; nász-, esküvői; **~ bouquet** menyasszonyi csokor; **the ~ party** a násznép
bride *n* menyasszony; fiatalasszony, menyecske
bridegroom *n* vőlegény
bridesmaid *n* koszorúslány
bridge *n* híd; orrnyereg (nose); *vt* hidat ver; áthidal
brief *a* rövid, kurta; tömör; *n* rövid kivonat; tájékoztatás, beszámoló, jelentés; *mil* eligazítás
briefcase *n* aktatáska
bright *a* fényes, ragyogó; világos; élénk (color); tiszta, derült (weather); *fig* okos, intelligens, eszes
brilliant *a* ragyogó, pompás
brim *n* szél, perem; karima (hat); **fill to the ~** csordultig tölt
bring *vt* (**brought, brought**) hoz; **~ about** előidéz; **~ along** elhoz, magával hoz; **~ back** visszahoz; *fig* visszaidéz; **~ down** lehoz; lelő, elejt (shoot); ledönt, legyengít; **~ in** behoz, bevezet; jövedelmez, hoz (money); **~ on** előidéz, okoz; **~ out** kihoz, elővesz; **~ over** áthoz; **~ up** felhoz, előhoz; szóba hoz; felnevel (a child); **You brought this on yourself.** Ezt magadnak köszönheted.
brioche *n* briós
brisk *a* fürge, élénk, mozgékony
bristle *n* sörte
Britain *n* Nagy-Britannia, Anglia
British *a, n* brit, angol
Briton *n* brit
broad *a* széles, bő; *fig* tág, átfogó; világos, érthető; **~ brimmed** széles karimájú; **~ band** széles sáv, szélessávú
broadcast *n* közvetítés, adás, műsor; *vt* (**broadcast, broadcast**) közvetít, ad, sugároz (radio, TV); közhírré tesz, terjeszt
brocade *n* brokát
broccoli *n* brokkoli
brochure *n* brosúra, prospektus
broil *vt* roston süt; *vi* roston sül
broke *a slang* le van égve, nincs egy vasa sem, tönkre ment; *vt, vi past* → **break**; **She ~ her arm.** Eltörte a karját.
broken *a* törött, tört, megtört; *vt, vi pp* → **break**; **~ glass** üvegcserepek
broker *n bus* bróker, tőzsdeügynök
bronchitis *n med* hörghurut
bronze *a, n* bronz
brooch *n* bross, melltű
brood *vi* költ, kotlik; **~ over** gondolkodik, tűnődik [vmin]
brook *n* patak, ér; **~ trout** folyami pisztráng
broom *n* seprű, söprű
broth *n* lé, leves
brother *n* báty, öcs, (fiú) testvér, fivér; *rel* felebarát; **half ~** féltestvér; **step~** mostohatestvér
brother-in-law *n* sógor
brow *n* szemöldök; homlok
brown *n* barna; *vt* megpirít, lesüt, pörköl; **~ bear** barnamedve; **~ bread** barna kenyér; **~ paper** csomagolópapír; **~ rice** barna rizs, hántolatlan rizs; **~ sugar** barnacukor, nyerscukor

brownie *n US* puha, csokoládés sütemény; **B~** (8-11 éves) lánycserkész (girl)
browse *vt* böngészik, olvasgat; legelészik (animal); *comp* böngészik
browser *n comp* böngésző (program)
bruise *n* zúzódás, horzsolás; *vt* horzsol, beüt, összezúz
brunch *n* villásreggeli
brunet *n* barna, barna hajú férfi
brunette *n* barna nő, barna hajú nő
brush *n* kefe; ecset, pamacs; csalit (woods); *vt* kefél; söpör; gyengén hozzáér, érint; **~ one's teeth** fogat mos; **~ off** lekefél; *fig* leráz, elhesseget; **~ up** felelevenít, felfrissít (knowledge)
brush-off *n coll* elutasítás
brusque *a* nyers, goromba, rideg
brussels sprout *n* kelbimbó
brutal *a* brutális, durva, kegyetlen
bubble *n* buborék; *vi* bugyborékol, pezseg, bugyog; **~ bath** habfürdő; **~ gum** rágógumi
bubbly *a* buborékos, pezsgő; *n coll* pezsgő
buck[1] *n* szarvasbika, hím állat; *vi* ellenáll, ellenszegül
buck[2] *n coll* dollár
bucket *n* vödör; **kick the ~** *slang* beadja a kulcsot, elpatkol
buckle *n* csat, kapocs; *vt* felcsatol, becsatol; **~ down to** hozzálát, nekifog; **~ up** bekapcsolja a biztonsági övet
bud *n* rügy, bimbó; *vi* rügyezik, bimbózik, sarjad, csírázik; **nip it in the ~** csírájában elfojt
Buddhism *n* buddhizmus
Buddhist *a, n* buddhista
buddy *n coll* haver, pajtás
budge *vi* moccan, elmozdul; **he won't ~** nem enged, rendíthetetlen
budget *n* költségvetés, büdzsé; *vt* költségvetést készít; **~ for** költségvetésben előirányoz; *vt* beoszt
buffalo *n* bölény (American); bivaly (Asian)
buffer *n* ütköző (train); ütköző zóna
buffet *n* tálalóasztal; büfé; **open ~** svédasztal
bug *n* bogár, rovar; poloska; *fig coll* poloska, lehallgató készülék; *vi* lehallgat; lehallgató készülékkel felszerel
buggy *n* lovas kocsi, bricska
bugle *n* kürt
build *n* felépítés, alak, szerkezet; alkat, testfelépítés (body); *vt* (**built, built**) épít, megépít, felépít; **~ in** beépít; **~ on** épít, alapoz [vmire]
building *n* építés; épület; **~ contractor** építési vállalkozó; **~ permit** építési engedély
built *vt past/pp* → **build**
built-in *a* beépített
bulb *n* gumó, (virág)hagyma; villanykörte, égő
bulbous *a* gumós
Bulgaria *n* Bulgária
Bulgarian *a, n* bolgár, bulgáriai; **in ~** bolgárul
bulge *n* dudor, duzzanat; *vi* kidülled, kidudorodik, kiduzzad
bulk *n* tömeg, terjedelem; nagy mennyiség; **the ~ of it** a zöme, a nagyobb része; **~ goods** tömegáru, ömlesztett áru; **buy in ~** nagy tételben vásárol
bulky *a* terjedelmes, testes; nehézkes
bull *n* bika; **take the ~ by the horns** bátran szembeszáll a nehézségekkel
bulldog *n* buldog

bulldozer *n* buldózer, talajgyalu
bullet *n* golyó, lövedék
bulletin *n* közlemény; közlöny; ~ **board** hirdetőtábla, faliújság
bulletproof *a* golyóálló; *vt* golyóállóvá tesz
bully *n coll* erőszakos ember, másokat terrorizáló ember; *vt coll* megfélemlít, terrorizál, kínoz
bumblebee *n* dongó, poszméh
bumper *n auto* lökhárító; ütköző; **~-to-~ traffic** nagyon lassú forgalom, forgalmi dugó
bumpy *a* hepehupás, egyenetlen, göröngyös
bun *n* édes péksütemény, molnárka; konty (hair)
bunch *n* csomó, köteg, nyaláb; fürt (grapes, bananas); csokor (flowers); *vt* csomóba köt
bundle *n* csomó, batyu; csomag, köteg; *vt* batyuba köt, bebugyolál; csomóba köt; ~ **up** becsomagol; *coll* bebugyolálja magát
bungle *vt* elront, eltol, elügyetlenkedik; *vi* kontárkodik
bunion *n med* bütyök, gyulladásos daganat
bunk bed *n* emeletes ágy
bunker *n* bunker, óvóhely
bunny *n coll* nyuszi, tapsifüles
bundt cake *n* kuglóf
buoy *n* bója
buoyant *a* lendületes, élénk, vidám
burden *n* teher; *vt* terhel, megterhel, megrak; ~ **of proof** *law* bizonyítás terhe
bureau *n* iroda, hivatal; komód, fiókos szekrény (furniture)
bureaucracy *n* bürokrácia; hivatali gépezet; hivatalnoki kar
bureaucrat *n* bürokrata, hivatalnok
bureaucratic *a* bürokratikus
burger *n* hamburger
burglar *n* betörő
burglary *n* betörés, betöréses lopás
burial *n* temetés
burlap *n* zsákvászon
burlesque *n* burleszk, bohózat
burly *a* termetes, nagy; nyers, rideg
Burma *n* Burma
Burmese *a, n* burmai
burn *n* égés, *med* égési sérülés, égési seb; *vt* (**burned, burned/burnt**) éget, eléget, megéget; kiéget; csíp, éget, mar (chemical); *vi* ég, megég, elég; világít; csíp; **have money to ~** felveti a pénz; ~ **down** *vt* felgyújt; *vi* leég**;** ~ **out** *vt* kiéget; *vi* elég, kiég; *fig* kiég; ~ **up** *vi* teljesen elég; *vt* teljesen eléget
burning *a* égető, forró
burnout *n* kiégetés, kiégés
burnt *a* égett, égetett; *vt, vi pp*→ **burn**
burp *vi* büfög, büfög
burrow *n* lyuk; *vt* (üreget) ás, fúr
burst *n* szétrobbanás; kitörés; rohanás, vágta; *vt* (**burst, burst**) szétszakít; kifakaszt; szétrobbant; *vi* szétreped, szétrobban; ~ **of applause** kitörő taps, tapsvihar; ~ **in** betör, beront [vhova]; közbevág (speaking); ~ **out** felkiált, kitör; ~ **out laughing** nevetésben tör ki
bury *vt* temet, eltemet, elás; ~ **the hatchet** elássa a csatabárdot
bus *n* busz, autóbusz
busboy *n* pincértanuló
bush *n* bokor, cserje; bozót; **beat around the ~** kertel, kerülgeti mint macska a forró kását
business *n* üzlet, biznisz; vállalat, vállalkozás, üzlet (company); ügy, dolog, munka (task); ~ **hours** nyitva tartás (store), fogadóóra (office); **do ~**

with üzletet köt [vkivel]; **get down to ~** a tárgyra tér; **mind your own ~** törődj a magad dolgával; **he means ~** komolyan gondolja; **It's none of your ~.** Nem a te dolgod./Semmi közöd hozzá.

bust *n* felsőtest, mell; mellszobor (sculpture)

bust *n* kudarc, teljes csőd; *vt* tönkretesz, kikészít; *vi* tönkremegy; **You're ~ed!** *coll* Megvagy!/Most elkaptak!/Most lebuktál!

bustle *n* nyüzsgés, sürgés-forgás, tolongás; *vi* sürgölődik, nyüzsög

busy *a* elfoglalt; szorgalmas, tevékeny; forgalmas (road), mozgalmas (day)

busybody *n* minden lében kanál, tolakodó ember

but *conj* de, azonban, hanem, bár, ám; *adv* csak, csupán; *prep* kivéve, [vmin] kívül; **not this, ~ that one** nem ez, hanem az; **last ~ one** az utolsó előtti; **everybody ~ him** rajta kívül mindenki

butcher *n* hentes, mészáros; *vt* lemészárol, leöl; **~'s** húsbolt, hentesüzlet

butler *n* komornyik, inas

butt *n* puskatus (gun); a vastagabb vége [vminek]; cigaretta csikk; *slang* fenék, segg

butter *n* vaj; *vt* megvajaz; *coll* hízeleg [vkinek]; **sweet ~** teavaj; **~ [sy] up** megpuhít [vkit]

butterfly *n* lepke, pillangó; **~ stroke** *sp* pillangóúszás

buttermilk *n* író (tej)

butternut squash *n* tök

butterscotch *n* tejkaramella

buttock *n* fenék, far, ülep

button *n* gomb; *vt* gombol, begombol; **push the ~** megnyomja a gombot; **~ up** (végig) begombol

button-down *a* gombolós, gombos

buttonhole *n* gomblyuk

buy *n* vásár, vétel, üzlet; *vt* (**bought, bought**) vesz, megvesz, vásárol, megvásárol; megvált (ticket); **~ out** minden üzletrészt megvásárol; **~ up** felvásárol, összevásárol

buyer *n* vásárló, vevő; **~'s market** nagy kínálat

buzz *n* zümmögés, dongás, döngicsélés; zsongás, zúgás; *vi* dong, zsong, zümmög

buzzer *n* berregő

by *adv* közel; félre; *prep* mellett, közelében, -nál, -nél (place); át, keresztül (place); -ra, -re (time); által, -val, -vel, -tól, -től (instrument); -val, -vel (transportation); -val, -vel (quantity); szerint, alapján, értelmében (according to); **close ~** a közelben, közel; **~ and large** nagyjából; **~ the road** az út mellett; **~ Sunday** vasárnapra; **~ now** mostanra; **north ~ northeast** észak-északkeletre; **written ~ hand** kézzel írott; **composed ~ Mozart** Mozart által szerzett; **~ oneself** egyedül, egymaga; **~ bus** busszal; **paid ~ the hour** órabérben fizetik; **nine ~ eighteen feet** kilencszer tizennyolc láb; **~ the way** apropó; **~ law** törvény szerint

bygone *n* rég múlt; **let ~s be ~s** borítsunk fátylat a múltra

bylaw *n* helyhatósági szabályrendelet; társasági alapszabályzat

bypass *n* kitérő, kerülő út; *vt* kikerül

byproduct *n* melléktermék

C

C *school* közepes, hármas

cab *n* taxi

cabbage *n* káposzta
cabin *n* kabin, fülke, kajüt (boat)
cabinet *n* szekrény, kisszekrény; *pol* kabinet, kormány
cable *n* kábel, sodronykötél, vezeték; távirat; ~ **car** drótkötélpálya; *n* ~ **TV** kábeltévé; ~ **company** kábelszolgáltató
cackle *vi* gágog, kotkodácsol (animal); fecseg
cactus *n* kaktusz
cadaver *n* hulla, tetem
cadence *n mus* hanglejtés, ütem, ritmus, kadencia
cadet *n mil* kadét
cadre *n* káder
Caesarean *a* ~ **section** *n med* császármetszés
caesar salad *n* cézár saláta
café *n* kávéház; ~ **au lait** tejeskávé
cafeteria *n* önkiszolgáló étterem; *school* menza
caffeine *n* koffein
cage *n* ketrec, kalitka (bird); *vt* kalitkába zár, bezár
cajole *vt* levesz a lábáról
cake *n* torta, sütemény; *vi* megalvad, megkeményedik, összeáll; **a piece of** ~ *coll* könnyű dolog; **take the** ~ *coll* elviszi a pálmát; **He wants to have his ~ and eat it too.** Azt akarja, hogy a kecske is jóllakjék és a káposzta is megmaradjon.
calamari *n* tintahal
calamity *n* szerencsétlenség, csapás, balsors
calcium *n* kalcium
calculate *vt* kiszámol, számít, kalkulál; tekintetbe vesz
calculation *n* számítás; terv
calculator *n* számológép, zsebszámológép
calendar *n* naptár; ~ **year** naptári év
calendula *n* körömvirág
calf *n* vádli (body); borjú (cattle)
caliber *n* kaliber
call *n* kiáltás; madárfütty (bird); hívás, szólítás; telefonhívás, telefonbeszélgetés; (rövid) látogatás (visit); *fig* elhivatottság, hivatástudat; felszólítás, felhívás; *vt* hív, nevez; kihív, odahív, behív; felhív (telefonon); ~ **for help** segélykiáltás; **be on** ~ ügyeletben van; készültségben van; ~ **back** visszahív (telefonon); ~ **for** [vmiért] kiált; ~ **off** lemond, lefúj; ~ **on** meglátogat [vkit], benéz [vkihez]; ~ **out** felkiált; kihív; **That was a close ~.** Egy hajszálon múlt. **This ~s for a celebration.** Ezt meg kell ünnepelni.
caller *n* hívó fél; ~ **ID** hívófélazonosító
calling card *n* telefonkártya
calorie *n* kalória
calm *a* csendes, nyugodt; *n* szélcsend; csend, nyugalom; *vt* lecsendesít, nyugtat, lecsillapít; *vi* lecsendesedik, lecsillapul; csillapodik; **keep ~** megőrzi a nyugalmát; **C~ down!** Nyugodjon meg!
camaraderie *n* bajtársiasság
came *vi past* → **come**
camel *n* teve
camera *n* fényképezőgép; kamera, filmfelvevő; **digital ~** digitális fényképezőgép
camouflage *a* terepszínű; *n* álca; *vt* álcáz
camp *n* tábor, táborhely; *vi* táboroz, kempingezik, sátorozik; **go ~ing** táborozni megy, kempingezni megy, sátorozni megy
campaign *n* hadjárat, kampány, mozgalom; *vi mil* hadjáratban részt vesz; *pol* kampányol

camper *n* táborozó, táborlakó; kempingező; lakókocsi
campfire *n* tábortűz
campground *n* táborhely; kemping
campsite *n* → **campground**
campus *n* az egyetem területe, egyetemi város
can[1] *n* kanna; konzervdoboz, doboz; *vt* befőz, eltesz, konzervál
can[2] *aux* (**could**) tud, képes [vmire] (ability); -hat, -het, lehet (permission); **cannot/can't** nem tud, képtelen; nem szabad; **C~ you swim?** Tudsz úszni? **C~ you see it?** Látod?/ Látja? **He ~ come.** Eljöhet. (permission); El tud jönni. (ability) **I can't help it.** Nem tehetek róla. **I couldn't go.** Nem tudtam elmenni.
Canada *n* Kanada
Canadian *a, n* kanadai; **~ bacon** zsíros sonka
canal *n* csatorna, kanális
canary *n* kanári
cancel *vt* eltöröl, lemond, kitöröl; érvénytelenít; **be ~led** elmarad; **The flight was ~led.** Törölték a járatot.
cancellation *n* törlés, lemondás; érvénytelenítés
cancer *n med* rák; **breast** ~ mellrák
candelabra *n* kandeláber, karos gyertyatartó
candid *a* őszinte, nyílt
candidate *n* jelölt
candle *n* gyertya; **cannot hold a ~ to him** nem lehet vele egy napon említeni
candleholder *n* gyertyatartó
candlelight *n* gyertyafény
candor *n* őszinteség, nyíltság
candy *n* édesség, cukorka, bonbon, csokoládé; **~ store** édességbolt
cane *n* nád; pálca, sétabot, bot; *vt* megver, megbotoz; **candy ~** *US* jellegzetes bot alakú karácsonyi cukorka
canine *n* kutya, kutyaféle
canned *a* konzerv; **~ tomatoes** konzerv paradicsom
canister *n* bádogdoboz
cannon *n* ágyú, löveg
cannot *aux* → **can**; **I cannot go.** Nem tudok elmenni.
canoe *n* kenu
canon *n rel* egyházi törvény, kánon
canopy *n* mennyezet; tető, vászontető (ágy fölött)
canteen *n* kulacs; *mil* kantin, *school* menza, büfé
Cantonese *a, n* kantoni
cantor *n rel* kántor
canvas *n* vászon
canyon *n* kanyon, szurdok
cap *n* sapka; kupak (on a bottle), fedél (on a jar)
capable *a* képes, alkalmas[vmire], tud; hozzáértő, tehetséges, kompetens
capacity *n* kapacitás, befogadóképesség; elbírás; tehetség, képesség, ügyesség; minőség
cape *n* köpeny, pelerin, körgallér; *geogr* fok, hegyfok
capillary *n med* hajszálér, kapilláris
capital *a* fő-, fontos, legfőbb; *n* főváros; nagybetű (letter); *econ* tőke; **~ punishment** halálbüntetés
capitalism *n* kapitalizmus
capitalize *vt* tőkésít; tőkét kovácsol [vmiből], hasznosít, kihasznál; nagybetűvel ír
cappuccino *n* kapucsínó
capricious *a* szeszélyes
capsule *n* kapszula, hüvely

captain *n* kapitány, parancsnok; *mil* százados (rank)
caption *n* felirat, képaláírás
captive *a* fogoly, rabul ejtett; bebörtönzött; *n* fogoly; **take [sy] ~** foglyul ejt
capture *vt* elfog, foglyul ejt; bevesz (a city); *fig* megragad (attention)
car *n* autó, kocsi, személyautó, gépkocsi; kocsi, szerelvény (train); **by ~** autóval, kocsival
carafe *n* üvegkancsó
caramel *n* karamella, égetett cukor
carat *n* karát
caraway seed *n* köménymag
carbon *n chem* szén; **~ monoxide** szénmonoxid; **~ dioxide** széndioxid; **~ copy** indigós másolat; *fig* pontos más
carbonated *a* szénsavas
carbohydrate *n* szénhidrát
carcass *n* tetem, dög, hulla
card *n* kártya; névjegy; (levelező)lap; **business ~** névjegy; **playing ~s** játékkártya; **play ~s** kártyázik; **post~** képeslap; **greeting ~** üdvözlőlap
cardboard *n* karton(papír)
care *n* gond, baj; gond, gondosság, gondoskodás, törődés; *vi* törődik [vkivel], gondoskodik [vkiről]; **~ about** törődik [vmivel]; **~ for** gondoz, ápol; szeret, kedvel; **Take ~ (of yourself)!** Vigyázz magadra! **I don't ~!** Engem nem érdekel!/ Bánom is én! **He couldn't ~ less.** *coll* Fütyül rá./Egyáltalán nem érdekli.
career *n* karrier, pálya, pályafutás, hivatás
carefree *a* gondtalan
careful *a* gondos, figyelmes; óvatos, körültekintő, elővigyázatos
careless *a* gondatlan, könnyelmű, figyelmetlen, hanyag, vigyázatlan
caress *n* simogatás, becézés, cirógatás; *vt* simogat, cirógat
caretaker *n* gondnok, házfelügyelő
cargo *n* rakomány, szállítmány, teher
Caribbean *a* karibi; *n* Karibi térség; **~ Sea** Karib-tenger
caricature *n* karikatúra
carnation *n* szegfű
carnival *n* karnevál, bál; farsang (season)
carol *n* ének; **Christmas ~** karácsonyi ének
carp *n* ponty
carpenter *n* ács
carpet *n* szőnyeg; *vt* szőnyeggel takar, szőnyeget rak le
car pool *n* közös autóhasználat; *vi* közös autóval jár, egy autóval jár (több ember)
carriage *n* kocsi; vagon (train)
carrier *n* szállító, fuvarozó; *mil* csapatszállító (jármű/hajó)
carrot *n* répa, sárgarépa
carry *vt* visz, hord, szállít; hord, visel; **~ interest** kamatozik; **~ away** elvisz, elhord; **~ off** elvisz; **~ on** folytat, tovább csinál; **~ out** végrehajt, teljesít; **He got carried away.** Elragadtatta magát.
carry-on *n* kézipoggyász (repülőn)
carry out *n* étteremből elvitelre készült étel
car seat *n* autóülés; (autóba szerelhető) gyerekülés
carsick *a* émelygés (autóban utazástól)
cart *n* taliga, kocsi
cartilage *n* porc
cartography *n* kartográfia, térképészet
carton *n* karton; doboz, kartondoboz

cartoon *n* képregény; karikatúra; **animated ~** animációs film, rajzfilm
cartridge *n* töltény, patron; kazetta; **ink ~** tintakazetta
cartwheel *n* kocsikerék; cigánykerék; **turn ~s** cigánykereket hány
carve *vt* vág, szeletel (meat); farag, kifarag, vés (sculpture)
carving *n* faragás, fafaragás
car wash *n* autómosó, kocsimosó
cascade *n* zuhatag, vízesés
case[1] *n* láda, doboz; tok, tartó; táska (container)
case[2] *n* ügy, eset; *law* ügy, eset; **in that ~** abban az esetben; **in ~** arra az esetre, ha; **in any ~** mindenesetre
case study *n* esettanulmány
cash *n* készpénz; *vt* készpénzt ad/kap csekkért, csekket bevált; **in ~** készpénzben; **~ in on [sg]** hasznot húz [vmiből], pénzt csinál [vmiből]; **~ machine** bankautomata, pénzfelvevő automata
cashew *n* kesudió
cash flow *n econ* pénzforgalom, pénzáramlás
cashier *n* pénztáros
cashier's check *n* bankcsekk
cashmere *n* kasmír
cash register *n* pénztárgép, pénztár
casino *n* kaszinó
cask *n* hordó
casket *n* koporsó
casserole *n* tűzálló tál; egytálétel
cassette *n* kazetta
cast *n* dobás, hajítás; minta, öntvény, lenyomat; *cine* szereposztás; *vt* (**cast, cast**) dob, vet, hajít; ledob, levet; eldob, elhány; önt (metal); **~ aside** félredob, félretesz
castaway *n* hajótörött; kitaszított
cast-iron *n* öntött vas
castle *n* vár, kastély; bástya (chess)
casual *a* véletlen; alkalmi; nemtörődöm; hétköznapi, mindennapi; utcai (clothes)
casualty *n* haláleset; halálos áldozat; sérülés; halott, sebesült, sérült
cat *n* macska; **let the ~ out of the bag** elárulja a titkot, eljár a szája; **the ~'s meow** *coll* nagy szám, remek dolog, nagyszerű dolog; **When the ~'s away, the mice will play.** Nincs itthon a macska, cincognak az egerek.
cataclysm *n* felfordulás; özönvíz
catalog *n* katalógus
catalyst *n* katalizátor
catapult *n* katapult; *vt* katapultál
catastrophe *n* katasztrófa, szerencsétlenség
catastrophic *a* végzetes, katasztrofális
catch *n* fogás, zsákmány; elfogás, elkapás; *fig* csel, csapda; *vt* (**caught, caught**) fog, megfog, megragad; elfog, elkap (a person); elkap (illness); felfog, megért (understand); **~ the bus** eléri a buszt; **~ fire** meggyullad, tüzet fog; **~ a cold** megfázik, náthás lesz; **~ one's breath** kifújja magát; **~ up (with)** utolér; **There's a ~ to that.** Van benne valami csel. **I didn't ~ that.** Nem értettem.
catching *a* ragályos
catcher *n sp* fogó
categorical *a* kategorikus, határozott
catfish *n* harcsa
cathedral *n* katedrális, székesegyház
catheter *n med* katéter
Catholic *a, n rel* (római) katolikus
Catholicism *n* katolicizmus, katolikus vallás
catlike *a* macskaszerű
catnap *n* szundítás, szunyókálás
cattle *n* marha, jószág

caucus *n* pártválasztmány, pártvezetői gyűlés
caught *vt past/pp* → **catch**
cauldron *n* üst, katlan
cauliflower *n* karfiol
caulk *vt* hézagol, hézagot betöm
cause *n* ok; *pol* ügy; *vt* okoz, előidéz
caustic *a* maró, égető; *fig* csípős, epés
cauterize *vt* kiéget
caution *n* óvatosság; figyelem, elővigyázat; figyelmeztetés, intés; *vt* óva int, figyelmeztet
cautious *a* óvatos, elővigyázatos
cavalry *n* lovasság
cave *n* barlang; üreg; *vi* ~ **in** beomlik; *fig* megadja magát
caveat *n* fenntartás; figyelmeztetés
caveman *n* ősember
cavern *n* barlang, üreg
caviar *n* kaviár, (hal)ikra
cavity *n* lyuk, odú, üreg; lyuk, szuvasodás (dental)
Cayman Islands *n* Kajmán szigetek
CD *n* CD (lemez)
cease *vt* abbahagy, megszüntet; *vi* megszűnik, abbamarad; eláll
cease-fire *n* tűzszünet
cedar *a, n* cédrus
cede *vt* átenged, felad
ceiling *n* plafon, mennyezet; **he hit the** ~ *coll* a plafonon volt, nagyon mérges volt
celebrate *vt* ünnepel, megünnepel
celebration *n* ünneplés, megünneplés
celebrity *n* híres ember, híresség; hírnév
celery *n* zeller
celestial *a* mennyei, égi
cell *n* cella; börtöncella, zárka; *biol* sejt; ~ **phone** → **cellular phone**
cellar *n* pince
cello *n mus* cselló, gordonka; **play the** ~ csellózik, gordonkázik
cellophane *n* celofán
cellulite *n* cellulit, narancsbőr
cellular *a* sejtes, sejt alakú; ~ **phone** mobil telefon
cement *n* cement; ~ **mixer** cementkeverő
Celsius *n* Celsius
cemetery *n* temető
censor *n* cenzor
censorship *n* cenzúra
census *n* népszámlálás
cent *n* cent
center *n* központ, középpont, centrum; *vt* központosít, középpontba állít; *vi* [vmire] összpontosul
centimeter *n* centiméter, centi
centipede *n* százlábú
central *a* központi, közép-, centrális
century *n* évszázad, század
CEO *n bus* = **Chief Executive Officer** vezérigazgató
ceramic *a* kerámiai
ceramics *n* kerámia
cereal *n* gabonafélék; reggeli zab- vagy kukoricapehely, müzli
ceremony *n* szertartás, ünnepély
cerise *n* cseresznyepiros
certain *a* biztos; bizonyos, egy bizonyos, valami
certainly *n* biztosan, bizonyosan; természetesen, hogyne, persze
certainty *n* bizonyosság
certificate *n* bizonyítvány; igazolás; igazolvány; *school* bizonyítvány, oklevél; **birth** ~ születési bizonyítvány, születési anyakönyvi kivonat
certified *a* igazolt, hitelesített; ~ **copy** hitelesített másolat; ~ **check** igazolt csekk; ~ **mail** ajánlott levél; ~ **public accountant (CPA)** okleveles könyvvizsgáló

certify *vt* igazol, bizonyít
chafe *n* horzsolás; *vt* horzsol, kidörzsöl
chain *n* lánc, láncolat; hálózat; *vt* leláncol, lebilincsel; **~ saw** láncfűrész; **~ store** üzlethálózat
chair *n* szék; elnökség; *vi* elnököl
chairlift *n* libegő
chairman *n* elnök (ülésen)
chairperson *n* elnök (ülésen)
chaise lounge *n* heverő, dívány
chalk *n* kréta; mész, mészkő; *vt* bekrétáz, krétával megjelöl
chalkboard *n school* tábla
challah *n* **~ bread** kalács
challenge *n* kihívás; nehéz/érdekes feladat; *vt* kihív; kérdőre von; kétségbe von (doubt); dacol [vkivel]
chamber *n* szoba; terem; kamara; **C~ of Commerce** Kereskedelmi Kamara; **~ music** kamarazene; **~ pot** éjjeliedény, bili
chamois *n* zerge
chamomile *a, n* kamilla
champagne *n* pezsgő
champion *n* bajnok
chance *n* véletlen; lehetőség, esély, alkalom; szerencse, kockázat; *vt* megkockáztat; **by ~** véletlenül; **give him a ~** ad neki egy lehetőséget; **~s are that …** nagyon valószínű, hogy; **take a ~** kockáztat, kockázatot vállal
chancellor *n* kancellár
chandelier *n* csillár
change *n* csere; változás, változtatás; változatosság; váltás; változat; aprópénz (coins), visszajáró (balance due); *vt* változtat, megváltoztat; vált, cserél, kicserél; felvált (money); tisztába tesz (baby); *vi* változik, megváltozik, módosul; átöltözik
changeable *a* változékony
changing room *n* öltöző
channel *n* csatorna, meder; *fig* út, mód; TV csatorna, állomás, adó
chaos *n* káosz, zűrzavar
chaotic *a* zavaros, zűrzavaros, kaotikus
chapel *n* kápolna
chaperone *n* gardedám, kísérő
chaplain *n* káplán, lelkész
chapter *n* fejezet
char *vi* elszenesedik; *vt* elszenesít, szénné éget
character *n* jelleg, sajátos vonás; karakter, jellem; *theat* személy, alak; betű (letter); **person of ~** jellemes ember
characteristic *a* jellemző, jellegzetes; *n* jellemző, jellegzetesség, jellemző tulajdonság
charade *n* "most mutasd meg" játék
charcoal *n* faszén
chard *n* nagylevelű fehérrépa
charge *n law* vád; roham, támadás (attack); költség, díj (money); töltés (battery); megbízás, felügyelet, gondoskodás (care); *vt law* vádol, megvádol [vkit vmivel]; megtámad, megrohamoz; felszámít, kér (money); számlájára ír; gondjaira bíz, megbíz; **free of ~** ingyen, bérmentve; **person in ~** felelős ember, illetékes ember; **take ~** átveszi az irányítást; **~ to one's credit card** hitelkártyára számol fel
charger *n el* töltő telep
chariot *n* harci szekér
charisma *n* karizma, vonzerő
charity *n* jótékonyság, jótékonykodás, könyörületesség; jótett; **~ event** jótékony célú rendezvény
charm *n* báj, kellem; varázslat; amulett, kabala; *vt* elvarázsol; elbűvöl, elbájol
chart *n* diagram, grafikon; táblázat; *vt* feltérképez; grafikonon ábrázol

charter *n* oklevél, okirat; bérelt hajó/busz/repülőgép, különjárat; *vt* kibérel, bérbe vesz
chartreuse *n* sárgászöld, zöldessárga
chase *n* üldözés; vadászat; *vt* üldöz, űz, kerget
chaser *n* üldöző, vadász; kísérőital
chasm *n* szakadék; űr
chassis *n auto* alváz
chaste *a* szemérmes, szűzies
chastise *vt* megfenyít, megbüntet
chat *n* csevegés, beszélgetés; *vi* beszélget, cseveg, elbeszélget; *comp* cseveg, csetel
chateau *n* kastély, birtok; francia szőlős birtok, borászat
chatter *n* csicsergés, csiripelés; fecsegés; *vi* csicsereg, csiripel; fecseg, csacsog; zörög, kopog
chauvinism *n* sovinizmus
chauvinist *a, n* soviniszta
cheap *a* olcsó, értéktelen (item); *coll* smucig, fukar, zsugori (person); **buy [sg] ~** olcsón vesz [vmit]
cheapskate *n coll* smucig, fukar, zsugori ember
cheat *n* csaló, hazug ember; csalás; *vt* megcsal, csal; **~ on** megcsal [vkit]; *vi* csal [vmiben]
check *n* ellenőrzés, felülvizsgálat; csekk; számla (bill); *vt* ellenőriz; átvizsgál, megvizsgál; kipipál; meggyőződik [vmiről]; **~ in** bejelentkezik; poggyászt felad (airport); ruhatárba bead (coat); **~ off** kipipál; **~ on** ellenőriz, utánanéz; **~ out** kijelentkezik (hotel); *coll* megnéz, mgvizsgál; **~ up** kivizsgál, felülvizsgál, ellenőriz; **C~ this out!** *coll* Ezt figyeld meg!
checkbook *n* csekkfüzet
checked *a* kipipált; ellenőrzött; kockás
checkered *a* kockás
checkers *n pl* dámajáték
check-in *n* bejelentkezés, jelentkezés
checklist ellenőrző lista, névsor
checkmark *n* pipa (sign)
checkmate *n* matt (chess)
check-out *n* pénztár; kijelentkezés (hotel)
checkpoint *n* ellenőrző pont
checkup *n med* kivizsgálás, ellenőrzés; felülvizsgálat
Cheddar cheese *n* angol sajtfajta
cheek *n* arc, orca; pofa (animal)
cheekbone *n* arccsont, pofacsont
cheep *vi* csipog
cheer *n* vidámság, jókedv; éljenzés, tapsolás; *vt* **~ up** felvidít; *vi* éljenez, tapsol; **~ up** felvidul
cheerful *a* vidám, jókedvű, derűs
cheerleader *n US* mazsorett, vezérszurkoló
cheery *a* vidám
cheese *n* sajt
cheeseburger *n* sajtburger; sajtos hamburger
cheesecake *n* túrótorta
cheetah *n* gepárd
chef *n* főszakács, séf
chemical *a* vegyi; kémiai; *n* vegyszer; **~ engineer** vegyészmérnök
chemistry *n* kémia, vegytan
cherish *vt* becsben tart, ápol
cherry *n* cseresznye; **~ pepper** cseresznyepaprika
cherrystone *n* cseresznyemag
chess *n* sakk
chessboard *n* sakktábla
chess piece sakkfigura
chest *n* láda, szekrény; mellkas (body); **~ of drawers** fiókos szekrény; **~ pain** mellkasi fájdalom; **~ cold** légcsőhurut
chestnut *n* gesztenye, szelídgesztenye

chevron *n mil* ék alakú rendfokozati csík, karpaszomány; *n* ék alak
chew *vt* rág, megrág
chewing gum *n* rágógumi
chic *a* sikkes, elegáns
chick *n* kiscsirke, csibe; *slang* csaj
chicken *n* csirke, csibe; **spring ~** rántani való csirke; **She's no spring ~.** *coll* Nem mai csirke. **Don't count your ~s before they're hatched.** Ne igyál előre a medve bőrére.
chicken pox *n* bárányhimlő
chickpea *n* csicseriborsó
chicory *n* cikória
chief *a* fő, legfőbb; *n* főnök, vezér
child *n* (*pl* **children**) gyerek, gyermek; **~ labor** gyermek munka; **~'s play** gyerekjáték
childbirth *n* gyerekszülés, szülés
childhood *n* gyer(m)ekkor
childish *a* gyerekes
childlike *a* gyermeki, gyermekded, gyermeteg
childproof *a* valami, amit egy gyerek nem tud kinyitni
children *n pl* → **child** gyerekek
Chile *n* Chile
Chilean *a, n* chilei
chili *n* erős piros paprika; *US* chili paprikával fűszerezett húsétel babbal
chill *n* hideg, fagy; meghűlés (sickness); *vt* hűt, fagyaszt, dermeszt, megfagyaszt
chilly *a* hideg, csípős, hűvös; *fig* fagyos, hideg, rideg
chime *n* harangjáték; *vi* cseng, cseng-bong; **~ in** közbeszól
chimney *n* kémény
chimney sweep *n* kéményseprő
chin *n* áll
china[1] *n* porcelán
China[2] *n* Kína
Chinatown *n* kínai negyed
Chinese *a, n* kínai; **in ~** kínaiul
chink[1] *n* rés, hasadás
chink[2] *n* csengés; *vt* csörget (money), megcsendít (glasses)
chip *n* forgács, szilánk; csorba, csorbulás; zseton (for games); *vt* farag, vág; apróra vág; letör, kicsorbít; *vi* letörik, kicsorbul; **potato ~s** burgonyaszirom; **chocolate ~ cookie** csokimorzsás sütemény; **~ off the old block** apja fia; **~ in** beszáll (pénzzel)
chipmunk *n* amerikai csíkos mókus
chipped *a* csorba, kicsorbult
chipper *a* élénk, mozgékony
chiropractor *n* csontkovács
chirp *vi* csiripel, csicsereg
chisel *n* véső; *vt* vés, farag; *fig* csiszol, cizellál
chitchat *n* terefere, csevegés; *vi* beszélget, cseveg, tereferél, traccsol
chivalrous *a* lovagias
chivalry *n* lovagiasság, udvariasság
chive *n* metélőhagyma, snidling
chocoholic *n* csokoholista, a csokoládé rabja
chocolate *n* csokoládé, *coll* csoki
choice *a* válogatott, finom, legjobb minőségű; *n* választás, választási lehetőség; választék; **I have no ~.** Nincs más választásom.
choir *n* kórus, énekkar, kar
choke *vt* fojtogat, fojt, megfojt; elfojt, eltöm; *vi* fullad, fulladozik, megfullad
choker *n* fojtogató; (nagyon rövid) nyaklánc, nyakpánt
cholera *n med* kolera
cholesterol *n* koleszterin
chomp *vt* ropogtat; *vi* csámcsog
choose *vt* (**chose, chosen**) választ, kiválaszt, kiválogat; *vi* dönt, elhatározza magát

choosy *a* válogatós, finnyás
chop *n* hússzelet, borda; *vt* aprít, vagdal, felvág, apróra vág; ~ **down** kivág (fát); ~ **off** levág, lehasít; ~ **up** feldarabol, felvág
chopper *n coll* helikopter
choppy *a* változékony; *fig* döcögős, akadozó
chopsticks *n* evőpálcika
chord *n* húr, szál; *mus* akkord
chore *n* házimunka, fárasztó munka
choreography *n* koreográfia
chortle *vi* kuncog, nevet
chorus *n* kórus, énekkar; *mus* refrén
chose *vt, vi past* → **choose**
chosen *a* választott, kiválasztott; legjobb; *n* a kiválasztott; *vt, vi pp* → **choose**
chow *n slang* kaja
chowder *n US* sűrű leves
Christ *n* Krisztus
christen *vt* megkeresztel, keresztel; elnevez
Christian *a, n rel* keresztény, keresztyén
Christianity *n* kereszténység
Christmas *n* karácsony; **at** ~ karácsonykor
Christmas cactus *n* karácsonyi kaktusz
Christmas Eve *n* Szenteste
Christmas tree *n* karácsonyfa
chrome *a, n* króm
chromosome *n* kromoszóma
chronic *a* krónikus, idült
chronological *a* időrendi, kronológiai, kronologikus
chuck *n* satu; marha tarja (meat); *vt* dob, eldob; **up** ~ *slang* kihány
chuckle *vi* kuncog
chum *n* pajtás, haver
chummy *a* haverkodó, bizalmas
chunk *n* nagy darab
chunky *a* darabos
church *n rel* egyház (institution); templom (building); **go to** ~ templomba megy
churchyard *n* temető
churn *n* köpül
chute *n* csúszda, csúsztatópálya; *coll* ejtőernyő
CIA = Central Intelligence Agency *n US* Központi Hírszerző Ügynökség
cider *n* rostos almalé, almabor
cigar *n* szivar
cigarette *n* cigaretta, *coll* cigi; **smoke a** ~ elszív egy cigarettát
cinch *n* könnyű dolog
cinder *n* hamu, parázs, salak
cinema *n* filmművészet
cinnamon *n* fahéj
cipher *n* titkosírás
circle *n* kör, körvonal, karika; kerület, körzet; *vt* körbejár, megkerül; körülvesz, körülfog, bekerít; *vi* kering; ~ **of friends** baráti kör; **come full** ~ teljes kört tesz meg
circuit *n el* áramkör; körforgás; **closed** ~ **(TV)** zárt láncú (TV); **short** ~ rövidzárlat
circuit breaker *n el* biztosíték
circulate *vi* körben forog, kering; forgalomban van; terjed; *vt* forgalomba hoz, terjeszt
circulation *n* körforgás; forgalom; *med* vérkeringés
circumcise *vt* körülmetél
circumference *n* kerület, széle [vminek]
circumlocution *n* kertelés, mellébeszélés
circumnavigate *vt* körülhajóz
circumstance *n* ~**s** körülmények, helyzet, állapot; ceremónia, pompa; **under the ~s** ilyen körülmények között; **under no ~s** semmi esetre sem

circumstantial *a* körülményes; közvetett; ~ **evidence** *law* közvetett bizonyíték
circumstantiate *vt* közvetetten bizonyít
circumvent *vt* megkerül, kijátszik
circus *n* cirkusz
citadel *n* citadella, fellegvár
citation *n* idézés; idézet
cite *vt* idéz; beidéz
citizen *n* állampolgár, polgár
citizenship *n* állampolgárság
citrus *n* citrusféle
city *n* város; ~ **hall** városháza
civic *a* polgári, városi; ~ **duty** polgári kötelesség
civil *a* civil, polgári; udvarias; békés, civilizált; ~ **action** *law* polgári per; ~ **defense** polgárvédelem; ~ **disobedience** polgári engedetlenség; ~ **engineer** építőmérnök; ~ **liberties** polgári szabadság; ~ **rights** polgárjogok; ~ **rights movement** polgárjogi mozgalom; ~ **servant** köztisztviselő; ~ **war** polgárháború
civilian *n* civil
civility *n* udvariasság
civilization *n* civilizáció, kultúra; műveltség
clad *a* öltözött; *vt pp* → **clothe**
claim *n* igény, követelés; *law* jogcím; *vt* igényel, követel; jogot formál [vmire]; állít, mond
clairvoyant *n* látnok, jövőbe látó
clam *n* kagyló; *fig* zárkózott ember
clammy *a* nyirkos, hideg
clamp *n* satu; kapocs, csíptető; fogó; kampó
clan *n* klán, törzs
clank *vi* csörög, cseng; *vt* csörget
clap *n* taps; csattanás, dörgés; *vt* megtapsol; csattogtat (bird, its wings); *vi* tapsol; csattan
clarification *n* tisztázás; derítés, szűrés
clarify *vt* tisztáz; tisztít, derít, szűr (liquid)
clarity *n* tisztaság, világosság
clash *n* csattanás; összecsapás, összeütközés; *vi* összeütközik; ellenkezik, ellentmond; üt, nem illik össze (colors)
clasp *n* kapocs, csat; fogás, kézszorítás; *vt* bekapcsol, összekapcsol; megragad; ~ **[sy's] hand** melegen megszorítja [vkinek] a kezét
class *n* *biol* osztály; *school* osztály; tanóra, óra; tanfolyam (course); évfolyam, osztály; *vt* osztályoz, besorol; **social** ~ társadalmi osztály; **an English** ~ angol óra; **the C~ of 2004** a 2004-ben végző évfolyam; **I'm taking a ~.** Tanfolyamra járok.
classical *a* klasszikus
classified *a* titkos, bizalmas; ~ **ad** apróhirdetés
classify *vt* osztályoz, besorol
classroom *n* tanterem, terem
classy *a* finom, előkelő, divatos
clatter *n* zörgés, csattogás; zsibongás (people); *vi* zörög, csörömpöl; fecseg
clause *n* *gram* mellékmondat; *law* záradék, kikötés
claw *n* karom; olló (crab); *vt* karmol, megkarmol
clay *a, n* agyag; ~ **pigeon** agyaggalamb
clean *a* tiszta; sima, akadálymentes; korrekt; *vt* tisztít, kitisztít, megmos; kitakarít (house); **come** ~ mindent bevall; ~ **out** kitisztít; kimerít, kihasznál; *coll* kirabol, kifoszt; ~ **up** rendbe tesz, kitakarít
clean-cut *a* világos, tiszta
cleaner *a* tisztább → **clean**; *n* tisztítószer; takarító(nő); ruhatisztító (clothes)

cleanliness *n* tisztaság; **C~ is next to godliness.** A tisztaság fél egészség.
cleanser *n* lemosó, tisztító
cleanup *n* takarítás
clear *a* tiszta, világos; áttetsző, átlátszó (see-through); nyilvánvaló, érthető (obvious); szabad, akadálymentes; *vt* tisztít; *law* felment, tisztáz; kiürít (empty); vámkezeltet (customs); *vi* kiderül, megtisztul; **~ as mud** világos, mint a vakablak; **make oneself ~** világosan fejezi ki magát; **stand ~ of the door** elállaz ajtóból; **~ the table** leszedi az asztalt; **~ one's throat** megköszörüli a torkát; **~ out** kiürít; **~ up** *vt* tisztáz, kiderít; *vi* kitisztul; **The coast is ~!** Tiszta a levegő!
clearance *n* vámvizsgálat, elvámolás; igazolvány, engedély; **~ sale** kiárusítás
clear-cut *a* világos, tiszta, érthető
clearheaded *a* világosan gondolkodó
clearing *n* tisztás; megtisztítás, szabaddá tétel; *econ* elszámolás, kifizetés
clearly *adv* világosan, tisztán; nyilvánvalóan
cleavage *n* dekoltázs, kivágás
cleaver *n* bárd
clef *n mus* kulcs
clemency *n* kegyelem, irgalom
clench *vt* összeszorít
clergy *n rel* papság
clergyman *n rel* pap, lelkész
clerk *n* tisztviselő, hivatalnok; eladó (store)
clever *a* okos; ügyes, leleményes
cliché *n* klisé, közhely, frázis
click[1] *n* kattanás, csettintés; *vi* kattan, csattan; *vt* kattint, csettint; *comp* klikkel
click[2] *vi* összepasszol; rögtön jól kijön [vkivel] (two people)
client *n* ügyfél, kliens; vásárló, vevő (store); vendég (restaurant)
cliff *n* szikla, szirt
climate *n* klíma, éghajlat; légkör, atmoszféra; **~ control** klímaberendezés, klímakontroll
climax *n* tetőpont
climb *n* emelkedés; *vt* megmászik [vmit], felmászik [vmire]; *vi* emelkedik; mászik, kúszik
cling *vi* (**clung, clung**) belekapaszkodik [vmibe]; csüng; **~ to** tapad
clinic *n* klinika, rendelőintézet
clink *n* csengés, csörömpölés; *vt* csörget; **~ glasses** koccint
clip[1] *n* csat, kapocs, csíptető; *vt* kapcsol, összekapcsol, csíptet
clip[2] *vt* nyír, megnyír, lenyír; kivág (cut)
clipboard *n* csipeszes írótábla; *el* kapcsolótábla
clippers *n* hajvágógép; körömcsipesz (nail)
cloak *n* köpeny, pelerin; palást
clock *n* óra; *vt* mér, stoppol; bélyegez; **~ radio** rádiós ébresztőóra; **alarm ~** ébresztőóra, *coll* vekker; **'round the ~** éjjel-nappal
clockwise *adv* az óramutató járásával megegyezően
clockwork *n* óramű; **like ~** mint a karikacsapás
clod *n* rög, göröngy
clog *n* klumpa, fapapucs
close *a* közeli; zárt, csukott; *adv* szorosan, szűken; közel; *vt* bezár, lezár, becsuk; befejez; **~ friend** közeli jó barát; **~ at hand**; közvetlen közel; a keze ügyében; **~ by** a közelben; **~ down** (végleg) bezár; **~ in** közeleg; **~ in on** körülvesz; **The store is ~d.** A bolt be van zárva. **It was a ~ call.** Éppen csak megúszta./Egy hajszálon múlt.

close-captioned *a* feliratos
closed *a* zárt; ~ **circuit** zárt láncú (TV)
closet *n* gardrób, beépített szekrény; fülke, kamra
closure *n* lezárás, bezárás; zárlat
clot *n* vérrög; *vi* csomósodik, megalvad
cloth *n* szövet, vászon; rongy, ruha; **a man of the** ~ pap
clothe *vt* (**clothed/clad, clothed/clad**) felöltöztet, felruház
clothes *n pl* ruha, ruhanemű, ruházat
clothing *n* ruházat, öltözet
cloud *n* felhő, felleg (big); folt, felhő (in liquid); homály (on glass); *vt* felhőbe borít; *vi* beborul, elhomályosul; felhősödik
cloudy *a* felhős, borús; homályos (glass); zavaros (liquid)
clove[1] *n* szegfűszeg
clove[2] *n* (fokhagyma)gerezd
clover *n* lóhere
clown *n* bohóc; *vi* bohóckodik, bolondozik
club *n* bunkósbot; golfütő; treff (cards); klub, társaság; sportegyesület; *vt* bottal megver; ~ **soda** szódavíz; ~ **sandwich** emeletes szendvics
clubfoot *n* dongaláb
clubhouse *n* klubház, klubhelyiség
clue *n* nyom, jel; *fig* kulcs, [vminek] a nyitja; **I have no** ~. (halvány) Fogalmam sincs.
clump *n* rakás, halom, csomó; *vt* felhalmoz
clunk *n* dördülés; erős ütés
cluster *n* csomó, csoport; fürt; *vi* összegyűlik, csoportosul
clutch *n* megfogás; *auto* kuplung; *vt* megragad, megfog
clutter *n* zűrzavar, összevisszaság, rendetlenség; *vt* rendetlenséget csinál
coach *n* hintó, kocsi; *sp* edző; *school* tornatanár
coagulant *n* alvadást elősegítő anyag
coal *n* szén
coalesce *vi* összeáll, egyesül
coalition *n* koalíció, egyesülés
coal mine szénbánya
coarse *a* durva; *fig* durva, közönséges
coast *n* tengerpart, partvidék
coaster *n* poháralátét
Coast Guard *n* parti őrség, *US* parti határőrség
coat *n* kabát, zakó, felöltő; bunda, bőr (animal); réteg, bevonat; *vt* (festékkel) bevon; ~ **of arms** címer
coating *n* bevonat
coax *vt* csalogat; rábeszél
cob *n* kukoricacső; **corn on the** ~ csöves kukorica
cobalt *n* kobalt
cobbler *n* suszter; gyümölcsös sütemény (pastry)
cobweb *n* pókháló
cocaine *n* kokain
cock *n* kakas; hím (birds); kakas (gun)
cockatoo *n* kakadu
cockpit *n* pilótafülke
cockroach *n* csótány, svábbogár
cocktail *n* koktél
cocky *a* beképzelt, pimasz, fennhéjázó
cocoa *n* kakaó; ~ **powder** kakaópor; ~ **butter** kakaóvaj
coconut *n* kókuszdió, kókusz
cocoon *n* gubó, selyemgubó, báb
cod *n* tőkehal
code *n law* törvénykönyv, jogszabálygyűjtemény; kód; *vt* kódol
codfish *n* tőkehal
coding *n* kódolás
cod liver oil *n* csukamájolaj
co-ed *a coll* koedukált
coerce *vt* kényszerít

coercion *n* kényszer
coexist *vi* együtt él; egyidejűleg létezik
coffee *n* kávé; ~ **beans** kávébab; ~ **break** kávészünet; **black** ~ feketekávé; ~ **filter** kávé szűrő; ~ **table** dohányzóasztal
coffee cake *n* kuglóf, sütemény
coffee grinder *n* kávédaráló
coffeemaker *n* kávéfőző
coffeepot *n* kávéskanna
coffee shop *n* kávézó
coffin *n* koporsó
cognition *n* megismerés; észlelés
cognizant *a* ~ **of** tudomása van [vmiről]
cohabitation *n* együttélés
coherent *a* összefüggő
cohesion *n* összetartó erő, összetartás, kohézió
cohort *n* csapat, hadsereg
coil *n* tekercs, orsó; spirál; *vt* felteker, göngyölít; *vi* összecsavarodik; kígyózik, tekereg
coin *n* érme, pénzdarab
coincide *vi* egybevág, megegyezik; egybeesik (in time)
coincidence *n* egybeesés; megegyezés; véletlen; **by** ~ véletlenül
coincidental *a* véletlen, véletlenszerű
coke[1] *n slang* kokain
Coke™ [2] *n coll* Coca Cola™, kóla
colander *n* szűrőedény, szűrő
cold *a* hideg; *fig* hideg, hűvös, közönyös, barátságtalan; *n* hideg, fagy; *med* nátha, meghűlés; ~ **cuts** felvágott; **have** ~ **feet** beijed, be van gyulladva; ~ **pack** hideg borogatás; **quit [sg]** ~ **turkey** hirtelen egyszerre abbahagy [vmit]; ~ **war** hidegháború; **catch a** ~ megfázik, náthás lesz
cold-blooded *a* hidegvérű, érzéketlen
coldhearted *a* rideg, kőszívű
coleslaw *n* nyers, majonézes káposztasaláta
colitis *n med* vastagbélgyulladás
collaborate *vi* együttműködik [vkivel], kollaborál
collaboration *n* együttműködés, kollaboráció
collage *n* kollázs
collagen *n* kollagén
collapse *n* összeomlás; *vi* összedől, összeomlik; összeesik
collar *n* gallér; nyakörv, hám (for animals); **blue-~ worker** fizikai munkás; **white-~ worker** hivatali/irodai dolgozó
collarbone *n* kulcscsont
collard greens *n* leveles kel
collate *vt* összehasonlít, egybevet, egyeztet; összerak, összeállít
collateral *a* párhuzamos; mellék-, járulékos, kiegészítő; ~ **damage** járulékos kár
colleague *n* kollega, munkatárs
collect *a* ~ **call** R beszélgetés (a hívott fél fizet); *vt* gyűjt, összegyűjt, összeszed; beszed, behajt (debt); elhoz, érte megy; *vi* összegyűlik; ~ **oneself** összeszedi magát
collection *n* gyűjtemény; gyűjtés; beszedés (debt)
collective *a* együttes, közös, kollektív; *n* kollektíva
collector *n* gyűjtő; pénzbeszedő (debt)
college *n* főiskola; kollégium, testület
collegiate *a* főiskolai
collide *vi* összeütközik [vmivel]
collie *n* skót juhászkutya
collision *n* ütközés, karambol
colloquial *a* bizalmas, könnyed, fesztelen; köznapi; *gram* köznyelvi
colloquium *n school* kollokvium, szóbeli vizsga

collusion *n* összejátszás, csalás
cologne *n* kölni
Colombia *n* Kolumbia
Colombian *a, n* kolumbiai
colon[1] *n* vastagbél (body)
colon[2] *n gram* kettőspont
colonel *n mil* ezredes
colonial *a* gyarmati; koloniális (style)
colonization *n* gyarmatosítás
colonize *vt* gyarmatosít
colony *n* gyarmat; kolónia, csoport
color *n* szín; *fig* színezet, látszat; festék; *vt* befest, kiszínez; fest (hair); *vi* elszíneződik; **~s** nemzeti színek, *sp* csapatszínek; **~ing book** kifestőkönyv; **~ TV** színes TV
colorblind *a* színvak
colorfast *a* színtartó
colorful *a* színes, színpompás, tarka
color guard *n mil* zászlóőrök
colorist *n* hajfestő (person)
colorless *a* színtelen, fakó
colossal *a* kolosszális, hatalmas, óriási
columbarium *n* galambdúc
column *n* oszlop; rovat, hasáb (newspaper)
coma *n med* kóma
comatose *a med* eszméletlen, kábult
comb *n* fésű; lép (bees) *vt* fésül; *fig* átfésül, átvizsgál
combat *n* harc, küzdelem; *vi* küzd, verekszik, harcol; **~ unit** harci egység; **~ sport** küzdősport
combination *a* kombinált, összetett; *n* összetétel, kombináció; egyesülés; *chem* vegyület; **~ lock** számkombinációs zár
combine *n* kombájn, arató-cséplő gép
combine *vt* összeköt, összekapcsol; egyesít; vegyít, kever, kombinál; *vi* egyesül; vegyül, keveredik
combo *n coll* → **combination**
combustion *n* égés, gyulladás
come *vi* (**came, come**) jön, eljön; megérkezik; következik; származik; lesz, válik; **the time has ~** eljött az idő; **~ to know** megtud; megismer; **~ to think of it** most hogy jobban meggondolom; **~ what may** bármi történjék is; **~ about** megtörténik; **~ across** ráakad, rátalál [vmire]; **~ along** vele megy; eljön; fejlődik, halad; **~ back** visszajön, visszatér; **~ down** lejön; **~ forward** előlép; jelentkezik; **~ in** bejön, belép; megérkezik; **~ off** lejön, leesik; **~ out** kijön; megjelenik; *coll* bejelenti, hogy homoszexuális; **~ over** átjön; **~ through** átmegy, áthatol; **~ to** magához tér; kitesz (sum); **if it ~s to that** ha arra kerül a sor; **~ up** feljön; odajön, odamegy; megjelenik, felbukkan; szóba kerül; **Easy ~, easy go.** Ebül jött, ebül megy. **Where do you ~ from?** Hova valósi? **C~ now!** Ugyan már! **How ~?** Az hogy lehet? **He came down with the flu.** Influenzával ágynak esett. **C~ in!** Tessék!/Szabad!; **It may ~ in handy.** Még jól jöhet. **C~ on!** Ugyan már!/ Gyerünk! **This picture came out well.** Jól sikerült ez a kép. **What's ~ over you?** Mi van veled?/ Mi lelt?
comeback *n* visszatérés; visszavágás (answer)
comedian *n* komikus
comedienne *n* komika
comedy *n* vígjáték, komédia
comely *a* bájos, kedves, csinos
comet *n* üstökös
comfort *n* kényelem, jólét; vigasztalás; *vt* vigasztal
comfortable *a* kényelmes; kellemes, nyugodt; **make oneself ~** kényelembe helyezi magát

comforter *n* paplan
comfy *a coll* kényelmes
comic *a* komikus, vicces, tréfás; *n* komikus(színész), komika; **~s** képregény; **~ book** képregény füzet; **~ strip** képregény; **~ opera** vígopera
coming-out party *n* első bál
comity *n* udvariasság
comma *n gram* vessző
command *n* parancs; parancsnokság; *comp* utasítás; *vt* parancsol, utasít; parancsnokol, vezényel; rendelkezik [vmivel]; **~ post** hadiszállás; **she is in ~** ő parancsnokol; **take ~** átveszi a parancsnokságot; **I'm at your ~.** A rendelkezésére állok.
commander *n mil* parancsnok
Commander-in-Chief *n mil* főparancsnok, vezérkari főnök
commanding *a* parancsnokoló, parancsoló; impozáns; *mil* **~ officer** parancsnok
commandment *n rel* parancsolat; **the Ten C~s** a Tízparancsolat
commando *n mil* kommandó, különítmény
commemorate *vt* megemlékezik [vmiről], megünnepel
commence *vi* elkezdődik
commencement *n* kezdet; *school* tanévzáró, diplomaosztó ünnepség
commendation *n* dicséret
commensurate *a* összemérhető; arányos
comment *n* megjegyzés; kommentár, magyarázat; *vt* magyaráz, kommentál, megjegyzést tesz
commentary *n* kommentár, magyarázat
commerce *n* kereskedelem
commercial *a* kereskedelmi; *n* reklám (radio, TV)
commiserate *vi* együttérez [vkivel]
commissary *n mil* kantin
commission *n* megbízás; meghatalmazás; bizottság (people); *mil* tiszti kinevezés; jutalék (money); *vt* megbíz; megrendel, megrendelést ad (art); **~ed officer** hivatásos tiszt
commissioner *n* biztos, megbízott; **~ of police** rendőrkapitány
commit *vt* elkövet; rábíz; **~ a crime** bűncselekményt követ el
commitment *n* elkötelezés, elkötelezettség
committee *n* bizottság
common *a* közönséges, mindennapos, egyszerű, átlagos, megszokott; közös, együttes; köz-; közönséges, ordenáré; *n* közterület, városi park; **~ cold** nátha; **~ denominator** közös nevező; **~ sense** józan ész; **find ~ ground** közös nevezőt talál; **~ law** *law* szokásjog; **have [sg] in ~** van bennük valami közös
commoner *n* közember, polgár
common-law marriage *n* élettársi viszony
commonplace *n* közhely
commonwealth *n* nemzetközösség, közösség
commotion *n* nyugtalanság, izgatottság; zűrzavar
communal *a* közösségi, kommunális
commune *n* közösség; *vi* tanácskozik
communicable *n* közlékeny; fertőző (illness)
communicate *vt* kommunikál, közöl
communication *n* kommunikáció, hírközlés; hír, közlemény; érintkezés, kapcsolat
communion *n rel* áldozás, úrvacsora
communism *n* kommunizmus
communist *a, n* kommunista

community *n* közösség; **~ center** közösségi ház, művelődési ház; **~ college** főiskola (helybeli diákoknak); **~ property** köztulajdon

commute *vi* bejár (munkába), ingázik

commuter *n* bejáró, ingázó

compact *a* kompakt, tömör, tömött; *n* púdertartó

compact disc *n* CD (lemez)

companion *n* társ, élettárs; kézikönyv (book)

companionship *n* társaság; baráti kapcsolat

company *n* társaság; *bus* vállalat, társaság; *theat* társulat; *mil* század; **keep [sy] ~** szórakoztat [vkit]; **I have ~.** Társaság van nálam.

compare *vt* összehasonlít, hasonlít

comparison *n* összehasonlítás; **in ~ with** [vmihez] képest; **beyond ~** páratlan, felülmúlhatatlan

compartment *n* rekesz; fülke, szakasz (train)

compass *n* iránytű; **points of the ~** világtájak, égtájak

compassionate *a* könyörületes, együttérző

compatible *a* összeférhető; *comp* kompatibilis

compel *vt* kényszerít

compendium *n* (*pl* **compendia**) tömör kivonat

compensation *n* kártérítés, kártalanítás, kárpótlás, kompenzáció

compete *vi* versenyez; *bus* konkurál

competence *n* alkalmasság; szakértelem; kompetencia; hatáskör

competent *a* alkalmas; illetékes, kompetens

competition *n* verseny, versengés; *bus* konkurencia

competitive *a* versenyképes; verseny-

compilation *n* összeállítás, szerkesztés

complacency *n* elégedettség; önelégültség

complacent *a* önelégült

complain *vi* panaszkodik [vmi miatt, vkire]

complaint *n* panasz, reklamáció; baj, betegség (illness)

complement *n* kiegészítés, pótlék; teljes létszám; *vt* kiegészít, kipótol

complementary *a* kiegészítő, mellék-

complete *a* teljes, egész; befejezett, elkészült; *vt* befejez, kiegészít; kitölt (forms)

complex *a* összetett, komplex; bonyolult, komplikált; *n* komplexus; összesség, az egész; **~ sentence** *gram* összetett mondat

complexion *n* arcszín

compliance *n* engedékenység; előzékenység; **in ~ with** [vminek] megfelelően

compliant *a* alkalmazkodó, [vmit] betartó; szolgálatkész, előzékeny

complicate *vt* bonyolít, komplikál

complicated *a* bonyolult, komplikált

complication *n* bonyodalom; *med* szövődmény, komplikáció

compliment *n* bók; üdvözlet; *vt* bókol [vkinek]; **pay [sy] a ~** bókol [vkinek]

complimentary *a* tisztelet-, ingyenes; **~ copy** tiszteletpéldány

comply *vi* **~ with** teljesít, eleget tesz [vminek], betart [vmit]

component *n* összetevő, komponens, alkotóelem, alkotórész

compose *vt* alkot, képez; *mus* komponál, szerez; ír, költ (poetry); rendez; **~ oneself** összeszedi magát

composite *a* összetett

composition *n* összeállítás; elrendezés, kompozíció; *chem* összetétel; *mus* szerzemény, zenemű; *school* fogalmazás

compost *n* komposzt
composure *n* higgadtság, lélekjelenlét
compote *n* kompót
compound[1] *a* összetett; *n chem* vegyület; összetétel; *vt* összekever, elegyít
compound[2] *n* körülkerített lakótelep
comprehend *vt* megért, felfog
comprehensive *a* átfogó, széles körű; mindenre kiterjedő
compress *n* borogatás; *vt* összeprésel, összenyom, összesűrít
comprise *vt* tartalmaz, magába foglal, áll [vmiből]
compromise *n* megállapodás, kiegyezés, kompromisszum; megalkuvás; *vt* elsimít; kompromittál, veszélybe hoz; *vi* kiegyezik, kompromisszumra jut
compulsive *a* megrögzött, megszállott
compute *vt* számít, kiszámít
computer *n* számítógép, kompjúter, komputer; **personal ~** személyi számítógép
con[1] *n* szélhámos; *vt* becsap, rászed
con[2] *n* [vmi] ellen szóló érv (argument)
concave *n* homorú, konkáv
conceal *vt* palástol, elrejt; eltitkol
concede *vt* beleegyezik, megenged
conceit *n* önteltség, önhittség
conceive *vi, vt* kigondol, kitalál; **~ of** megért, felfog; *vi* teherbe esik, fogan, megfogan
concentrate *n* koncentrátum, sűrítmény; *vi* koncentrál, összpontosít; *vi* összpontosul, koncentrálódik
concentric *a* koncentrikus, közös középpontú
concept *n* elgondolás, fogalom, koncepció
concern *n* gond, törődés; aggodalom, nyugtalanság; dolog, ügy; *bus* vállalat; *vt* tartozik [vkire], érint, illet, érdekel; vonatkozik; **as far as I am ~ed** ami engem illet; **This doesn't ~ you.** Ez rád nem vonatkozik. **There is no cause for ~.** Aggodalomra semmi ok.
concert *n* egyetértés, összhang; *mus* hangverseny, koncert
concession *n* engedmény; **~ stand** utcai árus
concise *a* tömör, velős, rövid
conclude *vt* befejez; kikövetkeztet; *vi* befejeződik; dönt
conclusion *n* befejezés; következtetés; **come to a ~** arra a következtetésre jut; **draw a ~** következtetést von le
concoct *vt* kotyvaszt, készít
concord *n* egyetértés, összhang, harmónia; szerződés
concordance *n* egyetértés, összhang, harmónia
concourse *n* összefutás; tömeg; csarnok (train station), terminál (airport)
concrete *a* szilárd; *fig* valós, létező, konkrét; beton; *n* beton; *vt* betonoz
concur *vi* egyetért
concussion *n* agyrázkódás
condemn *vt* elítél, ítél; megbélyegez
condensation *n* sűrítés, kondenzálás; sűrűsödés, kondenzáció
condensed *a* sűrített; **~ soup** leves sűrítmény; **~ milk** sűrített tej
condescending *a* leereszkedő
condiment *n* ételízesítő (mustár, ketchup), savanyúság
condition *n* állapot, helyzet; feltétel; *vt* feltételhez köt; kondicionál; **~s** körülmények
conditioner *n* hajbalzsam
condo *n coll* → **condominium**

condolence *n* részvét, részvétnyilvánítás
condom *n* koton
condominium *n* öröklakás
condone *vt* elnéz, megbocsát
condor *n* kondorkeselyű
conduct *n* viselkedés, magaviselet; *vt* vezet; végez; *mus* vezényel; irányít, igazgat; *el* vezet
conductor *n* kalauz; *el* vezető
conduit *n* vezeték, csatorna
cone *n* kúp; (fagylalt) tölcsér
confectioner *n* cukrász; **~'s sugar** porcukor
confederacy *n* konföderáció, államszövetség; **the C~** *US* a déli szakadár államok a polgárháború idején
confederation *n* államszövetség
confer *vi* tanácskozik, tárgyal; ráruház [vkire vmit]
conference *n* konferencia, tanácskozás, értekezlet
confess *vt* vall, bevall, beismer; *rel* gyón, meggyón
confession *n* beismerés, beismerő vallomás; *rel* gyónás
confide *vi* **~ in** a bizalmába fogad, megbízik [vkiben]; *vt* bizalmasan közöl
confidence *n* bizalom; magabiztosság; **self-confidence** önbizalom
confidential *a* titkos, bizalmas
configuration *n* alakzat; konfiguráció
confine *vt* bezár; bebörtönöz (prison); korlátoz
confirm *vt* megerősít; hitelesít; visszaigazol (an order)
confirmation *n* megerősítés; visszaigazolás; *rel* konfirmáció, bérmálás
confiscate *vt* elkoboz, lefoglal
conflagration *n* tűzvész
conflict *n* viszály, ellentét, ellentmondás, konfliktus; *vi* **~ with** ellentmondásba kerül, ellenkezik [vmivel]
conform *vt* hozzáilleszt; *vi* alkalmazkodik
confound *vt* összekever, összezavar, összetéveszt
confront *vt* szembesít, szembeszáll, konfrontál
confuse *vt* összezavar; összetéveszt
confusion *n* zavar, zűrzavar, összevisszaság
congeal *vi* megfagy, megdermed, összeáll
congenital *a* vele született
congested *a* zsúfolt, tömött; eldugult (sinuses)
congestion *n* zsúfoltság, túlnépesedés; forgalmi dugó, torlódás (traffic); *med* eldugulás, dugulás
conglomerate *n* *econ* konglomerátum; halom, rakás
Congo *n* Kongó
congratulate *vt* gratulál, (fel)köszönt
congratulation *n* gratuláció, szerencsekívánat; **C ~s!** Gratulálok!
congregation *n* *rel* gyülekezet, egyházközség
congress *n* kongresszus; nagygyűlés
congruent *a* egybevágó, megegyező
conjecture *n* sejtés, találgatás, feltevés
conjugal *a* házassági, házastársi
conjugate *vt* párosít; *gram* ragoz
conjunction *n* kapcsolat; *gram* kötőszó
conjure *vt* felidéz, elővarázsol
con-man *n* szélhámos
connect *vt* kapcsol, összekapcsol, összeköt; kapcsolatba hoz; *vi* összefügg; egyesül

connection *n* kapcsolat; összefüggés; összeköttetés; csatlakozás (trains); **in ~ with** [vmivel] kapcsolatban; **He has good ~s.** Jó kapcsolatai vannak.
connive *vi* **~ with** összejátszik [vkivel]
connoisseur *n* ínyenc (food); műértő
connotation *n* mellékértelem, utalás
conquer *vt* meghódít, leigáz; legyőz
conscience *n* lelkiismeret
conscientious *a* lelkiismeretes
conscious *a* tudatos; eszméletén levő; **be ~ of** tudatában van [vminek]
consecutive *a* egymást követő, egymás után következő
consensual *a* megegyezésen alapuló
consent *n* beleegyezés, hozzájárulás; *vi* beleegyezik, hozzájárul
consequence *n* következmény; fontosság; **of no ~** jelentéktelen
conservation *n* fenntartás, megőrzés; természetvédelem
conservationist *n* természetvédő
conserve *vt* megtart, megőriz; konzervál, befőz
consider *vt* megfontol, meggondol; tekintetbe vesz; [vminek] tekint, tart; **all things ~ed** mindent figyelembe véve; **C~ it done.** Tekintsd megtörténtnek.
considerate *a* figyelmes, megértő
consideration *n* megfontolás; szempont; előzékenység, figyelem; **take into ~** figyelembe vesz
consignment *n* bizomány; **~ shop** bizományi üzlet
consist *vi* **~ of** áll [vmiből]
consistency *n* állag, összetétel; sűrűség, konzisztencia
consistent *a* következetes; **~ with** megegyező, megfelelő
consolation *n* vigasztalás
console[1] *n* tartópillér; kapcsolótábla
console[2] *vt* vigasztal
consolidation *n* konszolidáció, egyesítés, egyesülés; megszilárdítás
consommé *n* erőleves
consonant *n gram* mássalhangzó
consortium *n bus* konzorcium
conspiracy *n* összeesküvés, konspiráció
constant *a* állandó, változatlan; folyamatos, szüntelen; *n* állandó, konstans
constellation *n* csillagzat, csillagkép, konstelláció
constipation *n* székrekedés, szorulás
constitute *vt* alkot, képez
constitution *n* alkotmány; alapszabály; alkat, szervezet
constitutional *a* alkotmány-, alkotmányi; alkotmányos; **~ court** alkotmánybíróság
constraint *n* kényszer; megszorítás
construct *n* felépítés; *vt* felépít, megépít; összeállít, megszerkeszt
construction *n* építés, építkezés; épület (building); szerkezet, konstrukció (structure)
construe *vt* elemez; értelmez, magyaráz
consul *n* konzul; **~ general** főkonzul
consulate *n* konzulátus
consult *vi* **~ with** konzultál, tanácsot kér; utánanéz [vminek]
consultant *n* tanácsadó, konzultáns
consultation *n* tanácsadás, konzultáció, megbeszélés; *med* konzílium
consume *vt* fogyaszt, elfogyaszt; felhasznál; elpusztít; **be ~d in flames** a lángokba vész
consumer *n* fogyasztó; **~ goods** fogyasztási cikkek
consumption *n* fogyasztás *med* tuberkulózis, TBC

contact *n* kapcsolat, érintkezés; *vt* kapcsolatba lép, érintkezésbe lép [vkivel]; **make ~** kapcsolatba lép [vkivel]; **~ person** kapcsolattartó (személy)
contact lens *n* kontaktlencse
contagious *a* fertőző, ragályos
contain *vt* tartalmaz, magába foglal; fékez, visszafog; **C~ yourself!** Türtőztesd magadat!
container *n* tartály, tartó; konténer
contaminate *vt* megfertőz, beszennyez
contemplate *vt* megfontol, meggondol, elgondolkozik [vmin]; *vi* elmélkedik
contemporary *a* kortárs; jelenkori, mai
contempt *n* megvetés, lenézés
contend *vi* versenyez, verseng; *vt* állít, vitat
content[1] *a* megelégedett
content[2] *n* tartalom; **table of ~s** tartalomjegyzék
contest *n* verseny, mérkőzés; *vt* kétségbe von, vitat; *vi* verseng
continent *n* földrész, világrész, kontinens
contingency *n* véletlenség, előre nem látható esemény
continual *a* folytonos, állandó
continue *vt* folytat; *vi* folytatódik, tart; **to be ~d** folytatása következik
continuity *n* folyamatosság, folytonosság
continuous *a* folyamatos, szakadatlan; összefüggő
continuum *n* kontinuum, folytonosság
contour *n* körvonal, kontúr
contraband *n* csempészáru
contraceptive *a* fogamzásgátló; *n* fogamzásgátló, óvszer
contract *n* szerződés, megállapodás, megegyezés; *vt* összehúz (muscles); szerződést köt; megkap (illness); *vi* összehúzódik
contractor *n* vállalkozó
contractual *a* szerződéses, szerződési
contradictory *a* ellentmondásos, ellentmondó, ellentétes
contraindication *n med* ellenjavallat
contrary *a* ellentétes, ellenkező; *adv* **~ to** ellentétben [vmivel]; **~ to popular belief** a közhittel ellentétben
contrast *n* kontraszt, ellentét; *vt* ellentétbe állít, szembeállít, összehasonlít
contribute *vt* adakozik (money); hozzájárul, közreműködik
contribution *n* adomány, adakozás; hozzájárulás, közreműködés
contrive *vt* kigondol, kitalál
control *n* irányítás; felügyelet; ellenőrzés, kontroll; kormányzás, vezérlés (vehicle); *vt* megfékez; korlátoz; **beyond ~** kezelhetetlen; **~ tower** irányítótorony; **~s** vezérlőberendezés
controller *n* ellenőr, felügyelő; főkönyvelő
controversial *a* ellentmondásos, vitás, vitatott
controversy *n* ellentmondás, vita
conundrum *n* rejtvény, talány
convene *vt* összehív; *vi* gyülekezik
convenience *n* kényelem, komfort; **at your ~** amikor önnek megfelel; **~ store** *n* éjjel-nappali üzlet
convenient *a* kényelmes, megfelelő, alkalmas
convent *n* zárda, kolostor
convention *n* egyezmény, megállapodás; illemszabályok, konvenció; konferencia, pártkongresszus
conventional *a* hagyományos, szokásos
conversation *n* beszélgetés, társalgás

conversion *n* átalakítás, átváltoztatás; átalakulás, átváltozás; *rel* megtérítés; megtérés
convert *n rel* megtért, áttért (személy); *vt rel* megtérít; átalakít; átvált (money), konvertál
convey *vt* szállít, visz; átad, közvetít, továbbít (message)
conveyor belt *n* futószalag, szállítószalag
convict *n* fegyenc; *vt* elítél
convince *vt* meggyőz [vkit vmiről]
convoy *n* járműkaraván, konvoj
convulsion *n* rángatózás, vonaglás
cook *n* szakács(nő); *vt* főz, megfőz, elkészít; *vi* fő, készül
cookbook *n* szakácskönyv
cooker *n* főző, főzőedény
cookie *n* aprósütemény, teasütemény
cooking *n* főzés
cool *a* hűvös, hideg, friss; *fig* közömbös, hűvös; *coll* tök jó; *vt* hűt, lehűt; hűsít; mérsékel
coolant *n auto* hűtőfolyadék
cooler *n* hűtőláda (hordozható)
co-op *n* szövetkezet
cooperate *vi* együttműködik
coordinate *vt* összhangba hoz, koordinál
coordination *n* koordináció, koordinálás
cop *n slang* zsaru
cope *vi* ~ **with** megbirkózik [vmivel]
copier *n* másoló, másológép, fénymásoló
copper *n* réz, vörösréz
copulate *vi* közösül, párzik
copy *n* másolat; utánzat; példány; *vt* lemásol; utánoz (mimic); **in duplicate copies** két példányban
copycat *n* utánzó, *coll* utánozó majom
copyright *n* szerzői jog; *vt* szerzői jogot biztosít
coral *n* korall
coral reef *n* korallzátony
cord *n* zsinór, kötél
cordially *adv* szívélyesen, melegen
cordless *a* vezeték nélküli; ~ **phone** vezeték nélküli telefon
cordon *n* kordon; ~ **off** kordonnal lezár
core *n* mag; [vminek] a magja, a lényege; *vt* kimagoz; **apple ~** almacsutka; **rotten to the ~** velejéig romlott
cork *n* parafa (material); dugó (in a bottle)
corn[1] *n US* kukorica, *BR* gabona; ~ **bread** kukoricakenyér; ~ **flakes** kukoricapehely; **~flour** kukoricaliszt; **~flower** búzavirág; ~ **on the cob** csöves kukorica, főtt kukorica; **~meal** kukoricakorpa, kukoricadara; **~row** kukoricavetés; *coll* sűrű vékony hajfonat (afro-amerikai hajban); **~starch** kukoricakeményítő; ~ **syrup** kukoricaszirup
corn[2] *n* tyúkszem
corner *n* sarok; szöglet; *vt* sarokba szorít; **on the ~** a sarkon; **around the ~** a sarkon túl; **cut ~s** levágja a kanyart; *fig* nem szabályosan végez [vmit]; **turn the ~** befordul a sarkon; *fig* túljut a nehezén
corny *a* elcsépelt; giccses, érzelgős
coronary *a med* szívkoszorúér-
coronation *n* koronázás
coroner *n* halottkém
corporate *a* testületi; vállalati, társasági
corporation *n econ* társaság, vállalat, bejegyzett társaság; korlátolt felelősségű társaság
corps *n* testület; *mil* alakulat; **Peace C~** Béketest

corpse *n* hulla, tetem
correct *a* pontos, helyes, hibátlan, megfelelő, korrekt; *vt* kijavít, helyesbít, korrigál
correction *n* helyesbítés, javítás, korrigálás; **~al facility** fegyintézet
correlation *n* kölcsönösség, korreláció
correspond *vi* megfelel, megegyezik; levelezik [vkivel]
correspondence *n* megfelelés, összhang (concordance); levelezés
correspondent *n* tudósító; levelező
corridor *n* folyosó
corroborate *vi* megerősít, igazol
corrode *vt* kimar, korrodál; *vi* rozsdásodik, korrodálódik
corrugated cardboard *n* hullámpapír
corrupt *a* megvesztegethető, korrupt; romlott, elrontott; *vt* megveszteget, korrumpál; elront
corruption *n* korrupció, megvesztegetés
corsage *n* (kis) virágcsokor
corset *n* fűző
co-sign *vt* együtt aláír
cosmetics *n* kozmetikum, illatszer
cosmic *a* kozmikus
cosmopolitan *a, n* kozmopolita, világpolgár
cosmos *n* kozmosz, világegyetem
cost *n* költség, kiadás; ár; *vt* (**cost, cost**) [vmibe] kerül; **at all ~s** kerül amibe kerül, minden áron; **~ of living** megélhetési költségek
Costa Rica *n* Costa Rica
cost-effective *a econ* költséghatékony
costly *a* drága, költséges
costume *n* jelmez, kosztüm; ruha; **~ jewelry** divatékszer, bizsu
cosy *a* kényelmes, barátságos, meghitt
cot *n* tábori ágy
cottage *n* villa, házikó, nyaraló
cottage cheese *n* túró
cotton *n* gyapot (plant); pamut (material); vatta; **~ candy** vattacukor; **~ batting** vatta bélés, **~ gin** gyapotmagtalanító gép
couch *n* kanapé
cougar *n* puma
cough *n* köhögés; *vi* köhög; **~ drop** köhögés elleni cukorka; **~ syrup** köhögés elleni kanalas orvosság
could *aux past* → **can**[2]; **I could go.** El tudtam menni.
council *n* tanács; tanácsülés, tanácskozás
counsel *n* tanács, tanácsadás, tanácskozás; *law* ügyvéd, jogi tanácsadó; *vt* tanácsot ad [vkinek], tanácsol, ajánl
counselor *n* tanácsadó; pszichológus; tanácsos
count[1] *n* gróf (title)
count[2] *n* számolás, számítás; *law* vádpont; *vt* számol, megszámol; **~ down** visszaszámlál; **~ on** számít [vkire, vmire]; **I'm ~ing on you.** Számítok rád.
counter[1] *n* pult
counter[2] *vt* visszaüt, hárít; ellenáll
counteract *vt* ellensúlyoz, semlegesít
counterattack *n* ellentámadás
counterbalance *n* ellensúly; *vt* ellensúlyoz, kiegyenlít
counterclockwise *adv* az óra járásával ellentétesen
counterdemonstration *n* ellendemonstráció
counterfeit *a* hamis, hamisított; *n* hamispénz (money); utánzat
countermeasure *n* ellenlépés, ellenintézkedés
counterpart *n* hasonmás
countless *a* számtalan, rengeteg

country *n* vidék, táj; vidék (not city); ország; **in the ~** vidéken
county *n* megye
county seat *n* megyeszékhely
coup (d'etat) *n* puccs, államcsíny
coupe *n* hintó; *auto* kupé, kétajtós autó
couple *n* pár; *vt* párosít; összekapcsol; *vi* párosul; **a ~ of** kettő, két; **a married ~** házaspár
courage *n* bátorság, merészség
courageous *a* bátor, merész
courier *n* futár
course *n* menet, folyamat, lefolyás; irány, útirány (direction); *sp* pálya; fogás (food); tanfolyam, kurzus (training); **in the ~ of the evening** az est folyamán; **of ~** természetesen, hogyne; **run its ~** lefolyik, lezajlik; **golf ~** golfpálya; **second ~** második fogás
court *n* udvar; *sp* pálya; *law* bíróság; *vt* udvarol [vkinek]; **tennis ~** teniszpálya; **~ of law** bíróság, törvényszék
courtesy *n* udvariasság, figyelmesség
courthouse *n* bíróság (épület)
court-martial *n* hadbíróság
courtyard *n* belső udvar
couscous *n* kuszkusz
cousin *n* unokatestvér; **second ~** másod-unokatestvér
cover *n* fedő; fedél; takaró; menedék, védelem; *vt* befed, betakar, beborít; leplez; véd, fedez (protect); fedez (money); tudósít (TV); **under ~** titokban; **~ girl** címlapon szereplő nő; **~ story** címlap sztori; **take ~** fedezékbe megy, **~ charge** beugró (bárban), belépő (klubban); **~ up** leplez, rejteget
coverage *n* rendszeres tájékoztatás; közvetítés (TV); kiterjedés, terjedelem (insurance)
cow *n* tehén
coward *n* gyáva
cowardice *n* gyávaság
cowbell *n* kolomp
cowhide *n* tehénbőr
CPA = certified public accountant *n* okleveles könyvvizsgáló
crab *n* tengeri rák
crack *n* repedés, rés; csattanás, durranás (noise); *coll* szellemes bemondás; *vt* feltör, betör; *vi* szétreped, széthasad; **~ up** szétreped; *coll* megnevettet; **Have a ~ at it.** Megpróbálja.
cracker *n* sós keksz; **nut~** diótörő
crackle *vi* ropog, pattog
cradle *n* bölcső
craft *n* mesterség, szakma; ügyesség, szakértelem; hajó, vízi/légi jármű
craftsman *n* mesterember, kézműves
cramp *n* görcs; *vt* összeszorít, befog; *vi* görcsöl
cranberry *n* (vörös) áfonya; **~ sauce** áfonyaszósz
crane *n* daru
cranium *n med* koponya
crank *n* forgattyú, kurbli; bolondos ötlet
cranny *n* hasadék, rés
crap *n vulg* szar; *fig* hülyeség
crash *n* robaj, csattanás; összeomlás; zuhanás, lezuhanás (plane); autóbaleset; *vt* összetör; lezuhan (plane); **plane ~** repülőgép szerencsétlenség; **car ~** autóbaleset
crash course *n* gyorstalpaló tanfolyam
crash helmet *n* bukósisak
crate *n* láda, rekesz
crater *n* kráter
crave *vt* kíván, vágyakozik [vmi után]
crawl *n* mászás, kúszás; *vi* mászik, kúszik, csúszik
crayfish *n* folyami rák
crayon *n* zsírkréta

craze *n* őrület, mánia, divat
crazy *a* őrült, bolond, nem normális
creak *n* nyikorgás; *vi* nyikorog, csikorog
cream *n* tejszín; krém; a legjava, színejava; ~ **cheese** krémsajt; ~ **of the crop** a legjobb, a legjava
creamer *n* tejszínes kancsó; tejszínszerű (nem tejalapú) kávéízesítő
crease *n* ránc, redő; él (nadrágon)
create *vt* alkot, készít, teremt, csinál
creation *n* alkotás, teremtés; teremtmény
creature *n* teremtmény; állat, élőlény
credible *a* hiteles, hitelt érdemlő; hihető
credit *n* hitel; *school* pont, kredit; *vt* hitelt ad [vminek], elhisz; javára ír; ~ **card** hitelkártya; **on** ~ hitelbe; **it does him** ~ becsületére válik
creditor *n* hitelező
creed *n* hitvallás; *rel* krédó
creek *n* patak
creep *n* hidegrázás, libabőr; *coll* ijesztő alak; *vi* (**crept, crept**) csúszik, mászik; **It gives me the ~s.** Libabőrös leszek tőle./Végigfut tőle a hátamon a hideg.
cremate *vt* elhamvaszt
crematory *n* krematórium
Creole *a, n* kreol, félvér
crepe[1] *a* krepp; ~ **paper** krepp papír
crepe[2] *n* palacsinta
crept *vt past/pp* → **creep**
crescent *a* félhold alakú; ~ **moon** félhold
crest *n* címerpajzs; hullámtaréj (wave)
cretin *n* hülye, kretén
crevice *n* rés, hasadék
crew *n* legénység, személyzet
crib *n* rácsos ágy, gyerekágy
cricket *n* tücsök; *sp* krikett
crime *n* bűncselekmény, bűntett; bűn
criminal *a* bűnös; *law* büntetőjogi, bűnvádi; *n* bűnöző; ~ **law** büntetőjog
cringe *vi* megalázkodik, hajlong
crippled *a* nyomorék, rokkant, mozgássérült
crisis *n* válság, krízis; ~ **center** válság központ; ~ **management** válságkezelés
crisp *a* ropogós; friss, csípős (air)
crispy *n* ropogós
crisscross *adv* össze-vissza, keresztül-kasul
critical *a* kritikus, bíráló; nagyon fontos (important); kritikus, válságos (situation)
criticism *n* kritika, bírálat
criticize *vt* kritizál, bírál
critique *n* kritika, bírálat (írott)
croak *vi* károg (crow); brekeg (frog)
Croatia *n* Horvátország
Croatian *a* horvát; **in** ~ horvátul
crochet *vt* horgol
crock *n* cserépedény
crocodile *n* krokodil; ~ **tears** krokodilkönnyek
crocus *n* krókusz, sáfrány
crook *n* kampó; kanyarulat, görbület; *coll* csaló
crooked *a* hajlott, görbe
crop *n* termés, termény; hajvágás (hair); *vt* rövidre vág, levág; *vi* felbukkan
cross *a* keresztirányú; *fig* haragos, mogorva; *n* kereszt; keresztezés; *vt* keresztez, keresztbe tesz; áthúz; *vi* átmegy (road), átkel (sea); ~ **out** áthúz, kihúz
cross-country *a* terep-, mezei; *sp* ~ **race** terepfutás; ~ **skiing** sífutás
cross-eyed *a* kancsal
crossfire *n* kereszttűz
crossroad *n* keresztút; **~s** útkereszteződés, útelágazás

cross-section *n* keresztmetszet
cross-stitch *n* keresztszem, keresztöltés
crosswalk *n* gyalogos átkelőhely, zebra
crossword (puzzle) *n* keresztrejtvény
crouch *vi* lekuporodik, leguggol
crouton *n* pirított kenyérkocka
crow[1] *n* varjú
crow[2] *vi* kukorékol
crowbar *n* emelőrúd, feszítővas
crowd *n* tömeg; *vt* teletöm, összezsúfol; *vi* tolong, özönlik
crowded *a* zsúfolt, tömött
crown *n* korona; fejtető, feje búbja (body); lomb, korona (tree); *vt* megkoronáz; *fig* betetéz
crucial *a* elengedhetetlen, fontos, döntő
crucifix *n rel* feszület
crucify *vt* keresztre feszít
crude *a* nyers, finomítatlan; durva; **~ oil** nyersolaj
cruel *a* kegyetlen
cruelty *n* kegyetlenség
cruise *n* hajóút, tengeri utazás; **~ ship** óceánjáró
crumb *n* morzsa; **bread~s** prézli, zsemlemorzsa
crumble *vi* omlik, leomlik, szétmorzsolódik
crumbly *a* morzsás; törékeny, omladozó
crummy *a coll* ócska, pocsék
crumple *vt* összegyűr
crunch *vt* ropogtat; *vi* ropog
crunchy *a* ropogós
crusade *n* keresztes háború
crush *vt* összenyom, összetör, összezúz; kiprésel; **I'm ~ed.** Össze vagyok törve.
crust *n* kenyérhéj; kéreg, felső réteg
crusty *a* kérges, héjas
crutch *n* **~es** mankó
cry *n* kiáltás; sírás; *vt* kiált, kiabál; sír; **~ out** elkiáltja magát
crypt *n* kripta
cryptic *a* rejtjeles
crystal *n* kristály; **~ ball** kristálygömb
crystallize *vi* kristályosodik, kikristályosodik
C-section *n med* császármetszés
cub *n* medvebocs; **C~ Scout** *US* kiscserkész
Cuba *n* Kuba
Cuban *a, n* kubai
cube *n* kocka; *math* köb; **ice ~** jégkocka
cubic *a* kocka alakú; *math* köb-; **~ meter** köbméter
cubicle *n* fülke; **office ~** irodai dolgozórész (nagyobb irodában, egymástól alacsony fallal elválasztva)
cuckoo *n* kakukk; **~ clock** kakukkos óra
cucumber *n* uborka
cuddle *vi* összebújik; odasimul, odabújik [vkihez]
cue *n* végszó; **take one's ~ from** követ [vkit], igazodik [vkihez]
cuff *n* mandzsetta; hajtóka (pants); **off the ~** kapásból, rögtönözve; **~ links** mandzsetta gomb
cuisine *n fig* konyha
culinary *a* konyhai; étkezési, kulináris
culminate *vi* tetőpontra ér, tetőz, kulminál
culprit *n* bűnös
cultivate *vt* művel; fejleszt; gyakorol, művel
cultivation *n* művelés, megművelés
cultural *a* kulturális, művelődési; kultúr-
culture *n* kultúra, műveltség
cultured *a* művelt; tenyésztett
cumin *n* kömény(mag)
cumulative *a* halmozódó; fokozódó, növekvő; felhalmozott
cunning *a* ravasz, dörzsölt; ügyes
cup *n* csésze; serleg, kupa; *sp* kupa; **World C~** világkupa, világbajnokság

cupboard *n* szekrény, konyhaszekrény
cupola *n* kupola
curable *a* gyógyítható
curative *a* gyógyhatású, gyógy-
curb *n* járdaszegély; *vt* megfékez
curdle *vi* összefut, összemegy (milk), megalvad (blood)
cure *n* gyógymód, kezelés, kúra; pácolás, füstölés (food); *vt* gyógyít, meggyógyít; füstöl, pácol (meat)
cure-all *n* csodaszer
curfew *n* takarodó; kijárási tilalom
curio *n* ritkaság
curious *a* kíváncsi; furcsa, érdekes
curl *n* göndör hajfürt; csavarodás; *vt* göndörít, csavar, becsavar (hair); hajlít, görbít
curler(s) *n* hajcsavaró
curling iron *n* hajsütővas
curly *a* göndör
currant *n* ribizli
currency *n* valuta, pénznem; **foreign ~** deviza
current *a* érvényes, forgalomban levő; folyó, jelenlegi, aktuális; *n* ár, áramlat; *el* áram; **~ events** aktuális események; **~ month** folyó hó
curry[1] *n* indiai fűszerkeverék; fűszeres indiai étel
curry[2] *vt* lecsutakol, vakar (horse); **~ favor with** behízelgi magát
curse *n* átok; *vt* megátkoz; *vi* káromkodik (swear)
cursory *a* futólagos, felületes
curtail *vt* lerövidít, megkurtít
curtain *n* függöny; **draw the ~s** behúzza a függönyt
curtsy *n* pukedli, meghajlás
curve *n* görbület, hajlat; görbe, grafikon; *vt* hajlít, görbít; *vi* hajlik, görbül; **~ ball** csavart labda
cushion *n* párna, vánkos
cushy *a* párnás, kényelmes
cuss *vi* káromkodik
custard *n* tejsodó
custodian *n* gondnok, őr
custom *n* szokás, hagyomány
customary *a* szokásos
customer *n* vevő, ügyfél, vásárló, fogyasztó, vendég; **~ service** ügyfélszolgálat, vevőszolgálat
custom-made *a* rendelésre készült (ruha)
customs *n* vám; **~ officer** vámtiszt; **clear through ~** vámkezel, vámon áthoz
cut *a* vágott, metszett; *n* vágás; seb (wound); szabás (clothes); szelet (meat); *vt* (**cut, cut**) vág, megvág, elvág; levág, nyír (hair); kivág (tree); **~ glass** csiszolt üveg; **price~** árleszállítás; **~ back** csökkent, lefarag; **~ in** közbevág; *auto* elévág; lekér (dance); **~ off** levág; szétkapcsol; megszakít; **~ up** felvág, felaprít; **C~ it out!** *slang* Hagyd abba!
cutback *n* csökkentés; leépítés (work)
cute *a* aranyos, cuki, helyes
cuticle *n* körömágy
cutlery *n* evőeszközök
cyanide *n* cián
cycle *n* ciklus, szakasz, körforgás; ciklus (time)
cyclone *n* ciklon, forgószél
cyclorama *n* körkép, panorámakép
cylinder *n* henger
cymbals *n* cintányér
cynical *a* cinikus, kiábrándult
cypress *a, n* ciprusfa
Cyprian *a* ciprusi
Cypriot *n* ciprusi
Cyprus *n* Ciprus
cyst *n* *med* ciszta, hólyag

czar *n* cár
Czech *a, n* cseh; **in ~** csehül
Czech Republic *n* Cseh Köztársaság, Csehország

D

D *n school* elégséges, kettes
dab *vt* megérint; nyomogat, megtöröl
dabble *vi* pancsol; *fig* **~ in** felületesen foglalkozik [vmivel]
dachshund *n* tacskó
dad *n coll* apu, apuka, apuci
daddy *n* → **dad**
daffodil *n* nárcisz
daily *a* napi; mindennapos; *adv* naponta, minden nap; *n* napilap
dainty *a* finom, kecses, gyengéd
dairy *a* tej-; *n* tejgazdaság, tejüzem; **~ product** tejtermék
daisy *n* margaréta, százszorszép; **he's pushing up daisies** *coll* alulról szagolja az ibolyát
dale *n* völgy
dally *vi* tétlenkedik, lötyög, pazarolja az időt
Dalmatian *n* dalmát eb, dalmata
dam *n* gát, duzzasztógát
damage *n* kár, veszteség; *vt* rongál, megrongál, kárt okoz [vmiben]; **pay ~s** kártérítést fizet
damn *vt* elátkoz; **~!** *coll* a fenébe!, a fene egye meg!
damp *a* nyirkos, nedves; *vt* megnedvesít; *fig* tompít, elfojt
dampen *vt* tompít, elfojt
damper *n* hangtompító; **put a ~ on things** lehűti a dolgokat
dance *n* tánc; táncos összejövetel; *vi* táncol; élénken mozog
dandelion *n* pitypang, kutyatej, gyermekláncfű
danger *n* veszély; **be in ~** veszélyben van
dangerous *a* veszélyes
dangle *vt* lógat, himbál, lóbál; *vi* lóg, himbálódzik, fityeg
Danish *a* dán; *n* édes péksütemény (breakfast pastry); **cheese ~** túrós táska
dank *a* nyirkos, nedves
dare *vi, vt* mer, merészel; kihív; **Don't you ~!** Ne merészeld!
daring *a* merész, vakmerő
dark *a* sötét; *fig* titkos, homályos, sötét; *n* sötétség, sötétedés; **D~ Ages** (sötét) középkor; **after ~** sötétedés után
darken *vt* sötétít, elsötétít; elhomályosít; *vi* elsötétül
darkness *n* sötétség
darling *a* kedves; **~!** drágám!, kedvesem!
darn[1] *vt* stoppol, besző
darn[2] *int coll* az iskoláját!, a mindenit!
dart *n* dárda; szökellés; *vi* szökken, szalad; **~s** célbadobós játék
dash *n* vágta (run); egy csipet (a little); *gram* gondolatjel; *vi* rohan, robog
dashboard *auto* műszerfal
data *n pl* adat(ok), információ; **~ processing** adatfeldolgozás
date[1] *n* dátum, kelet, keltezés; randi, randevú, találka (rendezvous); *vt* datál, keltez; randevúzik, találkozik [vkivel]; jár [vkivel]
date[2] *n* datolya (fruit)
daughter *n* lány, [vkinek] a lánya
daughter-in-law *n* meny
daunt *vt* megfélemlít, megijeszt; elcsüggeszt
daunting *a* ijesztő, félelmetes; nyomasztó, csüggesztő
dauntless *a* rettenthetetlen
dawdle *vi* lóg, cselleng

dawn *n* hajnal; **at** ~ hajnalban; **at the crack of** ~ kora hajnalban

day *n* nap; nappal; **every** ~ minden nap; **all** ~ egész nap; ~ **in** ~ **out** látástól vakulásig; ~ **by** ~ napról napra; **some** ~ (majd) egyszer; **the other** ~ a minap, a napokban; **let's call it a** ~ mára elég, fejezzük be; **by** ~ nappal; **~bed** heverő, dívány; **~care** bölcsőde, óvoda, napközi; **these ~s** manapság; **the good old ~s** a régi szép idők

daybreak *n* hajnal, pirkadat

daydream *vi* álmodozik, ábrándozik, fantáziál

daylight *n* nappal, napvilág; ~ **savings time** nyári időszámítás

daytime *n* nappal, napközben

daze *vt* elkábít, elbódít

dazzle *vt* elkápráztat, elvakít

D-day *n* az amerikaiak normandiai partraszállásának napja (1944. június 6.)

deactivate *vt* hatástalanít, kikapcsol

dead *a* halott, holt; érzéketlen; teljes; ~ **center** holtpont; ~ **weight** holtsúly; ~ **wood** hulladékfa; ~ **drunk** hullarészeg; **the** ~ a halottak, a holtak

deaden *vt* tompít, gyengít; *vi* tompul, gyengül

dead end *n* zsákutca

deadline *n* határidő

deadlock *n fig* holtpont (ahonnan nem lehet kimozdulni)

deadly *a* halálos

deaf *a* süket, siket; **the** ~ a siketek; **turn a** ~ **ear to** nem akarja meghallgatni; **fall on** ~ **ears** süket fülekre talál

deal *n* üzlet, alku; *vt* (**dealt, dealt**) oszt (cards); *vi* ~ **in** kereskedik [vmivel]; ~ **with** foglalkozik [vmivel]; bánik [vkivel]; **It's a good ~.** Jó vásár.

dealer *n* kereskedő; **art** ~ műkereskedő

dealership *n* autószalon

dealt *vt, vi past/pp* → **deal**

dean *n school* dékán

dear *a* kedves, drága; **D~ Sir, ...** Tisztelt Uram, ... **Oh, ~!** Ajaj!/Jaj Istenem!

death *n* halál; **put [sy] to** ~ megöl, kivégez; elaltat (animal); **work oneself to** ~ halálra dolgozza magát; ~ **penalty** halálbüntetés

deathbed *n* halálos ágy

death toll *n* a halottak száma

debate *n* vita; *vt* vitat, megvitat; *vi* vitázik, vitatkozik

debilitate *vt* legyengít, elgyengít

debit *n* tartozás; *vt* terhére ír; ~ **card** bankkártya

debrief *vt* beszámol [vkinek vmiről]

debris *n* törmelék, roncs

debt *n* tartozás, adósság; **be in** ~ el van adósodva; **bad** ~ behajthatatlan adósság

debut *n* első fellépés, bemutatkozás

decade *n* évtized

decadence *n* dekadencia, romlás

decaffeinated *a* koffeinmentes

decapitate *vt* lefejez

decay *n* rothadás; *fig* hanyatlás, romlás; *vi* rothad, bomlik, korhad; *fig* romlik, hanyatlik

decease *vi* meghal, elhuny; **the ~d** az elhunyt

deceit *n* csalás, megtévesztés

deceive *vt* becsap, megtéveszt

December *a* decemberi; *n* december; **on a cold** ~ **day** egy hideg decemberi napon

decent *a* rendes, tisztességes

deception *n* csalás, megtévesztés

decibel *n* decibel

decide *vt* eldönt, elhatároz; *vi* dönt, határoz [vmiről]

decimal *a* tízes, tizedes; ~ **point** tizedes vessző; ~ **system** tízes számrendszer
decimate *vt* megtizedel
decipher *vt* kibetűz, megfejt (kódot)
decision *n* döntés, elhatározás; határozat
decisive *a* döntő
deck *n* hajófedélzet (ship); (általában fából készült) terasz; **a ~ of cards** egy csomag kártya
declaration *n* nyilatkozat, kijelentés, kihirdetés; **the D~ of Independence** a Függetlenségi nyilatkozat; **~ of war** hadüzenet; **customs ~** vámárunyilatkozat
declare *vt* kijelent, bejelent, mond; nyilatkozik
decline *n* hanyatlás, csökkenés; *vi* gyengül, hanyatlik, csökken; *vt* visszautasít, elutasít (refuse)
decode *vt* dekódol
décolletage *n* dekoltázs, kivágás
decompose *vi* bomlik, felbomlik, oszlik; rothad
decorate *vt* díszít, dekorál; kitüntet (a person)
decoration *n* dekoráció, dísz; kitüntetés (medal); **Christmas ~** karácsonyfadísz, karácsonyi dísz
decoy *n* csalétek
decrease *vt* csökkent; *vi* csökken, fogy
decree *n* rendelet; döntés, végzés
dedicate *vt* szentel [vmit vminek]; dedikál
dedicated *a* odaadó, lelkes
dedication *n* felszentelés; felajánlás; dedikáció
deduce *vt* következtet
deduction *n* következtetés, levezetés; levonás (taxes)
deed *n* tett, cselekedet; *law* közjegyzői okirat
deem *vt* ítél, megítél, [vminek] tart, tekint
deep *a* mély; *adv* mélyen; *n* mélység; ~ **voice** mély hang; **go off the ~ end** dühbe gurul, kikel magából; ~ **in thought** gondolataiba mélyedve; **still waters run ~** lassú víz partot mos
deepen *vi* elmélyül; *vt* elmélyít, fokoz
deep-freeze *vt* fagyaszt, mélyhűt; *n* mélyhűtő
deep-fry *vt* olajban/zsírban süt
deer *n* szarvas, őz
deface *vt* elcsúfít, megrongál
default *n* hiány, mulasztás; alapértelmezés; ~ **setting** *comp* alapbeállítás; **by ~** automatikusan
defeat *n* vereség, kudarc; *vt* legyőz, megver
defect *n* hiba; hiány, hiányosság; *vi* disszidál, megszökik
defective *a* hibás, hiányos, tökéletlen
defend *vt* véd, megvéd
defendant *n law* alperes; vádlott
defense *n* védelem; védekezés; ~ **attorney** *law* védőügyvéd; **national ~** honvédelem
defensive *a* védekező
defer *vt* elhalaszt, késleltet, halogat
deferred *a* elhalasztott, késleltetett
defiance *n* dac, önfejűség
deficit *n* deficit
define *vt* meghatároz; értelmez; határt szab
definite *a* határozott; bizonyos, világos; véges
definitely *adv* biztosan, feltétlenül, határozottan
definition *n* meghatározás, definíció; felbontóképesség (TV)
definitive *a* végleges; döntő
deflate *vt* leereszt, kienged (levegőt)
deflect *vt* elterel, eltérít

deform *vt* eltorzít, eldeformál
deformed *a* deformált, eltorzult
deformity *n* testi fogyatékosság
defrost *vt* kiolvaszt, leolvaszt; *auto* jégtelenít
defuse *vt* hatástalanít
defy *vt* ellenszegül, dacol; **~ the odds** meghazudtolja a nehézségeket
degenerate *vi* elkorcsosul, degenerálódik
degrade *vt* lefokoz, degradál; lealacsonyít
degree *n* fok; fokozat, mérték; *school* egyetemi diploma; **to a certain ~** bizonyos fokig
dehydrated *a* kiszáradt, dehidrált
dehydration *n* kiszáradás
deity *n* istenség
delay *n* késedelem, késés, késlekedés; késleltetés; *vt* késleltet, feltartóztat; elhalaszt (postpone); *vi* késik
delectable *a* élvezetes, kellemes, finom
delegate *n* meghatalmazott, képviselő; *vt* megbíz; ráruház, átruház
delegation *n* küldöttség, delegáció; megbízás, átruházás
delete *vt* töröl, kihúz
deliberate *a* szándékos; megfontolt; *vi* tanácskozik
deliberately *adv* szándékosan, direkt
delicacy *n* csemege, ínyencség; törékenység, gyengeség (person)
delicate *a* finom, törékeny, gyenge
delicatessen *n* delikátesz, csemegeüzlet
delicious *a* ízletes, finom
delight *n* öröm, gyönyörűség; élvezet; *vi* örömöt szerez [vkinek]; **I'm ~ed** el vagyok ragadtatva
delinquent *a, n* kötelességmulasztó; bűnöző
delirious *a* eszelős, félrebeszélő
deliver *vt* kézbesít, szállít; átad; gyereket szül (a child); **~ a speech** beszédet mond; **~ a message** átad egy üzenetet
delivery *n* kézbesítés, szállítás; *med* szülés
demand *n* követelés; kívánság; *econ* kereslet, igény; *vt* követel, kér; megkövetel, igényel; **in great ~** keresett, kapós
demean *vt* lealacsonyít, megaláz
demeanor *n* viselkedés
demo *n coll* → **demonstration** bemutató, szemléltetés, demonstráció
democracy *n* demokrácia
democrat *n pol* demokrata
democratic *a* demokratikus (system); demokrata (party)
demographics *n* demográfia
demolish *vt* lerombol, elpusztít, megsemmisít
demon *n* démon
demonstrate *vt* bizonyít, kimutat (prove); bemutat, szemléltet (show); *vi* tüntet, demonstrál
demonstration *n* bemutató, szemléltetés; bizonyítás; tüntetés, demonstráció
demoralize *vt* demoralizál
demote *vt* lefokoz
den *n* barlang, odú (animals); *coll* dolgozószoba, kisszoba (room)
denial *n* tagadás, el nem ismerés; visszautasítás, megtagadás
denim *a* farmer; *n* farmeranyag
Denmark *n* Dánia
denomination *n rel* felekezet; névérték, címlet (money)
denominator *n math* nevező; **common ~** közös nevező

denote *vt* jelent, kifejez; jelez, mutat, utal [vmire]
dense *a* sűrű, tömör; ~ **fog** sűrű köd
density *n* sűrűség
dent *n* horpadás; *vt* horpaszt, behorpaszt
dental *a* fogászati, fog-; ~ **floss** fogselyem; ~ **surgeon** szájsebész
dentist *n* fogorvos, fogász
denture *n* műfogsor
deny *vt* tagad, letagad; visszautasít, megtagad (refuse)
deodorant *n* dezodor; **roll-on** ~ golyós dezodor
depart *vi* elmegy, elindul, eltávozik; meghal (die)
department *n* részleg, osztály; szak; *school* tanszék; *US* minisztérium; ~ **store** áruház; **State D~** *US* külügyminisztérium
departure *n* indulás, elutazás, eltávozás
depend *vi* ~ **on** függ [vmitől]; **that ~s** attól függ; ~ **on** függ [vkitől], számít [vkire]; **She ~s on me.** Számít rám./ Épít rám.
dependence *n* függőség, függés
dependent *a* függő, alárendelt; eltartott (person); *n* eltartott (person)
depict *vt* ábrázol; leír
deplete *vt* kimerít, elhasznál
deploy *vt mil* bevet, felvonultat
deport *vt* kitoloncol, deportál
deposit *n* letét, betét (bank); letét, előleg (money); üledék, lerakódás; *vt* betesz (money into an account)
deposition *n law* vallomás, tanúskodás
depot *n* raktár
depreciate *vt* leértékel, devalvál; *vi* elértéktelenedik, devalválódik
depress *vt* lenyom, megnyom; *fig* lehangol, elcsüggeszt, elkedvetlenít
depressed *a* lehangolt, levert, depressziós
depression *n* levertség, lehangoltság, depresszió; hanyatlás, süllyedés; **the Great D~** a nagy világgazdasági válság
deprive *vt* megfoszt [vmitől]
depth *n* mélység
deputy *n* helyettes; megbízott
deranged *a* őrült, háborodott
derby *n* lóverseny, derbi; keménykalap
derive *vt* származtat, nyer; *vi* származik, ered
dermatologist *n med* bőrgyógyász
dermatology *n med* bőrgyógyászat
descend *vi* leereszkedik, lemegy; *fig* származik, leszármazik
descent *n* leszállás, leereszkedés; eredet, származás; **of Hungarian** ~ magyar származású
describe *vt* leír, lefest
description *n* leírás
desecrate *vt* megszentségtelenít
desert *n* sivatag; pusztaság; *vt* elhagy, otthagy; átáll, átpártol; megszökik (run away)
deserted *a* elhagyott; lakatlan
deserve *vt* megérdemel; kiérdemel
design *n* tervrajz, terv; elgondolás, szerkesztés; *vt* tervez, megtervez
designate *vt* kijelöl, kiválaszt
designer *n* tervező, rajzoló; **interior** ~ lakberendező, belsőépítész; **fashion** ~ divattervező
desirable *a* kívánatos
desire *n* kívánság, óhaj; vágy; *vt* óhajt, kíván, kér
desk *n* íróasztal; **front** ~ recepció, porta
desolate *a* elhagyott, elhagyatott
despair *n* elkeseredés, kétségbeesés; *vi* kétségbe esik, elkeseredik; ~ **of** reményvesztetten felad
desperate *a* elkeseredett, reménytelen, kétségbeesett

despicable *a* megvetendő, alávaló
despise *vt* megvet, lenéz
despite *prep* [vmi] ellenére
dessert *n* desszert, édesség, csemege
destination *n* úti cél, célállomás; rendeltetés
destiny *n* sors, végzet
destitute *a* nyomorgó, szűkölködő
destroy *vt* elpusztít, megsemmisít, lerombol
destruction *n* pusztítás, rombolás; pusztulás, romlás
detach *vt* leválaszt, elválaszt
detail *n* részlet; **in ~** részletesen; **go into ~s** részletekbe bocsátkozik
detain *vt* fogva tart, őrizetbe vesz; visszatart
detect *vt* észlel; kimutat
detection *n* észlelés, érzékelés; kiderítés
detective *n* nyomozó, detektív
detention *n* fogva tartás; *school* büntetés
deter *vt* elriaszt, elrettent
detergent *n* mosószer; tisztítószer
deteriorate *vi* megromlik, romlik
determination *n* elhatározás, kitartás, szándék; döntés, határozat
determine *vt* meghatároz, megállapít; eldönt
determined *a* eltökélt, elszánt
deterrent *n* elrettentő példa
detest *vt* utál, megvet
detrimental *a* hátrányos, káros
devalue *vt* leértékel
devastate *vt* elpusztít, letarol
develop *vt* fejleszt, kifejleszt; *photo* előhív; *vi* fejlődik, kifejlődik; **~ing countries** fejlődő országok
development *n* fejlesztés; fejlődés; fejlemény; **the latest ~s** a legújabb fejlemények
deviant *a* deviáns, normától eltérő
deviate *vi* **~ from** eltér [vmitől]
deviation *n* eltérés, elhajlás
device *n* szerkezet, készülék; eszköz, megoldás; **He's left to his own ~s.** A sorsára van hagyva.
devil *n* ördög; gonosz szellem; **~ed egg** kaszinótojás, töltött tojás; **~'s advocate** az ördög ügyvédje; **play the ~'s advocate** kötözködik, egy vitában a rosszat képviseli; **~'s-food cake** majdnem fekete csokoládétorta
devious *a* körmönfont, csavaros, ravasz
devise *vt* kitalál, kieszel, kigondol
devoid *a* **~ of** mentes [vmitől]
devoted *a* odaadó, hű
devout *a rel* ájtatos, hithű; őszinte
dew *n* harmat
dexterity *n* kézügyesség
diabetes *n med* cukorbetegség, cukorbaj
diabetic *a med* cukorbeteg; diabetikus (food)
diacritical mark *n gram* ékezet
diagnosis *n med* diagnózis, kórmeghatározás
diagonal *a* átlós, rézsútos; *n* átló
diagram *n* diagram, ábra; grafikon
dial *n* tárcsa; óralap (watch); *vt* tárcsáz; **sun~** napóra; **speed ~** gyorshívó
dialect *n* tájszólás, nyelvjárás
dialogue *n* párbeszéd, dialógus
dialysis *n med* dialízis
diameter *n* átmérő
diamond *n* gyémánt; brill, briliáns (jewelry); káró (cards); *math* rombusz; **~ ring** briliáns gyűrű, gyémánt gyűrű; **a ~ in the rough** csiszolatlan gyémánt
diaper *n* pelenka
diarrhea *n* hasmenés
diary *n* napló
dice *n pl* dobókocka, kocka; *vt* kockára vág

dictate *vt* diktál, tollba mond; parancsol
dictation *n* diktálás, tollbamondás; parancs
dictator *n* diktátor, zsarnok
dictatorship *n pol* diktatúra
diction *n* stílus, előadásmód
dictionary *n* szótár
did *vt past* → **do**[1]; *vi, vt aux past* → **do**[2]
die[1] *n* → **dice**
die[2] *vi* meghal; **be dying** haldoklik; *fig* majd meghal, hogy ..., ég a vágytól; ~ **down** elcsendesedik, lecsillapul; ~ **out** kihal, kipusztul; **I'm dying to know.** Majd meghalok a kiváncsiságtól.
die-hard *a* megátalkodott
diesel *a, n* dízel
diet *a* diétás, fogyókúrás; *n* diéta; étrend; *vi* diétázik; diétát tart; fogyókúrázik (to lose weight)
differ *vi* különbözik, eltér
difference *n* különbség, eltérés; **What ~ does it make?** Mit számít az?
different *a* különböző, más, eltérő; különféle
differential *n* különbözet
differentiate *vt* megkülönböztet
difficult *a* nehéz; nehézkes, problémás
difficulty *n* nehézség, akadály; **with ~** nehezen
diffidence *n* szerénység; félénkség
diffuse *vt* szétszór, oszlat; *vi* árad, terjed, oszlik
dig *vt* (**dug, dug**) ás, kiás, felás; *coll* tetszik [vkinek], csíp; ~ **in** beletemetkezik [vmibe]; ~ **out** kiás; ~ **up** felás; *fig* előás, felkutat; **D~ in!** *coll* Egyetek csak!
digest *n* kivonat; *vt* emészt, megemészt
digestion *n* emésztés
digger *n* ásó (ember), földmunkás; **gold ~** aranyásó; *fig* hozományvadász
digit *n* ujj (finger); szám(jegy); **She makes 6 ~s.** *coll* A keresete hatszámjegyű.
digital *a* digitális
digitize *vt* digitalizál
dignified *a* méltóságteljes, tiszteletet parancsoló
dignity *n* méltóság; magasztosság
digress *vi* eltér, elkalandozik (a tárgytól)
dike *n* gát, védőgát, töltés; *vulg* leszbikus nő
dilapidated *a* ütött-kopott, rozoga
dilate *vt* kinyújt, kitágít; *vi* kitágul, kinyúlik
diligence *n* szorgalom
diligent *a* szorgalmas
dill *n* kapor; ~ **pickle** (kapros) savanyú uborka
dilute *vt* hígít
dim *a* homályos; tompa, ködös; *vt* tompít; elhomályosít; *vi* elhomályosul, elhalványodik; ~ **the lights** lejjebb kapcsolja a lámpát, leveszi a fényt
dime *n* tízcentes (érme)
dimension *n* dimenzió, kiterjedés, méret
diminish *vt* csökkent, kisebbít; *vi* csökken, fogy
diminutive *a* kicsi, csepp, pöttöm; *n gram* kicsinyítő (képző)
dimple *n* gödröcske (arcon)
dine *vi* vacsorázik, étkezik; *vt* megvendégel, megvacsoráztat; **She'll be wined and ~d.** Mindent meg fognak neki adni.
diner *n* étterem (olcsó, esetleg az út mentén)
dinghy *n* gumicsónak
dingy *a* piszkos; elhanyagolt
dining *a* étkező-, ebédlő-; ~ **car** étkezőkocsi, büfékocsi; ~ **room** ebédlő, étkező; ~ **table** edédlőasztal

dinky *a* jelentéktelen
dinner *n* vacsora; **~ plate** lapostányér; **have ~** vacsorázik, megvacsorázik
dinnerware *n* étkészlet
dinosaur *n* dinoszaurusz
dint *n* horpadás, ütés helye
dip *n* sűrű mártás, (mártogatós) szósz; *vt* márt, megmárt, bemárt; leereszt; *vi* elmerül; leszáll, alábukik
diploma *n* diploma, oklevél
diplomacy *n* diplomácia
diplomat *n* diplomata
diplomatic *a* diplomáciai; diplomatikus, tapintatos; **~ immunity** diplomáciai immunitás; **~ answer** diplomatikus válasz
dipper *n* merőkanál; **the Big D~** a Göncölszekér
dire *a* szörnyű, borzasztó; **~ need** szorongató szükség
direct *a* egyenes; *fig* közvetlen (connection), nyílt (answer); azonnal; *adv* egyenesen, közvetlenül; *vt* irányít; utasít; igazgat; *theat* rendez; **~ flight** közvetlen repülőjárat
direction *n* irány; irányítás; igazgatás, vezetés; *theat* rendezés; utasítás
directive *n* utasítás, direktíva
directly *adv* azonnal; egyenesen, közvetlenül; nyíltan
director *n* igazgató; *theat, cine* rendező; **board of ~s** igazgatósági tanács; **~'s chair** rendezői szék; összehajtható vászonszék
directory *n* telefonkönyv, címtár
dirt *n* piszok, szenny; föld; **~ road** földút; **treat [sy] like ~** *coll* nagyon rosszul bánik [vkivel]
dirt-cheap *a* potom, nagyon olcsó
dirty *a* piszkos, mocskos, szennyes; *fig* erkölcstelen; disznó (joke); **~ trick** piszkos trükk; **~ joke** disznó vicc; **give [sy] a ~ look** csúnyán néz [vkire]
disability *n* alkalmatlanság; rokkantság, fogyatékosság
disabled *a* munkaképtelen, nyomorék, fogyatékos
disadvantage *n* hátrány; **be at a ~** hátrányos helyzetben van
disadvantaged *a* hátrányos helyzetű
disagree *vi* nem ért egyet, nem egyezik; ellentétben áll [vkivel, vmivel]
disagreeable *a* kellemetlen; ellenszenves (person)
disagreement *n* nézeteltérés, vita
disappear *vi* eltűnik
disappearance *n* eltűnés
disappoint *vt* csalódást okoz [vkinek], kiábrándít
disappointment *n* csalódás
disapprove *vt* kifogásol, helytelenít
disarm *vt* lefegyverez, leszerel; *vi* leszerel
disarming *n* lefegyverző; őszinte, nyílt
disarray *n* rendetlenség, zűrzavar
disaster *n* szerencsétlenség, katasztrófa
disastrous *a* katasztrofális, végzetes
disavow *vt* nem ismer el, megtagad
disband *vt* feloszlat; *vi* felbomlik, feloszlik
disbelief *n* hitetlenség, hitetlenkedés
disc *n* korong, tárcsa; lemez; → **disk**
discard *vt* eldob
discharge *n* kisülés; lövés (gun); elbocsátás (hospital); *mil* leszerelés; *med* váladék, folyás; *vt* elsüt (gun); kienged, elbocsát (hospital); *mil* leszerel; *med* kiválaszt
disciple *n* tanítvány
discipline *n* fegyelem; tudományág (science); *vt* fegyelmez; büntet
disclaimer *n* lemondás, visszautasítás, tagadás
disclose *vt* felfed; elárul, leleplez; közzétesz

disco *n* diszkó
discomfort *n* kényelmetlenség, kellemetlenség, rossz érzés
disconnect *vt* szétkapcsol; kikapcsol
discontent *n* elégedetlenség
discontinue *vt* abbahagy, nem csinál tovább; lemond (subscription); nem gyárt tovább (manufacture)
discount *n* árengedmény, kedvezmény; leértékelés; **~ store** diszkont áruház/üzlet
discourage *vt* elkedvetlenít, kedvét szegi; ellenez, lebeszél [vmiről]; **~ [sy] from** elveszi a kedvét [vmitől]
discover *vt* felfedez, feltár; észrevesz, rájön
discovery *n* felfedezés; felismerés
discreet *a* diszkrét, tapintatos
discrepancy *n* eltérés, különbözőség
discrete *a* különálló, egyedi
discretion *n* megítélés, belátás; körültekintés
discriminate *vi* megkülönböztet
discursive *a* csapongó, szaggatott
discus *n* diszkosz
discuss *vt* megvitat, vitat, megtárgyal, megbeszél
discussion *n* megbeszélés, beszélgetés; vita; tárgyalás
disdain *vt* lenéz, megvet
disease *n* betegség, kór
disembark *vi* leszáll, kiszáll, partra száll
disengage *vt* kikapcsol, szétkapcsol; *vi* kiszabadul
disgrace *n* szégyen; kegyvesztettség; **be a ~ to** szégyenfolt, szégyenére válik
disgruntled *a* elégedetlen
disguise *n* álruha; *fig* tettetés, színlelés; *vt* palástol, leplez
disgust *n* undor, utálat; *vt* undorít, ellenszenvet kelt
disgusting *a* undorító, utálatos
dish *n* tál, edény; étel, fogás; *coll* parabola antenna; *vt* tálal; **satellite ~** parabola antenna; **do the ~es** elmosogat
disharmony *n* diszharmónia
dishcloth *n* mosogatórongy
disheveled *a* zilált, kócos; rendetlen
dishonest *a* tisztességtelen; nem őszinte, becstelen
dishonesty *n* tisztességtelenség, becstelenség
dishonor *n* becstelenség, gyalázat; szégyen; *vt* megszégyenít, meggyaláz
dishrack *n* edény szárító, csepegtető
dishtowel *n* konyharuha
dishwasher *n* mosogatógép
dishwashing liquid *n* mosogatószer
disillusionment *n* kiábrándultság; kiábrándulás, csalódás
disinfect *vt* fertőtlenít
disinfectant *n* fertőtlenítőszer
disingenuous *a* hamis, nem őszinte
disk *n* korong, lemez; *comp* lemez, diszk; **floppy ~** hajlékony mágneslemez; **hard ~** merevlemez; **~ space** üres hely a lemezen
diskette *n comp* hajlékony lemez
dislike *vt* nem kedvel, ellenszenvvel van [vki iránt]
dislodge *vt* kimozdít, kiszabadít
disloyal *a* hűtlen, áruló
dismantle *vt* szétszed; leszed, leszerel
dismiss *vt* elbocsát (an employee); elenged; feloszlat (a group); elutasít (a request)
dismount *vt* leszáll (lóról)
disobey *vt* nem fogad szót, nem engedelmeskedik; megszeg (law)
disorganized *a* rendetlen, rendszertelen, szétszórt
disoriented *a* zavart; nem tudja hol van

dispassionate *a* szenvtelen
dispatch *n* feladás, elküldés, elszállítás; *vt* elküld; elindít
dispatcher *n* diszpécser, forgalomirányító
dispenser *n* adagoló
disperse *vt* szétszór; szétoszlat, feloszlat (crowd); *vi* feloszlik, szétszóródik
display *n* kirakás, bemutatás; kirakat (store); kijelző; *vt* kitesz, kiállít, bemutat; **be on ~** ki van állítva
displease *vt* nem tetszik [vkinek]
disposable *a* eldobható
disposal *n* megszabadulás [vmitől]; eltakarítás, elszállítás; rendelkezés [vmi felett]; **waste ~** szemétszállítás; **I'm at your ~.** A rendelkezésére állok.
dispose *vi* **~ of** megszabadul [vmitől]
disposition *n* hajlam, természet; diszpozíció
dispute *n* vita; veszekedés; *vt* megvitat, vitat; kétségbe von, elvitat (question)
disregard *n* semmibevevés; *vt* figyelmen kívül hagy, semmibe vesz
disrespect *n* tiszteletlenség
disrupt *vt* félbeszakít, megszakít; szétszakít
disruption *n* megszakítás, szétszakítás
dissatisfaction *n* elégedetlenség
dissatisfied *a* elégedetlen
dissect *vt* boncol, felboncol; *fig* elemez, boncolgat
dissent *n* eltérő vélemény; *vi* eltérő véleményen van
dissolve *vi* olvad, oldódik; eloszlik (crowd); *vt* old, felold; felbont
distance *n* távolság; táv, útszakasz; *vt* eltávolít, távol tart; **keep one's ~** három lépés távolságot tart
distant *a* távoli, messzi; *fig* tartózkodó; **~ relative** távoli rokon
distasteful *a* visszataszító, utálatos
distill *vt* desztillál, párol
distillery *n* szeszfőzde
distinct *a* világos, pontosan kivehető; különböző, eltérő
distinction *n* különbség, megkülönböztetés; kitüntetés
distinguish *vt* megkülönböztet, különbséget tesz; kiemel, kitüntet (honor)
distort *vt* eltorzít; *fig* elferdít, kiforgat
distract *vt* elvon (figyelmet); megzavar
distraught *a* megzavarodott
distress *n* aggodalom, bánat; baj, szorultság, veszély
distribute *vt* szétoszt, kioszt, eloszt
distribution *n* elosztás, szétosztás; osztályozás; megoszlás
distributor *n* elosztó; nagykereskedő (retail)
district *n* kerület; körzet; *pol* választókerület; **~ attorney** *law* államügyész; **financial ~** üzleti negyed
distrust *n* bizalmatlanság; *vt* nem bízik [vkiben], bizalmatlankodik [vkivel]
disturb *vt* zavar, háborgat
disturbance *n* zavarás; zavargás; **~ of the peace** *law* csendháborítás
ditch *n* árok, csatorna; *vt* árkol; **he was ~ed** *coll* otthagyták a pácban, pácban maradt
dive *n* alámerülés; *sp* műugrás; zuhanórepülés (plane); *coll* lebuj; *vi* lemerül, alámerül; zuhan (plane)
diver *n* búvár; *sp* műugró
diverse *a* változatos, sokféle; különböző
diversion *n* elterelés; figyelem elterelés
diversity *n* sokféleség, sokszínűség, változatosság

divide *n* vízválasztó; *vt* oszt, eloszt, szétoszt; kettéoszt (in two); *math* eloszt; szétválaszt, kettéválaszt; elválaszt (a word); **~ by three** hárommal oszt; **the great Continental D~** az USA nagy vízválasztója (a Sziklás-hegység vidéke)
dividend *n econ* osztalék
divine *a* isteni, mennyei, égi
diving *n sp* műugrás; vízbe ugrás; zuhanórepülés (plane)
division *n math* osztás; felosztás, megosztás; *mil* hadosztály; részleg, osztály
divorce *n* válás; *vt, vi* elválik [vkitől]; **They got a ~.** Elváltak. **She ~d him.** Elvált tőle. **They ~d.** Elváltak.
divorced *a* elvált
dizziness *n* szédülés
dizzy *a* szédült; szédülő; **be ~** szédül
DJ = disc jockey *n coll* diszkdzsoké, lemezlovas
DNA *n biol* DNS
do[1] *vt* (**did, done**) csinál, tesz, megtesz, elvégez; elkészít, megcsinál; rendbe tesz; *vi* [vmilyen] eredményt ér el; megfelel, elegendő; **~ one's best** megtesz minden tőle telhetőt; **~-it-yourself** csináld magad; **~ one's hair** rendbe teszi a haját, frizurát csinál; **~ well in school** jól megy neki az iskola; **~ away with** megszüntet; **~ for** tönkretesz; **~ over** átdolgoz, újra csinál; **have something to ~ with** kapcsolatban van[vmivel]; **have nothing to ~ with** semmi köze sincs hozzá; **The car was ~ing 50.** Ötvennel ment a kocsi. **I'm done.** Kész vagyok./Befejeztem. **It will ~.** Ez elég lesz. **Well done!** Szép munka! **How are you ~ing?** Hogy vagy? **It's done for.** Vége van./ Tönkrement.
do[2] *vi, vt aux* (kérdésben) **D~ you know him?** Ismered? **Does he live here?** Itt lakik? **What did you say?** Mit mondtál? (rövid válaszban mint igepótló) **D~ you want it? – Yes, I ~.** Kéred? – Igen, (kérem). **D~ they work there? – No, they don't.** Ott dolgoznak? – Nem. **Does she know him? – Yes, she does./No, she doesn't.** Ismeri őt? – Igen./Nem. **Did he go? – Yes, he did./No, he didn't.** Elment? – Igen./Nem. (tagadásban) **I ~ not/don't like it.** Nem tetszik nekem. **She did not/didn't come.** Nem jött el. (tiltásban) **Don't go there!** Ne menj oda! (nyomatékként) **He does know it.** Tényleg tudja. (visszakérdezéskor mint igepótló) **You like her, don't you?** Tetszik neked, ugye?
doable *a* megtehető, elvégezhető, lehetséges, reális
docile *a* kezelhető; tanulékony
dock *n* dokk, kikötő; *vi* kiköt, dokkol; összekapcsolódik
doctor *n* orvos, doktor; *vt* orvosol; hamisít (falsify)
doctorate *n* doktorátus
doctrine *n* doktrína, tan
document *n* irat, dokumentum, okmány; *vt* dokumentál
documentary *n* dokumentumfilm
doe *n* szarvas (nőstény), őz (nőstény)
doer *n* tevő, valaki, aki tesz
does *vt 3rd person sing* → **do**
dog *n* kutya, eb; **~ food** kutyaeledel; **~ show** kutyakiállítás; **rescue ~** mentő kutya; **seeing-eye ~** vakvezető kutya; **~ days** kánikula, hőség
dogfight *n* kutyaviadal
dogged *a* kitartó, makacs
doggie *n* → **doggy**

doggy *n* kutyus, kutyuska, kiskutya; **~ bag** étteremből hazavihető ételcsomag, vacsora maradék
doghouse *n* kutyaól
dogma *n* dogma, hittétel
dogwood *n* som
doily *n* zsúrterítő
doing *n* tett
doll *n* játék baba
dollar *n* dollár
dolphin *n* delfin
domain *n* birtok; *fig* tárgykör, tér, terület; *comp* körzet
dome *n* kupola
domestic *a* házi; családi; háztartási; belföldi, hazai (not foreign); **~ animal** háziállat; **~ beer** hazai sör (not imported)
dominate *vt* uralkodik, dominál; túlsúlyban van
domination *n* uralkodás, uralom
Dominican Republic *n* Dominikai Köztársaság
domino *n* dominó
donate *vt* adományoz
donation *n* adomány, ajándék
done *vt, vi pp* → **do**
donkey *n* szamár, csacsi
donut *n* → **doughnut**
doodle *vt* firkál, rajzolgat
doom *n* végzet, balsors
door *n* ajtó; kapu; **from ~ to ~** háztól házig; **next ~** a szomszédban; **show [sy] the ~** kiutasít [vkit]
doorbell *n* (ajtó) csengő
doorknob *n* kilincs (gomb)
doorman *n* portás
doormat *n* lábtörlő
doornail *n* ajtószeg; **dead as a ~** *coll* (teljesen) halott
doorstep *n* küszöb
dope *n* kábítószer; doppingszer; *vt* doppingol
dorm *n* → **dormitory**
dormant *a* alvó, szunnyadó; *fig* rejtett
dormitory *n school* kollégium, diákotthon; *coll* koli, kolesz
dose *n* adag, dózis; *vt* adagol
dot *n* pont; *vt* pontot tesz (betűre); tarkít, pettyez
double *a* dupla, kettős, kétszeres; *fig* hamis, kétszínű; *adv* kétszeresen, kétszer; *n* duplája [vminek]; alteregó, hasonmás; *cine* dublőr; *sp* páros; *vt* megkettőz, megdupláz; összehajt, félbehajt; **~ room** kétágyas szoba; **~ standard** kettős erkölcs, kettős megítélés; **on the ~** gyorsan, futólépésben; **~ over** összegörnyed
double-breasted *a* kétsoros (zakó)
double-check *vt* újra ellenőriz
double-cross *vt* becsap, átejt, átvág
double-park *vt* járdaszegélynél parkoló autó mellé parkol (két sorban)
doubly *adv* duplán, kétszeresen
doubt *n* kétely, kétség; *vt* kételkedik, kétségbe von; **no ~** kétségtelenül; **I ~ it.** Kétlem.
doubtful *a* kétséges, kétes
doubtless *a* kétségtelen
dough *n* tészta (nyers); *slang* dohány, pénz
doughnut *n* fánk
dove *n* galamb, gerle
down[1] *adv* le, lefelé; lenn, lent; **~payment** foglaló, első részlet; **D~ Under** Ausztráliában; **come ~ with a cold** náthával fekszik; **~ below** ott lent; **be ~ on one's luck** peches; **~ the river** a folyás irányában; **sell [sy] ~ the river** elárul [vkit], csőbe húz [vkit]; **ups and ~s** viszontagságok, megpróbáltatások
down[2] *n* pehely, pihe; **~ pillow** pehelypárna

downfall *n* esés, bukás; leesés, hullás (snow, rain)
downhill *adv* völgymenetben, lejtőn lefelé; *fig* **go ~** romlásnak indul
downpour *n* zivatar, felhőszakadás
downright *a* egyenes, őszinte; *adv* egyenesen, őszintén; határozottan, kétségtelenül; **It was ~ scary.** Egyenesen ijesztő volt.
downstairs *adv* lent, a földszinten; lefelé; **go ~** lemegy (a földszintre)
down-to-earth *a* gyakorlatias, praktikus, életrevaló
downtown *adv* a belvárosban, a városban; *n* belváros, városközpont; üzleti negyed
downward *a* lefelé mutató, lefelé irányuló; *adv* lefelé
downy *a* pelyhes, puha
dowry *n* hozomány
doze *vi* szundikál, bóbiskol
dozen *n* tucat
draft *n mil* sorozás; váltó (bank); vázlat, tervrajz (drawing); fogalmazvány, tervezet (writing); huzat (air); *vt mil* besoroz, behív; megfogalmaz, megszerkeszt (writing); **~ beer** csapolt sör
drag *n* húzás, vonszolás; *fig* akadály, teher, nyűg; *vt* húz, vonszol; **~ one's feet** húzza a lábát, kelletlenül csinál [vmit]; **~ along** magával hurcol; **~ behind** hátramaradozik; **~ out** elhúz, elnyújt; **It's such a ~.** Olyan nyűg ez az egész.
dragon *n* sárkány
dragonfly *n* szitakötő
drain *n* lefolyó; vízelvezető csatorna; *vt* lecsapol, kiszárít; elhasznál, lemerít (energy)
drama *n* dráma; színdarab, színmű
dramatic *a* drámai
drank *vt past* → **drink**
drape *n* kárpit, szövet; *vi* lágyan esik, redőz; *vt* betakar, szövettel betakar; **~s** függöny, sötétítőfüggöny;
drapery *n* függöny, sötétítőfüggöny; szövet
drastic *a* drasztikus, erős; hathatós
draw *n* húzás; sorshúzás (luck); *vt* (**drew, drawn**) húz, kihúz; rajzol (a picture); *vi* közeledik; **luck of the ~** szerencse kérdése; **~ back** *vt* visszahúz; *vi* visszahúzódik
drawback *n* hátrány
drawbridge *n* felvonóhíd
drawer *n* húzó (person); fiók (furniture)
drawing *n* rajz, (rajzolt) kép; rajzolás
drawl *n* vontatott beszéd
drawn *vt, vi pp* → **draw**
dread *n* félelem, rettegés; *vt* fél, retteg [vmitől]
dream *n* álom; *vt* (**dreamed/dreamt, dreamed/dreamt**) álmodik; ábrándozik; **a ~ come true** valóra vált álom, [vmi], amire nagyon vágytak
dreary *a* sivár, kietlen
dredge *vt* kotor, kikotor
drench *vt* átáztat; **He's ~ed.** Csurom víz.
dress *n* ruha, öltözet; *vt* öltöztet, felöltöztet; feldíszít; bekötöz (a wound); elkészít (food); *vi* öltözködik, öltözik; **~ code** megfelelő viselet, öltözködési útmutató; **~ rehersal** *theat* jelmezes főpróba; **~ uniform** díszegyenruha; **get ~ed** felöltözik
dresser *n* komód, fiókos szekrény (furniture); jól öltöző ember; **She's a sharp ~.** Nagyon jól öltözik.

dressing *n med* kötözés; kötszer; öntet (salad); töltelék (stuffing); **Italian ~** olaszos salátaöntet

dressing room *theat* öltöző

drew *vt, vi past* → **draw**

dribble *vt* pattogtat (ball); *vi* csepeg, csöpög (water)

drift *n* mozgás, áramlás; sodródás; *fig* szándék; hordalék; *vi* sodródik, úszik, lebeg; **snow ~** hófúvás; **if you catch my ~** *coll* ha érted, mire gondolok

drill *n* fúró; kiképzés, gyakorlatozás (training); *vt* fúr, kifúr, átfúr; gyakorlatoztat, kiképez (exercise)

drink *n* ital; szeszes ital; *vt* (**drank, drunk**) iszik, iszogat (a little), *coll* vedel (a lot); *vi* iszik, részegeskedik; **~ like a fish** *coll* iszik mint a kefekötő; **~ in** beszív, felszív; **~ up** kiissza a poharát; **Let's have a ~!** Igyunk egyet! **Let's ~ to friendship!** Igyunk a barátságra! **D~ up!** Idd meg mind!/Igyál csak!

drip *n* csöpögés; *vi* csepeg, csöpög

drive *n* autózás, kocsikázás; meghajtás, hajtómű; *fig* erő, energia; kocsi feljáró; kampány; *vt* (**drove, driven**) vezet; autóval megy [vhova]; hajt, űz, kerget; **he ~s me crazy** megőrjít, az őrületbe kerget; **driving permit** jogosítvány, vezetői engedély; **~ at** céloz [vmire]; **~ through** áthajt, kocsival átmegy; **She has tremendous ~.** Hatalmas energiája/ambíciója/akaratereje van. **He is very driven.** Rendkívül motivált.

drive-in *a* autós-; **~ movie** autósmozi

driven *a* űzött, hajtott; *fig* motivált, ambiciózus; *vt, vi pp* → **drive**

driver *n* vezető, sofőr, gépkocsivezető; **~'s license** jogosítvány, *coll* jogsi

drive-through *a* autós-; **~ restaurant** autós étterem (ahol ablakból szolgálnak ki)

driveway *n* kocsi feljáró

drizzle *vi* szemerkél

drone *n* here (bee); *fig* semmittevő (person); döngés, zümmögés (noise); *vt* monoton hangon elmond

drop *n* csepp, csöpp; cukorka; leesés, visszaesés, hanyatlás; *vi* csepeg, csöpög; összeesik; csökken, süllyed; *vt* cseppent; leejt, elejt; bedob; abbahagy; **~ by ~** cseppenként; **eye ~s** szemcsepp; **~ dead** holtan összeesik; **~ in** meglátogat, benéz; **~ [sy] off [swhere]** elvisz [vkit] [vhova], letesz [vkit] [vhol] (kocsival); **~ out** kiesik; *fig* lemorzsolódik, kimarad (iskolából); **The temperature ~ped.** Lesüllyedt a hőmérséklet.

droplet *n* csepp, cseppecske

dropout *n* lemorzsolódott ember, iskolából kimaradt ember

dropper *n* cseppentő

dross *n* salak

drought *n* aszály, szárazság

drove[1] *n* falka, csorda, nyáj (animals); tömeg (people)

drove[2] *vt, vi past* → **drive**

drown *vi* vízbe fullad, megfullad; *vt* vízbe fojt; elönt; elfojt

drowsy *a* álmos, kába

drudge *vi* robotol, kulizik

drug *n* gyógyszer; kábítószer, drog, narkotikum; *vt* gyógyszerez [vkit]; kábítószert ad be [vkinek]

drugstore *n* drogéria, gyógyszertárral egybekapcsolt vegyes bolt

drum *n mus* dob; (henger alakú) tartály; *vi* dobol (az ujjával); **play the ~s** *mus* dobol

drummer *n mus* dobos
drumstick *n* dobverő; *coll* csirkecomb
drunk *a* részeg, ittas; *n* részeg, ittas személy; *vt pp* → **drink**
dry *a* száraz, kiszáradt; szárított, aszalt (fruit); *coll* szesztilalmas (hely) (no alcohol permitted); *fig* unalmas, száraz; fanyar (humor); *vt* szárít, megszárít; aszal (fruit); *vi* megszárad; ~ **the dishes** eltörölgeti az edényeket; ~ **one's eyes** megtörli a szemét; ~ **up** elapad, kiszárad
dry cleaner *n* vegytisztító
dryer *n* szárító(gép); **hair** ~ hajszárító
dual *a* kettős
dubious *a* bizonytalan, kétes
duck[1] *n* kacsa
duck[2] *vt* lebukik, alámerül, behúzza a nyakát
duct tape *n* szigetelőszalag
dude *n slang* pasi, hapsi; **D~!** Hapsikám!/ Öregem!
due *a* esedékes, lejáró; kellő, megfelelő; ~ **to** [vminek] köszönhető; *adv* pontosan, egyenesen; *n* járandóság, ami jár; **~s** illeték; tagdíj; ~ **date** a lejárat napja, határidő; ~ **to the weather** az időjárásra való tekintettel; **pay one's ~s** befizeti a tagsági díjat; *fig* megfizeti a tanulópénzt, átesik a kellemetlen részen; **When is she ~?** Mikorra várja a babát? (pregnancy)
duel *n* párbaj
duet *n mus* duett, kettős
dug *vt past/pp* → **dig**
dug-out *n sp approx* kispad (baseball)
dull *a* unalmas, egyhangú; tompa (pain); fakó, matt, tompa (color); *vt* tompít, eltompít; fakít (color); enyhít (pain); ~ **brown** fakó barna; ~ **headache** tompa fejfájás
duly *adv* illendően, helyesen, megfelelően
dumb *a coll* buta, hülye; néma
dumbbell *n sp* súlyzó; *coll* hülye alak
dummy *n* bábu; utánzat; buta ember, fajankó
dump *n* lerakodóhely, szemétlerakó; *coll* lepusztult hely/ház; *vt* lerak, ledob, lehány; ~ **truck** dömper
dumpling *n* gombóc; galuska
dumpy *a* tömzsi, köpcös
dune *n* dűne, homokbucka
dung *n* trágya, ganéj
dungeon *n* várbörtön
duo *n* duó, kettős
duplex *a* kettős, dupla; *n* ikerház (house); kétoldalú másolat
duplicate *a* kétszeres, dupla; *n* másolat, másodpéldány; *vt* duplikál, megkettőz; másol; sokszorosít (multiple copies); **in** ~ két példányban
duplicity *n* kétszínűség, hamisság
durable *a* tartós
duration *n* időtartam, tartam
during *prep* közben, alatt, folyamán; ~ **the day** napközben
dusk *n* félhomály; alkony, szürkület
dust *n* por; *vt* leporol, kiporol; port töröl; behint, beporoz; **bite the** ~ *coll* a fűbe harap; ~ **off** leporolja magát
dustcover *n* borítólap, papírborító (könyvön)
duster *n* poroló, portörlő, porrongy (rag)
dusty *a* poros; porlepte
Dutch *a, n* holland; **in** ~ hollandul; ~ **treat** fizetés fele-fele alapon, mindenki a magáét fizeti
duty *n* kötelesség; vám, illeték; szolgálat, ügyelet; **do one's** ~ teljesíti a kötelességét; **be on** ~ szolgálatban van; **be off** ~ szolgálaton kívül van

duty-free *a* vámmentes
dwarf *n* törpe
dwell *vi* (**dwelt, dwelt**) lakik, tartózkodik
dweller *n* lakó
dwelling *n* lakóhely, lakás
dwelt *vi past/pp* → **dwell**
dwindle *vi* csökken, fogy, apad
dye *n* festék; hajfesték (hair); ruhafesték (fabric); *vt* megfest, befest (ruhát, hajat)
dying *a* haldokló (person), halódó; ~ **words** (az elhunyt) utolsó szavai
dynamic *a* dinamikus, erőteljes, tetterős
dynamite *a slang* nagyszerű, dinamikus; *n* dinamit
dynasty *n* dinasztia, uralkodóház

E

each *a* minden, minden egyes, mindegyik; *adv* egyenként, külön-külön; *pron* mindenki, ki-ki; **one of ~** mindegyikből egy; **~ other** egymás(t); **~ of us** mindegyikünk; **They are two dollars ~.** Darabja két dollár.
eager *a* buzgó, mohó; ~ **beaver** *coll* buzgómócsing, stréber
eagle *n* sas
ear[1] *n* fül; hallás (music); **in one ~ and out the other** egyik fülén be, a másikon ki; **be all ~s** csupa fül; **lend an ~ to [sy]** meghallgat [vkit]; **pierce one's ~** kifúrja a fülét
ear[2] cső (corn), kalász (wheat)
earache *n* fülfájás; **have an ~** fáj a füle
eardrum *n* dobhártya
earlobe *n* fülcimpa
early *a* korai; régi; *adv* korán, [vminek] a kezdetén, az elején; **~ impressionists** a korai impresszionisták; **~ in the morning** korán reggel; **~ on** kezdetben, az elején; **The ~ bird gets the worm.** Ki korán kel, aranyat lel.
earmuff *n* fülvédő
earn *vi* keres (pénzt); *fig* kiérdemel, megérdemel
earnest *a* komoly; határozott
earnings *n* kereset (pénz); *econ* jövedelem, hozam
earphone *n* fülhallgató; → **headphone**
ear-piercing *a* fülsiketítő; *n* füllyukasztás
earplugs *n* füldugó
earring *n* fülbevaló
earshot *n* hallótávolság
ear-splitting *a* fülsiketítő
earth *n* a Föld; föld, talaj; **What on ~ did he want?** Mi a csudát/fenét akart?
earthquake *n* földrengés
earthworm *n* giliszta
earthy *a* földi, földies
earwax *n* fülzsír
ease *n* kényelem, jólét; könnyedség; egyszerűség; *vt* enyhít (pain), könnyít (suffering); lazít, kienged (clothes); *vi* megnyugszik, csillapodik; **be at ~** nyugodt, kényelmes; **feel ill at ~** kellemetlenül érzi magát; **with ~** könnyen, könnyedén; **~ the tension** csökkenti a feszültséget; **E~ up!** *coll* Lazíts!
easel *n* állvány, festőállvány
easily *adv* könnyen, könnyedén
east *a* keleti; *adv* kelet felé, keletre; *n* kelet; **E~ Asia** Kelet Ázsia; **~ coast** *US* keleti part(vidék); **go ~** kelet felé megy
Easter *a* húsvéti; *n* Húsvét; **~ Sunday** Húsvét vasárnapja; **~ bunny** húsvéti nyuszi
eastern *a* keleti
eastward *adv* kelet felé, keletre

easy *a* könnyű; kényelmes; könnyed; *adv* könnyen; **it's ~ to say …** könnyű azt mondani, …; **Easier said than done.** Könnyű azt mondani./ Könnyebb mondani, mint megtenni. **Take it ~!** *coll* Lassan a testtel!/ Nyugi!
easygoing *a* laza, dolgokat könnyen vevő (ember)
eat *vt* (**ate, eaten**) eszik, megeszik; **~ out** étteremben eszik, étterembe megy; **~ up** megeszik (mindent); felhasznál, felemészt; **E~ your heart out!** Sárgulj meg az irigységtől! **E~ up!** Egyetek csak!
eaten *vt pp* → **eat**
eatery *n* étkezde, kifőzde
eating *n* evés, étkezés
eats *n pl* ennivaló
ebb *n* apály; hanyatlás, esés; **~ and flow** árapály
ebony *a, n* ébenfa; ébenfekete (color)
eccentric *a* különc, különcködő
echo *n* visszhang; *vi* visszhangzik
eclectic *a* eklektikus
eclipse *n* fogyatkozás (nap, hold); **solar ~** napfogyatkozás; **lunar ~** holdfogyatkozás
ecological *a* ökológiai
ecology *n* ökológia, környezettan
economical *a* takarékos (person); gazdaságos
economics *n* közgazdaságtan
economist *n* közgazdász
economize *vi* takarékoskodik, spórol, beoszt
economy *n* gazdaság, gazdasági élet
ecosystem *n* ökoszisztéma
ecru *a* ekrü, drapp
ecstasy *n* extázis, elragadtatás
ecumenical *a rel* ökumenikus
eczema *n med* ekcéma, bőrkiütés
edge *n* él; szél, szegély, perem; *vt* szegélyez; **take off the ~** elveszi az élét; **be on ~** ideges, ingerült, robbanékony; **~ a little closer** kicsit közelebb húzódik; **~ on** biztat, noszogat
edgewise *adv* oldalvást; **I couldn't get a word in ~.** Nem jutottam szóhoz./ Nem hagyott szóhoz jutni.
edging *n* szegély
edgy *a* ideges, ingerült
edible *a* ehető
edify *vt* tanít, oktat
edit *vt* szerkeszt; összeállít, összevág; *cine* vág
edition *n* kiadás (könyv)
editor *n* szerkesztő; *cine* vágó; **~ in chief** főszerkesztő
editorial *a* szerkesztői, szerkesztőségi; *n* szerkesztői levél, vezércikk
educate *vt* oktat, iskoláztat; művel, fejleszt
education *n* nevelés, neveltetés; műveltség; oktatás, művelődés; **give [sy] an ~** taníttat, iskoláztat
educational *a* nevelési, tan-; oktatási (institution); ismeretterjesztő, oktató (program)
educator *n* nevelő, tanár, pedagógus
eel *n* angolna
effect *n* hatás, következmény, eredmény; *law* hatály; *vt* okoz, eredményez; **cause and ~** ok és okozat; **have an ~ on** hatással van [vmire]; **take ~** hatályba lép, életbe lép; hatása van; **to no ~** hiába, eredménytelenül
effective *a* hatásos; hathatós; hatékony, eredményes; *law* hatályban lévő, érvényes

efficiency *n* hatékonyság; eredményesség; teljesítmény, hatásfok (output); ~ **apartment** garzon lakás

efficient *a* hatékony; eredményes; termelékeny

effort *n* erőfeszítés, fáradozás, erőlködés; **make an** ~ próbálkozik; **A for** ~ dicséretes, hogy próbálkozol

effortless *a* könnyű, megerőltetés nélküli

e.g. = **for example** → **example**

egalitarian *a, n* egyenlőségre törekvő, egalitáriánus

egg[1] *n* tojás; *biol* pete; **scrambled ~s** tojásrántotta; **fried ~s** tükörtojás; **put all one's ~s in one basket** mindent egy lapra tesz fel

egg[2] *vt* ~ **on** noszogat, ösztökél

eggbeater *n* habverő

eggnog *n* tojáslikőr

eggplant *n* padlizsán

eggshell *n* tojáshéj

egg white *n* tojásfehérje

ego *n* én, egó

egocentric *a* önző, egocentrikus

egotism *n* önzés, beképzeltség

Egypt *n* Egyiptom

Egyptian *a, n* egyiptomi

eight *num* nyolc; **at** ~ nyolckor; **at the age of** ~ nyolcéves korban

eighteen *num* tizennyolc

eighteenth *a* tizennyolcadik; **on the** ~ tizennyolcadikán

eighth *a* nyolcadik

eighty *num* nyolcvan

either *a* egyik, valamelyik; akármelyik, bármelyik (kettő közül); *conj* ~ **... or ...** vagy ... vagy ...; sem; ~ **one** bármelyik; ~ **one or the other** vagy az egyik, vagy a másik; ~ **way** akár így, akár úgy; **I don't like ~ of them.** Egyik sem tetszik nekem. **If you're not going, I'm not going ~.** Ha te nem mész, én sem megyek.

ejaculate *vt* kilövell, ejakulál

eject *vt* kilövell; kivet; kidob

elaborate *vt* kifejt, alaposan elmagyaráz, gondosan kidolgoz

elapse *vi* múlik, elmúlik, eltelik (idő)

elastic *a* rugalmas, ruganyos; *n* gumiszalag, gumi

elated *a* emelkedett hangulatban levő, mámoros

elbow *n* könyök; (út)kanyarulat; *vt, vi* lökdösődik, tolakodik; könyököl; ~ **grease** *coll* megerőltető fizikai munka; ~ **room** mozgástér, működési lehetőség

elder[1] *a* idősebb (testvér); rangidős; *n* idősebb, tekintélyes ember

elder[2] *n* bodza(fa)

elderly *a* idős, idősödő

eldest *a* legidősebb

elect *a* választott, kiválasztott; *US* megválasztott, de még nem hivatalban levő személy; *vt* választ, megválaszt; dönt; **the president-** ~ az újonnan választott elnök (hivatalba lépése előtt)

election *n* választás; **general** ~ országos választás

elective *a school* szabadon választható, fakultatív; *n* fakultatív tantárgy, fakultáció

electric *a* elektromos, villamos; ~ **cord** elektromos vezeték; ~ **chair** villamosszék; ~ **current** elektromos áram; ~ **fence** villanypásztor

electrician *n* villanyszerelő

electricity *n* elektromosság, villany, villamosság

electrify *vt* villamossággal feltölt; *fig* felvillanyoz
electrode *n* elektróda
electromagnetic *a* elektromágneses
electron *n* elektron
electronic *a* elektronikus
elegant *a* elegáns, előkelő, finom
elegy *n* elégia
element *n* elem, alkotóelem; **the ~s** természeti elemek/hatások (nap, eső, szél); **brave the ~s** dacol az elemekkel; **an ~ of uncertainty** bizonytalansági tényező
elementary *a* alapvető, alapfokú, elemi; **~ school** általános iskola
elephant *n* elefánt
elevation *n* emelkedés, magaslat, domb
elevator *n* lift, felvonó
eleven *num* tizenegy; **at ~** tizenegykor
eleventh *a* tizenegyedik; **on the ~** tizenegyedikén
elicit *vt* kiszed (információt); kiderít
eliminate *vt* kiküszöböl, kirekeszt; megsemmisít, felszámol
elite *a, n* elit
elk *n* jávorszarvas
ellipse *n* ellipszis
ellipsis *n* szókihagyás
elm *n* szilfa
elocution *n* ékesszólás, szónoki képesség
elongate *vt* kinyújt, meghosszabbít
eloquent *a* választékos, ékesszóló
else *adv* vagy, különben; egyéb, más; **somebody ~** valaki más; **or ~** máskülönben; **What ~?** Mi más?/ Még mi? **Anything ~?** Valami mást (adhatok)?
elsewhere *adv* máshol, máshova (to)
elusive *a* meghatározhatatlan
e-mail *n* email, drótposta, elektronikus levél, *coll* emil; *vt* emailt küld, emailezik, emilezik
emancipate *vt* felszabadít, emancipál
embargo *n* embargó
embark *vi* felszáll, hajóra száll; nekilát [vminek], belefog [vmibe]
embankment *n* gát, (vasúti) töltés, rakpart
embarrass *vt* zavarba hoz; **be ~ed** zavarba jön, zavarban van
embarrassing *a* zavarba ejtő
embassy *n* követség, nagykövetség
embed *vt* beágyaz [vmibe]
embellish *vt* díszít, szépít
ember *n* parázs, zsarátnok
embezzlement *n* sikkasztás
emblem *n* embléma, jelkép
embody *vt* megtestesít
embossed *a* dombornyomásos
embrace *n* ölelés; *vt* átölel, megölel; *fig* magáévá tesz (ügyet)
embroider *vt* hímez, kihímez; **~ed** hímzett
embroidery *n* hímzés, kézimunka
embryo *n med* embrió
emcee *n* konferanszié, műsorvezető; *vt* konferál, műsort vezet
emerald *a, n* smaragd
emerge *vi* felbukkan, kiemelkedik; *fig* felmerül, jelentkezik
emergency *n* vészhelyzet, kényszerhelyzet; szükségállapot; **~ exit** vészkijárat; **~ break** vészfék; **in case of ~** veszély/szükség esetén; **~ room** orvosi ügyelet; ambulancia, traumatológia (in hospital)
emery board *n* körömreszelő
emigrant *a, n* kivándorló, emigráns
emigrate *vi* kivándorol, emigrál
emigration *n* kivándorlás, emigráció
eminence *n* kitűnőség, kiválóság; méltóság
eminent *a* kiemelkedő, kiváló
emissary *n* küldött, megbízott

emission *n* kibocsátás, kisugárzás
emit *vt* kibocsát, kisugároz; lead, sugároz
emotion *n* érzelem, érzés, indulat
emotional *a* érzelmi; érzelmes
emotive *a* érzelmi; érzelemfelidéző
empathy *n* beleérzés, beleélés, empátia
emperor *n* császár, uralkodó
emphasis *n* hangsúly
emphasize *vt* hangsúlyoz, aláhúz, kiemel
empire *n* birodalom
empirical *a* tapasztalati, empirikus
employ *vt* alkalmaz, foglalkoztat, dolgoztat; felhasznál, alkalmaz
employee *n* alkalmazott
employer *n* munkaadó, munkáltató, alkalmazó
employment *n* alkalmazás, alkalmaztatás, foglalkoztatás; foglalkozás
empower *vt* meghatalmaz, felhatalmaz; képessé tesz
empowerment *n* felhatalmazás
empty *a* üres; *vt* kiürít; *vi* kiürül, megüresedik
emulate *vt* verseng, versenyez, rivalizál
emulsion *n* emulzió
enable *vt* képessé tesz, lehetővé tesz; feljogosít
enact *vt law* elrendel, törvénybe iktat; eljátszik, előad
enactment *n law* törvény, rendelet; eljátszás, előadás
enamel *n* zománc
encampment *n* tábor(hely)
enchantment *n* varázslat; varázs
encircle *vt* körbe vesz, körülkerít
enclose *vt* bezár; bekerít, körülkerít; *fig* mellékel, csatol
enclosure *n* bekerítés; kerítés; bekerített hely
encore *n* ráadás, megismétlés; *int* **E~!** Vissza!
encounter *n* találkozás; *vt* találkozik, összetalálkozik [vkivel]
encourage *vt* bátorít, buzdít, biztat
encouragement *n* biztatás, bátorítás, buzdítás
encyclopedia *n* enciklopédia, lexikon
end *n* vég, befejezés, végződés; határ, végpont; *fig* cél, végcél; *vi* vége van, befejeződik, véget ér; *vt* befejez, végez, véget vet [vminek]; **come to an ~** befejeződik; **put an ~ to** véget vet [vminek]; **make ~s meet** (szűkösen) megél [vmiből]; **in the ~** végül, a végén; **hours on ~** órák hosszat; **~ in** [vmire] vezet; **The ~ justifies the means.** A cél szentesíti az eszközt.
endanger *vt* veszélyeztet, kockáztat
endangered *a* veszélyeztetett; **~ species** *biol* veszélyeztetett faj
endearing *a* megnyerő; kedves, nyájas
endeavor *n* vállalkozás, törekvés, igyekezet
ending *n* befejezés, vég (könyvé)
endless *a* végtelen
endorse *vt* hozzájárulását adja, hozzájárul; jóváhagy, helyesel; reklámoz (ismert személy egy árut)
endorsement *n* hozzájárulás, jóváhagyás; reklám (ismert személy által)
endow *vt* felruház
endurance *n* kitartás, állóképesség; tűrés, eltűrés
endure *vt* elvisel, elszenved, kibír; *vi* kitart
enema *n* beöntés
enemy *a* ellenséges; *n* ellenség, ellenfél
energetic *a* energikus
energize *vt* erőt ad, felvillanyoz; áram alá helyez

energy *n* életerő; energia; **solar ~** napenergia; **nuclear ~** nukleáris-/atomenergia
enfold *vt* beburkol
enforce *vt* érvényre juttat, végrehajt; betartat (törvényt)
enforcement *n* végrehajtás, kikényszerítés; **law ~** rendfenntartás
engage *vt* lefoglal, elfoglal [vkit]; eljegyez; *vi* **~ in** foglalkozik [vmivel]
engaged *a* jegyes; **They are ~.** Eljegyezték egymást./Jegyesek.
engagement *n* alkalmazás; elfoglaltság; eljegyzés, jegyesség; **~ ring** jegygyűrű
engaging *a* érdekes; megnyerő, kellemes
engine *n* motor; gép; mozdony (train)
engineer *n* mérnök; mozdonyvezető (train)
England *n* Anglia
English *a, n* angol; **in ~** angolul; **in broken ~** tört angolsággal
engrave *vt* vés, bevés, gravíroz
engraving *n* vésés, gravírozás
engulf *vt* elnyel, beborít
enhance *vt* növel, emel; erősít, fokoz
enigma *n* talány, rejtvény
enjoy *vt* élvez, szívesen csinál
enjoyment *n* élvezet, gyönyör
enlarge *vt* nagyít, felnagyít, megnagyobbít
enlargement *n* nagyítás, megnagyobbítás
enlighten *vt* felvilágosít
enlightenment *n* felvilágosodás; *rel* megvilágosodás
enlist *vt* besoroz; megnyer
enliven *vt* felélénkít, felvillanyoz
enormous *a* nagyon nagy, óriási, hatalmas
enough *a* elég, elegendő; *adv* eléggé, meglehetősen; **more than ~** bőven elég; **I've had ~ of this.** Ebből elegem van. **It's big ~.** Elég nagy.
enraged *a* bősz, felbőszült
enrich *vt* gazdagít, gyarapít; dúsít, koncentrál
enroll *vt* felvesz; *vi* beiratkozik
enrollment *n* felvétel, beiratkozás; a beiratkozottak száma
ensemble *n* együttes
ensign *n mil* zászlós
ensure *vt* biztosít
ENT specialist *n med* = **ear nose and throat specialist** fül- orr- gégész
entail *vt* vele jár, maga után von
entanglement *n* belekeveredés, belebonyolódás
enter *vi* belép; bemegy, behatol; beír, bejegyez (in writing); benevez [vmire] (competition); **It never ~ed my mind.** Eszembe sem jutott.
enterprise *n* vállalkozás; vállalkozó szellem; *bus* vállalat
enterprising *a* vállalkozó szellemű
entertain *vt* szórakoztat; vendégül lát; foglalkozik, táplál (idea)
entertainer *n* szórakoztató
entertaining *a* szórakoztató, érdekes
entertainment *n* szórakoztatás; szórakozás; **~ industry** szórakoztató ipar
enthuse *vi* kitörően lelkesedik
enthusiasm *n* lelkesedés
enthusiastic *a* lelkes; **be ~ about/over** lelkesedik [vmiért]
entire *a* teljes, egész
entirely *adv* teljesen, egészen
entirety *n* teljesség, egész; **in its ~** teljes egészében
entitle *vt* címez; címet ad; feljogosít; **the book is ~d …** a könyv címe …; **He is ~d to the money.** Joga van a pénzhez.
entourage *n* kíséret (több ember)
entrance *n* bejárat; bemenetel

entrap *vt* csapdába ejt, tőrbe csal
entrée *n* főétel, főfogás
entrepreneur *n* vállalkozó
entrust *vt* megbíz [vmivel]; rábíz [vmit vkire]
entry *n* belépés; bejárat; bejegyzés, feljegyzés (in writing); címszó (in dictionary)
enumerate *vt* felsorol
enunciate *vt* kiejt, artikulál
envelop *vt* beborít, beburkol
envelope *n* boríték
enviable *a* irigylésre méltó
envious *a* irigy
environment *n* környezet
environmental *a* környezeti, környezet-; **~ protection** környezetvédelem
environmentalist *n* környezetvédő, *coll* zöld
environs *n* környék; vidék
envoy *n* követ, küldött
envy *n* irigység; az irigység tárgya, irigyelt dolog; *vt* irigyel; **green with ~** sárga az irigységtől; **She is the ~ of her neighbors.** Szomszédai irigylik őt.
enzyme *n* enzim
epic *a* epikus; hősies; *n* eposz
epicure *n* ínyenc
epidemic *a* járványos; *n* járvány
epilepsy *n* epilepszia
epilogue *n* epilógus, utószó
episode *n* epizód
epitaph *n* sírfelirat
epoch *n* korszak, kor
equal *a* egyenlő, azonos; *n* egyenrangú ember; *vt* egyenlő [vmivel], megegyezik [vmivel]; **~ to the task** megbirkózik a feladattal; **He met his ~.** Emberére akadt.
equality *n* egyenlőség
equally *adv* egyenlően, egyformán, egyaránt
equate *vt* egyenlővé tesz, kiegyenlít
equation *n math* egyenlet; kiegyenlítés
equator *n* egyenlítő
equinox *n* napéjegyenlőség
equip *vt* felszerel, berendez, ellát [vmivel]
equipment *n* felszerelés, berendezés
equitable *a* igazságos, méltányos
equity *n* méltányosság; *bus* saját tőke, saját részesedés
equivalent *a* egyenlő, egyenértékű, ekvivalens; *n* egyenérték
equivocal *a* kétértelmű; kérdéses, bizonytalan
ER = emergency room *n med* orvosi ügyelet, ambulancia, traumatológia (hospital)
era *n* korszak, éra
eradicate *vt* kipusztít, megsemmisít
erase *vt* kitöröl, kiradíroz (with eraser); töröl
eraser *n* radír; szivacs (for board)
erect *a* egyenes, egyenesen álló; függőleges; *vt* felállít, emel (building)
erode *vt* kimar, szétrág (rust, acid); kimos, elhord (water), erodál
erogenous *a* erogén
erosion *n* erózió, lepusztulás
erotic *a* erotikus, érzéki
err *vi* hibázik, téved; **to ~ is human** tévedni emberi dolog
errand *n* megbízás, feladat; apró-cseprő dolog; **run ~s** a dolgait intézi
erratic *a* rendszertelen, rendetlen, akadozó; *fig* kiszámíthatatlan, szeszélyes
erroneous *a* hibás, téves
error *n* hiba, tévedés
erupt *vi* kitör
eruption *n* kitörés
escalate *vi* kiterjed, erősödik
escalator *n* mozgólépcső

escape *n* menekülés, menekvés, szökés; *vi* menekül, elmenekül, elszökik, megszökik; megmenekül; *vt* elkerül; **fire ~** tűzlépcső; **Her name ~s me.** Nem jut eszembe a neve.
escort *n* kísérő; kíséret; *vt* kísér, elkísér
Eskimo *a, n* eszkimó
ESL = English as a second language az angol mint második/idegen nyelv
especially *adv* különösen, főleg
espionage *n* kémkedés
esplanade *n* sétány, korzó
espresso *n* presszó kávé
essay *n* esszé, tanulmány; *school* dolgozat; fogalmazás
essence *n* lényeg; kivonat, eszencia
essential *a* lényeges, elengedhetetlen, alapvető
EST = Eastern Standard Time *n US* keleti (parti) idő
establish *vt* megalapít, létesít, létrehoz; *fig* megállapít, kimutat
establishment *n* létesítés, alapítás; létesítmény, intézmény (concrete)
estate *n* birtok; vagyon; hagyaték (inheritance)
esteem *n* tisztelet, nagyrabecsülés; *vt* tisztel, becsül, nagyra tart
estimate *n* becslés; *vt* felbecsül, értékel
estrogen *n* ösztrogén
etc. = et cetera és a többi, satöbbi, stb.
etch *vt* marat, gravíroz
eternal *a* örök, örökös, örökkévaló
eternity *n* örökkévalóság
ethereal *a* éteri, könnyed, légies
ethical *a* etikus, erkölcsi
ethics *n* erkölcs, etika
Ethiopia *n* Etiópia
Ethiopian *a, n* etióp, etiópiai
ethnic *a* etnikai, faji; **~ group** népcsoport
etiquette *n* illemtan, etikett
etymology *n* etimológia, szófejtés
eucalyptus *n* eukaliptusz
eulogize *vi* magasztal
eulogy *n* dicsérő beszéd; halotti búcsúztató
euphoria *n* eufória, kitörő jóérzés
euro *n* euró
Europe *n* Európa
European *a, n* európai; **~ Union** Európai Unió
evacuate *vt* evakuál, kiürít
evacuation *n* evakuálás, kiürítés
evade *vt* kitér [vmi elől]; elkerül
evaluate *vt* értékel, kiértékel
evaluation *n* értékelés
evangelical *a rel* evangélikus
evaporate *vi* elpárolog, elillan; *vt* elpárologtat
evaporation *n* párolgás, elpárolgás; kigőzölgés; besűrítés, bepárlás (condensing)
evasion *n* kikerülés, kitérés; kijátszás, megkerülés; **tax ~** adócsalás
evasive *a* kitérő (válasz)
eve *n* előest; **Christmas E~** Szenteste; **on the ~ of** [vminek] az előestéjén
even *a* egyenlő (equal); sík, sima, lapos (flat); páros (number); egyenletes, szabályos (regular); *adv* még … is; még csak … sem (negative); *vt* kiegyenlít, egyenesít; **an ~ number** páros szám; **an ~ surface** sima felület; **~ on Sunday** még vasárnap is; **~ if** még akkor is, ha; **not ~** még akkor sem; **~ more** sőt, még inkább; **We are ~.** Kvittek vagyunk. **I never ~ heard of it.** Még csak nem is hallottam róla.
evening *a* esti; *n* est, este; **~ classes** esti tanfolyam; **~ gown** estélyi ruha; **the ~ star** az esthajnalcsillag
event *n* esemény; eset; *sp* versenyszám
eventful *a* eseménydús

eventual *a* végső
eventuality *n* eshetőség
ever *adv* valaha, valamikor; mindig, örökké; **more than ~** most még inkább; **hardly ~** szinte soha; **~ since** mióta csak; **for ~** örökre; **~ so much** nagyon sok; nagyon, sokkal; **They lived happily ~ after.** Boldogan éltek, amíg meg nem haltak.
evergreen *a, n* örökzöld
everlasting *a* örökkévaló, maradandó; örökös
every *a* mind, minden; **~ day** minden nap; **~ other day** minden második nap; **~ now and then** néha, hébe-hóba; **~ time** minden alkalommal
everybody *pron* mindenki
everyday *a* mindennapos, mindennapi; hétköznapi
everyone *pron* mindenki
everything *pron* minden
everywhere *adv* mindenhol, mindenütt; mindenhova
evidence *n* bizonyíték, bizonyság; **give ~** tanúskodik
evident *a* nyilvánvaló, evidens
evidently *adv* nyilvánvalóan
evil *a* gonosz, rossz; *n* gonoszság, bűn, rossz; **give [sy] the ~ eye** szemmel ver [vkit], csúnyán néz [vkire]
evoke *vt* felidéz, előidéz; kivált
evolution *n* evolúció; fejlődés, kialakulás, törzsfejlődés
evolve *vi* fejlődik, kibontakozik, kialakul
ewe *n* anyajuh
exacerbate *vt* elkeserít; súlyosbít
exact *a* pontos, precíz
exacting *a* szigorú, sokat követelő
exactly *adv* pontosan; **not ~** nem egészen, nem pontosan
exaggerate *vt* túloz, eltúloz
exaggeration *n* túlzás
exam *n* = **examination**; **take an ~** vizsgázik
examination *n school* vizsga; *med* vizsgálat; ellenőrzés, vizsgálat; kihallgatás
examine *vt* vizsgál, megvizsgál, felülvizsgál; kivizsgál (a case)
example *n* példa; **for ~** például
exasperation *n* elkeseredés
excavate *vt* kiás; feltár, ásatást végez (archeology)
excavation *n* kiásás; feltárás, ásatás (archeology)
exceed *vt* meghalad, felülmúl; túltesz, túllép [vmin]; *vi* kiemelkedik, kimagaslik
exceedingly *adv* rendkívül; egyre inkább
excel *vi* kitűnik, kiemelkedik
excellence *n* kiválóság, kitűnőség; érdem
excellent *a* kitűnő, kiváló
except *prep* kivéve, [vmi] kivételével; **~ Sundays** vasárnap kivételével; **~ for certain conditions** bizonyos feltételek kivételével
exception *n* kivétel
exceptional *a* kivételes, kiváló
excerpt *n* részlet, szemelvény
excess *n* többlet, felesleg; túl sok; **~ baggage** poggyásztúlsúly
excessive *a* túlzott, túlságos
exchange *n* csere, csereüzlet; pénzváltás (money); *econ* tőzsde; *vt* kicserél, elcserél, becserél; **in ~ for** cserébe [vmiért]
excise *a* **~ tax** fogyasztási adó
excitable *a* ingerlékeny
excite *vt* izgat, felizgat, felidegesít
excitement *n* izgalom, izgatottság
exclaim *vt* felkiált, kiált

exclude *vt* kizár, kirekeszt
exclusive *a* kizárólagos; zártkörű, exkluzív
excommunicate *vt rel* kiközösít
excrete *vt* kiválaszt (váladékot)
excruciating *a* kínzó, gyötrő
excursion *n* kirándulás
excuse *n* kifogás, ürügy; mentség; *vt* megbocsát, elnéz; felment, elenged (let go); **E~ me!** Elnézést!/ Bocsánat! **May I be ~d?** Elmehetek?
execute *vt* elvégez, végrehajt, teljesít (an order); kivégez (a person)
execution *n* végrehajtás, elvégzés; kivégzés (of a person)
executive *a* végrehajtó, közigazgatási; *n* vezető, igazgató; **~ power** végrehajtó hatalom; **chief ~** vezérigazgató
executor *n* végrehajtó
exemplary *a* példás, példaszerű
exempt *a* mentes, felmentett; *vt* felment, mentesít
exemption *n* mentesség
exercise *n* gyakorlás; gyakorlat, feladat; testmozgás (e.g. running); *vt* gyakorol; *vi* mozog, edzi magát, edz
exert *vt* fáradozik, igyekszik
exertion *n* erőfeszítés, megerőltetés
exhale *vi* kilélegez, kilehel
exhaust *n auto* kipufogógáz; *vt* kimerít, felhasznál; elfogyaszt, felél
exhausted *a* kimerült, fáradt
exhaustion *n* kimerültség
exhaustive *a* kimerítő, alapos
exhibit *n* kiállítás; kiállított tárgy; *law* bizonyíték; bűnjel; *vt* mutat, bemutat; kimutat
exhilarate *vt* felvidít, felüdít
exhilarating *a* üdítő, felvidító
exile *n* száműzetés; *vt* száműz; **go into ~** száműzésbe vonul
exist *vi* létezik, él, van
existence *n* létezés, lét
exit *n* kijárat; eltávozás; *vi* kimegy, kilép
exotic *a* egzotikus
expand *vt* kiterjeszt; kibővít, kitágít; *vi* kiterjed, kibővül
expanse *n* terjedelem; nagy terület
expansion *n* kiterjesztés; bővítés, növelés; fejlesztés; terjeszkedés
expansive *a* kiterjedt, széleskörű
expect *vt* vár, elvár, számít [vmire]; **She is ~ing (a baby).** Gyereket vár.
expectant *a* várományos; várandós (pregnant)
expectation *n* várakozás, remény; elvárás
expectorant *n* köptető szer
expedient *a* alkalmas, célszerű
expedite *vt* felgyorsít, előmozdít; siettet, sürget
expedition *n* expedíció, hadjárat, felfedező út
expeditious *a* gyors, eredményes
expel *vt* kiűz, kikerget; *school* kicsap
expend *vt* kiad, költ; ráfordít
expendable *a* feláldozható, fogyó (eszköz)
expenditure *n* költség, kiadás; felhasználás
expense *n* költség, kiadás; kár, teher; **at his ~** az ő költségén; az ő kárára
expensive *a* drága, költséges
experience *n* tapasztalat; élmény; jártasság, ismeret, gyakorlat; *vt* tapasztal, átél
experiential *a* tapasztalati
experiment *n* kísérlet, próba; *vi* kísérletezik, próbálgat
experimental *a* kísérleti, próba-
expert *a* ügyes, jártas, szakértő, szakértői; *n* szakértő, szakember; **~ opinion** szakvéleményő

expertise *n* szakértelem, szaktudás
expire *vi* lejár, letelik; kileheli a lelkét, kimúlik (die)
explain *vt* magyaráz, megmagyaráz; indokol
explanation *n* magyarázat; értelmezés
explicable *a* megmagyarázható
explicit *a* világos, kifejezett; nyílt
explode *vt* felrobbant; *vi* felrobban; kirobban, kitör
exploit *vt* kiaknáz, hasznosít; kihasznál, kizsákmányol
exploration *n* kutatás, felderítés; felfedező út
exploratory *a* kutató, felderítő
explore *vt* kutat, felderít, megvizsgál
explorer *n* felfedező, kutató
explosion *n* robbanás; kitörés (anger)
explosive *a* robbanékony; *fig* heves, lobbanékony; *n* robbanóanyag, robbanószer
exponential *n* exponenciális
export *n* export, kivitel; *vt* exportál, kivisz
expose *vt* kitesz; *photo* megvilágít, exponál; *fig* leleplez, felfed
exposition *n* megvilágítás, megmagyarázás; *bus* nemzetközi vásár
exposure *n* kitettség (veszélynek); leleplezés; *photo* megvilágítás, exponálás
expound *vt* kifejt, megmagyaráz
express *a* nyílt, világos; kifejezett; expressz, gyors; *n* gyorsvonat, expressz (vonat); *vt* kifejez, kimond; kiprésel, kisajtol (oil); ~ **mail** expressz levél/küldemény; ~ **oneself** kifejezi magát
expression *n* kifejezés; szóhasználat (verbal); arckifejezés (facial)
expressive *a* kifejező
expressway *n* autópálya
expulsion *n* kiutasítás, eltávolítás
exquisite *a* kitűnő, remek; maradéktalan, tökéletes
extend *vt* meghosszabbít; kiterjeszt, növel; nyújt, ad; *vi* kiterjed, elterül
extension *n* nyújtás, kinyújtás; meghosszabbítás, kiterjesztés; hozzáépítés (building); mellék (telephone); ~ **cord** hosszabbító
extensive *a* terjedelmes; széles körű, átfogó
extent *n* kiterjedés, terjedelem, nagyság, méret; fok, mérték; **to a certain** ~ egy bizonyos fokig
exterior *a* külső; *n* külső, megjelenés; külsőség
exterminate *vt* kiirt, megsemmisít
external *a* külső, külsőleges
extinct *a* kihalt, letűnt; kialudt, elhamvadt (fire)
extinguish *vt* kiolt, elolt; kiirt; megszüntet
extinguisher *n* **fire** ~ tűzoltó készülék
extortion *n* zsarolás, kierőszakolás, kikényszerítés
extra *a* többlet, külön, mellék; rendkívüli, különleges; *adv* külön; rendkívül, különlegesen; *n cine* statiszta; ~ **charge** különdíj, felár; ~ **fine** különlegesen finom; **You have to pay ~.** Külön/többet kell fizetni.
extract *n* kivonat; *vt* kihúz, kivesz, eltávolít; kivon, lepárol; kivonatol
extraction *n* kihúzás, eltávolítás; kivonás, kinyerés
extradite *vt* kiszolgáltat, kiad
extradition *n* kiadatás
extraordinary *a* különleges, rendkívüli
extraterrestrial *a, n* földönkívüli
extravagant *a* extravagáns, túlzó, tékozló

extreme *a* végső, utolsó; szélsőséges, túlzó; *n* véglet, szélsőség; **~ right** *pol* szélső jobboldal; **go to ~s** végső eszközökhöz nyúl; szélsőségekbe bocsátkozik
extremist *n* szélsőséges (ember)
extremities *n pl* végtagok
extremity *n* szélsőség, véglet
extricate *vt* kiszabadít
extrovert *a, n* extrovertált
exuberant *a* bő, dús, gazdag; *fig* túláradó
exude *vt* kiválaszt; *fig* sugároz
eye *n* szem; *fig* érzék; fok (tűé); lyuk; kapocs, hurok (hook); *vt* néz, szemmel tart; **put out [sy's] ~** kiszúrja [vkinek] a szemét; **have an ~ for** jó szeme van hozzá; **give [sy] the evil ~** szemmel ver [vkit]; **keep an ~ on** szemmel tart; **be in the public ~** a nyilvánosság előtt szerepel
eyeball *n* szemgolyó
eyebrow *n* szemöldök
eyedropper *n* szemcseppentő
eyeglasses *n pl* szemüveg
eyelash *n* szempilla
eyelet *n* fűzőlyuk, karika
eyelid *n* szemhéj
eyeliner *n* szemceruza
eye-opener *n* meglepetés, rádöbbenés
eye shadow *n* szemhéjpúder, szemfesték
eyesight *n* látás
eyewitness *n* szemtanú

F

F *n school* elégtelen, egyes
fable *n* mese, állatmese
fabric *n* szövet, anyag; szerkezet, felépítés
fabricate *vt* gyárt, készít; *fig* kitalál, kohol
fabulous *a* mesés; kitűnő, nagyszerű
façade *n* homlokzat
face *n* arc; arculat, látszat; szín (oldal); számlap (clock); *vt* szembeszáll, dacol [vmivel]; szembenéz; néz [vmire]; **~ to ~** szemtől szembe; **lose ~** elveszti a tekintélyét; **make ~s** pofákat vág, grimaszol; **have a long ~** lóg az orra; **save ~** megőrzi a tekintélyét; **in the ~ of danger** veszélyes helyzetben;; **~ value** névérték; **~ the music** vállalja a következményeket; **sit facing the door** az ajtóval szemben ül; **I told it to his ~.** A szemébe mondtam. **The room ~s east.** A szoba keletre néz.
faceless *a* ismeretlen
facet *n* oldal
facial *a* arc-, arcon levő; *n* arcápolás, arcmasszázs; **~ expression** arckifejezés
facilitate *vt* előmozdít, megkönnyít; lebonyolít
facilitator *n* levezető, lebonyolító (ember)
facility *n* könnyedség; képesség, adottság; épület, létesítmény (building); **the facilities** mosdó, WC
facing *n* borítás, burkolat; → **face** *vt*
fact *n* tény; valóság; **stick to the ~s** ragaszkodik a tényekhez; **the ~ of the matter is …** a helyzet az, hogy …; **in ~** valójában, tulajdonképpen
faction *n pol* klikk, frakció; pártviszály
factor *n* tényező, elem
factory *n* gyár, üzem
factual *a* tényszerű, tényleges, valóságos
faculty *n* képesség; ügyesség; *school* tantestület, tanári kar
fad *n* hóbort, divat

fade *vi* elhalványul, megfakul (color); hervad, elvirágzik (flower); elhalkul (sound), eltűnik (picture); ~ **away** eltűnik, elenyészik

fail *vi* romlik, hanyatlik; meghibásodik; nem tesz eleget [vminek]; elmarad; nem sikerül, nem válik be; *school* megbukik; kudarcot vall; **His eyesight is ~ing.** Romlik a látása. **The engine ~ed.** Leállt a motor. **She ~ed to do it.** Nem csinálta meg. **I ~ to see how.** Nem értem, hogyan. **The experiment ~ed.** Nem sikerült a kísérlet. **He ~ed the exam.** Megbukott a vizsgán.

failure *n* sikertelenség, kudarc, bukás, csőd; mulasztás; hiba, meghibásodás (engine); **It was a ~.** Nem sikerült./ Kudarcba fulladt.

faint *a* halvány, gyenge, bágyadt, erőtlen; *vi* elájul; **I don't have the ~est idea.** Halvány fogalmam sincs.

fair[1] *a* becsületes, tisztességes, korrekt; *sp* sportszerű, fair; igazságos, pártatlan; szőke (hair), világos (skin); szép (pretty); kedvező (favorable); ~ **play** tisztességes eljárás; **it's only ~** úgy az igazságos; ~ **weather** szép időjárás; **I got it ~ and square.** Tisztességesen jutottam hozzá.

fair[2] *n* vásár

fairly *adv* eléggé, meglehetősen

fairway *n* hajózható csatorna

fairy *n* tündér

fairy tale *n* tündérmese

faith *n* hit, bizalom; *rel* hit; **have ~ in** bízik [vmiben]; **do [sg] in good ~** jóhiszeműen tesz [vmit]

faithful *a* hű, hűséges; *fig* pontos, hű (copy)

fake *a* hamis; *n* hamisítvány, utánzat; *vt* hamisít; úgy tesz, mintha; ~ **fur** műszőrme

falcon *n* sólyom

fall *n* leesés, lehullás; esés, zuhanás, csökkenés (decrease); *fig* bukás; ősz (season); *vi* (**fell, fallen**) esik, leesik, hullik, lehull; elesik (person); **the ~ of Rome** Róma bukása; **~s** vízesés; ~ **sick** megbetegedik; ~ **back** hanyatt esik; ~ **back on** [vkire] támaszkodik, [vmire] szorul; ~ **behind** hátramarad; ~ **down** elesik; leesik; ~ **for** beleszeret, *coll* beleesik [vkibe]; ~ **into** kerül [vhova]; ~ **into enemy hands** az ellenség kezére kerül; ~ **off** leesik, lejön; ~ **over** felborul, felbukik; ~ **through** kudarcba fullad, nem lesz semmi [vmiből]

fallen *a* lehullott, leesett; **freshly ~ snow** frissen hullott hó; *vi pp* → **fall**

fallible *a* esendő, gyarló

fallout *n* következmény

false *a* hamis, téves, helytelen; ál-; nem igazi, hamis; ~ **alarm** vaklárma; ~ **teeth** műfogsor

falsehood *n* hamisság; csalás, hazugság

falsify *vt* hamisít

falter *vi* botladozik; *fig* habozik, tétovázik

fame *n* hírnév, hír

familiar *a* meghitt, bizalmas; ismerős, ismert, megszokott; **be ~ with** ismer; otthonos [vmiben]

familiarity *n* bizalmasság, meghittség; jártasság

familiarize *vt* hozzászoktat [vmihez], megismertet [vmivel]

family *a* családi; *n* család, rokonság; **a ~ man** családos ember, családapa; **be one of the ~** a családhoz tartozik, családtag; ~ **doctor** háziorvos; ~ **planning** családtervezés; **It runs in the ~.** Családi vonás.

famine *n* éhínség, éhség

famished *a* kiéhezett, farkaséhes

famous *a* híres, nevezetes
fan[1] *n* legyező; ventillátor (electric); *vt* legyez
fan[2] *n* rajongó; *sp* szurkoló
fanatic *a, n* fanatikus, rajongó
fancy *a* különleges, luxus; díszes; *vt* elképzel, elgondol; **F~ that!** Ezt képzeld el!
fang *n* agyar, méregfog, tépőfog
fantasize *vt* fantáziál, képzelődik
fantastic *a* fantasztikus, különleges, nagyszerű
fantasy *n* fantázia, képzelőerő, képzelet; meseregény
far *a* messzi, távoli; *adv* messze, távol, messzire; nagyon, sokkal, jóval; **the F~ East** a Távol-Kelet; **by ~ the best** messze a legjobb; **~ better** sokkal jobb; **so ~** eddig; **so ~ so good** eddig rendben van; **as ~ as** amennyire; **as ~ as I'm concerned** ami engem illet; **He won't go ~.** Nem megy messze. **How ~ is it?** Milyen messze van? **It's ~ from here.** Messzire van innen. **It's ~ from easy.** Egyáltalán nem könnyű.
faraway *a* messzi, távoli
farce *n* bohózat, komédia
fare *n* viteldíj
farewell *a, n* búcsú; **~ party** búcsúparti
farm *n* gazdaság, tanya, farm; *vi* gazdálkodik
farmer *n* gazda, farmer
farsighted *a* távollátó
farther *a* messzibb, további, távolabbi; *adv* távolabb, messzebb
farthest *a* legmesszebbi, legtávolabbi; *adv* legmesszebb, legmesszebbre
fascinate *vt* megbűvöl, elbűvöl, elkápráztat
fascination *n* elragadtatás; megbűvölés; nagy érdeklődés
fashion *n* szokás, mód; divat; *vt* készít; alakít, megformál; **be in ~** divatban van; **in a strange ~** furcsa módon
fashionable *a* divatos, elegáns
fast[1] *a* gyors, sebes; *fig* szilárd, megbízható; *adv* gyorsan, sebesen; erősen, szilárdan; **~ train** gyorsvonat; **~ friends** jó barátok; **color~** színtartó; **drive ~** gyorsan hajt/vezet; **stand ~** nem moccan; **My watch is ~.** Siet az órám.
fast[2] *n* böjt; *vi* böjtöl; koplal
fasten *vt* rögzít, odaerősít; bekapcsol (belt), begombol (buttons); **F~ your seat belts!** Kapcsolják be a biztonsági öveket!
fastness *n* gyorsaság; színtartóság (color)
fat *a* kövér, hájas (person); kövér, zsíros (meat); vastag (wallet); *n* háj, zsír, zsiradék; **get ~** meghízik; **F~ chance!** Azt lesheted!/Arra ugyan várhatsz!
fatal *a* halálos, végzetes, fatális
fatality *n* halálos kimenetelű baleset, haláleset; **fatalities** *pl* halálos áldozatok
fate *n* sors, végzet; **leave [sy] to his ~** a sorsára hagy [vkit]
fateful *a* végzetes
father *n* apa; *rel* atya; *vt* nemz; *fig* kitalál, kigondol
fatherhood *n* apaság
father-in-law *n* após
fatherly *a* atyai
fatigue *n* fáradtság, kimerültség
fattening *a* hizlaló
fatty *a* zsíros
faucet *n* csap, vízcsap
fault *n* hiba, hiányosság, fogyatékosság; **It's not my ~.** Nem az én hibám. **He's generous to a ~.** Túlságosan is bőkezű.

faulty *a* hibás
fauna *n* állatvilág
favor *n* szívesség; *fig* pártfogás, jóindulat; támogatás; *vt* támogat, pártfogol; előnyben részesít; **ask [sy] a ~** szívességet kér [vkitől]; **do [sy] a ~** szívességet tesz [vkinek]; **be in ~ of** támogat, [vmi] mellett van; **She has everything in her ~.** Minden mellette szól.
favorable *a* kedvező, előnyös
favorite *a* kedvenc, legkedvesebb
favoritism *n* kivételezés, részrehajlás
fawn *n* őzgida, szarvasborjú
fax *n* fax; *vt* faxol, faxot küld; **~ machine** fax, faxgép
FBI = Federal Bureau of Investigation *n US* Szövetségi Nyomozó Iroda
fear *n* félelem, rettegés; *vt* fél, retteg [vmitől]; (félve) tisztel; **~ of God** istenfélelem; **put the ~ of God into [sy]** megtanít [vkit] kesztyűbe dudálni; **~ the worst** a legrosszabbtól tart; **Have no ~!** Ne félj!
fearful *a* félős, félénk, ijedős
fearless *a* vakmerő, bátor
fearsome *a* ijesztő, rémséges
feasibility *n* megvalósíthatóság
feasible *a* lehetséges, megvalósítható, reális
feast *n* lakoma, ünnepség
feat *n* tett, hőstett
feather *n* toll, madártoll; **light as a ~** pehelykönnyű; **a ~ in one's cap** dicsősége, büszkesége; **You could've knocked me over with a ~.** *coll* El voltam képedve./Leesett az állam a meglepetéstől. **Birds of a ~ stick together.** Madarat tolláról, embert barátjáról lehet megismerni.
featherbed *n* dunna, dunyha
feature *n* arcvonás; vonás, jellemvonás; tulajdonság, sajátság; fő szám, attrakció; *vt* kiemel, fő helyen közöl; **~ film** nagyfilm, főfilm; **~ story** fő sztori, napi/heti téma
February *a* februári; *n* február; **on a ~ day** egy februári napon
feces *n pl* ürülék
fed *vt past/pp* → **feed**
federal *a* szövetségi; **~ government** *US* szövetségi kormány, központi kormány
federation *n* szövetség, államszövetség, föderáció
fee *n* díj; honorárium; tiszteletdíj
feeble *a* gyenge, erőtlen
feed *n* takarmány, táp, eleség; *vt* (**fed, fed**) etet, táplál; adagol, tölt (into a machine); **~ on** táplálkozik, él [vmin]; **I'm fed up with this.** Elegem van ebből.
feedback *n* visszajelzés, visszacsatolás
feeder *n* etető; adagoló
feel *n* tapintás, fogás; érzékelés; *vt* (**felt, felt**) érez, érzékel; megérez; tapint, megtapint, érint (with fingers); *vi* [vhogy] érzi magát; érzik [vmilyennek]; **~ [sy's] pulse** kitapintja [vkinek] a pulzusát; **~ sad** szomorú(nak érzi magát); **it ~s cold** hideg (tapintású); **~ for [sy]** együttérez [vkivel]; **I ~ it's necessary.** Szükségesnek érzem. **I don't ~ like going.** Nem esik jól elmenni./Nincs kedvem elmenni. **I ~ like a cup of coffee.** Kedvem lenne egy csésze kávéhoz.
feeler *n* csáp, tapogató
feeling *a* érző; *n* érzés, érzelem; érzék, érzet; **I have a bad ~ about this.** Rossz érzésem van./Rosszat sejtek.
feet *n pl* → **foot**

feign *vt* színlel, tetteti magát
feline *n* macskaféle
fell *vi past* → **fall**
fellow *n* társ; *coll* pasas, fickó, alak; tag (of an association); *school* kutató ösztöndíjas (egyetemi)
fellow countryman *n* honfitárs
fellowship *n* szövetség, társaság; közösség; tagság; *school* ösztöndíj
felon *n* bűnös, bűnöző
felt[1] *n* nemez, filc
felt[2] *vt past/pp* → **feel**
female *a* női; *biol* nőstény; *n* nő; *biol* nőstény (állat)
feminine *a* nőies; *gram* nőnemű
fence *n* kerítés, sövény; *vt* bekerít, körülvesz; *vi* vív, kardoz
fend *vt* ~ **off** elhárít; *vi* ~ **for** gondoskodik [vkiről]; ~ **for himself** megáll a saját lábán
fender *n* sárhányó, lökhárító; ~ **bender** *coll* koccanás, koccanásos baleset, ráfutásos baleset
fennel *n* édeskömény
ferment *vt* erjeszt, érlel; *vi* erjed
fern *n* páfrány
ferocious *a* vérengző, kegyetlen, vad
Ferris wheel *n* óriáskerék
ferry *n* komp
fertile *a* termékeny; szapora
fertility *n* termékenység
fertilizer *n* műtrágya
fervent *a* heves; buzgó
fervor *n* hév, hevesség, buzgóság
fester *n* kelés, fekély; *vi* gennyed, meggyűlik; *fig* gerjed, gyűlik
festival *n* ünnep; fesztivál, ünnepi játékok
festive *a* ünnepi, ünnepélyes
festivity *n* ünneplés, ünnepség
fetch *vt* elhoz, érte megy
fetching *a* elragadó, bájos
fetus *n med* magzat
feud *n* ellenségeskedés, viszály
fever *n* láz; *fig* hév, láz, izgalom; **have a high** ~ magas láza van
feverish *a* lázas; heves
few *n* kevés, nem sok; **a** ~ néhány (3-4); **in a** ~ **words** néhány szóval, röviden; **with** ~ **exceptions** kevés kivétellel; **a** ~ **people** néhányan; **quite a** ~ **(people)** elég sokan, szép számmal; **every** ~ **days** 2-3 naponta
fiasco *n* kudarc, fiaskó
fib *n* füllentés, lódítás; *vt* füllent
fiber *n* rost, szál, rostanyag; **moral** ~ erkölcsi tartás
fiberglass *a, n* üvegszál, üveggyapot
fiction *n* képzelgés, kitalálás; regényirodalom (books)
fictitious *a* képzelt, kitalált; koholt, alaptalan
fiddle *n coll* hegedű (különösen country zenében); *vi* ~ **with** játszadozik, babrál [vmivel]; **play second** ~ **to** másodhegedűs, alárendelt helyzetben van; **fit as a** ~ makkegészséges
fiddler *n* hegedűs
fidelity *n* hűség
fidget *vi* idegesen babrál, izeg-mozog
field *n* mező, szántóföld; tér, terület; *sp* pálya; *el* erőtér, mező; **battle-~** csatatér; **football** ~ (amerikai) futballpálya; ~ **of expertise** szakterület; **magnetic** ~ mágneses mező
fierce *a* heves, tüzes; vad
fiery *a* tüzes; heves, szenvedélyes
fiesta *n* ünnep
fifteen *num* tizenöt
fifteenth *a* tizenötödik; **on the** ~ tizenötödikén
fifth *a* ötödik; **on the** ~ **of December** december ötödikén
fiftieth *a* ötvenedik
fifty *num* ötven

fig *n* füge
fight *n* harc, küzdelem; verekedés (fistfight); *sp* ökölvívó mérkőzés, bokszmeccs; veszekedés (verbal); *vi* (**fought, fought**) harcol, küzd; verekszik; veszekszik (verbally); *vt* megküzd [vkivel], küzd [vmi ellen]; **~ back** visszavág; **They had a big ~.** Nagyon összevesztek./Nagyot veszekedtek.
fighter *n* harcos; *sp* ökölvívó, bokszoló
figment *n* koholmány, képzelt dolog; **a ~ of my imagination** képzeletem szüleménye
figurative *a* képletes, jelképes, átvitt
figure *n* szám, számjegy; alak, termet (body); alakzat; ábra, illusztráció (chart); *vt* gondol, vél; becsül; *vi* szerepel; **round ~** kerek szám; **high ~** magas szám, magas ár; **have a nice ~** jó alakja van; **~ of speech** metafora; **~ out** kiszámít, megold (a problem); kitalál, kigondol, rájön [vmire]; **I ~d he knew.** *coll* Úgy gondoltam tudja.
figurehead *n* névleges vezető, báb
figurine *n* szobrocska, porcelán figura
file[1] *n* reszelő, ráspoly (big); *vt* reszel; **nail ~** körömreszelő
file[2] *n* akta, dosszié; kartoték; sor (line); *comp* (adat)állomány; mappa, fájl, dosszié; *vt* iktat, irattárba helyez; benyújt; **~ a complaint** panaszt nyújt be; **on ~** írásban lefektetve; **in single ~** libasorban
filing cabinet *n* irattartó szekrény
fill *vt* tölt, megtölt, betölt; töm, betöm (tooth); teljesít (order); *vi* megtelik; **~ a position** betölt egy állást; **~ in** betölt; betöm; kitölt (a document); **~ up** teletölt, megtölt; **~ up the car** teletankolja a kocsit
fillet *n* filé; szelet
filling *n* töltelék (cooking); tömés (tooth)
film *n* hártya, vékony réteg; film; *vt* filmez, filmre vesz; *vi* behártyásodik
filmy *a* hártyás, fátyolszerű
filter *n* szűrő, filter; *vt* szűr
filth *n* szenny, mocsok, piszok
filthy *a* mocskos, piszkos
fin *n* uszony
final *a* végső; döntő; **~s** záróvizsgák; *sp* döntő
finale *n* finálé, befejezés
finalize *vt* véglegesít, végső formába önt
finally *adv* végül, végül is
finance *n* pénzügy; **~s** pénzügyek, anyagiak; **His ~s are in bad shape.** Rosszul áll anyagilag.
financial *a* pénzügyi
financier *n* bankár, pénzember
finch *n* pinty
find *n* felfedezés; talált tárgy, lelet; *vt* (**found, found**) talál, megtalál; megkeres; [vmilyennek] talál; **~ time for** időt szakít [vmire]; **~ one's way home** hazatalál; **~ out** megtud; felfedez, rájön; **I ~ it interesting.** Érdekesnek találom.
finding *n* felfedezés; lelet; **~s** ténymegállapítás
fine[1] *a* finom, szép; kitűnő; jó, nagyszerű; tiszta, finomított (refined); finom, előkelő; *adv* finomra, apróra; **one ~ day** egy szép napon; **That's ~!** Nagyszerű!/Nagyon jó! **That's a ~ how do you do!** *coll* Na, szép kis dolog!
fine[2] *n* bírság; *vt* megbírságol, pénzbüntetéssel sújt

finger *n* ujj; *vt* megtapogat, hozzányúl [vmihez]; **index ~** mutató ujj; **middle ~** középső ujj; **ring ~** gyűrűs ujj; **little ~** kisujj; **have a ~ in every pie** mindenbe beleüti az orrát; **wrap [sy] around one's little ~** az ujja köré csavar [vkit]; **She doesn't lift a ~.** Az ujját sem mozdítja. **I can't put my ~ on it.** Nem tudom pontosan megmondani/meghatározni.
fingernail *n* (kéz) köröm
fingerprint *n* ujjlenyomat
fingertip *n* ujjhegy
finish *n* vég, befejezés; *sp* finis, hajrá; felület; kidolgozás, kivitelezés; kikészítés (of some material); *vt* befejez; kidolgoz, tökéletesít; kikészít; *vi* befejeződik, véget ér; **fight to the ~** a végsőkig harcol; **matte ~** matt felület; **I'm ~ed.** Kész vagyok./Befejeztem. **He ~ed second.** Másodikként végzett.
finite *a* véges
Finn *n* finn (ember)
Finland *n* Finnország
Finnish *a, n* finn; **in ~** finnül
fire *n* tűz; tűzvész; *fig* hév, szenvedély; *vt* elsüt, tüzel (gun); elbocsát, kirúg (an employee); *vi* elsül (gun); **~ department** tűzoltóság; **catch ~** meggyullad; **be on ~** ég, lángokban áll; **make a ~** tüzet rak; **set [sg] on ~** felgyújt [vmit]; **open ~** tüzet nyit; **~ a gun** tüzel, lő; **~ at** rálő [vkire]; **~ up** indulatba hoz; **F~ away!** Mondd ki amit akarsz!/Ki vele!
fire alarm *n* tűzriasztó, tűzjelző
firearm *n* lőfegyver
firecracker *n* petárda
fire engine *n* tűzoltóautó
firefly *n* szentjánosbogár
firefighter *n* tűzoltó
fire hose *n* tűzoltócső
firehouse *n* tűzoltóság
fireman *n* tűzoltó
fireplace *n* kandalló
fireproof *a* tűzálló
fireworks *n* tűzijáték
firm[1] *a* kemény, szilárd; erős; biztos, határozott; *adv* határozottan, keményen; *vt* megszilárdít, megerősít; **~ belief** szilárd meggyőződés; **~ offer** fix ajánlat
firm[2] *n* cég, vállalat (company)
first *a* első; *adv* először; **~ aid** elsősegély; **at ~ hand** első kézből; **F~ Lady** *US* az amerikai elnök felesége; **~ name** keresztnév; **love at ~ sight** szerelem első látásra; **~ things ~** mindent a maga idejében, kezdjük az elején; **~ of all** először is, mindenekelőtt; **~ come, ~ served** aki előbb jön, előbb szolgálják ki, érkezési sorrendben; **at ~** eleinte, először; **on the ~ of September** szeptember elsején; **I'll do it ~ thing tomorrow.** Holnap ez lesz az első dolgom.
firstborn *a* elsőszülött
fiscal *a* pénzügyi; **~ year** költségvetési év
fish *n* hal; *vi* halászik, horgászik, *coll* pecázik; *vt* kifog; **~ sticks** rántott halszeletek; **like a ~ out of water** mint a partra vetett hal; **I have other ~ to fry.** Máson jár az eszem./Más dolgom is van.
fisherman *n* halász
fishery *n* halászat; halászterület
fishing *n* halászat; **go ~** horgászni/pecázni megy
fishing rod *n* horgászbot, pecabot
fishy *a* hal-; gyanús, kétes
fission *n* osztódás; maghasadás

fissure *n* hasadás, hasadék
fist *n* ököl; **make a ~** ökölbe szorítja a kezét
fistfight *n* verekedés, *coll* bunyó
fit[1] *a* alkalmas, megfelelő, jó; helyes, illendő, illő; fitt, jó formában lévő; *vt* megfelel, alkalmas, jó; jól áll, illik; illeszt; próbál (clothes); *vi* összeillik; **~ for nothing** hasznavehetetlen; **if you see ~** ha úgy látod jónak; **The key ~s into the lock.** A kulcs illik a zárba. **It ~s into the box.** Belefér a dobozba. **Does the blouse ~?** Jó a blúz? (méretben) **These pieces ~ together.** Ezek a részek összeillenek.
fit[2] *n* roham, görcs; **have/throw a ~** dühbe gurul; **a ~ of coughing** köhögő roham
fitful *a* görcsös; rapszodikus
fitted *a* karcsúsított, testhezálló (ruha)
fitting *a* illő, alkalmas; *n* (ruha)próba (clothes); **~ room** próbafülke
fitness *n* alkalmasság, megfelelés; kondíció; **~ room** konditerem, tornaterem; fitness terem; **~ center** fitness központ
five *num* öt; **Give me ~!** *coll* Csapj a tenyerembe!
fix *n* szorult helyzet; *vt* rögzít, felerősít, megerősít; megállapít, kitűz (time); megjavít, kijavít; **~ up** rendbe hoz, felújít (házat); összehoz (két embert); **He's in a bad ~.** Nehéz helyzetben van. **Can you ~ the car?** Meg tudod javítani a kocsit? **Can I ~ you a drink?** Tölthetek/készíthetek neked egy italt?
fixation *n* komplexus
fixative *n* fixáló
fixer *n* fixáló, rögzítőszer
fixings *n coll* hozzávalók, köret; **turkey with all the ~** pulyka töltelékkel és körettel
fixture *n* tartozék; **light ~** lámpabúra
fizzy *a* pezsgő, szénsavas
flabby *a* petyhüdt, ernyedt
flag *n* zászló, lobogó; *vi* zászlójelet ad le; **~ down a taxi** leint egy taxit
flagpole *n* zászlórúd
flagrant *a* botrányos, kirívó
flair *n* hajlam, érzék; **have a ~ for [sg]** jó érzéke van [vmihez]
flake *n* pehely; **snow~** hópehely; **corn ~** kukorica pehely
flaky *a* pelyhes; réteges (pastry); *fig coll* lökött, szórakozott
flame *n* láng; lángolás, szenvedély; szerelem; *vi* fellángol; **go up in ~s** elég; *fig* megsemmisül; **burst into ~s** meggyullad
flamethrower *n* lángszóró
flammable *a* gyúlékony, tűzveszélyes
flank *n* horpasz; *vt* szegélyez
flannel *a, n* flanel
flap *n* hajtóka (pocket); csapás, csapkodás (wings); *vi* csapkod
flapjack *n coll* palacsinta
flare *n* fellobbanás; jelzőfény; kiszélesedés; *vi* lobog, ég; **~ up** fellobban, lángra lobban; kitör (illness)
flash *n* villanás, villanó fény; *photo* vaku; pillanat; *vi* felvillan, felragyog; *vt* felvillant, villogtat; **in a ~** egy pillanat alatt; **It ~ed across my mind.** Átfutott az agyamon.
flashlight *n* elemlámpa, zseblámpa
flashy *a* feltűnő, mutatós, rikító
flask *n* kulacs, flaska
flat *a* lapos, sík; sima, egyenletes (surface); egyenes, nyílt (look); tompa, fakó (color); állott (water); *mus* félhanggal leszállított hang; lehangolódott; *adv* nyíltan, kereken; **~ as a pancake** *coll* tükörsima;

~ **tire** lyukas/defektes gumi; **~-footed** lúdtalpas; ~ **out** kertelés nélkül; **a ~ refusal** kerek visszautasítás; ~ **rate** egységes díjszabás; *mus* **C** ~ cesz; **He fell ~ on his face.** *coll* Pofára esett.

flatten *vt* lapít, lelapít; *vi* lelapul, kisimul

flatter *vt* hízeleg; kecsegtet, áltat; **Don't ~ yourself.** Ne áltasd magadat.

flattery *n* hízelgés

flatware *n* evőeszközök, asztalteríték

flaunt *vt* fitogtat; *vi* büszkélkedik, hivalkodik [vmivel]

flavor *n* íz, zamat; illat, aroma; *fig* különleges tulajdonság, jellemző; *vt* ízesít, fűszerez; **orange-~ed** narancsízű

flavoring *n* ízesítő, fűszer; ízesítés

flaw *n* hiba

flax *n* len

flaxseed *n* lenmag

flea *n* bolha

fled *vi past/pp* → **flee**

flee *vi* (**fled, fled**) menekül, elmenekül, leszökik, megfutamodik

fleece *n* gyapjú; *vt coll* átver, kifoszt

fleecy *a* gyapjas (hair); pelyhes (fleece); fodros (cloud)

fleet[1] *n* flotta, had, hajóhad

fleet[2] *vi* gyorsan elszáll, elröppen

fleeting *a* múló, mulandó

flesh *n* (élő) hús (állat, gyümölcs); *vt* hizlal; **my own ~ and blood** az én vérem, vérrokonom; **in the ~** teljes életnagyságban, testi mivoltában; **pleasures of the ~** testi gyönyörök

flew *vi past* → **fly**

flex *vt* feszít, hajlít

flexible *a* hajlékony; rugalmas

flextime *n* rugalmas munkaidő

flick *vt* pöccint, megpöccint, fricskáz

flicker *n* lobbanás (tűz); *vi* lebeg, rezeg; vibrál (light); pislákol (fire)

flier *n* repülő (ember); röplap, szórólap

flight[1] *n* repülés; repülőjárat, járat; ~ **number** járatszám; ~ **crew** légi személyzet; ~ **attendant** légi utaskísérő; **in ~** repülés közben

flight[2] *n* megfutamodás, menekülés; **take to ~** elmenekül; ~ **of stairs** lépcsősor, lépcsőforduló

flimsy *a* könnyű, laza, vékony; gyenge

flinch *vi* meghátrál, visszahúzódik; megrándul (face)

fling *n* dobás, hajítás; *coll* könnyű (szerelmi) viszony (affair); *vt* (**flung, flung**) hajít, dob; lódít; **in full ~** teljes lendülettel; ~ **the door open** kivágja/kinyitja az ajtót

flip *vt* feldob (pénzt); hirtelen megfordít; ~ **a pancake** megfordítja a palacsintát; ~ **a coin** feldob egy érmét; *coll* ~ **[sy] the bird** *slang* betart [vkinek]

flip-flops *n pl* strandpapucs

flipper *n* uszony, úszó

flirt *n* kacér férfi/nő; *vi* flörtöl, kacérkodik [vkivel]

float *n* úszó (horgászboton); *vi* lebeg, szálldos (in air), úszik, sodródik (on water); *vt* úsztat; lebegtet (on water)

floater *n* úszó fatörzs; *coll* csavargó, vándormadár (ember)

floating *a* úszó, lebegő; változékony, változó

flock *n* nyáj (sheep), falka (geese), raj (birds); sereg, csapat (group)

flog *vt* megkorbácsol, ostoroz

flood *n* árvíz, ár; *vt* eláraszt, elönt; *vi* kiárad, kiönt

floodgate *n* zsilip

floodplain *n* ártér, árterület

floodwater *n* ár, árvíz

floor *n* padló; emelet; alja, feneke [vminek]; *vt* leteper, legyőz; **ground ~** földszint; **I live on the second ~.** Az első emeleten lakom. **He was ~ed.** *coll* Majd hanyatt esett a meglepetéstől./Szóhoz sem tudott jutni.

flooring *n* padlóburkolat, padlózat

flop *vt* pottyan, puffan, zöttyen; *fig* kudarcot vall, megbukik

floppy *a* laza, lógó; *comp* **~ disk** hajlékony lemez, floppy lemez

flora *n* növényvilág, flóra

floral *a* virágos; virág-; **~ arrangement** virágkompozíció; **~ pattern** virágos minta

florist *n* virágárus, virágos (person); virágüzlet, virágbolt (store)

floss *n* selyemszál; *vt* fogselymet használ; **dental ~** fogselyem

flotation *n* lebegés, lebegtetés

flounder *n* lepényhal

flour *n* liszt; *vt* belisztez

flourish *vi* virágzik, virul; *vt* lenget, lobogtat

flow *n* folyás, áramlás, ömlés; ár, áradat (water); *vi* folyik, ömlik, hömpölyög; kering (blood); **blood~** véráram; *bus* **cash ~** pénzáramlás, pénzforgalom

flower *n* virág; virágzás; *vi* virul, virágzik, kivirágzik; **burst into ~s** virágba borul

flower girl *n* koszorúslány

flowerpot *n* virágcserép

flown *vi pp* → **fly**

flu *n* influenza; **~ shot** influenza elleni oltás

fluctuate *vi* ingadozik, hullámzik, változik

fluent *a* folyékony, gördülékeny (beszéd)

fluffy *a* pihés, pelyhes, bolyhos

fluid *a* folyékony, cseppfolyós; *fig* ki nem alakult; *n* folyadék

flung *vt, vi past/pp* → **fling**

flunk *vi school* megbukik; *vt* megbuktat

flurry *n* szélroham; *fig* izgalom, izgatottság; **snow ~** hózápor

flush[1] *a* egy síkban levő, egy szinten levő

flush[2] *vt* elönt; öblít (WC), kiöblít; *vi* kipirul, elvörösödik; **~ the toilet** lehúzza a vécét

flustered *a* izgatott, zaklatott, zavart

flutter *vi* csapkod, rebeg; gyorsan, szabálytalanul dobog/ver (heart)

fly[1] *n* légy (insect); **~ in the ointment** üröm az örömben, valami ami elrontja az örömöt; **He couldn't hurt a ~.** A légynek sem tud ártani.

fly[2] *n* slicc (on pants); *vi* (**flew, flown**) repül, száll; *fig* siet, rohan, elszáll; fut, menekül (flee); *vt* repülőgépet vezet, repül; **~ in** megérkezik (repülőgéppel); **with ~ing colors** sikeresen, nagyszerűen; **Time flies.** Repül az idő.

flyer = flier *n*

flying *a* repülő, levegőben lebegő; gyors, röpke, rövid; *n* repülés

foam *n* hab; *vi* habzik; **~ rubber** habgumi; **~ at the mouth** habzik a szája

focus *n* fókusz, gyújtópont; középpont; *vt* összpontosít, koncentrál; *photo* fókuszál, élesre állít; **in ~** éles, fókuszban levő; **out of ~** életlen (kép)

fodder *n* takarmány

foe *n* ellenség, ellenfél

fog *n* köd; homály

foggy *a* ködös; homályos, elmosódott; **I don't have the foggiest idea.** Halvány fogalmam sincs.

foghorn *n* ködkürt

foie gras *n* libamáj
foil *n* fólia; vékony fémlap
fold *n* ránc, gyűrődés; redő, berakás; *vt* hajt, összehajt, hajtogat; betakar; *vi* behajlik, összehajlik, összecsukódik; **~ one's hands** összekulcsolja a kezét; **~ one's arms** karba teszi a kezét; **~ing chair** összecsukható szék, kempingszék; **~ back** visszahajt; **~ in** becsomagol, belegöngyöl; belekever
folder *n* irattartó, mappa, dosszié
foliage *n* lomb, lombozat
folk *n* nép, emberek; *coll* rokonok, hozzátartozók; **my ~s** *coll* a családom
folklore *n* folklór
folk music *n* népzene
folksy *a* népies
follow *vt* követ; figyelemmel kísér; *vi* következik, utána jön/megy; **~ a conversation** figyelemmel kísér egy beszélgetést; **~ in [sy's] footsteps** [vkinek] a nyomdokaiba lép; **~ through** végigcsinál, megvalósít; **~ up** nyomon követ, ellenőriz; végigcsinál; **F~ me!** Kövessen!/ Jöjjön utánam! **I'm not ~ing you.** Nem értem./Nem tudlak követni. (I don't understand.) **The movie ~s the news.** A film a híradó után következik. **I will ~ up on this.** Ennek utánajárok.
follower *n* követő, kísérő; tanítvány, tisztelő (disciple)
following *a* következő
fond *a* szerető, gyöngéd; kedvenc; **be ~ of** szeret, kedvel
fondle *vt* dédelget, cirógat; tapogat
font *n* betűfajta, betűkészlet
food *n* étel, táplálék, élelem, ennivaló; eleség, eledel, abrak (animals); **~ for thought** meggondolni való dolog
food poisoning *n* ételmérgezés
foodstuff *n* élelmiszer
fool *n* bolond, hülye, idióta; *vt* becsap, lóvá tesz, a bolondját járatja [vkivel]; **April F~s' Day** április elseje; **make a ~ of oneself** nevetségessé teszi magát; **take [sy] for a ~** hülyének néz [vkit]; **~ around** hülyéskedik, komolytalankodik, *coll* házasságon kívüli viszonya van
foolish *a* buta, ostoba, bolond
foolproof *a* üzembiztos; biztos, valami, amit senki sem tud elrontani
foot *n* (*pl* **feet**) láb, lábfej; lábazat, talp, talpazat, alj, alsó rész; láb (measurement); **be on one's feet** talpon van; **get back on one's feet** talpra áll; **get cold feet** inába száll a bátorsága; **at the ~ of the page** a lap alján; **at the ~ of the hill** a hegy lábánál; **I want to put my best ~ forward.** A legjobb oldalamról akarok mutatkozni. **She put her ~ down.** A sarkára állt, megmakacsolta magát. **He put his ~ in his mouth.** Nagy butaságot mondott. **He swept her off her feet.** Levette a lábáról./ Meghódította őt.
footage *n* hosszúság, terjedelem (lábban); *cine* felvétel, felvett film
football *n sp* amerikai futball; amerikai-futball labda (ovális); **~ field** amerikai-futball pálya
footfall *n* lépés (hangja)
foothills *n pl* előhegység
foothold *n* talpalatnyi hely; **gain a ~** megveti a lábát
footing *n* talpalatnyi hely; helyzet, állapot; körülmények, viszonyok; **be on equal ~** egyenlő elbánásban részesül
footlocker *n* láda (ágy lábánál)
footnote *n* lábjegyzet
footpath *n* gyalogút, ösvény

footprint *n* lábnyom
footstep *n* lépés; nyomdok; **follow in one's ~s** [vkinek] a nyomdokába lép
footstool *n* zsámoly
footwear *n* lábbeli, cipő
footwork *n* lábmunka (sport, tánc)
for *prep* -nak, -nek, részére, számára, -ul, -ül, -ként (intended for); -ra, -re, -ért, miatt, célra, érdekében, végett (purpose); -ra, -re, felé (destination or goal); helyett (on behalf of); -ra, -re, -ig, -óta, -ja, -je, -a, -e (time); *conj* mert, mivel, minthogy; **~ example** például; **the bus ~ the airport** a repülőtéri busz, a repülőtérre tartó busz; **house ~ sale** eladó ház; **~ this reason** ezért, emiatt, ebből az okból; **~ fear of the worst** a legrosszabbtól tartva; **I ~ one** én személy szerint, én például; **I bought a gift ~ Tom.** Vettem Tomnak egy ajándékot. **We had eggs ~ breakfast.** Tojást ettünk reggelire./Tojást reggeliztünk. **It's used ~ baking.** Sütésre használják. **He left ~ home.** Hazafelé indult./ Hazament. **They'll do it ~ you.** Megcsinálják neked./Megcsinálják helyetted. (on behalf of you) **He works ~ me.** Nekem dolgozik./ Nálam dolgozik. (place); **I bought it ~ ten dollars.** Tíz dollárért vettem. **I came ~ the book.** A könyvért jöttem.; **I was in Paris ~ a week.** Párizsban voltam egy hétig. **She hasn't called ~ days.** Napok óta nem telefonált. **I haven't seen him ~ three days.** Három napja nem láttam. **I'm all ~ it.** Benne vagyok./ Támogatom. **What ~?** Minek?/ Miért? **What did you say that ~?** *coll* Azt meg miért mondtad? **It's all ~ the best.** Ez így a legjobb./Így van ez jól. **Thanks ~ everything.** Mindent köszönök. **It will be difficult ~ us to go.** Nehéz lesz nekünk elmenni. **What is the Hungarian word ~ 'good'?** Hogy mondják magyarul azt, hogy 'jó'? **I bought it ~ 3 dollars apiece.** Darabját 3 dollárért vettem.
foray *vt* fosztogat, kifoszt
forbade *vt past* → **forbid**
forbear *vi* (**forbore, forborne**) tartózkodik [vmitől]; tűr, eltűr
forbid *vt* (**forbade, forbidden**) tilt, megtilt, eltilt; **I ~ you to go!** Megtiltom, hogy elmenj!
forbidden *a* tilos, tiltott; *vt pp* → **forbid**; **~ fruit** tiltott gyümölcs
forbore *vi past* → **forbear**
forborne *vi pp* → **forbear**
force *n* erő, erőszak, kényszerítés; erő, erőkifejtés, energia; *mil* erő, hatalom; **~s** csapatok, erők; *law* hatály, érvény; *vt* erőltet; kényszerít, kierőszakol; **by ~** erővel; **in ~** nagy erővel, nagy számban; **resort to ~** erőszakhoz folyamodik; **join ~s with** együttműködik [vkivel]; **armed ~s** hadsereg; **put into ~** hatályba helyez; **~ one's way through** utat tör magának; **~ the door open** feltöri az ajtót; **~ back** visszaszorít; **~ down** leerőltet, lenyom; **~ into** belekényszerít [vmibe]
forced *a* erőltetett, kényszerű; kikényszerített, kierőltetett
forceful *a* erőteljes, erős; erélyes
forceps *n med* fogó
forearm *n* alkar, alsó kar
forebear *n* ős, előd
forecast *n* előrejelzés, prognózis; *vt* jósol, előre jelez; **weather ~** időjárás előrejelzés

forefather *n* ős(apa), előd
forefinger *n* mutatóujj
forefront *n* [vminek] az eleje; előtér; **in the ~** az előtérben
foreground *n* előtér
forehead *n* homlok
foreign *a* külföldi, idegen; **~ affairs** külügyek; **~ currency** valuta
foreigner *n* külföldi, idegen (ember)
foremost *a* legelső; *adv* elsőként, elsőnek; **first and ~** legelőször is
forensic *a* törvényszéki
foresaw *vt past* → **forsee**
foresee *vt* (**foresaw, foreseen**) előre lát, sejt, megjósol
forseen *vt pp* → **forsee**
foreshadow *vt* előreveti árnyékát; előre sejtet, előre jelez
foresight *n* előrelátás, körültekintés
forest *n* erdő; **rain ~** esőerdő
forester *n* erdész, erdőkerülő
forestry *n* erdészet
foretell *vt* (**foretold, foretold**) megjósol, előre megmond
foretold *vt past/pp* → **foretell**
forever *adv* örökké, örökre, mindörökké
foreword *n* előszó
forfeit *vt* elveszít, eljátszik (jogot)
forgave *vt past* → **forgive**
forget *vt* (**forgot, forgotten**) elfelejt [vmit], nem emlékszik [vmire], nem jut [vmi] eszébe; ottfelejt, elhagy (leave); *vi* megfeledkezik, elfeledkezik [vmiről]; **I ~** nem jut eszembe; **F~ (about) it!** Hagyjuk ezt!/Ne törődj vele!/Felejtsd el! **I ~ his name.** Nem jut eszembe a neve./ Nem emlékszem a nevére./ Elfelejtettem a nevét. **I forgot my umbrella at home.** Otthon felejtettem az esernyőmet.
forgetful *a* feledékeny
forgive *vt* (**forgave, forgiven**) megbocsát [vkinek]
forgiven *a* bocsánatos, megbocsátott; *vt pp* → **forgive**
forgiveness *n* megbocsátás, bocsánat
forgiving *a* megbocsátó; elnéző, engedékeny
forgot *vt past* → **forget**
forgotten *a* elfelejtett, feledésbe merült; *vt pp* → **forget**
fork *n* villa; elágazás (road)
forked *a* kétágú, elágazó
form *n* alak, forma; űrlap, nyomtatvány (printed); *vt* kialakít, formál, készít; alakít, szervez (organization); *vi* alakul; **fill out a ~** kitölt egy nyomtatványt; **~ a committee** bizottságot alakít
formal *a* formális; előírásos, hivatalos (official); szertartásos (ceremonial)
formality *n* külsőség, formalitás, formaság; ceremónia
formalize *vt* formálissá tesz, hivatalossá tesz
format *n* alak, külalak, formátum
formation *n* kialakulás, képződés, keletkezés; megalakítás, létrehozás; **rock ~** szikla képződmény
formative *a* formáló, kialakító
former *a* előző, korábbi, előbbi
formidable *a* félelmetes; *fig* nehéz, jelentős
formula *n* minta, formula; bébiétel, csecsemőtápszer (for babies)
forsythia *n* aranyeső
fort *n* erőd, erődítmény
forth *adv* előre, ki; tovább; **back and ~** oda-vissza, előre-hátra; **and so ~** és így tovább, satöbbi
forthcoming *a* készséges; rendelkezésre álló
forthright *a* egyenes, nyílt, őszinte

fortieth *a* negyvenedik
fortification *n fig* megerősítés, megszilárdítás; erődítmény
fortify *vt* megerősít
fortitude *n* állhatatosság, lelki erő
fortress *n* erőd
fortunate *a* szerencsés
fortunately *adv* szerencsére; szerencsésen
fortune *n* szerencse, véletlen; vagyon (assets), gazdagság; **He lost all his ~.** Elvesztette minden vagyonát. **She made a ~ on the deal.** Egy vagyont keresett az üzleten.
forty *num* negyven
forward *a* elülső; *fig* arcátlan, pimasz; *adv* előre; elől; *vt* továbbít, elküld; *fig* előmozdít, elősegít
fossil *n* kövület
foster *vt* felnevel, nevel; *fig* elősegít, előmozdít, táplál; **~ child** fogadott gyerek, nevelt gyerek; **~ parent** nevelőszülő
fought *vt past/pp* → **fight**
foul *a* undorító, visszataszító; ocsmány; *n sp* szabálytalanság, szabálysértés; *vt* bemocskol; szabálytalanságot követ el; elront [vmit]
found[1] *vt* alapít, létesít
found[2] *vt past/pp* → **find**; **lost and ~** talált tárgyak osztálya
foundation *n* alapzat, alapozás (of a building); alapítás; alapítvány
founder *n* alapító
Founding Fathers *n* Alapító Atyák, Honalapító Atyák (az Amerikai Függetlenségi Nyilatkozat aláírói)
foundry *n* öntöde
fountain *n* forrás, kút; szökőkút; **drinking ~** ivókút; **water ~** ivókút
fountainhead *n* forrás, *fig* eredet
four *num* négy; *n* négyes szám; **~ of hearts** kör négyes; **on all ~s** négykézláb
fourteen *num* tizennégy; **he's ~** tizennégy éves
fourteenth *a* tizennegyedik; **on the ~ of May** május tizennegyedikén
fourth *a* negyedik; **on the ~ floor** a harmadik emeleten, *coll* a harmadikon
fowl *n* szárnyas, madár; baromfi
fox *n* róka
fraction *n* törés; törtrész, töredék; tört(szám) (number); **in a ~ of a second** a pillanat tört része alatt
fracture *n med* csonttörés; *vt* eltör (csontot)
fragile *a* törékeny; *fig* gyenge, törékeny
fragment *n* töredék; rész, részlet
fragrance *n* illat
fragrant *a* illatos, jószagú
frail *a* törékeny, gyenge; esendő
frame *n* keret, ráma; szerkezet, váz (structure); *fig* rendszer, szerkezet, forma; testalkat (body); *cine* filmkocka; *vt* keretez, bekeretez; megszerkeszt, összeállít; *coll* hamisan megvádol, meggyanúsít
framework *n* keret, szerkezet, váz
frank *a* őszinte, nyílt, egyenes
frankly *adv* őszintén, nyíltan; **quite ~** őszintén szólva
frantic *a* eszeveszett, őrjöngő; tomboló, frenetikus
fraternize *vi* barátkozik [vkivel]
fraud *n* csalás; csaló; szélhámos (person)
fraudulent *a* csaló, csalárd; tisztességtelen
fray *vi* kirojtosodik, elkopik, kikopik
freak *n* szörnyszülött, torzszülött
freckle *n* szeplő

free *a* szabad, független; ingyenes, díjmentes (no charge); szabad, nem elfoglalt (not busy); szabad, akadálytalan (movement); *vt* megszabadít, kiszabadít [vhonnan], felszabadít (liberate); szabaddá tesz; **~ fall** szabadesés; **~ speech** szólásszabadság; **~ will** szabad akarat; **set ~** szabadon enged, kiszabadít; **~ sample** ingyenes termékminta; **~ delivery** ingyenes kézbesítés; **get [sg] for ~** ingyen kap [vmit]; **Is the taxi ~?** Szabad a taxi? **Do you have any ~ time today?** Van ma (szabad) időd?/Ráérsz ma?

freedom *n* szabadság, függetlenség; könnyedség, közvetlenség; **~ of religion** vallásszabadság; **~ of assembly** gyülekezési szabadság

freelance *a* szabadúszó

freestyle *a, n sp* gyorsúszás

freeway *n* autópálya

freeze *n* fagy, fagyás (weather); befagyasztás (hiring), rögzítés (salaries); *vt* (**froze, frozen**) fagyaszt, megfagyaszt; befagyaszt; *vi* megfagy, megdermed; nagyon fázik (person); **~ over** befagy (víz); *coll* **when hell ~s over** sohanapján, majd ha piros hó esik; **I'm freezing.** *coll* Majd megfagyok.

freezer *n* fagyasztó, mélyhűtő

freight *n* teher, szállítmány; **~ train** tehervonat

freighter *n* teherhajó (ship), teherszállító repülő (plane); szállítmányozó, fuvarozó

French *a, n* francia; **in ~** franciául; **~ fries** hasábburgonya; **~ twist** (csavart) konty; **~ horn** *mus* kürt, vadászkürt; **~ window** üvegezett erkélyajtó

frequency *n* gyakoriság; *el* frekvencia

frequent *a* gyakori; *vt* [vhova] jár, gyakran ellátogat

frequently *adv* gyakran, sűrűn

fresh *a* friss, új (new); friss, üde, élénk; szemtelen, pimasz (with another person); *adv* frissen, élénken; **~ air** friss levegő, szabad levegő; **~ water** édesvíz

freshen (up) *vt* felfrissít, üdít; felfrissül

freshman *n* elsőéves egyetemista

freshwater *a* édesvízi

friction *n* súrlódás

Friday *n* péntek; **on ~** pénteken; **on ~s** péntekenként

fridge *n coll* hűtő, hűtőszekrény, fridzsider

fried *a* sült; rántott (breaded); **~ eggs** tükörtojás; **~ chicken** rántott csirke

friend *n* barát; **be ~s with** barátja [vkinek], jóban van [vkivel]; **make ~s with** összebarátkozik [vkivel]

friendly *a* barátságos, kedves, baráti, jóindulatú

friendship *n* barátság

fries *n coll* (házi) sült krumpli; **Would you like ~ with that?** Kér hozzá sült krumplit? (kötelező kérdés gyorséttermekben)

fright *n* rémület, ijedtség, ijedelem; **You gave me such a ~.** Úgy megijesztettél.

frighten *vt* megijeszt, megrémít; **~ off** elijeszt, elriaszt; **Don't be ~ed!** Ne félj!

frightening *a* ijesztő, félelmetes, rémítő

frightful *a* szörnyű, borzasztó, félelmetes

frigid *a* fagyos, hideg, jeges; *fig* rideg, fagyos, kimért; frigid

frisky *a* vidám, játékos

fritter *n* fánkhoz hasonló (általában almás), olajban sült sütemény

frog *n* béka; **I have a ~ in my throat.** Be vagyok rekedve.

from *prep* -ból, -ből, -ról, -ről, -tól, -től (place); óta, -tól, -től (time); **~ Washington** Washingtonból; **~ Budapest** Budapestről; **a message ~ my friend** üzenet a barátomtól; **~ Tuesday** keddtől, kedd óta; **a week ~ today** mához egy hétre; **~ time to time** időről időre, néha; **~ nine to five** kilenctől ötig; **~ above** fentről; **~ behind** hátulról, mögül; **~ beneath** alulról; **Where are you ~?** Hova való vagy? **She is ~ Boston.** Bostoni.

front *a* elülső, első, mellső; nyílt (open); *n* eleje [vminek], elülső rész, homlokzat (building); **~ page** címlap, első oldal; **~ seat** első ülés; **up ~** *adv* elöl; *fig* rögtön, elsőként; **in ~ of** előtt, szemben

frontage *n* homlokzat

frontal *a* elülső; frontális

frontier *n* határ, határterület; még meg nem hódított természet

frontiersman *n* határ menti lakos; amerikai földfoglaló, a nyugati vidékeket meghódító ember

frost *n* fagy; *vt* cukormázzal/krémmel bevon (baking); **white ~** dér

frostbite *n* fagyás (testen)

frosty *a* fagyos, hideg, jeges; fagyasztott (de még folyékony) turmixital

froth *n* hab

frown *n* szemöldökráncolás, rosszalló tekintet; *vi* ráncolja a szemöldökét; rosszall, helytelenít

froze *vi, vt past* → **freeze**

frozen *a* fagyott; mélyhűtött, fagyasztott, gyorsfagyasztott, mirelit (food); **~ food** mélyhűtött/mirelit étel; *vi, vt pp* → **freeze**

frugal *a* takarékos, spórolós, beosztó

fruit *n* gyümölcs; termés; *fig* eredmény, gyümölcs; **dried ~** aszalt gyümölcs; **bear ~** gyümölcsöt terem/hoz; *fig* eredménye van, gyümölcsöt hoz

fruitcake *n* püspökkenyér; *coll* dilis ember

fruitful *a* termékeny; gyümölcsöző, eredményes

fruitless *a* terméketlen; eredménytelen

fruity *a* gyümölcs ízű, zamatos

frustrate *vt* meghiúsít; csalódást okoz [vkinek]

frustrated *a* csalódott, frusztrált

frustration *n* csalódás; kielégületlenség; frusztráció

fry *vt* olajban/zsírban süt, ránt ([sg] breaded)

fryer *n* sütni való csirke; olajsütő (appliance)

frying pan *n* serpenyő; **out of the ~ and into the fire** csöbörből vödörbe

fuchsia *a* ciklámen (color); *n* fukszia

fudge *n* amerikai édesség (általában csokoládés); ostobaság, mesebeszéd

fuel *n* üzemanyag, fűtőanyag; *vt* üzemanyaggal megtölt, feltankol; **add ~ to the fire** olajat önt a tűzre

fugitive *a* menekülő; *n* menekült; szökevény

fulfill *vt* teljesít, végrehajt; elvégez; eleget tesz [vminek]

full *a* tele, teli, telt; telt, teltkarcsú, kövérkés (person); teljes, hiánytalan; *n* teljesség; **~ moon** telihold; **~ lips** telt ajak; **at ~ speed** teljes sebességgel; **in ~** teljes egészében, teljes terjedelemben; **payment in ~** teljes összegben való kifizetés; **I had a ~ day.** Elfoglalt napom volt.

full-blown *a* teljes, teljesen kinyílt (virág); igazi nagy; **a ~ party** igazi nagy parti (ahonnan semmi/senki sem hiányzik)

full-fledged *a* kész, végzett (pl. ügyvéd)
fullness *n* teljesség; teltség, telítettség
full-scale *a* eredeti méretű, teljes fokú
full-time *a* teljes munkaidejű; egész napi, állandó (munka)
fully *adv* teljesen, teljes mértékben
fumble *vi* motoszkál, kotorászik, turkál
fume *n* füst, gőz, pára, kipárolgás; *vi* füstöl, gőzölög; *fig* bosszankodik, füstölög magában, dúl-fúl (person)
fumigate *vt* kifüstöl, megfüstöl
fun *a* szórakoztató, kellemes; *n* szórakozás, mulatság; **have ~** jól érzi magát, jól szórakozik; **just for ~** szórakozásból, a szórakozás kedvéért; **make ~ of** kicsúfol [vkit]; **It was ~.** Jó szórakozás volt. **It's a ~ movie.** Szórakoztató film.
function *n* rendeltetés, feladat, szerep, funkció; működés, funkció; összejövetel, gyűlés, estély (get-together); *math* függvény; *vi* működik, ténykedik; működik, jár, funkcionál (gép)
functional *a* működési, funkcionális; működőképes
functionary *n* tisztviselő, hivatalnok, hivatalos személy
fund *n* alap (pénz), anyagi alap; tőke; pénzalap; *vt* finanszíroz, anyagilag támogat; **~s** anyagi eszközök; **raise ~s** anyagi alapot teremt; **relief ~** segélyezési alap
fundamental *a* alapvető, alap-, sarkalatos
fundamentalist *n* fundamentalista
funeral *n* temetés
fungus *n* (*pl* **fungi**) gomba(féle)
funnel *n* tölcsér; **~ cake** csurgatott fánk
funny *a* vicces, mulatságos, komikus; különös, furcsa; **I feel ~.** Furcsán érzem magam. **It tastes ~.** Furcsa íze van.
fur *n* prém, szőrme; bunda, szőr(zet) (animal); **~ coat** szőrmebunda, bunda; **fake ~** műszőrme
furious *a* dühös, mérges; *fig* ádáz (fight)
furnace *n* kazán
furnish *vt* ellát, felszerel; juttat, ad; berendez, bebútoroz (a room)
furnishings *n* berendezés, lakberendezés
furniture *n* bútor, bútorzat
furrow *n* barázda (earth); mély ránc
furry *a* szőrös, bolyhos
further *adv* tovább, messzebb, távolabb; továbbá; *vt* elősegít, előmozdít (ügyet)
fury *n* düh, dühöngés, őrjöngés
fuse *n* kanóc, gyújtózsinór; *el* biztosíték; *vt* összeolvaszt (fémet); *vi* kiég (biztosíték)
fuselage *n* repülőgéptörzs
fusion *n* fúzió
fuss *n* felfordulás, zaj, zsivaj; hűhó, fontoskodás; *vi* akadékoskodik, okvetetlenkedik, fontoskodik; **make a ~** nagy hűhót csap
fussy *a* nyűgös, aggodalmaskodó, fontoskodó
futile *a* hiábavaló, eredménytelen, hatástalan
future *a* leendő, jövő, jövendőbeli; *n* jövő, jövendő; **in the ~** a jövőben, ezután; *bus* **~s** határidős üzlet
fuzz *n* pihe, pehely
fuzzy *a* bolyhos, pelyhes; *fig* homályos, életlen
FYI = for your information *adv* tájékoztatásul

G

g = gram *n* gramm
gab *n* fecsegés, duma; *vt* dumál, fecseg

gable *n* oromzat, oromfal
gadget *n* szerkezet, szerkentyű, eszköz
gag *n* szájpecek; *vt* betöm, felpeckel (szájat); *vi* fuldoklik
gaga *a coll* hülye, szenilis
gage *n* → **gauge**
gaiety *n* vidámság, jókedv
gaily *adv* vidáman
gain *n* nyereség, haszon; gyarapodás (money); *vt* nyer, elnyer, megnyer; szerez; ~ **strength** megerősödik; ~ **weight** meghízik
gainful *a* jövedelmező, hasznos
gal = **girl** *n coll*
galactic *a* galaktikus
galaxy *n* galaxis
gale *n* viharos erejű szél, erős szél
gall[1] *n* epe; ~ **bladder** epehólyag
gall[2] *vt* felhorzsol; *fig* bosszant, megsért
gallant *a* gáláns, lovagias; bátor, hősies
gallantry *n* udvariasság, lovagiasság; bátorság, hősiesség
gallery *n* karzat, erkély; galéria, képtár, műcsarnok
galley *n* gálya
Gallic *a* gall, francia
gallon *n* gallon
gallop *n* galopp, vágta; *vi* vágtázik, vágtat
gallows *n* akasztófa, bitófa
gallstone *n* epekő
galore *adv* bőven
galoshes *n pl* sárcipő, kalucsni
galumph *vi* peckesen feszít
galvanic *a* galvános
galvanize *vt* galvanizál; *fig* felvillanyoz
gambit *n* lépés, húzás
gamble *n* szerencsejáték, hazárdjáték; kockázatos vállalkozás; *vt* fogad, szerencsejátékot játszik; kockázatot vállal
game[1] *n* játék, mulatság; *sp* játszma, meccs; vállakozás, terv; **play the** ~ betartja a szabályokat
game[2] *a* vadász-, vadászati; *n* vad, vadállat; vadhús, vadpecsenye; **big** ~ nagyvad; **fair** ~ vadászható vad; *fig* szabad a vásár
gamut *n* hangskála, hangterjedelem
gamy *a* vadas ízű, vadízű
gang *n* csapat; banda, gengszterbanda
gangling *a* nyakigláb
gangplank *n* stég
gangrene *n* üszkösödés, gangréna
gangster *n* gengszter
gangway *n* folyosó (ülések között)
gap *n* rés, nyílás, hasadék; hézag, kiesés; hiány
gape *vi* tátong; tátja a száját (person), tátott szájjal bámul
garage *n* garázs; javítóműhely (service station)
garb *n* öltözet, viselet
garbage *n* szemét, hulladék; ~ **can** szemetes
garble *vt* meghamisít, összezavar (szöveget)
garden *n* kert; *vi* kertészkedik
gardener *n* kertész
gardenia *n* gardénia
gargantuan *a* óriási, rettentő nagy
gargle *vi* gurgulázik, gargarizál, torkot öblít
garish *a* feltűnő, rikító
garland *n* virágfüzér
garlic *n* fokhagyma; **clove of** ~ fokhagymagerezd
garment *n* ruha, öltözék
garnet *n* gránátkő
garnish *n* körítés, köret; *vt* díszít, körít; letilt (pay)
garret *n* manzárdszoba, padlásszoba
garrison *n* helyőrség

garter *n* harisnyakötő
gas *n* gáz; benzin; szél, szellentés; *vt* elgázosít, gázzal megmérgez; **~ stove** gáztűzhely; **natural ~** földgáz; **~ station** benzinkút; **step on the ~** gázt ad; **~ company** gázművek
gaseous *a* gáz halmazállapotú, gáznemű
gash *n* mély vágás, seb; *vt* megvág, bevág
gasoline *n* benzin
gasp *vi* zihál, levegő után kapkod; eláll a lélegzete (surpise)
gas pipe *n* gázvezeték
gassy *a* gáznemű
gastric *a* gyomor
gastritis *n med* gyomorhurut
gastronomy *n* gasztronómia, konyhaművészet
gasworks *n* gázművek
gate *n* kapu, bejárat, kijárat
gatecrasher *n* hívatlan vendég
gatekeeper *n* portás, kapus
gateway *n* kapualj, kapubejárat; bejárat
gather *vt* összeszed, összegyűjt; betakarít, begyűjt (crops); összehúz, behúz; *fig* kivesz, megért; *vi* összegyűlik, felgyülemlik; gyülekezik, csoportosul; **~ information** információt szerez; **I ~** *coll* úgy látom, úgy veszem ki, úgy értesültem; **~ up** felszed, összeszed
gathering *n* gyülekezés, összejövetel
gaudy *a* tarka, cifra, rikító
gauge *n* érték, méret; mérőeszköz, mérce; *vt* megmér, felmér
gaunt *a* ösztövér, sovány
gauntlet *n* hosszú szárú kesztyű
gauze *n* géz
gauzy *a* fátyolszerű, átlátszó
gave *vt past* → **give**
gawk *n* esetlen ember
gawky *a* ügyetlen, esetlen
gay *a* meleg, homoszexuális; vidám, jókedvű
gaze *n* tekintet; nézés, bámulás; *vi* hosszasan bámul, mereven néz
gazelle *n* gazella
gazette *n* hivatalos lap
gear *n* felszerelés, holmi; fogaskerék (in a machine); *auto* sebesség; *vt* bekapcsol; *fig* igazít, arányosít [vmihez]; **second ~** második sebesség; **shift ~s** sebességet vált
gearbox *n auto* sebességváltó, sebváltó
gearshift *n auto* sebességváltó kar
gee *int coll* jé!, hű!, nahát!
geek *n* stréber
geese *n pl* → **goose**
geisha *n* gésa
gel *n* zselé, gél
gelatin *n* zselatin
gelding *n* herélt ló
gem *n* drágakő; *fig* gyöngyszem, a legszebb, a legjobb darab
gemstone *n* drágakő
gender *n* nem (hímnem/nőnem)
gene *n* gén
genealogy *n* származástan, genealógia
general[1] *a* általános; közös, köz-; fő-; **~ election** képviselőválasztás; **~ store** vegyesbolt; **in ~** általában véve
general[2] *n mil* tábornok
generality *n* általánosság
generalization *n* általánosítás
generalize *vt* általánosít
generally *adv* általában, rendszerint; általánosan
generate *vt* létrehoz, előállít; fejleszt, termel, generál; kivált, előidéz, okoz
generation *n* nemzedék, generáció, korcsoport
generator *n el* generátor

generic *a* általános; nem márkás (áru) (brand)
generous *a* bőkezű; nagylelkű; bőséges, kiadós
genesis *n* eredet, keletkezés; genezis; **the Book of G~** Mózes első könyve
genetic *a* genetikai
genial *a* enyhe, kellemes; barátságos, szívélyes
genital *a* nemi, ivar-
genitals *n pl* nemi szervek, ivarszervek
genius *n* tehetség, rendkívüli képesség; zseni, lángész
genocide *n* fajirtás, népirtás
genre *n* műfaj; zsáner
gentility *n* nemesi származás; felső középosztály; előkelőség
gentle *a* szelíd, finom (person); enyhe (climate); gyengéd (touch)
gentleman *n* (*pl* **gentlemen**) úriember, úr; férfi; **Ladies and gentlemen!** Hölgyeim és uraim!
genuine *a* valódi, igazi, eredeti; őszinte, nyílt
geocentric *a* geocentrikus
geographical *a* földrajzi
geography *n* földrajz
geology *n* geológia, földtan
geometry *n* geometria, mértan
georgette *n* zsorzsett
geranium *n* muskátli
gerbera daisy *n* gerbera
geriatric *a* geriátriai, öregkori-, öregekkel foglalkozó
germ *n* csíra; baktérium
German *a, n* német; **in ~** németül
Germany *n* Németország
germicide *n* fertőtlenítő szer
germinal *a* csíra-, kezdeti
germinate *vi* csírázik, sarjad
gerontology *n* gerontológia
gestation *n* terhesség, viselősség
gesticulate *vi* gesztikulál
gesture *n* taglejtés, gesztus; *vi* gesztikulál; int, jelez
get *vt* (**got, gotten**) kap, nyer, szerez; vesz, beszerez; megszerez; elkap (illness); rávesz, rábír [vkit vmire], elvégeztet [vmit vkivel] (make [sy] do [sg]); ért, megért, felfog (understand); *vi* jut, eljut, ér, kerül (place); lesz, válik [vmivé] (become); hozzáfog, elkezd (begin); **have/has got** van neki; **~ even** kiegyenlíti a számlát; **~ to know** megismer; **~ across** keresztülvisz; megértet [vmit vkivel]; **~ ahead** boldogul; lehagy [vkit]; **~ along** előrejut; **~ along with** kijön [vkivel]; **~ around** megkerül; *fig* kijátszik [vmit]; **~ around to** sort kerít [vmire]; **~ at** céloz [vmire]; **~ away** eltávozik, elmegy; elmenekül; **~ away with** megúszik [vmit]**;** **~ back** *vt* visszakap; visszaszerez; *vi* visszatér; **~ down** levesz; lemegy, leszáll; leereszkedik; **~ in** bejut; beszáll (into a vehicle); megérkezik, megjön; **~ into** *vt* beletesz, belegyömöszöl [vmit vmibe]; *vi* belefér; belebújik (clothes); **~ off** leszáll, kiszáll (vehicle); megúszik [vmit]; **~ on** felszáll [vmire] (vehicle); továbbmegy; öregszik; **~ out**; *vt* kivesz; kihoz, eltávolít; *vi* kiszáll; kiszabadul, kijut; **~ over** befejez; túlesik [vmin]; legyőz, kihever [vmit]; **~ through** *vt* átjuttat, átsegít; *vi* átjut, eljut; elér [vkit] (on the phone); **~ to** eljut [vhova]; **~ together** összejön, gyülekezik; **~ up** felkel (in the morning); feláll (from sitting); feljut; **I got a letter.** Levelet kaptam. **Where did you ~ that?** Hol szerezted (azt)?/Honnan

szedted? **He got the flu.** Influenzás lett./Elkapta az influenzát. **She's got a lot of money.** Sok pénze van. **I've got a lot of friends.** Sok barátom van. **I've got to go.** El kell mennem. **He got her to do it.** Rávette, hogy megcsinálja. **They want to ~ this cleaned.** Ki akarják tisztíttatni. **I don't ~ it.** Nem értem. **I am ~ting tired.** Kezdek elfáradni. **We got to Frankfurt on Sunday.** Vasárnap értünk Frankfurtba. **He's ~ting old.** Öregszik. **She's ~ting ready.** Készül./ Készülődik. **I didn't ~ around to calling you yesterday.** Nem jutottam hozzá, hogy felhívjalak tegnap. **What are you ~ting at?** Mit akarsz ezzel mondani? **When did you ~ in?** Mikor jöttél meg? **G~ out!** Menj innen!/Takarodj! **Let's ~ it over with!** Essünk túl rajta! **He can't ~ over it.** Nem tudja túltenni magát rajta.

getaway *n* menekülés; *coll* rövid szabadság, rövid nyaralás

get-together *n* összejövetel

getup *n* öltözet, öltözék

Ghana *n* Ghána

ghastly *a* rettenetes, szörnyű

gherkin *n* apró uborka

ghetto *n* gettó

ghost *n* lélek; szellem, kísértet; **~ town** elhagyatott/kihalt város; **the Holy G~** a Szentlélek

ghostly *a* kísérteties

ghoul *n* vámpír, rém

GI = government issue *n mil* kiskatona, közlegény

giant *a* óriási, hatalmas; *n* óriás

gibberish *n* halandzsa

giblets *n* szárnyasaprólék, belsőségek

giddy *a* szeles, viháncoló

gift *n* ajándék; adomány; *fig* tehetség, adottság; **~ wrapping** ajándék csomagolás; **give [sg] as a ~** ajándékba ad, ajándékoz; **a ~ for music** zenei tehetség

gifted *a* tehetséges

gig *n coll* hakni, meló

gigantic *a* óriási, gigantikus

giggle *n* kuncogás, vihogás; *vi* kuncog, vihog

gigolo *n* selyemfiú

gild *vt* aranyoz, bearanyoz

gilding *n* aranyozás

gill *n* kopoltyú

gilt *a* aranyozott; *n* aranyozás

gin *n* gin, borókapálinka

ginger *a* vörösessárga; vörösesszőke (hair); *n* gyömbér

ginger ale *n* gyömbérsör

gingerbread *n* gyömbérkenyér

gingerly *adv* óvatosan

gingersnap *n* gyömbéres keksz

gingham *n* tarka mintás pamutszövet, karton

gingivitis *n med* fogínygyulladás

ginseng *n* ginszeng

gipsy *a, n* cigány

giraffe *n* zsiráf

girdle *n* öv, fűző (nem női)

girl *n* lány; kislány

girlfriend *n* barátnő

girlish *a* lányos, kislányos

gist *n* [vminek] a lényege, veleje

give *vt* (**gave, given**) ad; odaad; ajándékoz, adományoz; átad, átnyújt; *fig* okoz; *vi* enged, hajlik; **~ or take ten** plusz mínusz tíz; **~ away** elajándékoz, odaad; *fig* elárul; **~ back** visszaad; **~ in** enged, beadja a derekát, megadja magát; **~ out** *vt* kiad, kibocsát; *vi* kimerül, elfogy;

~ **up** átad, átenged; *fig* felad, abbahagy; ~ **up on** lemond [vmiről]; **He gave me a book.** Adott nekem egy könyvet. **G~ it to me!** Add ide (nekem)! **She gave them a ride home.** Hazavitte őket (kocsival). **She gave it a try.** Megpróbálta. **G~ me a break!** *coll* Hagyjál már! **I'll ~ you that.** Ezt elismerem. **She gave me your message.** Átadta az üzenetedet. **G~ her my best!** Mondd meg neki, hogy üdvözlöm!/Add át neki üdvözletemet!

given *a* adott, megadott; *n* adott helyzet; evidencia, magától értetődő dolog; **at a ~ time** egy adott időben; *vt, vi pp* → **give**

gizmo *n coll* szerkezet, ketyere

gizzard *n* zúza

glacier *n* gleccser

glad *a* boldog, vidám; **I'm very ~.** Nagyon örülök.

gladden *vt* felvidít, megörvendeztet

glade *n* tisztás

gladiator *n* gladiátor

glamour *n* varázslat, csillogás, báj

glance *n* pillantás; *vi* pillant, pillantást vet [vmire]; **at a ~** egy pillantásra; ~ **at** rápillant

gland *n* mirigy

glare *n* vakító fény, ragyogás; átható pillantás; *vi* fénylik, ragyog; mereven bámul [vkit]

glaring *a* vakító, ragyogó (light); rikító (color); *fig* kirívó

glass *n* üveg; pohár (to drink); **wine ~** borospohár; **a ~ of water** egy pohár víz; ~ **eye** üvegszem

glassblower *n* üvegfúvó

glasses *n pl* szemüveg

glasshouse *n* üvegház, melegház

glassware *n* üvegáru, poharak

glaucoma *n med* glaukóma, zöld hályog

glaze *n* máz, zománc; *vt* fényez; mázzal bevon, zománcoz

glazed *a* mázas, zománcozott

gleam *n* megvillanás, felcsillanás; *vi* fénylik; felvillan; **a ~ of hope** reménysugár

glee *n* vidámság

gleeful *a* jókedvű, vidám

glide *n* siklás, csúszás; *vi* suhan, surran; siklik, sikló repüléssel repül (plane)

glimmer *n* pislákolás, felvillanás; felcsillanás; **a ~ of hope** reménysugár

glimpse *n* futó pillantás; *vt* megpillant

glint *n* villanás, csillogás; csillan, felcsillan

glisten *vi* ragyog, csillog, fénylik

glitch *n* hiba

glitter *n* ragyogás, csillogás; *vi* csillog, ragyog, fénylik

gloat *n* káröröm; *vi* kárörvendően gondol/néz [vkire]

glob *n* csomó, rög

global *a* globális, átfogó, teljes; világ-; ~ **warming** globális felmelegedés; ~ **economy** világgazdaság

globe *n* golyó, gömb; **the ~** a Föld; földgömb

globule *n* gömböcske; csöpp

gloom *n* homály, sötétség; *fig* lehangoltság, szomorúság

gloomy *a* homályos, sötét; *fig* szomorú, nyomasztó, komor

glorify *vt* dicsőít; feldicsér

glorious *a* dicső, dicsőséges, fényes; ragyogó, tündöklő

glory *n* dicsőség; ragyogás, tündöklés

gloss *n* máz, fény; *vt* simít, fényesít; ~ **over** elkendőz; **lip ~** szájfény

glossary *n* szószedet, szójegyzék

glossy *a* sima, fényes, fényezett

glove *n* kesztyű; *auto* ~ **compartment** kesztyűtartó
glow *n* ragyogás, izzás; *vi* izzik, ragyog, sugárzik
glower *vi* haragosan néz [vkire]
glucose *n* szőlőcukor, glükóz, glukóz
glue *n* ragasztó; *vt* ragaszt; *fig* tapaszt
glum *a* rosszkedvű, komor
glut *n* bőség; *vt* felfal, megzabál
gluten *n* sikér, glutin
glutinous *n* ragadós, nyúlós
glutton *n* falánk, torkos, nagyevő ember
gluttony *n* torkosság, falánkság
glycerin *n* glicerin
gnarled *a* bütykös, csomós
gnaw *vt* rág, rágcsál; *fig* gyötör, emészt
gnome *n* gnóm, manó
GNP = Gross National Product *n econ* bruttó nemzeti termék
gnu *n* gnú
go *n* menés, mozgás; próbálkozás, kísérlet; *vi* (**went, gone**) megy, halad; elmegy, elindul (leave); működik (machine), jár (clock); lesz, válik (become); múlik, telik, eljár (time); elkel (be sold); eltűnik, elvész (disappear); halad, folyik, sikerül; **be on the** ~ úton van, tevékenykedik; **at one** ~ egyszerre, egy csapásra; **come and** ~ jön-megy; ~ **for a walk** sétál egyet, sétálni megy; **be ~ing to do [sg]** fog csinálni [vmit], készül, szándékozik; **if all ~es well** ha minden jól sikerül; ~ **across** átmegy [vmin]; ~ **after** követ [vmit]; utánajár [vminek]; **~against** ellenkezik [vmivel]; ~ **ahead** előre megy; folytat [vmit]; ~ **along** végigmegy [vmin]; *fig* egyetért [vkivel]; ~ **back** visszamegy, visszatér; ~ **behind** becsap [vkit], a háta mögött tesz [vmit]; ~ **beyond** túlmegy [vmin]; ~ **by** elmegy, elhalad [vmi mellett]; elmúlik (time); utazik, megy [vmivel]; ~ **by train** vonattal megy; ~ **down** lemegy; elsüllyed; ~ **for** elmegy [vkiért, vmiért]; ~ **forward** halad; előremegy; ~ **in** bemegy, belép; ~ **into** bemegy; ~ **into business** vállalkozásba fog; ~ **off** eltér, letér (the path); elsül, felrobban (gun); ~ **on** továbbmegy; folytatódik (continue); folyik, történik (happen); ~ **out** kimegy; szórakozni megy, társaságba megy; ~ **out with** jár [vkivel], randevúzik [vkivel]; ~ **over** átmegy, átkel [vmin]; átnéz, átgondol, átismétel; ~ **through** átmegy, keresztülmegy [vmin]; átesik, átmegy [vmin] (experience); átvizsgál, átkutat [vmit] (search); ~ **through with** véghezvisz, elvégez, végigcsinál; ~ **to** megy [vkihez, vhova]; ~ **together** összeillik; ~ **under** elmerül; *fig* megbukik; ~ **up** felmegy; emelkedik (rise); ~ **up in flames** kigyullad; ~ **with** elmegy [vkivel], elkísér [vkit]; illik [vmihez] (match); ~ **without** megvan [vmi] nélkül; nélkülöz; **They went to Mexico.** Mexikóba mentek. **Let's get ~ing!** Gyerünk!/Induljunk! **I have to ~.** El kell mennem./ Mennem kell. **How does it ~?** Hogy is van? (nem emlékszem)/Hogy megy a dolog? **That's ~ing too far.** Ez már több a soknál. **She's gone.** Elment./Meghalt. **My key is gone.** Eltűnt a kulcsom. **He let himself ~.** Elhagyta magát. **The milk has gone bad.** Megromlott a tej. **Her face went red.** Elpirult. **He has gone blind.** Megvakult. **Something went wrong.** Valami nem jól sikerült./Valami rossz történt.

That ~es without saying. Ez magától értetődik. **He is ~ing to call you.** Fel fog hívni (téged)./Majd felhív (téged). **I was ~ing to eat that.** Én meg akartam azt enni. **She was ~ing to stay.** Úgy volt, hogy itt marad. **G~ ahead!** Tessék!/Menj csak!/Folytasd csak!/Ne zavartasd magad! **G~ for it!** Hajrá!/Gyerünk!/Csináld! **The alarm went off.** Megszólalt a riasztó. **What's ~ing on?** Mi folyik itt?/Mi történik? **It went on like that for years.** Így ment ez évekig. **G~ on!** Folytasd! **They ~ out a lot.** Sokat járnak szórakozni. **Let's ~ over it once more!** Nézzük át még egyszer!

goal *n* cél; *sp* kapu; gól

goalie *n sp* kapus

goalkeeper *ni sp* kapus

goalpost *n sp* kapufa

goat *n* kecske

goatee *n* kecskeszakáll

gob *n* nyál, köpet

gobble[1] *n* hurukkolás (pulykáé), a pulyka hangja

gobble[2] *vt* fal, felfal, zabál

goblet *n* serleg, talpas pohár

goblin *n* manó, kobold

god *n* isten; **G~ willing** ha Isten is úgy akarja; **Thank G~!** Hála Istennek! **G~ forbid!** Isten őrizz!

godchild *n* keresztgyerek

goddaughter *n* keresztlány

goddess *n* istennő

godfather *n* keresztapa

godforsaken *a* istenverte, nyomorult; isten háta mögötti (place)

godless *a* istentelen

godly *a* istenfélő, jámbor

godmother *n* keresztanya

godparent *n* keresztszülő

godsend *n* váratlan szerencse

godson *n* keresztfiú

goggles *n* védőszemüveg, motoros szemüveg

going *n* menés, haladás; **it's slow ~** lassan halad a dolog

goiter *n* golyva

gold *a, n* arany

gold digger *n* aranyásó; *fig* hozományvadász

golden *a* arany, arany-; **~ age** aranykor; **a ~ opportunity** ritka jó alkalom

goldfinch *n* sármány

goldfish *n* aranyhal

goldmine *n* aranybánya

gold rush *n* aranyláz

goldsmith *n* aranyműves

golf *n* golf; **play ~** golfozik; **~ ball** golflabda; **~ club** golfütő; golf klub; **~ course** golfpálya

golfer *n* golfozó, golfjátékos

golly *int* a mindenit!, a kutyafáját!

gone *a* elveszett, reménytelen; halott; *vi pp* → **go**

goner *n* tönkrement ember

gong *n* gong

gonna = going to *coll* → **go**

gonorrhea *n* tripper, gonorrea

good *a* jó; szép; megfelelő, alkalmas (suitable); érvényes (valid); *n* jó; előny, haszon, [vkinek] a java; **~s** javak, ingóságok; áru; **too ~ to be true** túl szép ahhoz, hogy igaz legyen; **as ~ as new** majdnem új, mintha új lenne; **so far so ~** eddig minden rendben; **G~ Friday** Nagypéntek; **deliver the ~s** árut leszállít; teljesíti a kötelességét; **for ~** örökre, egyszer s mindenkorra; **G~ morning!** Jó reggelt! **G~ afternoon!** Jó napot! **G~ evening!** Jó estét! **G~ night!** Jó éjszakát! **Have a ~ trip!** Jó utat! **G~ luck!** Sok szerencsét!

She's ~ at math. Jól megy neki a matematika. **G~ for you!** Jó neked!/ Ügyes vagy!/Jól teszed! **It's ~ for a year.** Egy évig érvényes. **It will do you ~.** Jót fog tenni neked. **He's up to no ~.** Valami rosszban sántikál.

good-bye *int* viszontlátásra

good-looking *a* jóképű (férfi), csinos

good-natured *a* jószívű, jóindulatú

goodness *n* jóság; **My ~!** Atyaisten! **Thank ~!** Hála Istennek!

goodwill *n* jóakarat

gooey *a* ragacsos, nyúlós

goof-off *n* lógós, lusta

goofy *a* idétlen, ügyetlen, nevetséges

goose *n* (*pl* **geese**) liba, lúd

gopher *n* ürge

gorge *n* szurdok, völgytorok; *vt* lakmározik, bezabál

gorgeous *a* gyönyörű, fantasztikus, pompás

gorilla *n* gorilla

gory *a* véres, ijesztő (film)

gosh *int coll* a mindenit!, a fenébe!

gosling *n* kisliba

gospel *n* evangélium; **~ music** afro-amerikai vallásos ének stílus

gossip *n* pletyka; pletykafészek (person); *vi* pletykál

got *vt, vi past* → **get**

Gothic *a* gótikus

gotten *vt, vi pp* → **get**

gouge *vt* kiváj, kivés

goulash *n* gulyás

gourd *n* dísztök; tökhéj

gourmand *n* ínyenc, nagyevő

gourmet *a, n* ínyenc, kifinomult ízlésű (ételben, italban)

govern *vt* vezet, irányít, kormányoz, igazgat

government *n* kormány, kormányzat; irányítás, vezetés; **~ agency** kormányügynökség, állami szerv

governor *n* kormányzó; igazgató tanács tagja; **board of ~s** igazgatótanács

gown *n* ruha; köntös; *law* talár; **ball ~** estélyi ruha, báli ruha; **night~** hálóing

grab *vt* megragad, megmarkol, megfog

grace *n* kellem, kecsesség; jóindulat, kegy; *rel* (isteni) kegyelem; asztali áldás; **~ period** (fizetési) haladék; **say ~** asztali áldást mond

graceful *a* kecses, könnyed, elegáns

gracious *a* kegyes, szíves, barátságos

grad *n school coll* már végzett egyetemista, egyetemet végzett ember

grade *n* fokozat, rang, kategória; minőség; *school* osztály, évfolyam; osztályzat, jegy; *vt* osztályoz, minősít; kiválogat, különválaszt; *school* osztályoz, javít (dolgozatokat); **My son is in the second ~.** A fiam második osztályba jár. **She always gets good ~s.** Mindig jó jegyeket kap.

grader *n* talajgyalu

gradual *a* fokozatos

graduate *n* diplomás, egyetemet végzett (ember); *vi school* végez, lediplomázik, diplomát szerez; **He ~d from Harvard.** A Harvardon végzett.

graduation *n* diplomaosztó; **high school ~** (középiskolai) ballagás

graft *n* oltvány; oltás; *med* átültetés; *vt* olt (növényt); átültet (testszövetet)

grain *n* szem, (gabona, homok), szemcse; gabona (crop); fa erezete (wood); **~ of sand** homokszem

grainy *a* szemcsés

gram *n* gramm

grammar *n* nyelvtan

grammatical *a* nyelvtani
grand *a* nagy, fő; nemes, előkelő; ~ **piano** hangversenyzongora
grandchild *n* (*pl* **grandchildren**) unoka
grandchildren *n pl* → **grandchild**
granddad *n coll* nagypapa
granddaughter *n* lányunoka
grandeur *n* nagyszerűség, kiválóság
grandfather *n* nagyapa; ~ **clock** álló ingaóra
grandiose *n* grandiózus, nagyszerű
grandma *n coll* nagymama
grandmother *n* nagyanya
grandpa *n coll* nagypapa
grandparent *n* nagyszülő
grandson *n* fiú unoka
grandstand *n* tribün, lelátó
granite *a, n* gránit
granny *n coll* nagyi, nagymami
granola *n* müzli
grant *n* adományozás; megadás, engedélyezés; pénzsegély, szubvenció; ösztöndíj; *vt* engedélyez, megad; teljesít (a request); **take [sg] for ~ed** természetesnek vesz, biztosan számít [vmire]
granular *a* szemcsés
granulated *a* szemes, kristályos; ~ **sugar** kristálycukor
grape *n* szőlő; ~ **juice** szőlőlé
grapefruit *n* grépfrút
grapevine *n* szőlőtőke; szájról-szájra terjedő hír; **I heard it through the ~.** A madarak csiripelték.
graph *n* grafikon, diagram
graphic *a* élénk; élethű; grafikus
graphics *n* grafika
graphite *n* grafit
grapple *vi* dulakodik [vkivel]
grasp *n* fogás; *fig* felfogóképesség; *vt* megfog, megragad; *fig* megért, felfog; **It's beyond my ~.** Meghaladja a felfogóképességemet.
grass *n* fű; gyep, pázsit; *slang* marihuána, „fű"
grasshopper *n* szöcske
grate[1] *n* rostély, (ablak) rács
grate[2] *vt* reszel (sajtot); *vi* csikorog, nyikorog
grateful *a* hálás [vkinek vmiért]
grater *n* (konyhai) reszelő
gratify *vt* eleget tesz [vminek], kielégít; elégtételül szolgál
grating *n* rács
gratis *adv* ingyen, grátisz
gratitude *n* hála
gratuitous *a* ingyenes, díjtalan; *fig* alaptalan, indokolatlan
gratuity *n* pénzjutalom; borravaló (tip)
grave[1] *a* súlyos, nehéz (helyzet), komoly, ünnepélyes
grave[2] *n* sír; *vt* kifarag; vés, bevés; **from beyond the ~** a másvilágról
gravel *n* kavics, sóder, durva homok; ~ **road** kavicsos út
gravitate *vi* a gravitáció hatására elmozdul; *fig* vonzódik, húz, gravitál [vmi felé]
gravitation *n* gravitáció; vonzódás
gravity *n* gravitáció
gravy *n* pecsenyelé, szaft, szósz, mártás
gray *a* szürke; ősz (hair)
graze *vi* legel
grease *n* zsír, zsiradék; kenőanyag (machines); *vt* zsíroz, olajoz, megken (machine); kiken, kizsíroz (pan); *fig* megveszteget, megken
greasy *a* zsíros, olajos; zsírfoltos, pecsétes
great *a* nagy, terjedelmes; jelentékeny, számottevő; nagyszerű; kiváló, kimagasló; ~ **majority** túlnyomó többség; **a ~ deal** jó sok; nagyon; **Alexander the G~** Nagy Sándor
Great Britain *n* Nagy-Britannia

great-grandfather *n* dédapa, dédnagyapa
great-grandmother *n* dédanya, dédnagyanya
great-grandparent *n* dédszülő, dédnagyszülő
greatly *adv* nagyon, igen, nagymértékben
greatness *n* nagyság, kiválóság
Greece *n* Görögország
greed *n* kapzsiság; mohóság
greedy *a* kapzsi; mohó, falánk
Greek *a, n* görög; **in ~** görögül; **It's ~ to me.** Nekem ez kínaiul van./Nem értek egy szót sem belőle.
green *a* zöld; éretlen; *n* zöld (szín); pázsit; golfpálya; **~s** leveles zöldségfélék; **have a ~ light** szabad utat kap; **have a ~ thumb** ért a növényekhez; **~ pepper** zöldpaprika; **~ with envy** sárga az irigységtől
greenback *n coll* dollár (bankjegy)
greenery *n* növényzet, lomb
greenhorn *n coll* zöldfülű
greenhouse *n* üvegház, melegház
greenroom *n theat* művész szoba, társalgó
greet *vt* üdvözöl, köszönt; fogad
greeting *n* üdvözlés, üdvözlet; **~ card** üdvözlőlap; **G~s!** Üdvözlöm!
gregarious *a* társaságot kedvelő
grenade *n* gránát, kézigránát
grenadine *n* grenadin
grew *vt, vi past* → **grow**
grey *a* szürke
greyhound *n* agár
grid *n* rács, rácskerítés; rácsozat; hálózat
griddle *n* sütőlap
gridiron *n* sütőrostély
gridlock *n* teljes forgalmi dugó, forgalom bénulás; *fig* teljes leállás, lebénulás
grief *n* szomorúság, bánat, fájdalom; **He's giving me a lot of ~.** Sok fejfájást okoz nekem.
grievance *n* sérelem, panasz
grieve *vt* elszomorít, fájdalmat okoz [vkinek]; *vi* bánkódik; **~ for** megsirat, gyászol
grill *n* rács, rostély, grill; roston sült étel; *vt* roston süt, grillez; *fig* vallat, kikérdez
grim *a* félelmetes, zord
grimace *n* grimasz, fintor; *vi* fintorog, grimaszol
grime *n* szenny, mocsok
grimy *a* mocskos, koszos, maszatos
grin *n* vigyor, vigyorgás; *vi* vigyorog
grind *n* darálás; nehéz munka, mindennapi robot; *vt* (**ground, ground**) darál, őröl (coffee); köszörül, élez (knife); **~ one's teeth** csikorgatja a fogát
grinder *n* daráló
grindstone *n* köszörűkő
grip *n* fogás, markolás; markolat; *vt* megmarkol, megragad; *fig* magával ragad, elfog
gristle *n* porcogó
gristly *a* ropogós, porcos
grit *n* kőpor, homokkő; *vt* csikorgat
grits *n* búzadara, kukoricadara; búzakása
grizzly *n* amerikai szürkemedve
groan *n* nyögés, sóhajtás; *vi* nyög, sóhajt
grocer *n* fűszeres
groceries *n pl* élelmiszeráru
grocery *n* **~ store** élelmiszerbolt, csemege (bolt)
grog *n* grog
groggy *a* tántorgó, kábult, szédülő
groin *n* ágyék
grommet *n* ringli, fűzőlyuk

groom *n* vőlegény (az esküvőn); lovász, inas; *vt* ápol (testet)

groove *n* rovátka, barázda; vájat; *fig* rutin, megszokás

groovy *a coll* tök jó, klassz

grope *vt* tapogatózva keres

gross *a* goromba, durva; trágár; *econ* bruttó, teljes, összes; **~ mistake** durva hiba; **~ weight** bruttó súly

grotesque *a* groteszk, furcsa

grouchy *a* zsörtölődő, morgó, mogorva

ground[1] *a* darált, őrölt, tört; *vt past/pp* → **grind**

ground[2] *n* föld, talaj; terület, terep, tér; *fig* alap, ok, indíték; *vt* földre fektet; felszállást lehetetlenné tesz, letilt (repülőgépet); *coll* megbüntet (szülő gyereket); *el* földel; *fig* **break new ~** úttörő munkát végez; **cover a lot of ~** nagy távolságot tesz meg, sokmindent elintéz; **on the ~s of …** [vmi] alapján; **coffee ~s** (kávé) zacc; **You're ~ed!** *coll* Nem mehetsz sehova! (gyerek)

ground floor *n* földszint

groundhog *n* mormota; **G~ Day** gyertyaszentelő (február 2., mikor a medve kijön a barlangjából)

groundwater *n* talajvíz

groundwork *n* alapozás;*fig* előkészítő munkálatok

group *n* csoport; *vt* csoportosít; *vi* csoportosul

grouse[1] *n* nyírfajd

grouse[2] *n* zúgolódás

grout *n* cementhabarcs

grove *n* liget, berek

grovel *vi* hason csúszik, megalázkodik

grow *vi* (**grew, grown**) nő, növekszik; terem (fruit); fejlődik (develop); válik, lesz (become); *vt* termeszt, termel (fruit); növeszt (hair); **~ angry** mérges lesz, megharagszik; **~ old** megöregszik; **it ~s on you** egyre jobban megtetszik; **~ out of** kinő (ruhát); **~ up** felnő

growl *n* morgás, dörmögés; *vi* morog, dörmög; **My stomach ~s.** Korog a gyomrom.

grown *a* megnőtt; *vi, vt pp* → **grow**

grown-up *n* felnőtt

growth *n* növekedés, növekmény, gyarapodás; hajtás, termés (plant); *med* daganat

grub *n* lárva, hernyó; *coll* kaja

grubby *a* piszkos, mosdatlan; kukacos, férges

grudge *n* harag, neheztelés; ellenszenv; *vt* irigyel, sajnál [vkitől vmit]; **hold a ~** neheztel [vkire], nem bocsát meg [vkinek]

grudgingly *adv* vonakodva, kelletlenül

gruel *vt* kifáraszt, kidögleszt

grueling *a* nehéz, fárasztó, kimerítő

gruesome *a* szörnyű, hátborzongató, rémítő

gruff *a* mogorva, nyers, goromba

grumble *vi* korog (stomach); morog, zúgolódik

grumpy *a* mogorva, ingerlékeny, zsémbes

grunt *n* röfögés; morgás, *vi* morog, röfög

guarantee *n* garancia, jótállás, szavatolás; *vt* jótáll, szavatol, kezeskedik, garanciát vállal, garantál, biztosít

guarantor *n* kezes, jótálló

guaranty *n* → **guarantee**

guard *n* éberség, elővigyázatosság; őr, őrség; börtönőr (prison); védőrács, védő szerkezet; *vt* őriz, óv, véd; kordában tart (thoughts); **be on ~** résen van; **catch [sy] off ~** hirtelen meglep [vkit]

guarded *a* óvatos, megfontolt; őrzött
guardian *n* gyám, gondnok; ~ **angel** őrangyal
guardrail *n* védőkorlát, karfa
gubernatorial *a* kormányzói, gubernátori
guerrilla *n* gerilla
guess *n* találgatás; becslés; *vt* találgat, kitalál, eltalál; hisz, gondol (think); **a wild** ~ merész találgatás; **I** ~ **he's coming.** *coll* Azt hiszem jön.
guesswork *n* feltevés, becslés, találgatás
guest *n* vendég, látogató
guesthouse *n* vendégház
guffaw *n* röhögés, hahotázás; *vi* röhög, hahotázik
guidance *n* irányítás, vezérlés; *fig* tanács, útmutatás
guide *n* vezető, idegenvezető; útikönyv; útmutató, ismertető; *vt* vezet, irányít, kalauzol; ~ **dog** vakvezető kutya
guidebook *n* útikönyv, útikalauz
guidelines *n pl* irányelv(ek)
guild *n* céh, ipartestület
guile *n* ravaszság, fortély
guilt *n* bűnösség, vétkesség; bűntudat (feeling)
guilty *a* bűnös, vétkes; bűntudatos; **find [sy]** ~ *law* bűnösnek talál [vkit]; **plead** ~ *law* beismeri bűnösségét; **have a** ~ **conscience** rossz a lelkiismerete
guinea pig *n* tengeri malac
guise *n* megjelenés; látszat
guitar *n* gitár; **play the** ~ gitározik
gulch *n* szakadék, szurdok
gulf *n* öböl
gull *n* sirály
gullible *a* hiszékeny, naiv
gulp *n* nyelés, korty; *vt* mohón elnyel; nagyokat kortyol
gum[1] *n* fogíny
gum[2] *n* gumi; **chewing** ~ rágógumi
gummy *a* gumiszerű; ~ **bears** gumicukorka (maci alakú)
gumption *n* leleményesség, életrevalóság
gun *n* fegyver, lőfegyver; puska; pisztoly, revolver; *vt* ~ **down** lelő
gunboat *n* ágyúnaszád
gunfight *n* fegyveres harc
gunfire *n* fegyvertűz, lövés
gunman *n* fegyveres (ember)
gunpoint *n* **at** ~ *adv* fegyvert fogva [vkire]
gunpowder *n* lőpor, puskapor
gunshot *n* lövés, puskalövés
gurgle *vi* csobog, csörgedezik; gagyog (baby)
gush *vi* ömlik, dől (folyadék); *fig* ömleng, áradozik
gust *n* szélroham; *fig* hirtelen kitörés
gusto *n* élvezet; lendület
gusty *a* szeles, viharos
gut *n* bél; **~s** zsigerek, belek; energia, rámenősség; mersz; **I hate his ~s.** *coll* Szívből utálom. **He's got a lot of ~s.** *coll* Bátor./Van mersze.
gutless *a* pipogya
gutter *n* ereszcsatorna; csatorna, szennyvízcsatorna (sewer)
guy *n* srác, hapsi, pasas
guzzle *vt* zabál, vedel
gym = **gymnasium** *n coll*
gymnasium *n* tornaterem, edzőterem, konditerem
gymnast *n sp* tornász
gymnastics *n sp* torna
gynecologist *n* nőgyógyász
gypsy *a, n* cigány
gyrate *vi* forog, pörög

H

habit *n* szokás; **by** ~ szokásból; **force of** ~ a szokás hatalma; **get into the** ~ **of** rászokik [vmire], szokásává válik

habitat *n* előfordulási hely (növény, állat); lakóhely
habitation *n* lakóhely, tartózkodási hely; lakás
habitual *a* szokásos, megszokott; megrögzött
hack[1] *n* csákány, kapa; *vt* csapkod, vagdal; összevág; *vi* köhög, köhécsel (cough)
hack[2] *vt, vi comp* rendszert feltör, rendszert megtámad
hacker *n comp* hacker
hackle *n* nyaktoll (madár)
had *vi pp/past* → **have**
haddock *n* tőkehal
hag *n* boszorkány
haggard *a* szikár, ösztövér, sovány; elkínzott, elgyötört
haggle *vi* alkudozik [vkivel vmin]
hail[1] *n* jégeső; *fig* zápor
hail[2] *vt* üdvözöl, köszönt; odakiált, kiált; **H~ Mary** Az Üdvözlégy; **~ a taxi** leint egy taxit, fog egy taxit
hailstone *n* jégeső (szem)
hailstorm *n* jégesős vihar
hair *n* haj (on a person's head); szőr, szőrszál (on legs, arms, animals); **do one's ~** megfésülködik, frizurát csinál; **let one's ~ down** kibontja a haját; *fig* elengedi magát, lazít; **split ~s** szőrszálhasogató; **It makes my ~ stand on end.** Égnek áll tőle a hajam.
hairbrush *n* hajkefe
haircut *n* hajvágás; frizura; **get a ~** levágatja a haját
hairdo *n* frizura
hairdresser *n* fodrász
hair dryer *n* hajszárító
hairnet *n* hajháló
hair remover *n* szőrtelenítő
hairspray *n* hajlakk
hairstyle *n* frizura, hajviselet
half *a* fél; *adv* félig; *n* (*pl* **halves**) fél, [vminek] a fele; **~ full** félig tele; **~ an hour** fél óra; **~ a pound** fél font; **at ~ price** féláron
half-and-half *adv* fele-fele; *n* sovány tejszín (félig tej, félig tejszín)
half-brother *n* féltestvér (fiú)
half-hearted *a* lagymatag, nem lelkes
half-sister *n* féltestvér (lány)
half-size *n* félszám (cipő)
half-time *n sp* félidő
halfway *a* félúton levő; *adv* félúton; **meet [sy] ~** elémegy [vkinek]; *fig* engedményeket tesz [vkinek]
halibut *n* óriás laposhal
hall *n* terem, nagyterem; csarnok; előszoba (in a house)
hallmark *n* fémjelzés, próba
Halloween *n US* Mindenszentek előestéje, október 31.
hallucinate *vi* hallucinál
hallucinogen *n* hallucinogén anyag
hallway *n* folyosó; előszoba
halo *n* dicsfény, glória; holdudvar (moon)
halogen *a* halogén
halt *n* megállás; *vt* megállít; **come to a ~** (hirtelen) megáll, megakad
halve *vt* felez, megfelez
halves *n pl* → **half**
ham *n* sonka; *coll* ripacs, valaki, aki szeret a figyelem központjában lenni; **~ sandwich** sonkás szendvics; **~ and eggs** sonka tojással
hamburger *n* hamburger
hamlet *n* kis falu, falucska
hammer *n* kalapács, pöröly; *vt* kalapál; kovácsol; erősen üt/ver; *vi* kalapál, kopácsol; **go under the ~** kalapács alá kerül, árverésre kerül; **~ at the door** dörömböl az ajtón; **~ in** bever (nail); *fig* besulykol (knowledge)

hammock *n* függőágy
hamper[1] *n* fedeles kosár
hamper[2] *vt* akadályoz, gátol
hamster *n* hörcsög
hamstring *n* térdín
hand *n* kéz; segédmunkás, napszámos; kártyajátszma (cards); mutató (clock); taps; *vt* átad, átnyújt; **at ~** kéznél; közelben; **by ~** kézzel; **live from ~ to mouth** máról holnapra él; **~ in ~** kéz a kézben, kézen fogva; **have a ~ in [sg]** benne van a keze a dologban; **off ~** kapásból, rögtön; **have [sg] on ~** kapható, van raktáron; **get out of ~** elvadul, elszabadul; **give [sy] a free ~** szabad kezet ad [vkinek]; **be in good ~s** jó kezekben van; **change ~s** gazdát cserél; **have one's ~s full** el van foglalva; **shake ~s** kezet fog, kezet ráz; **~s down** játszva, könnyedén; **try one's ~ at** megpróbálkozik [vmivel]; **in his own ~** saját keze írásával; **on the one ~ … on the other ~ …** egyrészt …, másrészt …; **~ down** lead; az utókorra hagy; **~ in** bead, benyújt; **~ out** kioszt; **~ over** átad; **~ to** átad; **I have to ~ it to you.** El kell ismernem az igazadat/fölényedet.
handbag *n* kézitáska, női táska, retikül
handbook *n* kézikönyv
handbrake *n* kézifék
handcuffs *n pl* bilincs
-handed *a* kezű, -kezes; **heavy-handed** szigorú
handful *n* maréknyi; **she's a ~** *coll* sok baj van vele, nehezen kezelhető
handgun *n* kézifegyver, pisztoly
handicap *n* akadály, hátrány; fogyatékosság (person)
handicapped *a* fogyatékos
handicraft *n* kézművesség, kisipar
handkerchief *n* zsebkendő
handle *n* fogantyú, fül (mug), nyél (tool); kilincs (door); fogó, fogódzó; *vt* hozzányúl [vmihez]; kezel, irányít; bánik [vmivel]
handmade *a* kézi, kézzel gyártott
handout *n* kiosztott anyag, sokszorosított szemléltető anyag;adomány, ingyenes juttatás
handrail *n* karfa, korlát
handset *n* telefonkagyló
handshake *n* kézfogás
handsome *a* jóképű, helyes (férfi)
handstand *n* kézenállás
handwriting *n* kézírás
handy *a* kéznél levő; alkalmas, praktikus; ügyes (person); **It may come in ~.** Még jól jöhet.
handyman *n* ezermester
hang *vt* (**hung, hung**) akaszt, felakaszt; lógat, lehorgaszt (head); (**hanged, hanged**) felakaszt (embert) (a person); *vi* (**hung, hung**) függ, lóg; **get the ~ of it** kezd belejönni, beletanul [vmibe]; **~ wallpaper** tapétáz; **~ his head** lehorgasztja a fejét; **~ around** cselleng, ólálkodik; *coll* lóg, időt tölt; **~ down** lelóg; **~ on** belekapaszkodik [vmibe]; vár, kitart; **~ on!** várjon!; **~ out** kiakaszt; *coll* időt tölt, lóg; **~ over** kinyúlik, kiugrik; **~ up** felakaszt; **~ up the phone** leteszi a telefont; **We ~ out together a lot.** Sokat vagyunk együtt.
hangar *n* hangár
hanger *n* akasztó (on wall); vállfa
hanging *n* akasztás
hangover *n* másnaposság; **I have a ~.** Másnapos vagyok.
hankie = hanky *n coll*
hanky *n coll* zsebkendő, zsepi
haphazard *a* véletlen, esetleges

hapless *a* szerencsétlen, boldogtalan
happen *vi* történik, megtörténik, megesik, adódik; előfordul; **~ to do** véletlenül tesz valamit; **What ~ed?** Mi történt? **It ~s to be here.** Véletlenül éppen itt van. **I ~ed to meet him.** Véletlenül találkoztam vele.
happening *n* esemény, történés
happenstance *n* véletlen, eshetőség, váratlan esemény
happiness *n* boldogság
happy *a* boldog, megelégedett; **I'm ~ to see you.** Örülök, hogy találkoztunk. **I'd be ~ to help.** Szívesen segítek.
harass *vt* zaklat, molesztál
harassment *n* zaklatás, molesztálás; **sexual** ~ szexuális zaklatás
harbor *n* kikötő, öböl; szállás, menedék; *vt* menedéket ad [vkinek], rejteget; **~ suspicion** gyanút táplál; **~ a fugitive** szökevényt rejteget
hard *a* kemény; *fig* nehéz, kemény; szigorú, rideg, kegyetlen; *adv* erősen, keményen; nehezen; nagyon, intenzíven; **~ as nails** kőkemény; **~ work** nehéz munka; **~ to please** nehéz a kedvében járni; **try** ~ megtesz minden tőle telhetőt, erősen próbálkozik; **~ drugs** kemény kábítószerek; **~ fact** rideg tény; **be ~ on [sy]** szigorú [vkivel]; **have a ~ time doing [sg]** nehezen megy [vkinek]; **learn things the ~ way** a saját kárán tanul; **study** ~ sokat tanul; **play** ~ mindent beleadva játszik; **No ~ feelings!** Nincs harag!/Szent a béke!
hardcover *a* kemény kötésű (könyv)
hard drive *n comp* merevlemez, winchester
harden *vt* keményít, megkeményít; *vi* megkeményedik, megszilárdul, megköt
hardheaded *a* keményfejű, konok, makacs
hardly *adv* alig, aligha; nemigen; **I ~ ever see you any more.** Mostanában alig látlak.
hardness *n* keménység; nehézség
hardship *n* nehézség, viszontagság; baj
hardware *n* vasáru; *comp* hardver; **~ store** vaskereskedés, vasedény bolt
hardwood *a, n* keményfa; **~ floor** (fa) padló
hardworking *a* szorgalmas (munkában)
hardy *a* szívós, edzett
hare *n* mezei nyúl
harem *n* hárem
hark *vi* hallgatózik
harm *n* kár; sérelem, ártalom; *vt* árt, bajt okoz [vkinek]; **out of ~'s way** biztonságban; **It will do you no ~.** Nem fog ártani. **I meant no ~.** Semmi rosszat nem akartam.
harmful *a* káros, ártalmas
harmless *a* ártalmatlan; *fig* ártatlan
harmonic *a* harmonikus
harmonica *n mus* szájharmonika; **play the** ~ harmonikázik, szájharmonikázik
harmonious *a* harmonikus; egyetértő; kellemes
harmony *n* harmónia, összhang, egyetértés
harness *n* lószerszám, hám; *vt* felszerszámoz, befog (a horse); *fig* hasznosít
harp *n mus* hárfa; **play the** ~ hárfázik
harpoon *n* szigony
harpsichord *n mus* csembaló
harpy *n* hárpia
harsh *a* érdes, fanyar (taste), éles (voice); kemény, nyers, szigorú (treatment)
harvest *n* aratás, betakarítás; szüret (fruit); termés, gyümölcs; *vt* arat, betakarít, szüretel

has *vt* → **have**
hash *n* vagdalék, vagdalt hús; *coll* hasis; **~ browns** apróra vagdalt burgonyából sütött lepény
hashish *n* hasis
hassle *n* veszekedés, probléma, nehézség
haste *n* sietség
hasty *a* sietős, gyors; hirtelen; meggondolatlan, elhamarkodott; **~ decision** elhamarkodott döntés
hat *n* kalap
hatbox *n* kalapos doboz
hatch[1] *n* csapóajtó, lejáró/feljáró ajtaja
hatch[2] *vt* költ, kikölt (tojást); *vi* kikel
hatchback *n* háromajtós kocsi
hatchet *n* fejsze, bárd; **bury the ~** elássa a csatabárdot
hate *n* utálat, gyűlölet; *vt* gyűlöl, utál; **I ~ driving in the rain.** Nem szeretek esőben vezetni.
hateful *a* utálatos, gyűlöletes; gyűlölködő
hatpin *n* kalaptű
hatred *n* gyűlölet, utálat
haughty *a* gőgös, fennhéjázó
haul *n* húzás, vontatás; távolság; *vt* húz, von, vontat; szállít, fuvaroz; **for the long ~** hosszú távra
haunt *vt* kísért (szellem); **~ed house** kísértetház
have[1] *vt* (**had, had**) van [vkinek vmije], rendelkezik [vmivel]; kap; elfogyaszt, eszik, iszik (consume); eltűr, megenged [vmit] (allow); tart, rendez (hold); kell, muszáj (necessity); **~ the day off** szabadnapja van, kivesz egy nap szabadságot; **~ [sg] done** megcsináltat [vmit]; **~ on** visel, hord; **I ~ a house.** Van egy házam. **She has a car.** Van egy autója. **He has brown eyes.** Barna szeme van. **She just had a baby.** Nemrég született gyereke. **She has a cold.** Náthás./Meg van fázva. **I had an operation.** Megoperáltak./Megműtöttek. **He had a cup of coffee.** Ivott egy csésze kávét. **What are you going to ~?** Mit eszel/iszol?/Mit kérsz? **I'll ~ a sandwich and a soda.** Kérek egy szendvicset és egy üdítőt. **I won't ~ it!** Ezt nem tűröm! Hallani sem akarok róla! **I ~ to go.** Mennem kell. **We ~ to be there by eight.** Nyolcra ott kell lennünk. **Do I ~ to do this?** Muszáj ezt (nekem) megcsinálni? **We'll ~ a meeting at two.** Kettőkor megbeszélést tartunk. **They'll ~ a party on Saturday.** Szombaton partit rendeznek. **They had their house painted.** Kifestették a házukat. **I had my car fixed.** Megjavíttattam a kocsimat. **She had her hair cut.** Levágatta a haját. **I will ~ him do it.** Megcsináltatom vele.
have[2] *vt, vi aux* (**had, had**) (perfect tenses) **I ~ read it already.** Már olvastam. **He had not yet done it.** Még nem csinálta meg. **We ~ lived here for years.** Évek óta itt lakunk. **I haven't seen him for days.** Napok óta nem láttam. (rövid válaszban mint igepótló) **H~ you tasted it yet? – Yes, I ~/No, I haven't.** Megkóstoltad már? – Igen, meg./Nem. (feltételes mód) **If I had known you were here, I would ~ brought it.** Ha tudtam volna, hogy itt leszel, elhoztam volna. (más segédigékkel: múlt idő) **You must ~ heard about it.** Biztosan hallottál róla. **I might ~ seen it.** Lehet, hogy láttam.
haven *n* menedékhely

havoc *n* pusztítás, rombolás; **play ~ with** tönkretesz [vmit]; **wreak ~ on** tönkretesz [vmit]
hawk *n* héja, sólyom; *vi* solymászik; *fig* terjeszt (hírt)
hawthorn *n* galagonya
hay *n* széna; **~ fever** szénanátha
hazard *n* veszély, kockázat
haze[1] *n* köd, pára; *fig* homály
haze[2] *vt* durván megtréfál (diákok egymást)
hazel *n* mogyoróbokor; mogyoróbarna, sárgásbarna
hazelnut *n* mogyoró (bokron termő)
hazy *a* ködös, párás; *fig* homályos, bizonytalan
he *pron* ő (hímnemű)
head *n* fej; fő, személy; vezető (office), fő, [vminek] a feje (family); eleje [vminek]; *vt* vezet, [vmi] élén áll; *vi* megy, halad, útban van [vmi felé]; **lose one's ~** elveszíti a fejét; **talk [sy's] ~ off** *coll* lyukat beszél [vkinek] a hasába; **be ~ over heels in love with** fülig szerelmes [vkibe]; **a ~ of cabbage** egy fej káposzta; **~ of a department** osztályvezető; **~ the project** a projekt élén áll; **~ north** észak felé tart; **He has a good ~ on his shoulders.** Megvan a magához való esze. **The praise went to her ~.** Fejébe szállt a dicséret.
headache *n* fejfájás; **I have a ~** Fáj a fejem.
headband *n* homlokpánt
headboard *n* ágytámla, fejdeszka
headcount *n* létszám
header *n* fejléc (on a document)
headhunter *n* fejvadász
heading *n* cím, alcím
headlight *n* *auto* fényszóró
headline *n* szalagcím, főcím; **~s** főbb hírek (news)
headliner *n* nagy szenzáció; sztár, híres ember
headphone *n* fejhallgató
headquarters *n pl* központ, főhadiszállás
headstone *n* sírkő
headstrong *a* makacs
headway *n* haladás, előrehaladás; **make ~** halad, fejlődik
heal *vt* gyógyít, meggyógyít; *vi* gyógyul, meggyógyul; begyógyul (wound)
health *n* egészség; egészségügy; **be in good ~** jó egészségnek örvend; **~ insurance** betegbiztosítás
healthcare *n* egészségügy
healthy *a* egészséges
heap *n* halom, rakás; tömeg, nagy mennyiség; *vt* halmoz, halomba rak; megrak, telerak; **a ~ing tablespoon** púpos evőkanál
hear *vt* (**heard, heard**) hall, meghall; meghallgat; *law* tárgyal, letárgyal; kihallgat; megtud, értesül; **from what I ~** úgy tudom, úgy hallottam; **Have you heard?** Hallottad…? **I hope to ~ from you soon.** Várom mielőbbi válaszát.
hearing *n* hallás (sense); *law* meghallgatás
hearsay *n* hallomás, mendemonda, szóbeszéd
heart *n* szív; belső rész, mag; [vminek] a közepe; *fig* lényeg; lelkiállapot (state); kör (card); **~ attack** szívroham; **~ disease** szívbetegség; **by ~** kívülről; **break [sy's] ~** összetöri a szívét; csalódást okoz [vkinek]; **set one's ~ on [sg]** vágyakozik [vmire]; **have a ~-to-~**

talk with [sy] nyíltan beszél [vkivel]; **wear one's ~ on one's sleeve** ami a szívén, az a száján; **the ~ of the problem** a probléma lényege; **lose ~** elcsügged; **queen of ~s** kör dáma
heartache *n* szívfájdalom, szerelmi csalódás
heartbeat *n* szívverés, szívdobogás
heartbroken *a* csalódott (szerelemben), megtört szívű
heartburn *n* gyomorégés
hearth *n* tűzhely; *fig* családi tűzhely, otthon
heartily *adv* szívélyesen; bőségesen
heartland *n* központi terület; *US* az USA középnyugati része
heartless *a* szívtelen
heartwarming *a* szívmelengető
hearty *a* szívélyes, őszinte; erős, erőteljes (laughter); bőséges, tápláló (meal)
heat *n* hőség, forróság; *fig* felindulás, hév; tüzelés (animal); *vt* melegít, megmelegít, felmelegít (food); fűt, befűt (room); **~ wave** kánikula; **in the ~ of the moment** a pillanat hevében
heater *n* fűtőtest; **space ~** hősugárzó; **water ~** bojler, vízmelegítő
heating *n* fűtés; **central ~** központi fűtés
heatstroke *n* hőguta
heaven *n* menny, mennyország, ég; **For ~'s sake!** Az Isten szerelmére!
heavy *a* nehéz, súlyos; **~ food** nehéz étel; **~ eyes** fáradt/álmos szemek; **~ traffic** nagy forgalom
Hebrew *a, n* héber; **in ~** héberül
hectic *a* mozgalmas, izgatott, nyugtalan
hedge *n* sövény, sövénykerítés
hedgehog *n* sün, sündisznó
heed *vt* figyel [vmire], vigyáz
heel *n* sarok (láb); *vt* megsarkal (cipőt); követ, a sarkában van [vkinek]; **high ~s** magas sarkú cipő
heft *n* súly
hefty *a* izmos, erős; *fig* elég nehéz
hegemony *n* hegemónia, fensőbbség
height *n* magasság; magaslat, hegy; *fig* tetőpont, csúcspont; **at the ~ of summer** a nyár derekán
heir *n* örökös
heiress *n* örökös(nő)
heirloom *n* családi örökség, családi darab
held *vt past/pp* → **hold**
helicopter *n* helikopter
heliport *n* helikopter repülőtér
helium *n chem* hélium
hell *n* pokol; *coll* fene, franc; **when ~ freezes over** *coll* majd ha piros hó esik, sohanapján; **What the ~ is this?** *coll* Mi a fene ez? **Who the ~ are you?** *coll* Ki a franc vagy te? **Go to ~!** *coll* Menj a fenébe/francba!
hellhole *n* koszos, ócska hely, lebuj
hello *int* szervusz, szia, heló
helm *n* kormányrúd
helmet *n* sisak; bukósisak (safety)
help *n* segítség, támogatás; segély (money); háztartási alkalmazott, bejárónő (person); *comp* súgó; *vt* segít [vkinek vmiben]; elősegít; kénytelen [vmit] megtenni, nem tud megállni [vmit], nem tehet [vmiről]; kiszolgál (serve); **~!** segítség! **be beyond ~** menthetetlen, nem lehet rajta segíteni; **that really ~s** ez nagyon hasznos, sokat segít; **~ out** kisegít; **May I ~ you?** Segíthetek? **Can I ~ you?** Tessék parancsolni!/ Mit parancsol? (in a store) **I can't ~ it.** Nem tehetek róla. **He can't ~ noticing.** Muszáj észrevennie./Nem

tudja nem észrevenni. **Don't fall asleep if you can ~ it.** Próbálj meg nem elaludni./Ne aludj el, ha tudsz. **H~ yourself!** Szolgáld ki magad!/ Vegyél!/Tessék!
helper *n* segítő, segéd
helpful *a* segítőkész (person); hasznos
helpless *a* gyámoltalan, tehetetlen
helpmate *n* segítőtárs, hitves
hem *n* szegés, szegély, felhajtás (ruhán); *vt* felhajt (ruhát), beszeg
hematology *n med* hematológia
hemisphere *n* félteke, félgömb; **the Western H~** a nyugati félteke
hemline *n* ruha szegélye
hemophilia *n med* vérzékenység
hemorrhage *n med* erős vérzés
hemorrhoids *n med* aranyér
hemp *n* kender
hen *n* tyúk
hence *adv, conj* ennélfogva, ezért
henceforth *adv* ezentúl, mától fogva, mostantól kezdve
henchman *n* csatlós, bérenc
henhouse *n* tyúkól
hepatitis *n med* sárgaság, fertőző májgyulladás, hepatitis
her *pron* őt (nőnemű); az ő ...-je/-ja (birtokos eset); (elöljárószókal) **to ~** hozzá; **from ~** tőle; **for ~** neki; **with ~** vele; **about ~** róla; **~ house** az ő háza; **~ husband** az ő férje
herb *n* fűszer (seasoning); gyógynövény (to heal)
herbal *a* füvekből készített; gyógy-; **~ tea** gyógytea
herbicide *n* gyomirtó szer
herbivore *a, n* növényevő
herd *n* nyáj (sheep), csorda (horses), gulya (cattle); *vt* terel, összeterel; őriz, legeltet
here *adv* itt; ide (to here); **around ~** errefelé, mifelénk; **right ~** pontosan itt, éppen itt; **~ and there** itt-ott; **from ~ on** mostantól, ettől fogva; **Come ~!** Gyere ide! **H~ you are!** Tessék! (handing [sy sg]); *coll* Na, itt vagy végre!
hereafter *adv* mostantól, mától fogva, ezentúl
hereby *adv* ezennel, ezáltal
hereditary *a* öröklődő, örökletes
heretic *n rel* eretnek
heretofore *adv* ez ideig
heritage *n* örökség
hermaphrodite *n* hermafrodita
hermetic *a* légmentes, hermetikus
hermit *n* remete
hernia *n med* sérv
hero *n* hős
heroic *a* hősies, hősi
heroin *n* heroin
heroine *n* hősnő
heroism *n* hősiesség, bátorság
heron *n* gém
herpes *n* herpesz, sömör
herring *n* hering
herringbone *n* halszálkaminta (textilián)
hers *pron* az övé, az övéi (nőnemű); **a friend of ~** egy barátja; **Whose book is this? – It's ~.** Kié ez a könyv? – Az övé.
herself *pron* maga, ő maga, saját maga, önmaga (nőnemű); **by ~** egyedül, magában; egymaga; **beside ~** magán kívül; **she cut ~** megvágta magát; **she did it ~** ő maga csinálta
hesitant *a* habozó, tétova
hesitate *vt* tétovázik, habozik; vonakodik; **Don't ~ to call me.** Nyugodtan hívjál fel.

hesitation *n* határozatlanság, habozás, tétovázás; vonakodás
heterosexual *a, n* heteroszexuális
hexagon *n* hatszög
heyday *n* csúcspont, tetőfok; virágkor
Hi! *n* Szervusz!/Szia!/Heló!
hiatus *n* hézag, kihagyás
hibernate *vi* téli álmot alszik
hiccup *n* csuklás; *vi* csuklik
hickory *n* hikorifa
hid *vt, vi past* → **hide**
hidden *a* rejtett, bújtatott; *vt, vi pp* → **hide**
hide[1] *n* bőr, irha
hide[2] *vt* (**hid, hidden**) rejt, elrejt, bújtat, eldug; eltakar, beburkol (cover); *vi* elbújik, elrejtőzik
hide-and-seek *n* bújócska
hideaway *n* búvóhely, rejtekhely
hideous *a* visszataszító, ocsmány, förtelmes, undorító
hiding *n* rejtőzés; **go into ~** elrejtőzik
hiding place *n* búvóhely, rejtekhely
hierarchy *n* hierarchia
high *a* magas; felső; magasztos (ideal); fő-, leg-; nagyfokú; kábult (drugged); *adv* magasan; fent; *n* magas szint, rekord; *sp* **~ jump** magasugrás; **of ~ importance** rendkívül fontos; **~ priest** főpap; **leave [sy] ~ and dry** cserbenhagy [vkit]; **~ voice** magas hang; **~ and low** mindenütt; **Accidents are at an all-time ~.** A balesetek rekordméreteket öltöttek.
highchair *n* etetőszék
high-level *a* magas szintű, magas színvonalú
highlight *n* világos rész; *fig* kiemelkedő részlet, fontos vonás; melírozás (hair); *vt* kiemel, kihangsúlyoz, megvilágít; (hajat) melíroz (hair)
highlighter *n* szövegkiemelő (toll), szövegkihúzó
highly *adv* nagyon, nagymértékben; magasan; **speak ~ of [sy]** nagy tisztelettel beszél [vkiről]
highness *n* magasság; fenségesség, magasztosság; **Your H~!** Felség!
high-ranking *a* magas rangú
high-rise *n* (magas) sokemeletes épület
high school *n* középiskola, gimnázium
highway *n* autópálya; **It's my way, or the ~!** Vagy megszoksz, vagy megszöksz! Vagy úgy csinálod, ahogy én mondom, vagy elmehetsz!
hijack *vt* (repülőgépet) eltérít; elrabol
hike *n* kirándulás, túra; *vi* gyalogol, túrázik
hiker *n* turista, túrázó, természetjáró, kiránduló
hiking *n* kirándulás, túrázás; **~ boots** túrabakancs
hilarious *a* nevetséges
hill *n* hegy, domb; emelkedő, kaptató; **the H~** *US* a Capitolium Washingtonban; az amerikai kongresszus
hillbilly *a, n coll US* bunkó, paraszt, vidéki
hillside *n* hegyoldal, domboldal
hilltop *n* hegytető, dombtető
hilly *a* dombos, hegyes, hegyes-dombos
hilt *n* markolat, nyél (kard)
him *pron* őt (hímnemű); (elöljárószókal) **to ~** hozzá; **from ~** tőle; **for ~** neki; **with ~** vele; **about ~** róla
himself *pron* maga, ő maga, saját maga, önmaga (hímnemű); **by ~** egyedül, magában; egymaga; **beside ~** magán kívül; **he cut ~** megvágta magát; **he did it ~** ő maga csinálta
hind *a* hátsó, hátulsó; **~ leg** hátsó láb (állat)

hinder *vt* feltart, akadályoz; megakadályoz, meggátol
Hindi *a, n* hindi; **in ~** hindiül
hindrance *n* akadály, gát; gátló körülmény
hindsight *n* utólagos tisztánlátás
Hindu *a, n* hindu
hinge *n* zsanér, sarokpánt, sarokvas
hint *n* célzás, utalás; nyom; útmutatás, hasznos tudnivaló; *vi* céloz, utal [vmire]
hip[1] *a coll* klassz, menő
hip[2] *n* csípő
hippie *a, n* hippi
hippo *n* = **hippopotamus**
hippopotamus *n* víziló
hire *vt* felvesz, szerződtet, alkalmaz
his *pron* az ő ...-je/-ja (birtokos eset); az övé, az övéi (hímnemű); **~ car** az ő autója; **~ wife** az ő felesége; **Whose car is this? – It's ~.** Kié ez az autó? – Az övé.
Hispanic *a, n* hispán, spanyolajkú
historian *n* történész
historic *a* történelmi; sorsdöntő
historical *a* történelmi, történeti
history *n* történelem; múlt (of a person)
hit *n* ütés, csapás; találat, telitalálat; siker, sláger; *vt* (**hit, hit**) üt, megüt; eltalál, célba talál; *fig* érint, sújt; **~ the target** célba talál; **~ the road** *coll* elindul, útra kel; **~ or miss** vagy sikerül, vagy nem; **~ it off with** *coll* rögtön jóban esz [vkivel], jól kijön [vkivel]; **~ on [sy]** kikezd [vkivel], csapja a szelet [vkinek]; **It became an instant ~.** Azonnal siker lett./ Rögtön sláger lett. **It ~ them hard.** Súlyosan érintette őket.
hit-and-run *a* **~ accident** cserbenhagyásos gázolás
hitch *vt* ránt, húz; odaköt; ráerősít, ráhurkol; **~ a ride** stoppol, elviteti magát [vkivel]; **get ~ed** *coll* megházasodik
hitchhike *vi* stoppol, stoppal utazik
hitchhiker *n* stoppos
hi-tech *a* hi-tech
hive *n* csalánkiütés
hoard *vt* felhalmoz, összehord
hoarse *a* rekedt
hoax *n* megtévesztés, beugratás; kacsa (news)
hobble *vi* biceg
hobby *n* hobbi, kedvtelés
hobo *n* csavargó, csöves, hobó
hockey *n sp* hoki; **ice ~** jéghoki, jégkorong; **field ~** gyeplabda
hoe *n* kapa
hog *n* disznó, sertés
hogwash *n* moslék; *fig* szamárság, sületlenség, badarság
hoist *vt* felhúz, felvon
hold *n* fogás; befolyás, hatalom; *vt* (**held, held**) tart, fog, megfog (kézzel); megtart, visszatart (keep); tartalmaz, rejt; birtokol, van [vmije] (have); tart, rendez (event); **get ~ of** megkaparint, megszerez; **~ one's breath** visszatartja a lélegzetét; **~ one's tongue** csendben van, befogja a száját; **~ one's own** megállja a sarat; **~ back** visszatart, visszafojt; eltitkol; **~ down** lefog; **~ in** visszafog, mérsékel; **~ off** távol tart; késik, késlekedik, vár [vmivel]; **~ on** kitart, helytáll; vár; megkapaszkodik [vmiben]; **~ to** ragaszkodik [vmihez], kitart [vmi mellett]; **~ up** feltart, felemel; fenntart, támogat; akadályoz, feltartóztat, megállít; **H~ it!** *coll* Álljon meg a menet!/Várjon csak! **Please ~!** Tartsa a vonalat! **What I**

said still ~s. Amit mondtam, az még mindig igaz/még érvényes. **Don't ~ it against me.** *coll* Ne ródd fel nekem./ Nem az én hibám.
holder *n* tartó; tulajdonos, birtokos (person)
holding *n* tulajdon, birtok; *econ* részesedés, vagyonrész
holdover *n* maradvány
holdup *n* forgalmi akadály; fegyveres rablás (robbery)
hole *n* lyuk; gödör, üreg; odú (animal's); lyuk (golf); **be in the ~** *coll* bajban van, kutyaszorítóban van; **make a ~ in** kilyukaszt [vmit]
holiday *n* ünnep; szünidő, vakáció
holiness *n* szentség
holler *vi coll* kiabál, ordítozik, üvöltözik
hollow *a* üreges, lyukas; beesett (eyes); tompa (voice); *n* mélyedés; völgy, medence
holly *n* magyal, krisztustövis
hologram *n* hologram
holster *n* pisztolytáska
holy *a* szent, szentséges; **the H~ Land** a Szentföld
homage *n* hódolat, mély tisztelet; **pay ~ to** hódolattal adózik [vkinek]
home *a* hazai, belföldi, bel-; otthoni, családi, saját; *adv* haza, hazafelé; célba; *n* otthon, lakás, ház; haza; **~ address** lakcím; **~ economics** háztartástan; *sp* **~ run** hazafutás (baseball); **~ stretch** célegyenes; **go ~** hazamegy; **drive the truth ~** megérteti [vkivel] az igazságot; **at ~** otthon; **Make yourself at ~!** Érezd otthon magadat!/Helyezd magadat kényelembe!
homebody *n coll* otthonülő ember
homecoming *n* hazatérés; *US* középiskolák/egyetemek által rendezett ünnepség, általában futball meccsel egybekötött diák találkozó („hazatérés" a régi iskolába)
homegrown *a* házilag termesztett, házi; belföldi, hazai
homeland *n* szülőföld; **Department of H~ Security** *US* belbiztonsági minisztérium
homeless *a* hajléktalan; hontalan
homely *a* egyszerű; nem szép, csúnya
homemade *a* házi készítésű, házi
homemaker *n* háztartásbeli
homeowner *n* lakástulajdonos, háztulajdonos
homeopathy *n* homeopátia
homesick *a* **be ~** honvágya van
homesickness *n* honvágy
hometown *n* szülőváros
homework *n school* házi feladat
homicide *n* gyilkosság, emberölés
hominy *n* kukoricamálé
homogeneous *a* homogén
homogenized *a* homogénezett, homogenizált
homonym *n* homonima
homophobia *n* homofóbia
homosexual *a, n* homoszexuális
hone *vt* élesít, fen; *fig* tökéletesít, élesít
honest *a* becsületes, tisztességes; őszinte, nyílt; igazi, valódi; **an ~ face** nyílt arckifejezés; **an ~ mistake** véletlen hiba
honestly *adv* őszintén, nyíltan
honesty *n* őszinteség, nyíltság, tisztesség
honey *n* méz; *coll* édesem!, drágám!, szívem!
honeybee *n* (mézelő) méh
honeycomb *n* lép; áttört díszítés, sejtalakú díszítés

honeydew melon *n* mézdinnye
honeymoon *n* mézeshetek, nászút
honeysuckle *n* szulák
honk *vi* dudál (car); gágog (goose)
honor *n* becsület; megbecsülés, tisztelet; méltóság, rang; megtiszteltetés; *vt* tisztel, megtisztel; kitüntet; elfogad, kifizet (check); **a dinner in his ~** egy tiszteletére rendezett vacsora; **~s** kitüntetés; **graduate with ~s** kitüntetéssel végez; **do the ~s** betölti a házigazda szerepét; **He was ~ed.** Megtiszteltetés érte. **I feel ~ed.** Megtisztelve érzem magamat.
honorable *a* tiszteletre méltó; tisztességes, becsületes
honorarium *n* tiszteletdíj; honorárium
honorary *a* tiszteletbeli, dísz-; **~ degree** tiszteletbeli tudományos fokozat
honorific *a* megtisztelő (cím)
hood *n* csuklya, kapucni; *auto* motorház; *slang* környék, kerület
hooded *a* csuklyás
hoof *n* (*pl* **hooves**) pata
hook *n* kampó, horog; kapocs; *vt* begörbít; horoggal megfog; felakaszt, ráakaszt; **get off the ~** kibújik a hurokból, kikerül egy rossz helyzetből; **be ~ed** rászokik [vmire]; **he is ~ed on drugs** a kábítószer rabja; **~ up** beköt, bekapcsol (gázt); **~ up with** *coll* kapcsolatba lép [vkivel]
hooker *n coll pejor* kurva
hookup *n* kapcsolat létesítés
hooligan *n* huligán
hoop *n* karika, kör, gyűrű
Hooray! *int* Hurrá!
hoot *n* huhogás; tülkölés, sípolás; *vi* huhog, kiabál, pisszeg; dudál, sípol
hooves *n pl* → **hoof**
hop *n* szökdelés, ugrálás; *vi* szökdel, szökdécsel, ugrál
hope *n* remény; *vt* remél [vmit]; **~ for** reménykedik [vmiben], bízik [vmiben]; **beyond ~** reménytelen, menthetetlen; **in the ~ of** abban a reményben, hogy …; **H~ springs eternal.** Reménykedni mindig kell/lehet. **I ~ so.** Remélem. (úgy lesz)
hopeful *a* reményteljes, reményteli; bizakodó, reménykedő
hopeless *a* reménytelen; menthetetlen
horde *n* horda
horizon *n* látóhatár, horizont
horizontal *a* vízszintes
hormone *n* hormon
horn *n* szarv; szaru (material); *mus* kürt; *auto* duda
horned *a* szarvas; … szarvú
horoscope *n* horoszkóp
horrendous *a* iszonyú, borzasztó, rettenetes
horrible *a* borzasztó, szörnyű
horrific *a* ijesztő, rettentő
horrify *vt* megdöbbent, elborzaszt
horror *n* rémület, rettegés; irtózás, iszonyat; horror
hors-d'oeuvre *n* előétel, étvágygerjesztő
horse *n* ló; *sp* bak, ló; **~ race** lóverseny; **ride a ~** lovagol; **straight from the ~'s mouth** első kézből
horseback *n* lóhát; **on ~** lóháton, lovon
horseman *n* lovas
horseplay *n* durva játék
horsepower *n* lóerő
horseradish *n* torma
horseshoe *n* patkó
horticulture *n* kertészet
hose *n* locsolócső, slag; gumitömlő
hosiery *n* harisnyaáru
hospice *n* elfekvő; menedékhely

hospitable *a* vendégszerető
hospital *n* kórház
hospitality *n* vendéglátás; vendégszeretet; **the ~ industry** vendéglátóipar
hospitalize *vt* kórházba beutal, kórházba szállít
host[1] *n* házigazda, vendéglátó; *vt* vendégül lát (a person); tart, rendez (an event)
host[2] *n* sereg, sokaság, tömeg
hostage *n* túsz; **take [sy] ~** túszul ejt; **hold [sy] ~** túszként fogva tart
hostel *n* szálló; **youth ~** ifjúsági szálló
hostess *n* háziasszony
hostile *a* ellenséges; rosszindulatú
hostility *n* ellenségeskedés, rosszindulat; viszály, ellenséges viszony
hot *a* forró, meleg; *fig* heves, szenvedélyes; csípős, erős (spicy); friss, legújabb (latest); veszélyes, kellemetlen (dangeorus); **~ dog** hot dog; **~ line** forró drót; **~ goods** *slang* lopott holmi; **~ tub** pezsgőfürdő; **I'm ~.** Melegem van.
hotel *n* szálloda, hotel, szálló
hotheaded *a* forrófejű, lobbanékony
hothouse *n* melegház
hound *n* kopó, vadászkutya; hitvány ember; *vt* vadászkutyával vadászik; *fig* üldöz
hour *n* óra (60 perc); **per ~** óránként; **after ~s** zárás után; **on the ~** órakor, egészkor
hourglass *n* homokóra
hourly *a* óra-, óránkénti; **~ wage** órabér
house *n* ház; épület; otthon; háztartás; család, dinasztia; *theat* közönség, hallgatóság; **the H~** *US* a képviselőház; **bring down the ~** *coll* óriási sikere van, viharos tapsot kap; **Come to my ~!** Gyere el hozzám! **It's on the ~.** *coll* A tulajdonos fizet.
housebroken *a* szobatiszta
houseguest *n* vendég (aki nálunk lakik)
household *n* háztartás; család
housekeeper *n* házvezető(nő)
housekeeping *n* házvezetés, háztartás
houseparty *n* házibuli
houseplant *n* szobanövény
housetop *n* háztető
housewarming party *n* házavató
housewife *n* háziasszony, háztartásbeli
housework *n* házimunka, háztartási munka
housing *n* ház, lakás, lakóhely; *fig* lakásügy, lakásépítés
hover *vi* lebeg
hovercraft *n* légpárnás jármű
How? *adv* Hogyan?/Hogy?/Miképpen?; Mennyire?/Milyen mértékben?; Milyen? **~ are you?** Hogy van?/ Hogy vagy? **~ come?** Hogyhogy?/ Az hogy lehet? **~ do you say …?** Hogy mondják azt/Hogy …? **I don't know ~ to do it.** Nem tudom, hogy kell csinálni. **H~ old is he?** Hány éves? **H~ was the movie?** Milyen volt a film? **H~ nice!** De szép!/ Milyen szép!
however *adv* bármennyire, akárhogyan; *conj* azonban, mégis, viszont, ám, de; **Do it ~ you can.** Csináld meg, ahogy tudod. **It's very nice, ~ it's too expensive for me.** Nagyon szép, de túl drága nekem.
howl *n* üvöltés, vonítás; bömbölés; *vi, vt* üvölt, vonít; ordít, bömböl
howsoever *adv* bármennyire is, akárhogyan is

hub *n* középpont; légikikötő, egy repülőtársaság bázisa; **This airport is the Delta ~.** Ez a repülőtér a Delta központja.
hubby *n coll* férj
hubcap *n auto* dísztárcsa
huckleberry *n* amerikai fekete áfonya
huddle *vt* összedobál, halomba hány; *vi* ~ **up** összekuporodik; ~ **together** összegyűlik, összecsődül
hue *n* színárnyalat, árnyalat
huff *vi* dúl-fúl, dühöng; liheg
hug *n* ölelés, átkarolás; *vt* megölel, átkarol, magához szorít
huge *a* hatalmas, óriási
hulk *n* nagy darab ember
hulking *a* nehézkes, esetlen
hull *n* héj, hüvely; hajótest, törzs; *vt* hámoz, kifejt, hántol
hum *n* zümmögés, döngicsélés (insect); moraj, zúgás (machine, crowd); *vi* zümmög, döngicsél (insect); zúg, morajlik (machine, crowd); hümmög (person); *vt* dúdol (a tune)
human *a* emberi; *n* ember; ~ **being** ember, emberi lény; ~ **rights** emberi jogok
humane *a* humánus, emberséges; humán
humanitarian *a* humanitárius, emberbaráti
humanities *n pl school* humán tárgyak
humanity *n* emberiség; emberi természet (human nature)
humankind *n* az emberiség
humble *a* alázatos; szerény, egyszerű; *vt* megaláz, megszégyenít; **Welcome to my ~ home!** Isten hozta szerény otthonomban!
humbug *n* szélhámosság, csalás, humbug
humdrum *a* unalmas, sivár, egyhangú
humid *a* nyirkos, párás, nedves
humidifier *n* párologtató, légpárásító
humidity *n* páratartalom, párásság, pára; nyirkosság
humiliate *vt* megaláz, megszégyenít
humiliation *n* megalázás, megszégyenítés, lealacsonyítás
humility *n* alázat; szerénység
hummingbird *n* kolibri
humongous *a coll* óriási, hatalmas
humor *n* hangulat, kedv, kedély; humor; *vt* [vkinek] a kedvére tesz, alkalmazkodik [vkihez]; **a sense of ~** humorérzék; **H~ me!** Engedd meg ezt nekem!/A kedvemért!
humorist *n* humorista, komikus
humorous *a* humoros, vicces, tréfás, mulatságos
hump *n* púp
humpback *a* púpos; ~ **whale** púposbálna
hummus *n* csicseriborsóból készült sűrű mártás, humusz
hunch *n* púp, dudor; *fig* gyanú, előérzet, ösztön; **I have a ~ that …** Az a gyanúm, hogy …/Az az érzésem, hogy …
hundred *num* száz
hundredth *a* századik; *num* századrész
hung *vt, vi past/pp* → **hang**
Hungarian *a, n* magyar; **in** ~ magyarul; **Her ~ is very good.** Jól beszél magyarul.
Hungary *n* Magyarország
hunger *n* éhség; vágyódás; *vi* éhezik, koplal
hungry *a* éhes, éhező; *fig* éhes, szomjas, vágyódó; ~ **for** sóvárog, vágyódik [vmire]
hunk *n* nagy darab; *coll* **What a ~!** *coll* Milyen szép nagy darab ember!/ De jó hapsi!

hunt *n* vadászat; üldözés, keresés; *vt* űz, üldöz, vadászik; kutat, keres; **~ down** fáradhatatlanul üldöz; kézre kerít; **~ for** keres, kutat
hunter *n* vadász
hunting *a* vadász-, vadászó; *fig n* vadászat; keresés; **job ~** álláskeresés
hurdle *n* akadály, gát; *sp vi* gátfutásban vesz részt; *sp* **~s** gátfutás
hurl *vt* hajít, odahajít, lök
hurly-burly *n* zűrzavar, felfordulás, zenebona
Hurray! *int* Hurrá!
hurricane *n* hurrikán, orkán; **~ lamp** viharlámpa
hurry *n* sietség, kapkodás; *vi* siet, igyekszik; *vt* siettet, sürget; **He was in a ~.** Sietett. **There is no ~.** Ráér./ Nem sürgős. **H~ up!** Siess már!
hurt *n* sérülés, sebesülés; *fig* sérelem, kár, ártalom; *vt* (**hurt, hurt**) megsért, megsebesít; *fig* megsért, megbánt; árt, kárt okoz; *vi* fáj, fájdalmas; **get ~** megsérül; **Don't ~ him!** Ne bántsd! **Did you ~ yourself?** Megsérültél? **She ~ my feelings.** Megbántott. **My back ~s.** Fáj a hátam.
hurtle *vi* összeütközik [vmivel], nekicsapódik [vminek]; csörömpölve elszáguld
husband *n* férj
husbandry *n* mezőgazdaság, gazdálkodás; **animal ~** állattenyésztés
hush *vt* lecsendesít, elhallgattat; megnyugtat; *int* **H~!** Csitt!/Pszt!
husk *n* hüvely, burok, héj, kéreg; *vt* lehámoz, lehántol
husky[1] *a* héjas, hüvelyes; rekedt (voice); tagbaszakadt, vállas, erős (person)
husky[2] *n* eszkimó kutya
hussy *n* ringyó
hustle *n* lökdösődés, tolakodás; sietség, nyüzsgés, sürgés-forgás; *coll* egy fajta tánclépés (diszkó); *vi* tolakodik, lökdösődik, furakodik; rámenősködik
hustler *n* rámenős ember; csaló, szélhámos; *slang* utcai kurva
hut *n* kunyhó, bódé
hutch *n* láda, ketrec
hyacinth *n* jácint
hybrid *a, n* hibrid
hydrangea *n* hortenzia
hydrant *n* utcai tűzcsap
hydrate *vt* hidratál
hydraulic *a* hidraulikus
hydroelectric *a* **~ power plant** vízerőmű
hydrofoil *n* szárnyashajó
hydrogen *n chem* hidrogén
hydrophobia *n* víziszony
hydroplane *n* vízi repülőgép, hidroplán
hydroponics *n* hidroponikus növénytermesztés
hydrotherapy *n* vízgyógyászat, hidroterápia
hyena *n* hiéna
hygiene *n* higiénia, egészségtan
hygienic *a* higiénikus
hymn *n rel* zsoltár, egyházi ének
hype *n* felhajtás, csinnadratta
hyper *a* hiper-, szélsőséges; hiperaktív
hyperbole *n* hiperbola
hypertension *n med* magas vérnyomás
hyperthermia *n med* nagyon magas láz
hyphen *n* kötőjel
hypnosis *n* hipnózis
hypnotic *a* hipnotikus
hypochondriac *n* hipochonder, képzelt beteg
hypocrisy *n* képmutatás, álszenteskedés
hypocrite *n* álszent, képmutató, hipokrata
hypocritical *a* álszent, képmutató, hipokrata

hypothermia *n med* kihűlés
hypothesis *n* feltevés, hipotézis
hypothesize *vi, vt* feltesz, feltételez
hypothetical *a* feltételes, feltételezett, hipotetikus
hysteria *n* hisztéria
hysterical *a* hisztérikus; *coll* nevetséges

I

I *pron* én
iambic *a* jambikus, jambusos
ibis *n* íbisz
ice *n* jég; *vt* fagyaszt; jegel; cukormázzal/krémmel bevon (a cake); **ice-cold** jéghideg; **~d tea** jeges tea; **~ water** jeges víz, víz jéggel; **break the ~** megtöri a jeget; **~ up** befagy
ice cream *n* fagylalt, *coll* fagyi
Iceland *n* Izland
Icelandic *a, n* izlandi
icicle *n* jégcsap
icing *n* cukormáz, cukorbevonat, krém (süteményen); **~ on the cake** hab a tortán, plusz jutalom
icky *a coll* undok, undorító
icon *n* ikon (also *comp*)
iconography *n* ikonográfia
ICU = intensive care unit *n med* intenzív osztály
icy *a* jeges, hideg
ID = identification card *n* igazolvány, személyi igazolvány, személyi; **photo ~** fényképes igazolvány; **caller ~** hívófélazonosító
idea *n* ötlet, gondolat, eszme; elgondolás, elképzelés; fogalom; **That's a good ~!** Jó ötlet! **I have no ~.** Fogalmam sincs.
ideal *a* ideális, eszményi; *n* ideál, eszménykép
idealism *n* idealizmus
identical *a* azonos, ugyanaz; ugyanolyan
identification *n* azonosítás; személyazonosság megállapítása
identify *vt* azonosít, azonosságot megállapít
identity *n* azonosság; személyazonosság
ideology *n* ideológia
idiocy *n* hülyeség, butaság
idiom *n* idióma, szólás, kifejezés
idiomatic *a* idiomatikus, egy nyelvre jellemző
idiot *n* idióta, hülye
idle *a* tétlen, henye, lusta; *auto* üres(járat); *vi* henyél, lopja a napot; *auto* üresben jár
idol *n* bálvány
idolize *vt* bálványoz, imád
idyllic *a* idilli
i.e. = id est = that is *conj* vagyis, ugyanis, azaz
if *conj* ha; feltéve; hogy …-e; vajon …-e; **as ~** mintha; **even ~** még akkor is, ha; **~ only** ha másért nem is; bárcsak; **~ I were you** (én) a te helyedben; **I~ I had money, I'd buy it.** Ha lenne pénzem, megvenném. **I wonder ~ he knows.** Kíváncsi vagyok, vajon tudja-e. **He asked ~ I wanted it.** Azt kérdezte, hogy kérem-e.
igloo *n* jégkunyhó
ignite *vt* meggyújt, begyújt; *vi* meggyullad, tüzet fog
ignition *n* gyújtás; gyújtószerkezet; *auto* **~ key** slusszkulcs
ignorance *n* tudatlanság
ignorant *a* tudatlan, műveletlen
ignore *vt* nem vesz tudomásul, semmibe vesz

iguana *n* iguána
ill *a* beteg; rossz, rosszindulatú; kellemetlen; **~ health** gyengélkedés; **be taken ~** megbetegszik; **~ feeling** neheztelés
illegal *a* illegális, törvénytelen, törvényellenes, jogtalan
illegible *a* olvashatatlan
illicit *a* tiltott, meg nem engedett; jogtalan
illiterate *a* írástudatlan, analfabéta
illness *n* betegség
illogical *a* logikátlan, illogikus
illuminate *vt* megvilágít, kivilágít; *fig* megmagyaráz
illumination *n* megvilágítás; kivilágítás
illumine *vt* megmagyaráz, megvilágít
illusion *n* illúzió, ábránd; érzékcsalódás
illusive *a* csalóka, hiú
illustrate *vt* ábrázol, illusztrál, szemléltet
illustration *n* szemléltetés, illusztráció
illustrative *a* szemléltető, magyarázó
illustrator *n* illusztrátor
illustrious *a* jeles, kiváló, híres, előkelő
image *n* kép, képmás; hasonmás, arcmás; hasonlat
imagery *n* ábrázolás
imaginable *a* elképzelhető, lehetséges
imaginary *a* képzeletbeli, elképzelt, képzelt
imagination *n* képzelet, képzelőerő, fantázia, képzelőtehetség
imagine *vt* képzel, elképzel, elgondol; hisz, vél, gondol; **I ~ he knows about it.** Úgy gondolom, tud róla.
imbalance *n* kiegyensúlyozatlanság
imitate *vt* utánoz, imitál
imitation *a* mű-, ál-; *n* utánzás (action); utánzat, hamisítvány (object); **~ marble** műmárvány
immaculate *a* szeplőtelen; hibátlan, makulátlan
immanent *a* benne rejlő, immanens
immaterial *a* testetlen; *fig* lényegtelen
immature *a* éretlen, fejletlen, kiforratlan
immeasurable *a* mérhetetlen, határtalan, óriási
immediate *a* azonnali (time); közvetlen (space)
immediately *adv* azonnal, rögtön, mindjárt
immense *a* hatalmas, óriási, mérhetetlen
immerse *vt* bemárt, belemerít, alámerít
immigrant *a, n* bevándorló
immigrate *vi* bevándorol [vhova]
immigration *n* bevándorlás; **~ officer** határőr, útlevélkezelő tiszt
imminent *a* közelgő, küszöbön álló
immobilize *vt* mozgásképtelenné tesz; rögzít
immoral *a* erkölcstelen, immorális
immortal *a* halhatatlan
immovable *a* mozdíthatatlan; *fig* rendíthetetlen
immune *a med* immúnis; mentes [vmitől], védett
immunity *n med* immunitás, védettség; mentesség; mentelmi jog
immunize *vt* immunizál, ellenállóvá tesz, beolt
immutable *a* állandó, megváltozhatatlan
impact *n* ütközés; *fig* hatás, befolyás
impair *vt* elront, megrongál; **hearing ~ed** nagyothalló, siket
impale *vt* karóba húz
impartial *a* pártatlan, elfogulatlan
impassable *a* járhatatlan
impasse *n* holtpont, zsákutca
impassible *a* érzéketlen

impassive *a* közömbös, egykedvű; érzéketlen
impatient *a* türelmetlen
impeach *vt* felelősségre von, bevádol (hivatalos személyt)
impeccable *a* feddhetetlen; kifogástalan
impede *vt* megakadályoz, meggátol; feltartóztat
impediment *n* akadály, gát; **speech ~** beszédhiba
impending *a* közelgő, közelítő
impenetrable *a* áthatolhatatlan
imperative *a* sürgető, kényszerítő; nagyon fontos; *n gram* felszólító mód
imperceptible *a* nem érzékelhető, nem észlelhető
imperfect *a* nem tökéletes, tökéletlen; hiányos, befejezetlen
imperfection *n* hiányosság, tökéletlenség
imperial *a* birodalmi, császári
impersonal *a* személytelen, rideg
impetuous *a* heves, indulatos
impetus *n* lendület; lendítőerő, ösztönzés
implant *n med* beültetett/átültetett szerv, testrész; *vt* beültet, átültet
implausible *a* valószínűtlen
implement *n* felszerelés, eszköz; *vt* végrehajt, megvalósít
implicate *vt* belebonyolít, belekever
implicit *a* magától értetődő; fenntartás nélküli
imply *vt* céloz, utal [vmire], magában foglal
impolite *a* udvariatlan
import *n econ* behozatal, import; *vt* behoz, importál
importance *n* fontosság, jelentőség; **of great ~** nagyon fontos, nagy jelentőségű; **of no ~** nincs jelentősége
important *a* fontos, jelentős
impose *vt* **~ taxes on** adót vet ki [vmire]; **~ on** nyakába varr [vmit]; *vi* visszaél [vkinek] a jóságával; **I don't mean to ~.** Nem akarom zavarni.
imposing *a* impozáns; tiszteletet parancsoló
imposition *n* megterhelés, teher
impossible *a* lehetetlen, képtelen
impotent *a* impotens; tehetetlen
impound *vt* lefoglal, zár alá tesz
impoverished *a* elszegényedett
impractical *a* nem gyakorlatias, nem célravezető
imprecise *a* pontatlan
impregnate *vt* telít, átitat; megtermékenyít
impress *vt* nagy hatással van [vkire], jó benyomást tesz [vkire]; **I would like to ~ upon you …** szeretném az eszedbe vésni … **I'm not ~ed.** Hidegen hagy./Nem hat meg.
impression *n* benyomás, hatás; nyomat, levonat; **make a good ~** jó benyomást tesz; **I'm under the ~ that …** Az a benyomásom, hogy …
impressionable *a* fogékony; befolyásolható
impressive *a* hatásos
imprint *n* lenyomat, nyom; *vt* belevés, belenyom
imprison *vt* bebörtönöz
improbable *a* valószínűtlen
impromptu *a* rögtönzött, impromptü; *adv* rögtönözve
improper *a* helytelen, nem odavaló; téves; illetlen (behavior)
improve *vt* tökéletesít, megjavít; fejleszt; *vi* javul; halad, fejlődik
improvement *n* javítás, tökéletesítés; fejlesztés; javulás; haladás, fejlődés
improvise *vt* rögtönöz, improvizál

impulse *n* lökés, indítás, impulzus; ösztönzés, indíték; **on sudden ~** hirtelen ötlettől hajtva
impulsive *a* lobbanékony, impulzív
in *adv* benn, bent, belül; *prep* –ban, -ben; -n, -on, -en, -ön; -ba, -be (location/state); -ban, -ben; múlva; idején, alatt (time); -val, -vel; -ul, -ül; -n, -on, -en, -ön (manner); **~ the house** a házban; **~ Florida** Floridában; **~ Hungary** Magyarországon; **~ bad condition** rossz állapotban; **~ two weeks** két hét múlva; **~ a year** egy éven belül; **~ summer** nyáron; **~ January** januárban; **~ three hours** három óra alatt; **day ~ day out** nap nap után, állandóan; **paint ~ oil** olajjal fest; **~ French** franciául; **~ a low voice** halkan; **Is Tom ~?** Otthon van Tom? **Short skirts are ~.** Divatos a rövid szoknya. **Come ~!** Jöjjön be! **I went ~ the house.** Bementem a házba.
inability *n* tehetetlenség, képtelenség
inaccessible *a* elérhetetlen, hozzáférhetetlen, megközelíthetetlen
inaccurate *a* pontatlan; hibás, helytelen
inactive *a* tétlen
inadvertent *a* nem szándékos; gondatlan, figyelmetlen
inanimate *a* élettelen
inapplicable *a* nem alkalmazható
inappropriate *a* alkalmatlan; nem helyénvaló; illetlen (behavior)
inaugurate *vt* beiktat (person), felavat (building), leleplez (sculpture)
inauguration *n* felavatás (building); beiktatás (person)
inborn *a* veleszületett
incantation *n* varázsige
incapable *a* képtelen, nem képes [vmire]
incapacitate *vt* alkalmatlanná tesz, képtelenné tesz
incarcerate *vt* bebörtönöz, bezár
incense *n* tömjén, füstölő; *vt* feldühít, felháborít
incentive *n* ösztönzés
incest *n* vérfertőzés
inch *n* hüvelyk; *vi* lassan halad; **~ by ~** apránként; **every ~** teljesen, minden ízében; **He came withing an ~ of death.** Majdnem meghalt. **I won't budge an ~.** Egy tapodtad sem mozdulok.
incidence *n* elterjedtség, előfordulás; eset, esemény
incident *n* incidens, váratlan esemény, kellemetlen eset
incidental *a* esetleges, mellékes; előre nem látott
incidentally *adv* mellékesen (megjegyezve)
incinerate *vt* eléget, porrá éget; elhamvaszt
incision *n* vágás, bemetszés
inclement *a* szigorú, zord (időjárás); **~ weather** nagyon rossz időjárás
inclination *n* hajlam, hajlamosság; hajlandóság
incline *n* lejtő; *vi* lejt; *fig* hajlandó, hajlik [vmire]
include *vt* magába foglal, tartalmaz; *fig* beleért, belevesz; **The tip is ~d in the bill.** A számla tartalmazza a borravalót.
incognito *adv* álruhában, álnéven, inkognitóban
incoherent *a* összefüggéstelen, zavaros, érthetetlen
income *n* jövedelem
incoming *a* érkező, beérkező, bejövő
incompatible *a* összeférhetetlen, összeegyeztethetetlen

incompetent *a* nem hozzáértő, inkompetens
incomplete *a* befejezetlen, hiányos
incomprehensible *a* érthetetlen, megfoghatatlan
inconceivable *a* elképzelhetetlen; hihetetlen, felfoghatatlan
inconclusive *a* nem meggyőző; nem végleges
inconsequential *a* lényegtelen, jelentéktelen
inconsiderate *a* tapintatlan; meggondolatlan
inconsistent *a* következetlen, nem következetes; összeegyeztethetetlen, ellentmondó (contrary)
inconsolable *a* vigasztalhatatlan
inconspicuous *a* nem feltűnő, alig észrevehető
inconvenience *n* kellemetlenség, kényelmetlenség, alkalmatlanság; *vt* zavar [vkit], alkalmatlankodik [vkinek], kellemetlenséget okoz [vkinek]
incorporated *a bus* bejegyzett
incorrect *a* helytelen, pontatlan, hibás
increase *n* növekedés, fokozódás; növelés, fokozás; *vi* nő, növekszik; fokozódik (intensify); emelkedik (rise); *vt* növel; fokoz (intensify); emel (raise)
incredible *a* hihetetlen, elképesztő
increment *n* növedék, szaporulat
incremental *a* adalékos, differenciális; növekvő
incubate *vi* kotlik (bird); lappang (sickness)
incumbent *n* hivatal betöltője
incurable *a* gyógyíthatatlan
indebted *a* eladósodott; *fig* lekötelezett
indecent *a* illetlen
indecision *n* határozatlanság
indeed *adv* valóban, tényleg, csakugyan
indefinite *a* határozatlan, bizonytalan; korlátlan
indemnify *vt* kárpótol, kártalanít
indent *n* rovátka, bevágás
indentation *n* horpadás; rovátkolás
independence *n* függetlenség, szabadság; **I~ Day** *US* a Függetlenség Napja (július 4.)
independent *a* független, szabad; önálló (self-reliant)
in-depth *a* beható, elmélyedő, alapos
indescribable *a* leírhatatlan
indestructible *a* elpusztíthatatlan
index *n* mutató, jelző, irányjelző (instrument); tárgymutató, index; **~ finger** mutató ujj
India *n* India
Indian *a, n* indiai (South-Asian); *US* indián, amerikai indián; **~ summer** vénasszonyok nyara
indicate *vt* mutat, jelez, feltüntet; javall
indication *n* utalás, feltüntetés; jel, előjel; *med* javallat
indicative *a* jelentő, jelző; **be ~ of** azt jelzi, azt mutatja
indicator *n* mutató, jelző, jelzőkészülék
indifference *n* közömbösség, közöny
indifferent *a* közömbös, közönyös (ember); érdektelen, nem fontos (not important)
indigenous *a* bennszülött, hazai, helyi; vele született
indigestion *n* gyomorrontás, emésztési zavar
indignant *a* méltatlankodó, felháborodott
indignation *n* felháborodás, méltatlankodás, megbotránkozás
indignity *n* méltatlanság, megaláztatás
indigo *a* indigókék, liláskék; *n* indigó
indirect *a* közvetett, nem egyenes

indiscreet *a* indiszkrét, tapintatlan, tolakodó
indiscrete *a* nem különálló, egybefolyó, összefolyó
indiscretion *n* tapintatlanság, neveletlenség; tolakodás
indiscriminate *a* válogatás nélküli, összevissza
indiscriminately *adv* válogatás nélkül
indispensable *a* nélkülözhetetlen, elengedhetetlen
indisposed *a* gyengélkedő; [vmi] ellenes, [vmit] ellenző
indistinct *a* nem világos, nem kivehető
indistinguishable *a* megkülönbözhetetlen, elkülöníthetetlen
individual *a* egyéni, individuális; egyes, egyedi, sajátos; külön; *n* egyén, személy; ~ **style** egyéni stílus; ~ **packages** külön csomagok
individuality *n* egyéniség; individualizmus
individually *adv* egyénileg; különkülön, egyenként
indivisible *a* oszthatatlan, egységes
Indo-European *a* indoeurópai
indolent *a* hanyag, nemtörődöm, lusta
Indonesia *n* Indonézia
Indonesian *a, n* indonéz
indoor *a* szobai, szoba-, házi; ~ **plant** szobanövény
induce *vt* előidéz, okoz; *el* gerjeszt, indukál; *med* megindít
induct *vt* beiktat; bevezet
inductive *a* induktív
indulge *vt* elkényeztet, a kedvében jár [vkinek]; *vi* ~ **in** megengedi magának (élvezetet)
industrial *a* ipari
industrious *a* szorgalmas, iparkodó
industry *n* ipar, iparág; **heavy** ~ nehézipar; **service** ~ szolgáltatóipar; **entertainment** ~ szórakoztató ipar
inedible *a* ehetetlen
ineffective *a* hatástalan; tehetetlen
inefficient *a* nem hatékony, eredménytelen
ineligible *a* nem jogosult
inept *a* alkalmatlan; nem helyénvaló
inequality *n* egyenlőtlenség
inert *a* tétlen; tehetetlen
inevitable *a* elkerülhetetlen
inexcusable *a* megbocsáthatatlan
inexpensive *a* olcsó, nem drága
inexperienced *a* tapasztalatlan, járatlan
infallible *a* csalhatatlan, tévedhetetlen
infamous *a* hírhedt, rossz hírű; becstelen, aljas
infancy *n* csecsemőkor, kisgyermekkor; *fig* [vminek] a kezdeti szakasza
infant *n* csecsemő, kisgyermek
infanticide *n law* gyermekgyilkosság
infantile *a* gyermeki; infantilis
infantilism *n* infantilizmus
infantry *n mil* gyalogság
infect *vt* fertőz, megfertőz
infection *n* fertőzés
infectious *a* fertőző, ragályos
infer *vt* következtet
inference *n* következtetés
inferior *a* alábbvaló, alsóbbrendű, rosszabb minőségű; *n* alárendelt, beosztott
inferiority complex *n* kisebbségi komplexus
infertile *a* terméketlen, meddő
infest *vt* eláraszt, megrohan, ellep
infidelity *n* hűtlenség
infiltrate *vi* beszivárog, beszűrődik; beépül
infinite *a* végtelen, határtalan
infinitive *n gram* főnévi igenév

infinity *n* végtelenség, a végtelen
infirmary *n* gyengélkedő, betegszoba; kórház
inflamed *a* gyulladt, gyulladásos
inflammable *a* gyúlékony
inflammation *n med* gyulladás
inflammatory *a med* gyulladást okozó; *fig* gyújtó hatású, provokatív
inflatable *a* felfújható
inflate *vt* felfúj; *fig* elbizakodottá tesz
inflation *n* infláció
inflection *n gram* ragozás
inflexible *a* merev, hajlíthatatlan; *fig* hajthatatlan, makacs
inflict *vt* okoz; *law* kiró (büntetést)
inflow *n* beáramlás, befolyás
influence *n* hatás; befolyás; *vt* befolyásol; rábír [vkit vmire]; **have an ~ on** befolyással van [vmire], hatással van [vmire]
influential *a* befolyásos; befolyásoló, ható
influenza *n* influenza
influx *n* beömlés, beáramlás
info = **information** *n coll*
inform *vt* tájékoztat, közöl, értesít, informál; felvilágosítást ad; **I will ~ you.** Tájékoztatni fogom.
informal *a* nem formális, nem hivatalos; kötetlen, közvetlen, fesztelen, informális
information *n* információ, felvilágosítás, tájékoztatás; hír, értesülés; **call ~** felhívja a tudakozót
informative *a* tájékoztató, felvilágosító, informatív
informed *a* tájékozott, értesült
informer *n* besúgó, spicli, informátor
infrequent *a* ritka, nem gyakori
infringe *vt law* megszeg, áthág, sért
infuriate *vt* felmérgesít, feldühít, dühbe hoz
infuse *vt* beletölt, beleönt; leforráz (teát, gyógynövényt)
infusion *n* forrázat, főzet; *med* infúzió
ingenious *a* ügyes, találékony, szellemes
ingenuity *n* leleményesség, ügyesség
ingenuous *a* egyenes, nyílt, őszinte
ingest *vt* lenyel, elfogyaszt
ingoing *a* bemenő, befelé tartó
ingrain *vt* megrögzít, bevés (szokást)
ingredient *n* hozzávaló, belevaló, alkotórész
ingrown *a* benőtt
inhabit *vt* lakik [vmit], tartózkodik [vhol]
inhabitant *n* lakos, lakó
inhale *vt* belélegez; *vi* lélegzetet vesz, belélegez
inhaler *n med* inhaláló készülék
inherent *a* benne rejlő, vele járó
inherit *vt* örököl
inheritance *n* örökség, hagyaték
inhibited *a* gátlásos
inhibition *n* gátlás
inhospitable *a* barátságtalan, zord; nem vendégszerető
inhuman *a* embertelen, kegyetlen
inhumane *a* embertelen, kegyetlen, nem emberséges
inhumanity *n* embertelenség, kegyetlenség
initial *a* kezdeti, kezdő; *n* kezdőbetű; kézjegy, láttamozás; *vt* kézjeggyel ellát, láttamoz
initiate *a, n* beavatott (ember); *vt* kezdeményez, elindít; beavat
initiative *n* kezdeményezés
inject *vt* befecskendez
injection *n* injekció; befecskendezés
injure *vt* árt, kárt okoz; megsért, megsebesít; **be ~d** megsérül, sérülést szenved

injured *a* sérült, sebesült
injurious *a* ártalmas, káros
injury *n* sérülés, sebesülés; kár, sérelem
injustice *n* igazságtalanság
ink *n* tinta; **write in ~** tintával ír
inkling *n* sejtelem, gyanú, sejtés
inland *a* belső, az ország belsejéből való; belföldi, hazai; *adv* az ország belsejébe; *n* belföld, az ország belseje
in-laws *n* a férje/felesége családja
inlaid *a* berakásos, intarziás
inlet *n* keskeny öböl
inmate *n* rab, fogoly
inn *n* fogadó, vendéglő
innate *a* veleszületett
inner *a* belső; **~ tube** tömlő, belső (gumié)
inning *n sp* az egyik fél ütési joga (baseball)
innkeeper *n* fogadós, vendéglős
innocent *a* ártatlan; ártalmatlan; naiv
innovate *vt* újít
innovation *n* újítás, innováció
innumerable *a* számtalan
inoculate *vt* beolt
inoculation *n* oltás, védőoltás
inoperable *a* nem operálható, nem műthető
inopportune *a* alkalmatlan, időszerűtlen
in-patient *n med* (benn) fekvő beteg, kórházi beteg
input *n* bemenet, bemenő jel; ráfordítás; *comp* betáplált adat
inquest *n* vizsgálat, nyomozás
inquire *vi* érdeklődik, tudakozódik [vmi iránt]; vizsgálatot folytat, nyomoz (in-depth)
inquiry *n* érdeklődés, tudakozódás, kérdezősködés; vizsgálat, nyomozás
inquisition *n* alapos vizsgálat; *rel* az inkvizíció
inquisitive *a* érdeklődő, kíváncsi
INS = Immigration and Naturalization Service *n US* Bevándorlási és Honosítási Hivatal
insane *a* őrült, elmebeteg
insatiable *a* kielégíthetetlen, csillapíthatatlan
inscribe *vt* bevés; ráír, felír, beír; dedikál
inscription *n* felirat; ajánlás, dedikáció
insect *n* rovar
insecticide *n* rovarirtó
insecure *a* bizonytalan; nem megbízható; félénk, félszeg, nincs önbizalma
inseminate *vt* megtermékenyít
insensitive *a* érzéketlen
inseparable *a* elválaszthatatlan
insert *n* beillesztés; melléklet (magazine); *vt* behelyez, beilleszt
in-service *a* szolgálatban levő
inset *n* betétlap; betét, beállítás (dress)
inside *a* belső, benn levő; *adv* benn, bent, belül; [vmin] belül; *n* [vminek] a belseje; **~ information** bizalmas információ; **turn [sg] ~ out** kifordít [vmit]; **know [sg] ~ out** töviről hegyire ismer; **It's red on the ~.** Belül piros./A belseje piros.
insider *n* bennfentes, beavatott
insidious *a* alattomos
insight *n* bepillantás; éleslátás
insignificant *a* jelentéktelen
insincere *a* őszintétlen, nem őszinte
insinuate *vt* célozgat, utal [vmire]
insist *vi* **~ on** ragaszkodik [vmihez], kitart [vmi mellett]
insistence *n* ragaszkodás [vmihez], kitartás [vmi mellett]
insistent *a* rendíthetetlen, [vmihez] ragaszkodó, kitartó
insole *n* talpbetét
insoluble *a* oldhatatlan

insomnia *n* álmatlanság
inspect *vt* megszemlél, megvizsgál; ellenőriz
inspection *n* szemle, vizsgálat
inspector *n* nyomozó, felügyelő; ellenőr
inspiration *n* ihlet, inspiráció
inspire *vt* ihlet, megihlet; inspirál; lelkesít
instability *n* instabilitás, változékonyság
install *vt* beszerel, bevezet; *comp* telepít
installation *n* beszerelés, bevezetés; *comp* telepítés
installment *n* részlet(fizetés); folytatás
instance *n* eset, példa; **for ~** például
instant *a* azonnali; sürgős; *n* pillanat; **~ coffee** neszkávé; **in an ~** azonnal, egy pillanat alatt
instantaneous *a* azonnali
instantly *adv* azonnal, rögtön
instead *adv* inkább; helyette; *prep* **~ of** [vmi] helyett
instep *n* rüszt, a lábfej felső része
instigate *vt* uszít, felbujt
instill *vt* belecsepegtet; *fig* belenevel
instinct *n* ösztön; hajlam
instinctive *a* ösztönös
institute *n* intézet; intézmény; *vt* alapít, szervez
institution *n* intézmény; alapítás; megindítás
institutional *a* intézményi, intézményes
institutionalize *vt* intézményesít
instruct *vt* oktat, tanít; utasít
instruction *n* oktatás, tanítás; utasítás, parancs; **~ guide** használati utasítás
instructor *n* tanár, oktató
instrument *n* eszköz; szerszám, műszer; *mus* hangszer
instrumental *a* közreműködő, hozzájáruló; *mus* hangszeres; **She was ~ to the process.** Jelentős szerepe volt a folyamatban.
instrumentation *n mus* hangszerelés
insubordinate *a* ellenkező; *mil* parancsot nem teljesítő
insubordination *n* fegyelemsértés; *mil* parancsmegtagadás
insufficient *a* elégtelen, nem elég
insular *a* szűk látókörű
insulate *vt* szigetel; *fig* elszigetel, elkülönít
insulation *n* szigetelés; szigetelőanyag
insulin *n* inzulin
insult *n* sértés; *vt* megsért, sérteget; **add ~ to injury** sértést sértésre halmoz
insurance *n* biztosítás; **~ company** biztosító (társaság); **health ~** betegbiztosítás; **life ~** életbiztosítás; **car ~** gépkocsi biztosítás; **~ policy** biztosítási kötvény
insure *vt* biztosít; **The car is ~d.** Az autó biztosítva van.
insurmountable *a* leküzdhetetlen
intact *a* érintetlen; teljes, ép, sértetlen
intake *n* felvétel, magához vétel
intangible *a* megfoghatatlan, nem kézzelfogható, nem érzékelhető; eszmei
integral *a* szerves, szervesen hozzátartozó, nélkülözhetetlen; **an ~ part** [vminek] a szerves része
integrate *vt* egységbe rendez; belefoglal, belevesz
integration *n* teljessé tevés; beilleszkedés, integráció, integrálás
integrity *n* sértetlenség; becsületesség, belső tartás, integritás
intellect *n* ész, értelem, intellektus
intellectual *a* szellemi, intellektuális; *n* értelmiségi
intelligence *n* értelem; intelligencia, értelmesség; hír, értesülés, információ
intelligent *a* intelligens, értelmes
intelligentsia *n* értelmiség
intelligible *a* érthető

intend *vt* akar, szándékozik, tervez, szándékában áll; szán [vmit vkinek]; **I ~ to do it.** Szándékomban áll megtenni.
intense *a* intenzív, nagyfokú, erős
intensify *vt* fokoz, erősít; *vi* fokozódik, erősödik
intensity *n* intenzitás, erősség
intensive *a* intenzív, alapos, beható; *med* **~ care unit** intenzív osztály
intent *n* szándék, cél
intention *n* szándék, törekvés
intentional *a* szándékos, direkt
interact *vi* **~ with** egymásra hat; kommunikál
interaction *n* egymásra hatás, kölcsönhatás; kommunikáció
interactive *a* egymásra kölcsönösen ható; interaktív
intercept *vt* feltartóztat; elfog (levelet)
interchange *n* csere; váltakozás; csomópont (traffic); *vt* felcserél, kicserél
intercom *n* házi telefon
interconnected *a* kölcsönösen összekapcsolt
intercontinental *a* interkontinentális, világrészek közötti
intercourse *n* közösülés
interdependent *a* kölcsönösen függő
interest *n* érdek, érdekeltség; érdeklődés; *econ* kamat; *vt* érdekli [vmi], érdeklődik [vmi iránt]; felkelti [vkinek] az érdeklődését; **in your ~** a te érdekedben; **take ~ in** érdeklődni kezd [vmi iránt]; **lose ~ in** kiábrándul [vmiből], elveszíti az érdeklődését; **five percent ~** öt százalék kamat; **Are you ~ed in this movie?** Érdekel ez a film? **She's not ~ed.** Nem érdekli./Nem érdeklődik. **Can I ~ you in a glass of wine?** Megkínálhatlak egy pohár borral?
interesting *a* érdekes
interface *n* adapter; határfelület; **user ~** felhasználói felület
interfere *vi* **~ with** beavatkozik; gátol; megakadályoz
interim *a* ideiglenes, időközi, köztes
interior *a* belső; *n* [vminek] a belseje, belső; **~ designer** lakberendező, belsőépítész; **Department of the I~** *US* belügyminisztérium
interject *vt* közbevet, beszúr
interlocking *a* egymásba illesztett, összefonódott
interlocutor *n* beszélő, beszélgetőpartner, párbeszédben résztvevő
interlude *n theat* közjáték
intermediary *a* közvetítő, közbenső; *n* közvetítő
intermediate *a* közbeeső; *school* középfokú
intermission *n theat* szünet
intern *n* gyakornok
internal *a* belső
international *a* nemzetközi
Internet *n* Internet, világháló
interpersonal *a* személyek közötti, emberek közötti
interpret *vt* értelmez, magyaráz (explain); tolmácsol, fordít (translate); interpretál
interpreter *n* tolmács
interrogate *vt* kihallgat, kikérdez; vallat
interrogative *a gram* kérdő
interrogatory *a* kérdő, kérdező; *n* vizsgálat; (hivatalos) kérdésfeltevés
interrupt *vt* megszakít, félbeszakít
interruption *n* félbeszakítás, közbevágás; szünetelés
intersect *vt* átvág; *vi* kereszteződik (roads)

intersection *n* kereszteződés, útkereszteződés, csomópont
interstate *a US* államok közötti; **~ highway system** az államokat összekötő autópálya rendszer; *n coll* **the ~** az (államokat összekötő) autópálya
intertwined *a* egybefonódott, összefonódott
interval *n* időköz; szünet; **at ~s** időközönként
intervene *vi* beavatkozik, közbelép; *fig* közbenjár
intervention *n* beavatkozás, intervenció; közbelépés; közbenjárás
interview *n* interjú, riport; beszélgetés, elbeszélgetés (job); *vt* meginterjúvol [vkit]; elbeszélget [vkivel]
intestine *n* bél; **small ~** vékonybél; **large ~** vastagbél
intimacy *n* intimitás, meghittség, bizalmasság; nemi kapcsolat
intimate *a* meghitt, bizalmas, intim
intimidate *vt* megfélemlít
into *prep* –ba, -be; be-, bele-; **step ~ the puddle** belelép a pocsolyába; **fall ~ enemy hands** az ellenség kezére jut; **I put the money ~ my purse.** A táskámba tettem a pénzt.
intolerable *a* kibírhatatlan, elviselhetetlen
intoxicate *vt* megrészegít, mámorossá tesz
intoxicated *a* részeg; *fig* mámoros
intoxicating *a* részegítő, mámorító
intoxication *n* részegség, ittasság; mámor
intravenous *n med* intravénás
intricate *a* bonyolult, komplikált, aprólékos
intrigue *n* intrika, cselszövés; *vt* érdekel, kíváncsivá tesz; **I am ~d.** Nagyon kíváncsi vagyok.
intrinsic *a* benső; lényeges
intro = **introduction** *n coll*
introduce *vt* bevezet (a product); bemutat (a person)
introduction *n* bevezetés; bemutatás, bemutatkozás; előszó, bevezető (in a book)
introductory *a* bevezető
introspection *n* szemlélődés, önelemzés, befelé fordulás
introvert *a* befelé forduló, introvertált
intrude *vi* tolakodik; behatol, befurakodik; alkalmatlankodik
intruder *n* betolakodó, behatoló
intrusion *n* tolakodás, benyomulás
intrusive *a* tolakodó, alkalmatlankodó
intuition *n* megérzés, előérzet, intuíció
intuitive *a* intuitív
invade *vt* betör, beront; megrohan
invalid[1] *a* érvénytelen
invalid[2] *a, n* beteg, rokkant
invalidate *vt* érvénytelenít, hatálytalanít
invaluable *a* felbecsülhetetlen, nagyon értékes
invariable *a* változatlan, állandó
invasion *n* megszállás, invázió; betolakodás
invent *vt* feltalál; kitalál, kigondol
invention *n* találmány; invenció
inventive *a* találékony, leleményes
inventor *n* feltaláló
inventory *n* leltár; raktárkészlet
inverse *a* ellenkező, megfordított
inversion *n* megfordítás; fordítottság
invest *vt* **~ in** felruház (hatalommal); *bus* befektet, beruház
investigate *vt* nyomoz, kivizsgál, tanulmányoz, vizsgálatot folytat
investigation *n* nyomozás, vizsgálat, kivizsgálás
invigorate *vt* erősít, élénkít, felpezsdít
invincible *a* legyőzhetetlen, sérthetetlen

invisible *a* láthatatlan
invitation *n* meghívás; meghívó (card)
invite *vt* meghív; felhív, felkér, felszólít (to ask questions)
invoice *n* számla; *vt* számláz
invoke *vt* megidéz, idéz
involuntary *a* önkéntelen; nem önként vállalt
involve *vt* belekever, belebonyolít; magába foglal, magával hoz; **He got ~d in some suspicious dealings.** Valami gyanús ügybe keveredett.
inward *a* belső, benső; *adv* befelé
inwardly *adv* belsőleg, benn
inwards *adv* befelé
iodine *n chem* jód
ion *n* ion
IQ = intelligence quotient *n* intelligencia hányados, IQ
Iran *n* Irán
Iranian *a, n* iráni
Iraq *n* Irak
Iraqi *a, n* iraki
iridescent *a* szivárványszínekben játszó
iris *n* írisz (flower); szivárványhártya (eye)
Irish *a, n* ír; **in ~** írül
iron *n* vas; vasaló (appliance); *vt* vasal; **Strike while the ~ is hot.** Addig üsd a vasat, amíg meleg.
ironic *a* ironikus, gúnyos
ironing board *n* vasalódeszka
irony *n* irónia
irradiate *vt* sugárral kezel, besugároz
irrational *a* irracionális; oktalan, alaptalan
irreconcilable *a* kibékíthetetlen, összeegyeztethetetlen
irrefutable *a* megcáfolhatatlan, vitathatatlan, megdönthetetlen
irregular *a* rendellenes, szabálytalan; *gram* rendhagyó; egyenetlen, rendszertelen (heartbeat)
irrelevant *a* lényegtelen, nem fontos, jelentéktelen
irreparable *a* helyrehozhatatlan, jóvátehetetlen, megjavíthatatlan
irreplaceable *a* pótolhatatlan
irresistible *a* ellenállhatatlan
irresponsible *a* felelőtlen, meggondolatlan
irretrievable *a* visszaszerezhetetlen, jóvátehetetlen
irreversible *a* visszafordíthatatlan, megmásíthatatlan, visszavonhatatlan
irrigate *vt* öntöz; öblít
irrigation *n* öntözés; öblítés
irritable *a* ingerlékeny; érzékeny
Islam *n* iszlám
Islamic *a* iszlám, mohamedán
island *n* sziget
islander *n* szigetlakó
isle *n* sziget
islet *n* kis sziget, szigetecske
isolate *vt* elszigetel, elkülönít, izolál
isolated *a* elszigetelt, izolált
isolation *n* elszigeteltség, elkülönülés; magány, elvonultság (being alone)
Israel *n* Izrael
Israeli *a, n* izraeli
issue *n* kiadás, szám (magazine); megjelenés (book); kibocsátás (money); *fig* téma, kérdés, probléma; *vt* kiad, megjelentet; kibocsát, forgalomba hoz; kiad (a passport); **the latest ~** a legfrissebb kiadás, legfrissebb szám; **raise an ~** felvet egy kérdést
it *pron* az, azt; **What is ~?** Mi az? **That's ~!** Ez az!/Erről van szó!
Italian *a, n* olasz; **in ~** olaszul
italic *n* dőlt betű, kurzív; **in ~s** dőlt betűvel
itch *n* viszketés, viszketegség; *vi* viszket

itchy *a* viszketős; **My eyes are ~.** Viszket a szemem.
item *n* cikk; tétel, adat
itemize *vt* tételesen felsorol, részletez
itinerary *n* útiterv; útvonal
its *a* ...-a, ...-e, ...-ja, ...-je; azé; **~ top** a teteje; **~ bottom** az alja
itself *pron* maga, az maga; **in ~** önmagában véve
itsy-bitsy *a* icipici, picike, picurka
itty-bitty *a* icipici, picike, picurka
IV = intravenous feeding *n med* infúzió
ivory *a* elefántcsont; **I~ Coast** Elefántcsontpart; **~ tower** elefántcsonttorony
ivy *n* borostyán, repkény; **I~ League** *US* az USA elit egyetemei az ország északkeleti részén

J

jab *vt* döf, lök, üt
jack *n auto* kocsi emelő; *vt* **~ up** felemel
jackal *n* sakál
jackass *n* hím szamár; *coll* barom, szamár (ember)
jacket *n* zakó; rövid kabát, zubbony; borító (book)
jackhammer *n* légkalapács
jackknife *n* bicska, zsebkés
jackpot *n* főnyeremény; **hit the ~** megnyeri a főnyereményt
jade *n* jade
jag *vt* rovátkol, fogaz; megszaggat
jagged *a* szaggatott, recés, csorba
jaguar *n* jaguár
jail *n* börtön, fogház
jailbreak *n* szökés a börtönből
jam[1] *n* dzsem, gyümölcsíz, lekvár; **raspberry ~** málnadzsem; **~ session** dzsessz zenészek rögtönzött játéka
jam[2] *n* tolongás, torlódás; forgalmi dugó (traffic); beszorulás; *fig* kellemetlen helyzet; *vt* présel; megakaszt, beakaszt; zavar (radio); *vi* akadozik, elakad; **be in a ~** *coll* pácban van; **~ on the breaks** *coll* hirtelen fékez, beletapos a fékbe
jamboree *n* dzsembori
jangle *vi* csörömpöl, zörög; *vt* zörget, csörget
janitor *n* gondnok, portás; házfelügyelő
January *a* januári; *n* január; **on a ~ day** egy januári napon; **on ~ first** január elsején
Japan *n* Japán
Japanese *a, n* japán; **in ~** japánul
jar *n* befőttesüveg
jargon *n* zsargon, szakmai nyelv
jasmine *n* jázmin
jasper *n* jáspis
jaundice *n* sárgaság
jaunty *a* könnyed, vidám
javelin *n* gerely, dárda
jaw *n* állkapocs
jawbone *n* állkapocscsont
jawbreaker *n* kemény savanyú cukorka; nyelvtörő
jay *n* szajkó (madár)
jaywalk *vi* úttesten szabálytalanul átkel, tilosban megy át
jaywalker *n* szabálytalanul közlekedő gyalogos
jazz *n* dzsessz; *vt* **~ up** felélénkít, derűsebbé tesz
jealous *adj* féltékeny (love); irigy (envy)
jealousy *n* féltékenység, féltékenykedés
jeans *n pl* farmer, farmernadrág
Jeep *n* dzsip, terepjáró
Jeez! *int coll* Jé!/Nahát!/Azt a mindenit!
jelly *n* zselé, kocsonya
jellyfish *n* medúza
jeopardize *vt* kockáztat, veszélyeztet

jeopardy *n* veszély, kockázat
jerk *n* rántás, lökés, taszítás; rándulás, zökkenés; *coll* szemétláda, hülye alak; *vt* ránt, megránt, taszít; *vi* ráng, rángatózik; ~ **chicken** erősen fűszeres sült csirke (jamaicai)
jerky[1] *a* rázkódó, döcögős; egyenetlen
jerky[2] *n* **beef** ~ szárított, füstölt marhahúscsíkok
jersey *n* jersey (material); *sp* mez
jest *n* tréfa, viccelődés; *vi* tréfál
jester *n* udvari bolond
Jesus *n* Jézus
jet *n* sugár (víz, gőz); sugárhajtású repülőgép (plane); *vt* kilövell, sugárban kibocsát; ~ **engine** sugárhajtómű; ~ **propulsion** sugárhajtás; ~ **setter** divatot meghatározó (ember)
jet lag *n* időátállási probléma hosszú repülőút után
Jew *n* zsidó
jewel *n* ékszer, ékkő
jeweler *n* ékszerész
jewelry *n* ékszer, ékszerek; ~ **store** ékszerbolt
Jewish *a* zsidó
jig *n* rázás; *vi* rázkódik
jigger *n* adagolópohár (italkeveréshez)
jiggle *vi* ugrál, himbálózik, rázkódik
jigsaw *n* lombfűrész
jigsaw puzzle *n* kirakós játék
jingle *vi* csilingel, csörög
jinx *n* balszerencsét hozó személy; átok; *vt* balszerencsét hoz
jitters *n coll* cidrizés, reszketés; **have the** ~ be van gyulladva, frászt kap
job *n* munka, dolog, tennivaló; állás, munka, foglalkozás; **it's a big** ~ nagy munka; ~ **hunt** állás keresés; **be out of a** ~ munkanélküli; **I have a** ~ **to do.** Dolgom van.
jock = **jockey** *n* zsoké, lovas; sportoló; férfi sportolók nemi szervét védő "sapka" (cap)
jockey *n* zsoké, lovas; sportoló; **disc** ~ diszkzsoké, lemezlovas
jog *n* kocogás, ügetés; *vi* kocog; *vt* megráz, felráz; ~ **[sy's] memory** felfrissíti az emlékezetét
john *n coll* WC, vécé
join *vt* összeilleszt, összekapcsol; csatlakozik [vmihez], belép (club); *vi* összekapcsolódik, összeforr
joint *a* közös, együttes; *n* ízület (body); csukló (machine); *coll* lebuj (place); marihuánás cigaretta; **out of** ~ kificamodott (végtag)
joke *n* vicc, tréfa; *vi* viccel, tréfál; **tell a** ~ viccet mesél; **The** ~ **is on him.** Rajta nevetnek./Az ő kárára mulatnak.
joker *n* vicces ember; dzsóker (cards)
jolly *a* vidám, jókedvű, joviális
jolt *n* zökkenés, lökés
jostle *vt* tol, lökdös
jot *vt* firkál, jegyez; ~ **down** leír, lefirkant
journal *n* folyóirat, lap (magazine); napló
journalism *n* újságírás
journalist *n* újságíró
journey *n* út, utazás; *vi* utazik
joy *n* öröm, vidámság
joyful *a* vidám, örömteli; örvendetes
joyous *a* örömteli, vidám
joyride *n* sétakocsikázás
joystick *n* botkormány
Jr. = **junior** *a* ifjabb, ifj.
jubilant *a* ujjongó, örvendező
jubilee *n* évforduló, jubileum
judge *n law* bíró; *vt* elítél, ítéletet mond; felbecsül, [vminek] ítél, gondol

judgment *n law* ítélet, döntés; ítélőképesség (ability); vélemény, megítélés (opinion); **~ day** végítélet; **pass ~** ítéletet mond, ítéletet hoz
judgmental *a* könnyen ítélkező
judicial *a law* bírói, bírósági
judiciary *a law* bírói, jogi; *n* bíróság, bírói testület
judicious *a* józan eszű, megfontolt
judo *n sp* dzsúdó, cselgáncs
jug *n* korsó, köcsög
juggle *vt* zsonglőrködik
juggler *n* zsonglőr
juice *n* lé, [vminek] a leve; nedv; gyümölcslé (fruit); **orange ~** narancslé
juicer *n* citromnyomó (citrus fruit); gyümölcscentrifuga
juicy *a* leves, lédús; *fig* pikáns (story)
jukebox *n* wurlitzer
julep *n* szirupos üdítő
July *a* júliusi; *n* július; **Fourth of ~** július negyedike
jumble *n* összevisszaság, zagyvalék; *vt* összezagyvál, összekever
jumbo *a* óriási; **~ jet** óriásgép (repülő)
jump *n* ugrás; *vt* átugrik [vmin]; *vi* ugrik, ugrál, felugrik; **~ the gun** elhamarkodja a dolgot; **~ the tracks** kisiklik (vonat); **~ at the opportunity** kapva kap az alkalmon; **~ for joy** majd kiugrik a bőréből (örömében); **~ to a conclusion** túl gyorsan vonja le a következtetés; **~ on** megrohan
jumper cable *n auto* indító kábel, bika kábel
jumpsuit *n* kezeslábas
junction *n* összekapcsolás, összeillesztés; útkereszteződés, csomópont (traffic)
juncture *n* eresztek, csukló; összetalálkozás; fordulat, helyzet
June *a* júniusi; *n* június; **on ~ fifth** június ötödikén
jungle *n* dzsungel
junior *a* fiatalabb, ifjabb; fiatal, ifjú; kezdő, alacsonyabb beosztású; *n US school* harmadéves hallgató; **~ officer** kezdő/alacsony rangú tiszt
juniper (berry) *n* boróka (bogyó)
junk *n* szemét, limlom, kacat, hulladék
junkie *n coll* narkós, kábítószer élvező; [vminek] a rabja, élvezője
junkyard *n* roncstelep
jurisdiction *n law* törvénykezés, igazságszolgáltatás; hatáskör, illetékesség
jurist *n* jogász, jogtudós
juror *n law* esküdt, esküdtszék tagja
jury *n law* esküdtszék; zsűri
jury box *n* esküdtek padja
just *a* igazságos, jogos; igaz becsületes; *adv* éppen, pontosan; csak, csaknem, majdnem, alig; **~ the same** ugyanaz, éppen olyan; **~ now** éppen most; **He has ~ left.** Éppen most ment el. **J~ stop it!** Hagyd már abba!
justice *n* igazság, igazságosság, méltányosság; bíró (person); **bring [sy] to ~** bíróság elé állít; **do ~ to** eleget tesz [vminek]; **~ of the peace** békebíró
justifiable *a* igazolható, indokolható, jogos
justification *n* igazolás, indoklás, mentség
justify *vt* igazol, indokol
jut *vi* kiáll, kiugrik, kiszögellik
juvenile *a* fiatalkori, ifjúsági; *n* ifjú; **~ delinquent** fiatalkorú bűnöző
juxtapose *vt* egymás mellé helyez

K

kale *n* leveles kel
kaleidoscope *n* kaleidoszkóp

kangaroo *n* kenguru
karat *n* karát
karate *n sp* karate
kayak *n* kajak; *vi* kajakozik
keel *n* hajógerinc, tőkesúly; **on an even ~** nyugodtan, egyenletesen
keen *a* éles, metsző, hegyes; *fig* buzgó, lelkes; élénk, heves, intenzív; **be ~ on** nagyon szeretne, lelkesedik
keep *n* eltartás; *vt* (**kept, kept**) tart, megtart; őriz (guard); ápol, gondoz (maintain); vezet (books); teljesít, megtart (a promise); marad, van, tartózkodik (stay); folytat, tovább csinál [vmit] (continue); eláll, nem romlik meg (food); **earn one's ~** megkeresi az ennivalóját; **for ~s** örökbe, örökre; **~ [sg] clean** tisztán tart; **~ quiet** csendben marad; **~ away** *vt* távol tart; *vi* távol marad; **~ down** lefog, lenyom; leszorít; **~ from** visszatart, megakadályoz; eltitkol, elhallgat [vmit vkitől]; **~ off** *vt* távol tart, elhárít; *vi* távol marad; **~ on** folytat; **~ out** *vt* távol tart, kizár; *vi* távol marad; **~ to** tartja magát [vmihez], nem tér el [vmitől]; **~ to oneself** magának való, nem érintkezik senkivel; **~ up** fenntart; folytat; **~ up with the news** lépést tart a hírekkel; **We'll ~ it.** Megtartjuk. **What kept you?** Mi tartott vissza? **K~ still!** Ne mozogj!; *coll* Maradj nyugton! **He kept on reading.** Tovább olvasott. **K~ left!** Balra tarts! **K~ off the lawn!** Fűre lépni tilos!
keeper *n* őr, őrző, felügyelő; megtartanivaló
keepsake *n* emléktárgy
keg *n* kis hordó
kelp *n* tengeri hínár
kennel *n* kutyaól; kutyatenyészet
Kenya *n* Kenya
Kenyan *a, n* kenyai
kept *vt, vi past/pp* → **keep**
kernel *n* bél, belső rész; mag
kerosene *n* kerozin, petróleum; **~ lamp** petróleum lámpa
ketchup *n* ketchup
kettle *n* üst, katlan; teavízforraló
key *n* kulcs; *fig* [vminek] a kulcsa, a nyitja; megoldás (answers); billentyű (piano, keyboard); *mus* hangnem; **~ position** kulcspozíció; **sing off ~** hamisan énekel
keyboard *n* billentyűzet, klaviatúra
keyhole *n* kulcslyuk
keynote *n* alaphang, hangnem; **~ speech** vitaindító előadás
key ring *n* kulcskarika
keystroke *n* billentyű leütés
keyword *n* kulcsszó
khaki *a* khaki, khakiszínű; *n* khaki szövet
kibitzer *n* kibic
kick *n* rúgás; erő, energia, lökés; *vt* rúg, megrúg; *vi* rúgkapál; **get a ~ out of** *coll* élvezetet talál, örömét leli [vmiben]; *sp* **penalty ~** büntetőrúgás; **~ back** visszarúg, visszaüt; *bus, coll* sápot lead, megken; **~ off** lerúg; *sp* kezd, kezdőrúgást tesz; **~ out** kirúg
kickback *n bus, coll* jutalék, sáp
kickoff *n sp* kezdés, kezdőrúgás
kid *n* gyerek, kölyök; kiskecske, gödölye (goat)
kid *vt* heccel, ugrat, húz, viccel; **No ~ding!** *coll* Nem viccelek!
kiddie *a coll* gyerek-, gyerekes; **~ pool** gyerekmedence
kiddo *n coll* kölök, gyerek
kidnap *vt* embert rabol, elrabol
kidney *n* vese

kidney bean *n* vesebab
kielbasa *n* főzőkolbász
kill *n* elejtett vad; *vt* öl, megöl; *fig* hatástalanít, semlegesít; **get ~ed** meghal (balesetben); **~ time** elüti/agyonüti az időt
killer *n* gyilkos
killing *a* gyilkos; fig elbűvöl; *n* ölés, gyilkolás; **She made a ~.** Nagyon beütött neki./Sok pénzt nyert.
kiln *n* égetőkemence
kilo *n* kiló
kilobyte *n* kilobájt
kilogram *n* kilogramm
kilohertz *n* kilohertz
kilometer *n* kilométer
kilowatt *n* kilowatt
kilt *n* skót szoknya
kilter *n* állapot, kondíció
kin *a, n* rokon; **next of ~** legközelebbi hozzátartozó
kind *a* kedves, szíves; *n* faj, fajta, válfaj; **~ of** *adv* egy kicsit, olyasmi, mint; **all ~s** mindenféle, sokféle; **what ~ of** miféle; **of a ~** valamiféle, valamilyen; **pay in ~** természetben fizet; **It is ~ of cold.** Egy kicsit hideg van.
kindergarten *n* óvoda
kindhearted *a* jószívű
kindle *vt* meggyújt; *fig* fellelkesít; felkelt
kindling wood *n* gyújtós
kindly *adv* kedvesen, szívélyesen
kindness *n* kedvesség; szívesség
kindred *a* rokon; **~ spirits** rokonlelkek
kinfolk *n coll* rokonság
king *n* király
kingdom *n* királyság, birodalom
kingpin *n* királycsap
kink *n* csomó, görcs
kinky *a* göndör (hair); perverz
kinship *n* rokonság
kiosk *n* bódé, pavilon
kiss *n* csók, puszi (on the cheek); *vt* megcsókol, megpuszil; *vi* csókolózik [vkivel]
kit *n* készlet
kitchen *n* konyha; **~ cabinet** konyhaszekrény; **~ utensils** konyhai edények
kitchenware *n* konyhafelszerelés
kite *n* papírsárkány
kitsch *n* giccs
kitten *n* kismacska, kiscica, cicus
kitty *n* cica, kiscica
kiwi *n* kivi
KKK = Ku Klux Klan *n US* fajüldöző titkos társaság
Kleenex™ *n* papírzsebkendő (ismert márka)
knack *n* ügyesség, trükk; **have a ~ for** *coll* hajlama van rá, ért hozzá
knapsack *n* hátizsák
knead *vt* gyúr, dagaszt; masszíroz
knee *n* térd; **on bended ~s** térden állva
kneecap *n* térdkalács
knee-deep *a* térdig érő
kneel *vi* (**knelt, knelt**) térdel; **~ down** letérdel
knelt *vi past/pp* → **kneel**
knew *vt, vi past/pp* → **know**
knickers *n pl* alsónadrág
knickknack *n* csecsebecse, nipp
knife *n* (*pl* **knives**) kés
knifepoint *n* késhegy; **have [sy] at ~** kést fog [vkire], késsel fenyeget [vkit]
knight *n* lovag; ló (chess)
knish *n* húsos táska
knit *vt* (**knitted, knitted**) köt (pulóvert); *vi* (**knit, knit**) összefűződik, összefonódik, tömörül
knitting *n* kötés (pulóver); **~ needles** kötőtű
knob *n* gomb, fogantyú; csomó, bütyök, dudor (bump)

knock *n* kopogás; koccanás; *vt* üt, megüt, lök; megkopogtat; *vi* kopogtat [vmin]; ~ **down** leüt, lever; lerombol (building); ~ **into** nekimegy, nekiütődik[vminek]; ~ **off** leüt; ~ **on wood** lekopog (fán); ~ **out** kiüt; ~ **over** felborít, feldönt; ~ **up** *vulg* felcsinál (lányt)

knockdown *a* kiütő, leütő

knocker *n* kopogtató

knockout *n sp* kiütés, leütés; *slang* feltűnően szép nő

knockwurst *n* krinolin

knoll *n* dombtető

knot *n* csomó, göb (tied); görcs, bütyök; *vt* csomóz, csomót köt, összecsomóz; **tie a** ~ csomót köt; *coll* **tie the** ~ összeházasodik

knotty *a* csomós, bütykös

know *vt* (**knew, known**) tud (fact), ismer (acquaintance); *vi* ért [vmihez], tud [vmit] csinálni; **let [sy]** ~ **[sg]** értesít [vkit vmiről], szól [vkinek], tudat [vmit vkivel]; **get to** ~ megismer; **as far as I** ~ amennyire én tudom; **Do you** ~ **how to drive?** Tudsz vezetni? **Did you** ~ **that?** Te ezt tudtad? **Does she** ~ **you?** Ismer téged? **Please let me** ~**.** Kérem, értesítsen.

know-how *n* hozzáértés, szakértelem

knowing *a* tájékozott; ravasz

knowingly *adv* tudatosan, [vminek] a tudatában

knowledge *n* tudás, ismeret; tudomás; **without my** ~ tudtom nélkül; **to the best of my** ~ legjobb tudomásom szerint

knowledgeable *a* tájékozott, jól informált, értelmes

known *a* ismert, közismert, köztudott; *vt, vi pp* → **know**

knuckle *n* ujjízület

knucklehead *n coll* idióta, buta ember

KO = **knockout** *n sp*

koala *n* koalamedve

kohlrabi *n* kalarábé

kola *n* kóladió

Koran *n* a Korán

Korea *n* Korea

Korean *a, n* koreai; **in** ~ koreaiul

kosher *a* kóser

kudos *n* dicsőség, hírnév; **K~!** *coll* Jól van!/Szép munka!

Kurd *n* kurd

Kurdish *a, n* kurd

Kuwait *n* Kuvait

Kuwaiti *a* kuvaiti

L

L.A. = **Los Angeles** *n*

lab *n* labor

label *n* címke, cédula; felirat; *vi* címkéz; megjelöl; minősít, besorol

labor *n* munka, dolog; munkaerő; vajúdás, szülési fájdalmak (giving birth); *vi* dolgozik, fáradozik [vmin]; nehezen csinál [vmit], kínlódik, szenved; **L~ Day** *US* a munka ünnepe (szeptember első hétfője); ~ **force** munkaerő; ~ **union** szakszervezet

laboratory *n* laboratórium

laborer *n* munkás, fizikai dolgozó

laborious *a* bonyolult, fáradságos, nehéz

labyrinth *n* labirintus

lace *n* csipke; *vt* csipkéz; befűz (shoes); *coll* italt szesszel kever; kábítószert tesz italba (drug); **shoe~s** cipőfűző

lacerate *vt* széttép, szétszaggat; kínoz, gyötör

lack *n* hiány; *vt* hiányol, hiányzik; *vi* hiányzik, nincs; **for** ~ **of a better word** jobb szó híján

lacking *a* hiányos; hiányzó
lacquer *n* lakk; *vt* lakkoz
lacrosse *n sp* ütővel pályán játszott csapatos labdajáték
lactate *vi* tejel, tejet ad
lad *n* fiú, legény
ladder *n* létra; **climb up the ~** feljebb jut a ranglétrán, előre lép a rangsorban
ladle *n* szedőkanál, merőkanál
lady *n* hölgy; asszony, nő, úrinő; **ladies' room** női mosdó; **Ladies and gentlemen!** Hölgyeim és uraim!
ladybug *n* katicabogár
ladyfingers *n* babapiskóta
ladylike *a* nőies, hölgyhöz illő
lag *n* késés, késedelem; *vi* késlekedik; **~ behind** lemarad
lager *n* világos sör
laid *vt, vi past/pp* → **lay**
lain *vt, vi pp* → **lie**
lake *n* tó
lakeside *n* tópart
lamb *n* bárány
lambskin *n* báránybőr
lame *a* béna, sánta; *fig coll* gyatra, béna; **~ excuse** gyatra kifogás
lamentable *a* siralmas, szánalmas
lamentation *n* siránkozás, jajveszékelés
lamp *n* lámpa; **floor ~** állólámpa; **reading ~** olvasólámpa
lamplight *n* lámpafény, villanyfény
lamppost *n* lámpaoszlop
lampshade *n* lámpaernyő
land *n* föld, szárazföld, talaj; földbirtok; vidék, ország, táj (country); *vi* partra száll; leszáll, földet ér (plane); *mil* **~ forces** szárazföldi haderők; **~ a job** állást szerez; **~ on one's feet** talpra esik
landfall *n* partra érés
landfill *n* szemétlerakó, szeméttelep
landing *n* partraszállás, kikötés (boat); leszállás (plane); lépcsőpihenő, lépcsőforduló (stairs)
landlady *n* házinéni, háziasszony, szállásadó
landlocked *a* szárazföldi, szárazfölddel körülvett; **~ country** tengerparttal nem rendelkező ország
landlord *n* háziúr, házigazda
landmark *n* határkő; feltűnő tereptárgy
landowner *n* földbirtokos, földtulajdonos
landscape *n* vidék, táj; tájkép (picture)
landscaping *n* tereprendezés, parkosítás, kertépítés
landslide *n* földcsuszamlás; **win by a ~** óriási fölénnyel győz
lane *n* keskeny út, köz (street); sáv (on road); **shoulder~** leállósáv; **change ~s** sávot vált
language *n* nyelv; nyelvezet, beszéd; **native ~** anyanyelv
languish *vi* ellankad, hervadozik
lank *a* karcsú, vékony, hosszú
lanky *a* nyurga, hórihorgas
lanolin *n* lanolin
lantern *n* lampion
Lao *a, n* laoszi
Laos *n* Laosz
Laotian *a, n* laoszi
lap[1] *n* öl; *sp* kör, futam; lebernyeg, szegély; *vt* átfed, beborít; **in the ~ of luxury** jólétben
lap[2] *vt* nyaldos, lefetyel (tongue); csapdos, verdes (wing); **~ up** felnyal
lapdog *n* öleb
lapel *n* hajtóka (kabát)
lapse *n* kihagyás; hiba, botlás; múlás, időköz; *vi* elmúlik (time); botlik, hibázik; **memory ~** emlékezetkiesés
laptop (computer) *n* laptop, hordozható számítógép

lard *n* disznózsír
large *a* nagy, terjedelmes; **at ~** szabadlábon; általában; **by and ~** nagyjából; **on a ~ scale** nagyban, nagyszabásúan
largely *adv* nagy részben, nagyrészt, jórészt, túlnyomóan
lark *n* pacsirta
larva *n* (*pl* **larvae**) lárva
larvae *n pl* → **larva**
laryngitis *n med* hangszalaggyulladás
larynx *n med* gége(fő)
laser *n* lézer; **~ printer** lézernyomtató; **~ surgery** lézeres műtét
lash *n* ostor, korbács; ostorcsapás; szempilla; *vt* üt, ver, csap, megkorbácsol; *fig* hevesen megtámad, kirohan; **~ out** dühösen kirobban, kirohan
last[1] *a* utolsó, végső; múlt, legutóbbi; döntő, végleges; *adv* utoljára, végül; *n* az utolsó, [vminek] a vége; **~ name** vezetéknév; **~ but not least** végül, de nem utolsósorban; **~ week** múlt hét(en); **the ~ word** az utolsó szó, a döntő szó; **at ~** végül, végre
last[2] *vi* tart, eltart, kitart; **It won't ~ long.** Nem fog sokáig tartani.
lasting *a* tartós, maradandó
lastly *adv* végül, utoljára
latch *n* retesz, tolózár, zárnyelv; *vt* elreteszel; *vi* **~ on to** csatlakozik [vmihez]
late *a* késő, kései, késői; egykori, volt, néhai; *adv* későn, elkésve; **the ~ Mr. Smith** a néhai Smith úr; **of ~** mostanában, az utóbbi időben; **get up ~** későn kel fel; **stay up ~** sokáig/ későig fennmarad; **It is getting ~.** Későre jár. **She was ~ for work.** Elkésett a munkából.
latecomer *n* későn jövő
lately *adv* mostanában, manapság, az utóbbi időben
latent *a* lappangó, rejtett, látens
lateral *a* oldalsó, oldal-
latex *n* latex
lather *n* szappanhab; *vt* beszappanoz
Latin *a, n* latin; **in ~** latinul
Latin America *n* Latin-Amerika, Közép- és Dél-Amerika
Latin American *a* latin-amerikai, közép- és dél-amerikai
Latino *a, n* latin-amerikai származású
latitude *n* szélességi fok, földrajzi szélesség
latrine *n* latrina, illemhely
latter *a* utóbbi, későbbi
lattice *n* rács, rostély
Latvia *n* Lettország
Latvian *a, n* lett; **in ~** lettül
laudable *a* dicséretre méltó
laugh *n* nevetés, kacagás; *vi* **~ at** nevet, kacag; **~ off** tréfának vesz; **~ out loud** felnevet
laughable *a* nevetséges
laughing *a* nevető, kacagó; **It's no ~ matter.** Ez nem nevetnivaló.
laughingstock *n* nevetség tárgya
laughter *n* nevetés, kacagás; **burst into ~** nevetésben tör ki, felnevet
launch *n* vízre bocsátás (boat); indítás, kezdet; *vi* vízre bocsát (boat); kilő, indít, felbocsát (spacecraft); *fig* elindít, kezdeményez
launching pad *n* kilövőpálya, indítóállás
laundry *n* szennyes (dirty); kimosott ruha (clean); **~ room** mosókonyha, mosoda
laurel *n* babér (nem főző); **rest on one's ~s** ül a babérjain
lava *n* láva
lavatory *n* mosdó, WC, vécé

lavender *a, n* levendula
lavish *a* pazar, bőséges; pazarló, bőkezű (person)
law *n* törvény; jogszabály; jog; **be above the ~** törvény felett áll; **against the ~** törvényellenes; **~ school** jogi egyetem
lawful *a* törvényes; jogos, jogszerű
lawless *a* törvényellenes, jogtalan, törvénytelen
lawmaker *n* törvényhozó
lawn *n* pázsit, gyep
lawsuit *n* per, kereset
lawyer *n* ügyvéd, jogász
lax *a* laza, ernyedt, petyhüdt
laxative *n* hashajtó
lay[1] *a* laikus, nem hivatásos
lay[2] *vt* (**laid, laid**) lefektet, helyez, letesz, leterít; kivet, kiszab; előad, előterjeszt; tojik (eggs); *vi* fekszik; **~ away** félretesz; **~ down** letesz, lefektet; leszögez, megállapít; **~ down the rules** lefekteti a szabályokat; **~ off** elbocsát, elküld
lay[3] *vt past* → **lie**[2]
layer *n* réteg; **~ cake** (réteges) torta
laze *vi* lustálkodik, henyél
lazy *a* lusta, tunya, henyélő
lazybones *n coll* lusta ember, lustaság
lb. = **pound** *n* font (súlymérték)
leach *vt* kilúgoz; átszűr
lead[1] *n* ólom (substance); mérőón (instrument); grafit, ceruzabél (pencil); **~ poisoning** ólommérgezés
lead[2] *n* vezetés; elsőség, vezető szerep; *vt* (**led, led**) vezet, irányít; *vi* elől megy, vezető szerepe van; [vhova] visz, vezet (road); **be in the ~** vezet (első); **~ the way** elől megy, vezet; **~ a good life** jó sora van; **~ away** elvezet; **~ on** előremegy, utat mutat; *coll* becsap, hiteget; **~ up to** [vhova] vezet; **Follow my ~!** Kövess!/ Csináld utánam! **One thing led to another.** Egyik dolog jött a másik után.
leaded *a* ólmozott, ólomtartalmú
leaden *a* ólom-, ólomszínű; *fig* nyomasztó, nehézkes
leader *n* vezető, vezér
leadership *n* vezetés; vezetői képesség; vezetőség
leaf *n* (*pl* **leaves**) levél (növény); lap; *vt* lapoz, átlapoz; **Turn over a new ~.** Új életet kezd.
leaflet *n* szórólap, röplap
leafy *a* leveles, lombos
league *n* liga, szövetség; **Little L~** *sp US* (baseball) Kis Liga (12 év alatti gyerekeknek)
leak *n* lék, hasadék; szivárgás, csepegés; vezetékhiba; *vi* szivárog, kifolyik, áteresztt; *vt fig* kiszivárogtat; **stop a ~** léket betöm; **take a ~** *slang* pisil (férfi)
leakage *n* szivárgás
leaky *a* lyukas, léket kapott, áteresztő
lean[1] *a* sovány, szikár (person); száraz, terméketlen (year); nem zsíros, sovány (hús) (meat)
lean[2] *vi* hajol, hajlik, dől; nekidől, támaszkodik [vminek]; *fig* hajlama van, hajlik [vmire]; *vt* támaszt, nekitámaszt; **~ against** *vi* nekitámaszkodik; *vt* nekitámaszt; **~ forward** előredől, előrehajol; **~ on** támaszkodik [vmire, vkire]; **~ out** kihajol; **~ over** odahajol, áthajol; **~ over backwards** kezét-lábát töri igyekezetében
leap *n* ugrás; *vi* (**leapt, leapt**) ugrik, szökell; **by ~s and bounds** ugrásszerűen, rohamosan; **take a ~ of faith** bátran belefog [vmibe]; **~ year** szökőév

leapfrog *n* bakugrás
learn *vi* tanul, megtanul; megtud [vmit], értesül [vmiről]
learned *a* tanult; művelt
learner *n* tanuló; **~'s permit** *auto* tanulóvezetői engedély
learning *n* tudás; tanulás
lease *n* haszonbérlet; haszonbérleti szerződés (contract); haszonbérlet időtartama (time); *vt* bérbe ad; bérbe vesz (take)
leash *n* póráz
least *a* legkevesebb, legkisebb, legjelentéktelenebb; **at ~** legalább; **~ of all** legkevésbé; **not in the ~** egyáltalán nem; **to say the ~** enyhén szólva; **That's the ~ of my concerns.** Kisebb gondom is nagyobb annál.
leather *a, n* bőr
leathery *a* bőrszerű, cserzett; rágós (meat)
leave *n* eltávozás; szabadság; *vi* (**left, left**) elmegy, elutazik; elindul (start off); *vt* hagy, elhagy, otthagy; ráhagy, rábíz; **sick ~** betegszabadság, táppénz; **annual ~** szabadság; **take ~** szabadságot vesz ki; **be on ~** szabadságon van; **~ the table** felkel az asztaltól; **~ behind** elhagy, ottfelejt; **~ for** elutazik [vhova]; **~ out** kihagy, kifelejt; **I left my glasses at home.** Otthon hagytam/felejtettem a szemüvegemet. **There is only one left.** Csak egy maradt. **He left his wife.** Elhagyta a feleségét.
leaves *n pl* → **leaf**
Lebanese *a, n* libanoni
Lebanon *n* Libanon
lecture *n* előadás; *vi* előad, előadást tart; tanít, oktat
lecturer *n* előadó
led *vt, vi past/pp* → **lead**[2]
ledge *n* párkány; él, szegély, szél; szirt (cliff)
ledger *n* főkönyv
leech *n* pióca
leek *n* póréhagyma
leer *vi* **~ at** rábámul, fixíroz
leery *a* agyafúrt, ravasz; **be ~ of** gyanúsít [vkit]; szkeptikus [vkivel/vmivel szemben]
leeway *n* rugalmasság, kisfokú szabadság
left[1] *a* bal, bal oldali; *adv* balra, bal felé; *n* bal oldal, bal kéz; **~ hand** bal kéz; **on the ~** a bal oldalon
left[2] *vt, vi past/pp* → **leave**
left-handed *a* balkezes; *fig* ügyetlen
leftover *n* maradék
lefty *n coll* balkezes
leg *n* lábszár, láb; comb; szár (pants); (út)szakasz (road); **chicken ~** csirkecomb; **~ of lamb** báránycomb; **pull [sy's] ~** ugrat [vkit]
legacy *n* örökség, hagyaték; hagyomány
legal *a* törvényes, jogos, jogszerű; jogi; **~ adviser** jogi tanácsadó; **~ entity** jogi személy
legality *n* jogszerűség, törvényesség
legation *n* követség
legend *n* legenda, monda, rege; felirat; jelmagyarázat (map)
legendary *a* legendás, mesebeli
leggings *n* lábszárvédő; cicanadrág
leggy *a* hosszú lábú
legible *a* olvasható, világos
legion *n* légió, csapat; sokaság, nagyon sok ember (many people)
legislate *vt* törvényt hoz, törvényt alkot
legislation *n* törvényhozás
legislative *a* törvényhozói
legislator *n* törvényhozó
legislature *n* törvényhozás, törvényhozó testület
legit = legitimate *a coll*

legitimate *a* törvényes, szabályszerű, legitim
legitimize *vt* törvényesít, törvényessé tesz
legume *n* hüvelyes növény
legwork *n* utánajárás, adatgyűjtés
leisure *a* szabad, pihenő; *n* szabadidő, pihenés; **at your ~** a kedved szerint, ha van hozzá kedved
leisurely *a* ráérő, kényelmes, komótos; *adv* kényelmesen, ráérősen, komótosan
lemming *n* lemming
lemon *n* citrom; *fig coll* selejtes áru (merchandise); **~ juice** citromlé
lemonade *n* limonádé
lemongrass *n* citromfű
lemony *a* citromos; citromízű
lend *vt* (**lent, lent**) kölcsönad, kölcsönöz; *fig* ad, nyújt, kölcsönöz; **~ a hand** segít; **~ an ear to** meghallgat [vkit]
length *n* hosszúság, hossz; terjedelem; (idő)tartam (time); **full ~** teljes hosszúságú; földig érő (dress); **go to great ~s** mindent elkövet, mindent megpróbál; **at ~** hosszasan, hosszadalmasan
lengthen *vt* meghosszabbít, nyújt, kinyújt; *vi* hosszabbodik, nyúlik
lengthwise *adv* hosszában, hosszanti irányban
lengthy *a* hosszadalmas, terjengős
lenient *a* elnéző, engedékeny, enyhe
lens *n* lencse (üveg); **contact ~** kontakt lencse
Lent[1] *n rel* nagyböjt
lent[2] *vt past/pp* → **lend**
lentil *n* lencse (növény)
leopard *n* leopárd, párduc; **You can't change a ~'s spots/A ~ can't change its spots.** Kutyából nem lesz szalonna.
leotard *n* tornadressz, balett trikó
leper *n* leprás (ember)
leprosy *n* lepra
lesbian *a, n* leszbikus, *slang* leszbi
lesion *n* horzsolás, sérülés, seb
less *a* kisebb, kevesebb; *adv* kevésbé, kisebb mértékben; **~ and ~** egyre kevesebb; egyre kevésbé; **none the ~** mindazonáltal, annak ellenére …; **in ~ than an hour** kevesebb, mint egy óra alatt
lessee *n* bérlő
lessen *vi* kisebbedik, csökken, fogy; *vt* kisebbít, csökkent
lesser *a* kisebb, kisebbik, kevesebb
lesson *n* lecke, feladat; *fig* tanulság; **She learned her ~.** Okult a hibájából., Levonta a tanulságot.
lessor *n* bérbeadó
let *vi* (**let, let**) enged, hagy; **~ go** elereszt; **~ down** cserbenhagy; csalódást okoz; **~ in** beenged, beereszt; **~ [sy] in on a secret** beavat [vkit] egy titokba; **~ off** megbocsát, elenged, elereszt; **~ out** kienged; kibővít, kienged (dress); **~ up** csökken, enyhül; **He ~ them come.** Megengedte, hogy eljöjjenek. **L~ me see!** Lássuk csak!/Hadd nézzem csak! **L~ me know.** Szólj./Értesíts./Legyen szíves értesíteni. **L~'s go!** Gyerünk! **L~'s have some ice cream!** Együnk egy fagyit! **L~ him speak!** Hadd beszéljen!
letdown *n* csalódás
lethal *a* halálos
lethargy *n* letargia, közöny
letter *n* betű (alphabet); levél (note); **to the ~** pontosan, szó szerint; **~ of recommendation** ajánlólevél
letterhead *n* fejléc, cégjelzés (levélpapíron)
lettering *n* felirat; betűtípus

lettuce *n* (fejes) saláta
let-up *n* abbahagyás, szünet
leukemia *n med* leukémia, fehérvérűség
levee *n* gát, védőgát
level *a* sík, vízszintes, egyszintű; egyenlő, azonos szinten levő; kiegyensúlyozott, nyugodt; *n* szint; színvonal; emelet (in a building); vízszintező; **on a ~ with** egy szinten [vmivel]; **rise to the ~ of** [vminek] a szintjére emelkedik
levelheaded *a* nyugodt, megfontolt, higgadt
lever *n* emelőrúd, emelőkar
leverage *n* emelőerő, emelőkar; *fig* eszköz, befolyás, hatás
levitate *vi* lebeg
levy *n* adószedés; *vt* behajt, beszed (adót); kiró, kivet, kiszab
lexical *a* lexikális, szókészleti
lexicon *n* szókészlet, szókincs
liability *n* felelősség, kötelesség; **~ insurance** gépjármű felelősségbiztosítás
liable *a* felelős, köteles; ki van téve [vminek]
liaison *n* összekötő; összeköttetés, kapcsolat; szerelmi viszony (affair)
liar *n* hazug ember
libel *n* írásbeli rágalmazás, becsületsértés; *vi* rágalmaz
liberal *a* bőséges, nagyvonalú; *pol* liberális, szabadelvű; *n* liberális; **~ arts** bölcsészettudományok
liberalize *vt* liberalizál
liberate *vt* felszabadít, kiszabadít
liberation *n* felszabadulás, felszabadítás
libertine *a* kicsapongó; excentrikus
liberty *n* szabadság; **Statue of L~** *US* Szabadságszobor; **take the ~ to do [sg]** bátorkodik [vmit] csinálni; **I'm not at ~ to say.** Nem mondhatom meg.
librarian *n* könyvtáros
library *n* könyvtár
libretto *n mus* librettó, szövegkönyv
Libya *n* Líbia
Libyan *a, n* líbiai
lice *n pl* → **louse**
license *n* engedély, felhatalmazás; jogosítvány, vezetői engedély (driver's); **~ plate** rendszám; **export ~** kiviteli engedély
lick *vt* nyal, megnyal, nyalogat
licking *n* nyalás
licorice *n* medvecukor
lid *n* tető, fedő, fedél; **Put a ~ on it!** *coll* Hagyd abba!/Elég legyen!
lie[1] *n* hazugság; *vt* (**lied, lied**) hazudik; **tell a ~** hazudik; **white ~** ártatlan hazugság, füllentés; **~ detector** hazugságvizsgáló gép
lie[2] *vi* (**lay, lain**) fekszik, hever; elterül, fekszik (a city); **~ down** lefekszik, ledől, leheveredik
lien *n* zálogjog
lieutenant *n mil* hadnagy; helyettes; **~ governor** kormányzó helyettes
life *n* (*pl* **lives**) élet; élettartam, élethossz (length); **true to ~** élethű; **come to ~** magához tér; **not on your ~** semmi szín alatt; **~ insurance** életbiztosítás; **~ sentence** életfogytiglani börtönbüntetés; **Run for your ~!** Fuss, ha kedves az életed!
lifeboat *n* mentőcsónak
lifeguard *n* úszómester
lifeless *a* élettelen
lifelike *a* élethű
lift *n* emelés, emelkedés; segítség; *vt* emel, felemel; *fig* felold, megszüntet; *coll* elemel, ellop (steal); *vi* felemelkedik; **give [sy] a ~** elvisz [vkit] a kocsiján; **~ off** felszáll, felemelkedik

lifetime *n* élettartam, élet; **in my ~** az én életemben
liftoff *n* felszállás
ligament *n* ínszalag
ligature *n* kötés; elkötés, lekötés
light[1] *a* világos; tiszta, csillogó; világos, halvány (color); *n* fény, világosság; megvilágítás (lighting); fényforrás, lámpa, világítás; *vt* (**lit, lit**) gyújt, meggyújt, felgyújt; kivilágít, megvilágít; *vi* meggyullad; világít; **~ blue** világoskék; **come to ~** kiderül, napvilágra kerül; **shed ~ on** megvilágít; megvilágításba helyez; **turn the ~ on** felkapcsolja a villanyt; **~s out** lámpaoltás; **~ up** kivilágít; *coll* rágyújt (smoke)
light[2] *a* könnyű, könnyed; finom (touch); enyhe, gyenge (mild); *adv* könnyen, könnyedén; **~ reading** könnyű olvasmány; **sleep ~** éberen alszik; **travel ~** kevés csomaggal utazik
lightbulb *n* villanykörte, körte, égő
lighten[1] *vt* megvilágít, kivilágít, világosabbá tesz; *vi* kivilágosodik, kiderül
lighten[2] *vt* könnyít, megkönnyít; *vi* könnyebbedik; felvidul; **L~ up!** *coll* Lazíts egy kicsit!/Ereszd el magad!
lighter *n* öngyújtó
light-headed *a* szédülős; *fig* könnyelmű
lighthouse *n* világítótorony
lighting *n* világítás, megvilágítás
lightly *adv* könnyen, könnyedén; felszínesen, könnyelműen
lightning *n* villám, villámlás
likable *a* szeretetreméltó, kedves, rokonszenves
like[1] *a* hasonló; ugyanolyan; jellemző; *adv* mint, úgy mint, hasonlóan [vmihez]; *n* hasonmás, hasonló; **something ~ five dollars** körülbelül öt dollár; **~ father ~ son** nem esik az alma messze a fájától; **He is ~ his father.** Olyan, mint az apja. **What is it ~?** Milyen?/Hogy néz ki? **It's just ~ you!** Ez jellemző rád! **Don't talk ~ that!** Ne beszélj úgy!
like[2] *vi* szeret, kedvel; tetszik [vkinek]; akar, kíván; kér; **I would ~ (to)** szeretnék; **I ~ chocolate.** Szeretem a csokoládét. **He ~s you.** Tetszel neki. **How did you ~ the movie?** Hogy tetszett a film? **What would you ~?** Mit parancsol?/Mit kér?
likely *a* valószínű, hihető; *adv* valószínűleg
likewise *adv* ugyanúgy, hasonlóképpen
lilac *n* orgona (virág)
lily *n* liliom
lima bean *n* limabab
limb *n* végtag; vastag faág; **go out on a ~** kockázatot vállal
limber *a* hajlékony, rugalmas, ruganyos
lime[1] *n* mész (stone)
lime[2] *n* zöld citrom (fruit)
limelight *n* rivaldafény, reflektorfény; **be in the ~** az érdeklődés középpontjában van
limestone *n* mészkő
lime tree *n* hársfa
limit *n* korlát, határ; *vt* korlátoz, megszorít; **speed ~** sebességhatár, legnagyobb megengedett sebesség; **within ~s** bizonyos határok között
limitation *n* korlátozás
limited *a* korlátozott, korlátolt, meghatározott
limitless *a* korlátlan, határtalan
limo = limousine *n coll*
limousine *n* limuzin
limp *a* puha; erőtlen, gyenge, petyhüdt; *n* bicegés, sántikálás; *vi* sántít, biceg, sántikál; **walk with a ~** sántít, sántikál

line *n* vonal, egyenes; *el* vezeték; vonal (phone); vasútvonal (train), útvonal (bus), járat (flight); határ(vonal) (limit); *pol* irányvonal, vonal; sor (written); *vt* megvonalaz, vonalkáz; sorba állít, felsorakoztat (people); kibélel (a coat); **in ~ with** [vmivel] összhangban; **draw the ~ at** meghúzza a határt; **stand in ~** sorban áll; **punch ~** poén; **fishing ~** horgászzsinór, damil; **~ up** *vi* sorban áll, sorakozik; *vt* felsorakoztat, sorba állít

lineage *n* leszármazás, családfa

linear *a* vonalas, lineáris, egyenes irányú

linen *n* lenvászon, vászon; ágynemű (bedding); asztalterítő (table)

liner *n* személyszállító hajó, óceánjáró

lineup *n sp* felállítás, felállás

linger *vi* időzik, késlekedik; elnyúlik

lingerie *n* női fehérnemű

linguist *n* nyelvész

linguistic *a* nyelvészeti; nyelvi

linguistics *n* nyelvészet

lining *n* bélés, szigetelés

link *n* láncszem, összekötő kapocs; *vt* összeköt, összekapcsol

lint *n* szösz; kötszer, pólya

lion *n* oroszlán; **~'s share** oroszlánrész

lip *n* ajak; szegély, száj; **~ gloss** szájfény, ajakfény; **~ reading** szájról olvasás; **bite one's ~** harapdálja az ajkát

lip service *n* üres beszéd, hízelgés

liposuction *n* zsírleszívás (kozmetikai műtét)

lipstick *n* rúzs

liquefy *vt* cseppfolyósít

liqueur *n* likőr

liquid *a* folyékony, cseppfolyós; *n* folyadék

liquidation *n econ* felszámolás, csődeljárás

liquor *n* szeszes ital, égetett szesz, rövidital

lisp *n* selypítés, pöszeség; *vi* selypít

list *n* lista, jegyzék, névsor (names); *vi* felsorol

listen *vi* **~ to** hallgat, meghallgat [vmit]; figyel [vmire]; hallgat [vkire]

listener *n* hallgató

listing *n* felsorolás

listless *a* kedvetlen, közömbös

lit *vt, vi past/pp* → **light**[1]

litany *n* litánia

liter *n* liter

literal *a* szó szerinti, betű szerinti

literally *adv* szó szerint

literary *a* irodalmi

literate *a* írástudó; tanult, olvasott

literature *n* irodalom

Lithuania *n* Litvánia

Lithuanian *a, n* litván

litigate *vi law* pereskedik, perel

litigation *n law* pereskedés, per

litter *n* szemét, hulladék; alom (for animals); egyszerre született kölykök, alom (baby animals); *vt* szétszór, teleszór

little *a* kicsi, kis; kevés, egy kicsi; *adv* egy kicsit, kevéssé; *n* kevés, nem sok, csekélység; **a ~ time** egy kis idő; **~ by ~** apránként; **a ~ bit** egy kicsit; **It's a ~ expensive.** Egy kicsit drága.

liturgy *n rel* liturgia

live *a* élő; élénk; működő, valódi; egyenes, élő (TV); *vi* él, létezik; lakik, tartózkodik (reside); **~ cartridge** éles lövedék; **~ wire** feszültség alatt álló vezeték; **~ in** bent lakik, bentlakó; **~ on** [vmiből] él; **~ through** átél, túlél; **~ together** együtt él [vkivel]; **~ up to expectations** megfelel a várakozásnak; **Where do you ~?** Hol lakik/laksz? **He ~d to see it.** Megérte.

lively *a* élénk, fürge, eleven
liver *n* máj
liverwurst *n* kenőmájas; májas hurka
livery *n* libéria, egyenruha
lives *n pl* → **life**; *vi 3rd person sing* → **live**
livestock *n* jószág, állatállomány
living *a* élő, eleven; *n* élet; megélhetés; **the ~** az élők (sora); **earn a ~** megkeresi a kenyerét; **cost of ~** megélhetési költség
living room *n* nappali (szoba)
lizard *n* gyík
llama *n* láma
lo *int* **L~ and behold!** Íme!, Lám!
load *n* teher, rakomány; nyomás, súly; töltet (gun); *vt* megterhel, megrak; megtölt (gun); betölt (film); *comp* telepít; **~s of** *coll* rengeteg, nagyon sok; **~ up** megrak; **It's a ~ off my mind.** Nagy kő esett le a szívemről.
loaded *a* megrakott, megterhelt; töltött (gun); *coll* gazdag, pénzes
loading *n* rakodás; megtöltés; **~ dock** rakodó, rakodó terület
loaf[1] *n* (*pl* **loaves**) cipó, egész kenyér; **a ~ of bread** egy egész kenyér
loaf[2] *vi* cselleng, őgyeleg, lézeng, lóg
loan *n* kölcsön; *vt* kölcsönöz, kölcsönad
loathe *vt* utál, gyűlöl, undorodik [vmitől]
loathsome *a* utálatos, undorító
loaves *n pl* → **loaf**
lobby *n* előcsarnok, csarnok; lobbi, érdekcsoport; *vi* lobbizik
lobe *n* lebernyeg; **ear ~** fülcimpa
lobster *n* homár
local *a, n* helyi, helybeli; **~ anesthetic** *med* helyi érzéstelenítés; **~ government** (helyi) önkormányzat
locale *n* színhely, helyszín
locality *n* helyszín, hely; fekvés
localize *vt* korlátoz, helyhez köt, lokalizál
locate *vt* helyét meghatározza; megtalál, megkeres
location *n* elhelyezés, helyzet; hely, helyszín
loci *n pl* → **locus**
lock[1] *n* hajfürt
lock[2] *n* zár; lakat (padlock); *vi* bezár, elreteszel, lelakatol; **~, stock and barrel** mindenestül, úgy ahogy van; **~ away** elzár; **~ in** bezár; **~ out** kizár; **~ up** bezár, becsuk; lecsuk (in prison)
locker *n* kulcsra zárható szekrény/láda; öltözőszekrény; **~ room** öltöző
locket *n* medalion, (nyitható) medál
lockjaw *n* szájzár; tetanusz
locksmith *n* lakatos
lockstep *n* egyszerre menetelés
lockup *n* bezárás; fogda
locomotion *n* helyváltoztatás
locomotive *n* mozdony
locus *n* (*pl* **loci**) hely
locust *n* sáska
locution *n* állandósult szókapcsolat; beszédmód, kifejezésmód
lodestone *n* mágnesvasérc
lodge *n* faház, házikó (cabin); fogadó, turistaszálló (hostel); indián kunyhó vagy sátor (Native American); klub, társaság, liga; *vt* elszállásol [vkit], szállást ad [vkinek]; benyújt (a complaint); beledöf; megakaszt, beleakaszt; *vi* beleszorul, beleakad, megakad; **~ a complaint** panaszt emel
lodging *n* szállás
loft *n* padlásszoba, padlástér
lofty *a* fennkölt, emelkedett; gőgös, fennhéjázó
log[1] *n* tuskó, fatörzs; hasábfa

log[2] *n* napló, feljegyzés (record); *vt* naplóba beír, feljegyez; **~ in** *comp* belép, bejelentkezik

loganberry *n* málnaszeder, kaliforniai málnafajta

logarithm *n math* logaritmus

logbook *n* napló

logger *n* favágó

logging *n* fakitermelés, faipar

logic *n* logika

logical *a* logikus, ésszerű

login *n comp* belépés, bejelentkezés

logistics *n* munkaszervezés, logisztika

logo *n* jel, kép

loin *n* ágyék, lágyék; bélszín (meat)

loincloth *n* ágyékkötő

loiter *vi* álldogál, lézeng, ténfereg

loll *vi* **~ around** ácsorog; lézeng, lebzsel

lollipop *n* nyalóka

lone *a* magányos, egyedüli; magának való

lonely *a* magányos, egyedülálló; elhagyatott

loner *n* egyedülálló ember, magányos ember, magának való ember

lonesome *a* magányos

long[1] *a* hosszú; hosszan tartó, hosszú; *adv* sokáig, hosszasan; *n* hosszú idő, sok idő; **a ~ time ago** régen; **for a ~ time** sokáig; **in the ~ run** hosszú távon; **to make a ~ story short** hogy rövidre fogjam a dolgot; **as ~ as** amíg, ameddig; amennyiben, feltéve; **all day ~** egész álló nap; **no ~er** már nem; **I won't be ~.** Nem maradok sokáig.

long[2] *vi* **~ for** vágyik [vmire], vágyódik [vmi után]

longevity *n* hosszú élet

longhand *n* kézírás, folyóírás

longhorn *n* texasi hosszú szarvú marhafajta

longing *a* vágyódó, sóvárgó; *n* vágyódás, sóvárgás

longitude *n* (földrajzi) hosszúság

longshoreman *n* (*pl* **longshoremen**) kikötőmunkás

longshoremen *n pl* → **longshoreman**

longsighted *a* távollátó; *fig* előrelátó

long-winded *a* bőbeszédű, szószátyár

look *n* tekintet, pillantás; (arc)kifejezés (face); külső, megjelenés; *vi* néz, tekint; látszik, tűnik [vminek] (seem); kinéz [vhogy]; **take a ~ at** megnéz, jól megnéz; **~ around** körülnéz; **~ at** néz, megnéz, ránéz; **~ away** elfordul, másfelé néz; **~ back** visszanéz, visszatekint; **~ down on** lenéz [vkit]; **~ for** keres; **~ forward to** nagyon vár, alig vár; **~ in on** benéz, bekukkant [vkihez]; **~ into** belenéz; megvizsgál, kivizsgál; **~ out** kinéz; **~ out for** vigyáz [vkire]; **~ over** átnéz, átvizsgál; **~ through** átnéz, átvizsgál; **~ up** *vi* felnéz; *vt* utánanéz, kikeres (egy szót); **~ up to** felnéz [vkire], tisztel [vkit]; **He has good ~s.** Jóképű./Jó a megjelenése. **L~!** Ide figyelj! **It ~s like rain.** Úgy néz ki esni fog./Esőre áll az idő. **You ~ good today.** Jól nézel ki ma. **L~ out!** Vigyázz!

looker *n coll* nagyon csinos nő/férfi

looking glass *n* tükör

lookout *n* figyelés, őrködés; **be on the ~** figyel

loom[1] *n* szövőszék

loom[2] *vi* dereng; kiemelkedik, nagyobbnak látszik (seem bigger)

loon *n* vöcsök; *fig coll* fajankó

loony *a* félnótás, bolond; **~ bin** bolondokháza

loop *n* hurok, csomó; karika, kampó; bukfenc (plane); **keep [sy] in the ~** tájékoztat [vkit vmiről], nem hagy ki [vkit vmiből]

loophole *n* kibúvó, kiút
loopy *a* hurkos; *fig coll* ütődött
loose *a* laza, bő, tág, lötyögő; *fig* feslett, erkölcstelen, könnyelmű; **~ change** aprópénz; **~ end** [vminek] a szabad vége; **tie up ~ ends** minden szálat elköt, befejez [vmit]; **be on the ~** szabadlábon van; csavarog, nem tudni hol van
loosen *vt* meglazít, kibont; *vi* felbomlik, kibomlik; **L~ up!** *coll* Lazíts egy kicsit!
loot *n* fosztogatás; zsákmány, *slang* szajré; *vt* fosztogat, kifoszt
lope *vi* üget, szökell
lopsided *a* féloldalas, aszimmetrikus
lord *n* úr, fejedelem; lord; *rel* **the L~** az Úr, az Úristen; **the L~'s Prayer** Miatyánk; **Good L~!** Atyaisten!/ Uram Isten!
lore *n* tudomány, tan
lose *vt* (**lost, lost**) elveszít, elveszt; elveszteget (time); *vi* veszít, vereséget szenved (in a contest); **~ weight** lefogy; **get lost** eltéved; **~ count** eltéveszti a számolást; **Get lost!** *coll* Tűnj el!/Kopj le!
loser *n* vesztes; *coll* balek
loss *n* veszteség, kár; **heavy ~** nagy veszteség; **be at a ~ for words** nem találja a szavakat
lost *a* veszett, elveszett; *vt, vi past/pp* → **lose**; **~ cause** reménytelen ügy; **We are ~.** Eltévedtünk.
lot *n* sorshúzás; sors; telek, parcella (land); nagy mennyiség, sok; **it's my ~ in life** ez az én sorsom; **the (whole) ~** az egész; **a ~ of** sok, rengeteg; **a ~ of money** sok pénz
lotion *n* testápoló tej, testápoló
lottery *n* lottó
lotus *n* lótusz
loud *a* hangos, lármás, zajos; feltűnő, rikító (color)
loudspeaker *n* hangszóró; hangosbemondó
lounge *n* hall, előcsarnok, társalgó; *vi* lebzsel, henyél, heverészik; **~ chair** nyugágy
louse *n* (*pl* **lice**) tetű
lousy *a* tetves; *coll* ócska, pocsék, vacak, rossz
lout *n* bunkó, faragatlan fickó
lovable *a* szeretetreméltó
love *n* szeretet; szerelem (man – woman); *vt* szeret, nagyon szeret; szerelmes [vkibe]; **be in ~ with** szerelmes [vkibe]; **fall in ~ with** beleszeret [vkibe]; **make ~ to** szeretkezik, szerelmeskedik [vkivel]; **I ~ chocolate.** Imádom a csokoládét. **He ~s to read.** Nagyon szeret olvasni.
loveless *a* szeretet nélküli, hideg
lovelorn *a* reménytelenül szerelmes
lovely *a* csinos, bájos, szép; kedves
lovemaking *n* szeretkezés
lover *n* szerető, kedves; [vmit] szerető, kedvelő
lovesick *a* fülig szerelmes; epekedő
lovey-dovey *int* galambom, kedvesem
loving *a* szerető, kedves
low *a* alacsony (short); mély (deep); kis; alsó; *fig* alsóbbrendű, alantas; aljas (mean); gyenge, erőtlen (weak); lehangolt (depressed); halk, csendes, mély (voice); *adv* alacsonyan, mélyen; halkan, mély hangon; *n* tehénbőgés; *vi* bőg (tehén); **~ pressure** alacsony nyomás; **at a ~ price** olcsón, alacsony áron; **of ~ birth** alacsony származás; **~ blow** övön aluli ütés; **feel ~** lehangolt, nem jól érzi magát; **lie ~** lapul, rejtőzködik

lower *a* alacsonyabb; alsó; *vt* leenged, leereszt; mélyít, lesüllyeszt (make deeper); leszállít, csökkent (decrease); lehalkít (voice); *vi* süllyed; csökken; **~ prices** leszállítja az árakat; **~ one's voice** halkabban beszél
lowercase *n* kisbetű
lowly *a* alacsony, mély; egyszerű, alázatos; *adv* egyszerűen, szerényen, alázatosan
lox *n* sózott lazac
loyal *a* hűséges, lojális
loyalty *n* hűség, lojalitás
lozenge *n* pasztilla, cukorka
Lt. = **lieutenant** *n mil*
Ltd. = **limited** *n econ* Kft., korlátolt felelősségű társaság; részvénytársaság
lubricant *n* kenőanyag
lubricate *vt* ken, olajoz, zsíroz
lubricious *a* síkos, csúszós, olajos
lucent *a* fényes, fénylő; áttetsző, átlátszó, tiszta
lucid *a* világos, tiszta; érthető, értelmes
luck *n* szerencse, véletlen; **bad ~** balszerencse, pech; **as ~ would have it** a sors úgy akarta, véletlenül; **try one's ~** szerencsét próbál
luckily *adv* szerencsére
lucky *a* szerencsés
lucrative *a* hasznot hajtó, nyereséges
lucre *n* haszon, nyereség
ludicrous *a* nevetséges
lug *n* rángatás, teher; *vt* húz, vonszol; cipel
luggage *n* poggyász, csomag; **~ rack** csomagtartó (polc); **carry-on ~** kézipoggyász (plane)
lukewarm *a* langyos; közömbös
lull *vt* elaltat, elringat; lecsendesít, megnyugtat; *vi* lecsillapodik
lullaby *n* altató(dal)
lumbago *n med* lumbágó
lumbar *a* ágyéktáji, deréki; **~ support** deréktámla
lumber *n* fa, faanyag; fűrészáru
lumberjack *n* favágó
luminary *n* égitest
luminous *a* fénylő, ragyogó, világító; *fig* világos, érthető
lump *n* rög, göröngy, darab, csomó; egy csomó, egy rakás; kidudorodás, kinövés, púp, daganat (on the body); *vt* összehalmoz, összehoz; *vi* összeáll, csomósodik; **have a ~ in one's throat** gombóc van a torkában; **~ sum** kerek összeg, egy összeg (nem részlet)
lumpy *a* csomós, darabos, göröngyös
lunacy *n* elmebaj; őrültség
lunar *a* hold-; **~ eclipse** holdfogyatkozás
lunatic *a* holdkóros; elmebajos, bolond; **~ asylum** elmegyógyintézet
lunch *n* ebéd; **have ~** ebédel; **~ break** ebédszünet
lunchbox *n* uzsonnás táska
lunchtime *n* ebédidő, ebédszünet
luncheon *n* ebéd (rendezvény)
luncheonette *n* étkezde, büfé
lung *n* tüdő
lunge *n* kitörés, támadás, előre ugrás; *vi* előrelendül
lupus *n* bőrfarkas
lurch *vi* hirtelen oldalra billen, megtántorodik, dülöngél
lure *n* csalétek, vonzerő; *vt* csábít, csalogat
lurid *a* ragyogó, rikító; rémes
lurk *vi* leselkedik, lesben áll; bujkál, lappang
luscious *a* zamatos, ízes; *fig* érzéki, buja
lush *a* buja, friss (növényzet)

lust *n* testi vágy, nemi vágy; bujaság; *vi* epekedik, testi vágyat érez
luster *n* fény, (fémes) csillogás; *fig* hírnév
lustrous *a* fénylő, fényes, csillogó
lusty *a* erős, izmos, életerős
lute *n* lant
luxuriant *a* bőséges, termékeny, gazdag
luxuriate *vi* burjánzik; élvez, odaadja magát [vminek]
luxurious *a* fényűző, pazar, luxus
luxury *n* luxus, fényűzés
lye *n* lúg
lyre *n* lant, líra
lyric *a* lírai; *n* **~s** dalszöveg
lyrical *a* lírai, érzelgős
lyricist *n* (dal)szövegíró; költő, lírikus

M

M.A. = **Master of Arts** *school* a bölcsészettudományok magisztere
ma *n coll* mama, anyu
ma'am = **madam** *n*
macabre *a* hátborzongató
macadam *a, n* makadám (út)
macadamia nut *n* makadám dió
macaroni *n* csőtészta, makaróni
macaroon *n* kókuszos csók
mace *n* jogar; szerecsendió virág; ~™ önvédelmi gáz spray
machination *n* machináció, intrika
machine *n* gép, gépezet
machine gun *n* géppuska, gépfegyver
machinery *n* gépezet, szerkezet
mackerel *n* makréla
macro- *pref* makro-
macrobiotic *a* makrobiotikus, életmeghosszabbító
macroeconomics *n* makro-ökonómia
macroscopic *a* makroszkopikus
mad *a* őrült (crazy); mérges, dühös, haragszik [vkire] (angry); **He's ~ about you.** *coll* Megőrül érted./ Beléd van esve. **She is ~ at me.** Haragszik rám.
madam *n* asszonyom, hölgyem
made *a* megcsinált, készített, kész, készült; *fig* befutott; *vt, vi past/pp* → **make**; **~ in China** kínai termék; **He's got it ~.** Befutott./Sikeres.
madhouse *n* bolondokháza
madly *adv* őrülten, vadul
madman *n* őrült, elmebajos
madrigal *n mus* madrigál
maestro *n* mester (művész)
magazine *n* magazin, folyóirat
magenta *a* bíborvörös
maggot *n* kukac, féreg, nyű
magic *a* mágikus, bűvös, varázslatos; *n* mágia, varázslás
magical *a* bűvös, varázslatos, mágikus
magician *n* bűvész, varázsló
magistrate *n* magisztrátus, elöljáróság
magma *n* magma
magnanimous *a* nagylelkű, nemes lelkű, önzetlen
magnesia *n chem* magnéziumoxid
magnet *n* mágnes
magnetic *a* mágneses
magnetism *n* mágnesesség, mágneses erő; *fig* vonzóerő, vonzerő
magnetize *vt* mágnesez
magneto *n* elektromágnes
magnificent *a* csodálatos, pompás, pazar, nagyszerű
magnify *vt* nagyít, kinagyít, felnagyít; *fig* eltúloz, felfúj
magnitude *n* nagyság, terjedelem; *fig* fontosság, jelentőség
magnolia *n* magnólia
magnum *n* nagy palack
magpie *n* szarka

Magyar *a, n* magyar
mahogany *a, n* mahagóni
maid *n* szobalány, cseléd; **~ of honor** (első) koszorúslány
maiden *n* leány, hajadon; **~ name** leánykori név
mail *n* posta, levelek; *vt* felad, postáz, bedob (levelet)
mailbox *n* postaláda
mailman *n* postás
mail order *a, n* csomagküldő; **~ business** csomagküldő szolgálat
mailroom *n* postázó
maim *vt* megcsonkít, megbénít
main *a* fő, legfőbb, legfontosabb; *n* fővezeték, főcsatorna (water)
mainland *n* szárazföld
mainly *adv* főleg, leginkább, többnyire
mainstream *a* a főáramlatot követő; *fig* normaként elfogadott; *n* főáramlat, az áram közepe; norma
maintain *vt* fenntart; karbantart (a building); ellát; *fig* támogat, megvéd
maintenance *n* fenntartás; karbantartás (building); kezelés, szervíz (machine)
maize *n* kukorica
majestic *a* fenséges, méltóságteljes
majesty *n* fenség, felség; **Your M~!** Felség!
major *a* fontosabb, nagyobb, fő-; *mus* dúr; *n school* fő szak, főtantárgy; *vi* **~ in** *school* szakosodik, specializálja magát
major *n mil* őrnagy
majorette *n* mazsorett
majority *n* többség
make *n* gyártmány, márka, készítmény; *vt* (**made, made**) készít, csinál, gyárt; létrehoz; tesz; rávesz, kényszerít (force); okoz, -tat, -tet; keres (pénzt) (money); megtesz, elér, jut (get to); lesz, válik [vkiből]; **~ oneself understood** megérteti magát; **~ of** vmiből készít; *fig* ért, magyaráz, gondol; **~ off** elszalad; **~ out** kivesz (szemmel); megért; kiállít (csekket); *coll* csókolózik; **~ over** átalakít; **~ up** kiegészít, kikerekít; kipótol; kitalál (invent); kikészít, kifest (face); **~ up for** pótol, behoz; **It's made of wood.** Fából készült. **She ~s me happy.** Boldoggá tesz (engem). **He ~s me laugh.** Megnevettet (engem). **She ~s a lot of money.** Sok pénzt/sokat keres. **I made the plane.** Elértem a repülőt. **He made the team.** Bekerült a csapatba. **He will ~ a good husband.** Jó férj lesz belőle. **What do you ~ of this?** Te hogy értelmezed ezt?/Te hogy érted ezt?
maker *n* alkotó, teremtő
makeshift *a* ideiglenes, kisegítő
make-up *n* összeállítás, elrendezés (composition); smink, kikészítés; arcfesték, smink (cosmetics)
malady *n* betegség, baj
malaise *n* rossz közérzet
malapropism *n* hasonló hangzású szavak helytelen használata
malaria *n* malária
Malay *a, n* maláj
Malaysia *n* Malájföld
Malaysian *a, n* maláj, malájföldi
male *a* hímnemű; *n* hím
malediction *n* átok
malevolent *a* rosszindulatú, rosszakaratú
malfunction *n* működési rendellenesség, hiba
malice *n* rosszakarat
malicious *a* rosszindulatú, gonosz
malignant *a* rosszindulatú, veszélyes; *med* rosszindulatú; **~ tumor** rosszindulatú daganat

mall *n* sétány, sétálóutca; bevásárlóközpont (shops)
mallet *n* fakalapács; klopfoló
malnourished *a* alultáplált
malnutrition *n* alultápláltság, hiányos táplálkozás
malpractice *n* szabálytalanság, mulasztás, hűtlen kezelés; **medical ~** orvosi műhiba
malt *n* maláta
mammal *n* emlős (állat)
mammary *a* **~ gland** tejmirigy
mammography *n med* mammográfia
mammoth *n* mamut
man *n* (*pl* **men**) ember; férfi; *vt* legénységgel ellát; **no ~'s land** senki földje; **men's room** férfi mosdó; **a ~'s ~** talpig férfi
manage *vt* kezel; igazgat, irányít, vezet; intéz; sikerül; *vi* gazdálkodik, boldogul; **~ to do [sg]** sikerül [vmit] megcsinálni; **we'll ~** megleszünk, el fogunk boldogulni
manageable *a* kezelhető, vezethető
management *n* kezelés, bánásmód; vezetés, igazgatás; menedzsment, vezetőség
manager *n* igazgató, vezető, üzletvezető, menedzser
managing *a* ügyvezető, vezető; **~ director** ügyvezető igazgató
mandarin orange *n* mandarin
mandate *n* mandátum, megbízás; *law* bírói utasítás
mandatory *a* kötelező
mandolin *n* mandolin; zöldségszeletelő
mane *n* sörény
maneuver *n* manőver, hadművelet; *vi* mozgat; *vi* manőverez
mange *n* rüh, kosz
manger *n* jászol
mangle *vt* széttép, szétmarcangol; elferdít, eltorzít
mango *n* mangó
manhole *n* akna, kábelakna, csatornaakna (utcán)
manhood *n* férfiasság; férfikor (age)
manhunt *n* fejvadászat, embervadászat
mania *n* mánia, őrület, szenvedély
maniac *n* mániákus, dühöngő őrült
manic *a* mániákus, megszállott
manicure *n* manikűr
manicurist *n* manikűrös
manifest *a* nyilvánvaló, szemmel látható; *vt* kimutat, elárul; **~ itself** megnyilvánul, nyilvánvalóvá válik
manifestation *n* megnyilvánulás; megnyilatkozás
manifesto *n* kiáltvány, manifesztum
manifold *a* sokoldalú, sokféle, változatos, sokrétű
manipulate *vt* kezel, bánik [vkivel]; manipulál
mankind *n* emberiség
manly *a* férfias
manned *a* ember vezette
mannequin *n* próbababa, kirakati bábu
manner *n* mód, módszer; viselkedés, magatartás; **in this ~** így, ilyen módon; **good ~s** jó modor, jólneveltség; **bad ~s** modortalanság
mannered *a* ... modorú; mesterkélt, modoros; **ill-~** modortalan, rossz modorú
mannerism *n* mesterkéltség, manierizmus
mannerly *a* udvarias, jó modorú
mannish *a* férfias
manor *n* uradalom, földbirtok
manpower *n* munkaerő, munkáslétszám; emberi erő
mansion *n* kúria, kastély, palota
manslaughter *n law* emberölés

mantel *n* kandallópárkány
mantelpiece = **mantel** *n*
mantle *n* takaró, lepel, palást; *vt* beburkol, beborít
manual *a* kézi, manuális; *n* kézikönyv (book); ~ **labor** fizikai munka
manufacture *n* gyártás, előállítás; *vt* előállít, gyárt
manure *n* trágya
manuscript *n* kézirat
many *a* (**more, most**) sok, számos; **how ~?** hány?; ~ **of us** sokan; **one too ~** eggyel több a kelleténél; ~ **times** sokszor
map *n* térkép; *vt* feltérképez, térképet készít; ~ **out** kitervel, eltervez
maple *n* juharfa; ~ **syrup** juharszörp
mar *vt* megrongál, tönkretesz
marathon *n* maratoni futás, maraton
marble *n* márvány; üveggolyó (ball); **He lost his ~s.** *coll* Megőrült./Elment az esze.
marbled *a* erezett, márványozott
March[1] *a* márciusi; *n* március; **on ~ fifteenth** március tizenötödikén
march[2] *n* menetelés, masírozás, felvonulás; *mus* induló; *vi* menetel, vonul, megy, gyalogol, masíroz; ~ **in** bevonul; ~ **off** elvonul, elmasíroz
mare *n* kanca
margarine *n* margarin
margin *n* margó, lapszél, szegély; eltérés, különbözet; tűrés, tolerancia, mozgástér; *vt* szegélyez; ~ **of error** megengedett hibahatár; **safety ~** biztonsági ráhagyás
marginal *a* csekély, jelentéktelen, mellékes
marigold *n* körömvirág, bársonyvirág, büdöske
marijuana *n* marihuána
marina *n* kishajó kikötő
marinade *n* páclé, pác; *vt* pácol, mariníroz
marine *a* tengeri; tengerészeti; *n mil* tengerészgyalogos
mariner *n* tengerész
marital *a* házastársi, házassági; ~ **status** családi állapot
maritime *a* tengeri; ~ **law** tengeri jog
marjoram *n* majoránna
mark[1] *n* jel, nyom, jegy, vonás; célpont; mérték, szint; *sp* rajtvonal; *vt* megjelöl; nyomot hagy; figyel, észrevesz; **hit the ~** eltalálja a célt; **make a ~** nyomot hagy; ~ **down** leszállít (árat); ~ **out** kijelöl; ~ **up** felemel (árat)
mark[2] *n* (német) márka (money)
markdown *n* leárazás, árleszállítás
marked *a* megjelölt; észrevehető, feltűnő
marker *n* filctoll
market *n* piac; vásár; *econ* tőzsde; *vt* piacra dob, piacra visz, értékesít; ~ **value** piaci érték; **put on the ~** piacra dob; **the ~ is down** az árfolyamok csökkentek
marketable *a* eladható, piacképes
marketing *n* értékesítés; piacszervezés, marketing
marketplace *n* piac, piactér
marking *n* megjelölés, jelzés; **~s** mintázat (állaté)
marksmanship *n* lövészet
markup *n* áremelés; *bus* haszonrés
marmalade *n* narancsdzsem
maroon *a* gesztenyebarna
marquee *n* nagy, oldalán nyitott sátor
marriage *n* házasság; házasságkötés; *fig* egyesülés, szoros kapcsolat; ~ **certificate** házassági anyakönyvi kivonat

married *a* házas, nős (man), férjezett (woman); ~ **couple** házaspár
marrow *n* velő; **bone** ~ csontvelő
marry *vt* összeházasodik [vkivel], férjhez megy [vkihez] (woman), feleségül vesz [vkit] (man), megnősül (man); férjhez ad (give a woman away); összead, összeesket (perform the ceremony); *vi* megházasodik
marsh *n* mocsár
marshal *n mil* marsall; *US* rendőrbíró
marshland *n* mocsárvidék, láp
marshmallow *n* mályvacukor
marsupial *a, n* erszényes (állat)
mart *n* vásárközpont, piac
martial *a* harcias; hadi, harci; ~ **law** hadijog, statárium; ~ **art** *sp* küzdősport
Martian *n* marslakó
martin *n* házi fecske
martini *n* martini
martyr *n* mártír
marvel *n* csoda, csodálatos dolog; *vi* ~ **at** csodálkozik, bámul
marvelous *a* csodálatos, bámulatos
marzipan *n* marcipán
mascara *n* szempillaspirál, szempillafesték
mascot *n* kabala, talizmán
masculine *a* férfias; *gram* hímnemű
mash *n* pép; *vt* összezúz, áttör, péppé tör; **~ed potatoes** krumplipüré, burgonyapüré
mask *n* álarc, maszk; *vt* álcáz, leplez
masked *a* álarcos
masochism *n* mazochizmus
mason *n* kőműves; **free~** szabadkőműves
masonic *a* szabadkőműves
mason jar *n* befőttesüveg
masonic *a* szabadkőműves
masonry *n* kőművesmesterség, kőművesmunka
masquerade *n* álarcos mulatság, álarcosbál; maskara, álöltözet; képmutatás, komédia; *vi* szerepet színlel
mass[1] *n* tömeg; nagyobbik rész; halom, csomó, rakás; *vt* halmoz, összegyűjt; ~ **production** tömegtermelés; ~ **media** hírközlés, tömegkommunikáció; **the ~es** a nép
mass[2] *n rel* mise
massacre *n* mészárlás, öldöklés, vérfürdő; *vt* lemészárol, halomra öl
massage *n* masszázs
masseur *n* masszőr
massive *a* masszív, nagy
mast *n* árboc
master *n* úr; főnök; mester; *vt* felülkerekedik [vmin], úrrá lesz [vmin]; alaposan megtanul, tökéletesen elsajátít, mestere [vminek]; **an old ~** régi nagy mester (művész); ~ **of ceremonies** műsorvezető, konferanszié; **M~ of Arts** bölcsészettudományok magisztere; **M~ of Science** természettudományok magisztere; ~ **copy** eredeti példány
mastermind *n* vezető elme; irányító személy, [vminek] az eszmei szerzője
masterpiece *n* mestermű
mastery *n* kiválóság, ügyesség, fölény; [vminek] az alapos ismerete
masticate *vt* megrág
mastiff *n* szelindek
mat *n* gyékényszőnyeg; lábtörlő; *sp* szőnyeg; *vt* összegabalyít, összegubancol; *vi* összecsomósodik; **place ~** tányér alátét
matador *n* matador
match[1] *n* párja [vkinek]; ellenfél; házasság, parti (marriage); *sp* meccs,

mérkőzés; *vt* összemér, szembeállít; felér, vetekszik [vkivel, vmivel]; összeilleszt, összepasszít; megy [vmihez]; *vi* illik egymáshoz; **soccer ~** focimeccs, futballmeccs; **make a good ~** jó házasságot köt, jó partit csinál; **He's no ~ for them.** Nem versenyezhet velük. **These colors don't ~.** Ezek a színek nem illenek össze. **Your shoes don't ~ your bag.** A cipőd nem illik a táskádhoz.

match[2] *n* gyufa

matchbox *n* gyufásdoboz; matchbox, kisautó (toy car)

matchless *a* páratlan, egyedülálló

matchmaker *n* házasságközvetítő

matchstick *n* gyufaszál

mate *n* társ; élettárs, házastárs; pár (animals); *vt* összepárosít; pároztat; *vi* párzik, párosodik; **class ~** osztálytárs

material *a* anyagi, tárgyi, dologi; *fig* anyagias; lényeges, fontos; *n* anyag

materialism *n* materializmus; anyagiasság

materialize *vi* megvalósul; testet ölt, megjelenik

materially *adv* anyagilag

maternal *a* anyai

maternity *n* anyaság; **~ leave** szülési szabadság

math *n coll* matek

mathematical *a* matematikai

mathematics *n* matematika

matinee *n* matiné, délutáni előadás

matriarch *n* matriarcha, női családfő

matrimony *n* házasság

matron *n* családanya; matróna

matronly *a* idősebb asszonyhoz illő

matte *a* matt, tompa fényű

matter *n* anyag; tárgy, téma, tartalom (topic); ügy, dolog (case); lényeg, fontos dolog (point); kérdés; baj, probléma (trouble); *vi* fontos, lényeges, számít; **as a ~ of fact** tulajdonképpen, ami azt illeti; **a ~ of time** idő kérdése; **for that ~** ami azt illeti, egyébként; **no ~** nem számít, mindegy; **What's the ~?** Mi a baj?/ Mi történt? **What's the ~ with you?** Mi van veled?/Mi a bajod? **It doesn't ~.** Nem számít.

matter-of-fact *a* gyakorlatias, tárgyilagos; tényleges, tárgyi

matting *n* gyékényszőnyeg, szőnyeg

mattress *n* matrac, ágybetét

maturation *n* megérlelés; megérés

mature *a* érett; fejlett; *fig* megfontolt, meggondolt; *vi* megérik

maturity *n* érettség, kifejlettség

maul *vt* szétmarcangol; durván bánik [vkivel]

mausoleum *n* mauzóleum, síremlék

mauve *a* mályvaszínű

maverick *n* maga útját járó ember; kalandor; *pol* párton kívüli/ellenzéki képviselő

maw *n* gyomor, bendő

max. = maximum *a coll*; **to the ~** maximálisan

maxi *a coll* maxi

maximal *a* maximális, legnagyobb

maximize *vt* maximálisan kihasznál, maximalizál

maximum *a* maximális, legnagyobb; *n* maximum, csúcsérték, legfelső határ

may[1] *vi, vt aux* (**might**) szabad, lehet; -hat, -het; **M~ I sit down?** Leülhetek? **She ~ not come.** Lehet, hogy nem jön el. (possibility); Nem jöhet el./Nem szabad eljönnie. (permission) **M~ I?** Szabad? **M~ he rest in peace!** Nyugodjék békében! **M~ you be very happy!** Légy nagyon boldog!

May[2] *a* májusi; *n* május; **on ~ first** május elsején
maybe *adv* talán, lehet, esetleg
mayday *n* tiszavirág; **~, ~!** segítség!, vészhelyzet!, SOS!
mayhem *n law* súlyos testi sértés; erőszak, pusztítás
mayonnaise *n* majonéz
mayor *n* polgármester
maze *n* útvesztő, labirintus
MC = master of ceremonies *n* műsorvezető, konferanszié
MD = medical doctor *n* orvosdoktor
me *pron* engem; (elöljárószavakkal) **to ~** nekem; hozzám; **with ~** velem; **from ~** tőlem; **for ~** nekem; **by ~** mellettem; *coll* **It's ~.** Én vagyok az.
mead *n* mézsör
meadow *n* rét, mező, legelő
meager *a* vézna, sovány; *fig* sovány, csekély
meal[1] *n* étkezés; étel; **main ~** főétkezés
meal[2]*n* korpa, dara; durva liszt; **corn ~** kukoricadara
mean[1] *a* középértékű, közép-, közepes, átlagos (average); *n* középérték, átlag; **Greenwich M~ Time (GMT)** greenwichi középidő
mean[2] *a* aljas, gonosz, aláváló
mean[3] *vt* (**meant, meant**) jelent (vmi értelme van); ért [vhogyan], gondol, céloz [vmire]; szándékozik, akar (intend); szán [vkinek]; **What does it ~?** Mit jelent? **I ~ ...** Úgy értem, hogy ... **Do you really ~ it?** Ezt komolyan gondolod? **I ~ it.** Komolyan mondom. **I didn't ~ it** Nem akartam./Véletlen volt. **The gift was meant for you.** Az ajándékot neked szánták. **She meant well**. Ő (csak) jót akart.
meander *vi* kanyarog, kígyózik; kóborol, bolyong
meaning *n* jelentés, értelem; szándék; **What's the ~ of this?** Mit jelentsen ez?
meaningful *a* értelmes, sokatmondó, jelentőségteljes
meaningless *a* értelmetlen, semmitmondó
means *n pl* eszköz(ök); anyagi eszköz, vagyon; *vt 3rd person sing* → **mean**[3]; **~ of transportation** közlekedési eszköz; **by all ~** mindenképpen, feltétlenül; **by no ~** semmi esetre sem; **by any ~** mindenáron, bármi áron; **live beyond one's ~** tovább nyújtózkodik mint ameddig a takarója ér
meant *vt past/pp* → **mean**[3]
meantime *adv* időközben; **in the ~** időközben, ezalatt
meanwhile *adv* időközben
measles *n med* kanyaró
measly *a coll* vacak, ócska
measurable *a* mérhető, lemérhető
measure *n* méret, nagyság; mértékegység; mérőeszköz (tool), mérőedény (bowl), mérőrúd (rod), mérőszalag (tape); *fig* mérték, fok, határ; intézkedés, rendszabály, lépés (steps); *vt* mér, megmér, kimér, lemér, felmér; *fig* felbecsül; **liquid ~** űrmérték; **for good ~** ráadásul; **beyond ~** végtelenül; **take ~s** lépéseket tesz, intézkedik; **~ up to** megfelel [vminek]
measured *a* megmért, lemért, kimért; ütemes, ritmikus; *fig* kimért, megfontolt
measurement *n* mérték; megmérés; méret
meat *n* hús; *fig* lényeg, velő
meatball *n* húsgombóc

meaty *a* húsos; *fig* tartalmas
mechanic *n* szerelő, műszerész
mechanical *a* mechanikai; gépi, mechanikus; gépies, önkéntelen; ~ **engineer** gépészmérnök
mechanics *n* mechanika
mechanism *n* gépezet, szerkezet, mechanizmus
mechanize *vt* gépesít
medal *n* érem
medalist *n sp* éremnyertes, éremtulajdonos
medallion *n* emlékérem
meddlesome *a* beavatkozó, tolakodó, minden lében kanál
media *n pl* → **medium**; média, tömegkommunikációs eszközök; **news** ~ hírközlés
medial *a* középső; közepes, átlagos (average)
median *n* medián; középvonal (on the road)
mediate *vi* közvetít, közbenjár
medic *n* orvostanhallgató, medikus, medika; *mil* egészségügyi katona, katonaorvos
medical *a* orvosi, egészségügyi; ~ **exam** orvosi vizsgálat; ~ **officer** tisztiorvos; ~ **school** orvosi egyetem
medicate *vt* gyógyszerel
medication *n* gyógyszer, orvosság; gyógyszeres kezelés, gyógyszerelés; **I'm on ~.** Gyógyszert szedek.
medicinal *a* gyógy-, gyógyító, gyógyhatású
medicine *n* orvostudomány; gyógyszer, orvosság; ~ **cabinet** gyógyszeres szekrény, házi patika
medieval *a* középkori
mediocre *a* középszerű
meditate *vi* meditál, elmélkedik; *vt* fontolgat, latolgat**Mediterranean** *a* mediterrán, földközi-tengeri; **the ~ Sea** a Földközi-tenger
medium *a* közepes, közép; *n* (*pl* **media**) középút; közeg, közvetítő eszköz; médium; **medium-cooked** közepesen átsült
medley *n* keverék, egyveleg
meek *a* szelíd, szende; szerény; alázatos
meet *vt* (**met, met**) találkozik [vkivel]; [vmire, vkire] akad, talál; megismerkedik [vkivel]; *fig* eleget tesz [vminek], megfelel; *vi* találkozik; összeül, ülésezik, értekezletet tart; összeér; ~ **[sy] at the airport** kimegy [vki elé] a repülőtérre; **There is more to it than ~s the eye.** Többről van szó, mint ami szemmel látható. **He met an unfortunate end.** Szerencsétlen vége lett. **I met his parents**. Megismerkedtem a szüleivel. **Nice to ~ you!** Örvendek!/ Örülök, hogy megismerhetem! **Their eyes met.** Összenéztek.
meeting *n* találkozás; összejövetel, gyűlés; megbeszélés, értekezlet
megabucks *n pl coll* nagyon sok pénz
megabyte *n comp* megabyte
megahertz *n* megahertz
megalith *n* megalit
megalomania *n* nagyzási hóbort, megalománia
megaphone *n* hangosbeszélő, hangszóró, megafon
megaton *n* megatonna
megawatt *n* megawatt
melancholy *n* szomorúság, melankólia
melanoma *n med* melanóma, rosszindulatú bőrképződmény
meld *vt* egybeolvaszt, egyesít
mellifluous *a* mézédes, mézes
mellow *a* érett, puha (fruit); meleg, lágy, finom (color); vidám, kedélyes; *vt* meglágyít, tompít; *vi* érik, lágyul; *fig coll* ellazul, lazít
melodic *a* melodikus, dallamos
melodramatic *a* melodrámai

melody *n* zene, dallam, melódia
melon *n* dinnye; **water~** görögdinnye; **honeydew ~** sárgadinnye
melt *vt* olvaszt, megolvaszt; *fig* elérzékenyít; *vi* olvad, elolvad, megolvad; **~ away** elolvad; eltűnik; **~ down** beolvaszt; **I'm ~ing.** *coll* Majd elolvadok (a hőségtől).
melting point *n* olvadáspont
member *n* tag; **~ of Congress** kongresszusi képviselő
membership *n* tagság
membrane *n* hártya, membrán
memento *n* emlékeztető
memo = memorandum *n coll* feljegyzés, jegyzet, hivatalos jelentés, levél
memoir *n* **~s** emlékiratok, visszaemlékezés
memorabilia *n pl* emléktárgy, szuvenír
memorable *a* emlékezetes
memoranda *n pl* → **memorandum**
memorandum *n pl* (**memoranda**) feljegyzés, jegyzet, memorandum; hivatalos jelentés, levél
memorial *a* emlékeztető; *n* emlékmű; megemlékezés; **M~ Day** *US* háborús hősök emléknapja; **~ service** megemlékezés (halottról), halotti mise
memorize *vt* megtanul, memorizál
memory *n* emlékezet, memória; emlék, emlékezés; **loss of ~** emlékezetkiesés; **bad ~** rossz emlék
men *n pl* → **man**; **~'s room** férfimosdó
menace *n* fenyegetés, veszély
menagerie *n* állatsereglet
mend *vt* javít, megjavít, kijavít; *vi* javul, megjavul; gyógyul
menial *a* alantas, szolgai (munka)
meningitis *n med* agyhártyagyulladás
menopause *n med* klimax, a változás kora
menstruation *n med* menstruáció, havi vérzés
menswear *n* férfiruha
mental *a* szellemi, észbeli, mentális; **~ hospital** elmegyógyintézet; **~ patient** elmebeteg
mentality *n* gondolkodásmód, mentalitás
menthol *n* mentol
mention *n* említés, megemlítés; *vt* említ, megemlít, szóvá tesz; **honorable ~** (szóbeli/írásbeli) dicséret, elismerés; **not to ~ …** nem is szólva arról, hogy …
mentor *n* mentor, tanácsadó
menu *n* étlap
meow *vi* nyávog
mercantile *a* kereskedelmi
mercenary *n mil* zsoldos
merchandise *n* áru
merchant *n* kereskedő
merciful *a* kegyelmes, irgalmas
merciless *a* irgalmatlan, kegyetlen
mercurial *a* élénk, fürge, mozgékony
mercury *n chem* higany; **M~** Merkúr
mercy *n* kegyelem, irgalom, könyörületesség; **have ~ on** megkönyörül [vkin]; **be at the ~ of** [vkinek] a hatalmában van
mere *a* puszta, merő; **the ~ thought** már maga a gondolat
merely *adv* csak, csupán
merge *vt* egybeolvaszt, egyesít; *vi* elsüllyed, elmerül; *bus* egyesül, fuzionál
merger *n bus* egyesülés, fúzió
meridian *a* déli; *n* délkör, meridián; *fig* csúcspont, tetőpont
meringue *n* habcsók
merit *n* érdem; *vt* kiérdemel, megérdemel
meritorious *a* érdemes, dicséretes

mermaid *n* sellő
merriment *n* vidámság, mulatság
merry *a* boldog, vidám, jókedvű; **M~ Christmas!** Kellemes karácsonyi ünnepeket!
merry-go-round *n* körhinta
merrymaking *n* mulatás, vidámság
mesh *n* háló; *vi* összekapcsolódik; *fig* összeillik; *coll* kijön [vkivel]
mesmerize *vt* megigéz, elbűvöl, hipnotizál
mess *n* rendetlenség, összevisszaság; *fig* kellemetlenség; *vt* bepiszkít, összemaszatol; elront, összekuszál; **make a ~** rendetlenséget csinál; **~ with** *coll* piszkál, cukkol; **~ up** elront, eltol [vmit]; **Don't ~ with him!** *coll* Ne piszkáld!/Jobb ha elkerülöd!
message *n* üzenet, értesítés; *fig* mondanivaló
messenger *n* küldönc, hírnök
Messiah *n* a Messiás
messy *a* rendetlen; kócos (hair)
met *vt, vi past/pp* → **meet**
metabolism *n biol* anyagcsere, metabolizmus
metal *a, n* fém; **heavy ~** nehézfém
metallic *a* fémes, fém-; érces, érc-; fémesen csillogó
metallurgy *n* kohászat, fémgyártás; fémipar
metalwork *n* ötvösmunka, fémmunka
metamorphosis *n* metamorfózis, átváltozás
metaphor *n* metafora, szókép
metaphysical *a* metafizikai
meteor *n* meteor
meteorology *n* meteorológia
meter *n* méter; mérőóra, óra (gáz, villany, víz); **gas ~** gázóra; **parking ~** parkolóóra
methane *n chem* metán
method *n* módszer, mód, eljárás
methodical *a* módszeres, rendszeres; tervszerű
methodology *n* módszertan, metodika
meticulous *a* pedáns, aprólékos
metric *a* méter rendszerű
metro *n* metró, földalatti
metronome *n mus* metronóm
metropolis *n* nagyváros, világváros, metropolisz
metropolitan *a* nagyvárosi
mew *vi* nyávog
Mexican *a, n* mexikói
Mexico *n* Mexikó
mice *n pl* → **mouse**
micro *pref* mikro-
microbe *n biol* mikroba
microbiology *n* mikrobiológia
microchip *n* mikrocsip
microcircuit *n* mikroáramkör
microcosm *n* mikrokozmosz
microeconomics *n* mikro-ökonómia
microelectronics *n* mikroelektronika
microfilm *n* mikrofilm
micrometer *n* mikrométer
microorganism *n biol* mikroorganizmus
microphone *n* mikrofon
microprocessor *n* mikroprocesszor
microscope *n* mikroszkóp
microscopic *a* mikroszkopikus, parányi
microsurgery *n* mikro-sebészet
microwave *n* mikrohullám; *coll* mikró (oven); **~ oven** mikrohullámú sütő
mid- *a* közép, középső, középen levő; közötti
midair *adv* a levegőben, lebegve
midbrain *n* középagy
midday *a* déli; *n* dél (idő)
middle *a* közép-, középső; *n* közép, [vminek] a közepe; *coll* derék (body); **M~ Ages** Középkor; **~ class** középosztály; **~ school** felső tagozat (általános iskolában)

middle-aged *a* középkorú
middle-class *a* középosztálybeli
Middle East *n* Közép-Kelet, Közel-Kelet
middleman *n* közvetítő
Mideast = **Middle East** *n coll*
midfield *n sp* középpálya
midge *n* muslica
midget *n pejor* törpe (ember)
midline *n* középvonal
midnight *n* éjfél; **at ~** éjfélkor
midriff *n* derék, hastájék
midshipman *n* tengerészkadét
midst *n* középpont; **in the ~ of** közepén (space), közben (time); **in our ~** közöttünk
midsummer *n* Szentivánéj, a nyár közepe
midtown *n* városközpont
midway *adv* félúton, feleúton
Midwest *n US* az USA középnyugati része
Midwesterner *n US* az USA középnyugati részén élő ember
midwife *n* bába, szülésznő
midwinter *n* a tél dereka, télközép
might[1] *n* erő, hatalom
might[2] *vt, vi aux* → **may**; talán, lehet; **It ~ be a good idea.** Talán jó ötlet. **She ~ be at home.** Lehet, hogy otthon van. (nem túl valószínű)
mighty *a* hatalmas, erős; *adv coll* igen, nagyon; **~ fine** *coll* igen jó
migraine *n* migrén
migrant *a* vándor, vándorló; *n* vándor, vándormadár (bird)
migrate *vi* vándorol
migration *n* vándorlás, költözés
mike = **microphone** *n coll*
mild *a* enyhe; szelíd, mérsékelt; kedves; könnyű, gyenge (drink); **~ weather** enyhe idő
mildew *n* penész; *vi* megpenészedik
mildly *adv* enyhén; kevéssé, egy kicsit; szelíden; **to put it ~** enyhén szólva
mile *n* mérföld; **nautical ~** tengeri mérföld
mileage *n* (megtett) mérföldek száma, mérföldtávolság; mérföldteljesítmény
milestone *n* mérföldkő, határkő
milieu *n* milió, környezet
militant *a* harcias, harcos
military *a* katonai, hadi; *n* katonaság, hadsereg
militia *n* milícia, polgárőrség
milk *n* tej; *vt* fej, megfej; **powdered ~** tejpor; **condensed ~** sűrített tej; **~ tooth** tejfog
milkshake *n* (tejes) turmixital
mill *n* malom; őrlő, daráló; gyár, üzem; *vt* őröl
millenary *a* millenáris, ezredéves
millennium *n* millennium, ezredév
miller *n* molnár
milligram *n* milligramm
millimeter *n* milliméter
million *num* millió
millionaire *n* milliomos
mime *n* némajáték, pantomim; pantomimszínész (person); *vt* utánoz, majmol
mimic *vt* utánoz, majmol
mimicry *n* utánzás; arcjáték, mimika; mimikri
mimosa *n* narancsos pezsgős koktél
mince *n* vagdalék, vagdalt hús; *vt* apróra vagdal, darál
mind *n* ész, értelem, elme; gondolkodásmód; szellem; vélemény (opinion); *vt* törődik [vmivel], figyel [vmire]; vigyáz [vmire]; kifogásol, ellenez; **of sound ~** épelméjű; **keep one's ~ on** [vmire] koncentrál; **keep in ~** nem feledkezik meg [vmiről];

state of ~ lelkiállapot; **in his ~'s eye** lelki szemei előtt; **change one's ~** meggondolja magát; **keep an open ~** hajlandó új dolgokat elfogadni; nem dönt véglegesen; **Are you out of your ~?** Elment az eszed?/Normális vagy? **Have you lost your ~?** Elment az eszed? **What do you have in ~?** Mire gondolsz?/Mit forgatsz a fejedben? **I made up my ~.** Döntöttem./Elhatároztam magamat. **She gave him a piece of her ~.** *coll* Jól megmondta neki a véleményét./Jól megmondta neki a magáét. **Never ~!** Ne törődj vele!/ Nem fontos! **M~ your own business!** *coll* Foglalkozz a magad dolgával!/ Hagyj békén! **Do you ~?** Megengedi? Szabad? **Would you ~ waiting a little?** Várna egy kicsit, kérem? **I don't ~.** Nem bánom./Na jó.

minded *a* … hajlamú, … gondolkodású

mindful *a* figyelmes, gondos

mindless *a* figyelmetlen, gondatlan; buta, esztelen, értelmetlen

mindset *n* gondolkodásmód

mine[1] *n* bánya (coal); *mil* akna; *vt* bányászik, fejt; *vi* **~ for** bányászik; aknát rak

mine[2] *pron* enyém; **a friend of ~** egy barátom

minefield *n mil* aknamező

miner *n* bányász

mineral *a* ásványi, ásvány-; *n* ásvány; **~ water** ásványvíz; **~ oil** ásványolaj

minesweeper *n mil* aknaszedő (hajó)

mingle *vi* keveredik, vegyül

mini *a* mini

miniature *a* miniatűr, kis méretű; *n* miniatúra

minimal *a* minimális, kevés, csekély, elenyésző

minimalist *n* minimalista

minimize *vt* minimalizál, a legkisebbre csökkent

minimum *a* minimális; *n* minimum, legkisebb, legkevesebb; **~ wage** minimálbér

mining *n* bányászat; *mil* aláaknázás, elaknásítás

miniskirt *n* miniszoknya

minister *n* miniszter; *rel* lelkész, lelkipásztor; *vi* szolgál; segít

ministry *n* minisztérium; *rel* lelkészség

minivan *n* minibusz

mink *n* nyérc (animal); nerc (fur); **~ coat** nercbunda

minor *a* kisebb, csekély; jelentéktelen, nem fontos; kiskorú (age); *mus* moll; *n* kiskorú személy; *school* melléktantárgy; **~ injury** kisebb sérülés

minority *n* kisebbség

mint[1] *n* menta

mint[2] *n* pénzverde (money); *vt* pénzt ver; **in ~ condition** vadonatúj(an)

minus *a* kevesebb, mínusz; *prep* mínusz; *math* –ból, ből; mínusz; **~ ten degrees** mínusz tíz fok; **twenty ~ three is seventeen** húszból három az tizenhét

minuscule *a* parányi, apró, pici

minute *a* parányi, apró

minute *n* perc; pillanat; jegyzet, feljegyzés; **~s** jegyzőkönyv; **Wait a ~!** Várj egy percet! **Just a ~!** Egy pillanat!

miracle *n* csoda

miraculous *a* csodálatos, természetfeletti

mirage *n* délibáb, káprázat

mire *n* sár; *vt* besároz, bemocskol

mirror *n* tükör; *vt* tükröz, visszatükröz

misadventure *n* baleset, szerencsétlenség
misanthrope *n* embergyűlölő
misapply *vt* hibásan alkalmaz, rosszul használ; *law* hűtlenül kezel
misappropriate *vt* sikkaszt, hűtlenül kezel
misbehave *vi* rosszul viselkedik, neveletlenkedik
misbelief *n* tévhit
misc. = **miscellaneous** *a*
miscalculate *vt* hibásan számít; elszámolja magát
miscarriage *n* kudarc, balsiker; *med* elvetélés
miscellaneous *a* vegyes, különféle; egyéb
mischief *n* baj, kár; csíny, rossz tréfa; bajkeverő (person); **do ~** rosszalkodik
mischievous *a* csintalan, rosszalkodó
misconception *n* tévhit, félreértés
misconduct *n* rossz viselkedés
misconstrue *vt* tévesen értelmez, félremagyaráz
misdeed *n* gaztett, bűn
misdemeanor *n law* vétség
misdiagnose *vt med* félrediagnosztizál
miserable *a* nyomorult, szánalmas, siralmas; szörnyű; **I feel ~.** Szörnyen rosszul érzem magam.
misery *n* nyomorúság, baj, szenvedés; **put her out of her ~** megadja neki a kegyelemdöfést
misfire *vi* nem sül el, csütörtököt mond (fegyver); *fig* rosszul sül el (turn out badly)
misfit *n* környezetéhez alkalmazkodni képtelen ember
misfortune *n* balszerencse, szerencsétlenség, csapás
misgivings *n pl* kétség, rossz előérzet
misguided *a* félrevezetett; meggondolatlan
mishandle *vt* rosszul kezel
mishap *n* baleset, balszerencse
mishear *vt* félrehall, rosszul hall
mishmash *n* zagyvalék
misinform *vt* félretájékoztat, félrevezet, félreinformál
misinterpret *vt* félreért, félremagyaráz, rosszul értelmez
misjudge *vt* rosszul ítél meg, lebecsül
mislay *vt* rossz helyre tesz; elveszt
mislead *vt* félrevezet, megtéveszt
misleading *a* megtévesztő, csalóka
mismanage *vt* rosszul gazdálkodik [vmivel]
mismatch *vt* rosszul párosít
misplace *vt* rossz helyre tesz, elveszt, nem talál
mispronounce *vt* rosszul ejt ki
misquote *vt* rosszul idéz
misreport *vt* rosszul jelent
misrepresent *vt* elferdít, hamisan ír le; *law* hazudik
misrepresentation *n* megtévesztés, elferdítés, hazugság
miss[1] *n* kisasszony
miss[2] *n* eltévesztés, elvétés; hiba, tévedés; *vt* elhibáz, eltéveszt, elvét; elmulaszt, elszalaszt, lemarad [vmiről], lekésik [vmit]; hiányol, nélkülöz; *vi* hiányzik [vkinek]; **He ~ed the point.** Nem érti a lényeget. **We ~ed the train.** Lekéstük a vonatot. **Forty dollars are ~ing.** Eltűnt negyven dollár. **I ~ you.** Hiányzol (nekem).
misshapen *a* torz, idomtalan
missile *n* rakéta, lövedék
missing *a* hiányzó, elveszett
mission *n* küldetés, megbízás, feladat; misszió; *rel* hittérítés

missionary *n* hittérítő, misszionárius
misspell *vt* elír, rosszul ír
misstep *n* ballépés, hiba
mist *n* köd; homály
mistake *n* hiba, tévedés; *vt* (**mistook, mistaken**) ~ **for** összetéveszt, összekever; eltéveszt; **make a ~** hibázik; **by ~** tévedésből; **be mistaken** téved; **if I'm not mistaken** ha nem tévedek
mistaken *a* téves, helytelen; ~ **identity** személycsere (tévedésből)
Mister (Mr.) *n* úr; **Mr. Brown** Brown úr
mistletoe *n* fagyöngy
mistook *vt, vi past* → **mistake**
mistranslate *vt* helytelenül fordít
mistreat *vt* rosszul bánik [vkivel]
mistress *n* szerető (nő)
mistrial *n law* szabálytalan bírói eljárás
mistrust *n* bizalmatlanság; *vt* nem bízik [vkiben]
misty *a* ködös, fátyolos, homályos
misunderstand *vt* (**misunderstood, misunderstood**) félreért, rosszul ért
misunderstanding *n* félreértés; nézeteltérés
misunderstood *vt past/pp* → **misunderstand**
misuse *n* visszaélés, rossz célra való felhasználás; *vt* visszaél [vmivel]; tévesen használ (szót)
mite *n* parányi dolog; atka, kukac (insect)
mitigate *vi* enyhít, csillapít; mérsékel
mitt *n sp* baseballkesztyű
mitten *n* egyujjas kesztyű
mix *n* keverék; *vt* kever, összekever, vegyít; készít; *vi* összekeveredik, keveredik, vegyül; ~ **up** összekever; **be ~ed up in** belekeveredik [vmibe]
mixed *a* kevert, vegyes; *fig* összezavart, magzavarodott
mixer *n* keverő; turmixgép
mixture *n* keverék
mnemonic *a* emlékezeterősítő
moan *n* nyögés, sóhaj; *vi* nyög, sóhajt; siránkozik, kesereg, jajgat
mob *n* tömeg, csőcselék; *coll* **the M~** az amerikai maffia
mobile *a* mozgó; mozgatható; mozgékony; ~ **home** *approx* lakókocsi
mobilize *vt* mozgásba hoz, mozgósít, mobilizál
mobster *n coll* gengszter, maffiatag
mocha *n* mokka (kávé)
mock *a* ál-, mű-, hamisított, hamis; *vt* gúnyol, kigúnyol, kicsúfol; parodizál
mockingbird *n* sokszavú poszáta
modality *n* modalitás
mode *n* mód
model *n* modell, minta, sablon; manöken (person); *vt* megmintáz, formál, alakít; modellez; bemutat (mint modell)
modem *n* modem
moderate *a* mérsékelt, nyugodt, higgadt; közepes, szerény; *vt* visszatart; *vi* elnököl, levezet; közvetít
moderation *n* mérséklet; mérséklés, csökkentés; **in ~** mértékkel
moderator *n* közvetítő; vitavezető, elnök
modern *n* korszerű, modern, mai
modernize *vt* modernizál, korszerűsít
modest *a* szerény, igénytelen, egyszerű
modesty *n* szerénység, egyszerűség, igénytelenség
modicum *n* kis mennyiség, egy kevés
modification *n* módosítás, változtatás
modifier *n gram* jelző, módosítószó
modify *vt* módosít, megváltoztat

modular *a* előregyártott elemekből készült
module *n* modul, elem, egység
moist *a* nedves, nyirkos; puha (sütemény) (pastry)
moisten *vt* megnedvesít, benedvesít
moisture *n* nedvesség, nyirkosság; csapadék
moisturizer *n* hidratáló krém
molar *n* őrlőfog, zápfog
molasses *n* melasz; **as slow as ~** *coll* csigalassúságú
mold[1] *n* forma, öntőminta; *vt* megmintáz, (formába) önt, (meg)formál
mold[2] *n* penész; *vi* penészedik
molding *n* öntőminta; formázás, öntés; öntvény, forma (mold); szegély, bordűr, díszléc (decorative)
moldy *a* penészes
mole[1] *n* anyajegy, májfolt
mole[2] *n* hullámtörő, móló
mole[3] *n* vakond
molecule *n* molekula
molehill *n* vakondtúrás; **make a mountain out of a ~** bolhából elefántot csinál
moleskin *n* vakond prém
molest *vt* molesztál, bántalmaz, zaklat
molt *vi* vedlik
molten *a* olvadt, olvasztott
mom *n coll* anyu, anyuka, anyuci, mami, mama
mom-and-pop *a coll* **~ store** családi kisbolt
moment *n* pillanat, perc; időpont; **in a ~** azonnal, egy pillanat alatt; **at this ~** pillanatnyilag; ekkor; **for the ~** pillanatnyilag, jelenleg
momentarily *adv* pillanatnyilag
momentary *a* pillanatnyi, futólagos; hirtelen
momentous *a* fontos, jelentős, nagy jelentőségű
momentum *n* impulzus, lendület, hajtóerő; **gather ~** lendületbe jön
monarch *n* uralkodó, fejedelem
monarchy *n* egyeduralom, monarchia
monastery *n* kolostor, apátság
Monday *a* hétfői; *n* hétfő; **the ~ paper** a hétfői újság; **on ~** hétfőn
monetary *a* pénzbeli, pénzügyi; anyagi
money *n* pénz; **make ~** pénzt keres; **time is ~** az idő pénz
moneybag *n* pénzeszsák
moneylender *n* pénzkölcsönző
moneymaker *n* kereső, pénzkereső; nyereséges
monger *n* kereskedő; [vmit] kitaláló személy
Mongolia *n* Mongólia
Mongolian *a, n* mongol; **in ~** mongolul
monitor *n* monitor, képernyő; ellenőrző műszer; felügyelő (person); *vt* figyelemmel kísér, figyel, ellenőriz
monk *n* szerzetes
monkey *n* majom
mono *a* monó (nem sztereó); *pref* egy-
monochromatic *a* egyszínű
monocle *n* monokli
monogamy *n* monogámia, egynejűség
monogram *n* monogram
monograph *n* monográfia
monolingual *a* egynyelvű
monolith *n* monolit, egy kőből vágott oszlop
monologue *n* monológ
monopolize *vt* monopolizál, kisajátít magának; eluralkodik [vmin]
monopoly *n* monopólium
monosyllabic *a* egyszótagú, egytagú
monotonous *a* egyhangú, monoton
monotony *n* egyhangúság, monotónia
monoxide *n chem* monoxid

monsoon *n* monszun
monster *n* szörnyeteg
monstrosity *n* szörnyűség, gonoszság
monstrous *a* szörnyű; óriási, hatalmas
montage *n* montázs
month *n* hónap, hó; **last** ~ múlt hónap; múlt hónapban; **next** ~ jövő hónap; jövő hónapban
monthly *a* havi, havonkénti; *adv* havonta, havonként; *n* havi folyóirat, magazin
monument *n* emlékmű
monumental *a* monumentális, hatalmas, nagyszabású
moo *vi* bőg (tehén)
mood[1] *n gram* igemód, mód; **conditional** ~ feltételes mód; **subjunctive** ~ kötőmód
mood[2] *n* hangulat, kedv, kedély; **be in a bad** ~ rossz hangulatban van, rossz kedve van
moody *a* szeszélyes, rosszkedvű
moon *n* hold; (hold) hónap; *vi* ábrándozik; **full** ~ telihold
moonbeam *n* holdsugár
moonlight *n* holdfény, holdvilág; *vi coll* másodállásban dolgozik
moonlit *a* holdsütötte, holdvilágos
moonrise *n* holdkelte
moonshine *n coll* házi pálinka, illegálisan főzött szeszes ital
moonstruck *a* holdkóros, ütődött
moony *a* ábrándozó
moor[1] *n* mocsár, láp, ingovány
moor[2] *vt* kiköt, lehorgonyoz
moose *n* jávorszarvas
moot *vt* kérdést felvet
mop *n* felmosórongy; *vt* felmos, feltöröl; felitat
mope *vi* búslakodik, szomorkodik
moped *n* moped
moral *a* erkölcsi, morális; erkölcsös; *n* tanulság; **~s** erkölcs, morál
morale *n* közhangulat
morality *n* moralitás, erkölcsiség; erkölcsi felfogás
moratorium *n* haladék, moratórium
morbid *a* morbid; *med* beteges, kóros
more *a* → **many**; → **much**; több; -abb, -ebb; *adv* többé; jobban, inkább, többet; **one** ~ még egy, eggyel több; ~ **interesting** érdekesebb; ~ **and** ~ egyre több; egyre többször, egyre gyakrabban; **once** ~ még egyszer; ~ **or less** többé kevésbé; **I need** ~ **time.** Több időre van szükségem.
moreover *adv* sőt, ráadásul; azonfelül, azonkívül
morgue *n* halottasház, hullaház
Mormon *n* mormon
morn *n* reggel
morning *n* reggel, délelőtt; **this** ~ ma reggel; ~ **sickness** terhességi hányinger; **Good** ~! Jó reggelt!
Moroccan *a, n* marokkói
Morocco *n* Marokkó
moron *a slang, pejor* idióta, hülye, paraszt
morose *a* morózus, mogorva
morpheme *n gram* morféma
morphine *n* morfium
morphology *n gram* morfológia, alaktan
morsel *n* darabka, morzsa, falat
mortal *a* halandó; halálos, végzetes, halál-; *n* halandó (ember); ~ **enemy** halálos ellenség
mortality *n* halandóság; halálozás
mortar *n* habarcs, malter (building material); *mil* mozsárágyú
mortgage *n* jelzálog, jelzálogkölcsön (loan); *vt* jelzáloggal terhel [vmit], jelzálogot vesz fel [vmire]

mortician *n* temetkezési vállalkozó
mortify *vt* sanyargat; megsért; **I was mortified.** Szörnyen zavarban voltam.
mortuary *n* halottasház, hullaház
mosaic *n* mozaik
mosque *n* mecset
mosquito *n* szúnyog, moszkitó; **~ net** szúnyogháló
moss *n* moha
mossy *a* mohás, mohos
most *a* → **many**; → **much**; legtöbb; leg-…-ebb, leg-…-abb; *adv* leginkább, legjobban, nagyon; **for the ~ part** legnagyobbrészt; **~ people** a legtöbb ember, a legtöbben; **the ~ expensive** a legdrágább; **~ of all** legfőképpen, leginkább; **at ~** legrosszabb esetben, legföljebb; **make the ~ of it** jól kihasznál [vmit]
mostly *adv* leginkább, többnyire, főként
mote *n* porszem
motel *n* motel, szálló
moth *n* molylepke
mother *n* anya; anya-; forrás, létrehozó, [vminek] a szülőanyja; *vt* anyáskodik [vki felett]; **M~'s Day** Anyák napja; **M~ Earth** anyaföld; **~ship** anyahajó; **~ tongue** anyanyelv
motherhood *n* anyaság
mother-in-law *n* anyós
motherland *n* szülőföld
motherly *a* anyai, anyáskodó
motif *n* motívum; ismétlődő minta
motion *n* mozgás, helyváltoztatás; mozdulat (gesture); indítvány, javaslat (suggestion); *vi* int, jelt ad; **put [sg] in ~** mozgásba hoz; **~ picture** mozgókép, film; **go through the ~s** gépiesen, beleélés nélkül tesz [vmit]
motivate *vt* motivál
motivation *n* motiváció, indokolás
motive *n* indíték, ok; = **motif** *n*
motley *a* tarkabarka; vegyes, zavaros; *n* zagyvaság
motor *n* motor; autó-, motoros; mozgató, motorikus
motorbike *n* motorbicikli, motorkerékpár, motor
motorboat *n* motorcsónak
motorcade *n* gépkocsikíséret, motoros kíséret
motorcycle *n* motorkerékpár, motorbicikli, motor
motorist *n* autós, vezető (ember)
motorized *a* motorizált, gépesített
motorman *n* gépkocsivezető, vezető
motorway *n* autópálya
mottled *a* tarka, pettyes
motto *n* mottó, jelmondat
mound *n* bucka, dombocska, (föld)halom
mount *n* hegy; hátasló (horse); keret, foglalat (frame); *vt* felmászik, felmegy, felül, felszáll [vmire]; felállít, felszerel [vmit]; montíroz, felragaszt, felkasíroz, bekeretez (art); befoglal (jewelry); *vi* **~ up to** kitesz, [vmire] rúg (money)
mountain *n* hegy; nagy halom, rakás; **~s** hegység; **~ range** hegylánc, hegység; **~ lion** puma
mounting *n* felszállás (lóra); felszerelés, kasírozás; talapzat, kasírozás (art); foglalat (jewelry)
mourn *vt* sirat, gyászol, meggyászol
mourning *n* gyász; **be in ~** gyászol
mouse *n* (*pl* **mice**) egér
mousetrap *n* egérfogó
mousse *n* hab, habos krém
moustache *n* bajusz
mousy *a* egérszürke; egérszerű; nagyon csendes, félénk

mouth *n* száj (body); nyílás, száj, lyuk; torkolat (river), bejárat (port); *vt* hangosan beszél; fintort vág; **have a big ~** nagy szája van; **put one's foot in one's ~** nagy butaságot mond, ostobán elszólja magát; **My ~ waters.** Csorog a nyálam.
mouthful *n* egy falat, egy harapás (food), egy korty (drink)
mouthpiece *n* csutora, szájrész; *mus* fúvóka; *fig* szócső
mouthwash *n* szájvíz
mouthwatering *a* étvágygerjesztő
mouthy *a* nagyszájú
movable *a* mozgatható; ingó
move *n* mozdulat, mozgás; lépés (chess); költözködés; *vt* mozgat, megmozgat; elmozdít, megmozdít, mozgásba hoz; *fig* meghat, megrendít; *vi* mozdul, elmozdul, megmozdul, mozog; megy, halad; költözködik (house); **make a ~** mozdul; lép (chess); **be on the ~** mozgásban van, mozog; **be ~d to tears** könnyekig hatódik; **~ in** beköltözik; **~ on** továbbmegy; halad; háta mögött hagy [vmit]; **~ out** kiköltözik; **Get a ~ on!** *coll* Mozgás!/ Gyerünk! **Keep moving!** Mozgás!/ Menj tovább!
mover *n* mozgató; költöztető
movie *n* film, mozi; **the ~s** mozi (az épület); **~ theater** mozi
moving *a* mozgó; mozgató; *fig* megható
mow *vt* nyír, lenyír (füvet); lekaszál
Mr. = **Mister** *n* úr; **Mr. Smith** Smith úr
Mrs. = **Mistress** *n* asszony, -né; **Mrs. Black** Blackné
Ms. *n* családi állapotra nem utaló női megszólítás
M.S. = **Master of Sciences** *n* a természettudományok/műszaki tudományok magisztere
much *a* (**more, most**) sok; *adv* sokkal; nagyon; majdnem; *n* sok; nagy dolog; **this ~** ennyi; **too ~** túl sok; **as ~ as** annyi mint; **~ money** sok pénz; **~ earlier** sokkal korábban; **~ cheaper** sokkal olcsóbb; **very ~** nagyon; **How ~?** Mennyi? **I like it very ~.** Nagyon tetszik. **Thank you very ~.** Köszönöm szépen. **He's not ~ of a dancer.** Nem valami jó táncos.
mucilage *n* nyálka
muck *n* trágya; piszok, szenny
mucus *n* nyálka
mud *n* sár; iszap; *fig* **throw ~ at [sy]** bemocskol [vkit]
muddle *vi* zavarossá válik, zavart lesz; ügyetlenkedik; **~ through** átvergődik, átevickél
muddy *a* sáros, iszapos; zavaros
muesli *n* müzli
muff *n* muff; **ear ~** fülvédő
muffin *n* muffin, (reggeli) péksütemény
muffle *vt* bebugyolál, betakar; tompít (sound)
muffler *n* hangtompító; *auto* kipufogódob
mug[1] *n* bögre, korsó; *coll* arc, pofa; **coffee ~** kávésbögre; **~ shot** rendőrségi fotó (letartóztatáskor)
mug[2] *vt* megtámad és kirabol
mugger *n* utcai rabló
muggy *a* fülledt, párás és meleg
mulch *n* faforgácsból álló talajtakarás
mule *n* öszvér
mule(s) *n* papucs
mulish *a* makacs, csökönyös
mull[1] *vi* **~ over** töpreng, rágódik [vmin]
mull[2] *vt* bort fűszerekkel forral; **~ed wine** forralt bor
multi- *pref* sok-, több-
multicolored *a* színes

multicultural *a* multikulturális, többkultúrájú
multidirectional *a* sokirányú, többirányú
multifaceted *a* sokoldalú
multifunctional *a* többfunkciójú, többfunkciós
multilingual *a* többnyelvű, soknyelvű
multimillionaire *n* multimilliomos
multinational *a* multinacionális, soknemzetiségű
multiple *a* sokszoros, összetett; *n math* többszörös; **~-choice test** feleletválasztós teszt
multiplex *a* egyesített; multiplex
multiplication *n math* szorzás; sokszorosítás; **~ table** szorzótábla
multiply *vt* sokszorosít, megsokszoroz; *math* szoroz, megszoroz; *vi* sokasodik, szaporodik; **two multiplied by three** kettő szorozva hárommal
multipurpose *a* több célra felhasználható, több célú
multiracial *a* sokfajú, soknemzetiségű
multitude *n* sokaság, nagy mennyiség
mum[1] *n* (kínai) krizantém
mum[2] *a* néma, hallgatag; **M~'s the word!** *coll* Erről egy szót se!
mumble *vt* motyog, dörmög
mummer *n* némajátékos
mummify *vt* mumifikál
mummy *n* múmia
mumps *n* mumpsz
munch *vt* majszol, csipeget, nassol; csámcsogva rág
munchies *n pl coll* rágcsálnivaló
mundane *a* mondén, mindennapi, földi
municipal *n* városi, községi (small town), törvényhatósági
municipality *n* törvényhatóság, városi elöljáróság
munition *n* lőszer
mural *n* falfestmény, freskó
murder *n* gyilkosság, emberölés; *vt* meggyilkol, megöl; **commit ~** gyilkosságot követ el
murderer *n* gyilkos
murderous *a* gyilkos
murk *n* homály, sötétség
murky *a* homályos, sötét
murmur *n* zaj, moraj, zörej; morgás, zúgolódás; *vi* morajlik, mormol; zúgolódik
muscle *n* izom; izomerő
muscular *a* izmos, erős, kisportolt
muse[1] *n* múzsa
muse[2] *vi* eltűnődik, elmélkedik [vmin]
museum *n* múzeum
mush *n* pép; *fig* érzelgősség
mushroom *n* gomba (ehető); *vi* gomba módra szaporodik
music *n* zene, muzsika; kotta (sheet); **play ~** zenél; **read ~** kottát olvas; **sheet ~** kotta
musical *a* zenei, zenés; dallamos, jól hangzó; *n* musical, zenés darab/film; **~ instrument** hangszer
musician *n* zenész, muzsikus
musk *n* pézsma
musketeer *n* muskétás
musky *a* pézsmaszagú
Muslim *a, n* mohamedán, muzulmán
muslin *n* muszlin
mussel *n* feketekagyló
must[1] *vt, vi aux* kell, muszáj; nem szabad, tilos (negative); biztosan, valószínűleg; **I ~ go.** Mennem kell. **You ~ not call her.** Nem szabad felhívnod őt./Ne hívd fel őt! **She ~ be at home.** Biztosan otthon van. **It ~ be interesting.** Érdekes lehet. **You ~ have been very happy.** Biztosan nagyon boldog voltál.

must[2] *n* must (fermented grape juice)
must[3] *n* penész, doh; penészesség, dohosság
mustache = moustache *n* bajusz
mustang *n* amerikai vadló, musztáng
mustard *n* mustár
muster *vt* **~ up** összegyűjt, összeszed; **~ up one's courage** összeszedi a bátorságát
musty *a* dohos, penészes
mutable *a* változó, változékony
mutant *n* mutáns
mutate *vi* változik
mutation *n* változás, mutáció
mute *a* néma; *n* néma (person); *vt* elnémít; letompít
mutilate *vt* megcsonkít
mutiny *n mil* lázadás, zendülés
mutt *n* keverék kutya, korcs kutya
mutter *vt* motyog, mormol; dörmög, morog
mutton *n* ürühús, birkahús
mutual *a* kölcsönös, közös
muzzle *n* pofa (állaté); szájkosár (to restrain); száj, torkolat, nyílás (gun); *fig vt* elnémít, elhallgattat
my *a* (az én) –om, -am, -em, -öm; **~ house** a házam; **~ chair** a székem; **Oh, ~!** Ajjaj!/Jézusom!
myopic *a* rövidlátó
myrrh *n* mirha
myrtle *n* mirtusz
myself *pron* én magam, saját magam; **by ~** egyedül, magamban, magam; **as for ~** ami engem illet; **I was beside ~.** Magamon kívül voltam.
mysterious *a* misztikus, rejtélyes, titokzatos
mystery *n* rejtély, titokzatos dolog; detektívregény, krimi (book); **It's a ~ to me.** Rejtély előttem.
mystic *a* misztikus, titokzatos; *n* misztikus
mystical *a* misztikus, titokzatos
mystique *n* titokzatosság
myth *n* mítosz, rege, legenda
mythology *n* mitológia

N

n/a = not applicable *a* (erre) nem érvényes, (ide) nem vonatkozó
nab *vt* elcsíp
nadir *n* mélypont
nag *vt* szekál, gyötör, zsémbel, állandóan piszkál
nail *n* szög, szeg (fastener); köröm (finger); *vt* odaerősít; elfog, elkap (a person); **hit the ~ on the head** fején találja a szöget; **~ file** körömreszelő; **~ polish** körömlakk; **~ clippers** körömcsipesz
naive *a* naiv, jóhiszemű
naiveté *n* naivitás, jóhiszeműség
naked *a* meztelen, csupasz; **with the ~ eye** puszta szemmel; **~ truth** leplezetlen igazság, rideg valóság
name *n* név; elnevezés; hírnév (fame); *vt* nevet ad [vkinek], elnevez [vkit]; megnevez, megjelöl (point out); kinevez (appoint); **full ~** teljes név; **first ~** keresztnév; **last ~** vezetéknév; **call [sy] ~s** sérteget [vkit]
nameless *a* névtelen
namely *adv* azaz, tudniillik, ugyanis; név szerint
namesake *n* névrokon
nanny *n* dada, dajka
nap *n* szunyókálás, szundikálás; *vi* szundikál, szunyókál, szundít; **take a ~** szundít egyet
napalm *n* napalm
nape *n* tarkó, nyakszirt

napkin *n* szalvéta
narcissism *n* nárcizmus, önimádat
narcolepsy *n* *med* álomkór, narkolepszia
narcotic *a* altató, kábító hatású; *n* kábítószer, narkotikum; narkós, narkomániás (person)
narrate *vt* elmesél, elmond
narrative *n* elbeszélés, beszámoló, szöveg
narrator *n* narrátor, elbeszélő
narrow *a* szűk, keskeny; *fig* korlátozott; pontos, alapos, figyelmes (thorough); *vt* beszűkít, keskenyít; korlátoz
narrow-minded *a* szűklátókörű
nary *adv* soha, semmi
NASA *n* = **National Aeronautics and Space Administration** *US* Országos Repülésügyi és Űrkutatási Hivatal
nasal *a* orral kapcsolatos, orr-; **~ cavity** orrüreg
nascent *a* születő, keletkező
nasty *a* kellemetlen, csúnya, undok; veszélyes
natal *a* születési
nation *n* nemzet, ország, nép
national *a* nemzeti, országos, állami; *n* állampolgár; **~ park** nemzeti park; **N~ Guard** *US* nemzetőrség
nationality *n* állampolgárság; állampolgárság
nationwide *a* országos
native *a* hazai, honi; szülő-; bennszülött, [vhol] honos; *n* bennszülött; őslakó; **~ land** szülőföld, haza; **~ language** anyanyelv; **~ speaker of Hungarian** magyar anyanyelvű ember; **a ~ of the United States** amerikai születésű (ember)
nativity *n* születés; *rel* Krisztus születése
natty *a* csinos, takaros
natural *a* természeti, természet-; természetes; vele született; **~ gas** földgáz; **~ resources** természeti kincsek; **Museum of ~ History** Természetrajzi múzeum; **~ science** természettudomány; **a ~ artist** született művész
naturalization *n* honosítás, *US* állampolgárság megszerzése
naturally *a* természetesen; hogyne, persze
nature *n* természet; *fig* természet, sajátosság; jelleg, minőség; **by ~** természeténél fogva; **it is against ~** természetellenes; **of this ~** ilyen jellegű, ilyenfajta
naughty *a* rossz, rendetlen, csintalan (gyerek)
nausea *n* rosszullét, hányinger, émelygés
nauseating *a* émelyítő, undorító
nauseous *a* émelygő, hányingere van
nautical *a* tengeri
Navajo *a, n* navahó indián
naval *a mil* tengerészeti, haditengerészeti; **~ academy** haditengerészeti akadémia; **~ base** flotta támaszpont/bázis; **~ officer** tengerésztiszt
navel *n* köldök
navigate *vt* navigál, kormányoz
navigation *n* kormányzás, irányítás, navigálás, navigáció
navigator *n* navigátor
navy *n* hajóhad, flotta; *mil* haditengerészet; **~ blue** sötétkék; **~ yard** haditengerészeti dokk
nay *int* nem
naysayer *n* valaki, aki mindig nemet mond, negatív ember
Nazi *a, n* náci

Neanderthal *a, n* Neandervölgy; neandervölgyi
near *a* közeli, közel fekvő; *fig* közeli, szoros, meghitt (relationship); *adv* közel; **a ~ escape** hajszálon múló menekülés; **in the ~ future** a közeljövőben; **~ and far** mindenütt, mindenhol; **~ the house** a ház közelében, a házhoz közel
nearby *a* közeli, szomszédos; *adv* a közelben
Near East *n* Közel-Kelet
nearly *adv* majdnem, csaknem
nearsighted *a* rövidlátó
neat *a* rendes, rendezett, csinos
nebula *n* ködfolt, csillagköd
nebulous *a* ködös, homályos
necessarily *adv* szükségképpen, szükségszerűen
necessary *a* szükséges, nélkülözhetetlen; szükségszerű
necessitate *vt* szükségessé tesz, megkövetel
necessity *n* szükség, kényszer, szükségesség; szükséglet, szükséges dolog (thing); **basic necessities** alapvető szükségletek
neck *n* nyak; gallér, ingnyak, ruhakivágás (clothes); *vi coll* csókolózik, *slang* smárol; **break one's ~** kitöri a nyakát; **save one's ~** menti a bőrét; **stick one's ~ out** kockáztat, veszélyes dolgot csinál; kiáll [vmiért]; **low ~** mély kivágás (ruhán)
necklace *n* nyaklánc
neckline *n* (ruha) kivágás, dekoltázs
necktie *n* nyakkendő
necrosis *n med* szövetelhalás, elüszkösödés
nectar *n* nektár
nectarine *n* kopaszbarack
need *n* szükség; szükséglet, igény; nehéz helyzet (problem); szegénység, ínség (poverty); *vt* szüksége van [vmire], kell, igényel; szükséges, kell; *vt, vi aux* kell; **if ~ be** ha szükséges, szükség esetén; **there is no ~ for** nincs szükség [vmire]; **in times of ~** nehéz időkben; **be in ~** szűkölködik; nagy szüksége van [vmire]; **I ~ a haircut.** Le kellene vágatnom a hajamat. **I ~ to see you.** Találkoznom kell veled.
needful *a* szükséges
needle *n* tű, varrótű; **knitting ~** kötőtű; **pine ~** fenyőtű; **sit/be on pins and ~s** tűkön ül, nem tud nyugton ülni
needlepoint *n* tűhegy (part of a needle); gobelin (embroidery); **do ~** gobelint készít
needless *a* szükségtelen, fölösleges
needlessly *adv* szükségtelenül, fölöslegesen
needlework *n* kézimunka, hímzés
needs *n pl* szükségletek, igények
needy *a* szegény, szűkölködő; *fig* akaszkodó, követelődző (ember)
nefarious *a* gyalázatos
negate *vt* tagad
negation *n* tagadás
negative *a* nemleges, tagadó, elutasító, negatív; negatív (number); *n* tagadás; negatívum, negatív tulajdonság; negatív (film); **answer in the ~** nemleges választ ad
neglect *n* elhanyagolás; elhanyagoltság, gondatlanság; *vt* elhanyagol, elmulaszt
neglected *a* elhanyagolt, elhagyatott
negligee *n* neglizsé, pongyola
negligence *n* gondatlanság, hanyagság
negligible *a* elhanyagolható, jelentéktelen

negotiable *a* megegyezésen alapuló; forgalomba hozható (áru); járható (land), legyőzhető (obstacle); tárgyalás alapját képező
negotiate *vi* tárgyal; *vt* megtárgyal
negotiation *n* tárgyalás
neigh *vi* nyerít
neighbor *n* szomszéd; *vi* határos, szomszédos [vmivel]
neighborhood *n* környék, szomszédság; ~ **watch** lakossági figyelőszolgálat
neighborly *a* barátságos, szíves, jószomszédi
neither *a, pron* egyik sem; *adv, conj* sem... sem..., se... se...; ~ **one** egyik sem; ~ **the dog nor the cat** sem a kutya, sem a macska; ~ **do I** én sem; **me** ~ *coll* én sem; **N~ will do.** Egyik sem lesz jó.
nemesis *n* nemezis
neo- *pref* új-
neoclassical *a* újklasszicista
neon *n chem* neon
neophyte *n rel* újonnan megtért
Nepal *n* Nepál
Nepalese *a, n* nepáli
Nepali *n* a nepáli nyelv
nephew *n* unokaöcs
nephritis *n med* vesegyulladás
nepotism *n* protekció, nepotizmus
nerd *n coll* stréber
nerve *n* ideg; magabiztosság, nyugalom; **~s** idegesség.; **have the ~ to do [sg]** *coll* van pofája [vmit] csinálni; **lose one's** ~ elveszíti a hidegvérét; **He gets on my ~s.** *coll* Az idegeimre megy
nervous *a* ideg-, idegi; ideges; ~ **breakdown** idegösszeroppanás; ~ **system** idegrendszer; **feel** ~ idegeskedik
nervy *a* ideges
ness *n* hegyfok
nest *n* fészek; *fig* meghitt otthon; *vi* fészkel, fészket rak
nestle *vi* fészkel, fészket rak; befészkeli magát, kényelmesen elhelyezkedik; ~ **up to** odabújik, hozzásimul
nestling *n* madárfióka
net[1] *a* nettó, tiszta; *vt* tiszta hasznot húz, tiszta haszna van; jövedelmez; ~ **profit** tiszta jövedelem; **They ~ted $1000.** 1000 dollár tiszta hasznuk volt.
net[2] *n* háló; hálózat; **the N~** *comp, coll* a világháló
nether *a* alsó
Netherlander *n* holland, németalföldi (ember)
Netherlands *n* Hollandia, Németalföld
netting *n* halászás hálóval
nettle *n* csalán
nettlesome *a* bosszantó, irritáló
network *n* hálózat; *vi* hálózatot kiépít; *fig* hasznos munkakapcsolatokat keres/ápol
neural *a* idegi, ideg-
neuralgia *n* idegfájdalom, idegzsába
neuritis *n med* ideggyulladás
neurologist *n med* ideggyógyász, neurológus
neurology *n med* ideggyógyászat, neurológia
neurosis *n med* neurózis
neurosurgery *n med* idegsebészet
neurotic *a* neurotikus, idegbajos, gyenge idegzetű
neuter *a gram* semleges (nemű); *vt* kiherél (állatot)
neutral *a* semleges; pártatlan
neutrality *n* semlegesség, pártatlanság
neutralize *vt* semlegesít, hatástalanít, közömbösít

neutron *n* neutron

never *adv* soha, sohasem; **better late than** ~ jobb későn mint soha

neverending *a* végtelen, véget nem érő, szüntelen

nevermore *adv* soha többé

nevertheless *adv* mindazonáltal, mindamellett; *conj* azonban

new *a* új, friss; mai, modern; ~ **moon** újhold; **N~ Year's Eve** Szilveszter

newborn *a, n* újszülött

newcomer *n* újonnan érkezett ember, jövevény, újonc

Newfoundland *n* Új-Fundland

newly *adv* újonnan; nemrég; újra, újból

newlyweds *n pl* fiatal házasok, ifjú pár

news *n* hír, újság; közlemény; hírek, híradó (on TV); **good** ~ jó hír; ~ **headlines** hírösszefoglaló, főbb hírek; ~ **flash** rövidhír; **no** ~ **is good** ~ az a jó hír, ha nincs semmi hír

newscast *n* híradó, hírműsor

newscaster *n* híradós, hírközlő; hírmagyarázó

newsletter *n* hírlevél

newspaper *n* újság, napilap, hírlap, lap

newsprint *n* újság

newsroom *n* hírközvetítő stúdió

newsstand *n* újságárus bódé, újságosbódé, újságos

newsworthy *a* újságban való közlésre érdemes

Newtonian *a* newtoni

New Zealand *n* Új-Zéland

New Zealander *n* új-zélandi (ember)

next *a* következő, legközelebbi, jövő; közvetlenül mellette levő; *adv* azután; legközelebb; *prep* mellett; ~ **week** jövő hét(en); ~ **year** jövőre; ~ **to nothing** majdnem semmi; ~ **of kin** legközelebbi rokon; **Who's ~?** Ki következik? **N~!** Kérem a következőt! **N~ time we will go there.** Legközelebb majd oda megyünk. **She sat ~ to him.** Mellette/mellé ült.

next door *a* szomszédos; *adv* a szomszédban

nexus *n* összefüggés, kapcsolat

nib *n* hegy, él, csúcs

nibble *vt* csipeget, majszol, harapdál, rágcsál

nice *a* kellemes, barátságos, kedves; szép, csinos, rendes, kedves (person); **it is ~ of you to ...** kedves tőled, hogy...

niche *n* fülke, falmélyedés

nick *n* karcolás, rovátka; **in the ~ of time** *coll* éppen jókor

nickel *n* nikkel; *US* ötcentes érme

nickname *n* becenév

nicotine *n* nikotin

niece *n* unokahúg

nifty *a* remek, éppen megfelelő

Nigeria *n* Nigéria

Nigerian *a, n* nigériai

night *n* éjszaka, éjjel, este; **at** ~ éjjel, éjszaka; **last** ~ tegnap este; múlt éjjel; ~ **and day** éjjel-nappal; ~ **life** éjszakai élet; ~ **shift** esti műszak; ~ **school** esti iskola; **Good ~!** Jó éjszakát!

nightcap *n* hálósapka; lefekvés előtti utolsó pohár (alkoholos) ital

nightclothes *n* hálóruha

nightclub *n* éjszakai mulató, éjszakai klub

nightfall *n* alkonyat, szürkület

nightgown *n* hálóing

nighthawk *n* estifecske

nightie *n coll* hálóing

nightingale *n* csalogány

nightlife *n* éjszakai élet

nightlong *a* egész éjszakán át tartó

nightly *adv* éjjelenként, éjszakánként, minden éjjel
nightmare *n* rémálom, rossz álom
nightshirt *n* (férfi) hálóing
nightspot *n coll* éjszakai klub
nightstick *n* gumibot
nighttime *n* éjszaka, éjjel
nihilism *n* nihilizmus
nil *n* nulla, semmi
Nile *n* Nílus
nimble *a* fürge; *fig* gyors felfogású
nimbus *n* fénykoszorú, nimbusz, dicsfény
nine *num* kilenc; **dress to the ~s** kiöltözik, kicsípi magát
nineteen *num* tizenkilenc
nineteenth *a* tizenkilencedik; **on March ~** március tizenkilencedikén
ninety *num* kilencven; **the nineties** a kilencvenes évek; **she is ~** kilencven éves
ninny *n* együgyű, butácska (főleg nő)
ninth *a* kilencedik
nip *n* csípés; levágás, lemetszés; *fig* maró gúny; enyhe fagy (frost); *vt* becsíp; lecsíp, levág; **~ it in the bud** csírájában elfojt [vmit]
nippers *n pl* csipesz, csípőfogó
nipple *n* mellbimbó (body); cucli (cumisüvegen) (bottle)
nippy *a* éles, metsző, csípős; fürge, mozgékony
nirvana *n* nirvána
nitpick *n coll* szőröz, szőrszálat hasogat
nitrate *n chem* fémnitrát
nitrogen *n chem* nitrogén
nitroglycerin *n chem* nitroglicerin
nitty-gritty *a* részletes, részletekbe menő
nitwit *n coll* hülye, tökfej, hólyag
nix *n* semmi
no *a* semmilyen, semmiféle; *adv* nem, nincs; tilos; *int* nem; *n* nem, tagadás; **in ~ time** nagyon hamar; **~ parking** parkolni tilos; **~ smoking** dohányozni tilos; **I have ~ money.** Nincs semmi pénzem. **Is it far? - N~, it isn't.** Messze van? - Nem, nincs./Nincs. **She said ~.** Nemet mondott.
Nobel Prize *n* Nobel díj
nobility *n* nemesség
noble *a* nemes, nemesi származású; *fig* nagylelkű, nemes; *n* nemes (ember)
nobody *pron* senki; jelentéktelen ember, senkiházi; **~ knows** senki sem tudja; **He's a ~.** Ő egy senki./Ő egy jelentéktelen ember.
nocturnal *a* éjszakai
nod *n* bólintás, biccentés; *vi* bólint, biccent; elbóbiskol, szundikál (doze); **~ off** elbóbiskol
node *n* csomó, bütyök; csomópont
noise *n* zaj, lárma; **make ~** zajong, lármázik
noiseless *a* hangtalan, zajtalan, nesztelen
noiselessly *adv* hangtalanul, zajtalanul, nesztelenül
noisemaker *n* zajcsináló (ember; eszköz)
noisy *a* zajos, hangos, lármás
nomadic *a* nomád, vándorló
nomenclature *n* nomenklatúra
nominal *a* névleges, nominális; **~ value** névérték
nominate *vt* jelöl, ajánl, javasol; nevez, kinevez
nomination *n* jelölés; kinevezés
nominee *n* jelölt
non- *pref* nem
nonabrasive *a* finom, nem durva, nem dörzsölő
non-alcoholic *a* alkoholmentes

nonchalant *a* hanyag, nemtörődöm, kényelmes
nonconformity *n* nem alkalmazkodás
nondescript *a* nehezen meghatározható, nehezen leírható
none *a* semmilyen, semmi; *pron* egyik sem; senki, semmi; **~ too soon** éppen jókor; **N~ of them came.** Egyikőjük sem jött el./Közülük senki sem jött el. **It's ~ of your business.** *coll* Semmi közöd hozzá.
nonflammable *a* nem gyúlékony
nonsense *n* hülyeség, képtelenség, ostobaság; **talk ~** hetet-havat összehord
non-smoker *n* nemdohányzó (ember)
nonstick *a* teflon
non-stop *a* folyamatos, megszakítás nélküli; *adv* megállás nélkül, állandóan, folyamatosan; **~ flight** közvetlen repülőjárat
nontoxic *a* nem mérgező
nontransferable *a* át nem ruházható
nonverbal *a* nem szóbeli (pl. gesztus)
nonviolence *n* erőszakmentesség
noodle *n* (főtt) tészta, metélt, galuska, csipetke
nook *n* zug, sarok, szöglet
noon *n* dél (idő); **at ~** délben
noonday *n* délidő
no one *pron* senki
noose *n* hurok
noontime *n* délidő
nope = no *int coll*
nor *conj* sem; **neither ... ~ ...** sem..., sem...
Nordic *a, n* északi (germán)
norm *n* norma, minta, szabály
normal *a* normális, szabályos, rendes, közönséges; normál, átlagos
normality *n* szabályszerűség, szabályosság
normalize *vt* normalizál, szabályossá tesz
normally *adv* rendszerint, általában, rendes körülmények között
normative *a* normatív, irányadó, előírásos
north *a* északi; *adv* észak felé, északra; *n* észak; **N~ America** Észak-Amerika
northeast *a* északkeleti; *n* északkelet; **the N~** az USA északkeleti államai, Új Anglia
northerly *a* északi; *adv* észak felől (from), észak felé (to)
northern *a* északi
northerner *n* északi lakos
northward *adv* észak felé
northwest *a* északnyugati; *adv* északnyugatra; *n* északnyugat
Norway *n* Norvégia
Norwegian *a, n* norvég; **in ~** norvégül
nose *n* orr; *fig* szaglás, szimat; **under his ~** az orra előtt; **lead [sy] by the ~** az orránál fogva vezet; **pay through the ~** *coll* borsos árat fizet [vmiért]
nosebleed *n* orrvérzés
nosedive *n* zuhanórepülés
nosegay *n* virágcsokor
nosh *vi* nassol
nostalgia *n* nosztalgia
nostalgic *a* nosztalgikus
nostril *n* orrlyuk
nostrum *n* csodaszer
nosy *a* kíváncsi, minden lében kanál
not *adv* nem; **~ at all** egyáltalán nem; **~ even you** még te sem
notable *a* figyelemre méltó, nevezetes, jelentős
notarize *vt* közjegyzővel hitelesít
notary public *n* közjegyző
notation *n* jelölés
notch *n* rovátka, bevágás; **turn it up a ~** *coll* egy fokkal feljebb kapcsolja

note *n mus* hangjegy; hang; jegyzet, megjegyzés; feljegyzés, rövid levél, cédula (written); *vt* megjegyez, megfigyel, figyelembe vesz; feljegyez, leír (write); **take ~s** jegyzetel

notebook *n* notesz, jegyzetfüzet

notepaper *n* levélpapír

noteworthy *a* figyelemreméltó

nothing *pron* semmi; nulla; jelentéktelen dolog/esemény, semmiség; **for ~** ingyen; hiába; **~ but** csak, nem más mint; **~ more** nem több; **there is ~ like** nincs párja; **~ ventured, ~ gained** aki mer az nyer; **It has ~ to do with the issue.** Semmi köze sincs a problémához.

nothingness *n* a semmi; semmiség

notice *n* értesítés, bejelentés; felszólítás, figyelmeztetés (ahead of time); közlemény, rövid cikk; *vt* észrevesz, megfigyel; megjegyez; **until further ~** további értesítésig; **at a moment's ~** azonnal; **on short ~** rövid határidőre; **two weeks' ~** kéthetes felmondási idő; **take ~ of** felfigyel [vmire]; **I didn't ~ him.** Nem vettem őt észre.

noticeable *a* észrevehető, szemmel látható

notification *n* értesítés, közlés, felszólítás

notify *vt* értesít, bejelent; közöl, tudtul ad

notion *n* fogalom, elképzelés

notions *n pl* rövidáru

notorious *a* hírhedt; közismert

notwithstanding *adv* mégis, mindamellett; *prep* [vminek] az ellenére, dacára

nougat *n* nugát

noun *n gram* főnév

nourish *vt* táplál; *fig* fenntart, elősegít

nourishing *a* tápláló

nourishment *n* táplálék, étel; táplálkozás

nouveau riche *a, n* újgazdag

novel *a* új, újszerű, szokatlan; *n* regény

novelist *n* regényíró

novelty *n* újdonság; újszerűség

November *a* novemberi; *n* november

novice *n* újonc, kezdő; *rel* papnövendék, novícius

now *adv* most, jelenleg; azonnal; *int* hát, pedig; *n* a jelen; **~ and then** hébe-hóba; **~ or never** most vagy soha; **by ~** mostanára; **just ~** éppen most; **from ~ on** mostantól, mától fogva; **a week from ~** mához egy hétre; **up to ~** eddig, ezidáig; **Come ~!** *coll* Ugyan, menj már!/Ugyan már! **N~, n~!** *coll* Ugyan-ugyan!/ Ugyan már!

nowadays *adv* manapság, mostanában

nowhere *adv* sehol, sehova (to), sehonnan (from), semerre; **We are getting ~ with this.** Semmire sem jutunk ezzel.

noxious *a* ártalmas, kártékony

nozzle *n* csővég, szórófej, fúvóka

nuance *n* nüánsz, árnyalat

nub *n* csomó, gumó

nuclear *a* nukleáris, atom-; **~ energy** atomenergia, nukleáris energia; **~ weapon** nukleáris fegyver, atomfegyver

nuclei *n pl* → **nucleus**

nucleus *n* (*pl* **nuclei**) atommag; *fig* mag, lényeg

nude *a* meztelen; testszínű (color); *n* akt (art); **in the ~** meztelenül

nudge *vt* meglök, gyengén oldalba lök; noszogat

nudist *n* nudista

nudity *n* meztelenség

nugget *n* rög, csomó; aranyrög (gold); **chicken ~s** rántott csirkefalatok
nuisance *n* kellemetlenség, bosszantó dolog; kellemetlenkedő ember (person)
nuke *n coll* nukleáris fegyver; *vt* nukleáris fegyverrel megtámad; *slang* mikrohullámú sütőben melegít (in the microwave)
null *a* semmis, érvénytelen; **~ and void** semmis
nullify *vt* megsemmisít, érvénytelenít, hatálytalanít, semmissé tesz
num. = **number**
numb *a* zsibbadt, dermedt, érzéketlen; *vt* elzsibbaszt, megdermeszt; (helyileg) érzéstelenít (local anesthesia)
number *n* szám; szám, kiadás (magazine); *vt* megszámoz (write numbers on); **a ~ of** egy csomó, számos, egy sereg; **a small ~ of people** néhány ember; **~ one** első, egyes számú; **bus ~ seven** a hetes busz; **His days are ~ed.** A napjai meg vannak számlálva.
numerate *vt* megszámol
numerical *a* számszerű, szám szerinti
numerology *n* számmisztika
numerous *a* számos, sok, nagyszámú
numismatics *n* numizmatika, éremtan
nun *n* apáca
nuncio *n rel* nuncius, pápai követ
nuptials *n pl* házasság, esküvő, lakodalom
nurse *n* ápoló(nő), nővér (woman); dada, dajka (for child); *vt* szoptat; felnevel; ápol (care for)
nursemaid *n* gyereklány, dada
nursery *n* gyerekszoba; faiskola (plants)
nursing *n* szoptatás (baby); betegápolás, gondozás (the sick); **~ home** szeretetotthon, öregek otthona
nurture *n* táplálás; nevelés; *vt* táplál, gondoz, felnevel
nut *n* dió, dióféle, csonthéjas gyümölcs; anyacsavar (and bolt); *coll* dilis, hülye ember (person); **hazel~** mogyoró; **pea~** földimogyoró; **pine ~** fenyőmag; **wal~** dió; **a hard ~ to crack** kemény dió; **go ~s about** *coll* megőrül [vmiért]; **This is ~s!** *coll* Ez őrültség! **He's ~s.** *coll* Teljesen hülye./Nem normális.
nutcase *n coll* elmebajos, őrült
nutcracker *n* diótörő
nuthouse *n coll* diliház
nutmeg *n* szerecsendió
nutria *n* nutria
nutrient *n* tápanyag
nutrition *n* táplálás, élelmezés; táplálkozás
nutritious *a* tápláló
nutshell *n* dióhéj; **in a ~** dióhéjban, röviden
nutty *a* dió ízű; *coll* dilis
nuzzle *n* orrával érint; szimatol, szaglász
NYC = **New York City**
nylon *a* nejlon, nylon
nylons *n pl* nejlonharisnya, nylonharisnya
nymph *n* nimfa
nymphomaniac *n* nimfomániás

O

oaf *n coll* fajankó, mamlasz
oak *a, n* tölgy, tölgyfa
oar *n* evező, evezőlapát
oasis *n* oázis

oat *n* zab; **sow one's wild ~s** kitombolja magát (fiatal ember)
oath *n* eskü, fogadalom; **under ~** eskü alatt; **take/swear an ~** esküt tesz, esküszik
oatmeal *n* zabpehely, zabkása (cooked)
obdurate *a* makacs, konok
obedience *n* engedelmesség, szófogadás
obedient *a* engedelmes, szófogadó
obelisk *n* obeliszk
obese *a* elhízott, nagyon kövér, hájas
obesity *n* elhízottság, nagyfokú kövérség
obey *vt* engedelmeskedik, szót fogad [vkinek]
obfuscate *vt* elhomályosít, összezavar
ob-gyn = obstetrician-gynecologist *n med* szülész-nőgyógyász
obituary *n* gyászjelentés, nekrológ
object *n* tárgy, dolog; cél, feladat (goal); akadály (obstacle); *vt* kifogásol, ellenez; *law* tiltakozik, óvást emel [vmi ellen]; **the ~ of the conversation** a beszélgetés tárgya; **I ~ to this.** Tiltakozom ez ellen.
objection *n* tiltakozás, kifogás, ellenvetés, ellenzés; **I have no ~ to this.** Nincs kifogásom ez ellen.
objectionable *a* kifogásolható
objective *a* tárgyilagos, objektív, elfogulatlan; *n* cél, feladat
obligate *vt* lekötelez, elkötelez (a person); (pénzt) elkülönít, kiutal, leköt (money)
obligation *n* kötelesség, elkötelezettség; *bus* adóslevél
oblige *vt* kötelez, kényszerít; lekötelez [vkit], kedvére tesz [vkinek]; **I am much ~d.** Nagyon hálás vagyok.
obliging *a* lekötelező, előzékeny, udvarias
oblique *a* ferde, rézsútos; *fig* homályos, indirekt
obliterate *vt* kitöröl, eltöröl, kipusztít
oblivion *n* feledés; **fall into ~** feledésbe merül
oblivious *a* feledékeny, hanyag
oblong *a* hosszúkás, téglalap alakú; *n* téglalap
obnoxious *a* ellenszenves, kellemetlen, szemtelen
oboe *n mus* oboa; **play the ~** oboázik
obscene *a* trágár, szemérmetlen, obszcén
obscure *a* sötét, homályos, zavaros; ismeretlen, jelentéktelen; *vt* elhomályosít; eltakar, elfed
obscurity *n* sötétség, homály, bizonytalanság; *fig* ismeretlenség, visszavonultság
obsequious *a* alázatos, szolgalelkű
observance *n* megtartás, betartás, figyelembevétel
observant *a* figyelmes, megfigyelő
observation *n* megfigyelés, észlelés; megjegyzés, észrevétel (verbal)
observatory *n* csillagvizsgáló, obszervatórium
observe *vt* megfigyel, észlel; észrevesz, felfedez; betart, megtart (a holiday); megjegyez, észrevételt tesz
observer *n* megfigyelő
obsess *vi* **~ with** [vminek] a megszállottja; mániásan csinál [vmit]
obsession *n* megszállottság, rögeszme, mánia
obsidian *n* obszidián
obsolete *a* elavult, idejétmúlt, ósdi
obstacle *n* akadály, gát
obstetrician *n med* szülész (orvos)
obstetrics *n med* szülészet
obstinate *a* önfejű, makacs
obstreperous *a* zajos, lármás, duhaj

obstruct *vt* akadályoz, gátol; eltakar (view); *vi* eltömődik, eldugul
obstruction *n* akadályozás, elakadás; eldugulás, eltömődés
obtain *vt* szerez, megszerez, megkap, hozzájut [vmihez]
obtainable *a* kapható, megszerezhető
obtrusive *a* tolakodó, erőszakos; *fig* feltűnő, szembeötlő
obtuse *a* tompa; *coll* buta, korlátolt
obverse *a* szemben lévő; ellentétes
obviate *vt* elhárít, elkerül
obvious *a* nyilvánvaló, magától értetődő, kézenfekvő
occasion *n* alkalom; **rise to the ~** a helyzet magaslatára emelkedik; **on the ~ of** [vminek] az alkalmából
occasional *a* alkalmi, esetenkénti
occasionally *adv* néha, alkalmanként, alkalomadtán
occlusion *n* elzárás, eltömés; elzáródás, eltömődés
occult *a* rejtett, titkos, okkult
occupancy *n* elfoglalás, birtokbavétel
occupant *n* lakó, bérlő (resident)
occupation *n* birtokbavétel, lefoglalás; foglalkozás, hivatás
occupational therapy *n* munkaterápia
occupy *vt* elfoglal; megszáll (a country); lefoglal, leköt (time); **be occupied** el van foglalva, nem ér rá
occur *vi* előfordul, megtörténik, megesik; **it ~ed to me** eszembe jutott
occurrence *n* esemény, előfordulás
ocean *n* óceán, tenger; **~ liner** óceánjáró (hajó)
oceanography *n* tengerkutatás, oceanográfia
ochre *a* okker(sárga)
o'clock *adv* óra(kor); **at five ~** öt órakor
octagon *n* nyolcszög
octane *n* oktán
octave *n mus* oktáv
October *a* októberi; *n* október; **on ~ eleventh** október tizenegyedikén
octogenarian *n* nyolcvanéves
octopus *n* polip
ocular *a* szemmel kapcsolatos, szem-
OD = overdose *vi coll* halálos adagot vesz be (kábítószer)
odd *a* furcsa, különös, szokatlan; *math* páratlan; alkalmi, mellékes; **~ number** páratlan szám; **~ jobs** alkalmi/kisebb munkák; **~ one out** kakukktojás, oda nem illő dolog
oddball *n* csodabogár, különc
oddity *n* furcsaság; különcség
odds *n pl* valószínűség, esély (chance); **~ and ends** apró-cseprő dolgok; **be at ~ with** hadilábon áll [vkivel]; **The ~ are against him.** Nem sok esélye van.
ode *n* óda
odious *a* utálatos, gyűlöletes
odometer *n auto* kilométer-számláló
odor *n* szag, illat
odorless *a* szagtalan
of *prep* -ból, -ből, közül; -tól, -től; -ról, -ről; [vmiből] való; -a, -e, -ja, je (birtokos eset); **three ~ them** hárman közülük; **a piece ~ furniture** egy bútor; **a glass ~ water** egy pohár víz; **a pound ~ cherries** egy font cseresznye; **the leg ~ the table** az asztal lába; **the roof ~ the house** a ház teteje; **It was very kind ~ you.** Nagyon kedves volt tőled. **He dreams ~ winning the lottery.** Arról álmodik, hogy megnyeri a lottót. **It's made ~ leather.** Bőrből készült.
off *a* távoli, messzi; szabad, nem elfoglalt; *adv, prep* el, félre, távol, messze; lezárva, elzárva (shut off); le-, el-; **~ and on** időnként, hébe-hóba;

I'm ~ today. Ma nem dolgozom./Ma szabadnapos vagyok. **The meeting is ~.** Az értekezlet elmarad. **The lights are ~.** A villany le van kapcsolva. **The book fell ~ the table.** A könyv leesett az asztalról.

offbeat *a* nem a megszokott, nem sablonos

offend *vt* megsért, megbánt; **be ~ed** megsértődik

offense *n* sértés, támadás; sérelem; *law* vétek, bűn; **take ~** megsértődik; **No ~!** Nem akartam megbántani!/ Bocsánat!

offensive *a* sértő, durva, bántó (words); visszataszító, kellemetlen (smell, sight); *n* támadás, offenzíva

offer *n* ajánlat, kínálat; *vt* ajánl, felajánl, kínál, felkínál; nyújt; **make an ~** ajánlatot tesz

offering *n* felajánlás; ajándék

offhand *a* rögtönzött, spontán; fölényes; *adv* kapásból

office *n* hivatal, állás, tisztség (position); iroda, hivatal (place); (orvosi) rendelő (doctor's); **take ~** hivatalba lép; **~ hours** hivatali idő

officer *n mil* tiszt; hivatalnok, tisztviselő

official *a* hivatalos, szolgálati; *n* hivatalnok, tisztviselő

officiate *vt* működik, ténykedik

officious *a* fontoskodó, buzgó

offing *n* nyílt tenger; **be in the ~** készülőben van

off-season *n* holtszezon

offset *vt* ellensúlyoz, kiegyenlít, kárpótol

offshoot *n* sarj, oldalhajtás, elágazás; *fig* származék

offshore *a* parti, part menti; *bus* offshore, területenkívüliséget élvező

offside *a* belső (sáv)

offspring *n* sarj, leszármazott, ivadék

offstage *adv* a színfalak mögött

oft = often *adv*

often *adv* gyakran, sokszor, gyakorta; **How ~?** Milyen gyakran?/Hányszor?

ogle *vt* bámul, fixíroz

ogre *n* emberevő óriás, szörnyeteg

oil *n* olaj; *vt* olajoz, megolajoz, ken, megken; **cooking ~** étolaj; **heating ~** fűtőolaj; **~ well** olajkút; **paint in ~** olajjal fest; **strike ~** olajat talál; *fig* jó fogást csinál

oilcloth *n* viaszosvászon

oily *a* olajos, zsíros; *fig* hízelkedő, sima, kenetes

oink *int* röf (amit a disznó mond)

ointment *n* kenőcs, ír

OK *adv* oké, rendben (van), helyes; *vt coll* jóváhagy, beleegyezik

okay = OK *adv*

okra *n* okra (zöldségféle)

old *a* öreg, idős, vén; régi, ó-; **grow ~** megöregszik; **an ~ friend** egy régi barát; **my ~ man** *coll* az apám, a faterom; **~town** óváros; **good ~ days** régi szép idők; **How ~ is he?** Hány éves?

old-fashioned *a* divatjamúlt, régimódi

oldie *n* régi sláger

old-timer *n* veterán, öreg fiú

oleander *n* oleander

olfactory *a med* szagló(szervi)

oligarchy *n* oligarchia

olive *n* olajbogyó, olíva; **~ green** olajzöld; **~ oil** olíva olaj

olympiad *n* olimpiász

Olympian *a* olimposzi; *n sp* olimpikon

Olympic *a* olimpiai; **~ Games** Olimpiai Játékok; **~s** Olimpia, Olimpiai Játékok

ombudsman *n* ombudsman

omelet *n* omlett; **ham-and-cheese ~** sonkás sajtos omlett
omen *n* ómen, előjel
ominous *a* baljós, ominózus
omission *n* elhagyás, elmulasztás, kihagyás
omit *vt* elhagy, kihagy, mellőz; elmulaszt
omnipotent *a* mindenható
omnipresent *a* mindenütt jelenlévő
omniscient *a* mindentudó
omnivorous *a* mindenevő
on *adv* tovább; bekapcsolva, kinyitva (device); *prep* -n, -on, -en, -ön; -nál, -nél; -ban, -ben (place); -án, -én, -n (date); -ra, -re, -ról, -ről; **~ duty** szolgálatban; **~ the table** az asztalon; **beer ~ tap** csapolt sör; **~ schedule** pontosan, menetrend szerint; **~ Monday** hétfőn; **~ the first** elsején; **a book ~ gardening** egy kertészkedésről szóló könyv; **~ the hour** egészkor, órakor; **~ and ~** tovább, egyre csak; **~ and off** hébe-hóba, időnként; **Do you have any money ~ you?** Van nálad pénz? **Put it ~ the table!** Tedd az asztalra! **What's ~ TV tonight?** Mi megy ma este a TV-ben? **The light is ~.** Ég a lámpa./Fel van kapcsolva a villany. **The radio is ~.** Be van kapcsolva a rádió./Szól a rádió.
once *adv* egyszer; egykor, valaha; **at ~** egyszerre; hirtelen; **~ in a while** néha; **~ more** még egyszer; **~ and for all** egyszer s mindenkorra; **~ upon a time** egyszer régen; egyszer volt, hol nem volt (in a story)
oncology *n med* onkológia
oncoming *a* közelítő, közeledő; szembejövő
one *a* egy; egyik; egyes; egyetlen, egyesített; *num* egy; *pron* az ember, valaki (általános alany); **~ another** egymás; **~ day** egy szép napon; **~ and only** az egyetlen; **bus number ~** az egyes busz; **~ by ~** egyenként; **~ after the other** egymás után; **~ of us** egyikünk; **the O~** a nagy Ő, az Igazi; **the red ~** a piros(at); **the little ~s** a kicsinyek, a gyerekek; **He is the ~.** Ő az. **Which ~?** Melyik(et)? **O~ needs to rest.** Az embernek pihennie kell.
oneness *n* egység, azonosság
onerous *a* súlyos, terhes
oneself *pron* maga, önmaga
one-way *a* egyirányú
ongoing *a* folyamatos, folyamatban lévő
onion *n* hagyma; **yellow ~** vöröshagyma; **red ~** lilahagyma; **green ~** zöldhagyma, újhagyma
on-line *a* kapcsolt, számítógéphez csatolt, közvetlen, élő; hálózati, internetes; *adv* a hálózathoz csatlakoztatva, kapcsoltan, élőkapcsolatban, élőben
onlooker *n* bámészkodó, néző
only *a* egyetlen, egyedüli; *adv* csak, csupán, mindössze; **an ~ child** egyedüli gyerek, egyke
onomatopoeia *n* hangutánzás, hangfestés
onrush *n* támadás, rárohanás
onset *n* kezdet
onslaught *n* támadás
onus *n* súly, teher, felelősség
onward *a* előrehaladó
onyx *n* ónix
oomph *n* vonzerő
Oops! *int* Hoppá!/Zsupsz!
ooze *vi* szivárog, csöpög, átszűrődik

op = opportunity *n coll* alkalom, lehetőség
opacity *n* átlátszatlanság, homályosság
opal *n* opál
op art *n* op művészet
opaque *a* átlátszatlan
open *a* nyitott, nyílt; szabad, nyílt; *fig* egyenes, őszinte, nyílt, közlékeny; eldöntetlen (undecided); *vt* nyit, kinyit, felnyit, megnyit; kibont, felbont; kitár; kezd, megkezd; bevezet; *vi* nyílik, kinyílik, megnyílik; kezdődik, indul; **in the ~ air** a szabadban; **~ season** vadászidény; **be ~ with** nyílt/őszinte [vkivel]; **have an ~ mind** liberális gondolkodású, elfogulatlan; **in the ~** a szabadban; **~ fire** tüzet nyit [vkire]; **The window is ~.** Nyitva van az ablak.
open-air *a* szabadtéri, nyitott
opener *n* bontó, nyitó; **can ~** konzervnyitó; **letter ~** papírvágó kés, levélbontó
open-hearted *a* nyíltszívű, őszinte
opening *a* nyitó, megnyitó; *n* nyílás, rés; kezdet, kezdés (beginning); alkalom, esély, lehetőség (opportunity); álláslehetőség, üresedés (job); tisztás (forest)
openly *adv* nyíltan
open-minded *a* elfogulatlan, liberális gondolkodású
opera *n* opera
opera glasses *n* színházi látcső
operate *vi* működik, üzemel; *med* **~ on** operál, műt, megműt; *vt* működtet, üzemeltet
operating *a* működő, üzemelő; működtető; operáló, műtő
operating room *n med* műtő
operation *n* működés; üzemelés; *med* operáció, műtét; *law* joghatás, érvény, hatály; eljárás, művelet; *mil* hadművelet; **undergo an ~** megműtik; **come into ~** hatályba lép; működésbe lép
operational *a mil* hadműveleti; üzemeltetési, működtetési
operative *a* hatásos, fontos, döntő; hatályos, érvényes; *n* dolgozó, alkalmazott
operator *n* gépész, műszerész, (gép)kezelő; telefonközpontos
operetta *n* operett
ophthalmologist *n med* szemész
opiate *n* ópiát, ópium tartalmú kábítószer
opine *vt, vi* vél, gondol; [vmilyen] véleményen van
opinion *n* vélemény; szakvélemény (expert); **in my ~** véleményem szerint; **public ~** közvélemény; **It's a matter of ~.** Felfogás kérdése.
opinionated *a* véleményéhez ragaszkodó, fontoskodó
opium *n* ópium
opossum *n* oposszum
opponent *n* ellenfél, vetélytárs
opportune *a* alkalomszerű, időszerű
opportunity *n* lehetőség, alkalom
opposable *a* szembefordítható, szembeállítható; *fig* kifogásolható
oppose *vt* szembefordul [vmivel], ellenez, ellenáll [vminek]
opposite *a* ellentétes, ellenkező; szemben levő, szemközti (place); *adv* szemben; *n* [vminek] az ellentéte, ellenkezője
opposition *n* ellenállás, ellenzés; ellenzék (group)
oppress *vt* elnyom, nyomorgat, sanyargat
oppression *n* elnyomás, zsarnokság

oppressive *a* elnyomó, súlyos; nyomasztó
opt *vi* ~ **for** választ [vmit]
optic *a* látási, látó, szem-; ~ **nerve** látóideg
optical *a* optikai; látási, látó, szem-; ~ **illusion** optikai csalódás
optician *n* látszerész
optics *n* fénytan, optika
optimal *a* optimális, legjobb, legelőnyösebb
optimism *n* optimizmus, derűlátás
optimist *n* optimista
optimistic *a* optimista, derűlátó
optimize *vt* optimál
optimum *n* optimum, legjobb, legelőnyösebb
option *n* választási lehetőség, választás
optional *a* tetszőleges, szabadon választható, nem kötelező
optometrist *n* szemész
opulent *a* dúsgazdag, pazar, fényűző
opus *n mus* opus
OR = operating room *n med*
or *conj* vagy; **either ..., ~ ...** vagy ..., vagy ...; **one ~ two** egy-kettő, egy-két; ~ **else** vagy különben, máskülönben
oracle *n* jóslat; jóshely, orákulum; jós (person)
oral *a* száj-, szájon át történő, orális; szóbeli (not written)
orange *n* narancs; ~ **juice** narancslé, narancs dzsúsz
orangeade *n* narancsszörp
orangutan *n* orángután
orate *vt* szónokol
oration *n* szónoklat, beszéd
orator *n* szónok
orb *n* gömb
orbit *n* pálya (égitesté); *vt* kering [vmi körül]
orca *n* gyilkos bálna
orchard *n* gyümölcsös (kert); **cherry ~** cseresznyés kert
orchestra *n* zenekar; *theat* zsöllye, földszint
orchestrate *vt mus* zenekarra feldolgoz, hangszerel; *fig* irányít, megszervez
orchid *n* orchidea
ordain *vt rel* pappá szentel, felszentel
ordeal *n* megpróbáltatás, tortúra
order *n* rend; rendszer (system); sorrend (succession); *mil* parancs, utasítás (command); megrendelés, megbízás (purchase); rend, rang (rank); *rel* szerzetesrend; *biol* rend; *vt* parancsol, megparancsol, utasít (command); rendel, megrendel (purchase); **in ~** rendben; **out of ~** rossz állapotban van, nem működik; **in ~ to** azért hogy; ~ **of the day** napirend; **law and ~** közrend; **place an ~** megrendelést tesz, megrendel; **fill an ~** teljesít egy megrendelést; **money ~** pénzutalvány
orderly *a* szabályos, rendes; *n med* beteggondozó, műtős
ordinal *a* sorrendi, rend-, sor-; ~ **number** sorszámnév
ordinance *n* rendelet, előírás
ordinary *a* rendes, szokásos, általános, közönséges, hétköznapi; **out of the ~** szokatlan, rendkívüli
ordination *n rel* pappá szentelés
ore *n* érc
oregano *n* oregánó
organ *n* szerv, érzékszerv; *fig* szerv, szervezet; *mus* orgona
organdy *n* organtin
organic *a* szervi; szerves, bio-, organikus; ~ **vegetable** biozöldség
organism *n* organizmus, szervezet

organization *n* szervezet; szervezés, lerendezés
organize *vt* szervez, megszervez, rendez, megrendez; *vi* alakul
organizer *n* szervező, rendező
orgasm *n* orgazmus
orgiastic *a* tobzódó, orgiába fúló
orient *n* kelet, napkelet; *vt* betájol, tájol; eligazít
oriental *a* keleti; ázsiai
orientation *n* tájékozódás, orientáció, eligazodás; tájékoztatás, orientáció, eligazítás
oriented *a* [vmire] irányult
orienteering *n sp* tájékozódási futás
origin *n* eredet, forrás, kiindulópont; *fig* származás
original *a* eredeti, ősi; eredeti, újszerű, sajátos (unique); *n* (az) eredeti
originality *n* eredetiség, originalitás
originally *adv* eredetileg
originate *vi* ~ **from** származik, ered; *vt* teremt, létrehoz
oriole *n* rigó; **golden** ~ sárgarigó
ornament *n* dísz, díszítés; dísztárgy
ornamental *a* díszítő
ornate *a* díszes, feldíszített
ornery *a* nehezen kezelhető, makacs
ornithology *n* ornitológia, madártan
orphan *a, n* árva
orthodontics *n* fogszabályozás
orthodontist *n* fogszabályozó (orvos)
orthodox *a* ortodox; bevett, hagyományos
orthography *n* helyesírás
orthopedics *n med* ortopédia
oscillate *vi* oszcillál, rezeg; *fig* habozik, ingadozik
osmosis *n* ozmózis
ossify *vi* elcsontosodik, csonttá válik; elcsontosít, megkeményít
ostensible *a* állítólagos, látszólagos
ostentatious *a* hivalkodó, kérkedő, hencegő
osteopath *n* csontkovács
osteoporosis *n med* csontritkulás
ostracism *n* száműzetés, kiközösítés
ostracize *vt* kiközösít, kiutál
ostrich *n* strucc
other *a, pron* más; másik; különböző; többi; egyéb; **the ~ day** a minap, valamelyik nap; **the ~s** mások, a többiek; **in ~ words** más szóval; **one after the ~** egyik a másik után; **somehow or ~** valahogyan
otherwise *adv* különben, egyébként
otherworldly *a* túlvilági
otter *n* vidra
ottoman *n* ottomán
Ouch! *int* Jaj!/Juj! (fájdalom kifejezésére)
ought *vi, vt aux* kellene, illene; **We ~ to stay.** Maradnunk kellene.
ounce *n* uncia
our *a* -nk, -unk, -ünk; *pl* -aink, -eink, -jaink, -jeink; ~ **house** a házunk; ~ **children** a gyerekeink
ours *pron* mienk, *pl* mieink
ourselves *pron* mi magunk, magunkat; saját magunk; **We did it ~.** Saját magunk csináltuk.
oust *vt* elűz, kiűz, kitúr
out *adv* ki, kifelé; kinn, kint; *prep* ~ **of** -ból, -ből; ki-; ~ **of sight** nem látszik; **He is ~.** Elment./Nincs itt. **The secret is ~.** Kiszivárgott a titok. **The book is ~.** A könyv megjelent. **Lights ~!** Lámpaoltás! **Get ~!** Takarodj innen! **We are ~ of milk.** Elfogyott a tej(ünk). **He took the keys ~ of the bag.** Kivette a kulcsokat a táskából.
outage *n* szünet, szünetelés; **power ~** áramszünet

outback *n* isten háta mögötti hely
outbid *vt* (**outbid, outbid**) túllicitál, [vkinél] többet ígér
outbreak *n* kitörés
outbuilding *n* melléképület
outburst *n* kitörés, kirobbanás
outcast *a, n* száműzött
outcome *n* eredmény, következmény, kimenetel
outcropping *n* kibúvás, napfényre kerülés
outcry *n* felkiáltás; *fig* felzúdulás, felháborodás; **public ~** közfelháborodás
outdated *a* idejétmúlt, divatjamúlt, elavult
outdid *vt past* → **outdo**
outdo *vt* (**outdid, outdone**) túltesz [vkin], felülmúl [vmit]
outdone *vt pp* → **outdo**
outdoor *a* szabadtéri, szabadban levő, külső
outdoors *adv* a szabadban, szabad ég alatt; *n* természet
outer *a* külső; **~ space** a világűr
outermost *a* legkülső, legszélső
outerwear *n* felsőruházat
outfield *n sp* külső mezőny (baseball)
outfit *n* felszerelés, készlet, berendezés; (ruha) együttes, összeillő ruhadarabok
outflank *vt* túljár az eszén
outflow *n* kiáramlás, kifolyás
outgoing *a* kifelé tartó, kimenő; *fig* társaságot kedvelő, nyitott (ember)
outgrew *vt past* → **outgrow**
outgrow *vt* (**outgrew, outgrown**) kinő
outgrown *vt pp* → **outgrow**
outhouse *n* árnyékszék, budi
outing *n* kirándulás, séta
outlander *n* külföldi, idegen
outlandish *a* külföldies, idegenszerű; szokatlan, furcsa
outlast *vt* túlél [vmit], tovább tart [vminél]
outlaw *n* számkivetett, földönfutó, törvényen kívüli; betyár; *vt* száműz; megtilt, törvényen kívül helyez
outlet *n* kivezető nyílás, kivezetés, kijárat, elvezetés; *el* konnektor
outline *n* körvonal, kontúr; vázlat; áttekintés, vázlat; *vt* körvonalaz, felvázol
outlook *n* kilátás, remény; szemléletmód
outlying *a* kívül fekvő; távoli; félreeső
outmaneuver *vt* túljár [vkinek] az eszén
outmost *a* legkülső
outnumber *vt* létszámban felülmúl, számbeli fölényben van
out-of-date *a* idejétmúlt, divatjamúlt, elavult
outpace *vt* gyorsabban megy, lehagy
outpatient *n* járó beteg
outperform *vt* jobban teljesít [vkinél]
outplacement *n* kihelyezés
outplay *vt* jobban játszik [vkinél]
outpost *n mil* előőrs, előretolt állás
outpouring *n* kiáradás, kiömlés; *fig* erős megnyilvánulás
outraged *a* felháborodott
outrageous *a* gyalázatos, felháborító, szörnyű
outran *vi past/pp* → **outrun**
outrank *vt* magasabb rangú [vkinél]
outside *a* külső; *adv* kinn, kint, kívül; *n* [vminek] a külseje, külső; *prep* [vmin] kívül
outskirts *n pl* külváros, külterület
outsmart *vt* túljár [vkinek] az eszén
outspoken *a* szókimondó, őszinte, nyílt
outstanding *a* kiváló, kiemelkedő
outwit *vt* túljár [vkinek] az eszén
oval *a, n* ovális
ovary *n* petefészek

oven *n* sütő; kemence (big)

over *adv* át, keresztül; elmúlt, vége (finished); újra, ismét (again); több mint, felül (more); *prep* [vmi] fölött, fölé, [vmin] felül, rá; [vmin] át, keresztül, túl; **~ here** itt, ideát; **~ and ~ again** újra és újra; **~ three hours long** több mint három óra hosszú; **~ and above** ráadásul, azonfelül; **all ~ the country** az egész országban, mindenütt az országban; **come ~** átjön, eljön (látogatóba); **The game is ~.** Vége a játéknak. **He is in ~ his head.** Ez felülmúlja a képességeit.

overall *a* átfogó, teljes, össz-; *adv* teljes hosszában/szélességében; általában

overalls *n* kezeslábas

overcame *vt past* → **overcome**

overcast *a* borult, felhős

overcome *vt* (**overcame, overcome**) legyőz, úrrá lesz [vmin]; **be ~ by** [vmi] erőt vesz [vkin]

overdid *vt past* → **overdo**

overdo *vt* (**overdid, overdone**) eltúloz, túlzásba visz; agyonsüt, túlsüt (roast), agyonfőz, túlfőz (cook)

overdone *a* túlsütött, túlfőtt; *vt pp* → **overdo**

overdose *n* túl nagy adag, halálos adag (orvosság, kábítószer); *vt* túladagol

overdue *a* rég esedékes, megkésett, lejárt

overestimate *vt* túlbecsül, túlértékel

overhead *a* felső, fej fölötti; *adv* felül, a magasban, fenn; *n bus* működési költségek

overhead projector *n* írásvetítő

overhear *vt* (**overheard, overheard**) véletlenül meghall

overheard *vt past/pp* → **overhear**

overheat *vt* túlfűt; *vi* túlmelegszik, túlhevül

overjoyed *a* nagyon boldog, el van ragadtatva

overload *n* túlterhelés; *vt* túlterhel

overlook *vt* [vmire] néz, nyílik; *fig* elnéz, szemet huny [vmi fölött]; elkerüli a figyelmét, nem vesz észre

overnight *adv* előző éjjel, ez éjszaka folyamán; egyik napról a másikra, hirtelen, máról holnapra (quickly)

oversaw *vt past* → **oversee**

overseas *a* tengeren túli, külföldi; *adv* külföldön, tengeren túl

oversee *vt* (**oversaw, overseen**) felügyel, ellenőriz; irányít

overseen *vt pp* → **oversee**

oversight *n* tévedés, elnézés; felügyelet

oversleep *vi, vt* elalszik, későn ébred

overspend *vi* túlköltekezik

overstatement *n* túlzás

overtake *vt* (**overtook, overtaken**) utolér; *fig* legyőz

overtaken *vt pp* → **overtake**

overthrew *vt past* → **overthrow**

overthrow *vt* (**overthrew, overthrown**) megdönt, megbuktat (kormányt), legyőz

overthrown *vt pp* → **overthrow**

overtime *n* túlóra; **work ~** túlórázik

overtook *vt past* → **overtake**

overview *n* áttekintés

overweight *a* túlsúlyos, kövér

overwork *vt* túlterhel, túldolgoztat, agyondolgoztat

overwrought *a* kimerült, agyondolgozott; túlfeszített

overzealous *a* túlbuzgó

ovulation *n* peteérés

ovum *n* (*pl* **ova**) pete

owe *vt* tartozik [vkinek vmivel]; **I ~ him five dollars.** Tartozom neki öt dollárral. **What do I ~ you?** Mivel tartozom?
owing *a* tartozó, adós; **~ to** [vminek, vkinek] köszönhető
owl *n* bagoly
own *a* saját; *vt* bír, (tulajdonában) van [vkinek]; **in his ~ words** saját szavaival; **She ~s a big house**. Van neki egy nagy háza.
owner *n* tulajdonos
ox *n* (*pl* **oxen**) ökör
oxford(s) *n* fűzős félcipő
oxidant *n chem* oxidáns
oxidize *vt* oxidál
oxtail *n* ökörfark, ököruszály
oxygen *n chem* oxigén; **~ mask** oxigénmaszk
oxygenate *vt* oxigénnel telít
oyster *n* osztriga
ozone *n chem* ózon

P

pa *n coll* papa
pace *n* lépés; sebesség, iram; *vi* lépked, lépésben megy; le-föl járkál; *vt* nagy léptekkel ró
pacemaker *n med* szívritmus szabályozó, pacemaker
pacesetter *n* iramot diktáló (ember)
pacific *a* békés, csendes, nyugalmas; **the P~ Ocean** a Csendes-óceán; **P~ Standard Time** *US* csendes-óceáni időzóna, az USA nyugati parti időzónája
pacifier *n* cumi
pacifism *n* pacifizmus
pacify *vt* lecsendesít, kibékít
pack *n* csomag; batyu; falka (wolves); pakli, csomag (cards); doboz, csomag; *vt* csomagol, becsomagol, pakol, bepakol; beletöm, belezsúfol; *vi* összeáll, tömörödik; **~ up** becsomagol, összepakol; **a ~ of cigarettes** egy doboz cigaretta; **a six-~** *coll* hatos csomag (dobozos sör); *coll* jól definiált hasizom (abdomen); **The room was ~ed.** *coll* A terem zsúfolásig megtelt.
package *n* csomag; *vt* csomagol
packaging *n* csomagolás, göngyöleg csomagolóanyag
packet *n* (kis) csomag
packing *n* csomagolás, pakolás; **~ material** csomagolóanyag
pact *n* megállapodás, egyezmény, szerződés
pad *n* párna, párnázás; jegyzettömb; lábszárvédő, térdvédő; lakás, kégli; *vt* kibélel, kipárnáz, kitöm; **knee-~** térdvédő; **bachelor ~** *coll* legénylakás; **~ded envelope** bélelt boríték
padding *n* bélés, tömés
paddle *n* evezőlapát; *vi* evez
padlock *n* lakat
pagan *a, n* pogány
page[1] *n* apród (person)
page[2] *n* lap, oldal (paper); **front ~** címlap; **turn a ~** lapoz
page[3] *vt* személyhívón hív, hangosbemondón keresztül hív [vkit]
pageant *n* nagy felvonulás, látványosság; **beauty ~** szépségverseny
pageantry *n* pompa, fény; látványosság
pager *n* csipogó, személyhívó
paginate *vt* lapszámoz
pagoda *n* pagoda
paid *vt past, pp* → **pay**
pail *n* vödör, csöbör

pain *n* fájdalom, szenvedés, kín; **~s** fáradozás, fáradság; *vt* fájdalmat okoz [vkinek]; kínoz, gyötör [vkit]; **a ~ in the neck** *coll* kellemetlenség, bosszantó dolog
painful *a* fájdalmas, fájós; *fig* kínos, kellemetlen
painkiller *n* fájdalomcsillapító
painless *a* fájdalommentes
painstaking *a* gondos, alapos
paint *n* festék; *vt* fest, lefest (a wall), kifest (a room), befest (cover); beken, bemázol
paintbrush *n* ecset
painter *n art* festő, festőművész; szobafestő, mázoló (house)
painting *n* festés, festészet; festmény; **oil ~** olajfestmény
pair *n* pár, egy pár; *vt* párosít, párosával összerak; **a ~ of shoes** egy pár cipő; **a ~ of pants** egy nadrág; **in ~s** párosával, kettesével
paisley *n* kasmírminta
pajamas *n pl* pizsama
Pakistan *n* Pakisztán
Pakistani *a, n* pakisztáni
pal *n* haver, pajtás, cimbora
palace *n* palota
palatable *a* ízletes
palate *n* szájpadlás, íny
pale *a* sápadt; halvány, fakó, színtelen; *n* kerítés, határ; *vi* elsápad, elhalványodik; **~ blue** halványkék; **turn ~** elsápad
paleontology *n* őslénytan, paleontológia
Palestine *n* Palesztina
Palestinian *a, n* palesztin
palette *n* paletta
pallbearer *n* gyászoló, koporsóvivő
pallet *n* szalmazsák, priccs
palliate *vt* átmenetileg enyhít, csillapít
palliative *a, n* csillapító
pallid *a* sápadt, fakó
pallor *n* sápadtság
palm[1] *n* tenyér (of the hand)
palm[2] **(tree)** *n* pálma (fa)
palpable *a* érzékelhető, kitapintható; kézzelfogható, nyilvánvaló
palpitate *vi* dobog, lüktet, ver (szív); remeg, reszket
palpitation *n* (szív)dobogás; remegés, reszketés
paltry *a* értéktelen, vacak, jelentéktelen
pamper *vt* kényeztet, elkényeztet
pamphlet *n* brosúra, pamflet
pan *n* serpenyő, tepsi, lábas
panache *n* magabiztosság
Panama *n* Panama; **p~ hat** panamakalap
Panamanian *a, n* panamai
pancake *n* palacsinta
pancreas *n med* hasnyálmirigy
panda *n* pandamedve
pandemic *n* országos járvány
pandemonium *n* zűrzavar, nagy lárma
pane *n* tábla, táblaüveg; **a ~ of glass** táblaüveg
panel *n* tábla, mező, panel; bizottság; fórum (people)
paneling *n* faburkolat, lambéria
panelist *n* fórum résztvevő; bizottsági tag
pang *n* nyilalló fájás, szaggató fájás
panhandle *n* földnyelv; *vi coll* kéreget, koldul
panhandler *n* kéregető, koldus
panic *n* pánik; *vi* pánikba esik
panoply *n* teljes vértezet
panorama *n* panoráma, látkép; kilátás
panpipes *n pl mus* pánsíp
pansy *n* árvácska
pant *vi* liheg, zihál, piheg
pantheism *n* panteizmus

panther *n* párduc; **black ~** fekete párduc
panties *n pl coll* bugyi
pantomime *n* pantomim
pantry *n* kamra, spájz
pants *n pl* nadrág
pantsuit *n* nadrágkosztüm
pantyhose *n* harisnyanadrág
papa *n* papa, apuka
papacy *n rel* pápaság
papal *a rel* pápai
papaya *n* papaya
paper *n* papír; *school* tanulmány, dolgozat, értekezés; újság, hírlap (newspaper); **~s** dokumentumok, papírok, személyi okmányok; **~ bag** papírzacskó; **wrapping ~** csomagolópapír; **wall~** tapéta
paperback *n* puhafedelű könyv, zsebkönyv
paperboy *n* újságkihordó (gyerek)
paper clip *n* gemkapocs
paperweight *n* papírnehezék, levélnehezék
paperwork *n* papírmunka, adminisztráció, aktázás
paprika *n* (fűszer) paprika
papyrus *n* papirusz
par *n* névérték, egyenérték; **up to ~** színvonalas
parable *n* példabeszéd, példázat
parabola *n* parabola
parachute *n* ejtőernyő; *vi* ejtőernyővel leszáll; *coll* szervezeten kívülről vezetői beosztásba kerül
parade *n* felvonulás, díszszemle; *vi* parádézik, díszeleg
paradigm *n* paradigma
paradise *n* paradicsom (hely), mennyország
paradox *n* paradoxon, ellentmondás
paraffin *n* paraffin
paragraph *n* bekezdés; *law* paragrafus, szakasz, cikkely
parakeet *n* arapapagáj
parallel *a* párhuzamos; hasonló; *n* párhuzamos (vonal); *geogr* szélességi kör; hasonlóság, párhuzam; *vt* párhuzamba állít, egybevet; [vmivel] megegyezik; **~ bars** *sp* korlát; **draw a ~** párhuzamos vonalat húz; *fig* párhuzamot von, összehasonlít
paralysis *n* bénulás, paralízis
paralyze *vt* lebénít, megbénít
paramedic *n med* mentőorvos, mentős személyzet
parameter *n* paraméter
paramount *a* legfőbb
paranoid *a* paranoiás, üldözési mániás
paraphernalia *n pl* felszerelés, kellék(ek)
paraphrase *vt* körülír, más szavakkal elmond, átfogalmaz
paraplegic *n* végtagbénulásban szenvedő
parasite *n* élősködő, parazita
parasitic *a* élősködő
parasol *n* napernyő
paratrooper *n mil* ejtőernyős
parcel *n* (postai) csomag
parched *a* kiszáradt, felégetett, felperzselt; **I'm ~.** *coll* Szomjan halok./Nagyon szomjas vagyok.
parchment *n* pergamen
pardon *n* kegyelem, bocsánat; *vt* megbocsát; megkegyelmez [vkinek]
pare *vt* nyes, vág; hámoz (fruit)
parent *n* szülő; **~ teacher association** szülői munkaközösség
parental *a* szülői; **~ supervision** szülői felügyelet
parentheses *n pl* → **parenthesis**

parenthesis *n* (*pl* **parentheses**) zárójel
parenthesize *vt* zárójelbe tesz
parenthetic *a* zárójeles, közbevetett
parenting *n* gyereknevelés
parfait *n* parfé
paring *n* hámozás; ~ **knife** rövid pengéjű hámozó kés
parish *n rel* plébánia, egyházközség, parókia
parity *n* egyenlőség, egyenértékűség; megfelelés, egyezés
park *n* park; *vt* parkol, leparkol
parka *n* csuklyás anorák
parking *n* parkolás, várakozás; ~ **lot** parkoló; ~ **space** parkolóhely; ~ **garage** parkolóház; ~ **meter** parkolóóra; ~ **ticket** parkolójegy; **No ~!** Parkolni tilos!
parkland *n* ligetes vidék
parkway *n* erdővel körülvett autópálya
parley *n* vita, tárgyalás, egyezkedés
parliament *n* parlament; *H* országgyűlés
parliamentary *a* parlamenti, parlamentáris
parlor *n* szalon, társalgó
parochial *a* egyházközségi; *fig* szűk látókörű
parody *n* paródia
parole *n* becsületszó; *law* feltételes szabadlábra helyezés; *vt law* ideiglenesen/ feltételesen szabadlábra helyez
parquet *n* parketta
parrot *n* papagáj
parsley *n* petrezselyem
parsnip *n* paszternák
parson *n rel* plébános, lelkész
parsonage *n rel* plébánia, paplak
part *n* rész, alkotórész, darab, tag; alkatrész (machine); vidék; *theat* szerep; *vt* elválaszt, szétválaszt; *vi* szétválik, felbomlik; ~ **with** elválik, elbúcsúzik [vkitől]; **in ~** részben, valamennyire; **on my ~** részemről, ami engem illet; **for the most ~** többnyire; **spare ~** tartalék alkatrész; **take ~ in** részt vesz [vmiben]; **it's ~ wood** részben/félig fából van; **till death do us ~** holtomiglan-holtodiglan
partake *vi* (**partook, partaken**) részesül, részt vesz [vmiben]; eszik, iszik [vmiből]
partaken *vi pp* → **partake**
partial *a* részleges; *fig* elfogult, részrehajló
partiality *n* elfogultság, részrehajlás
participant *n* résztvevő
participate *vi* ~ **in** részt vesz [vmiben]
participle *n gram* melléknévi igenév, határozói igenév
particle *n* részecske, szemcse
particleboard *n* farostlemez
particular *a* különös, különleges, sajátságos, egyéni; *fig* finnyás, válogatós; *n* részlet, (közelebbi) adat; **on this ~ day** ezen a bizonyos napon; **in ~** különösen, főleg
particularity *n* különlegesség, sajátság
particularly *adv* különösen, főleg
particulate *a* apró szemcséjű
partisan *n* partizán
partition *n* felosztás, szétválasztás; válaszfal; *vt* szétválaszt, feloszt; elkülönít, fallal leválaszt
partly *adv* részben, részint
partner *n* partner, társ; *bus* üzlettárs; *vi* társul [vkivel]
partnership *n* társas viszony, partneri viszony; *bus* társaság, társulás
partook *n vi past* → **partake**
partridge *n* fogoly (madár)

party *n pol* párt; parti, buli, vendégség, összejövetel; fél; **throw a ~** partit rendez; **She is the life of the ~.** Ő a társaság lelke. **The two parties agreed.** A két fél egyetértett.

pass *n* szoros, hágó (mountain); igazolvány, bérlet, jegy; *vi* megy, elmegy, elhalad; *school* levizsgázik, átmegy (vizsgán); múlik, elmúlik, telik, eltelik (idő); előz (car); meghal, elhuny (die); *vt* elmegy, elhalad [vmi mellett]; átad, továbbad; eltölt (time); *law* elfogad, megszavaz; **metro ~** metróbérlet; **make a ~ at** *coll* kikezd [vkivel]; **~ the test** kiállja a próbát; leteszi a vizsgát; **~ the time** eltölti az időt; **~ along** továbbad; **~ away** meghal, elhuny; **~ by** elhalad, elmegy [vmi mellett]; **~ for** [vminek] tartják, gondolják, elmegy [vminek]; **~ on** *vt* továbbad, továbbít; *vi* meghal; **~ out** elájul, elveszti az eszméletét; **~ through** átmegy, áthalad [vmin]; **~ up** lemond [vmiről], elszalaszt, elmulaszt; **No ~ing!** Előzni tilos! **P~ the salt, please!** Add ide a sót, légy szíves!

passage *n* átkelés, áthaladás; utazás (travel); átjáró, folyosó (way); szakasz, rész (in writing)

passenger *n* utas; **~ train** személyvonat

passerby *n (pl.* **passersby***)* járókelő

passersby *n pl* → **passerby**

passion *n* szenvedély; indulat

passionate *a* szenvedélyes; indulatos, heves

passive *a* passzív, tétlen; **~ resistance** passzív rezisztencia

passport *n* útlevél; **~ control** útlevél ellenőrzés

password *n* jelszó

past[1] *a* múlt, elmúlt, régi; *n* a múlt, előélet; **~ tense** *gram* múlt idő; **It's a thing of the ~.** Ez már a múlté.

past[2] *prep* túl [vmin], el [vmi mellett]; után, túl (time); **half ~ five** fél hat

pasta *n* (főtt) tészta

paste *n* paszta, kenőcs; krém, pástétom; *vt* felragaszt; *comp* másol, odaragaszt

pastel *a* pasztell; *n* pasztellkréta, zsírkréta

pasteurized *a* pasztörizált

pastille *n* pasztilla

pastime *n* hobbi, időtöltés, szórakozás

pastor *n rel* lelkipásztor, lelkész

pastoral *a* pásztori, pásztor-; *n* pásztorköltemény

pastry *n* sütemény, cukrászsütemény

pasture *n* legelő

pat *n* veregetés, gyengéd ütés; *vt* megvereget, megcirógat; **a ~ on the back** vállveregetés

patch *n* folt, toldás; tapasz; folt, darabka; parcella (garden); *vt* megfoltoz, kijavít; **cabbage ~** káposztaföld

patchwork *n* foltvarrás, darabokból összeállított munka; *fig* fércmű, tákolmány

patchy *a* foltozott, foltos

pâté *n* pástétom, krém

patent *a* újszerű, különleges; *n* szabadalom, szabadalmazott találmány; **~ leather** lakk (bőr); **~ office** szabadalmi hivatal

paternal *a* apai, apai ágon levő

paternity *n* apaság

path *n* ösvény, út; **off the beaten ~** a járt útról letérve, nem szokványos módon

pathetic *a* szánalmas; patetikus, érzelmes

pathfinder *n* nyomkereső, felderítő

pathological *a med* beteges, kóros, patologikus
pathos *n* pátosz, hév
pathway *n* ösvény, gyalogút
patience *n* türelem
patient[1] *a* türelmes
patient[2] *n* beteg, páciens
patina *n* patina, nemes rozsda
patio *n* belső udvar; tornác, terasz
patriarch *n* pátriárka
patriot *n* hazafi
patriotic *a* hazafias, honvédő, patrióta
patrol *n* járőr; őrjárat; *vi* őrjáratozik; **~ car** járőr kocsi
patron *n* pártfogó, védnök, patrónus
patronize *vt* támogat, pártfogol; rendszeresen vásárol [vhol], törzsvevő; leereszkedő [vkivel]
patter *n* halk kopogás, dobogás
pattern *n* minta, sablon, séma; motívum, mintázat; szabásminta (for sewing)
patty *n* húsos lepény
paunch *n* pocak
pauper *n* koldus, szegény
pause *n* szünet, megszakítás, megállás; *vt* szüneteltet; *vi* szünetet tart, megáll
pave *vt* utat burkol, kikövez; **~ the way for** az útját egyengeti [vkinek]
paved *a* burkolt, kövezett, köves
pavement *n* útburkolat, kövezet; **pound the ~** *coll* gyalogol, sokat megy
pavilion *n* pavilon
paw *n* mancs, pracli; *vt coll* fogdos, tapogat
pawn[1] *n* zálog, biztosíték; *vt* elzálogosít, zálogba ad
pawn[2] *n* paraszt, gyalog (chess); *fig* [vkinek] a bábuja, játékszere
pawnshop *n* zálogház, zaci
pay *n* fizetés, fizetség, bér; *vt* (**paid, paid**) fizet, kifizet; megtérít; *vi* kifizetődik; **~ attention to** odafigyel [vmire]; **~ the bill** kifizeti a számlát; **~ back** visszafizet; **~ down** leelőlegez, előleget fizet; **~ for** fizet [vmiért], kifizet [vmit]; **~ off** *vt* kifizet; egy összegben kifizet; *vi* kifizetődik, beválik; **~ up** kifizeti a tartozását
payday *n* fizetésnap
payment *n* fizetség, fizetés
payroll *n* bérlista, fizetési jegyzék
PC[1] = **personal computer** *n comp* személyi számítógép
PC[2] = **politically correct** *a* politikailag helyes, megfelelő (kifejezés, cselekedet)
PE = **physical education** *n school* testnevelés óra
pea *n* borsó; **green ~s** zöldborsó; **split ~s** feles borsó, sárgaborsó; **They are like ~s in a pod.** Úgy hasonlítanak egymásra, mint két tojás.
peace *n* béke; **keep the ~** fenntartja a közrendet; **~ of mind** lelki nyugalom; **make ~ with** kibékül [vkivel]
peaceful *a* békés, nyugodt, csendes
peacekeeper *n* békefenntartó
peacemaker *n* békéltető
peach *n* őszibarack
peachy *a* üde, hamvas
peacock *n* páva (kakas)
peak *n* csúcs, orom; *fig* tetőfok, csúcspont, csúcsérték; *vi* tetőfokra hág, csúcsponton van
peanut *n* földimogyoró, (amerikai) mogyoró; **~ butter** mogyoróvaj
pear *n* körte; **~ tree** körtefa
pearl *n* gyöngy; *fig* gyöngyszem, gyöngy
peasant *n* paraszt
peat *n* tőzeg
pebble *n* kavics

pecan *n* pekándió
peck *n* csípés; *coll* puszi; *vt* csíp, csipked, csipeget
pectoral *a* mellső, mell-
peculiar *a* különös, furcsa; sajátságos, jellemző
peculiarity *n* különlegesség, sajátosság; furcsaság
peculiarly *adv* különösen, főképpen
pedagogue *n* pedagógus, nevelő
pedal *n* pedál; **Put the ~ to the metal!** *coll* Taposs bele!/Adj gázt neki!
pedantic *a* pedáns, tudálékos
peddler *n* házaló
pedestal *n* talapzat, piedesztál
pedestrian *n* gyalogos; gyalogjáró; **~ crossing** gyalogos átkelőhely, zebra
pediatrics *n med* gyermekgyógyászat
pediatrician *n med* gyermekgyógyász
pedicure *n* pedikűr
pedometer *n* lépésmérő, lépésszámláló
pedophile *a, n* pedofil
pee *vi coll* pisil; *n* pisi
peek *vi* kukucskál, kandikál
peekaboo *int* kukucs!
peel *n* (gyümölcs)héj; *vt* hámoz; *vi* hámlik (skin); lemállik, lepattogzik (paint)
peeler *n* hámozó kés
peeling *n* hámozás; hámlás
peep *vi* leselkedik, kandikál, kukucskál, *pejor* kukkol
peephole *n* kémlelőnyílás
peer[1] *n* egyenrangú, munkatárs, kortárs, korosztálybeli
peer[2] *vi* mereven néz, bámul
peevish *a* kedvetlen, ingerlékeny
peg *n* szegecs, faszeg, pecek, csap; karó, cölöp, cövek, kampó
pegboard *n* lyukakkal ellátott tábla
pejorative *n* rosszalló, pejoratív
Pekingese *a, n* pekingi; *n* pekingi palotapincsi
pelican *n* pelikán, gödény
pellet *n* galacsin, golyócska; sörét (bullet); pirula
pell-mell *adv* összevissza
pelt *n* irha, nyers bőr
pelvic *a* medence-, medence táji
pelvis *n* medence (testrész)
pen[1] *n* toll
pen[2] *n* ketrec, karám, akol; **play~** járóka
penal *a* büntető; **~ code** *law* büntető törvénykönyv; **~ colony** fegyenctelep
penalize *vt* megbüntet, büntetéssel sújt
penalty *n* büntetés
penance *n rel* bűnbánat; **do ~** vezekel
penchant *n* erős hajlam, előszeretet
pencil *n* ceruza; *vt* **~ in** ceruzával beír; **~ sharpener** ceruzafaragó, ceruzahegyező
pendant *n* medál, függő
pendent *a* függő, lógó, felfüggesztett
pending *a* függőben lévő, el nem döntött
pendulous *a* függő, lelógó; ingó, lengő
pendulum *n* inga
penetrate *vt* áthatol, behatol, benyomul; áthat, átjár (smell)
penguin *n* pingvin
penicillin *n* penicillin
penis *n* hímvessző, pénisz
penitent *a, n* bűnbánó
penitentiary *n* fegyház, börtön; javítóintézet
penknife *n* (*pl* **penknives**) zsebkés, bicska
penknives *n pl* → **penknife**
penmanship *n* szépírás
penniless *a* szegény, nincstelen
penny *n* (*pl* **pennies**) egycentes érme; **A ~ for your thoughts.** *coll* Min gondolkozol?/Mi jár az eszedben?

penny-pincher *n* zsugori, krajcároskodó ember
pension *n* nyugdíj
pensive *a* elgondolkodó, töprengő
pentagon *n* ötszög; **the P~** *US* az USA hadügyminisztériuma, a Pentagon
pentathlon *n sp* öttusa
penthouse *n* felhőkarcoló tetejére épített külön ház/lakás
pent-up *a* felgyülemlett, elfojtott
penultimate *a* utolsó előtti
peony *n* pünkösdi rózsa
people *n pl* emberek; lakosság, népesség; (*pl* **peoples**) nép; **~ say** azt mondják (az emberek); **young ~** a fiatalok
pep *n* energia, életerő; lelkesedés; **~ talk** buzdító beszéd
pepper *n* bors (spice); paprika (vegetable); *vt* megborsoz; **green ~** zöldpaprika; **black ~** feketebors; **red ~** piros paprika; **~ mill** borsdaráló, borsőrlő
peppercorn *n* borsszem
peppermint *n* borsmenta
peppery *a* borsos; *fig* ingerlékeny
peppy *a* életerős, rámenős, energikus
per *prep* által, útján, révén; -át, -val, -vel, -ként; per; **~ capita** fejenként; **~ day** naponta, naponként
perambulate *vt* bejár, körüljár
perceive *vt* észrevesz, észlel; felfog, megért
percent *n* százalék
percentage *n* százalékarány; rész, hányad
perceptible *a* észlelhető, észrevehető, érzékelhető
perception *n* érzékelés, észlelés
perceptive *a* figyelmes, éles szemű; érzékelő, érzékeny
perch[1] *n* ág, ülőrúd; *vi* leszáll (madár ágra), letelepszik
perch[2] *n* folyami sügér (fish)
perchance *adv* véletlenül
percolator *n* kávéfőző
percussion *n* ütés, lökés; **~ instrument** *mus* ütőhangszer
per diem napidíj
perdition *n* kárhozat; végromlás
peregrine *a* vándor, vándorló; **~ falcon** vándorsólyom
peremptory *a* döntő, végérvényes
perennial *a* állandó; évelő (plant)
perfect *a* tökéletes, kifogástalan, hibátlan; *vt* tökéletesít
perfection *n* tökéletesség, tökély; tökéletesítés
perfectionism *n* maximalizmus
perfectly *adv* tökéletesen, teljesen
perforate *vt* kilyukaszt, átlyukaszt, perforál
perform *vt* megtesz, végrehajt, teljesít, elvégez; előad, eljátszik; *vi* játszik, szerepel; **~ing arts** előadó művészet
performance *n* előadás; teljesítés, teljesítmény
perfume *n* parfüm
perfunctory *a* felületes, hanyag
perhaps *adv* talán, lehet
peril *n* veszély, veszedelem
perilous *a* veszélyes
period *a* történelmi, korabeli; *n* időszak, időtartam, periódus, korszak (time); *gram* pont; *biol* havi vérzés, menstruáció
periodic *a* időszaki, időszakos, periódusos; szakaszos, visszatérő
periodical *n* folyóirat
peripheral *a* külső, periferikus
periphery *n* külső szél, külterület, periféria
periscope *n* periszkóp

perish *vi* elpusztul, elvész; megromlik (spoil)
perishable *a* romlandó
periwinkle *a* középkék
perjury *n law* hamis tanúvallomás
perk *n coll* mellékes juttatás, extra; *vi* ~ **up** magához tér, új erőre kap; *vt* ~ **up** felélénkít
perky *a* élénk, szeles; hetyke, szemtelen
perm *n* dauer
permanence *n* állandóság, tartósság
permanent *a* állandó, tartós, maradandó; ~ **address** állandó lakcím; ~ **press** gyűrődésgátlóval kezelt anyag
permeable *a* áthatolható, átjárható, áteresztő
permeate *vt* átjár, áthatol [vmin]; szétterjed [vmiben]
permissible *a* megengedett, megengedhető
permission *n* engedély
permissive *a* engedékeny, elnéző
permit *n* engedély; *vt* megenged, engedélyez, engedélyt ad
permutation *n* sorrendváltozás, felcserélés, permutáció
permute *vt* megcserél, felcserél, permutál
peroxide *n* peroxid
perpendicular *a* függőleges, merőleges
perpetrate *vt* elkövet
perpetrator *n* elkövető
perpetual *a* örökös, állandó, örök
perpetuate *vt* állandósít, állandóvá tesz
perplex *vt* zavarba hoz, megzavar, meghökkent
persecute *vt* üldöz
persecution *n* üldözés, üldöztetés
persecutor *n* üldöző
perseverance *n* kitartás, állhatatosság
persevere *vi* kitart, kitartóan csinál
Persian *a, n* perzsa; ~ **rug** perzsaszőnyeg
persimmon *n* datolyaszilva
persist *vi* kitart [vmi mellett], állhatatos
persistent *a* kitartó, állhatatos; folytatódó, ismétlődő
person *n* személy; ember, egyén; **in** ~ személyesen
persona *n* ~ **non grata** nemkívánatos személy
personable *a* kellemes (ember), kedves; csinos
personal *a* egyéni, individuális; személyes, saját; magán-; személyeskedő (comment); személy-, személyi; *n* ~**s** társkereső apróhirdetések; ~ **opinion** egyéni vélemény, saját vélemény; ~ **safety** személyi biztonság; ~ **letter** magánlevél; ~ **data** személyi adatok; ~ **property** magántulajdon, személyi tulajdon; **There is no need to become ~.** Nem kell személyeskedni.
personality *n* személyiség, egyéniség
personalize *vt* egyénivé tesz
personally *adv* személyesen, személy szerint; **I ~ ...** ami engem illet, részemről
personification *n* megszemélyesítés; megtestesülés
personnel *n* személyzet, alkalmazottak; személyzeti osztály (department)
perspective *n* térszerűség, távlati ábrázolás; távlat, perspektíva; *fig* kilátás, szempont
perspiration *n* izzadság, veríték; izzadás
perspire *vi* izzad, verítékezik
persuade *vt* meggyőz [vkit vmiről], rábeszél [vkit vmire]
persuasion *n* rábeszélés, meggyőzés; meggyőződés

pert *a* szemtelen, hetyke
pertain *vi* ~ **to** tartozik [vhova]; vonatkozik [vmire]
pertinent *a* helyes, találó, helyénvaló; tartozó, vonatkozó
Peru *n* Peru
peruse *vt* gondosan elolvas, átvizsgál
Peruvian *a, n* perui
pervasive *a* mindent átható
perverse *a* természetellenes, rendellenes, visszás; perverz, romlott
pervert *n* fajtalan, perverz (ember); *vt* erkölcsileg megront; *fig* kiforgat, elferdít
pesky *a* bosszantó, kellemetlen
pessimism *n* pesszimizmus, borúlátás
pessimist *n* pesszimista, borúlátó
pessimistic *a* pesszimista, borúlátó
pest *n* kártevő (állat); *fig coll* nyűg, kellemetlen ember
pester *vt* zaklat, háborgat
pesticide *n* rovarirtó szer, féregirtó szer
pestilence *n* pestis, dögvész
pestle *n* mozsártörő
pet *n* kedvenc állat, háziállat; *vt* dédelget, kényeztet; simogat, cirógat
petal *n* szirom
petite *a* kicsi, apró; filigrán, alacsony (nő)
petrify *vt* megdermeszt, megdöbbent; halálra rémít; *vi* megkövül; *fig* kővé mered, kővé válik
petrol = **gas, gasoline** *n GB*
petroleum *n* kőolaj, nyers olaj; ~ **jelly** vazelin
petticoat *n* alsószoknya
petty *a* jelentéktelen, bagatell; *fig* kicsinyes, kisszerű; ~ **cash** apróbb kiadásokra félretett pénz
petulant *a* ingerlékeny, veszekedős, sértődékeny
petunia *n* petúnia
pew *n* templomi pad
pewter *a, n* ón, ónötvözet
phantasm *n* agyrém, rémkép
phantom *n* fantom, kísértet, jelenés; rémkép, agyrém
pharmaceutical *a* gyógyszerészeti, gyógyszer-
pharmacist *n* gyógyszerész
pharmacology *n* gyógyszertan
pharmacy *n* gyógyszertár, patika; gyógyszerészet
phase *n* fejlődési fok, szakasz, fázis; *vt* [vminek] a szakaszait meghatározza; ~ **out** fokozatosn kivon a forgalomból, megszüntet
Ph.D. *n* = **Doctor of Philosophy** a tudományok doktora
pheasant *n* fácán
phenomena *n pl* → **phenomenon**
phenomenal *a* rendkívüli, fenomenális, fantasztikus
phenomenon *n* (*pl* **phenomena**) jelenség; csodálatos dolog/ember, nagy tehetség (person)
Phew! *int* Pfuj!/Hú!
philanderer *n* szoknyabolond
philanthropic *a* emberbaráti
philanthropy *n* emberszeretet, emberbarátság, filantrópia
philately *n* bélyeggyűjtés, filatélia
philharmonic *a mus* filharmonikus; ~ **orchestra** filharmonikus zenekar
philosopher *n* filozófus, bölcs, gondolkodó
philosophical *a* bölcseleti, filozofikus, filozófiai
philosophy *n* filozófia, bölcselet
phlegm *n* nyálka, váladék, *coll* slejm; *fig* flegma, közöny
phlegmatic *a* közönyös, flegmatikus
phobia *n* beteges félelem, szorongás, fóbia
phoenix *n* főnix

phone *n coll* telefon; ~ **book** telefonkönyv; ~ **booth** telefonfülke; **cell** ~ mobil (telefon)
phonetic *a gram* fonetikus, kiejtési, fonetikai, hangtani
phonetics *n gram* fonetika, hangtan
phonograph *n* fonográf
phonology *n gram* fonológia
phony *a* hamis, mesterkélt, fals
phosphate *n chem* foszfát
phosphorus *n chem* foszfor
photo *n* fénykép, fotó
photocopier *n* fénymásoló (gép)
photocopy *n* fénymásolat; *vt* fénymásol, másol
photograph *n* fénykép, fotó; *vt* lefényképez; **She ~s well.** Jó fényképarca van./Fotogén.
photographer *n* fényképész, fotós
photography *n* fényképészet, fényképezés
photosensitive *a* fényérzékeny
phrase *n* mondás, szólás; kifejezés, nyelvi fordulat; *fig* üres beszéd, frázis; *vt* szavakba önt, kefejez; ~ **book** kifejezés gyűjtemény
phraseology *n* kifejezésmód, frazeológia
physical *a* fizikai; testi, kétkezi, fizikai; ~ **training** testedzés; ~ **exam** *med* általános orvosi vizsgálat; ~ **labor** kétkezi/fizikai munka
physician *n* orvos
physicist *n* fizikus
physics *n* fizika
physiological *a* élettani, fiziológiai, fiziológiás
physiology *n* élettan, fiziológia
physiotherapy *n* fizikoterápia
physique *n* testalkat, szervezet, fizikum
piano *n mus* zongora; **play the ~** zongorázik; **upright ~** pianínó
piccolo *n mus* pikoló
pick[1] *n* csákány; piszkáló; **tooth~** fogpiszkáló
pick[2] *n* [vminek] a java, színe; *vt* csipked, szúr; piszkál, kipiszkál, kiszed; szed, leszed (flower, fruit); kiválaszt, válogat, kiszemel (choose); eszeget, csipeget (eat a little); ~ **a lock** zárat feltör; ~ **a fight with** beleköt [vkibe]; ~ **apples** almát szed; ~ **at** *coll* piszkál, beleköt [vkibe]; ~ **on** piszkál, heccel [vkit], pikkel [vkire]; ~ **out** kiválaszt, kiválogat; felismer; ~ **up** felszed, felvesz; összeismerkedik [vkivel], felcsíp [vkit] (in a bar); ~ **up speed** gyorsul; ~ **oneself up** összeszedi magát; **Take your ~!** Tessék, válasszon! **Don't just ~ at your food!** Ne csak piszkáld az ételt! **I'll ~ you up after work.** Munka után eljövök érted.
picket *n* karó, cövek; sztrájkőrség; *vt* körülkerít; sztrájkol, tüntet; **white ~ fence** fehérre mázolt alacsony kerítés; ~ **line** sztrájkőrség
pickle *n* ecetes lé, pác; **~s** savanyú uborka, savanyúság; *fig* kellemetlenség, kínos helyzet, pác; *vt* besavanyít; ecetes lében pácol
pickpocket *n* zsebtolvaj
pickup *n* felszedés; ~ **truck** *auto* kisméretű, nyitott platójú teherautó
picky *a* válogatós, finnyás
picnic *n* piknik; *vi* piknikezik
pictorial *a* képi, képes; képszerű; festői
picture *n* kép; film, mozifilm; *vt* ábrázol, lefest; *fig* leír, érzékeltet; elképzel (imagine); **She is the ~ of health.** Maga a megtestesült egészség.
picturesque *a* festői; színes, szemléletes

pie *n* pite, vajastészta; gyümölcstorta; **have a finger in every ~** minden lében kanál; **as American as apple ~** tipikus amerikai, olyan amerikai, mint az almáspite

piebald *a* tarkán foltos (ló)

piece *n* darab, egy [vmiből]; rész; *vt* hozzátold, megtold; **a ~ of furniture** egy bútor; **a ~ of news** egy hír; **~ by ~** darabonként; **break into ~s** darabokra törik; **~ of work** munka, feladat; **~ together** összeállít, összeilleszt, összerak; **She fell all to ~s.** Idegileg összeroppant.

piecemeal *a, adv* darabonként

pier *n* móló, hullámtörő gát; pillér, hídpillér; támpillér

pierce *vt* átszúr, átfúr, lyukaszt, kilyukaszt; átjár, áthatol; hasogat (pain)

piercing *a* átható; éles, fülsértő (sound); *n* (fül) lyukasztás (ear), testékszer (body)

pig *n* disznó, sertés; *pejor* mocskos fráter (férfi); **~-in-a-blanket** tésztában sült virsli

pigeon *n* galamb

pigheaded *a* makacs, csökönyös

pigtail *n* copf (kétoldalt)

pike *n* lándzsa, dárda; csuka (fish)

pilaster *n* pilaszter, falkiugrás

pile *n* halom, rakás; köteg, nyaláb; *vt* felhalmoz, megrak; *vi* felhalmozódik; **~ on** felhalmoz, rárak, megrak; **~ up** *vt* felhalmoz, összegyűjt; *vi* felhalmozódik, összegyűlik

piles *n pl med* aranyér

pileup *n* tömeges autóbaleset

pilgrim *n* zarándok; **the P~s** *US* a Zarándokok (az USA első államait megalapító puritánok)

pilgrimage *n* zarándoklat

pill *n* tabletta, pirula; **the ~** fogamzásgátló tabletta

pillage *n* fosztogatás; zsákmány; *vt* rabol, fosztogat

pillar *n* pillér, oszlop; *fig* támasz

pillbox *n* tablettás doboz

pillory *n* pellengér

pillow *n* párna

pillowcase *n* párnahuzat

pilot *a* kísérleti, próba-; *n* kormányos; pilóta; *vt* vezet, kormányoz

pimp *n* kerítő, strici

pimple *n* pattanás, pörsenés

pin *n* tű, gombostű; dísztű, bross; szög, szögecs, cövek, pecek; *vt* odaszegez; leszorít, megfog; **bobby ~** hullámcsat; **safety ~** biztosító tű; **be/sit on ~s and needles** tűkön ül; **~ down** leszorít; leszögez; **~ up** feltűz, kitűz

PIN (number) = personal identification number *n* (titkos) személyi azonosító szám

pincers *n pl* csipesz; harapófogó; olló (animals)

pinch *n* csipet, csipetnyi; *fig* szorongató helyzet; *vi* csíp, szorít; *vt* csíp, megcsíp, becsíp; **a ~ of salt** egy csipet só; **be in a ~** *coll* szorult helyzetben van; **My shoe ~es.** Szorít a cipőm.

pincushion *n* tűpárna

pine[1] *a, n* fenyő, fenyőfa; **~ nut** fenyőmag

pine[2] *vi* **~ for** epekedik, sóvárog

pineapple *n* ananász

ping *vi* fütyül, sivít (golyó)

ping-pong *n sp* pingpong, asztalitenisz; **play ~** pingpongozik, asztaliteniszezik

pinhead *n* gombostűfej; parány, nagyon kicsi; *coll* tökfej

pinhole *n* nagyon pici lyuk; peceknyílás
pink *a* rózsaszínű, rózsaszín
pinkie *n coll* kisujj
pinnacle *n* orom, csúcs; *fig* tetőpont
pinpoint *n* tűhegy; *vt* leszögez, hajszálpontosan eltalál, hajszálpontosan megállapít
pinprick *n* tűszúrás
pinstriped *a* hajszálcsíkos (anyag)
pint *n* pint
pinup *n coll* falra tűzött női kép
pinwheel *n* papírforgó
pioneer *n* úttörő, előharcos; *vi* úttörő munkát végez, [vmit] elsőként alkalmaz
pious *a* istenfélő, jámbor
pip *n* gyümölcsmag
pipe *n* cső, csővezeték; pipa (smoke); *coll* légcső, nyelőcső (body part); **play the ~** sípol, dudál, dudán játszik; **bag~s** skót duda; **smoke a ~** elszív egy pipát; **It went down the wrong ~.** Félrenyeltem.
pipedream *n coll* vágyálom
pipeline *n* csővezeték, vezeték; **be in the ~** folyamatban van (egy hivatalos ügy)
piper *n* dudás, sípos; **pay the ~** vállalja a költségeket
piping *a* éles, metsző, sipító; *n* csőrendszer, csővezeték, vezetékrendszer; szegélyezés, paszpólozás, paszomány (on clothes); **~ hot** tűzforró
piquant *a* pikáns
pique *n* piké
piracy *n* kalózkodás, kalózság; *fig* szerzői jogbitorlás, kalózkodás
pirate *n* kalóz; *vt* kirabol, megrabol; *fig* kalózkiadásban megjelentet; *vi* kalózkodik
pirouette *n* piruett
piss *n vulg* húgy, vizelet; *vi* pisál, hugyozik
pissed *a slang* **be ~ off** berág, mérges
pistachio *n* pisztácia
pistol *n* pisztoly
piston *n* dugattyú
pit[1] *n* gödör, üreg, lyuk; árok, szakadék; **the bottomless ~** a pokol; **in the ~ of my stomach** a gyomromban, a gyomorszájamban; **orchestra ~** zenekari árok
pit[2] *n* (csonthéjas) mag (kernel of fruit); *vt* kimagoz
pitch[1] *n* szurok, kátrány
pitch[2] *n* dobás, hajítás (throw); tetőpont, csúcspont (high point); hangmagasság (voice); hajlásszög, dőlés; *vt* (sátrat) felállít, felüt (a tent); dob, hajít (throw); **~ a story** mesél, bead egy történetet; **~ in** nekifog, hozzálát; *coll* hozzájárul (pénzzel is)
pitch-black *a* koromfekete
pitcher[1] *n* kancsó, korsó; **water ~** vizeskancsó
pitcher[2] *n sp* dobó (baseball)
pitchfork *n* vasvilla
piteous *a* szánalmas, siralmas
pitfall *n* csapda, kelepce; *fig* buktató
pitiable *a* sajnálatra méltó, szánalomra méltó
pitiful *a* szánalmas, szánalomra méltó
pitiless *a* könyörtelen, irgalmatlan
pittance *n* csekély fizetség, éhbér
pituitary gland *n med* agyalapi mirigy, hipofízis
pity *n* szánalom, könyörület, irgalom; kár; *vt* megszán, sajnál, megsajnál; **take ~ on** megsajnál [vkit]; **What a ~!** Jaj de kár!
pivot *n* tengely, forgócsap; *fig* sarkalatos pont
pivotal *a* forgó; *fig* sarkalatos, kulcs-

pixel *n el* képpont, képsejt, pixel
pixie *n* tündér, manó
pixilated *a* hóbortos, ütődött
pizza *n* pizza
pizzazz *n* ragyogás, bűbáj, vonzerő
pl. = **plural** *a*
placard *n* plakát, falragasz
placate *vt* kiengesztel, kibékít
place *n* hely, terület; helység, város (town); otthon, lakás (home); *fig* hely, rang; *sp* helyezés; *vt* helyez, elhelyez, tesz, rak; **take ~** megtörténik, lefolyik; **~ of birth** születési hely; **in his ~** helyette; az ő helyében; **all over the ~** mindenütt, szanaszét, szerteszét; **~ an order** rendelést felad; **She really put him in his ~.** Jól rendreutasította. **It looks out of ~.** Nem illik oda. **Come to my ~!** Gyere el hozzám! **There is no ~ like home.** Mindenütt jó, de legjobb otthon. **I can't ~ him.** Nem tudom hová tenni őt. (nem emlékszem rá)
placebo *n* placebo
placemat *n* tányéralátét
placenta *n med* méhlepény, placenta
placid *a* békés, nyugodt, szelíd
plagiarism *n* plágium
plagiarize *vt* plagizál
plague *n* pestis; vész; *fig* sorscsapás, szerencsétlenség; *vt* gyötör, kínoz; **avoid [sg] like the ~** *coll* nagy ívben elkerül [vmit]
plaid *n* skót kockás szövet kendő, pléd
plain *a* világos, tisztán érthető; sima, egyszerű, hétköznapi; nem csinos (person); *n* síkság, alföld; **~ and simple** teljesen világos és egyszerű; **in ~ English** magyarán (szólva); **as ~ as the nose on your face** *coll* nyilvánvaló, világos mint az egyszeregy
plaintiff *n law* felperes
plaintive *a* panaszos, szomorú
plait *n* copf, hajfonat; *vt* fon, befon
plan *n* terv, elgondolás; tervrajz (drawing); *vt* tervez, megtervez, eltervez; vázol, tervrajzot készít (draw); **according to ~** terv szerint
plane[1] *a* sík, sima; *n math* sík
plane[2] *n* repülő, repülőgép (airplane)
plane[3] *n* gyalu; *vt* gyalul (wood)
planet *n* bolygó
planetaria *n pl* → **planetarium**
planetarium *n* (*pl* **planetaria**) planetárium
plank *n* (széles) deszka, palánk, palló; **~ floor** hajópadló; **gang ~** pallóhíd, hajóhíd
plankton *n* plankton
planner *n* tervező; **daily/weekly ~** határidőnapló, naptár (füzet)
plant *n* növény; üzem, gyár, gyártelep (factory); *vt* ültet, elültet, palántál, vet; *fig* elültet, plántál; (erővel) letesz, elhelyez; **house ~** szobanövény; **~ tomatoes** paradicsomot ültet; **He ~ed himself in front of the door.** Lecövekelt az ajtó elé.
plantain *n* útifű, útilapu (Europe); pizang, dél-amerikai nem édes banánfajta (Latin America)
plantation *n* ültetvény
planter *n* ültető (ember); nagyobb virágcserép
plaque[1] *n* tábla, emléktábla, dísztábla
plaque[2] *n* foglepedék, fogkő (teeth)
plasma *n med* vérsavó, (vér)plazma
plaster *n* vakolat, gipsz; tapasz; *vt* bevakol, bepucol; beken, megken; **adhesive ~** ragtapasz; **be in ~** gipszben van; **He got ~ed.** *slang* Leitta magát a sárga földig./Nagyon berúgott.

plasterboard *n* gipszkarton
plastic *a* alakítható, képlékeny; műanyag; plasztikai (műtét); *n* műanyag; ~ **surgery** plasztikai műtét, kozmetikai műtét
plate *n* tányér (for food); lemez, lap; névtábla, számtábla (name, number); *vt* fémlapokkal fed; nemesfémmel befuttat (gold); **dinner** ~ lapostányér; ~ **glass** táblaüveg, tükörüveg; **gold-~d** aranyozott; **silver-~d** ezüstözött; **license** ~ *auto* rendszámtábla
plateau *n* fennsík, plató
platelet *n* apró lemez; *med* vérlemez(ke)
platen *n* nyomólemez
platform *n* emelvény, dobogó, pódium; vágány, peron (train); *fig* platform, program
plating *n* aranyozás, ezüstözés; fémbevonat
platinum *n* platina
platitude *n* közhely, frázis
platonic *a* plátói
platoon *n mil* szakasz
platter *n* tál, tálca
plausible *a* elhihető, lehetséges, valószínű
play *n* játék, szórakozás; *theat* darab, színdarab; *vi* játszik, szerepel; *vt* játszik [vmit]; *mus* (hangszeren) játszik (see individual instruments); előad, eljátszik [vmit]; ~ **on words** szójáték; ~ **the violin** hegedül; ~ **ball** labdázik; ~ **cards** kártyázik; ~ **a part** szerepet alakít; ~ **an important role** fontos szerepet játszik; ~ **back** visszajátszik, lejátszik; ~ **down** jelentéktelennek tüntet fel; ~ **for** [vmiben/vmiért] játszik; ~ **off** [vki] ellen játszik; ~ **on** kihasznál [vmit]; ~ **out** végigjátszik; ~ **up** nagy ügyet csinál [vmiből], kihangsúlyoz
player *n* játékos; előadó, zenész; lejátszó (machine); **piano** ~ zongorista; **CD** ~ CD lejátszó
playful *a* játékos, vidám, pajkos
playground *n* játszótér
playing field *n sp* pálya, sportpálya
playpen *n* járóka
plaza *n* köztér, pláza
plea *n* kifogás, ellenvetés; *law* védekezés, védőbeszéd
plead *vt* (**pleaded/pled, pleaded/pled**) *law* képvisel; állít, felhoz; hivatkozik; *vi* könyörög, esedezik; ~ **guilty** bűnösségét beismeri; ~ **not guilty** nem ismeri be bűnösségét
pleading *n law* védőbeszéd, perbeszéd; védekezés
pleasant *a* kellemes
please *vt* örömet okoz [vkinek], örömet szerez [vkinek], a kedvében jár [vkinek]; *vi* tetszik [vkinek]; *int* kérem!, legyen szíves!, tessék!; **hard to** ~ nehéz a kedvében járni; **She does as she ~s.** Úgy tesz, ahogy kedve tartja. **P~d to meet you!** (Nagyon) örvendek. **P~ come in!** Jöjjön be kérem! **Would you like some coffee? – Yes, ~!** Kérsz egy kis kávét? – Igen, kérek. **May I come in? – P~ do!** Bejöhetek? – Tessék csak!
pleasurable *a* kellemes, élvezetes
pleasure *n* öröm, gyönyörűség, élvezet; gyönyör; kedv, tetszés; **take ~ in [sg]** örömét leli [vmiben]; **Thank you! – My ~!** Köszönöm! – Szívesen!
pleat *n* ránc, redő; berakás, pliszé; *vt* berak, pliszíroz
pled *vt, vi pp* → **plead**
pledge *n* fogadalom, ígéret; *vt* elkötelez; megígér, megfogad; **the P~ of Allegiance** *approx* hűségeskü; **make a** ~ felajánlást tesz

plenary *a* teljes, összes, plenáris; **~ session** plenáris ülés

plentiful *a* bőséges; gazdag

plenty *n* bőség; **~ of** sok, bőven elég; **We have ~ of time.** Bőven van időnk./Sok időnk van.

plethora *n* túltengés

pliable *a* képlékeny, hajlékony, rugalmas

pliers *n pl* fogó, kombinált fogó

plight *n* nehéz állapot, helyzet

plod *vi* cammog, baktat, vánszorog; *fig* **~ away** vesződik, küszködik, fáradozik

plop *vi* pottyan, huppan

plot *n* földdarab, telek, parcella; *fig* cselekmény, tartalom (of a novel); *vt* feltérképez; megszerkeszt (draw); *fig* tervez, kifőz, kitervel; *vi* **~ against** összeesküszik [vki ellen]

plough *n* → **plow**

plow *n* eke; *vt* szánt, felszánt; (havat) ekéz (snow); **~ down** beszánt; lerombol; **~ through** *fig* átvergődik [vmin], áthatol

ploy *n* trükk, húzás, átvágás

pluck *vt* húz, ránt, tép; kopaszt, megkopaszt (a chicken)

plug *n el* dugó, csatlakozó; *auto* gyertya; *vt* bedug, betöm, tömít; **~ away at** kitartóan dolgozik [vmin]; **~ in** bedug (a konnektorba)

plum *n* szilva

plumage *n* tollazat

plumb *n* függőón, mérőón

plumber *n* vízvezeték szerelő

plumbing *n* vízvezeték szerelés; csővezeték, csőhálózat (épületben)

plume *n* toll, tollazat; tollforgó; szőrcsomó

plummet *vi* zuhan, lezuhan

plump *a* kövérkés, telt, molett (women)

plunder *vt* zsákmányol, rabol, kifoszt; *vi* fosztogat

plunge *n* fejesugrás, vízbe merülés; *fig vi* fejest ugrik, beleveti magát [vmibe]; **take a ~** rászánja magát [vmire], fejest ugrik [vmibe]

plunger *n* (WC) pumpa

plunk *vt* hirtelen lelök, lepottyant; penget (a guitar)

plural *a* többszörös; *gram* többes számú; *n gram* többes szám

plus *n* többlet; *prep* meg, és, plusz; **seven ~ one is eight** hét meg egy az nyolc

plush *a* osztályon felüli, klassz; *n* plüss

plutonium *n* plutónium

ply *n* hajtás, redőzés, rétegzés

plywood *n* farostlemez, furnérlemez

p.m. = post meridiem *a* délután, este, éjjel; **2 ~** délután két óra; **7:30 ~** este fél nyolc; **11:30 ~** éjjel fél tizenkettő

PMS = premenstrual syndrome *n med* premenstruális szindróma

pneumatic *a* sűrített levegővel működő, lég-

pneumonia *n med* tüdőgyulladás

poach¹ *vt* orvvadászik, oroz

poach² *vt* buggyant (tojást), forráz

PO Box = Post Office Box *n* postafiók, Pf.

pocket *n* zseb; *vt* zsebre vág, zsebre tesz, bezsebel; **~ money** zsebpénz

pocketbook *n* pénztárca, levéltárca; jegyzetfüzet, notesz (notebook); zsebkönyv (book)

pocketful *n* zsebnyi, zsebrevaló

pocketsize *a* zseb-, zsebméretű

pod *n* hüvely, tok; gubó; **pea~** borsóhüvely; **They are like peas in a ~.** Úgy hasonlítanak egymásra, mint két tojás.

podiatry *n* lábápolás

podium *n* pódium, emelvény, dobogó
poem *n* vers, költemény
poet *n* költő
poetic *a* költői, lírai; ~ **justice** költői igazságszolgáltatás; ~ **license** költői szabadság
poetry *n* költészet; költőiesség; **a piece of** ~ költemény, vers
poignant *a* megrendítő, szívszaggató
poinsettia *n* mikulásvirág
point *n* pont; pontszám, pont (in competition); pont, kérdés (in a debate); érv; lényeg, értelem; hegy, [vminek] a hegye (pencil); *math* egész; *vt* mutat, megmutat, rámutat; irányít, céloz (aim); ~ **of view** nézőpont, szempont; **a** ~ **in time** időpont; **two** ~ **five** két egész öt tized; ~ **out** rámutat, kimutat; *fig* felhívja a figyelmet [vmire]; ~ **a gun at** fegyvert fog [vkire]; **What's your** ~**?** Mit akarsz mondani?/Mi a lényege annak, amit mondasz? **That's a good** ~**.** Ez jó érv. **That's beside the** ~**.** Ez nem lényeges./Ez nem ide tartozik.
pointed *a* hegyes, csúcsos; *fig* félreérthetetlen, nyílt
pointer *n* mutató, mérlegnyelv; *coll* jó tanács, figyelmeztetés; (vaddász)vizsla (dog); **He gave me a few** ~**s.** *coll* Adott nekem egy pár jó tanácsot.
pointless *a* hiábavaló, értelmetlen, eredménytelen; céltalan
pointy *a* hegyes, csúcsos
poise *n* egyensúly; nyugalom, higgadtság; tartás (posture)
poised *a* kiegyensúlyozott, nyugalmat árasztó
poison *n* méreg; *vt* megmérgez
poison ivy *n* mérges szömörce
poisonous *a* mérges, mérgező
poke *vt* bök, döf, lök; piszkál; ~ **the fire** megpiszkálja a tüzet
poker[1] *n* póker (cards)
poker[2] *n* piszkavas (fire)
pokey *a* szegényes, vacak; lassú
Poland *n* Lengyelország
polar *a* sarkvidéki, sarki; *fig* ellenkező, poláris; ~ **bear** jegesmedve
polarity *n* polaritás, ellentettség
pole[1] *n* rúd, pózna
pole[2] *n* sarkpont, sark; pólus; **the South P~** a Déli-sark; **the North P~** az Északi-sark
Pole[3] *n* lengyel ember (person)
polemic *a* vitatkozó, vitázó, polémikus
police *n* rendőrség; rendőrök (the people); *vt* biztosítja a rendet; ~ **officer** rendőr; ~ **station** rendőrség, rendőrkapitányság; ~ **force** rendőrség, karhatalom
policeman *n* (**policemen**) rendőr
policemen *n pl* → **policeman**
policewoman *n* (**policewomen**) rendőrnő
policewomen *n pl* → **policewoman**
policy[1] *n* politika, államvezetés; vezérelv, álláspont; politika, eljárásmód
policy[2] *n* biztosítási kötvény (insurance)
polio *n med* gyermekbénulás, gyermekparalízis
polish[1] *n* fény, ragyogás; fényezés, fénymáz; fényezőanyag; *vt* kifényez, fényesít; pucol, tisztít, kitisztít (shoes); *fig* csiszol, finomít; **furniture** ~ bútorfényező; **shoe** ~ cipőpucoló, boksz; ~ **off** *coll* felfal, mind megeszik
Polish[2] *a, n* lengyel; **in** ~ lengyelül
polite *a* udvarias, előzékeny
politeness *n* udvariasság

politic *a* politikus, politikai; ügyes
political *a* politikai
politician *n* politikus
politics *n pl* politika; **go into ~** politikai pályára lép
polka *n* polka
polka dot *a* (nagy) pöttyös
poll *n* választói névjegyzék (list); szavazás (voting); szavazat (a vote); szavazóhelyiség (place); *vt* felmérést végez, megkérdez; **opinion ~** közvélemény-kutatás; **go to the ~s** szavazni megy
pollen *n* virágpor, pollen
polling *n* szavazás, választás
pollute *vt* szennyez, beszennyez
polluted *a* szennyezett
pollution *n* szennyezés, szennyezettség, szennyeződés
polo *n sp* (lovas) póló
polyester *a, n* poliészter, műszál
polygamy *n* többnejűség, poligámia
polyglot *n* több nyelven beszélő ember
polymer *n* polimer
Polynesia *n* Polinézia
Polynesian *a, n* Polinéziai
polyp *n* polip, tintahal; *med* polip
polytechnic *a* műszaki
pomade *n* pomádé, hajkenőcs
pomegranate *n* gránátalma
pommel *n* nyeregkápa
pomp *n* pompa, fény
pompom *n* pompon
pompous *a* nagyképű, fellengzős
pond *n* (kisebb) tó
ponder *vt* latolgat, fontolgat; tűnődik [vmin]
pone *n* kukoricalepény
pontiff *n rel* főpap, püspök
pontoon *n* ponton, ponton híd
pony *n* póniló, póni
ponytail *n* lófarok (haj)
pooch *n* kutyus, kiskutya
poodle *n* uszkár
pool[1] *n* medence, tó, tavacska (water)
pool[2] *n* össztét (fogadás); közös alap, készlet, közös állomány; *vt* összegyűjt, összead, összedob
pool[3] *n* biliárd; **~ table** biliárdasztal
poop *n coll* kaki, szar; *vt coll* kakil
poor *a* szegény; szegényes; szerencsétlen (unfortunate); gyenge, rossz minőségű, silány (in quality)
poorly *adv* gyengén, rosszul; szegényesen; **perform ~** gyengén teljesít
pop[1] *a* pop; **~ music** popzene
pop[2] *n coll* papa
pop[3] *int* pukk!, puff!; *n* pukkanás; *coll* szénsavas ital (soda); *vi* pukkan; *vt* pukkaszt, kipukkaszt; **~ corn** kukoricát pattogtat; **~ the question** megkéri a kezét [vkinek]; **~ in** benéz, bekukkant, meglátogat; **~ out** kiugrik, kipattan; **~ up** felbukkan; **His eyes were ~ping out.** Majd kiugrott a szeme.
popcorn *n* pattogatott kukorica
pope *n rel* pápa
poppy *n* pipacs (flower); **~ seed** mák
popsicle *n* (fagyasztott) nyalóka
populace *n* lakosság
popular *a* népszerű, közkedvelt, ismert
popularity *n* népszerűség
populate *vt* benépesít
population *n* lakosság, népesség
porcelain *n* porcelán
porch *n* tornác, veranda
porcine *a* disznó(szerű)
porcupine *n* tarajos sül
pore *n* pórus, lyukacs
pork *n* sertéshús, disznóhús
porn(o) *n* pornó
pornography *n* pornográfia

porous *a* porózus, lyukacsos, szivacsos
port[1] *n* kikötő, rév; kikötőváros
port[2] *n* portói bor
portable *a* hordozható, szállítható
portal *n* bejárat, portál
portend *vt* előre jelez, megjövendöl
porter *n* hordár
portfolio *n* irattáska, mappa; (miniszteri) tárca; **minister without a ~** *pol* tárca nélküli miniszter
portion *n* adag, rész; *vt* kioszt, adagol, kiadagol
portly *a* pocakos
portrait *n* arckép, portré
Portugal *n* Portugália
Portuguese *a, n* portugál; **in ~** portugálul
pose *n* póz, testtartás; *fig* pózolás, színlelés; *vi* pózol; kiadja magát [vminek], színlel; modellt áll (for a painting)
pose *vt* (kérdést) feltesz (a question)
posh *a* sikkes, menő, elegáns
position *n* helyzet, fekvés; állás, pozíció, beosztás, tisztség; állapot; álláspont, állásfoglalás (opinion); *vt* elhelyez, megigazít; **hold a ~** állást betölt; **in high ~** magas beosztásban
positive *a* pozitív; határozott, kifejezett (definite); helyeslő, igenlő (answer); feltétlen, biztos (certain); **a ~ answer** igenlő válasz; **I am ~.** Teljesen biztos vagyok benne.
possess *vt* birtokában van, tulajdonában van, van [vmije], rendelkezik [vmivel]; *fig* hatalmába kerít, megszáll; **He is ~ed with the idea.** Megszállottja ennek az ötletnek.
possession *n* birtoklás, tulajdon; **~s** tulajdon, vagyon, javak; *fig* megszállottság, rontás; **take ~ of** birtokba vesz [vmit]
possessive *a* hatalmában tartani vágyó, saját dolgait féltő; *gram* birtokos
possibility *n* lehetőség, eshetőség
possible *a* lehetséges, lehető; **the best ~** a lehető legjobb; **as soon as ~** minél előbb; amilyen hamar csak lehet
possibly *adv* lehet hogy, talán
possum = opossum *n coll* oposszum
post[1] *n* posta, postahivatal; *vt* értesít; **I will keep you ~ed.** Majd rendszeresen tájékoztatlak.
post[2] *n* cölöp, karó; oszlop, pillér (stake); *vt* kiragaszt, falra kitesz; közzétesz (publish)
post[3] *n* őrhely (guard); pozíció, állás, tisztség (work); *vt* kinevez, beoszt [vkit vhova] (appoint)
postage *n* postaköltség; **~ stamp** *n* (postai) bélyeg
postcard *n* képeslap, levelezőlap
postdate *vt* későbbre keltez
poster *n* poszter, plakát
posterior *a* hátsó, hátulsó; *n* hátsó rész, fenék
posterity *n* utókor
postgraduate *a* posztgraduális
posthumously *adv* poszthumusz, halál után
postmark *n* postai bélyegző; *vt* lebélyegez
postmaster *n* postamester
postmodern *a* posztmodern
postmortem *n* halottszemle
post office *n* postahivatal
postpone *vt* elhalaszt, későbbre tesz
postscript *n* utóirat; utószó
postulate *n* követelmény, kívánalom, posztulátum
posture *n* tartás, testtartás; testhelyzet; *vi* pózt vesz fel, magatartást vesz fel, pózol
posy *n* kis csokor

pot *n* edény, fazék; *coll* marihuána; *vt* lyukba lő (golf); cserépbe ültet; **flower ~** virágcserép; **smoke ~** marihuánát szív; **~ted plant** cserepes virág
potassium *n* kálium
potato *n* burgonya, krumpli; **baked ~** (héjában) sült burgonya; **mashed ~es** krumplipüré
potbelly *n* pocak
potent *a* erős, hatásos, hathatós; potens
potentate *n* nagyúr; tekintély
potential *a* lehetséges, rejtett; potenciális, helyzeti; *n* lehetőség
pothole *n* gödör, kátyú
potion *n* ital, főzet
potpourri *n* egyveleg; illatosító, szagtalanító
potter *n* fazekas
pottery *n* cserépedény, agyagáru; fazekasság (the craft); fazekasműhely (place)
potty *n coll* bili
pouch *n* zacskó, tasak, erszény
poultice *n* borogatás
poultry *n* szárnyas, baromfi
pounce *vi* **~ on** lecsap [vmire]
pound[1] *n* font (weight, money)
pound[2] *n* karám, ól; állatmenhely (for animals)
pound[3] *vt* ver, üt; **Her heart is ~ing.** Nagyon ver a szíve.
poundage *n* súlyvám
pour *vt* önt, tölt; *vi* ömlik, folyik, zuhog; **~ out** kitölt, kiönt; **It's ~ing.** Zuhog az eső.
pout *n* ajakbiggyesztés; *vi* duzzog, ajkát biggyeszti
poverty *n* szegénység, nyomor
POW = prisoner of war *n mil* hadifogoly
powder *n* por; púder (for face); *vt* behint; bepúderoz; porrá tör; **~ed sugar** porcukor; **~ed milk** tejpor
power *n* hatalom, erő, képesség; *el* áram, energia; teljesítmény; nagyítás; *math* hatvány; *vt* áram alá helyez, áramot ad; **be in ~** hatalmon van; **will~** akaraterő; **~ plant** erőmű; **~ failure** áramkimaradás, áramszünet; **~ tool** elektromos szerszám, motoros meghajtású szerszám; **~ window** *auto* elektromos ablakemelő; **~ lock** *auto* központi zár
powerful *a* erős, erőteljes; hatalmas, hathatós
power line *n el* nagyfeszültségű távvezeték
powwow *n* indián törzsi gyűlés; tanácskozás, megbeszélés
pox *n* himlő
PR = public relations *n* kapcsolatszervezés, piár, propaganda
practicable *a* használható, gyakorlati; megvalósítható, keresztülvihető
practical *a* gyakorlatias, gyakorlati, tapasztalati; célszerű, praktikus, ügyes; valóságos, tényleges (real); **~ joke** otromba tréfa
practically *adv* gyakorlatilag; tulajdonképpen, úgyszólván
practice *n* gyakorlat, szokás (custom); gyakorlás, edzés, tréning (training); praxis; *vt* gyakorol; gyakorlatba átvisz; űz, folytat, praktizál (profession); próbál, gyakorol; **be out of ~** kijön a gyakorlatból; **medical ~** orvosi praxis; **~ medicine** orvosi pályán működik; **~ makes perfect.** Gyakorlat teszi a mestert.; **put into ~** megvalósít
pragmatic *a* pragmatikus, gyakorlati

prairie *n* préri, pusztaság; ~ **dog** prérikutya
praise *n* dicséret, dicsérés; *vt* dicsér, magasztal
praiseworthy *a* dicséretes, dicséretre méltó
praline *n* pörkölt cukros mandula/dió, grillázs
prance *vi* ágaskodik; büszkén jár, peckesen jár
prank *n* csíny
prankster *n* kópé, tréfacsináló
prattle *vi* csacsog, gagyog
prawn *n* garnélarák
pray *vi* ~ **for** imádkozik, könyörög; *vt* kér, kérlel
prayer *n* ima, imádság, könyörgés
preach *vt* prédikál, szentbeszédet mond
preacher *n* prédikátor; pap
precarious *a* bizonytalan, ingatag, kétes
precaution *n* elővigyázat, óvatosság
precede *vt* megelőz, előtte megy, előbb megtörténik
precedent *n* példa, precedens; **without** ~ példa nélküli, példátlan
precipice *n* szakadék, mélység
precipitation *n* csapadék; üledék
precise *a* pontos, szabatos, precíz
precision *n* pontosság, szabatosság, precizitás
preconception *n* előítélet, előre kialakult vélemény
predator *n* ragadozó
predecessor *n* előd
predicament *n* kellemetlen helyzet, kínos helyzet
predicate *n gram* állítmány
predict *vt* megjósol, előre megmond
prediction *n* jóslat, jövendölés
predominant *a* túlsúlyban levő, túlnyomó
prefer *vt* jobban szeret, előnyben részesít; **I ~ the blue one.** Nekem jobban tetszik a kék.
preference *n* kedvelés, előnyben részesítés; kedvezmény
prefix *n gram* előképző; *H* igekötő (verbs)
pregnant *a* terhes, állapotos, várandós; *fig* [vmiben] bővelkedő
prejudice *n* előítélet, elfogultság
preliminary *a* előzetes, bevezető
premature *a* idő előtti, korai; ~ **birth** koraszülés
premiere *n theat* bemutató, premier
prenatal *a med* szülés előtti; ~ **care** terhesgondozás
preoccupied *a* gondolatokba merült, belefeledkezett
preparation *n* készülődés, készülés, felkészülés, előkészület; *chem* készítmény, preparátum
prepare *vt* készít, elkészít; előkészít; *vi* készül, készülődik [vmire]
preposition *n gram* elöljárószó, prepozíció
preschool *n* óvoda
prescribe *vt* előír, elrendel; rendel, felír (gyógyszert)
prescription *n* előírás; recept, vény, rendelvény; ~ **drug** receptre kapható gyógyszer
presence *n* jelenlét; megjelenés
present[1] *a* jelenlevő; jelen, jelenlegi, mostani (time); *gram* jelen idejű; *n* jelen; **be** ~ jelen van; **at the ~ time** jelenleg; **at** ~ most, jelenleg; **no time like the** ~ most vagy soha
present[2] *n* ajándék; *vt* bemutat; nyújt, átnyújt, benyújt; **as a** ~ ajándékként; ajándékba
presently *adv* most, jelenleg; mindjárt, rögtön

preservative *a* megőrző; *n* tartósító szer
preserve *n* befőtt; lekvár; természetvédelmi terület, rezervátum; *vt* megőriz, megvéd; megtart, fenntart; tartósít, befőz (food); **nature ~** természetvédelmi terület; **strawberry ~s** eperlekvár
president *n* elnök
press *n* nyomás; prés; nyomda; sajtó (newspapers); *vt* nyom, megnyom, összenyom; kisajtol, kiprésel; vasal, kivasal (iron); sürget, siettet (rush); **~ conference** sajtóértekezlet, sajtókonferencia, sajtótájékoztató; **~ release** sajtóközlemény
pressing *a* sürgős, sürgető, halasztást nem tűrő
pressure *n* nyomás; kényszer, sürgősség; *vt* kényszerít [vkit], nyomást gyakorol [vkire]
pressurize *vt* túlnyomás alá helyez
prestige *n* presztízs, tekintély
prestigious *a* tekintélyes, rangos
presumable *a* feltételezhető, feltehető, valószínű
presumably *adv* feltehetően, valószínűleg
presume *vt* feltételez, gyanít, vél
presumptuous *a* merész, önhitt; szemtelen
presuppose *vt* előre feltételez
presupposition *n* előfeltételezés
pretend *vt* tettet, mímel, színlel, szimulál, úgy tesz mintha
pretender *n* színlelő, szimuláló (ember)
pretense *n* ürügy; igény, jogcím; látszat, színlelés; **under the ~ of friendship** barátságot színlelve; **under false ~s** csalárd fondorlattal, csalással
pretentious *n* elbizakodott, nagyhangú
pretext *n* ürügy, kifogás
pretty *a* csinos, bájos, szép; *adv coll* elég, eléggé, meglehetősen; **~ expensive** elég drága
pretzel *n* perec
prevail *vi* győzedelmeskedik, érvényesül; uralkodik, túlsúlyban van, dominál
prevailing *a* uralkodó, érvényes, fennálló
prevalent *a* uralkodó, túlsúlyban levő, elterjedt
prevent *vt* megelőz, meghiúsít, megakadályoz
prevention *n* megelőzés, elhárítás; megakadályozás, meggátolás
preventive *a* megelőző, preventív; megakadályozó, elhárító; **~ medicine** profilaxis
preview *n cine* előzetes, filmelőzetes; sajtóbemutató, szakmai bemutató
previous *a* előző, előzetes, előbbi
prey *n* préda, zsákmány; áldozat; *vi* **~ on** leselkedik [vmire]; zsákmányul ejt
price *n* ár; jutalom, díj; *vt* áraz, árat megállapít; **~ cut** árleszállítás; **at any ~** mindenáron; **Everybody has a ~.** Mindenki megvásárolható. **He has a ~ on his head.** Jutalmat tűztek ki a fejére.
priceless *a* megfizethetetlen
pricey *a* borsos (árú), drága
prick *n* szúrás, tűszúrás; *vulg* faszkalap, hülye (férfi); *vt* megszúr
prickly *a* szúrós, tüskés, tövises; *fig* kényes; ingerlékeny, tüskés (ember)
pride *n* büszkeség, önérzet; gőg, kevélység (negative); tetőfok; *vt* büszkélkedik, kérkedik [vmivel]; **take ~ in** büszke [vmire]

priest *n rel* pap, lelkész
priestess *n* papnő
primal *a* elemi, ős-; eredeti
primary *a* elsődleges, első, eredeti, fő; elemi, alap; *US* elnökjelölő helyi előválasztás; **~ colors** alapszínek; **~ school** általános iskola
primates *n pl* főemlősök
prime *a* első, elsőrendű, fő; legjobb, kiváló; eredeti, ős-; *n* kezdet, tavasz; [vminek] a tetőfoka; *vt* megtölt, telít; alapoz (paint); **~ minister** miniszterelnök; **~ cut** a legjobb falatok, a java (hús); **~ number** prímszám, törzsszám; **in the ~ of his life** élete virágjában; **She is past her ~.** Megette a kenyere javát.
primer *n* alapozó, alapréteg (paint); gyutacs (explosive); bevezetés, bevezető könyv, alapelemek (book)
primeval *a* ősi, eredeti
primitive *a* ősi, ős-; primitív, kezdetleges, egyszerű
prince *n* herceg; fejedelem, uralkodó
princess *n* hercegnő; hercegné (prince's wife)
principal *a* fő, legelső, legfontosabb; *n* igazgató (person); *school* iskolaigazgató; *econ* kölcsöntőke
principally *adv* főként, elsősorban, inkább
principle *n* alapelv, elv; **in ~** elvben, általában; **a matter of ~** elvi kérdés
print *n* nyomat, nyomtatás; metszet; *photo* másolat, kópia *vt* nyomtat, kinyomtat; nyomtatott betűkkel ír (write); **in ~** nyomás alatt, nyomtatásban; **out of ~** elfogyott, nem kapható (könyv)
printer *n* nyomtató; nyomdász (person); **laser ~** lézernyomtató; **inkjet ~** tintasugaras nyomtató
printing *n* nyomtatás, nyomás
prior *a* korábbi, előbbi; *adv* **~ to** [vmit] megelőzően, korábban
priority *n* elsőbbség, fontosság; **take ~ over** elsőbbséget élvez [vmi fölött]; **top ~** mindent megelőző elsőbbség
prism *n* prizma
prison *n* börtön, fogház; **break out of ~** megszökik a börtönből; **~ guard** börtönőr
prisoner *n* fogoly, rab; **~ of war** hadifogoly; **take [sy] ~** foglyul ejt [vkit]
pristine *a* hajdani, régi, ősi; érintetlen, tiszta
privacy *n* magánélet; titoktartás; elvonultság, magány
private *a* magán-, magántermészetű; bizalmas, titkos; zártkörű, nem nyilvános; *n mil* közkatona; **~ life** magánélet; **keep [sg] ~** titokban tart; **~ party** zártkörű rendezvény; **~ parts** *coll* nemi szervek
privatize *vt* privatizál
privilege *n* kiváltság, előjog, privilégium; megtiszteltetés; **It was a ~ to meet him.** Megtiszteltetés volt találkozni vele.
privy *a* ~ to tudomása van [vmiről]; titkos, magán
prize *n* díj, nyeremény, jutalom; díjazott; *vt* díjaz, nagyra értékel
pro[1] *n* [vmi] mellett szóló érv; *prep* mellett, -ért; **~s and cons** a mellette és ellene szóló érvek
pro[2] **= professional** *a, n coll* profi
pro- *pref* -támogató, -barát
proactive *a* proaktív, előre ható
probability *n* valószínűség; eshetőség
probable *a* lehetséges, lehető, valószínű
probably *adv* valószínűleg

probate *n* hiteles érvényesítés (végrendelet); örökösödési eljárás
probation *n* próbaidő; *law* feltételes szabadlábra helyezés; ~ **officer** feltételes szabadlábra helyezettek felügyeletét végző rendőrtiszt; **be on** ~ próbaidőn van; *law* feltételesen szabadlábon van
probe *n* szonda; mélyreható vizsgálat; *vt* szondáz; kutat, megvizsgál
problem *n* probléma, kérdés, feladat; *math* feladat, példa
problematic *a* problémás, nehéz; problematikus, kérdéses, vitás
procedure *n* eljárás, művelet, eljárásmód
proceed *vi* halad, előremegy, tovább megy; folytatódik, folyamatban van; (hivatalosan) eljár (officially)
proceedings *n pl* (bírósági) eljárás; jegyzőkönyv (minutes)
proceeds *n pl* bevétel, haszon, jövedelem
process *n* folyamat; eljárás; *law* per, kereset; *vt* feldolgoz, megmunkál, kikészít
procession *n* körmenet, felvonulás
processor *n comp* feldolgozóegység, processzor; **word** ~ szövegszerkesztő
proclaim *vt* kihirdet, kikiált, kinyilvánít
procrastinate *vt* halogat, késlekedik
procreate *vt* nemz, alkot, létrehoz
procure *vt* szerez, megszerez, beszerez
prodigal *a* pazarló, tékozló
prodigious *a* csodálatos, bámulatos
prodigy *n* csoda, csodálatos tehetség; **child** ~ csodagyerek
produce *n* termény, termés; zöldség-gyümölcs (in a store); *vt* terem, szül; létrehoz, alkot; termel; *fig* előidéz, okoz; *theat* színre visz; *cine* filmre visz
producer *n* termelő; *cine* gyártásvezető, producer
product *n* termék; készítmény, gyártmány
production *n* termelés, feldolgozás, gyártás, előállítás; *art* mű, alkotás; *theat* rendezés, színrevitel
productive *a* termő, termékeny, termelékeny, produktív
productivity *n* termelékenység, termőképesség
profanity *n* szentségtörés, profanitás
profess *vt* vall, bevall, kijelent, állít
professed *a* meggyőződéses, bevallott; állítólagos
profession *n* hivatás, foglalkozás, mesterség, szakma
professional *a* szakmai, szakmabeli; hivatásos, professzionális, *coll* profi; szakszerű; szellemi munkát végző, értelmiségi; *n* hivatásos, profi; szakember
professor *n* professzor, egyetemi tanár
proffer *n* ajánlat; *vt* felajánl, kínál
proficient *a* ~ **in** jártas, gyakorlott [vmiben]
profile *n* profil, oldalnézet; rövid életrajz
profit *n* nyereség, előny; *econ* haszon, profit; *vi* ~ **from** hasznot húz [vmiből], haszna van [vmiből]
profitable *a* nyereséges, jövedelmező, rentábilis
profound *a* mély, mélységes; alapos, beható
profuse *a* bő, bőséges, pazarló
prognosis *n* prognózis, jóslat, előrejelzés
prognosticate *vt* jósol, megjósol, megjövendöl; előre jelez
program *n* műsor, program, napirend; tájékoztató, program (printed); *comp* program; *vt comp* programoz,

beprogramoz; **television** ~ televízió műsor/program; **anti-virus** ~ *comp* vírusölő program
programmer *n comp* programozó
progress *n* haladás, előmenetel; *vi* halad, múlik (time); fejlődik, javul, halad (improve); **a work in ~** folyamatban levő munka, befejezetlen munka; **make** ~ (jól) halad
progression *n* haladás, előmenetel; haladó mozgás
progressive *a* haladó, progresszív
prohibit *vt* tilt, megtilt; **~ [sy] from** megakadályoz [vkit vmiben]
prohibition *n* tiltás, tilalom; *US* szesztilalom
prohibitive *a* tiltó, korlátozó
project *n* beruházás; projekt, feladat; *vt* dob, vet, hajít (throw); kilő (shoot); vetít (pictures)
projectile *a* hajító, vetődő, kilövő
projector *n* vetítő (gép)
proliferate *vi* osztódással szaporodik; burjánzik, elszaporodik
prolific *a* szapora, termékeny
prologue *n* prológus, előszó
prolong *vt* elhúz, meghosszabbít
prom *n US school approx* szalagavató bál
promenade *n* sétány, korzó; *vi* sétál
prominence *n* kiemelkedés, kiválóság
prominent *a* kiváló, kitűnő, kiemelkedőő, kiugró
promiscuous *a* nem válogatós (szexuális értelemben)
promise *n* ígéret; remény, kilátás; *vt* ígér, megígér; *vi* ígérkezik, mutatkozik; **make a** ~ ígéretet tesz, megígér; **keep one's** ~ megtartja a szavát, betartja az ígéretét
promising *a* ígéretes, biztató, sokat ígérő
promissory *a* ígérő; ~ **note** kötelezvény
promote *vt* előléptet; előmozdít, támogat; hirdet
promoter *n* támogató; alapító, szervező
prompt *a* gyors, azonnali, haladéktalan; *n* súgás; *vt* súg; sarkall, buzdít [vmire]
prompter *n* súgó
prone *a* elterült, hason fekvő; **be ~ to** hajlamos [vmire]
prong *n* villa foga
pronoun *n gram* névmás
pronounce *vt* kiejt, kimond; kijelent, mond; [vminek] nyilvánít; **He was ~d dead.** Halottnak nyilvánították.
pronounced *a* kifejezett, hangsúlyozott, kimondott
pronunciation *n* kiejtés
proof *a* -biztos, -mentes; *n* bizonyíték, bizonyság; próba, kísérlet; korrektúra; szeszfok; **child~** gyermekbiztos (amit egy gyerek nem tud kinyitni); **water~** vízhatlan
proofread *vt* korrektúrázik, korrigál
prop[1] *n* támasz, dúc; *vt* támaszt, megtámaszt; dúcol
prop(s)[2] *n theat* kellék
propaganda *n* propaganda, hírverés
propagate *vt* terjeszt; propagál, népszerűsít; szaporít, tenyészt; *vi* szaporodik
propane *n* propángáz
propel *vt* hajt, meghajt, mozgat
propellant *a* hajtó; *n* hajtóanyag, üzemanyag
propeller *n* propeller, légcsavar, hajtócsavar
propensity *n* hajlam, hajlandóság, vonzalom
proper *a* megfelelő, helyes, helyénvaló, illő; szűkebb értelemben vett, valódi, tulajdonképpeni; **at the ~ time** a kellő/megfelelő időben; *gram* **~ noun** tulajdonnév

property *n* tulajdon, vagyon; ingatlan, birtok; tulajdonság, sajátság; **public ~** köztulajdon; **~ tax** vagyonadó; ingatlanadó
prophecy *n* prófécia; jóslat, jövendölés
prophesy *vt, vi* jövendöl, jósol, megjósol
prophet *n* próféta; jós, látnok, jövendőmondó
prophetic *a* látnoki, jósló; prófétai
proponent *n* támogató, szószóló
proportion *n* arány; rész, hányad; *vt* arányba állít; kioszt
proportional *a* arányos, megfelelő; **be directly ~ to** egyenes arányban áll [vmivel]; **be inversely ~ to** fordított arányban áll [vmivel]
proposal *n* javaslat, indítvány, előterjesztés; házassági ajánlat, leánykérés (marriage)
propose *vt* javasol, indítványoz, ajánl; feltesz (kérdést); megkéri [vkinek] a kezét, házassági ajánlatot tesz
proposition *n* javaslat, indítvány
proprietary *a* szabadalmazott; tulajdonosi; **~ blend** szabadalmazott keverék; **~ rights** tulajdonjog
proprietor *n* tulajdonos
propulsion *n* meghajtás; **jet ~** lökhajtás; **~ system** hajtómű
prorate *vt* arányosan eloszt
prosaic *a* prózai, száraz, unalmas
proscribe *vt* megtilt, eltilt; száműz
prose *n* próza
prosecute *vt law* vádat emel; beperel
prosecutor *n law* vádló, államügyész
prospect *n* kilátás, látvány; *fig* kilátás, távlat, remény; esetleges jelölt, lehetséges ügyfél (person); *vt* kutat
prospective *a* leendő, jövendőbeli
prospectus *n* tájékoztató, ismertetés
prosper *vi* boldogul, virágzik; jól megy
prosperity *n* jólét, jómód, boldogulás
prosperous *a* kedvező, előnyös; jól menő, sikeres, virágzó
prostate *n med* prosztata; **~ cancer** prosztata rák
prosthesis *n* protézis; művégtag (limb)
prostitute *n* prostituált
protagonist *n* főszereplő, főhős
protect *vt* **~ from** véd, megvéd, oltalmaz, megóv [vmitől]
protection *n* védelem, védekezés, megvédés; menedék
protective *a* védő, védelmező, oltalmazó; **~ custody** védőőrizet; **~ goggles** védőszemüveg
protector *n* védő, oltalmazó; pártfogó
protectorate *n* protektorátus, védnökség
protein *n biol* fehérje
protest *n* tiltakozás; *vi* tiltakozik, protestál; *vt* hangoztat, kijelent
Protestant *a, n rel* protestáns
Protestantism *n rel* protestantizmus
protocol *n* protokoll
proton *n* proton
prototype *n* prototípus
protrude *vi* kiáll, kinyúlik, kiugrik
proud *a* **~ of** büszke [vmire]; öntelt, önhitt
prove *vt* bizonyít, bebizonyít; *vi* bizonyul [vminek]; **It ~d to be true.** Igaznak bizonyult.
provenance *n* eredet, származási hely
proverb *n* közmondás, szállóige
proverbial *a* közmondásos
provide *vt* szerez, beszerez; ellát, felszerel [vmivel]; *fig* gondoskodik [vmiről]; nyújt, ad, szolgáltat; biztosít; *vi* **~ for** gondoskodik [vkiről]
provided *conj* feltéve hogy, ha
providence *n* előrelátás, óvatosság
provident *a* előrelátó, körültekintő

provider *n* gondoskodó, ellátó; kenyérkereső
province *n* tartomány; *fig* terület, működési kör; **~s** vidék (nem város)
provincial *a* vidéki, vidékies; *fig* szűk látókörű, provinciális
provision *n* gondoskodás; ellátás
provisional *a* feltételes, ideiglenes
provisions *n pl* élelmiszerek
provocation *n* provokáció, ingerlés, kihívás
provocative *a* kihívó, provokatív
provoke *vt* provokál, ingerel, kihív; előidéz, okoz, kivált
prow *n* hajóorr
prowess *n* bátorság, vitézség
prowl *n* portyázás, kószálás; *vi* csavarog; portyázik, zsákmány után jár; **be on the ~** lesen áll
proximity *n* közelség, szomszédság
prude *n* álszemérmes, prűd (ember)
prudent *a* okos, körültekintő, elővigyázatos
prune[1] *n* aszalt szilva; **~ juice** szilvalé
prune[2] *vt* megmetsz, nyes
pry *n* feszítővas; *vt* felfeszít [vmit]; *vi fig* kíváncsiskodik, beleüti az orrát [vmibe]
P.S. = postscript *n* U.i., utóirat
psalm *n* zsoltár
pseudo *pref* ál-, hamis-
pseudonym *n* (írói) álnév
psyche *n* lélek, szellem, psziché
psychiatry *n* pszichiátria, elmegyógyászat
psychic *a* pszichikai, lelki; *n* médium
psychiatrist *n* pszichiáter, elmeorvos
psycho *n coll* pszichopata
psychoanalysis *n* pszichoanalízis
psychological *a* lélektani, pszichológiai
psychologist *n* pszichológus
psychology *n* pszichológia, lélektan
psychopath *n* pszichopata
psychosis *n* pszichózis, elmezavar
psychotherapy *n* pszichoterápia
PTA = Parent-Teacher Association *n* szülői munkaközösség
pub *n* kocsma, ivó, bár, kisvendéglő
puberty *n* serdülőkor, pubertás
public *a* nyilvános, általános; közös; köz-; *n* nyilvánosság; közönség; **~ transportation** tömegközlekedés; **~ life** közélet; **~ enemy** közellenség; **~ opinion** közvélemény; **~ relations** kapcsolatszervezés, propaganda; **~ school** állami iskola; **in ~** nyilvánosan
publication *n* kiadás; kiadvány
publicity *n* hírverés, hirdetés, reklám; nyilvánosság
publish *vt* kiad, megjelentet (book); közzétesz
publisher *n* kiadó, könyvkiadó
puce *a* vörösesbarna
puck *n sp* korong
pucker *vt* összeráncol; **~ up** csücsörít
pudding *n* puding
puddle *n* pocsolya, tócsa
pudgy *a* kövérkés, puhány
Puerto Rican *a, n* puerto ricói
Puerto Rico *n* Puerto Rico
puff *n* pöfékelés; felfújt (tészta); puff; *vi* pöfékel, szuszog; felpuffad; *vt* felfúj, kidagaszt
puffy *a* puffadt, dagadt
puke *vt coll* hány, okád
pull *n* húzás, rántás; fogantyú; *vt* húz, von, ránt, cibál; vontat (tow); tép, szed (tear); **~ apart** szétszakít, szétválaszt; **~ away** *vt* elhúz; *vi* elhúzódik; eltávolodik; **~ back** visszahúz; **~ down** lerombol, lebont; *fig* lever, letör; **~ in** *vt* behúz; *vi* befut, megjön (vonat, autó); **~ off** lehúz;

sikerre juttat; megnyer; ~ **out** *vt* kihúz; *vi* elindul, kigördül (vonat, autó); ~ **over** járda mellett megáll (autó); ~ **through** megállja a helyét; ~ **together** együttműködik [vkivel]; ~ **up** *vt* felhúz; *vi* megáll; **How did she ~ it off?** *coll* Hogy sikerült neki ezt megcsinálni?
pullet *n* jérce
pulley *n* emelőcsiga
pullover *n* pulóver
pulmonary *a med* tüdő-
pulp *n* pép, kása; ~ **fiction** ponyvairodalom
pulpit *n* szószék, pulpitus
pulsar *n* pulzár
pulsate *vi* lüktet, ver, dobog, pulzál
pulse *n* pulzus, érverés; *vi* lüktet
pulverize *vt* porrá tör, porlaszt
puma *n* puma
pumice *n* habkő
pump *n* pumpa, szivattyú; kút; *vt* szivattyúz, pumpál; *coll* kikérdez, pumpál
pumpernickel *a* ~ **bread** (sötét)barna rozskenyér
pumpkin *n* sütőtök
pun *n* szójáték
punch[1] *n* lyukasztógép; *vt* lyukaszt, kilyukaszt
punch[2] *n* ütés, ökölcsapás; *vt* megüt [vkit], behúz [vkinek]; ~ **line** csattanó, poén
punch[3] *n* puncs; ~ **bowl** bólés tál
punctual *a* pontos
punctuate *vt* pontoz, írásjellel ellát
punctuation *n* központozás
puncture *n* átlyukasztás, lyuk; *vt* kilyukaszt; *vi* kilyukad
pungent *a* csípős, erős; pikáns
punish *vt* büntet, megbüntet
punishment *n* büntetés
punitive *a* büntető, fenyítő
punk *a* vacak, pocsék; punk
punt *n* lapos fenekű csónak
puny *a* apró, vézna, kicsi
pupil *n* kisdiák (student); tanítvány; szembogár, pupilla (of the eye)
puppet *n* báb, bábu
puppy *n* kiskutya, kölyökkutya
purchase *n* vásárlás, vétel; szerzemény, megvásárolt dolog; *vt* vásárol, megvásárol, megvesz, beszerez
pure *a* tiszta, finom; szeplőtlen, szűzies (person); igazi, hamisítatlan
purebred *a* fajtiszta
purée *n* püré, pép
purely *adv* tisztán, teljesen
purgative *a* tisztító, megtisztító
purgatory *n* tisztítótűz, purgatórium
purge *n* tisztítás; *fig* tisztogatás; *vt* kitisztít, megtisztít; *fig* tisztogatást végez
purification *n* tisztítás, derítés; megtisztulás; **water ~ tablet** víztisztító tabletta
purify *vt* tisztít, megtisztít, szűr; derít
puritan *a, n* puritán
purity *n* tisztaság
purple *a* lila; bíborpiros
purport *vt* jelent, tartalmaz
purpose *n* cél, szándék, terv; **on ~** direkt, szándékosan
purposeful *a* szándékos; céltudatos, tervszerű
purr *vi* dorombol
purse *n* retikül, női táska; erszény; *vt* összehúz, összeráncol
pursuant *a* ~ **to** [vminek] az értelmében, [vmi] szerint
pursue *vt* üldöz, űz; követ, folytat, űz (a profession)
pursuit *n* keresés, üldözés, űzés; törekvés; **the ~ of happiness** a boldogságra való törekvés

pus *n* genny
push *n* lökés, taszítás, tolás; *fig* válságos pillanat; *vt* tol, lök, taszít; nyom, megnyom, benyom (a button); *fig* sürget, hajt; erőltet (force); **~ the button** megnyomja a gombot; **~ around** erőszakoskodik [vkivel]; **~ back** visszanyom, visszatol; **~ forward** nyomul, törtet; **~ in** benyom, belök; **~ off** eltol, eltaszít; **~ on** folytat; **~ over** feldönt, felborít; **~ through** sikeresen véghezvisz; **~ up** feltol; **He's ~ing up daisies.** *coll* Alulról szagolja az ibolyát. **P~!** Tolni! (on door)
push-up *n* fekvőtámasz
pushy *a* törtető, rámenős, erőszakos
pussy *n* kiscica; **~ willow** barka
pustule *n* gennyes pattanás
put *vt* (**put, put**) tesz, helyez, rak; *fig* feltesz (a question); helyez; megfogalmaz, kifejez (verbally); **~ aside** félretesz; **~ away** eltesz, félretesz; **~ back** visszatesz; akadályoz; **~ down** letesz; lever, elnyom (oppress); leír (write down); **~ one's foot down** határozottan kiáll [vmi] mellett; **~ foward** előretesz, előretol; *fig* előterjeszt; **~ one's best foot forward** a legjobb oldaláról mutatkozik; **~ in** betesz, behelyez; **~ into** beletesz, belefektet; **~ off** félretesz; késleltet, elhalaszt, elnapol (in time); visszataszít, undorít (repulse); **~ on** feltesz, rátesz; felvesz (clothes); *theat* színre visz; **~ on weight** hízik, meghízik; **~ out** kitesz; kiad; (tüzet) elolt (fire); **~ through** keresztüljuttat; kapcsol (telefonon); **~ to** hozzátesz; [vki elé] terjeszt; **together** összetesz, összerak; összeszerel; **~ up** feltesz, felrak; **~ up for sale** áruba bocsát; **~ [sy] up to [sg]** [vkit] rábeszél [vmire]; **~ up with** elvisel
putative *a* vélt, véleményezett
putrefy *vi* megrothad, korhad, üszkösödik
putrid *a* rothadt, korhadó; bűzös, orrfacsaró
puzzle *n* rejtvény, fejtörő; kirakós játék; *vt* zavar, nyugtalanít; megfejt, kibogoz; **crossword ~** keresztrejtvény; **I'm ~d** nem értem, érthetetlen (nekem)
pygmy *a, n* törpe
pyramid *n math* gúla; piramis
pyromania *n* pirománia
pyrotechnics *n* pirotechnika
python *n* óriáskígyó, piton

Q

qt. = **quart** *n*
quack[1] *n* hápogás; *vi* hápog
quack[2] *n* sarlatán (doctor)
quad *pref* négy-, négyes-
quadrant *n* körnegyed
quadriplegia *n med* nyaktól lefelé bénulás
quadruped *a* négylábú
quadruplets *n* négyes ikrek
quaff *vt* nagyokat kortyol
quagmire *n* ingovány
quail *n* fürj
quaint *a* régies; érdekes
quake *n* rengés; *vi* remeg, reszket; reng
Quaker *a, n* kvéker
qualification *n* képesítés, képzettség, végzettség (job); minősítés
qualified *a* képzett, képesített, kvalifikált
qualify *vt* képesít [vmire]; feljogosít; *vi* **~ for** jogot nyer [vmire]; *sp* továbbjut (versenyben)

qualitative *a* minőségi
quality *n* minőség; tulajdonság; **poor ~** gyenge minőség; **~ control** minőség-ellenőrzés, meó
qualms *n* lelkiismert-furdalás, aggály
quandary *n* zavar, dilemma
quantify *vt* mennyiségileg meghatároz
quantity *n* mennyiség
quantum *n* mennyiség, tömeg; **~ physics** kvantumfizika
quarantine *n* karantén, vesztegzár; *vt* elkülönít, karanténba helyez
quarrel *n* vita, veszekedés; *vi* **~ with** veszekedik, vitatkozik [vkivel]
quarrelsome *a* veszekedős, házsártos
quarry *n* kőbánya, kőfejtő
quart *n* (űrmérték, kb. egy liter)
quarter *n* negyed; *US* huszonöt centes érme (money); **~s** szálláshely, lakás; *vt* négy részre oszt, felnégyel; **a ~ hour** negyedóra; **close ~s** szűkös elhelyezés
quarterback *n sp US* hátvéd (amerikai futballban)
quarterly *a* negyedéves, negyedévenkénti; *adv* negyedévenként; *n* negyedévenként megjelenő folyóirat
quartet *n mus* kvartett
quartz *n* kvarc
quash *vt* hatálytalanít, semmisnek nyilvánít; elnyom, elfojt
quasi- *pref* látszólagos, félig-meddig
quaver *n* reszketés, remegés; *mus* trilla; *vi* remeg, reszket
quay *n* rakodópart
queasy *a* émelygő; undorító, émelyítő
queen *n* királynő; királyné (king's wife); vezér (chess); dáma (cards)
queer *a* furcsa, különös; *vulg* homokos, buzi
quell *vt* elnyom, elfojt; lecsillapít
quench *vt* elolt (tüzet); csillapít, elolt (szomjúságot); lehűt, lecsendesít
query *n* kérdés; kétség, aggály; *vt* kérdez, megkérdez
quest *n* keresés, kutatás
question *n* kérdés; probléma, vita tárgya; *vt* kikérdez, kérdőre von, kihallgat; kétségbe von, megkérdőjelez; kifogásol; **ask a ~** kérdez, megkérdez, feltesz egy kérdést; **there is no ~ about it** nem kérdéses, nem vitás; **It's out of the ~.** Szó sem lehet róla./Szóba sem jöhet.
questionable *a* kérdéses, megkérdőjelezhető, vitatható; kétes, bizonytalan
question mark *n* kérdőjel
questionnaire *n* kérdőív
queue *n* sor
quick *a* gyors; hirtelen; *adv* gyorsan, hirtelen
quicken *vt* felgyorsít, meggyorsít; élénkít, serkent; *vi* gyorsul, felgyorsul; felélénkül
quickie *n coll* sebtében összeütött dolog; gyorsan (és nem túl jól) végzett dolog
quicksand *n* folyós homok (amiben el lehet süllyedni)
quicksilver *n* higany
quick-witted *a* okos, gyors észjárású, éles elméjű
quid pro quo *n* ellenszolgáltatás, ellenérték
quiescent *a* nyugalmas, nyugodt, higgadt
quiet *a* csendes, halk; nyugodt, békés; *n* csend, nyugalom; *vt* **~ down** lecsendesít, megnyugtat; **Keep ~!** Maradj csendben!
quietude *n* béke, nyugalom, csend

quill *n* írótoll, tollszár
quilt *n* vattapaplan; foltvarrással készült takaró
quince *n* birsalma
quincunx *n* ötpontos elrendezés
quinine *n* kinin
quintessential *a* lényeges, nagyon fontos
quintuplets *n pl* ötös ikrek
quip *n* csípős megjegyzés, bemondás
quirk *n* hirtelen fordulat; díszítés
quisling *n* hazaáruló
quit *vi* (**quit, quit**) otthagy, elhagy, abbahagy; felmond (a job); **Q~ talking!** *coll* Ne beszélj már!/ Hagyd abba!
quite *adv* eléggé, elég, meglehetősen
quits *n pl* **call it ~** abbahagy, felad [vmit]; elintézettnek tekint [vmit]
quiver[1] *n* tegez (nyilaknak), tok
quiver[2] *vi* remeg, reszket, rezeg
quixotic *a* gyakorlatiatlan, fellegekben járó
quiz *n* vetélkedő; játék; *school* dolgozat, teszt; *vt* kérdéseket tesz fel [vkinek], kikérdez, vizsgáztat; **~ show** vetélkedőműsor
quizzical *a* incselkedő, kötekedő; furcsa
quorum *n* kvórum, határozatképességhez szükséges létszám
quota *n* kvóta, arányos rész, hányad
quotation *n* idézet, idézés; **~ marks** idézőjel
quote *n* idézet; árajánlat; *vt* idéz; hivatkozik [vmire]; árajánlatot tesz (price)
quotient *n* hányados, kvóciens

R

rabbi *n rel* rabbi
rabbit *n* nyúl, házinyúl
rabble *n* csőcselék
rabid *a* veszett (beteg); vad; *fig* fanatikus
rabies *n* veszettség; **~ shot** veszettség elleni oltás
raccoon *n* mosómedve
race[1] *n* verseny; *vi* versenyez; siet, rohan, száguld; lóversenyez (horses); autóversenyez (cars); **auto ~** autóverseny; **~s** lóverseny; **a ~ against time** versenyfutás az idővel
race[2] *n* faj; **the human ~** az emberiség
racehorse *n* versenyló
racetrack *n* versenypálya, lóversenypálya (horses), autóversenypálya
racial *a* faji; **~ discrimination** faji megkülönböztetés
racism *n* rasszizmus, fajgyűlölet, faji előítélet
racist *a, n* rasszista, fajgyűlölő
rack *n* állvány, tartó; rács; **luggage ~** csomagtartó (polc)
racket[1] *n sp* ütő; **tennis ~** teniszütő
racket[2] *n* lárma, hűhó, zsivaj (noise); *coll* csalás, zsarolás (scheme); **raise a ~** nagy lármát csap
racketeer *n coll* bűnöző, zsaroló, gengszter
racquet = racket[1] *n*
racquetball *n sp* fallabda
racy *a fig* pikáns, csípős
radar *n* radar, rádiólokátor
radiant *a* sugárzó, ragyogó
radiate *vt* sugároz; *vi* sugárzik
radiation *n* sugárzás, besugárzás; **~ therapy** sugárkezelés
radiator *n* radiátor, fűtőtest; *auto* hűtőrács, hűtő; **~ valve** hűtő szelep
radical *a* radikális, mélyreható, gyökeres
radio *n* rádió; **on the ~** a rádióban; **~ station** rádióadó, rádióállomás

radioactive *a* radioaktív; **~ waste** radioaktív hulladék
radioactivity *n* radioaktivitás
radiology *n* radiológia
radius *n* sugár, rádiusz; **within a ~ of two miles** két mérföldes körzeten belül
raffia *n* rafia
raffle *n* tombola, sorsjáték; *vt* tombolára bocsát
raft *n* tutaj
rafting *n* tutajozás
rag *n* rongy, cafat; **in ~s** rongyokban, rongyosan
ragamuffin *n* utcagyerek; rongyos ember
ragbag *n* rongyzsák
rag doll *n* rongy baba
rage *n* düh, őrjöngés; divat; szenvedély, mánia; *vi* dühöng, őrjöng, tombol; **It's all the ~ now.** Most mindenki megbolondul ezért./Most ez a legnagyobb divat.
ragged *a* durva, egyenetlen, szakadozott
ragout *n* ragu
ragtime *n* *mus* ragtime
ragweed *n* parlagfű
raid *n* rajtaütés, váratlan támadás; razzia (police); *vt* megtámad, rajtaüt [vmin]; fosztogat, kifoszt (rob); razziázik (police); **The kids ~ed the refrigerator.** *coll* A gyerekek megrohanták a hűtőszekrényt.
rail *n* sín; korlát, karfa (chair); **jump the ~s** kisiklik
railcar *n* sínautó
railhead *n* vasúti vonal vége
railing *n* korlát, karfa
raillery *n* gúnyolódás, ugratás, kötekedés
railroad = **railway** *n*
railway *n* vasút; **~ line** vasútvonal; **~ station** vasútállomás, pályaudvar
rain *n* eső; *fig* zápor, özön *vi* esik (az eső); **~ forest** esőerdő, őserdő; **~ or shine** ha esik, ha fúj; **It looks like ~.** Esőre áll (az idő). *coll* Lóg az eső lába. **It is ~ing.** Esik az eső. **When it ~s, it pours.** A baj csőstül jön. **It's ~ing cats and dogs.** Szakad az eső./Úgy esik, mintha dézsából öntenék.
rainbow *n* szivárvány
raincheck *n* eső miatt elmaradt előadás nézőinek adott pótjegy; kedvező ajánlat későbbi kihasználási lehetősége
raincoat *n* esőkabát
raindrop *n* esőcsepp
rainfall *n* eső, esőzés
rainmaker *n* esőcsináló
rainproof *a* esőálló, vízálló, vízhatlan
rainstorm *n* zivatar, vihar, felhőszakadás
rainwater *n* esővíz
rainy *a* esős; **~ day** esős nap; *fig* nehéz napok; **Save it for a ~ day!** Tedd félre nehezebb napokra!
raise *n* emelés, fizetésemelés (pay); emelkedés; *vt* emel, felemel, megemel; épít, emel (building); felkelt, felver, előidéz; felvet, felhoz (a question); tenyészt (animals); felnevel [vkit] (children); előteremt, összegyűjt (money); **~ hell** nagy felfordulást csinál; **~ a question** felvet egy kérdést; **He got a ~.** Fizetésemelést kapott. **I was ~d in Hungary.** Magyarországon nőttem fel. **They ~ horses**. Lovakat tenyésztenek.
raisin *n* mazsola
rake *n* gereblye; *vt* gereblyéz; *fig* átkutat, átfésül; *coll* **~ in** besöpör (sok pénzt)

rally *n* gyülekezés, gyűlés, nagygyűlés; *auto* rali, rally; *vt* összegyűjt, összevon, összeszed; *vi* összegyűlik, gyülekezik; ~ **round [sy]** [vki köré] sereglik

ram *n* kos; *vt* töm, beletöm, belegyömöszöl

ramble *vi* fecseg, elkalandozik, összevissza beszél (talk); kószál, sétál, kóborol (walk)

rambling *a* összefüggéstelen, elkalandozó

rambunctious *a* féktelen, vad, lármás

ramification *n* elágazás, ágazat; *fig* következmény

ramp *n* rámpa, felhajtó, feljáró; felhajtósáv, lehajtósáv (on highway)

rampage *n* dühöngés, őrjöngés, tombolás; **go on a** ~ dühöng, őrjöng

rampant *a* uralkodó, domináló

ramshackle *a* rozoga, düledező

ran *vi past* → **run**

ranch *n US* farm, állattenyészet; ~ **dressing** fűszeres tejfölös salátaöntet

rancher *n* farmer, gazdálkodó, állattenyésztő

rancid *a* avas

rancor *n* gyűlölet, gyűlölködés

random *a* véletlenszerű, találomra tett; szabálytalan, rendszertelen; **at** ~ találomra, véletlenszerűen

rang *vt, vi past* → **ring**[2]

range *n* sor, láncolat; távolság, hatótávolság, hallótávolság (hearing), lőtávolság (firing); tér, kiterjedés, terjedelem; hatáskör, terület (official); skála, tartomány; legelő (land); lőtér (shooting); tűzhely; *vt* sorba állít, sorakoztat; besorol; *vi* fekszik, terjed, nyúlik; **electric** ~ villanytűzhely; **mountain** ~ hegység; **at short** ~ közelről; **a** ~ **of options** választási lehetőségek köre; ~ **of voice** hangterjedelem

ranger *n US* erdőőr, parkőr; lovas rendőr

rank *n* sor (emberek); rang, társadalmi osztály; *vt* sorba állít, elrendez; besorol, rangsorol, minősít; *vi* sorban következik; **pull** ~ *coll* visszaél magasabb rangjával

ranking *a* rangidős

ransack *vt* átkutat; kifoszt

ransom *n* váltságdíj

rant *vi* nagy hangon beszél, henceg

rap *n* koppintás; kopogás; *slang* duma, szöveg; *vt* megüt, megfricskáz; *vi* kopog; *slang* dumál, szövegel, reppel

rape[1] *n* nemi erőszak; *vt* megerőszakol [vkit], erőszakot követ el [vkin]

rape[2] *n* repce

rapid *a* gyors, sebes; hirtelen; *n* zúgó, zuhatag

rapist *n* nemi erőszakot elkövető, erőszakoskodó

rapport *n* egyetértés, harmónia, jó kapcsolat

rapt *a* elmerült, belemélyedt

raptor *n* ragadozó madár

rapture *n* elragadtatás, gyönyör

rare[1] *a* ritka, kivételes

rare[2] *a* angolos, véres, félig sült (meat)

rarely *adv* ritkán

rarity *n* ritkaság

rascal *n* csirkefogó, gazember

rash *a* meggondolatlan, elhamarkodott, hirtelen

rash *n* kiütés (skin); *fig* elterjedés

rasp *n* reszelő, ráspoly (tool); csikorgás, reszelős hang (sound); *vt* reszel; érdes, recsegő hangon mond; *vi* csikorog, nyikorog

raspberry *n* málna

raspy *a* recsegő, érdes (hang)

rat *n* patkány; **the** ~ **race** *coll* mindennapi robot, a létért való harc

rate *n* arány, arányszám, mérték, fok; ár (price); sebesség, gyorsaság (speed); tarifa, árszabás, díjszabás; osztály, rang (class); *vt* becsül, értékel; **at any ~** mindenesetre; **at this ~** ha ez így megy tovább; **exchange ~** átváltási arány; **at the ~ of 5% (percent)** öt százalékos kamatra; **first-rate** elsőrangú

rather *adv* inkább; szívesebben; meglehetősen, eléggé (quite); **I'd ~ be fishing.** Most szívesebben pecáznék. **I'd ~ not go.** Inkább nem mennék el.

ratification *n* ratifikáció, jóváhagyás, ratifikálás

ratify *vt* ratifikál, jóváhagy

rating *n* osztályozás, besorolás, rangsorolás, értékelés; *US* nézettségi fok (TV)

ratio *n* arány, arányszám, viszonyszám, hányados

ration *n* adag, fejadag; *vt* jegyre adagol, kiporcióz

rational *a* ésszerű, racionális, józan

rationale *n* (ésszerű) magyarázat, indoklás

rationalize *vt* ésszerűsít, racionalizál

rattail *n* patkányfarok

rattan *n* nádpálca, nádpálma; rattan (furniture)

rattle *n* csörgő, kereplő; zörgés, csörgés; *vi* csörög, zörög; *vt* csörget, zörget

rattler *n* csörgő

rattlesnake *n* csörgőkígyó

ratty *a* patkánnyal teli; patkányszerű

raucous *a* rekedt, érdes (hang)

ravage *vt* pusztít, elpusztít, tönkretesz

rave *n* lelkesedés; *vi* félrebeszél; *coll* rajongva beszél [vmiről]; tombol, dühöng (rage); **a ~ review** lelkes (könyv)ismertető, nagyon pozitív értékelés

raven *n* holló

ravenous *a* falánk, kiéhezett

ravine *n* szakadék

raving *a* dühöngő; **a ~ lunatic** dühöngő őrült

ravishing *a* elragadó, bájos

raw *a* nyers; feldolgozatlan, megmunkálatlan; *fig* tapasztalatlan, zöldfülű (person); **~ material** nyersanyag; **a ~ deal** kedvezőtlen üzlet

rawhide *n* irha, nyers bőr

ray[1] *n* sugár, fénysugár

ray[2] *n* rája (hal) (fish)

rayon *n* műselyem

razor *n* borotva; **~ blade** borotvapenge; **razor-sharp** borotvaéles

razorback *n* amerikai vaddisznó

re. = regarding ... tárggyal kapcsolatban, [vmi] tárgyában, [vmit] illetőleg (hivatalos levelezésben)

reabsorb *vt* újra felszív

reach *n* kinyújtás; elérés; kiterjedés (expanse); hatáskör; *vt* elér, megfog, levesz; elér, eljut [vhova], megérkezik [vhova] (arrive); kiterjed [vhova], ér [vmeddig]; **within ~** hozzáférhető, elérhető; **It's beyond my ~.** Nem érem el./Elérhetetlen számomra.

react *vi* reagál; hatással van [vmire]

reaction *n* visszahatás, reakció, ellenhatás; válasz, reagálás (response); **chemical ~** vegyi reakció; **chain ~** láncreakció; **What was his ~?** Hogy reagált?

reactionary *a, n* reakciós

reactivate *vt* újraindít, újra bekapcsol

reactor *n* reaktor

read *vt* (**read, read**) olvas, elolvas; megfejt, értelmez (interpret); leolvas (an instrument); **~ the stars** a csillagokból jósol; **~ between the**

lines a sorok között olvas; ~ **into** belemagyaráz [vmit vmibe]; ~ **out loud** felolvas
readable *a* olvasható; olvasmányos, érdekes
readapt *vt* újra adaptál
readdress *vt* újra megcímez, átcímez
reader *n* olvasó; olvasókönyv (book)
readership *n* olvasóközönség, olvasótábor
readily *adv* készségesen, szívesen; könnyedén
reading *a* olvasó; *n* olvasás, felolvasás (out loud); olvasmány, olvasnivaló (things to read); szövegértelmezés; ~ **lamp** olvasólámpa; **a poetry ~** versfelolvasás, előadói est
readjust *vt* rendbe hoz; újraigazít, (újra) beállít
readmit *vt* újra felvesz [vkit]
readout *n* állás, leolvasás (műszeré)
ready *a* kész; hajlandó, készséges (willing); kéznél levő, hozzáférhető; *adv* készen; **get ~** elkészül, felkészül
reaffirm *vt* újra megerősít, újra állít
real *a* igazi, valódi, valós
real estate *n* ingatlan (vagyon); ~ **agent** ingatlanügynök
realign *vt* átrendez, átállít
realism *n* realizmus, valószerűség
realistic *a* élethű, realisztikus, reális; gyakorlatias
reality *n* valóság, realitás
realize *vt* felfog, megért, ráébred [vmire]; megvalósít, végrehajt (make real); ~ **one's dreams** valóra váltja az álmait
really *adv* igazán, valóban, tényleg
realm *n* birodalom, tartomány
realtor *n* ingatlanügynök
realty *n* ingatlan (vagyon)
reap *vt* arat, learat, lekaszál
reaper *n* arató, kaszáló; **the Grim R~** a kaszás (a halál)
reappear *vi* újra megjelenik, újra felbukkan
reapply *vi* ~ **for** újra jelentkezik [vmire]
rear *a* hátsó, hátulsó; *n* [vminek] a hátsó része, a hátulja; ~ **light** hátsó lámpa; **bring up the ~** hátul megy, bezárja a sort
rearrange *vt* átrendez, átcsoportosít
rearview mirror *n auto* visszapillantó tükör
reason *n* ok, indíték, indok; (józan) ész, értelem (ability); *vi* gondolkodik, okoskodik, következtet; érvel (argue); ~ **[sg] out** kikövetkeztet; **for no ~** minden ok nélkül; **listen to ~** hallgat a józan észre
reasonable *a* ésszerű; indokolt; méltányos, elfogadható; ~ **price** méltányos/elfogadható ár
reassure *vt* megnyugtat [vkit]; biztat [vkit], felbátorít [vkit]
rebate *n* árengedmény
rebel *n* lázadó, zendülő; *vi* ~ **against** lázad, fellázad [vmi ellen]
rebellion *n* lázadás, felkelés, zendülés
rebuff *vt* visszautasít, elutasít
recall *vt* visszahív [vkit], (hibás árut) visszavon; *fig* emlékezik [vmire], felidéz (remember)
receipt *n* átvétel; blokk, számla, nyugta
receive *vt* kap, átvesz, kézhez kap; fogad (people); vesz, fog (radio)
receiver *n* vevő, vevőkészülék (radio); (telefon)kagyló
recent *a* új keletű, friss, legújabb
recently *adv* mostanában, a minap, az utóbbi időben, múltkor
reception *n* felvétel, átvétel; fogadás (event); recepció (hotel); vétel (radio); ~ **desk** recepció

receptionist *n* recepciós, szállodai portás
recipe *n* recept (étel)
reciprocity *n* kölcsönösség, reciprocitás
recital *n* elmondás, elbeszélés (talking); *mus* (szóló) hangverseny
recite *vt* elmond, előad; *vi* szaval (a poem)
reckon *vt* gondol, vél, becsül
reclaim *vt* visszahódít; visszakövetel
recognition *n* felismerés; megismerés; *fig* elismerés; **in ~ of** [vmi] elismeréséül
recognize *vt* felismer, megismer; elismer, beismer; méltányol, elismer (appreciate)
recollect *vt* visszaemlékezik [vmire]
recollection *n* visszaemlékezés, emlék
recommend *vt* ajánl; javasol, tanácsol
recommendation *n* ajánlás; ajánlólevél (letter); előírás (rule)
recompense *n* viszonzás; kártalanítás, kárpótlás; elégtétel; *vt* megjutalmaz [vkit vmiért]; kárpótol [vkit vmiért], kártalanít [vkit vmiért]
reconcile *vt* kibékít [vkit]; elsimít; összeegyeztet [vmit vmivel]
reconciliation *n* kibékülés; összeegyeztetés
record *n* feljegyzés; okmány, okirat; előélet, priusz; *mus* hanglemez; csúcs, rekord; *vt* feljegyez, megörökít; regisztrál; felvesz, felvételt készít [vmiről]; **keep a ~ of** nyilvántartást vezet [vmiről]; **off the ~** nem hivatalosan, bizalmasan
recover *vt* visszanyer, visszaszerez, visszakap; *vi* meggyógyul, felgyógyul, felépül
recovery *n* visszaszerzés; gyógyulás, felgyógyulás
re-create *vt* újra előállít; újjáteremt
recreation *n* kikapcsolódás, szórakozás, üdülés; **~ center** szabadidő központ
recruit *n mil* újonc; *vt* toboroz [vkit]
rectangle *n* téglalap, négyszög
rectangular *a* négyszögletes; derékszögű
recuperate *vi* felépül, meggyógyul; rendbe jön; *vt* visszanyer, visszaszerez
recurrence *n* ismétlődés, visszatérés
recurring *a* visszatérő, ismétlődő
recycle *vt* újrahasznosít, újra felhasznál
recycling *n* újrahasznosítás, újra feldolgozás
red *a* piros; vörös (blood, hair, wine); **R~ Cross** Vöröskereszt; **~ eyes** véres/vörös szem; **~ meat** tőkehús; **~ tape** bürokrácia; **be in the ~** mínuszban van (anyagilag); **catch [sy] red-handed** rajta kap [vkit vmin], tetten ér [vkit]
reddish *a* pirosas, vöröses
redid *vt past* → **redo**
redness *n* pirosság, vörösség
redo *vt* (**redid, redone**) átalakít, rendbe hoz; újracsinál
redone *vt pp* → **redo**
reduce *vt* csökkent, mérsékel, leszállít; redukál
reduction *n* csökkentés, leszállítás, redukálás
redundant *a* fölösleges, szükségtelen; bőséges
reed *n* nád; nádas
reef *n* zátony; **coral ~** korallzátony
reel *n* tekercs, henger, orsó; filmtekercs; *vt* tekercsel, teker, gombolyít
reelect *vt* újra megválaszt [vkit]
re-establish *vt* helyreállít
re-examine *vt* újra megvizsgál
refer *vi* **~ to** utal [vmire], céloz [vmire], hivatkozik [vmire]; *vt* [vkit vhova] küld, utal
referee *n sp* bíró, döntőbíró

reference *n* utalás, hivatkozás; vonatkozás, kapcsolat; **~ number** hivatkozási szám; **in ~ to** hivatkozással [vmire]; **~ book** kézikönyv; **personal ~s** személyes referencia, ajánlólevél; **letter of ~** ajánlólevél
refill *n* utántöltő, betét; *vt* utánatölt, újratölt, feltölt
refine *vt* finomít, tisztít; javít, finomabbá tesz
refinery *n* finomító
reflect *vi* tükröződik, visszaverődik; **~ on** töpreng, gondolkodik [vmin]; *vt* tükröz, visszaver
reflection *n* visszaverődés, visszatükröződés; tükörkép (image); töprengés, elmélkedés (thinking)
reflector *n* fényszóró, reflektor
reform *n* reform, megújulás; *vt* megújít, megreformál
reformation *n* megújítás, megreformálás; megújulás; *rel* reformáció
refresh *vt* felfrissít, felüdít
refreshment *n* üdítő, frissítő; büféáru
refrigerate *vt* hűt, behűt
refrigerator *n* hűtőszekrény, hűtőgép, hűtő
refuge *n* menedék
refugee *n* menekült; **~ camp** menekült tábor; **~ status** menekült státusz
refund *n* visszatérítés; *vt* visszatérít, megtérít, visszafizet
refusal *n* elutasítás, visszautasítás
refuse *n* hulladék, szemét; *vt* elutasít, visszautasít; megtagad
regard *n* tekintet, szempont; elismerés, megbecsülés; *vt* tart [vkit vminek]; megfontol, mérlegel; vonatkozik [vmire]; **in this ~** ebben a tekintetben; **pay no ~ to** nincs tekintettel [vmire]; **I send my ~s.** Üdvözletemet küldöm.
regarding *prep* illetően, illetőleg, ami ...-t illeti
regime *n* uralom, rendszer, rezsim
region *n* térség, régió; táj, vidék, környék; *fig* terület
regional *a* regionális, területi; kerületi, körzeti
register *n* jegyzék, nyilvántartás; anyakönyv (marriages, births); hangterjedelem (voice); *vt* beiktat, jegyzékbe vesz, bejegyez; *vi* bejelentkezik; **~ed letter** ajánlott levél
regret *n* megbánás; sajnálat, sajnálkozás; *vt* sajnál, sajnálkozik [vmin]; megbán
regular *a* rendszeres, szabályos, pontos; rendes, szokásos, megszokott; *n* törzsvendég, törzsvevő, törzsvásárló
regulate *vt* szabályoz, beállít; irányít, szabályoz
regulation *n* szabályzat; szabályozás, beállítás
rehabilitation *n* rehabilitáció
rehearsal *n theat* próba; **dress ~** (jelmezes) főpróba
rehearse *vt theat* próbál, elpróbál
reimburse *vt* visszafizet, megtérít, kárpótol
rein *n* gyeplő, kantár; *vt* megzaboláz
reinforce *vt* megerősít
reject *n* elutasított dolog; selejt (product); *vt* elutasít, visszautasít; kiselejtez (a product); *med* kilök
rejection *n* elutasítás, visszautasítás; *med* kilökődés
relapse *n* visszaesés, rosszabbodás; *vi* visszaesik, hanyatlik, rosszabbodik
relate *vt* elmond, elmesél; összekapcsol, összefüggésbe hoz; **be ~d to [sy]** rokonságban van [vkivel]

relation *n* kapcsolat, vonatkozás, viszony; rokon (person)
relationship *n* kapcsolat, viszony; rokonság (relatives)
relative *a* relatív, viszonylagos; *gram* vonatkozó; *n* rokon
relatively *adv* viszonylag, aránylag
relax *vi* pihen, lazít; elernyed, gyengül; *vt* meglazít, megereszt; enyhít; pihentet
relaxation *n* pihenés, lazítás, kikapcsolódás
release *n* eleresztés, elengedés, szabadon bocsátás; forgalomba hozatal (book, movie); kikapcsolás, kiengedés; *vt* elereszt, elenged, kienged; szabadon bocsát (a person); forgalomba hoz (a product), bemutat (a movie)
reliable *a* megbízható
relief[1] *n* megkönnyebbülés, enyhülés; enyhítés, könnyítés; segély, segítség (aid)
relief[2] *n* dombormű
relieve *vt* könnyít, enyhít; felment; tehermentesít; **feel ~d** megkönnyebbül; **~ [sy] of duty** szolgálat alól felment, felvált
religion *n* vallás
religious *a* vallásos; vallási
rely *vi* **~ on** támaszkodik [vmire], épít [vmire], megbízik [vkiben], számít [vkire]
remain *vi* marad, megmarad; **~s** maradványok; emlékek; **mortal ~s** hamvak, földi maradványok
remaining *a* megmaradó
remark *n* megjegyzés, észrevétel; *vt* észrevesz, megjegyez; *vi* **~ on** megjegyzést tesz [vmire]
remedy *n* orvosság, ellenszer; *vt* orvosol, helyrehoz; **home ~** házi orvoslás, házi ellenszer
remember *vt* emlékszik [vmire], emlékezik [vmire]; eszébe jut [vmi]
remind *vt* **~ of** emlékeztet [vkit vmire]
reminder *n* emlékeztető; figyelmeztetés
remit *vt* átutal, utalványoz, elküld (pénzt), befizet
remittance *n* átutalás; átutalt összeg (money), befizetés
remorse *n* megbánás, bűnbánás, bűntudat
remote *a* távoli; magányos, zárkózott; *coll* távirányító; **~ control** távirányítás; távirányító
remove *vt* eltávolít, elmozdít, eltesz, elvesz, elvisz; levesz, leszed; kitöröl, eltüntet
renew *vt* megújít; meghosszabbít; felfrissít, kicserél; *vi* megújul
renewal *n* megújítás; meghosszabbítás; megújulás
renounce *vt* lemond [vmiről]; felad; megtagad
renovate *vt* felújít, renovál, helyreállít, restaurál
renovation *n* felújítás, helyreállítás, renoválás
rent *n* lakbér, bérleti díj; *vt* kibérel, bérbe vesz, kölcsönöz; bérbe ad (owner); **for ~** kiadó; bérelhető; **~ a car** autót kölcsönöz
reorganize *vt* átszervez
repaid *vt past/pp* → **repay**
repair *n* javítás, tatarozás (buliding); *vt* javít, megjavít, kijavít, rendbe hoz; **shoe ~** cipőjavító; **beyond ~** helyrehozhatatlan, javíthatatlan
repay *vt* (**repaid, repaid**) visszafizet, megtérít; viszonoz
repeat *n* ismétlés; ismétlődés; *vt* ismétel, megismétel; *vi* ismétlődik
repel *vt* visszataszít, taszít

repellent *a* visszataszító, taszító, visszaverő; *n* **insect ~** rovarriasztó; **water ~** vízlepergető

repetition *n* ismétlés; ismétlődés

repetitive *a* ismétlődő

replace *vt* visszatesz, visszarak; pótol, kicserél, helyettesít; [vkinek] a helyébe lép

replacement *n* pótlás, helyettesítés, kicserélés

reply *n* válasz, felelet; *vt, vi* válaszol, felel [vmire]

report *n* jelentés, beszámoló; tudósítás, riport; *vt* beszámol [vmiről], jelent; elmond, közöl; tudósítást/riportot készít; feljelent (to the police); *school* **~ card** bizonyítvány

reporter *n* riporter, tudósító

represent *vt* ábrázol, mutat; képvisel; jelent, jelöl; előad, elmond

representative *a* tipikus, jellegzetes, reprezentatív; képviseleti; *n* képviselő; **House of R~s** *US* Képviselőház, a Kongresszus

repress *vt* elnyom, elfojt

repression *n* elnyomás, elfojtás

reprimand *n* dorgálás, szidás; rendreutasítás; *vt* megdorgál, megszid; rendreutasít

reprisal *n* megtorlás

reproduce *vt* újra megalkot; visszaad, reprodukál; nemz (children); *vi* szaporodik

reproduction *n* reprodukálás; szaporodás; másolat, sokszorosítás, reprodukció (a picture)

reptile *n* hüllő

republic *n* köztársaság

republican *a, n* köztársasági; republikánus; *US* **the R~ Party** a republikánus párt

repulsive *a* visszataszító, undorító

reputation *n* hírnév, hír

request *n* kérés, kívánság; *vt* kér, megkér, felkér [vmire]

require *vt* kíván, megkíván, megkövetel, kér, elvár; igényel; szükséges, kell

requirement *n* követelmény, kívánalom; előfeltétel; **meet ~s** megfelel a követelményeknek

rerun *n* ismétlés (filmé)

rescue *n* mentés, kimentés, megmentés; kiszabadítás; *vt* megment, kiment, kiszabadít; **come to the ~** [vkinek] a segítségére siet

research *n* kutatás, kutatómunka; *vt* kutat, kutatást végez

resemblance *n* hasonlóság; **bear a ~ to** hasonlít [vmire]

resemble *vt* hasonlít [vkire, vmire]

resent *vt* zokon vesz, neheztel [vmiért], rossz néven vesz

reservation *n* foglalás, helyfoglalás, szobafoglalás (room), asztalfoglalás (table); kétség, fenntartás; rezervátum, védett terület; **Indian ~** indián rezervátum

reserve *n* tartalék; *mil* tartaléksereg; óvatosság, tartózkodás; *vt* félretesz, tartalékol; fenntart, lefoglal; **~ a table** asztalt foglal; **All rights ~d.** Minden jog fenntartva.

reserved *a* foglalt, fenntartott; tartózkodó, hallgatag (person)

reservoir *n* víztározó, gyűjtőmedence; tartály

reside *vi* lakik, tartózkodik [vhol]

residence *n* tartózkodás; tartózkodási hely, lakóhely (place); rezidencia; **~ permit** tartózkodási engedély

resident *n* lakó, állandó lakos; *med* gyakorló orvos

residue *n* maradék, maradvány; üledék

resign *vt* lemond [vmiről]; felad (jogot)
resignation *n* lemondás; felmondás (work); megnyugvás, beletörődés, rezignáció (feeling)
resilient *a* rugalmas
resin *n* gyanta
resist *vt* ellenáll [vminek]
resistance *n* ellenállás
resistant *a* ellenálló
resort *n* eszköz; megoldás; menedékhely; üdülőhely (vacation); *vi* ~ **to** igénybe vesz, [vmihez] folyamodik; **last** ~ végső megoldás
resource *n* forrás, erőforrás, anyagi eszköz; **natural ~s** természeti kincsek
resourceful *a* találékony, leleményes
respect *n* tisztelet, megbecsülés; figyelem, tekintet; szempont; *vt* tisztel, tiszteletben tart; tekintetbe vesz, méltányol; **with all due** ~ minden tisztelet ellenére; **have ~ for** tisztel [vkit]; **with ~ to** tekintettel [vmire]; **in every** ~ minden szempontból; **pay one's ~s to** tiszteletét teszi [vkinél]
respectful *a* tisztelettudó, tiszteletteljes; tisztes
respirator *n* lélegeztető gép, légzőkészülék
respond *vi* válaszol, felel; reagál [vmire]
response *n* válasz, felelet; reakció
responsibility *n* felelősség [vmiért]; kötelezettség
responsible *a* felelős [vmiért]; megbízható; felelősségteljes (position)
rest[1] *n* pihenés, nyugalom; nyugalmi állapot; pihenőhely (place); támaszték, támla (support); *vi* pihen, alszik; szünetet tart; *vt* pihentet; **~room** mosdó, WC; ~ **stop** pihenőhely (autópálya mellett); **head~** fejtámla; **arm~** karfa; **be at** ~ nyugalmi állapotban van; pihen; ~ **up** kipiheni magát
rest[2] *n* maradék, maradvány; **the** ~ a többi, a többiek (people)
restaurant *n* étterem, vendéglő
restless *a* nyugtalan; ideges
restore *vt* helyrehoz, visszaállít, helyreállít, újjáépít
restrain *vt* visszatart, megfékez, féken tart, korlátoz
restrict *vt* korlátoz, megszorít, leszűkít
restricted *a* korlátozott
restriction *n* korlátozás, megszorítás
result *n* eredmény, következmény; *vi* ~ **from** következik, származik, ered [vmiből]; ~ **in** eredményez [vmit], vezet [vmire]
résumé *n* szakmai önéletrajz
resume *vt* újrakezd; folytat
resurrection *n rel* feltámadás; felélesztés, felújítás
retail *n* kiskereskedelem; *vt* kicsiben elad; ~ **trade** kiskereskedelmi forgalom
retailer *n* kiskereskedő
retain *vt* visszatart, visszafog; megtart, megőriz; felfogad, igénybe veszi [vkinek] a szolgáltatásait
retina *n med* retina, recehártya
retire *vi* visszavonul; nyugdíjba megy/vonul (old age)
retired *a* nyugalmazott, nyugdíjas; visszavonult, magányos (élet)
retirement *n* nyugdíj, nyugdíjazás
retract *vt* visszahúz, behúz
retrain *vt* átképez
retreat *n* visszavonulás; takarodó; csendes pihenőhely; *rel* lelkigyakorlat, csendes napok; *vi* visszavonul, hátrál

retribution *n* büntetés, megtorlás
retrieve *vt* visszaszerez, visszanyer; visszahoz, elhoz
retroactive *a* visszaható (erejű), utólagos
retrospect *n* visszatekintés; **in ~** visszatekintve, utólag
return *a* retúr, menettérti (ticket); *n* visszatérés, visszaérkezés (arrival); visszaadás, visszaküldés, visszatérítés (giving back); megismétlődés (repeating); viszonzás, ellenszolgáltatás; *econ* bevétel, haszon, nyereség; jövedelem; *vi* visszatér, visszamegy, visszajön; ismétlődik, megismétlődik (repeat); *vt* visszaad, visszaküld, visszatérít (give back); visszatesz, visszahelyez (put back); viszonoz (reciprocate); *econ* hoz, jövedelmez; **~ ticket** retúrjegy; **~ address** feladó címe; **in ~ for** [vminek] fejében; **tax ~** adóbevallás; **~ [sy's] love** viszonozza [vkinek] a szerelmét; **~ a profit** hasznot hajt
reunite *vt* újraegyesít; *vi* újraegyesül
reveal *vt* láthatóvá tesz, mutat; *fig* felfed, feltár, elárul, leleplez; kijelent, kinyilatkoztat
revelation *n* kinyilatkoztatás, kijelentés; felfedezés, meglepetés; *rel* **Book of R~s** A jelenések könyve
revenge *n* bosszú, bosszúállás, megtorlás; **take ~** megbosszul [vmit vkin]
revenue *n* bevétel, jövedelem, állami jövedelem; **Internal R~ Service** *US* Szövetségi Adóhivatal
reverse *a* fordított, ellenkező, ellentétes; hátsó; *n* [vminek] az ellenkezője, ellentéte, fordítottja; hátlap, hátoldal; [vminek] a visszája; *auto* hátramenet; *vt* megfordít, felfordít; megcserél, felcserél; **in ~ order** fordított sorrendben; **put the car in ~** hátramenetbe kapcsol
review *n* áttekintés; *school* ismétlés; felülvizsgálat, számbavétel; *theat, cine* bírálat, kritika; folyóirat, szemle (journal); *vt* átnéz, felülvizsgál, áttekint; bírálatot ír, könyvismertetést ír
revise *vt* átnéz, átdolgoz, módosít, korrigál
revision *n* átdolgozás, átvizsgálás; felülvizsgálat; javított kiadás, átdolgozott változat (of a book)
revival *n* feléledés, újjászületés
revive *vt* feléleszt, magához térít; felújít, felelevenít; *vi* feléled, új erőre kap; felvirágzik, megújul
revocation *n* visszavonás, visszahívás
revoke *vt* visszavon, hatálytalanít, eltöröl, bevon
revolt *n* lázadás, felkelés; *vi* fellázad, zendül, felkel [vmi ellen]; *vt* visszataszít, undorít
revolting *a* visszataszító, undorító, felháborító
revolution *n* forgás, keringés; fordulat (rotation); *pol* forradalom
revolutionary *a* forradalmi; *n* forradalmár
revolve *vi* forog; kering; *vt* forgat
revolving *a* forgó; **~ door** forgóajtó
reward *n* jutalom; *vt* megjutalmaz, jutalmaz
rewind *vt* (**rewound, rewound**) visszateker; visszatekercsel
rewound *vt past/pp* → **rewind**
rewrite *vt* (**rewrote, rewritten**) átír, újra ír
rewritten *a* átírt; *vt pp* → **rewrite**
rewrote *vt past* → **rewrite**

rhapsody *n* rapszódia
rhetoric *n* retorika, ékesszólás
rhetorical *a* szónoki, retorikai; ~ **question** költői kérdés
rheumatism *n med* reuma
rheumatoid *a med* reumaszerű
rhinestone *n* strassz
rhino = **rhinoceros** *n coll*
rhinoceros *n* orrszarvú
rhombus *n* rombusz
rhubarb *n* rebarbara
rhyme *n* rím; vers, versike; *vi* rímel; **without ~ or reason** minden ok nélkül
rhythm *n* ritmus, ütem
rhythmic *a* ütemes, ritmikus
rib *n* borda (body part); oldalas (meat); bordázat; erezet (leaf); *vt* bordáz
ribbed *a* bordás, bordázott
ribbon *n* szalag, masni
rice *n* rizs; **brown ~** barna rizs, hántolatlan rizs; ~ **pudding** *approx* tejberizs
rich *a* gazdag; bővelkedik [vmiben]; dús, bőséges; termékeny (soil); nehéz (food); finom, értékes (fine); meleg (color)
riches *n pl* gazdagság
richly *adv* gazdagon, bőven
rickets *n* angolkór
rickety *a* rozoga, roskatag
rid *vt* (**rid, rid**) ~ **of** megszabadít [vmitől], leráz [vmit]; **get ~ of** megszabadul [vmitől]
riddance *n* szabadulás, megszabadulás [vmitől]
ridden *a* üldözött, nyomorgatott; *vt pp* → **ride**; **bed~** ágyhoz kötött
riddle[1] *n* találós kérdés, rejtvény; rejtély (puzzle)
riddle[2] *n* rosta; *vt* megrostál; **be ~d with guilt** kínozza a bűntudat
ride *n* lovaglás (horseback); (járművön) utazás, kocsikázás (car), kerékpározás (bicycle); *vt* (**rode, ridden**) lovagol (horse); utazik (any vehicle); kerékpározik (bicycle); autózik (car); buszozik (bus); **give [sy] a ~** elvisz [vkit] (kocsival); ~ **on a motorcycle** motorozik; ~ **away** ellovagol; ~ **back** visszalovagol; ~ **off** ellovagol
rider *n* lovas (horse); motoros (motorcycle)
ridge *n* hegygerinc, hegyhát
ridicule *vt* nevetségessé tesz, kigúnyol, kicsúfol
ridiculous *a* nevetséges
riding *n* lovaglás; utazás
rife *a* gyakori, elterjedt
riffraff *n* csőcselék
rifle *n* puska
rift *n* repedés, hasadás
rig *n* kötélzet, árbocozat; fúróállvány, fúrótorony; *vt* felszerel, felállít; **oil ~** olajfúró torony (tengeri)
right *a* helyes, megfelelő, alkalmas (correct); igazságos, becsületes (just); helyénvaló, illő, rendes; jobb (side); *adv* helyesen, jogosan, jól, megfelelően; azonnal, mindjárt, pontosan (time); jobbra (side); *n* igazság, jogosság; jog, tulajdonjog; jobb oldal (side); **at the ~ place at the ~ time** a megfelelő helyen, a megfelelő időben; **the ~ side of the fabric** a szövet színe (nem a visszája); ~ **angle** derékszög; ~ **away** azonnal, mindjárt; ~ **now** most azonnal; ~ **here** pontosan itt; ~ **after lunch** közvetlenül ebéd után; **turn ~** jobbra fordul; **on the ~** a jobb oldalon; ~ **of way** elsőbbség (közlekedésben); **he has no ~ to** nincs joga [vmihez]; **she has every ~**

to minden joga megvan [vmihez]; **all ~s reserved** minden jog fenntartva; **All ~!** Rendben!/Oké! **That's ~!** Úgy van! **You're ~.** Igazad van. **Come ~ in!** *coll* Jöjjön beljebb!
right-handed *a* jobbkezes
rigid *a* merev, rideg
rigor *n* szigorúság, merevség; szigor, kérlelhetetlenség
rigorous *a* szigorú, kérlelhetetlen
rim *n* szegély, karima, perem; (szemüveg) keret (glasses)
rind *n* héj, kéreg
ring[1] *n* karika; gyűrű (jewelry); kör (circle); porond, aréna (circus); *sp* szorító, ring; *vt* körülfog, bekerít; meggyűrűz; **~ finger** gyűrűs ujj; **run ~s around [sy]** leköröz [vkit]
ring[2] *n* csengetés, csengés; *vi* (**rang, rung**) szól, cseng, hangzik; *vt* csenget; harangoz; **My ears are ~ing.** Cseng a fülem.
rink *n sp* jégpálya, műjégpálya (ice); görkorcsolyapálya (roller-skate)
rinse *n* öblítés, öblögetés; *vt* öblít, kiöblít, öblöget
riot *n* felkelés, lázadás, zendülés; *coll* tobzódás, orgia; *vi* lázad, zendül
rip *n* hasítás, hasadás, vágás, szakadás; *vt* felszakít, feltép, felhasít, széthasít
ripe *a* érett
ripen *vi* érik, megérik; *vt* megérlel
ripple *n* fodor, fodrozódás (vízen); *vi* fodrozódik, hullámzik
rise *n* emelkedés, felemelkedés; emelkedő; magaslat, domb (hill); *vi* (**rose, risen**) emelkedik, felemelkedik, felszáll; kel, felkel, feláll (get up); dagad, duzzad, kel (dough); **be on the ~** emelkedőben van; **a ~ in prices** áremelkedés
risen *vt pp* → **rise**
risk *n* kockázat, rizikó, veszély; *vt* kockáztat, megkockáztat, reszkíroz; **take a ~** kockázatot vállal
risky *a* kockázatos, rizikós, veszélyes
rite *n* rítus, szertartás
ritual *a* szertartásos, rituális; *n* szertartás, rítus; rituálé
rival *n* rivális, vetélytárs; *vt* verseng, vetélkedik [kivel]; *fig* vetekedik, felveszi a versenyt [vmivel, vkivel]
rivalry *n* versengés, rivalizálás
river *n* folyó; folyam; áradat
riverbank *n* folyópart
riverbed *n* folyómeder
riverside *a* folyóparti; *n* folyópart
rivet *n* szegecs
riveting *a* izgalmas, lenyűgöző
roach = cockroach *n coll* csótány, svábbogár
road *n* út, országút; **main ~** főútvonal, főút; **~ map** autótérkép; *fig* tervezet, részletesen kidolgozott terv; **~ sign** (közúti) jelzőtábla; **be on the ~** úton van, utazik; **hit the ~** *coll* útra kel, elindul
roadblock *n* útlezárás, úttorlasz
roadside *a* országúti, útmenti
roadworthy *a* közlekedésre alkalmas
roam *vi* barangol, kóborol, kószál
roaming *n* barangolás, kószálás; mobil telefonon más szolgáltató hálózatának a használata, roaming (cell phone)
roar *n* üvöltés, ordítás; bőgés (oroszlán) *vi* bőg, üvölt, bömböl, zúg, ordít
roaring *a* ordító, üvöltő
roast *a* (roston) sült; *n* egyben sült hús, pecsenye; *vt* süt, roston süt; pörköl (coffee); *vi* sül (hús); **~ turkey** sült pulyka
roaster *n* pecsenyesütő
rob *vt* kirabol, meglop

robber *n* rabló
robbery *n* rablás
robe *n* köpeny, köntös; talár (judge); **bath ~** fürdőköpeny
robin *n* vörösbegy
robot *n* robot
robust *a* robosztus, erős, egészséges
rock[1] *n* szikla, szirt; (nagyobb) kő; kőzet; **be on the ~s** nehéz helyzetben van; **a drink on the ~s** ital jéggel; **~ bottom** [vminek] a legalja; **~ climbing** sziklamászás
rock[2] *n mus* rock (zene); *vt* ringat, himbál, hintáztat; *vi* ring, himbálózik; **~ the boat** kellemetlen helyzetbe hoz; felrázza a megszokott helyzetet
rocker *n coll* rocker, rock zenész; hintaszék (chair)
rocket *n* rakéta
rocking chair *n* hintaszék
rocky *a* sziklás, köves; *fig* rázós, ingatag, bizonytalan; *US* **the R~ Mountains** a Sziklás-hegység
rod *n* pálca, vessző; rúd, bot; **fishing ~** horgászbot, pecabot
rode *vt past* → **ride**
rodent *n* rágcsáló
rodeo *n* rodeó
roe *n* halikra
rogue *n* gazember, gaztevő; szélhámos
role *n* szerep; **play a ~** szerepet játszik
roll *n* tekercs; henger; ringás, himbálózás; gördülés; névsor, névjegyzék, lista (list); zsemle (bread); *vt* felgöngyölít, felcsavar; becsavar; gurít, görget; perget (drum); *vi* gurul, gördül; himbálózik, ring; **~ call** névsorolvasás; **honor ~** *school* a legjobb tanulók névsora; **~ one's eyes** forgatja a szemét; **~ back** visszaszorít, visszagurít; **~ down** *vi* legurul; *vt* leteker, lehajt (ablakot); **~ in** beözönlik; **~ out** kisodor, kinyújt (tésztát); **~ over** *vi* megfordul, befordul (ágyban); *vt* felfordít, megfordít; **~ up** összecsavar, összehajt; felcsavar, feltűr (sleeve); felhúz (window)
rollercoaster *n* hullámvasút
rolling pin *n* sodrófa, nyújtófa
Roman *a, n* római; **~ Catholic** *rel* római katolikus; **~ numeral** római szám
romance *n* románc, romantikus történet, romantikus kaland; szerelem, szerelmi ügy; romantika
Romania = Rumania *n* Románia
Romanian = Rumanian *a, n* román; **in ~** románul
romantic *a* romantikus
romanticize *vt* romantikussá tesz, romantizál
roof *n* tető, fedél; **raise the ~** *coll* lelkesen tapsol; **~ of the mouth** szájpadlás
roofer *n* tetőfedő
roofing *n* födém, fedélszerkezet; tetőfedőanyag (material)
rookie *n* újonc
room *n* tér, hely, férőhely; szoba; terem; **make ~ for** helyet csinál [vminek]; **~ service** szobaszerviz; **~ temperature** szobahőmérséklet; **There's a lot of ~ for improvement.** Sok kívánnivalót hagy maga után.
roommate *n* lakótárs, szobatárs
roomy *a* tágas, nagy
roost *vi* elül, alszik; lepihen
rooster *n* kakas
root *n* gyökér; *fig* eredet, gyökér, alap, forrás; *gram* szótő; *math* gyök; *vt* meggyökereztet; *vi* meggyökerezik, gyökeret ver; **the ~ of the matter** a probléma gyökere, a dolog lényege;

square ~ négyzetgyök; **~ up** gyökerestül kitép
root beer *n US* édesgyökérrel készült szénsavas üdítőital
rope *n* kötél; *vt* összekötöz, odaköt; *US* kötéllel lovat fog; **~ off** kötéllel elkerít
rosary *n rel* rózsafüzér
rose[1] *a* rózsaszínű; rózsa-; *n* rózsa
rose[2] *vt past* → **rise**
rosebud *n* rózsabimbó
rosebush *n* rózsabokor
rose garden *n* rózsakert
rosemary *n* rozmaring
rosette *n* rozetta
rosewood *n* rózsafa (anyag)
roster *n* névsor
rosy *a* rózsás, rózsaszínű
rot *vi* rothad, korhad
rotary *a* forgó, körben forgó
rotate *vi* forog; váltakozik, felváltja egymást; *vt* forgat; váltogat
rotation *n* forgás; forgatás; váltakozás, váltás
rote *n* ismétlés; **learn by ~** bemagol, bevág
rotor *n* rotor, forgórész
rotten *a* rothadt, korhadt; *fig* romlott, erkölcstelen; *coll* vacak, nyamvadt, rothadt, pocsék
rotund *a* kerek; pocakos (ember)
rough *a* durva, érdes, egyenetlen; zord, viharos (weather); nyers, goromba, durva (person); nyers, megmunkálatlan, csiszolatlan (material); vázlatos, hevenyészett, összecsapott (not finished); megközelítő (approximate); **~ weather** zord időjárás; **~ draft** durva piszkozat; **a ~ estimate** durva becslés; **diamond in the ~** csiszolatlan gyémánt
roughly *adv* durván, megközelítőleg, nagyjából
roulette *n* rulett
round *a* kerek; gömbölyű (3-D); *fig* kerek, egész, teljes; *adv* körben, körül; *n* kör; forgás, változás; sorozat; *sp* menet, forduló, futam; *mus* kánon; *vt* kerekít, lekerekít, gömbölyít; **~ trip** retúr, oda-vissza út; **~table** kerekasztal; **~ number** kerek szám; **~ the clock** éjjel-nappal; **all year ~** egész évben; **~ off** lekerekít; **~ up** összegyűjt, összeterel, felhajt
rouse *vt* felriaszt, felver; felébreszt, felkelt; serkent, buzdít
rousing *a* lelkesítő; harsány
rout *n* csődület, csőcselék; összejövetel
route *n* út, útvonal; *vt* irányít; **en ~** menet közben, útközben, úton
routine *a* megszokott, szokásos, rutin; *n* gyakorlat, rutin, jártasság; megszokott dolog, mindennapi tevékenység
rove *vi* barangol, vándorol, elkalandozik
rover *n* kóborló, országjáró
row[1] *n* sor; **first ~** első sor
row[2] *vi* evez; **~ing machine** evezőpad
rowboat *n* csónak
rowdy *a* lármás, lármázó, verekedős
royal *a* királyi; felséges, fenséges, nagyszerű; **~ jelly** méhpempő; **~ treatment** nagyszerű/luxus bánásmód
royalty *n* királyi személy, fenség, királyi család tagja; szerzői jogdíj, tiszteletdíj, honorárium (money)
rub *vt* dörzsöl, dörgöl, bedörzsöl; fényesít; **~ in** bedörzsöl; *fig* orra alá dörgöl [vmit]; **~ off** *vt* ledörzsöl, levakar; *vi* lejön, lekopik; **~ together** összedörgöl; **He ~s me the wrong way.** *coll* Nem jövök ki vele./ Nagyon unszimpatikus nekem.

rubber *n* gumi; ~ **band** gumiszalag, befőttes gumi
rubberneck *vi* bámészkodik; *coll* vezetés közben bámészkodva lelassít (in traffic)
rubble *n* kőtörmelék; terméskő
ruby *a* rubinvörös; *n* rubin
rucksack *n* hátizsák
ruckus *n coll* lárma, zenebona, rumli
rudder *n* kormánylapát
ruddy *a* pirospozsgás; piros, vörös
rude *a* udvariatlan, nyers, durva, faragatlan, goromba; hirtelen, heves; ~ **awakening** keserves csalódás
rudimentary *a* kezdetleges, elemi, durva
rueful *a* bánatos, bús
ruff *n* nyaktollazat (bird); nyakfodor (clothes)
ruffian *n* útonálló, bandita
ruffle *n* fodor; *fig* izgatottság; *vt* fodroz; felborzol, összeborzol, összekuszál (mess up); *vi* felborzolódik; *coll* ~ **[sy's] feathers** kihoz [vkit] a sodrából, felizgat
rug *n* szőnyeg
rugged *a* egyenetlen, göröngyös; nyers, barátságtalan, kemény, darabos (person)
ruin *n* romlás, pusztulás, tönkremenés; rom, omladék (of a building); *vt* tönkretesz, lerombol, romba dönt
rule *n* szabály; szokás; uralom, uralkodás; *vt* szabályoz; kormányoz, irányít, igazgat, vezet; uralkodik [vkin]; *law* dönt; megvonalaz (line); **as a** ~ rendszerint, általában; ~ **of thumb** hozzávetőleges szabály (nem pontos)
ruler *n* vonalzó; uralkodó (person)
ruling *a* uralkodó, fő-; *n* uralkodás, kormányzás; *law* rendelkezés, döntés, ítélet, ítélethozatal
rum *n* rum
Rumania *n* Románia
Rumanian *a, n* román; **in** ~ románul
rumble *n* moraj, dörgés, korgás; *vi* zörög, dörög (sky), morajlik (crowd), korog (stomach)
rummage *n* turkálás, kotorászás, átkutatás; limlom (things); *vt* átkutat, felforgat, feltúr
rumor *n* híresztelés, szóbeszéd; ~ **has it** az hírlik, azt beszélik
rump *n* far, hátsó rész; (marha)fartő (meat)
rumple *vt* összegyűr, összeráncol
run *n* futás; út, túra; működés, üzemelés (machine); sorozat, széria; átlagos, tipikus; *vi* (**ran, run**) fut, szalad, rohan; megy, halad (vehicle); jár, működik, megy (machine); folyik (river); csepeg, folyik (nose); megfolyósodik, olvad (become runny); ereszt, fog (material); tart, (time); *vt* lefut, befut; üzemben tart, járat; vezet, irányít, igazgat (manage); folyat, ereszt (water); **be on the** ~ mindig siet, mindig fut; **a** ~ **in the park** futás a parkban; **give [sy] a** ~ **for his money** keményen megdolgoztat [vkit] a pénzéért; **in the long** ~ hosszú távon; ~ **of the mill** átlagos, középszerű; **also ran** futottak még; ~ **a mile** lefut egy mérföldet; ~ **the company** vezeti a vállalatot; ~ **a bath** fürdőt készít; ~ **a race** versenyt fut; ~ **after** fut [vmi után]; ~ **against** nekiszalad, nekimegy [vminek]; beleütközik [vmibe]; ~ **away** elfut; elmenekül; elszökik; ~ **by** *vi* elfut [vmi mellett]; *vt* elismétel; leellenőriztet [vmit vkivel]; ~ **down** leszalad, lefut; *fig* lestrapál, kimerít; ~ **for** érte

szalad; pályázik [vmire], jelölteti magát [vmire]; ~ **in** beszalad; ~ **into** beleszalad; *fig* összetalálkozik [vkivel], összefut [vkivel]; ~ **into trouble** bajba jut; ~ **off** elszökik, elfut; ~ **out** kiszalad, kifut; kifolyik (liquid); elfogy, kifogy (be used up); ~ **over** elgázol, elüt (with a car); átfut, átszalad [vmin]; ~ **through** átfut, átszalad [vmin]; ~ **to** odaszalad; ~ **up** felszalad, felfut; ~ **up to** odaszalad [vkihez]; ~ **up against** [vmibe] ütközik; **My nose is ~ning.** Folyik az orrom.
runaway *n* szökevény
run-down *a* lepusztult, leromlott
rung *vi, vt pp* → **ring**[2]
runner *n* futó (person); él, talp (korcsolyán); csúszópálya, sín; futószőnyeg, futó (terítő) (a narrow rug); futónövény, kúszónövény (plant)
runner-up *n* második helyezett
running *a* futó; folyó, folyamatos (continuous); *n* futás; járás, működés (machine)
runny *a* folyós
runoff *n* túlfolyás; versenydöntő (competition)
runt *n coll* törpe, tökmag
runway *n* kifutópálya, leszállópálya, felszállópálya (plane); kifutó (divatbemutatón) (fashion show)
rupture *n* szakadás, repedés, törés; szakítás; *vt* megrepeszt; *vi* megreped, megszakad
rural *a* vidéki, falusi
rush *n* rohanás, roham, tolongás, tülekedés; *coll* izgalom, hév; *vi* rohan, siet; tolong, tülekedik; *vt* siettet, sürget, hajszol; ~ **hour** csúcsforgalom; ~ **order** sürgős rendelés
russet *a* vörösesbarna, rozsdaszínű
Russia *n* Oroszország
Russian *a, n* orosz; **in** ~ oroszul
rust *n* rozsda; *vi* megrozsdásodik, berozsdásodik
rustic *a* rusztikus, durván megmunkált, egyszerű; parasztos, falusias
rustle *n* susogás, suhogás; *coll* rámenősség; *vi* susog, suhog, zörög
rustproof *a* rozsdamentes
rusty *a* rozsdás; rozsdaszínű
rut *n* kerékvágás; **be in a ~** megszokásból csinál [vmit]
rutabaga *n* édes gyökér
ruthless *a* könyörtelen, kegyetlen, szívtelen
RV = **recreational vehicle** *n* lakókocsi
rye *n* rozs; ~ **bread** rozskenyér

S

saber *n* kard, szablya
sable *a* fekete, gyászos
sabotage *n* szabotázs; *vt* szabotál
saboteur *n* szabotőr, szabotáló
sac *n* zacskó, zsák, tömlő
saccharine *n* szacharin
sachet *n* illatosító zacskó
sack *n* zsák; *vt* zsákol, zsákba rak
sacral *a* keresztcsonttáji
sacrament *n rel* szentség; **receive the S~** áldozik
sacred *a* szent, szentelt
sacrifice *n* áldozat; áldozás; *vt* áldoz, feláldoz; **make a ~** *fig* áldozatot hoz
sacrilege *n* szentségtörés
sacrum *n* keresztcsont
sad *a* szomorú, bús, bánatos
sadden *vi* elszomorodik; *vt* elszomorít
saddle *n* nyereg; *vt* felnyergel, megnyergel
saddlebag *n* nyeregtáska

sadism *n* szadizmus
sadistic *a* szadista
sadness *n* szomorúság
safe *a* biztonságos, biztos; megbízható; sértetlen, ép; *n* páncélszekrény, széf; **~ and sound** épségben, épkézláb; biztonságban; **to be on the ~ side** biztos ami biztos, a biztonság kedvéért
safeguard *n* biztosíték, garancia; védelem, oltalom; *vt* véd, oltalmaz, megvéd
safekeeping *n* megőrzés, megóvás
safety *n* biztonság; épség
safety pin *n* biztosítótű
safflower *n* szeklice, szaflór
saffron *n* sáfrány
sag *vi* megereszkedik, besüpped; meghajlik, petyhüdtté válik
saga *n* rege, monda; családregény
sage *n* zsálya
sagebrush *n* zsályacserje
said *vt past/pp* → **say**
sail *n* vitorla; *vi* vitorlázik, hajózik, hajón utazik; *vt* vezet, navigál (hajót); **set ~** elhajózik, útnak indul (hajóval)
sailboat *n* vitorlás (hajó)
sailcloth *n* vitorlavászon
sailor *n* tengerész, matróz, hajós
sailplane *n* vitorlázó repülőgép
saint *a, n* szent; **S~ John** Szent János
saintly *a* szent, tiszta, jámbor
sake *n* **for the ~ of** [vminek, vkinek] a kedvéért; **for my ~** a kedvemért; **For heaven's ~!** Az Isten szerelmére!/Az Istenért!
salable *a* kelendő, kapós
salacious *a* buja, érzéki, pikáns
salad *n* saláta (nem fejes); **~ bowl** salátástál; **~ dressing** salátaöntet
salamander *n* szalamandra
salami *n* szalámi
salary *n* fizetés
sale *n* eladás, elárusítás; (engedményes) vásár (discount); kiárusítás; **for ~** eladó; **on ~** leárazott; **~s tax** forgalmi adó; **~s representative** eladó (ember); üzletkötő, ügynök; **clearance ~** végkiárusítás
salesman *n* (**salesmen**) eladó; kereskedelmi utazó ügynök; üzletkötő
salesmanship *n* eladási készség
salesmen *n pl* → **salesman**
salesperson *n* eladó
salesroom *n* mintaterem (ahol vásárolni is lehet)
saleswoman *n* (**saleswomen**) eladónő
saleswomen *n pl* → **saleswoman**
salient *a* kiugró, kiszögellő; *fig* kiemelkedő, szembeötlő
saline *a* sós, sótartalmú; *n* sóoldat
saliva *n* nyál
salmon *n* lazac; **smoked ~** füstölt lazac
salmonella *n* szalmonella
salon *n* szalon; (női) fodrászat
saloon *n* kocsma, italbolt, ivó, söntés
salt *a* tengeri, sósvízi; *n* só; *vt* sóz, megsóz, besóz; **table ~** asztali só; **sea ~** tengeri só
saltine cracker *n* sós keksz
saltshaker *n* sótartó
saltwater *a* tengeri, sósvízi; **~ taffy** édes-sós karamella
salty *a* sós
salutation *n* köszöntés, üdvözlés; megszólítás
salute *vt* köszönt, üdvözöl, tiszteleg [vkinek]
salvage *n* mentés, megmentés; megmentett holmi; hulladék hasznosítása; *vt* megment, kiment
salvation *n* megváltás, megmentés, üdvözítés; *rel* üdvösség, üdvözülés; **S~ Army** Üdvhadsereg

salve *n* kenőcs, gyógyír; *vt* enyhít, csillapít
salver *n* tálca
salvo *n* üdvlövés, sortűz
samba *n* szamba
same *a, pron* ugyanaz, ugyanolyan, azonos; *adv* ugyanúgy; **at the ~ time** ugyanakkor; **This is the ~ as that one.** Ez ugyanolyan mint az. **It's all the ~ to me.** Nekem teljesen mindegy.
Samoa *n* Szamoa
Samoan *a, n* szamoai
samovar *n* szamovár
sample *n* minta; kóstoló, mutató [vmiből]; *vt* mintát vesz [vmiből]; kipróbál, megkóstol (taste)
sampling *n* mintavétel; kóstoló (tasting)
sanatorium *n* szanatórium
sanctify *vt* szentesít; megszentel
sanctimonious *a* szenteskedő, képmutató, álszent
sanction *n* szankció, megtorlás; szentesítés, beleegyezés (acceptance); *vt* szentesít, megerősít, törvényerőre emel
sanctity *n* szentség, sérthetetlenség
sanctuary *n rel* szentély; menedékhely; védett terület; **wildlife ~** természetvédelmi terület
sanctum *n* szentély
sand *n* homok, föveny; *vt* smirgliz, csiszolópapírral dörzsöl
sandal *n* szandál
sandalwood *n* szantálfa
sandbag *n* homokzsák
sandbank *n* homokzátony
sandbar *n* homokzátony
sandbox *n* homokozó
sandcastle *n* homokvár
sand dune *n* homokdűne
sandlot *n* üres telek, grund
sandman *n coll* álomtündér, álomhozó ember
sandpaper *n* smirgli
sandpit *n* homokgödör, homokbánya
sandstone *n* homokkő
sandstorm *n* homokvihar
sandwich *n* szendvics; *vt* beékel (két dolog közé)
sandy *a* homokos; szőke (hair)
sane *a* normális, épelméjű
sang *vt past* → **sing**
sanitary *a* egészségügyi, tisztasági; tiszta, higiénikus; **~ pad** egészségügyi betét
sanitation *n* közegészségügy, higiénia
sanitize *vt* higiénikussá tesz, megtisztít
sanity *n* épelméjűség, józan ész
sank *vt past* → **sink**
Sanskrit *a, n* szanszkrit
Santa Claus *n* Télapó, Mikulás
sap *n* nedv (növényeké); *vt* kiszívja az életerőt [vkiből]
sapid *n* ízes, ízletes
sapient *a* eszes, okos; beképzelt, öntelt (negative)
sapling *n* facsemete
sapphire *n* zafír
sappy *a* nedvdús; életerős
sarcasm *n* szarkazmus, maró gúny
sarcastic *a* szarkasztikus, gúnyos, ironikus
sarcophagus *n* szarkofág
sardine *n* szardínia
sardonic *a* kaján, cinikus, gúnyos
sarong *n* maláj szoknya, szarong
sash *n* széles selyemöv
sashay *n* sasszé; *vt* sasszézik
sass *n coll* visszabeszélés, szemtelenkedés
sassy *a* szemtelen, feleselő (különösen nő)
sat *vt past* → **sit**

Satan *n* sátán, ördög
satchel *n* (kis) táska
satellite *n* hold; műhold; ~ **TV** műholdas TV; ~ **dish** parabolaantenna, műholdas antenna
satiate *vt* jóllakat, kielégít, eltölt
satiety *n* jóllakottság, kielégültség
satin *n* szatén
satire *n* szatíra
satirical *a* szatirikus, gúnyos
satirist *n* szatíraíró
satirize *vt* kigúnyol
satisfaction *n* elégedettség, megelégedés; kielégülés; elégtétel, kielégítés
satisfactory *a* kielégítő, elégséges, megfelelő
satisfied *a* elégedett; *vt past* → **satisfy**
satisfy *vt* kielégít, megnyugtat; eleget tesz [vminek]; ~ **requirements** eleget tesz a követelményeknek
saturate *vt* átitat, átáztat, telít; **~d fat** telített zsírsav
saturation *n* telítés, átitatás; telítettség; ~ **point** telítettségi határ
Saturday *a* szombati; *n* szombat; **the ~ paper** a szombati újság; **on ~** szombaton
saturnine *a* komor, bús, mogorva
satyr *n* szatír
sauce *n* mártás, szósz
saucepan *n* nyeles serpenyő, kisebb lábas
saucer *n* csészealj
saucy *a* szemtelen, pimasz, feleselő
Saudi *a, n* szaúdi, szaúd-arábiai
Saudi Arabia *n* Szaúd-Arábia
sauerkraut *n* savanyú káposzta
sauna *n* szauna
saunter *vi* ballag, őgyeleg, bandukol
sausage *n* kolbász
sauté *vt* pirít, kevés olajon párol, dinsztel
savage *a* vad, barbár, civilizálatlan; kegyetlen (cruel); *n* vadember, bennszülött; durva ember
save *adv* kivéve; *vt* megment, megóv, megvéd; ~ **from** megkímél [vmitől]; félretesz, megspórol, megtakarít (money); *rel* megvált, üdvözít; *comp* ment, elment; ~ **face** megőrzi a méltóság látszatát; ~ **time** időt takarít meg; ~ **one's neck** menti a bőrét; **S~ your breath!** *coll* Kár a szót vesztegetni!/Kár a szóért!
saver *n* megmentő, megszabadító; *comp* **screen ~** képernyővédő, képcsőkímélő
saving *n* megmentés, megszabadítás; megtakarítás, takarékoskodás, takarékosság (money); **~s** megtakarított pénz; **~s account** takarékbetét számla; **~s bank** takarékpénztár
savior *n* megmentő; *rel* **the S~** az Üdvözítő
savor *n* íz, zamat, aroma; *vt* [vminek] az ízét érzi, ízlel [vmit]
savory *a* jóízű, kellemes ízű, finom; sós, pikáns (nem édes)
Savoy cabbage *n* kelkáposzta
savvy *a* hozzáértő; *n* hozzáértés, ész
saw[1] *n* fűrész; *vt* (**sawed, sawn**) fűrészel, elfűrészel
saw[2] *vt past* → **see**
sawbones *n coll* sebész
sawbuck *n* fűrészbak
sawdust *n* fűrészpor
sawmill *n* fűrészmalom
sawn *vt pp* → **saw**
sawyer *n* fűrészelő (munkás)
sax = saxophone *n mus coll* szaxi
saxophone *n mus* szaxofon
say *vt, vi* (**said, said**) mond, kimond, kijelent, elmond; beszél, kifejez; **they**

~ **...** az mondják...; ... **you know what I'm ~ing ...? ...**érted?, tudod hogy értem?; **let's** ~ mondjuk; ~ **when** szólj, hogy mikor elég (kínálásnál); **What did he ~?** Mit mondott? **You don't ~!** Ne mondd!/ Nahát! **It goes without ~ing.** Magától értetődik.

saying *n* mondás, közmondás, szólás; kijelentés; **There is no ~ when he will come back.** Nem lehet tudni, mikor jön vissza.

scab *n* var, heg, varasodás

scabbard *n* (kard) hüvely

scabies *n* rüh, rühesség

scaffold *n* állvány, állványzat; akasztófa, vesztőhely

scald *vt* leforráz

scale[1] *n* pikkely (fish), héj

scale[2] *n* fokbeosztás, skála; lépték; arány, méret; *fig* létra, lépcső; *mus* skála; *vt* megmászik; fokozatokra oszt; arányosít; **draw [sg] to ~** [vmit] arányosan kicsinyítve rajzol; ~ **down** arányosan lekicsinyít

scale[3] *n* **~s** mérleg

scallion *n* zöldhagyma

scallop *n* fésűkagyló; kagyló mintájú díszítés, csipkézett kivágás

scalp *n* fejbőr

scalpel *n med* szike

scaly *a* pikkelyes; hámló (skin)

scam *n* szélhámosság, átverés, csalás

scamp *vt* hanyagul összecsap

scamper *n* kontár

scan *vt* megvizsgál, átnéz, jól megnéz (in depth); átfut (quickly); *el* letapogat, pásztáz; *comp* szkennel, leolvas

scandal *n* botrány

scandalize *vt* megbotránkoztat

scandalous *a* botrányos, felháborító

Scandinavian *a, n* skandináv, skandináviai

scanner *n comp* lapolvasó, szkenner

scant *a* hiányos, szűkös, csekély, kevés

scanty = scant *a*

scapegoat *n* bűnbak

scar *n* sebhely, forradás, heg; *vt* sebhelyet hagy; *vi* beheged

scarab *n* skarabeus, ganajtúró bogár

scarce *a* ritka, gyér, kevés

scarcely *adv* alig

scarcity *n* hiány, [vminek] a szűke

scare *n* ijedelem, rémület, pánik; *vt* megijeszt, megrémít

scarecrow *n* madárijesztő

scarf *n* (*pl* **scarves**) sál

scarlet *a, n* vörös, skarlátvörös; ~ **fever** skarlát (betegség)

scarves *n pl* → **scarf**

scary *a* ijesztő, félelmetes, rémítő

scathing *a* maró, csípős, kegyetlen

scatter *vt* szétszór, elszór, széthint; szétoszlat; *vi* eloszlik, szétoszlik, szétszóródik

scatterbrain *n* szórakozott ember

scavenger *n* dögevő állat (animal)

scenario *n* forgatókönyv, szövegkönyv

scene *n* színhely; *theat* jelenet, szín; **make a ~** jelenetet csinál; **behind the ~s** a kulisszák mögött

scenery *n* táj; kép, látvány

scenic *a* látványos, festői; ~ **route** festői tájon át vezető út

scent *n* illat, szag; szaglás, szimat (sense); *vt* beillatosít; kiszimatol, kinyomoz; **follow the ~** követi a nyomát; **lose the ~** elveszíti a nyomot

scepter *n* jogar

schedule *n* ütemterv, munkarend, napirend; menetrend (train); *school* órarend; táblázat, jegyzék (chart); *vt* tervbe iktat, beütemez,

betervez; táblázatba foglal; **according to ~** terv szerint; **on ~** pontosan, menetrend szerint; **as ~d** menetrend szerint, program szerint
schema *n* séma, minta, vázlat
schematic *a* vázlatos, sematikus
scheme *n* terv, tervezet, vázlat; *fig* csel, cselszövés; *vt* tervez, vázol; mesterkedik, rosszban sántikál
scheming *a* intrikus, áskálódó
schizophrenia *n* skizofrénia
schmuck *n slang* balek, élhetetlen pasas, hülye alak
schnapps *n* snapsz, gyümölcspálinka
scholar *n* tudós; ösztöndíjas (on a scholarship)
scholarship *n* ösztöndíj
scholastic *a* skolasztikus; iskolai
school[1] *n* iskola; tanítás, oktatás, iskola; kar, fakultás (university); *vt* iskoláztat, neveltet, tanít, oktat; **~ age** iskoláskor; **~ bus** iskolabusz; **be at ~** iskolában van; **go to ~** iskolába jár; **middle ~** *approx* felső tagozat; **medical ~** orvosi egyetem; **law ~** jogi kar, jogi egyetem
school[2] *n* halraj (fish)
schoolchild *n* iskolás (gyerek), tanuló, kisdiák
schoolmate *n* iskolatárs
schoolteacher *n* tanító, tanítónő (female)
sciatica *n med* isiász, ülőidegzsába
science *n* tudomány; tudás; **natural ~** természettudomány; **~ fiction** tudományos fantasztikus irodalom/film
scientific *a* tudományos
scientist *n* tudós, természettudós
sci-fi *a* tudományos-fantasztikus, sci-fi; *n* tudományos-fantasztikus irodalom/film
scintillate *vt* szikrázik, sziporkázik
scissors *n pl* olló
sclerosis *n med* szklerózis, meszesedés
scoff *n* gúnyolódás, kötekedés; *vt* kigúnyol, kicsúfol
scold *vt* szid, megszid, összeszid
scone *n* háromszög alakú (nem töltött) péksütemény
scoop *n* merítőkanál, merőkanál; (fagylalt) gombóc (ice cream); *coll* friss pletyka, friss szenzációs hír; *vt* kimer, kilapátol; kikotor, kiváj
scoot *vi coll* rohan, szalad
scooter *n* roller (for kids); robogó, kismotor (small motorbicycle)
scope *n* tér, terület, kör; alkalmazási terület; *law* érvény, hatály
scorch *vt* megperzsel, megéget, megpörköl
scorcher *n coll* kánikulai nap
score *n* bevágás, rovátka, rovás; adósság, számla; *sp* eredmény, pont, gól; *mus* partitúra; *num* húsz; rengeteg; *vt* bevág, bemetsz, vonalakkal jelöl; *sp* nyer, pontot szerez, gólt rúg/dob; **~s of people** rengeteg ember; **keep ~** jegyzi a pontokat; *fig* számon tart mindent; **What's the ~?** Mi az állás?/Mi az eredmény?
scoreboard *n sp* eredményjelző tábla
scorn *n* megvetés, lenézés, gúny; *vt* megvet, lenéz
scornful *a* lenéző, megvető, gúnyos
scorpion *n* skorpió
Scot *n* skót ember
Scotch *a* skót; *n* skót whisky; **~ tape** cellux, ragasztószalag
Scotland *n* Skócia
scoundrel *n* gazember, csibész, csirkefogó
scour *vt* súrol , lesúrol, sikál, tisztogat

scout *n* felderítő; járőr; cserkész; *vt* felderít, megfigyel; **Boy S~** cserkészfiú; **Girl S~** cserkészlány
scow *n* uszály
scowl *vi* összeráncolja a szemöldökét, haragosan néz
scrabble *n* játék a betűkkel (társasjáték)
scram *vi* elsiet, meglóg, meglép
scramble *vt* összekever, összezavar; rántottát csinál (eggs); *vi* négykézláb mászik, kúszik; **~ for** tülekedik, küzd [vmiért]
scrambled *a* összezavart, összekevert; **~ eggs** tojásrántotta
scrap *n* darabka, törmelék; hulladék, selejtanyag, ócskavas; **~ of paper** cetli, papírdarab, *coll* fecni
scrapbook *n approx* emlékkönyv beragasztott képekkel és lapkivágásokkal
scrape *vt* kapar, lekapar, levakar, ledörzsöl; megkarcol, felsért, lehorzsol (skin)
scraper *n* kaparó, vakaró (tool)
scrappy *a* hiányos, összefüggéstelen
scratch *n* alapanyag; *vt* karcol, kapar; vakar, megvakar (an itch); karmol, megkarmol (animal); töröl, visszavon; **make [sy] from ~** frissen (eredeti alapanyagokból) főz/süt; **start from ~** a semmiből kezd [vmit]
scratchy *a* viszketős, szúrós (anyag); *fig* felületes, összecsapott
scrawl *vt* csúnyán ír, firkant
scrawny *a* vézna, nyamvadt
scream *n* sikítás, visítás, üvöltés; *slang* tök jó (dolog); *vt, vi* sikít, visít, üvölt
screech *n* nyikorgás, csikorgás; *vi* nyikorog, csikorog, sivít; kuvikol (owl)
screen *n* ellenző, ernyő; *comp* képernyő; vászon (movies), képernyő (TV); szúnyogháló (mosquitos); (**folding**) ~ spanyolfal; *vt* elrejt, elfed; leplez; *fig* szűr, rostál
screening *n* szűrés, rostálás, válogatás; *cine* filmvetítés, bemutató
screenplay *n cine* forgatókönyv
screenwriter *n cine* forgatókönyvíró
screw *n* csavar; csavarás; *vt* csavar, becsavar; **have a ~ loose** *coll* hiányzik egy kereke; **~ on** rácsavar, becsavar; *slang* **~ up** elcsesz, elront, elfuserál
screwdriver *n* csavarhúzó
screwed *a* becsavart, rácsavart
screwy *a* csavaros; *coll* dilis, hülye
scribble *vt* firkál, irkál; ír, írogat
scribe *n* írnok
scrip *n* cédula
script *n* kézírás, írás; *theat* szövegkönyv, *cine* forgatókönyv
scripture *n* **the S~s** a Szentírás, a Biblia; szent szövegek, szent írások (non-Christian)
scriptwriter *n* forgatókönyvíró
scroll *n* kézirattekercs; feliratos szalag
scrollwork *n* sordísz
scrounge *vt coll* elcsen, elemel
scrub *vt* sikál, súrol
scrubber *n* súrolókefe, vakaróvas
scruff *n* tarkó (bőr), nyak; **grab [sy] by the ~** nyakon fog [vkit]
scruffy *a* ápolatlan, koszos, elhanyagolt
scrumptious *a* remek, pompás, gazdag
scrunch *vt* szétrág, rágcsál
scruple *n* aggály, kétség, lelkiismeret furdalás
scrupulous *a* aggályoskodó, kínosan pontos
scrutiny *n* alapos, részletekbe menő vizsgálat
scud *n* futás, száguldás; *vi* nagyon gyorsan fut, száguld

scuff *n* papucs; *vi* csoszog
sculpt *vi* szobrot formál, farag
sculptor *n* szobrász
sculpture *n* szobor; szobrászat (the artform)
scum *n* tajték, hab; salak, szemét, söpredék, [vminek] az alja
scumbag *n slang* szemét alak, rohadék, szemétláda (ember)
scurrilous *a* trágár, mocskos, obszcén
scurry *vi* rohan, siet
scurvy *a* aljas, aláváló; *n* skorbut
scuttle *n* futólépés, sietős járás; *vi* ~ **off** elfut, elszalad, elsiet
scythe *n* kasza
sea *n* tenger, óceán; *fig* tengernyi, végtelen sok, sokaság; **by the** ~ a tenger mellett; **high ~s** nyílt tenger; **a ~ of people** tengernyi ember
seacoast *n* tengerpart
seafood *n* tenger gyümölcsei, halételek
seagull *n* (tengeri) sirály
seal¹ *n* fóka (animal)
seal² *n* pecsét, plomba; pecsétnyomó; *vt* lepecsétel, hitelesít; lezár, elzár, eltömít; leplombál; **My lips are ~ed.** Én nem árulom el senkinek./Én nem mondok semmit.
sealant *n* tömítés, szigetelés
seam *n* varrás, szegés; szegély; varrat; *vt* összeilleszt; beszeg
seamstress *n* varrónő
seaport *n* tengeri kikötő
search *n* keresés, kutatás, nyomozás, vizsgálat; motozás (body); *vt* keres, kutat, nyomoz; átkutat, átvizsgál, megmotoz; *vi* ~ **for** keres, kutat; **in ~ of** [vmit] keresve; **body-~** motozás; **~ warrant** házkutatási parancs
seasick *a* tengeribeteg
seasickness *n* tengeribetegség
season *n* évszak, időszak; évad, szezon, idény; *vt* hozzászoktat, edz; fűszerez, ízesít; érlel; **be in ~** most van a szezonja, most van az ideje; **be out of ~** időszerűtlen; **off ~** holtszezon; **S~'s Greetings!** Kellemes ünnepeket!
seasonal *a* időszaki, idényjellegű, szezonális
seasoning *n* fűszerezés, ízesítés; fűszerkeverék
season ticket *n theat* (színházi) bérlet
seat *n* hely, ülés, ülőhely; ülőke, ülés (of a chair); nadrág/szoknya feneke (clothes); székhely, központ (center); *vt* leültet, elhelyez; ülőhellyel ellát; **take a ~** helyet foglal; **the room ~s 100 people** a terem száz férőhelyes
seatbelt *n* biztonsági öv
seawall *n* tengeri védőgát
seaward *a* tenger felé tartó; *adv* tenger felé
seawater *n* tengervíz
seaweed *n* (tengeri) hínár, moszat
sec = second *n coll* másodperc; pillanat; **Just a ~!** *coll* Egy pillanat!
secede *vi* ~ **from** elszakad, elválik [vmitől]; kiválik, kilép [vmiből]
secession *n* kiválás, kivonulás, kilépés, elszakadás
secluded *a* félreeső, elhagyatott (place)
seclusion *n* elkülönítés; elvonultság, magányosság
second *a* második; *n* másodperc; *vt* támogat, mellette szólal fel; **on the ~ of January** január másodikán; **every ~ week** minden második héten; **on ~ thought** jobban meggondolva; **~ to none** mindenki felett áll, mindenkinél jobb, a legelső
secondhand *a* használt, másodkézből vett; hallomásból származó (information)

secondly *adv* másodszor
secrecy *n* titkolózás, titoktartás, titkosság
secret *a* titkos; titokzatos; *n* titok, rejtély; **~ agent** titkos ügynök, hírszerző; *US* **S~ Service** az amerikai elnök testőrsége; Titkosszolgálat; **open ~** nyílt titok
secretary *n* titkár, titkárnő (female); *US* miniszter; **S~ of State** *US* külügyminiszter
secrete *vt* kiválaszt (váladékot)
secretion *n* váladék; kiválasztás, elválasztás
secretive *a* titokzatoskodó, titkolódzó
sect *n* szekta
section *n* szelet, metszés; keresztmetszet; *law* szakasz, bekezdés, paragrafus, rész; osztály, részleg, szekció
sectional *a* részekből álló, szétszedhető; **~ sofa** elemes ülőgarnitúra
sector *n* szektor, körzet; *econ* ágazat, szektor
secular *a* világi
secure *a* biztos, biztonságos; *vt* biztosít, megvéd [vmit vmitől]; lefoglal, biztosít, szerez (obtain)
security *n* biztonság; fedezet, biztosíték, óvadék; **securities** *pl econ* értékpapírok, kötvények; **~ guard** biztonsági őr
sedan *n* szedán, négyajtós autó
sedate *vt* nyugtat, megnyugtat; nyugtatót ad be [vkinek]
sedated *a* nyugodt; nyugtatózott
sedative *n* nyugtató (gyógyszer)
sedentary *a* ülő-; **~ lifestyle** ülő életmód
sediment *n* üledék, lerakódás
sedition *n* zendülés
seduce *vt* elcsábít; bűnre visz
seduction *n* csábítás
seductive *a* csábító, megnyerő
see *vt* (**saw, seen**) lát; megnéz; meglátogat (visit); megért, felfog, belát (understand); **~ to** gondoskodik [vmiről]; *vi* lát; **let's ~!** lássuk csak!; **~ chapter 3** lásd a harmadik fejezetet; **~ about** intézkedik [vmiben], utánajár [vminek]; **~ through** átlát, keresztüllát [vmin]; **~ [sg] through** végigcsinál [vmit]; **S~ you later!** Viszlát!/Szia! **S~ you on Monday!** Hétfőn találkozunk! **She came to ~ me.** Meglátogatott. **I ~!** Aha!/Értem! **It has seen better days.** Jobb napokat is megért már. **We'll ~** Majd meglátjuk.
seed *n* mag; csíra
seedling *n* palánta
seedy *a* magvas; rongyos, kopott
seeing *a* látó; *n* látás, látóképesség; **seeing-eye dog** *n* vakvezető kutya; **~ is believing** hiszem ha látom
seek *vt* (**sought, sought**) keres, kutat; **~ out** felkeres, felkutat, megtalál
seem *vi* tűnik, látszik [vminek]; **it ~s** úgy tűnik; **He ~s nice**. Kedvesnek tűnik.
seemingly *adv* látszólag
seemly *a* helyes, illendő
seen *vt, vi pp* → **see**
seep *vi* szivárog, átszűrődik
seepage *n* szivárgás
seer *n* látnok
seesaw *n* libikóka, mérleghinta
seethe *vi* forrong, kavarog
see-through *a* átlátszó
segment *n* szelet, szelvény, rész, szegmens
segregate *vt* különválaszt, elkülönít, szegregál

segregation *n* szegregáció, (faji) elkülönítés
seismic *a* szeizmikus, földrengési
seismology *n* szeizmológia, földrengéstan
seize *vt* megragad, megfog; megszerez, birtokba vesz; lefoglal, elkoboz (take away)
seizure *n* megragadás; elkobzás (taking away); *med* roham (sickness)
seldom *adv* ritkán
select *a* válogatott; *vt* választ, kiválaszt; szelektál
selection *n* válogatás, kiválasztás; választék (to choose from); kiválogatódás, szelekció; **natural ~** természetes szelekció
selective *a* szelektív; *mil* **S~ Service** kötelező katonai szolgálat
self *a* (*pl* **selves**) maga, saját maga, önmaga; az én, [vkinek] az énje
self-centered *a* önző, egocentrikus
self-confidence *n* önbizalom, magabiztosság
self-confident *a* magabiztos
self-conscious *a* öntudatos; zavart, félénk (shy)
self-control *n* önuralom; **exercise ~** uralkodik magán
self-defense *n* önvédelem; **in ~** önvédelemből
self-discipline *n* önfegyelem
self-employed *a, n* önálló vállalkozó, magánvállalkozó
self-esteem *n* önérzet, önbecsülés, önbizalom
self-explanatory *a* nyilvánvaló, magától értetődő
self-government *n* önkormányzat
self-help *a* önsegítő
selfish *a* önző
selfishness *n* önzés
selfless *a* önzetlen
self-made *a* maga erejéből lett
self-pity *n* önsajnálat
self-portrait *n* önarckép
self-reliant *a* önálló, önmagára támaszkodó
self-respect *n* önbecsülés, önérzet
self-service *a* önkiszolgáló
self-sufficient *a* önellátó, önálló
sell *vt* (**sold, sold**) elad, árul, árusít, értékesít; *vi* elkel, eladható; **~ out** kiárusít, mindent elad; **be sold out** elfogy; **We are all sold out.** Nincs több (nekünk)./Mind elkelt.
seller *n* eladó; kelendő áru, jól menő árucikk (merchandise)
sellout *n theat* telt ház, minden jegy elkelt
seltzer (water) *n* szódavíz, ásványvíz
semantic *a* jelentéstani, szemantikai
semantics *n* jelentéstan, szemantika
semaphore *n* szemafor, vasúti jelzőlámpa
semblance *n* hasonlóság; látszat, külszín
semen *n med* ondó
semester *n* szemeszter, (egyetemi) félév
semi- *pref* fél-, félig
semiannual *a* félévi, félévenkénti
semiautomatic *a* félautomata (fegyver)
semicircle *n* félkör
semicolon *n gram* pontosvessző
semiconductor *n el* félvezető
semifinal *n sp* elődöntő
seminal *a* mag-; jelentékeny fejlődést elindító, termékenyítő
seminar *n* szeminárium
seminary *n* papnevelde, szeminárium
semiprecious *a* **~ stone** féldrágakő
semisweet *a* félédes
semitransparent *a* áttetsző, nem egészen átlátszó

semiweekly *a* hetenként kétszer megjelenő; *adv* hetenként kétszer
semolina *n* búzadara
senate *n* szenátus
senator *n* szenátor
send *vt* (**sent, sent**) küld, elküld; repít, vet, hajít; ~ **a letter** levelet küld; ~ **away** elküld; ~ **back** visszaküld; ~ **for** hívat, érte küld; hozat; ~ **in** beküld, benyújt; ~ **off** elküld, elbocsát; elbúcsúztat (farewell); ~ **out** kiküld, szétküld
sender *n* feladó; küldő
Senegal *n* Szenegál
Senegalese *a, n* szenegáli
senile *a* szenilis
senior *a* idősebb, öregebb; magasabb rangú, rangidős; *n* feljebbvaló; *school* negyedéves hallgató/diák, végzős; ~ **citizen** idős ember, nyugdíjas (állampolgár); ~ **officer** rangidős tiszt
seniority *n* rangidősség
sensation *n* érzés, érzet, érzékelés; *fig* szenzáció, feltűnés
sensational *a* feltűnő, szenzációs
sensationalism *n* feltűnéskeltés, szenzációhajhászás
sense *n* érzék; értelem, tudat; érzet, érzés; jelentés, értelem; *vt* érzékel, érez, megérez; ~ **of taste** ízlelés; **a ~ of duty** kötelességtudat; **a ~ of humor** humorérzék; **in a ~** egy (bizonyos) értelemben; **He came to his ~s.** Megjött az esze. **It makes no ~.** Semmi értelme sincs.
senseless *a* értelmetlen, esztelen
sensibility *n* érzékenység, érzék
sensible *a* értelmes, okos; ésszerű, helyes
sensitive *a* érzékeny, túlérzékeny, kényes; fogékony; érző
sensitivity *n* érzékenység
sensitize *vt* érzékennyé tesz
sensor *n* érzékelő
sensory *a* érzékekre vonatkozó, érzékelési, érzék-
sensual *a* érzéki, testi, erotikus
sensuality *n* érzékiség, testiség, erotika
sensuous *a* érzéki
sent *vt past/pp* → **send**
sentence *n gram* mondat; *law* ítélet; *vt* ~ **to** ítél [vkit vmire]; **prison ~** börtönbüntetés
sentient *a* érző, érzékeny
sentimental *a* szentimentális, érzelgős
sentinel *n* őrszem, őr
sentry *n* őr, őrszem
separable *a* elválasztható, leválasztható
separate *a* külön, különálló, önálló; *n* különálló darab (clothes); *vt* különválaszt, elválaszt, elkülönít [vmitől]; szétválaszt, szeparál; *vi* elválik, különválik, szeparálódik; **a ~ bedroom** külön hálószoba; **be ~d** külön él (couple); elszakad egymástól
separately *adv* külön, külön-külön, elválasztva
separation *n* elkülönülés, elkülönítés, elválasztás; különélés (couple)
separatist *n* szeparatista
sepsis *n med* szepszis, vérmérgezés
September *a* szeptemberi; *n* szeptember; **on a ~ day** egy szeptemberi napon; **on ~ second** szeptember másodikán
septic *a* fertőző, szeptikus; ~ **tank** szennyvízülepítő akna
septuplets *n* hetes ikrek
sequel *n* folytatás; fejlemény
sequence *n* sorrend, sor, sorozat; *mus* szekvencia
sequential *a* egymást követő, szekvenciális

sequester *vt* különválaszt, elkülönít
sequin *n* flitter (ruhán)
sequoia *n* kaliforniai óriásfenyő
Serb *n* szerb
Serbia *n* Szerbia
Serbian *a, n* szerb; **in ~** szerbül
Serbo-Croatian *a, n* szerbhorvát; **in ~** szerbhorvátul
serenade *n* szerenád, éjjeli zene; *vt* szerenádot ad [vkinek]
serendipity *n* véletlen szerencsés felfedezés
serene *a* derült, csendes, nyugodt; békés
serenity *n* nyugalom, higgadtság, derű, békesség
serf *n* jobbágy
sergeant *n mil* őrmester, szakaszvezető
serial *a* sorozat-, sor-, széria-; sorozatos; **~ number** sorozatszám, sorszám
series *n pl* sor; sorozat (TV)
serious *a* komoly, fontos, súlyos; **a ~ illness** súlyos betegség
sermon *n rel* szentbeszéd, prédikáció, igehirdetés
serpent *n* kígyó
serpentine *a* kanyargó, szerpentin; *n* szerpentin
serrated *a* fogazott, fűrészes; **~ knife** fogazott élű kés
serum *n* szérum, védőoltóanyag
servant *n* szolga, szolgálólány, cseléd
serve *n sp* szerva, adogatás; *vt* szolgál, kiszolgál (a person), felszolgál (food); rászolgál [vmire], megérdemel [vmit]; megfelel, elég; tálal (dinner); *law* kézbesít (idézést); letölt (punishment); **He is serving five years.** Öt évet tölt börtönben. **Dinner is ~d.** A vacsora tálalva van. **It ~s her right!** Megérdemli! **It ~s the purpose.** A célnak megfelel.
service *n* kiszolgálás (store); szolgáltatás (business); *mil* szolgálat; *rel* istentisztelet; *vt* karbantart, szervizel; **~ charge** kiszolgálási díj/felár; **customer ~** vevőszolgálat; **~ road** bekötőút; **I'm at your ~.** Állok rendelkezésedre.
serviceman *n* (*pl* **servicemen**) katona
servicemen *n pl* → **serviceman**
servile *a* szolgai, szolgalelkű, alázatos
serving *n* adag (food); kiszolgálás
servitude *n* szolgasors, szolgaság
sesame *n* szezámfű; **~ seed** szezámmag
session *n* ülés; összejövetel
set *a* szilárd, állhatatos, megmerevedett; megállapított, kötött; *n* készlet, szett, garnitúra (furniture); készülék; *theat* díszlet; *vt* (**set, set**) letesz, elhelyez; (drágakövet) befoglal (gemstone); megállapít, megszab, kitűz; beállít, megigazít; *vi* megköt (plaster), gyökeret ver (plant); megszilárdul, összeáll; **a ~ phrase** klisé, közhely; **a ~ price** szabott ár; **~ time** megállapított idő; **a ~ of glasses** pohárkészlet; **a TV set** TV készülék; **~ a date** időpontot kitűz; **~ [sg] right** jóvá tesz [vmit], helyrehoz [vmit]; **~ a bone** (törött) csontot helyrerak; **~ the clock** beállítja az órát; **~ the table** megterít; **~ apart** elkülönít; **~ aside** félretesz, félrerak; **~ back** hátráltat, visszavet, akadályoz; **~ down** letesz; **~ in** kezdődik, beáll; **~ off** *vt* elsüt; elindít; kiemel, kihangsúlyoz; *vi* elindul; **~ out** *vi* hozzáfog [vmihez], nekifog [vminek]; elindul; **~ up** felállít, felszerel; **~ [sy] up** *coll* csapdát állít [vkinek]; **I'm all ~.** Kész vagyok.
setback *n* hanyatlás, visszaesés, kedvezőtlen fordulat

settle *vt* letelepít, elhelyez; megszilárdít; elintéz, kifizet, rendez (a bill); eldönt (an argument); *vi* letelepedik, elhelyezkedik; leülepedik (sediment); lecsendesedik, lecsillapodik; **~ down** letelepedik, elhelyezkedik; lecsendesedik, lehiggad; **~ for** megelégszik, beéri [vmivel]; **~ in** berendezkedik, betelepszik; **That's ~d!** Ez el van döntve!
settled *a* változatlan, tartós; állandó; benépesített, betelepített; *vt, vi past/pp* → **settle**
settlement *n* telep, település, gyarmat; *law* megállapodás, megegyezés
seven *num* hét
seventeen *num* tizenhét
seventeenth *a* tizenhetedik; **on the ~** tizenhetedikén
seventh *a* hetedik
seventy *num* hetven
sever *vt* elvág, levág, elmetsz
several *a* több, számos; különböző, különféle
severe *a* komoly, kemény, szigorú, rideg
sew *vt* (**sewed, sewn**) varr, megvarr, összevarr; **~ on** rávarr, felvarr
sewage *n* szennyvíz; **~ system** csatornahálózat
sewer *n* szennyvízcsatorna, szennyvízhálózat
sewing *a* varró; *n* varrás
sewing machine *n* varrógép
sewn *vt pp* → **sew**
sex *n* szex, nemiség; nem; **the ~ of the child** a gyermek neme
sexism *n* sexizmus
sexless *a* nem nélküli
sextant *n* szextáns
sextet *n mus* szextett
sextuplets *n* hatos ikrek
sexual *a* nemi, szexuális
sexuality *n* szexualitás
sexy *a* csinos, szexi, szexis
Sgt. = **sergeant** *n mil* őrmester
shabby *a* rongyos, ócska, ütött-kopott
shack *n* kaliba, viskó, kunyhó
shackles *n pl* bilincs, béklyó
shade *n* árnyék, árny (of a tree); árnyalat (of color); hajszálnyi, nagyon kicsi; ernyő (lamp); redőny, roló (window); *vt* árnyékol; árnyal; **a ~ better** egy hajszálnyival jobb; **a lighter ~** világosabb árnyalat; **sit in the ~** az árnyékban ül
shadow *n* árnyék, sötét, homály; *vt* beárnyékol; *fig* nyomon követ (follow)
shadowy *a* árnyékos; homályos, sötét, bizonytalan
shady *a* árnyékos, árnyas; gyanús, homályos, sötét
shaft *n* szár, rúd, vessző
shag *n* gubanc, bozont
shaggy *a* bozontos, gubancos
shake *n* rázás, lökés; rázkódás; turmixital; *vt* (**shook, shaken**) ráz, megráz; remegtet, megremegtet; *fig* megrendít, megrázkódtat; *vi* reszket, remeg, reng; **~ hands with** kezet ráz [vkivel], kezet fog [vkivel]; **~ one's head** rázza a fejét (tagadólag); **~ a leg** *coll* táncol; **~ off** leráz, megszabadul [vkitől]; **~ out** kiráz; **~ up** felráz, megráz
shakedown *n coll* razzia
shaken *a* felrázott; *vt pp* → **shake**
shaky *a* remegő, reszkető; ingatag, rozoga; bizonytalan
shall *vt, vi aux* (parancs, tiltás) **You ~ pay for this!** Ezért még megfizetsz! (ajánlás, kétség) **S~ I open the window?** Kinyissam az ablakot? **What ~ we do?** Mit csináljunk?

shallot *n* mogyoróhagyma
shallow *a* sekély, lapos; *fig* felszínes, sekélyes
sham *n* csalás, ámítás, színlelés; díszpárnahuzat (pillow)
shaman *n* sámán, táltos
shambles *n* romhalmaz; zűrzavar, összevisszaság
shame *n* szégyen, gyalázat; *vt* megszégyenít, szégyenbe hoz; **What a ~!** Micsoda szégyen!/Milyen kár! (too bad) **S~ on you!** Szégyelld magad!
shameful *a* szégyenletes, megbotránkoztató
shameless *a* szégyentelen, arcátlan; szemérmetlen
shampoo *n* sampon
shamrock *n* lóhere
shank *n* lábszár; szár, törzs
shape *n* alak, forma; *coll* erőnlét, forma; *vt* formáz, formál, alakít, idomít; **take ~** alakot ölt, kialakul; **He is in great ~.** Nagyszerű formában van.
shapeless *a* formátlan, alaktalan, idomtalan
shapely *a* formás, jó alakú
shard *n* cserépdarab, (üveg) szilánk
share *n* rész, osztályrész, részesedés (portion); *econ* részvény; *vt* megoszt; eloszt; *vi* **~ in** osztozik, részesedik [vmiből]; **have a ~ in** része van [vmiben]
shareholder *n econ* részvényes, részvénytulajdonos
shark *n* cápa; *coll* kapzsi ember; vki aki bármit elkövet a cél érdekében; **swim with the ~s** *coll approx* a nagyfiúkkal játszik, a mélyvízben úszik
sharp *a* éles, hegyes; *fig* metsző, éles, kemény; okos, éles eszű (smart); *coll* elegáns; *adv* pontosan; *mus* **C-~** cisz; **~ shooting** éleslövészet; **at five o'clock ~** pontosan öt órakor; **You look ~!** Nagyon jól nézel ki!/Nagyon elegáns vagy!
sharpen *vt* élesít, élez, hegyez; **~ a pencil** ceruzát hegyez
sharper *n* hamiskártyás
sharpshooter *n* mesterlövész
shatter *vt* összetör, összezúz; *vi* összetörik, összedől
shave *vt* (**shaved, shaven**) borotvál, megborotvál, leborotvál; vékony szeletet levág; *vi* borotválkozik
shaven *a* borotvált; *vt pp* → **shave**; **clean ~** sima arcú, borotvált
shaving brush *n* borotvapamacs
shaving cream *n* borotvakrém, borotvahab
shawl *n* vállkendő
she *pron* ő (nőnemű); nő
sheaf *n* (*pl.* **sheaves**) kéve, nyaláb, csomó
shear *n* **shears** *pl* nyíróolló, nyesőolló; *vt* nyír, nyes
sheath *n* hüvely, tok; zsákruha (dress)
sheathe *vt* hüvelybe dug; beborít, bevon, vértez
shebang *n slang* ügy, dolog; **the whole ~** *slang* az egész mindenség
shed[1] *n* fészer, kaliba, viskó
shed[2] *n* vízválasztó (water); *vt* (**shed, shed**) elhullat, elejt; hullat, vet; *vi* vedlik (animal); **water~** vízgyűjtő terület; **~ a tear** könnyet ejt; **~ light on** fényt vet [vmire]
sheen *n* ragyogás, csillogás, fény, fényesség
sheep *n* (*pl* **sheep**) birka, juh
sheepdog *n* juhászkutya
sheepish *a* bátortalan, félénk, szégyenlős
sheepskin *n* birkabőr

sheer *a* tiszta, igazi, hamisítatlan; átlátszó (transparent); teljes, merő, puszta; meredek; **by ~ force** puszta erővel

sheet *n* lepedő, lepel; ív, lap (paper); nagy kiterjedésű lapos felszín (snow, water); *mus* **~ music** kotta; **a ~ of ice** nagy darab/terület jég

shelf *n* (*pl* **shelves**) polc, párkány; szél, perem; **book~** könyvespolc

shell *n* kagyló (sea); héj, kéreg; ház (snail), páncél (crab); gránát, lövedék (grenade); töltényhüvely (bullet); *vt* hámoz, lehánt, fejt; **nut~** dióhéj

shellfish *n* kagylók, rákfélék

shelter *n* menedék, menedékhely, védelem, óvóhely; *vt* oltalmaz, megvéd, megóv [vmitől]

shelve *vt* polcra tesz

shelves *n pl* → **shelf**

shepherd *n* juhász, pásztor; *vt* őriz, gondját viseli; terel, irányít

sherbet *n* sörbet; gyümölcsfagylalt

sheriff *n* seriff, rendőrfőnök

sherry *n* sherry

shield *n* pajzs, védelem; védőlemez, védőlap, védőburok; *vt* megvéd, oltalmaz, védelmez; árnyékol, eltakar

shift *n* elmozdulás, eltolódás; műszak, váltás, turnus (work); *auto* sebességváltó, sebváltó; *vt* áthelyez, átrak, eltol, elmozdít; *vi* elmozdul, eltolódik, változik; **night ~** éjszakai műszak

shiftless *a* gyámoltalan, ügyefogyott

shifty *a* ravasz, sunyi

shimmer *n* csillámlás, ragyogás; *vi* csillámlik, ragyog

shimmy *vt* oldalirányba ráz

shin *n* sípcsont; lábszár

shinbone *n* sípcsont

shine *n* ragyogás, fény; *vi* (**shone, shone**) ragyog, fénylik, csillog; *vt* fényesít, kifényesít, kitisztít; **The sun is shining.** Süt a nap.

shiner *n coll* monokli, bedagadt szem

shingle *n* zsindely

shingles *n med* övsömör

shiny *a* fényes, ragyogó, csillogó

ship *n* hajó; *vt* hajóba rak, behajóz, hajón szállít; szállít, elszállít

shipment *n* szállítmány, rakomány; szállítás, küldés

shipping *n* szállítás; **~ charges** szállítási költségek

shipwreck *n* hajótörés; hajóroncs (the wreck)

shipyard *n* hajógyár

shire *n GB* megye

shirk *vt* kitér [vmi elől]; kihúzza magát [vmiből]

shirt *n* ing; **Keep your ~ on!** *slang* Nyugi!, Ne izgulj!

shit *n vulg* szar; *vt* szarik; *int vulg* **S~!** A francba/A fenébe!/Az istenit!

shiver *n* borzongás, didergés; *vi* borzong, didereg, reszket

shock *n* lökés, rázkódás, ütés; sokk, megrázkódtatás, ijedtség; *vt* megdöbbent, sokkol, megbotránkoztat; **electric ~** áramütés

shocking *a* megdöbbentő, sokkoló; visszataszító, botrányos, felháborító

shockproof *a* ütésbiztos, lökésbiztos

shoe *n* cipő; patkó (horse); *auto* fékpofa, féksaru; **~ polish** cipőkenőcs, cipőpaszta; **if I were in your ~s** én a te helyedben; **horse~** lópatkó; **The ~ is on the other foot.** Éppen ellenkezőleg./Éppen fordítva.

shoehorn *n* cipőkanál

shoelace *n* cipőfűző

shoeshine *n* cipőtisztítás

shoestring *n* cipőfűző; **on a ~** filléres alapon

shone *vi past* → **shine**

shoo *int* hess!, sicc!; *vt* elkerget, elhesseget

shook *vt past* → **shake**

shoot *n* vadászat (hunt); új hajtás, sarj (plant); nyilallás (pain); *cine* filmfelvétel, forgatás; *vt* (**shot, shot**) lő, tüzel, lelő, rálő, agyonlő; lövell, kilövell, kilök; *photo* fényképez, *cine* filmez, forgat; *med* injekciót ad be [vkinek]; **~ a glance at** rápillant [vkire]; **~ a movie** filmet forgat; **~ at** rálő [vkire]; **~ down** lelő; **S~!** *coll* Mondd már!/Na bökd már ki! **S~!** *int coll* A csudába!/A fenébe!

shooter *n* lövész, lövő, vadász; **sharp ~** mesterlövész

shooting *a* lövő; nyilalló (pain); száguldó, szökellő; *n* lövés, lövészet; vadászat (hunt); *cine* forgatás, felvétel; nyilallás (pain)

shooting range *n* lőtér

shoot-out *n coll* tűzharc; *fig* nagy veszekedés, leszámolás

shop *n* bolt, kereskedés, üzlet; műhely; *vi* vásárol, bevásárol; **talk ~** szakmai dolgokról beszélget; **go ~ping** vásárolni megy; **~ around** (vásárlási szándékkal) körülnéz, nézelődik

shopkeeper *n* boltos, kereskedő

shopper *n* vásárló

shopping *n* vásárlás, bevásárlás; **~ bag** bevásárlószatyor; **~ center** bevásárlóközpont; **~ mall** bevásárlóközpont, üzletház, üzletközpont

shop window *n* kirakat

shore *n* tengerpart, tópart

shoreline *n* (tengerpart, tópart) partvonal

short *a* rövid (length), alacsony (height); nem teljes, hiányos; *adv* röviden; hirtelen, gyorsan; *el* **~ circuit** rövidzárlat; **~ cut** útrövidítés, rövidebb út; *fig* egyszerűbb megoldás; **at ~ notice** rövid határidőre; **~ story** novella; **stop ~** hirtelen megáll; **~ of [sg]** [vmin] kívül; **She has a ~ temper.** Lobbanékony természete van.

shortage *n* hiány

shortbread *n* omlós vajas sütemény

shortcake *n* omlós gyümölcsös sütemény

shortchange *vt* kevesebbet ad vissza [vkinek], becsap [vkit]

shortcoming *n* hiba, tökéletlenség, hiányosság

shorten *vt* megrövidít; *vi* megrövidül

shortening *n* növényi zsiradék, sütőmargarin

shortfall *n* hiány, hiányosság

shorthand *n* gyorsírás

shorthanded *a* túl kevés személyzettel rendelkező

shortly *adv* rövidesen, hamarosan, nemsokára

shorts *n pl* rövidnadrág, sort

shortsighted *a* rövidlátó

shortwave *n* rövidhullám; **~ radio** rövidhullámú rádió

shot *n* lövés; lövedék, golyó; lövész, lövő; *fig coll* próbálkozás, kísérlet (attempt); *med* injekció; egy kupica (ital) (drink); *vt past/pp* → **shoot**; **take a ~ at it** megpróbálja; **give [sg] a ~** injekciót ad be [vkinek]; **a ~ of vodka** egy kupica vodka

shotgun *n* vadászpuska

should *vi, vt aux* kell, kellene; **You ~ sleep more.** Többet kellene aludnod. **You ~ have seen it!** Látnod kellett volna!

shoulder *n* váll; lapocka; támasz; töltés, perem; (út) padka (road); *vt* vállal, vállára vesz
shout *n* kiáltás, kiabálás; *vi, vt* kiált, kiabál
shove *vt* lök, taszít, tol; **~ aside** félrelök
shovel *n* lapát; *vt* lapátol
show *n* felmutatás, bemutatás; kiállítás, bemutató (exhibit); előadás, műsor, mutatvány (performance); *fig* látszat, külszín; *vt* (**showed, shown**) mutat, megmutat, felmutat, bemutat, kiállít; kimutat, bizonyít (prove); **on ~** látható, megtekinthető; **run the ~** igazgat, vezet [vmit]; **for a ~** a látszat kedvéért; **TV ~** TV műsor; **~ [sy] the door** kiutasít [vkit], kivezet [vkit]; **~ off** fitogtat, mutogat; kérkedik, henceg [vmivel]; **~ out** kikísér; **~ up** megjelenik, mutatkozik; látszik
showbiz = show business *n coll*
showboat *n* színházhajó
show business *n* szórakoztatóipar
showcase *n* vitrin, tárló; *fig* konferencia, bemutató, szimpózium
showdown *n* leszámolás
shower *n* zápor, zivatar (rain); zuhany, tus (bath); *fig* esküvő vagy gyermekszületés előtt tartott parti; *vi* záporoz; zuhanyozik, tusol; *vt* [vmivel] eláraszt, elhalmoz
showgirl *n* revütáncos
showing *n* bemutatás, felmutatás
shown *vt pp* → **show**
show-off *n* hencegés, felvágás; nagyképű/hencegő alak (person)
showplace *n* látnivaló
showroom *n* bemutatóterem, szalon
shrank *vt pp* → **shrink**
shred *n* foszlány, rongy, darabka, töredék; *vt* darabokra tép, darabokra vág
shredder *n* (papír) szeletelő gép, iratmegsemmisítő
shrew *n* zsémbes asszony, hárpia
shrewd *a* ravasz, agyafúrt; okos
shriek *n* sikoltás, rikoltás, visítás; *vi, vt* sikolt, rikolt, visít
shrill *a* éles, metsző, visító; *vi* sikít, visít
shrimp *n* garnélarák; *coll* kis tökmag (person)
shrine *n rel* szentély, oltár; kegyhely
shrink *vt* (**shrank, shrunk**) összezsugorít; *vi* összezsugorodik, összemegy; *fig* visszariad, meghátrál
shrinkage *n* zsugorodás, összemenés, apadás, fogyás
shrivel *vi* összezsugorodik, összeszárad, összeaszik
shroud *n* halotti lepel, szemfedő; lepel, takaró; *vt* beburkol, eltakar; **a ~ of snow** hótakaró
shrub *n* bokor, cserje
shrubbery *n* bozót, bokrok
shrug *vt* vállat von, vállat ránt
shrunk *vi, vt pp* → **shrink**
shuck *n* hüvely, héj, csuhé; *vt* kifejt, lehánt; kagylót kibont
shudder *vi* remeg, borzong, borzad, iszonyodik
shuffle *n* csoszogás, keverés (cards); *vt* (kártyát) kever, megkever (cards); *vi* csoszog
shuffleboard *n* padlón játszott tologatós társasjáték
shun *vt* kerül, elkerül, menekül [vmitől]
shut *vt* (**shut, shut**) becsuk, betesz; bezár, becsuk, összehajt; **~ the door** becsukja az ajtót; **~ down** bezár, lezár; *el* leáll; **~ off** elzár, kikapcsol; **~ out** kizár, kirekeszt; **~ up** bezár, bebörtönöz (prison); elhallgattat; *vulg* **S~ up!** Fogd be!/Pofa be!/Kuss!
shutdown *n* zárva tartás, üzembezárás

shutter *n* zsalugáter, spaletta (window); *photo* zár
shuttle *n* ingajárat, különjárat (bus, train); *vi* ide-oda jár; **space ~** űrrepülőgép
shy *a* félénk, bátortalan, ijedős, szégyenlős; *vi* megijed, visszaretten
sibling *n* testvér
sick *a* beteg; **~ leave** betegállomány, táppénz, betegszabadság; **be ~** hány, rosszul van; **I'm ~ of it.** *coll* Elegem van belőle.
sickbay *n* betegszoba, gyengélkedő
sickbed *n* betegágy
sicken *vt* megbetegít; émelyít, undort kelt; *vi* megbetegszik; émelyeg, undorodik, felfordul a gyomra [vmitől]
sickle *n* sarló
sickly *a* beteges, gyenge
sickness *n* betegség, megbetegedés; gyengélkedés, rosszullét; **morning ~** terhességi (reggeli) rosszullét
sickroom *n* betegszoba
side *a* oldal-, mellék-; *n* oldal; [vminek] a széle, szegély; *fig* párt, oldal, fél; **~ effect** mellékhatás; **~ by ~** egymás mellett; **on the ~** mellékesen; **on all ~s** minden oldalon, mindenhol; **take ~s** állást foglal; **take [sy's] ~** [vkinek] a pártjára áll
sideboard *n* tálalóasztal
side dish *n* köret
sidekick *n coll* partner, pajtás, üzlettárs
sideline *n sp* oldalvonal
sidestep *n* oldallépés; *vt* kikerül, elkerül
sidetrack *n* mellékvágány; *vt* mellékvágányra terel, eltérít
sidewalk *n* járda
sideways *adv* oldalvást, oldalról
siege *n* ostrom, roham, megszállás
sienna *a* vörösesbarna
sierra *n* hegység, hegylánc
siesta *n* sziesztа, csendespihenő
sieve *n* szita, rosta
sift *vt* szitál, megszitál, átrostál
sigh *n* sóhaj, sóhajtás; *vi* sóhajt, sóhajtozik
sight *n* látás, tekintet; látótávolság; látványosság, látvány; **~s** látnivalók, nevezetességek; *fig* vélemény, nézet; *vt* meglát, megpillant; **at first ~** első látásra; **lose ~ of** elveszti a szeme elől, szem elől téveszt; **know by ~** látásból ismer; **out of ~** nem látható
sightseeing *n* városnézés, látnivalók megtekintése
sightseer *n* városnéző, turista
sign *n* jel; jegy, tünet; tábla, jelzőtábla (traffic), cégtábla (business); *vt* aláír, kézjeggyel ellát; jelel, jelbeszéddel kifejez (use sign language); *vi* jelt ad, jelez; **~ language** jelbeszéd; **~ in** bejelentkezik, bélyegez (work); **~ off** befejez, abbahagy, távozik; **~ up** leszerződik, feliratkozik [vmire]
signal *n* jel, jelzés, jeladás; *vt* jelez, jelt ad
signatory *a* aláíró, szerződő
signature *n* aláírás
signet *n* pecsét
signet ring *n* pecsétgyűrű
significance *n* jelentőség, fontosság
significant *a* fontos, jelentős, lényeges
signify *vt* jelent, jelez, kifejez
silence *n* csend, nyugalom, hallgatás; *vt* elhallgattat, lecsendesít; elfojt
silencer *n* hangtompító, hangfogó
silent *a* csendes, hangtalan, hallgatag; néma; **~ partner** csendestárs
silhouette *n* körvonal, sziluett
silica *n chem* kovasav, szilíciumdioxid
silicon *n chem* szilikon, szilícium
silicone *n chem* szilikon
silk *n* selyem; **raw ~** nyersselyem

silken *a* selymes
silkworm *n* selyemhernyó
silky *a* selymes, lágy, bársonyos
sill *n* ablakpárkány
silly *a* buta, hülye, idétlen
silo *n* siló
silt *n* iszap, hordalék
silver *a* ezüstös, ezüst; ősz (hair); *n* ezüst; **born with a ~ spoon in one's mouth** jólétben születik
silverware *n* ezüstnemű; evőeszközök
similar *a* hasonló
similarity *n* hasonlóság
simile *n* hasonlat
similitude *n* hasonlatosság, hasonlóság
simmer *vt* lassú tűzön főz; *vi* lassú tűzön fő, párolódik
simper *vi* vigyorog
simple *a* egyszerű; együgyű, bamba
simpleminded *a* együgyű, butácska; naiv, hiszékeny
simpleton *n* ostoba/együgyű ember
simplicity *n* egyszerűség
simplify *vt* egyszerűsít, leegyszerűsít
simply *adv* egyszerűen, csupán, csak
simulate *vt* tettet, színlel, szimulál
simulation *n* tettetés, színlelés, szimulálás; szimuláció
simulator *n* szimulátor; **flight** ~ repülő szimulátor
simultaneous *a* egyidejű, szimultán
sin *n* bűn, vétek; *vi* vétkezik, bűnt követ el
since *adv, prep* óta, azóta, attól fogva, -tól, -től; *conj* mivel, mert, miután; **~ then** azóta; **~ 1989** 1989 óta, 1989-től; **S~ when?** Mióta?; *coll* Hogyhogy?
sincere *a* őszinte, nyílt
sincerely *adv* őszintén, nyíltan; **yours ~** szívélyes üdvözlettel
sincerity *n* őszinteség
sinew *n* ín
sinful *a* bűnös, vétkes
sing *vt, vi* (**sang, sung**) énekel, elénekel, dalol; **~ another tune** más hangon kezd beszélni
singe *vt* megperzsel, megpörköl
singer *n* énekes
singing *n* éneklés, dalolás
single *a* egyes, egyetlen; egyedüli; egyszeri; szóló; egyedülálló, egyedül élő (person); *n sp* egyes (játék); *vt* **~ out** kiválaszt, kiszemel; **~ room** egyágyas szoba; **every ~ day** minden áldott nap; **He is ~.** Nőtlen. **She is ~.** Hajadon.
singleton *n* egyke, egyedüli gyerek, egyetlen dolog
singular *a* egyetlen, egyes; *gram* egyes számú; rendkívüli, egyedülálló, egyedi; *n gram* egyes szám
sinister *a* baljós, vészjósló
sink *n* (konyhai) mosogató, lefolyó; (fürdőszobai) csap; *vi* (**sank, sunk**) süllyed, elsüllyed, süpped, lesüpped; *vt* süllyeszt, elsüllyeszt, merít, elmerít, leereszt; **let it ~ in** hagyja beivódni; *fig* lassan felfogja az értelmét [vminek]; **~ one's teeth into [sg]** beleharap [vmibe]; **My heart sank.** Elszorult a szívem.
sinkhole *n* lefolyólyuk
sinner *n* bűnös, vétkező (ember)
sinuous *n* kanyargó, kígyózó
sinus *n* homloküreg, arcüreg
sinusitis *n med* arc- és homloküreg gyulladás
Sioux *a, n* sziú indián
sip *n* korty, hörpintés; *vt* kortyol, kortyolgat, hörpint, szürcsöl
siphon *n* szifon
sir *n* uram (megszólítás)
sire *n* felség, felséges uram (megszólítás)
siren *n* szirén; sziréna (sound)

sirloin *n* vesepecsenye, hátszín
sissy *a* puhány, kényes; *n* nőies férfi
sister *n* leánytestvér, húg (younger), nővér (older)
sisterhood *n* testvériség (nők között); *rel* apácarend
sister-in-law *n* sógornő
sit *vi* (**sat**, **sat**) ül; ülésezik, ülést tart; ~ **back** hátradől, kényelembe helyezi magát; ~ **down** leül, letelepszik; ~ **out** végigül, kivárja a végét [vminek]; ~ **through** végigül [vmit]; ~ **up** felül, egyenesen ül
sitcom *n TV* = **situation comedy** rövid epizódokból álló vígjátéksorozat
site *n* telek, házhely; hely, helyszín; **web**~ internetes oldal, weboldal
sitter *n* ülő; *art* modell; kotlós (hen); **baby**~ bébiszitter, pótmama, gyermekőrző
sitting *a* ülő *n* ülés, ülésezés; ~ **duck** könnyű célpont
situate *vt* helyet kijelöl, elhelyez
situation *n* helyzet, állapot, szituáció; ~**comedy** *TV* rövid epizódokból álló vígjátéksorozat
six *num* hat
sixteen *num* tizenhat
sixteenth *a* tizenhatodik; **on the ~ of July** július tizenhatodikán
sixth *a* hatodik
sixty *num* hatvan
sizable *a* jókora, nagyméretű, jó nagy
size *n* méret, nagyság; terjedelem; *vt* ~ **up** felmér, felbecsül, értékel
sizzle *vi* sistereg
skate *n* korcsolya; *vi* korcsolyázik
skateboard *n* gördeszka
skedaddle *vi* meglóg, meglép, elfut
skeet *n* agyaggalamb lövészet
skeleton *n* csontváz (bones); váz, keret; **a ~ in the closet** titkolnivaló, titkolt szégyenfolt
skeptic *n* szkeptikus
skeptical *a* szkeptikus
sketch *n* vázlat, skicc; *vt* felvázol, vázlatot készít, rajzol
sketchbook *n* vázlattömb, vázlatfüzet
sketchy *a* vázlatos
skew *a* ferde, rézsútos
skewer *n* kis nyárs
ski *n* sí, síléc, sítalp; *vi* síel; ~ **boots** síbakancs; ~ **jump** síugrás; ~ **lift** sílift; ~ **pole** síbot; ~ **resort** síparadicsom
skid *vi* megcsúszik, farol
skier *n* síelő
skiff *n* könnyű csónak
skill *n* ügyesség, jártasság, tudás, készség, képesség
skillful *a* ügyes, gyakorlott; képzett
skim *vt* lefölöz, leszed; érint, súrol; *fig* felületesen átolvas (read); ~ **milk** sovány tej
skimmer *n* fölözőkanál
skimp *vt*, *vi* fukarkodik, spórol [vmivel]
skimpy *a* hiányos, szegényes; kicsi
skin *n* bőr; héj (fruit); *vt* lenyúz, megnyúz; **save one's ~** ép bőrrel megússza; **get under [sy's] ~** [vkinek] az idegeire megy; ~ **lotion** bőrápoló tej
skin-deep *a* felületes
skinflint *n* zsugori, fösvény
skinhead *n* bőrfejű, szkinhed
skinny *a* sovány, csontos, szikár; ~**-dipping** *coll* meztelenül fürdőzés
skintight *a* nagyon szűk, testhezálló
skip *vi* szökdel, szökdécsel, ugrándozik; kihagy; **Her heart ~ped a beat.** Kihagyott a szíve.
skipjack *n* pattanóbogár
skipper *n* hajóskapitány
skirmish *n* csetepaté; *vi* csetepatézik

skirt *n* szoknya, alj
skit *n* rövid tréfás jelenet, paródia
skittish *a* ijedős, ideges
skort *n* nadrágszoknya
skulk *vi* leselkedik, ólálkodik; lapul, lapít
skull *n* koponya
skullcap *n* házisapka
skunk *n* görény, bűzös borz
sky *n* ég, égbolt; **The ~ is the limit.** A csillagos ég a határ.
skycap *n* reptéri hordár
skydiving *n sp* sárkányrepülés
skylark *n* pacsirta
skylight *n* tetőablak
skyline *n* távlati város sziluett
skyrocket *n* magasra szálló rakéta
skyscraper *n* felhőkarcoló
skyward *adv* az ég felé, felfelé
slab *n* lap, lemez, tábla; darab, szelet
slack *a* laza, petyhüdt, ernyedt; gyenge, erőtlen, bágyadt; *fig* gondatlan, hanyag; *n* laza/lötyögő rész; *vi* lazul, meglazul, lazán lóg; *fig* hanyag lesz, lazít; **~ off** lazít, nem dolgozik keményen; **Cut me some ~!** *coll* Adj egy kis haladékot!/Tegyél egy kis engedményt nekem!
slacker *n* hanyag, lógós ember
slag *n* salak
slain *vt pp* → **slay**
slalom *n* szlalom
slam *vt* becsap, bevág, lecsap, levág
slander *n law* (szóbeli) rágalmazás, becsületsértés; *vt* megrágalmaz
slang[1] *n* szleng
slang[2] *vi past* → **sling**
slant *n* ferde, dőlt; *vi* lejt, ferdül, dől; *fig* [vmilyen] beállítást ad [vminek]
slap *n* ütés, pofon; *vt* üt, megüt, csap; **~ in the face** pofon üt [vkit]; **~ on the back** megveregeti a vállát [vkinek]
slapdash *a* összevissza, felületes
slaphappy *a* gondtalan
slapstick *a* **~ comedy** bohózat, burleszk
slash *n* vágás, hasítás; *vt* hasít, felhasít, felvág; végigver, végigvág (korbáccsal)
slashed *a* felhasított, bevágott
slat *n* léc
slate *n* pala; *pol* választási jelölőlista; *vt* palával fed; választáson jelöl
slather *vt* vastagon beken, vastagon beborít
slatted *a* lécezett
slattern *n* lompos nő
slaughter *n* mészárlás, leölés, öldöklés; *vt* levág, lemészárol, leöl
slaughterhouse *n* mészárszék
Slav *a, n* szláv (ember)
slave *n* rabszolga; *vi* agyondolgozza magát, robotol
slave driver *n* rabszolgahajcsár; *fig* hajcsár
slavery *n* rabszolgaság, rabszolgamunka
Slavic *a, n* szláv
slavish *a* szolgai
slay *vt* (**slew, slain**) megöl, meggyilkol, elpusztít
sleazy *a* elhanyagolt, lerobbant, lompos
sled *n* szánkó; *vi* szánkózik
sledge *n* szánkó, szán
sledgehammer *n* pöröly, kőtörő kalapács
sleek *a* sima, fényes; *fig* simulékony, ravasz, ügyes; *coll* elegáns, elegánsan egyszerű; *vt* lesimít
sleep *n* alvás, álom *vi* (**slept, slept**) alszik; **go to ~** elalszik; **put [sy] to ~** elaltat; **~ like a baby** jóízűen alszik; **~ in** sokáig alszik, nem kel korán; **~ [sg] off** kialszik [vmit]; **~ on it** alszik rá egyet; **~ with** *coll* lefekszik [vkivel]

sleeper sofa *n* kinyitható heverő
sleeping bag *n* hálózsák
sleeping car *n* hálókocsi
sleeping pill *n* altató
sleepless *a* álmatlan
sleeplessness *n* álmatlanság
sleepwalker *n* alvajáró
sleepy *a* álmos
sleepyhead *n* álomszuszék, hétalvó
sleeve *n* (ruha) ujj; tasak, borító
sleigh *n* szán, szánkó
slender *a* karcsú
slept *vi past/pp* → **sleep**
slew *vi past* → **slay**
slice *n* szelet, darab; *vt* szeletel, szel, felvág, levág
slick *a* sima, egyenletes; ravasz, ügyes
slicker *n coll* dörzsölt alak; **city ~** városi gyerek
slid *vi past/pp* → **slide**
slide *n* csúszás, siklás (movement); csúszda (playground); *photo* dia; *vi* (**slid, slid**) csúszik, megcsúszik, csúszkál; **let it ~** békén hagy, elnéz [vmit]
slight *a* csekély, jelentéktelen; *fig* mellőzés, megalázás, megbántás; *vt* semmibe vesz, mellőz, megbánt
slightly *adv* némileg, egy kissé
slim *a* karcsú, vékony; kevés, csekély; *vt* soványít, fogyaszt; **a ~ chance** csekély esély
slime *n* nyálka, iszap
slimy *a* nyálkás, nyúlós
sling *n* parittya, csúzli; dobás; hurok, vállszíj; *vt* (**slang**, **slung**) hajít, elhajít, dob, elvet, felakaszt, felköt
slingshot *n* csúzli
slink *vi* (**slunk**, **slunk**) ólálkodik, lopakodik
slinky *a* feszes, testhez álló, testhez simuló
slip *n* elcsúszás, megcsúszás, csusszanás; *fig* botlás, tévedés, hiba; papírdarabka, cédula (paper); kombiné, alsószoknya (clothing); *vi* csúszik, elcsúszik, megcsúszik, kicsúszik; *fig* téved, botlik; oson, surran (go); *vt* csúsztat; **~ of the tongue** nyelvbotlás, baki; **get the pink ~** elbocsátják az állásából (rózsaszín cédulával); **~ away** meglép, elillan; **~ in** becsúszik; bebújik; **~ into** belebújik [vmibe]; **~ on** felvesz (ruhát); **~ out** kicsúszik; kibújik [vmiből]; kiszivárog, napvilágra kerül (secret); **~ up** baklövést követ el, bakizik; nagyot hibázik
slipcover *n* védőhuzat (bútor, könyv)
slipper *n* papucs, házicipő
slippery *a* csúszós, síkos; *fig* ravasz, minden hájjal megkent
slit *n* hasíték, rés, repedés; *vt* (**slit, slit**) felvág, hasít, metsz, bemetsz, felmetsz; *vi* elreped, felhasad; **~ [sy's] throat** elvágja [vkinek] a torkát
slither *vi* csúszik, csúszkál, siklik
sliver *n* szilánk, forgács; *vt* leszakít, forgácsot lehasít; *vi* leszakad
slob *n coll* rendetlen ember, trehány alak
slobber *n* nyál, nyáladzás (saliva); latyak, sár; *fig* érzelgős/csöpögős beszéd, érzelgősség; *vi* nyáladzik; **~ over [sy]** érzelgősen beszél [vkiről]
slog *n* erős ütés; *vi* erőlködik, küszködik [vmivel]
slogan *n* jelmondat, szlogen
slop *n* mosogatólé, szennyvíz; moslék, lötty; *vt* kilottyant, kiloccsant
slope *n* lejtő, emelkedő
sloppy *n* rendetlen, hanyag; lucskos, nedves, felázott; lottyadt; **S~ Joe** szaftos húsos szendvics

sloshed *a slang* részeg
slot *n* nyílás, rés
slot machine *n* pénzbedobós automata
sloth *n* lajhár
slouch *vi* lomhán mozog, görbe háttal áll/ül; **Don't ~!** Húzd ki magad!
slough *n* hámló bőr; *vi* hámlik, vedlik
Slovak *a, n* szlovák; **in ~** szlovákul
Slovakia *n* Szlovákia
Slovene *a, n* szlovén
Slovenia *n* Szlovénia
Slovenian *a, n* szlovén; **in ~** szlovénül
slow *a* lassú; vontatott; *fig* buta, ostoba; *adv* lassan; *vt* lassít, késleltet; *vi* lassul; **~ down** *vt* lelassít; *vi* lelassul
sludge *n* iszap, sár, szennyvíz
slug *n* meztelen csiga; *coll* naplopó
sluggish *a* lassú, tunya, lomha; renyhe
sluice *n* zsilip
slum *n* **~s** nyomornegyed, szegénynegyed
slumber *n* álom, szendergés, alvás; *vi* szendereg, szunyókál
slump *n* pangás; *econ* gazdasági válság; *vi* lepottyan, leesik
slung *vt pp* → **sling**
slunk *vt pp* → **slink**
slur *n* gyalázat; nem tiszta kiejtés, hadarás, (speech); *vt, vi* hibásan beszél, hadar; *vi* egybefolyik, összefolyik (beszéd)
slurp *vt* szürcsöl, hörpöl
slush *n* latyak, locspocs, hólé
slushy *a* latyakos, kásás (jég)
sly *a* ravasz, sunyi, alattomos; **on the ~** alattomban, titokban
smack *int* püff!, zutty!; *adv coll* pont (bele), hirtelen; *n* cuppanós puszi (kiss); csattanás; pofon (in the face); *vi* csattan, cuppan; **~ in the middle** pont a közepébe; **a ~ in the face** nagy pofon
small *a* kicsi, kis, apró; jelentéktelen, csekély, némi; *adv* apróra; szűk keretek között, kis mértékben; *n* [vminek] az apraja; **~ change** aprópénz; **~ talk** társalgás, könnyed csevegés; **~ of the back** deréktáj
small-holder *n* kisgazda
smallpox *n* himlő
smarmy *a* mézesmázos, hízelgő
smart *a* okos, ügyes, eszes; ötletes, talpraesett; divatos, elegáns, sikkes (clothes); *slang* **~ ass** nagyképű alak, beképzelt alak
smash *vt* összezúz, összetör, szétzúz; betör, bezúz; *vi* összetörik, összezúzódik; összeütközik [vmivel], nekiütközik [vminek] (crash); **a ~ hit** bombasiker
smatter *vt* felszínesen beszél; felületesen ismer [vmit]; felületesen foglalkozik [vmivel]
smear *n* folt, maszat; *vt* ken, megken, elken, beken; bemaszatol, bepiszkít
smell *n* szag; szaglás (sense); *vt* (**smelled/smelt, smelled/smelt**) szagol, megszagol, érzi a szagát [vminek]; *vi* szaga van, [vmilyen] szagú; **It ~s.** Büdös. **It ~s nice.** Jó szaga van.
smelly *a* büdös, rossz szagú
smelt *vt, vi past/pp* → **smell**
smile *n* mosoly; *vi* **~ at** mosolyog, rámosolyog [vkire]; **be all ~s** csupa mosoly
smirch *n* folt
smirk *n* gunyoros mosoly, önelégült vigyor; önelégülten vigyorog
smith *n* kovács
smithy *n* kovácsműhely
smitten *a* **be ~ with [sy]** fülig szerelmes [vkibe]
smock *n* (munka)köpeny, kezeslábas

smog *n* füstköd, szmog
smoggy *a* szmogos
smoke *n* füst; dohányzás; *vi* füstöl, gőzölög; dohányzik (tobacco); *vt* füstöl, megfüstöl; **~ detector** füstjelző; **go up in ~** füstbe megy; **no smoking** tilos a dohányzás; **~ a cigar** elszív egy szivart; **~d fish** füstölt hal
smoky *a* füstös, kormos
smolder *vi* parázslik, izzik
smooch *vi,vt slang* smárol, csókolózik
smooth *a* sima, sík, egyenletes; zavartalan, folyamatos (undisturbed); sima, udvarias, hízelgő (manners); *vt* simít, elsimít, egyenget; *fig* lecsillapít, elsimít; **~ landing** sima leszállás; **~ over** szépítget, palástol; elegyenget, elsimít
smorgasbord *n* svédasztal
smother *vt* megfojt; elolt, elfojt; eláraszt, elhalmoz
smuggle *vt* csempészik
smuggler *n* csempész
smuggling *n* csempészet
snack *n* uzsonna, könnyű étkezés; **~ bar** büfé, falatozó
snafu *n slang* zűrzavar
snag *vt* kiálló csonk, kidudorodás, bütyök; *fig* rejtett akadály, váratlan bökkenő; *vi* megakad; *vt* megakaszt
snail *n* csiga; **~ mail** *coll* hagyományos posta (nem e-mail)
snake *n* kígyó
snap *a* hirtelen, meglepetésszerű; *n* csattanás, pattanás, kattanás; patentkapocs, csat (fastener); *coll* könnyű dolog, gyerekjáték; *vt* eltör, elroppant; bekap; pattint, kattint; elcsíp, megfog, elkap (catch); *photo* lekap, lefényképez; *vi* kettétörik, elpattan; csattan, roppan, kattan; **it's a ~** gyerekjáték; **~ one's fingers** csettint az ujjával; **~ at** utána kap, odakap (szájával); *fig* ráförmed [vkire]; **~ off** leharap, levág; **She ~ped.** *coll* Bedilizett./ Elment az esze. **He almost ~ped my head off.** *coll* Majdnem leharapta a fejemet.
snapdragon *n* tátika
snapper *n* harapós/mogorva ember; **red ~** ehető atlanti-óceáni halfajta
snappish *a* harapós
snappy *a* harapós; szellemes, talpraesett
snapshot *n* pillanatfelvétel, fénykép
snare *n* kelepce, csapda; hurok, háló; *vt* csapdával fog; tőrbe ejt
snarl *vi* fogát vicsorgatva morog; mogorván mond, morog
snatch *vt* elkap, megkaparint, megragad
snazzy *a fig* villogó, feltűnő
sneak *n coll* alattomos ember, spicli; *vi* (**snuck, snuck**) settenkedik, oson; *vt* elemel, elcsen
sneakers *n* edzőcipő, tornacipő
sneaky *a* alattomos, sunyi
sneer *n* gúnyos mosoly; *vi* **~ at** gúnyosan mosolyog [vkire]
sneeze *n* tüsszentés; *vi* tüsszent
snicker *n* vihogás, kuncogás; *vi* vihog, kuncog, kacarászik
sniff *n* szippantás, szimatolás; *vi* szimatol; *vt* szippant, beszív; megszimatol; **~ glue** szipózik
sniffle *n* szipogás; **She has the ~s.** *coll* Náthás.
snip *vt* nyisszant, ollóval lemetsz
snippet *n* apró darabka, töredék, vagdalék
snippy *a* türelmetlen, rosszkedvű; nagyon rövid
snitch *vt* elcsen
snivel *vi* nyafog, nyavalyog; szipákol
snob *n* sznob

snobbish *a* sznob
snoop *n coll* szaglászik, szimatol; *fig* spicliskedik
snooty *a coll* felvágós, beképzelt, öntelt, sznob
snooze *vi* szundikál, alszik, szundít
snore *vi* horkol, hortyog
snorkel *n* könnyűbúvár légzőcsöve; *vi* könnyűbúvárkodik
snort *vi* horkant, prüszköl, felhorkan
snot *n vulg* takony
snotty *a vulg* taknyos
snout *n* ormány, orr
snow *n* hó; *vi* havazik, esik a hó; **be ~ed in** be van havazva; olyan sok hó esik, hogy nem lehet kimozdulni
snowball *n* hógolyó
snowboard *n* hódeszka, snowboard
snowbound *adv* behavazva
snowdrift *n* hófúvás
snowdrop *n* hóvirág
snowfall *n* hóesés, havazás
snowflake *n* hópehely
snowman *n* hóember
snowmobile *n* motoros szán
snowplow *n* hóeke
snowshoe *n* hótalp
snowstorm *n* hóvihar
snow-white *a* hófehér; **Snow White** Hófehérke
snowy *a* havas
snub *vt* visszautasít, letorkol
snuck *vi, vt past/pp* → **sneak**
snuff *n* tubák, dohány; *vi* szipog, szuszog; *vt* (gyertyát) elolt (a candle)
snuffle *n* szuszogás, szipogás; nátha (sickness); *vi* szuszog, szipákol
snug *a* kényelmes, barátságos, biztonságos; **~ as a bug in a rug** kényelmesen befészkelte magát
snuggle *vi* **~ up to** odabújik, odasimul [vkihez]
so *adv* olyan, ilyen, annyira, ennyire; így, úgy; *conj* tehát, úgyhogy; **~ far** eddig, ez ideig; **~ long as** mindaddig, amíg; **~ much** annyi, ennyi; olyan nagyon; **~ much ~ that** annyira, hogy; **for an hour or ~** körülbelül egy jó órára; **I think ~.** Azt hiszem. **I don't think ~.** Nem hiszem. **S~ be it!** Hát legyen! **Is that ~?** Tényleg?/ Igazán? **S~ what?** *coll* Na és?/És akkor mi van?
soak *vt* áztat, beáztat; átitat, átáztat; *vi* ázik, átázik, átitatódik; **get ~ed** bőrig ázik; **~ up** felszív, felitat
soaking *a* **~ wet** csuromvizes, bőrig ázott
so-and-so *n* X.Y. (iksz ipszilon)
soap *n* szappan; mosószer; *vt* szappanoz, beszappanoz; **a bar of ~** egy darab szappan; **liquid ~** folyékony szappan; **~ opera** szappanopera
soapstone *n* zsírkő
soapy *a* szappanos, mosószeres
soar *vi* szárnyal, felszárnyal, felrepül
sob *vi* zokog, hangosan sír
sober *a* józan, higgadt; *vt* kijózanít; *vi* kijózanodik
sobriety *n* józanság
soccer *n sp* labdarúgás, futball, *coll* foci
sociable *a* társaságkedvelő, barátkozó, barátságos
social *a* társadalmi, szociális; társasági, társas; *US* **S~ Security** társadalombiztosítás; **~ welfare** népjólét; **~ worker** szociális munkás; **~ democrat** szociáldemokrata; **~ life** társasági élet
socialism *n* szocializmus
socialist *a, n* szocialista
socialite *n* társasági előkelőség

socialize *vi* társaságba jár, társasági életet él
society *n* társadalom; jó társaság; társulat, társaság (association); **high ~** előkelő társaság, felső tízezer
sociology *n* szociológia
sociopath *n* antiszociális ember
sock *n* zokni
socket *n* üreg, gödör; foglalat, tok; lyuk; **electric ~** (fali) csatlakozó, konnektor; **eye ~** szemüreg
sod *n* rög; gyeptégla
soda *n* szódavíz; *coll* szénsavas üdítőital
sodden *a* átitatott, átáztatott
sodium *n chem* nátrium
sofa *n* kanapé, dívány
soft *a* puha, lágy; bársonyos; halk, csendes, nyugodt (sound); nyájas, gyenge, sebezhető; **~ drink** üdítőital, alkoholmentes ital; **~cover** papírkötésű, puhafedelű (könyv); **~ spot** gyenge pont; **have a ~ spot for** elfogult [vkinek] a javára, nagyon szeret [vmit]
softball *n sp* softball, a baseballhoz hasonló, de nagyobb labdával játszott játék
soften *vt* puhít, megpuhít, meglágyít; *fig* enyhít, mérsékel, *vi* puhul, megpuhul, lágyul, meglágyul; enyhül, csillapodik
softhearted *a* lágyszívű
softly *adv* puhán, lágyan; halkan, csendesen (sound)
softness *n* lágyság, puhaság
soft-spoken *a* halk szavú, barátságos
software *n comp* szoftver, számítógépes program
soggy *a* átázott, nedves, nyirkos
soil[1] *n* talaj, termőföld
soil[2] *vt* bepiszkít, bemocskol; *fig* meggyaláz
sojourn *vi* tartózkodik, időzik
solace *n* vigasztalás, vigasz, megnyugvás; *vt* vigasztal, megvigasztal
solar *a* nap-, naptól eredő; **~ eclipse** napfogyatkozás; **~ energy** napenergia; **~ panel** napelem; **~ plexus** gyomorszáj, hasi idegközpont
solarium *n* szolárium
sold *vt past/pp* → **sell**
solder *vt* forraszt, összeforraszt, megforraszt
soldier *n mil* katona, közlegény
sole[1] *a* egyedüli, egyetlen
sole[2] *n* talp (of foot); lepényhal (fish)
solemn *a* ünnepélyes, komoly, fennkölt
solemnity *n* ünnepélyesség, komolyság
solicit *vt* kér, [vmiért] folyamodik
solicitous *a* aggályos, aggodalmas, gondos
solicitude *n* aggályosság, féltő gondosság
solid *a* szilárd; tömör, homogén, áthatolhatatlan; *fig* megbízható, biztos, erős; *n* szilárd test; **frozen ~** keményre fagyott
solidarity *n* szolidaritás
solidify *vt* szilárdít, megszilárdít
solidity *n* szilárdság; tömörség, masszívság; *fig* megbízhatóság
soliloquy *n theat* monológ
solitaire *n* egyedül befoglalt drágakő (jewelry); pasziánsz (cards)
solitary *a* magányos, egyedülálló, elhagyatott
solitude *n* magány, egyedüllét
solo *a* egyes, egyedüli, szóló; *adv* egyedül, magában, szólóban; *n* szóló
soloist *n mus* szólista; szólóénekes, magánénekes (singing); szólótáncos (dance)

solstice *n* napforduló
soluble *a* oldható, oldódó
solution *n chem* oldat; *fig* megoldás, megfejtés
solve *vt* old, megold, megfejt
solvency *n bus* fizetőképesség
solvent *a bus* fizetőképes, hitelképes; oldható, oldóképes *n* oldószer
Somali *a, n* szomáliai
Somalia *n* Szomália
somber *a* komor, sötét
some *a* némely, valamelyik, valami; egy kevés, némi; néhány (countable); *coll* pompás, nagyszerű; *pron* némely, néhány; **~ people** néhányan, néhány ember; **for ~ time** egy kis ideig/ideje; **to ~ extent** egy bizonyos mértékben; **That was ~ party!** Ez volt aztán a parti!/Micsoda jó parti volt! **Have ~ more!** Vegyél még!
somebody *pron* valaki; *n* fontos ember, valaki
someday *adv* majd egyszer, egy szép nap (a jövőben)
somehow *adv* valahogyan, valahogy, így vagy úgy
someone = somebody *pron*
someplace *adv* valahol
somersault *n* bukfenc
something *pron* valami
sometime *adv* egyszer, valaha, egykor
sometimes *adv* néha, olykor
somewhat *adv* némileg, egy kissé, némiképp
somewhere *adv* valahol, valahova
son *n* fiú, [vkinek] a fia
sonar *n* hanglokátor
sonata *n mus* szonáta
song *n* dal, ének, nóta; szám (pop music); költemény (poem)
songbird *n* énekesmadár
sonic *a* hang-
son-in-law *n* vő, [vkinek] a veje
sonnet *n* szonett
sonny *n coll* fiacskám
sonogram *n* szonogram, ultrahangos felvétel
sonorous *a* zengő, csengő; hangzatos
soon *adv* hamarosan, hamar, nemsokára; inkább, semhogy; **as ~ as** mihelyst, amint; **the ~er the better** minél előbb, annál jobb; **~er or later** előbb-utóbb; **as ~ as possible** minél előbb, amint lehet
soot *n* korom
soothe *vt* csillapít, enyhít, megnyugtat
soothing *a* megnyugtató, csillapító
sooty *a* kormos
sop *vt* mártogat, beáztat, felszív **~ping wet** csurom vizes, lucskos
sophisticated *a* kifinomult, igényes; tapasztalt (experienced)
sophistication *n* kifinomultság, igényesség; tapasztalat
sophomore *n school* másodéves hallgató
soprano *a, n mus* szoprán
sorbet *n* sörbet, gyümölcsfagylalt
sorcerer *n* varázsló
sordid *a* piszkos, mocskos; *fig* hitvány, aljas
sore *a* fájdalmas, fájó, érzékeny; *n* seb, sérülés; **~ throat** torokfájás; **~ spot** fájó pont; **be ~ at** neheztel [vkire]
sorely *adv* súlyosan, nagyon
sorority *n school* egyetemi/főiskolai leányszövetség
sorrel *n* sóska
sorrow *n* bánat, szomorúság, bú
sorrowful *a* bánatos, szomorú
sorry *a* szomorú, bús; *coll* hitvány, siralmas; **feel ~ for** sajnál [vkit], szán [vkit]; **I'm ~!** Sajnálom!/Bocsánat!/ Elnézést! **What a ~ sight!** Micsoda siralmas látvány!

sort *n* fajta, féle; *vt* kiválogat, kiválaszt, szétválaszt, szortíroz; **nothing of the ~** szó sincs róla!; **~ of** *coll* valahogy, valamilyen; **~ out** megold, elrendez
sorter *n* válogató, szortírozó, osztályozó
so-so *a* tűrhető, nem valami jó, közepes; *adv* tűrhetően, nem valami jól
sot *n* iszákos, részeges ember
soufflé *n* felfújt (étel)
sought *vt past/pp* → **seek**
soul *n* lélek, szellem; ember, lélek; **heart and ~** szívvel-lélekkel
soulful *a* lelkes, mélyen érző
sound[1] *a* egészséges, ép, sértetlen; józan, logikus; alapos; **of ~ mind** épelméjű; **~ judgment** józan ítélőképesség; **~ sleep** mély alvás
sound[2] *n* hang, zaj; *vi* hangzik, hallatszik, hangot ad; *vt* megszólaltat; **~ barrier** hanghatár; **~ effect** hanghatás, hang; **It ~s like fun!** Jó mulatságnak tűnik/hangzik!; **~ the bell** megszólaltatja a harangot
soundproof *a* hangszigetelt, zajmentes
soundtrack *n cine* hangsáv; *mus* filmzene
soup *n* leves
soup plate *n* leveses tányér, mélytányér
soupy *a* leveses, folyékony
sour *a* savanyú, fanyar; *fig* savanyú, barátságtalan, mogorva; **~ cream** tejföl; **go/turn ~** megsavanyodik
source *n* forrás, eredet
sourdough *n* kovász
south *a* déli; délre néző, déli fekvésű; *adv* délre, dél felé; *n* dél; **the ~ entrance** a déli bejárat; **the S~** *US* a déli államok, a dél; **turn ~** dél felé fordul
South Africa *n* Dél-Afrika
South African *a, n* dél-afrikai
South America *n* Dél-Amerika
South American *a, n* dél-amerikai
southbound *a* dél felé tartó
southeast *a* délkeleti; *adv* délkelet felé, délkeletre; *n* délkelet
southeastern *a* délkeleti
southern *a* déli
southwest *a* délnyugat; *adv* délnyugat felé, délnyugatra; *n* délnyugat
southwestern *a* délnyugati
souvenir *n* emléktárgy, ajándéktárgy, szuvenír
sovereign *a* legfőbb, legfelső; független, szuverén; uralkodói, felséges; *n* uralkodó
Soviet *a* szovjet
sow[1] *n* koca, anyadisznó
sow[2] *vt* (**sowed, sown**) vet, elvet, bevet, behint
sown *vt pp* → **sow**
soy *n* szójabab, szója; **~ sauce** szójaszósz
soybean *n* szójabab
spa *n* fürdő, fürdőhely, gyógyfürdő, fürdőváros
space *n* hely, tér, távolság; kiterjedés; időszak, időköz (time); világűr, űr (cosmos); betűköz, szóköz (printing); *vt* elhelyez, feloszt; **take up ~** helyet foglal el; **~ shuttle** űrrepülőgép; **~ travel** űrutazás
spacecraft *n* űrhajó
spaceship *n* űrhajó
spacious *a* tágas
spade *n* ásó (tool); pikk (cards); **the king of ~s** a pikk király
spaghetti *n* spagetti
span *n* arasz; fesztáv; szárnytávolság (wings); időtartam (time); *vt* átível, áthidal, átér
Spaniard *n* spanyol ember
Spanish *a, n* spanyol; **in ~** spanyolul
spank *vt* elfenekel, elpáhol, elnáspángol

spanking *n* verés, elfenekelés
spanner *n* csavarkulcs
spar[1] *n* gerenda, szarufa
spar[2] *n* szócsata
spare *a* fölösleges; tartalék, pót-; sovány, szikár; *vt* megkímél, takarékoskodik [vmivel]; nélkülözni tud; ~ **part** (pót)alkatrész; ~ **room** vendégszoba; ~ **time** szabadidő; ~ **tire** pótkerék; *coll* derék körüli zsírpárna; ~ **no expense** nem sajnálja rá a pénzt; **have no time to** ~ nincs ráérő ideje; **Can you ~ a few dollars?** Tudsz adni egy pár dollárt?
sparerib *n* sovány sertésborda
sparingly *adv* takarékosan, nem túlzottan; **use** ~ keveset használjon
spark *n* szikra; *vt* szikrázik; ~ **plug** *auto* gyújtógyertya, gyertya
sparkle *n* szikra; ragyogás, csillogás; *vi* szikrázik, ragyog, csillog; pezseg, gyöngyözik (drink); **sparkling wine** pezsgő bor
sparkler *n* csillagszóró
sparrow *n* veréb
sparse *a* ritka, elszórt
spasm *n* (izom)görcs
spastic *a* görcsös, rángatózó
spat *vt pat/pp* → **spit**
spatial *a* térbeli, tér-
spatter *vt* befröcsköl, összefröcsköl
spatula *n* spatula, (főző) lapát
speak *vt, vi* (**spoke, spoken**) beszél; szól; (nyelvet) beszél, tud (a language); ~ **one's mind** őszintén beszél, megmondja a véleményét; ~ **for** [vkinek] a nevében beszél, [vki] helyett beszél; ~ **out** őszintén megmondja a véleményét; ~ **up** hangosan/hangosabban beszél; [vminek] az érdekében felszólal; **S~ up!** Beszélj hangosabban! **S~ for yourself!** A magad nevében beszélj! (én nem így gondolom) **It ~s for itself.** Önmagáért beszél.
speaker *n* szónok, előadó, beszélő (person); hangszóró (audio); **the S~ of the House** *US* a Képviselőház elnöke
speakerphone *n* kihangosító (telefonon)
speaking *a* beszélő, kifejező; **They are not on ~ terms.** Nincsenek beszélő viszonyban.
spear *n* lándzsa, dárda
spearmint *n* fodormenta
special *a* különleges, speciális, sajátságos; külön; rendkívüli, alkalmi; *n* különkiadás; ~ **delivery** expressz kézbesítés; ~ **effects** különleges effektusok
specialist *n* szakértő, szakember, specialista; *med* szakorvos, specialista
specialty *n* különlegesség, sajátosság, specialitás; szakterület (work)
specialize *vi* szakosodik, specializálódik; ~ **in** szakosodik [vmire], specializálja magát
species *n pl* faj, fajta
specific *a* különleges, sajátságos; specifikus; közelebbről meghatározott, egy bizonyos
specification *n* részletezés, részletes előírás; kikötés
specify *vt* pontosan meghatároz; felsorol; előír, kiköt
specimen *n* példány; minta(darab)
speck *n* folt, petty, csepp, szemcse
speckled *a* foltos, pettyes
spectacle *n* látványosság, látvány
spectacular *a* látványos
spectator *n* néző; ~ **sport** *sp* látványsport

spectre *n* szellem, kísértet
spectrum *n* színkép, spektrum
specula *n pl* → **speculum**
speculate *vi* elmélkedik, töpreng; spekulál
speculation *n* feltevés. elmélet; spekuláció
speculative *a* elméleti, spekulatív; spekulációs
speculum *n* (*pl* **specula**) orvosi tükör
sped *vt past/pp* → **speed**
speech *n* beszéd; szónoklat, beszéd; **~ impediment** beszédhiba; **figure of ~** beszédfordulat; **make a ~** beszédet mond, beszédet tart
speechless *a* szótlan, néma; **I was ~.** Elállt a szavam./Nem tudtam mit mondani.
speed *n* sebesség, gyorsaság; *vt* (**sped, sped**) gyorsít, siettet; *vi* gyorsul, halad; siet, száguld; *auto* gyorsan hajt; **~ up** felgyorsít
speedboat *n sp* gyorsasági versenycsónak
speed bump *n* fekvő rendőr
speed limit *n* legnagyobb megengedett sebesség
speedometer *n auto* sebességmérő, kilométeróra
spell[1] *n* varázslat, bűbáj; *vt* betűz, szótagol, ír, helyesen ír; **How do you ~ it?** Hogy kell írni? **She can't ~.** Nem tud helyesen írni.
spell[2] *n* időszak, időtartam (time); **a hot ~** kánikula, meleghullám
spellbinding *a* lenyűgöző
speller *n* helyesírási kézikönyv; jó helyesíró (person)
spelling *n* helyesírás; **~ bee** *US* helyesírási verseny
spend *vt* (**spent, spent**) költ, elkölt, kiad (money); használ, elhasznál, fogyaszt (materials); tölt, eltölt (time); **He ~s a lot of money on the car.** Sokat költ az autóra. **We'll ~ Sunday at the beach.** A vasárnapot a tengerparton fogjuk tölteni.
spent *a* fáradt, kimerült; elhasznált; *vt pat/pp* → **spend**
sperm *n* sperma, ondó
spew *vt* okád, kiokád, kihány
sphere *n* gömb; golyó; *fig* (működési) kör, szféra, hatáskör
spherical *a* gömbölyű, gömb alakú
sphinx *n* szfinx
spice *n* fűszer; zamat; *vt* fűszerez, ízesít
spicy *a* fűszeres, pikáns, erős (hot)
spider *n* pók; **~ web** pókháló
spiel *n slang* duma, szöveg, rizsa
spike *n* karó, cövek; tüske, hegy, vashegy; *vt* szögekkel kiver; kihegyez, hegyesre formál; *slang* üdítőitalba alkoholt tesz; **~ heels** tűsarok
spiky *a* hegyes, szúrós
spill *vt* (**spilt/spilled, spilt**) (véletlenül) kiönt, kilöttyent; *vi* kiömlik, kiloccsan; kiesik; **~ the beans** *coll* véletlenül elmond, kikotyog
spillover *n* bukógát
spilt *vt past/pp* → **spill**; **It's no use crying over ~ milk.** Késő bánat ebgondolat.
spin *n* pörgés, forgás; autókázás, autós kirándulás; *vt* (**spun, spun**) fon, sodor (thread); forgat, pörget; *vi* pörög, forog; **go for a ~** kocsikázik egyet; **My head is ~ning.** Forog velem a világ.
spinach *n* spenót, paraj
spinal *a* gerinc-; **~ column** gerincoszlop; **~ cord** gerincvelő
spindle *n* orsó; *coll* nyurga, cingár ember

spindly *a* cingár, nyurga
spine *n* gerinc; hátgerinc
spineless *a* gerinctelen, jellemtelen, elvtelen
spinner *n* fonó (person)
spinning *n* fonás; forgás, pörgés; *sp* spinning
spinster *n* vénlány, vénkisasszony
spiny *a* tüskés
spiral *a* spirál, spirális, csigavonalú; *n* spirál, csigavonal; *vi* csigavonalat alkot; spirálisan mozog; ~ **staircase** csigalépcső
spire *n* templomtorony, [vminek] a csúcsos teteje; [vminek] a csúcsa
spirit *n* lélek, szellem; kísértet (ghost); kedv, kedély, hangulat (mood); szesz, alkohol; ~**s** szeszes italok, rövid italok; **the ~ of the law** a törvény szelleme; **be in high ~s** jókedvű, élénk
spirited *a* élénk, szellemes, talpraesett
spiritual *a* szellemi, lelki
spiritualism *n* spiritualizmus; spiritizmus
spit[1] *n* köpet, köpés ; *vt* (**spat, spat**) köp, kiköp; *vi* köpköd; ~**ting image** kiköpött más
spit[2] *n* nyárs; *vt* (**spitted**, **spitted**) nyársra húz; felnyársal
spite *n* rosszindulat, harag, gyűlölködés; **in ~ of** [vminek] ellenére, dacára
spiteful *a* rosszindulatú
spittle *n* köpés, köpet, nyál
splash *n* loccsanás; *vt* fröcsköl, lefröcsköl, befröcsköl, összefröcsköl; *vi* fröccsen, loccsan; fröcsköl, spriccel
splat *vi* loccsan
splatter *n* fröcskölés; loccsanás; folt; *vt* befröcsköl, bemocskol
splendid *a* nagyszerű, pompás, ragyogó
splint *n* sín (csonttörésnél); szilánk, forgács
splinter *n* szálka, szilánk, forgács; *vi* darabokra/szilánkokra törik
split *a* kettéhasított, kettévágott; *n* hasadás, repedés, szakadás, elszakadás; hasadék, repedés, rés; *vt* (**split, split**) hasít, elhasít, hasogat, repeszt, elrepeszt; feloszt, megfelez; *vi* hasad, elhasad, reped, elreped, szétválik; ~ **personality** tudathasadás; **in a ~ second** a másodperc töredéke alatt; ~ **hairs** szőrszálat hasogat; ~ **the cost** megfelezi/megosztja a költségeket; ~ **off** lehasít; ~ **up** *vt* felhasogat; *vi* szétválik; szakít (szerelmesek) (people); **I have a ~ting headache.** Hasogat a fejem.
splotch *n* folt, paca, maszat
splotchy *a* foltos, pacás, maszatos
splurge *vi* dőzsöl, kirúg a hámból, szórja a pénzt
splutter *vi* fröcsköl; serceg
spoil *vt* elront, tönkretesz; elkényeztet (a person); *vi* megromlik, tönkremegy; ~**ed brat** elkényeztetett, rossz kölyök
spoilage *n* hulladékpapír, selejt
spoilsport *n* ünneprontó
spoke *n* küllő; létrafok (ladder)
spoke *vt past* → **speak**
spoken *a* kimondott, beszélt; -szavú, -beszédű; *vt pp* → **speak**; **well-spoken** jó modorú
spokesman *n* (*pl* **spokesmen**) szóvivő, szószóló
spokesmen *n pl* → **spokesman**
spokesperson *n* szóvivő (nő vagy férfi)
spokeswoman *n* (*pl* **spokeswomen**) szóvivő (nő)
spokeswomen *n pl* → **spokeswoman**

sponge *n* szivacs; törlő; ~ **cake** piskóta(tészta); *vt* szivaccsal felitat, letöröl

sponsor *n* jótálló, kezes; *bus* szponzor; *vt* kezeskedik, jótáll [vkiért]; támogat, patronál, [vkinek] a költségeit viseli; *bus* szponzorál

spontaneous *a* spontán, saját jószántából való

spoof *n* svindli, átejtés; *vt* bepaliz, átejt

spook *n* kísértet

spooky *a* kísérteties, félelmetes

spool *n* orsó, tekercs, cséve; *vt* tekercsel, csévéz

spoon *n* kanál; *vt* kanalaz, mer

spoonfeed *vt* kanállal etet; *fig coll* belediktál [vmit vkibe], megmondja [vkinek] mit csináljon

spoonful *n* kanálnyi

sporadic *a* szórványos

spore *n* spóra

sport *n* sport; **~s** sport, sportolás; szórakozás, időtöltés; *coll* jó haver; *vt* felvág, feltűnően visel (jelvényt); **~swriter** sportújságíró; **Be a good ~!** Ne rontsd el a más örömét!

sporting *a* sport-, sportoló; ~ **goods** sportszerek

sports *a* sport-; *n pl* sport, sportolás; **do** ~ sportol; ~ **car** sportkocsi

sportscaster *n TV* sporttudósító, sportriporter

sportsman *n* (*pl* **sportsmen**) sportoló, sportember; sportszerű ember

sportsmanlike *a* sportszerű, korrekt

sportsmanship *n* sportszerűség

sportsmen *n pl* → **sportsman**

sportswear *n* sportöltözet, sportfelszerelés

sporty *a* sportos; feltűnő, rikító

spot *n* folt, paca, petty; hely, vidék, helyszín (place); *vt* bepiszkít, foltot ejt [vmin]; észrevesz, meglát, kiszúr (notice); **weak** ~ gyenge pont; **be in a tight** ~ pácban van, bajban van; **on the** ~ azonnal, rögtön; helyben; **put [sy] on the** ~ kellemetlen helyzetbe hoz [vkit]; ~ **check** villámellenőrzés; **You can't change a leopard's ~s./A leopard can't change its ~s.** Kutyából nem lesz szalonna.

spotless *a* szeplőtlen, tiszta, makulátlan

spotlight *n* reflektorfény; fényszóró; **be in the** ~ a figyelem központjában van

spotted *a* foltos, pecsétes; tarka, pettyes; ~ **owl** pettyes bagoly (védett észak-amerikai faj)

spotter *n* felderítő; detektív

spouse *n* házastárs

spout *n* kifolyócső, lefolyó; edény szája, csőr; *vt* kilövell, kiköp; *vi* kilövell, sugárban ömlik

sprain *n* ficam, rándulás; *vt* kificamít, megránt, megrándít; **~ed ankle** bokaficam

sprang *vt, vi past* → **spring**

sprawl *n* terpeszkedés; terjeszkedés; *vi* terpeszkedik, elterpeszkedik; burjánzik, összevissza nő (plants); **urban** ~ város terjeszkedése

spray *n* permet; permetező folyadék; spré, spray; *vt* permetez, porlaszt; befúj; **hair** ~ hajlakk

spread *n* elterjedés, terjeszkedés; kiterjedés, terjedelem (size); takaró, terítő (cloth); *coll* lakoma (feast); kenhető étel, krém (food); többhasábos cikk (article); *vt* (**spread, spread**) terjeszt, elterjeszt; kiterjeszt, kitár, széttár (arms); szétterít, széttár (a map); leterít, befed, betakar (sheets); ken, megken (bread); *vi* terjed, kiterjed, elterül (place); *fig* terjed, elterjed;

szétszóródik, szétszéled (people); **~ wings** kitárja a szárnyát; **bed~** ágytakaró; **~ butter on bread** megkeni a kenyeret vajjal, megvajazza a kenyeret; **wide~** széles körben elterjedt

spread-eagle *a* békaszerűen elterpeszkedő; **lie ~d** kezét-lábát szétvetve fekszik

spreadsheet *n comp* táblázatkezelő (program); táblázat (table)

spree *n coll* mulatság, muri, ivászat, kirúgás a hámból; **shopping ~** nagy bevásárlás, költekezés

sprig *n* gallyacska, ágacska, hajtás

spring *n* forrás (water); tavasz (season); rugó (mechanical); *vi* (**sprang, sprung**) ugrik, szökken; *fig* fakad, ered, keletkezik; **in the ~** tavasszal; **~ chicken** rántani való csirke; *fig* fiatal, tapasztalatlan; **~ back** visszaugrik, hátraugrik; **~ into action** akcióba lép, (lendülettel) hozzáfog [vmihez], nekilát [vminek]

springboard *n* ugródeszka

springtime *n* tavasz

springy *a* ruganyos, rugalmas

sprinkle *vt* permetez; meghint, beszór

sprinkler *n* (kerti) locsoló

sprint *n sp* rövidtávfutás, sprint; *vi* sprintel, vágtázik

sprout *n* hajtás, csíra; *vi* csírázik, sarjadzik; **wheat ~** búzacsíra

spruce[1] *n* lucfenyő (tree)

spruce[2] *vt* **~ up** kicsinosít, kicsíp

sprung *vt, vi pp* → **spring**

spun *a* fonott, sodrott; *vt, vi past/pp* → **spin**

spunky *a coll* belevaló, stramm

spur *n* sarkantyú; *fig* ösztökélés, ösztönzés; *vt* sarkall, ösztökél

spurn *n* megvetés, elutasítás; *vt* megvet, elutasít

spurt *n* kilövellés, sugár; *vt, vi* kilövell, spriccel, sugárban kitör

sputter *n* hadarás; *vi* hadar; köpköd, fröcsög a nyála; serceg

spy *n* kém, besúgó; *vi* megpillant, meglát, észrevesz; **~ on** kémkedik [vki után]

squab *a* köpcös, tömzsi; *n* galambfióka; köpcös ember

squabble *n* perpatvar, civakodás; *vi* civakodik, veszekszik

squad *n mil* szakasz, osztag, raj; brigád, csapat; **~ car** rendőrautó, URH kocsi

squadron *n mil* század, repülőszázad

squander *vt* elpazarol, elpocsékol, elherdál

square *a* négyszögletes, négyzetes; szögletes; *fig* tisztességes, becsületes; *n* négyszög, négyzet; kocka (sakktáblán) (on a chessboard); tér (town); *math* négyzet (számé), négyzetszám; *coll* régimódi, merev ember; *vt* négyszögletesre alakít; *fig* kiegyenlít, elrendez, elintéz; **~ foot** négyzetláb; **~ root** négyzetgyök; **~ off** négyoldalúra kifarag; **We are ~.** Kvittek vagyunk. **I won it fair and ~.** Tisztességesen/szabályosan nyertem.

squash *n* tök (vegetable)

squash *n* pép, püré; *sp* fallabda; *vt* összepresel, összenyom; péppé zúz, pépesít

squat *vi* guggol, kucorog; *coll* csücsül

squatter *n* (engedély nélküli) lakásfoglaló (ember)

squaw *n US* indián asszony

squeak *n* nyikkanás, nyikorgás; cincogás (mice); *vi* nyikorog, csikorog; cincog, vinnyog; *coll* **~ on** beköp [vkit]

squeaker *n* kismalac; *coll* besúgó, spicli
squeaky *a* nyikorgós, nyikorgó, csikorgó; **The ~ wheel gets the grease.** A nyikorgó kereket olajozzák meg először.; *approx* azzal foglalkoznak, aki a legjobban panaszkodik
squeal *vi* sikít, visít, vinnyog
squeamish *a* émelygős, kényes; *fig* finnyás, túl érzékeny
squeeze *n* összenyomás, szorítás; szorongatás; *vt* présel, kipréssel, kisajtol, nyom, kinyom; összeszorít, összenyom; **~ out** kifacsar, kicsavar; **~ into** beleprésel, beleerőltet [vmibe]
squid *n* tintahal, polip
squiggle *n* cirkalom; csúnya írás, macskakaparás; *vt* olvashatatlanul ír; *vi* cikkcakkban mozog, tekergőzik
squint *vi* hunyorog, hunyorít
squirm *n* izgés-mozgás; *vi* izeg-mozog, fészkelődik
squirrel *n* mókus
squirt *n* fecskendő; kilövellő folyadék; *vt, vi* spriccel, fecskendez; kilövell
squish *vi* kilövell, kibuggyan
Sri Lanka *n* Sri Lanka
St.[1] = **saint** *a, n*
St., st.[2] = **street** *n*
stab *n* szúrás, döfés; szúró fájdalom (pain); *vt* szúr, átszúr, leszúr, döf, átdöf, bök; **~ [sy] in the back** hátba szúr [vkit]; *fig* hátba támad [vkit]; **take a ~ at** *fig* megkísérel, megpróbál [vmit]
stability *n* stabilitás
stabilize *vt* megszilárdít, rögzít, stabilizál
stabilizer *n* stabilizátor
stable[1] *a* szilárd, állandó, stabil
stable[2] *n* istálló; lóállomány, versenyistálló (horses)
stack *n* boglya, kazal (hay); rakás, halom; *vt* halomba rak, felhalmoz; **smoke~** kémény
stadium *n sp* stadion
staff *n* bot, pálca; zászlórúd (flag pole); személyzet (workers); *mil* vezérkar; *vt* személyzetet felvesz, személyzettel ellát; **chief of ~** *mil* vezérkari főnök; **~ room** személyzeti szoba; *school* tanári, tantestületi (szoba)
staffer *n* a személyzet tagja
stag *n* szarvasbika; *coll* facér férfi; **~ party** *coll* kanbuli
stage *n theat* színpad; színhely, színtér; állapot, fejlődési szakasz, pont (in life); fok, fokozat (step); *vt* dramatizál, előad; **~ door** színészbejáró; **~ fright** lámpaláz; **at this ~** ezen a ponton, ebben a szakaszban
stagecoach *n* postakocsi
stagehand *n theat* díszletező munkás
stagger *vi* tántorog, támolyog; habozik, tétovázik; *vt* meghökkent, megdöbbent
staggering *a* megdöbbentő, megrázó
staging *n theat* színpadra állítás, színrevitel
stagnant *a* pangó, stagnáló
stagnate *vi* pang, stagnál, tesped, áll
stain *n* folt, pecsét; elszíneződés; festék, festőanyag, (fa)pác (paint); *vt* összepiszkol, bemocskol, foltot ejt [vmin]; megfest, befest, színez (dye); pácol (wood); *vi* bepiszkolódik; **~ remover** folttisztító
stained *a* foltos, pecsétes; festett, színezett; **~ glass** festett üveg
stainless *n* nem foltosodó; rozsdamentes; **~ steel** rozsdamentes acél
stair *n* lépcső, lépcsőfok; **~s** lépcső (ház)
staircase *n* lépcsőház
stairway *n* lépcső, lépcsőház

stake *n* karó, cölöp; díj, tét (competition); érdekeltség (interest); **be at ~** kockán forog; **high ~s** magas tét; **have a ~ in** érdekelve van [vmiben]
stakeholder *n* érdekelt (ember)
stakeout *n* rendőrségi megfigyelés, szemmel tartás
stale *a* állott, áporodott, poshadt, nem friss; *fig* elcsépelt, banális
stalemate *n* patt (sakk); *fig* patthelyzet, holtpont
stalk *n* szár, nyél, inda
stalk *vi* oson, lopakodik; *vt* becserkész; (embert) követ, zaklat
stalker *n* cserkésző vadász; [vkit] követő, zaklató ember
stall[1] *n* rekesz, boksz; árusítóbódé; **~s** *theat* zsöllye, földszint
stall[2] *vt* akadályoz, halogat; *vi* elakad, megreked; akadozik, leáll (engine); **~ (for time)** húzza az időt
stallion *n* mén, csődör
stamen *n biol* porzó
stamina *n* életerő; kitartás, állóképesség
stammer *n* dadogás, hebegés; *vi* dadog, hebeg
stamp *n* bélyegző, pecsét; bélyeg (mail); *vt* lebélyegez, lepecsétel, bélyeget üt [vmire]; *vi* dobbant, toporzékol; **postage ~** postai bélyeg
stampede *n* eszeveszett menekülés, tömeges pánik; *vi* pánikszerűen menekül, fejvesztetten rohan
stance *n* állás, helyzet
stand *n* állás, felállás; *fig* álláspont; hely, állomás; elárusítóhely, bódé (at a market); lelátó, tribün (audience); állvány, tartó; tanúk padja (in court); *vi* (**stood, stood**) áll; megáll; feláll; *vt* állít, felállít, odaállít, tesz, odatesz; *fig* kibír, elvisel; **fruit ~** gyümölcsárus; **take a ~ on** állást foglal [vmiben]; **take the ~** szót emel; tanúvallomást tesz (as a witness); **as it ~s** ahogy a helyzet áll; **~ around** ácsorog; **~ aside** félreáll; **~ back** hátralép, hátrább áll; hátramarad; **~ by** áll és vár; készenlétben áll; **~ down** visszalép; **~ for** [vmit] képvisel, jelent; támogat, véd; **~ in for** helyettesít; **~ off** félreáll, távolságot tart; **~ on** [vmin] áll; **~ out** kiáll; *fig* kitűnik, kimagaslik; **~ up** feláll, egyenesen áll; **I ~ corrected.** Beismerem, hogy tévedtem. **I can't ~ him.** Ki nem állhatom. **My hair ~s on end.** Égnek áll a hajam.
standard *a* szabványos, irányadó, alapvető; *n* hiteles mérték, szabvány, minta, standard; minőség, színvonal, nívó; **~ time** zónaidő; **Eastern S~ Time** *US* keleti parti zónaidő; **~ of living** életszínvonal; **sub~** színvonal alatti, igénytelen
standardize *vt* szabványosít
standing *a* álló; állandó; *n* állás, rang, pozíció; időtartam (time); **~ order** állandó rendelés; **social ~** társadalmi rang; **long~** régi, bevált
stand-offish *a* tartózkodó, zárkózott
standstill *n* megállás, leállás, mozdulatlanság, szünetelés; **come to a ~** teljesen leáll
stank *vi past* → **stink**
staple[1] *a* állandó; legfontosabb, legfőbb; *n* főtermény, legfontosabb cikk, alapvető élelmiszer
staple[2] *n* kapocs, tűzőkapocs; *vt* összekapcsol, összetűz
stapler *n* tűzőgép, fűzőgép
star *n* csillag; csillagzat; *cine* sztár; *vi cine* főszerepet játszik; **S~s and Stripes** *US* az amerikai zászló; **lucky ~** szerencsecsillag; **see ~s** csillagokat lát

starch *n* keményítő; *vt* keményít, kikeményít

starchy *a* keményítő tartalmú

stare *n* merev tekintet, bámulás, bámészkodás; *vi* bámul, mereven néz, szemét mereszti

starfish *n* tengeri csillag

stargazer *n* csillagvizsgáló (ember); *fig* ábrándozó (ember)

stark *a* merev, meredt; erős; *adv* teljesen, egészen, tisztára; **~ naked** anyaszült meztelenül

starlet *n cine* csillagocska, sztárjelölt

starlight *n* csillagfény

starling *n* seregély (bird)

starry *a* csillagos; **~ eyed** csillogó szemű, ábrándos szemű

start *n* indulás, elindulás, start; kezdet; starthely, rajt (place); megriadás, hirtelen összerezzenés; *vt* elkezd, megkezd; elindít, beindít; *vi* indul, elindul (move); kezd, kezdődik; **from the ~** kezdettől fogva; **wake with a ~** felriad álmából; **~ the car** beindítja a kocsit; **~ off** *vi* elindul; *vt* megkezd, kezd [vmit]; **~ out** elindul; **It ~ed raining.** Esni kezdett az eső.

starter *n auto* indító; első fogás (food); **~ pistol** indítópisztoly

starting *n* kezdet, indulás

startle *vt* megijeszt, megriaszt; *vi* megijed, megriad

starvation *n* éhezés, koplalás; **die of ~** éhen hal

starve *vt* éheztet, koplaltat; *vi* éhezik, koplal; **I'm starving.** *coll* Majd éhen halok., Nagyon éhes vagyok.

stash *vt* biztonságba helyez, elrejt

state *n* állapot, helyzet; állam (country); állás, rang, méltóság; *vt* kijelent, megállapít, állít, kifejez; **~ of mind** lelkiállapot; **S~ Department** *US* külügyminisztérium; **the S~s** *coll* az államok, az USA; **~ dinner** díszvacsora

statehood *n* államiság; *US* tagállamiság

stately *a* méltóságteljes, tekintélyes, impozáns

statement *n* állítás, közlés, megállapítás, kijelentés, nyilatkozat, közlemény; *econ* kimutatás, számadás; **make a ~** nyilatkozatot tesz; **bank ~** bankkimutatás, számlakivonat

stateroom *n* magánlakosztály, luxuskabin

statesman *n* (*pl* **statesmen**) államférfi

statesmen *n pl* → **statesman**

statewide *a* egész államra kiterjedő

static *a* nyugvó, statikus; statikai

station *n* állomás, pályaudvar, megállóhely (train, bus); *mil* állomáshely; hivatal, foglalkozás, rang; *TV* adó, állomás, csatorna; *vt* állomásoztat, kihelyez

stationary *a* állandó, mozdulatlan

stationery *n* írószer, irodaszer; levélpapír (paper)

statistical *a* statisztikai

statistics *n* statisztika

statuary *n* szobrászat

statue *n* szobor

statuesque *a* szoborszerű

statuette *n* kisszobor

stature *n* termet, alak; szellemi kaliber

status *n* állapot, helyzet, státusz; **social ~** társadalmi helyzet

status quo *n* status quo, korábbi állapot, fennálló állapot

statute *n law* törvény, rendelet

statutory *a law* törvényen alapuló, törvény szerinti, törvényszerű, törvényes

stay *n* tartózkodás; *vi* marad, időzik, tartózkodik [vhol]; megszáll, lakik, alszik [vhol]; **~ for dinner** ott marad vacsorára; **~ at a hotel** szállodában száll meg, szállodában lakik; **~ away** távol marad; **~ up** fennmarad, nem fekszik le aludni
stead *n* haszon, előny
steadfast *a* állhatatos, rendületlen, rendíthetetlen
steady *a* szilárd, biztos, rendületlen; józan, kiegyensúlyozott; állhatatos, kitartó; állandó, egyenletes; *vt* megerősít, megszilárdít; **~ income** biztos/rendszeres jövedelem; **~ demand** állandó kereslet; **~ pace** egyenletes tempó; **go ~ with** *coll* együtt jár [vkivel]
steak *n* hússzelet, bifsztek
steal *vt* (**stole, stolen**) lop, ellop; *vi* lopódzik, lopakodik
stealth *n* lopakodás; **by ~** titokban, lopva; **~ airplane** lopakodó repülőgép
stealthy *a* titkos, rejtett, óvatos
steam *n* gőz; pára; *vt* gőzöl, párol; *vi* gőzölög, párolog; **pick up ~** rákapcsol, összeszedi az erejét; **blow off ~** *coll* kifújja a mérgét; **at full ~** teljes gőzzel; **~ up** bepárásodik
steamboat *n* gőzhajó
steam engine *n* gőzgép; gőzmozdony (train)
steaming *a* gőzölgő, párolgó; **~ hot** forró, tűzforró
steamy *a* gőzös, párás, gőzölgő
steed *n* paripa
steel *n* acél; kard, penge (sword); *vt* megacéloz, erősít; **~ mill** acélöntöde
steelworks *n* acélművek, acélgyár
steely *a* acélos, kemény, rideg
steep[1] *a* meredek; túlzott, hihetetlen; *n* meredek, meredély
steep[2] *vt* áztat, beáztat , pácol, átitat (in liquid)
steeple *n* toronysisak, templomtorony
steer *vt, vi* kormányoz, irányít
steerage *n* kormányzás
steering wheel *n auto* kormány, volán
stein *n* söröskorsó
stellar *a* csillagos, csillagszerű, csillag-
stem *n* szár, törzs, kocsány (plant); *gram* szótő; hajóorr (boat); *vt* [vminek] a szárát eltávolítja; *vi* **~ from** ered, származik [vhonnan]
stemware *n* talpas pohár
stench *n* bűz, rossz szag
stencil *n* festősablon, sablon, minta; stencil; *vt* sablonnal fest/rajzol
step *n* lépés; tánclépés (dance); lépcső, lépcsőfok, létrafok; lábnyom, nyomdok; *fig* intézkedés, lépés, eljárás; *vi* lép, jár, lépked; **~ by ~** lépésről lépésre; **keep in ~ with** lépést tart [vkivel]; **take ~s** lépéseket tesz; **Watch your ~!** Figyelj, hogy hova lépsz!/Vigyázz!
stepbrother *n* mostohatestvér, mostohabáty (older), mostohaöcs (younger)
stepchild *n* (*pl* **stepchildren**) mostohagyerek
stepchildren *n pl* → **stepchild**
stepdaughter *n* [vkinek] a mostohalánya
stepfather *n* mostohaapa
stepladder *n* létra, állólétra
stepmother *n* mostohaanya
stepparent *n* mostohaszülő
stepsister *n* mostohatestvér, mostohanővér (older), mostohahúg (younger)
stepson *n* [vkinek] a mostohafia
stereo *a* sztereó-; *n* sztereó berendezés, hi-fi torony; **in ~** sztereóban

stereotype *n* sztereotípia, klisé, sablon
sterile *a* csíramentes, csírátlan, steril
sterilize *vt* sterilizál, csíramentesít
sterling *a* törvényes finomságú, teljes értékű; valódi, kitűnő; ~ **silver** tiszta ezüst
stern *a* szigorú, kemény, zord, komoly
stern *n* hajófar, tat
steroid *a, n* szteroid
stethoscope *n* sztetoszkóp
stew *n* ragu, pörkölt; *coll* zűrzavar, izgalom; *vt* főz, párol; *vi* párolódik, fő
steward *n* gondnok, intéző; pincér, utaskísérő
stewardess *n* (légi) utaskísérő, légikisasszony
stick *n* bot, pálca, vessző; fadarab; rúd; (**stuck, stuck**) *vt* szúr, döf; dug, tűz; ragaszt (glue); *vi* ragad, tapad; megakad, elakad, megreked; **get stuck** elakad, megreked; ~ **around** helyén marad; ~ **in** beleszúr, beledug, bedug; beragaszt; ~ **on** ráragaszt, felragaszt; ~ **out** *vi* kiáll, kiugrik, kinyúlik; *vt* kidug, kinyújt; ~ **to** ragad, tapad; ragaszkodik [vmihez]; ~ **to one's guns** köti az ebet a karóhoz, egy tapodtat sem hátrál; ~ **together** összetart, együtt marad; ~ **up for** kiáll [vki] mellett
sticker *n* címke, matrica
stickpin *n* nyakkendőtű
stick-up *n* fegyveres támadás
sticky *a* ragadós, ragacsos, nyúlós; kellemetlen, kínos (situation)
stiff *a* merev, feszes, kemény; *fig* merev, kimért, hűvös; *n slang* hulla; ~ **joint** rozsdás/merev ízület; **a ~ drink** *coll* jó erős ital
stiffen *vt* megkeményít, megmerevít; *vi* megmerevedik, megszilárdul, megkeményedik
stifle *vt* fullaszt, fojtogat, megfojt, elfojt, elnyom
stigma *n* (*pl* **stigmata**) (szégyen)bélyeg, stigma; *biol* bibe
stigmata *n pl* → **stigma**; *rel* Krisztus sebeinek helye
stigmatize *vt* megbélyegez
still *a* csendes, halk; nyugodt, mozdulatlan; *adv* még; mégis, mindazonáltal, ennek ellenére; *vi* lecsendesedik; *vt* lecsendesít, megnyugtat; ~ **life** csendélet; ~ **water** állóvíz; **keep** ~ nyugton marad; **He's ~ here.** Még (mindig) itt van.
stillbirth *n* halva születés, halva szülés
stillborn *a* halva született; *fig* kudarcot vallott
stilt *n* cölöp, dúc; gólyaláb (for people)
stimulant *n* élénkítőszer, izgatószer, ajzószer, stimuláns
stimulate *vt* serkent, ösztökél, stimulál
stimuli *n pl* → **stimulus**
stimulus *n* (*pl* **stimuli**) inger; *fig* ösztönzés, ösztönző
sting *n* fullánk; csípés, szúrás (insect bite); szúró fájdalom, csípő/égő fájdalom; *vt* (**stung, stung**) szúr, megszúr, csíp, megcsíp; *vi* ég, szúr, csíp; **My eyes are ~ing.** Szúr/ég a szemem.
stinger *n* szúrós/csípős növény vagy állat; *coll* egy pohár rövid ital; **a vodka** ~ egy kupica vodka
stingy *a* fösvény, fukar
stink *n* bűz, büdösség; *vi* (**stank, stunk**) bűzlik, büdös
stinker *n coll* büdös ember/állat
stinking *a* bűzös, büdös; *slang* rohadt, szar, büdös
stint *vi* fukarkodik
stipend *n* illetmény, fizetés; ösztöndíj

stipulate *vt, vi law* kiköt, megállapodik, meghatároz
stir *n* kavarás, keverés; *fig* kavarodás, felfordulás, izgalom, nyüzsgés; *vt* mozdít, megmozdít; kever, megkever, kavar, felkavar; *fig* izgat, felkavar, lelkesít; *vi* megmozdul, mozog, moccan; **make a ~** felfordulást okoz; **Nothing was ~ring.** Semmi sem mozdult.
stir-fry *vt* folyamatos keveréssel pirít (ázsiai főzési technika)
stirrer *n* keverő, kavaró
stirring *a* izgalmas, lelkesítő; mozgalmas
stirrup *n* kengyel
stitch *n* öltés (sewing); szem (kniting); *med* varrat; szúró fájdalom, nyilallás (pain); *vt* ölt, varr, összevarr, tűz, összetűz
stoat *n* hermelin
stock *a* szokványos, megszokott; *n* árukészlet, raktár, állomány; állatállomány (animals); tus, törzs (gun); *fig* származás, eredet; *econ* részvény; sűrített tiszta húsleves, húslé (soup); *vt* raktáron tart; felszerel, áruval ellát; *vi* **~ up on** felszereli magát, ellátja magát [vmivel]; **~ phrase** közhely, klisé; **keep in ~** raktáron tart; **out of ~** nincs raktáron; **lock, ~ and barrel** mindenestül, úgy ahogy van; **come from good ~** jó családból származik; **~ market** *econ* részvénypiac; **~ exchange** értéktőzsde, tőzsde; **~ option** részvényopció; **chicken ~** (tiszta) csirkeleves; **well-~ed** jól felszerelt, jól ellátott
stockbroker *n econ* tőzsdeügynök, részvényalkusz, bróker
stockholder *n econ* részvényes, részvénytulajdonos
stocking *n* harisnya
stockpile *n* tartalékkészlet, árukészlet; *vt* készletet felhalmoz, tárol
stockpot *n* húsleves fazék
stockroom *n* raktár
stocky *a* zömök, köpcös
stockyard *n* istállók, istállótelep
stoic *a* sztoikus
stoke *vt, vi* fűt, tüzel
stole[1] *n* stóla
stole[2] *vt past* → **steal**
stolen *vt past* → **steal**
stolid *a* egykedvű, közönyös
stomach *n* gyomor; has; *vt* eszik, nyel; *fig* lenyel, megemészt; **~ cramps** gyomorgörcs; **turn [sy's] ~** felfordítja a gyomrát; **I can't ~ it.** Nem veszi be a gyomrom.
stomachache *n* gyomorfájás; **I have a ~.** Fáj a gyomrom.
stomp *vt* agyontapos
stone *n* kő; (gyümölcs)mag (fruit); *vt* megkövez, kővel megdobál; **the S~ Age** kőkorszak; **leave no ~ unturned** minden követ megmozgat; **within a ~'s throw** egy kőhajításnyira; **kidney ~** vesekő
stone-cold *a* jéghideg
stoned *a* kimagozott; *slang* kábult, tökrészeg, totálkáros, kábítószer hatása alatt van
stone-deaf *a* teljesen süket
stonemason *n* kőfaragó
stonewall *n* kőfal
stoneware *n* kőedény, cserépedény
stonework *n* kőfaragás
stony *a* köves; kemény, kőkemény (hard) *fig* kőkemény; jéghideg
stood *vt past/pp* → **stood**
stooge *n* cinkostárs

stool *n* (támlátlan) szék, zsámoly; széklet (bowel movement); **kitchen ~** hokedli; **bar ~** bárszék

stoop *vt* meggörnyed, lehajol, előrehajol; *fig* lealacsonyodik

stop *n* megállás; leállás, szünet; megálló (bus); ütköző, zárópecek; *vt* megállít, leállít, elállít; visszatart, megakadályoz; abbahagy, beszüntet (cease); *vi* megáll; áll; megszűnik, abbamarad, leáll; **come to a ~** megáll; **put a ~ to** véget vet [vminek]; **~ [sy] from doing [sg]** megakadályoz [vkit vmiben]; **~ by** benéz [vkihez], meglátogat; **~ over** megszakítja az útját [vhol]; **~ up** betöm, eldugaszol; **S~ it!** Hagyd abba! **S~!** Állj!/Megállj! **The rain ~ped.** Elállt az eső.

stopgap *a* hézagpótló, átmeneti, kisegítő

stoppage *n* meggátlás, megállítás; megállás, fennakadás

stopper *n* dugó, dugasz

stopple *n* dugó

stopwatch *n* stopper(óra)

storage *n* raktározás, tárolás; raktárhelyiség

store *n* készlet, raktár; üzlet, bolt; *vt* tárol; elraktároz; **department ~** áruház; **have [sg] in ~ for** tart [vmit] raktáron

storefront *n* bolt eleje, kirakat

storehouse *n* raktár (épület); *fig* tárház

storekeeper *n* boltos, kereskedő

storeroom *n* raktár, raktárhelyiség

stork *n* gólya

storm *n* vihar; roham, megrohanás; *vi* viharzik, tombol; *vt fig* megrohamoz, rohammal bevesz; **rain~** zivatar; **snow~** hóvihar; **take by ~** rohammal bevesz

stormy *a* viharos

story[1] *n* történet, elbeszélés, sztori; mese (tale); *coll* újságcikk, tudósítás; **tell a ~** elmond egy történetet, elmesél; mesét mond; **to make a long ~ short** egy szó mint száz; hogy szavamat rövidre fogjam; röviden; **That's a different ~.** Az egy teljesen más dolog.

story[2] *n* emelet; **The building has four stories.** Az épület négyemeletes.

storybook *n* meséskönyv

storyteller *n* mesemondó

stout *a* erős, izmos; szívós; vaskos, kövér (ember); *n* erős barna sör

stouthearted *a* bátor, elszánt

stove *n* tűzhely; kályha; kemence

stovepipe *n* kályhacső

stow *vt* elrak, berak, eltesz; *vi* elrejtőzik, potyán utazik

stowage *n* berakás, rakodás

stowaway *n* potyautas

straddle *vi* terpeszben áll, szétterpesztett lábbal ül; *vt* lovagló ülésben ül, megül [vmit]

straggle *vi* elcsatangol, elkóborol

straight *a* egyenes; rendben levő; *fig* egyenes, őszinte, becsületes; közvetlen, direkt; tiszta, tömény (drink); *coll* heteroszexuális; adv egyenesen; közvetlenül; őszintén, nyíltan; azonnal; **put [sg] ~** rendbe hoz, rendbe tesz; **~ talk** őszinte beszéd; **a martini ~ up** tiszta martini (jég nélkül); **go ~** menjen egyenesen; **five hours ~** öt órán át egyfolytában; **read the article ~ through** egyszerre végigolvassa a cikket; **~ from the horse's mouth** biztos forrásból; **~ away** azonnal, rögtön

straighten *vt* kiegyenesít; *vi* kiegyenesedik, felegyenesedik

strain *n* feszültség; terhelés, igénybevétel; megerőltetés, megterhelés, erőlködés (effort); *vt* megfeszít, meghúz; megerőltet, túlterhel, túlfeszít; szűr, megszűr, átszűr (liquid); *vi* erőlködik, megfeszül; **mental ~** szellemi túlerőltetés; **~ one's eyes** megerőteti a szemét

strained *a* feszült; erőltetett

strainer *n* szűrő

strait *a* keskeny, szoros; *n* (völgy)szoros (hills), tengerszoros (sea)

straitjacket *n* kényszerzubbony

strand *n* (haj) szál, fonat (hair)

strange *a* furcsa, különös, szokatlan; idegen, ismeretlen

stranger *n* idegen, külföldi, ismeretlen (ember)

strangle *vt* fojtogat, megfojt

stranglehold *n* fojtogató fogás, szorongatás

strangulation *n* fojtogatás, megfojtás; összeszorítás, lekötés

strap *n* szíj, pánt, heveder; *vt* szíjjal átköt, pánttal leköt

strapless *n* pánt nélküli (ruha)

strategic *a* hadászati, stratégiai; stratégiai fontosságú

strategy *n* stratégia, hadászat

straw *n* szalma; szívószál, szalmaszál; **~ hat** szalmakalap; **cling to a ~** szalmaszálba kapaszkodik; **the last ~ (that broke the camel's back)** az utolsó csepp a pohárban

strawberry *n* eper, földieper; **wild ~** erdei szamóca

stray *a* eltévedt, elkóborolt, kóbor; elszórt, szórványos; *n* kóbor állat; *vi* elkóborol, elkalandozik; *fig* letér a jó útról

streak *n* csík, sáv; *fig* [vminek] a nyoma; *vt* csíkoz, tarkáz

streaky *a* csíkos, sávos

stream *n* patak, folyam, folyó (river); ár, áramlás, ömlés (current); irányzat (trend); *vi* özönlik, folyik, ömlik, áramlik; leng, lobog (in the air); **~ of consciousness** tudatfolyam

streamer *n* szalaglobogó, zászlócska; papírszalag

streamline *n* áramvonal; *vt* áramvonalaz; *fig* korszerűsít, modernizál

street *n* utca, út

streetcar *n* villamos

streetwalker *n* *coll* utcalány

streetwise *a* akinek megvan a magához való esze, aki tudja merre hány lépés

strength *n* erő, erősség, tartósság, szilárdság; létszám (numbers); **gather ~** összeszedi az erejét; **in great ~** nagy létszámban

strengthen *vt* megerősít; *vi* megerősödik

strenuous *a* megerőltető, fárasztó, kimerítő; fáradhatatlan, buzgó

strep throat *n* fertőző torokgyulladás

stress *n* nyomás, feszültség, igénybevétel; megpróbáltatás, nehézség, stressz; hangsúly, nyomaték (on a word); *vt* hangsúlyoz, kiemel, hangoztat; feszít, szorít, nyom; *vi* idegeskedik, stresszel; **be ~ed out** nagy stressz alatt van, feszült

stressful *a* feszült, szorító, feszültséget okozó

stretch *n* nyújtás, kinyújtás; terjedelem, tér, terület (space); szakasz, időtartam (time); nyújtózkodás; *vt* nyújt, kinyújt, feszít, kifeszít, tágít, kitágít; nyújtóztat (body); *vi* feszül, megfeszül, kinyúlik; nyújtózkodik, nyújtózik (body); kiterjed, elterül; **the home ~** *sp* a célegyenes; **~ one's legs** kinyújtóztatja a lábát

stretcher *n* nyújtó; hordágy
strew *vt* hint, behint, szór, beszór
striation *n* borda, bordázat
stricken *a* megsebzett; [vmi által] sújtott; *vt pp* → **strike**
strict *a* szigorú, szoros, feszes; **in the ~ sense of the word** a szó szoros értelmében
strictly *adv* szigorúan, pontosan, szorosan; **~ speaking** szigorúan véve, igazából
stride *n* lépés, hosszú lépés; *vi* (**strode, stridden**) lépked, lépdel, nagyokat lép; (lovaglóülésben) megül; **take [sg] in ~** természetesnek vesz, megerőltetés nélkül tesz [vmit]
strident *a* metsző, csikorgó (hang)
strife *n* küzdelem, harc, viszály
strike *n* ütés, csapás; munkabeszüntetés, sztrájk; *vt* (**struck, struck/stricken**) üt, megüt, csap, odavág; nekiütődik [vminek]; *mil* csapást mér [vmire]; *vi* üt; sztrájkol; **go on ~** sztrájkba lép, sztrájkol; **~ [sy] dead** agyonüt; **~ gold** aranyat talál; *fig* sikere van; **~ it rich** megüti a főnyereményt; **~ a match** gyufát gyújt; **~ out** kitöröl, kihúz (listán); *vi* teljes erővel üt; **It struck me as strange.** Furcsának találtam.
strikeout *n sp* ütőjátékos kiesése, strikeout (baseball)
striker *n* sztrájkoló; *sp* csatár, támadójátékos (soccer)
striking *a* ütő, csapó; *fig* meglepő, feltűnő
string *n* zsineg, zsinór, madzag, spárga; cipőfűző (shoes); *mus* húr; füzér, sor; *vt* (**strung, strung**) felfűz; *mus* felhúroz; **pull some ~s** összeköttetéseket vesz igénybe; **no ~s attached** mindenféle feltétel nélkül; *mus* **the ~s** a vonósok; **a ~ of pearls** gyöngysor
string bean *n* zöldbab
stringed *a mus* vonós (hangszer)
stringent *a* szigorú, kimért; megszorult, pénzszűkében lévő
string quartet *n mus* vonósnégyes
stringy *a* rostos, szálkás, inas; rágós
strip[1] *n* szalag, csík, sáv; hosszú darab; **landing ~** leszállósáv; **comic ~** képregény, karikatúra
strip[2] *vt* levetkőztet; leszerel; lehámoz, lenyúz; *vi* levetkőzik; **~ search** levetkőztetéses motozás
stripe *n* csík; sáv, szalag, sujtás; **lose one's ~s** *mil* lefokozzák; **Stars and S~s** *US* az USA zászlója, az amerikai lobogó
striped *a* csíkos, sávos
stripling *n* suhanc, fiatal srác
stripper *n* sztriptíz táncos(nő)
striptease *n* sztriptíz
strive *vi* (**strove, striven**) igyekszik, törekszik; küzd, verseng
strode *vi past* → **stride**
stroke *n* ütés, csapás; *sp* tempó, csapás, karcsapás (swimming), evezőcsapás (rowing); óraütés (clock); érverés (heart); vonás, tollvonás (of a pen); simogatás, cirógatás; *med* agyvérzés, szélütés, szélhűdés; *vt* simogat, simít, cirógat; **heat ~** hőguta; **on the ~ of midnight** pontosan éjfélkor; **with a ~ of the pen** egy tollvonással; **~ of luck** hirtelen szerencse
stroll *n* séta; *vi* sétál, kószál
stroller *n* babakocsi
strong *a* erős, izmos, hatalmas; erélyes, határozott; **~ drink** erős ital; **[sg's] ~ point** [vkinek] az erős oldala; **going ~** jól halad, jól megy
stronghold *n* erőd, erődítmény
strong-minded *a* erélyes, határozott
strong-willed *a* erős akaratú, határozott

strove *vi past* → **strive**
struck *vt past/pp* → **strike**
structural *a* szerkezeti, strukturális; **~ engineer** tervezőmérnök
structure *n* szerkezet, struktúra; szervezet, felépítés; épület, építmény; *vt* szerkeszt, rendez
strudel *n* rétes
struggle *n* küzdelem, harc; igyekezet, próbálkozás; *vi* **~ for** küzd, harcol [vmiért]; erőlködik, igyekszik; küszködik [vmivel]; **~ for life** létért folyó küzdelem; **She is struggling with Spanish.** Küszködik a spanyol nyelvvel.
strum *vt* penget (guitar), pötyögtet (piano)
strung *a* feszített, feszült; *vt past/pp* → **string**; **high-strung** túlfeszített, ideges, túlérzékeny
strut *vi* büszkén/peckesen lépked
stub *n* fatönk, törzs, fatuskó; [vminek] a tompa vége, csonk, vég; ellenőrzőszelvény (of a ticket); *vt* beüt; **~ one's toe** beüti a lábujját [vmibe]
stubble *n* tarló (field); borosta (face)
stubborn *a* makacs, konok, akaratos
stubby *a* zömök, köpcös, tömpe
stucco *n* stukkó, díszvakolat; vakolat
stuck *a* megakadt, megragadt, beragadt; *vt, vi past/pp* → **stick**
stuck-up *a coll* beképzelt, nagyképű, elbizakodott
stud[1] *n* inggomb, kézelőgomb (on a shirt); szegecs (nail); pecek, csap (wood); *vt* szegekkel díszít, kiver
stud[2] *n* mén, tenyészmén; *slang* jó hapsi, nőcsábász
studded *a* kivert, szegecsekkel díszített
student *n* diák, hallgató (college); **medical ~** orvostanhallgató
studio *n* stúdió, *art* műterem; **~ apartment** műteremlakás, garzonlakás (residence)
studious *a* szorgalmas, igyekvő
study *n* tanulmány, tanulás, tanulmányozás; tudományág (science); tanulmány, értekezés (written); dolgozószoba (room); *vt* tanulmányoz, vizsgál; *vi* tanul, tanulmányokat folytat
stuff *n* anyag; dolog; holmi, *coll* cucc; *vt* töm, megtöm, teletölt; bezsúfol; **~ one's face** *coll* jól befal, jól bezabál; **~ed animal** plüssállat; **~ed pepper** töltött paprika; **I have a lot of ~.** Sok cuccom van.
stuffing *n* tömés; töltelék (food)
stuffy *a* áporodott, dohos, fülledt; *fig* régimódi, merev
stumble *vi* megbotlik [vmiben], botladozik; **~ upon** véletlenül ráakad [vmire], rábukkan [vmire]
stump *n* farönk, tönk, tuskó; csonk; *vi* nehézkesen jár; *pol* korteskörutat tesz, kortesbeszédet tart; *vt coll* nehezet kérdez [vkitől], zavarba ejt
stun *vt* elkábít, elbódít; megdöbbent, elképeszt; **I was ~ned.** Meg voltam döbbenve., El voltam képedve.
stung *vt past/pp* → **sting**
stunning *a coll* pompás, káprázatos, gyönyörű
stunt *n* meglepő mutatvány, attrakció; **~ man** *cine* kaszkadőr
stupid *a* hülye, buta, ostoba
stupidity *n* hülyeség, ostobaság, butaság
stupor *n* kábulat, bódulat
sturdy *a* erős, robosztus; tartós, strapabíró; szilárd
stutter *n* dadogás; *vi, vt* dadog
sty *n* disznóól (pigs)

stye *n* árpa (szemen)
style *n* stílus, írásmód; ízlés, elegancia, sikk (fashion); *auto* modell, típus, fajta; *vt* nevez, címez (name); frizurát csinál, beszárít (hair); kiszab (clothes)
stylish *a* elegáns, divatos, sikkes
stylist *n* stiliszta (writer); fodrász (hair)
stylistic *a* stílusbeli, stilisztikai, szövegezési, fogalmazási
stylize *vt* stilizál
sub[1] = **submarine** *n* tengeralattjáró; *vi* lemerül, alábukik; **~ sandwich** hosszúkás kenyérből felvágottakkal, sajttal és zöldségekkel készített óriás szendvics
sub[2] = **substitute** *vt coll* helyettesít
sub-[3] *pref* [vmi] alatti, al-, kisebb
subaltern *a, n* alárendelt
subbasement *n* pince, alagsor alatti szint
subcategory *n* alkategória
subcommittee *n* albizottság
subconscious *a, n* tudatalatti
subcontinent *n* szubkontinens, nagy kontinensrész
subculture *n* szubkultúra
subdivide *vt* alosztályokra oszt, tovább feloszt
subdivision *n* alosztály; alosztályokra való felosztás; parcellázás (of land); új lakónegyed
subdue *vt* leigáz, legyőz; megfékez; *fig* elfojt, mérsékel, lecsökkent, enyhít
subdued *a* csökkentett, letompított; *fig* halk, szelíd
subgroup *n* alcsoport
subject *a* alárendelt, alávetett; *n gram* alany; tárgy, téma (topic); *school* tantárgy, tárgy; alattvaló (person); *vt* **~ to** alávet, kitesz [vminek]; **change the ~** témát változtat; **It is ~ to approval.** Jóváhagyástól függ.
subjective *a* szubjektív, egyéni
subjunctive *n gram* kötőmód
sublease *vt* albérletbe kiad
sublet *vt* albérletbe kiad
sublime *a* fenséges, magasztos, isteni
subliminal *a* tudatalatti
sublingual *a* nyelv alatti, nyelv alatt oldódó (gyógyszer)
submarine *n* tengeralattjáró; **~ sandwich** hosszúkás kenyérből felvágottakkal, sajttal és zöldségekkel készített óriás szendvics
submerge *vi* elmerül, alámerül, elsüllyed; *vt* elmerít, lesüllyeszt; eláraszt
submersible *a* elárasztható, víz alá süllyeszthető
submission *n* behódolás, engedelmeskedés, alázatosság
submissive *a* alázatos, engedelmes; engedékeny
submit *vt* **~ to** alávet [vminek]; előterjeszt, javasol (propose); bead, benyújt (hand in); *vi* meghódol, enged, engedelmeskedik
subnormal *a* az átlagnál alacsonyabb, az átlagnál rosszabb
subordinate *a* alsóbbrendű; alárendelt, alantas; *n* alárendelt, beosztott; *vt* alárendel
suborn *vt* felbujt; megveszteget
subplot *n* mellékcselekmény
subpoena *n law* (bírósági) idézés; *vt* bíróságra beidéz
subscribe *vi* **~ to** előfizet [vmire]; *vt* támogat, elfogad
subscriber *n* előfizető; támogató, követő
subscription *n* előfizetés
subsection *n* alfejezet
subsequent *a* következő, azutáni, későbbi, újabb

subsequently *adv* azután, azt követően; *fig* következésképpen
subservient *a* alázatos, szolgai, engedelmes
subset *n* részhalmaz
subside *vi* leszáll, leülepedik; süllyed, süpped; *fig* alábbhagy, elül, lecsillapul
subsidiary *a* mellékes, kisegítő, másodlagos, járulékos; *n econ* leányvállalat
subsidize *vt* (anyagilag) támogat, segélyez, szubvencionál
subsidy *n* támogatás, segély, szubvenció
substance *n* anyag; *fig* lényeg, [vminek] a veleje; ~ **abuse** kábítószer-használat, drogfüggőség
substandard *a* színvonal alatti, gyenge minőségű
substantial *a* jelentős, lényeges, fontos (important); tekintélyes (mennyiség); valódi, létező (real); **a ~ amount** tekintélyes összeg
substantiate *vt* megalapoz, megokol; bizonyít
substitute *a, n* helyettes; *vt* helyettesít; ~ **teacher** helyettes tanár
substitution *n* helyettesítés; pótlás
subtitle *n* alcím; *cine* filmfelirat; **a movie with ~s** feliratos film
subtle *a* finom, kényes; körmönfont, szövevényes
subtlety *n* finomság, bonyolultság; finom megkülönböztetés
subtotal *n* részösszeg
subtract *vt* kivon, levon, leszámít
suburb *n* külváros, előváros
suburban *a* külvárosi, kertvárosi
suburbia *n* a külvárosok és elővárosok
subversive *a* felforgató, pusztító, romboló, bomlasztó
subvert *vt* felforgat
subway *n* metró, földalatti
succeed *vi* sikerül [vmi vkinek], sikert ér el; boldogul; következik [vmi után], követ [vmit, vkit] (follow)
success *n* siker, boldogulás; **meet with** ~ sikert arat; **be a** ~ sikere van
successful *a* sikeres; eredményes
succession *n* sorrend, sorozat; követés, utódlás, öröklés; **in** ~ egymás után
successive *a* egymást követő
successor *n* utód, jogutód, örökös
succulent *a* nedvdús, lédús; zamatos, ízletes; *n* pozsgás növény, kaktuszféle
succumb *vi* ~ **to** megadja magát [vminek]
such *a, pron* olyan, ilyen, hasonló; ~ **as** úgy mint; **I have never seen ~ a thing.** Sohasem láttam még ilyet. **There is no ~ thing.** Olyan nincs, olyan nem létezik.
suck *vt* szív, felszív, kiszív; szop, szopik, szopogat; *vi vulg* szarul megy; ~ **in** beszív, behúz; ~ **up to** *slang* nyal [vkinek], stréberkedik; **This ~s!** *vulg* Szar ez az egész! **S~ your stomach in!** Húzd be a hasad!
sucker *n* szívó; szívókorong; *slang* balek, pali
sucking *n* szívás, szopás
suckling *n* szopós állat, csecsemő; ~ **pig** szopós malac
suction *n* szívás, szívóhatás
Sudan *n* Szudán
Sudanese *a, n* szudáni
sudden *a* hirtelen, váratlan, azonnali; **all of a** ~ hirtelen, egyszer csak
suddenly *adv* hirtelen, váratlanul, egyszer csak
sue *vt law* perel, beperel, perbe fog
suede *n* hasított bőr, nubuk bőr
suffer *vt* elszenved, elvisel, eltűr *vi* ~ **from** szenved [vmitől]; ~ **losses** veszteséget szenved

suffice *vi* megfelel, elég, elegendő; **~ it to say** elég az hozzá
sufficient *a* megfelelő, elég, elegendő
suffix *n gram* toldalék, végződés, rag, jel, képző
suffocate *vt* megfojt, fojtogat; *vi* megfullad; fuldoklik
suffrage *n* választójog; **universal ~** általános választójog
suffuse *vt* elborít, elönt
sugar *n* cukor; *vt* megcukroz, megédesít; *vi coll* hízeleg, kedveskedik; **~ bowl** cukortartó; **blood ~** *med* vércukor(szint)
sugarcane *n* cukornád
sugarpea *n* cukorborsó, zöldborsó
sugarplum *n* bonbon, édesség
sugary *a* cukros, édes; *fig* édeskés, mézesmázos
suggest *vt* javasol, ajánl, tanácsol, felvet, indítványoz; sugall, szuggerál
suggestion *n* javaslat, tanács; ajánlat; szuggesztió
suggestive *a* szuggesztív, sokatmondó; kétértelmű
suicidal *a* öngyilkos-; végzetes
suicide *n* öngyilkosság; **commit ~** öngyilkosságot követ el, öngyilkos lesz; **~ note** búcsúlevél (öngyilkosé)
suit *n law* per, kereset; öltözet (clothes), öltöny (men's), kosztüm (women's); készlet, garnitúra; (kártya)szín (cards); *vt* megfelel, alkalmas; alkalmaz, hozzáigazít [vmihez]; **civil ~** polgári per; **follow ~** utánoz, hasonlóan cselekszik, követi a példát; **It doesn't ~ her.** Nem áll jól neki. **It ~s the purpose.** Megfelel a célnak. **S~ yourself!** Azt csinálsz amit akarsz!
suitable *a* megfelelő, alkalmas, odaillő
suitcase *n* bőrönd
suite *n* lakosztály, lakás; *mus* szvit
suitor *n* udvarló, kérő
sulfur *n chem* kén
sulk *vi* duzzog, durcáskodik
sulky *a* duzzogó, durcás, rosszkedvű, mogorva, barátságtalan
sullen *a* mogorva, morcos, barátságtalan
sulphur = sulfur *n chem* kén
sultry *a* tikkasztó, rekkenő; fülledt; *fig* érzéki, szexi
sum *n* összeg; lényeg, tartalom, összefoglalás (summary); *vt* **~ up** összead, összegez, összefoglal; **~ up the situation** felméri a helyzetet
summarize *vt* összefoglal, összegez
summary *n* összefoglalás, összegzés, áttekintés
summer *n* nyár; **~ vacation** nyári szünet, nyári vakáció; **~ school** nyári egyetem
summertime *n* nyár, nyáridő
summit *n* csúcs, hegycsúcs; csúcspont, tetőpont; *pol* csúcstalálkozó
summon *vt* megidéz, beidéz, behív, összehív
summons *n pl* megidézés, beidézés; felszólítás
sumptuous *a* pazar, fényűző, pompás
sun *n* nap, napfény; **~block** napvédő krém/tej
sunbathe *vi* napozik
sunbeam *n* napsugár
sunbelt *n US* az USA déli, napsütötte államai
sunburn *n* (napozás utáni) leégés, lesülés
sunburst *n* napkitörés
sundae *n* fagylaltkehely, fagylalt-különlegesség
Sunday *a* vasárnapi; *n* vasárnap; **the ~ paper** a vasárnapi újság; **~ school** vasárnapi iskola **on ~** vasárnap; **put on one's ~ best** ünneplőbe öltözik

sundial *n* napóra
sundown *n* naplemente, alkonyat
sundress *n* nyári ruha, napozóruha
sun-dried *a* napon szárított, aszalt
sundry *a* különböző, vegyes; **sundries** *n pl* vegyes áruk, különféle cikkek
sunflower *n* napraforgó; **~ seed** napraforgómag, *coll* szotyola
sung *vt past/pp* → **sing**
sunglasses *n pl* napszemüveg
sunk *a* elsüllyedt, elmerült; *fig* tönkrement, lecsúszott; *vt past* → **sink**
sunken *a* elmerült, elsüllyedt; beesett (face); *vt pp* → **sink**
sunlight *n* napfény, napvilág
sunlit *a* napsütötte, napos, napfényes
sunny *a* napos, napsütötte, napfényes; *fig* vidám, jókedvű, derűs; **the ~ side of life** az élet napsütötte oldala, az élet kellemes oldala; **It is ~.** Süt a nap.
sunrise *n* napkelte
sunroof *n auto* tetőablak; tolótető
sunset *n* naplemente, alkonyat, alkony
sunscreen *n* napvédő (krém)
sunshade *n* napellenző; napernyő
sunshine *n* napfény, napsütés, napsugár
sunspot *n* napfolt
sunstroke *n* napszúrás
suntan *n* lesülés, (napozástól) barna bőr; **~ lotion** naptej
sunup *n* napkelte
super[1] *a* szuper, kiváló; extra finom; extra méretű, óriási (size)
super[2] = **superintendent** *n coll* házfelügyelő, házmester (building)
superb *a* nagyszerű, remek, pompás
supercede *vt* feleslegessé tesz, kiszorít, helyettesít; *law* hatálytalanít, túlhalad, meghalad
supercharged *a* túltelített, túltöltött; túlfeszített
superficial *a* felszínes, felületes
superfine *a* extra finom, különlegesen finom
superfluous *a* fölösleges, szükségtelen, nélkülözhető
superglue *n* pillanatragasztó
superhighway *n* autópálya
superhuman *a* emberfölötti
superimpose *vt* egymásra helyez, fölé helyez; egymásra filmez
superintendent *n* házfelügyelő, házmester; főellenőr, főfelügyelő
superior *a* felsőbb, feljebb álló; felettes; **~ to** nagyobb, jobb, magasabb mint; *n* felettes, feljebbvaló, főnök
superiority *n* felsőbbrendűség, fölény; **~ complex** felsőbbrendűségi komplexus
superlative *a* felülmúlhatatlan, páratlan, felsőfokú; *n gram* felsőfok
superman *n* (*pl* **supermen**) szupermen, felsőbbrendű ember, übermensch
supermarket *n* élelmiszerbolt, szupermarket, hipermarket (very large)
supermen *n pl* → **superman**
supernatural *a* természetfölötti
supernova *n* szupernova
superpower *n pol* nagyhatalom, szuperhatalom
superscript *n* indexszám, mutatószám
supersonic *a* szuperszonikus, hangsebesség feletti
superstar *n* szupersztár
superstition *n* babona, hiedelem
superstitious *a* babonás
superstructure *n* felépítmény
supervise *vt* ellenőriz, felügyel, felülvizsgál; irányít, vezet

supervisor *n* ellenőr, felügyelő; felettes, főnök (work)
supper *n* (késői) vacsora
supple *a* hajlékony, rugalmas, ruganyos
supplement *n* melléklet (newspaper); pótlás, kiegészítés; *vt* kiegészít, kipótol
supplementary *a* kiegészítő, pótlólagos, mellék-, pót-
supplication *n* könyörgés, kérés
supplier *n* szállító, ellátó
supply *n* ellátás, beszerzés; készlet, ellátmány; utánpótlás; *econ* kínálat; *vt* ellát, felszerel [vmivel]; szolgáltat; **in short ~** nehezen beszerezhető; **~ and demand** kereslet és kínálat
support *n* támasz, tartó, támaszték; segítség, támogatás, pártfogás; *vt* alátámaszt, fenntart; támogat, segít; eltart, fenntart (a family); igazol, alátámaszt (prove); **get no ~** nem támogatják; **child ~** gyerektartás
supporter *n* támogató, védő; *sp* szurkoló
suppose *vt* feltételez, feltesz; képzel, gondol; **let's ~ …** tegyük fel, hogy …; **I ~ he's at home.** Gondolom otthon van. **She was ~d to do this.** Neki kellett volna ezt megcsinálni.
supposedly *adv* feltehetőleg, állítólag, feltehetően
supposition *n* feltételezés, feltevés, vélekedés
suppository *n med* kúp, végbélkúp
suppress *vt* elnyom, elfojt; eltitkol, elhallgattat
supremacist *n* a felsőbbrendűségében hívő ember; **white ~** *US* a fehérek faji felsőbbrendűségében hívő ember
supremacy *n* felsőbbség, fennhatóság; felsőbbrendűség
supreme *a* legfőbb, legfelső, legfontosabb, végső, döntő; **S~ Court** *US* a legfelsőbb bíróság
surcharge *n* felár, pótdíj; *vt* pótdíjat számol fel
sure *a* biztos, bizonyos; *adv* biztosan, bizonyosan; **make ~ of** megbizonyosodik, meggyőződik [vmiről]; **I am ~ that …** biztos vagyok benne, hogy… **Be ~ to call!** *coll* Feltétlenül hívj fel! **S~!** *coll* Persze!/Hogyne!
surely *adv* biztosan, bizonyosan, kétségtelenül; **slowly but ~** lassan de biztosan
surety *n* kezes, jótálló
surf *n* tajték, hullámverés; *vi* hullámlovagol, szörfözik
surface *n* felszín, felület; *fig* látszat, a külső; **on the ~** látszólag, a felszínen
surfboard *n* szörfdeszka, szörf
surge *n* nagy hullám; *fig* roham; *vi* hullámzik; dagad; árad; nekilódul
surgeon *n med* sebész; orvos
surgery *n med* sebészet (science); műtét, operáció
surgical *a med* műtéti, sebészeti
surly *a* mogorva, komor, barátságtalan
surmise *n* feltevés, vélekedés; *vt* vél, sejt, gyanít
surmount *vt* erőt vesz, felülkerekedik; legyőz, leküzd; felülmúl
surname *n* vezetéknév, családi név
surpass *vt* felülmúl, túltesz [vmin], meghalad
surplus *n* felesleg, többlet
surprise *n* meglepetés; *vt* meglep, meghökkent; **~ party** meglepetésszerű parti (vki meglepésére); **be ~d at** meglepődik [vmin]
surprising *a* meglepő, váratlan
surreal *a* szürreális
surrealism *n art* szürrealizmus
surrender *n* megadás, feladás, kapituláció; *vt* felad, átad, kiad; megad; *vi* megadja magát (oneself)

surreptitious *a* titkos, alattomos
surrogate *n* helyettes; pótlék; **~ mother** nevelőanya
surround *vt* körülvesz, körülfog, bekerít; **~ sound** *cine* térhatású hangrendszer
surrounding *a* környező, körülvevő
surroundings *n pl* környezet, környék
surveillance *n* megfigyelés, felügyelet
survey *n* áttekintés, áttanulmányozás; felmérés; *vt* áttekint, megtekint, szemrevételez; ellenőriz, felülvizsgál
surveyor *n* ellenőr, felügyelő; földmérő (land)
survival *n* túlélés, fennmaradás, életben maradás
survive *vi* életben marad, fennmarad; túlél, kihever
survivor *n* túlélő, életben maradt
susceptible *a* **~ to** hajlamos, fogékony, érzékeny [vmire]
suspect *a* gyanús; *n* gyanúsított, gyanús személy; *vt* gyanúsít; gyanít, sejt, gyanakodik
suspend *vt* felfüggeszt, felakaszt; *fig* félbeszakít, megszakít, felfüggeszt
suspenders *n pl* nadrágtartó
suspense *n* feszültség, kétség, bizonytalanság; felfüggesztés, félbeszakítás, elhalasztás
suspension *n* függés, lógás; felfüggesztés; elhalasztás, megszakítás; **~ bridge** függőhíd
suspicion *n* gyanú; sejtés, gyanítás; **be above ~** minden gyanún felül áll
suspicious *a* gyanús, kétes; gyanakvó, bizalmatlan (suspecting)
sustain *vt* tart, fenntart; elszenved, eltűr; *law* helyt ad [vminek], igazol; **~ an injury** sérülést szenved
sustenance *n* élelmezés, fenntartás, ellátás; tápérték (of food)
suture *n* varrat
SUV = sports utility vehicle *n auto* sportterepjáró, szabadidő-terepjáró, luxusterepjáró
swab *n med* tampon
swaddle *vt* bepólyáz
swag *vi* himbálózik, fityeg, leng
swagger *n* hencegés, felvágás; *vt* henceg
Swahili *a, n* szuahéli
swallow[1] *n* fecske (bird)
swallow[2] *vt* nyel, lenyel; *fig* elnyel
swam *vi past* → **swim**
swamp *n* mocsár, ingovány
swan *n* hattyú
swank *vi* henceg, felvág
swap *vt* elcserél, csereberél
swarm *n* raj (insects); tömeg, sokaság (people); *vi* rajzik; hemzseg, nyüzsög
swarthy *a* füstös képű, barna bőrű
swash *vi* csobog, locsog
swat *vt* agyoncsap (legyet)
swatch *n* mintagyűjtemény, kisebb gyűjtemény
swatter *n* légycsapó
sway *vi* inog, billen; leng, lebeg; elhajlik; *vt* ingat, himbál, lóbál, hintáztat; *fig* befolyásol, irányít
swear *vi* (**swore, sworn**) esküszik, megesküszik [vmire]; káromkodik, szitkozódik (use bad language); *vt* megesket [vkit vmire], esküt tétet [vkivel]; esküvel fogad; **~ an oath** esküt tesz; **~ by** esküszik [vmire]; **~ in** felesket; **~ on** [vmire] esküszik; **I could have sworn it was him.** Meg mertem volna rá esküdni, hogy ő volt az.
swearword *n* káromkodás
sweat *n* izzadtság, veríték; izzadás; *vi* izzad, verítékezik; **cold ~** hideg veríték; **~ it out** türelmesen kivár [vmit]

sweatband *n* fejpánt (izzadás ellen)
sweater *n* pulóver
sweatpants *n* melegítőnadrág, szabadidőnadrág
sweatshirt *n* melegítő felső, hosszúujjú póló
sweatshop *n* munkásnyúzó üzem
sweatsuit *n* melegítő, szabadidőruha
Swede *n* svéd (ember)
Sweden *n* Svédország
Swedish *a* svéd; **in ~** svédül
sweep *n* söprés; ív, kanyar, kanyarulat (bend); *vt* (**swept, swept**) söpör, seper, felseper, kiseper, leseper; *fig* végigsöpör; pásztáz; **~ aside** félresöpör; **~ off** lesöpör; **~ up** felsöpör, összesöpör; **He swept her off her feet.** Levette őt a lábáról./ Elkápráztatta őt.
sweepstakes *n* sorsjáték, nyereményhúzás
sweet *a* édes; *fig* kellemes, kedves, aranyos; *n* édesség, cukorka; **have a ~ tooth** szereti az édességet; **That's very ~ of you.** *coll* Nagyon kedves tőled.
sweetbread *n* borjúmirigy
sweeten *vt* édesít, megédesít, megcukroz
sweetener *n* édesítő szer, édeske
sweetheart *n* kedves, szerelmes, szerető; **~!** *coll* kedvesem!, drágám!
sweetie *n* kedves, drága; **S~!** Szívem!/ Kedvesem!
sweetmeat *n* édesség, bonbon
swell *n* domborulat, kiemelkedés, kidudorodás; *vi* (**swelled, swelled/swollen**) dagad, megdagad, duzzad, megduzzad, megnagyobbodik
swelling *n* daganat, duzzanat; dagadás, duzzadás
swelter *n* tikkasztó hőség
swept *vt past/pp* → **sweep**
swift *a* gyors, sebes, fürge
swim *n* úszás; *vi* (**swam, swum**) úszik; *fig* összefolyik, szédül; **~ with the tide** úszik az árral; **My head is ~ming.** Szédülök.
swimmer *n* úszó
swimming *n* úszás; **go ~** úszni megy; **~ pool** úszómedence
swimmingly *adv* könnyedén, simán
swimsuit *n* fürdőruha
swimwear *n* fürdőruha
swindle *n* szélhámosság, csalás; *vt* rászed, megcsal, becsap
swindler *n* szélhámos, csaló
swine *n* disznó, sertés
swing *n* lengés, hintázás, himbálózás; lendület; hinta (toy); szving (dance); *vi* (**swung, swung**) leng, himbálózik, ing; hintázik; *vt* lenget, lóbál, hintáztat; **in full ~** javában folyik
swinger *n coll* trendi ember; valaki, aki gyakran változtatja a partnereit
swipe *vt* végighúz; töröl, letöröl
swirl *n* örvény, kavargás; *vi* örvénylik, kavarog
Swiss *a, n* svájci
switch *n* kapcsoló; (vasúti) váltó (rails); hajlékony ág, vessző; virgács; *vt* kapcsol, átkapcsol; megcsapkod, megver; **~ over** átkapcsol, átvált
switchblade *n* rugós kés
switchboard *n* kapcsolótábla (telefonközpontban)
Switzerland *n* Svájc
swivel *vi* forgattyú; forgórész; *vi* forog
swollen *a* dagadt, duzzadt; *vi pp* → **swell**
swoop *n* lecsapás; *vi* **~ down** lecsap (repülésből)
swoosh *vi* elsuhan, elhúz, elzúg
sword *n* kard

swordfish *n* kardhal
swordplay *n* kardforgatás
swordsman *n* (**swordsmen**) kardforgató, vívó
swordsmen *n pl* → **swordsman**
swore *vt, vi past* → **swear**
sworn *vt, vi pp* → **swear**
swum *vi pp* → **swim**
swung *vt, vi past/pp* → **swing**
sycamore *n* platánfa
syllabi *n pl* → **syllabus**
syllabic *a gram* szótag-, -szótagos, szótagalkotó
syllable *n gram* szótag
syllabus *n* (*pl* **syllabi**) *school* tanmenet; vezérfonal, kivonat
symbiosis *n biol* szimbiózis, életközösség
symbol *n* szimbólum, jelkép
symbolic *a* jelképes, szimbolikus
symbolism *n art* szimbolizmus, szimbolika, jelképes ábrázolás; jelképrendszer
symbolize *vt* jelképez, szimbolizál
symmetry *n* szimmetria
sympathetic *a* együttérző, rokonszenvező; *med* ~ **nerve** szimpatikus ideg
sympathize *vi* ~ **with** együtt érez [vkivel]
sympathy *n* együttérzés, részvét; **My deepest ~!** Őszinte részvétem!
symphonic *a mus* szimfonikus
symphony *n mus* szimfónia; szimfonikus zenekar
symposia *n pl* → **symposium**
symposium *n* (*pl* **symposia**) tudományos tanácskozás, szimpozion
symptom *n* tünet, jel, szimptóma
symptomatic *a* tüneti, szimptómás
synagogue *n* zsinagóga
synchronicity *n* véletlen egybeesés
synchronize *vt* egyidejűvé tesz, összhangba hoz, összehangol, összeigazít
synchronous *a* egyidejű
syndicate *n econ* szindikátus, konszern; hírügynökség, sajtóügynökség (media)
syndrome *n* szindróma, tünetcsoport
synonym *n* rokon értelmű szó, szinoníma
synopsis *n* vázlat, összegzés, áttekintés
synoptic *a* összefoglalt, szinoptikus
syntax *n gram* mondattan
synthesize *vt* szintetizál, mesterségesen előállít
synthesizer *n* szintetizátor
synthetic *a* szintetikus, mesterséges, mű-; ~ **fiber** műszál
syphilis *n med* szifilisz, vérbaj
Syria *n* Szíria
Syrian *a, n* szíriai
syringe *n* injekciós tű, fecskendő
syrup *n* szörp, szirup
system *n* rendszer, szisztéma; szerkezet, hálózat; (emberi) szervezet (body)
systematic *a* rendszeres, módszeres, szisztematikus
systemize *vt* rendszerbe foglal, rendszerez, szisztematizál
systemic *a* rendszeres, rendszerszerű

T

tab *n* fül (ruha, könyv); címke; szegély; tabulátor (szövegszerkesztő); **keep ~s on** figyelemmel kísér [vmit]
tabby *a* cirmos; ~ **cat** cirmos cica
table *n* asztal; tábla; táblázat, jegyzék (list); **set the ~** megterít; ~ **of contents** tartalomjegyzék; ~ **salt** asztali só; ~ **wine** asztali bor
tablecloth *n* abrosz, terítő, asztalterítő

tablespoon *n* evőkanál, leveseskanál
tablet *n med* tabletta; írótömb (writing paper)
table tennis *n sp* asztalitenisz, pingpong
tabloid *n* bulvárlap
taboo *n* tabu, tilalom; tiltott dolog, tilos dolog, tabu
tabulate *vt* táblázatba foglal
tacit *a* hallgatólagos
taciturn *a* hallgatag
tack *n* kis rövid szög, széles fejű szegecs; rajzszög; fércöltés (loose stitch); *fig* eljárásmód, taktika (approach); ragadósság (stickiness); *vt* odaerősít, odaszögez; összetűz, összefűz
tackle *vt* rögzít, megerősít; *sp* szerel; megküzd, megbirkózik (a task)
tacky *a* ragacsos, ragadós; *coll* giccses, ízléstelen, harsány
tact *n* tapintat
tactful *a* tapintatos
tactic *n* taktika
tactical *a* taktikai; *mil* harcászati
tactile *a* tapintási, tapintó-; tapintható
tactless *a* tapintatlan
tad *adv coll* egy kicsit, icipicit; *n* kisgyerek, kisfiú
tadpole *n* ebihal
taffeta *n* taft, tafota
taffy *n* karamella
tag *n* cédula; fogócska (game); *vt* hozzáfűz, hozzátold [vmit vmihez]; kerget (follow after); megjelöl; megérint (baseball); **price ~** árcédula; **~ along** vele megy (kéretlenül)
Tahiti *n* Tahiti
tail *n* farok, fark; hátsó rész, far (vehicle); *coll* írás (pénzérme oldala) (coin); *vt* nyomon követ, megfigyel; **be on [sy's] ~** közvetlenül mögötte van, szorosan a nyomában van [vkinek]; **~s** *coll* frakk
tailbone *n* farkcsont
tailgate *vt auto* veszélyesen közelről követ, rávezet, nagyon kis követési távolsággal vezet
taillight *n auto* hátsó lámpa
tailor *n* szabó; *vt* szab, készít (férfiruhát); *fig* célnak megfelelően alakít
tailpipe *n auto* kipufogó(cső)
tailspin *n* dugóhúzó (repülővel); *fig coll* pánikhangulat
tailwind *n* hátszél
tainted *a* fertőzött, szennyezett, romlott
Taiwan *n* Taiwan
Tajikistan *n* Tádzsikisztán
take *vt* (**took, taken**) fog, vesz; elvesz, megfog; hatalmába kerít; eszik, iszik (consume); lefoglal, bérel, kibérel; vesz, kivesz (leave); tart, igénybe vesz (time); választ (choose); elfogad, elvesz (accept); eltűr, elvisel, kibír (endure); (magával) visz, elvisz (carry); [vmivel] megy, utazik (transport); **~ the opportunity** megragadja az alkalmat; **~ [sy] hostage** túszul ejt [vkit]; **~ a seat** helyet foglal; **~ a taxi** taxiba ül, taxival megy; **~ a train** vonattal megy; **~ medication** gyógyszert szed; **~ a vacation** szabadságot vesz ki, nyaralni megy; **~ an exam** vizsgázik; **~ a hint** érti a célzást; **~ [sg] apart** szétszed [vmit]; **~ away** elvesz; **~ back** visszavesz; **~ down** levesz; leír (write down); **~ for** [vminek] hisz, néz; **~ from** átvesz, elvesz; elfogad; **~ in** befogad, magához vesz; felfog, megért (comprehend); **~ into consideration** figyelembe vesz; **~ off** levesz (ruhát); felszáll (airplane); **~ on** magára vesz, elvállal; **~ out** kivesz; **~ over** átvesz, átvállal; **~ over a company** *bus* megszerzi egy

vállalat ellenőrzését; ~ **to** megszeret [vkit]; ~ **up** elfoglal (place), leköt (time); **It took an hour to get there.** Egy óráig tartott amíg odaértünk. **It won't ~ long.** Nem fog sokáig tartani. **We ~ credit cards.** Hitelkártyát elfogadunk. **T~ it with you!** Vidd el magaddal! **T~ it easy!** *coll* Nyugi!/Nyugalom! **T~ it from me!** Hidd el nekem! **He took it all out on me.** *coll* Rajtam töltötte ki a mérgét. **It ~s a lot out of me.** Nagyon kimerít (engem). **He took her out dancing.** Elvitte táncolni. **T~ out a bottle of wine.** Elővesz egy üveg bort. **He took your advice to heart.** Megszívlelte a tanácsodat. **It ~s up too much space.** Túl sok helyet foglal el.

taken *vt past* → **take**

take-off *n* felszállás

takeover *n* átvétel (hatalom)

talc *n* talkum, zsírkő; = **talcum powder**

talcum *n* ~ **powder** hintőpor

tale *n* mese, történet; **tell a** ~ mesét mond; **old wives'** ~ mesebeszéd; **tall** ~ fantasztikus/hihetetlen történet

talent *n* tehetség, képesség; tehetséges ember, tehetség; ~ **show** Ki mit tud? (verseny)

talented *a* tehetséges

talisman *n* kabala, talizmán

talk *n* beszélgetés, társalgás; beszéd, előadás, beszámoló; megbeszélés, tárgyalás; *vi* beszél; **~s** tárgyalás(ok); **give a** ~ **on** előadást tart [vmiről]; ~ **about** beszél, beszélget, társalog [vmiről]; ~ **back** felesel, visszabeszél; ~ **down to** leereszkedően beszél, lenézően beszél; ~ **[sy] into** rábeszél [vkit vmire]; ~ **[sy] out of** lebeszél [vkit vmiről]; ~ **over** megbeszél, megvitat [vmit]; ~ **to** [vkihez] beszél

talkative *a* beszédes, bőbeszédű

talker *n* beszélő, csevegő (ember)

talking *a* beszélő; beszédes, kifejező; *n* beszéd, beszélgetés; ~ **point** beszédtéma; **She did all the** ~ Csak ő beszélt.

talking-to *n* szidás

talk show *n* talk show, beszélgető műsor

tall *a* magas; **five feet** ~ öt láb magas; ~ **drink** egy nagy pohár ital; ~ **order** nagy feladat

tallow *n* faggyú

tally *n* rovás; folyószámla; *vt* jegyzékbe vesz; egyeztet, megszámol, ellenőriz

talon *n* karom (ragadozó madáré)

tambourine *n* tamburin

tame *a* szelíd, megszelídített; engedelmes; erélytelen; *vt* megszelídít; megfékez, elfojt

tamp *vt* ledöngöl, sulykol

tamper *vi* ~ **with** babrál, piszkál és elront

tampon *n* tampon

tan *a* napbarnított; *n* lesülés, lebarnulás; *vt* cserez (bőrt); lebarnít; *vi* lebarnul, lesül; **get ~ned** lebarnul; **~ning lotion** naptej; **~ning bed** szolárium ágy; **~ning salon** szolárium

tandem *adv* tandemben; *n* ~ **bicycle** tandem, kétüléses kerékpár

tang *n* erős/csípős íz/szag

tangent *n* *math* tangens, érintővonal

tangerine *n* mandarin

tangible *a* tapintható, megfogható; *fig* kézzel fogható, konkrét

tangle *n* összegabalyodás, gubanc; *fig* bonyodalom, összevisszaság; *vt* összegubancol; összekuszál, összezavar; **become ~d** összegubancolódik; összekuszálódik

tango *n* tangó

tank *n* tank, tartály; *mil* tank, harckocsi; **oil ~** olajtartály; **gas ~** *auto* tank; **fill the ~** teletankol; **~ top** ujjatlan blúz, vállpántos felsőrész

tankard *n* fedeles fémkupa

tanker *n* tartályhajó, olajszállító hajó (ship); tartálykocsi (truck); **oil ~** olajszállító hajó; olajszállító tartálykocsi

tanner *n* tímár, cserzővarga

Tanzania *n* Tanzánia

Tanzanian *a, n* tanzániai

tap[1] *n* csap; dugó; *vt* csapra ver, megcsapol; **beer on ~** csapolt sör; **~ [sy's] phone** lehallgatja [vkinek] a telefonját

tap[2] *n* kopogás; *vt* megkopogtat; koppint, megérint; *vi* kopog; **~ dance** sztepp tánc; **~ [sy] on the shoulder** megveregeti [vkinek] a vállát (figyelemfelhívásként)

tape *n* szalag; mérőszalag (measuring); hangszalag, magnószalag (audio); videokazetta; *vt* ragasztószalaggal leragaszt; hangszalagra/videóra felvesz

tape measure *n* mérőszalag

tape recorder *n* magnó, magnetofon

tapered *a* elkeskenyedő, elvékonyodó; kúp alakú; **~ pants** szűk szárú nadrág

tapestry *n* faliszőnyeg, falikárpit

tapeworm *n* galandféreg

tapioca *n* tapióka

tapir *n* tapír

taproom *n* söntés

tar *n* kátrány; *vt* kátrányoz, bekátrányoz

tardy *a* késlekedő, késő; lassú, nehézkes; elkésett

target *n* cél, célpont, céltábla; *vt* megcéloz, célba vesz

tariff *n* díjszabás; tarifa

tarnish *n* patina, bevonat; *vi* oxidálódik, elhomályosul, fényét veszti; *vt* elfakít, elhomályosít; *fig* beszennyez

tarragon *n* tárkony

tart[1] *a* savanykás, fanyar; *fig* csípős, maró

tart[2] *n* gyümölcstorta

tartan *n* skót kockás mintájú gyapjúszövet

Tartar *a, n* tatár; **~ sauce** tartármártás; **Steak ~** tatár bifsztek

task *n* feladat; munka; *vt* feladattal megbíz [vkit]; **~ force** munkacsoport, akciócsoport, különítmény

tassel *n* bojt, rojt

taste *n* íz; ízlelés (sense); megízlelés, ízlés; *vt* kóstol, megkóstol *vi* [vmilyen] íze van, [vmilyen] ízű; **~ bud** ízlelőbimbó; **Add salt to ~!** Sózd ízlés szerint! **She has bad ~.** Rossz ízlése van. **This ~s strange.** Furcsa íze van.

tasteful *a* ízléses

tasteless *a* íztelen (food); *fig* ízléstelen, ízetlen (joke)

taster *n* kóstoló

tasty *a* finom, ízletes, jóízű

tater *n coll* krumpli

tattered *a* rongyos, cafatos

tattletale *n* árulkodó személy (gyerek)

tattoo *n* tetoválás; *vt* tetovál

taught *vt past/pp* → **teach**

taunt *vt* gúnyol, kigúnyol

taupe *a, n* barnás szürke, drapp

taut *a* feszes, szoros

tavern *n* fogadó, kocsma

tawny *a* homokszínű, sárgásbarna

tax *n* adó; teher; *vt* adóztat, megadóztat, adót kivet; *coll* próbára tesz, igénybe vesz; **~ return** adóbevallás; **tax-free** adómentes

taxable *a* adóköteles

taxi *n* taxi; ~ **stand** taxiállomás; **take a ~** taxival megy

taxonomy *n* taxonómia

tea *n* tea; ~ **bag** tea filter; **cup of ~** egy csésze tea; **green ~** zöld tea; ~ **service** teáskészlet

tea ball *n* teatojás

teach *vt* (**taught, taught**) tanít, oktat; ~ **[sy] a lesson** móresre tanít [vkit]

teacher *n* tanár, tanárnő; tanító, tanítónő; oktató, nevelő; **~'s pet** *coll* a tanár kedvence, stréber

teacup *n* teáscsésze

teak *n* tikfa

teakettle *n* teáskanna

teal *a, n* kékeszöld

team *n* csapat, csoport, team; *vi* ~ **up with** összeáll, csapatot formál; ~ **sports** csapatjátékok, csapatsport; ~ **spirit** csapatszellem

teamwork *n* csapatmunka, összmunka; együttműködés

teapot *n* teáskanna

tear[1] *n* könny, könnycsepp; **shed ~s** könnyet ejt; ~ **gas** könnygáz

tear[2] *n* szakadás, repedés, hasadás; *vt* (**tore, torn**) tép, széttép, elszakít, elszakít, szétszakít, elszaggat, szétszaggat; leszakít, letép, kitép; *vi* szakad, hasad; ~ **one's hair out** tépi a haját; ~ **down** leszakít; lerombol (pull down); ~ **off** letép; ~ **out** kitép; **I am torn between them.** Tépődöm közöttük./Nem tudok kit választani.

teardown *n* lerombolás

teardrop *n* könnycsepp

tearful *a* könnyes, könnyező

tearjerker *n* szentimentális, nagyon szomorú, amitől sír az ember (film, könyv)

tease *n* kötekedő/kínzó személy; *vt* ugrat, bosszant, ingerel; gyötör, kínoz (lelkileg); tupíroz (hair)

teaspoon *n* kávéskanál, teáskanál, kiskanál

teat *n* mellbimbó, csecs

technical *a* műszaki, technikai; szakmai, szak-

technicality *n* szakmai sajátosság; *law* alakiság, formaság

technician *n* (műszaki) szakember, műszerész

technique *n* eljárás, módszer, technika

technological *a* technológiai; műszaki, technikai

technology *n* technológia; műszaki tudományok, technika

teddy *n* ~ **bear** játék mackó

tedious *a* unalmas, fárasztó, aprólékos

tedium *n* unalom

tee *n* té, T betű; ~ **shirt** póló, trikó

teem *vi* hemzseg, nyüzsög; bővelkedik [vmiben]

teeming *a* színültig tele, bővelkedő; nyüzsgő, hemzsegő

teen = **teenage** *a*; = **teenager** *n*

teenage *a* tizenéves, tinédzser

teenager *n* tizenéves, tinédzser

teeny *a* parányi, icipici

teeter-totter *n* libikóka

teeth *n pl* → **tooth**

teethe *vi* fogzik, nő a foga; **teething ring** rágóka (babának)

telecast *n* televíziós közvetítés, tévéadás; *vt* televízión közvetít

telecommunications *n* távközlés, telekommunikáció

televangelist *n* tele-apostol, televízióban prédikáló hitszónok

telegram *n* távirat

telegraph *n* távírókészülék

telepathy *n* telepátia

telephone *n* telefon, távbeszélő; *vt* telefonál [vkinek]; **~ book** telefonkönyv; **~ number** telefonszám
telescope *n* távcső, messzelátó, látcső, teleszkóp
television *n* televízió, tévé, TV; televíziós adás/műsor; **cable ~** kábeltelevízió; **watch ~** tévét néz, tévézik, televíziót néz; **~ set** televíziós készülék, tévékészülék
tell *vt* (**told, told**) mond, elmond, megmond; kijelent; elmesél, elbeszél, elmond (a story); utasít, megmond; tud, kitalál, megmond; **~ a lie** hazudik; **to ~ the truth** az igazat megvallva; **~ the time** megmondja az időt; mutatja az időt (clock); **~ off** *coll* lehord [vkit], megmondja [vkinek] a magáét; **~ on** *coll* beárul, beköp [vkit]; **I told you so!** Én megmondtam!/Ugye megmondtam! **I told her to come.** Megmondtam neki, hogy jöjjön el. **You can never ~.** Sohasem lehet tudni.
teller *n* elbeszélő; bankpénztáros; szavazatszámláló; **fortune ~** jós(nő)
temp *a coll* ideiglenes (munka); *vi coll* ideiglenes munkát vállal
temper *n* alkat, természet, beállítottság (temperament); hangulat, vérmérséklet, kedélyállapot (mood); rossz kedv, ingerültség; *vt* temperál (fémet); *fig* mérsékel, csökkent, enyhít
tempera *n* tempera festék
temperament *n* temperamentum, természet, beállítottság
temperance *n* mértékletesség, mértéktartás
temperate *a* mérsékelt; mértékletes, higgadt; **~ climate** mérsékelt éghajlat
temperature *n* hőmérséklet; *med* láz; **have a ~** lázas; **take [sy's] ~** megméri [vkinek] a lázát
tempered *a* temperált; [vmilyen] kedélyű; **good-~** jó természetű
tempest *n* vihar
tempestuous *a* viharos, szilaj
tempi *n pl* → **tempo**
template *n* sablon, minta, mintasablon
temple[1] *n rel* templom (nem keresztény)
temple[2] *n* halánték (body)
tempo *n* (*pl* **tempi**) tempó, ritmus
temporal *a* időbeli; időleges, mulandó
temporary *a* ideiglenes, átmeneti
tempt *vt* megkísért, csábít
temptation *n* kísértés, csábítás; **resist the ~** ellenáll a kísértésnek
ten *num* tíz; **the T~ Commandments** a Tízparancsolat
tenacious *a* kitartó, állhatatos, szívós
tenant *n* bérlő, lakó
tend[1] *vi* **~ to** ellát (beteget), gondját viseli [vkinek] (take care of)
tend[2] *vi* tart, halad [vmi felé]; *fig* irányul, tart [vmerre]; hajlik [vmire], hajlamos [vmire]
tendency *n* tendencia, irányzat
tender[1] *a* lágy, puha; porhanyós, puha (food); érzékeny, fájdalmas (injury); fiatal, éretlen, zsenge; gyengéd, gondos, szerető
tender[2] *n econ* árajánlat, pályázat, versenytárgyalás
tenderfoot *n* zöldfülű, újonc
tenderize *vt* puhít (húst)
tendon *n* ín
tendril *n* inda, kacs
tenet *n* elv, tan, dogma
tenfold *a* tízszeres; *adv* tízszeresen
tennis *n sp* tenisz; **play ~** teniszezik; **~ court** teniszpálya; **~ shoes** teniszcipő

tenor *n* tenor
tense[1] *a* feszült, megfeszített; feszes, szoros, merev; *vt* megfeszít, kifeszít; *vi* megfeszül
tense[2] *n gram* igeidő
tension *n* feszültség; feszülés; feszítés; *fig* feszültség, izgalom
tent *n* sátor; **pitch a ~** sátrat ver fel
tentacle *n* csáp, tapogató, szívókar
tentative *a* kísérleti jellegű, próbaképpen tett; még nem eldöntött
tenth *a* tizedik; **on the ~ of October** október tizedikén
tenuous *a* vékony, finom; ritka, híg
tenure *n* szolgálati idő; *vt* kinevez
tenured *a* kinevezett
tepid *a* langyos; *fig* lagymatag, lanyha
term *n* időszak, időtartam; *school* félév, szemeszter; szó, kifejezés, szakszó, szakkifejezés (phrase); feltétel, kikötés (condition); **~ paper** *school* szemináriumi dolgozat; **in ~s of** [vmiben] megadva; ami a …-t illeti; **come to ~s with** megbékél [vmivel], kiegyezik; **be on good ~s** jó viszonyban vannak
terminal *a* végső, szélső, határ-; *n* vég, végződés; végállomás; *comp* terminál; **~ disease** halálos betegség
terminate *vt* megszüntet, befejez, felmond
termination *n* befejezés, vég; megszüntetés, megszűnés
terminator *n* [vmit] befejező (ember); *cine* terminátor
terminology *n* szaknyelv, terminológia
termite *n* termesz
terrace *n* terasz
terrain *n* terep
terrarium *n* terrárium
terrestrial *a* földi, evilági
terrible *a* iszonyú, rettenetes, félelmetes; borzasztó, szörnyű
terribly *adv* borzasztóan, iszonyúan, rettenetesen
terrier *n* terrier
terrific *a coll* nagyszerű, óriási, nagyon jó; félelmetes, szörnyű
territorial *a* földi; területi, territoriális; **~ waters** felségvizek
territory *n* terület, vidék, körzet; felségterület (of a country); tartomány (administrative unit)
terror *n* rémület, rettegés; rémuralom, terror
terrorism *n* terrorizmus
terrorist *n* terrorista; **~ act** terrorista cselekmény, terrortámadás
terrycloth *n* frottír anyag
test *n* próba, kipróbálás, teszt, vizsgálat; *school* vizsga, teszt, dolgozat (written); *vt* kipróbál, próbára tesz, tesztel; ellenőriz, megvizsgál; *school* vizsgáztat; **put to the ~** próbára tesz; **~ case** próbaper; **~ drive** próbaút; **~ pilot** berepülő pilóta; **~ tube** kémcső; **It has stood the ~ of time.** Kiállta az idő próbáját.
testament *n* végrendelet (last will); tanúbizonyság (proof); **Old T~** *rel* Ószövetség; **New T~** *rel* Újszövetség
testes *n* heregolyó
testicle *n* here(golyó)
testify *vi, vt* bizonyít, tanúsít [vmit]; tanúvallomást tesz [vmiről]
testimonial *a* tanú-; *n* bizonyság; ajánlat, ajánlólevél
testimony *n* tanúvallomás; tanúság, bizonyság; **bear ~ to** tanúsít [vmit]
testosterone *n* tesztoszteron
testy *a coll* ingerlékeny, mogorva
tetanus *n med* tetanusz, merevgörcs; **~ shot** tetanusz oltás

tether *n* pányva, kötél *vt* kipányváz
text *n* szöveg
textbook *n* tankönyv
textile *n* textil, szövet
texture *n* szövet; tapintás; szerkezet, alkat, struktúra
Thai *a* thai
Thailand *n* Thaiföld
than *conj* mint, -nál, -nél; **He is taller ~ you.** Magasabb, mint te vagy./ Magasabb nálad.
thank *vt* köszön, megköszön [vmit vkinek]; *n* **~s** köszönet, hála; **~s to him** neki köszönhető (en); **T~ you!** Köszönöm! **T~ you very much.** Köszönöm szépen. **T~ God!** Hála Istennek!
thankful *a* hálás
thankfulness *n* hála
thanks *n pl* → **thank**; **T~!** *coll* Köszi!/ Köszönöm!
thanksgiving *n* hálaadás; **T~ (Day)** *US* Hálaadás, hálaadás ünnepe
that *a* (*pl* **those**) az, amaz; *adv* annyira; *conj* hogy; *pron* (*pl* **those**) az, amaz; aki, akit, ami, amit; **~ house** az a ház; **~ tall** olyan magas; **I don't like it ~ much.** Annyira nem tetszik./Olyan nagyon nem tetszik. **He said ~ he would come.** Azt mondta, hogy eljön. **T~'s right!** Az az!/Úgy van!
thatched *n* zsúpfedelű
thaw *n* olvadás, enyhébb idő; *vt* kiolvaszt, felolvaszt; *vi* kiolvad, felolvad, felenged
the *article* a, az; **~ ocean** az óceán; **~ rich** a gazdagok; **~ sooner ~ better** minél előbb, annál jobb
theater *n* színház; **movie ~** mozi, filmszínház
theatrical *a* színházi; *fig* színpadias, mesterkélt
theft *n* lopás
their *pron* (az ő) –uk, -ük, -juk, -jük; *pl* –aik, -eik, -jaik, -jeik; **~ house** az ő házuk; **~ houses** az ő házaik
them *pron* őket, azokat; (elöljárószavakkal) **to ~** hozzájuk; **from ~** tőlük; **for ~** nekik; **with ~** velük; **about ~** róluk
theme *n* téma, tárgy, anyag; *mus* téma, motívum
themselves *pron* maguk, ők maguk, saját maguk; **by ~** egyedül, magukban
then *adv, conj* akkor, azután, majd; **by ~** akkorra; **from ~ on** akkortól kezdve; **since ~** azóta
theology *n* teológia, hittudomány
theorem *n* elméleti tétel, teoréma
theoretical *a* elméleti
theoretically *adv* elméletileg
theory *n* elmélet, teória; **in ~** elméletben
theosophy *n* teozófia
therapeutic *a* gyógyászati, gyógyhatású; terápiai
therapist *n* kezelőorvos, gyógyász; **physical ~** gyógytornász, fizikoterapeuta; **psycho~** pszichológus
therapy *n* terápia, kezelés, gyógymód
there *adv* ott, amott; oda, amoda; **right ~** pont ott, éppen ott; **from ~** onnan; **~ is** van; **~ are** vannak; **up ~** ott fenn; **Don't go ~!** Ne menj oda! **T~ is a house on the corner.** Van egy ház a sarkon. **T~, ~!** *coll* Ugyan, ugyan!/ Jól van! (megnyugtatásként)
thereabouts *adv* közel, arrafelé
thereafter *adv* azután, attól kezdve
thereby *adv* azáltal; attól
therefore *adv* ezért, ennek következtében, tehát
therein *adv* abban

thereinafter *adv* a következőkben, alant
thereof *adv* abból, arról
thereon *adv* azon, attól
thereto *adv* ahhoz, azon kívül
thereupon *adv* azért, annak következtében; arra, mire
therewith *adv* azzal
thermal *a* termál, meleg, hő-; ~ **spring** hőforrás, hévíz
thermometer *n* hőmérő; *med* lázmérő
thermonuclear *a* termonukleáris
thermos *n* termosz
thermostat *n* hőfokszabályozó, termosztát
thesaurus *n* kincsestár; egynyelvű nagyszótár; fogalomköri szótár
these *pron pl* → **this**
theses *n pl* → **thesis**
thesis *n* (*pl* **theses**) értekezés, disszertáció
they *pron* ők, azok; az emberek (általános alany); ~ **say that** azt beszélik, hogy
thick *a* vastag (book); sűrű (soup, hair); ostoba, buta (stupid); *adv* vastagon; sűrűn; **through ~ and thin** *coll* tűzön-vízen át, jóban-rosszban
thicken *vt* sűrít; besűrít (food); *vi* sűrűsödik, kocsonyásodik; *fig* bonyolódik; **The plot ~s.** A cselekmény bonyolódik.
thicket *n* bozótos, sűrű
thickheaded *a* buta, ostoba, nehéz felfogású
thickness *n* vastagság; sűrűség
thickset *a* zömök (person)
thief *n* (*pl.* **thieves**) tolvaj
thieves *n pl* → **thief**
thigh *n* comb
thimble *n* gyűszű
thin *a* vékony; híg (liquid); sovány (person); ritka, gyér (hair); *vt* vékonyít; hígít; ritkít
thing *n* dolog; tárgy; ügy (matter); személy, teremtés (person); **for one ~ ...** először is ...; **the ~ is ...** az a helyzet ..., arról van szó...; **too much of a good ~** túl sok a jóból; **She knows a ~ or two.** *coll* Nem esett a feje lágyára. **Poor ~!** *coll* Szegényke!
thingamajig *n coll* izé, hogyishívják
think *vi* (**thought, thought**) gondolkodik, töpreng; gondol [vmire], képzel [vmit]; **I ~ so** azt hiszem, igen; **I don't ~ so** nem hiszem; ~ **tank** agytröszt; ~ **about** meggondol, megfontol [vmit], gondolkodik [vmin], gondol [vmire]; ~ **of** gondol [vmire]; emlékszik [vmire]; [vmilyen] véleménye van [vkiről]; ~ **over** megfontol, átgondol; **I ~ highly of him.** Nagyra tartom őt. **I can't ~ of his name.** Nem jut eszembe a neve.
thinker *n* gondolkodó
thinner *a* vékonyabb; soványabb; *n* hígító(szer)
third *a* harmadik; **~-degree burn** harmadfokú égés; ~ **party** kívülálló személy; ~ **person** *gram* harmadik személy; ~ **world** harmadik világ; **on the ~ of June** június harmadikán
thirst *n* szomj; vágy (desire); *vi* ~ **for** szomjazik [vmire]; vágyódik [vmi után]
thirsty *a* szomjas
thirteen *num* tizenhárom
thirteenth *a* tizenharmadik
thirtieth *a* harmincadik
thirty *num* harminc; **She is in her thirties.** A harmincas éveiben jár.
this *a, pron* (*pl* **these**) ez; ~ **evening** ma este; ~ **time** ez alkalommal, most; **like ~** így
thistle *n* bogáncs

thither *adv* oda, addig
thong *n* tangabugyi, tanga
thorn *n* tüske, tövis
thorough *a* alapos, mélyreható
thoroughfare *n* főútvonal
those *pron pl* → **that**
though *conj* bár, habár, ámbár; mindazonáltal, mégis
thought *n* gondolkodás; gondolat; meggondolás, megfontolás; **lost in ~** gondolataiba merülve; **She gave it a second ~.** Még egyszer átgondolta.
thoughtful *a* figyelmes, előzékeny
thoughtless *a* meggondolatlan; figyelmetlen, tapintatlan
thousand *num* ezer
thousandth *a* ezredik
thrash *vt* üt, elver, megkorbácsol; csépel; *vi* **~ about** dobálja magát
thrashing *n* elverés, megverés; cséplés
thread *n* cérna, fonal; csavarmenet; *vt* befűz (cérnát tűbe); **hang by a ~** egy hajszálon függ
threadbare *a* kopott, foszlott
threat *n* fenyegetés
threaten *vt* fenyeget
three *num* három
threefold *a* háromszoros; *adv* háromszorosan
three-piece *a* három részből álló
thresh *vt* kicsépel
threshold *n* küszöb
threw *vt past* → **throw**
thrift *n* takarékosság, gazdaságosság; **~ store** használt cikkek boltja, turkáló (clothes)
thrifty *a* takarékos, gazdaságos
thrill *n* izgalom, borzongás; *vt* felvillanyoz, izgalomba hoz; **I'm ~ed.** Fel vagyok villanyozva./El vagyok ragadtatva.
thriller *n* detektívregény, krimi
thrive *vi* virágzik, boldogul, prosperál; gyarapszik, növekszik
throat *n* torok; **sore ~** fájós torok
throb *n* lüktetés, dobogás; *vi* lüktet, dobog, ver
thrombosis *n med* trombózis
throne *n* trón
throttle *n* torok, gége; *vt* megfojt, fojtogat; elfojt, elnyom
through *a* átmenő, közvetlen; *adv, prep* keresztül, át; alatt, folyamán (time); egyenesen, direkt, közvetlenül; által, útján; **~ traffic** átmenő forgalom; **all ~ the day** egész nap; **Monday ~ Friday** hétfőtől péntekig bezárólag; **~ an ad** hirdetés útján; **I'm ~ with him.** Végeztem vele./Elegem van belőle.
throughout *adv, prep* egészen, teljesen, mindvégig
throw *n* dobás, hajítás; takaró; *vt* (**threw, thrown**) dob, vet, hajít; **~ a fit** rohamot kap, hisztizik; **~ a party** partit ad; **~ away** eldob, kidob; **~ back** visszaüt, visszadob; **~ in** bedob; **~ in the towel** bedobja a törölközőt; **~ off** ledob, kidob; *fig* kizökkent, megzavar [vkit]; **~ on** rádob; *coll* magára kap [vmit]; **~ out** kidob; **~ up** feldob; *coll* kihány, hány
throwback *n* akadály, visszaesés
thrown *vt pp* → **throw**
thrum *vi* ujjaival dobol
thrush[1] *n* rigó (bird)
thrush[2] *n* szájpenész (disease)
thrust *n* hirtelen lökés; döfés, szúrás; *fig* lényeg; *vt* (**thrust, thrust**) lök, taszít; szúr, döf
thruway *n* autópálya
thud *n* tompa puffanás; *vi* puffan, huppan, zöttyen

thumb *n* hüvelykujj; *vt* lapozgat; **rule of ~** hozzávetőleges szabály; **have a green ~** *coll* ért a növényekhez, jó kertész; **T~s up!** *coll* Remek!/ Nagyszerű!
thumbtack *n* rajzszög
thump *n* (erős) ütés; tompa puffanás; *vt* ököllel üt; dörömböl, kalapál
thunder *n* dörgés, dörgő hang; mennydörgés (storm); **steal [sy's] ~** kifogja [vkinek] a vitorlájából a szelet
thunderbolt *n* villám
thundercloud *n* viharfelhő
thunderstorm *n* vihar, zivatar
thunderstruck *a* meghökkent, megdöbbent
Thursday *a* csütörtöki; *n* csütörtök
thus *adv* így, ekképpen; ezért, ennek következtében
thwart *vt* keresztez, meghiúsít, megakadályoz
thyme *n* kakukkfű
thymi *n med pl* → **thymus**
thymus *n med* (*pl* **thymi**) csecsemőmirigy
thyroid *n med* pajzsmirigy
tiara *n* diadém, fejdísz
Tibet *n* Tibet
Tibetan *a, n* tibeti
tick[1] *n* ketyegés (sound); *vi* ketyeg; *vt* megjelöl, kipipál; **~ off** *coll* felbosszant
tick[2] *n* kullancs (insect)
tick[3] *n* vékony matrac (mattress)
ticket *n* jegy; cédula, címke (piece of paper); bírságcédula (for a fine); *vt* helyszíni bírságot ró ki [vkire], megbírságol [vkit]; **~ scalper** jegyüzér
tickle *vt* csiklandoz, megcsiklandoz; izgat; megnevettet; *vi* viszket, csiklandós, szúr (sweater); **be ~d to death** halálra neveti magát
ticklish *a* csiklandós
ticktock *int* tikk-takk
tidal *a* árapály-; **~ wave** szökőár; **~ basin** folyammedence
tidbit *n* csemege, ínyencfalat
tide *n* árapály
tidings *n* hír, tudósítás
tidy *a* rendes, gondos; *vt* rendbe tesz, helyre rak
tie *n* kötelék, kötél; zsineg; kötés, csomó; nyakkendő (necktie); *fig* kötelék, kötelezettség, kapcsolat; *sp* döntetlen, holtverseny; *vt* köt, megköt, átköt, beköt; csomóra köt; *fig* leköt; akadályoz; *sp* döntetlenül végződik; **black ~** szmoking; **white ~** frakk; **~ down** leköt; *fig* lefoglal, leköt
tie-dye *vt* batikol (házilag ruhát fest)
tie-in *n* kapcsolt áru
tier[1] *n* üléssor; emelet (tortán) (cake)
tier[2] *n* kötő, megkötő
tie-up *n* szünetelés, fennakadás
tiff *n* összetűzés, összezördülés
tiger *n* tigris
tight *a* szűk, testhezálló; szoros, feszes; fukar, fösvény (with money); szűkös; nehéz, szorult; **money is ~** pénzszűke van; **be in a ~ spot** *coll* szorult helyzetben van
tighten *vt* megszorít, meghúz, feszesebbé tesz
tightrope *n* kifeszített kötél
tights *n pl* harisnyanadrág
tigress *n* nőstény tigris
tilde *n gram* tilde
tile *n* cserép (roof), csempe (wall), burkolólap (floor)
tiling *n* csempézés, burkolás
till[1] *prep, conj* –ig, míg, amíg, ameddig; **~ then** addig; **from morning ~ night** reggeltől estig
till[2] *vt* megművel, felszánt

tilt *vi* dől, lejt, hajlik; billen, inog; *vt* dönt, hajlít; megbillent, feldönt

timber *n* faanyag, épületfa; gerenda

timbre *n* hangszín

time *n* idő, időtartam; időpont; alkalom, (opportunity); időtöltés (time spent); időszámítás, idő (time zone); időszak, korszak (era); **~s** –szor, -szer, -ször (multiplication); *mus* ütem, taktus; *vt* időzít; időt megállapít; időt mér; **all the ~** végig, folyton, állandóan; **in no ~** pillanatok alatt; **do ~** letölti a (börtön)büntetését; **play for ~** húzza az időt; **this ~** ez alkalommal, ezúttal; **last ~** múltkor, legutóbbi alkalommal; **next ~** legközelebb; **another ~** máskor, más alkalommal; **ahead of ~** előre; **at the ~** akkor; **for the ~ being** egyelőre; **for the first ~** először; **in ~** időben; **on ~** pontosan; **once upon a ~** egyszer (régen); **one at a ~** egyenként; **Eastern Standard T~** *US* keleti parti idő (zóna); **hard ~s** nehéz idők; **half ~** *sp* félidő; **five ~s** ötször; **~ bomb** időzített bomba; **~ zone** időzóna; **keep ~** *mus* tartja az ütemet; **Take your ~!** Csak nyugodtan!/ Ráérsz!/Ne siesd el a dolgot! **What ~ is it?** Hány óra?/Mennyi az idő? **T~ is up!** Lejárt az idő! **Have a good ~!** Érezd jól magadat!; *pl* Érezzétek jól magatokat! **Three ~s two is six.** *math* Háromszor kettő az hat.

timed *a* időzített

time-honored *a* hagyományos, nagyon régi

timekeeper *n* pontos óra; pontos ember (person)

timeless *a* időtlen, végtelen, örök

timely *a* időszerű, alkalmas időben történő

time-out *n* szünet; *sp* időkérés; *comp* időtúllépés; *coll* büntetés (gyerekeknek)

timepiece *n* óra, időjelző

timer *n* időmérő; időzítő (szerkezet); **egg ~** homokóra; **two-~** *coll* kétkulacsos (ember)

timetable *n* időbeosztás

time-tested *a* kipróbált, jól bevált

timeworn *a* időmarta, patinás

timid *a* félénk, szégyellős

timing *n* időzítés; ütemezés; (pontos) időmérés

timpani *n mus pl* → **timpano**

timpano (*pl* **timpani**) *mus* üstdob

tin *n* ón, cin; bádog; *vt* ónoz, bádogoz; **~ soldier** ólomkatona

tincture *n* oldat, tinktúra

tinfoil *n* sztaniol, ezüstpapír; *coll* alufólia

tinge *n* árnyalat; mellékíz; *vt* árnyal, színez

tingle *vi* bizsereg; viszket

tinkle *n* csengés, csilingelés; *vi* csilingel, megcsendül

tinsel *n* aranylamé, ezüstlamé, flitter; angyalhaj (Christmas decoration); *fig* üres csillogás, csillogó látszat

Tinseltown *n US* Hollywood költői neve, „álomgyár"

tint *n* szín; színárnyalat; *vt* árnyal, színez

tiny *a* apró, pici

tip[1] *n* [vminek] a csúcsa, hegye, vége; *vt* csúccsal ellát; **It's on the ~ of my tongue.** A nyelvem hegyén van.

tip[2] *n* tanács, tipp; borravaló (money); *vt* borravalót ad [vkinek] (money); megbillent, felborít, kiborít (tilt); tippet ad [vkinek], figyelmeztet [vkit]; *vi* feldől, felbillen, felborul (fall over); **~ off** bizalmasan figyelmeztet [vkit]; ~ **over** *vt* felbillent, felborít; *vi* felbillen, felborul

tip-off *n* figyelmeztetés, tipp

tipsy *a* becsípett, kicsit részeg

tiptoe *n* lábujjhegy; *vi* lábujjhegyen jár, lopakodik; **on ~** lábujjhegyen

tiptop *a* legjobb

tirade *n* szóáradat, tiráda

tire[1] *n auto* gumi, autógumi; **flat ~** defekt; **change a ~** kereket/gumit cserél

tire[2] *vt* fáraszt, elfáraszt, kifáraszt, kimerít; *vi* fárad, elfárad, kifárad

tired *a* fáradt, kimerült; **be ~ of** elege van [vmiből], megun [vmit, vkit]

tiredness *n* fáradtság

tireless *a* fáradhatatlan

tiresome *a* fáradságos, fárasztó; unalmas

tiring *a* fárasztó

tissue *n biol* szövet; selyempapír, vékony papír; papír zsebkendő; **bathroom ~** vécépapír

tissue paper *n* selyempapír

tit *n coll* mellbimbó, cici

title *n* cím; elnevezés, név; cím, rang (social); *law* jogcím, jogosultság; tulajdon; **~ page** címlap;

title deed *n* birtoklevél

titmice *n pl* → **titmouse**

titmouse (*pl* **titmice**) cinke, cinege

to *prep* -hoz, -hez, -höz, felé; -ba, -be, -ra, -re; -ig (time, place); [vmihez] képest; -nak, -nek (for); (infinitive) -ni; **~ my surprise** meglepetésemre; **~ this day** a mai napig.; **~ my knowledge** tudtommal; **so ~ speak** úgyszólván; **I'm going ~ my friend.** A barátomhoz megyek. **He went ~ the store.** Boltba ment. **She's going ~ Hungary.** Magyarországra megy. **He sent this ~ you.** Neked küldte. **I like ~ read.** Szeretek olvasni.

toad *n* varangy, varangyos béka

toadstool *n* mérges gomba, galóca

toady *a* hízelgő, talpnyaló

toast *n* pirítós, pirított kenyér (bread); pohárköszöntő, tószt (drink); *vt* pirít; átmelegít; felköszönt, pohárköszöntőt mond, iszik [vkinek] az egészségére

toaster *n* kenyérpirító

toasty *a coll* jó meleg

tobacco *n* dohány

to-be *a* jövendőbeli, leendő

today *adv* ma; manapság

toe *n* lábujj; cipő/harisnya orra; **keep [sy] on his ~s** állandó készenlétben tart [vkit]

toe cap *n* cipőorr

toffee *n* tejkaramella

together *adv* együtt; össze-, egymás felé; **~ with** [vmivel] együtt; azonfelül

toggle *n* pecek

Togo *n* Togo

toil *n* nehéz munka, gürcölés; *vi* keményen dolgozik, gürcöl, vesződik

toilet *n* mosdó, WC, vécé, illemhely; **~ paper** WC papír, vécépapír

toilsome *a* fárasztó, vesződséges

token *n* jel, jelkép; zálog; emléktárgy; zseton, tantusz (money); játékpénz (toy money); **by the same ~** továbbá, azonfelül; ugyanezen az alapon

Tokyo *n* Tokió

told *vt past/pp* → **tell**

tolerable *a* elviselhető, tűrhető

tolerance *n* türelem, elnézés; tűrés, tolerancia

tolerate *vt* elvisel, eltűr; megtűr

toll *n* vám, hídvám; díj; autópályadíj (highway); **take a ~** *fig* áldozatot követel; **~ call** távolsági telefonhívás

toll booth *n* autópálya kapu, fizető kapu, díjfizető kapu

toll-free *a* ingyenes; ~ **number** zöld szám, ingyenes telefonszám
toll road *n* fizető autópálya
tomahawk *n* csatabárd, tomahawk
tomato *n* paradicsom (zöldség); ~ **sauce** paradicsomszósz; ~ **juice** paradicsomlé; ~ **purée** sűrített paradicsom
tomb *n* sír, síremlék, sírhely, sírbolt
tombstone *n* sírkő
tomcat *n coll* kandúr
tomorrow *adv* holnap
ton *n* tonna; *coll* nagy mennyiség, nagyon sok
tone *n* hangszín, tónus; *mus* hang; hangnem, hanghordozás, tónus (speaking); színárnyalat, tónus (color); (izom)tónus (muscle); *vt* színez, árnyal; ~ **down** mérsékel, csökkent, letompít; **I don't like your ~.** *coll* Nem tetszik, ahogy beszélsz velem./Nem tetszik ez a hangnem.
toner cartridge *n comp* festékpatron, festékkazetta, tintakazetta
tongs *n pl* fogó, laposfogó, csipesz
tongue *n* nyelv; nyelv, beszéd; **mother** ~ anyanyelv; ~ **twister** nyelvtörő; **Hold your ~!** *coll* Fogd be a szád!/ Hallgass!
tongue-in-cheek *a* gunyoros, szarkasztikus
tongue-lashing *n coll* szidás, letolás
tongue-tied *a* zavartan hallgató; szótlan, hallgatag
tonic *n* erősítő, frissítő; tonik
tonight *adv* ma este, ma éjjel
tonnage *n* tonnatartalom, űrtartalom
tonsils *n pl med* mandula
tonsilitis *n med* mandulagyulladás
too *adv* túlságosan, túl, nagyon; szintén, is, amellett; **me** ~ *coll* én is; **It's ~ big.** Túl nagy. **He came, ~.** Ő is eljött.
took *vt past* → **take**
tool *n* szerszám, eszköz; *vt* megmunkál, alakít
toolbox *n* szerszámosláda
toot *vi* dudál, kürtül; ~ **one's horn** *coll* magát dicséri
tooth *n* (*pl* **teeth**) fog (body part); pecek, fogazat, bütyök; *coll* **be long in the** ~ nem fiatal már; **fight ~ and nail** foggal körömmel harcol [vmiért]; ~ **fairy** "fogtündér" (elviszi az elhullajtott tejfogakat)
toothache *n* fogfájás; **I have a ~.** Fáj a fogam.
toothbrush *n* fogkefe
toothless *a* fogatlan
toothpaste *n* fogkrém
toothpick *n* fogpiszkáló
top *a* felső, legfelső, legmagasabb; legnagyobb mértékű, maximális; legelső, legjobb, legkülönb; *n* tető; csúcs, orom; legmagasabb hely/pozíció; felső rész, (ruha)felső (clothes); *vt* befed, tetővel ellát; betetőz; túltesz [vmin], felülmúl, túlszárnyal (exceed); ~ **dog** nagykutya, fejes; ~ **hat** cilinder; ~ **shelf** (leg)felső polc; *coll* nagyon jó minőségű; ~ **notch** első osztályú, remek; **blow one's** ~ őrjöng, nagyon dühbe gurul; **from ~ to bottom** tetőtől talpig, teljesen, alaposan; **go over the** ~ túlzásba esik; **at the ~ of one's voice** torka szakadtából; **to ~ it all off** mindennek a tetejébe; **She is at the ~ of her class.** Osztályelső.
topaz *n* topáz
topcoat *n* felöltő; (festék) védőréteg (paint)
top-heavy *a* fejnehéz
topic *n* téma, tárgy

topical *a* helyi; aktuális, időszerű, tárgy; *med* helyi; ~ **treatment** *med* helyi kezelés

topless *a* félmeztelen, topless

topmost *a* legfontosabb, legfőbb; legmagasabb, legfelső

topography *n* térképészet, topográfia

topology *n* topológia

topper *n* fedő

topping(s) *n* apró étel/dió/ cukor darabkák (fagylalt tetejére szórni)

topple *vi* ledől, felbukik

top secret *a* szigorúan titkos; *n* hétpecsétes titok, államtitok

topside *n* felső rész

topsoil *n* termőtalaj réteg; felső földréteg

topstitch *n* díszöltés

torch *n* fáklya; hegesztőpisztoly; *vt coll* felgyújt

torchbearer *n* fáklyavivő

tore *vt, vi past* → **tear**[2]

torment *n* kín, gyötrelem, fájdalom; *vt* kínoz, gyötör

torn *vt, vi pp* → **tear**[2]

tornado *n* tornádó, forgószél

torpedo *n* torpedó

torrent *n* özön, zuhatag, áradat, ár

torrential *a* zuhogó, szakadó, ömlő (eső)

torrid *a* forró, perzselő

torso *n* felsőtest; torzó

tort *n* sérelem, kár

torte *n* gyümölcsös sütemény, gyümölcstorta

tortoise *n* teknős, (szárazföldi) teknősbéka

tortoise shell *n* teknőc, teknősbékapáncél

tortuous *a* tekervényes, görbe

torture *n* kínzás, kínvallatás; kínlódás, kínszenvedés, gyötrelem; *vt* kínoz, gyötör, sanyargat

toss *n* lökés, taszítás, dobás; fej vagy írás, pénzfeldobás (a coin); *vt* lök, dob, taszít; ~ **a coin** feldob egy érmét; ~ **a salad** salátát összeállít; ~ **and turn (in bed)** hánykolódik, forgolódik (az ágyban)

tot *n coll* kisgyerek, csöppség, apróság

total *a* teljes, összes, egész; abszolút, teljes, totális; *n* végösszeg, teljes összeg; *vt* összegez, összead; *auto coll* teljesen összetör, totálkárossá tesz; ~ **eclipse of the sun** teljes napfogyatkozás; **grand** ~ teljes összeg, végösszeg

totalitarian *a* diktatórikus, totaliltariánus

totality *n* teljes egész, összesség, totalitás

totally *adv* teljesen, egészen

tote *vt* cipel, hord, visz; ~ **bag** nagy vászonszatyor

totem *n* totem; ~ **pole** totemoszlop

touch *n* tapintás; tapintóérzék (sense); érintés; egy kicsi, egy csöppnyi, egy leheletnyi (a little bit); *vt* érint, megérint, tapint, megtapint, hozzányúl [vmihez]; *fig* meghat, megindít; *vi* érintkezik [vmivel]; **soft to the** ~ puha tapintású; **be in** ~ **with** összeköttetésben van, kapcsolatban van [vkivel]; **keep in** ~ kapcsolatban marad, kapcsolatot tart [vkivel]; **a** ~ **of cold** egy kis megfázás; ~ **on** érint, kitér [vmire] (speaking); ~ **up** retusál; feljavít, kijavít; **Don't** ~ **it!** Ne nyúlj hozzá! **She was ~ed.** Meg volt hatva, meghatódott.

touchdown *n sp* gól (amerikai futball); földet érés (airplane)

touched *a* meghatott

touching *a* megható

touch-up *n* javítás

touchy *a* érzékeny, sértődős; kényes (ügy)
tough *a* szívós, kemény, rágós (meat); kitartó, szívós, edzett, erős; erőszakos, durva (person); **~ nut to crack** *coll* kemény dió; **~ luck** balszerencse, pech
toughen *vi* megkeményedik; *vt* megkeményít; szívóssá tesz
toughness *n* szívósság, keménység, erő; kitartás, ellenállás; *fig* rámenősség, erőszakosság
tour *n* utazás, körutazás, körút; túra; *theat* turné, vendégszereplés; *vt, vi* körutat tesz, utazik, beutaz, bejár [vmit]; **be on ~** turnézik
tourism *n* turizmus, idegenforgalom
tourist *a* turista-; *n* turista, (külföldi) vendég
tournament *n* bajnokság, verseny, torna
tow *n* vontatás; vontatmány, uszály (ship); *vt* vontat
toward *prep* felé, irányában; közel, körül, tájban, tájt (time)
towel *n* törölköző, törülköző; *vt* törülközik, letörül; **throw in the ~** bedobja a törülközőt
tower *n* torony, bástya; *vi* tornyosul, uralkodik [vmi fölött]
towering *a* toronymagasságú
towline *n* vontatókötél
town *n* város; **small ~** falu, község; **~ hall** városháza; **~ meeting** városi közgyűlés; **~ house** sorház
township *n* városi közigazgatási terület; vidéki kerület
townspeople *n* városiak, városi lakosság
toxic *a* mérgező, toxikus
toxin *n* méreg, toxin
toy *n* játék, játékszer; *vi* **~ with** játszik, játszadozik [vmivel]; **~ with the idea** eljátszadozik a gondolattal
trace *n* nyom; nyomdok; maradvány; nagyon kis mennyiség; *vt* felrajzol; átmásol, átrajzol; gondosan leír; megtalálja a nyomait [vminek]; **~ element** nyomelem
trachea *n med* (**trachee**) légcső
trachee *n med pl* → **trachea**
tracing *n* rajzmásolat; nyomozás, követés
track *n* nyom, nyomdok; csapás, ösvény (path); útvonal, útirány; *sp* versenypálya, atlétikai pálya, futópálya; vágány, pálya (train); sáv, hangsáv (sound); *vt* követ, nyomon követ; kinyomoz; **cover up one's ~s** eltünteti a nyomait; **keep ~ of** nyomon követ, számon tart, nem veszít szem elől; **be on the right ~** helyes úton jár, jó nyomon jár; **the wrong side of the ~s** *US coll* szegénynegyed; **~ and field** *sp* atlétika
tract *n* terület; vidék, tájék; *med* szerv, pálya; **digestive ~** emésztőcsatorna
traction *n* vontatás, húzás, vonás; izom-összehúzódás (muscle)
tractor *n* traktor, vontató
trade *n* mesterség, foglalkozás, szakma (profession); kereskedelem (commerce); *vt* [vmit vmire] becserél; *vi* kereskedik, üzletet köt; **by ~** foglalkozására nézve; **~ school** ipariskola; **~ secret** szakmai titok; **~ union** szakszervezet; **~ agreement** kereskedelmi megállapodás
trade-in *n* becserélt tárgy (aminek az árát az újba beszámítják)
trademark *n* védjegy
trade-off *n* kompromisszum
trader *n* kereskedő; kereskedelmi hajó (ship)
tradition *n* hagyomány, tradíció

traditional *a* hagyományos, tradicionális
traffic *n* kereskedés, adásvétel; forgalom, közlekedés; *vi* kereskedik; **~ light** közlekedési lámpa; **~ jam** közlekedési dugó; **drug ~ing** kábítószer kereskedelem
tragedy *n* tragédia
tragic *a* tragikus, végzetes, szomorú végű
trail *n* nyom; ösvény, csapás; *vt* maga után húz, vontat; *fig* nyomoz, nyomon követ; **~ behind** követ
trailblazer *n* úttörő
trailer *n* pótkocsi, utánfutó; lakókocsi; *cine* filmelőzetes; **~ park** lakókocsipark
train *n* vonat; uszály (női ruhán) (dress); sor, sorozat; *vt* tanít, oktat; *sp* edz; kiképez, gyakorlatoztat; idomít (animals); *vi* edz, tréningezik, gyakorol; **take a ~** vonattal megy; **~ of thought** gondolatmenet
trainer *n* edző, tréner; oktató; idomár (animals)
training *n* képzés, kiképzés, nevelés, oktatás; begyakoroltatás; gyakorlat, edzés, tréning; **job ~** szakmai képzés
trait *n* jellemző vonás, jellegzetesség
traitor *n* áruló, hitszegő
trajectory *n* röppálya; pályagörbe
tramp *n* csavargó
trample *vt* eltapos, letapos, elnyom
trampoline *n* ugrószőnyeg, gumiasztal, trambulin
trance *n* révület; elragadtatás, transz
tranquil *a* nyugodt, csendes, békés
tranquilizer *n med* nyugtató
transaction *n* lebonyolítás, elintézés, megkötés (üzleté); üzlet, tranzakció
transatlantic *a* az Atlanti-óceánon túli, tengerentúli
transcend *vt* meghalad, felülmúl
transcendent *a* tapasztalattól független, transzcendens
transcribe *vt* leír, átír; szóról szóra leír
transcript *n* átírás; szó szerinti szöveg; *school* kurzus leírás
transcription *n* leírás, lemásolás; átírás
transfer *n* átvitel, átszállítás; áthelyezés; átruházás, átengedés; *bus* átutalás; átszállás (vehicles); *vt* átvisz, átszállít; áthelyez, átruház, átenged; *bus* átutal (money); *vi* átszáll [vmiről vmire] (vehicle)
transform *vt* átalakít, átváltoztat; *vi* átalakul, átváltozik
transformation *n* átalakítás; átalakulás, átváltozás
transformer *n el* transzformátor, trafó
transfusion *n* átöntés; **blood ~** vérátömlesztés
transgression *n* áthágás, megszegés; bűn, vétek
transient *a* mulandó, tünékeny; ideiglenes, átmeneti
transistor *n el* tranzisztor
transit *n* átjárás, átmenés, átutazás; tranzit; **~ visa** átutazóvízum, tranzitvízum; **in ~** úton, útközben
transition *n* átmenet
transitional *a* átmeneti
translate *vt* **~ into** fordít, lefordít [vmit vmire]
translation *n* fordítás, lefordítás
translator *n* fordító
translucent *a* átlátszó, áttetsző
transmission *n* átadás, továbbítás; *auto* sebességváltó; adás, vétel (radio)
transmit *vt* átad, közöl, közvetít; továbbít, vezet
transparent *a* áttetsző, átlátszó
transpire *vt* kipárologtat, kiizzad; *vi fig* kitudódik, kiszivárog; *coll* megtörténik, megesik (happen)

transplant *n med* szervátültetés; *vt* átültet; áttelepít
transport *n* szállítás, fuvarozás; szállítóhajó (ship); *vt* szállít, fuvaroz; **public ~** tömegközlekedés
transportation *n* szállítás, fuvarozás; **mass ~** tömegközlekedés
transporter *n* szállítmányozó; szállítóberendezés
transpose *vt* áttesz, áthelyez; felcserél (switch)
trap *n* csapda, kelepce; csapóajtó; *vt* tőrbe csal, csapdába ejt
trapdoor *n* csapóajtó
trapeze *n* trapéz
trappings *n* díszes lószerszám
trapshooting *n* agyaggalamb lövészet
trash *n* szemét, hulladék; **~ can** szemetes, kuka; **~ truck** szemeteskocsi, *coll* kukás kocsi
trashy *a* hitvány, értéktelen
trauma *n* sérülés, trauma
traumatize *vt* megsebesít, *fig* sokkol
travel *n* utazás; *vi* utazik; jár, megy; terjed (sound); **~ agent** utazási ügynök; **~ bureau** utazási iroda
traveler *n* utazó; **~'s check** utazási csekk, utazócsekk
traverse *n* átlós vonal; visszautasítás; *vt* keresztez; ellenez, kifogásol
travesty *n* paródia, csúfolás
tray *n* tálca
treacherous *a* áruló, hűtlen; veszélyes
treachery *n* árulás
tread *n* járás; futófelület (tire); *vi* (**trod, trodden**) megy, jár, lépked; tapos, tipor
treadmill *n sp* futópad; taposómalom
treason *n* árulás, hitszegés; hazaárulás
treasure *n* kincs; *vt* kincsként őriz; megbecsül, nagyra becsül
treasurer *n* kincstáros; pénztáros
treasury *n* kincstár; *fig* tárház, kincsestár; **Department of the T~** *US* pénzügyminisztérium
treat *n* ritka élvezet; vendégség, megvendégelés; *vt* bánik [vmivel]; *med* kezel; foglalkozik [vmivel]; **Dutch ~** *coll* mindenki fizeti a maga számláját; **My ~!** *coll* Én fizetek! **Let me ~ you to dinner!** Hadd hívjalak meg vacsorára! (én fizetek)
treatise *n* értekezés, tanulmány
treatment *n* bánásmód; gyógykezelés, kezelés, gyógymód; feldolgozás
treaty *n* szerződés, nemzetközi egyezmény
tree *n* fa (élő)
treetop *n* fa koronája
trek *n* utazás; nagy út; *vi* vándorol, nagy utat tesz
tremble *vi* remeg, reszket; borzong
tremendous *a* óriási, borzasztó nagy
tremor *n* remegés, rezgés
trench *n* futóárok, lövészárok
trend *n* irány, irányzat, irányvonal; áramlat, tendencia, trend
trespass *n law* birtokháborítás, magánlaksértés; törvényszegés, jogsértés; bűn, vétek; *vi* [vhol] engedély nélkül átjár; tilosban jár
tresses *n pl* (női) hajzat, fürtök
triage *n med* prioritási sorrend (kórházban)
trial *n* próba, kipróbálás; kísérlet, vizsgálat; megpróbáltatás (difficulties); *law* tárgyalás, per, bírói eljárás; **~ and error** próbálgatásos módszer; **~ run** próbaüzem, próbamenet; **go to ~** bíróság elé kerül; **~ period** próbaidő
triangle *n* háromszög
triangular *a* háromszögű
triangulation *n* háromszögelés
tribal *a* törzsi

tribe *n* törzs, néptörzs
tribulation *n* csapás, megpróbáltatás; lelki kín
tribunal *n* bírói szék
tributary *a* alárendelt; *n* mellékfolyó
tribute *n* tisztelet; **pay ~ to** kegyelettel adózik [vkinek]
trick *n* trükk, fortély, fogás; bűvészmutatvány, trükk (magician); *vt* becsap, rászed; **dirty ~** aljas trükk; **play a ~ on** rászed, becsap
trickle *n* szivárgás; *vi* szivárog, csörgedezik
tricycle *n* háromkerekű kerékpár, tricikli
trident *n* háromágú szigony
tried *a* kipróbált, megbízható
trifle *n* jelentéktelen apróság; kis mennyiség, nagyon kevés; *vi* tréfálkozik; haszontalansággal tölti az idejét
trifling *a* jelentéktelen, csekély
trigger *n* ravasz (fegyveren); kioldógomb; *vt fig* kivált, előidéz
trigger-happy *a coll* lövöldözést kedvelő, hamar/könnyen lövöldöző
trill *n* trilla, pergés
trillion *num* billió
trilogy *n* trilógia
trim *a* rendes, jó karban lévő; *n* szegély; hajvágás (hair); *vt* rendbe hoz, rendbe tesz; lenyír, levág, rövidre vág; szegélyez [vmivel]
trimester *n* trimeszter, harmadév
Trinidad and Tobago *n* Trinidad és Tobago
trinity *n* hármság, három személy/ dolog; *rel* szentháromság
trio *n* trió, hármas
trip *n* út, utazás, kirándulás; botlás, megbotlás; *vt* elgáncsol, gáncsot vet; *vi* megbotlik, hibát követ el; **~ over** megbotlik [vmiben]; **~ up** *vt* elgáncsol; *vi* megbotlik [vmiben]
triple *a* háromszoros, hármas; *vt* megháromszoroz
triplet *n* hármas iker
triplicate *a* háromszoros, három példányban készült; *n* harmadpéldány
tripod *n* háromlábú állvány, fotóállvány
triumph *n* győzelem, diadal; *vi* **~ over** diadalmaskodik, győzedelmeskedik [vmi, vki fölött]
triumphant *a* győzedelmes, diadalmas
triumvirate *n* triumvirátus
trivet *n* háromlábú állvány
trivia *n* jelentéktelen tények, lényegtelen dolgok, trivialitások
trivial *a* jelentéktelen, lényegtelen, hétköznapi, triviális
Trojan horse *n* trójai faló
troll *n* törpe, manó; óriás; *mus* kánon, körének
trolley *n* targonca, tolókocsi; troli
trollop *n* lompos nő
trombone *n mus* harsona; **play the ~** harsonázik
troop *n* csapat, csoport; sereg; *vi* csoportosul; menetel; **~s** *mil* csapatok, katonaság, a katonák
trooper *n* lovas katona; lovas rendőr
trophy *n* trófea, díj
tropic *n* **T~ of Cancer** Ráktérítő; **T~ of Capricorn** Baktérítő; **the ~s** a trópusok
tropical *a* trópusi, forró égövi; **~ fruit** déligyümölcs; **~ storm** trópusi vihar
trot *n* ügetés; sietős járás; *vi* üget; siet
trotter *n* ügetőló
trouble *n* baj, gond, aggodalom (worry); zavar, nehézség (difficulty); fáradság, fáradozás (work); betegség, baj (sickness); hiba, üzemzavar (mechanical); *vt* aggaszt, nyugtalanít; zaklaszt, fáraszt, zavar; **look for ~** keresi a bajt; **be in ~** bajban van;

engine ~ motorhiba; **I'm having ~ opening it.** Nem tudom kinyitni. **It's not worth the ~.** Nem éri meg a fáradságot. **May I ~ you?** Zavarhatom?/Megengedi, hogy …?
troublemaker *n* bajkeverő
troublesome *a* bajos, problémás; fáradságos, nehéz; kellemetlen (ügy)
trough *n* vályú; ereszcsatorna
troupe *n theat* színtársulat
trousers *n pl GB* nadrág
trout *n* pisztráng
trowel *n* vakolókanál
truce *n* fegyverszünet, tűzszünet
truck *n* teherautó, kamion
trudge *vi* vánszorog, cammog
true *a* igaz; igazi, eredeti, valódi; pontos, hiteles; hűséges, lojális; **come** ~ megvalósul, valóra válik; **a ~ copy** hiteles példány; **a ~ friend** igaz/hűséges barát
truffle *n* szarvasgomba
truly *adv* igazán, valóban, tényleg; hűségesen; őszintén
trump *n* adu (cards) remek fickó; *vt* aduval üt
trumpet *n mus* trombita; **play the ~** trombitál, trombitázik
trunk *n* fatörzs, törzs, tuskó (tree); törzs (body); bőrönd, útiláda; *auto* csomagtartó; ormány (elephant); **~s** *pl* úszónadrág (swimming suit)
truss *n* nyaláb, csomó; rács, váz; *vt* összekötöz
trust *n* bizalom; remény (hope); megőrzés, őrizet, letét (safekeeping); *econ* tröszt; *vt* bízik, megbízik [vkiben]; hisz [vkinek]; megbíz [vkit vmivel], rábíz [vkit vmire] (entrust); *vi* ~ **in** bízik [vkiben]; **breach of ~** hitszegés; ~ **fund** *econ* bizalmi letéti alap; **T~ me!** Bízzál bennem!/ Hidd el nekem! (Believe me!) **He is not to be ~ed**. Nem lehet benne megbízni.
trustee *n* meghatalmazott, gondnok; kurátor
trustworthy *a* megbízható; szavahihető
truth *n* igazság, valóság; **to tell the ~** az igazat megvallva
truthful *a* őszinte, igazmondó, szavahihető
try *n* kísérlet, próba; *vt* próbál, megpróbál, kipróbál; megkísérel; próbára tesz, megerőltet; *law* bíróság elé állít; *vi* igyekszik, próbálkozik; **~ one's hand at** megpróbálkozik [vmivel]; ~ **on** felpróbál; ~ **out** kipróbál
trying *a* fárasztó
tryout *n* próba, kipróbálás
tsar *n* cár
T-shirt *n* póló, trikó
tsunami *n* szökőár
tub *n* kád; dézsa, teknő; fürdőkád (bath)
tuba *n mus* tuba; **play the ~** tubázik
tubby *a* köpcös
tube *n* cső, vezeték; *auto* gumitömlő; **inner** ~ gumibelső; **test** ~ kémcső
tuber *n* bütyök, dudor, gumó
tuberculosis *n med* tuberkulózis, TBC
tubing *n* cső; csőrendszer; *coll sp* folyón gumibelsőben való sodródás/evezés
tuck *n* felhajtás, behajtás, szegély; *vt* behajt, begyűr; ~ **away** elrak, eltesz; eldug (hide); ~ **in** begyűr, bedug, alágyűr; betakargat, bebugyolál (ágyban) (in bed)
Tuesday *a* keddi; *n* kedd; **on** ~ kedden
tuft *n* bojt, rojt; hajcsomó, szőrcsomó, tincs (hair); fűcsomó (grass)
tug *n* rántás, húzás; vontatóhajó; *vt* ránt, húz; rángat, húzgál

tugboat *n* vontatóhajó
tug-of-war *n* kötélhúzás; *fig* huzavona, huzakodás
tuition *n school* oktatás, tanítás; tandíj (money)
tulip *n* tulipán
tulle *n* tüll
tumble *n* leesés, bukfenc; *vi* leesik, felbukik, eldől; bukfencezik; **~ down** elesik; ledől; **~ on** véletlenül rábukkan [vmire]; **~ over** felbukik, átbukik [vmin]
tumbledown *a* düledező, rozoga
tumbler *n* vizespohár, ivópohár; akrobata
tumbleweed *n US* ördögszekér (száraz cserje, amit a szél görget)
tummy *n coll* has, hasika, pocak
tumor *n med* daganat, tumor
tumult *n* csődület, tumultus; felfordulás, izgalom
tuna *n* tonhal
tundra *n* tundra
tune *n* dallam; *fig* hangnem; összehangzás; *vt mus* hangol, felhangol; beállít, beigazít; **~ in** beállít, vesz, fog (adást) (radio, TV); **~ up** felhangol; beállít (machine)
tune-up *n mus* hangolás; beállítás, beigazítás (machine)
tunic *n* tunika
tuning fork *n mus* hangvilla
Tunisia *n* Tunézia
Tunisian *a, n* tunéziai
tunnel *n* alagút
turban *n* turbán
turbine *n* turbina
turbo *n* turbó-, turbinás
turbulence *n* zavargás, zűrzavar; légörvény (air)
tureen *n* levesestál
turf *n* gyep, pázsit; gyeptégla; *fig* (saját) terület *vt* begyepesít
turkey[1] *n* pulyka
Turkey[2] *n* Törökország
Turkish *a, n* török; **in ~** törökül
Turkmen *a, n* türkmén
Turkmenistan *n* Türkmenisztán
turmeric *n* kurkuma
turmoil *n* zavar, zűrzavar, nyugtalanság
turn *n* forgás, keringés (spin); fordulat; forduló; váltás, turnus (change); *vt* fordít, megfordít, forgat, megforgat; *vi* forog, forgolódik; fordul, megfordul; kanyarodik (vehicle), befordul (person); lesz, válik [vmivé] (become); **~ of the century** századforduló; **a ~ for the better** kedvező fordulat; **an interesting ~ of events** az események érdekes alakulása; **in ~** sorjában; **at every ~** minduntalan; **take ~s** felváltva csinálnak [vmit]; **~ a page** lapoz; **~ white** elsápad (face); megőszül (hair); **~ against** ellene fordul; **~ around** *vt* megfordít; *vi* megfordul **~ away** *vi* elfordul [vmitől]; *vt* elhárít, elutasít; **~ back** *vi* visszafordul; *vt* visszafordít; **~ down** lefelé fordít; lehajt; lejjebb vesz (heat), lecsavar (burner), lehalkít (volume); elutasít (reject); **~ in** *vt* átad, bead, lead; *coll* lefekszik aludni; **~ into** *vt* átváltoztat [vmivé]; *vi* [vmivé] válik; **~ off** elzár (water), elolt, lekapcsol (light), kikapcsol (appliance); *fig coll* elveszi a kedvét [vmitől]; **~ on** kinyit (faucet), felkapcsol, felgyújt (light), bekapcsol (appliance); *coll* felizgat (a person); **~ out** *vt* kifordít; előállít, gyárt (make); *vi* kiderül; [vminek] bizonyul; **it ~ed out that …** kiderült, hogy…;

~ **over** *vt* felborít, felfordít; forgat; *vi* felfordul, megfordul; ~ **to** [vkihez] fordul; ~ **up** *vt* felfelé fordít; *vi* felfelé fordul; megjelenik (appear); **It's your ~.** Te következel. **She just ~ed thirty.** Most töltötte be a harmincat. **It ~ed my stomach.** Felfordult tőle a gyomrom. **It ~ed out to be a good idea.** Jó ötletnek bizonyult.
turncoat *n coll* köpönyegforgató
turndown *a* lehajtható; *n* elutasítás
turned *a* fordított, megfordított
turner *n* esztergályos
turning *a* forgás; fordulat; forduló, kanyar; ~ **point** fordulópont
turnip *n* fehérrépa, tarlórépa
turnout *n* megjelenés, jelentkezés; gyülekezet, összejövetel, nagy tömeg; **there was a good** ~ sokan voltak
turnover *n bus* forgalom; édes lepény, péksütemény (pastry)
turnpike *n* fizető autópálya
turpentine *n* terpentin
turquoise *n* türkiz (kő); *a* türkizkék
turret *n* tornyocska
turtle *n* teknősbéka, tengeri teknős
turtledove *n* gerle, vadgalamb
turtleneck *n* garbónyak, garbó (pulóver)
tusk *n* agyar
tussle *vi* birkózik, tusakodik, viaskodik
tutor *n* tanító, magántanár; házitanító; *vt* magánórákat ad, egy tanulót tanít (nem többet)
tutu *n* balettcipő
tuxedo *n* szmoking
TV *n* → **television**; tévé, TV, televízió; **on** ~ a tévében; **TV show** tévéműsor
twang *vi* peng, dong, rezonál
tweak *vt* csíp, csavar, megcsavargat; *fig* igazgat, átír
tweed *n* gyapjúszövet, tweed
tweet *vi* csipog, csiripel
tweezers *n pl* csipesz
twelfth *a* tizenkettedik; **on the ~ of March** március tizenkettedikén
twelve *num* tizenkettő, tizenkét
twentieth *a* huszadik; **on the ~ of May** május huszadikán
twenty *num* húsz; **the Twenties** a húszas évek; **He is in his twenties.** A húszas éveiben jár.
twice *adv* kétszer, kétszeresen; ~ **as much** kétszer annyi
twig *n* ág, ágacska, gally
twilight *n* alkony, szürkület
twin *a* iker; kettős, páros; *n* iker, ikertestvér; **my** ~ az ikertestvérem; **~-size** egyszemélyes (ágy); **T~ Cities** *coll* Minneapolis - St. Paul (USA egymás mellett fekvő városai)
twine *n* zsinór, spárga, zsineg
twinge *n* szúró fájdalom, hasító fájdalom; *vi* szúr, fáj
twinkle *n* csillogás, csillámlás; *vi* csillog, ragyog, villog; pislog, hunyorog
twirl *n* forgatás, pörgetés; *vi* forog, pörög; *vt* forgat, pörget
twist *n* sodrás, csavarás; csavarodás, tekeredés; *fig* elferdítés, kiforgatás (of meaning); váratlan fordulat (turn of events); tviszt (dance); *vt* csavar, sodor, teker; *fig* kiforgat, elferdít; *vi* kanyarog, tekereg, kígyózik (road); elgörbül
twister *n coll* forgószél, tornádó; **tongue** ~ nyelvtörő
twit *vt* bosszant, szekál
twitch *n* rángás, rángatózás; *vi* rángatózik
twitter *n* csicsergés, csivitelés
two *num* kettő, két; **break in** ~ kettétör; **in ~s** kettesével; **my ~ cents' worth** az én szerény véleményem, az én hozzáfűznivalóm

two-faced *a* kétszínű
twofold *a* kétszeres, dupla, kettős
two-piece *a* kétrészes
two-step *n* polka
two-timer *n* csaló, hazug
tycoon *n* iparmágnás
type *n* típus, jelleg, fajta; betűtípus, nyomdabetű; *vt* gépel, legépel, géppel ír
typeface *n* betűtípus
typewriter *n* írógép
typhoid (fever) *n med* tífusz
typhoon *n* tájfun, forgószél
typical *a* jellemző, jellegzetes, tipikus
typify *vt* jellemez, ábrázol; jelképez; [vminek] a jellegzetes megtestesítője
typist *n* gépíró(nő)
typo *n coll* elírás, nyomdahiba, sajtóhiba
typography *n* nyomdászat, tipográfia
tyrannical *a* zsarnoki, kegyetlen
tyrant *n* zsarnok, kényúr, tirannus

U

ubiquitous *a* mindenütt jelenlevő, mindenütt található
udder *n* tőgy
UFO = unidentified flying object *n* ufó, repülő csészealj
Uganda *n* Uganda
ugly *a* csúnya, csúf, ronda, undorító; **~ duckling** rút kiskacsa
UHF = ultrahigh frequency ultrarövidhullám
UK = United Kingdom *n* Egyesült Királyság
Ukraine *n* Ukrajna
Ukrainian *a, n* ukrán; **in ~** ukránul
ukulele *n mus* hawaii gitár
ulcer *n* fekély
ulterior *a* túlsó; későbbi, következő; rejtett; **~ motive** hátsó szándék
ultimata *n pl* → **ultimatum**
ultimate *a* végső, utolsó; alapvető
ultimatum *n* (*pl* **ultimata**) ultimátum, végső felszólítás
ultra *a* szélsőséges, végső, túlzó; ultra-
ultrasonic *a* hangsebességen túli, ultrahang-
ultrasound *n* ultrahang
ultraviolet *a* ibolyán túli; **~ rays** ibolyántúli sugárzás
umber *a* sötét barna, umbrabarna
umbilical *a med* köldöki-; **~ cord** köldökzsinór
umbrella *n* ernyő, esernyő; *fig* védelem, szárny, védőszárny
umbrella stand *n* ernyőtartó
ump *n sp* → **umpire**; *vt* mérkőzést vezet, bíráskodik
umpire *n sp* bíró, játékvezető, mérkőzésvezető
UN = United Nations (Organization) *n* ENSZ, Egyesült Nemzetek Szervezete
unabashed *a* szégyentelen; *adv* nem zavart, anélkül, hogy zavarba jönne
unabated *a* nem csökkent
unable *a* képtelen, nem képes
unacceptable *a* elfogadhatatlan
unaccompanied *a* egyedüli, kíséret nélküli
unaccountable *a* megmagyarázhatatlan, rejtélyes
unaccustomed *a* szokatlan; **~ to** [vmihez] nem szokott, [vmit] meg nem szokott
unadaptable *a* nem alkalmazható; alkalmazkodásra képtelen
unadvisable *a* nem tanácsos, nem ajánlatos

unaffected *a* [vmitől] nem befolyásolt, érzéketlen [vmire]
unaided *a* segítség nélküli, saját erőből
unambiguous *a* félreérthetetlen, egyértelmű
unanimous *a* egyhangú
unanswered *a* megválaszolatlan, meg nem válaszolt
unapproachable *a* megközelíthetetlen, zárkózott
unarmed *a* fegyvertelen
unashamed *a* nem szégyellős, szemérmetlen
unassuming *a* igénytelen, szerény
unattached *a* szabad, független
unattractive *a* nem vonzó, nem szép
unauthorized *a* jogtalan, illetéktelen, jogosulatlan
unavailable *a* nem kapható; rendelkezésre nem álló; **Mr. Smith is currently ~.** Smith úr most nem ér rá.
unavoidable *a* elkerülhetetlen
unaware *a* **~ of** nincs tudomása [vmiről], nincs tudatában [vminek]
unbearable *a* elviselhetetlen
unbeatable *a* verhetetlen
unbecoming *a* előnytelen, nem jól álló (dress); illetlen, nem illő (behavior)
unbelievable *a* hihetetlen
unbiased *a* elfogulatlan, nem részrehajló
unborn *a* meg nem született
unbreakable *a* törhetetlen
unbridled *a* zabolátlan, fékezhetetlen
unbroken *a* töretlen, ép, egész; folytatólagos, zavartalan (continuous)
unbutton *vt* kigombol
uncalled-for *a* szükségtelen, kéretlen, fölösleges
uncanny *a* hátborzongató, rejtélyes
unceasing *a* szűnni nem akaró, szakadatlan, szüntelen
uncertain *a* bizonytalan, habozó; kétes, vitás
uncertainty *n* bizonytalanság, kétség
uncertified *a* nem garantált, nem hiteles
unchain *vt* bilincseitől megszabadít, szabadon enged
unchanged *a* változatlan
uncharted *a* fel nem térképezett, fel nem kutatott
uncivilized *a* civilizálatlan, barbár, műveletlen
unclassified *a* osztályozatlan, vegyes (mixed); nem titkos (not secret)
uncle *n* nagybácsi; bácsi; *US* **U~ Sam** Sam bácsi, az USA jelképe
unclean *a* nem tiszta, piszkos, mocskos
unclear *a* nem világos, homályos, nem érthető
unclothed *a* meztelen, ruhátlan
uncomfortable *a* kényelmetlen; *fig* kellemetlen, kínos
uncommon *a* nem mindennapi, rendkívüli, szokatlan, ritka
uncommunicative *a* hallgatag, nem közlékeny
uncompleted *a* befejezetlen, nem teljes, nem egész
uncomplicated *a* egyszerű, nem bonyolult
unconcealed *a* nyílt, nem titkolt
unconditional *a* feltétlen, feltétel nélküli
unconnected *a* összefüggéstelen, kapcsolat nélküli
unconscious *a* öntudatlan, tudattalan; nem tudatos; eszméletlen (fainted); *n* a tudattalan
unconstitutional *a* alkotmányellenes, alkotmányba ütköző
uncontaminated *a* nem fertőzött, tiszta, nem szennyezett
uncontested *a* kétségtelen, nem vitatott

uncontrollable *a* irányíthatatlan, kormányozhatatlan; féktelen
uncontrolled *a* féktelen, fékeveszett, szabad
unconventional *a* nem hagyományos, nem konvencionális, nem megszokott
unconvincing *a* nem meggyőző
uncooked *a* nyers, főtlen
uncoordinated *a* összefüggéstelen, rendszertelen; esetlen, nem összehangolt (movement)
uncork *vt* dugót kihúz [vmiből]
uncouth *a* faragatlan, durva
uncover *vt* kitakar, fedőt levesz [vmiről]; *fig* leleplez, felfedez
uncovered *a* fedetlen
uncultivated *a* műveletlen
uncut *a* felvágatlan; csiszolatlan (gyémánt) (diamond); ~ **version** *cine* egy film hosszabb (kevésbé megvágott) változata
undamaged *a* sértetlen, ép
undaunted *a* rettenthetetlen, félelmet nem ismerő
undecided *a* habozó, bizonytalan, határozatlan; eldöntetlen
undeclared *a* be nem vallott; ki nem jelentett
undefeated *a* veretlen
undefended *a* védtelen
undefiled *a* tiszta, szeplőtelen
undelivered *a* kézbesítetlen, ki nem kézbesített
undemocratic *a* nem demokratikus
undemonstrative *a* tartózkodó, kimért
undeniable *a* tagadhatatlan, kétségtelen
undependable *a* megbízhatatlan
under *adv* lenn, lent, alatta; *prep* alatt, alá, alul; ~ **the circumstances** az adott körülmények között; **down** ~ Ausztráliában, a világ túlsó végén; ~ **oath** eskü alatt; ~ **cover** titokban, álruhában
underachiever *n* lusta ember, átlagon alul teljesítő
underage *a* kiskorú
underarm *n* hónalj
underbelly *n* hastáj
underbid *vi* olcsóbban kínál, kevesebbért kínál
underbody *n auto* alváz
underbrush *n* talajnövényzet, aljnövényzet, bozót
undercarriage *n auto* alváz
undercharge *vt* kevesebbet számít fel [vmiért], kevesebbet kér [vmiért]
undercover *a* titkos; *n* kém, besúgó
undercurrent *n* rejtett áramlat
undercut *vt* aláás; olcsóbban ad, olcsóbban kínál
underdeveloped *a* fejletlen, elmaradott
underdog *n* gyengébb fél, esélytelenebb fél, alul maradó fél
underdone *a* félig nyers, véres, nem eléggé átsütött
underdressed *a* nem az alkalomnak megfelelően öltözött
underemployed *a* nem a képesítésének megfelelően foglalkoztatott alkalmazott
underestimate *vt* alábecsül
underestimated *a* alábecsült
underfed *a* alultáplált, hiányosan táplált
underfoot *adv* láb alatt, lent, alul
undergarment *n* fehérnemű
undergo *vi* (**underwent, undergone**) átesik, átmegy, keresztülmegy [vmin]
undergone *vt pp* → **undergo**
undergrad = **undergraduate** *a, n coll*
undergraduate *a* ~ **studies** első diplomás képzés; *n* egyetemi hallgató, egyetemista
underground *a* földalatti; *fig* illegális; *adv* föld alatt; *n* földalatti (vasút)

undergrowth *n* aljnövényzet, talajnövényzet
underhanded *a* alattomos, sunyi
underline *vt* aláhúz
underling *n* alárendelt (ember)
undermanned *a* munkaerőhiánnyal küzdő, elegendő személyzettel nem rendelkező
undermine *vt* aláás, aláaknáz
underneath *adv, prep* alatt, alá, alul, lenn
undernourished *a* alultáplált, rosszul táplált
underpaid *a* rosszul fizetett, alulfizetett
underpants *n pl* alsónadrág
underpass *n* aluljáró
underprivileged *a* gazdaságilag/társadalmilag hátrányos helyzetben lévő, elnyomott
underrated *a* alábecsült
underscore *vt* aláhúz, kihangsúlyoz
undersecretary *n* miniszterhelyettes, államtitkár
undershirt *n* trikó, alsóing
underside *n* alsó oldal, alsó rész
undersign *vt* aláír; **~ed** alulírott
understand *vt* (**understood, understood**) ért, megért, felfog; **make oneself understood** megérteti magát [vkivel]; **I don't ~.** Nem értem.
understanding *n* megértés; megállapodás, megegyezés, egyetértés (agreement); **come to an ~** megegyezik, megállapodásra jut
understated *a* nem hivalkodó, szerény; *bus* alulértékelt
understatement *n* a valóságnál kevesebbet mondás
understood *vt past/pp* → **understand**
understudy *n theat* helyettesítő/beugró színész
undertake *vt* (**undertook, undertaken**) vállalkozik [vmire], elvállal [vmit]; belekezd [vmibe] (start)
undertaken *vt pp* → **undertake**
undertaker *n* temetkezési vállalkozó
undertaking *n* vállakozás; kötelezettségvállalás
undertook *vt past* → **undertake**
underwater *a* víz alatti
underwear *n* fehérnemű
underweight *a* súlyon aluli, nem elég nehéz
underwent *vt past* → **undergo**
underworld *n* alvilág
underwrite *vt* (**underwrote, underwritten**) *bus* (részvényt) jegyez; biztosítást köt
underwritten *vt pp* → **underwrite**
underwrote *vt past* → **underwrite**
undeserved *a* meg nem érdemelt, érdemtelen
undesirable *a* nemkívánatos
undetected *a* észrevétlen; *adv* észrevétlenül
undeveloped *a* fejletlen; *photo* előhívatlan
undid *vt past* → **undo**
undies *pl* = **underwear** *n coll*
undigested *a* emésztetlen
undignified *a* rangjához nem méltó; nevetséges
undiluted *a* hígítatlan, tömény
undiminished *a* töretlen, nem csökkentett
undiplomatic *a* nem diplomatikus, tapintatlan
undisciplined *a* fegyelmezetlen
undisclosed *a* meg nem nevezett, titkos
undiscovered *a* felfedezetlen, fel nem fedezett
undisguised *a* nyílt, leplezetlen

undisputed *a* vitathatatlan, kétségbe nem vont
undistinguished *a* középszerű, nem kiváló
undisturbed *a* zavartalan, nyugodt
undivided *a* osztatlan, teljes, egész
undo *vi* (**undid, undone**) kibont, felbont, meglazít, feloldoz; kinyit, kigombol (unbutton), kikapcsol (unfasten); *fig* megsemmisít, tönkretesz; visszacsinál
undocumented *a* nem dokumentált, nem nyilvántartott
undoing *n* felbontás, kibontás; romlás, [vkinek] a veszte
undone *a* kibontott, kibomlott; meg nem tett (not done); *vt pp* → **undo**
undoubted *a* kétségtelen, nem kétséges
undress *vi* levetkőzik; *vt* levetkőztet
undressed *a* meztelen, ruhátlan
undrinkable *a* ihatatlan
undue *a* aránytalan, túlzott; illetéktelen, jogtalan, indokolatlan
undulate *vi* hullámzik
undying *a* halhatatlan, örök
unearned *a* meg nem érdemelt; nem munkával szerzett
unearthly *a* nem evilági, misztikus, földöntúli
uneasiness *n* zavar, nyugtalanság
uneasy *a* zavarban lévő, zavart, nyugtalan, aggódó; kényelmetlen, kellemetlen, kínos
uneconomical *a* pazarló, nem gazdaságos
uneducated *a* műveletlen, tanulatlan
unemotional *a* érzelemmentes, nem érzelgős
unemployed *a, n* munkanélküli
unemployment *n* munkanélküliség; ~ **benefit** munkanélküli segély
unencumbered *a* tehermentes, adósságmentes
unending *a* véget nem érő, végtelen, örökös
unenthusiastic *a* nem lelkes, unott
unequal *a* egyenlőtlen, nem egyenlő
unequipped *a* felkészületlen; nem felszerelt, felszereléssel nem rendelkező
unequivocal *a* egyértelmű, kétségtelen
unescorted *a* kíséret nélküli
unethical *a* nem etikus, etikátlan
uneven *a* egyenetlen, egyenlőtlen
uneventful *a* eseménytelen, csendes, egyhangú
unexpected *a* váratlan, meglepetésszerű
unfair *a* igazságtalan, méltánytalan; nem korrekt, tisztességtelen
unfaithful *a* hűtlen, hitszegő; házasságtörő (adulterous)
unfaltering *a* határozott, biztos, rendületlen
unfamiliar *a* ismeretlen, nem ismerős; szokatlan
unfasten *vt* kiold, kioldoz, kikapcsol, meglazít
unfathomable *a* kifürkészhetetlen, felfoghatatlan, elképzelhetetlen
unfavorable *a* kedvezőtlen
unfeasible *a* kivihetetlen; célszerűtlen, alkalmatlan
unfed *a* táplálatlan, aki nem kapott enni
unfelt *a* nem érzett, nem érezhető
unfeminine *a* nem nőies
unfiltered *a* nem szűrt; nem filteres (cigaretta)
unfinished *a* befejezetlen, kidolgozatlan, nem teljes
unfit *a* alkalmatlan, nem alkalmas
unflattering *a* nem hízelgő, kedvezőtlen
unflavored *a* ízetlen, nem ízesített

unfocused *a* szétszórt, figyelmetlen
unfold *vt* szétbont, széthajt, szétnyit, kibont, kinyit; *vi* kitárul, kinyílik; megtörténik, kialakul (event)
unforeseeable *a* előre nem látható
unforeseen *a* előre nem látott, váratlan
unforgettable *a* felejthetetlen
unforgivable *a* megbocsáthatatlan
unfortunate *a* szerencsétlen, nem szerencsés, sajnálatos
unfortunately *adv* sajnos, sajnálatos módon
unfounded *a* megalapozatlan, alaptalan
unfriendly *a* barátságtalan, ellenséges
unfulfilled *a* beteljesületlen, be nem teljesült
unfurnished *a* bútorozatlan, bútor nélküli
ungrateful *a* hálátlan
ungrounded *a* megalapozatlan
unguarded *a* őrizetlen
ungulate *a* patás
unhampered *a* akadálytalan, szabad
unhappy *a* boldogtalan, szomorú
unharmed *a* sértetlen, ép
unhealthy *a* egészségtelen, nem egészséges, ártalmas (az egészségre); beteg (ill)
unheard *a* nem hallott; *fig* precedens nélküli; **This is ~ of!** Hát ez hallatlan!/Ez hihetetlen!
unhelpful *a* nem készséges, nem segítőkész; haszontalan
unhesitating *a* határozott, nem habozó
unhindered *a* akadálytalan
unhinged *a* kiakasztott (ajtó); tébolyodott (mind)
unholy *a* istentelen, gonosz
unicorn *n* egyszarvú, unikornis
unicycle *n* egykerekű bicikli
unidentifiable *a* meghatározhatatlan; azonosíthatatlan
unidentified *a* ismeretlen; **~ flying object** ismeretlen repülő tárgy, ufó
unification *n* egyesítés, egységesítés
uniform *a* egységes, egyforma, egyöntetű; *n* egyenruha
unimaginable *a* elképzelhetetlen
unimaginative *a* fantáziátlan, földhöz ragadt
unimpaired *a* ép, sértetlen
unimpeded *a* akadálytalan, szabad
unimportant *a* lényegtelen, nem fontos, jelentéktelen
uninhabited *a* lakatlan, nem lakott
uninhibited *a* gátlásoktól mentes, nem gátlásos
unintended *a* véletlen, akaratlan
unintentional *a* véletlen, nem szándékos, akaratlan
uninterested *a* érdeklődést nem mutató
uninvited *a* hívatlan, kéretlen
union *n* egyesítés; egyesülés; szövetség, unió; **trade ~** szakszervezet; **the European U~** az Európai Unió
unique *a* egyedi, páratlan (a maga nemében), kivételes, egyedülálló
unison *n mus* összhang, harmónia; egyszólamú éneklés, uniszónó; *fig* egyetértés, összhang
unit *n* egység
Unitarian *a, n rel* unitariánus
unite *vt* egyesít, összekapcsol; *vi* egyesül, egybeolvad
united *a* egyesült; egyesített; **the U~ Nations Organization** Egyesült Nemzetek Szervezete; **U~ Arab Emirates** Egyesült Arab Emirátus; **U~ Kingdom** Egyesült Királyság; **U~ States of America** Amerikai Egyesült Államok
unity *n* egység; egyetértés
universal *a* egyetemes, általános, univerzális

universe *n* világegyetem, mindenség, univerzum
university *n* egyetem
unjust *a* igazságtalan, méltánytalan
unjustifiable *a* nem igazolható, nem indokolható
unjustly *adv* igazságtalanul
unkind *a* nem kedves; rosszindulatú
unknown *a* ismeretlen
unladylike *a* úrinőhöz nem méltó
unlatch *vt* kinyit (ajtót)
unlawful *a* törvénytelen; törvényellenes, illegális
unleaded *a* ólommentes, nem ólmozott
unleash *vt* elenged, kienged, szabadjára enged; kirobbant (konfliktust)
unless *conj* ha(csak) nem, kivéve ha
unlicensed *a* engedély nélküli
unlikable *a* ellenszenves
unlike *a* nem hasonló, eltérő, más
unlikely *a* valószínűtlen, nem valószínű
unlimited *a* határtalan, korlátlan
unlined *a* béleletlen; vonalazatlan
unlisted *a* nem felsorolt, listán nem szereplő; ~ **phone number** titkos telefonszám
unlit *a* kivilágítatlan, sötét
unload *vt* kipakol, kirak; *vi* kirakodik [vhonnan]
unlock *vt* kinyit
unlovable *a* nem szeretetreméltó, nem rokonszenves
unloving *a* nem kedves, hideg, kimért
unlucky *a* szerencsétlen; peches
unmanly *a* nem férfias, férfiatlan, gyáva, puhány
unmanned *a* pilóta nélküli
unmarked *a* jeltelen, jelöletlen
unmask *vt* leleplez; álarcot levesz [vkiről]
unmatched *a* páratlan, egyedülálló
unmerited *a* meg nem érdemelt, érdemtelen
unmistakable *a* félreismerhetetlen, félreérthetetlen
unmotivated *a* nem motivált, nem lelkes
unnamed *a* ismeretlen, névtelen; meg nem nevezett
unnatural *a* természetellenes, nem természetes; erőltetett
unnecessary *a* szükségtelen, fölösleges, nem szükséges
unnoticed *a* észrevétlen
unobtrusive *a* tartózkodó, nem tolakodó, diszkrét; nem feltűnő
unofficial *a* nem hivatalos, meg nem erősített
unopened *a* bontatlan, felbontatlan
unorganized *a* szervezetlen
unpack *vt* kicsomagol
unpaid *a* fizetetlen, fizetés nélküli; ~ **leave** fizetés nélküli szabadság
unparalleled *a* páratlan, példátlan, egyedülálló
unpatriotic *a* nem hazafias, hazafiatlan
unpaved *a* kövezetlen (út), föld (út)
unplanned *a* nem tervezett, véletlen
unpleasant *a* kellemetlen
unpolluted *a* nem szennyezett, szennyezetlen, tiszta
unpopular *a* népszerűtlen, nem népszerű
unpopulated *a* lakatlan
unprecedented *a* példátlan, példa nélküli, példa nélkül álló
unpredictable *a* kiszámíthatatlan, előre meg nem mondható
unprejudiced *a* előítélet-mentes, elfogulatlan
unpremeditated *a* előre meg nem fontolt, nem szándékos
unprepared *a* készületlen; rögtönzött

unpretentious *a* igénytelen, szerény, természetes
unproductive *a* nem termelő; terméketlen
unprofessional *a* nem hivatásos; nem szakszerű; ~ **behavior** szakmához nem illő viselkedés
unprofitable *a* nem jövedelmező; haszontalan
unprotected *a* védtelen, szabadon levő
unpublished *a* kiadatlan, közzé nem tett
unqualified *a* képzetlen, képesítetlen, képesítéssel nem rendelkező
unquestionable *a* kétségtelen, kétségbevonhatatlan
unravel *vt* kigöngyölít, kibont, kibogoz; *fig* megfejt, megold
unrealistic *a* irreális, nem valós, nem reális
unreasonable *a* ésszerűtlen, esztelen; túlságos, túlzásba vitt
unreceptive *a* nem fogékony
unrecognizable *a* felismerhetetlen
unregulated *a* szabályozatlan
unrelated *a* nem rokon, kapcsolatban nem levő, össze nem függő, független
unresolved *a* megoldatlan
unresponsive *a* hűvös, tartózkodó; nem reagáló
unrest *n* nyugtalanság, lázongás
unrestricted *a* korlátlan, feltételhez nem kötött
unrivaled *a* páratlan, egyedülálló
unruly *a* engedetlen, rakoncátlan
unsafe *a* nem biztonságos, veszélyes
unsaid *a* ki nem mondott, el nem mondott
unsalted *a* sótlan, só nélküli
unsatisfactory *a* nem kielégítő, elégtelen, nem megfelelő
unsaturated *a* telítetlen; ~ **fat** telítetlen zsír
unsavory *a* rossz ízű, gusztustalan
unscented *a* nem illatos, nem illatosított
unscheduled *a* be nem tervezett, tervbe nem vett
unscramble *vt* megfejt
unscrew *vt* lecsavar, kicsavar, kinyit; *vi* lecsavarodik, kicsavarodik
unseasonable *a* nem az évszaknak megfelelő (weather); időszerűtlen, nem az időszakhoz illő
unseasoned *a* fűszerezetlen; *fig* éretlen, tapasztalatlan
unsecured *a* nem biztosított; *bus* fedezetlen
unseemly *a* helytelen, illetlen, nem illő
unseen *a* láthatatlan, látatlan
unselfish *a* önzetlen
unsentimental *a* nem szentimentális
unsettle *vt* megzavar, felzaklat, felkavar
unsettled *a* nyugtalan; változékony (weather); rendezetlen, elintézetlen (debt)
unshakable *a* rendíthetetlen
unshaken *a* rendületlen, szilárd
unshaven *a* borotválatlan, szőrös
unsightly *a* csúnya, idétlen
unsigned *a* alá nem írt
unsinkable *a* elsüllyeszthetetlen
unskilled *a* szakképzetlen, nem szakértő; ~ **labor** segédmunkás(ok), szakképzetlen munkaerő
unsociable *a* emberkerülő, barátságtalan, nem társasági
unsold *a* eladatlan
unsolved *a* megoldatlan
unsolicited *a* kéretlen, önként adott
unsophisticated *a* egyszerű, naiv, természetes
unspeakable *a* kimondhatatlan
unspecified *a* nem részletes, meghatározatlan, pontosan meg nem határozott

unspoiled *a* romlatlan; el nem kényeztetett
unspoken *a* ki nem mondott, hallgatólagos
unstable *a* bizonytalan, ingadozó, labilis; megbízhatatlan, ingatag
unsteady *a* bizonytalan, ingatag; változékony (changeable); megbízhatatlan
unstoppable *a* megállíthatatlan
unstressed *a* nem hangsúlyozott, hangsúlytalan
unstudied *a* természetes, mesterkéletlen, keresetlen; nem tanulmányozott
unsubstantiated *a* megalapozatlan, bizonytalan
unsuccessful *a* sikertelen; hasztalan, hiábavaló
unsuitable *a* alkalmatlan, célszerűtlen, nem megfelelő
unsure *a* bizonytalan
unsurpassed *a* felül nem múlt
unsuspecting *a* gyanútlan, nem gyanakvó
unsweetened *a* nem édes, édesítetlen
unsympathetic *a* részvétlen, közönyös
untalented *a* tehetségtelen
untamed *a* vad, meg nem szelídített
untested *a* kipróbálatlan, megvizsgálatlan, le nem tesztelt
unthinkable *a* elképzelhetetlen
unthinking *a* meggondolatlan, nem gondolkodó
untidy *a* rendetlen, gondozatlan, ápolatlan
untie *vt* kiköt, kibont, kiold, szabadjára enged
until = **till** *prep*
untimely *a* korai, idő előtti; időszerűtlen
untiring *a* fáradhatatlan
untitled *a* cím nélküli, címmel nem rendelkező
unto *prep* –ig; -hoz, -hez, -höz; **~ this day** a mai napig
untold *a* el nem mondott, elmondatlan
untouchable *a* érinthetetlen
untrained *a* képesítés nélküli, képzetlen, gyakorlatlan
untreatable *a* gyógyíthatatlan, nem kezelhető
untried *a* kipróbálatlan
untrue *a* nem igaz, hamis, hazug, valótlan; hűtlen
untrustworthy *a* megbízhatatlan
untruthful *a* hazug, hazudozó; valótlan, nem igaz
untwist *vt* lecsavar, kicsavar, kibont
unusual *a* szokatlan, rendkívüli, különös
unvaried *a* változatlan, ugyanolyan, egyforma, egyhangú
unveil *vt* leleplez
unwanted *a* felesleges, nem kívánatos
unwarranted *a* jogtalan, felhatalmazás nélküli, illetéktelen
unwashed *a* mosdatlan, piszkos; mosatlan
unwavering *a* rendületlen, kitartó, megingathatatlan
unwed *a* nem házas, egyedülálló
unwell *a* nem jól; **be ~** gyengélkedik, nem érzi jól magát
unwilling *a* nem hajlandó, vonakodó
unwind *vt* (**unwound, unwound**) lecsavar, legombolyít, leteker; *vt* lecsavarodik, letekeredik; *fig* lazít, ellazul
unwise *a* oktalan, nem okos
unwittingly *adv* akaratlanul, tudtán kívül
unworn *a* nem viselt, új (ruha)
unworthy *a* méltatlan, érdemtelen; értéktelen, gyarló

unwound *vt, vi past/pp* → **unwind**
unwrap *vt* kicsomagol, kibont, kigöngyöl
unwritten *a* íratlan
unzip *vt* cipzárját lehúzza, kicipzároz
up *a* felfelé menő; *adv* fel, felfelé; fent, fenn; -ig (time); *prep* fel [vmire]; fenn [vmin]; ~ **to** oda, hozzá; **walk ~ and down** fel és alá járkál; ~ **until now** eddig, ezideig; **time is ~** lejárt az idő; **be ~ to [sg]** rosszban sántikál, rosszban töri a fejét; **go ~ the stairs** felmegy a lépcsőn; **The sun is ~.** Felkelt a nap. **I was ~ all night.** Egész éjjel fent voltam. **What's ~?** *coll* Mi van?/Mi a helyzet? **What's ~ with him?** *coll* Mi van vele? **I'm not ~ to it.** Nem vagyok képes rá. **It's ~ to you.** Rajtad múlik.
upbeat *a* vidám, jókedvű, lelkes
upbraid *vt* megszid
upbringing *n* neveltetés, felnevelés
upcoming *a* közeli (időben), következő
up-country *a* az ország belsejében levő
update *n* frissített híradás; *comp* időszerűsített változat, pontosított program; *vt* korszerűsít, modernizál; felfrissít, naprakészre hoz
upend *vt* felfordít, felállít
upgrade *n comp* bővített, javított változat; *vt* feljavít, felminősít
upheaval *n* felfordulás
uphill *a* emelkedő, felfelé haladó; nehéz, fáradságos; *adv* hegynek fel, dombra fel
uphold *vt* (**upheld, upheld**) fenntart; támogat, megerősít; jóváhagy
upholstery *n* kárpit, kárpitozás, kárpitosmunka
upkeep *n* üzemben tartás, karbantartás; fenntartási költség
uplift *vt* felemel; *fig* lelkesít
upon = **on** *prep*
upper *a* felső, felsőbb; ~ **class** felsőosztály (társadalomban); **have the ~ hand** fölényben van
uppercase *a* nagy (betű)
uppermost *a* legfelső, legmagasabb
upright *a* egyenes, álló, függőleges; *adv* egyenesen; ~ **piano** pianínó
uprising *n* felkelés, lázadás
uproar *n* felzúdulás; zajongás, nagy zsivaj
uproot *vt* gyökerestől kitép; kiszakít, kigzomlál
upscale *a* előkelő, elegáns
upset *n* felfordulás; izgalom; *vt* (**upset, upset**) felborít, felfordít, feldönt; meghiúsít, felborít (plans); megzavar, kihoz a sodrából, kizökkent (person); megárt [vkinek]; **She was very ~.** Nagyon zaklatott/mérges volt. **My stomach is ~** Elrontottam a gyomrom.
upsetting *a* zavaró, aggasztó; dühítő
upside down *adv* fejjel lefelé, felfordítva, a feje tetején
upstairs *a* emeleti, fenti; *adv* fent, az emeleten; fel, az emeletre
upstanding *a* jó tartású, egyenesen álló; derék, becsületes
upstream *a, adv* folyón felfelé, folyással szemben
upswept *a* felfelé ívelő, felfelé hajló
upswing *n* fellendülés
uptake *n* értelem, felfogás
uptight *a* ideges; konzervatív
up-to-date *a* modern, korszerű, friss
uptown *n* felsőváros
upturn *n* felhajtás, zűrzavar; *vt* felfordít, megforgat
upward *adv* felfelé
upwind *adv* széllel szemben
uranium *n chem* urán

urban *a* városi, városias
urbane *a* udvarias, előzékeny, finom modorú
urbanize *vt* városiassá tesz, urbanizál
Urdu *a* urdu
ureter *n med* húgyvezeték
urethra *n med* húgycső
urge *n* belső kényszer, ösztönzés, vágy; *vt* sürget, unszol, siettet; ösztönöz, serkent
urgency *n* sürgősség
urgent *a* sürgős; sürgető
urinate *vi* vizel
urine *n* vizelet
urn *n* urna
urologist *n med* urológus
Uruguay *n* Uruguay
us *pron* minket, bennünket; nekünk; (elöljárószavakkal) **to ~** hozzánk; **from ~** tőlünk; **for ~** nekünk; **with ~** velünk; **about ~** rólunk
US = United States *n* Egyesült Államok
USA = United States of America *n* Amerikai Egyesült Államok, az USA
usable *a* használható
usage *n* használat, alkalmazás; bánásmód, kezelés; *gram* nyelvhasználat, szóhasználat
use *n* használat, felhasználás, alkalmazás; használat joga, haszonélvezet; haszon, hasznosság; *vt* használ, felhasznál, alkalmaz; (múlt időben: szokásos cselekvés) azelőtt (mindig) csinált [vmit]; **in ~** használatos, használatban van; foglalt (taken); **put [sg] to ~** felhasznál, hasznosít; **It's of no ~.** Haszontalan./ Hasznavehetetlen./Semmi haszna. **We ~d to go there.** Régen mindig oda jártunk. **There ~d to be a church there.** Ott régen volt egy templom.
used *a* használt; **be ~ to** hozzá van szokva [vmihez]; **get ~ to** hozzászokik [vmihez]
useful *a* hasznos, hasznavehető; **make oneself ~** hasznossá teszi magát; **Go, make yourself ~!** *coll* Menj, csinálj valamit!/Menj, segíts!
useless *a* haszontalan, hasznavehetetlen; hasztalan, hiábavaló
user *n* felhasználó, használó; **~ name** *comp* felhasználói név
usher *n theat* jegyszedő; teremőr; *vt* bevezet; bejelent
USPS = United States Postal Service *n* az USA postahivatala
usual *a* szokásos, szokott, rendes
usually *adv* rendszerint, általában, többnyire
usurp *vt* kihasznál, bitorol
usury *n* uzsora, uzsoráskodás
utensil *n* eszköz, szerszámfelszerelés; konyhaedény, háztartási eszköz (household)
uterus *n med* méh
utility *n* használhatóság; közmű, szolgáltatás; **electric ~** áramszolgáltatás; **pay utilities** rezsit fizet
utilize *vt* felhasznál, hasznosít, kiaknáz
utmost *a* legvégső; legtöbb, legnagyobb; **of the ~ importance** rendkívül fontos
utter[1] *a* teljes, tökéletes, abszolút
utter[2] *vt* kiejt, kimond
utterance *n* [vminek] a kifejezése, kimondása; kijelentés, megnyilatkozás
utterly *adv* teljesen, tökéletesen
U-turn *n* U forduló, teljes fordulat
UV = ultraviolet *a*
Uzbek *a, n* üzbég
Uzbekistan *n* Üzbegisztán

V

vacancy *n* megüresedés; betöltetlen állás (job); kiadó szoba (room); üresség, űr

vacant *a* üres, szabad; kiadó (room); *fig* kifejezéstelen, üres

vacate *vt* kiürít, szabaddá tesz; kiköltözik

vacation *n* nyaralás, vakáció, szünidő; **go on ~** nyaralni megy, szabadságra megy

vaccinate *vt med* beolt [vmi ellen]

vaccination *n med* oltás

vaccine *n med* oltóanyag, vakcina

vacillate *vi* habozik, tétovázik, vacillál

vacuum *n* vákuum, légüres tér; *vt* porszívóz, kiporszívóz; **~ cleaner** porszívó

vagabond *n* csavargó

vagina *n med* hüvely, vagina

vague *a* bizonytalan, tétova, határozatlan

vain *a* hiú, csalóka; hiábavaló; **in ~** hiába

valance *n* drapéria, rövid függöny

vale *n* völgy

valence *n* vegyérték

Valentine *n* Bálint; **v~** (Bálint napkor) választott kedves; **~'s Day** Bálint nap, a szerelmesek napja

valet *n* inas

valiant *a* bátor, vitéz

valid *a* érvényes; megalapozott, indokolt

valise *n* útitáska, kézitáska

validate *vt* érvényesít; megerősít

validity *n* érvényesség, érvény

valley *n* völgy

valor *n* bátorság, hősiesség, vitézség

valuable *a* értékes, drága, becses; *n* **~s** értéktárgyak

value *n* érték; **~s** értékrend; *vt* értékel, megbecsül; tisztel, becsül, nagyra tart (a person)

valve *n* szelep, tolózár; (szív)billentyű (heart)

vamp *n* csábító nő, démon

vampire *n* vámpír, vérszopó

van *n* furgon, zárt teherautó; **mini~** minibusz, kisbusz

vandalism *n* vandalizmus, rombolás

vane *n* szélkakas

vanilla *n* vanília

vanish *vi* eltűnik, elveszik

vanity *n* hiúság; hiábavalóság; öltözködőasztal (furniture)

vanquish *vt* legyőz, leküzd

vantage *n* előny; **~ point** előnyös helyzet

vapid *a* ízetlen; *fig* lapos, unalmas

vapor *n* pára, gőz, kipárolgás

vaporize *vi* elpárolog, elgőzölög; eltűnik; *vt* elpárologtat; porlaszt

vaporizer *n* párologtató; porlasztó, permetező

variable *a* változó, változékony; változtatható; *n* változó

variance *n* eltérés, ellentmondás; ellentét; diszharmónia

variant *n* változat, variáns

variation *n* variáció, változat

varicose *a* visszeres; **~ vein** visszértágulás

varied *a* változatos, változó, sokféle; *vt past/pp* → **vary**

variegated *a* változatos; tarka

variety *n* változatosság, választék (selection); változat, fajta (kind); **~ show** revü, varieté

various *a* különböző, különféle, sokféle

varnish *n* lakk, máz, politúr; fényezés; *vt* fényez, lakkoz

varsity *n sp* egyetemi válogatott csapat (többnyire amerikai futball)

vary *vt* változtat, váltogat; módosít; tarkít; variál; *vi* változik, megváltozik, váltakozik

vascular *a med* ér-, érrendszeri-; **~ system** érrendszer
vase *n* váza
Vaseline™ *n* vazelin
vast *a* óriási, hatalmas, rengeteg
VAT = value added tax *n* áfa, áruforgalmi adó
Vatican City *n* Vatikánváros
vault[1] *n* boltozat, bolthajtás; pince; páncélterem (bank)
vault[2] *n sp* ugrás, rúdugrás
VCR = videocassette recorder *n* videomagnó
veal *n* borjúhús
veer *n* irányváltozás; *vi* megfordul, irányt változtat
vegetable *a* növényi eredetű; *n* zöldség, zöldségféle; **~ oil** növényi olaj; **~ garden** konyhakert
vegetarian *a, n* vegetáriánus
vegetation *n* növényzet, vegetáció
veggie = vegetable *n coll*
vehement *a* heves, erős, vehemens
vehicle *n* jármű, közlekedési eszköz; *fig* hordozó, közvetítő közeg
veil *n* fátyol, lepel; *vt* lefátyoloz, leplez
vein *n* ér, véredény, véna; erezet, erezés; *fig* tehetség, hajlam
velcro *n* tépőzár
vellum *n* pergamen
velocity *n* sebesség, gyorsaság
velour *a, n* velúr
velvet *a* bársony, bársonyos; *n* bársony
velveteen *n* pamutbársony
velvety *a* bársonyos
venal *a* megvásárolható, megvesztegethető
vend *vt* elad; *vi* kereskedik
vendetta *n* vérbosszú
vending *a* **~ machine** árusító automata
vendor *n* árus, eladó
veneer *n* borítás, burkolat; felszín, látszat; *fig* máz, látszat
venerable *a* tiszteletre méltó
venerate *vt* tisztel, hódol [vki előtt]
venereal *a* nemi; **~ disease** nemi betegség
Venezuela *n* Venezuela
Venezuelan *a, n* venezuelai
vengeance *n* bosszú; **take ~ on** bosszút áll [vkin]; **with a ~** *coll* vadul, hevesen, nagyon
vengeful *a* bosszúálló; bosszúvágyó
venial *a* jelentéktelen
venison *n* szarvashús, őzhús
venom *n* (kígyó) méreg
vent *n* nyílás, rés; szellőzőnyílás; hasíték, slicc (ruha oldalán); *vt* kiereszt; szellőztet; *coll* kitölti a haragját, kiadja magából a problémáját
ventilate *vt* szellőztet
ventilation *n* szellőztetés, ventilláció
ventilator *n* szellőztetőkészülék, ventillátor
ventricle *n biol* kamra (szívben)
ventriloquist *n* hasbeszélő
venture *n* kockázat; vállalkozás; vakmerőség; *vt* kockáztat, megkockáztat, merészel; megkísérel; *vi* merészkedik; **joint ~** *bus* közös vállalkozás, vegyes vállalat; **nothing ~d, nothing gained** próba-szerencse; ha nem kockáztatsz semmit, nem is nyersz semmit
venue *n* találkozóhely
veracity *n* igazmondás; igazság
veranda *n* veranda
verb *n gram* ige
verbal *a* szóbeli; *gram* igei
verbatim *a* szó szerinti; *adv* szó szerint
verbose *a* bőbeszédű, fecsegő
verdant *a* zöld, zöldellő
verdict *n law* ítélet, döntés
verdure *n* zöldellés, zöld természet

verge *n* [vminek] a széle, szegély, határ; **be on the ~ of** [vminek] a határán van
verification *n* igazolás, bizonyítás, megerősítés
verify *vt* igazol, bizonyít, megerősít; ellenőriz
vermin *n* féreg, élősködő
vermouth *n* vermut
vernacular *a* népi, népnyelvi, nemzeti; *n* népnyelv, egy ország nyelve
vernal *a* tavaszi; **~ equinox** tavaszi napéjegyenlőség
versatile *a* sokoldalú; ügyes, jártas
verse *n* vers, költemény; versszak; verssor
versed *a* **~ in** jártas, tapasztalt [vmiben]
version *n* változat, verzió
versus *prep* ellen, [vmivel] szemben
vertebra *n* (*pl* **vertebrae**) csigolya, hátcsigolya, gerinccsigolya
vertebrae *n pl* → **vertebra**
vertical *a, n* függőleges
vertigo *n* szédülés, tériszony
verve *n* lendület, hév, lelkesedés
very *a* igazi, valóságos; maga a …, éppen az a …; *adv* nagyon, igen; **in this ~ place** éppen ezen a helyen; **at that ~ moment** ugyanabban a pillanatban; **at the ~ beginning** a kezdet kezdetén, a legelején; **~ good** nagyon jó; **~ much** nagyon sok; nagyon; **the ~ best** a legeslegjobb; **the ~ last** a legutolsó; **I like it ~ much.** Nagyon tetszik nekem.
vessel *n* edény (container); hajó (ship); **blood ~** véredény
vest *n* mellény; *vt fig* felruház, ráruház, rábíz
vestibule *n* előcsarnok
vestige *n* nyom, nyomdok; maradvány
vestment *n* díszruha, formaruha
vet[1] = **veteran** *n coll*
vet[2] = **veterinarian** *n coll*
veteran *a* tapasztalt, öreg, gyakorlott; *n* veterán
veterinarian *n* állatorvos
veterinary *a* állatorvosi; *n* állatorvos; **~ surgeon** állatorvos
veto *n* vétó; *vt* megvétóz, vétót mond
vex *vt* zaklat, nyaggat, bosszant
via *prep* át, keresztül
viable *a* életképes; járható, megoldható
viaduct *n* viadukt
vial *n* fiola, ampulla
vibe = **vibration** *n coll*
vibrant *a* rezgő, vibráló; *fig* sugárzó, energikus
vibrate *vi* vibrál, remeg, rezeg
vibration *n* rezgés, remegés, vibrálás
vicar *n rel* (anglikán) lelkész, plébános
vicarious *n* helyettesítő; más helyett végzett
vice[1] *prep* helyett, helyébe; **~ versa** fordítva, és viszont
vice-[2] *pref* al-
vice[3] *n* bűnös szenvedély
vice president *n* alelnök
vice versa *adv* fordítva, és viszont
vicinity *n* környék, szomszédság; közelség; **in the ~ of** [vminek] a táján
vicious *a* gonosz, rosszindulatú; harapós (állat) (animal); **~ circle** ördögi kör
victim *n* áldozat
victory *n* győzelem, diadal
victuals *n pl* élelmiszerek, eleség, ennivaló
video *n* videó; **~ game** videojáték
videocassette *n* videokazetta
videotape *n* videoszalag, videokazetta
vie *vi* versenyez, verseng
Vietnam *n* Vietnám
Vietnamese *a, n* vietnámi; **in ~** vietnámiul

view *n* látás, meglátás, megnézés; kilátás; látvány; *fig* nézet, vélemény, felfogás; *vt* néz, megnéz, megtekint, megszemlél; **come into ~** láthatóvá válik, feltűnik; **point of ~** szempont, nézőpont; **There is a great ~ from the window.** Az ablakból nagyszerű a kilátás.
viewfinder *n photo* kereső
viewing *n* megtekintés, megnézés
viewpoint *n* szempont, vélemény
vigil *n* virrasztás, vigília
vigilant *a* éber, szemfüles; őrködő, vigyázó
vigor *n* erő, életerő, energia
vile *a* hitvány, gyarló; aljas, gonosz (evil)
vilify *vt* becsmérel
villa *n* villa, nyaraló
village *n* falu, község
villain *n* gazember; intrikus
vim *n* energia, tetterő
vinaigrette *n* olajos, ecetes salátaöntet
vindication *n* védelmezés, fenntartás; érvényesítés (jogé)
vindictive *a* bosszúálló; haragtartó, gyűlölködő
vine *n* szőlőtő
vinegar *n* ecet
vineyard *n* szőlő, szőlőskert, szőlészet
vintage *n* szüret; évi bortermés; régi klasszikus tárgy, antik darab (object); **1999 ~** 1999-es évjárat; **~ year** jó minőségű bortermő év
vinyl *n* vinil, linóleum
viola *n mus* viola, brácsa
violate *vt* megsért, áthág, megszeg; erőszakot követ el (rape)
violation *n* megsértés, megszegés, áthágás; *law* szabálysértés; háborgatás, erőszak; **traffic ~** közlekedési szabálysértés
violence *n* erőszak, bántalmazás
violent *a* erőszakos; heves, erős, erőteljes
violet *a* ibolyaszínű, sötétlila; *n* ibolya
violin *n mus* hegedű; **play the ~** hegedül
violoncello *n mus* cselló, gordonka; **play the ~** csellózik, gordonkázik
VIP = very important person *n* nagyon fontos személy
viper *n* vipera
viral *a med* vírusos; **~ infection** vírusos fertőzés
virgin *a* szűz, érintetlen; *n* szűzlány, szűz
Virgin Islands *n* Virgin-szigetek
virginity *n* szüzesség
virtual *a* tényleges, tulajdonképpeni; látszólagos, virtuális
virtually *adv* gyakorlatilag, úgyszólván, jóformán
virtue *n* erény; érték
virtuoso *a* virtuóz, mester
virtuous *a* erényes, erkölcsös
virulent *a med* heveny, rosszindulatú, heves; fertőző, virulens
virus *n med* vírus
visa *n* vízum
visage *n* arc, tekintet
visceral *a* zsigeri
viscosity *n* nyúlósság, viszkozitás
vise *n* satu
visibility *n* látási viszonyok; **low ~** rossz látási viszonyok
visible *a* látható; **be ~** látszik
vision *n* látás, látóképesség; látomás, vízió; *fig* előrelátás
visionary *a* képzelt, képzeletbeli; *n* látnok, látomást látó ember
visit *n* látogatás; szemle, kiszállás; *vt* meglátogat [vkit]; látogatást tesz [vhol], ellátogat [vhova]; megtekint, megnéz; *vi* látogatást tesz, vendégségbe megy [vkihez]; **pay [sy] a ~** meglátogat [vkit]

visitor *n* látogató, vendég
visor *n* ellenző, napellenző
visual *a* látási, látó-; vizuális; ~ **aid** szemléltetőeszköz
visualize *vt* megjelenít, láthatóvá tesz; elképzel, felidéz (imagine)
vital *a* létfontosságú, alapvető, életbevágó; élethez szükséges; **of ~ importance** létfontosságú
vitality *n* életerő, vitalitás
vitally *adv* életbevágóan
vitamin *n* vitamin; ~ **C** C vitamin
vitriol *n* vitriol, kénsav; *fig* maró gúny
vivacious *a* élénk, eleven, vidám
vivid *a* élénk, eleven, színes
vividly *adv* élénken, színesen
vivify *vt* élénkít, feléleszt, életre kelt
vocabulary *n* szókincs; szótár, szójegyzék
vocal *a* hang-, hanggal bíró; vokális, énekelt; ~ **cords** hangszálak
vocalize *vt* megszólaltat, kifejez, vokalizál; beszél, hangosan mond
vocation *n* foglalkozás, szakma, hivatás, mesterség
vociferous *a* lármás, zajos
vogue *n* divat
voice *n* hang; *gram* zönge (sound); *gram* igealak; *vt* kifejez, hangot ad [vminek]; ~ **mail** hangposta
void *a* üres, [vmitől] mentes; *fig* érvénytelen, semmis, nem érvényes; *vt* érvénytelenít, felbont
volatile *a* illó, illékony, elpárolgó; *fig* lobbanékony
volcanic *a* vulkáni, vulkanikus
volcano *n* tűzhányó, vulkán
volition *n* akarat, akarás
volleyball *n sp* röplabda; **play ~** röplabdázik
volt *n el* volt
voltage *n el* (villamos) feszültség
voltmeter *n el* feszültségmérő, voltméter
volume *n* kötet, könyv (a book); tömeg, mennyiség, volumen (bulk, mass); hangerő (sound); **speak ~s** sokatmondó; **turn up the ~** felhangosít, feljebb veszi a hangot
voluminous *a* terjedelmes, sokkötetes
voluntary *a* önkéntes; akaratlagos
volunteer *n* önkéntes, önként jelentkező; *vt* önként felajánl; *vi* önként jelentkezik
voluptuous *a* érzéki, kéjes
vomit *vt* hány, kihány; *vi* hány, okádik
voodoo *n* vudu, fekete mágia, boszorkányság
vortex *n* (*pl* **vortices**) örvény
vortices *n pl* → **vortex**
vote *n* szavazat; szavazás; *vi* ~ **for** szavaz [vmire]; ~ **against** [vmi ellen] szavaz, leszavaz; **take a ~** szavazást rendez; ~ **of confidence** bizalom megszavazása; **cast a ~** szavaz
voter *n* szavazó, választó
vouch *vi* tanúskodik; ~ **for** kezeskedik, jótáll [vkiért]
voucher *n* nyugta, elismervény, bizonylat; utalvány
vow *n* fogadalom, eskü; *vt* megfogad, fogadalmat tesz; **take a ~** megesküszik, fogadalmat tesz
vowel *n gram* magánhangzó
voyage *n* (tengeri) út, utazás, hajóút; *vi* utazik, hajózik
voyager *n* hajóutas, utas
voyeur *n* kukkoló
VP = **vice president** *n*
vulgar *a* közönséges, otromba, durva; vulgáris
vulnerability *n* sebezhetőség
vulnerable *a* sebezhető, támadható, gyenge

vulture *n* keselyű
vying *a* versengő

W

wacko *n coll* ütődött, dilis, flúgos alak
wacky *a coll* ütődött, bolond
wad *n* fojtás, tömítés, tömítőanyag; vatta, vatelin; *coll* egy csomó, egy köteg
wadding *n* vattabélés, vatelin; fojtás
waddle *vi* kacsázik, döcög, totyog
wade *vi* gázol (vízben)
wafer *n* ostya, nápolyi
waffle *n* ostya, nápolyi; gofri; **~ iron** ostyasütő, gofrisütő
waft *n* fuvallat, szellő; *vt* fúj, sodor, lebegtet
wag *vt* csóvál, ide-oda mozgat; *vi* ide-oda mozog (farok)
wage *n* bér, munkabér, munkadíj; *vt* **~ war against** hadat visel [vki ellen]
wager *n* fogadás [vmiben]; *vt* fogad [vmiben]
waggle *vi* mozog, jár; inog, billeg
wagon *n* szekér, kocsi; vagon, vasúti teherkocsi
waif *n* elhagyott gyerek, elhagyott ember
wail *n* jajgatás, jajveszékelés; *vi* jajgat, üvölt, sír
waist *n* derék (testrész)
waistband *n* derék (ruháé), öv
waistline *n* derék, derékvonal
wait *n* várakozás; *vi* **~ for** vár, várakozik [vmire]; **~ and see** majd meglátjuk; **keep [sy] ~ ing** megvárakoztat [vkit]; **~ on** kiszolgál [vkit], rendelkezésére áll [vkinek]; **W~ a minute!** Várj egy percet!
waiter *n* pincér
waiting list *n* várólista, előjegyzési lista
waiting room *n* váróterem, várószoba
waitperson *n* felszolgáló, pincér
waitress *n* pincérnő
waive *vt* lemond [vmiről]
waiver *n* lemondás, jogfeladás
wake *n* halottvirrasztás (before a funeral); *vt* (**woke, woken**) felébreszt, felkelt; *vi* felébred, felkel; **in the ~ of** [vmit] követően
wale *n* bordázat, csík
Wales *n* Wales
walk *n* séta; járás, gyaloglás; járásmód; *vi* jár, megy, gyalogol, sétál; *vt* bejár, gyalog megtesz; sétáltat (a dog); **take a ~** sétál egyet; **~ of life** társadalmi helyzet; **~ home** gyalog hazamegy; **~ a mile** egy mérföldet gyalogol; **~ away** elmegy, elsétál; **~ in** belép; **~ off** elmegy, elsétál; **~ out** kimegy, kisétál; sztrájkba lép (strike); **~ out on** cserben hagy [vkit]; **~ over** átmegy, átsétál; **~ up to** odalép [vkihez]; **The baby is ~ing already.** Már jár a baba. **I'm going to ~ the dog.** Megsétáltatom a kutyát.
walkabout *n* vándorlás, gyaloglás
walkathon *n* gyalogló maraton, maratoni gyaloglás
walker *n* gyalogló, sétáló, járó (person); járóváz (a frame to aid walking)
walkie-talkie *n* kézi adó-vevő
walking *a* járó, sétáló; *n* sétálás, gyaloglás
Walkman™ *n* walkman, sétálómagnó
walkout *n* munkabeszüntetés, sztrájk
walk-up *n* lift nélküli emeletes ház
walkway *n* gyalogút, út
wall *n* fal, közfal; *vt* fallal körülvesz
wallaby *n* kis kenguru
wallboard *n* falburkoló lap
wallet *n* pénztárca, tárca

wallflower *n coll* petrezselymet áruló nő
wallop *n* puffanás; *vt* elver; fölényesen legyőz
wallow *n* fetrengés; *vi* fetreng, hentereg; gázol
wallpaper *n* tapéta; **hang ~** tapétáz
walnut *n* dió
walrus *n* rozmár
waltz *n* keringő; *vi* keringőzik
wan *a* halovány, sápadt
wand *n* pálca, vessző; **magic ~** varázspálca
wander *vi* vándorol, barangol, kóborol, csavarog, kószál; *fig* eltér, elkalandozik
wannabe *n slang* utánzó, aki [vkinek] akar látszani
want *n* szükség, hiány; szükséglet; szűkölködés, nélkülözés, nyomor; *vt* akar, kíván, óhajt; igényel [vmit], szüksége van [vmire]; **~ ad** álláshirdetés, „állást kínál"; **Do you ~ some coffee?** Kérsz egy kis kávét?
wanted *a* keresett, kívánt; körözött (bűnöző) (criminal)
wanting *a* hiányos; [vmiben] szűkölködő
war *n* háború; **~ correspondent** haditudósító; **~ criminal** háborús bűnös; **~ of independence** szabadságharc, *US* függetlenségi háború; **be at ~** hadban áll [vkivel], háborúzik; **declare ~ on** hadat üzen [vkinek]; **wage ~ on** hadat visel [vki ellen]
warbler *n* énekesmadár
ward *n* őrség, őrszem; kórterem (hospital); börtönosztály; *vt* véd; **~ off** elhárít, kivéd
warden *n* börtönigazgató; felügyelő, gondnok
wardrobe *n* ruhatár (ruhák összessége); ruhásszekrény
ware *n* áru
warehouse *n* raktár
warfare *n* hadviselés, háború
warhead *n* robbanófej, gyújtófej
warlike *a* harcias; háborús, hadi
warlock *n* varázsló
warlord *n* hadúr
warm *a* meleg; *fig* szívélyes, meleg, lelkes; *vt* melegít, felmelegít; *vi* melegszik, felmelegszik, bemelegszik; *fig* lelkesedni kezd, feloldódik
warmhearted *a* melegszívű, szívélyes
warmonger *n* háborús uszító
warmth *n* meleg, melegség, hő
warn *vt* figyelmeztet, int; felszólít
warning *a* figyelmeztető, riasztó; *n* figyelmeztetés, jelzés; felszólítás, előzetes értesítés; megintés
warp *n* vetemedés (deszkában); elferdülés; *vt* elgörbít, meghajlít; *vi* elgörbül, meghajlik; megvetemedik
warpath *n* hadiösvény
warplane *n* harci repülőgép
warrant *n* jogosultság, meghatalmazás; *law* végrehajtási parancs, végzés; biztosíték, jótállás, kezesség; *vt* biztosít, garantál, szavatol; **~ to arrest** letartóztatási parancs
warranty *n* garancia, szavatosság, jótállás; meghatalmazás
warren *n* vadaskert
warring *a* hadban álló, háborút viselő
warrior *n* harcos, katona
warship *n* hadihajó
wart *n* szemölcs
warthog *n* varacskos disznó
wary *a* óvatos, körültekintő
was *vi past* → **be**

wash *n* mosás, lemosás; mosakodás; meszelés (paint); *vt* mos, megmos, lemos, kimos; bemázol, beken (paint); *vi* mosakszik, megmosdik; **~ one's hands** mossa kezeit; **~ away** lemos, kimos; **~ out** kimos; **feel ~ed out** halálosan fáradt
washable *a* mosható
washbasin *n* mosdókagyló
washcloth *n* mosdókesztyű
washer *n* mosógép (washing machine); csavaralátét, alátétgyűrű (mechanical part)
washing *n* mosás; mosdás
washing machine *n* mosógép
washout *n* kimosás; *slang* kudarc
washstand *n* mosdóállvány
washtub *n* mosóteknő
wasp *n* darázs
wassail *n* édes, fűszerezett almalé
waste *n* pazarlás, pocsékolás (of money, time); hulladék, selejt; szennyvíz (sewage); pusztaság, sivatag (land); *vt* pazarol, elpazarol, veszteget, elveszteget; *vi* pazarol; fogy, csökken; **~ paper** papírhulladék; **~ of time** időpocsékolás; **nuclear ~** atomhulladék, nukleáris hulladék; **~ away** elsorvad, lesoványodik, tönkremegy
wastebasket *n* szemetes, papírkosár
wasteful *a* pazarló, költekező
wasteland *n* pusztaság, sivatag
waster *n* pazarló
watch *n* őr, őrség, őrszolgálat; óra, zsebóra, karóra (timepiece); *vt* néz, szemlél; megfigyel, szemmel tart; őriz; *vi* őrködik; vigyáz, figyel, ügyel; **keep ~** őrt áll; **~ over** őriz [vmit], vigyáz [vmire]; **~ TV** tévét néz; **W~ out!** Vigyázz!/Figyelj oda!
watchband *n* óraszíj
watchdog *n* házőrző kutya
watchful *a* figyelmes, éber, körültekintő
watchmaker *n* órás
watchman *n* (*pl* **watchmen**) őrszem
watchmen *n pl* → **watchman**
watchtower *n* őrtorony
water *n* víz; *vt* öntöz, megöntöz, locsol, meglocsol; megnedvesít; felönt, felhígít, felvizez; *vi* nedvesedik, könnyezik; **fresh ~** édes víz; **running ~** folyó víz; **salt ~** sós víz, tengervíz; **~ fountain** ivókút; **still ~s run deep** lassú víz partot mos
waterborne *a* vízi úton szállított
watercolor *n* vízfesték; vízfestmény, akvarell
watercourse *n* vízfolyás, folyó víz
watercress *n* vízitorma
waterfall *n* vízesés
waterfowl *n* vízimadár
waterfront *n* vízpart (városban)
water heater *n* vízmelegítő, bojler
watering *n* öntözés, locsolás; hígítás, vizezés
watering can *n* öntözőkanna, locsolókanna
water level *n* vízszint
waterline *n* vízvonal, merülési vonal
waterlogged *a* vízzel teleivódott
watermark *n* vízjel
watermelon *n* görögdinnye
waterpitcher *n* vizeskancsó
water polo *n sp* vízilabda, vízipóló
waterproof *a* vízálló, vízhatlan
watershed *n* vízgyűjtő terület; vízválasztó
water ski *n sp* vízisí; *vi* vízisíel
waterspout *n* vízköpő, ereszcsatorna lefolyó
watertight *a* vízhatlan, vízálló
water tower *n* víztorony
waterway *n* vízi út
waterworks *n pl* vízművek; **turn on the ~** *coll* bőgni kezd, elsírja magát

watery *a* vizes, nedves; könnyes (teary); híg, ízetlen
watt *n* watt
wattage *n* wattfogyasztás, áramfogyasztás
wattle *n* vesszőfonat
wave *n* hullám; integetés (of the hand), lengetés, lebegtetés; *vt* int; lenget, lobogtat; *vi* hullámzik; integet; leng, lobog
waveband *n* hullámsáv
wavelength *n* hullámhossz
waver *vi* ingadozik, meginog, habozik; remeg
wavering *a* ingadozó, habozó
wavy *a* hullámos, hullámzó; fodros
wazoo *n coll* fenék
wax[1] *n* viasz; *vt* viasszal beken; gyantáz, szőrt eltávolít (hair)
wax[2] *vi* nő, növekszik (grow)
way *adv* messze, távol; *n* út; távolság (distance); irány (direction); *fig* mód, eljárás, módszer; szempont, tekintet; **~ back** nagyon régen, réges-régen; **find one's ~** megtalálja az utat, odatalál; **be in the ~** útban van; **on the ~** úton, útban, útközben; **on the ~ to work** munkába menet; **along the ~** útközben, menet közben; **make ~ for** utat csinál [vkinek]; **one-~ street** egyirányú utca; **by the ~** mellesleg, erről jut eszembe; **all the ~** végig, egész úton; **this ~** így (method); erre (direction); **either ~** akár így, akár úgy; **in a ~** bizonyos fokig, bizonyos tekintetben; **Get out of the ~!** Állj el az útból! **She always gets her ~.** Mindig keresztülviszi az akaratát. **My ~ or the highway.** *coll* Vagy megszoksz, vagy megszöksz. **Where there's a will, there's a ~.** Mindent lehet, csak akarni kell.
wayfarer *n* utas, utazó; vándor
waylaid *a* feltartóztatott, eltérített
wayside *a* út menti, útszéli
wayward *a* akaratos, önfejű, csökönyös
we *pron* mi (én és te)
weak *a* gyenge, gyönge; híg (watery)
weaken *vt* gyengít, legyengít; *vi* gyengül, legyengül
weakling *n* puhány, nyápic ember
weakly *a* gyenge, beteges; *adv* gyengén, betegesen
weakness *n* gyengeség; [vkinek] a gyengéje, gyenge pont
wealth *n* vagyon, gazdagság, jólét, bőség
wealthy *a* gazdag, vagyonos
wean *vt* elválaszt (csecsemőt), leszoktat
weapon *n* fegyver; **~ of mass destruction (WMD)** tömegpusztító fegyver
wear *n* használat; koptatás, kopás; viselet; *vt* (**wore**, **worn**) visel, hord; elkoptat, elnyű, elhasznál; *vi* kopik, elkopik; **~ and tear** elhasználódás; **evening ~** estélyi ruha; **~ down** lekoptat; zaklatással kifáraszt; **~ off** *vt* lekoptat; *vi* lekopik; megszokottá válik; **~ out** *vt* elkoptat, elhasznál; kifáraszt (a person); *vi* elkopik; **She is ~ing a red dress.** Piros ruhát visel./ Piros ruha van rajta.
wearisome *a* fárasztó, unalmas, hosszadalmas
weary *a* fáradt, kimerült; *vt* kifáraszt, kimerít; **be ~ of** beleun, belefárad [vmibe]
weasel *n* menyét; *coll* sunyi alak
weather *n* időjárás, idő; *vt* időjárásnak kitesz; kiáll, átvészel; **~ report** időjárás jelentés; **~ forecast** időjárás előrejelzés; **~ the storm** kiállja a vihart; *fig* átvészeli a nehéz időket

weatherman *n* (*pl* **weathermen**) *coll* meteorológus (televízióban)
weathermen *n pl* → **weatherman**
weatherproof *a* időálló, viharálló; vízhatlan
weatherworn *a* viharvert
weave *n* szövés, szövésmód; *vt* (**wove, woven**) sző; fon, összefon; *vi* kígyózik, kanyarog
weaver *n* takács
web *n* háló, szövet; úszóhártya (on feet); **the World Wide W~** a világháló, az internet
website *n* webhely, webterület, weboldal
wed *vt* feleségül vesz (man), férjhez megy (woman); összead, összeesket, összeházasít; *vi* egybekel, összeházasodik
wedding *n* esküvő; lakodalom; **~ reception** lakodalom, esküvői ebéd/vacsora; **~ ring** jegygyűrű, karikagyűrű
wedge *n* ék; háromszögletű darab/szelet; *vt* beékel, beszorít
Wednesday *a* szerdai; *n* szerda; **on ~** szerdán
wee *a coll* pici, parányi; nagyon korai (time); **the ~ hours** hajnali/korai órák
weed *n* gaz, gyom, dudva; *slang* marihuána; *vt* gyomlál, kigyomlál; *fig* kiselejtez
week *n* hét (hét nap); **per ~** hetente; **last ~** múlt héten; **next ~** jövő héten; **once a ~** hetenként egyszer
weekday *n* hétköznap
weekend *n* hétvége, víkend
weeklong *a* egyhetes, egy hétig tartó
weekly *a* heti, hetenkénti; *adv* hetenként, minden héten; *n* hetilap
weenie *n coll* virsli
weeny *a* icipici, parányi
weep *vi* (**wept, wept**) sír, sírdogál; könnyezik
weevil *n* zsizsik
weigh *vt* mér, megmér (súlyt); *fig* mérlegel, latolgat, megfontol; nyom, súlya van; *vi* nehezedik [vmire]; **~ down** lenyom; nehezedik [vmire]; **~ in** súlyát ellenőrzik, leméri magát; **It ~s ten pounds.** Öt fontot nyom./Öt font (a súlya).
weight *n* súly; *fig* nyomaték, súly, fontosság; *sp* súlyzó; **put on ~** hízik, meghízik; **lose ~** fogy, lefogy; **lift ~s** súlyt emel
weightless *a* súlytalan
weightlifting *n sp* súlyemelés
weighty *a* súlyos; fontos, nyomós, nyomatékos
weird *a* furcsa, különös
weirdo *n coll* furcsa ember, különc
welcome *a* szívesen látott, kellemes; *n* fogadtatás, üdvözlés; *vt* üdvözöl; fogad; szívesen lát, szívesen vesz; **give [sy] a warm ~** meleg fogadtatásban részesít [vkit]; **W~!** Isten hozta! **Thank you! – You are ~!** Köszönöm! – Szívesen!
weld *vt* hegeszt, forraszt
welding *n* hegesztés
welfare *n* jólét, boldogulás; *US* szociális segély; **~ state** jóléti állam; **be on ~** szociális segélyből él
well[1] *adv* jól, helyesen; *int* hát, szóval, akkor, nos; **get ~** meggyógyul, javul; **as ~** is, szintén; **as ~ as** valamint; **I am ~.** Egészséges vagyok./Jól vagyok. **He does it ~.** Jól csinálja. **W~ done!** Szép munka!/Ügyes munka! **You might as ~ leave.** Akár el is mehetsz. **W~, let me see.** Nos, hadd nézzem csak. **W~, ~!** Ejha!/Nahát!

well[2] *n* kút; forrás; akna
well-being *n* jólét, kényelem
well-done *a* jól átsütött
wellhead *n* kútfő, kútforrás
well-known *a* ismert, közismert, híres
wellness *n* jólét
well-off *a* jómódú
well-to-do *a* jómódú, gazdag
Welsh *a, n* walesi
welt *vt* elnáspágol, elver
went *vi past* → **go**
wept *vi past/pp* → **weep**
were *vi past* → **be**
werewolf *n* (*pl* **werewolves**) farkasember
werewolves *n pl* → **werewolf**
west *a* nyugati; *adv* nyugat felé, nyugatra; *n* nyugat; **a ~ wind** nyugati szél; **in the ~** nyugaton; **the Wild W~** a vadnyugat; **They went ~.** Nyugat felé mentek.
western *a* nyugati; *n* western, vadnyugati film
westward *a* nyugat felé eső; *adv* nyugatra, nyugat felé
wet *a* nedves, vizes, ázott; *vt* megnedvesít, benedvesít, áztat; **~ through** átázik, bőrig ázik; **W~ paint!** Vigyázat, mázolva!
wetlands *n pl* mocsár, láp
whack *n* ütés; *vt* elver, megver
whale *n* bálna, cethal
wham *n* pofon, ütés
wharf *n* (*pl* **wharves** or **wharfs**) rakodópart, rakpart
wharves *n pl* → **wharf**
what *a, pron* mi?, mit?; milyen?, micsoda?; ami, amit, amely, amelyet; **W~ is it?** Mi az? **W~ for?** Minek?/ Miért? **So ~?** Hát aztán!/Na és? **W~ color?** Milyen színű? **W~ is it like?** Milyen? **W~ time is it?** Hány óra van? **W~ a mess!** Micsoda rendetlenség! **That is ~ they say.** Ezt mondják. **I tell you ~.** *coll* Mondok én neked valamit.
whatever *pron* bármi, akármi, ami csak; akármilyen, bármilyen; **~ happens** bármi történjék is
whatnot *n* valami, holmi, apróság, amit akarsz
whatsoever = **whatever** *pron*
wheat *n* búza
wheedle *vt* hízeleg [vkinek]
wheel *n* kerék; kormány, volán (steering); *vt* gördít, gurít; *vi* gördül, gurul; **at the ~** a volánnál; **~s** *coll* járgány, autó, kocsi
wheelbarrow *n* talicska
wheeze *n* zihálás, asztmás légzés; *vi* zihál, liheg, nehezen veszi a levegőt
when *adv* mikor?; amikor; *conj* mikor, amikor; noha; **say ~** szólj, mikor elég; **W~ will you come back?** Mikor jössz vissza? **I will come ~ the weather is good.** Eljövök, amikor/ha jó lesz az idő.
where *adv, conj, pron* hol?, hova?, merre; ahol, ahova, amerre; **W~ are you going?** Hova mész? **W~ does she live?** Hol lakik? **W~ are you coming from?** Honnan jössz? **Stay ~ you are.** Maradj ott, ahol vagy.
whereabouts *adv* hol?, merre?; *n pl* hollét
whereas *adv* miután, minthogy, mivel (since); habár, noha (though); míg, ellenben (however)
whereby *adv* miáltal, mivel; amivel, ami által
wherefore *adv* amiért, miért, azért
wherein *adv* amiben, amelyben
whereon *adv* amin, amire

wherever *adv* bárhol, akárhol, bárhova, akárhova
whet *vt* megköszörül, kiélesít, fen; **~ [sy's] appetite** étvágyat csinál [vkinek]
whether *conj* vajon, hogy ...-e; **~ ..., or ...** akár ..., akár ...; **I don't know ~ he understands.** Nem tudom, hogy érti-e.
whetstone *n* köszörűkő
whey *n* savó
which *a, pron* melyik?, melyiket?; amelyik, amelyiket
whichever *a, pron* bármelyik, akármelyik
whiff *n* fuvallat; szag (smell); *vi* pöfékel
while *conj* míg, amíg, mialatt, miközben; noha, bár (though); *n* rövid idő; fáradozás; **for a ~** egy kis ideig; **once in a ~** néha, időnként; **stay a ~** marad egy ideig; **It is worth your ~.** Megéri a fáradságot.
whim *n* szeszély, hóbort; **on a ~** szeszélyből, úri kedvéből
whimper *n* nyöszörgés, nyafogás; *vi* nyöszörög, nyüszít (animal)
whimsical *a* furcsa, szeszélyes
whimsy *n* szeszély, hóbort
whine *vi* nyafog, siránkozik
whip *n* ostor, korbács; *vt* ostoroz, korbácsol, ostorral/korbáccsal megver; (habot) felver; csapkod, ver; **~ out** kiránt, előránt; **~ up** összecsap, gyorsan csinál
whiplash *n* nyakcsigolya sérülés (a fej hirtelen hátracsapódásától); ostorszíj
whipped cream *n* tejszínhab
whipping *n* verés, megkorbácsolás
whipstitch *n* huroköltés, fércöltés
whir *n* suhogás, zümmögés; *vi* zümmög, suhog
whirl *n* forgás, pörgés; forgó, örvény; *vi* forog, örvénylik
whirlpool *n* örvény
whirlwind *n* forgószél
whisk *n* habverő; suhintás, legyintés; *vt* felver; gyorsan elröpít, elvisz
whiskers *n pl* arcszőrzet; bajusz (állaté)
whiskey *n* whiskey
whisper *n* suttogás, súgás; *vt* suttog, súg, susog
whistle *n* fütty, fütyülés; síp, fütyülő; *vt* fütyül, sípol, sivít; **wet one's ~** *coll* iszik egyet
white *a* fehér; fehér bőrű (person); sápadt, halvány (pale); ősz (hair); tiszta, ártatlan (innocent); **~ blood cell** fehérvérsejt; **~ meat** fehér hús, csirkemell; **~ sauce** besamel mártás, fehérmártás; **turn ~** elsápad; megőszül (hair); **~ lie** ártatlan füllentés; **egg ~** tojásfehérje
white-collar *a* értelmiségi, szellemi (dolgozó)
whitefish *n* fehérhasú hal
whitehead *n* pattanás
whiten *vt* fehérít; *vi* elfehéredik, kifehéredik
whitewash *vt* meszel, bemeszel, kimeszel
whittle *vt* farigcsál
whiz *n* zúgás, sivítás; *vi* süvít
who *pron* ki?, kicsoda?, *pl* kik?; aki, akik; **W~ is it?** Ki az?
Whoa! *int* Hó!/Hé!
whoever *pron* akárki, bárki
whole *a* egész, teljes; ép, sértetlen; **~ milk** teljes tej (nem csökkentett zsírtartalmú); **~ grain** teljes őrlésű gabona; **~ number** egész szám; **the ~ nine yards** az egész, teljes egészében, mindenestül; **the ~ week** egész héten

wholehearted *a* szívből jövő, lelkes; őszinte
wholesale *a* nagykereskedelmi, nagybani; *n* nagybani eladás
wholesome *a* egészséges
wholly *adv* teljesen, egészen
whom *pron* kit?, kicsodát?, kiket?; akit, akiket (as object); (elöljárószavakkal) **to ~** kihez?; akihez; **from ~** kitől?; akitől; **for ~** kinek?; akinek; **with ~** kivel?; akivel; **about ~** kiről?; akiről
whomever *pron* akárkit, bárkit; (elöljárószavakkal) **to ~** akárkihez, bárkihez; **from ~** akárkitől, bárkitől; **for ~** akárkinek, bárkinek; **with ~** akárkivel, bárkivel; **about ~** akárkiről, bárkiről
Whoopee! *int* Ihaj!/Hűha!
whooping cough *n med* szamárköhögés
Whoops! *int* Hoppá!
whopper *n coll* nagyon nagy dolog
whore *n pejor* kurva
whorl *n* örv; csigavonal
whose *pron* kié?, kiké?, kinek a ...?, kiknek a ...?; akié, akiké; aminek a ...
why *adv* miért?; *conj* miért, amiért; **W~ did you go?** Miért mentél el? **I know ~ they're late.** Tudom, (hogy) miért késnek. **W~ not?** Miért ne?
wick *n* kanóc, gyertyabél
wicked *a* gonosz, rossz, komisz; csintalan
wicker *n* vesszőből font, fonott; **~ basket** vesszőkosár
wide *a* széles, nagy kiterjedésű; *fig* tág, bő, széles körű; *adv* messze, távol; **~ screen** széles vásznú; **the whole ~ world** az egész világ; **~ apart** egymástól távol; **~ open** tágra nyílt (eyes); tárva-nyitva (door)
wide-awake *a* éber; **be ~** teljesen ébren van
widen *vt* kiszélesít, kitágít; *vi* kiszélesedik, kitágul, kibővül
widespread *a* elterjedt, általános, kiterjedt
widow *n* özvegyasszony
widower *n* özvegyember
width *n* szélesség; bőség
wield *vt* kezel (eszközt), forgat (kardot)
wife *n* (*pl* **wives**) feleség
wig *n* paróka
wiggle *vi* izeg-mozog, tekergőzik; **~ one's way out of [sg]** kiügyeskedi magát egy kellemetlen helyzetből
wild *a* vad; *fig* vad, tomboló, féktelen; *n* vadon; **the W~ West** a vadnyugat; **~ cat** vadmacska; **run ~** elvadul; **be ~ about** *coll* bele van bolondulva [vkibe]; **in the ~** a vadonban
wildcat *a* kockázatos, rizikós
wildebeest *n* gnú
wilder *n* vadóc
wildfire *n* futótűz; erdőtűz, bozóttűz; **spread like ~** futótűzként terjed
wildflower *n* vadvirág, mezei virág
wilderness *n* vadon
wildlife *n* vadvilág, vadállomány, (vadon élő) állatvilág
will[1] *n* akarat; akarás; szándék; kívánság; rendelkezés; végrendelet (last will); *vi* akar; parancsol, kényszerít; **free ~** szabad akarat; **last ~ and testament** végrendelet
will[2] *vt, vi aux* (**would**) (jövő idő kifejezésére) fog ...-ni, majd; **We ~ come.** El fogunk jönni./Eljövünk majd. **W~ you go?** El fogsz menni?/ Elmész majd? **What ~ they do?** Mit fognak csinálni?/Mit csinálnak majd? **He ~ not/won't like it.** Nem fog tetszeni neki./Nem tetszik majd neki. **She said she would call.** Azt mondta, hogy telefonálni fog./Azt

mondta, hogy majd telefonál. (szándék, akarat) **I ~ not have it!** Megtiltom! **I won't see him again.** Nem akarom többet látni őt. **She just won't do it.** Egyszerűen nem akarja megcsinálni. **Say what you ~.** Mondj, amit akarsz. **The window won't open**. Nem akar kinyílni az ablak. (udvarias kérés) **W~ you sit down?** Leülne, kérem?/Üljön le, kérem?
willful *a* szándékos, direkt; akaratos, makacs (stubborn)
willing *a* hajlandó, kész [vmire]; készséges
willingly *adv* szívesen, önként
willow *n* fűzfa; **weeping** ~ szomorúfűz
willowy *a* karcsú, hajlékony, nyúlánk
willpower *n* akaraterő
wilt *vi* elhervad, elfonnyad
wilted *a* hervadt, fonnyadt; *vi past/pp* → **wilt**
wily *a* ravasz, minden hájjal megkent
wimp *n coll* gyáva alak
win *n* győzelem; *vt* (**won, won**) megnyer, szerez, elnyer; *vi* nyer, győz; ~ **over** a maga oldalára hódít, megnyer [vkit]
winch *n* forgattyú; orsó
wind[1] *n* szél, szellő, fuvallat; lélegzet (breath); szél, szellentés (gas); *vt* kifullaszt, agyonhajszol; **take the ~ out of [sy's] sails** kifogja a szelet [vkinek] a vitorlájából; **throw caution to the** ~ nem vigyáz, nem törődik semmivel; **break** ~ szellent; ~ **instrument** *mus* fúvós hangszer; **be ~ed** kifullad, elállt a lélegzete
wind[2] *vt* (**wound, wound**) csavar, felteker; (órát) felhúz (clock); *vi* kígyózik, kanyarodik, kanyarog; ~ **up** *vt* feltekercsel, felgombolyít; felhúz; befejez, véget vet [vminek] (finish); *vi* véget ér, befejeződik; [vhova] ér, jut; *coll* [vhol/vhova] kilyukad; **We wound up in Philadelphia.** *coll* Philadelphiában lyukadtunk ki.
windbag *n coll* szószátyár, fecsegő
windblown *a* szélfútta
windbreak *n* szélfogó
windbreaker *n* széldzseki, anorák
windchill *n* ~ **factor** a hideg és a szél együttes hatása hőmérsékletben kifejezve
windfall *n* váratlan szerencse
winding *a* kanyargós, kígyózó
windmill *n* szélmalom
window *n* ablak; **store** ~ kirakat
window box *n* virágláda ablakban
window frame *n* ablakkeret
window ledge *n* ablakpárkány
windowpane *n* ablaküveg
window shopping *n* kirakat nézegetés (vásárlás nélkül)
windowsill *n* ablakpárkány
windpipe *n* légcső
windshield *n auto* szélvédő
windsurfing *n sp* széllovaglás, szörfözés
windswept *a* szeles, széljárta
windup *n* befejezés, lezárás
windy *a* szeles, viharos
wine *n* bor; *vt* ~ **and dine** [vkit] jól tart étellel-itallal; **red** ~ vörösbor; **white** ~ fehér bor; **dry** ~ száraz bor; ~ **tasting** borkóstoló; ~ **cellar** borospince
wineglass *n* borospohár
winery *n* borászat
wing *n* szárny; épületszárny, szárny (building); pilótajelvény; **take [sy] under one's ~s** a szárnya alá vesz [vkit]; **get one's ~s** leteszi a pilótavizsgát
wingspan *n* fesztávolság, szárnyszélesség

wink *n* szempillantás, pislantás; kacsintás; *vi* pislant, pislog, hunyorít; **~ at** kacsint [vkire]; **in a ~** egy szempillantás alatt; **I didn't sleep a ~.** Egy szemhunyást sem aludtam.

winner *n* győztes, nyertes

winning *a* győztes, nyerő, nyertes; **~s** nyeremény

winsome *a* kedves, megnyerő

winter *a* téli; *n* tél; **~ sports** téli sportok

winterize *vt* téliesít

wipe *n* törlő; törlés, letörlés; *vt* töröl, letöröl, megtöröl; **baby ~** babatörlő kendő; **~ off** letöröl; **~ out** kitöröl; kipusztít, eltöröl a föld színéről; **~ up** feltöröl; **W~ that smile off your face!** *coll* Ne vigyorogjál!

wiper *n* törlő; **windshield ~** *auto* ablaktörlő

wire *n* drót, huzal; *el* vezeték; *vt* összedrótoz, bedrótoz; vezetéket szerel, villanyt bevezet; **live ~** éles vezeték, feszültség alatt álló vezeték; **barbed ~** szögesdrót

wired *a* drótozott; *fig coll* izgatott, felhúzott

wireless *a* drót nélküli, vezeték nélküli; **~ telephone** rádiótelefon, mobiltelefon

wiring *n* vezeték, huzalozás

wiry *a* drótszerű; szívós és izmos

wisdom *n* bölcsesség; **~ tooth** bölcsességfog

wise *a* bölcs, okos; *vi coll* **~ up** megjön az esze [vkinek]

wisecrack *n coll* jó bemondás, jó szöveg

wish *n* kívánság, óhaj, vágy; *vt* kíván, óhajt; vágyik [vmire]; **best ~es** jókívánságok; **I ~** bárcsak, jó lenne ha; **I ~ I had more money.** Bárcsak több pénzem lenne.

wishbone *n* villacsont (szárnyasé)

wishful *a* kívánó, sóvárgó; **~ thinking** ábrándozás

wishy-washy *a coll* se hús se hal; se íze se bűze, ízetlen

wisp *n* kis csomó, vékony hajfürt (hair), füstcsík (smoke)

wispy *a* vékony, könnyed, leheletszerű

wisteria *n* futó akác, lila akác

wistful *a* vágyakozó, szomorkás, sóvárgó

wit *n* ész, intelligencia, gyors felfogás; szellemesség; **Keep your ~s about you!** Szedd össze az eszedet! **I'm at my ~'s end.** Megáll az eszem.

witch *n* boszorkány

witchcraft *n* boszorkányság

witch-hunt *n* boszorkányüldözés

with *prep* –val, -vel; -nál, -nél (place); -tól, -től, miatt (reason); **a man ~ black hair** fekete hajú férfi; **She came ~ Kati.** Katival jött. **I wrote it ~ a pencil.** Ceruzával írtam. **We stayed ~ our friends.** A barátainknál laktunk. **I don't have any money ~ me.** Nincs nálam pénz. **He's trembling ~ fear.** Reszket a félelemtől.

withdraw *vt* (**withdrew, withdrawn**) visszahúz, visszavon; kivesz, kivon; felvesz, kivesz (money); *vi* visszahúzódik, visszavonul

withdrawal *n* (csapat) kivonás (troops); visszavonás (regulation); kivét, kivétel (money); visszalépés, visszavonulás; **~ symptom** *med* elvonási tünet

withdrawn *vt pp* → **withdraw**

withdrew *vt past* → **withdraw**

withheld *vt past/pp* → **withhold**

wither *vi* hervad, elhervad, elsorvad

withhold *vt* (**withheld, withheld**) visszatart, visszafog; megakadályoz
within *adv* benn, bent, belül; *prep* [vmin] belül; ~ **sight** látótávolságon belül; ~ **an hour** egy órán belül
without *adv* kívül, kint; *prep* nélkül; ~ **end** vég nélkül; **it goes** ~ **saying** magától értetődik
withstand *vt* (**withstood, withstood**) ellenáll [vminek]
withstood *vt past/pp* → **withstand**
witless *a* ostoba, buta
witness *n* tanú, szemtanú; tanúbizonyság; *vt* tanúsít; [vminek] a tanúja; **bear** ~ **to** tanúsít, tanúvallomást tesz
witty *a* szellemes, elmés
wives *n pl* → **wife**
wiz *n coll* → **wizard**
wizard *n* varázsló; **the W~ of Oz** Óz a nagy varázsló
wizened *a* aszott, töpörödött
wobble *n* ingadozás, lötyögés; *vi* inog, lötyög
woe *n* szomorúság, bánat
woebegone *a* szomorú, bánatos
woeful *a* szerencsétlen, bánatos
woke *vt, vi past* → **wake**
woken *vt, vi pp* → **wake**
wolf *n* (*pl* **wolves**) farkas
wolverine *n* rozsomák
wolves *n pl* → **wolfe**
woman *n* (*pl* **women**) nő, asszony
womanly *a* nőies
womb *n* méh, anyaméh
women *n pl* → **woman**
wonder *n* csoda; csodálat, csodálkozás; *vi* szeretné tudni, kíváncsi [vmire]; **work ~s** csodát tesz; **no** ~ nem (is) csoda; **I ~ if he's going to come**. Kíváncsi vagyok, hogy eljön-e.
wonderful *a* csodálatos, csodás
wondering *a* csodálkozó, kíváncsi
wonderland *n* csodaország, tündérország
wonderment *n* csodálkozás
wondrous *a* csodálatos
woo *vt* udvarol [vkinek]
wood *n* fa (anyag); **knock on** ~ lekopog [vmit]
woodchuck *n* amerikai mormota
wooded *a* fás, erdős
wooden *a* fa-, fából készült; *fig* ügyetlen, esetlen
woodlands *n* erdős vidék, erdőség
woodpecker *n* harkály
woodpile *n* farakás
woods *n pl* erdő; **We aren't out of the ~ yet.** *coll* Még nem vagyunk túl a veszélyen.
woodshed *n* fáskamra
woodwind *n mus* fafúvós hangszer
woodwork *n* famunka
woody *a* fás, erdős
woof *int* vau (amit a kutya „mond")
wool *n* gyapjú; **pull the ~ over [sy's] eye** port hint [vkinek] a szemébe
woolen *a* gyapjú
woozy *a coll* émelygős, szédülős
word *n* szó (*pl* szavak); üzenet; ígéret, adott szó; ~ **for** ~ szó szerint; **get a ~ in edgewise** közbeszól, szóhoz jut; **in other ~s** más szóval; **have ~s with** szóváltása van [vkivel]; **by ~ of mouth** élőszóban; szóbeszéd útján; **give one's** ~ szavát adja, megígér; **~s** dalszöveg (song)
word-for-word *a* szó szerinti
wording *n* szövegezés, megfogalmazás
word processing *n* szövegszerkesztés
word processor *n* szövegszerkesztő
wore *vt past* → **wear**

work *n* munka, dolog, elfoglaltság; *art* mű, alkotás, műalkotás; *vi* dolgozik; működik, jár (operate); hat, beválik (medicine); *vt* megdolgoztat, ledolgoz; működtet, járat, üzemeltet, kezel (operate); tesz, véghezvisz, létrehoz; **be at ~** munkában van, dolgozik; **~ of art** műalkotás; **~ permit** munkavállalási engedély; **~s** gyártelep, üzem; **~ like a dog** *coll* halálra dolgozza magát; **~ for** [vhol, vkinél] dolgozik; **~ off** ledolgoz; **~ on** [vmin] dolgozik; **~ out** *vt* kidolgoz; megvalósít; megold (solve); *vi* edz, tornázik; **~ up** felizgat; **What are you so ~ed up about?** *coll* Min húztad úgy fel magadat?

workable *a* működőképes, megvalósítható

workaholic *n* munkamániás, a munka rabja

workbench *n* munkapad, munkaasztal

workday *n* munkanap

worker *n* dolgozó, munkás

workforce *n* munkaerő; munkáslétszám

working *a* dolgozó, munkás-; működő; *n* munka, működés, üzemeltetés; **~ knowledge** gyakorlati ismeretek; **in ~ condition** üzemképes állapotban

workload *n* munka, munkaterhelés, munkamennyiség

workman *n* (*pl* **workmen**) munkás, dolgozó

workmanship *n* kidolgozás, kivitelezés

workmen *n pl* → **workman**

workout *n* testedzés

workplace *n* munkahely

workshop *n* műhely

workstation *n* munkaállomás

worktable *n* munkaasztal

worktop *n* munkaasztal, munkafelület

world *n* világ; föld; **~ record** világcsúcs; **W~ Cup** *sp* világkupa; **~ war** világháború; **all over the ~** az egész világon; **W~ Series** *sp* az USA hivatásos baseball ligájának bajnoksága

worldly *a* világi, világias; evilági, földi

worldview *n* világnézet

worldwide *a* világméretű, az egész világon elterjedt

worm *n* féreg, kukac, giliszta; *vt* **~ one's way into** befurakodik [vhova]

worn *a* viseltes, kopott, elnyűtt; *vt pp* → **wear**

worn-out *a* fáradt, kimerült; agyonhasznált, elnyűtt

worried *a* aggódó, gondterhelt; *vt past/pp* → **worry**

worrisome *a* aggasztó

worry *n* aggodalom, nyugtalanság, gond; *vi* aggódik, nyugtalankodik [vmi miatt, vkiért]; *vt* aggaszt, nyugtalanít; **Don't ~!** Ne aggódj!

worrywart *n coll* aggodalmaskodó ember

worse *a* rosszabb; *adv* rosszabbul; **a change for the ~** rosszra fordulás

worship *n* imádás; *rel* istentisztelet; *vt* imád; *vi* imádkozik, istentiszteleten részt vesz

worst *a* legrosszabb; *adv* legrosszabbul; **if ~ comes to ~** ha minden kötél szakad, a legrosszabb esetben

worth *a* értékű, ér, megér [vmit]; érdemes; *n* érték; **It's ~ a thousand dollars.** Ezer dollárt ér. **It's ~ seeing.** Érdemes megnézni. **It's not ~ it.** Nem éri meg.

worthless *a* értéktelen, hitvány

worthwhile *a* érdemes, érdemleges, valamirevaló

worthy *a* érdemes, méltó
would *vt, vi aux* (feltételes mód) -na, -ne, -ná, -né; volna; *vt vi aux past* → **will**[2]; **I ~ come if I had time.** Eljönnék, ha lenne időm. **They ~ have bought it if they had had more money.** Megvették volna, ha több pénzük lett volna. (ismétlődő cselekvés a múltban) **We ~ always have lunch here.** Régen mindig itt ebédeltünk.
wound *n* seb; sebesülés; *vt* megsebesít
wound *vt past/pp* → **wind**[2]
wove *vt past* → **weave**
woven *vt pp* → **weave**
wow *int coll* nahát!, azt a mindenit!
wrangle *vi* lovászkodik
wrangler *n* lovász, csikós
wrap *n* burkolat; stóla (clothing); *vt* betakar, beburkol; csomagol, becsomagol; **be ~ped up in** [vmiben] elmerül; **~ up** *fig* befejez, bevégez
wrapper *n* csomagolás, burkolat, borítás; csomagolóanyag, göngyöleg
wrapping *n* csomagolás; **~ paper** csomagolópapír
wrath *n* düh, harag
wreak *vt* kitölt; **~ havoc on** nagy pusztítást végez
wreath *n* koszorú
wreck *n* roncs; hajótörés; *vt* összeroncsol, tönkretesz; **a nervous ~** idegroncs; **be in a ~** hajótörést szenved
wreckage *n* roncs, hajóroncs
wren *n* ökörszem (madár)
wrench *n* csavarkulcs; **monkey ~** franciakulcs
wrestle *vi* birkózik, küzd
wrestler *n sp* birkózó
wretch *n* nyomorult, hitvány ember
wretched *a* szerencsétlen, nyomorult
wriggle *vt* izeg-mozog, tekergőzik, kígyózik
wring *vt* (**wrung, wrung**) kicsavar, kifacsar; **~ one's hands** tördeli a kezét
wrinkle *n* ránc, redő; *vi* ráncolódik, ráncosodik
wrist *n* csukló
wristband *n* csuklópánt
wristwatch *n* karóra
write *vt* (**wrote, written**) ír, megír, leír; **~ down** leír; **~ off** letud [vmit]; lemond [vmiről]; **~ out** lemásol, leír; teljesen kiír; **~ up** feldolgoz, kidolgoz; felír
writer *n* író, szerző
writhe *vi* vonaglik, gyötrődik
writing *n* írás; **in ~** írásban
written *vt pp* → **write**
wrong *a* helytelen, rossz, hibás, téves, nem jó, nem helyes; *adv* helytelenül, tévesen, rosszul; *n* igazságtalanság, méltatlanság; sérelem; tévedés; **~ number** téves hívás; **go ~** elromlik, rosszul sikerül; téved; **take a ~ turn** eltéved; **What's ~ with you?** Mi a bajod?/Mi bajod van? **You're ~.** Nincs igazad, tévedsz.
wrongdoer *n* bajkeverő; *law* bűnös, jogsértő
wrongful *a law* jogtalan, törvénytelen
wrote *vt past* → **write**
wrought *a* feldolgozott; **~ iron** kovácsolt vas
wrung *vt past/pp* → **wring**
wry *a* ferde, kényszeredett
WWI = World War One *n* első világháború; **WWII = World War Two** második világháború
WWW = World Wide Web *n* → **web**

X

X *n* x, iksz
X chromosome *n* X kromoszóma
xenon *n chem* xenon
xenophobe *a, n* idegengyűlölő
xenophobia *n* idegengyűlölet
xenophobic *a* idegengyűlölő
Xerox™ *n* Xerox, fénymásolat; *vt* másol, fénymásolatot készít [vmiről]
Xmas *n coll* = **Christmas**
X-ray *a* röntgen; *n* röntgenfelvétel; *vt* megröntgenez, röntgenfelvételt készít
xylophone *n mus* xilofon

Y

Y *n* Y, ipszilon
yacht *n* jacht
yachting *n sp* vitorlázás, jachtozás
yak *n* jak
yam *n* yamgyökér, édesburgonya
yammer *vi* jajgat, sopánkodik, nyafog
yank *vt* rángat, ránt, megránt
Yank *n US coll* = **Yankee**
Yankee *n US* jenki, északi államokban élő amerikai ember
yap *vi* csahol, ugat; *coll* jár a szája
yard[1] *n* yard (mértékegység)
yard[2] *n* udvar; telep, műhely; **back~** hátsó udvar; **front ~** előkert; **lumber~** fatelep
yardage *n* [vminek] a hossza yardban kifejezve
yardstick *n* (egy yardos) mérőrúd
yarn *n* fonal, fonál
yarrow *n* cickafark
yaw *n* hirtelen irányváltoztatás
yawn *n* ásítás; *vi* ásít
yawning *a* tátongó; ásítozó
Y chromosome *n* Y (ipszilon) kromoszóma
ye *pron coll* te, ti
yea *int* igen; **~ or nay** igen vagy nem (szavazásnál)
yeah *int coll* igen
year *n* év, esztendő; **last ~** tavaly; **next ~** jövőre; **~ in ~ out** évről évre; **all ~ round** egész évben; **She is ten ~s old.** Tíz éves.
yearbook *n* évkönyv
yearling *n* egyéves állat
yearlong *a* egyéves, egy évig tartó
yearly *a* évenkénti; *adv* évenként, minden évben
yearn *vi* **~ for** vágyakozik, sóvárog, vágyódik [vmi után]
yearning *n* vágyakozás, sóvárgás
yeast *n* élesztő
yell *n* kiáltás, ordítás, sikoltás; *vi vt* kiabál, ordít, üvölt, sikolt
yellow *a* sárga; *fig* gyáva; **~ fever** sárgaláz; **~ pages** Arany Oldalak, szolgáltatói telefonkönyv
yellowbelly *n coll* gyáva alak
yellowish *a* sárgás
yelp *n* csaholás, ugatás; *vt* csahol, ugat
Yemen *n* Jemen
Yemeni *a, n* jemeni
yen *n* jen
yep *int coll* igen
yes *adv* igen, igenis
yesterday *adv, n* tegnap; **the day before ~** tegnapelőtt
yesteryear *n* tavaly; a régi idők
yet *adv* még; eddig; már; *conj* mégis, de, ám; **Have you read it ~? – No, not ~.** Olvastad már? – Még nem.
yeti *n* jeti
yew *n* tiszafa
Yiddish *a, n* jiddis

yield *n* hozam; *vt* hoz, ad, terem (plants); jövedelmez (money); átad, átenged; elsőbbséget ad (traffic); *vi* terem; megadja magát, enged, behódol; elsőbbséget ad (traffic); lazul, megereszkedik (loosen); ~ **profit** hasznot hajt, jövedelmez; **Y~!** Elsőbbségadás kötelező!

yippee *int* hurrá!

ylang-ylang *n* ilang-ilang

YMCA *n* = **Young Men's Christian Association** Keresztény Ifjak Egyesülete

yoga *n* jóga; **do** ~ jógázik

yogi *n* jógi

yogurt *n* joghurt

yoke *n* iga, járom

yokel *n* paraszt, falusi ember

yolk *n* tojás sárgája

yonder *adv* amott, ott

Yoo-hoo! *int* Hahó!

you *pron* te, *pl* ti; téged, *pl* titeket; maga, magát, maguk, magukat, ön, önt, önök, önöket (formal); (elöljárószavakkal) **to** ~ hozzád, hozzátok, magához, magukhoz, önhöz, önökhöz; **from** ~ tőled, tőletek, magától, maguktól, öntől, önöktől; **for** ~ neked, nektek, magának, maguknak, önnek, önöknek; **with** ~ veled, veletek, magának, maguknak, önnek, önöknek; **about** ~ rólad, rólatok, magáról, magukról, önről, önökről; **all of** ~ ti/maguk/Önök mindnyájan

young *a* fiatal, ifjú; új; tapasztalatlan (unexperienced); *n* fióka, kölyök

youngster *n* gyerkőc, ifjú

your *pron* –ad, -ed, -atok, -etek; -a, -e, -ja, -je, -uk, -ük, -juk, -jük; ~ **house** a házad, *pl* a házatok; a maga háza, *pl* a maguk háza, az ön háza, *pl* az önök háza

yours *pron* a tied, *pl* a tietek, a magáé, *pl* a maguké, az öné, *pl* az önöké; **a friend of** ~ egy barátod; ~ **truly** őszinte tisztelettel (levél végén)

yourself *pron* (*pl* **yourselves**) te magad, saját magad, önmaga

yourselves *pron pl* → **yourself**

youth *n* fiatalság, ifjúság; fiatalok; fiatal ember; ~ **hostel** ifjúsági szállás

youthful *a* fiatalos, életerős

yowl *n* csaholás, nyivákolás, vonítás; *vi* csahol, vonít, nyivákol

yo-yo *n* jojó

yucca *n* jukka

Yuck! *int coll* Pfúj!

yucky *a coll* undorító, utálatos

Yugoslav *n* jugoszláv (ember)

Yugoslavia *n* Jugoszlávia

Yugoslavian *a* jugoszláv

yuletide *n* karácsony ideje

yummy *a coll* fincsi

yum-yum *int coll* ham-ham

Yup! *int coll* Igen!/Aha!

YWCA *n* =**Young Women's Christian Association** Keresztény Leányok Egyesülete

Z

Zambia *n* Zambia

Zambian *a, n* zambiai

zany *a* bolondos, bohóckodó

zap *vt* legyőz, leteper

zeal *n* buzgalom, buzgóság, lelkesedés

zealot *n* fanatikus, buzgó ember

zealous *a* buzgó, lelkes, fanatikus

zebra *n* zebra

zebu *n* zebu

zee *n* zé (betű kiejtve)

zenith *n* zenit, csúcspont, tetőpont

zephyr *n* enyhe szellő

zeppelin *n* kormányozható léghajó, zeppelin
zero *num* nulla, zéró; semmi; *vi* ~ **in on** megcéloz [vmit] ráall [vmire]
zest *n* lelkesedés, kedv, lendület; pikáns íz, zamat (taste)
zesty *a* zamatos, ízes
zigzag *n* cikkcakk; *vt* cikkcakkban halad
zilch *n coll* semmi, nulla
zillion *n coll* rengeteg, irtó sok
zinc *n* cink
zing *n coll* energia, életerő, intenzitás
zinger *n coll* csípős megjegyzés
zinnia *n* rézvirág, zinia
Zionist *a, n* cionista
Zionism *n* cionizmus
zip *vt* lendület, energia; *vt* cipzárt behúz, cipzároz, becipzároz
zip code *n* (postai) irányítószám
zipper *n* cipzár
zippy *a* energikus, gyors, lendületes, rámenős
zirconium *n* cirkónium
zit *n coll* pattanás
zither *n mus* citera
zodiac *n* csillagjegy, állatöv; **signs of the** ~ az állatövi jegyek, csillagjegyek
zombie *n* zombi
zone *n* zóna, övezet; sáv; körzet
zoning *n* övezetekre osztás, (egy város üzleti szempontból való) zónákra osztása
zonked *a coll* hullafáradt, kidöglött, részeg
zoo *n* állatkert
zoological *a* állattani, zoológiai
zoologist *n* zoológus
zoology *n* állattan, zoológia
zoom *n* felrántás, hirtelen emelkedés; zúgás; *vi photo* ~ **in on** teleobjektívvel „behoz"; ~ **lens** *photo* teleobjektív
zucchini *n* cukkíni
Zulu *a, n* zulu
Zurich *n* Zürich
zygote *n biol* zigóta

APPENDIX
FÜGGELÉK

Irregular English Verbs

Infinitive	Past tense	Perfect tense (3rd form)
arise	arose	arisen
awake	awoke	awakened
be	was/were	been
bear	bore	born
beat	beat	beaten
become	became	become
begin	began	begun
behold	beheld	beheld
bend	bent	bent/bended
bet	bet	bet
bid (*command*)	bade	bidden
bid (*offer*)	bid	bid
bind	bound	bound
bite	bit	bitten
bleed	bled	bled
blow	blew	blown
break	broke	broken
breed	bred	bred
bring	brought	brought
broadcast	broadcast	broadcast
build	built	built
burn	burned	burned/burnt
burst	burst	burst
buy	bought	bought
cast	cast	cast
catch	caught	caught
choose	chose	chosen
cling	clung	clung

Infinitive	Past tense	Perfect tense (3rd form)
clothe	clothed	clothed
come	came	come
cost	cost	cost
creep	crept	crept
cut	cut	cut
deal	dealt	dealt
dig	dug	dug
do	did	done
draw	drew	drawn
dream	dreamed/dreamt	dreamed/dreamt
drink	drank	drunk
drive	drove	driven
dwell	dwelt	dwelt
eat	ate	eaten
fall	fell	fallen
feed	fed	fed
feel	felt	felt
fight	fought	fought
find	found	found
flee	fled	fled
fling	flung	flung
fly	flew	flown
forbear	forbore	forborne
forbid	forbade	forbidden
foresee	foresaw	foreseen
foretell	foretold	foretold
forget	forgot	forgotten
forgive	forgave	forgiven
freeze	froze	frozen
get	got	gotten
give	gave	given
go	went	gone
grind	ground	ground
grow	grew	grown
hang	hung/hanged	hung/hanged
have	had	had
hear	heard	heard

Infinitive	Past tense	Perfect tense (3rd form)
hide	hid	hidden
hit	hit	hit
hold	held	held
hurt	hurt	hurt
keep	kept	kept
kneel	knelt	knelt
knit	knit/knitted	knit/knitted
know	knew	known
lay	laid	laid
lead	led	led
leap	leapt	leapt
leave	left	left
lend	lent	lent
let	let	let
lie	lay	lain
light	lit	lit
lose	lost	lost
make	made	made
mean	meant	meant
meet	met	met
mistake	mistook	mistaken
misunderstand	misunderstood	misunderstood
outbid	outbid	outbid
outdo	outdid	outdone
outgrow	outgrew	outgrown
outrun	outran	outrun
overcome	overcame	overcome
overdo	overdid	overdone
overhear	overheard	overheard
oversee	oversaw	overseen
overtake	overtook	overtaken
overthrow	overthrew	overthrown
partake	partook	partaken
pay	paid	paid
plead	pleaded/pled	pleaded/pled
put	put	put
quit	quit	quit

Infinitive	Past tense	Perfect tense (3rd form)
read	read	read
redo	redid	redone
repay	repaid	repaid
rewind	rewound	rewound
rewrite	rewrote	rewritten
rid	rid	rid
ride	rode	ridden
ring	rang	rung
rise	rose	risen
run	ran	run
saw	sawed	sawn
say	said	said
see	saw	seen
seek	sought	sought
sell	sold	sold
send	sent	sent
set	set	set
sew	sewed	sewn
shake	shook	shaken
shave	shaved	shaved/shaven
shed	shed	shed
shine	shone	shone
shoot	shot	shot
show	showed	shown
shrink	shrank	shrunk
shut	shut	shut
sing	sang	sung
sink	sank	sunk
sit	sat	sat
slay	slew	slain
sleep	slept	slept
slide	slid	slid
sling	slang	slung
slink	slunk	slunk
slit	slit	slit
smell	smelled/smelt	smelled/smelt
sneak	snuck/sneaked	snuck/sneaked

Infinitive	Past tense	Perfect tense (3rd form)
sow	sowed	sown
speak	spoke	spoken
speed	sped	sped
spend	spent	spent
spill	spilled/spilt	spilt
spin	spun	spun
spit	spat	spat
split	split	split
spread	spread	spread
spring	sprang	sprung
stand	stood	stood
steal	stole	stolen
stick	stuck	stuck
sting	stung	stung
stink	stank	stunk
stride	strode	stridden
strike	struck	struck/stricken
string	strung	strung
strive	strove	striven
swear	swore	sworn
sweep	swept	swept
swell	swelled	swollen
swim	swam	swum
swing	swung	swung
take	took	taken
teach	taught	taught
tear	tore	torn
tell	told	told
think	thought	thought
throw	threw	thrown
thrust	thrust	thrust
tread	trod	trodden
undergo	underwent	undergone
understand	understood	understood
undertake	undertook	undertaken
underwrite	underwrote	underwritten
undo	undid	undone

Infinitive	Past tense	Perfect tense (3rd form)
unwind	unwound	unwound
uphold	upheld	upheld
upset	upset	upset
wake	woke	woken
wear	wore	worn
weave	wove	woven
weep	wept	wept
win	won	won
wind	wound	wound
withdraw	withdrew	withdrawn
withhold	withheld	withheld
withstand	withstood	withstood
wring	wrung	wrung
write	wrote	written

Irregular Hungarian Verbs

Irregular Hungarian verbs change their base in every tense and mood. The endings, however, are always regular.

The following verbs are irregular in all tenses and moods:

1.

Infinitive	Present tense *indefinite*	Past tense *indefinite*	Present conditional *indefinite*	Subjunctive *indefinite*
menni	megyek	mentem	mennék	menjek
(*go*)	mész	mentél	mennél	menjél
	megy	ment	menne	menjen
	megyünk	mentünk	mennénk	menjünk
	mentek	mentetek	mennétek	menjetek
	mennek	mentek	mennének	menjenek
jönni	jövök	jöttem	jönnék	jöjjek
(*come*)	jössz	jöttél	jönnél	jöjjél
	jön	jött	jönne	jöjjön
	jövünk	jöttünk	jönnénk	jöjjünk
	jöttök	jöttetek	jönnétek	jöjjetek
	jönnek	jöttek	jönnének	jöjjenek

lenni	leszek[1]	vagyok[2]	lettem[1]	voltam[2]	lennék[1]	volnék[2]	legyek[1,2]
(*become*)[1]	leszel	vagy	lettél	voltál	lennél	volnál	legyél
(*be*)[2]	lesz	van	lett	volt	lenne	volna	legyen
	leszünk	vagyunk	lettünk	voltunk	lennénk	volnánk	legyünk
	lesztek	vagytok	lettetek	voltatok	lennétek	volnátok	legyetek
	lesznek	vannak	lettek	voltak	lennének	volnának	legyenek

2.

Infinitive	**Present tense**		**Past tense**		**Present conditional**		**Subjunctive**	
	indefinite	*definite*	*indefinite*	*definite*	*indefinite*	*definite*	*indefinite*	*definite*
enni	eszem	eszem	ettem	ettem	ennék	enném	egyek	egyem
(*eat*)	eszel	eszed	ettél	etted	ennél	ennéd	egyél	egyed/edd
	eszik	eszi	evett	ette	enne	enné	egyen	egye
	eszünk	esszük	ettünk	ettük	ennénk	ennénk	együnk	együk
	esztek	eszitek	ettetek	ettétek	ennétek	ennétek	egyetek	egyétek
	esznek	eszik	ettek	ették	ennének	ennék	egyenek	egyék
inni	iszom	iszom	ittam	ittam	innék	innám	igyak	igyam
(*drink*)	iszol	iszod	ittál	ittad	innál	innád	igyál	igyad/idd
	iszik	issza	ivott	itta	inna	inná	igyon	igya
	iszunk	isszuk	ittunk	ittuk	innánk	innánk	igyunk	igyuk
	isztok	isszátok	ittatok	ittátok	innátok	innátok	igyatok	igyátok
	isznak	isszák	ittak	itták	innának	innák	igyanak	igyák

3.

Infinitive	**Present tense**		**Past tense**		**Present conditional**		**Subjunctive**	
	indefinite	*definite*	*indefinite*	*definite*	*indefinite*	*definite*	*indefinite*	*definite*
tenni	teszek	teszem	tettem	tettem	tennék	tenném	tegyek	tegyem
(*put, do*)	teszel	teszed	tettél	tetted	tennél	tennéd	tegyél	tegyed/tedd
	tesz	teszi	tett	tette	tenne	tenné	tegyen	tegye
	teszünk	tesszük	tettünk	tettük	tennénk	tennénk	tegyünk	tegyük
	tesztek	teszitek	tettetek	tettétek	tennétek	tennétek	tegyetek	tegyétek
	tesznek	teszik	tettek	tették	tennének	tennék	tegyenek	tegyék

*same as **tenni***: **hinni** (*believe*), **venni** (*take, buy*), **vinni** (*take, carry*)

The root of the following verbs changes in some of the forms:

4.

Infinitive	Present tense *indefinite*	Past tense *indefinite*	Present conditional *indefinite*	Subjunctive *indefinite*
feküdni	fekszem	feküdtem	feküdnék	feküdjek
(*lie down*)	fekszel	feküdtél	feküdnél	feküdjél
	fekszik	feküdt	feküdne	feküdjön
	fekszünk	feküdtünk	feküdnénk	feküdjünk
	fekszetek	feküdtetek	feküdnétek	feküdjetek
	fekszenek	feküdtek	feküdnének	feküdjenek

*same as **feküdni***: **aludni**, **alkudni**, **esküdni**, **haragudni**, **igyekezni**, **melegedni**, **nyugodni**, **veszekedni**

5.

Infinitive	Present tense *indefinite*	*definite*	Past tense *indefinite*	*definite*	Present conditional *indefinite*	*definite*	Subjunctive *indefinite*	*definite*
érezni	érzek	érzem	éreztem	éreztem	éreznék	érezném	érezzek	érezzem
(*feel*)	érzel	érzed	éreztél	érezted	éreznél	éreznéd	érezzél	érezzed
	érez	érzi	érzett	érezte	érezne	érezné	érezzen	érezze
	érzünk	érezzük	éreztünk	éreztük	éreznénk	éreznénk	érezzünk	érezzük
	éreztek	érzitek	éreztetek	éreztétek	éreznétek	éreznétek	érezzetek	érezzétek
	éreznek	érzik	éreztek	érezték	éreznének	éreznék	érezzenek	érezzék

*same as **érezni***: **céloz**, **ellenez**, **hímez**, **kínoz**, **ösztönöz**, **őriz**, **sebez**, **sugároz** *vt*, **szerez**, **szoroz**, **túloz**, **viszonoz**

6.

Infinitive	Present tense		Past tense		Present conditional		Subjunctive	
	indefinite	*definite*	*indefinite*	*definite*	*indefinite*	*definite*	*indefinite*	*definite*
perelni	perlek	perlem	pereltem	pereltem	perelnék	perelném	pereljek	pereljem
(*sue*)	perelsz	perled	pereltél	perelted	perelnél	perelnéd	pereljél	pereljed
	perel	perli	perelt	perelte	perelne	perelné	pereljen	perelje
	perlünk	pereljük	pereltünk	pereltük	perelnénk	perelnénk	pereljünk	pereljük
	pereltek	perlitek	pereltetek	pereltétek	perelnétek	perelnétek	pereljetek	pereljétek
	perelnek	perlik	pereltek	perelték	perelnének	perelnék	pereljenek	pereljék

same as ***perelni***: **bomol**, **didereg**, **dörög**, **énekel**, **érdemel**, **forog**, **gyalogol**, **gyakorol**, **gyötör**, **helyesel**, **inog**, **irigyel**, **ismétel**, **javasol**, **kevesell**, **kóborol**, **könyörög**, **közöl**, **megjegyez**, **morog**, **mosolyog**, **mozog**, **őröl**, **pazarol**, **pótol**, **rabol**, **rezeg**, **seper**, **sodor**, **térdepel**, **terem**, **tipor**, **töröl/törül**, **ugrik**, **ünnepel**, **üdvözöl**, **zörög**

7.

Infinitive	Present tense	Past tense	Present conditional	Subjunctive
	indefinite	*indefinite*	*indefinite*	*indefinite*
vérezni	vérzem	véreztem	véreznék	vérezzek
(*bleed*)	vérzel	vérztél	véreznél	vérezzél
	vérzik	vérzett	vérezne	vérezzen
	vérzünk	véreztünk	véreznénk	vérezzünk
	véreztek	vérztetek	véreznétek	vérezzetek
	véreznek	véreztek	véreznének	vérezzenek

same as ***vérezni***: **hangzik/hangozni**, **hiányzik/hiányozni**, **lélegzik/lélegezni**, **sugárzik/sugározni** *vi*

8.

Infinitive	Present tense		Past tense		Present conditional		Subjunctive	
	indefinite	*definite*	*indefinite*	*definite*	*indefinite*	*definite*	*indefinite*	*definite*
lőni	lövök	lövöm	lőttem	lőttem	lőnék	lőném	lőjek	lőjem
(*shoot*)	lősz	lövöd	lőttél	lőtted	lőnél	lőnéd	lőjél	lőjed
	lő	lövi	lőtt	lőtte	lőne	lőné	lőjön	lője
	lövünk	lőjük	lőttünk	lőttük	lőnénk	lőnénk	lőjünk	lőjük
	lőttök	lövitek	lőttetek	lőttétek	lőnétek	lőnétek	lőjetek	lőjétek
	lőnek	lövik	lőttek	lőtték	lőnének	lőnék	lőjenek	lőjék

same as ***lőni***: **főni, nőni, szőni**

Numbers

	Cardinal numbers	Tőszámnevek
0	zero	nulla
1	one	egy
2	two	kettő, két
3	three	három
4	four	négy
5	five	öt
6	six	hat
7	seven	hét
8	eight	nyolc
9	nine	kilenc
10	ten	tíz
11	eleven	tizenegy
12	twelve	tizenkettő, tizenkét
13	thirteen	tizenhárom
14	fourteen	tizennégy
15	fifteen	tizenöt
16	sixteen	tizenhat
17	seventeen	tizenhét
18	eighteen	tizennyolc
19	nineteen	tizenkilenc
20	twenty	húsz
21	twenty-one	huszonegy
22	twenty-two	huszonkettő, huszonkét
23	twenty-three	huszonhárom
30	thirty	harminc
31	thirty-one	harmincegy
32	thirty-two	harminckettő, harminckét
33	thirty-three	harminchárom
40	forty	negyven
50	fifty	ötven
60	sixty	hatvan
70	seventy	hetven
80	eighty	nyolcvan

	Cardinal numbers	Tőszámnevek
90	ninety	kilencven
100	one hundred	száz
101	one hundred and one	százegy
110	one hundred and ten	száztíz
111	one hundred and eleven	száztizenegy
200	two hundred	kétszáz
300	three hundred	háromszáz
400	four hundred	négyszáz
500	five hundred	ötszáz
600	six hundred	hatszáz
700	seven hundred	hétszáz
800	eight hundred	nyolcszáz
900	nine hundred	kilencszáz
1000	one thousand	ezer
1100	one thousand one hundred; eleven hundred	ezeregyszáz
1120	on thousand one hundred and twenty	ezeregyszázhúsz
1123	one thousand one hundred and twenty-three	ezeregyszázhuszonhárom
1200	one thousand two hundred; twelve hundred	ezerkétszáz
2000	two thousand	kétezer
2004	two thousand and four	kétezer-négy
3000	three thousand	háromezer
10 000	ten thousand	tízezer
11 000	eleven thousand	tizenegyezer
12 000	twelve thousand	tizenkétezer
13 145	thirteen thousand one hundred and forty-five	tizenháromezer-száznegyvenöt
20 000	twenty thousand	húszezer
30 000	thirty thousand	harmincezer

	Cardinal numbers	Tőszámnevek
100 000	one hundred thousand	százezer
200 000	two hundred thousand	kétszázezer
1 000 000	one million	egymillió
2 000 000	two million	kétmillió
1 000 000 000	one billion	egymilliárd

	Ordinal numbers	Sorszámnevek
1	first	első
2	second	második
3	third	harmadik
4	fourth	negyedik
5	fifth	ötödik
6	sixth	hatodik
7	seventh	hetedik
8	eighth	nyolcadik
9	ninth	kilencedik
10	tenth	tizedik
11	eleventh	tizenegyedik
12	twelfth	tizenkettedik
13	thirteenth	tizenharmadik
14	fourteenth	tizennegyedik
15	fifteenth	tizenötödik
16	sixteenth	tizenhatodik
17	seventeenth	tizenhetedik
18	eighteenth	tizennyolcadik
19	nineteenth	tizenkilencedik
20	twentieth	huszadik
21	twenty-first	huszonegyedik
22	twenty-second	huszonkettedik
23	twenty-third	huszonharmadik
24	twenty-fourth	huszonnegyedik
30	thirtieth	harmincadik
40	fortieth	negyvenedik

	Ordinal numbers	**Sorszámnevek**
50	fiftieth	ötvenedik
60	sixtieth	hatvanadik
70	seventieth	hetvenedik
80	eightieth	nyolcvanadik
90	ninetieth	kilencvenedik
100	one hundredth	századik
200	two hundredth	kétszázadik
1000	one thousandth	ezredik
1100	one thousand one hundredth; eleven hundredth	ezeregyszázadik
1123	one thousand one hundred and twenty-third	ezeregyszázhuszonharmadik
2000	two thousandth	kétezredik
3000	three thousandth	háromezredik
10 000	ten thousandth	tízezredik
11 000	eleven thousandth	tizenegyezredik
20 000	twenty thousandth	húszezredik
30 000	thirty thousandth	harmincezredik
100 000	one hundred thousandth	százezredik
200 000	two hundred thousandth	kétszázezredik
1 000 000	one millionth	egymilliomodik
2 000 000	two millionth	kétmilliomodik
1 000 000 000	one billionth	egymilliárdodik

Measurements

Weight	Súlyok
1 ounce (1 oz)	28,35 g
1 pound (1 lb) = 16 ounces	45,36 dkg

Capacity	Űrtartalom
1 pint	0,473 l
1 quart (1 q) = 2 pints	0,946 l
1 gallon (1 gal) = 4 quarts	3,785 l

Length	Hosszúság
1 inch (1 in or 1")	2,54 cm
1 foot (1 ft or 1') = 12 inches	30,48 cm
1 yard (1 yd) = 3 feet	91,44 cm
1 mile (1 mi)	1609,34 m
1 nautical mile (1 nmi)	1852 m

Surface	Terület
1 square inch (1 in^2)	6,45 cm^2
1 square foot (1 ft^2) = 144 in^2	929,01 cm^2
1 square yard (1 yd^2) = 9 ft^2	0,836 m^2
1 acre (1 ac)	4046 m^2
1 square mile (1 mi^2)	2,59 km^2

Cubic measures	Köbmértékek
1 cubic inch (1 in^3)	16,38 cm^3
1 cubic foot (1 ft^3)	28 316,08 cm^3
1 cubic yard (1 yd^2)	0,764 m^3

Temperature equivalents	Hőmérőrendszer
0 °F (Fahrenheit)	- 17,9 °C
10 °F	- 12,2 °C
20 °F	- 6,6 °C
32 °F	0 °C
40 °F	4,4 °C
50 °F	10 °C
60 °F	15,5 °C
70 °F	21,1 °C
80 °F	26,6 °C
90 °F	32,2 °C
100 °F	37,7 °C

Normal body temperature	Normál testhőmérséklet
98.7 °F	36,6 °C

Conversion: Átszámítás:

Fahrenheit into Celsius
Fahrenheitről Celsiusra

Celsiusról Fahrenheitre
Celsius into Fahrenheit

$$x\ °F = \frac{(x - 32)5}{9}\ °C$$

$$x\ °C = \frac{9x}{5} + 32\ °F$$

Súly	Weight
1 gramm (1 g)	0.035 ounce
1 dekagramm (1 dkg)	0.353 ounce
1 kilogramm (1 kg)	2.205 pounds

Űrtartalom	Capacity
1 centiliter (1 cl)	0.021 pint
1 deciliter (1 dl)	0.21 pint
1 liter (1 l)	2.1 pints = 1.05 quarts

Hosszúság	Length
1 centiméter (1 cm)	0.394 inch
1 méter (1 m)	39.37 inches = 3.28 feet = 1.094 yards
1 kilométer (1 km)	1093.61 yards = 0.6214 mile

Terület	Surface
1 négyzetcentiméter (1 cm^2)	0.155 square inch
1 négyzetméter (1 m^2)	1.196 square yards
1 négyzetkilométer (1 km^2)	0.386 square mile

Köbmértékek	Cubic measures
1 köbcentiméter (1 cm^3)	0.061 cubic inch
1 köbdeciméter cm^3	0.035 cubic foot
1 köbméter (1 m^3)	1.3 cubic yards = 35.31 cubic feet

Hőmérőrendszer	Temperature equivalents
–20 °C	–4 °F (Fahrenheit)
–10 °C	14 °F
0 °C	32 °F
10 °C	50 °F
20°C	68 °F
30 °C	86 °F
40 °C	104 °F
100 °C	212 °F

States of the United States of America and their abbreviations

Alabama	AL
Alaska	AK
Arizona	AZ
Arkansas	AR
California	CA
Colorado	CO

Connecticut	CT
Delaware	DE
District of Columbia	DC
Florida	FL
Georgia	GA
Hawaii	HI
Idaho	ID
Illinois	IL
Indiana	IN
Iowa	IA
Kansas	KS
Kentucky	KY
Louisiana	LA
Maine	ME
Maryland	MD
Massachusetts	MA
Michigan	MI
Minnesota	MN
Mississippi	MS
Missouri	MO
Montana	MT
Nebraska	NE
Nevada	NV
New Hampshire	NH
New Jersey	NJ
New Mexico	NM
New York	NY
North Carolina	NC
North Dakota	ND
Ohio	OH
Oklahoma	OK
Pennsylvania	PA
Rhode Island	RI
South Carolina	SC
South Dakota	SD
Tennessee	TN
Texas	TX
Utah	UT
Vermont	VT

Virginia	VA
Washington	WA
West Virginia	WV
Wisconsin	WI
Wyoming	WY

US Territories

American Samoa	AS
Federal States of Micronesia	FM
Guam	GU
N. Mariana Islands	MP
Puerto Rico	PR
US Virgin Islands	VI

Works Consulted

The American Heritage Dictionary of the English Language. 4th ed. Boston: Houghton-Mifflin, 2000.

English-Hungarian/Hungarian-English Online Dictionary. 2004, Mta Sztaki. 16 Nov. 2004. <http://dict.sztaki.hu>.

Gábor, Kiss and Pusztai Ferenc. *Új szavak, új jelentések 1997-ből*. Budapest: Tinta Könyvkiadó, 1999.

Imre, Móra. *Angol-magyar jogi szótár / English-Hungarian Law Dictionary*. Budapest: Műszaki Fordító és Szolgáltató Rt., 1995.

———. *Magyar-angol jogi szótár / Hungarian-English Law Dictionary*. Budapest: Műszaki Fordító és Szolgáltató Rt.,1996.

Internet Értelmező Kisszótár. 2004, Internet Access Eindhoven. 16 Nov. 2004. <http://home.iae.nl/users/nickl/mikrosz.html>.

István, Bart. *Amerikai-magyar kulturális szótár*. Budapest: Corvina, 2000.

Magay, Tamás and László Kiss. *Magyar-angol szótár*. Budapest: Akadémiai Kiadó, 1995.

Merriam-Webster's Collegiate Dictionary. 11th ed. Springfield: Merriam-Webster, 2003.

Nagy, Péter. *Angol-Magyar Bank- és Tőzsde Szótár/English-Hungarian Banking and Finance Dictionary*. Budapest: Akadémiai Kiadó, 1993.

Országh, László and Tibor Magay, eds. *A Concise English-Hungarian Dictionary*. 10th edition. Budapest: Akadémiai Kiadó, 1981.

Számítástechnikai szótár. 2004, KFKI Research Institute for Particle and Nuclear Physics. 16 Nov. 2004. <http://www.rmki.kfki.hu/speci/glossary.html>.

Webster's Encyclopedic Unabridged Dictionary of the English Language. New York: Gramercy Books, 1989.

Other Hungarian Interest Titles from Hippocrene Books

Hungarian-English/English-Hungarian Dictionary & Phrasebook
3000 entries · ISBN 0-7818-0919-3 · $14.95pb

Hungarian-English/English-Hungarian Concise Dictionary
7000 entries · ISBN 0-7818-0317-9 · $14.95pb

Beginner's Hungarian with 2 Audio CDs
Katalin Boros
This book provides an introduction to conversational Hungarian in 10 lessons. Each lesson centers on common situations, such as going through customs, checking into a hotel, and dining out. Also included are dialogues, grammar points, vocabulary lists, and exercises. The audio CDs accompany the lessons, providing correct pronunciation of the dialogues and vocabulary, with pauses for repetition by the student. The book also includes an exercise key, a Hungarian-English glossary, and an introduction to Hungarian culture, geography, history, politics, the arts, and everyday life among the Hungarian people.
ISBN 0-7818-1192-9 · $26.95pb

Treasury of Hungarian Love Poems, Quotations, and Proverbs
In Hungarian and English
ISBN 0-7818-0477-9 · $11.95hc

Hungarian Cookbook: Old World Recipes for the New World Cook
Expanded Edition
Yolanda Nagy Fintor
These Old World recipes are presented in a New World version, in which low-fat and more readily available ingredients are substituted with an eye towards maintaining flavor. Hungarian cuisine is known for generous amounts of garlic, paprika, and sour cream in its dishes, which include such famous standbys as Chicken Paprika and Hungarian Goulash. This collection of 125 recipes includes these classics, as well as other favorites such as Breast of Veal, Hungarian Creamed Spinach, and a host of tempting desserts, including Walnut Torte and Dilled Cottage Cheese Cake. Also included are several chapters describing the numerous Hungarian holidays and their accompanying dishes. The book is rounded out with sections offering culinary tips, a glossary of terms, and explanations of aspects of the Hungarian language.
ISBN 978-0-7818-1240-5 · $14.95pb

Prices subject to change without prior notice. **To purchase Hippocrene Books** contact your local bookstore, visit www.hippocrenebooks.com, call (212) 685-4373, or write to: HIPPOCRENE BOOKS, 171 Madison Avenue, New York, NY 10016.